H.-L. Kröber ∎ D. Dölling ∎ N. Leygraf ∎ H. Sass (Hrsg.)

# Handbuch der Forensischen Psychiatrie

**Band 1** Strafrechtliche Grundlagen der Forensischen Psychiatrie

H.-L. Kröber  D. Dölling
N. Leygraf  H. Sass (Hrsg.)

# Handbuch der Forensischen Psychiatrie

**Band 1**
Strafrechtliche Grundlagen
der Forensischen Psychiatrie

Prof. Dr. med.
HANS-LUDWIG KRÖBER
Institut
für Forensische Psychiatrie
Charité – Universitätsmedizin
Berlin
Campus Benjamin Franklin
Limonenstraße 27
12203 Berlin

Prof. Dr. med. NORBERT LEYGRAF
Institut
für Forensische Psychiatrie
Rheinische Kliniken Essen
Kliniken der Universität
Duisburg-Essen
Virchowstraße 174
45174 Essen

Prof. Dr. jur. DIETER DÖLLING
Institut für Kriminologie
Juristische Fakultät
Ruprecht-Karls-Universität
Heidelberg
Friedrich-Ebert-Anlage 6–10
69117 Heidelberg

Prof. Dr. med. HENNING SASS
Universitätsklinikum Aachen
Ärztlicher Direktor
Pauwelsstraße 30
52074 Aachen

ISBN 978-3-7985-1446-1 Steinkopff Verlag

Bibliografische Information der Deutschen Bibliothek
Die Deutsche Nationalbibliothek verzeichnet diese Publikation in der
Deutschen Nationalbibliografie; detaillierte bibliografische Daten
sind im Internet über <http://dnb.d-nb.de> abrufbar.

Dieses Werk ist urheberrechtlich geschützt. Die dadurch begründeten Rechte, insbesondere die der Übersetzung, des Nachdrucks, des Vortrags, der Entnahme von Abbildungen und Tabellen, der Funksendung, der Mikroverfilmung oder der Vervielfältigung auf anderen Wegen und der Speicherung in Datenverarbeitungsanlagen, bleiben, auch bei nur auszugsweiser Verwertung, vorbehalten. Eine Vervielfältigung dieses Werkes oder von Teilen dieses Werkes ist auch im Einzelfall nur in den Grenzen der gesetzlichen Bestimmungen des Urheberrechtsgesetzes der Bundesrepublik Deutschland vom 9. September 1965 in der jeweils geltenden Fassung zulässig. Sie ist grundsätzlich vergütungspflichtig. Zuwiderhandlungen unterliegen den Strafbestimmungen des Urheberrechtsgesetzes.

Steinkopff Verlag
ein Unternehmen von Springer Science+Business Media

www.steinkopff.springer.de

© Steinkopff Verlag 2007
Printed in Germany

Die Wiedergabe von Gebrauchsnamen, Handelsnamen, Warenbezeichnungen usw. in diesem Werk berechtigt auch ohne besondere Kennzeichnung nicht zu der Annahme, dass solche Namen im Sinne der Warenzeichen- und Markenschutz-Gesetzgebung als frei zu betrachten wären und daher von jedermann benutzt werden dürften.

Produkthaftung: Für Angaben über Dosierungsanweisungen und Applikationsformen kann vom Verlag keine Gewähr übernommen werden. Derartige Angaben müssen vom jeweiligen Anwender im Einzelfall anhand anderer Literaturstellen auf ihre Richtigkeit überprüft werden.

Umschlaggestaltung: Erich Kirchner, Heidelberg
Redaktion: Dr. Maria Magdalene Nabbe, Jutta Salzmann   Herstellung: Klemens Schwind
Satz: K + V Fotosatz GmbH, Beerfelden

SPIN 10760644    80/7231-5 4 3 2 1 0 – Gedruckt auf säurefreiem Papier

# Vorwort

Der Band 1 des Handbuchs der Forensischen Psychiatrie beginnt mit einem einführenden Beitrag über Gegenstand und Ziele sowie ethische Aspekte der Forensischen Psychiatrie. Anschließend werden die strafrechtlichen Grundlagen der Forensischen Psychiatrie dargestellt. Die Behandlung dieser Thematik erfolgt deshalb im ersten Band des Handbuchs, weil die Erstattung von Gutachten in Strafsachen ein zentrales Aufgabengebiet der Forensischen Psychiatrie ist. Erörtert werden die strafrechtlichen Regelungen, deren Kenntnis für eine sachgerechte Gutachtertätigkeit in der Strafrechtspflege erforderlich ist. Insbesondere werden behandelt: die Aufgaben des Strafrechts, die Merkmale der Straftat, die Vorschriften über die Schuldfähigkeit, die strafrechtlichen Rechtsfolgen einschließlich Vollstreckung und Vollzug, die für die Forensische Psychiatrie wichtigen Regelungen des Strafverfahrens und die Besonderheiten des Jugendstrafrechts. Außerdem werden die rechtlichen Grundlagen der Forensischen Psychiatrie in rechtsvergleichender Perspektive erörtert. Ein Anliegen des Handbuchs der Forensischen Psychiatrie ist es, den interdisziplinären Dialog über forensische Fragen zu fördern. Der Band 1 enthält deshalb neben Artikeln von Juristen auch Beiträge von Psychiatern zu Steuerungsfähigkeit und Willensfreiheit, zu den Maßregeln der Besserung und Sicherung, zum Zusammenwirken von Juristen und psychiatrisch/psychologischen Sachverständigen und zur Begutachtung von Kindern und Jugendlichen.

Die strafrechtliche Gesetzgebung ist gegenwärtig durch eine schnelle Abfolge einzelner Neuregelungen gekennzeichnet. Deshalb konnten das Gesetz zur Reform der Führungsaufsicht und zur Änderung der Vorschriften über die nachträgliche Sicherungsverwahrung vom 13. April 2007 und das Gesetz zur Sicherung der Unterbringung in einem psychiatrischen Krankenhaus und in einer Entziehungsanstalt vom 16. Juli 2007, das u. a. den die Anordnung der Unterbringung in einer Entziehungsanstalt regelnden § 64 StGB in eine Soll-Vorschrift umgestaltet hat, nicht mehr berücksichtigt werden.

Juli 2007
H.-L. Kröber, Berlin
D. Dölling, Heidelberg
N. Leygraf, Essen
H. Sass, Aachen

# Inhaltsverzeichnis

| 1 | Was ist und wonach strebt Forensische Psychiatrie? | 1 |
|---|---|---|
| | H.-L. Kröber | |
| 1.1 | Was ist Forensische Psychiatrie? | 1 |
| 1.2 | Interdisziplinäre Stellung der Forensischen Psychiatrie | 3 |
| 1.3 | Ethische Aspekte forensischer Tätigkeit | 5 |
| | Literatur | 10 |

| 2 | Strafrecht | 13 |
|---|---|---|
| 2.1 | Grundlagen des Strafrechts | 13 |
| | D. Dölling | |
| 2.1.1 | Begriff des Strafrechts | 13 |
| 2.1.2 | Aufgaben des Strafrechts aus juristischer und empirischer Sicht | 16 |
| 2.1.3 | Zur Entwicklung des deutschen Strafrechts | 26 |
| 2.1.4 | Überblick über das geltende Strafrecht | 27 |
| 2.1.5 | Die Kriminalwissenschaften | 28 |
| | Literatur | 29 |
| 2.2 | Die Straftat | 31 |
| | W. Gropp | |
| 2.2.1 | Die Grundstruktur der Straftat | 31 |
| 2.2.1.1 | Tatbestandsmäßigkeit | 31 |
| 2.2.1.2 | Rechtswidrigkeit | 35 |
| 2.2.1.3 | Schuldhaftigkeit | 35 |
| 2.2.1.4 | Entwicklungsschritte in der Grundstruktur der Straftat | 35 |
| 2.2.1.5 | Der gesellschaftlich relevante Unwert als Grundlage und materieller Gehalt der Straftat | 36 |
| 2.2.2 | Die Handlung im strafrechtlichen Sinn | 38 |
| 2.2.2.1 | Die strafrechtliche Handlung als Grundelement | 38 |

| | | |
|---|---|---|
| 2.2.2.2 | Die strafrechtliche Handlung als Grenzelement | 39 |
| 2.2.2.3 | Die strafrechtliche Handlung als Verbindungselement | 40 |
| 2.2.2.4 | Die Bedeutung des Handlungsbegriffs für den Aufbau der Straftat | 40 |
| 2.2.2.5 | Der *kausale* Handlungsbegriff als Kern des klassischen und des neoklassischen Verbrechensbegriffs | 41 |
| 2.2.2.6 | Der finale Handlungsbegriff | 43 |
| 2.2.2.7 | Der vermittelnde Handlungsbegriff als Weiterentwicklung des finalen Handlungsbegriffs | 45 |
| 2.2.3 | Tatbestandsmäßigkeit und Rechtswidrigkeit | 48 |
| 2.2.3.1 | Zum Verhältnis von Tatbestandsmäßigkeit und Rechtswidrigkeit | 48 |
| 2.2.3.2 | Die wichtigsten Rechtfertigungsgründe | 50 |
| 2.2.4 | Strafbegründungsschuld und Strafzumessungsschuld | 59 |
| 2.2.4.1 | Strafbegründungsschuld – die schuldhafte Verwirklichung der Straftat | 59 |
| 2.2.4.1.1 | Die Elemente der schuldhaft begangenen Handlung | 59 |
| 2.2.4.1.2 | Der schuldhaft handelnde Täter | 63 |
| 2.2.4.2 | Strafzumessungsschuld – die schuldhaft verwirklichte Straftat | 65 |
| 2.2.4.2.1 | Die Abhängigkeit der Strafzumessungsschuld vom schuldhaft verwirklichten Unrecht | 65 |
| 2.2.4.2.2 | Entschuldigungsgründe – Reduzierung der Strafzumessungsschuld unter die Strafbedürftigkeitsgrenze | 65 |
| 2.2.4.3 | Überlegungen zu einem funktionalen Schuldbegriff | 68 |
| 2.2.5 | Sonstige Strafbarkeitsvoraussetzungen und -hindernisse | 69 |
| 2.2.5.1 | Sonstige Strafbarkeitsvoraussetzungen | 70 |
| 2.2.5.1.1 | Objektive Bedingungen der Strafbarkeit | 70 |
| 2.2.5.1.2 | Strafantrag, §§ 77–77 d StGB | 71 |
| 2.2.5.2 | Sonstige Strafbarkeitshindernisse | 71 |
| 2.2.5.2.1 | Persönliche Strafausschließungsgründe | 71 |
| 2.2.5.2.2 | Persönliche Strafaufhebungsgründe | 72 |
| 2.2.6 | Erscheinungsformen der Straftat | 72 |
| 2.2.6.1 | Versuch | 73 |
| 2.2.6.1.1 | Der Tatentschluss als subjektives Unwertelement des Versuchs | 73 |
| 2.2.6.1.2 | Das unmittelbare Ansetzen als objektives Unwertelement des Versuchs | 74 |
| 2.2.6.2 | Täterschaft und Teilnahme | 74 |

| | | |
|---|---|---|
| 2.2.6.2.1 | Selbsttäterschaft, § 25 I 1. Alt. StGB | 75 |
| 2.2.6.2.2 | Mittelbare Täterschaft, § 25 I 2. Alt. StGB | 75 |
| 2.2.6.2.3 | Mittäterschaft, § 25 Abs. 2 StGB | 76 |
| 2.2.6.2.4 | Anstiftung, § 26 StGB | 77 |
| 2.2.6.2.5 | Beihilfe, § 27 StGB | 77 |
| 2.2.6.3 | Unterlassen | 78 |
| 2.2.6.3.1 | Die unwertkonstituierenden Elemente des unechten Unterlassungsdelikts | 79 |
| 2.2.6.3.2 | Unzumutbarkeit des Handelns als Rechtfertigungsgrund | 81 |
| 2.2.6.4 | Fahrlässigkeit | 82 |
| 2.2.6.4.1 | Der tatbestandliche Unwert des Fahrlässigkeitsdelikts | 82 |
| 2.2.6.4.2 | Rechtswidrigkeit und Rechtmäßigkeit des Fahrlässigkeitsdelikts | 85 |
| 2.2.6.4.3 | Schuldhaftigkeit | 86 |
| Literatur | | 86 |
| **2.3** | **Die Schuldfähigkeit** | **92** |
| | H. Schöch | |
| 2.3.1 | Grundlagen der §§ 20, 21 StGB | 92 |
| 2.3.1.1 | Aufgabe und Anwendungsbereich | 92 |
| 2.3.1.2 | Strafrechtliche Schuld und Willensfreiheit | 94 |
| 2.3.1.3 | Aufbau der §§ 20, 21 StGB | 98 |
| 2.3.1.4 | Anwendungshäufigkeit | 103 |
| 2.3.2 | Die Eingangsmerkmale der §§ 20, 21 StGB | 106 |
| 2.3.2.1 | Krankhafte seelische Störung | 109 |
| 2.3.2.2 | Tiefgreifende Bewusstseinsstörung | 115 |
| 2.3.2.3 | Schwachsinn | 120 |
| 2.3.2.4 | Schwere andere seelische Abartigkeit | 120 |
| 2.3.3 | Die Beurteilung der Einsichts- und Steuerungsfähigkeit | 130 |
| 2.3.3.1 | Einsichtsfähigkeit | 132 |
| 2.3.3.2 | Steuerungsfähigkeit | 133 |
| 2.3.3.3 | Bezug zur konkreten Tat | 135 |
| 2.3.4 | Die verminderte Schuldfähigkeit | 136 |
| 2.3.5 | Zusammentreffen mehrerer Störungen | 139 |
| 2.3.5.1 | Konsequenzen für die Anwendung der §§ 20, 21 StGB und des § 323 a StGB | 140 |
| 2.3.5.2 | Konsequenzen für die Maßregelanordnung | 141 |
| 2.3.6 | Rechtsfolgen | 143 |
| 2.3.6.1 | Rechtsfolgen bei der Schuldunfähigkeit (§ 20 StGB) | 143 |
| 2.3.6.2 | Rechtsfolgen bei verminderter Schuldfähigkeit (§ 21 StGB) | 144 |
| 2.3.7 | Koinzidenzprinzip und Vorverschulden | 148 |

| | | |
|---|---|---|
| 2.3.7.1 | Abgrenzung zur Schuldunfähigkeit nach Versuchsbeginn | 148 |
| 2.3.7.2 | Actio libera in causa | 148 |
| 2.3.7.3 | Vollrausch (§ 323 a StGB) | 151 |
| 2.3.7.4 | Wiedererlangung der Schuldfähigkeit | 152 |
| 2.3.8 | Verhältnis zu § 3 JGG und § 19 StGB | 152 |
| 2.3.9 | Prozessuale Fragen | 154 |
| Literatur | | 155 |
| **2.4** | **Steuerungsfähigkeit und Willensfreiheit aus psychiatrischer Sicht** H.-L. Kröber | **159** |
| 2.4.1 | Einleitung | 159 |
| 2.4.2 | Psychische Störung und Krankheit | 161 |
| 2.4.3 | Psychiatrie als Wissenschaft vom subjektiven Erfahrungsraum | 163 |
| 2.4.4 | Wahrnehmen, Handeln und Entscheiden | 165 |
| 2.4.4.1 | Begriffsklärungen: freiwillig, willkürlich, Entscheidung | 166 |
| 2.4.4.2 | Natürliche Schwächen menschlichen Entscheidens | 167 |
| 2.4.4.3 | Volition und kognitive Kontrolle | 169 |
| 2.4.5 | Intentionale Handlungssteuerung | 175 |
| 2.4.5.1 | Antizipierende zielgerichtete Handlungssteuerung | 175 |
| 2.4.5.2 | Mögliche Störfaktoren der Handlungssteuerung | 177 |
| 2.4.5.3 | Desaktualisierung | 180 |
| 2.4.5.4 | Intentionale Aktivierung | 182 |
| 2.4.6 | Konzept der Steuerungsfähigkeit | 183 |
| 2.4.6.1 | Erheblich beeinträchtigte und aufgehobene Steuerungsfähigkeit | 184 |
| 2.4.6.2 | Beurteilung der Steuerungsfähigkeit allein anhand des psychischen Tatbestands unabhängig von seiner Ursache | 189 |
| 2.4.6.3 | Exekutive und motivationale Steuerungsfähigkeit | 190 |
| 2.4.7 | Willensfreiheit | 194 |
| 2.4.7.1 | Strafrechtliche Vorgaben zur Willensfreiheit | 194 |
| 2.4.7.2 | Willensfreiheit als Illusion | 196 |
| 2.4.7.3 | Machen unbewusste Motive unfrei? | 198 |
| 2.4.7.4 | Verhaltensbestimmung nach Gründen | 200 |
| 2.4.8 | Subjektivität und Bewusstsein | 201 |
| 2.4.8.1 | Der Versuch zur Elimination der Introspektion | 202 |
| 2.4.8.2 | Verstehende versus erklärende Psychologie | 205 |
| 2.4.8.3 | Allgemeine Psychopathologie als Phänomenologie | 208 |
| 2.4.8.4 | Bewusstsein als Konstituens von Subjektivität | 209 |

| | | |
|---|---|---|
| 2.4.9 | Zusammenfassung | 212 |
| Literatur | | 215 |
| **2.5** | **Die strafrechtlichen Rechtsfolgen** | **219** |
| 2.5.1 | Das Rechtsfolgensystem des StGB<br>D. Dölling | 219 |
| 2.5.2 | Die Einstellung des Strafverfahrens, das Absehen von Strafe und die Strafen<br>D. Dölling | 221 |
| 2.5.2.1 | Die Einstellung des Strafverfahrens | 221 |
| 2.5.2.2 | Das Absehen von Strafe | 223 |
| 2.5.2.3 | Die Strafen | 227 |
| 2.5.2.3.1 | Die Geldstrafe | 227 |
| 2.5.2.3.2 | Die Verwarnung mit Strafvorbehalt | 232 |
| 2.5.2.3.3 | Die Freiheitsstrafe | 234 |
| 2.5.2.3.4 | Das Fahrverbot | 243 |
| 2.5.2.4 | Die Strafzumessung | 244 |
| Literatur | | 248 |
| 2.5.3 | Die Maßregeln der Besserung und Sicherung<br>D. Best, D. Rössner | 250 |
| 2.5.3.1 | Allgemeine Gesichtspunkte | 250 |
| 2.5.3.1.1 | Gemeinsame Voraussetzungen | 253 |
| 2.5.3.1.2 | Jugendliche und Heranwachsende | 255 |
| 2.5.3.1.3 | Anordnungsverfahren | 257 |
| 2.5.3.2 | Die Unterbringung in einem psychiatrischen Krankenhaus | 261 |
| 2.5.3.2.1 | Kriminalpolitischer Hintergrund | 261 |
| 2.5.3.2.2 | Anordnungsvoraussetzungen | 262 |
| 2.5.3.2.3 | Anordnungsgegenstand und -folgen | 265 |
| 2.5.3.3 | Die Unterbringung in der Entziehungsanstalt | 265 |
| 2.5.3.3.1 | Kriminalpolitischer Hintergrund | 265 |
| 2.5.3.3.2 | Anordnungsvoraussetzungen | 266 |
| 2.5.3.3.3 | Anordnungsgegenstand und -folgen | 268 |
| 2.5.3.4 | Die Unterbringung in der Sicherungsverwahrung | 269 |
| 2.5.3.4.1 | Kriminalpolitischer Hintergrund | 269 |
| 2.5.3.4.2 | Sicherungsverwahrung gemäß § 66 StGB | 270 |
| 2.5.3.4.3 | Vorbehaltene und nachträgliche Sicherungsverwahrung | 273 |
| 2.5.3.5 | Die Führungsaufsicht | 277 |
| 2.5.3.5.1 | Kriminalpolitischer Hintergrund | 277 |
| 2.5.3.5.2 | Anordnungsvoraussetzungen | 277 |
| 2.5.3.5.3 | Anordnungsgegenstand und -folgen | 279 |
| 2.5.3.6 | Die Entziehung der Fahrerlaubnis | 280 |

2.5.3.6.1 Kriminalpolitischer Hintergrund ............ 280
2.5.3.6.2 Anordnungsvoraussetzungen ............... 281
2.5.3.6.3 Anordnungsgegenstand und -folgen ......... 282
2.5.3.7 Das Berufsverbot ....................... 283
2.5.3.7.1 Kriminalpolitischer und kriminologischer
          Hintergrund ......................... 283
2.5.3.7.2 Anordnungsvoraussetzungen ............... 284
2.5.3.7.3 Anordnungsgegenstand und -folgen ......... 285
Literatur ................................... 285

2.5.4     Die Maßregeln der Besserung und Sicherung –
          Anmerkungen aus psychiatrischer Sicht ...... 289
          N. LEYGRAF

2.5.4.1   Vorbemerkungen ....................... 289
2.5.4.2   Die einstweilige Unterbringung ............ 290
2.5.4.3   Die Unterbringung
          in einem psychiatrischen Krankenhaus ....... 291
2.5.4.4   Die Unterbringung in der Entziehungsanstalt .. 292
2.5.4.5   Die Unterbringung in der Sicherungsverwahrung 294
Literatur ................................... 297

**2.6     Die Vollstreckung und der Vollzug
          der Strafen und Maßregeln ............... 298**

2.6.1     Grundlagen ........................... 298
          D. DÖLLING

2.6.2     Der Vollzug der Freiheitsstrafe und die
          Aussetzung der Vollstreckung des Strafrestes
          zur Bewährung ....................... 299
          D. DÖLLING

2.6.2.1   Der Strafvollzug ....................... 299
2.6.2.1.1 Grundsätze .......................... 299
2.6.2.1.2 Planung des Vollzugs .................. 301
2.6.2.1.3 Einzelne Rechte und Pflichten des Gefangenen . 306
2.6.2.1.4 Sicherheit und Ordnung ................. 310
2.6.2.1.5 Die Organisation des Strafvollzugs ......... 312
2.6.2.1.6 Zur tatsächlichen Situation des Strafvollzugs ... 314
2.6.2.2   Die Aussetzung der Vollstreckung
          des Strafrestes zur Bewährung ............ 317
Literatur ................................... 321

2.6.3     Der Maßregelvollzug und die Aussetzung
          der Maßregelvollstreckung zur Bewährung .... 323
          D. BEST, D. RÖSSNER

2.6.3.1   Begriffliche und rechtliche Grundlagen ....... 323
2.6.3.2   Organisatorischer Rahmen des Maßregelvollzugs 324

| | | |
|---|---|---|
| 2.6.3.3 | Vollstreckungsrechtliche Vor- und Begleitfragen | 325 |
| 2.6.3.3.1 | Bedingter Verzicht auf die Maßregelvollstreckung | 326 |
| 2.6.3.3.2 | Vollstreckungsreihenfolge | 327 |
| 2.6.3.3.3 | Überweisung in den Vollzug einer anderen Maßregel | 328 |
| 2.6.3.3.4 | Vorläufige freiheitsentziehende Maßnahmen | 329 |
| 2.6.3.4 | Grundzüge des Maßregelvollzugs | 330 |
| 2.6.3.4.1 | Unterbringung in einem psychiatrischen Krankenhaus | 330 |
| 2.6.3.4.2 | Unterbringung in der Entziehungsanstalt | 332 |
| 2.6.3.4.3 | Vollzugslockerungen | 332 |
| 2.6.3.5 | Beendigung der Vollstreckung einer Maßregel nach §§ 63 oder 64 StGB | 335 |
| 2.6.3.5.1 | Erledigung | 335 |
| 2.6.3.5.2 | Aussetzung zur Bewährung | 336 |
| 2.6.3.5.3 | Überprüfungsfristen | 338 |
| Literatur | | 339 |
| 2.6.4 | Der Maßregelvollzug und die Aussetzung der Maßregelvollstreckung zur Bewährung – Anmerkungen aus psychiatrischer Sicht N. LEYGRAF | 340 |
| 2.6.4.1 | Organisation des Maßregelvollzugs | 340 |
| 2.6.4.2 | Vollstreckungsreihenfolge | 342 |
| 2.6.4.3 | Behandlung | 344 |
| 2.6.4.4 | Entlassungsentscheidungen | 347 |
| Literatur | | 348 |
| 2.6.5 | Drogentherapie im strafrechtlichen Rahmen – die Zurückstellungslösung der §§ 35, 38 Betäubungsmittelgesetz J.-M. JEHLE | 349 |
| 2.6.5.1 | Einleitung | 349 |
| 2.6.5.2 | Voraussetzungen und Verfahren der Zurückstellung nach §§ 35, 38 BtMG | 354 |
| 2.6.5.3 | Das Absehen von Anklageerhebung und Verurteilung gemäß § 37 BtMG | 363 |
| 2.6.5.4 | Das Verhältnis des § 35 BtMG zu § 64 StGB | 364 |
| 2.6.5.5 | Daten zur Anwendung in der Praxis | 365 |
| 2.6.5.6 | Einrichtungen und Therapien | 372 |
| 2.6.5.7 | Rechtspolitischer Ausblick | 376 |
| Literatur | | 377 |

| | | |
|---|---|---|
| **3** | **Strafprozessrecht** ........................ | 379 |
| | D. RÖSSNER | |
| 3.1 | Grundlagen des Strafprozessrechts .......... | 379 |
| 3.1.1 | Das Strafverfahren im Überblick ............ | 379 |
| 3.1.2 | Die Ziele des Strafverfahrens und die Rechte der Angeklagten ........................ | 380 |
| 3.1.3 | Die rechtsstaatlichen Grundprinzipien der StPO | 381 |
| 3.1.4 | Konfliktregelungen im Strafverfahren ........ | 385 |
| 3.1.4.1 | Absprachen („Deals") über Geständnisse und ihre Auswirkungen ................... | 385 |
| 3.1.4.2 | Täter-Opfer-Ausgleich (Mediation im Strafverfahren) .............. | 387 |
| 3.1.5 | Die Position der Beteiligten im Strafverfahren . | 388 |
| 3.1.5.1 | Der Beschuldigte ....................... | 388 |
| 3.1.5.2 | Die Staatsanwaltschaft ................... | 389 |
| 3.1.5.3 | Die Verteidigung ....................... | 390 |
| 3.1.5.4 | Die Zeugen und ihre Rechte ............... | 391 |
| 3.1.6 | Staatliche Zwangsmaßnahmen im Strafverfahren | 393 |
| 3.1.7 | Anklage und Beginn des gerichtlichen Verfahrens | 395 |
| 3.1.8 | Gerichtliche Entscheidungen und die Organisation der Strafgerichte ...... | 395 |
| 3.1.9 | Beweisgrundsätze: Wie wird der Sachverhalt vor Gericht festgestellt? | 397 |
| 3.1.10 | Beweisverbote und ihre Wirkung ........... | 400 |
| 3.1.11 | Das Strafurteil und seine Wirkung .......... | 401 |
| 3.1.12 | Rechtsmittel gegen ein Strafurteil ........... | 401 |
| 3.2 | Grundlagen des Zusammenwirkens von Juristen und psychiatrischen/psychologischen Sachverständigen ....................... | 402 |
| 3.3 | Die Beauftragung und die Auswahl des Sachverständigen ................... | 406 |
| 3.4 | Tatsachengrundlage und Tatsachenerhebungen durch den Sachverständigen ............... | 410 |
| 3.5 | Die Rechtsstellung des Sachverständigen ..... | 412 |
| 3.6 | Das Sachverständigengutachten und seine Qualität im Strafverfahren ........ | 413 |
| 3.7 | Die Rechtsstellung des Opfers .............. | 417 |
| 3.7.1 | Die kriminalpolitische Situation ............ | 417 |
| 3.7.2 | Die Situation des Opferzeugen und die rechtlichen Konsequenzen .......... | 418 |

| 3.7.3 | Die Ansätze einer opferbezogenen Strafrechtspflege in der StPO | 419 |

Literatur ... 421

| 3.8 | Grundlagen des Zusammenwirkens von Juristen und psychiatrischen/psychologischen Sachverständigen – Anmerkungen aus psychiatrischer/psychologischer Sicht | 424 |

H. Sass

| 3.8.1 | Vorbemerkung | 424 |
| 3.8.2 | Qualitätssicherung forensischer Begutachtung | 425 |
| 3.8.3 | Mögliche Rollenkonflikte des Sachverständigen | 426 |
| 3.8.4 | Zur Auswahl des Sachverständigen | 428 |
| 3.8.5 | Die persönliche Bestellung des Sachverständigen | 430 |
| 3.8.6 | Zusätzliche Erhebungen des Sachverständigen | 431 |
| 3.8.7 | Schlussbemerkung | 432 |

Literatur ... 433

# 4 Besonderheiten des Jugendstrafrechts ... 435

| 4.1 | Grundlinien des Jugendstrafrechts | 435 |

D. Dölling

| 4.1.1 | Grundlagen | 435 |
| 4.1.2 | Die relative Strafmündigkeit gemäß § 3 JGG | 437 |
| 4.1.3 | Die Heranwachsenden im Jugendstrafrecht | 440 |
| 4.1.4 | Die Rechtsfolgen des Jugendstrafrechts | 444 |
| 4.1.5 | Jugendgerichtsverfassung, Jugendstrafverfahren, Vollstreckung und Vollzug | 459 |

Literatur ... 462

| 4.2 | Forensisch-psychiatrische Begutachtung von Kindern und Jugendlichen | 464 |

P. Bauer, H. Remschmidt

| 4.2.1 | Die Rechtsstellung von Kindern und Jugendlichen auf verschiedenen Altersstufen | 464 |
| 4.2.2 | Die Rechtsstellung des Sachverständigen | 465 |
| 4.2.3 | Forensisch-psychiatrische Begutachtungsfragen im Kindes- und Jugendalter | 466 |
| 4.2.3.1 | Begutachtung zur Deliktfähigkeit gemäß § 828 BGB | 466 |
| 4.2.3.2 | Begutachtung zur Frage der relativen Strafmündigkeit gemäß § 3 JGG | 470 |
| 4.2.3.3 | Begutachtung zur Frage der Anwendung von Jugendstrafrecht auf Heranwachsende (§ 105 JGG) | 472 |

| | | |
|---|---|---|
| 4.2.3.4 | Begutachtung zu Fragen der Schuldfähigkeit ... | 479 |
| 4.2.3.5 | Begutachtung zur Glaubhaftigkeit | 484 |
| 4.2.3.6 | Prognose der Delinquenz | 494 |
| 4.2.4 | Therapie und Rehabilitationsmaßnahmen | 499 |
| 4.2.4.1 | Allgemeine Gesichtspunkte | 499 |
| 4.2.4.2 | Zur Auswirkung von Strafen | 500 |
| 4.2.4.3 | Straftäterbehandlung | 501 |
| 4.2.4.4 | Straftäterbehandlung im Maßregelvollzug | 502 |
| Literatur | | 504 |

## 5 Rechtliche Grundlagen der Forensischen Psychiatrie – eine international vergleichende Perspektive  511
H.-J. Albrecht

| | | |
|---|---|---|
| 5.1 | Einführung in Grundlagen und Probleme: Forensische Sachverständige im Strafverfahren | 511 |
| 5.2 | Die rechtlichen Rahmenbedingungen der Forensischen Psychiatrie im Strafverfahren | 517 |
| 5.2.1 | Anforderungen an den Sachverständigenbeweis unter der Europäischen Menschenrechtskonvention | 517 |
| 5.2.2 | Allgemeine Grundsätze | 519 |
| 5.2.3 | Wann ist ein Sachverständiger beizuziehen? ... | 523 |
| 5.2.4 | Die Bestellung des Sachverständigen | 527 |
| 5.2.5 | Stellung und Tätigkeit des forensischen Sachverständigen | 528 |
| 5.2.6 | Beweiswürdigung und Sachverständigengutachten | 530 |
| 5.2.7 | Ethische Richtlinien der Forensischen Psychiatrie | 530 |
| 5.3 | Rechtliche Grundlagen Forensischer Psychiatrie im Strafrecht | 532 |
| 5.3.1 | Schuld und Schuldunfähigkeit | 532 |
| 5.3.1.1 | Einführung | 532 |
| 5.3.1.2 | Schweiz | 535 |
| 5.3.1.3 | Österreich | 537 |
| 5.3.1.4 | Frankreich | 540 |
| 5.3.1.5 | Schweden | 541 |
| 5.3.1.6 | Common-Law-Rechtskreis | 544 |
| 5.3.1.7 | Islamischer Rechtskreis | 553 |
| 5.3.2 | Die Sicherung vor gefährlichen Straftätern | 556 |
| 5.4 | Zusammenfassung | 566 |
| Literatur | | 567 |

**Sachverzeichnis** ............ 575

# Autorenverzeichnis

Prof. Dr. Dr. h.c.
HANS-JÖRG ALBRECHT
Max-Planck-Institut
für ausländisches
und internationales Strafrecht
Günterstalstraße 73
79100 Freiburg

Dr. PETRA BAUER
Klinik für Forensische
Psychiatrie Haina
Landgraf-Philipp-Platz 3
35114 Haina (Kloster)
Deutschland

DOMINIK BEST
Philipps-Universität Marburg
Universitätsstraße 6
35037 Marburg

Prof. Dr. JÖRG-MARTIN JEHLE
Institut für Kriminalwissenschaften
Abteilung für Kriminologie,
Jugendstrafrecht
und Strafvollzug
Juristisches Seminar
Georg-August-Universität
Göttingen
Platz der Göttinger Sieben 6
37037 Göttingen

Prof. Dr. jur. DIETER DÖLLING
Institut für Kriminologie
Juristische Fakultät
Ruprecht-Karls-Universität
Heidelberg
Friedrich-Ebert-Anlage 6–10
69117 Heidelberg

Prof. Dr. WALTER GROPP
Strafrecht und Strafprozessrecht
Fachbereich Rechtswissenschaft
Justus-Liebig-Universität Gießen
Licher Straße 76
35394 Gießen

Prof. Dr. med.
HANS-LUDWIG KRÖBER
Institut für Forensische
Psychiatrie
Charité – Universitätsmedizin
Berlin
Campus Benjamin Franklin
Limonenstraße 27
12203 Berlin

Prof. Dr. med.
NORBERT LEYGRAF
Institut für Forensische
Psychiatrie
Rheinische Kliniken Essen
Kliniken der Universität
Duisburg-Essen
Virchowstraße 174
45174 Essen

Prof. Dr. med. Dr. phil.
HELMUT REMSCHMIDT
Klinik für Kinderund Jugendpsychiatrie
Philipps-Universität Marburg
Hans-Sachs-Straße 4
35039 Marburg

Prof. Dr. DIETER RÖSSNER
Institut für Kriminalwissen-
schaften
Philipps-Universität Marburg
Universitätsstraße 6
35037 Marburg

Prof. Dr. med. HENNING SASS
Ärztlicher Direktor
Universitätsklinikum Aachen
Pauwelsstraße 30
52074 Aachen

Prof. Dr. HEINZ SCHÖCH
Institut für die gesamten
Strafrechtswissenschaften
Ludwig-Maximilians-Universität
München
Prof.-Huber-Platz 2
80539 München

# 1 Was ist und wonach strebt Forensische Psychiatrie?

H.-L. KRÖBER

## 1.1 Was ist Forensische Psychiatrie?

Forensische Psychiatrie ist die wissenschaftliche Sichtung, Auswertung und Darstellung der Erfahrung aus psychiatrischer Begutachtungs- und Forschungstätigkeit, die sich in den letzten Jahrhunderten entwickelt und zu einem großen Bestand an empirischem Wissen geführt hat. Dies geschieht im Abgleich mit anderen psychiatrischen Forschungsfeldern, aber auch der kriminologischen Forschung. Das jeweils geltende Öffentliche-, Zivil- und Strafrecht hat dafür notwendige Rahmenbedingungen und Fragestellungen geliefert; gleichwohl begnügt sich das Fach nicht annähernd mit der Aufgabe „Gehilfe des Gerichts" zu sein. Vielmehr ist es gleichermaßen Medizin, nämlich Psychiatrie, und empirische Sozialwissenschaft. Es geht um die grundlegende Abklärung der Bedeutung von psychischer Verfassung, Persönlichkeit und psychischer Krankheit für die Bewährung des Einzelnen in der Begegnung mit den anderen und mit den sozialen Anforderungen und Regeln. Dies beginnt bei zivil- und sozialrechtlichen Fragen wie Arbeits- und Erwerbsfähigkeit und reicht bis zur Gefährlichkeitsprognose. Von besonderer Bedeutung für das Fach ist das Strafrecht im Hinblick auf Strafverfolgung, Begutachtung, Intervention und Prävention. Forensische Psychiatrie wird daher häufig mit Kriminalpsychiatrie gleichgesetzt. Sicherlich ist dies ein wichtiger Bereich, aber sie erschöpft sich nicht darin; weitere Schwerpunkte sind die zivil- und sozialrechtliche Begutachtung sowie das Betreuungsrecht.

Psychiatrie ist ein Teilgebiet der Medizin, das man im Anschluss an das Medizinstudium in einer zumindest fünfjährigen Weiterbildung erlernt. Anschließend kann man in dreijähriger Weiterbildung und einem Kompetenznachweis die Schwerpunktbezeichnung „Forensische Psychiatrie" und das Zertifikat „Forensische Psychiatrie" der Deutschen Gesellschaft für Psychiatrie, Psychotherapie und Nervenheilkunde (DGPPN) erwerben. Das eingrenzende Adjektiv „forensisch" leitet sich ab von „forum", dem Marktplatz, auf dem einst öffentlich Rechtsstreitigkeiten ausgetragen wurden, auf dem dann Gerichtslauben entstanden, denen schließlich Gerichtsgebäude folgten. Zumindest das Strafverfahren ist im Regelfall öffentlich. Mithin kann auch die Tätigkeit der forensischen Psychiater öffentlich beobachtet werden. Dies ist auch gut so, denn Forensische Psychiatrie muss sich dem

Nichtpsychiater, dem Juristen, aber auch der verstehensbereiten Öffentlichkeit verständlich machen.

Zu diesem Verständlichmachen gehört auch die Darlegung der Grundlagen und Erkenntnisse des eigenen Fachs. Es gibt mehrere gute Lehrbücher der Forensischen Psychiatrie; das letzte umfassende Handbuch, herausgegeben von Hans Göppinger und Hans Witter (1972), wird demnächst 35 Jahre alt – und ist immer noch eine begehrte Arbeitsgrundlage für jeden, der sich in das Fach vertiefen will. Gleichwohl war es Zeit für das erneute Bemühen, den gesamten Bestand der fachlichen Erkenntnisse in einem Handbuch vorzulegen.

Die Gliederung dieses Handbuches ergibt sich recht zwanglos aus der Ordnung des Fachs. Im ersten Band werden die strafrechtlichen Grundlagen dargestellt, aber im Hinblick auf die zugrunde liegenden Konzepte auch von psychiatrischer Seite erörtert. Der zweite Band beginnt mit einer Darstellung der Psychopathologie als Grundlagenfach der Forensischen Psychiatrie, um dann anhand der vier juristischen Eingangsvoraussetzungen der Schuldunfähigkeit die Störungsbilder zu diskutieren, welche die Schuldfähigkeit beeinträchtigen oder aufheben können. Dargestellt werden außerdem die Grundlagen bei der Begutachtung der Strafreife sowie bei der Begutachtung der Glaubhaftigkeit von Zeugenaussagen. Der dritte Band beschreibt Methodik und empirische Grundlagen der kriminalprognostischen Begutachtung sowie der Behandlung von Strafgefangenen und von psychisch gestörten Rechtsbrechern im Maßregelvollzug. Der vierte Band ist insofern für die Forensische Psychiatrie innovativ, als er in seinen Darstellungen nicht von psychiatrischen Störungsbildern ausgeht, sondern in Kooperation mit der Kriminologie von unterschiedlichen Delikttypen. Dargestellt werden in diesem Band auch die Viktimologie sowie die Soziologie und Psychologie des Strafverfahrens. Band fünf schließlich behandelt die Forensische Psychiatrie im Privatrecht und im Öffentlichen Recht.

Ein Handbuch ist notwendig anders gegliedert als ein Forschungsbericht; es muss sowohl die Standards des Faches darstellen wie auch das gesicherte Wissen. Die Eigenständigkeit des Faches, das keineswegs allein von der juristischen Nutzung lebt, wird deutlich beim Blick auf seine Forschungsaktivitäten (Hodgins 2002). Dabei finden sich im Grundsatz die gleichen Forschungsfelder wie in der allgemeinen Psychiatrie, allerdings mit anderen Schwerpunkten und anderen Inhalten, nämlich der Beforschung derjenigen psychisch auffälligen und psychisch kranken Menschen, die Straftaten begangen haben. In kleinem Umfang gibt es in der Forensischen Psychiatrie auch eine sozialmedizinische Forschung, z. B. im Hinblick auf Rentenbegehren und die unterschiedlichen Möglichkeiten des Umgangs damit. In der Forschung (und im therapeutischen Bereich) wird in hohem Umfang eine Kooperation von Psychologen und Psychiatern praktiziert, in kleinem, ausbaufähigem Umfang eine Kooperation mit Kriminologen und Juristen.

Die vier entscheidenden (strafrechtlich-kriminologisch orientierten) Bereiche sind Ursachenforschung, Verlaufsforschung, Therapieforschung sowie Therapieorganisationsforschung. Die *Ursachenforschung* bezieht sich im Felde der Forensischen Psychiatrie nicht allein auf die Ursachen von psychischen Krankheiten, sondern auch auf den Zusammenhang zwischen psychischer Krankheit und psychischer Störung einerseits und bestimmten, speziell delinquenten Verhaltensweisen andererseits. Sie ist gleichermaßen vielfältig und komplex organisiert wie in der allgemeinpsychiatrischen Forschung. Neben der empirischen Ursachenforschung geht es dabei immer erneut auch um die Durchdringung der angewandten Konzepte von Person, Willen, Handlung, Krankheit, Willensfreiheit. In der *Verlaufsforschung* geht es nicht nur um den Verlauf einer psychischen Störung im Zeitrahmen zwischen Geburt und Tod eines Menschen, sondern es geht parallel dazu um die Frage, wie sich straffälliges Verhalten im Lebenslauf eines Menschen einordnen und verstehen lässt. Auch in der *Therapieforschung* finden wir diese Doppelung, es geht bei den Behandlungen um eine Besserung des psychischen Befindens und eine Minderung der psychischen Störungen, es geht aber zugleich auch um den Schutz der Öffentlichkeit vor Straftätern und darum, einen Patienten davor zu bewahren, dass er erneut Straftaten begeht. In der *Interventions- und Therapieorganisationsforschung* wird untersucht, wie die staatlichen und gesellschaftlichen Ressourcen eingesetzt und organisiert sein sollten, um möglichst effektiv auf Rechtsbrecher einzuwirken. Möglichst effektiv heißt: größtmögliche Minderung der Schäden und Gefahren für die Bürger unter größtmöglicher Bewahrung der Würde und auch der individuellen Freiheit eines Rechtsbrechers bzw. eines potenziellen Rechtsbrechers. Es geht dabei um Fragen, die einen Sonderfall des Forschungsgebietes „public health" darstellen: Wie müssen stationäre und ambulante therapeutische Hilfen aussehen und organisiert sein, um sinnvoll wirken zu können, und in welchem Umfang müssen dabei Sicherheitsbedürfnisse berücksichtigt und in spezielle Regelungen und Baulichkeiten umgesetzt werden.

## 1.2 Interdisziplinäre Stellung der Forensischen Psychiatrie

Forensische Psychiatrie ist in besonderer Weise auf Interdisziplinarität angelegt und steht im regen Gedankenaustausch mit Juristen, Kriminologen und Kriminalisten, Psychologen, Sozialwissenschaftlern, aber auch Rechtsmedizinern, Neurologen und Neurobiologen. Die Forschung ist regelhaft ein Feld enger Kooperation zwischen verschiedenen wissenschaftlichen Disziplinen. Aber auch die Lehrtätigkeit richtet sich an Medizin-, Jura- und Psychologiestudenten, die Fortbildung an Psychiater, Psychologen, Richter, Rechtsanwälte, Staatsanwälte, die Kriminalpolizei sowie Mitarbeiter des Straf- und Maßregelvollzugs. Hinzu kommen eine stete Beratung der Rechtspolitiker und die Aufklärung der Öffentlichkeit durch die Information der Journalisten. Dabei geht es um die Entwicklung und Diskussion neuer kriminalpolitischer Konzepte sowie um die Förderung und Sicherung der Qualität der forensischen Begutachtung, der Täterbehandlung und des strafrechtlichen Umgangs mit delinquent gewordenen Menschen.

Die Begutachtung unter der Fragestellung, ob eine bestimmte rechtlich relevante Fähigkeit durch eine psychische Störung beeinträchtigt war, obliegt im Grundsatz dem Psychiater. Allein der Psychiater verfügt über das gesamte Spektrum klinischer Erfahrung von krankhaften psychischen Störungen bis weit in das Feld normaler seelischer Abläufe hinein, über Abhängigkeitserkrankungen, sexuelle Deviationen und Persönlichkeitsstörungen bis hin zu den eher normalpsychologisch nachvollziehbaren Anpassungsstörungen und akuten abnormen psychischen Reaktionen. Die Vertrautheit mit diesem breiten Spektrum ist eine wesentliche Voraussetzung uneingeschränkter, dann aber auch gezielter Exploration, die keine Störungsmöglichkeit außer Acht lassen darf und mithin Voraussetzung einer zuverlässigen Differenzialdiagnostik ist. Zugleich gewährleistet nur diese Erfahrenheit mit den klinischen Bildern in der ganzen Bandbreite möglicher Störungen eine adäquate Beurteilung der Störungsfolgen im Hinblick auf bestimmte rechtlich relevante „Fähigkeiten", wobei ein psychopathologisches Referenzsystem unterschiedlich schwerer Beeinträchtigungen der Einzelfallbeurteilung einen Bezugsrahmen gibt (Saß 1985). In aller Regel kann bei der Schuldfähigkeitsbegutachtung nicht im Vorhinein davon ausgegangen werden, dass allein eine normalpsychologische Extremreaktion (wie die „tiefgreifende Bewusstseinsstörung") in Frage kommt. Bereits deren Zusammenwirken mit der jeweiligen Persönlichkeitsartung verlangt nach psychiatrischer Kenntnis von Entstehung, Qualität und Verlauf bei Persönlichkeitsauffälligkeiten und ungewöhnlichen psychischen Entwicklungen. Ohne Zweifel aber gibt es eine Reihe von Fragen, zu deren Beantwortung Psychologen und Psychiater gleichermaßen geeignet sind, sofern sie Kompetenz für diese Fragestellung erworben haben. Offensichtlich ist, dass man diese Kompetenz nicht bereits in der universitären Ausbildung zum Arzt und anschließender Weiterbildung zum Psychiater und ebensowenig im Psychologiestudium erwirbt. Gerade bei der Begutachtung als einer sehr persönlichen Leistung ist nicht zu verkennen, dass die individuelle Kompetenz oft bedeutsamer ist als die formale Ausbildung.

Tatsächlich gibt es Unterschiede: Die Psychologen gehen von der Psychologie der normalen psychischen Abläufe aus, Psychiater von der Psychopathologie (die sie mit normalen psychischen Abläufen zu kontrastieren haben). Aber niemand ist gehindert, im Nachbargebiet dazuzulernen, und sicher feststellen kann man nur die Unterschiede in den individuellen Ausbildungsgängen. Dies nutzt man, um eine möglichst breite Fundierung von Forschungsprojekten zu erreichen: In nahezu jedem psychiatrischen Forschungsprojekt werden psychologische und psychiatrische Methodik angewandt und sind Mitarbeiter aus beiden Berufsgruppen beteiligt. Dabei unterscheiden sich die beiden Vorgehensweisen hinsichtlich der Schwerpunkte der basalen Methodik. Keineswegs ist das besonders „Psychiatrische" die Erhebung körperlicher Befunde. Das genuin Psychiatrische ist vielmehr die kasuistisch-biografische Auseinandersetzung mit der real existierenden, psychisch auffälligen einzelnen Person unter Handlungs- und Entscheidungsdruck. Psychiatrie ist eine medizinische Disziplin, ein wissenschaftlich fundiertes Handwerk, und beschäftigt sich in einer pragmatischen Aufgabenstellung (z. B. Helfen) mit einzelnen Personen. Erst im zweiten Zugriff ist sie auch Wissenschaft, welche systematisch Ursachen, Verlauf und Therapie erforscht. Psychologie hingegen präsentiert sich primär als Wissenschaft und beschreibt psychische Vorgänge bei einzelnen Menschen oder Menschengruppen; sie präsentiert sich gegenwärtig und in den letzten Jahrzehnten (mithin nach der expliziten Trennung von Psychiatrie/Psychopathologie und Philosophie), gerade auch in ihren forensischen Anwendungen, als eine empirisch-positivistische Wissenschaft. Psychologen machen Wahrscheinlichkeitsaussagen („der Proband ist im Vergleich mit einer Normstichprobe seiner Altersgruppe überdurchschnittlich depressiv"), Psychiater treffen Entscheidungen im Einzelfall (stationäre Aufnahme, antidepressive Medikation etc.). Die Entscheidung im Einzelfall basiert sehr viel stärker auf dem intraindividuellen Vergleich (der Patient berichtet, dass er gegenwärtig bestimmte Beschwerden hat, die er früher nicht hatte) und eher auf dem qualitativen als quantitativen Abgleich dieser Beschwerden mit den Beschwerden anderer. Kurzum: Der Psychiater stützt sich in seinen Entscheidungen primär auf die Beschwerdeschilderung des Patienten und dessen Angehörige und auf die biografische Anamnese. Der Psychologe hingegen würde stärker auf die Anwendung standardisierter Fragebogen und von Leistungstests sinnen, also auf eine objektivierende querschnittliche Befunderhebung. Natürlich aber kann der Psychiater Fragebogen vorlegen und der Psychologe eine biografische Anamnese erheben, und überall da, wo Forschung betrieben wird, geschieht dies auch. Inzwischen gewinnen in der Psychologie und der Tätigkeit psychologischer Psychotherapeuten Verfahren wie die explorative Gesprächsführung und generell der idiografische Ansatz, der mit der traditionellen psychiatrischen Methodik sehr eng verschwistert ist, wieder an Boden.

## 1.3 Ethische Aspekte forensischer Tätigkeit

Wonach strebt die Forensische Psychiatrie? Nach Erkenntnis, nach gesicherten Aussagen, nach einer vernünftigen Grundlage für einen humanen Umgang mit psychisch Kranken, die sich im sozialen Regelwerk verirren, und nach einem vernünftigen und humanen Umgang mit Rechtsbrechern. Diese Ziele sind nie endgültig erreicht, aber es gilt, das jeweils Erreichbare auch zu leisten.

Dies beginnt mit der Sorgfalt und handwerklichen Qualität jedes einzelnen Gutachtens. Wenn vor Gericht seitens des Sachverständigen eine psychologische „Erklärung" zum Verhalten des Angeklagten abgegeben wird, dann muss sie nicht nur stimmen *können*, dann muss sie mit hinreichender Evidenz wirklich stimmen. Ein Vorschlag zur Interpretation des Verhaltens muss zumindest als Spekulation kenntlich gemacht werden. Also konzentriert sich die forensische Begutachtung auf die möglichst genaue Beschreibung; in ihr, nicht in der Deutung, liegt die Qualität des Gutachtens. Beschauen und Beschreiben ist die erste Aufgabe des Psychopathologen wie jedes Pathologen; er verfasst keine fiktionalen, sondern „pragmatische" Texte. Er soll wirkliche Menschen beschreiben und steht damit unter Wahrheitsverpflichtung. Sein pragmatischer Text „steht unter dem sprachlogischen Imperativ Wirklichkeit abzubilden, und zwar nicht mögliche Wirklichkeit, sondern historisch-faktische Wirklichkeit, und keine Realismusdiskussion schafft diesen Imperativ aus der Welt. So wenig in fiktionalen Texten gelogen werden kann, so sehr wohnt der pragmatische Text immer am Rand der Lüge. Das Porträt lebendiger Menschen ist deshalb in einem präzisen Sinn auch eine moralische Angelegenheit" (von Matt 1989, S. 71). Das verweist auf den Satz: „Du sollst dir kein Bildnis machen"; von diesem Verbot gibt es die Ausnahmeerlaubnis, die an strikte Vorsicht geknüpft ist. Der Gutachter sollte sich keinesfalls zu dem Versuch gedrängt fühlen, für jede Tathandlung in foro eine (scheinbare) „Erklärung" anzubieten. Man muss auch, wenn es um die Schuldfähigkeit geht, oft noch gar nicht alles über Tatmotive und ihre Wurzeln wissen; vieles kann man späterer Klärung und der Erschließung in einer therapeutischen Beziehung überlassen, die für solcherart Erkenntnisse oft fruchtbarer ist als die Situation unmittelbar in foro, also auf dem Marktplatz.

Es gibt allerdings in der Medizin und auch vor Gericht keine besondere Ethik, die sich von der anderer Berufe unterscheidet. Ethik in der Medizin, der Psychiatrie, der Forensischen Psychiatrie ist die Anwendung allgemein gültiger ethischer Regeln in bestimmten sozialen Feldern (Fachgebieten) und auf bestimmte charakteristische Problemstellungen (Helmchen u. Vollmann 1999). Auch bei der strafrechtlichen Begutachtung oder bei der Forschung an Patienten, die strafrechtlich im Maßregelvollzug untergebracht sind, behalten die zentralen medizinethischen Begriffe ihre Bedeutung und Gültigkeit: Beachtung der Würde und des Selbstbestimmungsrechts des Individuums, konkretisiert nicht zuletzt in Ehrlichkeit, Verschwiegenheit, Hilfeleistung, Pflicht zur Erhaltung von Leben und körperlicher Unversehrtheit. Auch im Bereich der Forensischen Psychiatrie werden ärztliche Pflichten nicht aufgehoben, also für das Wohlergehen von Kranken zu sorgen, Hilfe zu leisten, den Respekt vor der Würde und Selbstbestimmung der Person zu wahren sowie Fairness, Toleranz und Offenheit zu üben. Die World Psychiatric Association schloss in der Deklaration von Madrid (1996) über die Pflichten der Psychiater die forensischen Psychiater selbstverständlich mit ein und wies auf einige Punkte hin, die bei der Begutachtung zu beachten sind, insbesondere die Aufklärung des Probanden und den Umgang mit dem fehlenden Schweigerecht des Arztes.

Gleichwohl liegt nahe, dass es in diesem Feld zu Konflikten kommen kann. Der forensische Psychiater ist mit Menschen konfrontiert, bei denen keineswegs von vornherein feststeht, ob sie Rechtsbrecher sind oder nicht, ob und welche Strafe sie erwartet. Es steht nicht fest, dass sie überhaupt psychisch oder somatisch krank sind. Sie haben den Arztkontakt nicht angefordert und unterliegen (bei Begutachtungen im strafrechtlichen Bereich) oft einem besonderen Gewaltverhältnis (Untersuchungshaft, vorläufige Unterbringung in der Psychiatrie). Der Arzt ist im Rahmen von gutachterlichen Aufgaben sehr viel häufiger als Diagnostiker denn als Therapeut gefragt, und seine Expertise kann nachteilige Folgen für den Untersuchten haben, zumindest nicht nur wohltätige Folgen. Dies haben einzelne amerikanische Autoren zu dem Vorstoß genutzt, den forensischen Psychiatern den „ethischen" Status des Arzttums abzusprechen, ihr Tun sei mit dem hippokratischen Eid nicht vereinbar (Stone 1984, 2002), was weitere Diskussionen nach sich zog (Hermann 1990, Kopelman 1990, Nedopil 2002, Kröber 2004). Golding (1990) hat dazu aus rechtspsychologischer Sicht Stellung genommen.

Doch nicht nur der therapeutisch tätige Arzt wird den ethischen Anforderungen an den Arztberuf gerecht. Selbstverständlich ist auch eine spezialisierte diagnostische Tätigkeit, z.B. in der Labormedizin, der Radiologie, der Neurophysiologie, medizinethisch völlig unproblematisch. Wenn ein Psychiater mit einem einzelnen Menschen eine eingehende, seiner Ausbildung entsprechende Untersuchung durchführt um festzustellen, ob dieser Mensch psychisch krank oder gesund ist, so tut er das, was jeder im medizinischen Versorgungssystem tätige Psychiater im Rahmen seines Berufes und seiner Pflichten unzählige Male getan hat und noch tun wird.

Im medizinischen Versorgungssystem führt er diese Untersuchung durch, um eine differenzielle Indikation für eine Behandlung zu stellen und für eine Inanspruchnahme von Ressourcen, finanziellen Mitteln, Manpower, Raum, Zeit, manchmal sogar menschlichen Organen (z.B. die psychiatrische Untersuchung vor einer Lebertransplantation).

Als strafgerichtlich beauftragter Sachverständiger führt er diese Untersuchung durch, um dem Gericht eine Einschätzung der Schuldfähigkeit zu ermöglichen und eventuell eine Entscheidung vorzubereiten, ob der Betreffende statt in Haft (auch gegen seinen Willen) in eine psychiatrische Klinik eingewiesen wird oder gar nach der Haftzeit in die Sicherungsverwahrung. Verstößt er damit gegen medizinethische Prinzipien, primär gegen das „nil nocere", das Nichtschadensgebot, und entsprechend gegen das Benefizienzgebot?

Moralische Probleme der forensischen Psychiater in den USA werden verursacht durch die Strafprozessordnung (und bei Mitwirkung an der Todesstrafe, Bloche 1993). Im kontradiktorischen, adversariellen Modell („adversarial and accusatorial model") des amerikanischen und englischen Strafprozessrechts („common law") kämpfen Anklage und Verteidigung miteinander, während der Richter eher „Schiedsrichter" ist und eine Jury das Urteil fällt. Die Wahrheit liegt bei den „besseren" Argumenten. Der forensische Psychiater ist Kombattant, entweder auf Seiten der Verteidigung oder der Anklage, und es hängt nicht zuletzt von seiner Eloquenz ab, ob die Laienjury überzeugt wird. Deutlich anders arbeitet das „inquisitorische Modell" des deutschen Strafprozessrechts und verwandter Systeme, bei dem eine umfassende, unparteiliche Ermittlungspflicht bei der Staatsanwaltschaft und dem Gericht liegt, um die „materiale Wahrheit" herauszufinden. Hier findet sich der forensische Sachverständige in einer unparteiischen Rolle als „Gehilfe des Gerichts" und ist verpflichtet, sein Gutachten „nach bestem Wissen und Gewissen" zu erstatten. Stone (2002) illustrierte die Problematik am Fall Yates. Der für die Anklagebehörde tätige forensische Psychiater hatte die zur Tatzeit unstreitig psychotische Mrs. Yates, die ihre fünf Kinder getötet hatte, gleichwohl für ungemindert verantwortlich erklärt, indem er ausschließlich auf ihre Einsichtsfähigkeit fokussierte und erklärt hatte, auch sie sei imstande gewesen, Recht und Unrecht zu unterscheiden. Die Jury wies daraufhin ihre Einrede der Schuldunfähigkeit zurück. Stone verweist darauf, dass bei parteilicher Begutachtung eine „Ethik der Wahrheitssuche" offenbar keine stabile Grundlage forensischer Tätigkeit sei. Aus deutscher Sicht wäre dieses Verhalten eines Sachverständigen unmoralisch, weil unredlich (durch die Verengung allein auf einen Teilaspekt der Fragestellung) und wider besseres Wissen.

Appelbaum (1990, 1997) hatte folgende Unterscheidung zwischen psychiatrischen Therapeuten und Gutachtern vorgeschlagen: Therapeuten haben die primäre Pflicht, die Interessen ihrer Patienten zu vertreten und entsprechend den Prinzipien von Benefizienz und Nonmalefizienz Beeinträchtigung und Schädigung zu vermeiden. Die Patienten können darauf vertrauen, dass das, was sie dem Arzt anvertrauen, nur zu ihrem Nutzen verwendet wird. Forensische Psychiater hätten hingegen ein anderes ethisches Bezugssystem, das sich aus den legitimen Interessen des Justizsystems ableite. Ihre Pflicht sei es, die Wahrheit zu suchen und zu offenbaren („seek and reveal the truth"), auch wenn dies nicht im Interesse des Probanden ist. Diese Wahrheitssuche unterliege aber ebenfalls Regeln: Die Sachverständigen müssen Respekt für die untersuchte Person bewahren und dürfen sie nicht täuschen. Deswegen habe die psychiatrische Untersuchung zu beginnen mit einer Aufklärung über die besonderen Bedingungen einer Begutachtung und das fehlende Schweigerecht des Sachverständigen.

Appelbaum leitete daraus, wie auch viele andere (Strasburger et al. 1997, Nedopil 2002), schlüssig ab, dass der Therapeut nicht in die Rolle des Gutachters wechseln solle, sondern dass Therapeuten- und Gutachterrolle getrennt bleiben sollen. Praktisch ist dies nicht strikt einzuhalten, weil in aller Regel auch Behandler gutachterlich tätig werden, nämlich Zeugnisse ausstellen müssen über Arbeitsunfähigkeit, notwendige Fortdauer einer Krankenhausbehandlung, Erwerbsunfähigkeit etc. Im strafrechtlichen Bereich ist aber nach den in Deutschland etablierten Standards bei gewichtigen Entscheidungen (Schuldfähigkeit, Unterbringung, bedingte Entlassung) eine klare Trennung zwischen Therapeut und Gutachter geboten (Boetticher et al. 2005, 2006). Dies folgt nicht nur Fairnessgesichtspunkten, sondern hat auch pragmatische Gründe: Die intime Kenntnis aus der therapeutischen Beziehung, die aber auch vereinseitigen kann, soll ergänzt werden durch den „fremden" Blick von außen.

Oftmals verwechselt die amerikanische Debatte „ethics" mit sozialem Auftrag. Medizinethik erschöpft sich nicht in einer Ethik des unmittelbaren

Heilens, und nicht nur der ist Arzt, der therapeutisch tätig ist. Essenziell ist in der Tat, dass der Betroffene wissen muss, ob der Arzt ihm in therapeutischer Funktion gegenübertritt oder als Gutachter für eine Versicherung oder für ein Gericht. Erfahrungsgemäß können Menschen den Unterschied gut begreifen. Ansonsten unterliegt der Gutachter den gleichen ethischen Prinzipien von Achtung der Würde, des Selbstbestimmungsrechts und der Fairness.

Die Ethikrichtlinien der American Association of Psychiatry and Law (1995, s. auch Weinstock et al. 2003) umfassen fünf Essentials, über die sicherlich Einigkeit besteht und die weitgehend auch durch die Strafprozessordnung und das Recht auf ein faires Verfahren abgesichert werden:

1. *„Confidentiality"*: Verlässlichkeit der Absprachen. Gemeint ist Respekt für das individuelle Recht auf Privatheit und Vertraulichkeit; soweit dies eingeschränkt ist, muss es dem Probanden klar sein.
2. *„Consent"*: Zustimmung. Für eine psychiatrische Begutachtung muss eine eindeutige Aufklärung erfolgen und sollte eine informierte Zustimmung vorliegen. Wo dies infolge einer akuten psychischen Krankheit nicht möglich, die Begutachtung aber unerlässlich ist, soll im Rahmen der Gesetze eine qualifizierte Substitution dieser Zustimmung erfolgen.
3. *„Honesty and striving for objectivity"*: Redlichkeit und Bemühen um Objektivität. Dies ist eigentlich die zentrale moralische Forderung an den Sachverständigen, nach bestem Wissen und Gewissen auszusagen, sein eigenes Tun zu reflektieren, eigene emotionale Reaktionen zu berücksichtigen und sich auf die eigene Rolle zu beschränken, also weder als Strafender noch als Retter in Erscheinung zu treten.
4. *„Qualifications"*: Fachliche Kompetenz. Wer Herzen operiert, muss das können; wer an Entscheidungen mitwirkt, die lebenslangen Freiheitsentzug bedeuten können, muss sich dafür qualifiziert haben und weiter qualifizieren.
5. *„Procedures for handling complaints of unethical conduct"*: Schutz vor Diskriminierung. In den USA wird häufig der Vorwurf vorurteilshafter Begutachtung afroamerikanischer Probanden durch „weiße" Gutachter erhoben. In Deutschland kümmern sich die Ärztekammern um solche Beschwerden über unethisches Verhalten, weitere Regelungen gibt es nicht.

Teil der Aufklärung im Rahmen der Begutachtung ist die psychiatrische Beurteilung der Einwilligungsfähigkeit des Probanden (Kröber 1997, 1998). Auch bei der Einwilligung von Probanden in forensische Forschungsprojekte ist für die informierte Zustimmung Einwilligungsfähigkeit erforderlich und zu beurteilen. Dies gilt insbesondere bei der Forschung mit Inhaftierten oder Patienten im Maßregelvollzug, die mithin einem besonderen Gewaltverhältnis unterliegen; die Möglichkeiten zur Erforschung eingreifender Behandlungsmaßnahmen (z.B. durch neue Medikamente) sind hier äußerst eng begrenzt. Auch für eine Forschung, die ohne gesundheitliche Beeinträchtigung erfolgt, wie z.B. mit bestimmten bildgebenden Verfahren bei

Probanden mit bestimmten Formen von Sexualdelikten, ist die informierte Zustimmung des Probanden unerlässlich.

So regeln rechtliche Vorgaben in vielfältiger Form den Umgang mit Rechtsbrechern. Wenden wir uns also in diesem Band des Handbuchs den rechtlichen Grundlagen zu.

## Literatur

American Academy of Psychiatry and the Law (1995) Ethical guidelines for the practice of forensic psychiatry. AAPL, Bloomfield CT
Appelbaum PS (1990) The parable of the forensic psychiatrist: Ethics and the problem of doing harm. Int J Law Psychiatry 13:249-259
Appelbaum PS (1997) Ethics in evolution: the incompability of clinical and forensic functions. Am J Psychiatry 154:445-446
Bloche MG (1993) Psychiatry, capital punishment and the purposes of medicine. Int J Law Psychiatry 16:301-357
Boetticher A, Nedopil N, Bosinski HAG, Saß H (2005) Mindestanforderungen für Schuldfähigkeitsgutachten. NStZ 25:57-62
Boetticher A, Kröber HL, Müller-Isberner R, Böhm KM, Müller-Metz R, Wolf T (2006) Mindestanforderungen für Prognosegutachten. NStZ 26:537-544
Golding SL (1990) Mental health professionals and the courts: the ethics of expertise. Int J Law Psychiatry 13:281-307
Göppinger H, Witter H (Hrsg) (1972) Handbuch der Forensischen Psychiatrie, Bd 1, Bd 2. Springer, Berlin Heidelberg New York
Helmchen H, Vollmann J (1999) Ethische Fragen in der Psychiatrie. In: Helmchen H, Henn H, Lauter H, Sartorius N (Hrsg) Psychiatrie der Gegenwart, 4. Aufl, Bd 2, Allgemeine Psychiatrie. Springer, Berlin Heidelberg New York, S 521-577
Hermann DHJ (1990) Autonomy, self determination, the right of involuntarily committed persons to refuse treatment, and the use of substituted judgment in medication decisions involving incompetent persons. Int J Law Psychiatry 13:361-385
Hodgins S (2002) Research priorities in forensic mental health. Int J Forensic Ment Health 1:7-23
Kopelman LM (1990) On the evaluative nature of competency and capacity judgments. Int J Law Psychiatry 13:309-329
Kröber HL (1997) Einwilligungsfähigkeit (informed consent) und Einsichtsfähigkeit in die Ziele der Genomforschung. In: Rittner C, Schneider PM, Schölmerich P (Hrsg) Genomanalyse und Gentherapie: Medizinische, gesellschaftspolitische, rechtliche und ethische Aspekte. Fischer, Stuttgart, S 193-210
Kröber HL (1998) Psychiatrische Kriterien zur Beurteilung der Einwilligungsfähigkeit. Rechtsmedizin 8:41-46
Kröber HL (2004) Ethische Aspekte der Begutachtung und Forschung in der Forensischen Psychiatrie. In: Bormuth M, Wiesing U (Hrsg) Ethische Aspekte der Forschung in Psychiatrie und Psychotherapie. Deutscher Ärzte Verlag, Köln, S 111-124
Matt P von (1989) ... fertig ist das Angesicht. Zur Literaturgeschichte des menschlichen Gesichts. Suhrkamp, Frankfurt am Main
Nedopil N (2002) The boundaries of courtroom expertise. J Forensic Psychiatry 13:494-498
Saß H (1985) Ein psychopathologisches Referenzsystem zur Beurteilung der Schuldfähigkeit. Forensia 6:33-43
Stone AA (1984) The ethics of forensic psychiatry: a view from the ivory tower. In: Stone AA (ed) Law, psychiatry and morality. American Psychiatric Press, Washington, pp 57-76
Stone AA (2002) Forensic ethics and capital punishment: is there a special problem? J Forensic Psychiatry 13:487-493

Strasburger LH, Gutheil TG, Brodsky A (1997) On wearing two hats: role conflict in serving as both psychotherapist and expert witness. Am J Psychiatry 154:448–456

Weinstock R, Leong GB, Silva JA (2003) Ethical guidelines. In: Rosner R (ed) Principles and practice of forensic psychiatry, 2nd edn. Arnold, London, pp 56–72

World Psychiatric Association (1996) Deklaration von Madrid (On the Duties of Psychiatrists). Nervenarzt 69:454–455

# 2 Strafrecht

## 2.1 Grundlagen des Strafrechts

D. DÖLLING

### 2.1.1 Begriff des Strafrechts

Das *Strafrecht* ist der Teil der Rechtsordnung, der festlegt, welche Rechtsbrüche Kriminaldelikte sind und als Rechtsfolgen für diese Rechtsbrüche Strafen, Maßregeln der Besserung und Sicherung oder sonstige Maßnahmen androht (Jescheck u. Weigend 1996, S. 10; Lenckner 1972, S. 3). Das Strafrecht ist somit dadurch charakterisiert, dass es als Rechtsfolge für eine Tat die Strafe vorsieht. *Strafe* ist der Ausgleich einer Unrechtstat durch Auferlegung eines Übels, das eine öffentliche Missbilligung der Tat zum Ausdruck bringt (Jescheck u. Weigend 1996, S. 13). Sie setzt voraus, dass der Täter bei Begehung der Tat schuldhaft gehandelt hat. Die *Maßregeln der Besserung und Sicherung* dienen der Verhinderung weiterer rechtswidriger Taten durch den Täter und haben deshalb die Gefährlichkeit des Täters zur Voraussetzung (Roxin 2006, S. 2). Eine *sonstige Maßnahme* ist z. B. der Verfall nach § 73 StGB, mit dem durch die Tat erlangte Vorteile abgeschöpft werden.

Da neben den Strafen als Rechtsfolgen des Kriminaldelikts die Maßregeln der Besserung und Sicherung und die sonstigen Maßnahmen stehen und diese auch an die Stelle einer Strafe treten können, wird der Begriff des Strafrechts teilweise als zu eng angesehen (Maurach u. Zipf 1992, S. 2). Statt von Strafrecht könnte auch von Straf- und Maßregelrecht oder von *Kriminalrecht* gesprochen werden (Lenckner 1972, S. 3). Da aber im geltenden Recht die Strafen im Vordergrund stehen und die Maßregeln eine eher ergänzende Funktion haben, ist die eingebürgerte Bezeichnung „Strafrecht" vertretbar (Jescheck u. Weigend 1996, S. 10).

Das Strafrecht beruht auf der Strafgewalt des Staates und ist Teil des *öffentlichen Rechts* (Maurach u. Zipf 1992, S. 21). *Nicht zum Strafrecht* gehören die *Geldbußen* des Ordnungswidrigkeitenrechts, mit denen ohne den für die Strafe spezifischen sozialethischen Tadel weniger gewichtige Rechtsbrüche geahndet werden (vgl. dazu das Gesetz über Ordnungswidrigkeiten – OWiG), und die zur Aufrechterhaltung der Ordnung innerhalb bestimmter Institutionen verhängten *Disziplinarmaßnahmen* (s. dazu z. B. § 5 Bundesdisziplinargesetz für Bundesbeamte). Keine Strafen im kriminalrechtlichen Sinn sind auch *Ordnungsgeld* und *Ordnungshaft*, die z. B. bei pflichtwidrigem Nichterscheinen eines Zeugen verhängt werden (§ 51 StPO), und *Zwangsgeld* und *Zwangshaft*, mit denen als Beugemittel z. B. nach § 888 Abs. 1 ZPO in der Zwangsvollstreckung eine bestimmte Handlung eines Schuldners erreicht werden soll. Nicht zum Strafrecht gehören schließlich die *Privatstrafen* des Zivilrechts, die auf der Grundlage privatrechtlicher Verträge (Vertragsstrafe nach §§ 339 ff. BGB) oder von Vereinssatzungen (Vereinsstrafe) oder Betriebsvereinbarungen (Betriebsstrafe) dem Schutz und der Durchsetzung privater Rechte dienen (zur Abgrenzung der Kriminalstrafe von strafähnlichen Sanktionen s. Roxin 2006, S. 57 ff.).

Das Strafrecht dient dem *Rechtsgüterschutz*. Rechtsgüter sind rechtlich geschützte Interessen (Jescheck u. Weigend 1996, S. 7, 256). Ihr Schutz erfolgt zunächst durch rechtliche *Verbote*, durch die für Rechtsgüter gefährliche Handlungen untersagt werden, und durch *Gebote*, die zu Handlungen zum Schutz von Rechtsgütern verpflichten. Um die Einhaltung dieser Rechtsnormen abzusichern, sind bestimmte Normverletzungen mit *Strafe* bedroht. Die Rechtsordnung leistet Rechtsgüterschutz nicht nur durch das Strafrecht, sondern auch durch das Zivilrecht und das Verwaltungs- und Verfassungsrecht. Das Strafrecht soll als besonders schwerwiegender Eingriff in die Rechtsstellung des Bürgers nach dem Verhältnismäßigkeitsgrundsatz im Sinne eines subsidiären Rechtsgüterschutzes nur dann eingreifen, wenn andere Mittel für den Rechtsgüterschutz nicht ausreichen. Das Strafrecht wird daher als *ultima ratio* des Rechtsgüterschutzes bezeichnet (Weber 2003, S. 15). Das Strafrecht schützt nur bestimmte Rechtsgüter und diese oft nicht generell, sondern nur gegen bestimmte Angriffsarten. Es hat daher *fragmentarischen Charakter* (Roxin 2006, S. 45).

Das Strafrecht wird in vielfältiger Weise durch das *Grundgesetz* beeinflusst (Jescheck u. Weigend 1996, S. 12 f.). Gemäß Art. 103 Abs. 2 GG darf eine Tat nur bestraft werden, wenn die Strafbarkeit gesetzlich bestimmt war, bevor die Tat begangen wurde. Nach diesem auch in § 1 StGB niedergelegten Gesetzlichkeitsprinzip muss der Gesetzgeber das strafbare Verhalten so genau umschreiben, dass der Bürger erkennen kann, wann er sich strafbar macht. Rückwirkende Strafbegründung oder Strafverschärfung sind unzulässig, eine Strafbegründung oder Strafverschärfung durch Gewohnheitsrecht oder analoge Anwendung eines Strafgesetzes ist ausgeschlossen (Wessels u. Beulke 2006, S. 11 ff.). Aus Art. 1 Abs. 1 und Art. 2 Abs. 1 GG (Würde und Eigenverantwortlichkeit des Menschen) sowie dem Rechtsstaatsprinzip ergibt sich der Schuldgrundsatz (BVerfGE 6, 439; 45, 228; 50, 133, 215; 86, 313). Danach setzt Strafe Schuld voraus und darf die Strafe das Maß der Schuld nicht überschreiten. Die Strafverfolgung hat unter Beachtung der Grundrechte nach rechtsstaatlichen Grundsätzen zu erfolgen. Der Verhältnismäßigkeitsgrundsatz muss beachtet werden (BVerfGE 88, 258). Andererseits hat das Bundesverfassungsgericht aus den Grundrechten die Verpflichtung des Staates zum strafrechtlichen Schutz hochrangiger Rechtsgüter, insbesondere des Lebens, abgeleitet (BVerfGE 39, 65 f.) und dem Rechtsstaatsprinzip eine Verpflichtung des Staates zu einer wirksamen Strafrechtspflege entnommen (BVerfGE 33, 383; 77, 76). Nach Art. 102 GG ist die Todesstrafe abgeschafft. Aus Art. 2 Abs. 1 in Verbindung mit Art. 1 Abs. 1 GG und dem Sozialstaatsprinzip folgt nach dem Bundesverfassungsgericht die Verpflichtung des Staates, sich um die Resozialisierung verurteilter Straftäter zu bemühen (BVerfGE 35, 235 f.; 98, 199 ff.). Verpflichtungen zu einer die Menschenrechte achtenden rechtsstaatlichen Strafrechtspflege ergeben sich auch aus von der Bundesrepublik Deutschland ratifizierten *internationalen Abkommen*, insbesondere der Europäischen Konvention zum Schutze der Menschenrechte und Grundfreiheiten vom 4.11.1950 und dem Internationalen Pakt über bürgerliche und politische Rechte vom 19.12.1966.

Das Strafrecht ist Teil der *sozialen Kontrolle*. Unter sozialer Kontrolle sind alle Bemühungen zu verstehen, die in einer Gesellschaft erfolgen, um normkonformes Verhalten zu erreichen (Kaiser 1996, S. 208 f.). Gesellschaftliche Ordnung wird durch *Normen* geschaffen. Bei diesen Verhaltenserwartungen handelt es sich nicht nur um Rechtsnormen, sondern z.B. auch um Bräuche oder Sitten (Meier 2006, S. 2). Soziale Kontrolle kann aktiv oder reaktiv, informell oder formell ausgeübt werden (ebd.). *Aktive* soziale Kontrolle zielt darauf ab, normkonformes Verhalten zu fördern und Normbrüche von vornherein zu verhindern. Das kann z.B. durch Maßnahmen der Sozialisation erfolgen. *Reaktive* soziale Kontrolle antwortet auf sozial erwünschtes Verhalten mit positiven Sanktionen (z.B. Beförderung) und auf abweichendes Verhalten mit negativen Sanktionen, z.B. mit dem Abbruch von Kontakten zu dem Normbrecher. *Informelle* soziale Kontrolle, die nicht rechtlich geregelt ist, erfolgt z.B. in der Familie oder in der Nachbarschaft, *formelle* soziale Kontrolle z.B. durch Polizei oder Jugendamt.

Die *strafrechtliche Sozialkontrolle* oder *Verbrechenskontrolle* ist der Teil der Sozialkontrolle, der Verhaltenskonformität im strafrechtlich geschützten Normbereich bezweckt (Kaiser 1996, S. 219). Strafrechtliche Sozialkontrolle wird dadurch geübt, dass bestimmte Normbrüche als Straftaten definiert, diese Normbrüche verfolgt und strafrechtlich sanktioniert und die Sanktionen vollstreckt werden. Die strafrechtliche Sozialkontrolle ist im Rechtsstaat durch eingehende rechtliche Regelungen *formalisiert* und wird durch eine Reihe speziell dafür gebildeter Instanzen in arbeitsteiligem Zusammenwirken ausgeübt. *Träger* der Verbrechenskontrolle sind insbesondere Polizei, Staatsanwaltschaft, Strafgerichte, Gerichtshilfe und Jugendgerichtshilfe, Bewährungshilfe und Strafvollzug.

Die strafrechtliche Sozialkontrolle erfüllt ihre Aufgaben nicht losgelöst von den übrigen Mechanismen sozialer Kontrolle, sondern ist mit diesen in vielfältiger Weise *verknüpft*. So kann das Strafrecht z.B. außerstrafrechtliche Kontrollprozesse dadurch abstützen, dass die Strafbarkeit eines bestimmten Verhaltens die Träger der außerstrafrechtlichen Kontrolle in ihrer Überzeugung von der Wichtigkeit einer Norm und der Notwendigkeit ihrer Durchsetzung bestärkt. Die Wirksamkeit der strafrechtlichen Sozialkontrolle ist begrenzt, außerstrafrechtliche Kontrollmechanismen können im Einzelfall effektiver sein, als Teilstück im Gesamtsystem der Sozialkontrolle ist das Strafrecht aber unverzichtbar (Meier 2006, S. 4 f.).

Welches Verhalten vom Strafrecht erfasst wird, steht nicht für immer fest, sondern unterliegt, abgesehen von einem *Kernbestand des Strafrechts*, der seit jeher nahezu in allen Gesellschaften unter Strafe steht, dem Wandel. Es wird deshalb von der *Relativität des Verbrechensbegriffs* gesprochen (Kaiser 1996, S. 313). Bestimmte Verhaltensweisen werden neu unter Strafe gestellt (*Kriminalisierung*), bei bisher strafbaren Verhaltensweisen wird die Strafbarkeit aufgehoben (*Entkriminalisierung*). Es bedarf daher jeweils der kriminalpolitischen Entscheidung über die Reichweite des Strafrechts. Als Kriterien hierfür kommen die Strafwürdigkeit und die Strafbedürftigkeit eines Verhaltens in Betracht. *Strafwürdig* ist ein Verhalten, wenn sein Unwertgehalt so schwerwiegend ist, das Strafe „verdient" ist, *Strafbedürftigkeit* liegt vor, wenn der Einsatz des Strafrechts zur Gewährleistung des menschlichen Zusammenlebens erforderlich ist (Jescheck u. Weigend 1996, S. 50; Dölling 2001, S. 120).

Das Strafrecht reagiert auf Rechtsbrüche mit negativen *Sanktionen*. Diese werden verhängt, um künftige Rechtsbrüche zu verhindern. Denkbar ist jedoch, dass Sanktionen dieses Ziel nicht erreichen oder sogar das Gegenteil bewirken. So ist mit der strafrechtlichen Sanktionierung einer Person eine *Stigmatisierung*, also die Zuschreibung einer negativen Eigenschaft, verbunden: Die Person wird als Straftäter definiert (Kaiser 1996, S. 277). Stigmatisierungsprozesse können durch negative Beeinflussung des Selbstbildes des Täters und durch soziale Ausschließungsprozesse das Risiko künftiger Straffälligkeit erhöhen. Es kommt daher darauf an, Sanktionen so auszuwählen und auszugestalten, dass sie möglichst ihre präventive Funktion erfüllen und sich nicht durch unnötige Stigmatisierungen kriminalitätsfördernd auswirken. Es geht um Zurückweisung der Tat, aber Integration des Täters (Dölling 1992, S. 499).

### 2.1.2 Aufgaben des Strafrechts aus juristischer und empirischer Sicht

Die Frage nach den Aufgaben des Strafrechts und damit nach seiner Rechtfertigung versuchen die *Straftheorien* zu beantworten. Straftheorien sind normative Aussagen über die Gründe, die das Strafrecht legitimieren. Teilweise bauen sie auf empirischen Annahmen über die Wirkung des Strafrechts auf, von deren Richtigkeit es abhängt, ob die Straftheorie haltbar ist. Die Auseinandersetzung mit den Straftheorien muss daher sowohl unter normativen als auch unter empirischen Aspekten geführt werden.

Die Straftheorien werden herkömmlich in absolute und relative Theorien sowie in Vereinigungstheorien *unterteilt* (Lenckner 1972, S. 9; Neumann u. Schroth 1980, S. 4). Die absoluten Straftheorien sehen den Sinn der Strafe allein in einem Ausgleich der in der Vergangenheit begangenen Tat. Nach ihnen ist die Strafe von Erwägungen über ihre gesellschaftlichen Wirkungen losgelöst und deshalb „absolut". Nach den relativen Straftheorien besteht die Aufgabe des Strafrechts demgegenüber in der Verhinderung künftiger Delikte. Diese Theorien beziehen sich also auf den Zweck der Verbrechensvorbeugung (Prävention) und sind deshalb relativ. Die Verhinderung zukünftiger Delikte kann durch Einwirkung auf den verurteilten Täter (Spezialprävention) oder auf die Allgemeinheit (Generalprävention) angestrebt werden. Die Vereinigungstheorien verknüpfen Elemente absoluter und relativer Straftheorien miteinander.

Die *absoluten Straftheorien* sehen den Sinn der Strafe überwiegend in der gerechten *Vergeltung* der begangenen Unrechtstat. Durch die Strafe wird dem Täter ein Übel zugefügt, um die von ihm begangene unrechte Tat zu vergelten und dadurch Gerechtigkeit zu üben (Jescheck u. Weigend 1996, S. 70). Die Strafe wird also durch die *Gerechtigkeit* gefordert und legitimiert. Da eine Bestrafung nach dem Schuldgrundsatz voraussetzt, dass der Täter schuldhaft gehandelt hat, wird die absolute Straftheorie auch dadurch gekennzeichnet, dass Aufgabe des Strafrechts die Herstellung eines gerechten *Schuldausgleichs* ist (Streng 2002, S. 7).

Als Vertreter der Vergeltungstheorie werden häufig Kant und Hegel angeführt. Nach *Kant* kann richterliche Strafe „(...) niemals bloß als Mittel dienen, ein anderes Gute zu befördern, für den Verbrecher selbst, oder für die bürgerliche Gesellschaft, sondern muß jederzeit nur darum wider ihn verhängt werden, weil er verbrochen hat" (Kant 1798, S. 453). Den Charakter des Strafgesetzes als kategorischen Imperativ verdeutlicht Kant mit dem Inselbeispiel: „Selbst, wenn sich die bürgerliche Gesellschaft mit aller Glieder Einstimmung auflösete (z. B. das eine Insel bewohnende Volk beschlösse, auseinander zu gehen und sich in alle Welt zu zerstreuen), müßte der letzte im Gefängnis befindliche Mörder vorher hingerichtet werden, damit jedermann das widerfahre, was seine Taten wert sind (...)" (ebd. S. 455). Gerecht ist nach Kant die Strafe, die am Wiedervergeltungsrecht (ius talionis) orientiert ist (ebd. S. 454; vgl. zur Interpretation von Kants Straftheorie als Vergeltungstheorie Schmitz 2001, S. 99 ff.; nach Hruschka 2003, S. 217 ff. gilt das Vergeltungspostulat Kants nur für die Strafverhängung und hat der Erlass von Strafgesetzen den Zweck der Verhinderung von Straftaten). Nach *Hegel* ist das Verbrechen die Negation des Rechts und die Strafe die Negation dieser Negation, das „Aufheben des Verbrechens, das sonst gelten würde" und die „Wiederherstellung des Rechts" (Hegel 1821, § 99). Indem die Rechtsordnung durch die Strafe den Angriff des Täters auf die Geltung des Rechts zurückweist, erkennt sie den Täter als vernünftige Person an: „Die Verletzung, die dem Verbrecher widerfährt, ist nicht nur an sich gerecht, – als gerecht ist sie zugleich sein an sich seiender Wille, ein Dasein seiner Freiheit, sein Recht; (...) Daß die Strafe darin als sein eigenes Recht enthaltend angesehen wird, darin wird der Verbrecher als Vernünftiges geehrt" (ebd. § 100; näher zu Hegels Straftheorie Klesczewski 1991). Diese auf die Wiederherstellung des Rechts abhebende Theorie Hegels weist Verbindungen zur Theorie der positiven Generalprävention auf (Jakobs 1991, S. 17). Vergeltungstheorien werden auch von einem Teil der heutigen Strafrechtswissenschaft vertreten (Köhler 1997, S. 48 ff.; Pawlik 2004, S. 45 ff., 75 ff.).

Der von der absoluten Straftheorie angestrebte Ausgleich der Tat muss sich nicht darauf beschränken, dass dem Täter ein Übel zugefügt wird. Denkbar ist es auch, den Ausgleich der Tat in der *Wiedergutmachung* des durch die Tat verursachten Schadens zu sehen (Maurach u. Zipf 1992, S. 66). Nach dieser Auffassung wäre die Wiedergutmachung als Bestandteil der Strafe zu betrachten (dazu Lampe 1999, S. 174 ff.). Weiterhin kann im Rahmen der absoluten Straftheorie der Schwerpunkt auf die *Sühne* des Täters gelegt werden (Preiser 1954, S. 77 ff.). Mit Sühne ist eine ethische Leistung des Täters gemeint, mit der er seine Verantwortung für die Tat anerkennt und die Richtigkeit der Strafe bejaht, das Strafleiden auf sich nimmt und durch einen Läuterungsprozess die Versöhnung mit der Gesellschaft ermöglicht. Zwar kann Sühne nicht durch Strafe erzwungen werden, der Strafe kann aber die Aufgabe zugewiesen werden, Sühne zu ermöglichen (Kaufmann 1967, S. 557 ff.).

Die absolute Straftheorie wird heute von der Mehrheit der deutschen Strafrechtswissenschaft abgelehnt. Gegen sie wird insbesondere *eingewendet*, dass der Staat nicht zur Verwirklichung absoluter Gerechtigkeit berechtigt sei, sondern die Staatsgewalt sich darauf zu beschränken habe, ein friedliches Zusammenleben der Menschen zu gewährleisten (Jescheck u. Weigend 1996, S. 71; Roxin 2006, S. 72 f.; Frister 2006, S. 16 f.). Außerdem wird geltend gemacht, dass die von der absoluten Straftheorie vorausgesetzte Willensfreiheit des Täters nicht erweislich sei und das Strafrecht hierauf nicht gegründet werden könne (Roxin 2006, S. 73; Stratenwerth u. Kuhlen 2004, S. 5 f.).

Bei der Auseinandersetzung mit der absoluten Straftheorie ist zu berücksichtigen, dass es im Strafrecht nicht um absolute, sondern um den Menschen mögliche Gerechtigkeit geht, die anzustreben der Rechtsordnung aufgegeben ist. Die Frage der Willensfreiheit wird als erfahrungswissenschaftlich nicht beantwortbar angesehen (Göppinger 1997, S. 54). In normativer Hinsicht lassen sich gute Gründe dafür anführen, im Strafrecht wie auch in anderen Teilen der Rechtsordnung von der grundsätzlichen Verantwortlichkeit des psychisch gesunden Menschen für sein Handeln auszugehen. Die Menschen rechnen sich im sozialen Leben wechselseitig Verantwortung für ihr Verhalten zu. Würde das Strafrecht hiervon abweichen, könnte es seine Funktion als soziale Ordnungsmacht kaum erfüllen. Die Kritik an der absoluten Straftheorie erscheint jedoch insoweit berechtigt, als im Bereich der leichten bis mittleren Kriminalität auch andere Rechtsfolgen als eine Strafe als gerechte Reaktion auf eine Straftat akzeptiert werden können. Im Bereich der schweren Kriminalität dürfte freilich nur eine Bestrafung als gerechte Antwort auf ein schuldhaftes Delikt zu vermitteln sein (vgl. Naucke 2002, S. 50 f.: Vergeltung als Rechtfertigung für die Strafe bei vorsätzlichen Gewaltstraftaten). In diesen Fällen wird eine Strafe allerdings regelmäßig auch aus generalpräventiven und spezialpräventiven Gründen geboten sein.

Auch wenn die absolute Straftheorie zur Begründung der Strafe abgelehnt wird, ist sie für die *Begrenzung der Strafe* von Bedeutung. Auch wenn der Einsatz des Strafrechts mit dem Zweck der Verhinderung künftiger Delikte begründet wird, muss die Bestrafung in gerechter Weise erfolgen: Art und Höhe der Strafe müssen in einem gerechten Verhältnis zur Schwere von Tat und Schuld stehen. Der staatlichen Strafgewalt werden damit durch den Grundsatz des gerechten Schuldausgleichs Grenzen gesetzt (Jescheck u. Weigend 1996, S. 71; Meier 2006, S. 21; Roxin 2006, S. 72).

Nach den *relativen Straftheorien* dient die Strafe der Verhinderung weiterer Straftaten durch Einwirkung auf den Täter oder die Allgemeinheit. Die Straftheorie der *Spezialprävention* sieht die Aufgabe der Strafe darin, den *Täter* von weiteren Delikten abzuhalten (Individualprävention). Hierfür kommen mehrere Wege in Betracht (Maurach u. Zipf 1992, S. 67). Durch die Bestrafung kann dem Täter verdeutlicht werden, dass er im Fall einer Tatbegehung mit gravierenden Konsequenzen zu rechnen hat. Die hierdurch geschaffene Furcht vor einer Sanktionierung soll den Täter von weiteren Delikten abhalten (*Individualabschreckung*). Außerdem kann Spezialprävention dadurch geübt werden, dass der Täter durch unmittelbaren Zwang, insbesondere durch Einsperrung, an weiteren Delikten gehindert wird (*Sicherung*). Weiterhin kann mit der Strafe eine günstige Persönlichkeitsveränderung des Täters angestrebt werden, aufgrund derer er sich in Zukunft rechtskonform verhält (*Besserung, Resozialisierung, Erziehung*). Individualabschreckung und Sicherung können unter den Begriff der *negativen Spezialprävention* zusammengefasst werden; ihnen kann die Besserung als *positive Spezialprävention* gegenübergestellt werden (Meier 2006, S. 25). Schließlich wird das Bemühen, bei der Bestrafung eine entsozialisierende Wirkung der Strafe zu vermeiden, als *passive Spezialprävention* bezeichnet (Horn 2001, § 46 Rn 35).

Spezialpräventive Begründungen der Strafe finden sich bereits in der Philosophie der Antike (Killias 2002, S. 483 f.). In der Neuzeit erlangte die Spezialprävention Ende des 16. Jahrhunderts mit der Gründung der Zuchthäuser, die sich die Besserung der Gefangenen zur Aufgabe machten (Kaiser 2002, S. 11 ff.), Bedeutung. Sie spielte auch in der Strafphilosophie und Kriminalpolitik der Aufklärung eine Rolle (Jescheck u. Weigend 1996, S. 72). Nach Zurückdrängung Anfang des 19. Jahrhunderts erlebte die Spezialprävention durch die von *Franz von Liszt* begründete „moderne Strafrechtsschule" einen Aufschwung. Von Liszt legte seine kriminalpolitische Grundauffassung 1882 in dem Marburger Programm unter dem Titel „Der Zweckgedanke im Strafrecht" nieder (von Liszt 1883). Danach ist die gerechte Strafe die notwendige Strafe, d. h. die durch den Zweck der Rückfallverhinderung geforderte Strafe. Aufgabe der Strafe ist es, den nicht besserungsbedürftigen Gelegenheitstäter durch einen Denkzettel von weiteren Straftaten abzuschrecken, den besserungsfähigen Zustandsverbrecher durch Erziehung im Strafvollzug zu resozialisieren und den unverbesserlichen Gewohnheitsverbrecher durch sichernden Freiheitsentzug unschädlich zu machen. Die spezialpräventiven Vorstellungen wurden unter anderem durch die 1889 durch von Liszt mitbegründete Internationale Kriminalistische Vereinigung und nach dem Zweiten Weltkrieg durch die 1947 gegründete Gesellschaft für Soziale Verteidigung verbreitet (Jescheck u. Weigend 1996, S. 74 f.). Die spezialpräventive Straftheorie hat insbesondere unter dem Aspekt des Resozialisierungsgedankens auf die Strafgesetzgebung des 20. Jahrhunderts einen erheblichen Einfluss ausgeübt. Das gilt insbesondere für die Strafrechtsreform von 1969 und das Strafvollzugsgesetz von 1976 (Roxin 2006, S. 75). Wie im Abschnitt 2.1.1 erwähnt, ist der Staat nach der Rechtsprechung des Bundesverfassungsgerichts durch das Grundgesetz zu Resozialisierungsbemühungen verpflichtet.

*Kritisch* wird gegen die Spezialprävention vorgebracht, dass sie den Täter unter Verstoß gegen seine Autonomie zum Behandlungsobjekt degradiere (Strasser 1979, S. 7) und ihn stigmatisiere und pathologisiere (Hilbers u. Lange 1973, S. 57 f.). Außerdem wird dem Behandlungsgedanken unter dem Stichwort „nothing works" praktische Erfolgslosigkeit entgegengehalten (Feest 1990, S. 225). Weiterhin wird angeführt, dass die Spezialprävention bei stark rückfallgefährdeten Tätern leichter Delikte zu gravierenden Sanktionen führt, die zum geringen Gewicht der Taten außer Verhältnis stehen, während Täter, die in unwiederholbaren Sondersituationen schwere Straftaten begehen und von denen keine Rückfallgefahr droht, nach der spezialpräventiven Theorie nicht bestraft werden dürften (Jakobs 1991, S. 25; Jescheck u. Weigend 1996, S. 75; Stratenwerth u. Kuhlen 2004, S. 10).

Hierzu ist zu bemerken, dass es grundsätzlich legitim ist, wenn der Staat mit der Strafe auf Straftäter spezialpräventiv einwirkt. Angesichts einer begangenen Straftat darf der Staat nicht nur in die Vergangenheit blicken, sondern er muss im Interesse des Gemeinwohls auch Vorsorge gegen künftige Rechtsbrüche treffen (Lampe 1999, S. 16, 61). Geht vom Täter die Gefahr weiterer Delikte aus, muss dieser Gefahr entgegengewirkt werden. Bei weitgehend sozial integrierten Tätern kann die Appell- und Denkzettelwirkung z.B. einer Geldstrafe spezialpräventiv ausreichen. Ist der Täter stärker kriminell gefährdet, kann eine intensivere erzieherische Einwirkung erforderlich sein, die dem Täter die Einstellungen, Fähigkeiten und Verhaltensweisen vermittelt, die für ein rechtskonformes Leben notwendig sind (Dölling 2003, S. 607). Die Rechtsordnung kann diese Veränderungen in der Persönlichkeit des Täters nicht erzwingen. „Gehirnwäsche" verstößt gegen die Menschenwürde und ist deshalb verfassungswidrig (Schöch 2002, S. 234). Die Rechtsordnung darf den Täter aber damit konfrontieren, dass ein friedliches Zusammenleben nur möglich ist, wenn die Gesellschaftsmitglieder zur Respektierung der Rechtsgüter anderer und der Gemeinschaft bereit und in der Lage sind, und kann verlangen, dass sich der Täter damit auseinandersetzt. Lehnt er eine Behandlung ab und besteht seine Gefährlichkeit fort, sind sichernde Maßnahmen zulässig (Dölling 2000, S. 28 f.).

Es kann auch nicht angenommen werden, dass das Strafrecht spezialpräventiv generell unwirksam ist. Als Indiz gegen diese Annahme lässt sich anführen, dass viele strafrechtlich sanktionierte Täter nicht erneut strafrechtlich auffällig werden (Dölling 2000, S. 41 ff.; Killias 2002, S. 491 ff.).

Weiterhin sprechen neuere Metaanalysen zur Behandlungsforschung dafür, dass Behandlungsprogramme die Rückfallquote in einem zwar begrenzten, aber doch erheblichen Ausmaß senken (zusammenfassend Dölling 2000, S. 35 ff.; Dünkel 2000, S. 388 ff.). Oft wird die rückfallverringernde Wirkung von Behandlungsprogrammen mit einem Wert von etwa 10%-Punkten veranschlagt (Kury 1999, S. 262; Lösel 1996, S. 265). Heute wird die entscheidende Frage häufig nicht mehr darin gesehen, ob Behandlung wirkt, sondern darin, bei welchen Tätern welche Behandlung unter welchen Bedingungen welche Wirkung entfaltet (Coulsen u. Nutbrown 1992, S. 203). Nach neueren Untersuchungen scheinen bestimmte Merkmale von Behandlungsprogrammen die Erfolgsaussichten zu erhöhen: Dazu gehören z.B. eine theoretische Fundierung und klare Strukturierung des Programms, eine Orientierung des Programms an den Umständen, die wahrscheinlich kriminogen wirken, eine Anpassung an die spezifischen Fähigkeiten der Täter, ein angemessenes Verhältnis zwischen der Intensität der Behandlung und dem vom Täter ausgehenden Risiko, der Einsatz mehrerer Behandlungsmethoden, die Verwendung kognitiv-verhaltenstherapeutischer Ansätze und eine intensive Nachbetreuung (Kury 1999, S. 263; Lösel 1996, S. 265 f., 274). Zwar bestehen im Hinblick auf die „richtige" spezialpräventive Sanktionierung noch viele Unsicherheiten (Stratenwerth u. Kuhlen 2004, S. 10 f.), ein spezialpräventiv erfolgversprechendes Vorgehen erscheint jedoch möglich.

Allerdings werden der Spezialprävention durch das Schuldprinzip und den Verhältnismäßigkeitsgrundsatz Grenzen gesetzt. Spezialpräventiv ausgestaltete Strafen dürfen das schuldangemessene Maß nicht überschreiten und sonstige strafrechtliche Sanktionen dürfen nicht außer Verhältnis zur Bedeutung der vom Täter begangenen und von ihm erwartenden Taten stehen (Dölling 2003, S. 599 f., 607). Schließlich kann das Strafrecht nicht allein auf den Strafzweck der Spezialprävention gegründet werden. Gründe der Gerechtigkeit und der Rechtsbewährung können die Bestrafung einer Tat auch dann gebieten, wenn vom Täter keine Rückfallgefahr ausgeht.

Während das Strafrecht nach der spezialpräventiven Theorie weitere Delikte des Täters verhindern soll, sieht die Straftheorie der *Generalprävention* die Aufgabe des Strafrechts darin, durch Einwirkung auf die *Allgemeinheit* Straftaten Dritter vorzubeugen. Dies soll auf zwei Wegen geschehen (Jescheck u. Weigend 1996, S. 68 f.): Zum einen sollen potenzielle Täter durch die Furcht vor dem Strafübel von der Tatbegehung abgehalten werden (*Abschreckungsprävention* oder *negative Generalprävention*). Es wird also erwartet, dass potenzielle Täter von der in Aussicht genommenen Tat absehen, weil wegen der Strafe die Nachteile des Delikts die Vorteile überwiegen und deshalb das Unterlassen des Delikts die günstigere Handlungsalternative darstellt. Außerdem soll durch die Bestrafung des Rechtsbruchs die Rechtstreue der Bevölkerung stabilisiert werden (*Integrationsprävention* oder *positive Generalprävention*). Hiermit sind mehrere Funktionen der Strafe gemeint (Dölling 1990, S. 14 ff.): Zunächst soll durch die Bestrafung die durch den Normbruch in Frage gestellte Geltung der Norm bestätigt werden. Mit der Bestrafung soll klargestellt werden, dass die Norm weiterhin verbindlich ist (Jakobs 1991, S. 5 ff.). Weiterhin soll durch die Bestrafung gezeigt werden, dass die Rechtsordnung willens und in der Lage ist, sich gegenüber dem Rechtsbruch durchzusetzen, wodurch die Bereitschaft der Bevölkerung zur Normbefolgung gestärkt werden soll (vgl. auch Jakobs 2004, S. 26 ff.). Außerdem soll die Strafe die Bedeutung des durch die Tat angegriffenen Rechtsguts und den Wertgehalt der verletzten Norm verdeutlichen und hierdurch das ethische Bewusstsein der Bevölkerung festigen (BVerfGE 45, 187, 256 f.). Zudem soll durch gerechte Bestrafung erreicht werden, dass die Bevölkerung den Richterspruch als „richtig" empfindet. Dies soll es ermöglichen, dass sich die Bevölkerung über den Rechtsbruch beruhigt, soll Selbsthilfe vorbeugen und die Bereitschaft der Bevölkerung zur Normbefolgung fördern (Müller-Dietz 1985, S. 819; Roxin 2006, S. 80 f.; Streng 2002, S. 14 f.). Schließlich appelliert die Strafe, die den Täter persönlich für die Tat zur Verantwortung zieht, an das Verantwortungsbewusstsein der Bürger, denen es aufgegeben ist, ihr Verhalten mit der Rechtsordnung in Einklang zu bringen (Otto 1982, S. 279 ff.).

Die Abschreckung der Allgemeinheit wurde bereits in der antiken Philosophie als eine Aufgabe des Strafrechts angesehen (Killias 2002, S. 441). In neuerer Zeit postulierten unter anderem Beccaria und Bentham, dass Strafen potenzielle Täter abschrecken, wenn die mit den Strafen verbundenen Nachteile die Vorteile der Tat übersteigen (Beccaria 1766; Bentham 1789). In Deutschland ist die Theorie der Abschreckungsprävention vor allem von Paul Johann Anselm von *Feuerbach* ausgearbeitet worden, der eine Theorie des psychologischen Zwangs entwickelt hat. Nach Feuerbach liegt der „Grund und die Triebfeder alles Begehrens gesetzwidriger Handlungen (…) in der Lust an der Handlung selbst und in der Unlust über das nicht befriedigte Bedürfnis, von welchem das Streben nach diesem Object der Lust begleitet ist" (Feuerbach 1799, S. 43). Sollen Gesetzesübertretungen verhindert werden, so muss neben den physischen Zwang ein psychologischer Zwang treten. Es „bleibt daher dem Staate kein anderes Mittel übrig, als durch die Sinnlichkeit selbst auf die Sinnlichkeit zu wirken, und die (…) sinnliche Triebfeder durch eine andere sinnliche Triebfeder aufzuheben" (ebd., 44 f.). Dies gelingt, „wenn jeder Bürger gewiß weiß, daß auf die Übertretungen ein größeres Übel folgen werde, als dasjenige ist, welches aus der Nichtbefriedigung des Bedürfnisses nach einer Handlung (…) entspringt" (ebd., S. 45 f.). Dieses Übel wird dem Bürger durch das Strafgesetz angedroht. Nach Feuerbach erfolgt die Abschreckung also durch die gesetzliche Strafdrohung. Verhängung und Vollstreckung der Strafe haben die Aufgabe, die Glaubhaftigkeit der Drohung zu gewährleisten. Diese Theorie hat die Strafgesetzgebung des 19. Jahrhunderts stark beeinflusst (Jescheck u. Weigend 1996, S. 73). In der strafrechtstheoretischen Diskussion des 19. Jahrhunderts wurden auch Aspekte der positiven Generalprävention als Aufgabe des Strafrechts erörtert (Gössel 1974, S. 224 ff.). Nachdem die generalpräventive Straftheorie um die Wende vom 19. zum 20. Jahrhundert an Einfluss verloren hatte, hat die Generalprävention in den letzten Jahrzehnten wieder erhebliche Bedeutung erlangt. Insbesonre sehen große Teile der deutschen Strafrechtswissenschaft heute in der positiven Generalprävention die Rechtfertigung der Strafe (Roxin 2006, S. 80). Von einem tiefenpsychologischen Standpunkt aus kann ein generalpräventives Strafrecht damit begründet werden, dass es der Kontrolle zur Tatbegehung drängender Triebe und der Kanalisierung von Vergeltungsbedürfnissen dient (Haffke 1976; Streng 1980).

Gegen die generalpräventive Straftheorie wird *eingewendet*, dass sie gegen die Menschenwürde verstoße, weil sie den Täter als bloßes Mittel zum Zweck benutze: Der Täter werde bestraft, um andere Menschen von Straftaten abzuhalten (Roxin 2006, S. 83). Außerdem verfüge die generalpräventive Theorie über keinen Maßstab für die Begrenzung der Strafhöhe und berge daher die Gefahr des staatlichen Terrors in sich (Meier 2006, S. 24; Roxin 2006, S. 83). Weiterhin wird angeführt, dass sich nach der Theorie der negativen Generalprävention die Strafhöhe an dem vom Täter erstrebten Vorteil orientieren müsse. Dies könne zu einem krassen Missverhältnis zwischen dem Strafquantum und dem durch die Tat verursachten Schaden führen (Jakobs 1991, S. 21). Zudem wird vorgebracht, dass das der Theorie der negativen Generalprävention zugrunde liegende Handlungsmodell, nach dem die Menschen in rationaler Abwägung der Vor- und Nachteile über die Begehung einer Straftat entschieden, allenfalls partiell der Wirklichkeit entspreche (Stratenwerth u. Kuhlen 2004, S. 12). Zu den von der Theorie der positiven Generalprävention angenommenen Wirkungen der Strafe seien kaum empirisch fundierte Aussagen möglich (Stratenwerth u. Kuhlen 2004, S. 14).

Zu den normativen Bedenken gegen die generalpräventive Straftheorie ist anzumerken, dass eine generalpräventiv begründete Strafe dann legitim ist, wenn sie für eine schuldhaft begangene Tat verhängt wird und sie sich in dem durch das Schuldprinzip gezogenen Rahmen hält. Hat der Täter schuldhaft gehandelt, mag dies entgegen der absoluten Straftheorie den Staat nicht aus Gründen der Gerechtigkeit zu einer Bestrafung verpflichten. Der Staat ist aber berechtigt, den Täter mit einer schuldangemessenen Strafe zu belegen, wenn dies aus Gründen des Gemeinwohls geboten ist. Zu diesen Gründen gehört auch die Aufrechterhaltung der Normgeltung, die der Täter mit seiner Tat beeinträchtigt hat, und die Vorsorge gegen künftige Rechtsbrüche Dritter.

Zu der Frage, ob das Strafrecht tatsächlich abschreckende Wirkung hat, liegen zahlreiche empirische Untersuchungen vor (zusammenfassend Beyleveld 1980; Nagin 1998; von Hirsch et al. 1999). In kriminalstatistischen Analysen wurden Kriminalitätsraten in Staaten mit unterschiedlichen Aufklärungsquoten oder verschiedener Sanktionspraxis miteinander verglichen oder wurde der Kriminalitätsumfang vor und nach Strafrechtsänderungen erhoben. In Befragungsstudien wurde nach Strafeinschätzungen (Höhe des vermuteten Entdeckungsrisikos und der im Fall einer Entdeckung erwarteten Strafe) gefragt, und wurden diese Einschätzungen zur selbstberichteten Delinquenz der Befragten in Beziehung gesetzt. Außerdem wurden Labor- und Feldexperimente durchgeführt, in denen Sanktionsvariablen variiert wurden. Die Untersuchungen sind mit erheblichen methodischen Problemen behaftet (Dölling 1990, S. 4 ff.). So können Zusammenhänge zwischen Aufklärungsraten und Kriminalitätsaufkommen durch Drittvariablen beeinflusst sein, müssen in Befragungen angegebene Strafeinschätzungen nicht mit den Vorstellungen in potenziellen Tatsituationen übereinstimmen und ist fraglich, inwieweit Befunde aus Laborexperimenten auf reale Lebenssituationen übertragen werden können. Die Studien haben zu unterschiedlichen Ergebnissen geführt. Die Annahmen der Abschreckungstheorie wurden teils bestätigt, teils nicht bestätigt und teils unter bestimmten Bedingungen bestätigt (Eisele 1999; Dölling u. Hermann 2003). Dies spricht dafür, dass für die Abschreckungswirkung des Strafrechts das Vorliegen bestimmter Randbedingungen von Bedeutung ist (Meier 2006, 29). Der Strafwahrscheinlichkeit kommt nach den Befunden tendenziell eine größere Bedeutung zu als der Strafschwere. Nach Untersuchungsbefunden haben Strafvariablen eine geringere Bedeutung als andere potenziell konformitätsstützende Variablen wie die moralische Verbindlichkeit der Norm oder informelle Reaktionen (Schöch 1985, S. 1098 ff.). Es ist allerdings eine indirekte generalpräventive Wirkung des Strafrechts durch Abstützung von moralischen Bewertungen und von informellen Reaktionen denkbar. Für historische Ausnahmesituationen, in denen polizeilicher Verfolgungsdruck wegfiel – Verhaftung der dänischen Polizei durch die deutsche Besatzungsmacht im Zweiten Weltkrieg sowie Polizeistreiks in Liverpool und Montreal – werden steigende Zahlen bestimmter Delikte wie Diebstahl und Raub berichtet (Andenaes 1974, S. 16 f., 50 f., 128). Zur positiven Generalprävention liegen bisher nur wenige empirische Untersuchungen vor (Schumann 1989). Wegen der Komplexität und Langfristigkeit der von der Theorie der positiven Generalprävention postulierten Zusammenhänge ist ihre empirische Erforschung äußerst schwierig. Insgesamt ist somit eine mögliche generalpräventive Wirkung des Strafrechts empirisch noch nicht hinreichend ausgelotet. Einige Anhaltspunkte sprechen dafür, dass ein ins Gewicht fallender Strafverfolgungsdruck zur Reduzierung von Kriminalität beitragen kann (Dölling 1990, S. 8; Killias 2002, S. 444 ff.).

Nach überwiegender Auffassung erfolgt die Bestrafung allein im öffentlichen Interesse. Die Befriedigung des *Genugtuungsbedürfnisses des Verletzten* wird nicht als Strafzweck angesehen (Zipf 1989, S. 583). Allerdings sind in der letzten Zeit die strafrechtlichen Regelungen ausgebaut worden, die eine Berücksichtigung von Opferinteressen vorsehen. So gibt § 46a StGB dem Täter durch die Möglichkeit der Strafmilderung bzw. des Absehens von Strafe einen Anreiz, sich um einen Täter-Opfer-Ausgleich mit dem Verletzten zu bemühen und den Schaden wiedergutzumachen. Teilweise wird die Genugtuung des Opfers als selbstständiger Strafzweck anerkannt (Hörnle 2006; Reemtsma 1999, S. 23 ff.).

Die *Vereinigungstheorien* verknüpfen Elemente der absoluten und der relativen Straftheorien miteinander. Nach den vergeltenden Vereinigungstheorien (Ausdruck von Roxin 2006, S. 83 f.) dient die Strafe sowohl der Vergeltung als auch der Spezial- und Generalprävention. Die Strafe soll gerechter Schuldausgleich sein und die gerechte Strafe soll durch Einwirkung auf den Täter und die Allgemeinheit weitere Delikte verhindern. Die Verfolgung der präventiven Strafzwecke darf hierbei nur in den Grenzen des gerechten Schuldausgleichs erfolgen. Von ihrer Bestimmung als gerechter Schuldausgleich darf sich die Strafe weder nach oben noch nach unten inhaltlich lösen (BGHSt 24, 132, 134). Nach der präventiven Vereinigungstheorie (Lenckner 1972, S. 21 ff.; Roxin 2006, S. 85 ff.) hat die Strafe allein die Aufgabe der Spezial- und Generalprävention. Die Vergeltung ist keine Aufgabe der Strafe. Das Schuldprinzip hat lediglich die Funktion, die nach präventiven Gesichtspunkten festzulegende Strafe zu begrenzen. Die Präventionsstrafe darf nicht über das schuldangemessene Maß hinausgehen. Sie kann aber hinter dem Maß der Schuld zurückbleiben, wenn dies präventiv angezeigt ist.

Das *geltende Strafrecht* enthält keine ausdrückliche Regelung über die Strafzwecke. Aus den Vorschriften über die Strafzumessung in den §§ 46 ff. StGB ergibt sich aber, dass dem geltenden Recht eine Vereinigungstheorie zugrunde liegt. Nach § 46 Abs. 1 Satz 1 StGB ist die Schuld des Täters die Grundlage für die Zumessung der Strafe. Damit wird der gerechte Schuldausgleich als Grundprinzip der Strafzumessung festgelegt. Gemäß § 46 Abs. 1 Satz 2 StGB sind die Wirkungen, die von der Strafe für das künftige Leben des Täters in der Gesellschaft zu erwarten sind, zu berücksichtigen. Damit wird die Spezialprävention als Strafzweck anerkannt. Die Generalprävention wird in der grundlegenden Strafzumessungsvorschrift des § 46 StGB nicht genannt. Das Gesetz gibt dem Richter aber in einer Reihe anderer Regelungen auf, bei der Strafzumessung die Verteidigung der Rechtsordnung zu berücksichtigen (vgl. § 47 Abs. 1, 56 Abs. 3 und 59 Abs. 1 Satz 1 Nr. 3 StGB). Mit diesem Begriff sind Elemente der Generalprävention gemeint (Zipf 1989, S. 587 ff.). Damit hat das StGB die Strafe als gerechten Schuldausgleich konzipiert, der den Zwecken der Spezial- und Generalprävention zu dienen hat.

Diese Konzeption erscheint sachgerecht (vgl. Lampe 1999, S. 49 ff., 130 ff., 166 ff., nach dem die Strafe dem Ausgleich der unrechten Tat, der Gewährleistung der Dominanz des Rechts und der Vorsorge gegen künftige Rechtsbrüche des Täters dient). Die gerechte Strafe wird vielfach durch eine Warn- und Appellwirkung gegenüber dem Täter und der Allgemeinheit die Aufgaben der Spezial- und Generalprävention gleichermaßen erfüllen (Jescheck u. Weigend 1996, S. 69, 76). Im Einzelfall können die Strafzwecke freilich in eine unterschiedliche Richtung weisen und kann es geboten sein, eine Strafe zu verhängen, die nur von einzelnen, nicht aber von allen Strafzwecken getragen ist. Das gilt z. B. bei einer schweren Tat eines nicht rückfallgefährdeten Täters. Hier gebieten die Gesichtspunkte des gerechten Schuldausgleichs und der Generalprävention eine Bestrafung, die aus spezialpräventiven Gründen nicht erforderlich ist. In diesem Fall kommt es darauf an, die Strafe und ihre Vollziehung so auszugestalten, dass sie möglichst wenig entsozialisierend wirken. Insgesamt wird nur eine Vereinigungstheorie den verschiedenen Bedürfnissen und Anforderungen gerecht, die von der Rechtsordnung beim Umgang mit einer begangenen Straftat berücksichtigt werden müssen.

### 2.1.3 Zur Entwicklung des deutschen Strafrechts

Die Entwicklung des deutschen Strafrechts kann hier nur sehr kurz skizziert werden (vgl. die Übersichten bei Jescheck u. Weigend 1996, S. 90 ff.; Maurach u. Zipf 1992, S. 41 ff.). In germanischer Zeit bestand die Reaktion auf Rechtsbrüche vor allem in *Rache* und *Fehde* durch den Verletzten und seine Sippe. An die Stelle von Rache und Fehde konnten *Sühneverträge* treten. In der fränkischen Zeit wurden in den Volksrechten Bußsätze für die Sühneleistungen festgesetzt (*Kompositionensystem*). Die öffentliche Strafe gewann an Bedeutung. Im Mittelalter entwickelte sich auf partikularrechtlicher Basis ein öffentliches Strafrecht mit harten Leibes- und Lebensstrafen (*peinliches Strafrecht*). Die Rezeption des römisch-italienischen Rechts wurde vor allem durch die Peinliche Gerichtsordnung Kaiser Karls V. von 1532 (*Constitutio Criminalis Carolina*) getragen. Die anschließende Periode des Gemeinen Rechts war durch die Entstehung der deutschen Strafrechtswissenschaft einerseits und durch gravierende Missstände in der Strafrechtspraxis andererseits gekennzeichnet. Im Zeitalter der *Aufklärung* erfolgten Bemühungen um eine rationale und humane Kriminalpolitik. Eine strafrechtliche Kodifikation dieser Zeit ist der strafrechtliche Abschnitt des Preußischen Allgemeinen Landrechts von 1794.

Die Strafrechtsgesetzgebung des 19. Jahrhunderts war durch den bürgerlichen Liberalismus geprägt. In der ersten Hälfte des 19. Jahrhunderts entstanden nach dem Vorbild des französischen Code Pénal von 1810 und des von Feuerbach verfassten Bayerischen Strafgesetzbuchs von 1813 in den deutschen Einzelstaaten *Partikularstrafgesetzbücher*, insbesondere das Strafgesetzbuch für die Preußischen Staaten von 1851. Ein einheitliches Strafrecht brachte das *Reichsstrafgesetzbuch* von 1871. Ihm lag das Konzept eines generalpräventiven Tatvergeltungsstrafrechts zugrunde (Schmidt 1965, S. 344). Bald nach Inkrafttreten des Reichsstrafgesetzbuchs entstand unter dem Einfluss der modernen Strafrechtsschule das Bedürfnis nach einer Gesamtreform des Strafrechts. Im Kaiserreich und in der Weimarer Republik wurden mehrere Entwürfe für ein neues Strafgesetzbuch verfasst, die jedoch nicht verabschiedet wurden (vgl. Roxin 2006, S. 109 ff.). Durch Gesetze von 1921 und 1923 wurde der Anwendungsbereich der Geldstrafe ausgedehnt. 1923 trat das erste Jugendgerichtsgesetz in Kraft, dem 1943 und 1953 weitere Jugendgerichtsgesetze folgten. Bereits nach der Machtergreifung der Nationalsozialisten, aber unter Rückgriff auf frühere Reformvorstellungen wurde 1933 das Gesetz gegen gefährliche Gewohnheitsverbrecher und über Maßregeln der Sicherung und Besserung erlassen, mit dem die Maßregeln als zweite Spur des Strafrechts neben den Strafen in das StGB eingefügt wurden. Die Zeit des Nationalsozialismus war dadurch gekennzeichnet, dass das rechtsstaatliche Strafrecht abgebaut und das Strafrecht durch unbestimmte Tatbestände und hohe Strafen zu einem Machtinstrument der Diktatur deformiert wurde.

Nach dem Zweiten Weltkrieg und der Beseitigung nationalsozialistischer Strafrechtsänderungen wurde in der Bundesrepublik die *Strafrechtsreform* wieder aufgenommen. Auf der Grundlage der Arbeiten der von 1954 bis 1959 tagenden Großen Strafrechtskommission legte die Bundesregierung 1962 den Entwurf eines neuen StGB vor. Diesem stellte 1966 ein Kreis von Strafrechtslehrern einen Alternativentwurf eines StGB gegenüber. Unter dem Einfluss dieser Entwürfe wurde der Allgemeine Teil des StGB durch das Erste und Zweite Strafrechtsreformgesetz von 1969 und das Einführungsgesetz zum StGB von 1974 einer Gesamtreform unterzogen. Der vollständig umgestaltete Allgemeine Teil gilt seit 1975. Der Besondere Teil ist bis heute zahlreichen Reformen unterzogen worden. 1976 hat der Bund das *Strafvollzugsgesetz* erlassen, mit dem der Strafvollzug in Deutschland erstmalig eine gesetzliche Grundlage erhielt. Mit der Föderalismusreform von 2006 ist die Gesetzgebungszuständigkeit für den Strafvollzug auf die Länder übergegangen. Während bei den Reformen der sechziger und siebziger Jahre der Gedanke der Resozialisierung des Täters eine große Rolle spielte, sind Strafrechtsänderungen der letzten Jahre durch Straferhöhungen und Betonung des Sicherungsgedankens gekennzeichnet. So wurde durch Gesetze von 1998, 2002 und 2004 die Sicherungsverwahrung ausgebaut.

### 2.1.4 Überblick über das geltende Strafrecht

Das Strafrecht wird in mehrere Gebiete aufgeteilt. Das *materielle Strafrecht* regelt die Voraussetzungen der Strafbarkeit und die Rechtsfolgen strafbarer Handlungen. Es ist im StGB und in weiteren Gesetzen geregelt. Das *StGB* besteht aus einem Allgemeinen Teil und einem Besonderen Teil. Der *Allgemeine Teil* enthält Regelungen, die für alle Straftatbestände von Bedeutung sind, z. B. in den §§ 19 bis 21 über die Schuldfähigkeit. Im *Besonderen Teil* sind wichtige Deliktstatbestände geregelt.

Vorschriften des materiellen Strafrechts sind außer im StGB in zahlreichen *weiteren Gesetzen* enthalten. So ist das Jugendstrafrecht im *Jugendgerichtsgesetz* geregelt und haben die militärischen Straftaten eine Regelung im Wehrstrafgesetz gefunden. Außerdem sind Strafvorschriften, die in einem engen Zusammenhang mit fachgesetzlichen Regelungen stehen, häufig in dem jeweiligen Fachgesetz enthalten. So finden sich die Strafvorschriften gegen den unerlaubten Umgang mit Drogen im Betäubungsmittelgesetz und gegen den unerlaubten Umgang mit Waffen im Waffengesetz. Häufig werden diese Strafvorschriften als *Nebenstrafrecht* bezeichnet. Dieser Begriff wird freilich teilweise der praktischen Bedeutung dieser Delikte nicht gerecht.

Im *Strafverfahrensrecht*, das auch als *formelles Strafrecht* bezeichnet wird, ist die Verwirklichung des materiellen Strafrechts durch Ermittlung und Aburteilung strafbarer Handlungen sowie durch die Vollstreckung der verhängten Sanktionen geregelt. Das Strafverfahrensrecht ist vor allem in der *Strafprozessordnung* enthalten. Den Aufbau und die sachliche Zuständigkeit der Gerichte und Staatsanwaltschaften regelt das *Gerichtsverfassungsgesetz*. Die Art und Weise der Vollziehung der Freiheitsstrafen und der freiheitsentziehenden Maßregeln der Besserung und Sicherung hat im

*Strafvollzugsgesetz* eine Regelung gefunden. Die Registrierung strafrechtlicher Sanktionen und die Erteilung von Auskünften aus den Registern sind im *Bundeszentralregistergesetz* geregelt.

Die *Auslegung* der Gesetze hat nach dem Wortlaut, dem systematischen Zusammenhang der Regelungen, der Entstehungsgeschichte der Vorschrift und nach dem Sinn und Zweck des Gesetzes zu erfolgen (sog. grammatische, systematische, historische und objektiv-teleologische Auslegung, vgl. Gropp 2005, S. 58 ff.).

### 2.1.5 Die Kriminalwissenschaften

Mit dem Strafrecht und der Kriminalität befasst sich eine Reihe von Wissenschaften (Jescheck u. Weigend 1996, S. 39 ff.; Maurach u. Zipf 1992, S. 34 ff.). Die *Strafrechtswissenschaft* ermittelt den Inhalt und die Grundgedanken des geltenden Strafrechts und systematisiert den Rechtsstoff. Dem Verständnis des geltenden deutschen Rechts und der kritischen Auseinandersetzung mit ihm dienen die *Strafrechtsgeschichte* und die *Strafrechtsvergleichung*. Aufgabe der *Kriminologie* ist die empirische Erforschung der Wirklichkeit des Verbrechens und des Umgangs mit dem Verbrechen (Kaiser 1996, S. 1). Die Kriminologie beschreibt und erklärt Umfang, Struktur und Entwicklung der Kriminalität, befasst sich mit den Tätern und Opfern der Straftaten und untersucht die Bemühungen zur Verhinderung von Kriminalität und die Reaktionen auf begangene Straftaten. Die *Kriminalistik* ist die Wissenschaft von der Aufklärung und Verhinderung von Straftaten (ebd., S. 924). Sie wird in drei Gebiete unterteilt. Die Kriminaltechnik ist die Lehre von den sachlichen Beweismitteln. Die Kriminaltaktik befasst sich mit dem technisch, psychologisch und prozessökonomisch zweckmäßigen Vorgehen bei der Erforschung und Verhütung von Straftaten. Gegenstand der Kriminalstrategie ist das planmäßig koordinierte Zusammenwirken der polizeilichen Kräfte zur wirksamen Verbrechensbekämpfung. Die Kriminalistik wird überwiegend nicht als Bestandteil der Kriminologie, sondern als eigenständige Wissenschaft angesehen (Göppinger 1997, S. 41). Die *Strafvollzugskunde* befasst sich mit dem Recht und der Wirklichkeit der Vollziehung der freiheitsentziehenden Kriminalsanktionen (Kaiser 2002, S. 4). Unter wissenschaftlicher *Kriminalpolitik* wird die „systematisch geordnete Darstellung der gesellschaftlichen Strategien, Taktiken und Sanktionsmittel zur Erzielung optimaler Verbrechenskontrolle" verstanden (Kaiser 1996, S. 1070). Die Wissenschaften, die sich speziell mit der Kriminalität und dem Kriminalrecht befassen, können unter dem Begriff *Kriminalwissenschaften* zusammengefasst werden (Jescheck u. Weigend 1996, S. 41). Die Kriminalwissenschaften müssen eng mit den anderen *Human- und Sozialwissenschaften* zusammenarbeiten, insbesondere mit der Medizin und Psychiatrie, der Psychologie und der Soziologie. Das gilt vor allem für die Zweige der Bezugswissenschaften, die sich mit rechtlichen Problemen befassen, also Rechtsmedizin, forensische Psychiatrie, Rechts- und Kriminalpsychologie und Rechts- und Kriminalsoziologie.

# Literatur

Andenaes J (1974) Punishment and Deterrence. University of Michigan Press, Ann Arbor
Beccaria C (1766) Über Verbrechen und Strafen. Nach der Ausgabe von 1766 übersetzt und hrsg von Alff W (1988). Insel, Frankfurt am Main
Bentham J (1789) An introduction to the principles of morals and legislation. An authoritative edition by Burns JH, Hart LA. In: Burns JH (general ed) The collected works of J Bentham (1996). Clarendon Press, Oxford
Beyleveld D (1980) Bibliography on general deterrence research. Saxon House, Westmead
Coulsen GE, Nutbrown V (1992) Properties of an ideal rehabilitation program for high-need offenders. Int J Offender Ther Comp Criminol 36:203–208
Dölling D (1990) Generalprävention durch Strafrecht: Realität oder Illusion? ZStW 102:1–20
Dölling D (1992) Der Täter-Opfer-Ausgleich – Möglichkeiten und Grenzen einer kriminalrechtlichen Reaktionsform. JZ 47:493–499
Dölling D (2000) Täterbehandlung: Ende oder Wende? Eine Bilanz. In: Jehle JM (Hrsg) Täterbehandlung und neue Sanktionsformen. Kriminalpolitische Konzepte in Europa. Forum, Mönchengladbach, S 21–48
Dölling D (2001) Regelungen außerhalb des Strafrechts aus deutscher Sicht. In: Hirsch HJ (Hrsg) Krise des Strafrechts und der Kriminalwissenschaften. Duncker & Humblot, Berlin, S 117–120
Dölling D (2003) Zur spezialpräventiven Aufgabe des Strafrechts. In: Dölling D (Hrsg) Jus humanum. Grundlagen des Rechts und Strafrecht. Festschrift für EJ Lampe zum 70. Geburtstag. Duncker & Humblot, Berlin, S 597–609
Dölling D, Hermann D (2003) Befragungsstudien zur negativen Generalprävention: Eine Bestandsaufnahme. In: Albrecht HJ, Entorf H (Hrsg) Kriminalität, Ökonomie und Europäischer Sozialstaat. Physica, Heidelberg, S 133–165
Dünkel F (2000) Resozialisierungsvollzug (erneut) auf dem Prüfstand. In: Jehle JM (Hrsg) Täterbehandlung und neue Sanktionsformen. Kriminalpolitische Konzepte in Europa. Forum, Mönchengladbach, S 379–414
Eisele H (1999) Die general- und spezialpräventive Wirkung strafrechtlicher Sanktionen. Methoden, Ergebnisse, Metaanalyse. Dissertation, Heidelberg
Feest J (1990) „Behandlungsvollzug" – Kritik und vollzugspolitische Konsequenzen. JA 22:223–227
Feuerbach PJA v (1799) Revision der Grundsätze und Grundbegriffe des positiven peinlichen Rechts. Erster Theil. Henningsche Buchhandlung, Erfurt
Frister H (2006) Strafrecht Allgemeiner Teil. Ein Studienbuch. Beck, München
Göppinger H (1997) Kriminologie, 5. Aufl. Beck, München
Gössel KH (1974) Über die Bedeutung des Irrtums im Strafrecht, Bd 1. Duncker & Humblot, Berlin
Gropp W (2005) Strafrecht Allgemeiner Teil, 3. Aufl. Springer, Berlin Heidelberg New York
Haffke B (1976) Tiefenpsychologie und Generalprävention. Eine strafrechtstheoretische Untersuchung. Sauerländer, Aarau Frankfurt am Main
Hegel GWF (1821) Grundlinien der Philosophie des Rechts oder Naturrecht und Staatswissenschaft im Grundrisse. GWF Hegel Werke 7. Red Moldenhauer E, Michel KM, 5. Aufl. 1996. Suhrkamp, Frankfurt am Main
Hilbers M, Lange W (1973) Abkehr von der Behandlungsideologie? Erfahrungen mit modernen Vollzugsformen in Skandinavien. Kriminol J 5:52–59
Hirsch A v, Bottoms AE, Burney E, Wikström PO (1999) Criminal deterrence and sentence severity. An analysis of recent research. Hart, Oxford
Hörnle T (2006) Die Rolle des Opfers in der Straftheorie und im materiellen Strafrecht. JZ 61:950–958
Horn E (2001) Kommentierung des § 46 StGB. In: Rudolphi HJ (Gesamtredaktion) Systematischer Kommentar zum Strafgesetzbuch, 35. Lieferung. Luchterhand, Neuwied Kriftel Berlin
Hruschka J (2003) Die Notwehr im Zusammenhang von Kants Rechtslehre. ZStW 115:201–223

Jakobs G (1991) Strafrecht Allgemeiner Teil. Die Grundlagen und die Zurechnungslehre. Lehrbuch, 2. Aufl. De Gruyter, Berlin New York
Jakobs G (2004) Staatliche Strafe: Bedeutung und Zweck. Nordrhein-Westfälische Akademie der Wissenschaften Vorträge G 390. Schöningh, Paderborn
Jescheck HH, Weigend T (1996) Lehrbuch des Strafrechts Allgemeiner Teil, 5. Aufl. Duncker & Humblot, Berlin
Kaiser G (1996) Kriminologie. Ein Lehrbuch, 3. Aufl. Müller, Heidelberg
Kaiser G (2002) Begriff des Strafvollzugs und der Strafvollzugskunde. Geschichte des Strafvollzugs und des Strafvollzugsrechts. In: Kaiser G, Schöch H, Strafvollzug, 5. Aufl. Müller, Heidelberg, S 1–8, 9–60
Kant I (1798) Die Metaphysik der Sitten, 2. Aufl. I Kant Werkausgabe Bd VIII, hrsg von Weischedel W (1997), 11. Aufl. Suhrkamp, Frankfurt am Main
Kaufmann A (1967) Dogmatische und kriminalpolitische Aspekte des Schuldgedankens im Strafrecht. JZ 23:553–560
Killias M (2002) Grundriss der Kriminologie. Eine europäische Perspektive. Stämpfli, Bern
Klesczewski D (1991) Die Rolle der Strafe in Hegels Theorie der bürgerlichen Gesellschaft. Eine systematische Analyse des Verbrechens- und des Strafbegriffs in Hegels Grundlinien der Philosophie des Rechts. Duncker & Humblot, Berlin
Köhler M (1997) Strafrecht Allgemeiner Teil. Springer, Berlin Heidelberg
Kury H (1999) Zum Stand der Behandlungsforschung oder: Vom nothing works zum something works. In: Feuerhelm W, Schwind HD, Bock M (Hrsg) Festschrift für Alexander Böhm zum 70. Geburtstag am 14. Juni 1999. De Gruyter, Berlin New York, S 251–274
Lampe EJ (1999) Strafphilosophie. Studien zur Strafgerechtigkeit. Heymanns, Köln Berlin Bonn München
Lenckner T (1972) Strafe, Schuld und Schuldfähigkeit. In: Göppinger H, Witter H (Hrsg) Handbuch der forensischen Psychiatrie, Bd 1. Springer, Berlin Heidelberg New York, S 3–286
Liszt F v (1883) Der Zweckgedanke im Strafrecht. ZStW 3:1–47
Lösel F (1996) Ist der Behandlungsgedanke gescheitert? Eine empirische Bestandsaufnahme. ZfStrVo 45:259–267
Maurach R, Zipf H (1992) Strafrecht Allgemeiner Teil. Teilband 1: Grundlehren des Strafrechts und Aufbau der Straftat, 8. Aufl. Müller, Heidelberg
Meier BD (2006) Strafrechtliche Sanktionen, 2. Aufl. Springer, Berlin Heidelberg
Müller-Dietz H (1985) Integrationsprävention und Strafrecht. Zum positiven Aspekt der Generalprävention. In: Vogler T (Hrsg) Festschrift für HH Jescheck zum 70. Geburtstag. Duncker & Humblot, Berlin, S 813–827
Nagin DS (1998) Criminal deterrence research at the outset of the twenty-first century. Crime and Justice 23:1–42
Naucke W (2002) Strafrecht. Eine Einführung, 10. Aufl. Luchterhand, Neuwied Kriftel
Neumann U, Schroth U (1980) Neuere Theorien von Kriminalität und Strafe. Wissenschaftliche Buchgesellschaft, Darmstadt
Otto HJ (1982) Generalprävention und externe Verhaltenskontrolle. Wandel vom soziologischen zum ökonomischen Paradigma in der nordamerikanischen Kriminologie? Eigenverlag Max-Planck-Institut für ausländisches und internationales Strafrecht, Freiburg
Pawlik M (2004) Person, Subjekt, Bürger. Zur Legitimation von Strafe. Duncker & Humblot, Berlin
Preiser W (1954) Das Recht zu strafen. In: Engisch K, Maurach R (Hrsg) Festschrift für Edmund Mezger zum 70. Geburtstag 15.10.1953. Beck, München Berlin, S 71–82
Reemtsma JP (1999) Das Recht des Opfers auf die Bestrafung des Täters – als Problem. Beck, München
Roxin C (2006) Strafrecht Allgemeiner Teil, Bd 1: Grundlagen. Der Aufbau der Verbrechenslehre, 4. Aufl. Beck, München
Schmidt E (1965) Einführung in die Geschichte der deutschen Strafrechtspflege, 3. Aufl. Vandenhoeck & Ruprecht, Göttingen
Schmitz HG (2001) Zur Legitimität der Kriminalstrafe. Philosophische Erörterungen. Duncker & Humblot, Berlin

Schöch H (1985) Empirische Grundlagen der Generalprävention. In: Vogler T (Hrsg) Festschrift für HH Jescheck zum 70. Geburtstag. Duncker & Humblot, Berlin, S 1081–1105
Schöch H (2002) Rechtliche Gestaltung des Strafvollzugs. In: Kaiser G, Schöch H, Strafvollzug, 5. Aufl. Müller, Heidelberg, S 230–390
Schumann KF (1989) Positive Generalprävention. Müller, Heidelberg
Strasser P (1979) Verbrechenserklärungen und Strafkonzeptionen. Kriminologisches Journal 11:1–21
Stratenwerth G, Kuhlen L (2004) Strafrecht Allgemeiner Teil I. Die Straftat, 5. Aufl. Heymanns, Köln Berlin München
Streng F (1980) Schuld, Vergeltung, Generalprävention. Eine tiefenpsychologische Rekonstruktion strafrechtlicher Zentralbegriffe. ZStW 92:637–681
Streng F (2002) Strafrechtliche Sanktionen. Die Strafzumessung und ihre Grundlagen, 2. Aufl. Kohlhammer, Stuttgart
Weber U (2003) Begriff, Aufgabe und Wesen des Strafrechts. In: Baumann J, Weber U, Mitsch W, Strafrecht Allgemeiner Teil. Lehrbuch, 11. Aufl. Gieseking, Bielefeld, S 9–44
Wessels J, Beulke W (2006) Strafrecht Allgemeiner Teil. Die Straftat und ihr Aufbau, 36. Aufl. Müller, Heidelberg
Zipf H (1989) Die Rechtsfolgen der Tat. In: Maurach R, Gössel KH, Zipf H, Strafrecht Allgemeiner Teil, Teilband 2: Erscheinungsformen des Verbrechens und Rechtsfolgen der Tat. Ein Lehrbuch, 7. Aufl. Müller, Heidelberg, S 479–754

## 2.2 Die Straftat

W. Gropp

Eine Straftat ist eine rechtswidrige und schuldhafte Handlung eines Menschen, deren Strafbarkeit zum Zeitpunkt der Verwirklichung gesetzlich bestimmt ist.

### 2.2.1 Die Grundstruktur der Straftat

Damit ist die dreistufige Grundstruktur der Straftat bereits benannt. Die erste Stufe bildet die *Tatbestandsmäßigkeit* der Handlung. Sie ist gegeben, wenn die fragliche Handlung dem entspricht, was der Gesetzgeber als strafbares Verhalten festgelegt hat (s. 2.2.1.1). Allein die Tatbestandsmäßigkeit kann die Strafbarkeit jedoch noch nicht begründen. Dazu bedarf es der Feststellung, dass das fragliche Verhalten *rechtswidrig* war (zweite Stufe, s. 2.2.1.2) und der Täter *schuldhaft* gehandelt hat (dritte Stufe, s. 2.2.1.3).

#### 2.2.1.1 Tatbestandsmäßigkeit

Die Festlegung der Strafbarkeit einer Handlung durch ihre Umschreibung im Gesetz heißt *Straftatbestand*. Um strafbar zu sein, muss die Handlung folglich zumindest *tatbestandsmäßig* sein, d.h. die Elemente des gesetzlichen Tatbestandes aufweisen. Dabei werden objektive und subjektive Elemente unterschieden.

### Objektive Elemente der Tatbestandsmäßigkeit

Das zentrale objektive Element der Tatbestandsmäßigkeit ist die Tat*handlung*, sei sie ein Tun (z. B. Töten, § 212 StGB) oder ein Unterlassen (z. B. Nichtanzeige geplanter Straftaten, § 138 StGB).

Derjenige Gegenstand, auf den sich die Handlung des Täters bezieht, ist das *Tatobjekt*, z. B. bei der Sachbeschädigung (§ 303 StGB) ein körperlicher Gegenstand. Das Tat*werkzeug* ist hingegen das Mittel, dessen sich der Täter zur Begehung der Tat bedient.

Zu den objektiven Elementen der Tatbestandsmäßigkeit gehört auch das Tatsubjekt, d. h. der *Täter* bzw. die „*Täterin*" (im Folgenden einheitlich als „Täter" bezeichnet), wobei es in der Regel keine Rolle spielt, wer Täter ist. Eine Ausnahme bilden hier jedoch vor allem die *Sonderdelikte*, bei denen nur solche Personen Tatsubjekt sein können, die über bestimmte Eigenschaften verfügen. Zu nennen wären hier insbesondere die Angehörigen der Heilberufe sowie Berufspsychologen nach § 203 Abs. 1 Nr. 1 und 2 StGB.

Der *Taterfolg* ist ein tatbestandlich beschriebener *Zustand*, z. B. beim Totschlag (§ 212 StGB) der Tod eines Menschen. Verlangt der Tatbestand, dass ein solcher Zustand herbeigeführt wird, spricht man von einem *Erfolgsdelikt*. Andernfalls liegt ein *Tätigkeitsdelikt* vor, z. B. beim Führen eines Fahrzeugs im fahruntüchtigen Zustand nach § 316 StGB.

Um von einem Taterfolg sprechen zu können, bedarf es jedoch einer *besonderen Verbindung* zwischen der Tathandlung und dem tatbestandlich beschriebenen Erfolg. Die Grundlage dieser Verbindung wird in einer Kette von Ereignissen gesehen, deren Glieder alle gleichwertig sind. Man spricht insoweit von *äquivalenter Kausalität*. Ihr Vorliegen wird mittels einer hypothetischen Elimination nach der so genannten Formel von der Condicio sine qua non festgestellt. Danach ist *kausal jedes Handeln, das nicht hinweg gedacht werden kann, ohne dass der Erfolg in seiner konkreten Gestalt entfiele* (sog. Äquivalenztheorie). Die Stärke der Äquivalenztheorie liegt in ihrer Griffigkeit, ihre Schwäche in ihrer Grenzenlosigkeit, die zur Folge hat, dass auch der Mutter des Mörders der Tod des Opfers zugerechnet werden müsste.

Die Ergebnisse der Äquivalenztheorie werden deshalb durch die *Lehre von der objektiven Zurechnung*, d. h. durch eine bewusste Unterscheidung zwischen Kausalität und normativer Zurechnung, eingeschränkt. Erfolge können danach vor allem dann *nicht* zugerechnet werden, wenn der zu Grunde liegende Kausalverlauf *nicht beherrschbar* ist (Eser u. Burkhardt 1992, S. 59 f.; Gropp 2005, S. 157), wenn die Handlung *kein rechtlich verbotenes Risiko für das geschützte Angriffsobjekt geschaffen, d. h. wenn sich dieses Risiko in dem tatbestandsmäßigen Erfolg nicht verwirklicht hat* (Kühl 2005, S. 35), wenn das Eingreifen des Täters das *Schadensrisiko verringert* hat oder wenn der Erfolg auch bei *rechtmäßigem* Verhalten mit an Sicherheit grenzender Wahrscheinlichkeit eingetreten wäre (sog. Pflichtwidrigkeitszusammenhang, Gropp 2005, S. 158). Schließlich wird ein verursachter Erfolg auch nicht zugerechnet, wenn er auf einem freien und voll verantwortlichen Verhalten des *Geschädigten* beruht (Fälle eigenverantwortlicher Selbstverletzung, dazu Heroinspritzenfall BGHSt 32, 262; Frisch 1992 a, S. 1 ff., 1992 b, S. 62 ff.; Gropp 2005, S. 158 f.; Walther 1991).

## Subjektive Elemente der Tatbestandsmäßigkeit

Zu den subjektiven Elementen der Tatbestandsmäßigkeit gehören der *Vorsatz* sowie sonstige *besondere subjektive Merkmale* des Täters wie z. B. beim Diebstahl die *Absicht*, die Sache sich oder einem Dritten zuzueignen. Inwieweit im Übrigen *Motive* und *persönliche Eigenschaften* Elemente des subjektiven Tatbestandes sind, ist wenig geklärt. So kann man z. B. das Mordmerkmal „Habgier" (§ 211 Abs. 2 StGB) als Gegenstand des Schuldvorwurfs sehen, man kann es aber auch als ein subjektives, täterbezogenes Mordmerkmal einordnen und die tatsächlichen Voraussetzungen für die Bewertung eines Verhaltens als „habgierig" dem objektiven Unrecht zuordnen.

„Vorsatz" bedeutet *Wissen* (kognitive Seite) *und Wollen* (voluntative Seite) hinsichtlich der Verwirklichung der objektiven Elemente der Tatbestandsmäßigkeit (BGHSt 36, 1, 10 f.; Roxin 2006, S. 437).

Gegenstand des *Wissens* müssen die in § 16 StGB genannten *Tatumstände* sein, d. h. die Merkmale des gesetzlichen Tatbestandes. Wissenslücken lassen den Vorsatz entfallen. Eine *Unkenntnis des Kausalverlaufs* lässt den Vorsatz aber nur dann entfallen, wenn die Abweichungen des wirklichen Geschehensablaufs gegenüber dem vorgestellten wesentlich sind, d. h. wenn sie außerhalb der Grenzen des nach allgemeiner Lebenserfahrung Vorhersehbaren liegen oder eine andere Bewertung der Tat erfordern (BGHSt 7, 329; Roxin 2006, S. 151). Fehlvorstellungen über die Identität des Angriffsobjekts (sog. *error in obiecto/error in persona*) sind unbeachtlich (Gropp 2005, S. 505 f.). Hingegen entfällt der Vorsatz, wenn der Täter anstatt des angestrebten ein anderes, zufällig tatbestandlich gleichwertiges Objekt trifft: A zielt in Tötungsabsicht auf B, trifft jedoch unglücklicherweise den in der Nähe stehenden C (sog. aberratio ictus). Das Ergebnis ist eine Strafbarkeit wegen Versuchs bezüglich des Gewollten – hier: Tod des B – und gegebenenfalls Fahrlässigkeit bezüglich des Erreichten – hier: Tod des C (Lackner u. Kühl 2004, § 15 Rn 12; Gropp 1998, S. 55 ff.).

Nicht vom Vorsatz müssen *erfolgsqualifizierende Tatfolgen* erfasst sein, wie z. B. der Eintritt des Todes bei der Körperverletzung mit Todesfolge, § 227 StGB. Allerdings schreibt § 18 StGB vor, dass dem Täter hinsichtlich dieser Folge wenigstens *Fahrlässigkeit* zur Last fallen muss. Außerdem muss zwischen dem Erfolg und dem Grundtatbestand eine vom Vorsatz des Täters umfasste besondere Beziehung bestehen. Denn die Strafdrohung der Erfolgsqualifikation (in § 227 StGB Freiheitsstrafe nicht unter drei Jahren) ist wesentlich höher als die Kombination des Vorsatzteils (§ 224 StGB: Freiheitsstrafe von sechs Monaten bis zu zehn Jahren) mit der verursachten Folge (§ 222 StGB: Freiheitsstrafe bis zu fünf Jahren), bei der die Strafe aus dem Strafrahmen des § 224 StGB zu entnehmen wäre (§ 52 StGB). Die herrschende Meinung verlangt deshalb, dass sich die spezifische Gefahr aus der Handlung (BGHSt

31, 96 ff., Hochsitzfall; Rengier 1986, S. 214 ff., 217) oder aus dem Erfolg des Grunddelikts (Hirsch 2000, § 227 Rn 5; Lackner u. Kühl 2004, § 227 Rn 2) im qualifizierenden Erfolg *realisieren* muss (Sowada 1994, S. 643 ff.).

Vorsatzunabhängig sind schließlich grundsätzlich die *schuldbegründenden* Merkmale, wie z. B. die Schuldfähigkeit oder das Unrechtsbewusstsein. Es kommt deshalb nicht darauf an, dass der Täter seine Schuldfähigkeit kennt, sondern dass er schuldfähig ist.

Die intensivste Form des *kognitiven* Elementes ist das *Wissen*. Soweit diese Form der Kenntnis erforderlich ist, ist es in den Tatbeständen ausdrücklich vermerkt, so z. B. in § 164 StGB (falsche Verdächtigung). Im Übrigen reicht es aus, dass der Täter das Vorliegen eines Tatbestandsmerkmals *für möglich hält*.

Je nach Intensität des voluntativen Elementes unterscheidet man drei Stufen des Vorsatzes: *dolus directus I* (Absicht), *dolus directus II* (sicheres Wissen) sowie *dolus eventualis* (billigende Inkaufnahme).

*Dolus directus I* setzt eine *besondere voluntative* Verknüpfung des Handelnden mit der Verwirklichung des Tatbestandes voraus. Dem Täter muss es auf die Verwirklichung des Tatbestandes *ankommen* – unabhängig von der Wahrscheinlichkeit des Erfolgseintritts. Die Verwirklichung des Tatbestandes kann dabei Beweggrund für das Handeln des Täters sein, sie kann aber auch nur ein notwendiger Zwischenschritt für das Erreichen eines entfernteren Zieles sein. Im Bereich des *dolus directus II* handelt der Täter trotz des sicheren Wissens um die Erfüllung des betreffenden Tatbestandsmerkmals. Ergreift ihn später Reue, kann er sich nicht mit der schlichten Behauptung verteidigen, dass er den Erfolg „nicht gewollt" habe. Denn insoweit gilt die Faustformel, dass derjenige, der die Folgen seiner Handlung kennt und dennoch handelt, diese Folgen in der Regel auch will. Das Willensmoment braucht infolgedessen nicht mehr positiv nachgewiesen zu werden. Es kann von ihm *ausgegangen* werden.

Bleibt das kognitive Element des Vorsatzes unterhalb der Stufe des sicheren Wissens, kommt *dolus eventualis* als Vorsatzform in Frage. Infolge der Grenzlage zur (gar nicht oder nur vergleichsweise gering mit Strafe bedrohten) bewusst fahrlässigen Tatbegehung kommt der Beschreibung dessen, was als *dolus eventualis* (noch) Vorsatz ist, eine besondere strafbegründende Bedeutung zu. Nach herrschender Meinung handelt mit dolus eventualis, wer den Erfolg trotz *Erkennens* und *Ernstnehmens* der nahe liegenden Möglichkeit seines Eintritts (kognitives Element) *billigend in Kauf nimmt*, sich mit ihm *abfindet* (voluntatives Element) – so genannte Einwilligungs- oder Billigungstheorie (BGHSt 36, 9; Geppert 1986, S. 610 ff.; Küpper 1988, S. 766). Hinter jener Kurzformel steht eine Gesamtschau aller objektiven und subjektiven Tatumstände. So ist z. B. einerseits Tötungsvorsatz eher abzulehnen, wenn ein Tötungsmotiv nicht ersichtlich ist, andererseits liegt unter voluntativem Aspekt Vorsatz auch dann vor, wenn dem Täter der Eintritt des Erfolges zwar unerwünscht ist, er sich aber damit abfindet. Auf eine „Faustformel" gebracht liegt dolus eventualis dann vor, wenn der Täter auf die Frage, ob er im Interesse der Erreichung des Ziels auch dann gehandelt hätte, wenn er *gewusst* hätte, dass der Erfolg eintreten würde, ehrlicherweise mit „Ja" antworten müsste.

### 2.2.1.2 Rechtswidrigkeit

Nach der Tatbestandsmäßigkeit bildet die Rechtswidrigkeit die zweite Stufe innerhalb der dreistufigen Grundstruktur der Straftat.

Eine tatbestandsmäßige Handlung ist nur dann rechtswidrig, wenn sie im Widerspruch zur Gesamtrechtsordnung steht. Dabei kann aus der Tatbestandsmäßigkeit nicht ohne Weiteres auf die Rechtswidrigkeit geschlossen werden, denn es gibt Situationen, in denen die Handlung rechtmäßig ist (s. 2.2.3.2), obwohl der tatbestandsmäßige Unwert verwirklicht wird (Rechtfertigungsgründe). Dies gilt z. B. für den Fall der Notwehr (§ 32 StGB). Hier darf der Täter einen Dritten unter Umständen sogar töten, wenn er von diesem angegriffen wird und der Angriff nicht anders abgewehrt werden kann. Der Widerspruch der Unwertverwirklichung zur Gesamtrechtsordnung kann deshalb erst dann bejaht werden, wenn keine Rechtfertigungsgründe eingreifen.

### 2.2.1.3 Schuldhaftigkeit

Die Straftat setzt auf der dritten Stufe voraus, dass die tatbestandsmäßige und rechtswidrige Handlung *schuldhaft* begangen worden ist. Dies erfordert insbesondere, dass der Täter nicht aufgrund seelischer Störungen gehindert ist, das Unrecht seiner Tat einzusehen oder nach dieser Einsicht zu handeln (Schuldfähigkeit, § 20 StGB), dass ihm nicht aufgrund eines unvermeidbaren Irrtums bei Begehung der Tat die Einsicht fehlt, Unrecht zu tun (unvermeidbarer Verbotsirrtum, § 17 S. 1 StGB), und dass er sich nicht in einer Zwangslage befindet, die seine rechtswidrige Tat *entschuldigt* (Entschuldigungsgründe, insbesondere § 35 StGB, entschuldigender Notstand). Ist die Tat schuldhaft begangen, kann weiter gefragt werden, wie schwerwiegend der vom Täter rechtswidrig und schuldhaft verwirklichte tatbestandsmäßige Unwert ist. Denn danach richtet sich die Schwere des *Schuldvorwurfs*, der gegen den Täter erhoben wird und der die Grundlage für die Strafzumessung bildet (s. 2.2.4).

### 2.2.1.4 Entwicklungsschritte in der Grundstruktur der Straftat

Die Grundstruktur der Straftat, bestehend aus Tatbestandsmäßigkeit, Rechtswidrigkeit und Schuldhaftigkeit, geht auf Franz v. Liszt (1851–1919) und Ernst Beling (1866–1932) zurück (Jescheck u. Weigend 1996, S. 202).

Auf dem Naturalismus des ausgehenden 19. Jahrhunderts aufbauend wurde die Straftat auf der Stufe der Tatbestandsmäßigkeit als Körperbewegung aufgefasst, die eine Veränderung in der *Außenwelt* bewirkt. Das Unrecht erschöpfte sich in der durch jene Körperbewegung *verursachten* tatbestandsmäßigen und rechtswidrigen Unwertverwirklichung, ohne dass sich die Willentlichkeit speziell auf die Tatbestandsmäßigkeit der Handlung beziehen musste.

Der subjektive „Innenbereich" wurde ausschließlich der Stufe der Schuldhaftigkeit zugeordnet. Zu ihm gehörten *Vorsatz* oder *Fahrlässigkeit*, die *Zurechnungsfähigkeit* als Schuldvoraussetzung und das Handeln im *Notstand* als „Schuldausschließungsgrund". Als geistig-seelische Vorgänge gedacht bildeten die genannten Elemente den so genannten *psychologischen Schuldbegriff* (Jescheck u. Weigend 1996, S. 202 f. mwN in Fn 25).

Nach der heute herrschenden Meinung (Lackner u. Kühl 2004, Vor § 13 Rn 6, 6 a, 7; Wessels u. Beulke 2005, S. 36) zur Grundstruktur der Straftat erschöpft sich das Unrecht der Tat nicht mehr in der rechtswidrigen Verursachung eines tatbestandsmäßigen Unwertes durch eine willentliche Körperbewegung. Die *Kausalität* im Sinne einer condicio sine qua non reicht nicht mehr für die Zurechnung eines Erfolges hin. Vielmehr werden im Rahmen einer *objektiven Zurechnung* Fallgruppen gebildet, in denen die kausale Verwirklichung des Tatbestandes dem Täter dennoch *nicht* als sein Werk *zugerechnet* wird. Auch Vorsatz und Fahrlässigkeit kommt eine unwert- bzw. unrechtsbegründende Bedeutung zu und schließlich wird die Stufe der Tatbestandsmäßigkeit durch die unwertkonstituierenden Elemente der Gesinnungsmerkmale gekennzeichnet.

Auf der Ebene der Schuldhaftigkeit findet eine „Normativierung" statt, indem die psychologische Komponente des Vorsatzes, das Wissen und Wollen, in die Tatbestandsmäßigkeit verlagert wird. Der Vorsatz wird innerhalb der Schuldhaftigkeit der Tat nur noch als „Schuldform" betrachtet. Ebenso wird die Fahrlässigkeit in unrechtsbegründende (Verletzung einer Sorgfaltspflicht/Gefahrerhöhung, generelle Vorhersehbarkeit und Vermeidbarkeit) und schuldbegründende Elemente (individuelle Vorhersehbarkeit und Vermeidbarkeit) aufgespalten (Gropp 2005, S. 473). Ergänzt wird die Schuldhaftigkeit durch die schuldkonstituierenden Elemente der Gesinnungsmerkmale.

### 2.2.1.5 Der gesellschaftlich relevante Unwert als Grundlage und materieller Gehalt der Straftat

#### Unwertbegründung

Die Entscheidung, ein Verhalten unter Strafe zu stellen, steht nicht im Belieben des Gesetzgebers. Sie setzt vielmehr voraus, dass das unter Strafe gestellte Verhalten einen gesellschaftlich relevanten Unwert verwirklicht, ein *Rechtsgut* beeinträchtigt. Andernfalls besteht die Gefahr, dass der bloße Ungehorsam (z. B. in Schillers „Wilhelm Tell" die Weigerung, den Hut des Reichsvogts Geßler zu grüßen) zur Grundlage für eine Bestrafung wird. Jedoch ist der Gesetzgeber nicht verpflichtet, *jede* gesellschaftsrelevante Unwertverwirklichung unter Strafe zu stellen, man denke nur an die Herausnahme von Schwangerschaftsabbrüchen aus dem Tatbestand des § 218 StGB, wenn der Eingriff nach Beratung innerhalb von 12 Wochen nach der Empfängnis von einem Arzt vorgenommen wird (§ 218 a Abs. 1 StGB).

Mit der Inkriminierung von gesellschaftlich relevanten Unwertverwirklichungen werden die damit korrespondierenden Lebensgüter wie Leben, Gesundheit, Freiheit usw. zu strafrechtlich geschützten *Rechtsgütern*. Die freie Verfügbarkeit über eigene Sachen wird „Eigentum", die Möglichkeit der friedlichen Entscheidung von Konflikten auf einem geregelten Weg wird „Rechtspflege". Erst die Beeinträchtigung jener Rechtsgüter bildet den materiellen Gehalt der Straftat.

Dabei knüpft das Strafrecht – wie die verbreitete Strafbarkeit des Versuchs zeigt – *nicht* erst an die Verletzung oder Gefährdung der *konkreten stofflichen Substanz* der die Rechtsgüter repräsentierenden Gegenstände an. Vielmehr führt die Verrechtlichung der als schützenswert befundenen Werte zu ihrer *Vergeistigung*. Rechtsgüter werden zu abstrakten *Achtungsansprüchen* (Hassemer 2003, Vor § 1 Rn 265 ff.; Stratenwerth 1998, S. 377 ff., 390). Ihre *Verletzung* besteht in ihrer Nichtachtung und Missachtung, ohne dass es der Beschädigung eines Angriffsobjekts bedarf. Eine Straftat ist damit die geäußerte Weigerung, ein strafbewehrtes Rechtsgut anzuerkennen. Die Verpflichtung zu jener Anerkennung ergibt sich aus den hinter den Straftatbeständen stehenden Normen, z. B. dem Tötungsverbot als Grundlage für die Beschreibung der strafbaren Handlung im Straftatbestand des Totschlags (§ 212 StGB).

Der Gehalt der Straftat kann seine Prägung aus dem herbeigeführten Erfolg (z. B. Tod eines Menschen, § 212 StGB) oder aus der *Handlung* selbst (z. B. Führen eines Kraftfahrzeugs trotz alkoholbedingter Fahruntüchtigkeit, § 316 StGB) erhalten (*Tatprinzip, Tatstrafrecht*). Er kann aber – anknüpfend an den Handlungs- und Erfolgsunwert – durch Eigenschaften des *Täters*, so genannte *Gesinnungsmerkmale* wie etwa die Gewerbsmäßigkeit bei der Hehlerei (§ 260 StGB) oder die Verdeckungsabsicht bei Mord (§ 211 Abs. 2, 3. Fallgruppe, 2. Alt. StGB), modifiziert werden.

## Unwertquantifizierung

*Quantitativ* unterscheidet der Gesetzgeber zunächst *zwei Stufen* tatbestandsmäßiger Unwertverwirklichung: Verbrechen im engeren Sinne und Vergehen. Nach § 12 StGB ist eine Straftat nur dann ein *Verbrechen*, wenn sie „im Mindestmaß mit Freiheitsstrafe von einem Jahr oder darüber" bedroht ist. *Vergehen* sind Straftaten, die „im Mindestmaß mit einer geringeren Freiheitsstrafe oder die mit Geldstrafe bedroht sind" (§ 12 Abs. 2 StGB). Auf die Höhe der im konkreten Fall verhängten Strafe kommt es nicht an (sog. *abstrakte* Methode). Die Unterteilung der Straftaten in Verbrechen im engeren Sinne (§ 12 Abs.1 StGB) und Vergehen (§ 12 Abs. 2 StGB) nennt man die *Dichotomie der Straftaten*. Als „Verbrechen im weiteren Sinne" wird hingegen jede Art von Straftat bezeichnet, unabhängig von ihrer Schwere. In diesem Sinne spricht man von Verbrechensaufbau, Verbrechenslehre und Verbrechensbegriff.

Innerhalb der Verbrechen im engeren Sinne und Vergehen besteht eine weitere Möglichkeit der quantitativen Abschichtung. So lassen sich um einen Tatbestand (*Grunddelikt*) weitere Tatbestände gruppieren, die zusätzliche unwertsteigernde Merkmale (sog. *Qualifizierungen*) oder unwertreduzierende Merkmale enthalten (sog. *Privilegierungen*). Innerhalb der Straftaten gegen das Leben z. B. stellte § 212 StGB (Totschlag) das Grunddelikt dar. Der Mord (§ 211 StGB) bildet nach herrschender Lehre eine Qualifizierung, die Tötung auf Verlangen (§ 216 StGB) eine Privilegierung. Zu den Qualifizierungen gehören auch die so genannte *erfolgsqualifizierten Delikte* wie z. B. die Körperverletzung mit Todesfolge (§ 227 StGB), bei denen sich an einen vorsätzlich herbeigeführten „Erfolg 1" ein zumindest fahrlässig verursachter „Erfolg 2" anschließt.

Um Unwertquantifizierungen ohne tatbestandlichen Charakter handelt es sich bei den so genannten *Regelbeispielen* wie z. B. dem *besonders schwere Fall des Diebstahls*, § 243 StGB (Gropp 1999, S. 1041 ff.; Rengier 1986, S. 250). Hier zieht sich der Gesetzgeber in Bezug auf „minder schwere" oder „besonders schwere" Fälle auf die Formel zurück, dass ein solcher Fall „in der Regel" vorliegt, wenn... . Die Regelbeispiele wollen den Richter gerade nicht festlegen, sondern eine Richtschnur für die Strafzumessung bieten.

### 2.2.2 Die Handlung im strafrechtlichen Sinn

Ein Geschehen ist nur dann eine Straftat, wenn es zugleich eine menschliche Handlung ist. Wenn ein Mensch von einem umstürzenden Baum erschlagen wird, so ist dies in der Regel keine Straftat. Es wird aber zur Straftat des T, wenn T, in dessen Vorgarten der Baum stand, eine Absicherung des Baumes unterließ, obwohl er wusste oder zumindest hätte erkennen können, dass der Stamm des Baumes morsch war und die Gefahr bestand, dass der Baum bei einem stärkeren Wind umfallen und auf den Gehweg stürzen könnte.

Wenn es aber keine Straftat und damit auch keine Strafbarkeit ohne menschliche Handlung gibt, dann kommt es entscheidend darauf an, die Kriterien für das herauszuarbeiten, was ein bloßes strafrechtliches irrelevantes *Geschehen* zu einer strafrechtsrelevanten *Handlung* macht. Dazu bedient sich die Strafrechtswissenschaft der Methode der Definition eines Gegenstandes über die von ihm zu erfüllende *Funktion*, d. h. über sein „*Anforderungs- bzw. Funktionsprofil*" (Gropp 2005, S. 118).

Soweit ersichtlich war es der Tübinger Strafrechtslehrer *Jürgen Baumann* (1989, S. 181 ff., 184 ff.), der das „Anforderungsprofil" des strafrechtlichen Handlungsbegriffs mittels dreier Funktionen beschrieb: der Funktion als – Grundelement (1), Grenzelement (2) und Verbindungselement (3). Diese Einteilung ist von *Claus Roxin* (2006, S. 238 ff.) aufgegriffen und ausgebaut worden.

#### 2.2.2.1 Die strafrechtliche Handlung als Grundelement

Die Funktion als Grundelement der Straftat kann die strafrechtliche Handlung nur erfüllen, wenn sie die unterschiedlichen Erscheinungsformen der Straftat annehmen kann: Tun oder Unterlassen, vorsätzliche oder fahrlässige Tatbegehung, Täterschaft oder Teilnahme, Versuch oder Vollendung.

## 2.2.2.2 Die strafrechtliche Handlung als Grenzelement

Als *Grenzelement* kommt der strafrechtlichen Handlung die Aufgabe zu, Sachverhalte aus dem Begriff der Straftat auszuklammern, die als so genannte *„Nicht-Handlungen"* aus strafrechtlicher Sicht irrelevant sind.

Dazu gehören zunächst *bloße (böse) Gedanken* von Menschen ohne Auswirkung in der Außenwelt (cogitationis nemo patitur: „Nur des bösen Gedankens wegen wird niemand bestraft", Ulpian, ca. 170–228 n. Chr., zitiert in den Digesten des Justinian Dig. 48, 19, 18). Darüber hinaus zählen zu den Nicht-Handlungen solche *äußeren* menschlichen Aktivitäten oder Inaktivitäten, die mangels konkreter *Beherrschbarkeit* aus dem Raster strafrechtlich relevanten Verhaltens herausfallen, weil die betreffende Person zur Tatzeit zu einem willentlichen Verhalten nicht in der Lage ist, sei es, dass sie einen entsprechenden Willen nicht *bilden* kann, sei es, dass ein vorhandener Wille nicht *betätigt* werden kann. Zu erklären ist dies damit, dass hinter den Tatbeständen der Strafgesetze (z. B. Totschlag, § 212 Abs. 1 StGB: „Wer einen Menschen tötet, (…) wird (…) mit Freiheitsstrafe nicht unter fünf Jahren bestraft") Normen stehen, welche dem Adressaten ein Verhalten verbieten oder gebieten (zu § 212 StGB: „Du sollst nicht töten!"). Weil Recht aber als Hilfsmittel zum friedlichen Zusammenleben vernunftbegabter Lebewesen gedacht ist, kann ein gegen die Norm verstoßendes Geschehen von vornherein nur dann angenommen werden, wenn der Normadressat zum maßgeblichen Zeitpunkt die Norm *erkennen* und sich ihr entsprechend *verhalten konnte*. Während eines epileptischen Anfalls, einer Bewusstlosigkeit, einer Fesselung oder einer Bewegung durch vis absoluta wäre dies z. B. nicht der Fall. Hier kann allenfalls im Wege der actio libera in causa (s. Beitrag Schöch 2.3.7.2) an eine Sachlage im Vorfeld des Zustandes der fehlenden Beherrschbarkeit angeknüpft werden.

Mangels Beherrschbarkeit werden aus dem Bereich des strafrechtlich relevanten Verhaltens folgende Geschehensabläufe als so genannte *Nicht-Handlungen* ausgeschieden (OLG Schleswig VRS 64 [1983], 429; BGH NStZ 1995, 183):

- *Reflexbewegungen,*
- Körperbewegungen *Schlafender,*
- Körperbewegungen im Rahmen *epileptischer Anfälle,*
- durch *vis absoluta* herbeigeführte Bewegungen.

Eine Reflexbewegung ist eine Körperbewegung, bei der die *Erregung der* motorischen *Nerven nicht unter seelischem Einfluss steht,* sondern sich ein Reiz ohne Mitwirkung des Bewusstseins von einem Empfindungszentrum auf ein Bewegungszentrum und damit in Bewegung überträgt (OLG Hamm NJW 1975, 657).

Körperbewegungen in *Hypnose* werden nicht als Nicht-Handlungen bewertet. Jedoch wird hier zugleich eine tiefgreifende Bewusstseinsstörung angenommen (Roxin 2006, S. 269, 891; Lenckner u. Eisele 2006, Vor § 13 Rn 39). Begeht der Hypnotisierte eine tatbestandsmäßige und rechtswidrige Handlung, können folglich Maßregeln nach §§ 61 ff. StGB verhängt werden.

Als Maßstab für die Beherrschbarkeit kommt es nicht auf die durchschnittlichen, sondern auf die *individuellen* Fähigkeiten an, weil Adressat der Strafnorm nur der *individuelle* Mensch sein kann. Auch im Falle des willentlichen Unterlassens ist daher eine Nicht-Handlung anzunehmen, wenn der Entschluss zum Unterlassen auf einer *individuellen* Handlungsunfähigkeit beruht (Stree 2006, Vor § 13 Rn 141 ff. mwN), so etwa bei dem Nichtschwimmer, der einen Ertrinkenden nicht rettet und auch keine sonstigen Möglichkeiten zur Hilfeleistung hat. Denn mag hier auch ein Rettungs*wille gebildet* werden können, so fehlt es doch an der Möglichkeit, diesen Willen zu *betätigen*. Mangels individueller Beherrschbarkeit des Geschehens bildet das Unterlassen eine Nicht-Handlung im Sinne des Strafrechts.

### 2.2.2.3 Die strafrechtliche Handlung als Verbindungselement

Als Verbindungselement stellt der strafrechtliche Handlungsbegriff das Gemeinsame dar, auf das sich Tatbestandsmäßigkeit, Rechtswidrigkeit und Schuldhaftigkeit als Elemente der Grundstruktur der Straftat (s. 2.2.1) beziehen. Dabei *bildet* die Handlung im strafrechtlichen Sinn die Grundstruktur der Straftat im doppelten Sinn des Wortes: Sie stellt sie dar im Sinne von Identität, sie beeinflusst sie aber auch. Bildlich gesprochen ist die strafrechtliche Handlung der Kern der Straftat. Denn auch der Kern stellt insoweit eine Verbindung her, als alle Teile der Pflanze aus ihm hervorgegangen und auf ihn zurückzuführen sind und es von den Informationen im Kern abhängt, welche Struktur die Pflanze haben wird. Anders ausgedrückt: Der strafrechtliche Handlungsbegriff enthält die „DNA" der Straftat.

### 2.2.2.4 Die Bedeutung des Handlungsbegriffs für den Aufbau der Straftat

Die Bedeutung der strafrechtlichen Handlung erschöpft sich aber nicht in ihrer Funktion als Grund-, Grenz- und Verbindungselement. Vom Begriff der strafrechtlichen Handlung hängt es darüber hinaus auch ab, wie die Straftat als Gesamtorganismus aufgebaut ist und wie die einzelnen Bestandteile dieses Organismus strukturiert sind. Die zentrale Frage in diesem Zusammenhang lautet z. B., welche *Grund-* bzw. *Mindest*voraussetzungen menschliches Handeln erfüllen muss, um den in den Tatbeständen des Besonderen Teils jeweils beschriebenen typischen *Unwert* zu verwirklichen, d. h. tatbestandsmäßig zu sein. Je nachdem wie diese Frage beantwortet wird, ändert sich die Struktur der strafbaren Handlung. So kann die *Idee*, dass die Handlung eines Menschen etwas *Sinngetragenes* ist, nicht ohne Einfluss auf den Gehalt und die Struktur der Tatbestandsmäßigkeit bleiben.

Der Einfluss des Handlungsbegriffs auf die Grundstruktur der Straftat wird jedoch nicht selten verneint (Eser u. Burkhardt 1992, S. 38 f.; Lenckner u. Eisele 2006, Vor § 13 Rn 37). Dem ist insoweit zuzustimmen, als es in der gerichtlichen Praxis *im konkreten Ergebnis* nicht darauf ankommt bzw. ankommen sollte, welcher Handlungsbegriff der Entscheidung zugrunde liegt. Und dennoch ist der strafrechtliche Handlungsbegriff weder heute noch für die Zukunft bedeutungslos. Denn als Kern einer *Idee vom Verbrechen als Erscheinungsform menschlichen Handelns* wirkt sich der Handlungsbegriff letztlich auf die Verbrechensdogmatik und damit auf die Fortentwicklung des Strafrechts aus.

So bestimmt z.B. § 17 StGB, dass der Täter im Falle eines unvermeidbaren Verbotsirrtums „ohne Schuld" handelt, während der Vorsatz bestehen bleibt. Eine solche Regelung, die sich auch auf die Teilnahmelehre als Unrechtsteilnahme auswirkt, ist nur möglich, wenn man, wie die finale und die vermittelnde Handlungslehre (und im Gegensatz zur kausalen Handlungslehre), Vorsatz und Unrechtsbewusstsein trennt.

Lässt sich somit die Funktion des Handlungsbegriffs hinreichend begründen, so fällt es ungleich schwerer, die Elemente des strafrechtlichen Handlungsbegriffs herauszuarbeiten. Die Frage nach dem Handlungsbegriff wird so zu einem *hermeneutischen Problem* mit der Folge, dass der Handlungsbegriff zunächst nur als Hypothese formuliert werden kann, um ihn anschließend auf seine Tauglichkeit hin zu überprüfen und – falls erforderlich – zu korrigieren.

Bei der Bildung der Hypothese dient als *Leitlinie* die Tatsache, dass jede Straftat die Handlung eines *Menschen* voraussetzt, was sich wiederum im Begriff der Handlung niederschlagen muss. Das weitere Kriterium ist die *Tauglichkeit* des Handlungsbegriffs als Grund-, Grenz- und Verbindungselement.

Auf dieser Grundlage haben sich im Wesentlichen die folgenden Handlungsbegriffe herausgebildet:

### 2.2.2.5 Der *kausale* Handlungsbegriff als Kern des klassischen und des neoklassischen Verbrechensbegriffs

Nach dem *kausalen* Handlungsbegriff erschöpft sich die strafrechtsrelevante Handlung in einer „auf menschliches Wollen zurückführbaren *Veränderung in der Außenwelt*" (v. Liszt 1891, S. 128). Später werden die Anforderungen an den Handlungsbegriff – zum Zwecke der Miterfassung des Unterlassens – sogar noch weiter reduziert: Es sei nur noch ein „gewillkürtes Körper*verhalten*" (v. Liszt 1919, S. 116) erforderlich. Kann dieses *willentliche* Verhalten nicht hinweggedacht werden, ohne dass die Verwirklichung des gesetzlichen Tatbestandes entfiele, liegt der straftatbestandliche Unwert bereits vor. Der *Wille* des Täters muss sich dabei *nicht* einmal auf die Verwirklichung der *Tatbestandsmerkmale* beziehen, sondern nur auf das Verhalten als solches. Der Täter muss nicht wollen, *was* er verursacht, er muss nur willentlich verursachen.

Nach dem kausalen Handlungsbegriff ist die strafbare Handlung *tatbestandsmäßig*, wenn sie ein willentliches Verhalten darstellt, das einen Erfolg verursacht. Sie ist *rechtswidrig*, wenn keine Rechtfertigungsgründe eingreifen und sie ist *schuldhaft* verwirklicht, wenn der Täter zurechnungsfähig ist, wenn er sich vorsätzlich und in dem Bewusstsein verhält, Unrecht zu verursachen, und wenn kein Fall des Notstandes oder Ähnliches gegeben ist. Der kausale Handlungsbegriffs beruht auf einem *naturwissen-*

*schaftlich-mechanistischen* Weltbild. Die Tatbestandsmäßigkeit der Handlung beschränkt sich folglich darauf, Tatsachen der *Außen*welt zu *beschreiben*. Die Rechtswidrigkeit ist das Ergebnis einer *Bewertung* jener Tatsachen. Tatbestandsmäßigkeit und Rechtswidrigkeit betreffen die Tat, die Schuldhaftigkeit den Täter. Die kausale Handlungslehre gehört zu den ältesten Handlungslehren und ist mit der Herausbildung des dreistufigen Deliktsaufbaues des so genannten „klassischen Verbrechensbegriffs" eng verbunden. Als dessen Schöpfer und frühe Vertreter sind vor allen *Franz v. Liszt* (1891, S. 128) und *Ernst Beling* (1906, S. 8 ff.) zu nennen.

Der *neoklassische Verbrechensbegriff* ergänzt den klassischen Verbrechensbegriffs um eine wertende und zweckgerichtete Komponente, indem Absichten, welche die Tat prägen, der Tatbestandsmäßigkeit zugeschlagen werden. Der Unwert des Diebstahls ist danach nicht mehr nur in der Wegnahme einer Sache, sondern darüber hinaus darin zu sehen, dass der Täter mit *Zueignungsabsicht* handelt. Außerdem finden mit der Anerkennung *normativer Tatbestandsmerkmale* (Mayer 1915, S. 182 ff.) wie z. B. dem Begriff der „Urkunde" in § 267 StGB wertende Elemente Eingang in den Tatbestand. Als Grundlage des neoklassischen Verbrechensbegriffs wird die kausale Handlungslehre bis in die heutige Zeit im Schrifttum vertreten (Weber 2003, S. 207 ff.; Mezger 1960, S. 50 ff., 65 f.).

Die kausale Handlungslehre hat den Vorteil, dass sie einfach und übersichtlich ist. Denn im Bereich des Unrechts genügt es, auf Tatbestandsebene die Ursächlichkeit der Handlung darzustellen und diese auf der Stufe der Rechtswidrigkeit zu bewerten. Die *Unrechtsstruktur* des vorsätzlichen und des fahrlässigen Delikts unterscheiden sich nicht, denn erst innerhalb der Schuldhaftigkeit wird gefragt, ob der Täter vorsätzlich oder fahrlässig gehandelt hat.

Seiner Funktion als *Grenzelement* wird der kausale Handlungsbegriff gerecht, indem er durch die Voraussetzung der Willentlichkeit die Nicht-Handlungen aus dem Bereich der Strafrechtsrelevanz ausscheidet. Auch als *Verbindungselement* taugt er, da die kausale Handlung tatbestandsmäßig, rechtswidrig und schuldhaft sein muss.

Der kausale Handlungsbegriff führt indessen zu Begründungsnöten, wo strafbares Verhalten nicht nur auf Verursachung beruht, sondern auch das Ergebnis einer *Bewertung* ist: Das Unrecht der Beleidigung lässt sich kaum als Veränderung in der Außenwelt beschreiben, als „Erregung von Luftschwingungen", welche beim Empfänger zu entsprechenden Stoffwechselveränderungen im Nervensystem führen (v. Liszt 1884, S. 107 f.).

Durch die Beschränkung auf ein „gewillkürtes Körperverhalten" reicht die unrechtsbezogene Wirkung der Handlung nicht über die Ausklammerung der Nicht-Handlung hinaus. Nicht zu Unrecht sah sich die kausale Handlungslehre deshalb alsbald dem Vorwurf ausgesetzt, dass im Hinblick auf die *willentliche* Verursachung zwischen dem Töten eines Menschen und dem Töten einer Fliege kein Unterschied bestehe. Denn wenn sich der Wille des Täters nur auf die *Tatsache* seines Handelns als solches bezieht, dann ist es irrelevant, ob jenes willentliche Handeln den Tod einer Fliege oder eines Menschen *verursacht.* In Wahrheit aber bezieht der Täter den Tod des Opfers in seinen Willen mit ein.

Auch als *Grundelement* kann die kausale Handlungslehre nicht voll zufrieden stellen, soweit es um die Erscheinungsformen der Straftat als Versuch und als Unterlassungstat geht. Denn der Unwert des Versuchs wird durch den *subjektiven Entschluss* geprägt, und beim Unterlassen muss die „mechanistische" condicio sine qua non durch eine „Quasikausalität" ersetzt werden.

### 2.2.2.6 Der finale Handlungsbegriff

*„Menschliche Handlung ist Ausübung der Zwecktätigkeit"* lautet die von *Hans Welzel* (1969, S. 33) aufgestellte Ausgangsformel für die Definition der Handlung nach dem finalen Handlungsbegriff auf der Grundlage einer phänomenologisch-ontologisch geprägten Auffassung vom menschlichen Verhalten. Menschliches Verhalten ist danach nicht nur ein bloßes Verursachen durch Willensbetätigung, sondern *geistige Vorwegnahme* des Ziels. In der Weiterentwicklung durch die finale Handlungslehre wird die Handlung definiert als ein von Handlungssinn getragenes willentliches Verhalten (Hirsch 1981, S. 831 ff.; 1982, S. 239 ff.). Damit ist der Handlungsbegriff der finalen Handlungslehre zunächst *vorrechtlicher* Natur. Als ontologischer Ausgangspunkt für die Überlegungen *Welzels* werden Erkenntnisse der neueren Psychologie nach dem Ersten Weltkrieg über die Umsetzung seelischer Akte in die Außenwelt genannt, aus denen sich die Fähigkeit des Menschen ergibt, für die sachliche Richtigkeit seiner Willensentscheidungen Verantwortung zu übernehmen (Jescheck u. Weigend 1996, S. 211; Roxin 2006, S. 243). Bezogen auf die Verwirklichung eines *Straftatbestandes* ist das sinngetragene willentliche Verhalten Bestandteil des tatbestandsmäßigen Unwertes und damit des *Unrechts.* Indem nun das sinngetragene willentliche Verhalten auch den *Vorsatz* umfasst, wird auch dieser zum Unwert-, genauer: zum (subjektiven) *Tatbestandselement,* weil ohne dieses Element der verwirklichte tatbestandliche Unwert nicht als von Menschen herrührend beschrieben werden kann. Es entsteht so eine *personale Unrechtslehre,* bei der die subjektiven Elemente der Tat ausnahmslos und vollständig Bestandteil der Unwertverwirklichung sind.

Die Kategorie der Schuldhaftigkeit erschöpft sich nur noch normativ in der Schuldfähigkeit, in der Vorwerfbarkeit des Handelns trotz Unrechtsbewusstseins sowie im Ausschluss von Entschuldigungsgründen.

Nach dem finalen strafrechtlichen Handlungsbegriff wird die Tatbestandsmäßigkeit der Handlung durch *objektive* (Verhalten, Kausalität, Erfolg) und *subjektive* Elemente (Vorsatz, besondere subjektive Elemente wie z. B. die Zueignungsabsicht beim Diebstahl) konstituiert. Hinsichtlich der Rechtswidrigkeit bestehen keine wesentlichen Unterschiede zum kausalen Handlungsbegriff. Die Elemente der Schuldhaftigkeit sind hingegen reduziert auf die normativen Merkmale Schuldfähigkeit, Unrechtsbewusstsein,

Fehlen von Entschuldigungsgründen sowie schuldkonstituierende besondere subjektive Merkmale.

Durch *Welzel* (1939, S. 498) in die wissenschaftliche Diskussion eingeführt, fand die finale Handlungslehre bald breite Zustimmung. Bis heute hat sich die finale Handlungslehre insoweit etabliert, als mittlerweile der Vorsatz im Sinne einer *personalen Unrechtslehre* ganz überwiegend als Bestandteil des tatbestandlichen Unwerts bzw. Unrechts verstanden wird (Hirsch 1981, S. 831 ff., 1982, S. 239 ff.; Ida 1985, S. 105 ff.). Auch weitere Folgen, insbesondere die Anerkennung eines Verbotsirrtums unter Beibehaltung des Vorsatzes, gehören heute zu den unumstrittenen Elementen der Strafrechtsdogmatik.

Der finale Handlungsbegriff überzeugt dadurch, dass der Unwert der strafbaren Handlung gerade auch dadurch konstituiert wird, dass der Täter im Wissen und Wollen um die Erfüllung des *Tatbestandes* handelt. Seine Tauglichkeit als *Grenz-* und *Verbindungselement* ist unbestritten. Als *Grundelement* vermag er den Entschluss als Unrecht des Versuchs bruchlos zu erklären. Gleiches gilt für Absichten und Gesinnungsmerkmale als Elemente des Tatbestandes.

Durch die Betonung der Willentlichkeit des Verhaltens gerät der finale Handlungsbegriff als *Grundelement* freilich partiell in Verlegenheit. Denn es ist schwierig, den Erfolg des Fahrlässigkeitsdelikts, insbesondere bei unbewusster Fahrlässigkeit, als vom Handlungswillen umfasst zu umschreiben.

*Welzel* hat deshalb in der 1. Auflage seines Lehrbuchs von 1947 die Zwecktätigkeit nicht aktuell, sondern potenziell als *mögliche* Zwecktätigkeit verstanden wissen wollen (Stratenwerth u. Kuhlen 2004, S. 67). Jedoch fragt es sich, ob eine nur mögliche Zwecktätigkeit in Wirklichkeit noch eine ist. Ein weiterer Ausweg, Willentlichkeit und Fahrlässigkeit miteinander zu verbinden, wurde deshalb darin gesucht, die Fahrlässigkeit im Unrechtsbereich durch Anknüpfung an das den Erfolg verursachende gefahrerhöhende *Fehlverhalten* (Welzel 1960, S. 11 ff.; 1966, S. 423 ff.; 1968, S. 425 ff.) zu begründen. Dass der in den Willen aufgenommene Erfolg als außertatbestandliches Element dann nicht mehr Bestandteil des finalen Unrechts sein kann, hat *Welzel* gesehen und unter Hinweis auf den vorrechtlichen Charakter der Handlung in Kauf genommen (Welzel 1969, S. 129). Dieses Anknüpfen an die Vorrechtlichkeit führt aber dazu, dass der Handlungsbegriff in seiner Funktion als *Verbindungselement* über den Rahmen der Verbrechenskategorie der „*Tatbestandsmäßigkeit*" hinausgeht.

Nicht zu überzeugen vermag hingegen das Argument gegen die finale Handlungslehre, wonach der Unterlassungstäter keinen Kausalverlauf lenken und somit auch nicht final handeln könne (Roxin 2006, S. 244). Dieser Einwand geht insoweit fehl, als auch auf der Basis einer bloßen Quasikausalität personale Willenshandlungen möglich sind. Wer als Garant eine erforderliche Rettungshandlung willentlich unterlässt, übt Zwecktätigkeit aus, indem er unterlässt (Stratenwerth u. Kuhlen 2004, S. 70 f.).

### 2.2.2.7 Der vermittelnde Handlungsbegriff als Weiterentwicklung des finalen Handlungsbegriffs

Das Spektrum der heute vertretenen Handlungsbegriffe folgt ganz überwiegend der personalen Unrechtslehre und weist deshalb – der finalen Auffassung folgend (Hirsch 1988, S. 399 ff.) – den Vorsatz als Element der Tatbestandsmäßig-keit aus. Die Kausalität wird um das Element der objektiven Zurechnung (s. 2.2.1.1) ergänzt. Auch die Fahrlässigkeit wird als unwert- bzw. unrechtsbezogene Erscheinungsform der Straftat verstanden und materiell als „Verwirklichung einer vom Täter geschaffenen über das erlaubte Risiko hinausgehenden Gefahr im Rahmen des Schutzzwecks der Norm" beschrieben (Roxin 2006, S. 1063 f.; Gropp 2005, S. 461 ff.). Im Bereich der Schuldhaftigkeit finden – in Anlehnung an die kausale Handlungslehre – Vorsatz und Fahrlässigkeit als *Schuldformen* Berücksichtigung (Jescheck 1992, Vor § 13 Rn 82 ff.).

Auf der Basis dieses Handlungsbegriffs hat die strafbare Handlung in der Form des vorsätzlichen, auf einen Erfolg gerichteten Delikts heute die folgende Struktur (Gropp 2005, S. 132):

I. *Tatbestandsmäßigkeit:*
*objektiv*
- Handlung
- Erfolg
- Kausalität und *Zurechenbarkeit*

*subjektiv*
- Vorsatz
- besondere subjektive Merkmale (z. B. Zueignungsabsicht beim Diebstahl; Gesinnungsmerkmale, soweit unwertkonstituierend)

II. *Rechtswidrigkeit*
zu verneinen bei Eingreifen von Rechtfertigungsgründen
- *objektiv*
- *subjektiv*

III. *Schuldhaftigkeit* (normativ)
- Schuldfähigkeit
- Vorsatz-Schuld
- besondere subjektive Merkmale (z. B. Gesinnungsmerkmale, soweit schuldkonstituierend)
- Unrechtsbewusstsein
- Fehlen von Entschuldigungsgründen


**Der soziale Handlungsbegriff.** Der soziale Handlungsbegriff (Jescheck u. Weigend 1996, S. 222 ff.; Maihofer 1953, S. 62 ff.) verlangt für die Verwirklichung eines strafrechtsrelevanten Unwertes über die oben genannten Voraussetzungen hinaus ein Handeln des Täters als gewillkürtes, die Lebenssphäre von Mitmenschen berührendes (Schmidt 1956, S. 190) Verhalten. Strafrechtserheblich ist nur, was sozial erheblich ist.

Betroffen ist damit die Funktion des Handlungsbegriffs als *Grundelement*: Vorsatz- und Fahrlässigkeitstat, Vollendung und Versuch, Täterschaft und

Teilnahme, aktives Tun und Unterlassen lassen sich bruchlos als sozial erheblich charakterisieren. Auch als *Verbindungselement* besteht der soziale Handlungsbegriff die Bewährungsprobe: Als Straftat kann das sozial erhebliche menschliche Verhalten tatbestandsmäßig, rechtswidrig und schuldhaft sein.

Zweifel bestehen hinsichtlich der Funktion als *Grenzelement*: Auch Verhaltensweisen, welche durch vis absoluta erzwungen werden, oder Bewegungen im Schlaf können sozial erheblich sein. Abhilfe lässt sich hier dadurch schaffen, dass man ein Schwergewicht auf die *Beherrschbarkeit* der sozial erheblichen Handlung legt. Wer zu einer sozial erheblichen Handlung gezwungen wird, kann diese eben gerade nicht beherrschen. Gleiches gilt für Schlafende. Die Schwachstelle hinsichtlich des Handelns juristischer Personen wäre deshalb nicht so gravierend, weil hier auch aus der Sicht der übrigen Handlungsbegriffe an der Verneinung der Handlungsfähigkeit der juristischen Person durchaus Zweifel geäußert werden können.

Offen bleibt weiterhin die Frage, welches Verhalten sozial erheblich ist. Die Definitionsmacht kommt insoweit nicht dem sozialen Handlungsbegriffs, sondern dem Gesetzgeber über die Ausgestaltung der strafrechtlichen Verbotstatbestände zu. Ein Verhalten wird dadurch als sozial erheblich eingestuft, dass es tatbestandlich vertypt wird (Küpper 1990, S. 60 ff.).

Die soziale Handlungslehre kann daher nur im Bereich der restriktiven Interpretation bestehender Straftatbestände Wirkung zeigen, z.B. beim *ärztlichen Heileingriff,* der nach herrschender Meinung den Tatbestand der vorsätzlichen Körperverletzung (§ 223 StGB) erfüllt und den Vertreter des sozialen Handlungsbegriffs aus dem Bereich der Körperverletzungsdelikte ausgenommen sehen wollen (von Weber 1969, S. 328 ff., 345 f.).

**Der negative Handlungsbegriff.** Ziel der Anhänger des negativen Handlungsbegriffs (Behrendt 1979, S. 177; Herzberg 1972, S. 156–189; 1988, S. 576; 1996, S. 1 ff.) ist es, einen Begriff zu entwickeln, der sowohl das Tun als auch das Unterlassen erfasst: das *Nicht-Vermeiden*. Aktives Tun wird dabei als das Unterlassen der Vermeidung der aus der Begehung sich ergebenden Gefahren verstanden.

Die Stärke des negativen Handlungsbegriffs scheint damit in seiner Funktion als Grundelement zu liegen. Gerade dort tritt aber auch eine Schwäche zu Tage. Denn das Nicht-Vermeiden durch Nicht-Unterlassen (aktives Tun) ist etwas anderes als das Nicht-Vermeiden durch Unterlassen (Roxin 2006, S. 252; Schmidhäuser 1996, S. 304). Aber auch als *Verbindungselement* überzeugt der negative Handlungsbegriff nicht. Denn im Bereich des Tatbestandes als *Äußerung menschlicher Destruktivität* verstanden beinhaltet er bereits eine Wertung (Roxin 2006, S. 253), die im Falle der Rechtfertigung voreilig erscheint. Der negative Handlungsbegriff transportiert damit Fragen des Unrechts in den Bereich des tatbestandlichen Unwerts.

**Der personale Handlungsbegriff.** Der personale Handlungsbegriff (Roxin 2006, S. 256 ff.; Kaufmann 1966, S. 116) ordnet nur ein solches menschliches Verhalten dem Bereich der strafbaren Handlung zu, das normativ als

*Äußerung der Persönlichkeit* (Roxin 2006, S. 256) einem Menschen *zugerechnet* werden kann.

Keine *Äußerung einer Persönlichkeit* sind nicht beherrschbare Geschehensabläufe, ebenso wenig rein gedankliche Vorgänge. Der personale Handlungsbegriff funktioniert damit als Grenzelement. Eine Äußerung der Persönlichkeit umfasst alle Erscheinungsformen deliktischen Verhaltens – einschließlich des Unterlassens, wenn eine bestimmte Verhaltenserwartung besteht und deren Enttäuschung einer bestimmten Person zugerechnet wird (Roxin 2006, S. 258 f., 266). Die personale Handlungslehre besteht damit auch die Probe als Grundelement. *Verbindungselement* ist die Persönlichkeitsäußerung insoweit, als sie tatbestandsmäßig, rechtswidrig und schuldhaft sein kann und als Voraussetzung der Strafbarkeit sein muss.

Bedenken ergeben sich indessen insoweit, als die Handlung als „Persönlichkeitsäußerung" keinerlei spezifischen Bezug zur Tatbestandsmäßigkeit der Handlung aufweisen muss. Auch der Roman des Schriftstellers oder das Bild des Malers sind Persönlichkeitsäußerungen, ohne irgendetwas mit Strafrecht zu tun zu haben. So besehen bedarf der personale Handlungsbegriff einer spezifisch strafrechtlichen Begrenzung.

**Der rechtsgutsbezogene personale Handlungsbegriff.** Die erforderliche Präzisierung erfolgt dadurch, dass *strafrechts*relevant eine Handlung nur dann ist, wenn sie eine *Äußerung* der *Nichtbeachtung* des *Geltungsanspruchs* eines *strafrechtlich geschützten Wertes* darstellt (Gropp 2005, S. 136 f.). Unter „Nichtbeachtung" ist dabei nicht bloß das schlichte Fehlen von Beachtung zu verstehen, wie es auch bei Bewusstlosen vorliegen würde, sondern eine geistige Beziehung, eine *Gesinnung*.

Als *Grenzelement* erfasst jene *Äußerung* der *Nichtbeachtung* sowohl das *willentliche* Tun als auch das Unterlassen. Als *Grundelement* funktioniert der rechtsgutbezogene personale Handlungsbegriff auf *Tatbestandsebene* beim vorsätzlichen wie beim fahrlässigen Delikt. Beim *Fahrlässigkeitsdelikt* verhält sich der Täter sorglos, obwohl er vorhersehen kann, dass aus seinem Verhalten ein rechtsgutbeeinträchtigender Erfolg entstehen kann. Die Äußerung der Nichtbeachtung eines *straftatbestandlich geschützten Wertes* kann sich weiterhin auch in einem *Unterlassen* manifestieren. Denn die Äußerung ergibt sich hier aus dem bewussten Untätigbleiben trotz unmittelbarer Gefährdung eines tatbestandlich geschützten Wertes, dessen Schutz dem Unterlassenden obliegt. Der Funktion als *Verbindungselement* wird der rechtsgutbezogene personale Handlungsbegriff schließlich ebenfalls gerecht. Denn die *Äußerung* der *Nichtbeachtung* kann sich trotz ihres Bezuges auf den Geltungsanspruch straftatbestandlich geschützter Werte durch das Eingreifen von *Rechtfertigungsgründen* als rechtskonform erweisen, rechtmäßig sein. Eine Nichtbeachtung im Einzelfall schließt die generelle Achtung nicht aus. Soweit die Nichtbeachtung rechtswidrig ist und dem Täter zum Vorwurf gemacht werden kann, kommt dies als Form der Schuldhaftigkeit zum Ausdruck. Das vorsätzliche Handeln ist dabei ebenso wie die subjektive Vorhersehbarkeit beim Fahrlässigkeitsdelikt Merkmal sowohl der Tatbestandsmäßigkeit als auch der Schuldhaftigkeit. Der rechtsgutbezogene personale Handlungsbegriff als *Äußerung der Nichtbeachtung* eines *straftatbestandlich geschützten Wertes* erweist sich somit als Erscheinungsform des heute von der überwiegenden Meinung vertretenen vermittelnden Handlungsbegriffs.

### 2.2.3 Tatbestandsmäßigkeit und Rechtswidrigkeit

#### 2.2.3.1 Zum Verhältnis von Tatbestandsmäßigkeit und Rechtswidrigkeit

Zum Verhältnis von Tatbestandsmäßigkeit und Rechtswidrigkeit (Otto 1995, S. 468 ff.) werden im Wesentlichen drei sich scheinbar widersprechende Auffassungen vertreten: Die Tatbestandsmäßigkeit sei die *ratio essendi* der Rechtswidrigkeit, die Tatbestandsmäßigkeit *indiziere* die Rechtswidrigkeit bzw. die Tatbestandsmäßigkeit sei die *ratio cognoscendi* der Rechtswidrigkeit.

**Die Tatbestandsmäßigkeit als ratio essendi der Rechtswidrigkeit? – Die Lehre von den negativen Tatbestandsmerkmalen**

Wenn die Tatbestandsmäßigkeit *ratio essendi* (Mezger 1926, S. 190 f.) der Rechtswidrigkeit wäre, müsste ein tatbestandsmäßiges Verhalten zugleich rechtswidrig sein. Dem scheint es zu widersprechen, dass im Falle des Eingreifens eines Rechfertigungsgrundes wie z. B. Notwehr (§ 32 StGB) das Verhalten zunächst z. B. als Körperverletzung (§ 223 StGB) tatbestandsmäßig und damit *rechtswidrig ist*, dass es aber aufgrund des Eingreifens von § 32 StGB doch nicht rechtswidrig ist – ein Widerspruch in sich. Dieser Widerspruch lässt sich dadurch auflösen, dass man die Voraussetzungen aller Rechtfertigungsgründe zu (ungeschriebenen) *Tatbestandsmerkmalen mit umgekehrten Vorzeichen* (sog. negative Tatbestandsmerkmale) macht (Merkel 1889, S. 82; Engisch 1958, S. 565 ff., 583 ff.; 1960, S. 406 ff.; Kaufmann 1956, S. 353 ff.; 1964, S. 543 ff., 564 ff.; 1987, S. 187 f.). Das die Notwehr betreffende ungeschriebene negative Tatbestandsmerkmal hieße dann im Falle der Körperverletzung „Nichtvorliegen eines gegenwärtigen rechtswidrigen Angriffs, zu dessen Abwehr die Körperverletzung erforderlich ist". Falls Notwehr gegeben ist, ist der Tatbestand wegen „Fehlens des Nichtvorliegens der Notwehrvoraussetzungen" nicht erfüllt.

Die Lehre von den negativen Tatbestandsmerkmalen bedeutet somit nicht nur eine unbegrenzte Erweiterung der Elemente der Tatbestandsmäßigkeit um (ungeschriebene) negativ formulierte Rechtfertigungsvoraussetzungen, sie hat auch zur Folge, dass zwischen Tatbestandsmäßigkeit und Rechtswidrigkeit nicht mehr abgestuft würde. Dem kann nicht gefolgt werden. Denn Rechtmäßigkeit des Handelns bedeutet ein *Recht zum Handeln, auch auf Kosten Dritter*. Wer von einem anderen angegriffen wird, hat nach § 32 StGB das *Recht*, ihn zur Abwehr des Angriffs erforderlichenfalls zu verletzen. Dies ist mehr als nur fehlende Tatbestandsmäßigkeit (Hirsch 1960; Lenckner u. Eisele 2006, Vor § 13 Rn 18). Wer einem anderen vorübergehend ein Buch wegnimmt, um es zu lesen, begeht mangels Zueignungsabsicht zwar keinen Diebstahl nach § 242 StGB und handelt auch sonst nicht straftatbestandsmäßig. Dennoch ist die Wegnahme des Buches als verbotene Eigenmacht gemäß § 858 I BGB rechtswidrig. Der Besitzer des Buches darf sich deshalb gegen die Wegnahme wehren – notfalls mit Gewalt.

Wollte man Rechtfertigungsgründe nur als negative Tatbestandsmerkmale begreifen, würde dieser Unterschied zwischen Eingriffs*recht* und schlichter Tatbestandslosigkeit verlorengehen. Der Auffassung, dass die Tatbestandsmäßigkeit die ratio essendi der Rechtswidrigkeit sei, kann deshalb nicht gefolgt werden.

### Die Tatbestandsmäßigkeit als Indiz der Rechtswidrigkeit

Die Formel von der Tatbestandsmäßigkeit als Indiz der Rechtswidrigkeit ist weit verbreitet (BGHSt 35, 275; Ebert 2001, S. 58; Tröndle u. Fischer 2006, Vor § 13 Rn 8; Maurach u. Zipf 1992, S. 340 f.). Dennoch überzeugt sie nicht. Ein Indiz ist ein Umstand, dessen Vorhandensein mit einer gewissen Wahrscheinlichkeit auf das Vorliegen eines Sachverhaltes schließen lässt. Diese Wahrscheinlichkeit variiert jedoch im Bereich des Strafrechts je nach den gesellschaftlichen Umständen von Delikt zu Delikt. So dürfte der größte Teil der Freiheitsberaubungen und Körperverletzungen gerechtfertigt sein, weil jede Form der Straf- oder Untersuchungshaft formal den Tatbestand einer Freiheitsberaubung und – nach Ansicht der Rechtsprechung – auch jeder ärztliche Heileingriff den Tatbestand der Körperverletzung erfüllt. Die Tatbestandsmäßigkeit besagt damit nicht einmal, dass ein entsprechendes Verhalten *in der Regel* auch rechtswidrig ist (Schmidhäuser 1975, S. 286; 1984, S. 134). Die Tatbestandsmäßigkeit gibt lediglich einen *Anlass*, über die Rechtswidrigkeit eines Verhaltens nachzudenken. Die Tatbestandsmäßigkeit ist mit den Worten *Ernst Belings* „rein" von allen Rechtswidrigkeitsmomenten (Beling 1906, S. 145).

### Die Tatbestandsmäßigkeit als ratio cognoscendi der Rechtswidrigkeit

Die heute herrschende Formel von der Tatbestandsmäßigkeit als *ratio cognoscendi* der Rechtswidrigkeit sieht die Tatbestandsmäßigkeit nur als Mittel, um ein *typischerweise* rechtswidriges Verhalten zu *erkennen* (Lenckner u. Eisele 2006, Vor § 13 Rn 18 mwN). Die Tatbestandsmäßigkeit reduziert sich damit auf eine *Eingangs-* und *Prüfungsstufe*. Die *Bewertung* eines Verhaltens als rechtswidrig ist hingegen erst nach der Prüfung der Rechtswidrigkeit, d.h. nach der Erörterung und Verneinung in Frage kommender Rechtfertigungsgründe, möglich.

### Der materielle Gehalt der Tatbestandsmäßigkeit

Die Klassifikation der Tatbestandsmäßigkeit als eine bloße Eingangs- und Prüfungsstufe lässt den materiellen Gehalt des tatbestandsmäßigen Handelns unberührt. Denn dieser Gehalt, das zu schützende Rechtsgut (s. 2.2.1.5), ist als Legitimation für die Inkriminierung eines Verhaltens unverzichtbar.

Die Tatbestände des StGB beschreiben damit Sachverhalte, deren Verwirklichung als solche einen *Unwert* darstellt, je nach Delikt bestehend aus einem *Handlungs-* und einem *Erfolgsunwert* (Gallas 1979, S. 155 ff.). Ob die tatbestandsmäßige Handlung *rechtswidrig* ist, ist aufgrund der Unwertverwirklichung aber noch nicht entschieden, sondern das Ergebnis einer gesonderten Prüfung. Im Rahmen dieser Prüfung können Aspekte eine Rolle spielen, welche die mit der Tatbestandsmäßigkeit verbundene Unwertverwirklichung als solche zwar nicht aufzuheben vermögen (Kindhäuser 1989, S. 112) – das getötete Opfer wird auch im Falle einer Rechtfertigung nicht wieder lebendig –, sie jedoch in ein anderes rechtliches Licht setzen, weil die Unwertverwirklichung mit einer Werterhaltung einhergeht, welche das Verhalten des Täters bei Abwägung der betroffenen Werte insgesamt als *rechtmäßig* erscheinen lässt: Hat der Täter das Opfer z. B. getötet, um einen nicht anders abwendbaren lebensgefährlichen Angriff des Opfers auf sich abzuwehren, dann würde die Werterhaltung in Form der Verteidigung des eigenen Lebens und der Unverbrüchlichkeit der Rechtsordnung gegen den Angriff des Opfers – wie aus § 32 StGB, Notwehr, ersichtlich – so hoch eingeschätzt, dass der Totschlag trotz der Unwertverwirklichung in Form der Tötung eines Menschen als rechtskonform, d. h. *rechtmäßig* bewertet wird.

Diejenigen Aspekte, welche eine straftatbestandlich vertypte Unwertverwirklichung rechtfertigen, sind sog. *Rechtfertigungsgründe*. Obwohl viele Rechtfertigungsgründe gesetzlich beschrieben sind, hängt die rechtfertigende Wirkung nicht von einer gesetzlichen Verankerung ab. Erst recht gibt es keinen *Numerus clausus* der Rechtfertigungsgründe. Trotz dieser prinzipiellen Offenheit steht die Anerkennung von Rechtfertigungsgründen, vor allem von Notrechten, nicht im Belieben des Gesetzgebers, sondern wird durch die Grundrechte der Betroffenen begrenzt (Lagodny 1996, S. 264 ff.).

#### 2.2.3.2 Die wichtigsten Rechtfertigungsgründe

**Einwilligung und Einverständnis**

Die Einwilligung stellt den für die Rechtspraxis wichtigsten Rechtfertigungsgrund dar, weil nach der Rechtsprechung bis heute jeder auf den Körper einwirkende ärztliche Heileingriff als Körperverletzung klassifiziert wird, die der rechtfertigenden Einwilligung bedarf (BGHSt 11, 111; 12, 379; 16, 303; 43, 306; 45, 221). Die *rechtfertigende Wirkung* der Einwilligung beruht darauf, dass der Betroffene auf den rechtlichen Schutz seines Rechtsguts verzichtet (Rechtfertigung aufgrund *mangelnden Interesses*): „Nulla iniuria est, quae in volentem fiat" (Digesten des Ulpian ca. 170–228).

Wirksamkeitsvoraussetzungen der Einwilligung sind:

- die *Dispositionsbefugnis* über das Eingriffsgut, d. h. die Befugnis, über das beeinträchtigte rechtlich geschützte Interesse frei zu verfügen.

Sie ist bei Individualgütern in der Regel gegeben, sie fehlt jedoch bezüglich solcher Interessen, die der *Gemeinschaft* zugeordnet sind, wie etwa die staatliche Rechtspflege. *Keine* Dispositionsbefugnis besteht – obwohl Individualinteresse – hinsichtlich des menschlichen *Lebens*, was sich aus § 216 StGB, der *Strafbarkeit* der Tötung auf Verlangen, ergibt.

- die *Einsichtsfähigkeit* des Einwilligenden.

Von Einsichtsfähigkeit kann ausgegangen werden, wenn der Einwilligende *generell* in der Lage ist, eine vernünftige Entscheidung zu treffen, und wenn er *konkret* erkennt, welche Interessen er in welchem Umfang und unter Inkaufnahme welcher Risiken preisgibt. Kann der Betroffene die Tragweite seiner Interessenpreisgabe nicht einschätzen, bedarf es einer entsprechenden *Aufklärung*, um ihn in den Zustand der Einsichtsfähigkeit zu bringen. Praktisch relevant wird dies besonders bei ärztlichen Heileingriffen, weil der Patient als medizinischer Laie hier in der Regel nicht wissen wird, welche Maßnahmen an ihm vorgenommen werden, welche Chancen sich ihm eröffnen und welche Risiken er dabei eingeht (BGHSt 43, 309). Dabei kommt es nicht – wie etwa bei der zivilrechtlichen Geschäftsfähigkeit, die mit der Vollendung des 18. Lebensjahres eintritt – auf das Erreichen eines bestimmten Alters an. Einsichtsfähigkeit kann somit einerseits durchaus auch bei Kindern und Jugendlichen vorhanden sein und andererseits bei Erwachsenen fehlen. Allerdings bedarf es bei der Einwilligung eines Jugendlichen einer eingehenden Prüfung der Einsichtsfähigkeit (BGH NStZ 1999, 458 mit Anm. Amelung). Umstritten ist, ob die konkret getroffene Entscheidung objektiv „vernünftig" erscheinen muss. Während dies der BGH zunächst im so genannten „Myomfall" (BGHSt 11, 111) in Übereinstimmung mit dem überwiegenden Schrifttum (Amelung 1999, S. 45 ff. mwN) verneint hatte, lehnte er Ende der 70er Jahre (NJW 1978, 1206) im so genannten „Zahnextraktionsfall" eine wirksame Einwilligung mangels Rationalität der Entscheidung ab.

- die *Freiheit* der *Willensbildung* und *-entschließung*.

Um wirksam zu sein, darf die Einwilligung weder auf einem rechtsgutbezogenen (Arzt 1970, S. 19 ff.; kritisch Amelung 1997, S. 514 ff.; 1998) *Irrtum* noch auf *Zwang* beruhen. Daher schließt auch eine entsprechende *Täuschung* die Einsichtsfähigkeit aus. Nach überwiegender Meinung soll auch jede Drohung zur Unwirksamkeit der Einwilligung führen. Dagegen nimmt Roxin (2006, S. 588 f.) erst im Falle einer Nötigung nach § 240 StGB, Rudolphi (1974, S. 85) sogar erst dann Unwirksamkeit an, wenn die in § 35 StGB genannten Erhaltungsgüter (Leben, Leib, Freiheit) betroffen sind. Das Abstellen auf die Nötigung als Wirksamkeitshindernis hat den Vorzug, dass einerseits nicht *jede* Beeinträchtigung der Willensfreiheit die Einwilligung unwirksam macht, dass andererseits aber an die Willensfreiheit als solche angeknüpft wird und nicht, wie in § 35 StGB, an einzelne Individualrechtsgüter.

- das *Vorliegen einer Einwilligungserklärung.*

Insoweit genügt es, wenn die Erklärung nach *außen erkennbar*, zumindest konkludent, abgegeben worden ist (Roxin 2006, S. 569 mwN). Die Einwilligung muss nicht dem Täter gegenüber erklärt werden. Auch kann der Einwilligende einen Dritten mit der Abgabe der Erklärung beauftragen. Die bloße innere Zustimmung des Einwilligenden reicht aus Gründen der Rechtssicherheit nicht hin (so aber die sog. *Willensrichtungstheorie, vgl.* Jakobs 1991, S. 245).

- ein *subjektives Rechtfertigungselement.*

Um neben dem Erfolgsunrecht auch das Handlungsunrecht mittels Einwilligung auszuschließen, erfordert die Einwilligung, dass der Täter in *Kenntnis des rechtfertigenden Sachverhaltes* handelt. Dabei muss die Erklärung der Einwilligung nicht dem Handelnden gegenüber erfolgt sein. Es genügt, wenn er sie kennt.

- der Ausschluss der *Sittenwidrigkeit* der *Körperverletzung*, § 228 StGB.

Nach § 228 StGB setzt die Rechtfertigung aufgrund einer Einwilligung in eine Körperverletzung zusätzlich voraus, dass *die Tat nicht gegen die guten Sitten verstößt*. Ein Verstoß gegen die guten Sitten wird nach herrschender Meinung insbesondere bei *sadistischen* oder sonst die *Menschenwürde* missachtenden Eingriffen angenommen. Nach der neuesten Rechtsprechung des BGH soll die Grenze der Sittenwidrigkeit bei Körperverletzungen mit sexuellem Hintergrund aber erst bei lebensgefährlichen Praktiken überschritten sein (BGHSt 49, 166). Hingegen würde eine Schönheitsoperation nicht deswegen gegen die guten Sitten verstoßen, weil sie vorgenommen werden soll, damit der Operierte im Fall einer Gegenüberstellung wegen einer früher begangenen Straftat nicht erkannt wird. Im Übrigen ist die Frage, was man in einer pluralistischen Gesellschaft unter Sittenwidrigkeit verstehen soll, kaum zu beantworten (Stree 2006, § 228 Rn 6; Frisch 1999, S. 485 ff.). Mit überzeugenden Gründen wird deshalb vorgeschlagen (Niedermair 1999), das Kriterium der Sittenwidrigkeit bis hin zur Unbeachtlichkeit restriktiv zu interpretieren. Dementsprechend liegt in der Definition der Sittenwidrigkeit nach § 138 BGB als „Verstoß gegen das Anstandsgefühl aller billig und gerecht Denkenden" die Betonung auf dem Wort „aller" (RGZ 80, 221). Es muss folglich ein breiter Konsens bestehen, damit eine Tat als sittenwidrig bezeichnet werden kann (BGHSt 4, 32; kritisch Schmidt 1954, S. 369, 373 ff.).

Von der Einwilligung als Rechtfertigungsgrund ist das *tatbestandausschließende Einverständnis* zu unterscheiden. Hier schließt die Preisgabe eigener Interessen bereits die *tatbestandtypische* Unwertverwirklichung aus, weil das umschriebene Verhalten insgesamt gerade ein Handeln *gegen* oder *ohne den Willen des Verletzten* verlangt, z. B. beim Gebrauch eines Fahrzeugs *gegen den Willen* des Berechtigten (§ 248 b StGB), bei der Freiheitsberaubung (§ 239), bei der Nötigung (§ 240), bei Raub und Diebstahl (§§ 242, 249 StGB: „Wegnahme") und beim Hausfriedensbruch (§ 123 StGB: „Eindringen").

Das tatbestandausschließende Einverständnis unterscheidet sich von der rechtfertigenden Einwilligung nicht nur in seiner Wirkung, sondern auch in seinen Voraussetzungen:

- die *Willensfähigkeit* (anstatt Einsichtsfähigkeit).

Für das Einverständnis reicht die natürliche Fähigkeit, einen Willen zu bilden, die so genannte „Willensfähigkeit", hin. Nicht das Erkennen der Tragweite des Einverständnisses, sondern die Existenz eines tatbestandausschließenden Willens ist ausschlaggebend.

- die *Entbehrlichkeit der Einverständniserklärung, Unbeachtlichkeit von Willensmängeln.*

Eine Erklärung des Einverständnisses ist nicht erforderlich. Es genügt die Tatsache einer bewussten Zustimmung. Mängel in der Willensbildung (insbesondere durch Täuschung) sind unbeachtlich.

## Mutmaßliche Einwilligung

Die mutmaßliche Einwilligung ist eine Art „Geschäftsführung ohne Auftrag", bei der der Täter das Interesse wahrnimmt, welches dem mutmaßlichen Willen des „Geschäftsherrn" entspricht (Lackner u. Kühl 2004, Vor § 32 Rn 19; Otto 2004, S. 131). Stellt sich nach der Tat heraus, dass die Mutmaßungen über den Willen des Betroffenen falsch waren, ist eine Rechtfertigung über mutmaßliche Einwilligung deshalb nicht ausgeschlossen. Der Handelnde bleibt in Wahrnehmung eines *erlaubten Risikos* vielmehr straffrei, wenn die Voraussetzungen der mutmaßlichen Einwilligung vorliegen und eine gewissenhafte Prüfung hinsichtlich der Erwartbarkeit der Einwilligung erfolgt ist.

Von Bagatellfällen abgesehen kommt eine mutmaßliche Einwilligung nur in Frage, wenn eine *aktuelle Einwilligungserklärung nicht zu erhalten* ist (*Subsidiarität* der mutmaßlichen Einwilligung). Außerdem muss die Inanspruchnahme des Eingriffsgutes dem mutmaßlichen Willen des *Berechtigten* entsprechen. Auf ihre „Vernünftigkeit" kommt es nicht an („Myomfall" BGHSt 11, 111; zur mutmaßlichen Einwilligung bei Operationserweiterung BGH NJW 2000, 885). Ist mit der Einwilligung erfahrungsgemäß nicht zu rechnen – wie etwa bei den Zeugen Jehovas im Falle einer Bluttransfusion – kann auch eine mutmaßliche Einwilligung nicht angenommen werden. Allerdings schließt dies sonstige Rechtfertigungsgründe, wie z. B. rechtfertigenden Notstand (§ 34 StGB), nicht aus. Im Übrigen setzt die mutmaßliche Einwilligung (wie die aktuelle) eine Dispositionsbefugnis und Einsichtsfähigkeit des Betroffenen (Jescheck u. Weigend 1996, S. 381 ff.), das Vorliegen eines subjektiven Rechtfertigungselements und (in Fällen der Körperverletzung) das Fehlen einer Sittenwidrigkeit der Tat voraus.

### Notwehr, § 32 StGB

„Notwehr ist die Verteidigung, die erforderlich ist, um einen gegenwärtigen rechtswidrigen Angriff von sich oder einem anderen abzuwenden" (§ 32 Abs. 2 StGB).

Die Rechtfertigung durch Notwehr beruht auf dem Gedanken, dass das *Recht dem Unrecht* nicht *zu weichen braucht* (Lüderssen 1995, S. 160 ff.). Das geschützte Gut muss daher als solches nicht höherwertig sein als das beeinträchtigte. Tödliche Notwehr zur Wahrung der körperlichen Unversehrtheit oder zur Verteidigung von Rechten an Sachen ist im Prinzip möglich. Dennoch gehört die Notwehr zu den Rechtfertigungsgründen, die auf dem Prinzip vom Schutz des *überwiegenden* Interesses beruhen. Das Überwiegen des geschützten Interesses liegt gerade darin, dass der Angreifer durch sein rechtswidriges aggressives Verhalten die Schutzwürdigkeit seiner eigenen Interessen vermindert und der Verteidiger umgekehrt die Unverbrüchlichkeit der Rechtsordnung repräsentiert. Werden eigene Interessen verteidigt, liegt Not*wehr* vor, im Falle der Interessen eines Dritten Not*hilfe*. Die Notwehr wirkt aber nur gegen Angreifer, *nicht gegen* Dritte (RGSt 58, 27; Eser u. Burkhardt 1992, S. 113).

Die objektive Seite der Notwehr bilden die Notwehr*lage* und die Notwehr*handlung*. Subjektives Rechtfertigungselement ist der *Verteidigungswille*.

### Notwehrlage.
Die Notwehrlage besteht in einem *Angriff* gegen ein *notwehrfähiges Rechtsgut*, der *rechtswidrig* und *gegenwärtig* sein muss.

Ein *Angriff* ist die Handlung oder Unterlassung (Lagodny 1991, S. 300 ff.) eines Menschen, welche ein rechtlich geschütztes Interesse zu verletzen droht oder verletzt. Dazu zählen nicht nur die strafrechtlich geschützten Rechtsgüter, sondern alle Verhältnisse und Zustände, die überhaupt rechtlich begründet sind (Lenckner u. Perron 2006, § 32 Rn 4).

Notwehrfähig sind nur *Individualrechtsgüter*. Im berühmten „*Sünderinfall*" BGHSt 5, 245 hatten die Angeklagten die Vorführung eines ihrer Meinung nach sittlich anstößigen Filmes gestört (Nötigung, § 240 StGB). Der BGH lehnte Notwehr mit der Begründung ab, dass der Staatsbürger einer Störung der *öffentlichen* Ordnung im Allgemeinen, wie sie durch die Aufführung sittlich oder religiös anstößiger Filme ausgelöst werden könnte, in der Regel nicht mit der Notwehr entgegentreten könne, solange nicht auch zugleich *seine* Rechte verletzt werden (BGHSt 5, 247).

*Rechtswidrig* ist jeder Angriff, der *nicht* seinerseits durch einen *Rechtfertigungsgrund* gedeckt ist. Ein *schuldhaftes* Handeln des Angreifers ist nicht erforderlich. Deshalb ist grundsätzlich auch gegen Angriffe Geisteskranker Notwehr möglich (zu Einschränkungen insoweit s. unten).

Der Angriff ist *gegenwärtig*, wenn er *unmittelbar bevorsteht, stattfindet* oder noch *andauert*. Letzteres ist so lange anzunehmen, bis die Gefahr für das Angriffsobjekt bzw. Rechtsgut entweder völlig abgewendet ist oder nicht mehr ohne obrigkeitliche Hilfe abgewendet werden kann bzw. darf.

**Notwehrhandlung.** Die Notwehrhandlung besteht in einer *erforderlichen*, d. h. *geeigneten* und *notwendigen* Verteidigung.

*Geeignet* ist eine Verteidigungshandlung dann, wenn sie ein taugliches Mittel darstellt, den Angriff sofort und ohne Gefährdung eigener Interessen abzuwehren. *Notwendig* ist sie, wenn sie das *schonendste* Mittel zur Abwehr des Angriffs ist. Dabei sind lebensgefährliche Abwehrmittel grundsätzlich nicht ausgeschlossen (BGH StV 1999, 143 ff.), wenn weniger gefährlicher Mittel als zu riskant erscheinen (BGH NStZ 1998, 508). Kann staatliche Hilfe ohne Gefährdung eigener Interessen in Anspruch genommen werden, ist private Notwehr nicht erforderlich (Lenckner u. Perron 2006, § 32 Rn 41).

**Verteidigungswille.** Subjektiv ist erforderlich, aber auch hinreichend, dass der Täter die rechtfertigende Situation kennt und aufgrund dieser Kenntnis handelt (Kühl 1993, S. 233).

**Sozialethische Einschränkung der Notwehr.** Obwohl die Notwehr auf dem Gedanken von der Verteidigung der Rechtsordnung beruht und deshalb weder ein abstraktes Überwiegen noch eine Proportionalität des geschützten Guts gefordert wird, ist anerkannt, dass das Notwehrrecht nicht grenzenlos gilt. Teils wird diese Einschränkung als Bestandteil der Erforderlichkeit der Abwehr (Lilie 1999, S. 277 ff.; Lenckner 1968, S. 1 ff.), teils als Gehalt des „Gebotenseins" (BGHSt 39, 377; Amelung 1982, S. 389; Mitsch 2003, S. 361; Eser u. Burkhardt 1992, S. 122; Lackner u. Kühl 2004, § 32 Rn 13 ff.) der Verteidigung nach § 32 Abs. 1 StGB verstanden.

In folgenden Fallgruppen ist eine Einschränkung des Notwehrrechts anerkannt:
- Ein *krasses Missverhältnis* zwischen dem verteidigten und dem beeinträchtigten Rechtsgut (Lackner u. Kühl 2004, § 32 Rn 14; Lenckner u. Perron 2006, § 32 Rn 50) schließt Notwehr aus, z. B. Schuss auf einen Dieb, der mit einer Beute im Wert von wenigen Euro flieht.
- Angriffen von *Kindern, Geisteskranken, Irrenden und Betrunkenen* muss nach Möglichkeit ausgewichen werden, da ein solcher Angriff die Geltung der Rechtsordnung nicht in Frage stellt. Ist ein Ausweichen nicht möglich, geht Schutzwehr vor Trutzwehr.
- Bei *Verursachung der Notwehrsituation durch den Verteidiger* beurteilt sich die Rechtslage unterschiedlich (Kühl 1991, S. 57 ff., 175 ff.). Wird die Notwehrsituation durch ein rechtswidriges Verhalten absichtlich herbeigeführt, um gegen den Angreifer vorgehen zu können (*Absichtsprovokation*), ist eine Berufung auf Notwehr nicht möglich. Auf der anderen Seite schließt ein zwar provozierendes, jedoch *sozialadäquates*, und erst recht ein *rechtmäßiges* Verhalten Notwehr weder aus, noch schränkt es sie ein (Kühl 2005, S. 173 ff.). *Abwägungsbedürftig* sind die Fälle, in denen der in Notwehr Handelnde die Notwehrlage zwar nicht absichtlich provoziert, aber *rechtswidrig* und *schuldhaft* herbeigeführt hat (Roxin 2006, S. 689 f.). Die Einschränkung des Notwehrrechts hängt hier vor al-

lem davon ab, ob das Vorverhalten den Angriff als eine adäquate und voraussehbare Folge der Pflichtverletzung des Angegriffenen erscheinen lässt (sog. *Veranlassungszusammenhang*; vgl. Pfadfindermesserfall BGH StV 1996, 87). Hat der Veranlasser die Möglichkeit des späteren Angriffs weder beabsichtigt noch in Rechnung gestellt, steht ihm ein Notwehrrecht zu, wenn er dem Angriff nicht ausweichen oder nicht über ein Ausweichen zum Einsatz eines weniger gefährlichen Verteidigungsmittels gelangen kann (BGHSt 24, 356, 358 f.).

Daraus, dass der Angegriffene mit dem Angreifer in einem *Lebenskreis mit engen persönlichen Beziehungen* steht, folgt keine Einschränkung des Notwehrrechts. Insbesondere müssen Misshandlungen durch den Ehepartner nicht hingenommen werden (BGH NJW 1980, 2263; BGH NJW 1984, 986; Gropp 2005, S. 206 f.).

**Rechtfertigender Notstand, § 34 StGB**

Nach § 34 StGB handelt rechtmäßig, wer in einer gegenwärtigen, nicht anders abwendbaren Gefahr für Leben, Leib, Freiheit, Ehre, Eigentum oder ein anderes Rechtsgut eine Tat begeht, um die Gefahr von sich oder einem anderen abzuwenden, wenn bei Abwägung der widerstreitenden Interessen, namentlich der betroffenen Rechtsgüter und des Grades der ihnen drohenden Gefahren, das geschützte Interesse das beeinträchtigte wesentlich überwiegt. Dies gilt jedoch nur, soweit die Tat ein angemessenes Mittel ist, die Gefahr abzuwenden.

Auch der rechtfertigende Notstand folgt dem Rechtfertigungsprinzip des überwiegenden Interesses. Er ist sogar die Verkörperung des *Rechtfertigungsprinzips „überwiegendes Interesse"* schlechthin. Weil beim rechtfertigenden Notstand nur eine Gefahr und nicht wie bei der Notwehr ein Angriff vorausgesetzt wird, bedarf die Feststellung des überwiegenden Interesses eines ungleich höheren Begründungsaufwandes.

**Notstandslage.** Die Notstandslage erfordert zunächst eine *gegenwärtige Gefahr für ein Rechtsgut*. Maßstab ist dabei eine *objektive Betrachtung* aus der Notstandssituation (ex ante). Eine *Gefahr* ist die auf festgestellte, tatsächliche Umstände gegründete, über die allgemeinen Lebensrisiken hinausgehende *Wahrscheinlichkeit eines schädigenden Ereignisses. Gegenwärtig* ist die Gefahr, wenn die Dynamik des Lebenssachverhalts auf das schädigende Ereignis unmittelbar zusteuert. Als *notstandsfähige Rechtsgüter* nennt § 34 StGB zwar Leben, Leib, Freiheit, Ehre und Eigentum. Der Zusatz „oder ein anderes Rechtsgut" lässt jedoch erkennen, dass es sich hier nur um eine Aufzählung von Beispielen handelt. Jedes Rechtsgut kann folglich Erhaltungsgut des rechtfertigenden Notstandes sein.

Die *Nichtabwendbarkeit der Gefahr auf andere Weise* (Ultima-ratio-Erfordernis) verlangt zum einen, dass die Inanspruchnahme des Eingriffsguts überhaupt ein *taugliches* Mittel ist, um die Gefahr abzuwenden. Zum anderen muss die Inanspruchnahme des Eingriffsgutes *notwendig* sein, d.h. es darf kein anderes, milderes Mittel geben.

Bei Abwägung der widerstreitenden Interessen, namentlich der betroffenen Rechtsgüter und des Grades der ihnen drohenden Gefahren, muss das *geschützte Interesse* (sog. Erhaltungsinteresse) das *beeinträchtigte* (sog. Eingriffsinteresse) *wesentlich überwiegen*. Einstiegskriterium für die Abwägung ist das *allgemeine Rangverhältnis* der betroffenen Rechtsgüter. Einen groben Anhaltspunkt hierfür bietet der den Tatbeständen des Besonderen Teils jeweils zugeordnete *Strafrahmen*. Deshalb ist es z.B. grundsätzlich erlaubt, zur Erhaltung der körperlichen Unversehrtheit eine Sache zu zerstören.

Dieser Ausgangspunkt wird jedoch im Rahmen einer *Gesamtinteressenabwägung* (Neumann 2005, § 34 Rn 68 ff.) durch den *Grad* der den Gütern drohenden Gefahr und weitere Abwägungskriterien wie die *Schutzwürdigkeit* des Erhaltungsgutes in der *konkreten Situation*, die *Art* der konkreten Verletzung des Erhaltungsguts und den *Umfang* des konkreten Schadens beim Eingriffsgut relativiert. Daneben wären auch die jeweils gegebenen *Rettungschancen* und -risiken zu berücksichtigen. Wichtig ist darüber hinaus, ob die Gefahr gerade vom Eingriffsgut *ausgeht* (sog. *defensiver Notstand*), was zu erhöhten Gefahrtragungspflichten des gefahrverursachenden Interessenträgers führt. Hier kann der Gefährdete nach § 34 StGB sogar dann gerechtfertigt sein, „wenn er den Gefahrverursacher schwer verletzt oder äußerstenfalls sogar tötet" (Roxin 2006, S. 760; 1985, S. 457 ff.; Ebert 2001, S. 84; Küper 1981, S. 785 ff., 789; Lackner u. Kühl 2004, § 34 Rn 9; Neumann 2005, § 34 Rn 87 ff. mwN).

**Notstandshandlung.** Die Notstandshandlung besteht zunächst darin, dass der Täter das *überwiegende Interesse wahrt*, d.h. die Gefahr vom Erhaltungsgut abwendet. Daneben muss sich der Täter auf *angemessene Mittel* zur Gefahrenabwendung beschränken (§ 34 S. 2 StGB). Die herrschende Meinung sieht in dieser Formulierung ein zusätzliches Korrektiv, um eine Übereinstimmung der Notstandshandlung mit den Wertvorstellungen der Allgemeinheit zu gewährleisten (sozialethische Einschränkung der Notstandshandlung, Lenckner u. Perron 2006, § 34 Rn 46). Dieses Korrektiv verbietet es insbesondere, im Interesse des Erhaltungsguts die körperliche Unversehrtheit unbeteiligter Dritter zu beeinträchtigen. Es ist deshalb unzulässig, einen Menschen dadurch zu retten, dass man einen unbeteiligten Dritten gegen seinen Willen zu einer Blutspende zwingt.

**Subjektives Rechtfertigungselement.** Für die Straflosigkeit nach § 34 StGB genügt es, dass der Täter die rechtfertigenden Tatsachen *kennt*.

**Rechtfertigende Pflichtenkollision**

Neben dem rechtfertigenden Notstand kommt der rechtfertigenden Pflichtenkollision eine eigenständige Bedeutung nur dort zu, wo zwei *gleichgewichtige* formale Handlungspflichten des Täters bestehen (Gropp 2005,

S. 232 f.): Der Vater kann von seinen zwei ertrinkenden Kindern nur eines retten. Obwohl sich hier kein überwiegendes Interesse formulieren lässt, ist der Täter gerechtfertigt, wenn er eines der Interessen wahrnimmt. So besehen liegt in diesen Fällen materiell nur *eine* Rechtspflicht vor. Sie gebietet, eine der beiden Handlungsmöglichkeiten zu ergreifen, und rechtfertigt das Unterlassen im Übrigen (Hirsch 1992, Vor § 32 Rn 71 ff. iVm 6).

Problematisch ist im Bereich der rechtfertigenden Pflichtenkollision somit nur noch die Frage, *wann* eine Gleichrangigkeit der kollidierenden Interessen/formalen Handlungsgebote vorliegt. Die Dogmatik der Pflichtenkollision kann hier jedoch keine Anhaltspunkte liefern. Sie bildet nur ein formales Konzept, wie Kollisionen der genannten Art zu lösen sind. Die inhaltliche Bewertung der kollidierenden Interessen ist der Dogmatik der Pflichtenkollision vorgelagert.

## Rechtfertigung tatbestandsmäßiger Grundrechtseingriffe durch Amts- und Zwangsrechte

Die Strafrechtspflege erfordert vor allem im Rahmen der Strafverfolgung sehr oft hoheitliche Eingriffe, die einen Straftatbestand erfüllen: sei es § 239 StGB (Freiheitsberaubung) im Rahmen der Untersuchungshaft, des Vollzugs der Freiheitsstrafe oder der Unterbringung in einem psychiatrischen Krankenhaus, sei es § 340 StGB (Körperverletzung im Amt) bei der Entnahme einer Blutprobe beim Beschuldigten. Alle diese Maßnahmen bedürfen der *Rechtfertigung*, um straffrei zu bleiben. Entsprechende Rechtfertigungsgründe finden sich insbesondere in Form spezieller Eingriffsgrundlagen in der StPO, im Strafvollzugsgesetz und in den Unterbringungsgesetzen der Länder.

§ 127 Abs. 1 S. 1 StPO räumt z. B. jedermann das Recht ein, einen Tatverdächtigen ohne richterliche Anordnung vorläufig festzunehmen, wenn er auf frischer Tat betroffen oder verfolgt wird und er der Flucht verdächtig ist oder seine Identität nicht sofort festgestellt werden kann.

## Erziehungsrecht

Eine Rechtfertigung körperlicher Misshandlungen und Gesundheitsschädigungen (§§ 223, 340 StGB) als eine *pädagogisch* begründete „körperliche Züchtigung" durch *Lehrer* ist heute nicht mehr anerkannt (Jescheck u. Weigend 1996, S. 395 f.). Die ausdrückliche gesetzliche Untersagung der körperlichen Züchtigung von Schülern auf Landesebene hat daher nur noch deklaratorische Bedeutung. Eingriffe in die Körperintegrität von Schülern oder Schutzbefohlenen lassen sich daher nur nach allgemeinen Regeln (Notwehr, Notstand, Nothilfe) rechtfertigen. Die Rechtfertigung straftatbestandsmäßigen Verhaltens aufgrund eines Amtsrechts des Lehrers spielt somit in der Praxis wohl allenfalls bei der Freiheitsberaubung, § 239 StGB, eine Rolle, wenn der Lehrer einen Schüler wegen einer Verfehlung nach dem Ende des Unterrichts nicht nach Hause, sondern „nachsitzen" lässt (Gropp 2005, S. 239; Wessels u. Beulke 2005, S. 139 f.).

Dass ein *Erziehungsrecht der Eltern* anerkannt ist (Wessels u. Beulke 2005, S. 137 ff.), lässt sich einem Umkehrschluss aus § 1631 Abs. 2 BGB entnehmen, der entwürdigende Erziehungsmaßnahmen verbietet. Leichte Körperverletzungen und kurzzeitige Freiheitsberaubungen (Hausarrest) sollen damit nach herrschender Meinung gerechtfertigt sein, solange man darin noch *kein entwürdigendes* Verhalten zu sehen vermag, was angesichts der Abschaffung der Prügelstrafe zumindest fraglich erscheint. Aber auch die Erwägung einer restriktiven Auslegung des Tatbestandsmerkmals „körperliche Misshandlung" zwecks Eliminierung angemessener körperlicher Beeinträchtigungen wie etwa leichter Schläge (Beulke 1999, S. 539 ff.) vermag nicht zu überzeugen. Denn auch die Verneinung der Tatbestandsmäßigkeit im Sinne von § 223 StGB schließt die Rechtswidrigkeit nicht aus. Auch leichte, nicht tatbestandsmäßige körperliche Beeinträchtigungen sind Angriffe, die man sich nicht gefallen lassen muss – auch nicht als Kind. Wenn Kinder geschlagen werden, dürfte dies ohnehin nur in den seltensten Fällen den Charakter einer „Strafe" im Sinne von Sühne, Vergeltung und Spezial- bzw. Generalprävention haben. Näher liegt es, hier an irrationale Affekttaten zu denken, durch welche sich die verzweifelten und ratlosen Erziehungsberechtigten „Luft" zu verschaffen suchen und deren Straffreiheit nicht im Bereich der Rechtfertigung, sondern allenfalls auf Schuldebene zu suchen sein dürfte (Gropp 2005, S. 240; Schneider 1987, S. 202 ff.).

### 2.2.4 Strafbegründungsschuld und Strafzumessungsschuld

Wenn festgestellt ist, dass eine tatbestandsmäßige und rechtswidrige Straftat begangen worden ist, stellen sich zwei Fragen: Die erste lautet, *ob* dem Täter sein Verhalten zum Vorwurf gemacht werden kann, ob er *schuldhaft* gehandelt hat, ob er *strafbar* ist. Diese Frage betrifft die persönliche Zurechenbarkeit (Maurach u. Zipf 1992, S. 414), die so genannte Straf*begründungsschuld* (Hirsch 1994, S. 748), d.h. die schuldhafte Begehung (*Schuldhaftigkeit*) der strafbaren Handlung (s. 2.2.4.1). Die zweite Frage lautet, *was* dem Täter vorgeworfen werden soll, was als Kriterium für seine Bestrafung dienen soll, *wie* er *bestraft* werden kann. Hier wird nach der Straf*zumessungsschuld* (Maurach u. Zipf 1992, S. 414) gefragt (s. 2.2.4.2). Der strafrechtliche Schuldbegriff ist ein *Rechts*begriff, der zu Bereichen wie Sozialethik, Anthropologie oder Individual- bzw. Sozialpsychologie Bezugspunkte aufweist, der aber spezifisch strafrechtliche Zielsetzungen im Rahmen von kriminalpolitischen Grundentscheidungen verfolgt (ebd., S. 431).

#### 2.2.4.1 Strafbegründungsschuld – die schuldhafte Verwirklichung der Straftat

##### 2.2.4.1.1 Die Elemente der schuldhaft begangenen Handlung

*Was* die tatbestandsmäßige und rechtswidrige Handlung zu einer schuldhaften macht, hängt von dem jeweiligen Handlungsbegriff ab (Naucke 2002, S. 260 ff.).

## Psychologische, psychologisch-normative und rein normative Ansätze

Nach der *kausalen Handlungslehre*, die das Unrecht der vorsätzlichen Straftat allein in der *willentlichen Verursachung* der rechtswidrigen Verwirklichung eines Straftatbestandes sieht, handelt der Täter schuldhaft, wenn und weil er die unrechtsbegründenden Elemente der Tat *vorsätzlich* oder *fahrlässig* verwirklicht (Beling 1906, S. 10, 178 ff.; v. Liszt 1905, S. 157 ff.; Radbruch 1903; 1904, S. 354). Diese *psychische Beziehung* des Täters zur Tat lässt den Täter schuldhaft handeln.

Freilich konnte der psychologische Ansatz nicht erklären, weshalb Personen, die – wie z. B. Geisteskranke oder im Notstand befindliche Personen – vorsätzlich handeln, dennoch nicht schuldhaft handeln sollen. Umgekehrt gelang es nicht, die unbewusste Fahrlässigkeit als psychische Beziehung zwischen Täter und Tat zu erklären. Diese Schwächen suchte der Giessener Strafrechtslehrer *Reinhard Frank* (1907, S. 530) durch die *normativen Elemente* der „Zurechnungsfähigkeit" und der auf Notstandssituationen bezogenen „normalen Beschaffenheit der Umstände" auszugleichen. Seine Überlegungen wurden von *James Goldschmidt* (1913, S. 129 ff.) und *Edmund Mezger* (1931, S. 247 ff.) aufgegriffen und weiterentwickelt.

Nach der *finalen Handlungslehre* ist der Vorsatz subjektives Element der Tatbestandsmäßigkeit. Im Bereich der Schuldhaftigkeit verbleiben damit nur noch *normative*, wertende Elemente, deren *Objekt* das personale Unrecht ist (Dohna 1911, S. 323; 1950, S. 22, 39; 1954, S. 505).

## Der normative Ansatz der herrschenden Meinung

Der aus den genannten Handlungslehren hervorgegangene *vermittelnde Handlungsbegriff* der herrschenden Meinung (s. 2.2.2.7) ordnet zwar Vorsatz und Fahrlässigkeit als Bestandteile des Unrechts ein. Er sieht Vorsatz und Fahrlässigkeit aber auch innerhalb der Strafzumessungsschuld als Schuld*formen* (s. 2.2.4.2). Daneben werden besondere subjektive Merkmale berücksichtigt, insbesondere so genannte *Gesinnungsmerkmale*. Darüber hinaus bilden die Schuldfähigkeit und das Unrechtsbewusstsein Elemente schuldhaften Handelns.

**Schuldfähigkeit.** Das Strafgesetz legt nicht positiv fest, was Schuldfähigkeit ist. Nur in einem Umkehrschluss aus der Beschreibung der Schuldunfähigkeit und der eingeschränkten Schuldfähigkeit in den §§ 20 und 21 StGB lässt sich die Schuldfähigkeit definieren als die *Fähigkeit des Täters, das Unrecht der Tat einzusehen und nach dieser Einsicht zu handeln*.

Das Strafgesetz geht somit von der Schuldfähigkeit des Täters *als Regel* aus und beschränkt sich auf die Beschreibung von Sachverhalten, bei deren Vorliegen sie ausnahmsweise nicht gegeben ist. Dementsprechend reduziert sich die Perspektive der Praxis bei gegebenem Anlass auf die Prüfung, ob das Strafgesetz die Schuldhaftigkeit der Tatbegehung im konkreten Fall *ausnahmsweise verneint* (Hirsch 1994, S. 750). Dies kann darauf beruhen, dass der *individuelle Täter* unfähig ist, das Unrecht der Tat einzusehen (*Einsichtsfähigkeit*) oder nach dieser Einsicht zu handeln (*Steuerungsfähigkeit* als Fähigkeit, seinen Willen unter Aufbietung aller Widerstandskräfte durch vernünftige Erwägungen zu bestimmen). Die Ausnahme kann ihre Grundlage aber auch darin haben, dass das Gesetz bei bestimmten Personengruppen *generell* von einer Schuldunfähigkeit ausgeht.

*Schuldunfähig* sind ungeachtet ihrer Einsichts- und Steuerungsfähigkeit nach § 19 StGB *Kinder*, d.h. Personen, die bei Begehung der Tat noch nicht 14 Jahre alt sind. *Jugendliche*, d.h. Personen, die zur Zeit der Tat 14, aber noch nicht 18 Jahre alt sind (vgl. § 1 Abs. 2 JGG) sind gemäß § 3 JGG nur *bedingt schuldfähig*, d.h. sie sind *nur dann* strafrechtlich verantwortlich, wenn sie zum Zeitpunkt der Tat nach ihrer „sittlichen und geistigen Entwicklung" reif genug sind, das Unrecht der Tat einzusehen und nach dieser Einsicht zu handeln. Dies muss an Hand der gesetzlichen Kriterien *positiv* festgestellt werden.

Neben der altersbedingten Schuldunfähigkeit stellt § 20 StGB Kriterien für eine *biologisch und psychologisch bedingte Schuldunfähigkeit* wegen *seelischer Störungen* auf. Die *psychologische Komponente* besteht in der fehlenden Einsichts- oder Steuerungsfähigkeit. Sie muss auf bestimmten *biologischen* Gegebenheiten beruhen, die in § 20 StGB in drei Gruppen beschrieben sind (Jähnke 1992, § 20 Rn 14ff., 20ff.):

- *krankhafte seelische Störungen* (Lange 1985, §§ 20, 21 Rn 14ff. mwN), d.h. psychische Störungen, die „körperlich-krankhaft" (somatisch-pathologisch) bedingt sind: exogene Psychosen (Epilepsie, Hirnarteriosklerose) und (ihre somatische Ursache postulierend, vgl. Lange 1985, §§ 20, 21 Rn 19; kritisch Schild 1990, § 20 Rn 4, zu den Psychosen § 20 Rn 111ff.) endogene Psychosen (Schizophrenie, Zyklothymie), Rauschzustände durch Vergiftung und Ähnliches mehr.
- *tiefgreifende Bewusstseinsstörungen* (Lange 1985, §§ 20, 21 Rn 21ff.), d.h. in Abgrenzung zu den krankhaften seelischen Störungen *nicht krankhafte*, d.h. nicht auf nachweisbaren oder postulierbaren organischen Defekten beruhende Zustände: Erschöpfung, Übermüdung, Schlaftrunkenheit, Hypnose, unter Umständen auch hochgradige Affekte (Lackner u. Kühl 2004 § 20 Rn 7; Theune 1999, S. 273ff.) sowie *alkoholbedingte* Rauschzustände. Der BGH (BGHSt 43, 67; NStZ 1997, 591; vgl. auch BGH NStZ 2000, 136) geht dabei von der *widerlegbaren Vermutung* aus, dass bei einer BAK von 2‰ die Schuldfähigkeit erheblich beeinträchtigt und ab einer BAK von 3‰ vollständig aufgehoben ist. Tiefgreifend ist die Bewusstseinsstörung, wenn sie das Persönlichkeitsgefüge in vergleichbar schwerwiegender Weise beeinträchtigt wie eine krankhafte seelische Störung (BGH NStZ 1983, 280; 1990, 231).
- *Schwachsinn* und *andere seelische „Abartigkeiten"* als *nicht krankhafte* seelische Störungen: *Schwachsinn* als angeborene oder auf einer seelischen Fehlentwicklung beruhende *Intelligenzschwäche*, daneben als „andere schwere seelische Abartigkeiten" *Psychopathien* (Persönlichkeitsstörungen), *Neurosen* (abnorme Erlebnisreaktionen) und sexuelle *Triebstörungen* (Perversionen) (Streng 2003, § 20 Rn 40ff.). Auch hier muss

die Schwere der Störung mit der krankhaften seelischen Störung in der ersten Fallgruppe vergleichbar sein.

§ 21 StGB sieht in Fällen *erheblich verminderter Einsichts- oder Steuerungsfähigkeit* auf der biologischen Basis des § 20 StGB die Möglichkeit einer Strafmilderung nach § 49 Abs. 1 StGB vor. *Erheblich* ist, was nicht mehr in den „Normalbereich" fällt. Der Schwerpunkt des Anwendungsbereichs von § 21 StGB liegt im Bereich alkoholbedingter Rauschzustände (Lackner u. Kühl 2004, § 21 Rn 2 mwN). Über den Wortlaut von § 21 StGB hinaus hält die herrschende Meinung § 21 StGB dann für nicht anwendbar, wenn der Täter trotz verminderter Einsichtsfähigkeit das Unrecht der Tat *eingesehen hat* (Lackner u. Kühl 2004, § 21 Rn 1; kritisch Gropp 2005, S. 275).

**Schuldbezogene Gesinnungsmerkmale.** Zu den Elementen der schuldhaften Tatverwirklichung gehören auch Merkmale, die eine spezielle innere Verfassung des Täters beschreiben, so genannte *Gesinnungsmerkmale* (Hake 1994, S. 118ff.; grundlegend zu den Gesinnungsmerkmalen Schmidhäuser 1958). Überwiegend wird angenommen, dass diese Merkmale als „echte" Gesinnungsmerkmale – z.B. die niedrigen Beweggründe beim Mord (§ 211 Abs. 2 StGB 1. Gruppe), die Rücksichtslosigkeit bei der Straßenverkehrsgefährdung (§ 315 c Abs. 1 Nr. 2 StGB) oder die Böswilligkeit in den §§ 90 a, 130 Nr. 3 und 225 StGB – ausschließlich und unmittelbar die Schuldhaftigkeit der Tatbegehung betreffen (Jescheck u. Weigend 1996, S. 469 f.; Lenckner u. Eisele 2006, Vor § 13 Rn 122).

Davon werden so genannte „unechte" Gesinnungsmerkmale unterschieden, die teils das Unrecht teils die Schuldhaftigkeit der Tat prägen, wie z.B. das Mordmerkmal der „Grausamkeit" als Kennzeichen für eine Tötung „aus gefühlloser unbarmherziger Gesinnung" (vgl. Roxin 2006, S. 317).

Freilich wird man auch die so genannten echten Gesinnungsmerkmale auf einen Gesinnungs*un*wert beziehen müssen, der im Sinne einer personalen Unrechtslehre als subjektives Element der Tatbestandsmäßigkeit zuzuordnen ist (vgl. Jakobs 1991, S. 310 f. mwN). Damit sind alle Gesinnungsmerkmale unrechts- und schuldkonstituierend und die Unterscheidung von echten und unechten überflüssig.

Für die *Beteiligung* an strafbaren Handlungen, die durch Gesinnungsmerkmale geprägt werden, ist § 28 StGB zu berücksichtigen: Wirken die Merkmale strafbarkeitsbegründend, ist die Strafe für Teilnehmer, bei denen sie fehlen, zu mildern (§ 28 Abs. 1 StGB). Wirken sie strafschärfend, kann ein Beteiligter nur dann nach dem strafverschärften Delikt bestraft werden, wenn das Merkmal *bei ihm* vorliegt (§ 28 Abs. 2 StGB).

**Potenzielles Unrechtsbewusstsein.** Aus der Beachtlichkeit des Verbotsirrtums nach § 17 StGB ergibt sich, dass die strafbare Handlung Unrechtsbewusstsein voraussetzt. § 17 StGB spricht insoweit von der „Einsicht, Unrecht zu tun". Weil sich die Einsicht auf das Un*recht* (BGHSt 2, 202; Schroeder 1994, § 17 Rn 6 mwN) bezieht, schafft das bloße Bewusstsein, unmo-

*ralisch* zu handeln, noch kein Unrechtsbewusstsein. Andererseits ist es für das Vorliegen des Unrechtsbewusstseins nicht erforderlich, dass sich der Täter die *Strafbarkeit* seines Verhaltens oder gar die das Verbot enthaltende gesetzliche Vorschrift vorstellten müsste (herrschende Meinung, enger hingegen Otto 2004, S. 220). Auch ist es unbeachtlich, ob der Täter eine im Delikttatbestand verwendete Bezeichnung versteht, solange er die zutreffende so genannte *„Parallelwertung in der Laiensphäre"* (Kaufmann 1982) trifft.

Nach § 17 S. 2 StGB entfällt die Schuldhaftigkeit der Tat allerdings nicht, wenn der Täter den Verbotsirrtum vermeiden konnte. Daraus ergibt sich, dass die Schuldhaftigkeit und Strafbarkeit der Handlung *nicht* die *aktuelle* Einsicht voraussetzt, Unrecht zu tun. Bereits das *vermeidbare Fehlen* dieser Einsicht genügt. Damit ist für die Schuldhaftigkeit der strafbaren Handlung bereits ein *potenzielles Unrechtsbewusstsein* ausreichend: Schuldhaft handelt auch derjenige, der zwar ohne Einsicht handelt, Unrecht zu tun, der diese Einsicht aber haben *könnte* (Eser u. Burkhardt 1992, S. 174; Maurach u. Zipf 1992, S. 516 f.).

### 2.2.4.1.2 Der schuldhaft handelnde Täter

Die Straftat als schuldhafte Handlung setzt zugleich das schuldhafte Handeln einer *Person* voraus. Die Schuldhaftigkeit bezieht sich auf die Tat und den *Täter.*

An dieser Stelle pflegt gefragt zu werden, ob ein Mensch auch bei Abwesenheit von Schuldunfähigkeit und ausgestattet mit einem (zumindest potenziellen) Unrechtsbewusstsein überhaupt in der Lage ist, sich frei für oder gegen ein strafbares Handeln zu entscheiden, kurz: ob Menschen überhaupt über eine hinreichende *Willensfreiheit* verfügen, um sich gegen ein strafbares Verhalten entscheiden zu können (Dreher 1987; Lenckner u. Eisele 2006, Vor § 13 Rn 108 ff.). Denn wäre dies nicht gegeben, könnte man niemandem einen Vorwurf daraus machen, sich unter dem Einfluss der Umstände für ein strafbares Verhalten entschieden zu haben.

Gegen die Möglichkeit der Bildung eines freien Willens spricht die Auffassung des *Determinismus,* wonach alles Geschehen in der Welt eine zwingende Ursache habe. Selbst Spontanreaktionen sind danach nicht Ausdruck von Willensfreiheit, sondern das Ergebnis zwangsläufiger Stoffwechselvorgänge im Gehirn des Menschen (Roth 2004, S. 133). Demgegenüber vertreten Anhänger eines so genannten *Indeterminismus* die Ansicht, dass Kausalvorgänge die Natur betreffen, die Willensfreiheit hingegen ein Ausdruck menschlichen Gestaltens ist, welches der Natur entzogen ist (Höffe 2004). Freilich widerlegt auch dies nicht, dass Spontanität, Kreativität und Persönlichkeit naturgesetzlich erklärbar sein können.

Man wird somit davon ausgehen müssen, dass sich die Willensfreiheit des Menschen nicht experimentell nachweisen lässt (Jescheck 1998, S. 613). Indessen ist die Lehre von der Straftat nicht auf den Nachweis der Willensfreiheit angewiesen. Ihr genügt eine *vergleichend,* d. h. bei anderen Menschen in vergleichbaren Situationen feststellbare und beweisbare *Beeinflussbarkeit* durch Strafrecht (v. Liszt 1893, S. 343; 1897, S. 75; Jescheck u. Weigend 1996, S. 410 f.; Roxin 1993, S. 519 ff.), die Möglichkeit einer *Überdetermination* (Kaufmann 1986, S. 226), die nicht als Freiheit *von* äußeren Einflüssen, wohl aber als Freiheit *zu* eigener Mitgestaltung der Zukunft aufzufassen ist. Entsprechend schließen auch deterministische Auffassungen trotz des postulierten Nachweises, dass das Bewusstsein der Freiheit selber ein experimentell manipulierbares Hirnkonstrukt ist, das Prinzip der „Handlungsautonomie" nicht aus. „Ich handle frei, wenn ich nicht aus äußerem oder innerem Zwang, sondern aus mir', d. h. entsprechend aller meiner bewussten und insbesondere unbewussten Erfahrungen handle. Dies ist völlig vereinbar mit einem Determinismus des Naturgeschehens" (Roth 2004, S. 133; vgl. auch Eser u. Burkhardt 1992, S. 171 f.: „Bewusstsein des Andershandelnkönnens"; Dreher 1987, S. 383 ff.: Willensfreiheit aufgrund der „erlebten Wirklichkeit"; Hirsch 1994, S. 763: *Vorstellung der Willensfreiheit* als allgemein akzeptierte Grundlage menschlichen Selbstverständnisses). Damit beschränkt sich die Determiniertheit auf einen Ansatz, der *sämtliche* einengenden Faktoren berücksichtigt. Zu einer *relativen Freiheit* gelangt man hingegen, wenn „nur ganz spezifische tatsächliche, gedachte oder normierte Sachverhalte" in Betracht gezogen werden (Tiemeyer 1986, S. 223; Eser u. Burkhardt 1992, S. 172). Jene relative Freiheit des Willens genügt, um ein schuldhaftes Verhalten zu begründen (Tiemeyer 1988, S. 566). Es wäre dann festzustellen, dass der Täter für ein als Unrecht bewertetes Geschehen einstehen muss. „Ein darüber hinausgehendes sittliches Werturteil auf der Grundlage einer autonomen Wertentscheidungsfähigkeit des Handelnden ist wohl aus keiner der in Erscheinung tretenden Freiheitsarten ableitbar" (Tiemeyer 1986, S. 227). Es wird nur festgestellt, dass der Täter sich nicht rechtmäßig verhalten, sich für das Unrecht entschieden hat, obwohl er sich hätte rechtmäßig verhalten, sich für das Recht hätte entscheiden können (Tiemeyer 1988, S. 561).

Schuldhaft kann nach deutschem Strafrecht nur eine *natürliche Person* handeln, weil *juristische Personen* und *Personenvereinigungen* (Dannecker 1996; Heine 1996, S. 211 ff.) keinen natürlichen Willen bilden können. Statt der Personenvereinigung sucht man daher ihre Vertreter verantwortlich zu machen (BGHSt 37, 106 ff.: Ledersprayfall; BGHSt 41, 206 ff.: Holzschutzmittelfall; BGHSt 43, 219 ff.). Die strafbegründenden Eigenschaften der Personenvereinigung werden dann nach § 14 StGB auf den Vertreter projiziert. Allerdings gibt es auch im deutschen Strafrecht beachtliche Überlegungen, wie man den Begriff der Strafe und der Straftat so modifizieren könnte, dass auch juristische Personen und Personenvereinigungen als solche mit Strafe belegt werden könnten (Heine 1995; Achenbach 1990, S. 601 ff.; Hirsch 1993). Darüber hinaus zeigt die Verhängung von Geldbußen gegen juristische Personen und Personenvereinigungen als probates Mittel im Bereich der Ordnungswidrigkeiten, dass eine Sanktionsfähigkeit insoweit *nicht undenkbar* ist.

### 2.2.4.2 Strafzumessungsschuld – die schuldhaft verwirklichte Straftat

#### 2.2.4.2.1 Die Abhängigkeit der Strafzumessungsschuld vom schuldhaft verwirklichten Unrecht

Als „Grundlage für die Zumessung der Strafe" (§ 46 Abs. 1 StGB) bildet die Strafzumessungsschuld eine *quantifizierbare Größe,* bestehend in der tatbestandsmäßigen, rechtswidrigen und schuldhaften Verwirklichung eines Unwertes (Gropp 2005, S. 262).

Die Quantität der Strafzumessungsschuld richtet sich zum einen nach der Quantität des verwirklichten Unwertes (z. B. Anzahl der getöteten Menschen). Außerdem sind nach § 46 Abs. 2 StGB die „Umstände, die für und gegen den Täter sprechen", zu berücksichtigen. Weil die Tat von einem Täter begangen wird, hängt die Schuld folglich auch von der Person des Täters ab. Man überlegt deshalb, neben der Einzeltatschuld auch auf eine „Lebensführungs"- oder „Charakterschuld" bzw. eine „Dispositionsschuld" zurückzugreifen (Mezger 1938, S. 688 ff.; Engisch 1942, S. 170 ff.; Maihofer 1966, S. 215). Überlegungen dieser Art mögen im Hinblick auf die in § 46 StGB genannten Kriterien für die Strafzumessung berechtigt sein. Jedoch dürfen sie nicht dazu führen, dass die Grenze der aus der Verwirklichung der *gesetzlich beschriebenen Tat* resultierenden Schuld und Strafe überschritten wird (*strafbegrenzende* Wirkung des Schuldprinzips, Hirsch 1994, S. 748). Sie können und müssen jedoch *innerhalb* dieser Grenze bei der Festsetzung der für den konkreten Täter *erforderlichen* Strafe berücksichtigt werden (Otto 2004, S. 209).

Für die Strafzumessung spielt es auch eine Rolle, ob der Erfolg vorsätzlich oder fahrlässig herbeigeführt worden ist. Es ist deshalb der herrschenden Meinung zuzustimmen, wenn Vorsatz und Fahrlässigkeit nicht nur als Elemente des Unrechts, sondern auch als Kriterien für die Größe des Schuldvorwurfs gesehen werden. Der Vorwurf vorsätzlichen Handelns wird daher nach der herrschenden so genannten eingeschränkten Schuldtheorie zu Recht verneint, wenn der Täter zwar vorsätzlich einen Straftatbestand erfüllt hat, dies aber in der irrigen Annahme geschehen ist, dass ein Rechtfertigungsgrund vorliege wie z. B. bei Putativnotwehr (BGHSt 31, 286 f.; Tröndle u. Fischer 2006, § 16 Rn 26 f.; Jescheck u. Weigend 1996, S. 464 f.).

#### 2.2.4.2.2 Entschuldigungsgründe – Reduzierung der Strafzumessungsschuld unter die Strafbedürftigkeitsgrenze

Bei den Entschuldigungsgründen handelt der Täter zwar schuldhaft im Sinne der Strafbegründungsschuld. Jedoch liegt eine Reduzierung der Strafzumessungsschuld unter die Grenze der Strafbedürftigkeit vor, weil der Täter durch sein Handeln zugleich einen Wert bewahrt und weil er sich in einem Motivationsdruck befindet, der sein Verhalten weniger verwerflich erscheinen lässt.

## Entschuldigender Notstand, § 35 StGB

Nach § 35 StGB handelt ohne Schuld, wer in einer gegenwärtigen, nicht anders abwendbaren Gefahr für Leben, Leib oder Freiheit eine rechtswidrige Tat begeht, um die Gefahr von sich, einem Angehörigen oder einer anderen ihm nahe stehenden Person abzuwenden. Dies gilt nicht, soweit dem Täter nach den Umständen, namentlich weil er die Gefahr selbst verursacht hat oder weil er in einem besonderen Rechtsverhältnis stand, zugemutet werden konnte, die Gefahr hinzunehmen; jedoch kann die Strafe nach § 49 Abs. 1 StGB gemildert werden, wenn der Täter nicht mit Rücksicht auf ein besonderes Rechtsverhältnis die Gefahr hinzunehmen hatte.

Der entschuldigende Notstand setzt eine *Gefahr für ein Erhaltungsgut* (Leben, Leib, Freiheit [im Sinne von Bewegungsfreiheit]) voraus (Notstandslage), deren Abwendung die Inanspruchnahme eines *Eingriffsgutes* (Notstandshandlung) erforderlich macht. Die Herkunft jener Gefahr ist irrelevant. Auch Naturgewalten oder Sachen können „Gefahren" im Sinne von § 35 StGB sein. Im Unterschied zum rechtfertigenden Notstand liegt jedoch *kein Überwiegen* des Erhaltungsgutes vor, was die Tat rechtswidrig macht. Allerdings ist das Unrecht in Folge der Wahrung des Erhaltungsguts vermindert, was im Interesse der Verhältnismäßigkeit ein Erhaltungsgut von einigem rechtlichen Gewicht erfordert. Vorausgesetzt wird ferner, dass der Täter *zur Erhaltung* des Lebens, des Leibes oder der Freiheit seiner selbst, eines Angehörigen oder einer nahe stehenden Person handelt (Rettungswille als subjektives Entschuldigungselement), was auf einen entsprechenden Motivationsdruck hindeutet. Beides – Unrechtsminderung und Motivationsdruck – lassen die Tat nicht mehr strafbedürftig erscheinen.

Die entschuldigende Wirkung ist nach § 35 Abs. 1 S. 2 StGB eingeschränkt, wenn der Täter die Gefahr „selbst verursacht", d. h. „*objektiv und subjektiv pflichtwidrig herbeigeführt*" hat (Hirsch 1992, § 35 Rn 49; Neumann 2005, § 35 Rn 34 ff.). Dann ist dem Täter zuzumuten, die Gefahr hinzunehmen. Gleiches gilt, wenn der Täter in einem besonderen Rechtsverhältnis steht, das ihm eine Schutzpflicht gegenüber der Allgemeinheit auferlegt. Dies trifft z. B. auf Angehörige der Feuerwehr oder auf Soldaten zu. Kein besonderes Rechtsverhältnis wird dadurch begründet, dass sich der Täter dem Opfer gegenüber in einer Garantenstellung befindet. Denn die daraus resultierende Garantenpflicht ist *die Pflicht zum Tätigwerden*, nicht hingegen eine erhöhte *Gefahrtragungspflicht*.

## Notwehrexzess, § 33 StGB

Nach § 33 StGB bleibt straffrei, wer die Grenzen der Notwehr aus Verwirrung, Furcht oder Schrecken überschreitet. Als Entschuldigungsgrund beruht auch § 33 StGB auf einer Unrechtsminderung (Abwehr eines gegenwärtigen rechtswidrigen Angriffs auf ein rechtlich geschütztes Interesse) in Verbindung mit dem Bestehen eines Motivationsdrucks.

Die herrschende Meinung (BGHSt 39, 139; Jescheck u. Weigend 1996, S. 492; Wessels u. Beulke 2005, S. 160) geht deshalb zu Recht davon aus, dass § 33 StGB die Fälle regelt, in denen der Täter bei Bestehen (sog. *intensiver* Notwehrexzess) bzw. unter dem Eindruck einer gerade beendeten Notwehrlage (sog. *nachzeitiger* extensiver Notwehrexzess, Wessels u. Beulke 2005, S. 160) die Erforderlichkeit der Abwehr überschreitet. Nicht überzeugen kann folglich die Ansicht, § 33 StGB auch dann eingreifen zu lassen, wenn der Täter handelt, ohne dass eine Notwehr*lage* besteht (*extensiver* Notwehrexzess, vgl. Köhler 1997, S. 423 f.).

Das Überschreiten der Grenzen der Notwehr bedeutet, dass der Täter bei der Notwehrhandlung über das Maß des Erforderlichen hinausgeht.

Um straffrei zu bleiben, muss der im Notwehrexzess Handelnde in einem asthenischen Affekt (Verwirrung, Furcht oder Schrecken) die Grenzen der Notwehr überschreiten. Umstritten ist, ob diese Affekte zu einer *unbewussten* Überschreitung der Notwehrgrenzen führen müssen (Frister 1993, S. 229 ff.; Welzel 1969, S. 88; BGH NStZ 1995, 76). Wenn man davon ausgeht, dass asthenische Affekte in der Regel ohnehin mit einer Bewusstseinstrübung einhergehen, dürfte mit dem Erfordernis des Affektes gleichzeitig auch dem Erfordernis des unbewussten Vorgehens Genüge getan sein. Wer dem Angreifer kaltblütig einen zusätzlichen Schlag versetzt, handelt nicht aus Verwirrung, Furcht oder Schrecken. Im Falle einer *Notwehrprovokation* ist eine Straffreiheit aufgrund § 33 StGB ausgeschlossen (*Bordell*fall BGHSt 39, 133).

## Übergesetzlicher entschuldigender Notstand

Eine Straffreiheit wegen übergesetzlichen entschuldigenden Notstandes wird insbesondere in Fällen diskutiert, in denen der Täter Menschenleben nur auf Kosten des Lebens unschuldiger dritter Personen retten kann. Im Fall OGHSt 1, 321 StS 19/49 v. 5. März 1949 strichen die Angeklagten im Rahmen des NS-„Euthanasieprogramms" aus einer Liste zur Tötung bestimmter Kranker unter bewusster Überschreitung der engen Richtlinien möglichst viele Kranke, um sie zu retten. Dadurch leisteten sie jedoch einen Beitrag zur Tötung der übrigen Patienten.

In Fällen wie diesen gerät die Strafrechtsdogmatik an die Grenzen ihrer Leistungsfähigkeit. Betrachtet man zunächst die kollidierenden *Interessen*, so ist der Täter denjenigen gegenüber, die er retten kann, formal zum *Handeln* verpflichtet, den Preisgegebenen gegenüber zum *Unterlassen*. Eine *rechtfertigende Pflichtenkollision* scheidet aus, weil sie eine Kollision von gleichrangigen *Handlungs*pflichten voraussetzt (s. 2.2.3.2 Abschn. „Rechtfertigende Pflichtenkollision").

Eine Entschuldigung nach § 35 StGB kommt deshalb nicht in Frage, weil es sich bei den zu Rettenden nicht um nahe stehende Personen im Sinne von § 35 StGB handelt. Eine analoge Anwendung von § 35 StGB würde die Lückenhaftigkeit der Vorschrift voraussetzen. In den Materialien finden sich keine Hinweise auf eine bewusste Ausklammerung der Problematik. Eine analoge Anwendung von § 35 StGB wäre folglich nicht ausgeschlossen. Der Oberste Gerichtshof für die britische Zone hat jedoch aufgrund der

Exzeptionalität der Umstände nur einen *persönlichen Strafausschließungsgrund* (s. 2.2.5.2.1) zugunsten der Ärzte angenommen. Denn sie hätten es auf das Eingreifen anderer „willfährigerer Helfer" ankommen lassen müssen, anstatt dem Zeitgeist entsprechend im vorauseilenden Gehorsam zur „Selektion" zu schreiten.

Eine Entschuldigung im übergesetzlichen Notstand wird daher zu Recht nur für Fälle erwogen, in denen die Preisgegebenen nicht erst aufgrund eines Entschlusses Dritter, sondern mit *naturgesetzlicher Sicherheit* in den Tod gehen (Kapitän K ordnet an, die Sicherheitstüren zum leckgeschlagenen Unterschiff schließen zu lassen, um ein Sinken des Schiffes zu verhindern. So werden zwar viele Passagiere gerettet, die Passagiere im Unterschiff aber getötet, vgl. Gropp 2005, S. 286 ff.).

### 2.2.4.3 Überlegungen zu einem funktionalen Schuldbegriff

Die Unterscheidung zwischen Strafbegründungs- und Strafzumessungsschuld wurde maßgeblich durch die Überlegungen befördert, Strafzweckerwägungen in allen Bereichen der Struktur der Straftat fruchtbar zu machen. So ergänzt *Roxin* im Zusammenhang mit dem entschuldigenden Notstand, aber auch bei den Schuldausschließungsgründen der Schuldunfähigkeit und des unvermeidbaren Verbotsirrtums, die Strafbegründungsschuld um die *Erforderlichkeit* der *Strafsanktion* und nimmt nur beim Vorliegen beider Elemente eine die Strafe legitimierende „*Verantwortlichkeit*" an (Roxin 2006, S. 851 ff.). Zur Strafbegründungsschuld muss somit die *präventive Notwendigkeit* der Strafe hinzutreten (Roxin 1998, S. 885 ff., 889 ff.; 2006, S. 852 ff.). Die Einbeziehung der Schuldausschließungsgründe in die präventive Notwendigkeit zeigt freilich, dass es nicht spezifische Eigenschaften der Strafzumessungs*schuld* sind (Unrechtsminderung, Motivationsdruck), welche sich auf die Strafzumessung auswirken, sondern umgekehrt allgemeine Gesichtspunkte der Strafzumessung, welche zur Voraussetzung der Verantwortlichkeit gemacht werden. Nicht die Strafzumessungs*schuld* des Täters bestimmt über die Strafe, sondern die Strafzwecke bestimmen über die Rechtsfolgen der schuldhaft verwirklichten Tat. Dabei droht die Anknüpfung an das schuldhaft verwirklichte Unrecht und damit an die retrospektive Komponente des Schuldbegriffs verloren zu gehen (Hirsch 1994, S. 758).

*Jakobs* macht die Annahme von Schuld abhängig von einem *generalpräventiven* Bedürfnis nach *Einübung in Rechtstreue* (Jakobs 1991, S. 480 f., 483 f.). Das generalpräventive Erfordernis der Einübung in Rechtstreue ist das Ergebnis der Bewertung der tatbestandsmäßigen und rechtswidrigen Handlung. Es setzt allerdings voraus, dass dem Täter real eine Verhaltensalternative zur Verfügung gestanden hat (Tiemeyer 1988, S. 551). Einübung in Rechtstreue ist folglich nicht erforderlich, wenn dem Täter die Schuldfähigkeit fehlt und der gesellschaftliche Frieden durch Einweisung in eine Heilanstalt wiederhergestellt werden kann. Sie ist auch dann nicht erforderlich, wenn der Täter weder vorsätzlich noch fahrlässig gehandelt hat oder wenn ein Entschuldigungsgrund gegeben ist. Das Erfordernis der Einübung in Rechtstreue drückt die Skepsis gegenüber der Auffassung aus, „Schuld" empirisch feststellen zu können, und widerspricht der Auffassung von Strafbegründungs- und Strafzumessungsschuld zunächst nicht. Es verselbstständigt sich jedoch und muss auf Skepsis stoßen, wenn der schuldunfähige Täter im Interesse der Einübung in Rechtstreue deshalb für „schuldig" erklärt würde, weil er nicht behandlungsfähig ist und der gesellschaftliche Frieden nur durch eine „Bestrafung" erhalten werden kann (Jakobs 1976, S. 11 f.; 1991, S. 480 ff.). Die Bestrafung des Täters richtet sich so nicht mehr nach seinen Bedürfnissen, sondern nach denen der Gesellschaft (Kaufmann 1986, S. 226; kritisch auch Otto 2004, S. 211 f.; Stratenwerth u. Kuhlen 2004, S. 191 f.). Der Schuldbegriff läuft Gefahr, seiner strafeinschränkenden Funktionen entkleidet zu werden (Burkhardt 1976, S. 335 ff.).

Nach *Streng* (1989, S. 331 f.) lässt sich Strafe mit Freiheit nicht begründen, weil die innere Freiheit nicht empirisch fassbar ist und die Willens- oder Handlungsfreiheit aus sich heraus keinen strafrechtlichen Zugriff legitimiere. Es lasse sich Schuldstrafe daher nur in Form der Anerkennung gesellschaftlicher Notwendigkeiten begründen. Aufgrund negativer Befunde für spezialpräventive und negativ-generalpräventive Ansätze bleibe insoweit allein die positive Generalprävention als „die strafrechtliche Berücksichtigung der – auch die Schuldzuschreibung an den Täter tragenden – Selbststabilisierungsbedürfnisse der Mitbürger." Ein wesentlicher Teil der Kritik am funktionalen Schuldbegriff beruhe daher auf dem Missverständnis, dass Schuld aus generalpräventiven Bedürfnissen rational abgeleitet werden solle. Wie das herkömmliche nehme das funktionale Schuldverständnis jedoch die dem Rechtsgefühl entspringenden Schuldwertungen der Allgemeinheit auf, nicht hingegen „irgendwelche ungesicherten Vorstellungen über das zur Erhaltung der Normtreue Notwendige". Es müsse folglich keine Schuld zugeschrieben werden, wenn sich die Mitbürger im Verhalten des Täters nicht wiedererkennen können, z. B. weil er geisteskrank ist.

### 2.2.5 Sonstige Strafbarkeitsvoraussetzungen und -hindernisse

Schon die Bezeichnung als „sonstige" Strafbarkeitsvoraussetzungen und -hindernisse lässt erkennen, dass die hier zu erörternden Elemente außerhalb der Tatbestandsmäßigkeit, Rechtswidrigkeit und Schuldhaftigkeit der Tat stehen. Deshalb werden sie von der Funktion der strafbaren Handlung als Verbindungselement nicht erfasst. Dies hat zur Folge, dass sich der Vorsatz nicht auf sie erstrecken muss. Weil dies gerade beabsichtigt ist, erwecken die sonstigen Strafbarkeitsvoraussetzungen zumindest den Anschein einer dogmatischen *Zirkelschlüssigkeit*.

### 2.2.5.1 Sonstige Strafbarkeitsvoraussetzungen

Zu den sonstigen Strafbarkeits*voraussetzungen* zählen vor allem die *objektiven Bedingungen der Strafbarkeit* und der *Strafantrag*.

#### 2.2.5.1.1 Objektive Bedingungen der Strafbarkeit

Objektive Bedingungen der Strafbarkeit sind
- die Rauschtat in § 323 a StGB,
- der Tod eines Menschen oder die schwere Körperverletzung bei der Beteiligung an einer Schlägerei nach § 231 StGB,
- die Nichterweislichkeit der ehrenrührigen Tatsache bei der üblen Nachrede, § 186 StGB,
- die Zahlungseinstellung, Eröffnung des Insolvenzverfahrens oder Abweisung des Eröffnungsantrags mangels Masse in den §§ 283 Abs. 6, 283 d Abs. 4 StGB.
- Umstritten ist die Einordnung der Rechtmäßigkeit der Diensthandlung nach § 113 Abs. 3 StGB als objektive Bedingung der Strafbarkeit (vgl. Lackner u. Kühl 2004, § 113 Rn 17).

Für die objektiven Bedingungen der Strafbarkeit gelten folgende Besonderheiten:
Sie sind *bedeutungslos* für die *Tatbestandsmäßigkeit, Rechtswidrigkeit und Schuldhaftigkeit* der Straftat; sie sind *bedeutungslos* für die *Vollendung* der Tat. Sie sind *bedeutungslos* für die Bestimmung der *Tatzeit* nach § 8 StGB, nicht hingegen für die Bestimmung des Tatortes (BGH NJW 1997, 140); sie brauchen nicht vom Vorsatz erfasst zu sein und sind deshalb *resistent gegen Irrtümer*.

Dass ein Umstand, dessen Vorliegen der Täter weder kennen noch wollen muss, Voraussetzung für die Strafbarkeit ist, erweckt Zweifel bezüglich der Vereinbarkeit mit dem *Schuldprinzip*. Dem begegnet die herrschende Meinung mit dem Argument, dass Unrecht und Schuld der Tat bereits unabhängig vom Vorliegen der objektiven Bedingungen der Strafbarkeit begründet seien (Lagodny 1996, S. 233 ff.), so z.B. mit dem Sichberauschen (§ 323 a StGB) bzw. mit der Behauptung oder Verbreitung von Tatsachen, welche einen Dritten verächtlich zu machen oder in der öffentlichen Meinung herabzuwürdigen geeignet sind (§ 186 StGB).

Zweifelhaft ist allerdings, ob davon wirklich ausnahmslos ausgegangen werden kann. Hat ein Beteiligter erst an der Schlägerei nach § 231 StGB teilgenommen, *nachdem* die schwere Folge eingetreten ist, kann er die schwere Folge denknotwendig nicht verursacht haben. Nach überwiegender Lehre soll er deshalb auch nicht nach § 231 StGB strafbar sein (Stree 2006, § 231 Rn 15; Hirsch 2000, § 227 Rn 8; anders BGHSt 16, 130 sowie Lackner u. Kühl 2004, § 231 Rn 5; Tröndle u. Fischer 2006, § 231 Rn 8). Dies wird damit begründet, dass die von § 231 StGB verlangte Gefährlichkeit der Beteiligung an der Schlägerei für die schwere Folge zwar nur abstrakt, aber doch zumindest denkmöglich sein muss. Dann allerdings kann die „schwere Folge" nicht völlig losgelöst vom Unrecht des Schlägereitatbestandes gesehen werden.

### 2.2.5.1.2 Strafantrag, §§ 77–77 d StGB

Bei manchen Straftaten ist die Stellung eines Strafantrags des Verletzten neben der Tatbestandsmäßigkeit, Rechtswidrigkeit und Schuldhaftigkeit der Tat eine zusätzliche Voraussetzung ihrer Verfolgbarkeit. Das Erfordernis eines Strafantrags beruht im Wesentlichen auf drei Grundgedanken (Jescheck u. Weigend 1996, S. 907 f.):

- Die Sache ist von so geringem Gewicht, dass eine Verfolgung ohne ein entsprechendes Interesse des Verletzten nicht erforderlich erscheint (Bagatellgedanke), vgl. z. B. § 123 Abs. 2 StGB (Hausfriedensbruch), § 248 a StGB (Diebstahl geringwertiger Sachen).
- Der Konflikt zwischen dem Täter und dem Verletzten kann ohne Eingreifen des Staates beigelegt werden (Versöhnungsgedanke), vgl. z. B. § 230 StGB (einfache vorsätzliche und fahrlässige Körperverletzung), § 194 StGB (Beleidigung), § 247 StGB (Haus- und Familiendiebstahl).
- Der verfolgende Staat soll nicht gegen den Willen des Verletzten in dessen Privatbereich eindringen (Intimitätsgedanke), vgl. z. B. § 205 StGB (Geheimnisverletzung), § 109 UrhG (Verletzungen des Urheberrechts).

Relativiert wird das Strafantragserfordernis teilweise dadurch, dass die Staatsanwaltschaft in Fällen des besonderen öffentlichen Interesses auch ohne Strafantrag ermitteln darf, so etwa im Falle der Sachbeschädigung, vgl. § 303 c StGB. Man spricht dann von *unechten* Antragsdelikten.

### 2.2.5.2 Sonstige Strafbarkeitshindernisse

Charakteristisch für die sonstigen Strafbarkeitshindernisse ist *ihr persönlicher Anwendungsbereich*. Dritte, bei denen die persönlichen Hindernisse nicht gegeben sind, partizipieren somit nicht an der Straffreiheit. Die Strafbarkeitshindernisse lassen sich einteilen in *Strafausschließungsgründe,* bei denen die Strafbarkeit von vornherein nicht eintritt, und *Strafaufhebungsgründe,* bei denen die bereits vorhandene Strafbarkeit wieder beseitigt wird.

### 2.2.5.2.1 Persönliche Strafausschließungsgründe

Zu den persönlichen Strafausschließungsgründen mit einem *sachbezogenen* Hintergrund gehört Art. 46 I GG; §§ 36, 37 StGB, Indemnität von Abgeordneten. Die freie Diskussion vor dem Forum eines Parlaments soll dadurch geschützt werden, dass Äußerungen und Berichte nicht strafrechtlich verfolgt werden dürfen, solange es sich nicht um verleumderische, d. h. bewusst wahrheitswidrige Beleidigungen handelt. Auch §§ 18, 19 GVG, die Nichtverfolgung Exterritorialer, wäre hier zu nennen. Sie dient der Wahrung der diplomatischen Beziehungen der Bundesrepublik Deutschland mit dem Ausland. Der Schutz endet daher, wenn die betreffenden Personen ihr Amt nicht mehr ausüben.

Bei den persönlichen Strafausschließungsgründen mit einem *schuldbezogenen* Hintergrund wird davon ausgegangen, dass der Betroffene unter einem besonderen Motivationsdruck steht, was den Schuldgehalt der Tat vermindert und die Rechtsfolge „Strafe" unzweckmäßig erscheinen lässt, z. B. die Frau, die einen illegalen Schwangerschaftsabbruch versucht (§ 218 Abs. 4 S. 2 StGB) oder derjenige, der eine Strafvereitelung zugunsten eines *Angehörigen* begeht (§ 258 Abs. 6 StGB). Ungeachtet der Tatsache, dass auch *persönliche Strafausschließungsgründe* nach überwiegender Meinung unabhängig von der Kenntnis des Täters von ihrem Vorliegen eingreifen (Bloy 1976; Tröndle u. Fischer 2006, § 16 Rn 31), wird bei den schuldbezogenen Strafausschließungsgründen zu Gunsten des Täters eine subjektive Betrachtungsweise (Lackner u. Kühl 2004, § 258 Rn 17; Stree 2006, § 258 Rn 39) erwogen. Danach würde der Strafausschließungsgrund auch bei irriger Annahme seiner Voraussetzungen eingreifen.

#### 2.2.5.2.2 Persönliche Strafaufhebungsgründe

Den persönlichen Strafaufhebungsgründen liegen Sachverhalte zugrunde, bei denen eine zunächst gegebene Strafbarkeit des Täters wieder beseitigt wird. Zu den persönlichen Strafaufhebungsgründen zählen insbesondere
- der *Rücktritt* vom Versuch und vom Versuch der Beteiligung, §§ 24, 31 StGB;
- die *tätige Reue* bei Delikten mit vorverlagertem Vollendungszeitpunkt, vgl. §§ 98 Abs. 2 S. 2, 149 Abs. 2, 264 a Abs. 3, 265 b Abs. 2 StGB;
- dee *Straferlass* nach Ablauf der Bewährungszeit, § 56 g StGB;
- die *Begnadigung*, Art. 60 Abs. 2 GG (Jescheck u. Weigend 1996, S. 922 ff.).

### 2.2.6 Erscheinungsformen der Straftat

Eine Straftat kann in unterschiedlichen Formen begangen werden. Das Grundelement (Bauprinzip) aller dieser so genannten Erscheinungsformen der Straftat bildet die tatbestandsmäßige, rechtswidrige und schuldhafte Handlung. Die Elemente des vorsätzlichen vollendeten Begehungsdelikts wurden bereits unter 2.2.1 näher erörtert. Die weiteren Erscheinungsformen der Straftat unterscheiden sich hinsichtlich der Rechtswidrigkeit und Schuldhaftigkeit der Handlung nicht wesentlich. Die charakteristischen Unterschiede betreffen vielmehr die unwertbegründenden Elemente, d.h. die Tatbestandsmäßigkeit.

Dem StGB lassen sich im Wesentlichen die Folgenden dargestellten weiteren Erscheinungsformen der Straftat entnehmen.

## 2.2.6.1 Versuch

Nach § 22 StGB liegt eine Straftat in Form des Versuchs vor, sobald der Täter „nach seiner Vorstellung von der Tat zur Verwirklichung des Tatbestandes unmittelbar ansetzt". Der *Strafgrund des Versuchs* (Zaczyk 1989) wird darin gesehen, dass der Täter sich aus einer rechtsfeindlichen Gesinnung heraus („nach seiner *Vorstellung*", subjektiv) in der Weise *nach außen* betätigt, dass das *tatbestandliche Angriffsobjekt unmittelbar gefährdet* erscheint (objektiv) und dadurch das Vertrauen der Allgemeinheit auf die Geltung der Rechtsordnung erschüttert und der Rechtsfriede beeinträchtigt werden kann (*Eindruckstheorie*, Lackner u. Kühl 2004, § 22 Rn 11; Gössel 1989, S. 22).

Nicht jeder Versuch einer Straftat ist strafbar. Stets strafbar ist nach § 23 Abs. 1 StGB nur der Versuch eines *Verbrechens*, d. h. einer im Mindestmaß mit Freiheitsstrafe von einem Jahr oder darüber bedrohten rechtswidrigen Tat (§ 12 Abs. 1 StGB). Der Versuch eines *Vergehens*, d. h. einer im Mindestmaß mit einer Freiheitsstrafe unter einem Jahr oder mit Geldstrafe bedrohten rechtswidrigen Tat (§ 12 Abs. 2 StGB) ist nur dann strafbar, wenn das Gesetz es ausdrücklich bestimmt.

Der tatbestandliche Unwert der versuchten Straftat wird – wie im Falle der vollendeten Tat – durch objektive und subjektive Elemente begründet. Nur bildet den Ausgangspunkt der strafrechtlichen Würdigung des Lebenssachverhaltes jetzt die subjektive Seite, die *Vorstellung* von der Tat, der *Tatentschluss*, die objektive Seite das im Anschluss daran zu prüfende *unmittelbare Ansetzen*. Rechtswidrigkeit und Schuldhaftigkeit der versuchten Straftat weisen keine wesentlichen Unterschiede zum vollendeten Delikt auf und bedürfen daher keiner näheren Erörterung.

### 2.2.6.1.1 Der Tatentschluss als subjektives Unwertelement des Versuchs

Der Tat*entschluss* besteht nach der Formulierung in § 22 StGB in der „Vorstellung (des Täters) von der Tat".

*Gegenstand* der Vorstellung muss eine *vollendete Tat*, also eine *Straftat*, also die Verwirklichung eines *tatbestandsmäßigen* Verhaltens sein. Dabei erschöpft sich der Gegenstand der Vorstellung in den *objektiven Merkmalen* des intendierten Tatbestandes.

Hinsichtlich ihres *Gehaltes* bildet die Vorstellung die *subjektive Beziehung* des Täters zu den Merkmalen des *objektiven Tatbestandes* des angestrebten Delikts und entspricht damit dem *Vorsatz*. Deshalb muss die Vorstellung hinsichtlich ihrer Intensität auch den Anforderungen genügen, welche das jeweilige Delikt an den Vorsatz des Täters stellt. Darüber hinaus enthält der Entschluss *besondere subjektive Tatbestandsmerkmale*, wenn sie zum angestrebten Tatbestand gehören: Wer einen Diebstahl begehen will, muss auch in Zueignungsabsicht handeln.

Nach § 22 StGB ist auch der *untaugliche Versuch* strafbar. Untauglich ist der Versuch, wenn das betreffende Tatsubjekt, Tatmittel oder Tatobjekt zur Verwirklichung des tatbestandsmäßigen Erfolgs ungeeignet ist: Die Täterin des § 218 StGB ist gar nicht schwanger; der zum Öffnen der Tür vorgesehene Nachschlüssel passt nicht; der im Halbdunkel „erschossene" Nebenbuhler entpuppt sich als Vogelscheuche.

Vom untauglichen Versuch, der wie der taugliche die geistige Vorwegnahme eines *tatbestandsmäßigen* Verhaltens verlangt, ist das straflose so genannte *„Wahndelikt"* zu unterscheiden, bei dem der Täter ein *nicht tatbestandsmäßiges* Verhalten (z. B. den Ehebruch) irrtümlich für strafbar hält.

### 2.2.6.1.2 Das unmittelbare Ansetzen als objektives Unwertelement des Versuchs

Nach der heute herrschenden *gemischt subjektiv-objektiven Theorie* setzt der Täter unmittelbar zum Versuch an, wenn nach seinem Gesamtplan (subjektive Komponente) eine so enge *Verknüpfung* des Täterverhaltens mit der tatbestandlichen Ausführungshandlung besteht, dass es bei ungestörtem Fortgang *unmittelbar* zur Verwirklichung des gesamten Straftatbestandes kommt (objektive Komponente). Handlungen, wie sie im gesetzlichen Tatbestand beschrieben werden, müssen noch nicht begangen worden sein (BGH StV 1997, 632). Indiz für jene enge Verknüpfung und Unmittelbarkeit ist eine konkrete Gefährdung des Angriffsobjekts auf der Basis des Täterplans.

Damit schafft die gemischt subjektiv-objektive Theorie einen Freiraum, um im Interesse des Rechtsgüterschutzes einen Versuch auch dann annehmen zu können, wenn rein objektiv weder ein Tatbestandsmerkmal betroffen noch eine Gefährdung des Angriffsobjekts eingetreten ist. Andererseits ist eine Formel gefunden, welche zwar auf der Vorstellung des Täters aufbaut, das Stadium des Versuchs jedoch möglichst eng an die Verwirklichung des *Tatbestandes* anbindet.

Auch der Täter eines Versuchs durch Unterlassen muss nach seiner Vorstellung unmittelbar zur Verwirklichung des Unterlassungsdelikts ansetzen. Nach der ganz überwiegend vertretenen Ansicht liegt ein unmittelbares Ansetzen durch Unterlassen jedenfalls dann vor, wenn es das Angriffsobjekt nach der Vorstellung des Täters in eine konkrete tatbestandsspezifische Gefahr bringt (Gropp 2005, S. 310 f.).

### 2.2.6.2 Täterschaft und Teilnahme

Die Erscheinungsform der Straftat hängt auch davon ab, ob ein Beteiligter die Tat als Täter oder Teilnehmer begeht.

*Täter* ist nach der heute herrschenden *Tatherrschaftslehre*, wer den Ablauf des tatbestandsmäßigen Geschehens vom Vorsatz umfasst in den Händen hält (Maurach 1954, S. 528; Gössel 1989, S. 248; Roxin 1993, § 25 Rn. 34 ff.). Während der Täter eigenes Unrecht verwirklicht, *verursacht der Teilnehmer fremdes Unrecht* (Lüderssen 1967, S. 61 ff.; kritisch Stein 1988, S. 100 ff.), indem er einen Tatentschluss weckt (Anstiftung) oder die fremde

Tat mittels Rat oder Tat unterstützt (Beihilfe). Das Unrecht der Teilnahme hängt vom Unrecht der Haupttat ab (Akzessorietät der Teilnahme). Nur wenn das Gesetz bestimmt, dass besondere persönliche Merkmale die Strafe schärfen, mildern oder ausschließen, gilt dies nur für den Beteiligten, bei dem diese Merkmale vorliegen (§ 28 Abs. 2 StGB). Die Schuld des Haupttäters ist für die Strafbarkeit der Teilnahme hingegen ohne Bedeutung (*limitierte* Akzessorietät). Auch die Anstiftung zu einer wegen Schuldunfähigkeit straflosen Haupttat ist strafbar.

Das Gesetz unterscheidet die Beteiligungsformen danach, ob die tatbestandsmäßige Handlung von einem Beteiligten selbst (Selbsttäterschaft, § 25 I, 1. Alt. StGB) oder durch einen Dritten als Werkzeug (mittelbare Täterschaft, § 25 Abs. 1, 2. Alt. StGB s. unten) oder von mehreren Beteiligten in gleichgeordneter Mitwirkung (Mittäterschaft, § 25 Abs. 2 StGB, s. unten) oder untergeordneter Mitwirkung (Anstiftung, § 26 StGB, s. unten und Beihilfe, § 27 StGB, s. unten) verwirklicht wird.

### 2.2.6.2.1 Selbsttäterschaft, § 25 I 1. Alt. StGB

Nach § 25 Abs. 1 1. Alt. StGB wird als Täter bestraft, wer die Straftat selbst begeht. § 25 I 1. Alt. StGB kommt insoweit nur deklaratorische Bedeutung zu, als ohnehin zumindest derjenige, der die im Besonderen Teil des StGB beschriebenen verbotenen Handlungen selbst begeht, Täter sein muss.

### 2.2.6.2.2 Mittelbare Täterschaft, § 25 I 2. Alt. StGB

Die Straftat kann aber auch in der Weise in Erscheinung treten, dass der Täter die Tat *durch einen anderen* begeht (mittelbare Täterschaft), d. h. sich zur Ausführung der tatbestandsmäßigen Handlung einer weiteren Person, des *Tatmittlers*, als Werkzeug bedient. Das Wirken des Tatmittlers muss zumindest Handlungsqualität haben (Küpper 1998, S. 520), weil es anderenfalls keinen Unterschied macht, ob sich der Täter eines Menschen oder einer Sache als Werkzeug bedient, um die Tat auszuführen.

*Mittelbarer Täter* kann nur sein, wer auch *unmittelbarer* Täter der durch den Tatmittler begangenen Tat sein kann, d. h. die erforderlichen *Tätermerkmale* (z. B. die Zueignungsabsicht beim Diebstahl, § 242 StGB) aufweist. Bei eigenhändigen Delikten (z. B. Führen eines Fahrzeugs im Straßenverkehr trotz Fahruntüchtigkeit, § 316 StGB; Meineid, § 154 StGB) ist mittelbare Täterschaft folglich ausgeschlossen. Mittelbarer Täter eines Sonderdelikts (z. B. Straftaten im Amt, §§ 331 ff. StGB) kann nur sein, wer *selbst* über die besonderen Tätereigenschaften verfügt.

Da die mittelbare Täterschaft darauf beruht, dass der mittelbare Täter *faktisch Tatherrschaft* besitzt, muss der mittelbare Täter den Tatmittler steuern (Eser 1980, S. 154) können. Dies kann zunächst aufgrund *überlegenen Wissens* des Hintermanns geschehen, wenn der Tatmittler gerade über solche Tatsachen getäuscht wird, von denen er sein Verhalten abhängig macht (*Irrtumsherrschaft*, vgl. den sog. *Sirius-Fall* BGHSt 32, 38, 42). Unproblematisch ist mittelbare Täterschaft auch dann gegeben, wenn der Tatmittler Tatsachen nicht kennt, die sein eigenes Verhalten tatbestandsmäßig bzw. rechtswidrig machen. Anerkannt ist weiterhin die Willensherrschaft aufgrund einer gegen die in § 35 StGB genannten Erhaltungsgüter (Leib, Leben, Freiheit) gerichteten *Nötigung*, obwohl der Tatmittler in diesen Fällen weiß, was er tut und von daher selbst unmittelbarer Täter ist. Nach dem Aufgreifen durch die Rechtsprechung des BGH in den so genannten Mauerschützenfällen (BGHSt 40, 218) hat sich auch die von *Roxin* (2000 a, S. 242 ff.; 2003, S. 46 ff.) entwickelte Fallgruppe mittelbarer Täterschaft aufgrund einer so genannten *Organisationsherrschaft* (Herzberg 2000, S. 7 ff.) etabliert. Hier erscheint der Tatmittler als Rädchen in einem „deliktsspezifisch rechtsgelösten" (Roxin 2000 b, S. 55) staatlichen Organisationssystem so lenk- und manipulierbar, dass ihn der Hintermann mit Hilfe der Organisationsherrschaft jederzeit steuern kann (zweifelnd Herzberg 2000, S. 39 ff.).

Liegt mittelbare Täterschaft vor, so ist der Hintermann so zu behandeln, als ob er selbst die Tat ausgeführt hätte.

### 2.2.6.2.3 Mittäterschaft, § 25 Abs. 2 StGB

§ 25 Abs. 2 StGB definiert die Mittäterschaft als das gemeinschaftliche Begehen der Straftat, worunter ein Handeln aller in bewusstem und gewolltem Zusammenwirken (RGSt 8, 42, 44; BGHSt 6, 249) aufgrund eines gemeinsamen Tatplans zu verstehen ist.

Der Tatplan muss auf die gemeinschaftliche Begehung „der Straftat" gerichtet sein. Es genügt daher nicht, dass sich die Täter entschließen, jeweils eine gesonderte Straftat zu begehen, z. B. unterschiedliche Opfer zu verprügeln (anders BGH StV 1997, 581 f mit kritischer Anm. Stein). Auch für *Exzesse* anderer Mittäter muss nicht gehaftet werden. Was nicht verabredet ist, braucht sich der Mittäter nicht zurechnen zu lassen. Im Unterschied zum *Gehilfen* (s. unten) will der Mittäter nicht fremdes Tun fördern, sondern sich im Gegenteil das fremde Tun zu eigen machen und er will keine untergeordnete Tätigkeit ausüben, sondern selbst bei einer Mitwirkung von geringerem Gewicht als *Gleichgeordneter* beteiligt sein (BGHSt 34, 125).

Die Mittäterschaft beruht auf dem Prinzip des *arbeitsteiligen Handelns* und der *funktionellen Rollenverteilung*. Ihr dogmatischer Zweck ist es, auch solche Handlungen allen Mittätern zuzurechnen, die sie nicht selbst begehen. Wie bei der mittelbaren Täterschaft gilt auch bei der Mittäterschaft, dass Mittäter nur sein kann, wer Täter sein kann. Täterschaftsbegründende Absichten müssen daher bei allen Mitwirkenden gegeben sein, damit Mittäterschaft angenommen werden kann.

Entsprechend dem Tatplan müssen die Mittäter auch gemeinsam die *Tatherrschaft* ausüben. Ein Mittäter muss daher zumindest an der Verwirklichung eines wesentlichen Teilstückes des Gesamtplans beteiligt sein (Jescheck u. Weigend 1996, S. 674 f.). Der Tatbeitrag muss zwischen Versuchsbeginn und materieller Beendigung liegen, jedoch nicht unbedingt am Tatort geleistet werden, wenn der abwesende Mittäter die Durchführung der Tat koordinieren und steuern kann (Roxin 2003, S. 82; Zieschang 1995, S. 377 ff.).

### 2.2.6.2.4 Anstiftung, § 26 StGB

Nach § 26 StGB wird als Anstifter gleich einem Täter bestraft, wer vorsätzlich einen anderen zu dessen *vorsätzlich begangener rechtswidriger Tat* bestimmt hat.

Der tatbestandsmäßige *Unwert* der Straftat in der Erscheinungsform der Anstiftung erfordert somit zunächst eine rechtswidrige und vorsätzliche tatbestandsmäßige Haupttat. Auch eine im *Versuchsstadium steckengebliebene* Tat kann Haupttat sein. Zu der Haupttat muss der Anstifter den Täter *bestimmt* haben, d. h. er muss den *Tatentschluss* (Vorsatz, eine tatbestandsmäßige Handlung zu begehen) hervorgerufen haben. Auch die *Bestärkung* eines noch nicht fest Entschlossenen stellt ein „Bestimmen" dar. Liegt hingegen bereits ein Entschluss vor (*omnimodo facturus*), ist kein Bestimmen gegeben.

Der Vorsatz des Anstifters als subjektives Element der tatbestandsmäßigen Anstiftung bezieht sich zum einen auf die Begehung einer vollendeten Haupttat, zum anderen auf das „Bestimmen" hierzu. In beiderlei Hinsicht genügt es, dass der Anstifter mit dolus eventualis handelt. Der Anstifter muss sich jedoch eine *bestimmte* (BGH NStZ 1986, 407; Roxin 1995, S. 131), in ihren wesentlichen Merkmalen oder Grundzügen konkretisierte (BGHSt 34, 66; ablehnend Roxin 1986, S. 908) Haupttat eines *bestimmten* Täters vorstellen. Zeit, Ort, Opfer sowie Einzelheiten der Tatbegehung müssen indessen nicht endgültig festgelegt sein (Jescheck u. Weigend 1996, S. 692 f.). Ein Verhalten des Haupttäters, das vom Vorsatz des Anstifters nicht umfasst ist (Haupttäterexzess), wird dem Anstifter nicht zugerechnet.

### 2.2.6.2.5 Beihilfe, § 27 StGB

Nach § 27 StGB wird als Gehilfe bestraft, wer vorsätzlich einem anderen zu dessen vorsätzlich begangener rechtswidriger Tat Hilfe geleistet hat. Die Strafe für den Gehilfen richtet sich nach der Strafdrohung für den Täter. Sie ist nach § 49 Abs. 1 StGB zu mildern.

Der tatbestandsmäßige *Unwert* der Straftat in der Erscheinungsform der Anstiftung gleicht hinsichtlich der rechtswidrigen und vorsätzlichen tatbestandsmäßigen Haupttat der Lage bei der Anstiftung. Jedoch besteht die Tathandlung in einem Hilfeleisten, d. h. einem *Fördern* der Haupttat, sei es *physisch* (der Gehilfe besorgt z. B. die Tatwaffe), sei es *psychisch* (der Gehilfe bestärkt den Haupttäter hinsichtlich des schon vorhandenen Tatentschlusses).

Die Beihilfehandlung kann vom Vorbereitungsstadium (BGHSt 43, 357) bis zur Beendigung (*sukzessive Beihilfe,* Lackner u. Kühl 2004, § 27 Rn 3) vorgenommen werden.

Nach herrschender Lehre ist es für das Hilfeleisten im Sinne von § 27 StGB erforderlich, dass die Handlung des Gehilfen für die Verwirklichung der Haupttat im Sinne einer Ermöglichung oder Erleichterung *kausal* geworden ist (Kühl 2005, S. 667 ff.; Roxin 2003, S. 192 f.). Die *Rechtsprechung* lässt es hingegen genügen, wenn die Beihilfehandlung die Haupttat in ihrer konkreten Gestalt *gefördert* hat, wenn sich z. B. der vom Gehilfen besorgte Nachschlüssel als ungeeignet zum Öffnen des Türschlosses erweist (RGSt 6, 169).

Der Vorsatz des Gehilfen ist auf die *Haupttat* und auf das *Hilfeleisten* hierzu ausgerichtet. Die Vorstellung des Gehilfen muss jedoch weniger konkret sein als im Fall der Anstiftung. Bei der Unterstützung im Vorbereitungsstadium braucht die Person des Haupttäters noch nicht festzustehen (BGH NJW 1982, 2454). Auch Opfer, Tatzeit und nähere Details der konkreten Begehungsweise müssen dem Gehilfen nicht bekannt sein. Es genügt, wenn der Gehilfe durch seine Handlung bewusst das Risiko erhöht, dass die Haupttat verübt wird. Ein Verhalten des Haupttäters, das vom Vorsatz des Gehilfen nicht umfasst ist (Haupttäterexzess), wird dem Gehilfen nicht zugerechnet.

### 2.2.6.3 Unterlassen

Unter den Straftatbeständen finden sich nur ganz wenige, die als so genannte *echte Unterlassungsdelikte* unmittelbar ein Unterlassen unter Strafe stellen, wie z. B. die unterlassene Hilfeleistung (§ 323 c StGB) oder die Nichtanzeige geplanter Straftaten (§ 138 StGB). Der Grund liegt darin, dass es dem Adressaten der Strafnorm weit eher zuzumuten ist, ein rechtswidriges Verhalten zu unterlassen als einen rechtswidrigen Erfolg durch aktives Tun abzuwenden.

Die Erscheinungsform des Unterlassungsdelikts wird jedoch nicht durch die echten, sondern durch die *unechten Unterlassungsdelikte* geprägt. Bei ihnen wird ein im Tatbestand eines Begehungsdelikts beschriebener Erfolg nicht auf ein Tun, sondern auf ein Unterlassen bezogen: A tötet den gelähmten B, indem er es unterlässt, ihn mit Nahrung zu versorgen. Weil § 212 StGB (Totschlag) ein aktives Tun beschreibt, ist das Verhalten des A nur dann tatbestandsmäßig, wenn es sich begründen lässt, dass es gerade die Pflicht des A war, den Tod des B durch Verabreichung von Nahrung zu vermeiden. Das Erfordernis dieser Pflicht ergibt sich aus § 13 StGB: „Wer es unterlässt, einen Erfolg abzuwenden, der zum Tatbestand eines Strafgesetzes gehört, ist nach diesem Gesetz nur dann strafbar, wenn er rechtlich dafür einzustehen hat, dass der Erfolg nicht eintritt, und wenn das Unterlassen der Verwirklichung des gesetzlichen Tatbestandes durch ein Tun entspricht."

Der *Unwert* eines unechten Unterlassungsdelikts setzt sich somit aus dem jeweiligen Tatbestand eines Erfolgsdelikts und den spezifischen Voraussetzungen in § 13 StGB zusammen: der *Garantenstellung* und der daraus folgenden *Garantenpflicht* des Unterlassenden und der Feststellung, dass die Verwirklichung des tatbestandlichen Unwertes durch Unterlassen derjenigen durch aktives Tun *entspricht* (sog. *Entsprechensformel*).

Bei den unechten Unterlassungsdelikten lässt § 13 Abs. 2 StGB eine Strafmilderung zu, weil der Schuldgehalt der tatbestandsmäßigen, rechtswidrigen und schuldhaften Begehung durch Unterlassen geringer ist als jene Begehung durch Tun.

### 2.2.6.3.1 Die unwertkonstituierenden Elemente des unechten Unterlassungsdelikts

**Unterlassen.** Die Unterscheidung zwischen Tun und Unterlassen ist von größter Bedeutung, weil die Strafbarkeit bei Annahme eines Unterlassens an zusätzliche Voraussetzungen geknüpft ist (Garantenstellung, Entsprechensformel) und dadurch eher Spielräume für eine Straffreiheit verbleiben. So ist es z. B. anerkannt, dass das Leben eines Menschen durch Unterlassen jedenfalls dann beendet werden darf, wenn mit an Sicherheit grenzender Wahrscheinlichkeit davon auszugehen ist, dass er nie mehr zum Bewusstsein kommen wird (sog. passive Sterbehilfe in Form des einseitigen Behandlungsabbruchs, Eser 2006, Vor § 211 Rn 29).

Ein Unterlassen liegt vor, wenn eine Veränderung der erlebten Wirklichkeit nicht verhindert wird, obwohl die Möglichkeit hierzu besteht, d. h. wenn man den Dingen „ihren Lauf lässt". Abgrenzungsprobleme entstehen dann, wenn ein Tun und ein Unterlassen zusammentreffen: Der Chirurg operiert mit einem nicht sterilisierten Skalpell, der behandelnde Arzt ordnet an, dass eine schwer kranke Patientin zukünftig keine Sondennahrung mehr erhält (BGHSt 40, 257), der Arzt unterlässt die Fortsetzung der Beatmung durch Abschalten des Respirators. Als Kriterien für die Abgrenzung zwischen Tun und Unterlassen (vgl. Jescheck u. Weigend 1996, S. 601 ff.; Kargl 1999, S. 459 ff.) werden in diesen Fällen der *Schwerpunkt der Vorwerfbarkeit* oder der *soziale Sinn* des Verhaltens genannt (Schmidt 1939, S. 160 ff.; Geilen 1968, S. 151). Verbreitet wird auch von einem Tun als *Regelfall* ausgegangen und nur in *Ausnahme*fällen ein Unterlassen angenommen (Jescheck u. Weigend 1996, S. 203). Der subsidiäre Rückgriff auf ein Unterlassen überzeugt insoweit, als eine freiheitliche Rechtsordnung Strafe in der Regel an ein Tun, nicht aber an ein Unterlassen anknüpft. Nur wenn der Täter für das aktive Tun nicht verantwortlich gemacht werden kann, weil er etwa gerechtfertigt oder entschuldigt ist, kommt eine Anknüpfung an ein Unterlassen in Frage (ebd. S. 603 f.).

Trotz dieser primären Anknüpfung an das Tun gibt es Fälle, in denen selbst ein solches Tun als ein Unterlassen zu *bewerten* ist. Betroffen sind Sachlagen, in denen ein Zustand durch fortwährende Aktivitäten aufrechterhalten wird. Zu nennen sind hier vor allem *Rettungshandlungen zugunsten Dritter*. Hier kommt es darauf an, ob die Rettungshandlungen einen Zustand herbeigeführt haben, der einen positiven Verlauf erwarten lässt. In diesem Stadium ist die Verhinderung der Rettungsbemühungen als aktives Tun, anderenfalls als Unterlassen zu bewerten. Zweifelhaft ist, ob diese Unterscheidung auch auf Fälle von *Sterbehilfe* angewandt werden kann, in denen schwerkranke Patienten auf Hilfe verzichten und den behandelnden

Arzt aus seiner Garantenstellung entlassen, indem sie um das Abschalten des Beatmungsgerätes bitten (LG Ravensburg JZ 1988, 207, 208). Die überwiegende Meinung bewertet dies als Unterlassen.

**Garantenstellung.** Die Garantenstellung dient dazu, den beim Tatobjekt eingetretenen Erfolg einem bestimmten Unterlassenden *zuzurechnen*. Aus der Garantenstellung folgt die Garanten*pflicht* als rechtliche Erfolgsabwendungspflicht. Die Garantenpflicht bildet als *Handlungspflicht* den normtheoretischen Hintergrund der unechten Unterlassungsdelikte und entspricht damit der *Unterlassungspflicht* bei den Begehungsdelikten (Gropp 2005, S. 411; Albrecht 1998, S. 19).

Der „*klassische*" Ansatz leitet die Garantenstellungen aus *rechtlichen* bzw. *tatsächlichen* Gegebenheiten her: aus einer gesetzlichen Verpflichtung (z. B. die Pflicht der Eltern zur Personensorge für die Kinder, §§ 1626, 1631 BGB), aus einem Vertrag (Verpflichtung eines Bergführers für eine gefährliche Klettertour), aus einem vorangegangenen pflichtwidrigen gefährlichen Verhalten, so genannter *Ingerenz* (z. B. Verletzung eines Dritten durch einen Verkehrsunfall), sowie aus *engen persönlichen Beziehungen*, die gerade zum Zweck des gemeinsamen Durchstehens riskanter Situationen begründet worden sind (z. B. Teilnahme an einer gefährlichen Polarexpedition). Ein *rechtmäßiges* Vorverhalten – etwa durch Wahrnehmung zulässiger Verteidigungsmittel im Strafverfahren – kann eine Garantenstellung hingegen nicht begründen (Meurer u. Kahle 1993, L 11 ff.; Brammsen 1994, S. 135 ff.; Scheffler 1993, S. 341 ff.; Seebode 1993, S. 83 ff.; aA LG Münster StV 1994, 134).

Ein zweiter Ansatz hebt auf die *Funktion* der Garantenstellungen ab und unterscheidet zwischen *Beschützer*- und *Überwachungs*garanten. Der Beschützergarant ist dafür verantwortlich, dass an dem zu schützenden Gut kein Schaden eintritt (z. B. Schutz der Kinder durch die Eltern). Auch Amtsträgern können Beschützergaranten sein, wenn der Schutz der betroffenen Interessen zu ihrem Aufgabenbereich gehört, so z. B. Mitarbeiter von kommunalen Jugendämtern und Sozialdiensten (OLG Stuttgart NJW 1998, 3131; OLG Oldenburg NStZ 1997, 238) bezüglich vorhersehbarer vorsätzlicher Misshandlungen von Kindern durch die Mutter oder Polizeibeamte bezüglich strafrechtlich geschützter Güter Dritter (BGH NStZ 2000, 147; vgl. auch Pawlik 1999, S. 335 ff.).

Der *Überwachungsgarant* hat dafür zu sorgen, dass die von ihm eröffnete Gefahr nicht zu Schäden führt (der Führer des KFZ ist für die Betriebssicherheit verantwortlich). Eine Garantenstellung als Grundlage für eine *Haftung für fremdes Handeln* liegt im Rahmen von Autoritäts- und Aufsichtsstellungen vor, die gerade die Minimierung von Gefahren bezwecken, die von den Beaufsichtigten ausgehen. Typische Garanten sind insoweit die Eltern bezüglich der minderjährigen Kinder, Lehrer bezüglich der minderjährigen Schüler im Schulbereich (Jescheck u. Weigend 1996, S. 628), aber auch die Aufsichtspersonen bezüglich der Patienten einer psychiatrischen Klinik.

Hinsichtlich der *Beteiligungsverhältnisse* kann als grobe Leitlinie gelten, dass der Beschützergarant in der Regel *Täter* durch Unterlassen ist, während der Überwachungsgarant in der Regel *Gehilfe* ist, wenn er Straftaten der zu überwachenden Personen zulässt.

Beide Ansätze zur Herleitung der Garantenstellung schließen sich nicht aus, sondern ergänzen sich.

**Erfolg und Quasikausalität.** Hinsichtlich des zu vermeidenden Erfolgs bestehen keine Unterschiede zwischen den Begehungsdelikten und den unechten Unterlassungsdelikten. Jedoch wird die „Verhinderungskausalität" in eine Formel gekleidet, welche eine *Umkehrung* der Condicio-sine-qua-non-Formel darstellt:

Ein Unterlassen ist dann ursächlich (quasikausal), wenn „die unterlassene, d. h. *die für die Abwendung des Erfolges erforderliche Handlung* nicht hinzugedacht werden kann, ohne dass der Erfolg mit an Sicherheit grenzender Wahrscheinlichkeit entfiele (RGSt 58, 131; BGH NJW 1987, 2940; Gropp 2005, S. 429). Lässt sich nicht nachweisen, dass die unterlassene Handlung den Erfolg mit an Sicherheit grenzender Wahrscheinlichkeit hätte entfallen lassen, verneint die Rechtsprechung eine Quasikausalität *in dubio pro reo* (Jescheck u. Weigend 1996, S. 619 mwN; differenzierend Kahlo 1990, S. 319 ff.).

**Die Entsprechensformel, § 13 StGB.** Um strafbar zu sein, muss die Unwertverwirklichung durch Unterlassen der Unwertverwirklichung durch Tun entsprechen. Von Bedeutung ist die Entsprechensformel für die Tathandlungen der so genannten „verhaltensgebundenen" Delikte: das Täuschen beim Betrug, das Nötigen durch Gewalt oder Drohung mit einem empfindlichen Übel bei der Nötigung, das heimtückische Töten beim Mord oder die Benutzung eines gefährlichen Werkzeugs bei der gefährlichen Körperverletzung. Nähere Kriterien pro oder contra Handlungsäquivalenz sind bisher jedoch noch nicht abschließend entwickelt worden.

Der zweite Gesichtspunkt der Handlungsäquivalenz bezieht sich auf den *Garanten*: Es wird gefragt, *in wessen Sphäre* das durch das Unterlassen bewirkte Verhalten fällt. Handelt es sich um den Fall eines Beschützergaranten, so wird ihm die verbrecherische Handlungsintensität eines Angreifers nicht zugerechnet. Der Überwachungsgarant ist hingegen für den aus seiner „Gefahrenquelle" herrührenden Handlungsunwert zuständig (Stree 2006, § 13 Rn 4).

**Subjektive Elemente der Tatbestandsmäßigkeit.** Auch beim Unterlassungsdelikt spielen Absichten und Motive eine das Unrecht der Tat gestaltende Rolle. Man denke etwa an die Zueignungsabsicht beim Diebstahl oder die Verdeckungsabsicht beim Mord. Im Übrigen ist *Vorsatz* hinsichtlich aller objektiven Tatbestandsmerkmale erforderlich (Gropp 2005, S. 433).

### 2.2.6.3.2 Unzumutbarkeit des Handelns als Rechtfertigungsgrund

Insofern wird ganz überwiegend vertreten, dass die Unzumutbarkeit der Erfolgsverhinderung die Pflicht zum Tun begrenze und damit die *Tatbestandsmäßigkeit* des Unterlassens entfallen lasse (Stree 2006, Vor § 13 Rn 155; BGH NStZ 1994, 29; NStZ 1997, 545).

Der herrschenden Meinung ist zunächst durchaus zuzustimmen, wenn eine Handlungspflicht jenseits der Opfergrenze infolge Unzumutbarkeit verneint wird (BGH NStZ 1994, 29). Systematisch betrifft die Handlungspflicht aber das *Gebotensein insgesamt* und nicht nur den Tatbestand als Unwertbeschreibung. Die Verneinung der Handlungspflicht ist damit ebenso eine Frage der Rechtswidrigkeit/Rechtfertigung wie die Verneinung der Unterlassungspflicht z. B. im Fall der Notwehr oder des rechtfertigenden Notstandes. Die Entpflichtung des Unterlassenden vom Tun erfolgt auf Rechtswidrigkeitsebene. Er hat ein *Recht zum Unterlassen*, sein Unterlassen ist *gerechtfertigt* (Gropp 2005, S. 423 f.).

### 2.2.6.4 Fahrlässigkeit

#### 2.2.6.4.1 Der tatbestandliche Unwert des Fahrlässigkeitsdelikts

Bezüglich der objektiven Elemente Tun/Unterlassen, Erfolg und Kausalität stimmt der tatbestandliche Unwert des Fahrlässigkeitsdelikts mit dem des vorsätzlich begangenen Delikts überein (Roxin 2006, S. 1097).

Darüber hinaus verlangt das Gesetz jedoch – z. B. in § 222 StGB – eine Herbeiführung des Erfolgs *durch Fahrlässigkeit*. Das Fahrlässigkeitsdelikt weist deshalb einen zusätzlichen *spezifischen Unwertgehalt* auf (Schroeder 1992, § 15 Rn 12). Dieser besteht nach der herrschenden Meinung im Wesentlichen aus drei objektiv zu beurteilenden Komponenten: der *Verletzung einer Sorgfaltspflicht*, im Fall des Erfolgsdelikts ergänzt durch die *Vorhersehbarkeit* des Erfolgseintritts und die *Vermeidbarkeit* des Erfolgs bei Erfüllung der Sorgfaltspflicht.

Im Falle der *unbewussten Fahrlässigkeit* (negligentia) denkt der Täter zum Tatzeitpunkt gar nicht daran, dass er einen Straftatbestand verwirklichen könnte. Bei der *bewussten Fahrlässigkeit* (luxuria) hingegen ist sich der Täter der Möglichkeit der Tatbestandsverwirklichung bewusst. Dennoch vertraut er darauf, dass der Tatbestand nicht verwirklicht wird. Er *will* diese Verwirklichung *nicht*. Die Frage, ob er auch dann gehandelt hätte, wenn er gewusst hätte, dass der Erfolg eintreten würde, würde er verneinen. Jenes Fehlen eines voluntativen Elementes unterscheidet die bewusste Fahrlässigkeit vom Eventualvorsatz.

Soweit ein Straftatbestand *Leichtfertigkeit* verlangt (z. B. § 251 StGB bezüglich der tödlichen Folge), ist darunter ein zur „Grobheit" gesteigertes Maß an Fahrlässigkeit zu verstehen. Es wird desto eher angenommen, je leichter die Erfolgsherbeiführung vermeidbar gewesen wäre (BGHSt 43, 245 ff.; Jakobs 1991, S. 326 f.).

#### Die Verletzung einer Sorgfaltspflicht (äußere Sorgfalt)

Die Sorgfaltspflichten, deren Verletzung die Fahrlässigkeit begründet, werden in die folgenden – nicht als abschließend zu verstehenden – Fallgruppen eingeteilt (Jescheck u. Weigend 1996, S. 580 ff.; Lackner u. Kühl 2004, § 15 Rn 37 ff.):

- *Sorgfaltspflichten aus Rechtsnormen,* z. B. dem allgemeinen Rücksichtnahmegebot in § 1 der Straßenverkehrsordnung (StVO);
- *Sorgfaltspflichten aus Normen des Verkehrskreises (Vorsorgepflichten)* wie z. B. Unfallverhütungsvorschriften (Beispiele bei Roxin 2006, S. 1068 f.);
- *Prüfungspflichten bei Übernahme riskanter Tätigkeit („Übernahme-Fahrlässigkeit"* (Gropp 2005, S. 449), z. b. die Pflicht zur Überprüfung, ob das Krankenhaus überhaupt über die für die Durchführung einer Therapie erforderlichen Einrichtungen verfügt.
- *Kontroll- und Überwachungspflichten,* z. B. die Überprüfung am Ende einer Operation, dass alle Teile des Operationsbestecks vollständig vorhanden und nicht im Körper des Patienten verblieben sind (vgl. Rouxhakenfall BGH NJW 1955, 1487/links). Kontroll- und Überwachungspflichten entstehen vor allem auch dann, wenn Tätigkeiten auf untergeordnete Dritte übertragen werden. Sie beziehen sich auf die *Auswahl* einer fachlich und persönlich geeigneten Person sowie auf deren *Anleitung* und *Überwachung.*
- *Erkundigungspflichten,* z. B. im Rahmen der Anamnese (vgl. den Zahnarztfall BGHSt 21, 59).

Nach herrschender Meinung ist das Vorliegen der unrechtsbezogenen Sorgfaltspflichtverletzung anhand des *objektiv-generalisierenden* Maßstabes in § 276 Abs. 1 S. 2 BGB festzustellen: Fahrlässig handelt danach, wer „die im Verkehr erforderliche Sorgfalt außer acht lässt", d. h. die Verkehrsgepflogenheiten der gewissenhaften und verständigen Angehörigen des Verkehrskreises (BGH JZ 1987, 877; Cramer u. Sternberg-Lieben 2001, § 15 Rn 133, 138 ff.; Jescheck u. Weigend 1996, S. 578 f.; zur Argumentation mit Maßstabsfiguren Schmoller 1990, S. 631 ff.) nicht beachtet. *Sonderwissen* und *Sonderfähigkeiten* müssen eingesetzt werden (Roxin 2006, S. 1083 ff.; Cramer u. Sternberg-Lieben 2006, § 15 Rn 149 ff.).

Eine Sorgfaltspflicht wird in bestimmten Lebensbereichen verneint, in denen sich der Betroffene auf die Rechtstreue Dritter soll verlassen dürfen (sog. *Vertrauensgrundsatz*). Zu diesen Bereichen gehören
- der *Straßenverkehr;* der *Vorfahrtberechtigte* darf grundsätzlich darauf vertrauen, dass der *Wartepflichtige* anhält, und muss seine Geschwindigkeit nicht mit Rücksicht auf den Wartepflichtigen reduzieren, vgl. den *Vorfahrtfall* BGHSt 7, 118;
- das *arbeitsteilige Zusammenwirken unter Gleichgeordneten,* z. B. einer *Gemeinschaftspraxis* BGHSt 43, 306, 310.

## Objektive Vorhersehbarkeit und Vermeidbarkeit des Erfolgs (innere Sorgfalt)

Nach herrschender Lehre und Rechtsprechung (die auch Fragen der allgemeinen Vorhersehbarkeit und Vermeidbarkeit freilich vollständig als Voraussetzung schuldhaften fahrlässigen Handelns erörtert, OLG Stuttgart JZ 1980, 620) soll man nur für das verantwortlich sein, was man als durchschnittlicher Angehöriger des Verkehrskreises vorhersehen und vermeiden kann (innere Sorgfalt, Kaminski 1992, S. 38 ff.). Allerdings müssen auch hier Sonderwissen und -fähigkeiten eingesetzt werden. Neben dem Erfolg muss auch der Kausalverlauf in seinen *wesentlichen Zügen* vorhersehbar sein (vgl. den *Hirnödem*fall, OLG Stuttgart JZ 1980, 618).

## Beruhen des Erfolgs auf der Verletzung der Sorgfaltspflicht (Pflichtwidrigkeitszusammenhang)

Der Erfolg muss *durch Fahrlässigkeit* (vgl. den Wortlaut von § 222 StGB) verursacht worden sein. Deshalb kann auch ein sorgfaltswidriges Verhalten, welches für den vorhersehbaren Erfolg Condicio sine qua non ist, eine Haftung wegen Fahrlässigkeit nicht begründen, wenn der Erfolg nicht speziell *auf der Verletzung der Sorgfaltspflicht* beruht, d.h. wenn der Erfolg auch bei sorgfältigem Verhalten eingetreten wäre. Denn hier fehlt der *Zusammenhang* zwischen Sorgfaltspflichtverletzung und Erfolg (*Pflichtwidrigkeitszusammenhang*).

Ist das Entfallen des Erfolgs bei pflichtgemäßem Verhalten zweifelhaft, nimmt die herrschende Meinung (BGHSt 11, 1; Weber 2003, S. 541; Jakobs 1991, S. 237; Schroeder 1994, § 16 Rn 190) in dubio pro reo ein Fehlen des Pflichtwidrigkeitszusammenhangs an. Die so genannte *Risikoerhöhungslehre* (Roxin 2006, S. 392 ff.) stellt hingegen darauf ab, ob der Täter durch sein Verhalten ein *erhöhtes Risiko* für das Angriffsobjekt geschaffen habe. Dies reiche hin, um ihn für den Erfolg verantwortlich zu machen. Bedenklich erscheint dies jedoch im Hinblick auf den *Wortlaut* des Gesetzes, z.B. des § 222 StGB. Denn „durch Fahrlässigkeit" wird der Tod eines Menschen nur verursacht, wenn *ohne ernstliche Zweifel* feststeht, dass der Tod bei sorgfältigem Vorgehen nicht eingetreten wäre.

## Überlegungen zu einem gefahrbezogenen individuellen Fahrlässigkeitsbegriff

Da – außer im Falle eines Unterlassungsdelikts – niemand zum Handeln bei Vermeidung von Strafe verpflichtet ist, besteht genau besehen auch keine *Pflicht*, sorgfältig zu handeln, sondern nur die Pflicht, sorgfaltswidriges Verhalten *zu unterlassen*. Die Erfüllung einer Sorgfaltspflicht wird von den Fahrlässigkeitstatbeständen normtheoretisch somit gar nicht gefordert (vgl. Jakobs 1991, S. 319; Schöne 1986, S. 652 f.). Da es Sinn der Sorgfaltspflichten ist, Gefährdungen zu vermeiden, lässt sich der Unwert des Fahrlässigkeitsdelikts anstatt durch die Verletzung einer Sorgfaltspflicht bruchlos als *Verwirklichung einer über das generell tolerierte Maß hinausgehenden Gefahr* beschreiben (Gropp 2005, S. 462; vgl. auch Roxin 2006, S. 1067 ff.; Schöne 1977, S. 150 ff.).

Wie oben erwähnt, legt die herrschende Meinung an die Vorhersehbarkeit und Vermeidbarkeit einen objektiven Maßstab an und stellt damit die Sicherheit des Rechtsverkehrs in den Vordergrund. Freilich vermag dann die Forderung, Sonderwissen und -fähigkeiten einzusetzen, nicht vollends zu überzeugen. Nach einer vorzugswürdigen Mindermeinung (Jakobs 1991,

S. 320 ff.; Stratenwerth 1985, S. 285 ff.) beurteilt sich das Vorliegen fahrlässigen Handelns daher – wie beim Vorsatzdelikt – nach *individuellen* Kriterien. Vorhersehbarkeit und Vermeidbarkeit sind danach an den individuellen Gegebenheiten auszurichten. Für die Vorhersehbarkeit und Vermeidbarkeit ist es somit notwendig, aber auch hinreichend, dass *der Täter* die der erhöhten Gefahrschaffung zugrunde liegenden Tatsachen erkennen *kann*. Anderenfalls ist die Tatbestandserfüllung nicht vorhersehbar.

Da auch nach der objektiven Lehre Sonderwissen und Sonderfähigkeiten eingesetzt werden müssen, reduziert sich der Unterschied zwischen dem objektiven und dem individuellen Fahrlässigkeitsbegriff auf die wenigen Fälle, in denen nach dem individuellen Fahrlässigkeitsbegriff unterdurchschnittliche Fähigkeiten den personalen Handlungsunwert mindern oder ausschließen: Wer aufgrund unterdurchschnittlicher Fähigkeiten nicht vorhersehen kann, verwirklicht schon nicht den Unwert des Fahrlässigkeitsdelikts. Aus strafrechtlicher Sicht ist dies angemessen. Für das Zivilrecht mögen andere Maßstäbe sachgerecht sein (Gropp 2005, S. 466).

### 2.2.6.4.2 Rechtswidrigkeit und Rechtmäßigkeit des Fahrlässigkeitsdelikts

Wie beim Vorsatzdelikt gilt auch beim Fahrlässigkeitsdelikt, dass die Tatbestandsmäßigkeit einen strafrechtserheblichen Unwert *zu erkennen* (ratio cognoscendi) gibt. Ob dieser Unwert auch Unrecht ist, ergibt sich aus der Prüfung, ob Rechtfertigungsgründe eingreifen.

Ist eine rechtfertigende Situation gegeben, spielen Fahrlässigkeitsdelikte dann eine Rolle, wenn es in Wahrnehmung des Rechtfertigungsgrundes zu ungewollten Schäden kommt: A wird von B angegriffen. Er zieht einen Revolver, um einen Warnschuss abzugeben. Jedoch trifft der Schuss den B in den Oberschenkel (OLG Hamm NJW 1962, 1169). Das Gericht stellt fest, dass angesichts der Umstände sogar ein gezielter Schuss im Sinne der Notwehr in § 32 Abs. 2 StGB „erforderlich" gewesen wäre. In Fällen dieser Art ist der Täter gerechtfertigt. Denn immerhin weiß er, dass er in einer rechtfertigenden Situation handelt.

Im Falle der *Notwehr* genügt nach herrschender Meinung ein genereller Verteidigungswille für die Rechtfertigung (Eser 1980, S. 23 f.; Gössel 1989, S. 153 f.). Bei bewusster Fahrlässigkeit wird man davon in der Regel ausgehen können. Gleiches gilt aber auch bei unbewusster Fahrlässigkeit. Denn unbewusst ist insoweit nur die ungewollte Folge, nicht hingegen die rechtfertigende Situation.

Liegt *rechtfertigender Notstand*, § 34 StGB, vor (Arzt A unternimmt eine dringend erforderliche fahrlässige Trunkenheitsfahrt, um eine Patientin mit Herzinfarkt zu versorgen) tritt eine Rechtfertigung wie beim Vorsatzdelikt nach § 34 StGB dann ein, wenn keine andere Rettungsmöglichkeit gegeben ist und das Erhaltungsinteresse (Leben) das Eingriffsinteresse (Verkehrssicherheit) wesentlich überwiegt. Bezüglich des subjektiven Rechtfertigungselementes würde es hinreichen, dass der Täter in Kenntnis der rechtfertigenden Situation handelt.

Im Bereich der *Einwilligung* in unvorsätzlich herbeigeführte Tatbestandsverwirklichungen bedarf die Frage der besonderen Aufmerksamkeit, was Gegenstand der Einwilligung ist. So wird es viele Fälle geben, in denen das Opfer *nicht in den Erfolg*, sondern *nur in die Gefährdung* seiner Interessen einwilligt. In diesen Fällen kann auf die Einwilligung als Rechtfertigungsgrund für fahrlässig herbeigeführte Erfolge nicht zurückgegriffen werden (Lackner u. Kühl 2004, § 228 Rn 1).

### 2.2.6.4.3 Schuldhaftigkeit

Im Rahmen der Schuldhaftigkeit der fahrlässigen Straftat spielen zunächst die von der vorsätzlichen Straftat her bekannten Schuldausschließungs- und Entschuldigungsgründe eine Rolle. Darüber hinaus gelten aber Besonderheiten:

Nach herrschender Meinung soll auch die *Unzumutbarkeit pflichtgemäßen Verhaltens* beim Fahrlässigkeitsdelikt einen (übergesetzlichen) Entschuldigungsgrund in Analogie zum entschuldigenden Notstand (§ 35 StGB darstellen, vgl. den *Leinenfänger*fall RGSt 30, 25). Die Analogie wird darin gesehen, dass wie in § 35 StGB eine Unrechtsminderung in Form der Wahrung eines Erhaltungsinteresses vorliegt und der Täter unter Motivationsdruck gehandelt hat (Roxin 2006, S. 1106 f.). Ähnliches soll für Fälle gelten, in denen die Schuld des Angeklagten nicht infolge einer Unrechtsminderung, sondern aus Gründen vermindert erscheint, welche in der Psyche des Täters liegen, so im Rahmen von Schock- und Paniksituationen (Roxin 2006, S. 1107 f.).

Als Gegenstück zur objektiven Vorhersehbarkeit und Vermeidbarkeit als Elemente der Tatbestandsmäßigkeit sieht die herrschende Meinung die *individuelle Vorhersehbarkeit und Vermeidbarkeit* als zusätzliche Elemente der Schuldhaftigkeit (Jescheck u. Weigend 1996, S. 594 ff.; Kühl 2005, S. 496 f.). Aber auch soweit die *individuelle* Vorhersehbarkeit und Vermeidbarkeit als Elemente der Tatbestandsmäßigkeit gesehen werden, hindert dies nicht daran, diese Elemente auch innerhalb der Schuldhaftigkeit als Kriterien bei der Frage heranzuziehen, inwieweit dem Täter sein Verhalten vorgeworfen werden kann.

## Literatur

Achenbach H (1990) Die Sanktionen gegen die Unternehmensdelinquenz im Umbruch. JuS 30:601–608

Albrecht D (1998) Begründung von Garantenstellungen in familiären und familienähnlichen Beziehungen. Heymanns, Köln

Amelung K (1982) Das Problem der heimlichen Notwehr gegen die erpresserische Androhung kompromittierender Enthüllungen. Goltdammer's Archiv 129:381–403

Amelung K (1997) Willensmängel bei der Einwilligung als Tatzurechnungsproblem. ZStW 109:490–518

Amelung K (1998) Irrtum und Täuschung als Grundlage von Willensmängeln bei der Einwilligung des Verletzten. Duncker & Humblot, Berlin

Amelung K (1999) Anmerkung zu BayObLG NStZ 1999, 458. NStZ 19:458–460
Arzt G (1970) Willensmängel bei der Einwilligung. Athenäum, Frankfurt am Main
Baumann J (1989) Hat oder hatte der Handlungsbegriff eine Funktion? In: Dornseifer G (Hrsg) Gedächtnisschrift für Armin Kaufmann. Heymanns, Köln, S 181–188
Behrendt HJ (1979) Die Unterlassung im Strafrecht: Entwurf eines negativen Handlungsbegriffs auf psychoanalytischer Grundlage. Nomos, Baden-Baden
Beling E (1906) Die Lehre vom Verbrechen. Mohr, Tübingen
Beulke W (1999) Züchtigungsrecht – Erziehungsrecht – strafrechtliche Konsequenzen der Neufassung des § 1631 Abs. 2 StGB. In: Ebert U, Rieß P, Roxin C, Wahle E (Hrsg) Festschrift für EW Hanack zum 70. Geburtstag am 30. August 1999. De Gruyter, Berlin New York, S 539–552
Bloy R (1976) Die dogmatische Bedeutung der Strafausschließungs- und Strafaufhebungsgründe. Duncker & Humblot, Berlin Hamburg (Diss)
Brammsen J (1994) Anmerkung zu LG Münster StV 1994, 134–135. StV 14:135–140
Burkhardt B (1976) Das Zweckmoment im Schuldbegriff. Goltdammer's Archiv 123:321–341
Cramer P, Sternberg-Lieben D (2006) Kommentierung des § 15 StGB. In: Schönke A, Schröder H (Hrsg) Strafgesetzbuch Kommentar, 27. Aufl. Beck, München, S 254–349
Dannecker G (1996) Stichwort: „Juristische Personen und Personenvereinigungen". In: Ulsamer G (Hrsg) Lexikon des Rechts. Strafrecht und Strafverfahrensrecht, 2. Aufl. Luchterhand, Neuwied
Dohna A Graf zu (1911) Zum neuesten Stande der Schuldlehre. ZStW 32:323–338
Dohna A Graf zu (1950) Der Aufbau der Verbrechenslehre, 4. Aufl. Röhrscheid, Bonn
Dohna A Graf zu (1954) Ein unausrottbares Missverständnis. ZStW 66:505–514
Dreher E (1987) Die Willensfreiheit: ein zentrales Problem mit vielen Seiten. Beck, München
Ebert U (2001) Strafrecht Allgemeiner Teil, 3. Aufl. Müller, Heidelberg
Engisch K (1942) Zur Idee der Täterschuld. ZStW 61:166–177
Engisch K (1958) Tatbestandsirrtum und Verbotsirrtum bei Rechtfertigungsgründen. Kritische Betrachtungen zu den §§ 19 und 40 des Entwurfs 1958. ZStW 70:566–615
Engisch K (1960) Der Unrechtstatbestand im Strafrecht. Eine kritische Betrachtung zum heutigen Stand der Lehre von der Rechtswidrigkeit im Strafrecht. In: Caemmerer E von, Friesenhahn E, Lange R (Hrsg) Hundert Jahre deutsches Rechtsleben. Festschrift zum hundertjährigen Bestehen des Deutschen Juristentages 1860–1960, Bd 1. Müller, Karlsruhe, S 401–437
Eser A (1980) Juristischer Studienkurs. Strafrecht II. Schwerpunkte: Fahrlässigkeit, Unterlassung, Versuch, Tatbeteiligung, Konkurrenzen, 3. Aufl. Beck, München
Eser A (2006) Kommentierung vor § 211 StGB. In: Schönke A, Schröder H (Hrsg) Strafgesetzbuch Kommentar, 27. Aufl. Beck, München, S 1768–1791
Eser A, Burkhardt B (1992) Juristischer Studienkurs. Strafrecht I. Allgemeine Verbrechenselemente, 4. Aufl. Beck, München
Frank R (1907) Über den Aufbau des Schuldbegriffs. In: Frank R (Hrsg) Festschrift für die juristische Fakultät in Giessen zum Universitäts-Jubiläum. Alfred Töpelmann (vormals J Ricker), Gießen, S 519–547
Frisch W (1992a) Selbstgefährdung im Strafrecht, Teil 1. NStZ 12:1–7
Frisch W (1992b) Selbstgefährdung im Strafrecht, Teil 2. NStZ 12:62–67
Frisch W (1999) Zum Unrecht der sittenwidrigen Körperverletzung (§ 228 StGB). In: Weigend T, Küpper G (Hrsg) Festschrift für HJ Hirsch zum 70. Geburtstag am 11. April 1999. De Gruyter, Berlin New York, S 485–506
Frister H (1993) Die Struktur des „voluntativen Schuldelements": zugleich eine Analyse des Verhältnisses von Schuld und positiver Generalprävention. Duncker & Humblot, Berlin
Gallas W (1979) Zur Struktur des strafrechtlichen Unrechtsbegriffs. In: Kaufmann A, Bemmann G, Krauss D, Volk K (Hrsg) Festschrift für P Bockelmann zum 70. Geburtstag am 7. Dezember 1978. Beck, München, S 155–179
Geilen G (1968) Neue juristisch-medizinische Grenzprobleme. JZ 23:145–152
Geppert K (1986) Zur Abgrenzung von bedingtem Vorsatz und bewusster Fahrlässigkeit. JurA 8:610–613

Goldschmidt J (1913) Der Notstand – ein Schuldproblem. Mit Rücksicht auf die Strafgesetzentwürfe Deutschlands, Österreichs und der Schweiz. Sonderabdruck aus der „Österreichischen Zeitschrift für Strafrecht", Jahrgang 1913, 3. und 4. Heft. Manzsche k.u.k. Hof-, Verlags- und Universitätsbuchhandlung, Wien

Gössel KH (1989) Die Erscheinungsformen des Verbrechens. In: Maurach R, Gössel KH, Zipf H (Hrsg) Strafrecht Allgemeiner Teil, Teilband 2 Erscheinungsformen des Verbrechens oder Rechtsfolgen der Tat, 7. Aufl. Müller, Heidelberg, S 1–478

Gropp W (1998) Der Zufall als Merkmal der aberratio ictus. In: Eser A, Schittenhelm U, Schumann H (Hrsg) Festschrift für T Lenckner zum 70. Geburtstag. Beck, München, S 55–68

Gropp W (1999) Der Diebstahlstatbestand unter besonderer Berücksichtigung der Regelbeispiele. JuS 39:1041–1051

Gropp W (2005) Strafrecht Allgemeiner Teil, 3. Aufl. Springer, Berlin Heidelberg

Hake M (1994) Beteiligtenstrafbarkeit und „besondere persönliche Merkmale". Ein Beitrag zur Harmonisierung des § 28 StGB. Duncker & Humblot, Berlin

Hassemer W (2003) Kommentierung vor § 1 StGB. In: Nomos-Kommentar zum Strafgesetzbuch. Gesamtredaktion: Neumann U, Puppe I, Schild W, 1. Aufl. 1995, Stand: März 2003. Nomos, Baden-Baden

Heine G (1995) Die strafrechtliche Verantwortlichkeit von Unternehmen: von individuellem Fehlverhalten zu kollektiven Fehlentwicklungen, insbesondere bei Großrisiken. Nomos, Baden-Baden

Heine G (1996) Die strafrechtliche Verantwortlichkeit von Unternehmen: internationale Entwicklung – nationale Konsequenzen. ÖJZ 51:211–219

Herzberg RD (1972) Die Unterlassung im Strafrecht und das Garantenprinzip. De Gruyter, Berlin New York

Herzberg RD (1988) Das Wollen beim Vorsatzdelikt und dessen Unterscheidung vom bewusst fahrlässigen Verhalten, Teil 1. JZ 43:573–579

Herzberg RD (1996) Gedanken zum strafrechtlichen Handlungsbegriff und zur „vortatbestandlichen" Deliktsverneinung. Goltdammer's Archiv 143:1–18

Herzberg RD (2000) Mittelbare Täterschaft und Anstiftung in formalen Organisationen. In: Amelung K (Hrsg) Individuelle Verantwortung und Beteiligungsverhältnisse bei Straftaten in bürokratischen Organisationen des Staates, der Wirtschaft und der Gesellschaft. Pro Universitate, Sinzheim, S 33–53

Hirsch HJ (1960) Die Lehre von den negativen Tatbestandsmerkmalen. Röhrscheid, Bonn

Hirsch HJ (1981) Der Streit um Handlungs- und Unrechtslehre, insbesondere im Spiegel der Zeitschrift für die gesamte Strafrechtswissenschaft, Teil I. ZStW 93:831–863

Hirsch HJ (1982) Der Streit um Handlungs- und Unrechtslehre, insbesondere im Spiegel der Zeitschrift für die gesamte Strafrechtswissenschaft, Teil II. ZStW 94:239–278

Hirsch HJ (1988) Die Entwicklung der Strafrechtsdogmatik nach Welzel. In: Rechtswissenschaftliche Fakultät Köln (Hrsg) Festschrift der Rechtswissenschaftlichen Fakultät zur 600-Jahr-Feier der Universität zu Köln. Heymanns, Köln, S 399–427

Hirsch HJ (1992, 2000) Kommentierung vor § 32 und der §§ 35 und 227 StGB. In: Jähnke B, Laufhütte HW, Odersky W (Hrsg) Leipziger Kommentar Strafgesetzbuch, 11. Aufl. De Gruyter, Berlin New York

Hirsch HJ (1993) Die Frage der Straffähigkeit von Personenverbänden. Westdeutscher Verlag, Opladen

Hirsch HJ (1994) Das Schuldprinzip und seine Funktion im Strafrecht. ZStW 106:746–765

Höffe O (2004) Der entlarvte Ruck. Was sagt Kant den Gehirnforschern? Frankfurter Allgemeine Zeitung 11.2.2004, S 33

Ida M (1985) Nowakowskis Lehre von der Rechtswidrigkeit – Ein Beitrag zur Dogmengeschichte der strafrechtlichen Unrechtslehre. Keio Law Review 5:105–118

Jähnke B (1992) Kommentierung des § 20 StGB. In: Jähnke B, Laufhütte HW, Odersky W (Hrsg) Leipziger Kommentar Strafgesetzbuch, 11. Aufl. De Gruyter, Berlin New York

Jakobs G (1976) Schuld und Prävention. Mohr, Tübingen

Jakobs G (1991) Strafrecht Allgemeiner Teil. Die Grundlagen und die Zurechnungslehre, 2. Aufl. De Gruyter, Berlin New York

Jescheck HH (1992) Kommentierung vor § 13 StGB. In: Jähnke B, Laufhütte HW, Odersky W (Hrsg) Leipziger Kommentar Strafgesetzbuch, 11. Aufl. De Gruyter, Berlin New York
Jescheck HH (1998) Wandlungen des strafrechtlichen Schuldbegriffs in Deutschland und Österreich. JBl 120:609-619
Jescheck HH, Weigend T (1996) Lehrbuch des Strafrechts Allgemeiner Teil, 5. Aufl. Duncker & Humblot, Berlin
Kahlo M (1990) Das Problem des Pflichtwidrigkeitszusammenhanges bei den unechten Unterlassungsdelikten. Duncker & Humblot, Berlin
Kaminski R (1992) Der objektive Maßstab im Tatbestand des Fahrlässigkeitsdelikts. Duncker & Humblot, Berlin
Kargl W (1999) Zur kognitiven Differenz zwischen Tun und Unterlassen. Goltdammer's Archiv 146:459-481
Kaufmann Arthur (1956) Tatbestand, Rechtfertigungsgründe und Irrtum. JZ 11:353-358
Kaufmann Arthur (1964) Die Irrtumsregelung im Strafgesetz-Entwurf 1962. ZStW 76: 543-581
Kaufmann Arthur (1966) Die ontologische Struktur der Handlung. Skizze einer personalen Handlungslehre. In: Geerds F, Naucke W (Hrsg) Festschrift für H Mayer zum 70. Geburtstag am 1. Mai 1965. Beiträge zur gesamten Strafrechtswissenschaft. Duncker & Humblot, Berlin, S 79-117
Kaufmann Arthur (1982) Die Parallelwertung in der Laiensphäre. Verlag der Bayerischen Akademie der Wissenschaft, München
Kaufmann Arthur (1986) Unzeitgemäße Betrachtungen zum Schuldgrundsatz im Strafrecht. JurA 8:225-233
Kaufmann Arthur (1987) Einige Anmerkungen zu Irrtümern über den Irrtum. In: Küper W, Puppe I, Tenckhoff J (Hrsg) Festschrift für K Lackner zum 70. Geburtstag am 18. Februar 1987. De Gruyter, Berlin New York, S 185-197
Kindhäuser U (1989) Gefährdung als Straftat. Klostermann, Frankfurt am Main
Köhler M (1997) Strafrecht Allgemeiner Teil. Springer, Berlin
Kühl K (1991) Die Notwehr Provokation. JurA 13:57-63; 175-182
Kühl K (1993) Angriff und Verteidigung bei Notwehr. JurA 15:233-239
Kühl K (2005) Strafrecht Allgemeiner Teil, 5. Aufl. Vahlen, München
Küper W (1981) Tötungsverbot und Lebensnotstand. JuS 21:785-794
Küpper G (1988) Zum Verhältnis von dolus eventualis, Gefährdungsvorsatz und bewusster Fahrlässigkeit. ZStW 100:758-785
Küpper G (1990) Grenzen der normativierenden Strafrechtsdogmatik. Duncker & Humblot, Berlin
Küpper G (1998) Zur Abgrenzung der Täterschaftsformen. Goldammer's Archiv 145:520-529
Lackner K, Kühl K (2004) Strafgesetzbuch mit Erläuterungen, 25. Aufl. Beck, München
Lagodny O (1991) Notwehr gegen Unterlassen. Goldammer's Archiv 138:300-320
Lagodny O (1996) Strafrecht vor den Schranken der Grundrechte. Mohr, Tübingen
Lange R (1985) Kommentierung der §§ 20, 21 StGB. In: Jescheck HH, Ruß W, Willms G (Hrsg) Leipziger Kommentar Strafgesetzbuch. 10. Aufl. De Gruyter, Berlin New York
Lenckner T (1968) „Gebotensein" und „Erforderlichkeit" der Notwehr. Goltdammer's Archiv 115:1-10
Lenckner T, Eisele J (2006) Kommentierung vor § 13 StGB. In: Schönke A, Schröder H (Hrsg) Strafgesetzbuch Kommentar. 27. Aufl. Beck, München, S 148-213
Lenckner T, Perron W (2006) Kommentierung der §§ 32 bis 34 StGB. In: Schönke A, Schröder H (Hrsg) Strafgesetzbuch Kommentar. 27. Aufl. Beck, München, S 636-700
Lilie H (1999) Zur Erforderlichkeit der Verteidigungshandlung. In: Weigend T, Küpper G (Hrsg) Festschrift für HJ Hirsch. De Gruyter, Berlin New York, S 277-289
Liszt F v (1884) Lehrbuch des deutschen Strafrechts, 2. Aufl. Guttentag, Berlin
Liszt F v (1891) Lehrbuch des deutschen Strafrechts, 4. Aufl. Guttentag, Berlin
Liszt F v (1893) Die deterministischen Gegner der Zweckstrafe. ZStW 13:325-370
Liszt F v (1897) Die strafrechtliche Zurechnungsfähigkeit. ZStW 17:70-84
Liszt F v (1905) Lehrbuch des deutschen Strafrechts, 14. u. 15 Aufl. Guttentag, Berlin
Liszt F v (1919) Lehrbuch des deutschen Strafrechts, 21. u. 22. Aufl. De Gruyter, Berlin

Lüderssen K (1967) Zum Strafgrund der Teilnahme. Nomos, Baden-Baden
Lüderssen K (1995) Notwehrelemente in der Strafe – Strafelemente in der Notwehr. In: Institut für Kriminalwissenschaften Frankfurt a M (Hrsg) Vom unmöglichen Zustand des Strafrechts. Peter Lang, Frankfurt am Main, S 159–170
Maihofer W (1953) Der Handlungsbegriff im Verbrechenssystem. Mohr, Tübingen
Maihofer W (1966) Objektive Schuldelemente. In: Geerds F, Naucke W (Hrsg) Festschrift für H Mayer Beiträge zur gesamten Strafrechtswissenschaft. Duncker & Humblot, Berlin, S 185–217
Maurach R (1954) Strafrecht Allgemeiner Teil. Müller, Heidelberg
Maurach R, Zipf H (1992) Strafrecht Allgemeiner Teil, Teilband 1 Grundlehren des Strafrechts und Aufbau der Straftat, 8. Aufl. Müller, Heidelberg
Mayer ME (1915) Der Allgemeine Teil des deutschen Strafrechts. Winter, Heidelberg
Merkel A (1889) Lehrbuch des deutschen Strafrechts. Enke, Stuttgart
Meurer D, Kahle F (1993) Strafrecht: Tod eines Handlungsreisenden. JuS 33:L 11–14
Mezger E (1926) Vom Sinn der strafrechtlichen Tatbestände. In: Juristische Fakultät der Universität Marburg, Festschrift für L Traeger zum 70. Geburtstage am 10. Juni 1926. Stilke, Berlin, S 187–230
Mezger E (1931) Strafrecht: Ein Lehrbuch. Duncker & Humblot, München
Mezger E (1938) Die Straftat als Ganzes. ZStW 57:675–701
Mezger E (1960) Strafrecht Allgemeiner Teil, 9. Aufl. Beck, München
Mitsch W (2003) §§ 15–17, 24–27, 33–36. In: Baumann J, Weber U, Mitsch W (Hrsg) Strafrecht Allgemeiner Teil, 11. Aufl. Gieseking, Bielefeld
Naucke W (2002) Strafrecht: Eine Einführung, 10. Aufl. Luchterhand, Neuwied
Neumann U (2005) Kommentierung der §§ 34 und 35 StGB. In: Kindhäuser W, Neumann U, Paeffgen HU (Hrsg) Nomos-Kommentar zum Strafgesetzbuch. 2. Aufl. Nomos, Baden-Baden
Niedermair W (1999) Körperverletzung mit Einwilligung und die Guten Sitten. Beck, München
Otto H (1995) Die Lehre vom Tatbestand und der Deliktsaufbau. JurA 17:468–476
Otto H (2004) Grundkurs Strafrecht. Allgemeine Strafrechtslehre, 7. Aufl. De Gruyter, Berlin New York
Pawlik M (1999) Der Polizeibeamte als Garant zur Verhinderung von Straftaten. ZStW 111:335–356
Radbruch G (1903) Der Handlungsbegriff in seiner Bedeutung für das Strafrechtssystem. Guttentag, Berlin
Radbruch G (1904) Über den Schuldbegriff. ZStW 24:333–348
Rengier R (1986) Erfolgsqualifizierte Delikte und verwandte Erscheinungsformen. Mohr, Tübingen
Roth G (2004) Kant und die Hirnforschung. Forschung und Lehre 11:132–133
Roxin C (1985) Der durch Menschen ausgelöste Defensivnotstand. In: Vogler T et al (Hrsg) Festschrift für HH Jescheck zum 70. Geburtstag. Duncker & Humblot, Berlin, S 457–484
Roxin C (1986) Anmerkung zu BGH JZ 1986, 906–908. JZ 41:908–909
Roxin C (1993) Kommentierung der §§ 25, 27 StGB. In: Jähnke B, Laufhütte HW, Odersky W (Hrsg) Leipziger Kommentar Strafgesetzbuch. 11. Aufl. De Gruyter, Berlin New York
Roxin C (1993) Das Schuldprinzip im Wandel. In: Haft F et al (Hrsg) Strafgerechtigkeit. Festschrift für Arthur Kaufmann zum 70. Geburtstag. Müller, Heidelberg, S 519–535
Roxin C (1995) Zur Bestimmtheit des Teilnehmervorsatzes. In: Eser A (Hrsg) Straf- und Strafverfahrensrecht, Recht und Verkehr, Recht und Medizin. Festschrift für H Salger zum Abschied aus dem Amt als Vizepräsident des Bundesgerichtshofes. Heymanns, Köln, S 129–137
Roxin C (1998) Zur kriminalpolitischen Fundierung des Strafrechtssystems. In: Albrecht HJ, Dünkel F, Kerner HJ, Kürzinger J, Schöch H, Sessar K, Villmow B (Hrsg) Internationale Perspektiven in Kriminologie und Strafrecht. Festschrift für G Kaiser zum 70. Geburtstag, 2. Halbband. Duncker & Humblot, Berlin, S 885–896
Roxin C (2000a) Täterschaft und Tatherrschaft, 7. Aufl. De Gruyter, Berlin New York

Roxin C (2000 b) Anmerkungen zum Vortrag von Prof. Dr. Herzberg. In: Amelung K (Hrsg) Individuelle Verantwortung und Beteiligungsverhältnisse bei Straftaten in bürokratischen Organisationen des Staates, der Wirtschaft und der Gesellschaft. Pro Universitate Verlag, Sinzheim, S 55-56

Roxin C (2003) Strafrecht Allgemeiner Teil Bd. II. Besondere Erscheinungsformen der Straftat. Beck, München

Roxin C (2006) Strafrecht Allgemeiner Teil Bd I. Grundlagen Der Aufbau der Verbrechenslehre, 4. Aufl. Beck, München

Rudolphi HJ (1974) Literaturbericht Strafrecht – Allgemeiner Teil. ZStW 86:68-97

Scheffler U (1993) Beihilfe zur Falschaussage durch Unterlassen seitens des Angeklagten. Goltdammer's Archiv 140:341-358

Schild W (1990) Kommentierung §§ 20, 21 StGB. In: Wassermann R (Hrsg) Alternativkommentar zum Strafgesetzbuch, Bd 1. Luchterhand, Neuwied, S 606-806

Schmidhäuser E (1958) Gesinnungsmerkmale im Strafrecht. Mohr, Tübingen

Schmidhäuser E (1975) Strafrecht Allgemeiner Teil Lehrbuch, 2. Aufl. Mohr, Tübingen

Schmidhäuser E (1984) Strafrecht Allgemeiner Teil Studienbuch, 2. Aufl. Mohr, Tübingen

Schmidhäuser E (1996) Gedanken zum strafrechtlichen Handlungsbegriff. Goltdammer's Archiv 143:303-306

Schmidt E (1939) Der Arzt im Strafrecht. Theodor Wicher, Leipzig

Schmidt E (1954) Schlägermensur und Strafrecht. JZ 9:369-375

Schmidt E (1956) Besprechung von Maurach R, Deutsches Strafrecht. Allgemeiner Teil. Ein Lehrbuch. JZ 11:188-190

Schmoller K (1990) Zur Argumentation mit Maßstabfiguren. Am Beispiel des durchschnittlich rechtstreuen Schwachsinnigen. Teil 1. JBl 112:631-644

Schneider U (1987) Körperliche Gewaltanwendung in der Familie: Notwendigkeit, Probleme und Möglichkeiten eines strafrechtlichen und strafverfahrensrechtlichen Schutzes. Duncker & Humblot, Berlin

Schöne W (1986) Fahrlässigkeit, Tatbestand und Strafgesetz. In: Hirsch HJ, Kaiser G, Marquardt H (Hrsg) Gedächtnisschrift für Hilde Kaufmann. De Gruyter, Berlin, S 649-672

Schroeder FC (1994) Kommentierung der §§ 15-17. In: Jähnke B, Laufhütte HW, Odersky W (Hrsg) Leipziger Kommentar, Strafgesetzbuch. De Gruyter, Berlin New York

Seebode M (1993) Anmerkung zu BayObLG NStZ 1993, 82-83. NStZ 13:83-85

Sowada C (1994) Das sog. „Unmittelbarkeits"-Erfordernis als zentrales Problem erfolgsqualifizierter Delikte. JurA 16:643-652

Stein U (1988) Die strafrechtliche Beteiligungsformenlehre. Duncker & Humblot, Berlin

Stein U (1997) Anmerkung zu BGH StV 1997 581-582. StV 17:582-583

Stratenwerth G (1985) Zur Individualisierung des Sorgfaltsmaßstabes beim Fahrlässigkeitsdelikt. In: Vogler T et al (Hrsg) Festschrift für H-H Jescheck zum 70. Geburtstag, Bd 1. Duncker & Humblot, Berlin, S 285-302

Stratenwerth G (1998) Zum Begriff des „Rechtsgutes". In: Eser A, Schittenhelm U, Schumann H (Hrsg) Festschrift für T Lenckner zum 70. Geburtstag. Beck, München, S 377-391

Stratenwerth G, Kuhlen L (2004) Strafrecht Allgemeiner Teil I. Die Straftat, 5. Aufl. Heymanns, Köln

Stree W (2006) Kommentierungen vor § 13 und der §§ 13, 228, 231, 258 StGB. In: Schönke A, Schröder H (Hrsg) Strafgesetzbuch Kommentar, 27. Aufl. Beck, München, S 213-240, 1952-1956, 1960-1964, 2132-2145

Streng F (1989) Schuld ohne Freiheit? Der funktionale Schuldbegriff auf dem Prüfstand. ZStW 101:273-334

Streng F (2003) Kommentierung der §§ 19 bis 21 StGB. In: Joecks W von, Miebach K (Hrsg) Münchener Kommentar zum Strafgesetzbuch, Bd 1. Beck, München

Theune W (1999) Auswirkungen des normalpsychologischen (psychogenen) Affektes auf die Schuldfähigkeit sowie den Schuld- und Rechtsfolgenausspruch. NStZ 19:273-280

Tiemeyer J (1986) Grundlagenprobleme des normativen Schuldbegriffs. Goltdammer's Archiv 133:203-227

Tiemeyer J (1988) Zur Möglichkeit eines erfahrungswissenschaftlich gesicherten Schuldbegriffs. ZStW 100:527–566
Tröndle H, Fischer T (2006) Strafgesetzbuch und Nebengesetze, 53. Aufl. Beck, München
Walther S (1991) Eigenverantwortlichkeit und strafrechtliche Zurechnung: zur Abgrenzung der Verantwortungsbereiche von Täter und „Opfer" bei riskantem Zusammenwirken. Eigenverlag Max-Planck-Institut für ausländisches und internationales Strafrecht, Freiburg
Weber H von (1969) Bemerkungen zur Lehre vom Handlungsbegriff. In: Bockelmann P, Kaufmann A, Klug U (Hrsg) Festschrift für K. Engisch zum 70. Geburtstag. Klostermann, Frankfurt am Main, S 328–338
Weber U (2003) §§ 1–14, 18–23, 28–32. In: Baumann J, Weber U, Mitsch W (Hrsg) Strafrecht Allgemeiner Teil, 11. Aufl. Gieseking, Bielefeld
Welzel H (1939) Studien zum System des Strafrechts. ZStW 58:491–566
Welzel H (1960) Fahrlässigkeit und Verkehrsdelikte. Zur Dogmatik der fahrlässigen Delikte. Juristische Studiengesellschaft Karlsruhe Schriftenreihe, Heft 49. Müller, Karlsruhe
Welzel H (1966) Die deutsche strafrechtliche Dogmatik der letzten 100 Jahre und die finale Handlungslehre. JuS 6:421–425
Welzel H (1968) Ein unausrottbares Mißverständnis? Zur Interpretation der finalen Handlungslehre. NJW 21:425–429
Welzel H (1969) Das Deutsche Strafrecht. Eine systematische Darstellung, 11. Aufl. De Gruyter, Berlin
Wessels J, Beulke W (2005) Strafrecht Allgemeiner Teil, 35. Aufl. Müller, Heidelberg
Zaczyk R (1989) Das Unrecht der versuchten Tat. Duncker & Humblot, Berlin
Zieschang F (1995) Mittäterschaft bei bloßer Mitwirkung im Vorbereitungsstadium? ZStW 107:361–381

## 2.3 Die Schuldfähigkeit

H. Schöch

### 2.3.1 Grundlagen der §§ 20, 21 StGB

#### 2.3.1.1 Aufgabe und Anwendungsbereich

Im deutschen Strafrecht wird – wie in fast allen neueren Rechtsordnungen – die Strafbarkeit eines Verhaltens von der Schuldfähigkeit des Täters abhängig gemacht. Das Gesetz geht bei Personen ab dem 18. Lebensjahr davon aus, dass sie schuldfähig sind; deshalb wird in § 20 StGB die Schuldunfähigkeit als Ausnahme von der Regel formuliert (Schöch 2006a, S. 50). Kinder gelten bis zum vollendeten 14. Lebensjahr generell als schuldunfähig (§ 19 StGB), und Jugendliche vom vollendeten 14. Lebensjahr bis zum vollendeten 18. Lebensjahr sind bedingt schuldfähig, d. h. die Schuldfähigkeit muss in jedem Fall positiv festgestellt werden (§ 3 JGG).

Jeder erwachsene Mensch ist grundsätzlich – auch aus general- und spezialpräventiven Gründen (dazu Roxin 1979, S. 279, 293) – als verantwortliches Mitglied der Rechtsgemeinschaft zu behandeln, solange seine Unansprechbarkeit gegenüber Normen nicht methodisch einwandfrei widerlegt oder erschüttert ist. Die Schuldfähigkeit bedarf nur einer näheren Prüfung, wenn Umstände behauptet werden oder erkennbar sind, die ihren Ausschluss oder ihre Verminderung möglich erscheinen lassen (Jähnke 1993, § 20 Rn 13; OLG Düsseldorf NStZ-RR 1996, 134). Die Schuldfähigkeit gemäß §§ 20, 21 StGB betrifft vorwiegend nur die anthropologischen Voraussetzungen jeder Schuld. Sie ist ein Rechtsbegriff, der an die Konzeption der strafrechtlichen Schuld anknüpft (Tröndle u. Fischer 2006, § 20 Rn 2). Weitere Schuldelemente sind das Unrechtsbewusstsein, das Eingreifen oder Nichtvorliegen von Entschuldigungsgründen (z.B. §§ 33, 35 StGB) und – bei einigen Deliktformen – die Zumutbarkeit des Andershandelns.

Die Schuldfähigkeit ist im deutschen Strafrechtssystem nur bei tatbestandsmäßigem und rechtswidrigem Verhalten relevant, d.h. bei einem vorsätzlichen oder fahrlässigen menschlichen Tun oder Unterlassen, das sozialerheblich ist (nicht bei verbrecherischen Gedanken), vom Willen beherrscht oder beherrschbar ist (nicht bei bloßen Reflexen oder bei Verhalten unter vis absoluta) und das nicht aufgrund eines Rechtfertigungsgrundes erlaubt ist. Das Verhalten volltrunkener Personen wird erst auf der Schuldebene geprüft, da in der Regel das Bewusstsein nicht völlig ausgeschaltet ist und bei bloßen Reflexhandlungen bewusstloser Volltrunkener (z.B. Lösen der Bremse eines abschüssig geparkten Fahrzeugs) die Schuldfähigkeit unter dem Aspekt der fahrlässigen actio libera in causa zu prüfen ist (s. 2.3.7.2).

Das Gesetz definiert den Begriff Schuld nicht ausdrücklich, verwendet ihn jedoch mehrfach (§ 46 Abs. 1, § 17, § 35 StGB) oder setzt ihn voraus (§§ 19–21 StGB). Schuld ist die subjektive Voraussetzung für strafrechtliche Verantwortlichkeit. Während es bei der Rechtswidrigkeit um das Andershandeln-Sollen des Täters geht, geht es hier um das Anders-handeln-Können. Dem Täter wird im Schuldvorwurf vorgehalten, dass er sich rechtmäßig hätte verhalten können. Deshalb lautet die einfachste Definition „Schuld ist Vorwerfbarkeit" (BGHSt – GS 2, 194, 200). Nach der heute in der Literatur führenden Definition ist Schuld „unrechtes Handeln trotz normativer Ansprechbarkeit" (Roxin 2006, S. 868; ähnlich Schreiber u. Rosenau 2004, S. 59). Das Schuldprinzip, zu dem auch der für die Strafzumessung wichtige Grundsatz „nulla poena sine culpa" (keine Strafe ohne Schuld) gehört, ist nicht nur im Strafrecht verankert, sondern gehört nach unserem Verfassungsverständnis auch zum Rechtsstaatsprinzip (Art. 20 Abs. 3 GG) sowie zur Menschenwürde (Art. 1 GG) und hat deshalb Verfassungsrang (BVerfGE 9, 169; 45, 259; 91, 27; 96, 140). Die subjektive Zurechnung rechtswidrigen Verhaltens über die Schuld ist erforderlich, weil die Strafe außer dem Grundrechtseingriff in die Freiheit und das Vermögen auch einen sozialethischen Tadel enthält (Kühl 2005, S. 296).

Das Schuldprinzip ist in unserem Rechtssystem aber nicht nur als Grundlage für die individuelle Zurechnung rechtlich missbilligten Verhaltens unverzichtbar, sondern auch als Maßprinzip für die Verhältnismäßigkeit zwischen Straftat und Strafhöhe, wobei der schuldangemessene Strafrahmen präventive Strafzwecke begrenzt (BGHSt 7, 28, 32; 28, 318, 326; BVerfGE 54, 100). Diese doppelte Funktion wird in den Begriffen Strafbegründungsschuld und Strafzumessungsschuld zusammengefasst (näher dazu Abschn. 2.2.4; Achenbach 1974, S. 4, 10 ff.; Schöch 1998, S. 85 ff.).

Die §§ 20, 21 StGB dienen nicht nur der schuldangemessenen Reaktion auf eine Straftat, sondern eröffnen auch den Weg in die Gefährlichkeitskontrolle. Dessen ist sich vor allem die Öffentlichkeit nicht immer bewusst, wenn sie hohe Strafen fordert und wenig Verständnis für die Anwendung der §§ 20, 21 StGB zeigt. Werden psychisch gestörte Täter als voll schuldfähig beurteilt, so ist der Weg zu einer an Gefährlichkeit und Therapie orientierten Unterbringung weitgehend versperrt (Rössner 2004, S. 398 f.).

Um die Transparenz und Verständlichkeit von Schuldfähigkeitsgutachten zu verbessern, hat eine an forensisch-psychiatrischen Fragen interessierte interdisziplinäre Arbeitsgruppe von Juristen, forensischen Psychiatern und Psychologen sowie Sexualmedizinern im Februar 2005 „Mindestanforderungen für Schuldfähigkeitsgutachten" publiziert, die dem forensischen Sachverständigen die fachgerechte Erstellung von Schuldfähigkeitsgutachten und den Verfahrensbeteiligten die Bewertung von deren Aussagekraft erleichtern sollen (Boetticher et al. 2005, S. 57 ff.). Sie fassen die Anforderungen an Schuldfähigkeitsgutachten aus juristischer Sicht – insbesondere nach den Grundsätzen der 5 Strafsenate des BGH – zusammen und enthalten einen Katalog formeller und materieller Mindestanforderungen, zunächst generell für alle Schuldfähigkeitsgutachten, danach speziell für die Begutachtung von Persönlichkeitsstörungen und sexueller Devianz. Die pauschale Kritik Eisenbergs (2005, S. 304 ff.), derartige Empfehlungen könnten Simplifizierungen oder schablonenähnliche Standardisierungen ohne Beachtung individueller Besonderheiten fördern, wirkt formelhaft und ist wenig substanziiert.

### 2.3.1.2 Strafrechtliche Schuld und Willensfreiheit

Definiert man Schuld im Sinne der heute überwiegenden Meinung als „subjektive Zurechnung rechtswidrigen Verhaltens trotz normativer Ansprechbarkeit" (Roxin 2006, S. 868; Schreiber u. Rosenau 2004, S. 59), so stellt sich die Frage, ob der damit verbundene persönliche Vorwurf die Willensfreiheit des Täters voraussetzt (zu dem damit zusammenhängenden „Agnostizismusstreit" s. 2.3.3).

Der Bundesgerichtshof hat sich schon zu Beginn seiner Rechtsprechung in den 50er Jahren zu einem nahezu schrankenlosen Indeterminismus bekannt. In der berühmten Entscheidung vom 18. März 1952 heißt es: „Mit dem Unwerturteil der Schuld wird dem Täter vorgeworfen, dass er sich nicht rechtmäßig verhalten, dass er sich für das Unrecht entschieden hat, obwohl er sich rechtmäßig verhalten, sich für das Recht hätte entscheiden können. Der innere Grund des Schuldvorwurfes liegt darin, dass der Mensch auf freie, verantwortliche, sittliche Selbstbestimmung angelegt und deshalb befähigt ist, sich für das Recht und gegen das Unrecht zu entscheiden" (BGHSt 2, 194, 200). In den späteren Entscheidungen hat der Bundesgerichtshof ein solch klares Bekenntnis zur Willensfreiheit vermieden. In der Strafrechtswissenschaft finden wir diese Konzeption heute nur noch selten, insbesondere bei solchen Autoren, die der philosophischen Anthropologie nahe stehen. Teilweise wird auch einfach angenommen, „dass das Prinzip der Verantwortlichkeit des sittlich reifen und seelisch gesunden Menschen eine unumstößliche Realität unserer sozialen Existenz" sei (Wessels u. Beulke 2005, S. 141 f.). Schuld sei Verantwortung für eine Straftat im Sinne individueller Vorwerfbarkeit (Hillenkamp 2005, S. 320).

Die überwiegende Ansicht in der Literatur hält jedoch die Begründung des Schuldvorwurfs durch das Bekenntnis zur Freiheit des Menschen für unzureichend, da die Entscheidungsfreiheit des Täters in der konkreten Situation unbeweisbar sei (Roxin 2006, S. 860 f.; Jescheck u. Weigend 1996, S. 409; Lenckner u. Eisele 2006, Vor §§ 13 ff. Rn 109, 109 a). Da aber auch die deterministische Konzeption nicht beweisbar ist, geht man von einer Ungewissheit aus, die nach normativen Grundsätzen zu überbrücken ist. Der Grundsatz „in dubio pro reo" ist in solchen Fällen der prinzipiellen Erkenntnisgrenzen unanwendbar. Die Lösungen reichen von der Negierung des Problems der Willensfreiheit bis zur Betonung des individuellen Freiheitsbewusstseins.

In den letzten Jahren wird auf der Grundlage der modernen Hirnforschung teilweise wieder ein neurophysiologischer Determinismus vertreten, der dem Prinzip persönlicher Schuld die Grundlage entziehen soll (Roth 2002, S. 43 ff., 57; 2003, S. 536 ff.) und zu tiefgreifenden Veränderungen unseres Selbstverständnisses zwinge (Singer 2002, S. 194). Es wird darauf verwiesen, dass Geist und Bewusstsein sich innerhalb bekannter physiologischer, physikalischer und chemischer Gesetzmäßigkeiten vollziehen und dass Wollen, Denken und Verhalten des Menschen in großen Teilen von limbischen Gehirnsystemen gesteuert werden, die grundsätzlich unbewusst arbeiten und dem bewussten Ich nur sehr begrenzt zugänglich sind (Roth 2003, S. 530 ff.). Was der Mensch in der „Erste-Person-Perspektive" als freien Willen alltäglich erfahre, sei mit dem „was uns wissenschaftliche Analyse aus der Dritte-Person-Perspektive" lehre, nicht zu vereinbaren (Singer 2003, S. 22, 32; ähnlich Roth 2002, S. 55 ff.). „Die Annahme, wir seien voll verantwortlich für das, was wir tun, weil wir es ja auch anders hätten machen können, ist aus neurobiologischer Perspektive nicht haltbar" (Singer 2003, S. 12, 58 f.). Deshalb „tun wir nicht, was wir wollen (und schon gar nicht, weil wir es wollen), sondern wir wollen, was wir tun" (Prinz 1996, S. 98).

Dagegen ist einzuwenden, dass aus der genaueren neurobiologischen Erfassung der psychischen und mentalen Vorgänge nicht folgt, dass die menschliche Entscheidung unfrei sei; vielmehr dokumentiert diese nur die unbestreitbare Erkenntnis, dass es für jedes menschliche Verhalten physiologische und lebensgeschichtliche Bedingungen gibt (kritisch auch Kröber 2003, S. 37; Burkhardt 2003, S. 21 ff.; Schreiber u. Rosenau 2004, S. 57 f.; Hillenkamp 2005, S. 313 ff.). Zutreffend weist Kröber (2003, S. 37) darauf hin, dass die Erkenntnis, „dass unsere Entscheidungen auf einer materiell fassbaren biologischen Grundlage erfolgen" nichts darüber besage, ob es freie Entscheidungen seien oder nicht.

Zur Negierung des Problems der Willensfreiheit führt der funktionale Schuldbegriff von Jakobs, der Schuld als Zuschreibung nach generalpräventiven Bedürfnissen versteht. Nicht die Willensfreiheit sei der tragende Grund für den Schuldvorwurf, sondern „die Stabilisierung des durch das deliktische Verhalten gestörten Ordnungsvertrauens" (Jakobs 1991, S. 8 ff.). Diese Auffassung hat aber kaum Anhänger gefunden, da sie die Schuld letztlich durch generalpräventive Bedürfnisse ersetzt. Damit geht auch die strafbarkeitseinschränkende Funktion des Schuldprinzips weitgehend verloren. Die herrschende Meinung hält daran fest, dass die Entscheidungsfreiheit eine unabdingbare Voraussetzung des Schuldgrundsatzes ist. Sie versucht aber, auf verschiedenen Wegen die Feststellung der konkreten Freiheit im Einzelfall entbehrlich zu machen.

Der „pragmatische soziale Schuldbegriff", der am Prinzip subjektiver Zurechnung normabweichenden Verhaltens festhält, verzichtet auf die Feststellung des Fehlgebrauchs der Wahlfreiheit im indeterministischen Sinne und bezeichnet Schuld „auf der Basis der Erfahrung pragmatisch als Zurückbleiben hinter dem Maß an Verhalten, das vom Bürger unter normalen Bedingungen erwartet werden kann und erwartet wird, als Fehlgebrauch eines Könnens, das wir uns wechselseitig für die Praxis unseres individuellen und sozialen Lebens zuschreiben" (Schreiber u. Rosenau 2004, S. 59; ähnlich Jescheck u. Weigend 1996, S. 427, die auf einen Vergleich mit „einem normalen anderen in der Lage des Täters" abstellen).

Die im sozialen Schuldbegriff angelegte Verlagerung des Problems auf die normative Ebene kommt in der Konzeption Roxins am klarsten zum Ausdruck, der die Schuld als „unrechtes Handeln trotz normativer Ansprechbarkeit" bezeichnet (Roxin 2006, S. 868). Als normativ ansprechbar gilt jeder, der nach seiner geistigen und seelischen Verfassung zu normorientiertem Verhalten fähig ist, also jeder, dessen Fähigkeit zur Selbststeuerung nicht durch geistig-seelische Beeinträchtigungen ausgeschlossen ist. Der Täter wird „bei intakter Steuerungsfähigkeit und damit gegebener normativer Ansprechbarkeit als frei behandelt". Die Freiheitsannahme ist nach Roxin also eine „normative Setzung, eine soziale Spielregel, deren gesellschaftlicher Wert vom erkenntnis-theoretischen und naturwissenschaftlichen Problem der Willensfreiheit unabhängig ist" (Roxin 2006, S. 868). Es sei mit der Freiheit im Recht nicht anders als mit der Gleichheit. Wenn die Rechtsordnung von der Gleichheit aller Menschen ausgehe, stelle sie nicht den unsinnigen Satz auf, dass die Menschen tatsächlich alle gleich seien, sondern sie ordne an, dass die Menschen vor dem Gesetz eine gleiche Behandlung erfahren sollen.

Roxin bezeichnet seine Auffassung als eine „gemischt empirisch-normative Gegebenheit" (Roxin 2006, S. 872). Empirisch feststellbar sei die bei gesunden Erwachsenen regelmäßig vorhandene prinzipielle Fähigkeit zur Selbststeuerung und die damit gegebene normative Ansprechbarkeit. Normativ zugeschrieben werde dagegen – jedenfalls von dem, der sich nicht auf eine indeterministische Position festlegen will – die aus diesem Befund abgeleitete Möglichkeit zu rechtmäßigem Verhalten. Die Frage nach dem tatsächlichen Anders-handeln-Könnens bleibt bei dieser Konzeption letztlich unbeantwortet, weshalb Roxin konsequent jede absolute Rechtfertigung der Strafe sowie sittliche Postulate wie Sühne von Schuld ablehnt. Roxins empirisch-normativer Schuldbegriff ist die strafrechtsdogmatisch konsequenteste normative Konzeption, die kein Bekenntnis zum Indeterminismus fordert und gleichwohl an der individuellen Verantwortlichkeit des Täters im Regelfall festhält.

Problematisch ist aber, dass nach dieser Konzeption anthropologisch so zentrale Begriffe wie Freiheit, Entscheidung und Gewissen bei der strafrechtlichen Schuld keine Rolle mehr spielen sollen. Danach ist Schuld nur noch ein normatives Konstrukt, bei dem es auf das subjektive Erleben der Menschen nicht mehr ankommt. Angesichts der zentralen Rolle, die das *Freiheitsbewusstsein* im sozialen Zusammenleben und bei der Zuschreibung von Verantwortung hat, sollte auch diese subjektive Freiheit in den strafrechtlichen Schuldbegriff aufgenommen werden (in diesem Sinne Tiemeyer 1986, S. 203 ff.; Burkhardt 1992, S. 163 ff.; ders. 2003, S. 21 ff.; kritisch Hillenkamp 2005, S. 320). Da alle Menschen in dem Bewusstsein handeln, sich auch anders entscheiden zu können, ist das Freiheitsbewusstsein eine psychische und soziale Realität, die im Alltagsleben erfahren wird. Ähnlich wie wir den Schmerz nur als Schmerzerlebnis empfinden, entspricht der Entscheidungsfreiheit das Bewusstsein des Anderskönnens (Burkhardt 2003, S. 24). Es ist die subjektive Gewissheit der Steuerungsfähigkeit, die im Gesetz als normative Ansprechbarkeit vorausgesetzt wird. Das Freiheitsbewusstsein schafft den individuellen Spielraum für praktische Entscheidungsalternativen und eröffnet damit auch die Möglichkeit, normative Erwartungen an den Handelnden zu richten.

In Abwandlung des früheren BGH-Urteils könnte man sagen: Weil der Mensch darauf angelegt ist, im Bewusstsein der Freiheit zu handeln, ist er jederzeit in die verantwortliche Entscheidung gerufen. Das Freiheitsbewusstsein ist auch unabhängig von dem Bekenntnis zum Determinismus oder Indeterminismus. Für einen Menschen, der sich überlegt, ob er etwas tun oder unterlassen soll, ist es ein rein theoretisches Problem, ob er dazu determiniert ist oder nicht. Er wird die Entscheidung so treffen, wie er sie für richtig hält, im Bewusstsein, dass er sich auch anders hätte entscheiden können.

Dieses *Bewusstsein des Anderskönnens* ist die entscheidende Grundlage für den subjektiven Schuldvorwurf. Nach diesem subjektiv empirisch-normativen Schuldbegriff wird dem Täter also vorgeworfen, dass er sich nicht rechtmäßig verhalten hat, obwohl es ihm aus seiner Sicht möglich war, sich für das Recht und gegen das Unrecht zu entscheiden (vgl. Schöch 1998, S. 92 f.). Diese *Kombination von normativer Ansprechbarkeit und subjektiver Freiheit* lässt sich auch mit einem deterministischen Weltbild vereinbaren. Auch ein Determinist kann, sofern er nicht psychisch krank ist, nicht leugnen, dass er seine täglichen Entscheidungen im Bewusstsein der Freiheit trifft. Im Grunde handelt es sich um zwei notwendige Komponenten der individuellen Schuldbeurteilung. Das Freiheitsbewusstsein begründet aus der Sicht des Täters, warum er für seine rechtswidrige Tat verantwortlich gemacht wird, das Konstrukt der normativen Ansprechbarkeit begründet aus der Sicht der Strafrechtsordnung, warum es trotz Unbeweisbarkeit der Willensfreiheit legitim ist, psychisch gesunde Täter für ihr Verhalten verantwortlich zu machen.

### 2.3.1.3 Aufbau der §§ 20, 21 StGB

In den §§ 20, 21 StGB wird die Schuldfähigkeit nicht positiv formuliert, sondern es werden Umstände genannt, unter denen sie ausnahmsweise nicht gegeben ist („Ohne Schuld handelt, wer [...]"). Für die Bestimmung der Schuldfähigkeit legt das Gesetz eine zweistufige bzw. zweistöckige „psychisch-normative Methode" zugrunde (vgl. Jescheck u. Weigend 1996, S. 437 Fn 19; Schreiber u. Rosenau 2004, S. 60 mwN; Streng 2003, § 20 Rn 15; teilweise noch als „biologisch-psychologisch" bezeichnet, Lackner u. Kühl 2004, § 20 Rn 1). Auf der ersten Stufe wird das Vorliegen einer psychischen Störung anhand der vier Eingangsmerkmale des § 20 StGB geprüft; auf der zweiten Stufe geht es um die Frage, ob der festgestellte psychopathologische Zustand auch Auswirkungen auf die Einsichtsfähigkeit oder Steuerungsfähigkeit des Täters hatte (Schöch 2006 a, S. 50).

§ 20 StGB setzt für den Schuldausschluss (§ 21 StGB für die Schuldminderung) eine Verbindung von Ursache und Wirkung voraus. Der Täter muss als Folge seiner geistigen oder seelischen Störung unfähig sein, das Unrecht der Tat einzusehen oder nach dieser Einsicht zu handeln (Tröndle u. Fischer 2006, § 20 Rn 3). Es ist nicht erforderlich, dass die Schuldunfähigkeit oder Schuldminderung nur auf einem der Eingangsmerkmale beruht. Entsprechend dem psychiatrischen Konzept der *Komorbidität* (dazu Nedopil 2000, S. 84, 124, 126) kann auch eine *Kumulation mehrerer (in der Regel länger anhaltender) psychischer Störungen*, die für sich allein nicht ausreichen würden, zur relevanten Beeinträchtigung der Steuerungsfähigkeit führen (z.B. dissoziale Persönlichkeitsstörung mit Suchterkrankung oder Affekt mit einer Neurose; vgl. Schreiber u. Rosenau 2004, S. 61). Dieses kumulative Zusammenwirken mehrerer Faktoren wird in der Praxis oft nicht hinreichend beachtet (näher dazu s. 2.3.5.1).

Der deutsche Gesetzgeber hat sich, anders als viele ausländische Gesetze, bei der Reform im Jahr 1975 für eine „Einheitslösung" entschieden, d.h. die §§ 20, 21 StGB setzen jeweils die gleichen psychischen Merkmale voraus. Die Unterscheidung zwischen Ex- und Dekulpation erfolgt ausschließlich über die auf der zweiten Stufe vorzunehmende Wertung, ob der Täter zur Tatzeit aufgrund der Störung unfähig (§ 20 StGB) oder vermindert befähigt (§ 21 StGB) war, das Unrecht der Tat einzusehen oder nach dieser Einsicht zu handeln (Schöch 2006 a, S. 55). Mit der Aufnahme der „schweren anderen seelischen Abartigkeit" im Jahr 1975 wollte der Gesetzgeber keine neuen Normen setzen, sondern der Entwicklung der Rechtsprechung zu § 51 StGB aF Rechnung tragen. Diese war schon seit längerem über den klassischen klinisch-psychiatrischen Krankheitsbegriff, nach dem Krankheit nur beim Vorhandensein eines körperlichen Prozesses vorliegen sollte und der insbesondere von der Schule Kurt Schneiders vertreten wurde (Schneider

1956; Witter 1972, S. 477 ff.; vgl. Göppinger 1997, S. 222 f. mwN), hinausgegangen, weil die unter Umständen gravierenden psychischen Auswirkungen schwerer Neurosen, Persönlichkeitsstörungen und Triebanomalien nicht adäquat erfassbar waren (vgl. zur Reformgeschichte Rasch u. Konrad 2004, S. 63 ff.; Venzlaff 2000, S. 69 f.). Mit dem so genannten juristischen Krankheitsbegriff der Rechtsprechung sollten als „krankhafte seelische Störungen" (§ 51 StGB aF) alle Störungen der Verstandestätigkeit sowie des Willens-, Gefühls- oder Trieblebens in Betracht kommen (BGHSt 14, 30 ff.), also unter anderem „eine naturwidrige geschlechtliche Triebhaftigkeit" (BGHSt 23, 176, 190: Fall Jürgen Bartsch). Dieser juristische Krankheitsbegriff ist durch die Öffnung des Gesetzes für psychische Störungen ohne somatischen Bezug überflüssig geworden.

Um vergleichbare Maßstäbe für die Erfassung und Schweregradbestimmung der verschiedenen forensisch relevanten psychischen Störungen zu ermöglichen, hat Saß ein „psychopathologische Referenzsystem" entwickelt (Saß 1985, S. 34, 37; 1991, S. 266, 271 ff.). Als Prinzip gilt, dass die zu prüfenden psychischen Auffälligkeiten in Struktur und Ausprägung verglichen werden mit den psychopathologischen Erscheinungen bei geistig-seelischen Krankheiten. Die empirisch gesicherten Kenntnisse von körperlich begründbaren und endogenen Psychosen, die als krankhafte seelische Störung anerkannt sind, bilden die Kernkategorie und Höhenmarke (Krümpelmann 1976, S. 6 ff.) der Schuldfähigkeitsbeurteilung. Die in diesem Kerngebiet psychischer Störungen vorliegende Symptomatologie, die Auswirkungen auf Erleben und Verhalten, die Verlaufsmöglichkeiten sowie die Dauerverfassungen psychischer Gestörtheit sind bei den psychotischen Erkrankungen aus den endogenen Formenkreisen von Schizophrenien und Zyklothymien sowie bei den körperlich begründbaren Psychosen in aller Breite untersucht, weshalb hier ein empirisch gut gesicherter Orientierungsrahmen für sämtliche Erscheinungen gestörten Seelenlebens zur Verfügung steht (Saß 1991, S. 272). Der Maßstab für die Erheblichkeit liegt dabei nicht in einer abstrakten Formel der Krankhaftigkeit oder Krankheitswertigkeit, sondern in einer Analyse der Desintegration psychischer Funktionen, für die bei den drei anderen Kategorien des Schwachsinns, der tiefgreifenden Bewusstseinsstörung und der schweren anderen seelischen Abartigkeit spezielle Kriterien zu entwickeln sind (Einzelheiten dazu bei Saß 1985, S. 38 ff.; 1991, S. 273 ff.).

Derartige systematische Bemühungen werden durch die gesetzliche Regelung nicht behindert (Jähnke 1993 § 20 Rn 23; Schöch 2007, § 20 Rn 23): Der in § 20 StGB verwendete Krankheitsbegriff ist ein formaler Ordnungsbegriff, der die Definition der Krankheit den Erkenntnissen der Psychowissenschaften überlässt, sich aber nicht mit der Verneinung oder Bejahung eines pathologischen Befundes begnügt. Es wäre verfehlt, Krankheit und Schuldunfähigkeit für deckungsgleich zu halten. Dies kann dazu führen, dass die Prüfung der Schuldfähigkeit fälschlicherweise abgebrochen wird, wenn Anzeichen einer Krankheit im Sinne eines pathologischen Geschehens nicht ermittelt wurden (vgl. BGHSt 34, 22, 24; 35, 76, 78; 35, 200, 207;

BGHR StGB § 21 seelische Abartigkeit 6, 9, 14, 19), aber auch dazu, dass Krankheit ohne sorgfältige Prüfung der weiteren Voraussetzungen mit Schuldunfähigkeit oder verminderter Schuldfähigkeit gleichgesetzt wird.

Vergleichbare rechtliche Maßstäbe für die Beurteilung der Einsichts- und Steuerungsfähigkeit hat die Rechtsprechung seit langem über das Kriterium des „Krankheitswertes" der jeweiligen Störung zu gewinnen versucht. Sie will damit z.B. Bewusstseinsstörungen erfassen, die das Persönlichkeitsgefüge in vergleichbar schwerwiegender Weise beeinträchtigen wie eine krankhafte Störung (BGH NStZ 1990, 231; BGHSt 34, 22, 25; 35, 200, 207; 37, 397, 401). Allerdings ist der Begriff des Krankheitswertes in den Psychowissenschaften umstritten und auch juristisch missverständlich, da es gerade nicht um krankhaft bedingte Bewusstseinsstörungen geht (Tröndle u. Fischer 2006, § 20 Rn 29). Soweit er bei den schweren anderen seelischen Abartigkeiten zur Bestimmung des rechtserheblichen Schweregrads der Störung herangezogen wird, ist er dort gleichermaßen problematisch. Sachliche Vergleiche von Symptomen einer Bewusstseinsstörung mit Krankheitssymptomen sind unzulässig und die Kategorien von Verstehen und Erklären sind dabei unbrauchbar (BGHR StGB § 21 seelische Abartigkeit 19); ihre Verwendung würde § 20 StGB auf den Bereich des Krankhaften reduzieren. Die Rechtsprechung hatte deshalb immer wieder Anlass zu betonen, dass Krankheitswert ein reiner Maßbegriff ist, der das Gewicht und nicht die Art der Störung umschreibt (BGHSt 34, 22, 24; 35, 76, 78; 35, 200, 207).

Auch als Maßbegriff führt der Krankheitswert aber nicht weiter und sollte aufgegeben werden (Jähnke 1993, § 20 Rn 27; Schöch 2007, § 20 Rn 27 mwN). Er setzt voraus, dass Krankheit ein definierbares Ausmaß hat, an dem auch andere Störungen gemessen werden können. Das ist aber so nicht der Fall. Lediglich das Gewicht schwerster Defektzustände und akuter Phasen endogener Psychosen steht fest; diese Zustände begründen Schuldunfähigkeit. Sie erscheinen deshalb als Vergleichsmaßstab geeignet und dienen auch dazu (Saß 1985, S. 34, 37; 1991, S. 266 ff.). Der Vergleich normalpsychologischer Störungen etwa mit endogenen Psychosen in ihrer Vollform mag damit eine Aussage dahingehend ermöglichen, dass Schuldunfähigkeit vorliege. Diese Fälle sind aber in der Regel ohnehin unproblematisch. Unterhalb dieser Schwelle hingegen ist der Vergleich unergiebig. Gerade bei kritischen Sachverhaltsgestaltungen bleibt offen, ob eine normalpsychologische Abweichung ein Gewicht erreicht, welches im Rahmen von § 21 StGB Bedeutung erlangen kann. Denn bei den überaus zahlreichen Defekten, für die fraglich ist, ob die Auffälligkeit noch im Bereich des rechtlich Unerheblichen liegt oder schon eine gewichtigere Störung darstellt, ist der Vergleich etwa mit einer endogenen Psychose zu grob. Für § 21 StGB können auch Abweichungen ohne Realitätsverlust oder andere den Psychosen eigentümliche Symptome von Bedeutung sein.

Der Versuch, statt Krankheitsbildern, welche zum Ausschluss der Schuldfähigkeit führen, „schwächere Formen" zum Vergleich heranzuziehen (BGHSt 37, 397, 401), setzt voraus, dass das Gewicht der „schwächeren

Form" im Rahmen der Schuldfähigkeitsbeurteilung feststeht und nicht seinerseits erst zu ermitteln ist. Keine krankhafte Störung schwächerer Form eignet sich aber als Bezugsgröße, weil deren Auswirkungen jeweils im konkreten Fall bestimmt werden müssen. Eine frühkindliche Hirnschädigung kann Folgen verschiedener Art und Stärke haben und ebenso folgenlos geblieben sein. Die Orientierung am „Krankheitswert" ersetzt in diesen Fällen lediglich eine Unbekannte durch eine andere (Jähnke 1993, § 20 Rn 27). Die im Gesetzgebungsverfahren zu Recht gegen den Begriff des Krankheitswertes erhobenen Einwände sind durch die Änderung der Terminologie also nicht ausgeräumt (Jescheck u. Weigend 1996, S. 440 f.).

Überwiegend wird heute eine empirisch-vergleichende Einschätzung zugrunde gelegt. Man fragt danach, wie sich erfahrungsgemäß ein Mensch in der – sorgfältig erforschten – inneren und äußeren Situation des Täters verhalten hätte. Ergibt dieses „analogische Verfahren", dass andere in derselben Lage die Tat vermieden hätten, dann rechtfertigt sich der Schluss, dass auch der Täter hierzu imstande war; er muss die Tat folglich schuldhaft begangen haben (Jescheck u. Weigend 1996, S. 427 f.; Schreiber u. Rosenau 2004, S. 57, 75; Schreiber 1977, S. 242, 245). Pointierter formuliert bilden Sachverständiger und Richter den Normaltypus eines Menschen, ein Konstrukt, dessen durchschnittliche Fähigkeiten in der jeweiligen Situation den Maßstab für die Anforderungen liefern, welche an den einzelnen Täter zu stellen sind (BGH NJW 1983, 350; RGSt 67, 251, 252; Schöch 1983, S. 333, 339). Die Einwände, dass Grundlage des Schuldurteils damit nicht das Vermögen des Täters, sondern die Fähigkeiten anderer seien (Krümpelmann 1976, S. 6, 32 f.; Roxin 2006, S. 861), und dass es den Durchschnittsmenschen in der Situation des Täters nicht gebe, überzeugen nicht. Keine materielle Schuldauffassung, welche der Schuld ein empirisches Substrat belässt, kommt im Ergebnis ohne einen solchen Vergleich aus, weil die psychische Störung nur als Abweichung vom Normalen erfassbar ist.

Alle der empirisch-vergleichenden Beurteilung folgenden Ansichten betonen in unterschiedlicher Stärke Teilaspekte einer empirisch-normativen Methode, welche als einzige sachgemäße Ergebnisse erwarten lässt. Nach dem Gesetz ist der geistig gesunde, normal veranlagte Mensch der Regelfall und im Allgemeinen schuldfähig. Bei dieser Ausgangslage drängt sich die Methode des Vergleichs für die Ausnahmefälle, in denen der Täter dem als Regel vorausgesetzten Menschenbild nicht entspricht, förmlich auf. Dies ist zunächst eine empirische Aufgabe. Es obliegt deshalb zunächst dem Sachverständigen, das Ausmaß der psychischen Störung und deren Auswirkung auf die Tat(en) zu bestimmen, die aufgrund einer Gesamtbetrachtung der Persönlichkeit des Beschuldigten, des Ausprägungsgrades der Störung und ihrer Auswirkung auf seine soziale Anpassungsfähigkeit zu ermitteln sind (Boetticher et al. 2005, S. 59 ff.). Der sachverständig beratene Richter hat auf dieser Grundlage einerseits die innere Befindlichkeit des Täters zum Tatzeitpunkt sorgfältig zu erforschen, andererseits vorhandenes Erfahrungswissen über das Verhalten von Menschen in der Situation des Täters heranzuziehen und zu nutzen (BGH StV 1990, 302). Erfüllt der Richter diese Aufgabe, so verschafft das dem anschließenden normativen Urteil, dass von dem Täter die Vermeidung der Tat erwartet werden durfte und musste (vgl. BGHSt 8, 113, 124; 49, 45, 53; Lackner u. Kühl 2004, § 20 Rn 13; Lenckner u. Perron 2006, § 20 Rn 26), eine methodisch einwandfreie Grundlage.

Keine Besonderheit für die richterliche Entscheidung bildet der Umstand, dass das Bild des „Normalen" durch normative Elemente vorgeprägt und das normative Zumutbarkeitsurteil von Art und Stärke der Störung abhängig ist. Tatsachenermittlung und -bewertung bilden auch sonst häufig eine Gemengelage. Zu berücksichtigen ist allerdings auch, dass Persönlichkeitsstörungen bei vielen Straftätern vorliegen. Diese stets als entlastend zu werten, könnte ein an der Schuld orientiertes Strafrecht aus den Angeln heben (Stratenwerth u. Kuhlen 2004, S. 198; Schöch 2005, S. 1386f.). Die Rechtsprechung sucht tastend nach Wegen, dies zu vermeiden (BGH NJW 1983, 350). Die faktisch-normative Gemengelage fordert eine besonders enge, auf fundierten psychiatrischen Kenntnissen beruhende Zusammenarbeit des Richters mit dem Sachverständigen (Schöch 2006, § 20 Rn 89ff.).

Noch nicht befriedigend geklärt sind die Kriterien, die das normative Urteil der Zumutbarkeit rechtmäßigen Verhaltens im Einzelfall zu tragen vermögen (Jähnke 1993, § 20 Rn 18). Dass von dem Täter die Vermeidung der Tat erwartet werden durfte und musste, ist eine Blankettformel, die ihrerseits vom Bild des „Normalen" geprägt ist (s. oben). Die Entstehungsgeschichte des Gesetzes und die Rechtstradition einschließlich der überkommenen Wertüberzeugungen geben jedoch wichtige Hinweise. Danach ist zunächst die Art der Störung von Bedeutung. Krankheiten lassen die Erwartung normgemäßen Verhaltens eher zurücktreten als Abweichungen auf normalpsychologischer Grundlage. Zornaffekte, denen jedermann erliegen kann, oder Triebregungen, denen sich viele ausgesetzt sehen, sind grundsätzlich normal, weil „ubiquitär" (Jakobs 1991, S. 534). Menschliche Eigenschaften geraten erst dann in das Blickfeld des Psychiaters, wenn der Betroffene oder die Umgebung darunter leiden (Saß 1987, S. 14). Dem entspricht, dass der Gesetzgeber die schwere andere seelische Abartigkeit nur zögernd in den Katalog des § 20 aufgenommen hat; diese zieht lediglich ausnahmsweise, nämlich im Falle einer ausgesprochenen Persönlichkeitsentartung, Schuldunfähigkeit nach sich (Jähnke 1993, § 20 Rn 18). Auch die Rechtsprechung hat stets betont, das Gesetz nehme an, dass der geistig gesunde Mensch im Normalfall über diejenigen Kräfte verfüge, welche es ihm ermöglichen, strafbaren Neigungen und/oder Gefühlsexplosionen zu widerstehen. Er ist deshalb verpflichtet, diese Kräfte voll einzusetzen (BGHSt 14, 30, 32; 23, 176, 190). Darüber hinaus sind leichte Hirndefekte, Minimalabweichungen des Verstandes und der Wesensart bei Straftätern nicht selten festzustellen. Das wird vom Gesetz vorausgesetzt und ist für sich genommen unerheblich (BGH NJW 1983, 350). Art und Stärke der Störung sind deshalb im Einzelnen zu würdigen, und beides ist am verletzten Rechtsgut zu messen (BGH NJW 1966, 1871; Blau 1989, S. 109, 118; Jähnke 1993, § 20 Rn 18).

Auch im normativen Bereich sind aber schematische Richtlinien verfehlt; es ist zu differenzieren. Allgemein lässt sich zwar die Aussage treffen, dass Entschuldigung umso ferner liegt, je „normaler" der Tatantrieb ist; ein Erfahrungssatz verbirgt sich dahinter jedoch nicht (BGH StV 1990, 302; vgl. ferner BGHR StGB § 21 seelische Abartigkeit 14; Meyer 1976, S. 46, 48). Die normative Beurteilung des Hemmungsvermögens gibt den Gerichten die Möglichkeit, einer zu großzügigen Exkulpationstendenz mancher Sachverständiger entgegenzuwirken und die Annahme von Schuldunfähigkeit auf die schwereren Ausprägungen psychischer Störungen zu beschränken (Stratenwerth u. Kuhlen 2004, S. 201).

Daneben kann auch den Entstehungsbedingungen der Störung Bedeutung zukommen. Derjenige, dem der Eintritt des Defektzustandes zuzurechnen ist, hat größere Anstrengungen zur Vermeidung daraus drohender schädlicher Folgen zu unternehmen als jemand, den die Störung schicksalhaft getroffen hat (Jakobs 1991, S. 509 ff.). Ist der Ausnahmezustand von anderen verursacht, handelt der Täter vielleicht in der Nähe der Voraussetzungen des Notstandes nach § 35, wird Selbstbeherrschung dagegen schwerer fallen und möglicherweise auch nicht gefordert werden können. Eine besondere Rolle spielt diese Risikoverteilung beim Affekt (vgl. BGHSt 11, 20, 26; s. 2.3.2.2), während sie beim Alkoholrausch bis zum Erreichen der Grenze des § 323 a häufig unbeachtet bleibt und bei der Betäubungsmittelkriminalität immerhin dazu führt, dass die bloße Abhängigkeit als Entschuldigung ausscheidet (Jähnke 1993, § 20 Rn 18).

Bei den beiden Ebenen der §§ 20, 21 StGB ist zu beachten, dass es sich nicht um ganz klar abgrenzbare Dimensionen handelt, sondern dass oft auch eine Gesamtbetrachtung stattfindet, bei der psychiatrisch-psychologische Befunde im Hinblick auf die Anforderungen der Rechtsordnung an das Verhalten des Einzelnen überprüfend bewertet werden (Streng 2003, § 20 Rn 15 unter Verweis auf BGH NStZ 2001, 82; StV 2001, 228, 230; BGHSt 43, 66, 77).

### 2.3.1.4 Anwendungshäufigkeit

Über die quantitative Bedeutung der Schuldfähigkeitsbegutachtung lassen sich nur begrenzte Aussagen machen. Die Strafverfolgungsstatistik erfasst nur die Fälle einer letztendlichen Annahme von Schuldunfähigkeit oder verminderter Schuldfähigkeit, nicht aber die Fälle, in denen die Begutachtung dazu geführt hat, dass die Voraussetzungen der §§ 20, 21 StGB durch das Gericht verneint wurden (Streng 2003, § 20 Rn 8).

Wie aus Tabelle 2.3-1 ersichtlich ist, wird weitaus häufiger als eine Aufhebung (§ 20 StGB) eine Verminderung (§ 21 StGB) der Schulfähigkeit angenommen (2003: 0,09% der Abgeurteilten exkulpiert, 2,9% der Verurteilten dekulpiert; 2002 waren es sogar 0,10% bzw. 3,1%). Hieraus sowie aus der in Tabelle 2.3-1 dargestellten Entwicklung der Ex- und Dekulpationen ergibt sich, dass Beeinträchtigungen der Schuldfähigkeit bei den abgeurteilten Tätern in der Gerichtspraxis bis heute eine Ausnahme darstellen. Die neue Regelung der §§ 20, 21 StGB im Jahre 1975 hat nicht zu dem von manchen befürchteten Dammbruch aufgrund der Einbeziehung des Eingangsmerkmales „schwere andere seelische Abartigkeit" in § 20 StGB geführt. Der StGB-Entwurf 1962 hatte hier zunächst eine differenzierende Lösung vorgesehen, nach der die „schweren anderen seelischen Abartigkeiten" nur schuldmindernd berücksichtigt werden sollten. Der Gesetzgeber hat sich dann jedoch für die so genannte Einheitslösung entschieden, die für § 20 StGB und § 21 StGB die gleichen psychischen Merkmale brachte. Maßgeblich war dafür, dass nach Meinung der angehörten Sachverständigen in einer geringen Zahl von Fällen hochgradiger, nicht körperlich bedingter psychischer Anomalien auch völlige Schuldunfähigkeit in Betracht komme (Schreiber/Rosenau 2004, S. 62 mwN; eingehend zur Entstehungsgeschichte der Neufassung Lenckner 1972, S. 3 ff., 109 ff.).

Die statistische Entwicklung seit 1995 hat gezeigt, dass der befürchtete Dammbruch bei Exkulpationen ausgeblieben ist. Während vor der Reform 0,11% aller Abgeurteilten exkulpiert wurden, waren es danach fast ein Jahrzehnt nur 0,05%. Zur Zeit sind es 0,09% (Tabelle 2.3-1). Das sind weniger als vor 30 Jahren, allerdings doch 80% mehr als 1981. Demgegenüber sind die Dekulpationen im gleichen Zeitraum von 1,1 auf 2,9% aller Verurteilten gestiegen, also um mehr als das 2½fache, und empirische Untersuchungen aus Niedersachsen (Verrel 1995, S. 108), Bayern (Dölling 1998, S. 1337 ff.) und Sachsen-Anhalt (Marneros et al. 2002, S. 80 ff.) legen die These nahe, dass dies neben der Zunahme des Alkohol-, Drogen- und Medikamentenmissbrauchs vor allem auf der häufigeren Anwendung des § 21 StGB im Bereich der schweren anderen seelischen Abartigkeit beruht, und hier vor allem auf dem weiten Konzept der Persönlichkeitsstörungen nach ICD-10 und DSM-IV-TR, teilweise auch auf der häufigeren Anerkennung abweichenden Sexualverhaltens als Paraphilien im Sinne dieser Klassifikationssysteme (dazu Rasch u. Konrad 2004, S. 52 ff.; Nedopil 2000, S. 81 ff., 164 ff.).

Wie sich aus den letzten beiden Spalten von Tabelle 2.3-1 ergibt, hat dies auch zu einem beträchtlichen Anstieg der Zahl der Untergebrachten im Maßregelvollzug gemäß § 63 StGB und § 64 StGB geführt. Die derzeitige dramatische Überlastung des Maßregelvollzugs in psychiatrischen Krankenhäusern und Entziehungsanstalten (2004 insgesamt 6406 Untergebrachte, also 157% mehr als 1990 mit 2489 Untergebrachten; vgl. dazu Schöch 2004, S. 393) beruht allerdings nur etwa zur Hälfte auf den gestiegenen Einweisungszahlen. Gravierender hat sich hier die Verschärfung der prognostischen Voraussetzungen für die bedingte Entlassung nach § 67d StGB (kritisch dazu Schöch 1998a, S. 1258, 1262) ausgewirkt. Die Belastung des psychiatrischen Maßregelvollzugs wird aber auch durch die zunehmende Zahl schwieriger Patienten mit schweren Persönlichkeitsstörungen bewirkt, insbesondere durch Gewalttäter mit dissozialer Persönlichkeitsstörung und durch einen Teil der Sexualstraftäter, welche das therapeutische Klima in den psychiatrischen Krankenhäusern gefährden und dort wegen Therapieresistenz unverhältnismäßig lange verwahrt werden müssen. Der kontinuierliche Anstieg der Dekulpierten, die in eine Entziehungsanstalt eingewiesen wurden (vgl. Tabelle 2.3-1 letzte Spalte), sowie die entsprechende Überfüllung der Entziehungsanstalten

**Tabelle 2.3-1.** Anwendungshäufigkeit der §§ 20, 21 und 63, 64 StGB (Straftaten insgesamt, allgemeines Strafrecht). Quelle: Statisches Bundesamt 1967–1999, jeweilige Strafverfolgungsstatistik, zuletzt Tabellen 2.2, 2.3, 5.5, 5.6

| Jahr | Abgeurteilte N | § 20 n | § 20 %* | § 63 n | § 63 %** | Verurteilte N | § 21 N | § 21 %* | § 63 n | § 63 %** | § 64 n | § 64 %** |
|---|---|---|---|---|---|---|---|---|---|---|---|---|
| 1967 | 628751 | 656 | 0,10 | 197 | 30,0 | 558384 | 6047 | 1,1 | 98 | 1,6 | – | – |
| 1969 | 607920 | 637 | 0,10 | 212 | 33,3 | 530947 | 6226 | 1,2 | 90 | 1,4 | – | – |
| 1971 | 653349 | 691 | 0,11 | 228 | 33,0 | 571423 | 6248 | 1,1 | 86 | 1,4 | – | – |
| 1973 | 687651 | 578 | 0,08 | 201 | 34,8 | 601419 | 6679 | 1,1 | 112 | 1,7 | – | – |
| 1975 | 655971 | 312 | 0,05 | 167 | 53,5 | 567605 | 7356 | 1,3 | 123 | 1,7 | 61 | 0,8 |
| 1977 | 726375 | 423 | 0,06 | 201 | 47,5 | 607307 | 10824 | 1,8 | 118 | 1,1 | 133 | 1,2 |
| 1979 | 723247 | 485 | 0,07 | 195 | 40,2 | 591543 | 11168 | 1,9 | 108 | 1,0 | 205 | 1,8 |
| 1981 | 743788 | 372 | 0,05 | 193 | 51,9 | 605946 | 12341 | 2,0 | 131 | 1,1 | 190 | 1,5 |
| 1983 | 776655 | 502 | 0,06 | 243 | 48,4 | 636105 | 14086 | 2,2 | 118 | 0,8 | 233 | 1,7 |
| 1985 | 741861 | 455 | 0,06 | 247 | 54,3 | 600798 | 13556 | 2,3 | 124 | 0,9 | 242 | 1,8 |
| 1987 | 737932 | 449 | 0,06 | 235 | 52,3 | 591321 | 12536 | 2,1 | 108 | 0,8 | 258 | 2,6 |
| 1989 | 755376 | 525 | 0,07 | 234 | 44,6 | 608548 | 14033 | 2,3 | 147 | 1,1 | 264 | 1,9 |
| 1991 | 754420 | 548 | 0,07 | 305 | 55,7 | 622390 | 13295 | 2,1 | 132 | 1,0 | 283 | 2,1 |
| 1993 | 817044 | 523 | 0,06 | 293 | 56,0 | 688128 | 14730 | 2,1 | 143 | 1,0 | 311 | 2,1 |
| 1995 | 813055 | 607 | 0,07 | 339 | 55,8 | 683258 | 14889 | 2,2 | 185 | 1,2 | 334 | 2,2 |
| 1997 | 821706 | 685 | 0,08 | 432 | 63,1 | 692723 | 17599 | 2,5 | 253 | 1,4 | 525 | 3,0 |
| 1999 | 795483 | 661 | 0,08 | 447 | 67,6 | 666059 | 18740 | 2,8 | 221 | 1,2 | 523 | 2,8 |
| 2001 | 744122 | 724 | 0,10 | 749 | 66,2 | 622027 | 17980 | 2,9 | 247 | 1,4 | 584 | 3,2 |
| 2002 | 739555 | 771 | 0,10 | 524 | 68,0 | 618269 | 19236 | 3,1 | 263 | 1,4 | 702 | 3,6 |
| 2003 | 758667 | 695 | 0,09 | 508 | 73,1 | 634735 | 18612 | 2,9 | 292 | 1,6 | 746 | 4,0 |

= niedrigster (genauer) % – Wert  *= % bezogen auf Abgeurteilte bzw. Verurteilte
= höchster (genauer) % – Wert  **= % bezogen auf § 20 bzw. § 21

beruhen nicht auf den Gesetzesänderungen des Jahres 1975, sondern auf der Zunahme der Suchtprobleme in unserer Gesellschaft, insbesondere auf dem Anstieg der Drogenpatienten. Hinzu kommt, dass es seit der Einführung der Fachanwaltschaft im Strafrecht immer mehr Strafverteidiger gibt, welche die Vorteile der Unterbringung in einer Entziehungsanstalt erkannt haben: günstigere Vollzugsbedingungen, mehr Therapieangebote, frühere und großzügigere Vollzugslockerungen als im Strafvollzug, oft auch bessere Vorbereitung einer – in beiden Vollzugsformen möglichen – Zurückstellung der Strafvollstreckung gemäß § 35 BtMG sowie – im Vergleich mit § 63 StGB – die befristete Unterbringung.

Starke Unterschiede gibt es bei den Ex- und Dekulpierungsanteilen zwischen den verschiedenen Deliktgruppen (vgl. Tabelle 2.3-2; ähnlich der Längsschnittvergleich bei Streng 2003, § 20 Rn 9). Bei den Exkulpierungsraten dominieren die Delikte gegen das Leben mit 6,97%, gefolgt von gemeingefährlichen Straftaten mit 2,69%, Sexualdelikten mit 0,5% sowie Raub und Erpressung mit 0,47%. Verminderte Schuldfähigkeit gemäß § 21 StGB wird mit 25,67 % ebenfalls bei Tötungsdelikten am häufigsten bejaht, es folgen Raub und Erpressung (11,67%), Sexualdelikte (8,91%) sowie Körperverletzung (8,84%).

Die unterschiedlich hohen Ex- und Dekulpationsraten bei den verschiedenen Deliktgruppen beruhen einerseits darauf, dass gewisse Delikte eher im Defektzustand begangen werden, andererseits aber auch auf der unterschiedlich hohen Bereitschaft der Staatsanwaltschaften und Gerichte, eine mögliche Ausnahmesituation überhaupt in Betracht zu ziehen und eine Begutachtung anzuordnen (Streng 2003, § 21 Rn 4). So wird bei Tötungs- und Sexualdelikten in der Regel eine psychiatrische Begutachtung angeordnet (Marneros et al. 2002, S. 101). Die Deliktart ist der Faktor, dem das größte „Gewicht" für die Veranlassung einer psychiatrischen Begutachtung zukommt (Marneros et al. 2002, S. 101).

### 2.3.2 Die Eingangsmerkmale der §§ 20, 21 StGB

Mit den biologisch-psychologischen Eingangsmerkmalen des § 20 StGB wollte sich der Gesetzgeber an die psychopathologische Terminologie annähern, was nur teilweise gelungen ist (kritisch Schreiber 1981, S. 46; Rasch 1984, S. 265). Jedenfalls handelt es sich im Kontext des Gesetzes um Rechtsbegriffe, die letztlich verbindlich nur von den Gerichten festgestellt werden können (Schreiber u. Rosenau 2004, S. 60). Ob die festgestellte psychische Störung auch in der Medizin als Krankheit bezeichnet wird, ist unerheblich (Jähnke 1993, § 20 Rn 21). Deshalb ist auch vor der Verwendung des Begriffes „Krankheitswert" zu warnen, da er im Kontext der Urteilsbegründungen die Besorgnis nahe legen kann, das Gericht verlange für die „schwere andere seelische Abartigkeit" einen pathologischen Befund, obwohl es nur die Gewichtigkeit der in Betracht zu ziehenden – nicht krankhaften – Umstände charakterisieren will (BGHSt 34, 22, 24; 35, 76, 78; 35, 200, 207; 37, 397, 401).

**Tabelle 2.3-2.** Schuldunfähig Abgeurteilte und vermindert schuldfähig Verurteilte im Jahr 2002 nach Deliktarten (allgemeines Strafrecht und Jugendstrafrecht). Quelle: Statistisches Bundesamt, Strafverfolgungsstatistik, Fachserie 10/ Reihe 3, 2002, Tabelle 2.1, 5.6. und 5.7

| Art der Straftat | Abge-urteilte | Schuldunfähige Abgeurteilte gemäß § 20 | | Ver-urteilte | Vermindert schuldfähige Verurteilte gemäß § 21 | |
|---|---|---|---|---|---|---|
| | | n | % | | n | % |
| Straftaten insgesamt | 893 005 | 816 | 0,09 | 591 159 | 20 576 | 3,48 |
| Darunter Straftaten nach dem StGB | 550 380 | 803 | 0,15 | 421 202 | 19 492 | 4,63 |
| gegen die sexuelle Selbstbestimmung §§ 174–184 | 8450 | 42 | 0,50 | 6770 | 603 | 8,91 |
| – Vergewaltigung § 177 II Nr. 1 | 1081 | 9 | 0,83 | 824 | 155 | 18,81 |
| gegen das Leben §§ 211- 222 [1] | 1206 | 84 | 6,97 | 892 | 229 | 25,67 |
| – Mord und Totschlag §§ 211, 212 | 646 | 77 | 11,91 | 437 | 196 | 44,85 |
| gegen die körperliche Unversehrtheit §§ 221–231 [1] | 87 005 | 267 | 0,31 | 57 923 | 5 122 | 8,84 |
| Diebstahl und Unterschlagung §§ 242–248 c | 183 989 | 47 | 0,03 | 149 139 | 5 549 | 3,72 |
| Raub und Erpressung, Angriff auf Kraftfahrer §§ 249–255, 316 a | 12 274 | 58 | 0,47 | 9535 | 1 113 | 11,67 |
| – räuberischer Angriff auf Kraftfahrer § 316 a | 128 | 1 | 0,78 | 70 | 28 | 40,00 |
| Betrug und Untreue §§ 263–266 b | 124 935 | 22 | 0,02 | 99 177 | 583 | 0,59 |
| Gemeingefährliche Straftaten §§ 306–323 c [1] | 5551 | 160 | 2,69 | 5041 | 318 | 6,31 |

[1] Ohne Straftaten im Straßenverkehr

Für die Eingangsmerkmale des § 20 StGB müssen konkrete Feststellungen zum Ausmaß der vorhandenen Störung und ihrer Auswirkung auf die Tat getroffen werden; die bloße Diagnose reicht nicht aus (BGHSt 37, 397 ff., NStZ 97, 383). Die Einordnung eines psychopathologischen Befundes in eines der anerkannten Klassifikationssysteme der Weltgesundheitsorganisation WHO (z. B. ICD-10 oder DSM-IV-TR) ist zwar nicht zwingend vorgeschrieben, sie wird aber von den Gerichten und den anderen Verfahrensbeteiligten immer häufiger erwartet, um die Nachvollziehbarkeit und Transparenz des Gutachtens zu gewährleisten (Bötticher et al. 2005, S. 58). Allerdings ist die Bezeichnung einer oder mehrerer psychischer Störungen nach ICD-10 für die rechtliche Beurteilung der Schuldfähigkeit nicht verbindlich (BGHSt 37, 397, 401; NStZ 1995, 176; StV 2001, 564 f.). Ob der sachverständige Befund unter ein Eingangsmerkmal des § 20 StGB subsumiert werden kann, ist eine juristische Frage, die allein das Gericht entscheidet (problematisch z. B. bei Spielsucht, Kleptomanie oder Pyromanie, s. 2.3.2.4, Abschn. „Die Sucht").

Die Zitierung des Störungsbefundes nach ICD-10 oder DSM-IV-TR ersetzt auch nicht die erforderlichen Feststellungen zu deren strafrechtlicher Relevanz (BGH NStZ 2005, 205 ff.) und zum Ausmaß der Störungen (BGH NStZ 1997, 383; Tröndle u. Fischer 2006, § 20 Rn 7). Gelangt der Sachverständige zu der Feststellung, dass das Störungsbild die Merkmale eines oder mehrerer Muster oder einer Mischform der Klassifikationen in ICD-10 oder DSM-IV-TR erfüllt, sind auch das Ausmaß der psychischen Störung und deren Auswirkung auf die Tat(en) zu bestimmen, die vom Sachverständigen auf Grund einer Gesamtbetrachtung der Persönlichkeit des Beschuldigten, des Ausprägungsgrads der Störung und ihrer Auswirkung auf seine soziale Anpassungsfähigkeit ermittelt werden können (Boetticher et al. 2005, S. 58).

Andererseits hat die Rechtsprechung anerkannt, dass die Zuordnung eines Befundes zu einem diagnostischen Begriff nach ICD-10 (hier: schizotype Persönlichkeitsstörung) in der Regel auf eine nicht ganz geringfügige Beeinträchtigung hinweist (BGHSt 37, 397, 400 f.; NStZ-RR 1998, 188 ff.). Wurde eine Persönlichkeitsstörung zutreffend einer Kategorie gemäß ICD-10 zugeordnet und außerdem als schwer eingestuft, so liegt es nahe, dass sie jedenfalls die Wirkung einer erheblichen Verminderung der Schuldfähigkeit im Sinne des § 21 StGB hatte. Will der Tatrichter dennoch die Erheblichkeit dieser schweren seelischen Abartigkeit verneinen, so hat er dies näher zu begründen (BGH NStZ-RR 1998, 188). Die Anforderungen hierfür sind nicht gering (s. auch 2.3.2.4, Abschn. „Persönlichkeitsstörungen").

BGHSt 37, 397 ff.: Der Angeklagte hatte im Anschluss an einen erb- und vermögensrechtlichen familiären Streit seinen Vetter mit einem Schrotgewehr heimtückisch getötet. Der Sachverständige hatte das „psychopathologische Zustandsbild", das insbesondere durch Äußerungen des Angeklagten, sein „Geist zerfalle" und „seine Fettzellen seien nicht angeschlossen" gekennzeichnet war, als schizotype Persönlichkeitsstörung gemäß DSM-III-R und ICD-9 diagnostiziert, die „mangels eines entsprechenden Gewichtigkeitsgrades die Fähigkeit des Angeklagten, das Unrecht der Tat einzusehen und nach dieser Einsicht zu handeln, aber weder ausgeschlossen noch eingeschränkt" habe. Der 5. Strafsenat hob in dem hierzu ergangenen Urteil vom 4.6.1996 die Verurteilung des Angeklagten wegen heimtückischen Mordes bei voller Schuldfähigkeit auf, weil sich das Gericht im Anschluss an den Sachverständigen nicht hinreichend mit dem Gewicht der schizotypen Persönlichkeitsstörung auseinandergesetzt habe, die zumindest eine erhebliche Verminderung der Schuldfähigkeit nahe lege. Hierfür spreche auch die in der Literatur diskutierte enge Beziehung solcher Persönlichkeitsstörungen zur Schizophrenie (Saß 1987, S. 26), ebenso wie der Umstand, dass nach dem Klassifikationssystem DSM-III-R die schizotype Persönlichkeitsstörung gegenüber der schizoiden Persönlichkeitsstörung als die schwerere, oft mit einer Borderlinepersönlichkeitsstörung einhergehende Störung erscheine. Unter diesen Umständen hätte der Tatrichter prüfen müssen, ob die Persönlichkeitsstörung Symptome aufweist, die in ihrer Gesamtheit das Leben des Angeklagten vergleichbar schwer und mit ähnlichen – auch sozialen – Folgen stören, belasten oder einengen wie krankhafte seelische Störungen (BGHSt 34, 22, 28). Soweit, wie im vorliegenden Fall, nur an eine Verminderung der Schuldfähigkeit, nicht dagegen an deren Ausschluss zu denken sei, brauche sich der Vergleich mit den Auswirkungen krankhafter seelischer Störungen nicht notwendig an solchen Krankheitsbildern zu orientieren, die zum Ausschluss der Schuldfähigkeit führen. Der Vergleich mit schwächeren Formen könne genügen (vgl. Saß 1987, S. 112).

### 2.3.2.1 Krankhafte seelische Störung

Der Begriff der Störung ist weit auszulegen und umfasst auch angeborene Zustände. Seelisch ist im Sinne von psychisch zu verstehen und deckt den Bereich des Intellektuellen und des Emotionalen ab. Krankhaft ist eine Störung, wenn sie auf eine somatische (körperliche) Ursache zurückgeht oder eine solche Ursache vermutet (postuliert) werden muss (Begründung zu § 24 E 1962, S. 137f.; Lackner u. Kühl 2004, § 20 Rn 3). Der Begriff „krankhaft" beinhaltet eine besondere Qualität und Intensität der Störung und dient als Korrektiv zu dem breit gefächerten Diagnosekatalog, der unter dieses Merkmal fällt. Damit wird eine Analogie zum Ausschluss der willentlichen Steuerung bei einer Krankheit nahe gelegt und die Erschütterung des Persönlichkeitsgefüges, welche die Einsichts- und Steuerungsfähigkeit aufhebt, bewusst gemacht (Nedopil 2000, S. 21).

In der juristischen Literatur und in der Rechtsprechung stehen die exogenen und die endogenen Psychosen sowie Alkohol-, Drogen- und Medikamentenrausch im Mittelpunkt. Von psychiatrischer Seite werden daneben erwähnt degenerative Hirnerkrankungen, epileptische Erkrankungen, genetisch bedingte Behinderungen (z.B. das Down-Syndrom oder das Klinefelter-Syndrom) sowie körperliche Abhängigkeiten (Nedopil 2000, S. 21). Auch diese Sonderformen gehören für die strafrechtliche Behandlung zu den krankhaften seelischen Störungen.

### Endogene Psychosen

Hier handelt es sich um Krankheiten mit postulierter somatischer Ursache in Form *schizophrener Störungen* (meist in wahnhafter Form) oder *affektiver Störungen* (meist als bipolare affektive Störungen), die früher auch als Zyklothymie, Gemütskrankheit oder manisch-depressives Irresein bezeichnet wurden (Nedopil 2000, S. 131). Eifersuchtswahn oder andere psychoseähnliche Wahnentwicklungen, die keine somatischen Ursachen haben, gehören nicht hierher, sondern zum Merkmal der „schweren anderen seelischen Abartigkeit" (Schreiber u. Rosenau 2004, S. 64).

Beim akuten Schub mit florider schizophrener Symptomatik wird fast durchweg Schuldunfähigkeit (in der Regel schon wegen fehlender Einsichtsfähigkeit) angenommen; bei Schizophreniepatienten mit leichten Residualzuständen kommt eher erheblich verminderte Steuerungsfähigkeit in Betracht, während bei vollremittierten, ehemalig schizophrenen Patienten auch volle Schuldfähigkeit möglich ist (Nedopil 2000, S. 128; Jähnke 1993, § 20 Rn 40). Allerdings gilt dies nur, wenn das Delikt aus dem Leben des Menschen heraus normalpsychologisch nachvollziehbar (Nedopil 2000, S. 128) ist; hierbei ist größte Vorsicht geboten.

BGH NStZ-RR 2002, 202 f.: Das LG hatte den 37-jährigen Angeklagten wegen versuchten Totschlags in drei Fällen zu einer Gesamtfreiheitsstrafe von 10 Jahren verurteilt, weil er bei einer Fahrscheinkontrolle in der Berliner U-Bahn einem uniformierten Kontrolleur völlig unvermittelt mit einem mitgeführten Messer einen wuchtigen Stich in den Rücken versetzt hatte und unmittelbar danach auf einen weiteren Kontrolleur in Richtung Brust und auf eine Kontrolleurin in Richtung Unterkörper eingestochen hatte. Der seit 15 Jahren nicht sesshaft und ohne Sozialhilfe in Deutschland lebende Angeklagte litt nach dem Gutachten des Sachverständigen unter einer „paranoidhalluzinatorischen Psychose mit episodalem Verlauf und residualer Wahnsymptomatik". Die erste Manifestation dieser Erkrankung war zwei Jahre vor der Tat bei einer Strafverbüßung festgestellt worden. Das LG hatte in Übereinstimmung mit dem Sachverständigen im Hinblick auf die zweijährige Unauffälligkeit eine beschwerdearme Phase und einen „autistischen Rückzug" des Angeklagten in seine „wahnhaft gefärbte Gedankenwelt" angenommen und deshalb uneingeschränkte Schuldfähigkeit bejaht. Der 5. Senat hob dieses Urteil durch Beschluss vom 9.4.2002 auf, weil insbesondere die Tat- und Begleitumstände gewichtige Indizien für ein mit der Tat zusammenhängendes Wahngeschehen seien. Unauffälliges Verhalten vor der Tat und in mancher Beziehung noch differenzierte Reaktionen und Verhaltensweisen des Täters seien keine tragfähigen Beweisanzeichen für eine – zumal umfassend – intakte Einsichts- und Steuerungsfähigkeit.

**Bei affektiven Störungen des Angeklagten neigt die Praxis gelegentlich dazu, die Symptomatik zu übersehen oder zu unterschätzen.**

BGHSt 46, 257, 260: Das LG hatte den Angeklagten – einen Beamten – wegen versuchter Erpressung zu einer Freiheitsstrafe von einem Jahr verurteilt und seine Unterbringung in einem psychiatrischen Krankenhaus angeordnet. Strafe und Maßregel wurden zur Bewährung ausgesetzt, hatten aber – entgegen der Annahme des LG – beamtenrechtlich nachteilige Folgen. Auf die Revision des Angeklagten hob der 2. Senat durch Beschluss vom 10.1.2001 das Urteil des Landgerichts auf, das Schuldunfähigkeit ausgeschlossen hatte, weil der Angeklagte „nicht an einer Manie im Sinne einer Psychose" gelitten habe. Sollte es zutreffen, dass der Angeklagte nicht an einer Psychose litt, so fehle schon die Grundlage für eine erhebliche Verminderung seiner Steuerungsfähigkeit. Bei schweren manischen (oder depressiven „Episoden") handle es sich aber um Psychosen (affektive Störungen), bei denen die Aufhebung der Steuerungsfähigkeit jedenfalls nicht fern liege (unter Verweis auf Nedopil, jetzt 2000, S. 135).

## Exogene Psychosen

Hier handelt es sich um Störungen, die nachweisbar auf *hirnorganischen Ursachen* beruhen. Dazu gehören traumatische Psychosen aufgrund von Hirnverletzungen, Infektionspsychosen (z. B. progressive Paralyse, Enzephalitis oder Meningitis), außerdem hirnorganische Krampfleiden (Epilepsie; vgl. BGH NJW 1995, 795 zum Verschulden und zur Einsichtsfähigkeit eines Epileptikers bei einem von ihm verursachten tödlichen Verkehrsunfall) sowie Hirntumore, hirnorganisch bedingter Persönlichkeitsabbau im Sinne der Demenz (Hirnarteriosklerose, Hirnatrophie oder krankheitsbedingter – nicht angeborener – Schwachsinn; zum Altersschwachsinn vgl. BGH NStZ 1983, 43; StV 1989, 102 f.; 1994, 14, 15), ferner hirnorganische Schädigungen infolge längeren Drogenkonsums und Intelligenz- und Persönlichkeitsabbau bei chronischen Alkoholikern (vgl. BGHR § 20 Einsichtsfähigkeit 3 – Alkoholhalluzinose) sowie körperliche Abhängigkeit von psychotropen Substanzen. Demgegenüber gehört die Sucht infolge psychischer Abhängigkeit, die nicht oder noch nicht zur körperlichen Abhängigkeit geführt hat, zu den seelischen Abartigkeiten der vierten Fallgruppe (vgl. dazu Nedopil 2000, S. 21 f., 92; Lenckner u. Perron 2006, § 20 Rn 11, 21).

Am häufigsten ist die reversible Intoxikationspsychose in Form der *Alkohol-, Drogen- oder Medikamentenintoxikation*. Quantitativ gesehen ist der Alkohol die „kriminologisch bedeutsamste Droge" (Rasch u. Konrad 2004, S. 223; für Tötungsdelikte Verrel 1995, S. 108 f.) und wird deshalb anschließend in einem besonderen Abschnitt behandelt. Daneben ist aber auch der Drogenrausch bedeutsam, ebenso – oft bei den Ermittlungen nicht hinreichend beachtet – die Rauschwirkung von zentral wirksamen Medikamenten (z. B. Benzodiazepine, morphinhaltige Medikamente, Neuroleptika).

## Alkoholrausch

Der Alkoholrausch ist die am häufigsten vorkommende Intoxikationspsychose. Teilweise wird der Rauschzustand wegen vergleichbarer Auswirkungen als tiefgreifende Bewusstseinsstörung bezeichnet, ohne dass dieser rein begriffliche Streit praktische Konsequenzen hätte (Lenckner u. Perron 2006, § 20 Rn 11, 13, 16; offen gelassen von BGHSt 37, 231, 239; mit der herrschenden Literaturmeinung für eine „krankhafte seelische Störung" durch einen akuten Alkoholrausch BGHSt 43, 66, 68). Obwohl die für alle exogenen Psychosen typische Bewusstseinsstörung hier nur vorübergehender Natur ist, sollte der Alkoholrausch nicht mehr unter das Merkmal „tiefgreifende Bewusstseinsstörung" subsumiert werden (ebenso Nedopil 2000, S. 21; Foerster 2004 a, S. 200).

Ein schematisches Vorgehen nach der Höhe der Blutalkoholkonzentration (BAK) ist wegen der ganz unterschiedlichen Auswirkungen auf Personen und in verschiedenen Tatsituationen unmöglich. Insbesondere bei starker Alkoholgewöhnung oder -toleranz hat selbst eine BAK von 3‰ und mehr nicht zwingend größere Ausfallerscheinungen zur Folge, während sie bei Personen ohne diese Merkmale bereits tödliche Wirkung haben kann. Unter erheblicher Kritik im forensisch-psychiatrischen und juristischen Schrifttum (Nachweise bei BGH NStZ 1996, 592 ff.) hatte die Rechtsprechung gleichwohl aufgrund einer Entscheidung des 4. Senats vom 22.11.1990 (BGHSt 37, 231 ff.) zwischenzeitlich (von 1990 bis Ende 1996) versucht, die Annahme erheblich verminderter Steuerungsfähigkeit als „kaum widerlegbare" Folge einer BAK von 2,0‰ und mehr zu postulieren. Gegenüber der durch einen „wissenschaftlich gesicherten statistischen Erfahrungssatz" verbürgten Bedeutung der Blutalkoholkonzentration sollten andere psychopathologische Faktoren nur ganz ausnahmsweise von Bedeutung sein, wenn sie durch einen fachkundigen Mediziner in unmittelbarem Zusammenhang mit dem Tatgeschehen diagnostiziert würden (BGHSt 37, 231 ff., 241, 244). Hintergrund dieser Rechtsprechung, der sich alle Strafsenate des BGH anschlossen, waren vor allem Praktikabilitätsgesichtspunkte (vgl. Salger 1988, S. 379 ff.: „einfache und schnelle" sowie „rechtlich unbedenkliche" Bewältigung eines „Massenproblems"). Einigkeit bestand zwischen den Strafsenaten schon vorher darin, dass die Frage der Schuldunfähigkeit im Sinne des § 20 zwar ab einem Blutalkoholwert von 3‰ in Betracht komme, dass es sich jedoch insoweit nicht um einen „Grenzwert" aufgrund medizinisch-statistischer Erfahrung handle, der Gegenindizien verdränge (BGH NStZ 1996, 593).

Im Rahmen eines vom 1. Senat in die Wege geleiteten Anfrageverfahrens gemäß § 132 Abs. 2, 3 GVG sind inzwischen jedoch sämtliche Strafsenate des Bundesgerichtshofs mehr oder weniger deutlich von dieser einseitigen Betonung der BAK abgerückt und zu der Feststellung gelangt, dass ein gesicherter medizinisch statistischer Erfahrungssatz über die alleinige Bedeutung der Blutalkoholkonzentration für die Annahme einer Ex- oder Dekulpation nicht existiert (BGHSt 43, 66 ff.; Anfragebeschluss BGH NStZ 1996, 592 ff.; vgl. das der Entscheidung zugrunde liegende Gutachten von Kröber 1996, S. 569 ff.). Damit hat die „Psychodiagnostik" im Verhältnis zur „Promillediagnostik" wieder größere Bedeutung erlangt (vgl. Lenckner u. Perron 2006, § 20 Rn 16 a). Dies verdeutlicht die folgende Entscheidung des 1. Strafsenats vom 22.10.2004:

BGH NStZ 2005, 329: Der seit seinem 14. Lebensjahr alkoholgewohnte Angeklagte, der erfolglos mit 17 Jahren eine Entziehungskur und später Entgiftungen und Therapien versucht hatte, veranlasste im Rahmen eines Trinkgelages einen Bekannten, mit einem aus der Küche geholten, zunächst versteckten Fleischermesser auf seine ahnungslose Lebensgefährtin einzustechen. Danach zog er das Messer aus dem Unterbauch der Verletzten, wusch es in der Spüle ab und verständigte anschließend per Notruf das DRK, wobei er deutlich und ohne Anzeichen einer verwaschenen Aussprache redete und auf Nachfragen schnell und angepasst antwortete. Eine 45 Minuten nach der Tat entnommene Blutprobe des Angeklagten ergab eine BAK von 2,92‰.

Der 1. Senat billigte die Auffassung der Strafkammer, dass die Einsichts- und Steuerungsfähigkeit des Angeklagten zum Tatzeitpunkt nicht beeinträchtigt gewesen sei. Obwohl der tatzeitnah gemessene Blutalkoholwert eine zuverlässige Aussage mit nicht geringer Beweisbedeutung darstelle, sei das LG gleichwohl aus Rechtsgründen nicht gehindert, die festgestellten psychodiagnostischen Beweisanzeichen dahin zu würdigen, dass eine krankhafte seelische Störung nicht vorgelegen habe. Diese seien bei dem alkoholabhängigen und in hohem Maße trinkgewohnten Angeklagten sogar besonders aussagekräftig, insbesondere wegen des Verhaltens vor, während und nach der Tat, das sich in schlüssigen Handlungssequenzen mit motorischen Kombinationsleistungen vollzogen habe.

Als Faustregel mit beschränktem Indizwert behält die von der Rechtsprechung entwickelte Leitlinie, nach der bei einer Blutalkoholkonzentration ab 2‰ Dekulpation und ab 3‰ Exkulpation zu prüfen (nicht automatisch zu bejahen) ist, eine gewisse Bedeutung. Je höher die gemessene BAK, je kürzer die Zeit zwischen Tat und Blutentnahme und je alkoholungewohnter der Täter ist, desto größer wird der Indizwert der BAK eingeschätzt (Nedopil 2000, S. 103; Detter 1999, S. 121). Im Hinblick auf die Überschreitung einer höheren Hemmschwelle bei Delikten gegen das Leben nimmt die Rechtsprechung bei Tötungsdelikten und anderen schwerwiegenden Gewalttaten gegen Leib und Leben einen um 10% höheren unteren Schwellenwert an, also 2,2% für § 21 StGB und 3,3% für § 20 StGB (vgl. BGHSt 37, 231, 235; BGH NStZ 1991, 126; BA 2001, 186). Andererseits können die Indizwerte im Einzelfall – insbesondere bei Erschöpfung oder nach Einnahme von Schlaf- oder Beruhigungstabletten sowie bei trinkungewohnten Personen – auch erheblich niedriger liegen.

Falls eine Blutalkoholbestimmung nicht mehr möglich ist, kommt eine Begutachtung mit gewissen Einschränkungen auch aufgrund der Berechnung der BAK aus Trinkmengenangaben und/oder aufgrund sonstiger Symptome der Rauschtat in Betracht. Dabei erfolgt eine möglichst exakte Rekonstruktion und Würdigung des Tatgeschehens und des Verhaltens vor und nach der Tat unter den Aspekten Persönlichkeitsfremdheit der Tat, Sinnlosigkeit des Rauschverhaltens, äußerlich erkennbare Ausfallerscheinungen, Erkennen der Situation, Reagieren auf unvorhergesehene Veränderungen. Neben Zeugenaussagen zum Tatgeschehen wird das Gericht hierfür in der Regel auch einen Sachverständigen benötigen. Können belastende Indizien nicht nachgewiesen oder entlastende Indizien nicht widerlegt werden, so ist nach dem Grundsatz „in dubio pro reo" von den für den Beschuldigten günstigeren Begleitumständen auszugehen, wobei allerdings nicht isoliert auf das einzelne Indiz, sondern auf das Ergebnis einer Gesamtwürdigung der Gesamtanzeichen abzustellen ist (Tröndle u. Fischer 2006, § 20 Rn 15). Gegenüber aussagekräftigen psychodiagnostischen Beweisanzeichen ist einem Blutalkoholwert geringere Bedeutung beizumessen, wenn dieser lediglich aufgrund von Trinkmengenangaben nach längerer Trinkzeit ermittelt worden ist (BGH NStZ 1998, 457 f.; BGHSt 35, 308, 315).

BGH NStZ 1998, 458: Das LG hatte den Angeklagten wegen versuchten Mordes bei voller Schuldfähigkeit verurteilt, obwohl die Berechnung nach den Trinkmengenangaben eine BAK zwischen 2,8 und 4,5‰ zur Tatzeit ergeben hatte. Der 1. Senat billigte es in dem Beschluss vom 6.5.1998, dass aufgrund der glaubhaften Angaben des Geschädigten wesentlich auf das Erscheinungsbild des Angeklagten und sonstige psychodiagnostische Kriterien abgestellt wurde, um eine Beeinträchtigung der Schuldfähigkeit auszuschließen, unter anderem das geschickte und listige Vorgehen bei der Vorbereitung des Angriffs, die sofortige Reaktion auf Störungen bei der Tatausführung sowie kontrollierte Scheinangriffe (vgl. auch BGH NStZ 2002, 532: BAK bis zu 3,54%).

Fehlen Feststellungen zum Alkoholkonsum völlig und lassen sie sich auch nicht anhand von Trinkmengenangaben rekonstruieren, so ist die Beurteilung alkoholischer Beeinträchtigung allein nach psychodiagnostischen Kriterien vorzunehmen (BGH NStZ 1994, 334; BGHSt 36, 286, 291).

Wenn umgekehrt keine Indizien für eine psychodiagnostische Beurteilung vorliegen, so bleibt als alleinige Beurteilungsgrundlage der (festgestellte oder errechnete) BAK-Wert (Tröndle u. Fischer 2006, § 20 Rn 26), der ab 2‰ für eine verminderte Schuldfähigkeit und ab 3‰ für die Schuldunfähigkeit spricht (vgl. BGH NStZ-RR 97, 162 f., 163 ff.; Lenckner u. Perron 2001, § 20 Rn 16a). Dabei ist jedoch der eingeschränkte Beweiswert eines aufgrund von Trinkmengenangaben errechneten BAK-Wertes zu beachten, insbesondere bei Rückrechnungen über lange Zeiträume (BGH NStZ 2000, 136 f.; nach Kröber 1996, S. 569, 576 sogar indiziell bedeutungslos und praktisch irreführend). Dieser hat jedenfalls nicht dieselbe Indizwirkung für die Schuldfähigkeit wie der von einer Blutprobe mit oder ohne Rückrechnung entnommene Wert (BGHSt 36, 286, 289). Dies ändert aber nichts daran, dass es der Zweifelssatz gebietet, den errechneten Maximalwert mit der sich daraus ergebenden Indizwirkung der Beurteilung der Schuldfähigkeit zugrunde zu legen, wenn keine kontraindikatorischen Beweisanzeichen vorhanden sind (BGHSt 36, 286, 291). Allerdings verbietet es der Zweifelssatz nicht, die errechnete BAK in eine Gesamtwürdigung aller für die Schuldfähigkeit relevanten Feststellungen zum Tatgeschehen und zum Täterverhalten – also Beweisanzeichen im weiteren Sinne wie Alkoholgewöhnung und Tatplanung – einzubeziehen, weshalb in aller Regel doch ein völliger Ausschluss der Steuerungsfähigkeit verneint werden kann (vgl BGHSt 35, 308, 316 f.; Jähnke 1993, § 20 Rn 49; Streng 2003, § 20 Rn 30, 72).

Noch keine einheitliche Linie hat die Rechtsprechung bezüglich der *Alkoholgewöhnung und -verträglichkeit* gefunden. Sie wird von psychiatrischer und gerichtsmedizinischer Seite für besonders wichtig gehalten (vgl. die Gutachten von Kröber, NStZ 1996, 569 ff. und von Joachim, mitgeteilt bei BGH NStZ 1996, 592 ff.). Nach der vom 1. Senat veranlassten Wende (BGHSt 43, 63, 66 ff.) wird ihnen auch vom 3., 4. und 5. Senat größere Bedeutung beigemessen (Nachweise bei Lenckner u. Perron 2006, § 20 Rn 16e), während der 2. Senat darin nach wie vor „keine wesentlichen Kriterien" sieht (BGH NStZ 1998, 295 f., dagegen neuerdings der 1. Senat in BGH NStZ 2005, 339 ff.).

Relevante Beeinträchtigungen unterhalb der Schwellenwerte wurden bei folgenden physischen und psychischen Befindlichkeiten in Verbindung mit Alkohol anerkannt: Affekte oder affektive Erregungen (BGHSt 35, 308, 317; NStZ 1986, 114; 1987, 321; 1988, 268 mit Anm. Venzlaff; 1997, 232; 1999, 508), ein Unfallschock (BGH VRS 24, 189), hirnorganische Schädigungen (BGH NStZ 1992, 32; StV 1987, 246 mit Anm. Neumann; 1993, 187), Schizophrenie (BGH NStZ 1991, 352), schwere Persönlichkeitsstörung (BGH NStZ 1999, 508), schwere neurotische Fehlentwicklung (BGH NJW 1984, 1631), soziopathische Persönlichkeitsstruktur (BGH StV 1993, 185 f.; BGHR § 20 StGB, Ursachen, mehrere 2), die zusätzliche Einnahme von Drogen

(BGH StV 1988, 294) und das Zusammenwirken mit Medikamenten (OLG Karlsruhe VRS 80 [1991], 440, 448).

Zu den Ausnahmefällen, in denen der Grad der Alkoholisierung geringere Bedeutung hat, gehört die durch gesteigerte Erregung gekennzeichnete *abnorme Alkoholreaktion* (so genannter abnormer oder komplizierter Rausch), bei dem aufgrund hirnorganischer Beeinträchtigungen eine quantitative Steigerung der Alkoholwirkung eintritt, die sich in einer außergewöhnlich starken Ausprägung einzelner rauschtypischer Merkmale wie Streitsucht oder Gereiztheit äußert (BGHSt 40, 198, 199). Die Rechtsprechung will davon den „*pathologischen Rausch*" unterscheiden, der nach der psychiatrischen Literatur äußerst selten auftrete und als ein durch Alkohol ausgelöster Dämmerzustand beschrieben werde (BGHSt 40, 198, 200; kritisch Rasch u. Konrad 2004, S. 224; Schneider u. Frister 2002, S. 28, die wegen der unspezifischen und differenzialdiagnostisch wenig trennscharfen Merkmale auf diese diagnostische Kategorie verzichten wollen).

Die bei verminderter Schuldfähigkeit in den meisten Fällen gewährte Strafrahmenmilderung gemäß §§ 21, 49 Abs. 1 StGB wird in der neueren Rechtsprechung bei *Gewaltdelikten nach vorwerfbarer Alkoholisierung* regelmäßig verneint, wenn in der Person des Täters oder in situativen Verhältnissen des Einzelfalls Umstände vorliegen, die in Zusammenhang mit der Alkoholisierung das Risiko der Begehung von Straftaten vorher signifikant erhöht haben (BGHSt 49, 239 ff.; BGH NStZ 2003, 480 ff.; s. 2.3.6.2).

### 2.3.2.2 Tiefgreifende Bewusstseinsstörung

Mit diesem Begriff werden die so genannten „normal-psychologischen", d.h. nicht organisch bedingten Trübungen oder Einengungen der Wahrnehmungs- und Erlebnisfähigkeit aufgrund akuter Belastungsreaktionen bezeichnet. Relativ häufig sind affektive Erregungs- und Ausnahmezustände, während Übermüdungs-, Erschöpfungs- und Dämmerzustände selten vorkommen (dazu BGH NStZ 1983, 280).

Das Wort „tiefgreifend" bringt zum Ausdruck, dass nur Bewusstseinsstörungen von solcher Intensität erfasst werden, die das Persönlichkeitsgefüge in vergleichbar schwerwiegender Weise beeinträchtigen wie eine krankhafte Störung (BGH NStZ 90, 231; BGHSt 34, 22, 25; 35, 200, 207; 37, 397, 401). Allerdings sollte der Begriff „Krankheitswert" hierfür vermieden werden, da er in den Psychowissenschaften umstritten und juristisch missverständlich ist; es geht gerade nicht um krankhaft bedingte Bewusstseinsstörungen (Tröndle u. Fischer 2006, § 20 Rn 29). Der von der Rechtsprechung herangezogene Vergleich will die krankhafte seelische Störung nur als Maßeinheit für eine Beeinträchtigung der Schuldfähigkeit heranziehen.

Der bedeutsamste Anwendungsfall ist der *hochgradige Affekt*. Affekttaten werfen schwierige Beurteilungsprobleme auf, weil hier eine einmalige Lebenssituation oft ohne Tatzeugen rekonstruiert werden muss und – anders als bei den sonstigen psychischen Auffälligkeiten – eine Kontrolle anhand der Biografie oder aktueller Verhaltensstörungen kaum möglich ist. Bei einem Viertel aller Verfahren wegen Tötungsdelikten werden affektive Beeinträchtigungen angenommen (Verrel 1995, S. 109).

Affekte sind Gefühlsregungen besonderer Stärke (z. B. Wut, Angst und Schrecken, Verzweifelung), die das Bewusstsein in unterschiedlichem Maße einengen können, also normalpsychologische Erscheinungen, bei denen es entscheidend auf das Ausmaß der Bewusstseinseinengung ankommt, insbesondere auf den Verlust der bewussten Beziehung zur Umwelt (Schöch 1983, S. 333 ff.).

Während in der Psychiatrie unter dem Einfluss des psychiatrischen Krankheitsbegriffs früher vielfach überhaupt die Möglichkeit ausgeschlossen wurde, dass normalpsychologische, d.h. nicht auf krankhaften körperlichen Erscheinungen beruhende Affekte die Schuldfähigkeit ausschließen könnten (zuletzt Bresser 1978, S. 1188 ff.), hat die Rechtsprechung dies in der Nachkriegszeit – wenn auch nur für seltene Ausnahmefälle – anerkannt. Die Grundsatzentscheidung des 4. Senats vom 10.10.1957 enthält bereits die auch heute noch gültigen Maßstäbe:

BGHSt 11, 20 ff.: Der Angeklagte tötete im Verlauf einer heftigen, mit Tätlichkeiten verbundenen Auseinandersetzung seine Ehefrau, die sich gegen seinen Willen von ihm scheiden lassen wollte und mit der er schon häufig bis tief in die Nacht hinein während, ihn völlig zermürbende Streitigkeiten gehabt hatte, indem er ihr mit einem Kartoffelschälmesser drei bis vier Stiche in den Hals beibrachte. Das Schwurgericht war zu dem Ergebnis gekommen, dass die Entladung der Affektstauung von keinem gezielten Willen gelenkt gewesen sei. Über das eigentliche Tatgeschehen herrschte beim Angeklagten Erinnerungslosigkeit.
Der 4. Senat kam – unter Hinweis auf zwei frühere Entscheidungen (OGHSt 3, 82; BGHSt 3, 199) zu folgendem Ergebnis: „Eine Bewusstseinsstörung im Sinne des § 51 StGB (jetzt § 20) kann bei einem in äußerster Erregung handelnden Täter auch dann gegeben sein, wenn er an keiner Krankheit leidet und sein Affektzustand auch nicht von sonstigen Ausfallserscheinungen (wie z. B. Schlaftrunkenheit, Hypnose, Fieber oder ähnlichen Mängeln) begleitet ist". Der BGH erwähnt die vom Generalbundesanwalt vorgetragenen generalpräventiven Bedenken und die Gefahren der unwiderlegbaren Einlassung von Angeklagten bei derartigen Konflikttaten ohne Zeugen, weist diese aber mit folgendem Argument zurück: „Es darf jedoch nicht übersehen werden, dass es, wie auch der vorliegende Fall beweist und die Lebenserfahrung bestätigt, nicht von ungefähr bei einem Menschen zu plötzlichen Affektausbrüchen, gewissermaßen wie zu einem Blitzschlag aus heiterem Himmel, kommt, sondern dass diesem Ereignis in der Regel eine längere Entwicklung und Vorgeschichte vorausgeht. Sie ist der Aufklärung durch Zeugen auch nach der Tat in der Regel noch zugänglich" (ebd., S. 25). Die in den Folgeentscheidungen sehr streitige Frage, ob eine Exkulpation bei verschuldetem Affekt auszuschließen sei, lässt der BGH dahin gestellt, weil die Feststellungen des Schwurgerichts ergeben hätten, „dass der warm- und gutherzige, weiche, friedliebende, gewissenhafte und arbeitsame Angeklagte durch jahrelange Gehässigkeiten seiner aktiven, zielbewussten, selbstsüchtigen, herrschsüchtigen und überheblichen Frau und seiner ebenso gearteten Schwiegermutter an den Rand der Verzweiflung gebracht und zermürbt wurde, so dass die in ihm unentwegt arbeitenden und kämpfenden, zunächst noch mühsam niedergehaltenen Empfindungen hervorbrachen und sich alle Dämme der Beherrschung durchstoßend entluden" (ebd., S. 26). Daraus ergebe sich, dass der Angeklagte ohne eigene Schuld in den Zustand höchster Erregung geraten sei und in dieser Verfassung seiner Frau die tödlichen Stiche beigebracht habe.

Da es bei Affekttaten also um Ausnahmehandlungen psychisch meist gesunder Personen geht, wird bis heute kontrovers diskutiert, in welchen Merkma-

## 2.3 Die Schuldfähigkeit    117

len und auf welcher Ebene sich ein solches Verhalten von den normalen Reaktionsmustern eines Menschen unterscheiden muss, wenn es zur Anerkennung einer relevanten Reduzierung des Steuerungsvermögens führen soll (vgl. aus juristisch-kriminologischer Sicht Schöch 1983, mit ersten Ansätzen für einen Kriterienkatalog). Wie bei keiner anderen Fallgruppe der Schuldfähigkeitsbeurteilung greifen hier empirische und normative Gesichtspunkte ineinander, ohne dass ihr Rangverhältnis geklärt wäre. So wird beklagt, dass sich juristische und psychiatrische Erörterungen mitunter in gegenseitiger Bezugnahme ohne Erkenntnisgewinn erschöpfen (Nedopil 2000, S. 194).

Mit großer Resonanz in der Literatur und Rechtsprechung hat Saß auf der Basis einer Literaturübersicht einen *Merkmalkatalog* weitgehend anerkannter Indizien zur Prüfung der Schuldfähigkeit bei Affektdelikten zusammengestellt (Saß 1983, S. 557 ff., 562; 1985, S. 55, 61; darauf aufbauend Salger 1989, S. 201 ff.).

*Für eine Beeinträchtigung der Schuldfähigkeit* sprechen danach folgende Kriterien: spezifische Vorgeschichte und Tatanlaufzeit; affektive Ausgangssituation mit Tatbereitschaft; psychopathologische Disposition der Persönlichkeit; konstellative Faktoren (Alkohol, Medikamente, Übermüdung); abrupter elementarer Tatablauf ohne Sicherungstendenzen; charakteristischer Affektaufbau und -abbau; Folgeverhalten mit schwerer Erschütterung; Einengung des Wahrnehmungsfeldes und der seelischen Abläufe; Missverhältnis zwischen Tatanstoß und Reaktion; Erinnerungsstörungen (fehlen bei Saß 1985, S. 61); Persönlichkeitsfremdheit; Störung der Sinn- und Erlebniskontinuität (Saß 1983, S. 562; ähnlich Venzlaff 1985, S. 391).

Umgekehrt sprechen *gegen eine Beeinträchtigung der Schuldfähigkeit* folgende Merkmale: aggressive Vorgestalten in der Phantasie; Ankündigen der Tat; Vorbereitungshandlungen der Tat; aggressive Handlungen in der Tatanlaufzeit; Konstellierung der Tatsituation durch den Täter; fehlender Zusammenhang Provokation – Erregung – Tat; zielgerichtete Gestaltung des Tatablaufs vorwiegend durch den Täter; lang hingezogenes Tatgeschehen; komplexer Handlungsablauf in Etappen; Fehlen von vegetativen, psychomotorischen und psychischen Begleiterscheinungen heftiger Affekterregung; erhaltene Introspektionsfähigkeit (Selbstbeobachtung) bei der Tat; exakte, detailreiche Erinnerung; zustimmende Kommentierung des Tatgeschehens (Saß 1983, S. 567; die beiden letzten Kriterien fehlen im Katalog 1985, S. 61).

Diese Kriterien haben auch Eingang in die Rechtsprechung gefunden (BGH StV 1987, 434; 1988, 57, 58; 1989, 12, 335 mit Anm. Schlothauer; NStZ 1990, 331).

BGH StV 2001, 228 ff. = BGHR § 21 StGB, Affekt 11: Der Angeklagte hatte vier Jahre nach der Scheidung seiner Ehe und jahrelangen Auseinandersetzungen mit den Tatopfern im Hause seiner früheren Schwiegereltern mit einer mitgebrachten Pump-action-Schrotflinte zunächst seinen Schwiegervater in der Garage, dann seine Schwiegermutter im Wohnhaus und schließlich seine frühere Ehefrau, die er bis in einen Abstellraum verfolgt hatte, erschossen. In Übereinstimmung mit dem Sachverständigen verneinte das LG einen rechtlich relevanten Affekt im Sinne einer tiefgreifenden Bewusstseinsstörung. Der 4. Senat bestätigte im Urteil vom 14.12.2000 diese Auffassung. Das LG habe im Wesentlichen auf die „gedankliche Vorwegnahme" der Tat, die „tatvorbereitenden Handlungen im Bereitlegen einer Schusswaffe", den „Tatablauf selbst", das geordnete „Nachtatverhalten" und seine „detailreichen Schilderungen zum Tathergang" abgestellt. Danach lägen wesentliche Merkmale vor, die in Psychiatrie und Rechtsprechung als mögliche Indizien gegen einen rechtlich relevanten affektiven Ausnahmezustand gewertet würden (BGH StV 1990, 493; 1993, 637; Saß 1993, S. 43, 46 ff.; kritisch Rasch u. Konrad 2004, S. 271 ff.).

Obwohl Saß betont, dass diese Kriterien eine umfassende Bewertung des jeweiligen Einzelfalls nicht ersetzen können und sollen (Saß 1993, S. 214, 216 f), wird kritisiert, dass es sich weitgehend um „alltagspsychologische Umschreibungen" handle, die einer fachlichen Auseinandersetzung nicht dienen könnten (Ziegert 1993, S. 43). Dies lade zwar gerade Juristen zu ihrer Anwendung ein, begründe aber auch die Gefahr von Kompetenzüberschreitungen, zumal Juristen dazu neigten, die Merkmale in Annäherung an die ihnen vertraute Subsumtionstechnik abzuhaken (Blau 1989, S. 123) und dabei die integrative Zusammenschau der wechselseitigen Bedingungsebenen außer Acht zu lassen (Nedopil 2000, S. 197). Die benutzten Kriterien seien unscharf und griffen teilweise der gerichtlichen Beweiswürdigung vor, einige ließen sich sowohl für als auch gegen die Annahme einer tiefgreifenden Bewusstseinsstörung benutzen (z. B. aggressive Handlungen in der Tatanlaufzeit), schließlich bleibe unklar, wie die Positiv- und Negativpunkte gegeneinander zu verrechnen seien (Rasch u. Konrad 2004, S. 271 f.). In der Gesamtbetrachtung überwiegen aber die Vorteile der Merkmalkataloge, da sie einen wertvollen Beitrag zur Objektivierung der Affektdiagnose darstellen und für Staatsanwaltschaften und Gerichte auch Anhaltspunkte für die notwendige Beauftragung eines Sachverständigen (außerhalb der regelmäßig begutachteten Tötungsdelikte) geben. Juristen sind in der Abwägung und Gewichtung empirischer Befunde durchaus geschult, und die Richter benötigen für die von ihnen verlangte selbstständige Beurteilung der Schuldfähigkeit nachvollziehbare Kriterien.

Während in früheren Entscheidungen das Erfordernis eines unverschuldeten Affektes für die Exkulpation noch umstritten war (dafür OGHSt 3, 23; BGHSt 3, 194, 199; MDR 1977, 459; zweifelnd BGHSt 7, 325, 327), nimmt die neuere Rechtsprechung einhellig an, dass ein Verschulden des Täters an der Entstehung des Affekts eine Entschuldigung ausschließe (BGHSt 35, 143 ff.; NStZ 1997, 333; 1999, 232). Begründet wird dies damit, dass ein *Vorverschulden* des Täters im Sinne einer vorwerfbaren Herbeiführung des unmittelbar tatauslösenden Affektes das Schulddefizit bei Begehung der Tat ausgleiche (vgl. Tröndle u. Fischer 2006, § 20 Rn 34).

Unverschuldeter Affekt im Sinne der Rechtsprechung wird z. B. angenommen, wenn der Konflikt ganz überwiegend vom Opfer verursacht war und dieses die Gefahr einer explosiven Entladung zurechenbar heraufbeschworen hat (Jähnke 1993, § 20 Rn 59 mwN), ferner fast nur bei so genannten asthenischen Affekten (Panik, dazu BGH StV 2001, 563; Verwirrung, Furcht oder Schrecken, vgl. § 33 StGB), so gut wie nicht bei sthenischen Affekten (Wut, Hass, ungerichtete Aggressionen; vgl. Tröndle u. Fischer 2006, § 20 Rn 30).

## 2.3 Die Schuldfähigkeit

Einen *verschuldeten Affekt* nimmt die Rechtsprechung an, wenn der Täter unter den konkreten Umständen den Affektaufbau verhindern konnte und die Folgen des Affektdurchbruchs für ihn vorhersehbar waren (BGHSt 35, 143 ff.), wobei sich die Verschuldensprüfung auf die Genese des Affektes beschränkt, der zur Tat geführt hat und die Vorgeschichte, z. B. übermäßige Alkoholisierung des Täters oder des Opfers (BGH NStZ 1984, 311; NJW 1988, 1153), außer Betracht bleibt. In diesem Zusammenhang werden auch die bei einem Beziehungskonflikt typischen Vorgestalten der Tat bedeutsam, denen der Täter nach den Anforderungen der Rechtsprechung entgegenwirken muss. Typische Verschuldensindikatoren sind darüber hinaus die Mitnahme einer Tatwaffe zur Aussprache (BGHSt 8, 113, 125; BGHR § 21, Affekt 3) oder sonstige gefahrerhöhende Handlungen (Jähnke 1993, § 20 Rn 61 mwN). Diese Beschränkungen des exkulpierenden Affektes beruhen hauptsächlich auf generalpräventiven Erwägungen. Bei Konflikttätern aus dem familiären Nahbereich oder anderen engen Beziehungen handelt es sich oft um bisher sozial unauffällige Täter, von denen keine weiteren erheblichen Straftaten zu erwarten sind, sodass die Anordnung von Maßregeln der Besserung und Sicherung ausscheidet. Es wird befürchtet, dass ein Freispruch ohne jede weitere Sanktion in der Bevölkerung auf Unverständnis stoßen und die Frage nach der Rechtsgeltung aufwerfen würde (Krümpelmann 1987, S. 191, 221; Jähnke 1993, § 20 Rn 58).

Neuerdings mehren sich die Stimmen, die den Ausschluss der Exkulpation wegen Vorverschuldens mit dem Schuldprinzip nicht für vereinbar halten (Roxin 2006, S. 894 f.; Lenckner u. Perron 2006, § 20 Rn 15 a; Schreiber u. Rosenau 2004, S. 68). § 20 StGB stellt eindeutig auf die tiefgreifende Bewusstseinsstörung „bei Begehung der Tat" ab, weshalb ein früheres Verschulden unter dem Aspekt einer vorsätzlichen schuldhaften Tat ausscheiden muss. In Betracht kommt insoweit nur eine strafrechtliche Verantwortlichkeit des Affekttäters nach den Grundsätzen der actio libera in causa (s. 2.3.7.2; so jetzt auch Tröndle u. Fischer 2006, § 20 Rn 34). Eine Bestrafung wegen einer Vorsatztat würde aber voraussetzen, dass der Täter den schuldausschließenden Affekt vorsätzlich herbeigeführt oder nicht abgewendet hat. Dies wird sich in aller Regel nicht feststellen lassen. Deshalb kommt nur eine Bestrafung wegen fahrlässiger actio libera in causa in Betracht, wobei der Fahrlässigkeitsvorwurf dadurch begründet wird, dass der Täter in der Phase der Entstehung und Verschärfung des Konfliktes, insbesondere bei der Auseinandersetzung mit den Vorgestalten der Tat, keine Vorkehrungen gegen eine mögliche und später nicht mehr kontrollierbare Affektentladung getroffen hat (z. B. durch Entfernung aus dem Einflussbereich des potenziellen Opfers), weil er leichtsinnig darauf vertraut hat, den Affektdurchbruch vermeiden zu können (vgl. Roxin 2006, S. 895).

### 2.3.2.3 Schwachsinn

Mit diesem Merkmal, das § 20 StGB als Unterfall der „schweren seelischen Abartigkeit" aufführt, wird nur eine angeborene Intelligenzschwäche ohne nachweisbaren Organbefund erfasst. Intelligenzdefekte mit bekannter körperlicher Ursache (z. B. als Folge einer intrauterinen, geburtstraumatischen oder frühkindlichen Hirnschädigung sowie als Folge eines hirnorganischen Krankheitsprozesses) fallen bereits unter die „krankhaften seelischen Störungen". Wichtiger Anhaltspunkt ist der Intelligenzquotient (IQ nach dem Hamburg-Wechsler-Intelligenztest HAWIE). Herkömmlich wird nach den Schweregraden der Behinderung zwischen Debilität (IQ 50–69), Imbezillität (IQ 30–49) und Idiotie (IQ unter 30) unterschieden. Die ICD-10 (F70-73) verwendet den weniger stigmatisierenden Oberbegriff „Intelligenzminderung" in vier Stufen: leicht (IQ 50–69), mittelgradig (IQ 35–49), schwer (IQ 20–34), schwerst (unter 20). Die in der ICD-10 vorgenommene Zuordnung eines mentalen Kindesalters (z. B. 9–12 Jahre bei leichter, 6–9 Jahre bei mittelgradiger Intelligenzminderung) ist aus juristischer Sicht problematisch, da Kinder unter 14 Jahren nach unserem Recht generell schuldunfähig sind und die eindimensionale Klassifizierung nicht die gebotene differenzierte Beurteilung der Einsichts- und Steuerungsfähigkeit in Bezug auf einzelne Straftaten ersetzen kann (ähnlich Jähnke 1993, § 20 Rn 63).

Die Feststellung des Schwachsinns wird zwar durch testpsychologische Untersuchungen erleichtert, jedoch darf sich die Schuldfähigkeitsbeurteilung eines minderbegabten Menschen nicht auf die Feststellung eines niedrigen IQ beschränken. Vielmehr muss sie auch die im diagnostischen Gespräch oder in der Lebensbewährung gezeigte praktische Intelligenz (Streng 2003, § 20 Rn 39), soziale Fertigkeiten und Teilleistungsschwächen berücksichtigen (Nedopil 2000, S. 172; BGH NJW 1967, 299).

Die schwereren Formen der Intelligenzminderung führen stets zur Exkulpation, doch werden sie in der forensischen Praxis kaum relevant, da entsprechende Personen wegen ihrer Pflegebedürftigkeit meist früh in Anstalten untergebracht oder in Familien gepflegt werden. Bei Debilen, die teilweise einen Sonderschulabschluss schaffen und weniger anspruchsvolle berufliche Tätigkeiten ausüben können, führt die Teilhabe am sozialen Leben durchaus zu Straftaten, bei denen fast immer § 21 StGB, selten § 20 StGB zur Anwendung kommt. Jedenfalls ist das Gericht bei Anhaltspunkten für eine relevante Intelligenzminderung verpflichtet, von Amts wegen einen Sachverständigen zur Beeinträchtigung der Steuerungsfähigkeit zu hören, da erfahrungsgemäß bei Debilität auch andere seelische Kräfte, vor allem der Wille, erheblich beeinträchtigt sein können (BGH NJW 1967, 299).

### 2.3.2.4 Schwere andere seelische Abartigkeit

Mit diesem Oberbegriff hat der Reformgesetzgeber 1975 die in ihrer rechtlichen Bewertung seinerzeit so umstrittenen psychischen Auffälligkeiten erfasst, die nach bisherigem Erkenntnisstand nicht auf einem organischen

Prozess beruhen (skeptisch Nedopil 2000, S. 20, 151, im Hinblick auf biologische und neurophysiologische Besonderheiten bei bestimmten – vor allem dissozialen – Persönlichkeitsstörungen) und nicht unter das zweite und dritte Eingangsmerkmal subsumiert werden können. Früher hat man dieser Gruppe insbesondere Psychopathien, Neurosen sowie sexuelle Triebstörungen zugeordnet. In den letzten Jahren werden die Fallgruppen differenzierter und teilweise mit neuer Terminologie erfasst. Bei den im Folgenden aufgezählten psychischen Defekten, insbesondere den Persönlichkeitsstörungen, Neurosen und psychogenen Reaktionen, handelt es sich nicht um trennscharfe Diagnosebegriffe; vielmehr ist die Abgrenzung im Einzelfall problematisch und nicht zuletzt vom wissenschaftlichen Standort des Sachverständigen abhängig. Der gesetzliche Ausdruck „Abartigkeit" erscheint verfehlt, da er abwertend und diskriminierend verstanden werden kann (kritisch Rasch u. Konrad 2004, S. 71; Venzlaff 1977, S. 257); vorzuziehen ist der vom Alternativentwurf vorgeschlagene Begriff der „vergleichbar schweren Störung" (Schreiber u. Rosenau 2004, S. 69) oder der „Persönlichkeitsanomalie" (Rasch u. Konrad 2004, S. 71). In der Praxis wird vielfach auch nur vom vierten Merkmal gesprochen.

Das Adjektiv „schwer" ist hier ebenfalls nicht im Sinne des problematischen „Krankheitswertes" zu verstehen, sondern will zum Ausdruck bringen, dass die seelische Abartigkeit in ihrer den Betroffenen belastenden Wirkung und im Hinblick auf seine Fähigkeit zu normgerechtem Verhalten von solchem Gewicht ist, dass sie insoweit den krankhaften seelischen Störungen als gleichwertig erscheint (BGHSt 34, 22, 24 f., 28 f.; 35, 76, 78 f.; 37, 397, 401; zum Verhältnis von „schwerer" und „erheblicher" Verminderung im Sinne des § 21 StGB s. 2.3.4).

## Persönlichkeitsstörungen

Die früher meist als Psychopathien bezeichneten Persönlichkeitsstörungen beschreiben in ihren Temperaments- und Charaktermerkmalen besonders auffällige Persönlichkeitsstrukturen, die sich vor allem durch ein tiefgreifend abnormes Verhaltensmuster auszeichnen, das andauernd ist, bereits in der Kindheit oder Jugend beginnt und sich im Erwachsenenalter manifestiert. Für die Betroffenen selbst sind mit der Störung erhebliche subjektive Leiden und deutliche Leistungseinschränkungen verbunden. Es werden mehrere Idealtypen unterschieden, die sich in Anlehnung an DSM-IV-TR und ICD-10 (60–60.9) aufschlüsseln lassen in paranoide, schizoide, dissoziale, emotional instabile und Borderline-Persönlichkeiten, außerdem histrionische (früher hysterische), anankastische, ängstliche und abhängige Persönlichkeiten sowie narzistische und schizotype Persönlichkeitsstörung (Nedopil 2000, S. 152 ff.). Die größte forensische Bedeutung haben die dissozialen Persönlichkeitsstörungen. Die klinische Diagnose einer Persönlichkeitsstörung darf nicht automatisch mit dem juristischen Begriff der schweren anderen seelischen Abartigkeit gleichgesetzt werden. „Nur wenn die durch die Persönlichkeitsstörung hervorgerufenen Leistungseinbußen mit den Defiziten vergleichbar sind, die im Gefolge forensisch relevanter krankhafter seelischer Verfassungen auftreten, kann von einer schweren anderen seelischen Abartigkeit gesprochen werden" (Boetticher et al. 2005, S. 60, mit beispielhaften Kriterien für diese Einstufung).

Die Rechtsprechung verlangt daher eine relativ genaue Qualifizierung der Art der Persönlichkeitsstörung und eine Darlegung des symptomatischen Zusammenhangs der Störung mit dem Tatgeschehen.

BGH NStZ-RR 1998, 106: Mit der Diagnose „Psychopathie" allein ist noch nichts darüber ausgesagt, dass die Persönlichkeitsstörung den Grad einer schweren seelischen Abartigkeit erreicht hat. Der 4. Senat rügt hier auch, dass die Wesensmerkmale der Persönlichkeit des Angeklagten so allgemein gehalten seien, dass sich nicht zuverlässig beurteilen lasse, ob die festgestellte Störung die Steuerungsfähigkeit dauerhaft erheblich vermindert habe (vgl. auch BGHSt 37, 397, 401 f.). „Fehlende Persönlichkeitstiefe, Kritikschwäche, Unvernunft, Unbekümmertheit, Labilität, egozentrisch globalisierende Denkmuster und Frustrationsintoleranz sind Eigenschaften und Verhaltensweisen, die sich auch innerhalb der Bandbreite menschlichen Verhaltens bewegen und übliche Ursache für ein strafbares Tun sein können, ohne dass sie die Schuldfähigkeit erheblich berühren müssen ... Die Feststellung des Vorliegens einer Störung im Sinne eines ‚biologischen' Merkmals des § 20 StGB reicht für sich für die Annahme der Voraussetzungen des § 21 StGB nicht aus; Voraussetzung ist vielmehr, dass sich die Störung in der konkreten Tat ausgewirkt hat. Die – zudem schon in sich selbst unklare – Einordnung der Persönlichkeitsstörung ‚im mittleren klinischen Bereich' lässt einen Bezug zum Tatgeschehen vermissen" (NStZ-RR 98, 106 mit Verweisen auf BGH NStZ 97, 383 und NJW 97, 3101). Häufig wird in der höchstrichterlichen Rechtsprechung beanstandet, dass die Auswirkung der Störung auf die konkrete Straftat nicht überzeugend dargelegt worden sei (s. auch 2.3.3.2).

In einigen Fällen wurde aber auch beanstandet, dass trotz Vorliegens einer schweren anderen seelischen Abartigkeit die erhebliche Verminderung der Steuerungsfähigkeit zu oberflächlich verneint wurde:

BGH NStZ-RR 1998, 188: Das LG verurteilte den zur Tatzeit 16 Jahre und 8 Monate alten Angeklagten wegen Mordes in Tateinheit mit Freiheitsberaubung mit Todesfolge zu einer Jugendstrafe von 9 Jahren. Dieser hatte das Tatopfer, eine 19-jährige Studentin mehrere Tage unter entwürdigenden Umständen in seiner Gewalt und tötete sie dann nach erfolglosem Erdrosselungsversuch durch zahlreiche Messerstiche. Das LG stellte in Übereinstimmung mit dem Sachverständigen die in der ICD-10 unter F91 beschriebene Störung des Sozialverhaltens mit Beginn in der Kindheit und Jugend fest und bejahte einen „schweren Grad" dieser Störung, verneinte jedoch deren „Krankheitswert" und den „kausalen bzw. determinierenden Zusammenhang mit den vorgeworfenen Taten." Der 4. Senat hob das Urteil durch Beschluss vom 2.12.1997 auf, weil es in einem solchen Fall, der durch „äußerst skrupelloses, rücksichtsloses und mitleidloses Vorgehen" gegen das Tatopfer gekennzeichnet sei, nahe liege, dass die Persönlichkeitsstörung jedenfalls die Wirkung einer „erheblichen" Verminderung der Schuldfähigkeit im Sinne des § 21 StGB hatte. Wolle der Tatrichter dennoch die Erheblichkeit dieser schweren seelischen Abartigkeit verneinen, so habe er dies näher zu begründen. Auch die Frage der fehlenden kausalen Verknüpfung zwischen dieser Persönlichkeitsstörung und dem Tatgeschehen bedürfe sorgfältiger Begründung. Bemerkenswert ist, dass der 4. Senat trotz des jugendlichen Alters des Täters eine sorgfältige Prüfung der Unterbringung in einem psychiatrischen Krankenhaus gemäß § 63 StGB für erforderlich hielt.

BGH NStZ-RR 2004, 8: Der Angeklagte hatte eine Frau, die ihn in seiner Wohnung aufgrund einer Kontaktanzeige aufgesucht hatte, nach einer kränkenden Bemerkung erwürgt und nach der Tötung begonnen, den Geschlechtsverkehr mit der Toten auszuführen, den er abbrach, ohne dass es zum Samenerguss kam. Das erkennende Gericht hatte, übereinstimmend mit dem Sachverständigen, eine paranoide Persönlichkeitsstörung angenommen (von den sieben Kriterien nach ICD-10 erfüllte der Angeklagte fünf), diese als schwere andere seelische Abartigkeit im Sinne von § 20 eingestuft, jedoch den Zusammenhang mit der Tat verneint. Der 2. Senat hob das Urteil des Landgerichts wegen Mordes zur Befriedigung des Geschlechtstriebes auf, weil die Verneinung des § 21 StGB nicht ausreichend begründet war. Bei der Persönlichkeitsstruktur des Angeklagten und ihrer Bewertung als schwere seelische Abartigkeit könne ein Zusammenhang mit der Tat nicht ohne nähere Begründung ausgeschlossen werden, zumal die Tat im unmittelbaren Anschluss an die kränkende Bemerkung des Opfers erfolgt sei. In einem solchen Fall könne neben einer sexuellen Motivation auch die auf seiner Persönlichkeitsstörung beruhende Unfähigkeit des Angeklagten, Kritik zu ertragen, die Tat ausgelöst haben und für ihren Fortgang mitbestimmend gewesen sein.

Mit besonderer Skepsis wird in der Rechtsprechung nach wie vor die *Borderline-Persönlichkeitsstörung* behandelt, vermutlich auch deshalb, weil hier die Gefahr einer Fehldiagnose durch unerfahrene Sachverständige als nicht ganz gering eingeschätzt wird.

BGHSt 42, 385 (mit krit. Anmerkung von Kröber [1998, S. 80 f.] und Dannhorn [1998, S. 81 f.]: Das Landgericht hatte, von einem psychiatrischen Sachverständigen beraten, bei einem bereits mehrfach Inhaftierten, der mehrere versuchte Vergewaltigungen und eine vollendete Vergewaltigung begangen hatte, wegen einer „Borderline-Persönlichkeitsstörung" § 21 StGB angewendet und eine Unterbringung in einem psychiatrischen Krankenhaus gemäß § 63 angeordnet. Der 4. Senat führt dazu in dem Beschluss vom 6. 2. 1997 Folgendes aus: „Das ‚Borderline'-Syndrom wird als Persönlichkeitsstörung beschrieben, bei der alternierende Symptome einer Neurose und Psychose auftreten (Zitate). Schon an diesem Krankheitsbild, das im unscharf begrenzten Spektrum zwischen neurotischer und psychotischer Persönlichkeitsstörung liegt, wird deutlich, dass es bei der Diagnose ‚Borderline'-Persönlichkeitsstörung an einer eindeutigen Zuordnung der Ursachen der Auffälligkeiten in der Person des Täters zu einer der in §§ 20, 21 StGB beschriebenen ‚biologischen' Voraussetzungen fehlen kann. Darauf kommt es aber an, denn regelmäßig kann sich der Tatrichter erst auf der Grundlage einer eindeutigen psychiatrischen Diagnose Gewissheit darüber verschaffen, ob der Persönlichkeitsstörung ein dauerhafter psychopathologischer Zustand zugrunde liegt, wie ihn § 63 StGB voraussetzt."

Darüber hinaus dürfe sich der Tatrichter regelmäßig nicht mit der schwer an Symptomen festzumachenden Strukturdiagnose „Borderline"-Persönlichkeit zufrieden geben, zumal diese häufig nicht nachvollziehbar sei und nicht ohne weiteres die Nachprüfung erlaube, ob sie sich auf ein allseits anerkanntes Motivationsmodell stützen könne oder ob es sich dabei um ein austauschbares Konstrukt handle. Das schließe allerdings nicht aus, dass der Tatrichter – wie im vorliegenden Fall – im Rahmen der Schuldfähigkeitsbeurteilung des als „Borderline"-Persönlichkeit diagnostizierten Täters unter Beachtung des Zweifelsgrundsatzes – mithin als Ergebnis juristisch-normativer Bewertung – zur Annahme erheblich verminderter oder aufgehobener Steuerungsfähigkeit gelangen könne, wenn und soweit ihm bessere Erkenntnisse, die eine genauere Zuordnung der Ursachen der Störung zulassen, fehlen. Der Zweifelsgrundsatz finde jedoch bei der Prüfung der Voraussetzungen des § 63 StGB keine Anwendung.

Für die forensisch-psychiatrische Begutachtung sind die Qualität und die Intensität der Persönlichkeitsstörung entscheidend (z. B. massive emotionale Instabilität, Störungen des Selbstbildes oder Selbstbeschädigungen bzw. Drohungen hiermit). Zwischen einer manifesten Psychose einerseits – die das Landgericht hier ausschließt – und einer noch so schweren Persönlichkeitsstörung andererseits besteht ein qualitativer Unterschied; die Realitätsprüfung, Objektbeziehungen und Ich-Funktionen des „Borderline"-Patienten sind nicht in dem Ausmaß gestört, wie es für die psychotische Erkrankung typisch ist. Kröber (1998, S. 80 f.) und Dannhorn (1998, S. 81 f.) werfen dem Bundesgerichtshof Festhalten an veralteter Zuordnung und Unkenntnis der neueren Diagnose „Borderline-Persönlichkeitsstörung" vor. Die Kriterien werden nach DSM-IV-TR (Nr. 301.83) und ICD-10 (F60.31) durch neun Symptombereiche detailliert beschrieben; darüber hinaus müssen die allgemeinen Voraussetzungen der Persönlichkeitsstörung, insbesondere die Diagnose eines zeitlich überdauernden, im Regelfall lebenslangen Zustandes, der sich bereits in der Kindheit oder Jugend ausprägt, vorliegen. Möglicherweise überwindet die Rechtsprechung ihre Bedenken, wenn – wie Kröber (1998, S. 81) vorschlägt – der psychiatrische Sachverständige handwerklich ordentlich arbeitet und sich auf die etablierten diagnostischen Systeme bezieht (im Ausgangsfall lag vermutlich eine dissoziale Persönlichkeitsstörung vor), darüber hinaus zusätzlich prüft, ob die vorliegende Persönlichkeitsstörung juristisch als „schwere andere seelische Abartigkeit" zu beurteilen ist, also in ihrem Schweregrad den anderen Eingangsvoraussetzungen der §§ 20, 21 StGB vergleichbar ist, und schließlich, ob im gegebenen Fall eine ursächliche Verbindung zwischen dem vorgeworfenen konkreten Delikt und dem angenommenen psychischen Zustand besteht. Bis jetzt überwiegt aber noch die Skepsis gegenüber der Diagnose „Borderlinepersönlichkeit".

BGH bei Theune NStZ-RR 2004, 199, Nr. 5: Auch in diesem Fall hat der BGH bei einer Verurteilung wegen Vergewaltigung die Unterbringung im psychiatrischen Krankenhaus aufgehoben, weil die Diagnose „Borderlinepersönlichkeit" für sich allein nicht die Annahme erheblich verminderter Schuldfähigkeit begründe. Dies setze vielmehr voraus, dass der Täter aus einem mehr oder weniger unwiderstehlichen Zwang heraus gehandelt habe.

## Neurosen

Neurotische Störungen sind erlebnisbedingte psychische Fehlentwicklungen, die sich in seelischen und/oder körperlichen Symptomen manifestieren können (Rasch 1991, S. 126 ff., z. B. Angst- und Zwangsneurose, psychosomatische Erkrankungen, paranoische und querulatorische Entwicklungen; vgl. Schreiber u. Rosenau 2004, S. 73; Nedopil 2000, S. 137). In der ICD-10 wird der Begriff der Neurose als selbstständige Klassifikation weitgehend aufgegeben und mit den psychosomatischen Störungen und Belastungsreaktionen zu einer einheitlichen Gruppe zusammengefasst. Im Hinblick auf die bisherige forensische Praxis empfiehlt jedoch Rasch, den Begriff als selbstständige Einheit beizubehalten (Rasch u. Konrad 2004, S. 284 ff.). Die Abgrenzung zu den Persönlichkeitsstörungen ist oft schwierig. Strafrechtlich spielen Neurosen eine geringere Rolle (Tröndle u. Fischer 2006, § 20 Rn 39). Die Voraussetzungen des § 21 StGB liegen bei stark ausgeprägten Neurosen, insbesondere wenn sie bereits psychoseähnliche Symptome aufweisen, relativ häufig vor (Jähnke 1993, § 20 Rn 71). Sehr selten wird Schuldunfähigkeit angenommen, jedoch ist auch dies nicht völlig ausgeschlossen (Venzlaff 1990, S. 11, 16, 20). Höchstrichterliche Entscheidungen zu Neurosen gibt es kaum (zum Querulantenwahn BGH NJW 1966, 1871; OLG Düsseldorf GA 1983, 473; vgl. hierzu auch den Merkmalkatalog von Nedopil 1985, S. 188).

Ein eindrucksvolles Fallbeispiel für Ladendiebstähle einer schwer neurotisch gestörten 33-jährigen Frau findet sich bei Rasch u. Konrad (2004, S. 287 f.).

### Belastungsreaktionen und Anpassungsstörungen

Sie werden auch als abnorme Erlebnisreaktionen oder psychogene Reaktionen bezeichnet. Es handelt sich um Anpassungsstörungen in Bezug auf außergewöhnliche Belastungen, wie sie z. B. als reaktive Depressionen bei schicksalhaften Konflikten in der Familie, in einer Partnerschaft oder im Berufsleben auftreten können (vgl. Rasch u. Konrad 2004, S. 278; Nedopil 2000, S. 137). Als Folge von Extrembelastungen kann die Störung chronisch fortbestehen, sodass eine „andauernde Persönlichkeitsänderung nach Extrembelastung" gemäß ICD-10 Nr. F 62.0 diagnostiziert werden muss (Nedopil 2000, S. 140). Hierher gehören auch posttraumatische Belastungsstörungen nach überwältigenden traumatischen Erlebnissen wie Naturkatastrophen, Kriegsereignissen, Unfällen oder durch Vergewaltigung, Verlust der sozialen Stellung oder des sozialen Bezugsrahmens durch den Tod mehrerer Angehöriger oder Ähnliches (Nedopil 2000, S. 140).

Kriminologisch bedeutsam sind nach Rasch (1999, S. 260) vor allem die länger dauernden depressiven Reaktionen (ICD-10 F 43.21), die vielfach den Boden für das Auftreten affektiver Erregungszustände bilden. Der spannungsreiche Verstimmungszustand kann sich in einer Aggression entladen, in unserem Kulturkreis häufiger in Form von Selbstmordhandlungen. Als Fremdaggressionen jedoch können auch diese beim erweiterten Suizidversuch, wenn Kinder oder Partner in die Selbsttötung einbezogen wurden, zu strafrechtlichen Konsequenzen führen, wenn der Täter überlebt.

### Sexuelle Verhaltensabweichungen und Störungen

Störungen der Sexualpräferenz wurden in der herkömmlichen Terminologie oft als Triebstörungen oder Perversionen bezeichnet, während sie in heutiger Nomenklatur auch als Paraphilien oder sexuelle Deviationen erfasst werden. Forensisch am häufigsten relevant sind Pädophilie und Exhibitionismus, seltener Sadismus, Fetischismus oder andere Formen. Sie bildeten den Anlass für die Entwicklung des so genannten juristischen Krankheitsbegriffs durch die Rechtsprechung, bevor der Gesetzgeber mit den „schweren anderen seelischen Abartigkeiten" klarstellte, dass nicht nur somatisch bedingte seelische Störungen, sondern alle Arten von Störungen der Verstandestätigkeit sowie des Willens-, Gefühls- oder Trieblebens die Schuldfähigkeit ausschließen oder erheblich mindern können (BGHSt 14, 30; 19, 201; 23, 176). In der ICD-10 werden unter der Gruppe F 65 außer den bereits genannten noch folgende „Störungen der Sexualpräferenz" genannt: Voyeurismus, Sadomasochismus, multiple, sonstige oder nicht näher bezeichnete Störungen der Sexualpräferenz.

Die sachgerechte Diagnostik sexueller Störungen setzt eine ausführliche Sexualanamnese und eine Einordnung paraphiler Neigungen anhand der gängigen Klassifikationssysteme voraus (Boetticher et al. 2005, S. 61). Bei der Einstufung einer Paraphilie als schwere seelische Abartigkeit bedarf es der Prüfung des Anteils der Paraphilie an der Sexualstruktur und im Persönlichkeitsgefüge sowie der bisherigen Fähigkeit des Probanden zur Kontrolle paraphiler Impulse (Boetticher et al. 2005, S. 61 f., mit Hinweisen zu den für die Beurteilung der Steuerungsfähigkeit relevanten Aspekten).

Für die sehr seltene Exkulpation orientiert sich die Rechtsprechung im Anschluss an Giese (1963, S. 32 ff.; 1973, S. 155 ff.) am Kriterium der „süchtigen Entwicklung" (BGH JR 1990, 119; NStZ 1993, 181; NStZ 2001, 243). Kriterien hierfür sind: Verfall an Sinnlichkeit; steigende Frequenz der sexuellen Betätigung bei abnehmender Satisfaktion; Ausbau von Phantasie, Praktik, Raffinement; Promiskuität und Anonymität; Süchtigkeit des Erlebens; dranghafte Unruhe, Unrast, Fahrigkeit, Reizbarkeit (Giese 1963, S. 32 ff.; Streng 2003, § 20 Rn 98). Voraussetzung für eine Exkulpation ist, dass der Trieb derart gesteigert ist, dass der Täter selbst bei Aufbietung aller ihm eigenen Willenskräfte ihm nicht zu widerstehen vermag (Streng 2003, § 20 Rn 99; Schreiber u. Rosenau 2004, S. 73). Nach der Rechtsprechung des BGH kann bei naturwidriger Triebhaftigkeit (z. B. Pädophilie) schon ein Trieb von durchschnittlicher Stärke dekulpieren, während bei normaler Sexualität dieser Trieb unüberwindbar stark ausgeprägt sein müsse (BGHSt 14, 31; 23, 176, 190; BGH JR 1990, 119 [kritisch zu dieser Differenzierung Lenckner u. Perron 2006, § 20 Rn 23; Schreiber u. Rosenau 2004, S. 73]).

BGH NJW 1982, 2009: „In solchen Fällen kommt es darauf an, ob die geschlechtliche Triebhaftigkeit des Täters – bei normaler Richtung – derart stark ausgeprägt ist, dass ihr der Träger selbst bei Aufbietung aller ihm eigenen Willenskräfte nicht ausreichend zu widerstehen vermag, oder ob sie – infolge ihrer Abartigkeit – den Träger in seiner gesamten inneren Grundlage und damit im Wesen seiner Persönlichkeit so verändert, dass er zur Bekämpfung seiner Triebe nicht die erforderlichen Hemmungen aufbringt, selbst wenn der abnorme Trieb nur von durchschnittlicher Stärke ist" (ähnlich BGHR StGB § 21 seelische Abartigkeit 10).

Höchstrichterliche Entscheidungen finden sich zur Pädophilie (BGH NJW 1998, 2752, dazu Anm. Winckler u. Förster NStZ 1999, 236; BGH NJW 1998, 3654; NStZ 1999, 611; 2001, 243 dazu Anm. Nedopil NStZ 2001, 474), zum Sadismus (BGH NStZ 1994, 75; NStZ-RR 98, 174) und zur Hypersexualität (BGHR § 21 seelische Abartigkeit 22, 26, 32; StV 1996, 367).

## Die Sucht

Im Mittelpunkt steht hier die *Alkohol-, Drogen- und Medikamentensucht*, die in der Terminologie der Weltgesundheitsorganisation als Abhängigkeit bezeichnet wird. Die ICD-10 F 1x.2 spricht deshalb vom Abhängigkeitssyndrom, das nach verschiedenen psychotropen Substanzen aufgeschlüsselt wird (Alkohol, Opioide, Cannabinoide, Sedativa oder Hypnotika, Kokain, sonstige Stimulanzien einschließlich Koffein, Halluzinogene, Tabak, flüchtige Lösungsmittel und sonstige psychotrope Substanzen). Die psychische Abhängigkeit von einer Substanz, die bei vielen Suchterkrankungen auch von einer physischen Abhängigkeit mit körperlichen und vegetativen Symptomen begleitet wird, ist eine besondere Form der Persönlichkeitsveränderung, die heute unstreitig zu den schweren anderen seelischen Abartigkeiten gerechnet wird (Rasch u. Konrad 2004, S. 291 ff.; Nedopil 2000, S. 92 ff.; BGH StV 2001, 564). Typisch für die Abhängigkeitsentwicklung ist die Toleranzsteigerung, bei der sich der Körper durch die Gewöhnung auf die Aufnahme immer größerer Mengen des Suchtmittels einstellt, um die gleichen Effekte zu erzeugen. Die Rechtsprechung verfolgt auch bei Suchtfällen bezüglich der Exkulpation eine sehr restriktive Linie, schließt allerdings Schuldunfähigkeit nicht von vornherein aus (Streng 2003, § 20 Rn 105). Die Zuordnung zu ICD-10 F 1x.2 besagt noch nichts über die Einstufung als schwere andere seelische Abartigkeit und über deren Relevanz für die Steuerungsfähigkeit, sie ist jedoch ein gewichtiges Indiz für eine nicht ganz unerhebliche Beeinträchtigung (BGH StV 2001, 564 f.).

BGHR § 20 BTM-Auswirkungen 1: Der 5. Senat hat in dem Urteil vom 8.5.1990 eine Entscheidung der Strafkammer aufgehoben, die im Anschluss an einen Sachverständigen davon ausgegangen war, dass ein seit elf Jahren heroinabhängiger Täter bei drei Raubüberfällen trotz schwerer Entzugserscheinungen oder Furcht vor Entzugserscheinungen nicht schuldunfähig, sondern nur vermindert schuldfähig gewesen sei, weil er noch imstande war, zwischen mehreren möglichen Tatopfern und Tatorten eine Wahl zu treffen. Eine Aufhebung der Schuldfähigkeit aufgrund der Suchterkrankung komme nach Auffassung der Strafkammer nur dann in Betracht, wenn wahllos alles angesteuert werde, wo Geld vorhanden sei. Nach Auffassung des 5. Senats reicht diese Begründung nicht aus, um die Schuldunfähigkeit auszuschließen. Die Auswahl der drei Tatorte für die geplanten Raubüberfälle könne nur als Beweisanzeichen dafür gewertet werden, dass der Täter trotz vorhandener Entzugserscheinungen noch imstande war, sich normgemäß zu verhalten, d. h. von derartigen Raubüberfällen abzusehen. Als alleinige Begründung für die Verneinung der Schuldfähigkeit reiche sie nicht aus.

Auch bei der Anwendung des § 21 StGB in Fällen der Suchterkrankung ist die Rechtsprechung sehr zurückhaltend, jedoch gibt es immer wieder Fälle, in denen verminderte Schuldfähigkeit angenommen wird. Die Linie der Rechtsprechung lässt sich durch die folgenden Entscheidungen kennzeichnen:

BGH NStZ 2001, 83: In einem Urteil vom 19.9.2000 hat der 1. Senat die Zubilligung verminderter Schuldfähigkeit nach § 21 StGB im Falle eines Raubtäters verneint, der sich dahingehend geäußert hatte, er sei seit längerer Zeit rauschgiftabhängig und konsumiere regelmäßig Amphetamin oder „Speed", auch Kokain und gelegentlich Haschisch. Vor der Tat habe er Speed eingenommen und sich wie ein „Superman" gefühlt; außerdem habe er Weinbrand und Bier getrunken. Der 1. Senat hat die Entscheidung des Landgerichts aufgehoben, weil aus den Urteilsgründen nicht erkennbar war, ob eine akute Drogenintoxikation oder tatsächliche bzw. befürchtete Entzugserscheinungen zu einer Verminderung der Steuerungsfähigkeit geführt hätten. „Nach ständiger Rechtsprechung des BGH können der Betäubungsmittelkonsum, aber auch die Abhängigkeit von Betäubungsmitteln nur ausnahmsweise erheblich verminderte Schuld begründen, wenn langjähriger Betäubungsmittelmissbrauch, namentlich unter Verwendung „harter" Drogen zu schwersten Persönlichkeitsveränderungen geführt hat oder der Täter durch starke Entzugserscheinungen oder bei Heroinabhängigen aus Angst davor dazu getrieben wird, sich durch eine Straftat Drogen zu verschaffen oder wenn er die Tat im Zustand eines aktuellen Drogenrausches begeht".

BGH NStZ 2001, 85: In einem Urteil vom 7.11.2000 bekräftigt der Bundesgerichtshof diese Entscheidung und stellt klar, dass eine Dekulpation nur dann in Betracht komme, wenn die Angst des Abhängigen vor Entzugserscheinungen diesen unter ständigen Druck setze und ihn zu Straftaten treibe, die unmittelbar oder mittelbar der Beschaffung des Suchtmittels dienen sollten. „Begeht ein Abhängiger Vermögensdelikte unterschiedlichen Charakters, die nach seinen Angaben mittelbar der Befriedigung seiner Sucht dienen, liegt die Annahme einer erheblich verminderten Steuerungsfähigkeit des Täters jedenfalls bei langfristiger Planung zukünftigen Suchtmittelzugriffs dagegen eher fern".

Aus der erstgenannten Entscheidung ergibt sich auch, dass die Suchtfolgen von Heroin und Kokain als gravierender eingestuft werden als diejenigen von Amphetaminen und Cannabisprodukten (ebenso bereits BGHSt 33, 169; BGH JR 1987, 206). Anders als bei der akuten Alkohol- oder Drogenbeeinflussung, bei der unter dem Aspekt der actio libera in causa bei Vorhersehbarkeit von Straftaten im Rauschzustand die Schuldfähigkeit nicht als ausgeschlossen gilt, spielt der Aspekt der selbstverschuldeten Substanzabhängigkeit keine Rolle, d.h. angesichts des geltenden Tatschuldgedankens und der Ablehnung von „Lebensführungsschuld" darf dieser Aspekt nicht zu Lasten des Täters verwertet werden (Streng 2003, § 20 Rn 105; BGHSt 35, 143; 43, 66).

Problematisch sind in diesem Zusammenhang die *nicht stoffgebundenen Süchte*, insbesondere die *Spielsucht* (vgl. ICD-10 F63.0; DSM-IV-TR 312.31; kritisch Nedopil 2000, S. 161 ff.). Hier lassen sich in krassen Fällen psychische Defekte und Persönlichkeitsänderungen feststellen, die eine ähnliche Struktur und Schwere aufweisen wie bei stoffgebundenen Süchten oder bei devianter Sexualität (Rasch u. Konrad 2004, S. 301 f.; Streng 2003, § 20 Rn 107). Trotz der in den letzten 20 Jahren forensisch bedeutsamer gewordenen Problematik des „pathologischen Spielens" verfährt die Rechtsprechung mit Recht überaus restriktiv bei der Anerkennung der Spielsucht als „schwere andere seelische Abartigkeit" im Sinne der §§ 20, 21 StGB.

BGH NStZ 2005, 207 f. mit Anm. Bottke NStZ 2005, 327 ff.=JR 2005, 294 mit Anm. Schöch: „‚Pathologisches Spielen' oder ‚Spielsucht' stellt für sich genommen keine die Schuldfähigkeit erheblich einschränkende oder ausschließende krankhafte seelische Störung oder andere seelische Abartigkeit dar. Maßgeblich ist insoweit vielmehr, ob der Betreffende durch seine Spielsucht gravierende psychische Veränderungen in seiner Persönlichkeit erfährt, die in ihrem Schweregrad einer krankhaften seelischen Störung gleichwertig sind" (vgl. auch BGHR StGB § 21 seelische Abartigkeit 7, 8, 17; BGH NStZ 1994, 501; 1999, 448, 449; 2004, 31 f.).

Tatsächlich findet sich in der Rechtsprechung des BGH kein einziger Fall mit vollständiger Exkulpation, und die zitierten Entscheidungen zum pathologischen Spielen verneinen bzw. bezweifeln im Ergebnis auch durchweg eine erhebliche Verminderung der Steuerungsfähigkeit (vgl. Schöch 2005 a, S. 296 mwN). Die forensische Behandlung extremer Spielleidenschaft ist in der psychiatrisch-psychologischen Literatur umstritten (vgl. Kröber 1987, S. 113 ff. mwN). Ausgehend von den psychiatrischen Klassifikationssystemen, welche unter dem Sammelbegriff „abnorme Gewohnheiten oder Störungen der Impulskontrolle" (ICD-10 F 63; ähnlich DSM-IV-TR 312) das pathologische Glücksspielen neben Kleptomanie und Pyromanie nennen, will ein Teil der Literatur die Spielsucht als eigenständiges und einheitliches psychiatrisch-psychologisches Syndrom akzeptieren, das – ebenso wie Alkohol- oder Drogensucht – der „schweren anderen seelischen Abartigkeit" zuzuordnen ist (vgl. Schumacher 1981, S. 361 ff.; Meyer 1988, S. 213 ff.; Kellermann 1996, S. 335 f.). Die wohl überwiegende Meinung in der psychiatrischen Literatur lehnt dagegen die eigenständige Bedeutung der „Spielsucht" als Krankheit im Kontext der §§ 20, 21 StGB ab und behandelt exzessives Spielverhalten nur als Symptom für andere psychopathologische Auffälligkeiten (Saß u. Wiegand 1990, S. 435 ff.; ähnlich Kröber 1987, S. 113; 1989, S. 381; Nedopil 2000, S. 161 f.). Insbesondere weist sie nicht selten auf eine dissoziale, narzisstische oder Borderlinepersönlichkeitsstörung hin.

Die vermittelnde Position des BGH, der bei „Spielsucht" eine Primärstörung mit möglicherweise ursächlicher Wirkung für delinquentes Verhalten nicht grundsätzlich verneint, entspricht in etwa der Konzeption von Rasch, der verschiedene Kriterien für eine relevante Steuerungsbeeinträchtigung entwickelt hat und letztlich darauf abstellt, ob durch das exzessive Spielen eine „typisierende Umprägung" der Persönlichkeit, eine „Persönlichkeitsentartung" eingetreten sei, wie sie in der Rechtsprechung – unter Bezugnahme auf die süchtige Persönlichkeit – bei der Beurteilung der schweren seelischen Abartigkeit verlangt werde (Rasch 1991, S. 129; Rasch u. Konrad 2004, S. 301 f.).

Der Rechtsprechung ist zu empfehlen, die in der forensisch-psychiatrischen Literatur überwiegend vertretene engere Konzeption zugrunde zu legen; denn die vom BGH geforderte Gleichwertigkeit mit dem Schweregrad einer krankhaften seelischen Störung ist praktisch nur in den Fällen der Komorbidität (s. 2.3.5) zu erreichen, d. h. beim Zusammentreffen der Spielsucht mit anderen gravierenden psychopathologischen Auffälligkeiten. Dies ist auch sachgerecht, denn die primär an klinischen Aspekten orientierten Klassifikationssysteme DSM-IV-TR und ICD-10 sind forensisch nicht unmittelbar relevant (s. 2.3.2; BGHSt 37, 397, 401). Die für die klinische und therapeutische Behandlung der Spielsucht, der Kleptomanie und der Pyromanie sinnvolle Einordnung in ICD-10 und DSM-IV-TR bedeutet also nicht, dass diese „Störungen der Impulskontrolle" automatisch auch als „schwere andere seelische Abartigkeit" zu qualifizieren wären. Vielmehr ist es im Kontext der §§ 20, 21 StGB wegen der gebotenen engen Auslegung des 4. Merkmals und wegen der hohen Anforderungen an die Beeinträchti-

gung der Steuerungsfähigkeit sachgerechter, diese lediglich als Symptome für umfassendere psychopathologische Auffälligkeiten heranzuziehen. Was für die Kleptomanie und Pyromanie heute nahezu unstreitig ist (s. folgenden Absatz), kann für die Spielsucht nicht anders beurteilt werden
*Pathologisches Stehlen (Kleptomanie ICD-10 F63.2) und pathologische Brandstiftung (Pyromanie ICD-10 F63.1)* sind über den Diagnoseschlüssel der amerikanischen psychiatrischen Gesellschaft ebenfalls unter der Fallgruppe F63 (abnorme Gewohnheiten und Störungen der Impulskontrolle) in den internationalen Diagnoseschlüssel gelangt. Sie werden jedoch in der deutschen Psychiatrie aufgrund einer langen und intensiven Diskussion nahezu einhellig als eigenständige Merkmale abgelehnt (Rasch u. Konrad 2004, S. 303; Nedopil 2000, S. 161 f.; Foerster 2004, 321 ff.). Dies schließt nicht aus, dass es bei diesen Delikten einen relativ hohen Anteil anderer relevanter Störungen geben kann. Auch die Rechtsprechung hat bisher ein eigenständiges Merkmal Kleptomanie nicht anerkannt (BGH NJW 1969, 563; OLG Düsseldorf NStZ-RR 1996, 134).

### 2.3.3 Die Beurteilung der Einsichts- und Steuerungsfähigkeit

Das Vorliegen einer oder mehrerer Störungen führt nur dann zur Exkulpation oder Dekulpation, wenn dadurch die Fähigkeit aufgehoben oder erheblich beeinträchtigt war, „das Unrecht der Tat einzusehen oder nach dieser Einsicht zu handeln" (intellektuelle bzw. voluntative Komponente der Schuldfähigkeit). Der psychopathologische Zustand muss sich ursächlich auf die Einsichts- oder Steuerungsfähigkeit ausgewirkt haben (BGH NStZ 1991, 527 f.; StV 1986, 14). Es reicht aus, wenn eine der beiden Fähigkeiten beeinträchtigt ist, weshalb die Rechtsfolge der §§ 20, 21 StGB nicht gleichzeitig auf mangelnde Einsichts- und Steuerungsfähigkeit gestützt werden kann. Nur wenn sich bei der Prüfung ergibt, dass der Täter trotz einer auf der „biologischen" Ebene vorhandenen Störung einsichtsfähig war, ist zu fragen, ob seine Steuerungsfähigkeit aufgehoben oder reduziert war (BGH NStZ 1991, 528, 529). Die Unterscheidung kann im Einzelfall schwierig sein, darf aber regelmäßig nicht offen bleiben (BGH NStZ 2005, 205 ff.; Tröndle u. Fischer 2006, § 20 Rn 44). Allerdings kommt der Ausschluss der Einsichtsfähigkeit nur selten vor, z. B. bei schwerwiegenden intellektuellen Einbußen oder bei psychotischen Realitätsverkennungen (Rasch u. Konrad 2004, S. 73; Nedopil 2000, S. 22), während die anderen Störungen bei vorhandener Unrechtseinsicht zum Ausschluss oder zur Beeinträchtigung der Steuerungsfähigkeit führen können.

Allerdings geht es bei dieser zentralen Problematik der §§ 20, 21 StGB nicht nur um wissenschaftlich nachweisbare intellektuelle oder voluntative Komponenten der Handlung, sondern um eine normative Bewertung nach den Maßstäben der Strafrechtsordnung. Es ist also zu prüfen, welche Anforderungen zu normgemäßem Verhalten an den Einzelnen legitimerweise gestellt werden dürfen und müssen (vgl. Lenckner u. Perron 2006, § 20 Rn 26; Jähnke 1993, § 20 Rn 16; Streng 2003, § 20 Rn 14 f.).

In diesem Zusammenhang ist auch der „Agnostizismusstreit" zu sehen, bei dem es um die mit dem Indeterminismusproblem (s. 2.3.1.2) zusammenhängende Frage geht, ob wissenschaftlich begründete Aussagen der Psychiatrie oder Psychologie zur Einsichts- und Steuerungsfähigkeit überhaupt möglich sind (Göppinger 1997, S. 242 ff.; Schreiber u. Rosenau 2004, S. 75 f. mwN). Die vor allem von Kurt Schneider geprägte agnostische Richtung vertrat die Ansicht, dass die Frage nach der Einsichts- und Steuerungsfähigkeit im Einzelfall wissenschaftlich nicht beantwortet werden könne (Schneider 1961, S. 23), während die gnostische Richtung empirische Aussagen über die Wirkungen psychischer Störungen auf das Bedingungsgefüge des Handelns als Basis für die Beurteilung der Einsichts- und Steuerungsfähigkeit für möglich hielt, da keine Entscheidung über die Willensfreiheit verlangt werde, sondern nur eine Beurteilung von unterschiedlichen Graden sozialer Kompetenz anhand des Vergleichsmaßstabs der normativen Ansprechbarkeit des durchschnittlichen Menschen. Dies entspricht dem oben dargestellten sozial-vergleichenden oder empirisch-pragmatischen Schuldbegriff (s. 2.3.1.2), bei dem es auf den Nachweis der Willensfreiheit im Einzelfall nicht ankommt.

Der psychiatrische oder psychologische Sachverständige hat neben der Diagnose der Störungen anhand der vier Eingangsmerkmale dem Gericht nur darzulegen, in welcher Weise und in welchem Ausmaß aus seiner fachwissenschaftlichen Sicht Einsichts- oder Steuerungsfähigkeit bei der Tat beeinträchtigt waren (kritisch hierzu Eisenberg 2005, S. 305). Das abschließende normative Urteil über die Einsichts- oder Steuerungsfähigkeit ist ausschließlich Sache des Richters (BGHSt 8, 113, 124; BGHR StGB § 20 Affekt 1; BGH NStZ 1997, 383). So verfährt auch die forensische Praxis (vgl. Verrel 1995, S. 123).

Die für den Sachverständigen verbleibenden Wertungsprobleme beim Grad der individuellen Abweichung vom Durchschnittsmenschen beruhen nicht auf der Unlösbarkeit der Freiheitsfrage, sondern tauchen immer bei der normativen Bewertung medizinischer Befunde auf, z.B. bei der Beurteilung der Erwerbs- oder Berufsunfähigkeit, der Fahreignung oder der Arbeitsunfähigkeit im Rahmen einer Krankschreibung. Auch die psychischen Merkmale des ersten Stockwerks lassen sich nicht ohne Wertungen feststellen, wie bereits die Begriffe „tiefgreifende Bewusstseinsstörung" und „schwere seelische Abartigkeit" zeigen.

Darüber hinaus führt die Einheitslösung (s. 2.3.1.3) dazu, dass der Sachverständige in allen Fällen die Frage nach Qualität und Intensität der Störung beantworten muss, denn auch bei den krankhaften seelischen Störungen und beim Schwachsinn führt nur ein kleiner Teil der Fälle regelmäßig zum Schuldausschluss (z.B. akute Schizophrenie). Es gibt also im Bereich der Schuldfähigkeitsbegutachtung kaum relevante Aussagen, die sich wie ein medizinischer Befund ausschließlich mit naturwissenschaftlichen Methoden feststellen lassen. Wenn deshalb bei der psychiatrischen und psychologischen Begutachtung über die psychischen Merkmale und die individuelle Motivationsstruktur hinaus eine Aussage über das Ausmaß der Beeinträchtigung des Täters im Vergleich zu Durchschnittsmenschen oder zu anderen Straftätern erwartet wird, so handelt es sich prinzipiell um nichts anderes als bei den sonstigen Schritten der Begutachtung. Vom Sachverständigen wird also keine juristisch-normative Aussage erwartet, sondern eine empirisch-vergleichende Einschätzung (vgl. auch Kaiser 1996, § 82 Rn 20). Die Äußerung des Sachverständigen nimmt dem Richter zwar die Letztentscheidung über § 20 StGB oder § 21 StGB nicht ab, ist aber eine wichtige Hilfe bei der gemeinsamen Suche nach psychiatrisch-juristischen Konventionen, ohne die eine einigermaßen einheitliche Konkretisierung der §§ 20, 21 StGB in der Gerichtspraxis nicht möglich wäre (Kaiser 1996, § 82 Rn 8; Schreiber u. Rosenau 2004, S. 85).

Im Mittelpunkt der normativen Entscheidung des Gerichts steht der Vergleich des Täters mit anderen Menschen in einer vergleichbaren Situation (s. 2.3.1.3) unter Berücksichtigung der vom Sachverständigen beschriebenen Persönlichkeit, der Entstehungsbedingungen und des Ausprägungsgrades seiner Störung und ihrer Auswirkung auf die soziale Anpassungsfähigkeit (Boetticher et al. 2005, S. 59 ff.). Das Tatgericht hat hierbei einen Beurteilungsspielraum, innerhalb dessen die Qualität der in den Urteilsgründen dargelegten Gesichtspunkte darüber entscheidet, ob es sich um eine normativ überzeugende Entscheidung handelt oder nicht; die Kategorien richtig oder falsch passen insoweit nicht. In Analogie zu Prüferentscheidungen im Verwaltungsrecht oder Lockerungsentscheidungen im Strafvollzug kann man erst dann von einer rechtlich fehlerhaften Entscheidung sprechen, wenn das Tatgericht von einem unzutreffend oder unvollständig ermittelten Sachverhalt ausgegangen ist, wenn es die Eingangsmerkmale des § 20 StGB oder die Begriffe Einsichts- oder Steuerungsfähigkeit falsch ausgelegt oder angewendet hat oder wenn es den ihm zustehenden Beurteilungsspielraum deutlich überschritten hat (vgl. BGHSt 30, 320 [zu § 11 Abs. 2 StVollzG] im Anschluss an BVerwGE 39, 197, 204).

### 2.3.3.1 Einsichtsfähigkeit

Einsichtsfähigkeit ist die Fähigkeit des Täters, das Unrecht der begangenen Tat einzusehen. Diese intellektuelle Komponente des zweiten Stockwerks fehlt, wenn der Täter nicht zum Unrechtsbewusstsein durchdringen kann (Lackner u. Kühl 2004, § 20 Rn 12). Die Unfähigkeit, das Unrecht der Tat einzusehen, ist gleichbedeutend mit einem *unvermeidbaren Verbotsirrtum gemäß § 17 StGB*. Nach einer verbreiteten Ansicht soll daher § 20 StGB insoweit für die Exkulpation des Täters keine selbstständige Bedeutung haben, da er bezüglich der Einsichtsfähigkeit nur einen besonderen Anwendungsfall des umfassenderen Verbotsirrtums darstelle (BGH MDR 1968, 854; Lenckner u. Perron 2006, § 20 Rn 27). Diese Auffassung ist zwar bezüglich der Schuldunfähigkeit richtig, jedoch sind die weitreichenden Maßregeln gemäß §§ 63, 64 und 69 Abs. 1 nur möglich, wenn auch die biologisch-psychologischen Voraussetzungen der §§ 20, 21 StGB vorliegen, nicht aber bei bloßer Verbotsunkenntnis (Schreiber u. Rosenau 2004, S. 74). Deshalb kann auch bei Einsichtsunfähigkeit die Zuordnung zu einem der Eingangsmerkmale des § 20 StGB nicht unterbleiben.

Die Einsichtsfähigkeit ist jeweils im Hinblick auf die konkrete Tatbestandsverwirklichung festzustellen. So kann ein leicht Schwachsinniger das Unrecht eines Raubes oder einer Körperverletzung durchaus noch einsehen, während ihm diese Fähigkeit hinsichtlich von Betrug oder Urkundenfälschung fehlen kann. Sogar bei tateinheitlich begangenen Delikten kann die Unrechtseinsicht gespalten sein (BGHSt 14, 114, 116; BGH NStZ 1990, 231).

Selbst ein unauffälliges Verhalten vor der Tat, teilweise differenzierte Reaktionen und Verhaltensweisen und eine zur Tatzeit vorhandene Erkenntnis des Täters, dass seine Taten von der Allgemeinheit als Unrecht angesehen werden, lassen noch nicht auf eine intakte Einsichtsfähigkeit schließen, wenn gleichzeitig deutliche Hinweise für eine akute Psychose (Wahnerkrankung) vorliegen (BGH NStZ-RR 2002, 202). Dagegen führt eine Persönlichkeitsstörung in der Regel nicht zu einer relevanten Beeinträchtigung der Einsichtsfähigkeit (Boetticher et al. 2005, S. 61).

Nach Auffassung der Rechtsprechung ist die Einsichtsfähigkeit nur im Rahmen des § 20 StGB relevant, weshalb § 21 StGB nicht angewandt wird, wenn die Einsichtsfähigkeit des Täters erheblich vermindert war, er jedoch das Unrecht seiner Tat erkannt hat (BGHSt 21, 27, 28; zu den Konsequenzen einer verminderten Einsicht gemäß § 17 StGB s. 2.3.4).

BGH NStZ 1990, 333 f.: „Die 1. Alternative des § 21 StGB scheidet aus, wenn der Täter trotz erheblich verminderter Einsichtsfähigkeit das Unerlaubte seines Tuns erkennt. Fehlt dem Täter hingegen die Einsicht wegen einer krankhaften seelischen Störung oder aus einem anderen in § 20 StGB bezeichneten Grund, ohne dass ihm das zum Vorwurf gemacht werden kann, so ist auch bei nur verminderter Einsichtsfähigkeit nicht § 21 StGB, sondern § 20 StGB anwendbar. Die Voraussetzungen des § 21 StGB liegen in den Fällen der verminderten Einsichtsfähigkeit nur vor, wenn die Unrechtseinsicht gefehlt hat, dies aber dem Täter vorzuwerfen ist" (vgl. auch BGHSt 21, 28; kritisch dazu Rasch u. Konrad 2004, S 73 f., der aus psychologischer Sicht auch eine verminderte Einsichtsfähigkeit bei eingeschränkten kognitiven Fähigkeiten für möglich hält, zugleich aber auf die geringe praktische Bedeutung dieses Problems hinweist, da es auch in solchen Fällen meist um die Beeinträchtigung der Steuerungsfähigkeit gehe, während die Einsichtsfähigkeit zur Tatzeit unberührt bleibe).

### 2.3.3.2 Steuerungsfähigkeit

Trotz vorhandenen Einsichtsvermögens ist der Täter auch dann schuldunfähig, wenn er infolge einer der genannten Störungen unfähig ist, nach dieser Einsicht zu handeln. Die Steuerungsfähigkeit ist nur zu prüfen, wenn der Täter die Rechtswidrigkeit der Tat entweder eingesehen hat oder einsehen konnte (Tröndle u. Fischer 2006, § 20 Rn 4). Zu prüfen ist die Fähigkeit, die Anreize zur Tat und die ihr entgegenstehenden Hemmungsvorstellungen gegeneinander abzuwägen und danach einen Willensentschluss zu normgemäßem Verhalten zu bilden (RGSt 57, 76; 67, 150). Ausgeschlossen ist diese Steuerungsfähigkeit erst dann, wenn der Täter auch bei Aufbietung aller Widerstandskräfte zu einer normgemäßen Motivation nicht imstande ist (BGHSt 14, 31, 32; 23, 176, 190; Lenckner u. Perron, § 20 Rn 29). Die Beurteilung der Steuerungsfähigkeit erfordert eine detaillierte Analyse der Tatumstände (u. a. Verhalten vor, während und nach der Tat, Beziehung zwischen Täter und Opfer, handlungsleitende Motive; Boetticher et al. 2005, S. 61). Bei besonders schweren Taten nimmt die Rechtsprechung eine höhere Hemmschwelle an (z. B. BGH NStZ 1990, 231 für einen Mord nach einem Sexualdelikt). Planmäßiges und folgerichtiges Verhalten bei und nach der Tat und die Erinnerungsfähigkeit lassen noch keine sicheren Rückschlüsse auf das Vorhandensein der vollen Steuerungsfähigkeit zu (BGH NJW 1982, 2009 mit Anm. Blau; NStZ 1984, 259; StV 1990, 302; 2002, 17 f.).

BGH StV 2002, 17: Das LG hatte die Angeklagte wegen Anstiftung zum versuchten Mord und zur Körperverletzung zu einer Freiheitsstrafe von 12 Jahren verurteilt. Es war hierbei dem Gutachten der psychiatrischen Sachverständigen gefolgt, die zwar wegen einer Persönlichkeitsstörung das Vorliegen einer schweren anderen seelischen Abartigkeit bejaht, eine hierauf beruhende erhebliche Verminderung der Steuerungsfähigkeit der Angeklagten jedoch ausgeschlossen hatte. Begründet wurde dies mit dem geordneten, zielgerichteten, lange geplanten Tatablauf. Der 1. Senat hob diese Entscheidung durch Beschluss vom 22. 8. 2001 auf und betonte zunächst, dass es bei Feststellung einer schweren anderen seelischen Abartigkeit, deren Folgen den Täter vergleichbar schwer stören, belasten oder einengen wie krankhafte seelische Störungen, nahe liege, dieser Form der Persönlichkeitsstörung die Wirkung einer von § 21 geforderten erheblichen Verminderung der Schuldfähigkeit zuzurechnen (ständige Rechtsprechung mit Nachweisen). Daher hätte das LG die Auffassung, dass trotz Annahme einer schweren anderen seelischen Abartigkeit keine erhebliche Beeinträchtigung der Steuerungsfähigkeit gegeben war, näher erläutern müssen. „Dass die Angeklagte überlegt und zielgerichtet gehandelt hat, schließt erheblich verminderte Steuerungsfähigkeit nicht aus. Auch bei geplantem und geordnetem Vorgehen kann die Fähigkeit erheblich eingeschränkt sein, Anreize zu einem bestimmten Verhalten und Hemmungsvorstellungen gegeneinander abzuwägen und danach den Willensentschluss zu bilden (BGHR StGB § 21 seelische Abartigkeit 14; BGH StV 2000, 17)."

Allerdings sind planmäßiges und folgerichtiges Verhalten häufig nicht mit der Annahme bestimmter psychischer Störungen zu vereinbaren, z. B. mit der Annahme eines Vollrausches, eines schweren Affektes oder einer Demenz (vgl. BGH StV 1991, 155, wo zielgerichtetes und situationsgerechtes Verhalten als wesentliches Kriterium für ein intaktes Hemmungsvermögen herangezogen wird).

Allgemeine, für alle Konstellationen der Steuerungsunfähigkeit gültige Entscheidungskriterien gibt es nicht, vielmehr ist immer eine störungsspezifische und individualisierende Gesamtbetrachtung des Falles notwendig (Streng 2003, § 20 Rn 67). Die Annahme einer die Steuerungsfähigkeit gänzlich aufhebenden Schwere einer Persönlichkeitsstörung ist nach ständiger Rechtsprechung des Bundesgerichtshofs und herrschender Meinung eine seltene Ausnahme (BGH NStZ 1991, 31 f.; BGHR StGB § 20 seelische Abartigkeit 4 Stalking; Jähnke 1993, § 20 Rn 64; Tröndle u. Fischer 2006, § 20 Rn 42). Beispielhaft für die strengen Anforderungen selbst bei der Verminderung der Steuerungsfähigkeit infolge gravierender gemischter *Persönlichkeitsstörung mit dissozialen und schizoiden Anteilen* ist das folgende Urteil des BGH, in dem die Verminderung der Steuerungsfähigkeit verneint wurde, weil die

Tat durch kontrolliert-zielgerichtetes und kaltblütiges Vorgehen gekennzeichnet war.

BGH NStZ 2004, 437 f.: Das LG hatte die Angeklagte wegen erpresserischen Menschenraubs in Tateinheit mit gefährlicher Körperverletzung sowie wegen räuberischen Diebstahls zu einer Gesamtfreiheitsstrafe von acht Jahren verurteilt. Die sachverständig beratene Strafkammer hatte aufgrund einer dissozialen und schizoiden Persönlichkeitsstörung eine schwere andere seelische Abartigkeit bejaht. Diese habe sich bei der konkreten Tat aber nicht auf die Einsichts- und Steuerungsfähigkeit ausgewirkt. Der 1. Senat billigte in seinem Urteil vom 21.1.2004 diese Beurteilung. Die Strafkammer habe nachvollziehbar einen erheblichen Einfluss der Persönlichkeitsstörung auf das komplexe Tatgeschehen ausgeschlossen. Gegen die erhebliche Einschränkung der Steuerungsfähigkeit bei der Tat sprächen hier die bis ins Einzelne gehende Planung der Entführung, die vorbereitende Beobachtung der Familie über mehrere Tage sowie das mehrmalige Umbuchen der Flüge nach Tunesien. Als Beleg für ein kontrolliertes und zielgerichtetes Handeln der Angeklagten könne auch die kaltblütige Durchführung der Entführung auf dem öffentlichen Schulgelände herangezogen werden.

### 2.3.3.3 Bezug zur konkreten Tat

Einsichts- und Steuerungsfähigkeit sind jeweils im Hinblick auf die konkrete Tat zu prüfen. Schuldunfähigkeit ist keine Dauereigenschaft; sie bewirkt nur den Ausschluss der Schuld im Hinblick auf eine konkrete Tat (BGHSt 14, 116; BGH NStZ 1990, 231). Zur Beurteilung dieser Rechtsfrage überprüft der Tatrichter die vom Sachverständigen gestellte Diagnose, den Schweregrad der Störung und deren innere Beziehung zur Tat (Böttcher et al. 2005, S. 58). Sowohl die Einsichtsfähigkeit als auch die Steuerungsfähigkeit können bezüglich einer Tat bejaht, bezüglich einer anderen verneint werden, selbst bei tateinheitlichem Zusammenwirken mehrerer Delikte (BGHSt 14, 116; StV 1984, 419).

BGH NStZ 1990, 231: In dieser Entscheidung des 3. Senats vom 13.12.1989 hatte der Angeklagte zunächst ein 6-jähriges Mädchen sexuell missbraucht und – nachdem es weinend erklärt hatte, dass es nach Hause wolle und alles seiner Mama sagen werde – getötet, um die an dem Mädchen begangene Straftat zu verdecken. Selbst wenn der Angeklagte bei der Vornahme der sexuellen Handlungen nachweislich oder nicht ausschließbar vermindert schuldfähig gewesen wäre, lasse sich daraus für die verminderte Schuldfähigkeit bei Ausführung des Mordes nichts herleiten, zumal bei der vorsätzlichen Tötung eines Kindes in der Regel wesentlich höhere Hemmschwellen als bei dessen sexuellem Missbrauch zu überwinden seien.

Treffen mehrere, die Schuldfähigkeit möglicherweise beeinträchtigende Faktoren zusammen, bedarf die Schuldfähigkeitsbeurteilung eingehender Erörterung (BGH StraFo 2004, 19 ff.). In dem betreffenden Fall lag eine Intelligenzminderung des Angeklagten in Verbindung mit Alkoholabhängigkeit und einer hohen Alkoholisierung bei der Tat vor („um die 3‰"). Der BGH beanstandet, dass das erkennende Gericht in diesem Fall mit kurzer Begründung eine uneingeschränkte Schuldfähigkeit zur Tatzeit angenommen hatte.

## 2.3.4 Die verminderte Schuldfähigkeit

Die erheblich verminderte Schuldfähigkeit ist keine zwischen Schuldfähigkeit und Schuldunfähigkeit liegende dritte Kategorie der „Halbzurechnungsfähigkeit" (Jescheck u. Weigend 1996, S. 443), sondern eine Form der Schuldfähigkeit. Der Täter ist noch fähig, das Unrecht der Tat einzusehen und nach dieser Einsicht zu handeln; somit ist er verantwortlich und wird bestraft. Die Schuldfähigkeit ist aber ein graduierbarer, quantifizierbarer Begriff (Schöch 1983, S. 333, 339; Jähnke 1993, § 21 Rn 1; Rasch 1991, S. 126). Auch wenn § 21 StGB dieser Schuldminderung durch Schaffung eines fakultativen Strafmilderungsgrundes Rechnung trägt, ändert das nichts daran, dass die gleichen psychischen und normativen Merkmale wie in § 20 StGB zugrunde gelegt werden. Das Gesetz geht also von quantitativen Abstufungen von „schuldfähig" über „vermindert schuldfähig" bis zu „schuldunfähig" aus, und es verwendet die quantifizierende Methode sogar bei einigen Eingangsmerkmalen durch die Adjektive „schwer" und „tiefgreifend".

Eingangs wurde bereits erwähnt, dass die verminderte Schuldfähigkeit in der Gerichtspraxis erheblich häufiger angenommen wird als die Schuldunfähigkeit (s. 2.3.1.4). Hierauf wurde auch bei der Auslegung einzelner Eingangsmerkmale hingewiesen. Das Gesetz verlangt in § 21 StGB eine „erhebliche" Verminderung der Einsichts- oder Steuerungsfähigkeit, weil Beeinträchtigungen geringeren Grades „bei Kapital-, Trieb- und Hangverbrechen regelmäßig vorliegen" (Begründung des E 1962, BT-Drucksache IV/650, 142). Weniger schwere Einschränkungen der normativen Ansprechbarkeit können nur im Rahmen der allgemeinen Strafzumessung berücksichtigt werden.

Die Erheblichkeit im Sinne des § 21 StGB ist eine Rechtsfrage, die das Gericht nach sachverständiger Beratung ohne Bindung an die Äußerungen von Sachverständigen in eigener Verantwortung zu beantworten hat (BGH NStZ-RR 2004, 39 f.). Dabei sind auch normative Gesichtspunkte zu berücksichtigen. Entscheidend sind die Anforderungen, welche die Rechtsordnung an jedermann stellt. Diese Anforderungen sind umso höher, je schwerwiegender das zu beurteilende Delikt ist (Boetticher et al. 2005, S. 58).

Zur Feststellung einer *erheblich verminderten Steuerungsfähigkeit* sind zwei Schritte erforderlich. Zunächst müssen die Qualität und Intensität des Eingangsmerkmals beschrieben werden (z. B. eine Persönlichkeitsstörung, die als „schwere andere seelische Abartigkeit" gelten kann). In einem zweiten Schritt ist die Relevanz der Störung für die Handlungssteuerung bei einer konkreten Tat und deren „Erheblichkeit" für die Verminderung der Steuerungsfähigkeit zu beurteilen (vgl. Nedopil 2000, S. 23). Der BGH hat auf den Überlappungsbereich dieser beiden Schritte hingewiesen und den Gerichten nahe gelegt, bei der Annahme einer schweren seelischen Abartigkeit die Ablehnung einer erheblichen Verminderung der Steuerungsfähigkeit sehr sorgfältig zu begründen (BGH NStZ 1996, 380). Andererseits sollte es auch nicht zu einer automatischen Schlussfolgerung von der schweren anderen seelischen Abartigkeit auf verminderte Steuerungsfähigkeit kommen (Nedopil 2000, S. 23 mit Verweis auf BGH R&P 1996, 200; BGH NStZ 97, 278).

Die Quantifizierung psychischer Störungen und ihrer Auswirkungen auf die Einsichts- und Steuerungsfähigkeit gehört zu den Aufgaben des psychiatrischen und psychologischen Sachverständigen, was vor allem für die Beurteilung der verminderten Schuldfähigkeit relevant ist (Schöch 1983, S. 338; Schreiber u. Rosenau 2004, S. 77). Gleichwohl bleibt für die richterliche Wertung breiter Raum (Roxin 2006, S. 904); im Hinblick auf den engeren Tatbezug und die juristische Dimension der Schuld hat hier – im zweiten „Stockwerk" – die normative Bewertung größeres Gewicht als bei der Feststellung der Schwere des Eingangsmerkmals (Winckler u. Foerster 1997, S. 334). Von einer erheblichen Verminderung der Steuerungsfähigkeit kann man nur sprechen, wenn die seelische Verfassung des Täters und seine dadurch bedingte Steuerungsfähigkeit sich deutlich vom Durchschnitt der Normalität abhebt und der Schuldunfähigkeit annähert (Roxin 2006, S. 904). Richtwerte im Sinne von Faustregeln hat die Rechtsprechung beim Alkoholrausch entwickelt, wonach ab 2‰ (bei Tötungsdelikten und anderen schweren Gewaltdelikten ab 2,2‰) in der Regel erheblich verminderte Steuerungsfähigkeit angenommen wird (s. 2.3.2.1, Abschn. „Alkoholrausch").

Im Falle der *verminderten Einsichtsfähigkeit* steht die Regelung des § 21 StGB in einem Widerspruch zum vermeidbaren Verbotsirrtum gemäß § 17 Abs. 2 StGB, der ohne weitere Einschränkungen zu einer fakultativen Strafmilderung gemäß § 49 Abs. 1 StGB führt. In § 21 StGB kann diese Strafmilderung nur gewährt werden, wenn der Verbotsirrtum auf einer erheblich verminderten Einsichtsfähigkeit beruht. Es erscheint nicht gerecht, den auf einem seelischen Defekt im Sinne des § 21 StGB beruhenden Einsichtsirrtum strenger zu behandeln als den normalen Verbotsirrtum eines geistig Gesunden. Die überwiegende Meinung in der Literatur gibt deshalb dem „täterfreundlicheren" § 17 StGB den Vorrang mit der Folge, dass jeder Grad verminderter Einsichtsfähigkeit bereits zur Strafmilderung nach §§ 17 und 49 StGB führen kann (Roxin 2006, S. 905; Lenckner u. Perron, § 21 Rn 7). Im Verhältnis zu § 17 StGB behält § 21 StGB aber – ebenso wie § 20 StGB – insoweit eigenständige Bedeutung, als er die Möglichkeit zur Verhängung von Maßregeln gemäß §§ 63, 64, 69 StGB eröffnet (Schreiber u. Rosenau 2004, S. 79). Jähnke (1993, § 21 Rn 4) hält dies zutreffend für ein Scheinproblem, da die verminderte Einsichtsfähigkeit rechtlich bedeutungslos sei und nur zum Zug komme, wenn die Unrechtseinsicht tatsächlich ausgeschlossen sei. In solchen Fällen müsse aber stets von einer erheblichen Beeinträchtigung der Schuldfähigkeit gemäß § 21 StGB gesprochen werden. Dieser Auffassung entspricht die oben zitierte Rechtsprechung (s. 2.3.3.1), nach der die verminderte Einsichtsfähigkeit nur dann zur Bejahung des § 21 StGB führen kann, wenn die Einsicht gefehlt hat, dies aber dem Täter vorzuwerfen ist (BGH NStZ 1990, 333).

Problematisch ist in § 21 StGB, dass nach dem Wortlaut des Gesetzes der Richter die Strafe nur gemäß § 49 Abs. 1 StGB mildern kann, dies jedoch nicht muss. Es ist umstritten, ob diese bloße „Kannmilderung" mit dem – auch verfassungsrechtlich verankerten – Schuldprinzip zu vereinbaren ist (für Verfassungsmäßigkeit BVerfGE 50, 10). Jedenfalls ist im Hinblick auf eine verfassungskonforme Auslegung eine restriktive Handhabung des richterlichen Ermessens erforderlich, die den Milderungsverzicht auf seltene Ausnahmen beschränkt (gegen Regelmilderung Foth 2000, S. 97 ff.; einschränkend jetzt auch BGH NJW 2004, 3350, 3351: keine „Sollmilderung"). Da das Gesetz eine erhebliche Verminderung der Schuldfähigkeit verlangt, muss der Tatsache Rechnung getragen werden, dass auch eine erheblich verringerte Schuld des Täters vorliegt (Schreiber u. Rosenau 2004, S. 79). Eine beachtliche Meinung in der Literatur interpretiert § 21 StGB sogar als „Mussmilderung" (Lenckner u. Perron 2006, § 21 Rn 14 mwN; ebenso bereits im Jahr 1966 § 22 AE-StGB; Einzelheiten zur Handhabung der Kannmilderung s. 2.3.6.2).

Die *Zunahme der Dekulpationsquoten* in den letzten 30 Jahren um mehr als das Zweieinhalbfache sowie empirische Untersuchungen aus Niedersachsen, Bayern und Sachsen-Anhalt (s. 2.3.1.4) legen die Vermutung nahe, dass in der forensischen Praxis vor allem bei *„schweren anderen seelischen Abartigkeiten"* häufiger als früher § 21 StGB angewendet wird. Dies könnte auch auf dem weiten Konzept der Persönlichkeitsstörungen nach ICD-10 und DSM-IV-TR, teilweise auch auf der häufigeren Anerkennung abweichenden Sexualverhaltens als Paraphilien im Sinne dieser Klassifikationssysteme beruhen (vgl. dazu Rasch u. Konrad 2004, S. 52 ff.; Nedopil 2000, S. 81 ff., 164 ff.).

Als Korrektur für den total überlasteten Maßregelvollzug bleibt also nur die noch vorsichtigere Handhabung der Dekulpation nach § 21 StGB. Dies gilt erst recht, falls das bei der 74. Justizministerkonferenz im Juni 2003 gebilligte Reformprojekt einer Bund-Länder-Arbeitsgruppe demnächst Gesetz werden sollte. Danach soll die in der forensischen Praxis sehr häufig vorkommende nicht ausschließbare erhebliche Schuldminderung, die bisher nach dem Zweifelssatz bei § 21 StGB zugunsten des Verurteilten berücksichtigt wird, aber die Unterbringung nach § 63 StGB ausschließt, künftig kraft ausdrücklicher gesetzlicher Regelung ebenfalls die Unterbringung in einem psychiatrischen Krankenhaus ermöglichen.

Vor allem beim gesetzlichen Merkmal der schweren anderen seelischen Abartigkeit ist daher daran zu erinnern, dass die hier zuzuordnenden Störungen nach ICD-10 und DSM-IV-TR, insbesondere die dissoziale Persönlichkeitsstörung, die Borderlinestörung und die Paraphilien, nicht primär für den forensischen Bereich, sondern für klinische Bedürfnisse entwickelt wurden. Die begrüßenswerte Objektivierung und Vereinheitlichung der Diagnostik, die mit der Anwendung dieser Klassifikationssysteme verbunden ist, darf nicht zu einer latenten Suggestion bezüglich des juristischen Krankheitswertes führen. Neuere Untersuchungen von Marneros, Ullrich und Rössner haben gezeigt, dass unter den nicht begutachteten Angeklagten vor der Strafkammer 43,8% eine Persönlichkeitsstörung aufweisen, davon 35,2% die dissoziale und 18,1% die Borderlinestörung (Marneros et al. 2002, S. 75). Frädrich u. Pfäfflin ermittelten bei 90 Gefangenen des offenen

Strafvollzugs in Ulm sogar 50% Persönlichkeitsgestörte dieser Kategorien (Frädrich u. Pfäfflin 2000, S. 95 ff.). Aus strafrechtlicher Sicht ist daher auch für die Gerichte daran zu erinnern, dass der normativ geprägte Begriff „erheblich verminderte Einsichts- und Steuerungsfähigkeit zum Zeitpunkt der Tat" auch im Hinblick auf die potenzielle Überlastung des Maßregelvollzugs tendenziell restriktiv ausgelegt werden sollte.

### 2.3.5 Zusammentreffen mehrerer Störungen

Das Zusammentreffen mehrerer Eingangsmerkmale des § 20 StGB (z. B. Alkoholrausch eines Persönlichkeitsgestörten) ist gesetzlich nicht besonders geregelt, ebenso wenig die so genannte Komorbidität, die man als Zusammentreffen mehrerer länger dauernder psychischer Störungen bezeichnen kann (s. 2.3.1.3; Streng 2004, S. 614 ff.). Somit stellt sich die Frage, wie das gleichzeitige Auftreten von mehreren Störungen zu behandeln ist, insbesondere, wenn nur die Kumulation zu §§ 20, 21 StGB führt. Relevant wird das Problem bei den Voraussetzungen und Rechtsfolgen der §§ 20, 21 StGB und des § 323 a StGB sowie bei den Maßregeln gemäß §§ 63, 64 StGB.

Die praktische Bedeutung des Problems ist relativ groß, wie verschiedene empirische Studien zeigen (Verrel 1995, S. 107 f.; Marneros et al. 2002, S. 87 f.). In der forensisch-psychiatrischen Literatur wird vor allem auf das häufige Zusammentreffen von Alkoholmissbrauch und Alkoholabhängigkeit mit anderen psychischen Störungen, insbesondere mit der dissozialen Persönlichkeitsstörung hingewiesen (Nedopil 2000, S. 100 mit zahlreichen weiteren Verweisen). Außerdem wird das Problem in mehreren höchstrichterlichen Entscheidungen der letzten Jahre behandelt (z. B. BGHSt 44, 338, 344 [Persönlichkeitsstörung + Alkoholsucht] 369, 375 [Psychose + geringer Alkohol] BGH NStZ 2004, 197 [Alkoholabhängigkeit + Intelligenzminderung + kombinierte Persönlichkeitsstörung mit dissozialen, paranoiden, schizoiden und impulsiven Zügen]). Die erste gründliche juristische Erörterung des Problems findet sich bei Streng (2004, S. 614 ff.).

Folgende Kombinationen kommen in der Praxis häufig vor (Streng 2004, S. 615 f.):
- dauerhafte krankhafte Störung und Alkoholisierung bzw. Drogenkonsum,
- tiefgreifende Bewusstseinsstörung und Alkoholisierung,
- Alkoholintoxikation und Drogenwirkungen,
- Persönlichkeitsstörung und Alkoholisierung bzw. Drogenkonsum.

Es gibt aber auch andere relevante Kombinationen (vgl. z. B. BGH NStZ 2003, 363 f.: Diabetes + Bluthochdruck + „nervliche Belastung"; BGHR § 21 StGB Ursachen, mehrere 5: Tabletten + Schwachsinn + Depression).

### 2.3.5.1 Konsequenzen für die Anwendung der §§ 20, 21 StGB und des § 323 a StGB

Die Rechtsprechung neigt bei §§ 20, 21 StGB dazu, sich auf ein Eingangsmerkmal festzulegen (BGHSt 34, 59, 62) und weitere nur zur Intensivierung heranzuziehen (BGH StV 1989, 14; StV 2003, 73; StV 1990, 544). In der Regel wird also eine Persönlichkeitsstörung, eine krankhafte seelische Störung oder eine tiefgreifende Bewusstseinsstörung bejaht und Alkohol- oder Drogenkonsum als Gewichtungsfaktor innerhalb des Eingangsmerkmals herangezogen (Streng 2004, S. 616).

Das im Sonderausschuss Strafrecht des Deutschen Bundestages in den 60er Jahren erwogene Modell einer einstufigen Ausgestaltung der §§ 20, 21 StGB, bei dem unter Verzicht auf die Eingangsmerkmale nur auf den Ausschluss oder die Beeinträchtigung der Einsichts- und Steuerungsfähigkeit abgestellt worden wäre und das auch heute noch teilweise in der Literatur befürwortet wird (vgl. Roxin 2006, S. 888; Tröndle u. Fischer 2006, § 20 Rn 5; Schild 2005, § 20 Rn 21), würde das Komorbiditätsproblem von vornherein sachgerecht nur im Rahmen der zweiten Prüfungsebene behandeln. Dieses Modell wurde jedoch im Hinblick auf den erhofften Steuerungs- und Kontrollwert der psychopathologischen Anknüpfungsbefunde und den befürchteten Verlust von Grenzen und Rechtssicherheit im Gesetzgebungsverfahren abgelehnt (vgl. Roxin 2006, S. 888 f. mwN) und hat sich auch in der Literatur nicht durchgesetzt (Streng 2004, S. 620).

Für die entscheidende Bewertung der Komorbidität in der psychologisch-normativen Ebene ist also die kombinierte Schwerebewertung auf der ersten Stufe durchaus relevant, zumal diese die Bewertung der Einsichts- und Steuerungsfähigkeit in erheblichem Umfang präjudiziert (Roxin 2006, S. 886; Streng 2004, S. 617; BGH NStZ 1996, 380). Da die Rechtsprechung dazu neigt, auf der ersten Stufe nur ein Eingangsmerkmal zu bejahen, ist die Kumulation mehrerer psychischer Störungen besonders bei der normativen Komponente der erheblichen Beeinträchtigung der Einsichts- und Steuerungsfähigkeit zu thematisieren.

Da das Zusammentreffen mehrerer Störungen eine besondere Bedeutung bei psychischen Defekten in Verbindung mit Alkohol hat, wird es auch beim Vorverschulden und damit beim Verzicht auf Strafmilderung nach § 21 StGB relevant. Die Kannmilderung bietet die Möglichkeit, der Berücksichtigung von psychischen Defekten und Defektkumulationen normative Grenzen zu setzen, wenn diese so gewichtig sind, dass sie berücksichtigt werden müssen, andererseits aber wesentliche schulderhöhende Merkmale vorliegen (vgl. BGH NJW 2004, 3350 ff.; Streng 2004, S. 617; zum Problem des Vorverschuldens s. 2.3.2.4). Beim Alkoholrausch wird neuerdings in der Regel eine Strafrahmenmilderung abgelehnt (BGH NStZ 2003, 480 ff.; BGHSt 49, 239 ff.; Tröndle u. Fischer 2006, § 21 Rn 25 a), jedoch kann die Defektkumulation (z. B. in Verbindung mit krankhafter Sucht) dazu führen, dass die hierdurch reduzierte Schuld wiederum eine Strafrahmenmilderung rechtfertigt (BGH StV 2005, 495; BGHR StGB § 21 Strafrahmenverschiebung 32, 33).

Relevant wird das Zusammentreffen mehrerer Störungen auch beim Vollrauschtatbestand des § 323 a StGB, der von der Rechtsprechung und herrschenden Lehre grundsätzlich als abstraktes Gefährdungsdelikt behandelt wird, bei dem sich der Schuldvorwurf auf das vorsätzliche oder fahrlässige Herbeiführen eines Rauschzustandes beschränkt (s. 2.3.3.3; Lackner u. Kühl 2004, § 323 a Rn 1 mwN). Wenn nun der Rauschmittelgenuss nicht die alleinige Ursache für eine Schuldunfähigkeit ist, sondern auch andere Ursachen zu der Entstehung des Rausches beigetragen haben (z. B. Hirnschädigungen), so scheidet zwar nicht der objektive Tatbestand des § 323 a StGB aus, sofern der Zustand des Täters nach seinem ganzen Erscheinungsbild als durch den Genuss von Rauschmitteln hervorgerufen anzusehen ist (BGHSt 26, 363 ff.). Eine Bestrafung nach dieser Vorschrift kommt jedoch nur dann in Betracht, wenn der Täter die Umstände, die bei ihm zu einer erhöhten Rauschgefahr führen, bereits während des Rauschmittelgenusses kannte oder nach seinen persönlichen Kenntnissen und Fähigkeiten hätte erkennen können, wenn also der erforderliche subjektive Tatbestand vorliegt (BGHSt 26, 363, 366; BGH StV 1997, 29; Tröndle u. Fischer 2006, § 323 a Rn 16).

### 2.3.5.2 Konsequenzen für die Maßregelanordnung

Der für die *Unterbringung in einem psychiatrischen Krankenhaus* nach § 63 StGB erforderliche Zusammenhang zwischen dem psychopathologischen „Zustand" des Täters und der Gefahr weiterer erheblicher Straftaten kann sich auch aus einer Kumulation mehrerer Defekte ergeben. Problematisch ist dies jedoch in den Fällen der Kombination einer psychischen Störung mit übermäßigem Alkoholkonsum. Die Unterbringung in einem psychiatrischen Krankenhaus setzt einen länger andauernden psychischen Defekt voraus, weshalb eine vorübergehende Beeinträchtigung der Schuldfähigkeit durch Berauschung nicht ausreicht. In den Fällen, in denen nicht ein solcher Defekt, sondern letztlich der Alkoholkonsum die Schuldfähigkeit bei Begehung der Tat erheblich eingeschränkt hat, kommt die Anwendung des § 63 StGB nur ausnahmsweise in Betracht, wenn der Täter an einer krankhaften Alkoholsucht leidet (BGHSt 44, 338, 344; BGH NStZ 1998, 406; NStZ-RR 99, 265 f.). Diese restriktive Anwendung der Unterbringung in einem psychiatrischen Krankenhaus ist geboten, weil diese Maßregel nicht dazu bestimmt ist, an sich gesunde Personen wegen eines vorübergehenden Rauschzustandes zu verwahren (Tröndle u. Fischer 2006, § 63 Rn 10; vgl. auch BGHSt 34, 22, 27, wo dieser Grundsatz auch für einen erweiterten Suizid im Zustand einer schweren reaktiven Depression in Verbindung mit einem vorübergehenden Affekt bejaht wird). Dabei ist zu klären, auf welchem Defekt (Alkoholkonsum oder Persönlichkeitsstörung) der Schwerpunkt liegt; ist dies der Alkoholrausch, so kommt eine Unterbringung nach § 63 StGB nicht in Betracht (BGH NStZ-RR 99, 265).

Zweifelhaft ist die neuere Rechtsprechung des BGH zur Anwendung des § 63 StGB allerdings in den Fällen, in denen erst der Alkoholgenuss den

Ausschluss der Schuldfähigkeit oder deren erhebliche Verminderung zur Zeit der Tat bewirkt hat (z. B. BGHSt 44, 369, 375 bei einer manifesten psychischen Störung, bei der bereits geringer Alkoholkonsum eine erhebliche Beeinträchtigung der Schuldfähigkeit auslöst; ähnlich BGHSt 44, 338, 344 bei einer dissozialen Persönlichkeitsstörung, die zum Fortbestand einer Alkoholsucht führt). Zwar liegt hier formal der für § 63 StGB erforderliche länger andauernde psychische Defekt vor, allerdings nicht in einer Ausprägung, die für die Bejahung des § 20 StGB oder des § 21 StGB ausreicht. Damit fehlt auch die Schwere, die für eine Behandlung im psychiatrischen Krankenhaus erforderlich ist (Streng 2004, S. 618). Eine derart großzügige Anwendung des § 63 StGB, die auch Nachteile für den ohnehin schon überlasteten Maßregelvollzug mit sich bringt, dürfte nicht dem Willen des Gesetzgebers entsprechen. Die Behandlungsbedürftigkeit solcher Täter legitimiert die Anordnung der gravierenden Maßregel des § 63 StGB noch nicht, zumal auch im Strafvollzug eine Behandlung nicht völlig ausgeschlossen ist (vgl. §§ 6, 7, 9 Abs. 1, 2 StVollzG).

Weniger gravierend ist das Problem bei der *Unterbringung in einer Entziehungsanstalt gemäß § 64 StGB*. Wenn neben einer Persönlichkeitsstörung Alkoholgenuss im Übermaß vorliegt, wird für die Unterbringung nach § 64 StGB allein auf den Hang zu übermäßigem Alkoholkonsum abgestellt, wenn schon dieser die Gefahr weiterer hangbedingter Straftaten begründet (BGH NStZ-RR 1997, 231; 2002, 107; Tröndle u. Fischer 2006, § 64 Rn 5). Es reicht aber auch, wenn die Persönlichkeitsstörung mit dem Hang zu übermäßigem Alkoholkonsum in engem Zusammenhang steht und sich hieraus die Gefährlichkeitsdiagnose ergibt (BGH NStZ 2000, 25 f.; Streng 2004, S. 619).

Bei einer Verurteilung wegen *Vollrausches gemäß § 323 a StGB* kommt nach bisher herrschender Meinung im Regelfall nur eine Unterbringung gemäß § 64 StGB in Betracht, nicht dagegen eine Unterbringung gemäß § 63 StGB, da der Täter bei Beginn des Sichberauschens schuldfähig handelt (BGH NStZ 1996, 41; NStZ-RR 1997, 102 f., 299 f.; Tröndle u. Fischer 2006, § 63 Rn 10) bzw. – bei Alkoholabhängigkeit – allenfalls vermindert schuldfähig. Auf die eigentliche Rauschtat, die nur eine objektive Bedingung der Strafbarkeit darstellt, dürfe dabei nicht abgestellt werden (aA Streng 2004, S. 619 für den Fall einer rauschverstärkten Persönlichkeitsstörung). Eine Unterbringung in einem psychiatrischen Krankenhaus kommt danach also nur ausnahmsweise in Betracht, wenn der Täter bereits bei Beginn des Alkoholgenusses aus einem anderen Grund zumindest vermindert schuldfähig war.

In diesem Punkt deutet sich eine Änderung der Rechtsprechung an. Der 4. Strafsenat des BGH will neuerdings – jedenfalls beim Zusammenwirken von Persönlichkeitsstörung und Alkoholabhängigkeit – trotz voller Schuldfähigkeit bei Beginn des Berauschens auf die Rauschtat als „rechtswidrige Tat" im Sinne des § 63 StGB abstellen. Die anderen Strafsenate haben dem jedenfalls für den Fall nicht widersprochen, dass über die doppelte Anwendung des Zweifelssatzes und über § 72 Abs. 1 S. 2 StGB die Anordnung der Sicherungsverwahrung (§ 66 StGB) vermieden und durch die Anwendung von § 63 StGB ersetzt wird.

BGH NJW 2004, 960: Der Angeklagte, der schon häufig wegen Straftaten unter Alkoholeinfluss verurteilt worden war, hatte in alkoholisiertem Zustand (Tatzeit-BAK 4,02‰) einen Zechkumpan gefährlich verletzt und war deshalb vom LG Bielefeld wegen vorsätzlichen Vollrauschs zu einer Freiheitsstrafe von zwei Jahren und neun Monaten verurteilt worden. Außerdem wurde die Unterbringung in der Sicherungsverwahrung angeordnet. Letztere hob der 4. Senat des BGH auf und begründete dies – unter Hinweis auf § 72 StGB – damit, dass die Sicherungsverwahrung erst dann angeordnet werden dürfe, wenn § 63 StGB nicht anwendbar sei. Hätte das erkennende Gericht auf die Rauschtat abgestellt (und nicht wie vom BGH bisher vorgegeben auf die Berauschungshandlung), dann hätten die Voraussetzungen für § 63 StGB vorgelegen. Denn bei der Rauschtat sei das Zusammenwirken von Persönlichkeitsstörung und Alkoholabhängigkeit relevant, bei der nach BGHSt 44, 338 (s. oben) die Unterbringung in einem psychiatrischen Krankenhaus möglich sei. Dem Angeklagten dürfe kein Nachteil daraus erwachsen, dass er nicht wegen der Rauschtat in Verbindung mit § 21 StGB, sondern in Anwendung des Zweifelsatzes wegen Vollrausches verurteilt wurde. Das erkennende Gericht hätte daher in erneuter Anwendung des Zweifelsatzes (diesmal zum Rechtsfolgenausspruch) die Voraussetzungen des § 63 StGB prüfen müssen und nach § 72 Abs. 1 StGB der Maßregel den Vorzug geben müssen, die den Angeklagten am wenigsten beschwert. Der 4. Senat hat darüber hinaus grundsätzliche Bedenken bezüglich der bisherigen Rechtsprechung zu den Rechtsfolgen von § 323 a StGB geltend gemacht und bei den anderen Strafsenaten angefragt, ob an der Rechtsprechung festzuhalten sei, dass bei § 323 a StGB Anknüpfungspunkt der für die Anordnung nach § 63 StGB vorausgesetzten sicheren Feststellung des § 21 StGB (allein) das „Sichberauschen" – die Alkoholaufnahme – und „rechtswidrige Tat" im Sinne des § 63 StGB nicht auch die Rauschtat ist. Die anderen Senate haben hierzu nicht abschließend Stellung genommen, sind jedoch der beabsichtigten – auf die doppelte Anwendung des Zweifelsatzes gestützten – Entscheidung des 4. Senats nicht entgegengetreten.

### 2.3.6 Rechtsfolgen

#### 2.3.6.1 Rechtsfolgen bei der Schuldunfähigkeit (§ 20 StGB)

Liegen die Voraussetzungen des § 20 StGB vor und ist auch kein Fall der actio libera in causa oder des § 323 a StGB gegeben, so ist der Angeklagte in der Hauptverhandlung freizusprechen. Zugleich kann unter den weiteren Voraussetzungen der §§ 63, 64 StGB die Unterbringung in einem psychiatrischen Krankenhaus oder in einer Entziehungsanstalt angeordnet werden. In Betracht kommen auch die Entziehung der Fahrerlaubnis gemäß § 69 StGB und ein Berufsverbot nach § 70 StGB; allerdings setzen diese beiden ambulanten Maßregeln die Anwendung der §§ 20, 21 StGB nicht notwendig voraus.

Wird die Schuldunfähigkeit bereits im Ermittlungsverfahren festgestellt, so ist das Strafverfahren gemäß § 170 Abs. 2 StPO einzustellen, wenn keine Maßregeln der Besserung und Sicherung geboten sind. Andernfalls stellt die Staatsanwaltschaft beim zuständigen Gericht den Antrag, in einem besonderen Sicherungsverfahren gemäß §§ 413–416 StPO Maßregeln der Besserung und Sicherung selbstständig anzuordnen. Gemäß § 11 BZRG sind allerdings auch die gerichtlichen Entscheidungen und Verfügungen der Staatsanwaltschaft in das Bundeszentralregister einzutragen, durch die ein Strafverfahren wegen erwiesener oder nicht auszuschließender Schuldunfähigkeit abgeschlossen wird, ohne dass es zur Anordnung von Maßregeln gekommen ist. Das Bundesverfassungsgericht hat die Verfassungsmäßigkeit dieser gesetzlichen Regelung bejaht (BVerfG StV 1991, 556).

Freizusprechen oder einzustellen ist nach dem Grundsatz „in dubio pro reo" auch dann, wenn die Schuldunfähigkeit nicht ausgeschlossen werden kann, sofern die Zweifel die tatsächlichen Grundlagen des § 20 StGB, d. h. Art und Grad des Defektzustands betreffen (z. B. BGH bei Holtz MDR 1983, 619). Der Zweifelsgrundsatz ist aber nicht anwendbar bei dem rechtlich-normativen Element der Einsichts- und Steuerungsfähigkeit (Lenckner u. Perron 2006, § 20 Rn 43; Jähnke 1993, § 20 Rn 94). Eine entsprechende Frage nach der Ausschließbarkeit der Einsichts- oder Steuerungsunfähigkeit sollte der Sachverständige daher unter Hinweis auf deren normativen Charakter zurückweisen bzw. sie ausschließlich auf die tatsächlichen Grundlagen der vier Eingangsmerkmale übertragen.

### 2.3.6.2 Rechtsfolgen bei verminderter Schuldfähigkeit (§ 21 StGB)

Die verminderte Schuldfähigkeit ist ein typisierter fakultativer gesetzlicher Strafmilderungsgrund, der gemäß § 49 I StGB zu einem milderen Strafrahmen führt. Das gleiche gilt, wenn wegen Nichtaufklärbarkeit der den Befund betreffenden Tatsachen zweifelhaft bleibt, ob der Täter zur Zeit der Tat voll oder vermindert schuldfähig war (BGHSt 8, 113, 124; StV 1984, 69). Die Versagung der Strafmilderung darf nicht damit begründet werden, dass eine Verminderung der Schuldfähigkeit nicht positiv festgestellt werden konnte (BGH NStZ 1989, 18; NStZ-RR 2000, 166 f.; StV 1984, 464). Kann dagegen nicht festgestellt werden, ob der Täter schuldunfähig oder vermindert schuldfähig war, so gilt § 20 StGB. Im ersten Fall sind jedoch die Regeln der actio libera in causa, im zweiten Fall ist § 323 a StGB zu beachten (vgl. Lenckner u. Perron 2006, § 21 Rn 12; BGH NJW 1992, 1519).

Ob von der Milderungsmöglichkeit tatsächlich Gebrauch gemacht wird, liegt nach der Kannregelung im Ermessen des Gerichts; dieses ist jedoch verfassungskonform restriktiv in der Weise auszulegen, dass nur in besonderen Ausnahmefällen von der Milderungsmöglichkeit Abstand genommen werden darf (s. 2.3.4).

Die Rechtsprechung und die überwiegende Meinung in der Literatur versuchen, die „Kannmilderung" durch restriktive Interpretation mit dem Schuldprinzip in Einklang zu bringen (BGHSt 7, 29; BGH NJW 1981, 1221; 1993, 2544; StV 1994, 608). Sie gehen davon aus, dass die Verminderung der Schuldfähigkeit ein Schuldmilderungsgrund sei. Daraus wird die Folgerung gezogen, dass dieser Schuldmilderungsgrund „grundsätzlich" oder „im Allgemeinen" zu einer Minderung der Strafwürdigkeit führe und dass an ein Absehen von Milderung umso höhere Anforderungen zu stellen seien, je mehr sich der gemilderte Strafrahmen von dem nicht gemilderten unterscheidet (Lenckner u. Perron 2006, § 21 Rn 14).

Zunächst darf eine Strafmilderung nach § 21 StGB nicht aus schuldfremden – also insbesondere aus spezial- oder generalpräventiven – Gründen versagt werden. Eine spezial- oder generalpräventiv begründete Überschreitung der schuldangemessenen Strafe ist danach unzulässig (BGHSt 7, 30; 20, 266). Die präventiven Strafzwecke dürfen nur innerhalb des Spielraums zwischen schon schuldangemessener und noch schuldangemessener Strafe berücksichtig werden (Spielraumtheorie, BGHSt 7, 28 ff.). Für darüber hinausgehende spezialpräventive Bedürfnisse stehen Maßregeln der Besserung und Sicherung nach §§ 63 ff. StGB zur Verfügung. Eine Strafmilderung nach § 21 StGB darf auch nicht mit der Begründung versagt werden, dass der Täter eine geringere Strafempfindlichkeit aufweise, wie es zum Teil für Psychopathen angenommen wird (Roxin 2006, S. 906 f. mwN gegen die ältere Rechtsprechung). Zutreffend nimmt die Rechtsprechung aber an, dass fehlende Unrechtseinsicht infolge verminderter Einsichtsfähigkeit die Strafmilderung nicht eher nahe lege als bloß verminderte Steuerungsfähigkeit (BGH NStZ 1985, 357; StV 1989, 15).

Bei der gebotenen restriktiven, am Schuldgrundsatz orientierten Interpretation der „Kannmilderung" kommen nach der Rechtsprechung und überwiegender Meinung nur zwei Fallgruppen für die Versagung der Strafmilderung in Betracht (Schreiber u. Rosenau 2004, S. 80 f.). Die erste Gruppe betrifft *schulderhöhende Umstände*, die die an sich gebotene Milderung wieder kompensieren, z. B. wegen besonderer Verwerflichkeit der Tat, wegen der gesteigerten verbrecherischen Energie oder der besonderen Rücksichtslosigkeit bei der Tatausführung (BGHSt 7, 28 ff.; BGH MDR 1972, 196). Einigkeit besteht darüber, dass solche Umstände nicht straferhöhend berücksichtigt werden dürfen, welche die biologisch-psychologischen Eingangsmerkmale des § 21 StGB begründet haben (BGHSt 16, 360 ff.; BGH StV 1982, 417). Eine Versagung der Strafmilderung soll sogar möglich sein, wenn an Stelle des gemilderten Strafrahmens nur die absolute Strafdrohung des § 211 StGB, also die lebenslange Freiheitsstrafe in Betracht kommt (BVerfG 50, 5; BGHSt 7, 28 f.; BGH StV 1993, 355; NStZ 1994, 183; Tröndle u. Fischer 2006, § 21 Rn 23). Ein erheblicher Teil der Literatur hält jedoch in solchen Fällen die lebenslange Freiheitsstrafe wegen Verstoßes gegen das Schuldprinzip für unzulässig, da die Schuld eines vermindert Schuldfähigen auch bei besonderer Verwerflichkeit im Vergleich zu der eines uneingeschränkt Schuldfähigen erheblich geringer sei (Roxin 2006, S. 909; Schreiber u. Rosenau 2004, S. 80; differenzierend Lenckner u. Perron 2006, § 21 Rn 19).

In der zweiten Fallgruppe geht es um das *Vorverschulden des Täters, insbesondere beim selbstverschuldeten Alkohol- oder Drogenrausch* in den Fällen, in denen die actio libera in causa nicht eingreift, weil der Täter im Zeitpunkt des schuldhaften Sichversetzens in den Zustand verminderter Schuldfähigkeit noch nicht vorsätzlich bzw. fahrlässig im Hinblick auf die begangene Tat gehandelt hat. In Betracht kommen hier auch Fälle des Affektes (BGHSt 35, 143, dazu Anm. Blau JR 1988, 54), unter Umständen sogar Persönlichkeits- oder Triebstörungen, deren tatfördernde oder hemmungsmindernde Wirkung der Täter kennt (Tröndle u. Fischer 2006, § 21 Rn 24). Früher verlangte die Rechtsprechung bei selbstverschuldeter Trunkenheit nicht nur, dass der Täter den Rausch zurechenbar herbeigeführt hat, sondern auch, dass er von seiner allgemeinen Neigung zu *Straftaten vergleichbarer Art* nach Alkoholgenuss wusste oder wissen musste und dass die früheren Straftaten nach Ausmaß und Intensität mit der nunmehr begangenen Tat vergleichbar waren (BGHSt 34, 29, 33; 43, 66, 78; 43, 171, 177; BGHSt 35, 143, 145 für Affekttaten).

Neuerdings will der 3. Strafsenat des Bundesgerichtshofs in einem Urteil vom 27.3.2003 die Strafrahmenverschiebung bei steuerungsbeeinträchtigender Trunkenheit sogar dann versagen, „wenn die erhebliche Verminderung der Schuldfähigkeit des Täters auf verschuldeter Trunkenheit" beruht; dies sei auch dann anzunehmen, wenn der Täter nicht über einschlägige Vorerfahrungen verfüge, da die gefährlichen Wirkungen übermäßigen Alkoholgenusses allgemein bekannt seien (BGH NStZ 2003, 480 ff.). Allerdings handelt es sich bei den Überlegungen des 3. Strafsenats bisher nicht um tragende Entscheidungsgründe, sondern nur um ein ausführlich begründetes obiter dictum, mit dem der Senat deutlich machen will, dass an der bisherigen Rechtsprechung nicht festgehalten werden solle. Das Erfordernis der Warnwirkung früher unter Alkoholeinfluss begangener – vergleichbarer – Straftaten stehe im Widerspruch zu der gesetzlichen Regelung des Vollrausches in § 323a StGB, nach der das schuldhafte Sichberauschen unabhängig von vergleichbaren Vorerfahrungen bestraft werde. Die Reaktion der anderen Strafsenate auf diesen „Testballon" (Scheffler 2003, S. 449; Foth 2003, S. 597) ist noch unklar und nicht einheitlich.

Der 5. Senat hat dieser faktisch nahezu vollständigen Eliminierung der Strafrahmenmilderung bei zu verantwortender Trunkenheit in einem Urteil vom 17.8.2004 ausdrücklich widersprochen und überzeugend dargelegt, dass diese weder aus dem Rechtsgedanken des § 323a StGB noch aus den Überlegungen des historischen Gesetzgebers abzuleiten sei (BGHSt 49, 239, 248 ff.). Darüber hinaus entwickelt er eine differenziertere Konzeption. Zwar sei an der Rechtsprechung zur Strafrahmenverschiebung bei vorwerfbarer Alkoholisierung nicht mehr uneingeschränkt festzuhalten, für eine Versagung der Strafrahmenmilderung sei aber zumindest Fahrlässigkeit des Täters, also Vorhersehbarkeit und Vermeidbarkeit bezüglich eines rechtswidrigen Ergebnisses ganz allgemein (objektiv) und speziell für den Täter (subjektiv) erforderlich (BGHSt 49 239, 242; vgl. auch BGH NStZ 2005, 384 ff.). Hierfür komme neben Vorerfahrungen mit vergleichbaren Straftaten auch die Alkoholisierung in einer Umgebung in Betracht, in der sich aufgrund der persönlichen und situativen Verhältnisse des Einzelfalles das Risiko der Begehung von Straftaten vorhersehbar signifikant infolge des Alkoholgenusses erhöht habe (z.B. Alkoholisierung in einer emotional aufgeladenen Krisensituation oder unter gruppendynamischen Einflüssen, vgl. BGHSt 49 239, 243 ff.).

BGHSt 49, 239 ff.= NJW 2004, 3350 ff.= NStZ 2004, 678 ff.: Der seit dem Jugendalter an Alkohol gewöhnte Angeklagte war bereits mehrfach wegen Eigentums- und Verkehrsdelikten vorbestraft, darunter auch wegen Trunkenheit im Verkehr. Am Tattag hatte er bereits seit den frühen Morgenstunden Alkohol getrunken und dann den später Verletzten in der Absicht aufgesucht, diesen zu misshandeln. Gemeinsam mit einem ebenfalls angetrunkenen Mittäter fügte er in mehreren Teilakten dem Opfer erhebliche Verletzungen und eine – unbehandelt lebensgefährliche – Hirnblutung zu. Der 5. Strafsenat beanstandete hier die vom Landgericht vorgenommene Strafrahmenverschiebung gemäß §§ 21, 49 Abs. 1 StGB und die daraus resultierende zu milde Freiheitsstrafe von 3 Jahren und 6 Monaten, weil die erhebliche Verminderung der Steuerungsfähigkeit auf zu verantwortender Trunkenheit beruhe. Diese spreche in der Regel gegen eine Strafrahmenverschiebung, wenn in der Person des Täters oder in den situativen Verhältnissen des Einzelfalles Umstände vorliegen, die in Zusammenhang mit der Alkoholisierung das Risiko der Begehung von Straftaten bedeutend erhöht haben. Dabei soll auf die jeweilige Person des Täters und die konkrete Situation abgestellt werden. Ein schulderhöhender Fahrlässigkeitsvorwurf sei jedenfalls dann begründet, wenn der Täter seine Neigung zu alkoholbedingten Straftaten kenne. Daneben könnten auch situationsbedingte Umstände gefahr- und schulderhöhend wirken (z. B. Alkoholisierung in einer emotional aufgeladenen Krisensituation oder unter gruppendynamischen Einflüssen, etwa in einer Gruppe marodierender Hooligans oder gewaltbereiter Radikaler). An die Überzeugungsbildung des Tatrichters, der die Begriffe der objektiven und subjektiven Vorhersehbarkeit strafbaren Verhaltens bei Alkoholisierung in wertender Betrachtung auszufüllen habe, dürften dabei nicht zu hohe Anforderungen gestellt werden, da die vielfach verheerende Wirkung des übermäßigen Alkoholgenusses allgemein bekannt sei.

Wenn allerdings allein die Wahl zwischen lebenslanger Freiheitsstrafe und einer zeitigen Freiheitsstrafe bestehe, müssten besonders erschwerende Umstände vorliegen, um die mit den Voraussetzungen des § 21 StGB verbundene Strafmilderung so auszugleichen, dass die gesetzliche Höchststrafe verhängt werden dürfe (insoweit ständige Rechtsprechung, vgl. BGHR § 21 Strafrahmenverschiebung 7, 8, 12, 18, 25; vgl auch BVerfGE 50, 51).

Der 4. Strafsenat hat sich inzwischen dieser Modifikation des Vorverschuldens bei Risikoerhöhung in gefahrträchtiger Lage ausdrücklich angeschlossen und die Strafmilderung bei einem bisher nie unter Alkoholeinfluss aggressiv und gewalttätig gewordenen Sexualstraftäter trotz verschuldeter Trunkenheit gebilligt (BGH Urteil vom 15.12.2005 – 4 StR 314/05, zustimmend Schöch 2006 b).

Die Übertragung dieses Prinzips auf alle selbstverschuldeten psychischen Defekte (also z. B. auch beim Affekt oder bei der Sucht) wird von der überwiegenden Literaturmeinung abgelehnt, da sie über die Fälle der actio libera in causa hinaus mit dem Schuldgrundsatz nicht vereinbar wäre (Lenckner u. Perron 2006, § 21 Rn 21; Schreiber u. Rosenau 2004, S. 81).

Einer nach dem Grundsatz in dubio pro reo angenommenen verminderten Schuldfähigkeit darf kein geringeres Gewicht beigemessen werden, nur weil sie nicht erwiesen, sondern zugunsten des Täters zugrunde gelegt worden ist (BGH NStZ 1996, 328). Hinsichtlich der Rechtsfolgen ist jedoch zu beachten, dass die Unterbringung in einem psychiatrischen Krankenhaus gemäß § 63 StGB nicht möglich ist, wenn die verminderte Schuldfähigkeit nur nach dem Zweifelsgrundsatz angenommen worden ist (BGHSt 34, 22, 26; BGH NStZ 1986, 237; 1990, 538). Dies beruht darauf, dass in diesen Fällen der Grundsatz in dubio pro reo auch auf die belastende Maßregel angewandt werden muss. Bleibt dagegen zweifelhaft, ob Schuldunfähigkeit oder nur verminderte Schuldfähigkeit vorgelegen hat und ist deshalb wegen des Grundsatzes in dubio pro reo freizusprechen, so kann § 63 StGB wegen seines Sicherungszwecks trotzdem zur Anwendung kommen (BGHSt 18, 167; 22, 1, 4; Stree 2006, § 63 Rn 10).

## 2.3.7 Koinzidenzprinzip und Vorverschulden

Das Koinzidenzprinzip bedeutet, dass die Schuldfähigkeit des Täters zum Zeitpunkt der Begehung der konkreten Tat vorliegen muss (Jähnke 1993, S. 76; BGHSt 14, 114 ff.; BGH NStZ 1997, 485). Maßgebend hierfür ist gemäß § 8 StGB der Zeitpunkt des Handelns, nicht der des Erfolgseintritts. Hiervon macht die Strafrechtslehre und die Rechtsprechung seit langem aus kriminalpolitischen Gründen und Erwägungen der gerechten Verschuldenszurechnung Ausnahmen, in denen an ein Vorverschulden angeknüpft wird (eingehend dazu Streng 2003, § 20 Rn 110 ff.). Die wichtigste Ausnahme hiervon ist die Rechtsfigur der actio libera in causa, daneben die Strafbarkeit nach dem „Auffangtatbestand" des Vollrausches gemäß § 323 a StGB. Hiervon abzugrenzen sind die Fälle des Eintritts der Schuldunfähigkeit nach Versuchsbeginn und der Wiedererlangung der Schuldfähigkeit vor Vollendung der Straftat.

### 2.3.7.1 Abgrenzung zur Schuldunfähigkeit nach Versuchsbeginn

Vom Verschulden in Form der actio libera in causa sind die Fälle zu unterscheiden, in denen die Schuldunfähigkeit erst nach Versuchsbeginn eintritt. Zu einer solchen „sukzessiven Schuldunfähigkeit" kann es vor allem in Fällen kommen, in denen der Täter durch seine eigenen Angriffshandlungen in eine affektive Ausnahmesituation, einen so genannten „Blutrausch", gerät (Streng 2003, § 20 Rn 111). Da der Täter aufgrund eines affektfrei gebildeten Tatvorsatzes zur Tatausführung angesetzt hat, greift hier die Konstruktion der actio libera in causa nicht ein, vielmehr gelten für diese Fälle der „sukzessiven Schuldunfähigkeit" die Regeln über den abweichenden Kausalverlauf (BGHSt 7, 325; 23, 133; Lackner u. Kühl 2004, § 20 Rn 16). Danach bleibt eine Bestrafung wegen eines vollendeten vorsätzlichen Delikts möglich, wenn es sich um eine „unerhebliche Abweichung vom vorgestellten Kausalverlauf" handelt, d.h. wenn sich die Abweichung in den Grenzen des nach allgemeiner Lebenserfahrung Voraussehbaren hält und keine andere Bewertung der Tat rechtfertigt (Lackner u. Kühl 2004, § 15 Rn 11 mwN). Das ist dann der Fall, „wenn sich der Zustand der Zurechnungsunfähigkeit aus dem vorangegangenen Handeln entwickelt hat und nicht durch äußere (von der Persönlichkeit unabhängige) Einflüsse ausgelöst worden ist" (BGHSt 23, 133, 136). War der Einritt der Schuldunfähigkeit durch das Verhalten des Opfers oder Dritter ausgelöst oder die affektive Ausnahmesituation aus anderen Gründen völlig unvorhersehbar, so kommt nur eine Bestrafung wegen Versuches in Betracht.

### 2.3.7.2 Actio libera in causa

In der Regel schließt der Verlust der Schuldfähigkeit im Vorbereitungsstadium einer Tat die Schuldzurechnung aus, sofern nicht ausnahmsweise der bei der Tat schuldunfähige Täter unter dem Gesichtspunkt der actio libera in causa verantwortlich zu machen ist. Eine bei der Ursachensetzung freie Handlung (actio libera in causa) liegt bei einem mehraktigen Geschehen vor, bei welchem der schuldfähige Täter in der ersten Phase eine Ursache für die eigentliche Tathandlung setzt, die er dann in der zweiten Phase als inzwischen Schuldunfähiger ausführt (Kühl 2005, S. 299). Zu verdeutlichen ist dies am Beispiel der alkoholbedingten Schuldunfähigkeit, dem Hauptanwendungsfall der actio libera in causa (vgl. Tabelle 2.3-3): A betrinkt sich maßlos; als er mit einer BAK von 3,3‰ das Lokal verlässt, schlägt er den im Weg stehenden B mit einem Faustschlag nieder. Wollte A sich betrinken und B in diesem Zustand verletzen, so liegt ein Fall der vorsätzlichen actio libera in causa vor, der die Bestrafung wegen vorsätzlicher Körperverletzung ermöglicht. Wollte er sich betrinken und bedachte er fahrlässig nicht, dass er in diesem Zustand jemanden verletzen könnte, so handelt es sich um eine fahrlässige actio libera in causa, die eine Bestrafung wegen fahrlässiger Körperverletzung nach § 229 StGB ermöglicht. Man erreicht mit dieser im Gesetz nicht ausdrücklich vorgesehenen Konstruktion also, dass der Täter aus dem Delikt heraus bestraft werden kann, welches er im Zustand der Schuldunfähigkeit begangen hat. Das Herbeiführen des Zustandes der Schuldunfähigkeit kann – auch wenn dem Täter die Verletzungshandlung nicht vorgeworfen werden kann – strafrechtlich nach dem Vollrauschtatbestand des § 323 a StGB erfasst werden, bei dem sich das Verschulden nur auf das Sichberauschen, nicht auf die dabei begangene Straftat beziehen muss (vgl. die Übersicht in Tabelle 2.3-3).

Dieses Ergebnis wird in der Rechtsprechung (BGHSt 21, 381) und in der ganz überwiegenden Literatur anerkannt (vgl. Roxin 2006, S. 914 ff.; Lackner u. Kühl 2004, § 20 Rn 25 jeweils mwN). Eine beachtliche Mindermeinung sieht in ihr allerdings einen Verstoß gegen das in § 20 StGB verankerte Koinzidenzprinzip, demzufolge die Schuldfähigkeit des Täters zum Zeitpunkt der Tathandlung vorliegen muss; bis zu einer gesetzlichen Regelung sei daher nur eine Bestrafung nach dem Auffangtatbestand des § 323 a StGB zulässig (Hettinger 1995, S. 623 ff.; Paeffgen 1985, S. 513, 526 ff.; Köhler 1997, S. 397). Vor einigen Jahren hat sich der 4. Senat des BGH dieser Auffassung für die wenigen Delikte angeschlossen, bei denen über das bloße Kausalitätserfordernis hinaus eine bestimmte unmittelbar auszuführende Tathandlung (z. B. das Führen eines Kraftfahrzeugs) vorausgesetzt wird (BGHSt 42, 235). Dies ist bisher nur für die Straßenverkehrsgefährdung relevant geworden. Bei anderen Tatbeständen will die Rechtsprechung offenbar an der bisherigen Billigung der actio libera in causa festhalten (vgl. BGH NStZ 1997, 230; 1999, 448; 2000, 584). Bei der fahrlässigen Körperverletzung und der fahrlässigen Tötung ist die actio libera in causa nach Auffassung des 4. Senats (BGHSt 42, 235 ff.) entbehrlich, da bei derartigen Erfolgsdelikten hinsichtlich der schuldhaften Pflichtverletzung bereits beim Alkoholgenuss angesetzt werden kann, wenn der Täter vorhersehen konnte, dass er anschließend noch ein Kraftfahrzeug führen wird.

In der Literatur gibt es verschiedene Meinungen über die strafrechtsdogmatische Begründung für die gesetzlich nicht geregelte actio libera in causa.

**Tabelle 2.3-3.** Schuldunfähigkeit und actio libera in causa (alic).
Beispiel: A betrinkt sich maßlos. Als er mit einer BAK von 3,3‰ das Lokal verlässt, schlägt er den im Weg stehenden B mit einem Faustschlag nieder.

| Schuldvorwurf bzgl. | | Beispielsvarianten |
|---|---|---|
| Berauschen | (späterer) Tat | – Ergebnis |
| 1. Vorsatz | Vorsatz | A wollte sich so betrinken und B in diesem Zustand verletzen<br>– **vorsätzliche alic, § 223** |
| 2. Vorsatz | Fahrlässigkeit | A wollte sich so betrinken und konnte damit rechnen, dass er in diesem Zustand jemanden verletzt<br>– **fahrlässige alic, § 229** |
| 3. Fahrlässigkeit | Vorsatz | A trank sich Mut an, um B zu schlagen, trank aber fahrlässig mehr als er wollte<br>– **fahrlässige alic, § 229** |
| 4. Fahrlässigkeit | Fahrlässigkeit | A trank fahrlässig zu viel und konnte damit rechnen, dass er dann jemanden verletzt<br>– **fahrlässige alic, § 229** |
| 5. Vorsatz | kein Vorwurf | A wollte sich so betrinken, konnte aber nicht damit rechnen, jemanden zu verletzen<br>– **vorsätzlicher Vollrausch, § 323a** |
| 6. Fahrlässigkeit | kein Vorwurf | A trank fahrlässig zu viel und konnte nicht mit einer Verletzung rechnen<br>– **fahrlässige Vollrausch, § 323a** |
| 7. kein Vorwurf | kein Vorwurf | Dem A wurde ohne sein Wissen Schnaps (bzw. Drogen/Medikamente) ins Bierglas geschüttet, weshalb er den Vollrausch nicht erkennen konnte<br>– **Straflosigkeit gemäß § 20** |

Man bezeichnet sie als Ausnahmemodell, Vorverlagerungstheorien im Sinne des Tatbestandsmodells oder mittelbare Täterschaftskonstruktion (Übersicht bei Streng 2003, § 20 Rn 116–140; Lackner u. Kühl 2004, § 20 Rn 25; Tröndle u. Fischer 2006, § 20 Rn 52 f.). Alle diese Lösungsansätze sind umstritten, weshalb in der Literatur zunehmend eine ausdrückliche gesetzliche Regelung für die Vorverlegung auf die Steuerungsvorgänge zur Zeit der Schuldfähigkeit befürwortet wird (vgl. Lackner u. Kühl 2004, § 20 Rn 25 mwN). Für die forensische Praxis bleibt einstweilen die Rechtsprechung maßgeblich, die sowohl die vorsätzliche als auch die fahrlässige actio libera in causa bis auf seltene Ausnahmefälle weiterhin zugrunde legt.

Es ist unerheblich, welche Störung zur Schuldunfähigkeit geführt hat. Am häufigsten kommt die vorsätzliche oder fahrlässige actio libera in causa bei übermäßigem Genuss von Alkohol oder Drogen vor. Sie ist aber auch beim Affekt möglich. Eine Bestrafung wegen vorsätzlicher actio libera in causa würde voraussetzen, dass der Täter den schuldausschließenden Affekt vorsätzlich herbeigeführt oder nicht abgewendet hat. Dies wird sich in aller Regel nicht feststellen lassen. Deshalb kommt eher eine Bestrafung wegen fahrlässiger actio libera in causa in Betracht, wobei der Fahrlässigkeitsvorwurf dadurch begründet wird, dass der Täter in der Phase der Entstehung und Verschärfung des Konfliktes, insbesondere bei der Auseinandersetzung mit den Vorgestalten der Tat, keine Vorkehrungen gegen eine mögliche und später nicht mehr kontrollierbare Affektentladung getroffen hat (z. B. durch Entfernung aus dem Einflussbereich des potenziellen Opfers), weil er leichtsinnig darauf vertraut hat, den Affektdurchbruch vermeiden zu können (vgl. Roxin 2006, S. 895). Allerdings umgeht die neuere Rechtsprechung die relativ strengen Voraussetzungen der actio libera in causa durch das umfassendere Konstrukt des Vorverschuldens, das einen Schuldausschluss bei verschuldetem Affekt von vornherein verneint (s. 2.3.2.2). Dies wird in der Literatur wegen Unvereinbarkeit mit dem Schuldprinzip kritisiert (Roxin 2006, S. 894 f.; Lenckner u. Perron 2006, § 20 Rn 15 a; Schreiber u. Rosenau 2004, S. 68).

### 2.3.7.3 Vollrausch (§ 323a StGB)

Für die Fälle rauschbedingter Schuldunfähigkeit hat § 323 a StGB einen Auffangtatbestand geschaffen, mit dem die Strafbarkeitslücken geschlossen werden können, in denen nach unserem sonstigen Strafrechtssystem eine Strafbarkeit wegen der im Defektzustand begangenen rechtswidrigen Tat weder direkt noch über die Konstruktion der actio libera in causa möglich wäre (vgl. BGHSt 32, 48). Obwohl die gesetzliche Konstruktion des § 323 a StGB mit den herkömmlichen Zurechnungsregeln schwer zu vereinbaren ist (kritisch Streng 2000, S. 20 ff.; Paeffgen 1993, S. 66 ff.), wird die kriminalpolitische Lückenfüllungsfunktion dieses abstrakten Gefährdungsdeliktes durchaus akzeptiert, bei dem die Begehung der rechtswidrigen Tat als unrechts- und schuldunabhängige objektive Bedingung der Strafbarkeit interpretiert wird (Streng 2003, § 20 Rn 151 ff.). Paragraf 323 a StGB ist insoweit eine Ausnahme von § 20 StGB, als der Täter für seine Rauschtat zwar nicht direkt verantwortlich gemacht wird, wohl aber dafür, dass er im Zustand der vorsätzlich oder fahrlässig herbeigeführten Berauschung eine Straftat begangen hat. Dieser geminderten Verantwortlichkeit des Rauschtäters trägt § 323 a StGB durch einen nach oben hin auf fünf Jahre limitierten Strafrahmen Rechnung.

Bei einer Verurteilung wegen Vollrausches gemäß § 323 a StGB kommt nach bisher herrschender Meinung im Regelfall neben einer Freiheits- oder Geldstrafe und – bei Verkehrsstraftaten – neben einer Entziehung der Fahrerlaubnis nur eine Unterbringung gemäß § 64 StGB in Betracht, nicht dagegen eine Unterbringung gemäß § 63 StGB, wenn der Täter bei Beginn des Sichberauschens voll schuldfähig handelt (BGH NStZ 1996, 41; NStZ-RR 1997, 102 f.; 299 f.; Cramer u. Sternberg-Lieben 2001, § 323 a Rn 34; Tröndle

u. Fischer 2006, § 63 Rn 10). Auf die eigentliche Rauschtat, die nur eine objektive Bedingung der Strafbarkeit darstellt, dürfe dabei nicht abgestellt werden (aA Streng 2004, S. 619). Eine Unterbringung in einem psychiatrischen Krankenhaus kommt danach also nur ausnahmsweise in Betracht, wenn der Täter bereits bei Beginn des Alkoholgenusses aus einem anderen Grund zumindest vermindert schuldfähig war. In diesem Punkt deutet sich aber eine Änderung der Rechtsprechung an. Der 4. Strafsenat BGH will neuerdings – jedenfalls beim Zusammenwirken von Persönlichkeitsstörung und Alkoholabhängigkeit – trotz voller Schuldfähigkeit bei Beginn des Berauschens auf die Rauschtat als „rechtswidrige Tat" im Sinne des § 63 StGB abstellen (BGH NJW 2004, 960; Einzelheiten s. 2.3.5.2).

#### 2.3.7.4 Wiedererlangung der Schuldfähigkeit

Die Schuldfähigkeit muss nicht während der gesamten Dauer der Tathandlung vorliegen. Es genügt zur Strafbarkeit, wenn sie in irgendeinem Zeitpunkt gegeben ist, in dem der Täter den Ablauf des Geschehens durch Tun oder Unterlassen gestaltet (Jähnke 1993, § 20 Rn 75). Hat der Täter die im Zustand des § 20 StGB begonnene Tat nach Wiedererlangen der Schuldfähigkeit durch weitere Handlungen vollendet, so ist er – unabhängig vom Vorliegen einer actio libera in causa – wegen dieser Tat strafbar; bei bereits beendetem Versuch und Unterlassen der Erfolgsabwendung kommt eine Strafbarkeit wegen eines unechten Unterlassungsdelikts nach § 13 StGB in Betracht (Lenckner u. Perron 2006, § 20 Rn 41). Seine Schuld beschränkt sich aber auf die Teile, für die er verantwortlich zu machen ist, umfasst also nicht bereits vorher verwirklichte Erschwerungsgründe oder Teilstücke eines mehraktigen Delikts.

### 2.3.8 Verhältnis zu § 3 JGG und § 19 StGB

Nach § 19 StGB ist schuldunfähig, wer bei Begehung der Tat noch nicht 14 Jahre alt ist. Damit normiert das Gesetz eine unwiderlegliche Vermutung der Schuldunfähigkeit von Kindern, die deren absolute Strafunmündigkeit begründet. Trotz gelegentlicher Diskussionen in der Öffentlichkeit über eine mögliche Herabsetzung dieser Altersgrenze ist diese in der juristischen, jugendpsychiatrischen und jugendpsychologischen sowie pädagogischen Fachwelt nahezu unbestritten.

Für Jugendliche findet sich eine besondere Regelung der strafrechtlichen Verantwortlichkeit in § 3 JGG. Danach ist ein Jugendlicher vom vollendeten 14. bis zum vollendeten 18. Lebensjahr strafrechtlich verantwortlich, wenn er zur Zeit der Tat nach seiner sittlichen und geistigen Entwicklung reif genug ist, das Unrecht der Tat einzusehen und nach dieser Einsicht zu handeln. Anders als im allgemeinen Strafrecht, wo von der Schuld des Täters ausgegangen und das Vorliegen eines Schuldausschließungs- oder Entschuldigungsgrundes nur in Ausnahmefällen angenommen wird (vgl. §§ 17, 20, 35

StGB), muss die Schuldfähigkeit und damit die „Strafmündigkeit" des Jugendlichen positiv festgestellt werden. Ausführungen derart, dass die Schuldfähigkeit indiziert und für ihr Fehlen keine Anhaltspunkte ersichtlich seien, dürfen in diesem Zusammenhang nicht angestellt werden. Vielmehr müssen umgekehrt die Anhaltspunkte dargelegt werden, aus denen auf die Schuldfähigkeit des Jugendlichen zur Zeit der Tat geschlossen werden kann (Meier et al. 2003, S. 89 f.). Jedoch entspricht § 3 JGG den §§ 20, 21 StGB insoweit, als er ebenfalls nach einer psychisch-normativen Methode aufgebaut ist (Schreiber u. Rosenau 2004, S. 81). Während in § 3 JGG Reifungsdefizite zum Ausschluss der Schuldfähigkeit führen sollen, sind es bei den §§ 20, 21 StGB reifeunabhängige pathologische Hintergründe, welche die Schuldfähigkeit ausschließen können (Streng 2003, § 20 Rn 156). Nach allgemeiner Ansicht ist die bedingte Schuldfähigkeit gemäß § 3 JGG teilbar, d.h. sie kann für eine von mehreren zusammentreffenden Taten eines Täters gegeben sein, für andere dagegen nicht. Es kommt jeweils darauf an, ob Einsichts- und Handlungsfähigkeit für die in den einzelnen Tatbeständen umschriebenen Verhaltensweisen anzunehmen sind (BGHSt 15, 377; Brunner u. Dölling 2002, § 3 Rn 6 mwN).

Besondere Probleme können auftreten, wenn bei einem Jugendlichen psychische Störungen feststellbar sind, die nicht nur als Reifeverzögerungen im Sinne des § 3 JGG, sondern auch als seelische Störung im Sinne der §§ 20, 21 StGB aufgefasst werden können, z.B. mangelnde Einsichtsfähigkeit im Sinne des § 3 JGG und Schwachsinn oder Persönlichkeitsstörung im Sinne des § 20 StGB. Die Frage, welche Vorschriften hier anzuwenden sind, erscheint zunächst für die Schuldfähigkeit kaum relevant, während sie für die Bestimmung der Rechtsfolgen von erheblicher Bedeutung ist. Denn § 3 JGG führt bei fehlender Strafreife allenfalls zur Anordnung von familien- und vormundschaftsrichterlichen Maßnahmen, während die §§ 20, 21 StGB die Möglichkeit einer Anordnung der auch im Jugendstrafrecht zulässigen Maßregeln der Besserung und Sicherung (§ 7 JGG), insbesondere der Unterbringung in einem psychiatrischen Krankenhaus oder in einer Entziehungsanstalt (§§ 63, 64 StGB), beinhalten. Bei der Lösung dieser Normkollision ist von folgenden Grundsätzen auszugehen (Meier et al. 2003, S. 94):

- Handelt es sich bei der Persönlichkeitsstörung um die Folge eines noch nicht abgeschlossenen Entwicklungsprozesses und ist voraussichtlich mit fortschreitender Reife ein Ausgleich zu erwarten, so ist allein § 3 JGG anwendbar.
- In Fällen einer pathologischen Störung, die vom Entwicklungsprozess des Jugendlichen unabhängig ist und die voraussichtlich mit fortschreitender Entwicklung nicht oder nur mangelhaft ausgleichsfähig ist, bestimmen sich die Rechtsfolgen allein nach den §§ 20, 21 StGB.
- Weist die Störung sowohl Elemente einer Reifeverzögerung als auch Elemente einer entwicklungsunabhängigen, pathologischen Störung auf (z.B. bei frühkindlichen Hirnschädigungen, die mit zunehmendem Alter einen Ausgleich erwarten lassen), so sind beide Regelungen nebeneinander anzuwenden mit der Folge, dass die Schuldfähigkeit sowohl nach § 3

JGG als auch nach § 20 StGB ausgeschlossen ist, wobei das Gericht unter den verschiedenen Rechtsfolgen nach Zweckmäßigkeitsgesichtspunkten wählen kann (Jähnke 1993, § 20 Rn 87; Schaffstein u. Beulke 2002, S. 68; Meier et al. 2003, S. 94; für einen Vorrang des § 3 Eisenberg 2006, § 3 Rn 39). Die Rechtsprechung hält im Prinzip ebenfalls beide Vorschriften nebeneinander für anwendbar, tendiert allerdings im Hinblick auf die Sicherheitsbedürfnisse der Allgemeinheit bisher zu einem Vorrang der §§ 20, 21 StGB mit der Konsequenz des § 63 StGB (BGHSt 26, 67).

Das OLG Karlsruhe (NStZ 2000, 485 f.) hat aber im Fall eines nach § 3 JGG und § 20 StGB schuldunfähigen Jugendlichen (17 Jahre) eine Unterbringung nach § 63 StGB ausgeschlossen, weil das vom Erziehungsgedanken beherrschte JGG für die 14- bis 18-jährigen Täter das StGB ganz verdränge; § 3 S. 1, 2 JGG habe deshalb dogmatischen Vorrang vor §§ 20, 63 StGB. Die oben genannte Entscheidung des BGH (BGHSt 26, 67) stehe dem nicht entgegen, da es dort nur um die Konkurrenz zwischen § 3 JGG und § 21 StGB gegangen sei, weshalb die Ausführungen zum Verhältnis von § 3 JGG und § 20 StGB für die Entscheidung nicht tragend seien. Die Anwendung der §§ 20, 63 StGB in solchen Fällen sei auch deshalb verfehlt, weil Jugendliche in Maßregelkrankenhäusern nicht behandelt, sondern auf einer Behandlungsstation für Erwachsene allenfalls verwahrt würden. Auch der BGH habe sich wiederholt für eine überaus restriktive Handhabung dieser einschneidenden und „stigmatisierenden Maßnahme" bei Jugendlichen ausgesprochen (BGHSt 37, 373 f.). Das OLG Karlsruhe hat dann jedoch über § 3 S. 2 JGG eine mit Freiheitsentzug verbundene Unterbringung in einer anerkannten Einrichtung nach dem baden-württembergischen Unterbringungsgesetz angeordnet, um damit der Gefährlichkeit des Jugendlichen angemessen begegnen zu können und dem Jugendlichen eine Behandlungsperspektive in einer geschlossenen jugendpsychiatrischen Abteilung zu eröffnen.

Lässt sich nicht aufklären, ob die Schuldunfähigkeit des Jugendlichen entwicklungsbedingt ist oder auf einer pathologischen Störung beruht, ist nach dem Grundsatz „in dubio pro reo" nur § 3 JGG anzuwenden, da dessen Rechtsfolgen für den Jugendlichen die geringere Belastung darstellen (Lenckner u. Perron 2001, § 20 Rn 44; Brunner u. Dölling 2002, § 3 Rn 10 a; Meier et al. 2003, S. 94).

Eine verminderte jugendstrafrechtliche Verantwortlichkeit analog § 21 StGB gibt es im Jugendstrafrecht nicht, jedoch kann der Reifegrad bei der Auswahl und Zumessung der Sanktionen eine Rolle spielen (Schreiber u. Rosenau 2004, S. 83). Daneben kommt § 21 StGB als allgemeiner Strafmilderungsgrund in Betracht (BGHSt 5, 367), dessen Anwendung allerdings zugleich die Möglichkeit einer Unterbringung nach § 63 StGB eröffnet.

### 2.3.9 Prozessuale Fragen

Die Auswahl des Sachverständigen durch das Gericht oder die Staatsanwaltschaft, die Durchführung der Begutachtung und die Würdigung des Gutachtens durch das Gericht werden in Abschnitt 3 dieses Handbuchs behandelt. Ergänzend ist auf die Empfehlungen einer interdisziplinären Arbeitsgruppe aus Juristen, forensischen Psychiatern und Psychologen zu Mindestanforderungen für Schuldfähigkeitsgutachten hinzuweisen (Boetticher et al. 2005, S. 57 ff.).

Diese sollen dem Sachverständigen die fachgerechte Erstellung von Schuldfähigkeitsgutachten und den Verfahrensbeteiligten die Bewertung der Aussagekraft konkreter Gutachten erleichtern. Auch für die Auswahl des Sachverständigen nach §§ 73 ff. StPO und für das Beweisrecht nach § 244 StPO können sie herangezogen werden. Schließlich können sie bei der Entscheidung helfen, ob die Sachkunde des Gutachters zweifelhaft ist, ob das Gutachten von unzutreffenden tatsächlichen Voraussetzungen ausgeht, ob es Widersprüche enthält oder ob einem anderen Sachverständigen überlegene Forschungsmittel zur Verfügung stehen (Boetticher et al. 2005, S. 57).

Für die Einführung des Gutachtens in das Strafverfahren sind auch dessen Beweisgrundlagen darzulegen. Es muss deutlich werden, ob und welche Angaben des Beschuldigten als Anknüpfungstatsachen zugrunde gelegt wurden. Besonders hervorzuheben sind die gerichtlich noch zu überprüfenden Zusatztatsachen (Boetticher et al. 2005, S. 58), d. h. die das Gutachten vorbereitenden Anknüpfungstatsachen, zu deren Ermittlung – anders als bei den so genannten Befundtatsachen des Sachverständigen – keine besondere Sachkunde erforderlich ist und die daher auch das Gericht hätte feststellen können (BGHSt 13, 1; 18, 107; 20, 164, 166; Meyer-Goßner 2005, § 79 Rn 11). Um sie gerichtlich verwerten zu können, muss der Sachverständige hierüber gesondert als Zeuge vernommen werden (BGHSt 22, 268, 271; BGH NStZ 1985, 135). In Betracht kommen hierfür z. B. Tatsachen, die der Sachverständige von Angehörigen oder anderen Auskunftspersonen erfahren hat, ein bisher noch nicht vorliegendes Geständnis des Angeklagten (BGH NJW 1988, 1223 f.) oder Erkenntnisse aus einem außergerichtlichen Augenschein (BGH NStZ 1993, 245).

In der Hauptverhandlung muss das mündliche Gutachten auf das dort gefundene Beweisergebnis – gegebenenfalls mit vom Gericht vorgegebenen Sachverhaltsvarianten – eingehen. Grundlage für die richterliche Urteilsfindung ist allein das in der Hauptverhandlung mündlich erstattete Gutachten. Der vorläufige Charakter des schriftlichen Gutachtens muss dem Sachverständigen und dem Gericht bewusst bleiben (Boetticher et al. 2005, S. 58).

## Literatur

Achenbach H (1974) Historische und dogmatische Grundlagen der strafrechtssystematischen Schuldlehre. Schweitzer, Berlin

Barton S (1983) Der psychowissenschaftliche Sachverständige im Strafverfahren. Kriminalistik-Verlag, Heidelberg

Blau G (1989) Die Affekttat zwischen Empirie und normativer Bewertung. In: Festschrift für H Tröndle. De Gruyter, Berlin New York, S 109–125

Boetticher A, Nedopil N, Bosinski H, Saß H (2005) Mindestanforderungen für Schuldfähigkeitsgutachten. NStZ 25:57–62

Bresser P (1978) Probleme bei der Schuldfähigkeits- und Schuldbeurteilung. NJW 31: 1188–1192

Brunner R, Dölling D (2002) Jugendgerichtsgesetz. Kommentar. De Gruyter, Berlin New York

Burkhardt B (1992) Schuldprinzip, Unrechtsbewusstsein, Schuldtheorie, Vermeidbarkeit des Verbotsirrtums. In: Eser A, Burkhardt B (Hrsg) Strafrecht I, 4. Aufl. Beck, München, S 163–179

Burkhardt B (2003) Und sie bewegt uns doch: die Willensfreiheit. Das Magazin. (herausgegeben vom Wissenschaftszentrum NRW) 14:21–24

Cramer P, Sternberg-Lieben D (2006) Kommentierung des § 323a StGB. In: Schönke A, Schröder H (Hrsg) Strafgesetzbuch Kommentar, 27. Aufl. Beck, München, S 2618–2628

Dannhorn R (1998) Anmerkung zum Beschluss des 4. Strafsenats vom 06.02.1997. NStZ 18:81–82

Detter K (1999) Zum Strafzumessungs- und Maßregelrecht. NStZ 19:120–124

Dölling D (1998) Begutachtung der Schuldfähigkeit und Strafurteil. In: Festschrift für G Kaiser. Duncker & Humblot, Berlin, S 1337–1355

Eisenberg U (2005) Anmerkungen zu dem Beitrag „Mindestanforderungen für Schuldfähigkeitsgutachten". NStZ 25:304–307

Eisenberg U (2006) Jugendgerichtsgesetz. Kommentar, 11. Aufl. Beck, München

Foerster K (2004) Abnorme Gewohnheiten und Störungen der Impulskontrolle nach ICD-10. In: Venzlaff U, Foerster K (Hrsg) Psychiatrische Begutachtung, 4. Aufl. Urban & Fischer, München, S 317–325

Foerster K (2004a) Störungen durch psychotrope Substanzen. In: Venzlaff U, Foerster, K (Hrsg) Psychiatrische Begutachtung, 4. Aufl. Urban & Fischer, München, S 199–221

Foth E (2000) Zur Frage der verminderten Schuldfähigkeit bei alkoholisierten Tätern. In: Egg R, Geisler C (Hrsg) Alkohol, Strafrecht und Kriminalität. Schriftenreihe der Kriminologischen Zentralstelle, Wiesbaden, S 97–109

Foth E (2003) Anmerkung zu BGH NStZ 2003, 480. NStZ 23:597–598

Frädrich S, Pfäfflin F (2000) Zur Prävalenz von Persönlichkeitsstörungen. Recht und Psychiatrie 18:95–104

Giese H (1963) Zur Psychopathologie der Sexualität. Enke, Stuttgart

Giese H (1973) Zur Psychopathologie der Sexualität. Enke, Stuttgart

Göppinger H (1997) Kriminologie. Bearbeitet von Bock M, Böhm A, 5. Aufl. Beck, München

Habel U, Schneider F (2002) Diagnostik und Symptomatik von Alkoholintoxikation, schädlichem Gebrauch und Alkoholabhängigkeit. In: Schneider F, Frister H (Hrsg) Alkohol und Schuldfähigkeit. Springer, Berlin Heidelberg, S 23–54

Heinz H (1982) Fehlerquellen forensisch psychiatrischer Gutachten. Eine Untersuchung anhand von Wiederaufnahmeverfahren. Springer, Heidelberg

Hettinger M (1995) Die „actio libera in causa": eine unendliche Geschichte. In: Schlüchter E (Hrsg) Kriminalistik und Strafrecht – Festschrift für Geerds. Schmidt-Römhild, Lübeck, S 623–654

Hillenkamp T (2005) Strafrecht ohne Willensfreiheit? Eine Antwort auf die Hirnforschung. JZ 60:313–320

Jähnke B (1993) Kommentierung der §§ 19 bis 21 StGB. In: Leipziger Kommentar, 11. Aufl. De Gruyter, Berlin New York

Jakobs G (1991) Strafrecht Allgemeiner Teil, 2. Aufl. De Gruyter, Berlin New York

Jescheck HH, Weigend T (1996) Lehrbuch des Strafrechts Allgemeiner Teil, 5. Aufl. Duncker & Humblot, Berlin

Kaiser G (1996) Kriminologie. Ein Lehrbuch, 3. Aufl. Müller, Heidelberg

Köhler M (1997) Strafrecht – Allgemeiner Teil. Springer, Berlin Heidelberg

Kröber HL (1987) „Spielsucht" und Schuldfähigkeit – Zur Notwendigkeit differenzierter Psychopathologie bei straffälligen Spielern. Forensia 8:113–124

Kröber HL (1996) Kriterien verminderter Schuldfähigkeit nach Alkoholkonsum. NStZ 16:569–576

Kröber HL (1998) Anmerkungen zum Beschluss des 4. Strafsenats vom 06.02.1997. NStZ 18:80–81

Kröber HL (2003) Das limbische System – ein moralischer Limbus? Frankfurter Allgemeine Zeitung vom 11.11.2003, S 37

Krümpelmann J (1976) Die Neugestaltung der Vorschriften über die Schuldfähigkeit durch das zweite Strafrechtsreformgesetz vom 4. Juli 1969. ZStW 88:6–27

Krümpelmann J (1987) Schuldzurechnung unter Affekt und alkoholisch bedingter Schuldfähigkeit. ZStW 99:191–227
Kühl K (2005) Strafrecht-Allgemeiner Teil, 5. Aufl. Vahlen, München
Lackner K, Kühl K (2004) Strafgesetzbuch, 25. Aufl. Beck, München
Lenckner T (1972) Strafe, Schuld und Schuldfähigkeit. In: Göppinger H, Witter H (Hrsg) Handbuch der forensischen Psychiatrie, Bd. 1. Springer, Berlin, S 3–286
Lenckner T, Eisele J (2006) Vorbemerkungen zu den §§ 13 ff. StGB. In: Schönke A, Schröder H (Hrsg) Strafgesetzbuch Kommentar, 27. Aufl. Beck, München, S 148–213
Lenckner T, Perron W (2006) Kommentierung der §§ 19 bis 21 StGB. In: Schönke A, Schröder H (Hrsg) Strafgesetzbuch Kommentar, 27. Aufl. Beck, München, S 380–420
Marneros A, Ullrich S, Rössner D (2002) Angeklagte Straftäter – Das Dilemma der Begutachtung. Nomos, Baden-Baden
Meier BD, Rössner D, Schöch H (2003) Jugendstrafrecht. Beck, München
Meyer JE (1976) Psychiatrische Diagnosen und ihre Bedeutung für die Schuldfähigkeit im Sinne der §§ 20, 21 StGB. ZStW 88:46–56
Meyer G (1988) Die Beurteilung der Schuldfähigkeit bei Abhängigkeit vom Glücksspiel. MSchrKrim 71:213–227
Nedopil N (1985) Schuld- und Prozessfähigkeit von Querulanten. Forensia 5:185–195
Nedopil N (1999) Verständigungsschwierigkeiten zwischen den Juristen und den psychiatrischen Sachverständigen. NStZ 19:433–439
Nedopil N (2000) Forensische Psychiatrie. 2. Aufl. Thieme, Stuttgart New York
Nedopil N (2001) Pädophilie als schwere andere seelische Abartigkeit – Anmerkungen zum BGH-Beschluss vom 10.10.2000. NStZ 21:474–475
Paeffgen HU (1985) Actio libera in causa und § 323a StGB. ZStW 97: 513–541
Paeffgen HU (1993) Strafzumessungsaspekte bei § 323a StGB. NStZ 13:66–69
Prinz W (1996) Freiheit oder Wissenschaft? In: v Cranach M, Foppa H (Hrsg) Freiheit des Entscheidens und Handelns, S 86–103
Rasch W (1982) Angst vor der Abartigkeit. NStZ 2:177–183
Rasch W (1984) Die Zurechnung der psychiatrisch-psychologischen Diagnosen zu den vier psychischen Merkmalen der § 20/21 StGB. StV 4:264–269
Rasch W (1986) Forensische Psychiatrie, 1. Aufl. Kohlhammer, Mainz
Rasch W (1991) Die psychiatrisch-psychologische Beurteilung der sogenannten anderen schweren seelischen Abartigkeit. StV 11:126–131
Rasch W, Konrad N (2004) Forensische Psychiatrie, 3. Aufl. Kohlhammer, Stuttgart
Rössner D (2004) Dissoziale Persönlichkeit und Strafrecht. In: Schöch H, Jehle JM (Hrsg) Angewandte Kriminologie zwischen Freiheit und Sicherheit. Forum, Mönchengladbach, S 391–411
Roth G (2002) Willensfreiheit, Verantwortlichkeit und Verhaltensautonomie des Menschen aus der Sicht der Hirnforschung. In: Dölling D (Hrsg) Jus humanum, Festschrift für E-J Lampe. Duncker & Humblot, Berlin, S 43–63
Roth G (2003) Fühlen, Denken, Handeln, 2. Aufl. Suhrkamp, Frankfurt am Main
Roxin C (1979) Zur jüngsten Diskussion über Schuld, Prävention und Verantwortlichkeit im Strafrecht. In: Kaufmann A (Hrsg) Festschrift für P Bockelmann. Beck, München, S 279–309
Roxin C (1998) Strafverfahrensrecht, 25. Aufl. Beck, München
Roxin C (2006) Strafrecht Allgemeiner Teil, Bd 1, 4. Aufl. Beck, München
Salger H (1988) Die Bedeutung des Tatzeit-Blutalkoholwertes für die Beurteilung der erheblich verminderten Schuldfähigkeit. In: Festschrift für G Pfeiffer. Heymanns, Köln, S 379–395
Salger H (1989) Zur forensischen Beurteilung der Affekttat im Hinblick auf eine erheblich verminderte Schuldfähigkeit In: Festschrift für H Tröndle. De Gruyter, Berlin New York, S 201–218
Saß H (1983) Affektdelikte. Nervenarzt 54:557–572
Saß H (1985) Handelt es sich bei der Beurteilung von Affektdelikten um ein psychopathologisches Problem? Fortschr Neurol Psychiatr 53:55–62
Saß H (1985a) Ein psychopathologisches Referenzsystem für die Beurteilung der Schuldfähigkeit. Forensia 6:35–43
Saß H (1987) Psychopathie, Soziopathie, Dissozialität. Springer, Berlin Heidelberg

Saß H (1991) Forensische Erheblichkeit seelischer Störungen im psychopathologischen Referenzsystem. In: Festschrift für G Schewe. Springer, Berlin Heidelberg, S 266–281
Saß H (1993) Affekt und Schuldfähigkeit: ein psychopathologischer Lösungsvorschlag. In: Saß H (Hrsg) Affektdelikte. Springer, Berlin Heidelberg, S 214–231
Saß H (1994) Affektdelikte. Interdisziplinäre Beiträge zur Beurteilung von affektiv akzentuierten Straftaten. Springer, Berlin Heidelberg
Saß H, Wiegand C (1990) Exzessives Glücksspielen als Krankheit. Nervenarzt 61:435–437
Saß H, Wittchen HU, Zaudig M, Houben I (Hrsg) (2003) DSM-IV-TR 312.31. Hogrefe, Göttingen
Schaffstein F, Beulke W (2002) Jugendstrafrecht, 14. Aufl. Kohlhammer, Stuttgart
Scheffler U (2003) Anmerkung zu BGH-3 StR 435/02 vom 25.3.2003. Blutalkohol 40: 449–450
Schmidt CO, Scholz OB (2000) Schuldfähigkeitsbegutachtung bei Tötungsdelikten. MSchr Krim 83:414–425
Schmidt-Recla A (1998) Beweisverwertungsverbote und der Richter in Weiß. NJW 51:800–801
Schneider K (1953) Die Beurteilung der Zurechnungsfähigkeit, 2. Aufl. Thieme, Stuttgart
Schneider K (1956) Die Beurteilung der Zurechnungsfähigkeit, 3. Aufl. Thieme, Stuttgart
Schneider K (1961) Die Beurteilung der Zurechnungsfähigkeit, 4. Aufl. Thieme, Stuttgart
Schöch H (1983) Die Beurteilung von Schweregraden schuldmindernder oder schuldausschließender Persönlichkeitsstörungen aus juristischer Sicht. MSchrKrim 66: 333–343
Schöch H (1998) Willensfreiheit und Schuld aus strafrechtlicher und kriminologischer Sicht. In: Eisenburg J (Hrsg) Die Freiheit des Menschen. Pustet, Regensburg, S 82–101
Schöch H (1998a) Das Gesetz zur Bekämpfung von Sexualdelikten und anderen gefährlichen Straftaten vom 26.01.1998. NJW 51:1257–1262
Schöch H (2004) Juristische Aspekte des Maßregelvollzugs. In: Foerster K (Hrsg) Psychiatrische Begutachtung, 4. Aufl. Urban & Fischer, München, S 386–416
Schöch H (2005) Zum Verhältnis von Psychiatrie und Strafrecht aus juristischer Sicht. Nervenarzt 76:1382–1388
Schöch H (2005a) Anmerkung zum Urteil des BGH vom 25.11.2004 – 5 StR 411/04 (Spielsucht). Juristische Rundschau 2005:296–297
Schöch H (2006a) Exkulpationsfall. In: Kaiser G, Schöch H (Hrsg) Kriminologie, Jugendstrafrecht, Strafvollzug, 6. Aufl. Beck, München, S 49–62
Schöch H (2006b) Abschied von der Strafmilderung bei alkoholbedingter Dekulpation? Goltdammer's Archiv für Strafrecht 153:371–375
Schöch H (2007) Kommentierung der §§ 19 bis 21 StGB. In: Leipziger Kommentar, 12. Aufl. De Gruyter, Berlin New York
Schreiber HL (1977) Was heißt heute strafrechtliche Schuld und wie kann der Psychiater an ihrer Feststellung mitwirken? Nervenartz 48:242–247
Schreiber HL (1981) Bedeutung und Auswirkungen der neugefassten Bestimmungen über die Schuldfähigkeit. NStZ 1:46–51
Schreiber HL, Rosenau H (2004) Rechtliche Grundlagen der psychiatrischen Begutachtung. In: Foerster K (Hrsg) Psychiatrische Begutachtung, 4. Aufl. Urban & Fischer, München, S 53–123
Schumacher W (1981) Die Beurteilung der Schuldfähigkeit bei nicht-stoffgebundenen Abhängigkeiten (Spielleidenschaft, Fetischismen, Hörigkeit). In: Festschrift für W Sarstedt. De Gruyter, Berlin New York, S 361–372
Singer W (2002) Conditio humana aus neurobiologischer Perspektive. In: Elsner N, Schreiber HL (Hrsg) Was ist der Mensch. Wallstein, Göttingen, S 143–162
Singer W (2003) Ein neues Menschenbild? Gespräche über Hirnforschung. Suhrkamp, Frankfurt am Main
Statistisches Bundesamt (2002) Strafverfolgungsstatistik. Fachserie 10 Reihe 3
Stratenwerth G, Kuhlen L (2004) Strafrecht, Allgemeiner Teil I, 5. Aufl. Heymanns, Köln Berlin München
Stree W (2006) Kommentierung des § 63 StGB. In: Schönke A, Schröder H (Hrsg) Strafgesetzbuch Kommentar, 27. Aufl. Beck, München, S 936–941
Streng F (2000) „Actio libera in causa" und Vollrauschstrafbarkeit – rechtspolitische Perspektiven. JZ 55:20–27

Streng F (2003) Kommentierung der §§ 19 bis 21 StGB. In: Münchener Kommentar zum Strafgesetzbuch. Beck, München, S 732–829
Streng F (2004) „Komorbidität", Schuldfähigkeit und Maßregelanordnung. StV 24:614–620
Tiemeyer J (1986) Grundlagenprobleme des normativem Schuldbegriffs. Goltdammer's Archiv für Strafrecht 133:203–227
Tröndle H, Fischer T (2006) Strafgesetzbuch und Nebengesetze, 53. Aufl., Beck, München
Venzlaff U (1977) Methodische und praktische Probleme nach dem zweiten Strafrechtsreformgesetz. Nervenarzt 48:253–258
Venzlaff U (1985) Die forensisch-psychiatrische Beurteilung affektiver Bewusstseinsstörungen – Wertungs- oder Quantifizierungsproblem? In: Schwind HD (Hrsg) Festschrift für G Blau zum 70. Geburtstag. De Gruyter, Berlin New York, S 391–403
Venzlaff U (1990) Methodik und praktische Probleme der Begutachtung in der Bundesrepublik Deutschland. In: Frank C, Harrer G (Hrsg) Der Sachverständige im Strafrecht. Kriminalitätsverhütung. Springer, Berlin Heidelberg, S 11–21
Venzlaff U (2000) Methodische und praktische Probleme bei forensisch-psychiatrischer Begutachtung. In: Venzlaff U, Foerster K (Hrsg) Psychiatrische Begutachtung, 3. Aufl. Urban & Fischer, München, S 67–79
Venzlaff U, Foerster K (2004) Psychiatrische Begutachtung, 4. Aufl. Urban & Fischer, München
Verrel T (1995) Schuldfähigkeitsbegutachtung und Strafzumessung bei Tötungsdelikten. Neue Kriminologische Studien, Bd. 14. Fink, München
Wessels J, Beulke W (2005) Strafrecht Allgemeiner Teil, 35. Aufl. Müller, Heidelberg
Winckler P, Foerster K (1997) Anmerkung zum Urteil des BGH vom 4.3.1996 – 5 StR 524/95. NStZ 17:334–335
Witter H (1972) Allgemeine und spezielle Psychopathologie. In: Göppinger H, Witter H (Hrsg) Handbuch der forensischen Psychiatrie, Bd 1. Springer, Berlin, S 429–533
Ziegert U (1993) Die Affekttat zwischen Wertung und Willkür. In: Saß H (Hrsg) Affektdelikte. Interdisziplinäre Beiträge zur Beurteilung von affektiv akzentuierten Straftaten. Springer, Berlin Heidelberg, S 43–56

## 2.4 Steuerungsfähigkeit und Willensfreiheit aus psychiatrischer Sicht

H.-L. KRÖBER

### 2.4.1 Einleitung

Bei der Beurteilung von Motiv, Absicht, Schuld, Schuldfähigkeit und Gefährlichkeit bewegt sich der Jurist in einem Raume metaphysischer und normativer Vorgaben, in den die Alltagswelt gleichsam hineinruft, das Material der Rechtsanwendung liefernd, vor allem durch Polizeiarbeit und Zeugenaussagen. Auch die Psychiatrie ist hier für die Verbindung mit dem Erfahrbaren zuständig. Allerdings ist Psychiatrie und speziell Forensische Psychiatrie keine reine Naturkunde, sondern das wissenschaftliche Projekt des Erschließens und Verstehens menschlichen Verhaltens und Erlebens, das uns alltagsweltlich widerfährt und im gezielt wissenschaftlichen Zugang zum Erkenntnisgegenstand wird. Psychiatrie ist nicht nur ein Daten- und Erfahrungslieferant, sondern als Sonderbereich der philosophischen wie der empirischen Psychologie gehalten, ihre Vorannahmen, ihr Welt- und Menschenbild zu reflektieren und mit dem wissenschaftlichen Spezialbefund in Verbindung zu bringen. Rechtswissenschaft einerseits, Medizin und Psychologie als erfahrungswissenschaftliche Disziplinen andererseits gehören unterschiedlichen Sprachen und Diskursen an. Die juristischen Konzepte von beispielsweise Motiv, Absicht, Schuld, Schuldfähigkeit können daher nicht erfahrungswissenschaftlich korrigiert, sie können aber psychologisch-psychopathologisch gespiegelt und beleuchtet werden.

In diesem Kapitel soll keine allgemeine und spezielle Psychopathologie entwickelt werden; die psychopathologischen Voraussetzungen der Forensischen Psychiatrie werden zu Beginn des zweiten Bandes dieses Handbuchs dargestellt. Es sollen aber nachstehend, im Umfeld der einleitenden strafrechtlichen Beiträge, einige wichtige Begriffe und Konzepte beleuchtet werden, mit denen sowohl die Rechtstheorie wie die Strafrechtspraxis, die Psychologie und die Psychiatrie arbeiten und die letztlich den Kernbereich forensischen Handelns bestimmen. Es ist dies zunächst das Konzept der Verhaltenssteuerung und der Steuerungsfähigkeit, das eine wichtige Funktion in der Ausdeutung der Schuldfähigkeit hat. Es ist dies sodann die generelle Annahme individueller Verantwortlichkeit für das eigene Tun, mithin der Willensfreiheit, welche dem Schuldstrafrecht zugrunde liegt. Steuerungsfähigkeit und Willensfreiheit sind Sachverhalte, die gegenwärtig von einer lautstarken Minderheit der neurobiologischen Forscher als „Illusion" abgetan werden. In einer oberflächlichen Adaptation philosophischer Termini wird der Glaube kundgetan, nur diejenigen Phänomene seien wirklich existent, die sich in einer „Dritte-Person-Perspektive" mit physikalischen Verfahren abbilden lassen; eine „Illusion", aber in Wirklichkeit gar nicht existent seien all jene Phänomene, die nur der einzelne subjektiv in der „Erste-Person-Perspektive" erleben kann: Liebe, Sorge, Schönheit, Kunst, Glaube, Zukunft, Freiheit. Vorgestellt werden von dieser Untergruppe der Hirnforscher Vorschläge zur Abschaffung des Schuldstrafrechts zugunsten einer naturwissenschaftlichen Expertenherrschaft über die sozialen Beziehungen. Es geht bei dieser Diskussion um die Möglichkeit individueller und sozialer Freiheit, es geht um die Relevanz nur subjektiv erfahrbarer Aspekte der Person und der Welt, um die Unverzichtbarkeit von Bewusstsein und Selbstbewusstsein. Es geht um die Fähigkeit zum überlegten und bewussten Handeln, um die Fähigkeit zur Steuerung des eigenen Verhaltens, aber auch um die Schwächen und Grenzen unserer psychischen Leistungsfähigkeit, wie sie sich in Irrtümern und Selbsttäuschungen erweisen.

Es sollen in diesem Kapitel mithin Grundlagen erarbeitet werden, aus denen das Rational der Schuldfähigkeitsbeurteilung, speziell der Beurteilung von Steuerungsfähigkeit bzw. Hemmungsvermögen, erkennbar wird. Wir gehen dazu einen Schritt zurück, vor die von Schöch im vorangehenden Kapitel vorgenommene Definition der Rechtsbegriffe und ihre Illustration anhand von höchstrichterlichen Entscheidungen und psychiatrischen Fallkonstellationen, um dem Konzept der Steuerungsfähigkeit einen erfahrungswissenschaftlichen Hintergrund zu geben. Sodann zeichnen wir den alten Streit innerhalb der Psychologie nach zwischen einer verstehenden Psychologie, die sich gerade den allein introspektiv erfahrbaren Phänomenen widmet, und der Position des eliminativen Materialismus, der nichts gelten lassen und alles eliminieren möchte mit Ausnahme dessen, was physikalisch, chemisch oder sonst mit naturwissenschaftlichen Methoden objektivierbar ist. Dieser Streit flammt immer wieder auf und ist keineswegs entschieden. Psychologie und Psychopathologie haben gleichwohl entsprechend ihrem Gegenstandsbereich seit zweihundert Jahren ihre eigene psychologische und psychopathologische Phänomenologie entwickelt, die allemal ungleich umfassender und aussagefähiger ist als der auf naturwissenschaftliche Verfahren beschränkte Ansatz. Es zeigt sich, dass die Argumente schon lange ausgetauscht sind und dass sich unter Verweis auf Hirnstrukturen und funktionelle Hirntätigkeit die Realität und enorme Relevanz subjektiver und sozialer Phänomene nicht widerlegen lässt. Die Psychiatrie aber, und auch die Forensische Psychiatrie, ist in exemplarischer Weise die Wissenschaft von den je subjektiven Erlebensweisen, Intentionen und Handlungsentwürfen des Einzelnen. Und während die Psychologie die psychischen Fähigkeiten des Einzelnen und ihre Grenzen aufzeigt, befasst sich Psychiatrie zudem explizit mit den Störungen und krankhaften Beeinträchtigungen dieses kognitiv und mental höchst leistungsfähigen Lebewesens.

### 2.4.2 Psychische Störung und Krankheit

Die moderne Psychiatrie arbeitet überwiegend mit einem atheoretischen „Störungs"-Konzept: Es werden unterschiedliche gestörte Funktionen beschrieben, ohne dass man krankhafte, nichtkrankhafte oder gar „krankheitswertige" Störungen unterscheidet. Damit sind „Krankheiten" natürlich nicht eliminiert, schon gar nicht das subjektive Erleben: Ich bin krank. Für die Forschung ist die Auflösung von „Krankheit" in eine oder mehrere „Störungen" oft nützlich, für die Abrechnung mit den Krankenkassen ebenso. Für die rechtliche Beurteilung jedoch genügt oftmals die Feststellung, dass jemand – infolge einer oder mehrerer Störungen – „krank" ist. Auch Menschen, bei denen wir mehrere psychische Funktionseinbußen feststellen, haben schließlich ein einziges, ihr individuelles, komplexes psychisches Störungsbild. Dieses wird nicht anhand der Anzahl der anzutreffenden Funktionsstörungen, sondern nach seiner Qualität und Intensität bewertet im Hinblick auf die Voraussetzungen der Vorsatzbildung, der Handlungssteuerung und der sozialen Interaktion. Insofern ist eine „Kumulation mehrerer psychischer Störungen" primär Ausdruck einer bestimmten, separierenden Anschauungsweise; der so angeschaute Mensch wird vermutlich nicht „mehrere Störungen" an sich empfinden, sondern sich in vielfältiger, aber kohärenter Weise als beeinträchtigt, ja überwältigt erleben. Dies gilt gleichermaßen, wenn mehrere Persönlichkeitsstörungsdiagnosen gestellt werden: Auch dieser Mensch hat nur eine einzige, in ihrer Unausgewogenheit besonders komplexe Persönlichkeit.

Im Verlauf dieses Kapitels werden normalpsychologische Phänomene wie Absicht, Willen, Entscheidung, Handlung, Handlungssteuerung erörtert. Man wird sehen, was jeder ohnehin weiß, dass wir auch als Gesunde nicht perfekt sind in unserem psychischen Apparat, dass wir täuschbar, störbar, irrtumsanfällig sind. Die Erörterung basaler normalpsychologischer Kompetenzen mag deutlicher werden lassen, wie sich „Krankheit" von den Spielarten und Schwächen des Normalen unterscheidet und wie Krankheit tendenziell mit Schuldunfähigkeit, nichtkrankhafte Störung hingegen mit – eventuell verminderter – Schuldfähigkeit assoziiert ist. Schöch (vorangehendes Kapitel) hat den „klassischen klinisch-psychiatrischen Krankheitsbegriff" angesprochen und speziell das Somatosepostulat Kurt Schneiders (1948). Dieser hatte erklärt, Krankheit gebe es (konzeptionell) nur im Leiblichen, und daher sei für seinerzeit in ihren Ursachen nur wenig aufgeklärte Krankheiten wie die Schizophrenie eine somatische Ursache zu hypostasieren. Inzwischen wird es kaum noch einen Psychiater oder Psychologen geben, der die somatischen Grundlagen der psychischen Erkrankungen bestreitet; ebenso unbestritten führen nichtsomatische, psychologische, soziale Einflüsse zu psychischem Erkranken und zu einer Veränderung auch des somatischen Untergrunds.

Wenn aber alles, auch das gesunde Wohlbefinden, Körpergröße und Figur, sportliches Talent, Intelligenz, Emotionalität im Somatischen fußt und mit biologischen Prozessen korreliert ist – was ist dann Krankheit, und insbesondere psychische Krankheit? Krankheit ist eine schicksalhaft hereinbrechende, leiblich vermittelte Zustandsveränderung, die die betroffene Person nicht willentlich negieren kann, die sie tatsächlich unfrei macht. Unfrei wird sie durch die weitgehende oder völlige Aufhebung wichtiger Funktionen. Im Rahmen der Strafrechtsreform hatte A. Mitscherlich einen Formulierungsvorschlag für den § 20 StGB gemacht, der aus heutiger Sicht durchaus einleuchtet, wonach der Bezugspunkt der Schuldunfähigkeit „eine in ihren Ursachen für den Täter nicht erkennbare, vom Bewußtsein willentlich nicht zu beeinflussende, körperlich oder seelisch bedingte krankhafte Störung" sein solle (Mitscherlich 1971).

Im psychiatrischen Bereich haben Häfner (1981), Blankenburg (1989) und zuletzt Helmchen (2006) die Diskussion bestimmt und darauf verwiesen, dass es unterschiedliche Grenzziehungen je nach der sozialen Funktion (gegenüber Krankenkassen, Strafrichtern, Ehepartnern etc.) bei der Zuschreibung von „Krankheit" gibt. Als Kern eines allgemeinen Krankheitsbegriffes hatte Häfner (1981) „das Nichtkönnen wegen eines Funktionsdefizits des psychophysischen Organismus als Grund für die Nichterfüllung gesellschaftlicher Aufgaben", und später (Häfner 1997) „die unwillkürliche und erhebliche Beeinträchtigung vitaler Funktionen – meist mit Verlust des Wohlbefindens" herausgestellt. Blankenburg (1989) sah in einem „bestimmten Unvermögen, einem Nicht(-anders)-Können" das wesentliche Bestimmungsmoment von Krankheit.

Helmchen (2006) erklärte dazu: „Dieses *unwillkürliche* und *erhebliche* Nichtkönnen erscheint bei schwerer Ausprägung evident". Aber beim Gros fraglicher und leichterer Störungen ergebe sich das Problem, dies Nichtkönnen schlüssig zu bestimmen. Es gebe dann auch stets eine Differenz zwischen der lebensweltlichen Perspektive des Krankseins und dem objektivierenden (nur die Oberfläche erfassenden) Blick von außen – zumal sich gerade psychische Krankheit nur in der Kommunikation zwischen Patient und Arzt erfassen lasse. Auch der Verweis auf psychosoziale Beeinträchtigung greife nicht, weil diese zwar zumeist fremder Beobachtung zugänglich sei, aber nicht in der vom kranken Individuum erlebten Qualität objektiviert werden könne. Ebensowenig helfe „soziale Normalität" als Maßstab, da diese nicht mehr als eine wandelbare Konvention darstelle. Helmchen weist darauf hin, dass der Ersatz des Konzepts Krankheit durch den Terminus „Störung" („disorder"), wie er bei den Diagnosesystemen üblich geworden sei, das Problem der Grenzziehung zwischen Krankheit und Gesundheit eher noch verschärft habe.

Dieses Dilemma gilt, so wäre hier zu ergänzen, gleichermaßen für den strafrechtlichen Bereich. Sehr wenig verspürt der Psychiater von einem strafrechtsdogmatisch getragenen Gesamtkonzept für das, was mittels des § 20 StGB von Schuld und persönlicher Verantwortung entbindet oder entlastet. Wenn die vier Eingangsvoraussetzungen aufgehobener und verminderter Schuldfähigkeit konzeptionell weder an einen psychiatrischen noch an einen juristischen Krankheitsbegriff gebunden werden (mit dem sie nicht deckungsgleich sein müssen), so wird die Beurteilung ohne relevante Prämissen vertagt bis zum normativen Akt im Einzelfall und zur Entscheidungssammlung. Woran sich der normative Akt im Einzelfall als gerecht bemisst, außer an der Konvention üblichen Richtens, wird manchmal schwer erkennbar.

Unstreitig aber ist, dass psychische Krankheit den entscheidenden Bezugspunkt bildet im „psychopathologischen Referenzsystem" (Saß 1991), nach dem dann auch andere Sachverhalte wie Persönlichkeitsstörung, Paraphilie oder geistige Behinderung daraufhin beurteilt werden, ob sie in ihren Beeinträchtigungen der Wahrnehmung und des Denkens, der Affektregulierung und der Lebensgestaltung jenen durch psychische Krankheit vergleichbar sind. Aus der Kenntnis von psychischer Krankheit erschließt sich auch die forensische Beurteilung von Dissozialität, Soziopathie und Persönlichkeitsstörungen (Saß 1987).

### 2.4.3 Psychiatrie als Wissenschaft vom subjektiven Erfahrungsraum

So sehr also Krankheit, auch psychische Krankheit – wie auch das gesunde Leben des Menschen – im somatischen Grund verwurzelt ist, so sehr sind psychische Krankheit und ihre Symptomatik ganz überwiegend nur subjektiv erfahrbar. In einer führenden wissenschaftlichen Zeitschrift der amerikanischen Psychiatrie, dem American Journal of Psychiatry, erklärte Kendler (2005): „Psychiatry is irrevocably grounded in mental, first-person experiences". Psychiatrie als medizinische Disziplin habe das Ziel, das subjektive Leiden ihrer Patienten zu lindern. Bei diesem Leiden handele es sich um dysfunktionale Veränderungen in verschiedenen Gebieten der subjektiven (Erste-Person-)Wahrnehmung, wie Stimmung, Wahrnehmen, Denken. Die Krankheitslehre der Psychiatrie sei weitgehend bestimmt durch Beschreibungen aus der Erste-Person-Perspektive (z. B. niedergeschlagene

Stimmung, Halluzinationen oder irrationale Ängste). Viele Zielsymptome kann die Psychiatrie nur behandeln, indem sie die Patienten nach ihrem subjektiven Befinden befragt. Kendler wirbt für einen Mind-Brain-Monismus, bei dem es aber sowohl eine Kausalität von psychischen und sozialen Einflüssen auf die Hirnfunktion gibt als auch eine Kausalität in entgegengesetzter Richtung. Er verweist auf eine ganze Reihe von Erlebnissen, die fatale psychische Auswirkungen haben können und nur aus der „subjektiven" Perspektive erfasst werden können: so z. B. Erlebnisse der Demütigung, der sozialen Ohnmacht oder des Verlusts. Wer nur noch Phänomene gelten lasse, die mit physikalischen Methoden registrierbar seien, negiere nahezu alles, was Aufgabe und Existenzberechtigung der Psychiatrie ausmache. Zugleich verleugne der Biologist ein weites Feld von empirisch gut gesicherten Risikofaktoren für psychisches Erkranken, die nicht auf der Ebene somatischer Einflüsse liegen, wie soziale Umgebung, Integration, psychische Belastungen und kulturelle Erfahrungen. Angemessen sei ein Erklärungspluralismus hinsichtlich der multifaktoriellen Genese. Kendler wandte sich entschieden gegen den biologistischen Reduktionismus, der irrig glaubt, die jeweils „physikalischere" Ebene sei elementarer und wahrer – als könnte man beispielsweise Hormonstörungen zwar pathophysiologisch ganz gut beschreiben, „eigentlich" aber am besten auf der Ebene der Teilchenphysik verstehen und beeinflussen, weil diese die elementarere Ebene sei. Dies bedeutet natürlich auch, dass sich psychische Phänomene am besten mit einer psychopathologischen Begrifflichkeit beschreiben und verstehen lassen, während die Reduktion auf neuronale Potenzialschwankungen oder Transmitterstoffwechsel einen massiven Informationsverlust beinhalten würde, der unter Forschungsaspekten natürlich sinnvoll sein kann, um einen umschriebenen Informationsgewinn über die elektrophysiologischen Funktionsmuster bestimmter neuronaler Netze zu erreichen. Man wird aber die Psychopathologie deswegen nicht für entbehrlich halten.

Mit ganz ähnlichen Argumenten wandten sich die Herausgeber des „Nervenarzt" in einem Editorial gegen den eliminativen Materialismus einiger Hirnforscher, die alle Phänomene, die nicht mit physikalischen Messmethoden zu beschreiben sind, als subjektive „Illusionen" und „eigentlich nicht existent" zurückweisen. Hier hieß es (Maier et al. 2005, S. 543): „Psychische Erkrankungen spielen sich vor allem in der ‚Innenperspektive' der Patienten ab. Sie leiden unter krankheitsbedingten Veränderungen im Selbsterleben, in Gefühlen, Emotionen und Hoffnungen, Erwartungen, Vorstellungen, in Selbsteinschätzung und Einschätzung anderer, also unter Abwandlungen von Subjektivität und Interpersonalität. Diese korrelieren zwar mit Hirnprozessen, sie haben aber auch eine darüber hinausgehende und gleichwohl natürliche Eigenständigkeit." Korrelate begründeten aber noch keine Kausalität, zudem sei die Richtung einer möglichen Kausalität offen. Zugleich zweifelte das Editorial nicht an der Fähigkeit zur freien Willensentscheidung. Diese sei zumindest beim gesunden Menschen, von Extremsituationen abgesehen, „vorhanden und erlebbar; bei seelischen Krankheiten kann sie dagegen eingeschränkt sein. So fühlen sich Patienten mit Wahn- oder Zwangskrankheiten genötigt, bestimmte Handlungen vorzunehmen oder bestimmte Gedanken zu denken, ohne das aufgrund eigener Willensbestimmung zu wollen. Die Wiederherstellung subjektiv erlebter Handlungsautonomie und Entscheidungsautonomie ist das therapeutische Ziel, das durch pharmakotherapeutische und psychotherapeutische Interventionen in Hirnprozessen erreicht wird. Es ist wenig plausibel anzunehmen, dass es sich dabei nur um die Wiederherstellung der ‚gesunden' Illusion der Willensfreiheit handelt" (Maier et al. 2005, S. 544). Von der Annahme menschlicher Freiheit bei der Willensbildung, beim Treffen der Entscheidung und beim Steuern der Handlung gehe die Psychiatrie (wie der Bundesgerichtshof) auch bei der Beurteilung von Straftätern aus (Kröber 2001, 2006).

### 2.4.4 Wahrnehmen, Handeln und Entscheiden

Gerade auch die Ergebnisse der Hirnforschung verdeutlichen, dass philosophische, psychologische, juristische und sozialwissenschaftliche Begriffe nicht ersetzt werden können durch elektrophysiologische oder molekularbiologische Termini – oder doch nur um den Preis einer grotesken Verarmung an Wissen und Verstehen. Der Verzicht auf alle Phänomene der subjektiven Erfahrung und Wahrnehmung wäre ein Verzicht auf alle Phänomenbereiche, die den Menschen und auch das Tier von einer Maschine unterscheiden. Es zeigt die Betrachtung der psychologischen Termini zudem, dass sie notwendige und unersetzliche Partner der neurowissenschaftlichen Forschung sind – wie sie auch Partner des juristischen Diskurses sind. Willensfreiheit und Verantwortlichkeit sind wieder lebhaft diskutierte Schlüsselbegriffe, es geht aber generell um das Verhältnis zwischen physischen/biologischen Voraussetzungen und der Fähigkeit zu einem sozial angepassten Verhalten. Zu befragen sind die physischen Voraussetzungen von alltagspraktischen Fähigkeiten, von explizitem und implizitem Lernen, Intelligenz, sozialer Kompetenz. Von hoher Bedeutung für ein Entscheidungskonzept der Forensischen Psychiatrie sind sodann die spezifischen Voraussetzungen von Handlungsintention, Handlungsplanung, Entscheidungsfindung, Wunschunterdrückung, Emotionskontrolle; der Sammelbegriff hierfür ist intentionale Handlungssteuerung. Es geht um das Verhältnis von unbewussten zu bewussten Anteilen in unseren Entscheidungsprozessen. Damit verbunden ist das globale Problem der Willensfreiheit und personalen Verantwortlichkeit. Diese wiederum korrespondiert mit der Fähigkeit zur aktiven und gewollten Veränderung der eigenen Person oder anderer Personen (z. B. im Sinne von Therapierbarkeit). All dies wäre schließlich zu überprüfen an der Frage, was bei schuldausschließender Krankheit anders ist als im Normalfall.

#### 2.4.4.1 Begriffsklärungen: freiwillig, willkürlich, Entscheidung

Die traditionsreiche Debatte zwischen Hirnforschern, Philosophen, Psychiatern, Rechtswissenschaftlern zur Frage der Willensfreiheit wird bisweilen erschwert durch einen undisziplinierten Umgang mit Begriffen und logischen Verknüpfungen. Insofern ist es wichtig, einleitend einige begriffliche Unterscheidungen zu treffen und daran zu erinnern, dass die wesentlichen Fragen auch schon vor 2350 Jahren erörtert wurden.

Hilfreich ist die Lektüre von Aristoteles (2001). Er geht davon aus, dass Menschen nur für das *verantwortlich* gemacht werden können, was sie aus freien Stücken gemacht haben. Er unterscheidet deswegen in der „Nikomachischen Ethik" zunächst *freiwillig* und unfreiwillig und erklärt, unfreiwillig scheine zu sein, was aus Unkenntnis geschieht oder was durch äußere Gewalt erzwungen wird. Er beschreibt einen Spielraum von Entscheidungsmöglichkeiten, insofern er die Frage aufwirft, ob das, was aus Angst vor einem größeren Übel geschieht, nun freiwillig oder unfreiwillig getan wird. Wer aber beispielsweise durch Gewaltanwendung oder Einsperren in eine Zelle an der Ausführung einer wichtigen Handlung gehindert werde, tue dies zweifelsfrei unfreiwillig und sei für diese Unterlassung dann auch nicht verantwortlich zu machen.

Aristoteles verhandelt sodann den Sachverhalt der „*Entscheidung*" (Mittelstraß [1987] bevorzugt den Terminus „Entschluss"). Mit den vernunftlosen Lebewesen habe der Mensch *Begierden* und Zorn gemeinsam. Unbeherrschte Menschen handelten auch einfach entsprechend ihren Begierden, aber nicht mit Entscheidung. Die Fähigkeit zur Entscheidung hätten nur Menschen, nicht aber Tiere. Der beherrschte Mensch handele in Entscheidungen und nicht einfach entsprechend seinem Begehren. Eine Entscheidung könne sich nicht auf Unmögliches beziehen: Man könne sich nicht entscheiden, mit bloßen Armen über einen Fluss zu fliegen; wer sich für solches „entscheiden" wollte, würde als einfältig angesehen. Anders sei das beim Wollen, das Wollen könne sich auch auf Unerreichbares beziehen wie etwa die Unsterblichkeit. „Allgemein gesagt scheint sich die Entscheidung auf das zu beziehen, was in unserer Gewalt ist" (1111 b).

Entscheidung gehe mit *Denken* und *Überlegung* zusammen, wobei die Überlegung des Verständigen gemeint sei, nicht die des Einfältigen oder Wahnsinnigen. Wir überlegen uns die Dinge, die in unserer Gewalt und ausführbar sind. Jede Überlegung sei ein gedankliches Erforschen. Wenn man auf etwas Unmögliches treffe, so verzichte man, etwa wenn man für den Plan Geld benötige, das man nicht habe. Wenn es sich aber als möglich erweise, dann beginne man zu handeln, unmittelbar oder auch mittelbar, z. B. über Freunde. Auch dies geschehe dann aber in gewisser Weise durch uns, denn die *Ursache* stehe bei uns. „Es scheint also der Mensch der Ausgangspunkt der Handlungen zu sein" (1112 a). „Da nun das Entschiedene ein Überlegtes und Erstrebtes ist, das in unserer Gewalt steht, so wird also die Entscheidung das überlegte Streben nach den Dingen sein, die in unserer Gewalt stehen" (1113 a).

Aristoteles fährt fort, das *Wollen* gehe auf ein Ziel. Das Ziel sei Gegenstand des Wollens, und es sei Gegenstand des Überlegens, was für Mittel zur Erreichung des Zieles eingesetzt werden können. Wenn solche Taten dann durchgeführt würden, geschehe dies durch Entscheidung und freiwillig. Dies gelte auch für die Tätigkeiten der *Tugend*, auch die Tugend stehe in unserer Macht und ebenso die Schlechtigkeit. Denn wo das Tun in unserer Macht stehe, gelte dies auch für das Nichttun.

### 2.4.4.2 Natürliche Schwächen menschlichen Entscheidens

Gegen die freie Entscheidung stehen also äußere Zwänge (Gewalt, Natur etc.), die begrenzten physischen Möglichkeiten der Person und innere Unfreiheiten, Täuschungen und Begrenzungen. Alle Einschränkungen und Täuschbarkeiten implizieren allerdings die Möglichkeit des Richtigen, der korrekten Wahrnehmung, des richtigen Lernens. Die Möglichkeit des Irrtums widerlegt nicht die Möglichkeit der richtigen Wahrnehmung, sondern setzt sie logisch voraus. Die Alltagstauglichkeit des kognitiven Apparats der Menschen ist unter pragmatischem Aspekt gut belegt. Wenn wir uns vorwiegend täuschten und nur zufällig zu richtigen Ergebnissen kämen, müssten wir es aufgeben, Wissenschaft zu betreiben: Es könnte nicht gelingen. Insofern sind auch die nachfolgenden Defizite und Fehlerquellen menschlicher Erkenntnis keine Widerlegung der Willensfreiheit, sofern man diese nicht mit Omnipotenz verwechselt. Sie sind auch keine „Grenzen der Willensfreiheit" (Stephan u. Willmann 2006), sondern Grenzen der menschlichen Erkenntnisfähigkeit.

Täuschbar sind wir in Kausalattributionen. Die Verknüpfung von Ursache und Wirkung geschieht nicht in unmittelbarer Anschauung, sondern wird gelernt. Bekanntlich tendieren Menschen dann zunehmend dazu, für jedes Phänomen, dem sie begegnen, z.B. für Krankheiten, mehr oder weniger berechtigt eine Ursachentheorie zu entwickeln, an der sie bisweilen hartnäckig festhalten, obwohl sie weit entfernt von den tatsächlichen Ursachen liegen mag. Es gibt aber auch habituelle Attributionsfehler. So neigen Menschen grundsätzlich dazu, die Ursache von Handlungen oder Ereignissen eher in der Person als in der Situation zu sehen, was im Grundsatz korrekt, im Einzelfall aber irrtümlich sein mag. Menschen können sich über ihre eigenen Einstellungen und Intentionen täuschen.

Wie die Forschung nicht zuletzt zur Aussagetüchtigkeit und Glaubhaftigkeit von Zeugenaussagen verdeutlicht (Volbert 2004, 2005), sind der Umsetzung des freien Willens eines Zeugen zur wahrheitsgemäßen Aussage durch die kognitiven Möglichkeiten diverse strukturelle Grenzen gesetzt. Diese beginnen bei der durch Intelligenz, Emotionen und Aufmerksamkeitszuwendung modulierten Fähigkeit zur korrekten Wahrnehmung dessen, was später zeugenschaftlich berichtet werden soll. Wenn wir unter einer Vorannahme ganz gezielt nach bestimmten Phänomenen suchen, können gleichzeitig eigentlich aufdringliche zentrale Sachverhalte unserer Aufmerksamkeit entgehen (Simons u. Chabris 1999). Die Wahrnehmung kann zudem eingeschränkt sein beispielsweise durch Seh- oder Hörschwäche, durch Berauschung, Müdigkeit oder Krankheit. Sie wird eingeschränkt durch begrenzte Gedächtnisleistungen und deformiert durch mögliche Vermischungen zwischen tatsächlich Erlebtem und nachträglich Suggeriertem. Diese konstruktive Leistung der „Auffüllung" einer nur partiellen Wahrnehmung zu einer runden Geschichte kann auch das Ergebnis von Autosuggestionen sein, die dem unbewussten Ziel dienen, die Geschichte verständlich und schlüssig zu machen.

Wir sind imstande, infolge relativ rasch abrufbarer Urteilsheuristiken Schätzungen und intuitive Urteile abzugeben, die sich in vielen Alltagssituationen bewähren, aber natürlich auch systematische Fehler beinhalten können. In der „Zweiprozesstheorie" (Chaiken u. Trope 1999) wird angenommen, dass Menschen mit zwei verschiedenen Systemen der Informationsverarbeitung operieren: mit einem automatisch, schnell und eher oberflächlich arbeitenden System – intuitives System 1 – und mit einem kontrolliert, langsam und gründlich arbeitenden System – reflektives System 2. System 1 arbeitet schnell, automatisch, mühelos, assoziativ und parallel, die Prozesse sind dem Subjekt größtenteils nicht bewusst und bestehen aus angeborenen oder gelernten kognitiven Routinen. System 2 hingegen arbeitet langsam, kontrolliert, mühsam, deduktiv, arbeitet Aufgaben seriell nacheinander ab, in zumeist bewusster kognitiver Anstrengung und der Anwendung expliziter Regeln (Stephan u. Willmann 2006). Konfrontiert man jemanden mit einem Urteils- oder Entscheidungsproblem, springt zuerst das intuitive System an. Das reflektive System überwacht und verändert bei Bedarf das Ergebnis der intuitiven Verarbeitung. Nicht immer wird jedoch das Ergebnis des intuitiven Prozesses erfolgreich überwacht; in diesem Fall kommt es zu Urteilsfehlern (ausführlich dazu der Beitrag von Englich, Niehaus und Volbert zur Psychologie des Strafverfahrens in Band 4 dieses Handbuchs). Gesichert ist durch zahlreiche psychologische Versuchsanordnungen, dass sich viele Erinnerungen, Kausalattributionen, Urteile und Entscheidungen auf Ursachen zurückführen lassen, die dem Subjekt im spontanen Gang der Dinge verborgen sind und die es auch oft im Nachhinein nicht als die eigentlichen Ursachen seiner Handlungen anerkennen mag.

Dafür, dass Menschen funktionieren und nicht an den vielfältigen Aufgaben des Alltagslebens scheitern, ist es erforderlich, dass das Gros aller Aufgaben unbewusst und automatisiert erledigt wird. Insbesondere die Kindheit dient in weitem Umfang dem Erlernen und Üben solcher unbewusster und automatisierter Muster, die nie explizit gemacht oder erklärt, sondern durch Nachahmung übernommen werden. So lernt man Sprechen, die Muttersprache, so lernt man das Ausdrucksrepertoire der Mimik und Gestik, so lernt man Laufen, Schwimmen, Radfahren, sexuelles Handeln und viele andere komplexe Muster. Dieser Lernprozess endet aber nicht mit der Jugend, sondern wir verbleiben ständig in einem unbewussten Prozess der Auswertung alltäglicher Erfahrung, so z. B. im Umgang mit Verkehrssituationen, die unsere spontanen, nichtreflektierten Sofortreaktionen in einer künftigen Gefahrensituation beeinflussen können. Wir sind also mit jeder Aufgabenbewältigung durch implizites Lernen zugleich auch im Training für künftige Aufgaben, ohne dass wir uns das Gelernte stets bewusst machen müssen (Hsiao u. Reber 1998). Gut erforschen lässt sich so etwas beim Sport (Kibele 2006); Training richtet sich ja darauf, in bestimmten Spiel- oder Kampfsituationen eine „richtige" Antwort auf die Aktion des Gegners zu geben, die aber zugleich so schnell erfolgen muss, dass sie nicht auf einer bewussten Entscheidung beruhen kann. Es muss also vorher trainiert sein, bei einer großen Vielzahl möglicher Vorgaben des Gegners eine bereits automatisierte Antwort parat zu haben. Es geht dabei auch darum, komplexe Fremdbewegungen derart „perzeptuell zu identifizieren", dass auf wahrgenommene Bewegungsabläufe sehr schnell und erfolgreich reagiert wird. Dies ist z. B. der Fall, wenn der Torwart bereits beim Anlaufen des Elfmeterschützen erkennt, wo der Ball hingehen soll. Ähnliches geschieht, wenn man auf der Autobahn bereits intuitiv erkennt, dass ein PKW auf der rechten Spur in Kürze auf die linke Spur wechseln wird – ohne dass man explizit benennen könnte, warum man das weiß. Man greift aber zurück auf implizite Lernerfahrung aus zahlreichen gleichartigen Situationen. Nichtbewusste Wahrnehmungen helfen uns auch in anderen Bereichen, in denen wir trainiert sind, z. B. wer häufig Texte korrigieren muss, entwickelt eine Fähigkeit, auch beim ungezielten bloßen Draufsehen auf einen Text Druckfehler zu erkennen.

All dies führt zur Herausbildung von Handlungsroutinen und unbewussten Reaktionsmustern, die im Regelfall nützlich sind und von Arbeit entlasten, die aber im Ausnahmefall auch völlig deplatziert sein können und dann als Fehler imponieren, der gerade der routinemäßigen Vorgehensweise entsprang. All diese menschlichen Schemata und Automatismen und speziell die Tatsache, dass wir das meiste ökonomischerweise unbewusst erledigen und uns das Bewusstsein für die wichtigen und schwierigen (oder besonders angenehmen) Dinge reservieren, ergeben natürlich kein Argument gegen die Annahme von Willensfreiheit. Natürlich können wir uns in aller Regel gegen ein schematisches, unbewusstes Vorgehen entscheiden – auch wenn es nicht einfach ist, gegen die eingeschliffenen Gewohnheiten neue Verhaltensweisen zu etablieren. Dies zeigt der nächste Abschnitt.

### 2.4.4.3 Volition und kognitive Kontrolle

Der Psychologe Thomas Goschke hat 2002 in einem Handbuch der allgemeinen Psychologie wesentliche Aspekte von Volition und kognitiver Kontrolle dargelegt. So kommen wir von Aristoteles geradewegs in die Gegenwart. Auch er verweist auf die menschliche Fähigkeit, Entscheidungen und Verhaltensselektionen von unmittelbaren Reizsituationen und Bedürfnislagen abzukoppeln. Willentliches Handeln, so Goschke, zeichnet sich durch zwei entscheidende Merkmale aus: (1) die Fähigkeit Zielzustände, also angestrebte Effekte und Ergebnisse eigener Handlungen mental repräsentieren zu können, und (2) die Fähigkeit zukünftige Bedürfnislagen antizipieren zu können. „Als Willenshandlungen können also Verhaltensweisen bezeichnet werden, die auf die Erreichung von mental repräsentierten Zielzuständen gerichtet sind. Der Begriff *Absicht* („intention") bezeichnet dabei den mentalen Zustand, in dem die Person die Verwirklichung eines Ziels durch eigene Handlungen mit einer gewissen Verbindlichkeit anstrebt und es für möglich hält, das Ziel auch zu erreichen." (Goschke 2002, S. 273). Intentionale Handlungen sind zielgerichtet, geplant, im Grundsatz reizunabhängig und durch Antizipation vom momentanen Bedürfnis unabhängig. Planung, Voraussicht und innere Zielorientierung schaffen einen erheblichen Zuwachs an zeitlicher Flexibilität und Verhaltensmöglichkeiten. Je größer jedoch das Repertoire an gleichzeitig verfolgten Zielsetzungen und Handlungsalternativen wird, desto anfälliger wird das kognitive System für Interferenz und Konflikte. Es können dies Konflikte zwischen divergierenden Zielen sein, Konflikte aber auch zwischen Zielen und basalen Bedürfnissen oder eingeschliffenen Gewohnheiten. „Um angesichts solcher Konflikte die Kohärenz des Verhaltens und die Realisierung langfristiger Ziele zu gewährleisten, ist es erforderlich, eine große Zahl sensorischer, kognitiver

---

**Ebenen der Verhaltenssteuerung** (nach Goschke 2002, S. 272)

**Reflexe und Instinkte**
- Reaktionsprogramme, die in fixer Weise durch Auslösereize aktiviert werden
- Anpassung an invariante Umweltbedingungen

**Assoziatives Lernen**
- Erfahrungsabhängige Veränderung von Reiz-Reaktions-Assoziationen
- Anpassung an veränderliche Umwelt

**Motiviertes Verhalten**
- Modulation von Reaktionsdispositionen durch angeregte Bedürfnisse
- Anpassung an zeitweise Veränderungen der Bedürfnislage

**Intentionale Handlungen**
- *Zielgerichtetheit:* Repräsentation von Handlungseffekten und mit diesen assoziierten Anreizen
- *Geplantheit:* Rekombination von elementaren Aktionen zu neuen Handlungssequenzen
- *Reizunabhängigkeit:* Arbiträre Koppelung von Reizbedingungen und Reaktionsdispositionen
- *Bedürfnisunabhängigkeit:* Antizipation zukünftiger Bedürfnisse

**Volitionale Selbststeuerung**
- Metakognitive Strategien der Selbstkontrolle
- Abschirmung von Absichten gegen konkurrierende Motivationstendenzen
- Unterdrückung starker, aber inadäquater Reaktionen
- Selbstreflexive Beeinflussung der eigenen Funktionsweise

und motorischer Teilsysteme im Sinne übergeordneter Ziele zu koordinieren und dabei unter Umständen starke, aber inadäquate Reaktionen zu unterdrücken. Die Mechanismen, die dieser Koordinationsleistung zugrunde liegen, werden zusammenfassend als *kognitive* bzw. *volitionale Kontrollprozesse* oder *exekutive Funktionen* bezeichnet" (ebd.).

Goschke verweist darauf, dass diese Kontrollprozesse abwärtsgerichtet (*„top-down"*) in die Arbeit der teilweise hochspezialisierten Teilfunktionen eingreifen, dass es aber nach gegenwärtiger Befundlage morphologisch keine zentrale zerebrale Steuerungseinheit gibt, die dies leistet. Diskutiert wird, wie gleichwohl die Struktur des Frontalhirns und seiner Neurone es zu leisten vermag, eine steuernde, exekutive, supervidierende, kontextbewahrende Funktion dauerhaft auszuüben. Norman und Shallice (1986) beschreiben dies als ein übergeordnetes Aufmerksamkeitssystem (*„supervisory attentional system"*, SAS), das Schemata, die mit dem Ziel kongruent sind, aktiviert und stützt, inkongruente Schemata hingegen inhibiert. Ein solcher Top-down-Eingriff sei notwendig, wenn (1) Planungs- oder Entscheidungsprozesse erforderlich sind (2) wenn Probleme behoben werden müssen, (3) wenn neue oder wenig geübte Handlungssequenzen ausgeführt werden müssen, (4) wenn gefährliche oder schwierige Handlungen auszuführen sind, oder wenn (5) Absichten gegen starke habituelle Reaktionen oder emotionale Versuchungen durchgesetzt werden müssen. Solche aktiven Handlungen des SAS werden nach Norman u. Shallice als „willentlich kontrolliert" erlebt. Singer (2004) verweist stets auf das Fehlen einer zentralen Steuerungsstruktur im Gehirn und hält dies für ein Argument gegen die Annahme von bewusster Verhaltenssteuerung und Willensfreiheit; all dies sei nur eine subjektive Illusion. Tatsächlich ist es ein evidenter psychologischer Sachverhalt, dass Top-down-Regulationen stattfinden, mit einem anderen Wort: Steuerung, die dann offenbar kooperativ und vernetzt gewährleistet werden kann. Dabei kommt offenbar einigen Regionen des präfrontalen Kortex die Funktion eines globalen Arbeits- oder Kontextgedächtnisses zu, das Informationen und Verarbeitungsresultate von spezialisierten Prozessoren erhält und umgekehrt deren Operationen moduliert. Kognitive Kontrolle, so Goschke (2002), ist dann „ein *emergentes* Ergebnis der selbstorganisierenden Interaktion multipler spezialisierter Prozessoren. Das Kontextgedächtnis unterscheidet sich von den spezialisierten Prozessoren darin, dass es einerseits Information aktiv aufrechterhalten und gegen Interferenz abschirmen kann und dass andererseits sein Inhalt schnell und flexibel aktualisiert werden kann. Diese beiden Eigenschaften bilden die Voraussetzung für die zielgerichtete Kontinuität und Kohärenz des Denkens und Handelns" (ebd. S. 317).

Bei der Verfolgung eines neuen Ziels (z. B. Gesundheit durch Gewichtsreduktion und Bewegung) ergeben sich mehrere Kontrollprobleme bei der Handlungssteuerung: Das eingespielte Ensemble sensorischer, kognitiver und motorischer Prozesse muss auf dieses Ziel hin durch Intention oder Instruktionen neu konfiguriert werden. Die Intention muss über kürzere oder längere Zeiträume aktiv aufrechterhalten werden. Automatisierte Reaktionen, die der neuen Aufgabenstellung und Zielsetzung entgegenstehen, müssen unterdrückt werden. Die Absicht muss gegen konkurrierende Motivationstendenzen abgeschirmt werden. Konflikte zwischen Schemata werden durch laterale Inhibition entschieden: Unvereinbare Schemata hemmen sich wechselseitig, nur das am stärksten aktivierte Schema gewinnt den Wettstreit um die Handlungskontrolle. Man muss Kurs halten, darf aber andererseits nicht völlig okkupiert sein, um auch andere wichtige Aufgaben erledigen zu können. Wie jeder introspektiv weiß, helfen bei diesem Prozess Verbalisierungen der Vorsätze, definierte Teilziele und konkrete Vorgehenspläne und Selbstinstruktionen. Dies ist auch in psychologischen Experimenten belegt worden. Zugleich modulieren unsere Intentionen unsere Informationsverarbeitung: Wir achten nun bereits unbewusst eher auf Informationen, die für unserer Zielsetzung bedeutsam werden können. Und bewusste Absichten konfigurieren bereits frühzeitig die Reaktion, die zu einem späteren Zeitpunkt in Reaktion auf einen bestimmten Reiz erfolgen wird.

Diese Themen der Volitions-, Kognitions- und Motivationspsychologie richten sich erkennbar primär auf die Frage, wie *neue* Verhaltensmuster gegen die Macht des Bestehenden und eingefahrener Gewohnheiten etabliert, gestützt und gefestigt werden können. Dies ist bedeutsam für Fragen der gezielten Verhaltensänderung, sei es als Kunde, sei es als Fahrschüler, Sportler oder Auszubildender, sei es als Patient oder auch als Straffälliger, der neue Verhaltensschemata einüben soll. Es wird dies also schließlich Gegenstand von Werbung, Erziehung und Verhaltenstherapie. Anwendbar sind diese Modelle aber natürlich auch auf Straftaten, die bewusst intendiert, geplant und durchgeführt wurden.

Wie sich einmal gefasste Absichten schrittweise in Handlungen umsetzen, haben in den 80er Jahren Heckhausen (1983) mit dem *Handlungsphasenmodell* und Gollwitzer (1990) mit der *Handlungskontrolltheorie* beschrieben. Dabei werden jeweils die vier Phasen des Abwägens, Planens, Handelns und Bewertens genauer beleuchtet im Hinblick auf die dabei vorherrschende kognitive Verfasstheit. Bekannt geworden ist das Konzept von Heckhausen und Gollwitzer unter dem Namen „Rubikon-Modell" (Heckhausen et al. 1987), weil es bereits in dem Wechsel von der Intentionsbildung zur Planungsphase den entscheidenden Einschnitt, das Überschreiten des Rubikon sieht. Die Entscheidung führt nämlich zu einer kognitiven Umstrukturierung. In der nun beginnenden Phase geht es allein um die Planung der Entschlussverwirklichung, während die Entscheidung selbst nicht mehr in Frage gestellt wird. Diese Handlungstheorien haben die forensisch-psychiatrische Debatte nicht zuletzt zu den Affektdelikten beeinflusst (Janzarik 1993a, Saß 1993, Steller 1993). Gerade für diese ist die erste Phase, die prädezisionale Motivationsphase des *Abwägens*, besonders wichtig, in der eigene Wünsche auf ihre Wertigkeit, ihre Realisierbarkeit und ihre Kosten geprüft werden; postuliert wurde zudem eine „Fazittendenz", wonach bei länger anhaltender Unentschiedenheit ein innerer Drang zur Entscheidung stärker werde. Die Bewusstseinslage in dieser Phase sei dadurch charakterisiert, dass sie möglichst offen ein breites Spektrum an potenziell relevanten Informationen mustere und bewerte und die Erreichbarkeit von Zielen nüchtern und realistisch einschätze. Die Fazittendenz führt dann ans Ufer des Rubikon, der mit der *Intentionsbildung* überschritten wird, also mit der Bildung einer verbindlichen Absicht. Mit diesem Übergang vom Wägen zum Wollen beginnt die präaktionale Volitionsphase des *Planens*. Nun würden die einzelnen Handlungsschritte festgelegt und Vorsätze gebildet, wann unter welchen Voraussetzungen welche Aktionen ausgeführt und wie mögliche Hemmnisse und Schwierigkeiten überwunden werden können. Die Bewusstseinslage sei jetzt charakterisiert durch eine selektive kognitive Ausrichtung auf die Realitätsaspekte, die als erforderlich oder hemmend für die Umsetzung des Planes bedeutsam sind. Zudem ist es hilfreich, wenn in dieser Phase Wünschbarkeit und Erreichbarkeit des Zieles optimistisch eingeschätzt werden. In dieser Phase gebe es eine „Fiattendenz", die an das manifeste Handeln heranführt, sobald eine geeignete Gelegenheit erkannt wird. Wir sind dann in der dritten, der aktionalen Volitionsphase des *Handelns*. Jetzt müssen die Pläne flexibel anhand der tatsächlichen Gegebenheiten in Handeln umgesetzt und konkurrierende Intentionen unterdrückt werden. Nach der Beendigung der Handlung kann sich eine Phase des *Bewertens* anschließen, in der die Ergebnisse mit den ursprünglichen Zielen verglichen werden. Die Beendigung der Handlung kann durch Erfolgseintritt, aber auch durch eine Desaktivierung der Intention, durch die Aufgabe bestimmter Absichten erfolgen. Diese Konzeption ist grundsätzlich kompatibel mit der finalen Handlungslehre von Welzel (1969) auf strafrechtsdogmatischer Seite – vielleicht ohne dass man dem Willen, wie bei Welzel, in pointierter Weise eine eigenständige Wirkmacht zusprechen muss. Steller (1993) hat, gestützt auf Wegeners (1983) Handlungsanalyse einer Tat, ein Strukturmodell zur handlungstheoretischen Diagnostik affektbedingter Bewusstseinsstörungen entwickelt.

Kuhl (1983, 1996) hat volitionale Strategien daraufhin untersucht, wie Absichten gegen konkurrierende Handlungstendenzen abgeschirmt werden. Einer dieser Mechanismen ist *Umweltkontrolle*, also die Herstellung eines sozialen Umfeldes, in dem die Durchführung der geplanten Verhaltensweisen erleichtert oder gefördert wird, z. B. die suchtmittelfreie Station einer Haftanstalt für einen Süchtigen, der abstinent bleiben will. Durch bewusste Umweltkontrolle kann die Selbstkontrolle verbessert werden, also Phänomene wie Anstrengungsbereitschaft, Durchhaltevermögen, Belastungstoleranz, Fähigkeit zum Belohnungsaufschub. Ein weiterer Mechanismus ist die Aufmerksamkeitskontrolle, also die selektive Ausrichtung der Aufmerksamkeit auf solche Informationen, die förderlich sind für die Realisierung der Absicht, bei gleichzeitiger Ausblendung ablenkender und störender Reize. Motivationskontrolle ist die besondere Wertschätzung von Vorteilen, die mit der Erreichung dieses Ziels verbunden sind, bei gleichzeitiger Abwertung der Vorteile von konkurrierenden Intentionen. Dies überschneidet sich mit der Emotionskontrolle, der Herstellung einer positiven Stimmung für die Planumsetzung; sie ist besonders wichtig auch bei der Bewältigung von Misserfolgen und Schwierigkeiten. (All dies bildet inzwischen das Basisprogramm psychologischer Managerschulungen).

Da Absichten oft nicht sofort umgesetzt werden können, werden sie in einem Arbeitsgedächtnis oder im Langzeitgedächtnis gespeichert. Es genügt aber nicht, dass man sich die Absicht merkt; damit sie eine Chance auf Umsetzung bei passender Gelegenheit hat, muss sie zudem in einem aktivierten Zustand gehalten werden, gleichsam als ein „gespanntes System" (Lewin 1926), das sich durch eine besondere Persistenz auszeichnet und mit seiner Fiattendenz relativ leicht wieder ins Bewusstseinsfeld drängt. Auch dies konnte experimentell bestätigt werden (Goschke u. Kuhl 1993). Für viele strafrechtliche Fragestellungen ist es wichtiger zu wissen, wie man von bestimmten Vorsätzen wieder loskommt. Ohnehin ist oft auch eine Deaktivierung notwendig, um sich anderen wichtigen Aufgaben zu widmen. Untersucht wurde, unter welchen Bedingungen Repräsentationen einer Absicht im Gedächtnis deaktiviert werden (auch hier die Übersicht bei Goschke 2002, 2006). Tatsächlich werden offenbar solche Absichtsrepräsentationen nach erfolgreicher Ausführung einer Handlung aktiv gehemmt. Es gibt also eine Inhibition erledigter Intentionen, die den Wechsel zur Erfüllung einer anderen Aufgabe erleichtert. Infolge einer rückwärtsgewandten Inhibition, einer Abschirmung des Neuen gegen das Alte, gibt es keinen Nachhall der vorangehenden kognitiven Ausrichtung, der die Ausführung der neuen Aufgabe irritieren könnte (keine Interferenz). Es gibt aber auch eine Deaktivierung erfolgloser Intentionen. Hier hat man bei auftretenden Schwierigkeiten zur Zielerreichung zunächst eine Verstärkung der Absichtsabschirmung festgestellt; nach wiederholtem Misserfolg wurde diese Abschirmung aber wieder aufgehoben zugunsten einer Neuorientierung des kognitiven Systems auf alternative Ziele.

Die Betrachtung der volitionalen Prozesse verdeutlicht, dass vorsätzliche Straftaten, zumal wenn sie einer längeren Vorbereitung bedürfen und gegen vielfältige Schwierigkeiten umgesetzt werden, einer erheblichen ständigen Aktivierung, Festigung und Stützung des kriminellen Vorsatzes bedürfen. Die natürliche Tendenz konservativer Beharrung würde oftmals dafür sprechen, nichts dergleichen zu tun. Der Täter muss sich also aufraffen, aktiv werden, darf Mühen nicht scheuen. Die, falls vorhanden, inneren moralischen Hemmungen werden massiv verstärkt und gestützt durch entgegenstehende Gewohnheiten, konkurrierende Bedürfnisse und äußere Schwierigkeiten. Eine genaue Exploration kann manchmal ausleuchten, mit welchen Mechanismen der Selbstkontrolle, Umweltkontrolle, Motivationsverstärkung und Emotionskontrolle (auch in der Pflege von Hass und Verachtung) die Planungsphase durchlaufen und schließlich in die Handlung überführt wird. Es zeigt sich, dass die Überwindung innerer Hemmungen und äußerer Hemmnisse bisweilen ein aufwändiges Geschehen ist, das für eine sehr gute Handlungskontrolle und Selbststeuerung spricht.

## 2.4.5 Intentionale Handlungssteuerung

Dass der forensische Psychiater nicht nur zum Vorliegen der Eingangsvoraussetzungen der §§ 20, 21 StGB Stellung nehmen soll, sondern auch zu Einsichts- und Steuerungsfähigkeit, versteht sich. Es ist dies keine Kompetenzüberschreitung, was sofort offensichtlich wird, wenn man betrachtet, wie detailliert die psychologisch-psychiatrischen Konzeptualisierungen von Steuerung und Handlung ausgearbeitet und fortdauernd Forschungsgegenstand sind und wie wenig dem gerade in der Gegenwart juristisch gegenübersteht. Ohnehin wird man keine normative Begriffsbestimmung von Einsicht und Steuerungsfähigkeit entwickeln können, bei der man von erfahrungswissenschaftlichen, also psychologischen, psychiatrischen und auch neurobiologischen Befunden gänzlich absieht. Schreiber hat unter Berücksichtigung der Literatur und Rechtsprechung zu dieser seit 1871 in der Diskussion befindlichen Frage festgestellt: „Zur Kompetenz des psychiatrisch-psychologischen Sachverständigen gehören unbeschadet der Letztentscheidungsbefugnis des Richters beide ‚Stockwerke' der Schuldfähigkeit. Eine ‚normative Abstinenz' des Psychiaters in Beschränkung auf angeblich rein tatsächliche Feststellungen zum ersten, psychischen Stockwerk ist nicht möglich" (Schreiber 2000, S. 29 f.). Dies entspricht dem Vorgehen in der Praxis, in der das Gericht auch die Erörterung von Einsichts- und Steuerungsfähigkeit erwartet. Seitens der Strafrechtsdogmatik findet sich in den letzten Jahrzehnten nicht viel zu Willen, Handlungskontrolle und Steuerungsfähigkeit. Wo diese Fragen auftauchen, werden lieber einschlägige Entscheidungen zitiert, die zumeist auf die mehr oder weniger gelungene Anverwandlung psychiatrischer und psychologischer Expertise zurückgehen, als dass eine rechtsdogmatische Argumentation dargelegt wird, in der die strafrechtlichen Konzepte von Handlung, Wollen, Vorsatz und Schuld erfahrbar würden. Eine Übersicht über strafrechtliche Auffassungen zur Willensproblematik findet sich bei Burkhardt (1987, zur Willensfreiheit 2005) sowie bei Pawlik (2004).

Bereits beleuchtet haben wir die basalen psychologischen Sachverhalte von bewusster wie nichtbewusster Absicht, Entscheidung, Handlung und Kontrolle. Wir folgen nun bei einem modernen psychologischen Modell der Handlungssteuerung dem Konzept des Psychiaters und Philosophen Henrik Walter und des Psychologen Thomas Goschke (2006) und parallelisieren dieses mit dem strukturdynamischen Konzept von Einsicht und Steuerung bei Werner Janzarik (1995, 2000, 2004).

### 2.4.5.1 Antizipierende zielgerichtete Handlungssteuerung

Goschke u. Walter (2006) verstehen Willensfreiheit neuropsychologisch als *Fähigkeit zur antizipativen zielgerichteten Handlungssteuerung*. Willentliche Handlungen unterscheiden sich von unwillkürlichen Reflexen dadurch, dass sie auf einer Reihe von kognitiven Kompetenzen beruhen.

- Es ist dies vor allem die *Fähigkeit zu antizipieren*, welche Effekte bestimmte Handlungen oder Verhaltensweisen unter bestimmten Bedingungen haben werden. Dies führt zu einer zukunftsorientierten Verhaltensselektion: Handlungen werden ausgewählt aufgrund einer Bewertung ihrer antizipierten Folgen, werden ausgerichtet an *Zielen*. Wir wissen über künftige Folgen bestimmter Handlungen aus Lernprozessen, der Beobachtung der Auswirkungen des Verhaltens anderer, aber auch des eigenen Verhaltens in der Vergangenheit und auch der Effekte auf unsere eigenen Gefühle, Bedürfnisse und Motivationen. Im Gegensatz zu manchen Tieren, bei denen wir auch ein das Ergebnis antizipierendes, zielorientiertes Handeln beobachten (der den leeren Fressnapf lautstark durch die Küche schiebende Hund), können auch sehr komplexe künftige Handlungssequenzen mit Zwischeneffekten antizipiert werden (z. B. beim Schachspieler oder dem Planen einer wissenschaftlichen Studie), und zudem für eine grundsätzlich beliebig lange Zeitstrecke in die Zukunft hinein. Möglich ist Menschen also eine komplexe *Planung*, neue Handlungssequenzen zu generieren und sie vor der Ausführung im Sinne eines inneren Probehandelns mental zu simulieren.
- Von entscheidender Bedeutung, so Goschke und Walter, sei ferner die *Sprache* als generatives und produktives Repräsentationssystem, in dem sich eine praktisch unbegrenzte Zahl von Instruktionen, Zielen und Reiz-Reaktions-Regeln kodieren lässt. „Die Fähigkeit, Handlungsabsichten sprachlich zu repräsentieren und sich durch inneres Sprechen gleichsam selbst zu instruieren, trägt entscheidend dazu bei, dass Menschen Verhaltensdispositionen in flexibler Weise von einem Moment zum nächsten ‚umkonfigurieren' können." (Goschke u. Walter 2006, S. 121).
- Weiter sei bedeutsam, dass wir unser Verhalten an den so antizipierten zukünftigen Motivations- und Bedürfniszuständen ausrichten können, was eng verbunden sei mit *Selbstkontrolle*, speziell der Fähigkeit, Verhalten an langfristigen Zielen auszurichten. Selbstkontrolliertes Verhalten setzt spezifische kognitive Mechanismen voraus, die es ermöglichen, starke gewohnheitsmäßige Reaktionen oder emotionale Impulse zugunsten langfristiger Ziele zu unterdrücken. Es sind dies kognitive oder volitionale Kontrollprozesse, deren Mechanismen auf der Ebene der neuronalen Korrelate gerade erforscht werden. Anscheinend hängen diese Kontrollprozesse eng zusammen mit der Fähigkeit zur *Selbstreflexion*, also zum Erwerb und zur Anwendung von metakognitivem Wissen darüber, wie sich die eigenen kognitiven, emotionalen und motivationalen Prozesse beeinflussen lassen.

Jeder, der die Bewältigung einer längeren, wichtigen, im Vollzug aber bisweilen nicht allzu freudreichen Aufgabe introspektiv verfolgt, wird feststellen, mit welchen Tricks und Stützmanövern er sich davon abhält abzubrechen und weniger wichtigen, aber angenehmeren Tätigkeiten zu verfallen: durch Abblendung oder Entfernung von Außenreizen, Ablenkung von den Konkurrenzreizen, Selbstbelohnungen bei bestimmten Etappenzielen etc.

All dies sind Aktivitäten im Bereich der stets geforderten, von Janzarik (1991) beschriebenen *Desaktualisierungs*leistung, der Steuerung eigenen Verhaltens durch Unterdrückung konkurrierender, aber weniger zielführender Konkurrenzreize und Verbannung aus dem aktuellen Bewusstseinsfeld.

### 2.4.5.2 Mögliche Störfaktoren der Handlungssteuerung

Goschke und Walter weisen darauf hin, dass für die Fähigkeit zur Selbstkontrolle aber nicht allein die bewussten und reflektierten Ziele eigenen Handelns in ihrer funktionalen und emotionalen Wertigkeit bestimmend sind, sondern dass die Selbstkontrolle auch beeinflusst sein kann durch aktuelle Bedürfnisse, Gestimmtheiten, Umgebungseinflüsse, die nicht einmal bewusst wahrgenommen werden müssen, ja so kurz (subliminal) sein können, dass eine bewusste Wahrnehmung sogar ausgeschlossen ist. Es kann dies eine Missgestimmtheit sein, irgend etwas hatte einen geärgert und wirkt fort, nur bei genauem Nachdenken erinnert man sich, was einen verstimmt hat. Es können dies, wie psychologische Experimente unter anderem von Goschke (2002) zeigten, auch Reize sein, die so kurz präsentiert wurden, dass ein bewusstes Wahrnehmen des Reizes unmöglich war. Es handelt sich hier um Einflüsse, keineswegs um „geheime Ursachen", welche die bewussten Ursachen verdrängen oder überspielen würden. Allerdings weiß jeder wohl nur in begrenztem Umfang und ohne letzte Sicherheit, welche nichtbewussten Gründe und Faktoren zu einem bestimmten Zeitpunkt seine Entscheidung, sein Handeln, seine Verhaltensweise beeinflusst haben.

### Störbarkeit der Ursachenzuschreibung

Goschke und Walter behandeln dann einige wesentlichen Möglichkeiten zur Selbsttäuschung, vermeintliche Angriffe auf die Willensfreiheit. Dies sind zum einen die von Daniel Wegner durchgeführten Experimente, bei denen Menschen Handlungen als durch sich selbst verursacht ansahen, obwohl sie von anderen durchgeführt worden waren. Tatsächlich gibt es hier die Möglichkeit der Täuschung – denn wir wissen gar nicht, *wie* wir handeln. Schon David Hume (1739) hatte darauf hingewiesen, dass es unserer Selbstwahrnehmung weitgehend verborgen ist, auf welche Weise, über welche Mechanismen unsere bewussten Absichten unsere Handlungen auslösen; dass es unsere Handlungen sind, schlössen wir vielmehr aus der regelhaften Koppelung von Gedanken und Handlung. Motorische Prozesse wie Gehen, Laufen, Sprechen *können* wir, aber wir wissen nicht wie – sie sind in der bewussten Intention z. B. zu sprechen nicht repräsentiert. „Um z. B. ein Wort auszusprechen, ist eine komplexe Koordination des Bewegungsapparates, der Stimmlippen und der Atmung erforderlich. Nichts davon ist in der entsprechenden Intention (etwas auszusprechen) enthalten" (Neumann u. Prinz 1987). Eine genaue Erklärung, wie der physische Sprechakt erfolgt, hilft uns auch nicht weiter, wenn uns das Sprechen durch eine Krankheit zum Problem geworden ist.

Wenn ich aber sprechen will, und ich höre nun meine Stimme just in dem Moment etwas sagen, in dem ich mich als sprechend erlebe, und sie klingt genau wie die meine – so nehme ich an, dass es mein Sprechen ist, das ich höre, und dass ich sein Verursacher bin. Was aber vermute ich, wenn ich meine Stimme um Sekundenbruchteile zeitversetzt höre (wie manchmal beim Ferngespräch) – oder wenn meine Stimme überlaut von allen Wänden hallt?

Wegner (2002) fand nun drei Bedingungen, unter denen wir eine Handlung als von uns selbst verursacht einordnen: 1. Es muss ein enger zeitlicher Zusammenhang zwischen vorangehender Absicht und anschließender Handlung vorliegen (Priorität). 2. Es besteht ein sinnvoller Zusammenhang zwischen Gedanken bzw. Intention und Handlung, die Handlung entspricht grundsätzlich der Intention (Konsistenz). 3. Die eigene Absicht, der eigene Gedanke ist die einzig erkennbare oder zumindest die plausibelste Ursache für die Handlung (Exklusivität). Mit dieser Trias von logischen Zuordnungen scheinen wir im Alltagsleben recht gut zu fahren. Aus dem künstlich hergestellten Missverhältnis von Intention und Handlungswirkung leben bestimmte Szenarien von Fernsehsendungen wie „Versteckte Kamera" – man nimmt im Supermarkt eine Dose aus dem Regal, und prompt bricht das ganze meterlange Regal zusammen: eine unerwartete, unerklärliche Inkonsistenz, zumal man nicht entsprechend der dritten Voraussetzung das Einwirken anderer erkennen kann (das aber vorlag). Am ehesten, so ergibt die Musterung der drei Voraussetzungen, könnten wir täuschbar sein, wenn das, was wir in etwa intendierten, zeitnah zu unserem Wunsch geschieht, in Wahrheit aber von anderen durchgeführt wurde. Aufgrund eines solchen Irrtums halten sich manche Männer für Väter, die es nicht sind. Wegner hat nun für Koppelungen von Intention und Ereignis eine Reihe von Täuschungen ersonnen, die zeitlich sehr viel dichter folgen. Irrtümlich schlussfolgerte er, dass die Täuschbarkeit bei der Ursachenzuschreibung von Handlungen schon beweise, dass ein „bewusster Wille eine Illusion" sei. Bewiesen hat er nur, dass wir aus einer korrelativen Beziehung zwischen Intention und Ereignis, Inhalt der Intention und Inhalt der Handlung und Unsichtbarkeit dritter Akteure auf die Urheberschaft schließen. Korrelationen jedoch sind stets von begrenzter Zuverlässigkeit und störbar durch unbekannte Einflussfaktoren. Gleiches gilt für die Kontrollillusion, im Verlauf der Durchführung einer Handlung tatsächlich die fortlaufende Steuerung der Handlung innezuhaben: Auch dieser Eindruck kann getäuscht werden.

Nach Goschke und Walter (2006) weisen diese Experimente darauf hin, dass das bewusste Willenserleben nicht auf einem unfehlbaren introspektiven Zugang zu den Prozessen beruht, die unsere Handlungen bestimmen. Vielmehr gebe es hier prinzipiell fehlbare Kausalattributionen (Ursachenzuschreibungen). „Allerdings folgt daraus ebenso wenig, dass es sich beim bewussten Willen *immer* um eine ‚Illusion' handelt, wie aus der Existenz von Wahrnehmungstäuschungen folgt, dass Wahrnehmung *immer* illusionär ist. Dass mittels recht ausgeklügelter Versuchsbedingungen gezeigt werden kann, dass sich das bewusste Kontrollerleben in die Irre führen lässt, bedeutet nicht zugleich auch, dass das bewusste Willenserleben unter normalen Bedingungen auf einer Kontrollillusion beruht. Im Gegenteil: Ob ein unmittelbar vor einer Handlung antizipierter Effekt mit einem nach der Handlung eintretenden Ereignis übereinstimmt oder nicht, ist in den meisten Fällen ein valider Indikator dafür, ob das Ereignis durch mich bzw. meine Handlung oder durch etwas anderes verursacht wurde. Insofern ist der Vergleich zwischen den antizipierten Effekten einer Handlung und den tatsächlich in der Handlung eintretenden Effekten ein höchst adaptiver Mechanismus, der kaum evolviert wäre, wenn er ständig falsche Ergebnisse liefern würde." (Goschke u. Walter 2006, S. 129).

### Libet. Auslösende und strukturierende Ursachen

Libet (1985, 2004) veröffentlichte vor zwanzig Jahren die Ergebnisse eines Experiments mit fünf Probanden, das trotz zahlreicher Versuche nie reproduziert werden konnte. Diese waren angewiesen, in einem von ihnen frei gewählten, beliebigen Moment auf einen Knopf zu drücken. Gleichzeitig sollten sie anhand einer Analoguhr feststellen und sich merken, in welchem Moment sie diese Entscheidung treffen. Es ergab sich, dass ein am Kopf abgeleitetes motorisches Aktivierungspotenzial früher auftrat als der von den Probanden auf einer Uhr datierte Moment der Entscheidung. Das Libet-Experiment wurde zuletzt von Rösler (2006) sowohl in der Methodik wie in der Validität ausführlich widerlegt. Goschke und Walter weisen darauf hin, dass das Libet-Experiment auf einer falschen Konzeptualisierung des Verhältnisses von Intention und Handlung beruht. Tatsächlich seien bewusste Intentionen nicht die direkten Auslöser z. B. einer Willkürbewegung. Sie seien nicht „Kommandos" eines bewussten „Ich" oder „Selbst", die dann die Motorik in Gang setzen. „Absichten lösen nicht einzelne Bewegungen aus, sondern setzen vielmehr bestimmte Rahmendispositionen selektiv in erhöhte Bereitschaft, indem sie sensorische, kognitive und motorische Verarbeitungssysteme in bestimmter Weise ‚konfigurieren' (Goschke 1996). In Anlehnung an einen Vorschlag des Philosophen Dretske (1988) kann man die aktuellen Reizbedingungen, die zur Aktivierung bestimmter Reaktionen führen, als *auslösende Ursachen* (‚triggering causes') betrachten, während man Intentionen als *strukturierende Ursachen* (‚structuring causes') interpretieren kann, die nicht direkt spezifische Reaktionen auslösen, sondern determinieren, welche Reize zu auslösenden Bedingungen für welche Reaktionen werden. Sofern durch die Intention eindeutig festgelegt ist, wie auf bestimmte Reize zu reagieren ist, die Person über die erforderlichen Reaktionsprogramme verfügt und in der Reizsituation keine konkurrierenden Reaktionen aktiviert werden, können intentionsgemäße Reaktionen direkt durch die in der Intention spezifizierten Reizbedingungen ausgelöst werden, ohne dass zwischen Reiz und Reaktion erneut ein bewusster ‚Willensakt' intervenieren müsste (Neumann u. Prinz 1987)" (Goschke u. Walter 2006, S. 132 f.).

Dies ist ein auch für forensische Problemstellungen und Situationen sehr gewichtiger Sachverhalt, der wiederum mit der Rechtsfigur der actio libera in causa korrespondiert und an vielfältigen Situationen im Alltagsleben zu illustrieren wäre. Ein sonst friedlicher Mensch, der niemanden schlagen würde, steigt in den Boxring mit der festen Absicht, es seinem Gegner kräftig zu geben, wobei es schlecht um seine Chancen stünde, wenn er vor jedem Zuschlagen einen neuen Willensentschluss benötigte statt sekundenschnell, weitgehend automatisiert und hinsichtlich der Durchführung des einzelnen Schlages nichtbewusst, nicht gesondert überlegt auf eine Bewegung des Gegners zu reagieren. In dem Moment, in dem der Gong ertönt, entlässt er sich in die durch langes Training erworbenen Automatismen von sehr schnellen, intuitiven Reaktionen. Gleichwohl gibt es bei guten Sportlern auch während des Kampfgeschehens eine mitlaufende reflektierende Aktivität des Bewusstseins, die aber meist eher auf eine summierende, basale Gewichtung der Situation ausgerichtet ist und gegebenenfalls auf eine Veränderung von Haltungen, der eigenen Position im Geschehen (z. B. stärker offensiv, stärker defensiv). Tatsächlich sind die Ergebnisse aus dem Sport und der Sportforschung besonders interessant gerade für die forensische Psychiatrie, weil hier ja – nicht nur beim Kampfsport, sondern auch auf dem Fußballplatz und bei anderen Mannschaftssportarten – immer wieder emotional aufgeladene Situationen hergestellt werden, in denen gleichwohl eine ganze Reihe von aggressionslimitierenden Regeln gelten, z. B. das Verbot des Tiefschlags beim Boxen oder das generelle Verbot von groben Fouls und Tätlichkeiten beim Fußball. Jeder hat bei einem Revanchefoul ein gewisses Verständnis und Mitgefühl für den Täter, aber keiner würde für eine Strafmilderung plädieren unter Verweis auf eine verminderte Schuldfähigkeit, da es sich um ein Affektdelikt handele: Die Fußballregel verbietet und bestraft gerade das Affektdelikt. Was aber dieser Tat vorangig war, dass sich der Täter, einem dringenden emotionalen Bedürfnis folgend, aus der hemmenden Bindung an die seit Jahren geübten Fußballregeln entließ, um sich wenigstens heute einmal die Befriedigung der Rache am Gegenspieler zu gönnen. Dieser Entschluss enthält zumeist keine Ausführungsbestimmungen an den Körper, wie genau der Gegner nun zu treten oder schlagen sei: Das macht der Körper schon von sich aus, wenn er nur die Erlaubnis erhält.

### 2.4.5.3 Desaktualisierung

Janzarik (1991, 1993, 1995) hat immer wieder darauf hingewiesen, dass es bei solchen Handlungsentschlüssen zumeist gar nicht um die gezielte Aktivierung von Handlungsbereitschaften geht, sondern um die Freigabe von Handlungsbereitschaften, die kraft ihrer emotionalen Wichtigkeit ohnehin ins Bewusstseinsfeld drängten und bis dahin nur aktiv gehemmt wurden. Die aktive Leistung ist in aller Regel die Hemmung, die Unterdrückung von gegenwärtig störenden oder unpassenden Intentionen, die *Desaktualisierung*. Er verweist auf die *Selbsttätigkeit* menschlicher Lebensäußerungen, die gar nicht willentlich unterdrückbare *Autopraxis*, und die dadurch bedingte herausragende Bedeutung der *Desaktualisierung* von Wünschen, Gefühlen, Absichten, die aufsteigen aus den strukturellen Beständen, die selbsttätig in das psychische Feld vordringen wollen. Man muss das sexuelle Begehren, man muss den Ärger oder den Kummer mit den damit verbundenen Erinnerungen nicht aktiv rufen, sie kommen von selbst und sind da und besetzen das Bewusstseinsfeld. So man anderes und Wichtigeres zu tun hat, sofern man eine andere Absicht (Intention) hat und sich dafür entschieden hat, geht es um Unterdrückung dieser spontan aufsteigenden, rivalisierenden Bewusstseinsinhalte, geht es um das Herstellen eines Raumes, in dem das gewünschte und aktuell erforderliche eigene Verhalten Platz findet. Lammel (2001, S. 103) beschreibt Konsequenzen aus dem psychiatrischen Konzept Janzariks wie folgt: „Mit zunehmender *Desaktualisierungspotenz* werden die *Handlungsbereitschaften* besser kontrolliert und von der motorischen Aktion auf Imaginationen umgelenkt, die das konkrete Handeln vertreten. Mit anderen Worten: Im Zuge der Ausdifferenzierung seelischer Struktur werden Handeln und Steuern nach innen genommen und der Hiatus zwischen imaginativem Tun und dem konkreten Handeln als motorischer Aktion wird seltener überschritten, weil durch die Desaktualisierungspotenz der Schwerpunkt des Handelns aus den gelebten Zusammenhängen in der Situation in die repräsentativen Zusammenhänge der Struktur zurückgenommen wird."

Janzarik konfrontiert so das juristische Verständnis von Handlung als einem aktiven, positiv auswählenden Geschehen inmitten einer tabula rasa mit der psychologischen Erfahrung der tatsächlichen seelischen Abläufe, in der sehr viel mehr durch Auswahl und Hemmung gesteuert wird als durch Aktivierung. Soweit die Entscheidung motorische Aktivitäten impliziert, werden durch die Intention mit den Worten von Goschke sensorische, kognitive und motorische Verarbeitungssysteme „konfiguriert", während die eigentliche Ausführung bestimmter Handlungselemente – die Bewegung der Beine, des Rumpfes, die Kontrollbewegungen der Augen etc. – natürlich unbewusst erfolgt. Wir könnten hinterher nicht einmal sagen, wie genau wir es gemacht haben, dass wir aufgestanden und die Treppe hinabgegangen sind. Wir könnten, im Gegenteil, bei allzu großer Aufmerksamkeit für unsere Motorik in Unordnung geraten und stolpern (Kibele 2006). Dass einfache intentionsgemäße Handlungen unbewusst ausgelöst werden, so Goschke und Walter, ist eher die Regel als die Ausnahme und stellt gleichwohl die Bedeutung (und Existenz) bewusster Intentionen überhaupt nicht in Frage. Dabei werde nicht bestritten, dass unbewusste Prozesse eine wichtige Rolle bei der Handlungssteuerung spielen können und dass bewusste Intentionen auf neuronalen Prozessen beruhen, die teilweise unbewusst seien und durch vorauslaufende Bedingungen determiniert sein könnten.

Man könnte hinzufügen: Nahezu nichts über die Funktionsweise unseres Körpers ist uns bewusst, solange wir gesund sind. Herz, Darm, Gehirn arbeiten ohne unsere bewusste Kontrolle, in vielen Fällen haben wir nicht ansatzweise einen sensorischen Zugang zur Wahrnehmung physiologischer Vorgänge, wozu natürlich auch neuronale Abläufe gehören. Was wir uns in Maßen bewusst machen können, sind die semantischen Inhalte, die von Neuronenverbänden prozessiert werden. Nicht die Tatsache der Neuronenaktivität ist das Interessante, sondern ihr Gehalt. So wird auch der übliche Benutzer wenig Interesse an der physikalischen Beschaffenheit seines textverarbeitenden Laptops haben und nicht daran zweifeln, dass die darin wirksamen elektronischen Signale kein Bewusstsein haben und streng determiniert ablaufen. Der Inhalt des so geschriebenen Textes jedoch ist nicht elektronisch determiniert, sondern nur seine Kodierung. Gleichwohl kann ich über Funktionen, die unbewusst ablaufen, frei verfügen wie über den Mechanismus des Laptop. Dass in reichem Maße unbewusst ablaufende „Festbausteine" der Lebensbewältigung eingesetzt werden, hält die begrenzte geistige Kapazität des menschlichen Bewusstseins frei für die wichtigen Dinge, die noch einer bewussten Reflexion, Absichtsbildung und Entscheidung bedürfen. Es scheint gerade ein Grundprinzip zu sein, so viele Handlungen wie möglich zu automatisieren (vor allem durch implizites und explizites Lernen) und nichtbewusst durchgeführten Routinen zu übergeben, um den Arbeitsraum des aktuellen Bewusstseins möglichst frei und flexibel zu halten.

### 2.4.5.4 Intentionale Aktivierung

Kommen wir zurück zu Goschke und Walter (2006). Diese beenden ihre Erörterungen zur Willensfreiheit als Fähigkeit zur antizipativen zielgerichteten Handlungssteuerung mit einem „neurokognitiven Modell der intentionalen Handlungssteuerung". Ihr theoretisches Konzept von Handlungssteuerung stehe im Einklang mit neueren kognitiv-neurowissenschaftlichen Theorien der intentionalen Handlungssteuerung. In diesen werde insbesondere bestimmten Stirnhirnregionen, dem dorsolateralen präfrontalen Kortex, die Funktion zugeschrieben, Repräsentationen von Zielen, Instruktionen und Reiz-Reaktions-Regeln auch in Abwesenheit eines sensorischen Inputs *aktiv aufrechtzuerhalten* und unter Umständen gegen störende Reize *abzuschirmen*. Zielrepräsentationen würden dabei als neuronale Aktivierungsmuster interpretiert, deren semantischer Inhalt in der Repräsentation eines zukünftigen, intendierten Zustandes besteht (Miller u. Cohen 2001). „Diese Aktivierungsmuster lösen normalerweise nicht direkt bestimmte motorische Reaktionen aus, sondern sie *modulieren* vielmehr, welche der kontinuierlich aktiven und miteinander konkurrierenden Repräsentationen in sensorischen, gedächtnisbezogenen und motorischen Systemen in einer bestimmten Situation dominant werden. Man kann insofern davon sprechen, dass die Zielrepräsentationen einen ‚Wettstreit' zwischen konkurrierenden Repräsentationen in diversen Verarbeitungssystemen dahingehend modulieren, dass sich zielkonforme gegen konkurrierende Repräsentationen durchsetzen. Im Gegensatz zum Verhalten, das auf starren automatisierten Reiz-Reaktions-Assoziationen beruht, ermöglicht es eine solche ‚aktivierungsabhängige' Modulation der Informationsverarbeitung nicht nur, Reiz-Reaktions-Verknüpfungen schnell und flexibel umzukonfigurieren, sondern auch starke automatisierte, aber nicht mit einem aktuellen Zustand konforme Reaktionstendenzen zu unterdrücken" (Goschke u. Walter 2006, S. 136 f.). Wir finden hier also in einer etwas anderen Sprache und naturalistisch-neuronalen Begrifflichkeit Janzariks Konzept der Steuerung durch Desaktualisierung Janzarik (1991, 1993): „Zielrepräsentationen" wären hier die lebensgeschichtlich erworbenen, emotional befrachteten und gewichteten strukturellen Bestände, die in der jeweiligen Situation von sich aus (autopraktisch) ins Bewusstseinsfeld drängen, mit anderen Intentionen konkurrieren und nicht durch weitere Aktivierung obsiegen, sondern durch Desaktualisierung der konkurrierenden Strebungen. Die von Goschke dargelegten Experimente verdeutlichen, dass wohl beides stattfindet, intentionale Aktivierung und zugleich Desaktualisierung. Beides erfordert die Unterdrückung von störenden, dazwischentretenden Bewusstseinsinhalten und Strebungen. Gut nachvollziehbar ist, dass introspektiv in bestimmten Situationen das eigene anhaltende Bemühen um Desaktualisierung bewusster wahrgenommen wird als die Aktivierung der an ihre Stelle tretenden Alltagsgeschäfte.

Im Strafrechtsalltag wird in solchen Zusammenhängen auch öfter von „Impulskontrolle" und – ganz unzutreffend – von Störungen der Impulskontrolle gesprochen. Impulse sind jedoch kurz dauernde, soeben eingefallene, noch unreflektierte Handlungsintentionen, die bei impulsiven Menschen dazu führen, dass sie schneller handeln als nachdenken. Ohne abwägende prädezisionale Phase sind sie schon über den Rubikon und über die Fiatetappe beim Handeln. Wenn das abwägende Nachdenken zum Ergebnis gekommen ist, ist die Handlung schon ausgeführt. Wenn dies immer wieder und massiv störend der Fall ist, kann von habitueller Impulsivität oder einer Störung der Impulskontrolle gesprochen werden. Merkmal ist das ständige Auftreten unüberlegter, unvorbereiteter, einfacher Handlungen, die nach Ausführung sofort als unklug bereut werden. Was wir jedoch hier erörtern, ist der ungleich häufigere Fall, dass die rechtswidrige Tat sich durchaus an das Handlungsphasenmodell von Heckhausen (1983) hält, dass es also um eine Absicht geht, um eine zielgerichtete Intention, aber nicht um einen kurzlebigen Impuls. Die Absicht wiederum korrespondiert mit dem strafrechtlichen Konzept des Vorsatzes, ist aber mit ihm nicht identisch.

### 2.4.6 Konzept der Steuerungsfähigkeit

Die Schuldfähigkeitsbegutachtung befasst sich nicht unmittelbar mit der Frage der Steuerungsfähigkeit. Sie hat vielmehr in einem *zweischrittigen Vorgehen* zunächst festzustellen, ob bei dem Beschuldigten zum Zeitpunkt der Tat eine psychische Störung vorgelegen hat, die einem der in § 20 StGB genannten vier Rechtsbegriffe zuzuordnen ist. Es sind dies:

- *krankhafte seelische Störung:* psychotische Störungen aus dem schizophrenen und manisch-depressiven Formenkreis, psychotische Residualsyndrome, hirnorganisch bedingte psychische Störungen, akute hirnorganische Störungen wie Intoxikationen, insbesondere akute Berauschung, schwere Angst- und Zwangskrankheiten;
- *tiefgreifende Bewusstseinsstörung:* normalpsychologisch durch hochgradige affektive Erregung bedingte Bewusstseinseinengung;
- *Schwachsinn:* angeborene intellektuelle Minderbegabung mit unter anderem weitgehender Unfähigkeit zum Lesen und Schreiben oder zu basalen Rechenoperationen (testpsychologisch im IQ-Bereich von unter ca. 70) und deutlicher Beeinträchtigung der sozialen Kompetenz;

▎ *schwere andere seelische Abartigkeit:* schwere Persönlichkeitsstörungen, suchtbedingte Persönlichkeitsveränderungen, sexuelle Deviationen, intensive länger dauernde Anpassungsstörungen.

Die Prüfung dieser ersten Stufe ist eine genuin psychiatrische Aufgabe, die das Medizinstudium und eine zumindest fünfjährige Facharztausbildung voraussetzt: das Erkennen und Bewerten einer psychischen Störung.

Falls eine psychische Störung vorliegt, die einer dieser vier Eingangsvoraussetzungen entspricht, ist gutachterlich in einem zweiten Schritt zu prüfen, ob eine relevante Kausalbeziehung zwischen der Störung und der konkret vorgeworfenen Tat besteht. Es geht um die Frage, ob die Störung zu einer *Aufhebung* (§ 20 StGB) oder aber zumindest *erheblichen Beeinträchtigung* (§ 21 StGB) der Einsichtsfähigkeit oder der Steuerungsfähigkeit geführt hat.

*Einsichtsfähigkeit* ist im Wesentlichen das kognitive Wissen, dass die Tat verboten ist; sie ist entweder vorhanden oder nicht vorhanden (also nicht „erheblich vermindert"). Aufgehobene Einsichtsfähigkeit kann den Sachverhalt des Verbotsirrtums konstituieren, der in § 17 des StGB verhandelt wird. In der praktischen Begutachtung geht es in aller Regel um die *Steuerungsfähigkeit*, also um die Frage, ob der Täter sein Handeln gemäß der Einsicht um das Verbotene seines Tuns bestimmen konnte. Diese Frage stellt sich aber nicht stets, sondern nur dann, wenn eine der vier Eingangsvoraussetzungen relevanter psychischer Störung erfüllt ist. Steuerungsfähigkeit ist nicht ganz einfach zu konzipieren.

### 2.4.6.1 Erheblich beeinträchtigte und aufgehobene Steuerungsfähigkeit

Mit der Handlungssteuerung und der Desaktualisierungsfähigkeit befinden wir uns in unmittelbarer Nähe zu einem psychologisch-psychiatrischen Konzept von „Steuerungsfähigkeit" bzw. dem synonymen Begriff des „Hemmungsvermögens". Eine erhebliche Beeinträchtigung der Fähigkeit zur normgerechten Handlungssteuerung läge nämlich dann vor, wenn es der jeweiligen Person infolge einer psychischen Krankheit, einer Persönlichkeitsstörung, einer schweren sexuellen Perversion oder einer Suchtkrankheit nicht mehr gelänge, bestimmte intensive normwidrige Handlungsintentionen zu desaktualisieren, also zu lateralisieren, zu verdrängen, zu entschärfen, zu unterdrücken. Es unterliegt allerdings einem eigenständigen erfahrungswissenschaftlichen Prüfungsvorgang – in Kenntnis vieler Menschen mit solchen Störungen – zu beurteilen, ob eine bestimmte psychische Störung tatsächlich eine solche erhebliche Beeinträchtigung des Hemmungsvermögens bewirkt. So mag z. B. eine Spielsucht die Widerstände gegen den Besuch eines Spielkasinos, das Eintauschen von Geld in Chips und das Setzen am Roulettetisch erheblich beeinträchtigen; keineswegs ist damit gesagt (oder anderweitig empirisch belegt), dass damit das Hemmungsvermögen gegenüber Raubüberfällen und der Bedrohung anderer Menschen mit einer Waffe ernstlich beeinträchtigt wäre.

Die erheblich verminderte Steuerungsfähigkeit ist sicherlich im Strafrechtsalltag eine schwieriger zu beurteilende Kategorie als die Schuldunfähigkeit durch krankheitsbedingt fehlende Unrechtseinsicht oder aufgehobene Steuerungsfähigkeit. Unstreitig war stets, nicht zuletzt auf psychiatrischer Seite, dass psychische Krankheit, die zu einer Aufhebung der Fähigkeit zur Realitätswahrnehmung und Realitätsprüfung oder der basalen Denkfunktionen führt, damit die Selbstbestimmung oder die freie Willensbestimmung aufhebt, dass also Demenz, Wahnsinn, Manie und krankhafte Depression den Täter einer rechtswidrigen Tat schuldlos stellen. Dies galt offenkundig schon vor der Etablierung der Psychiatrie als wissenschaftlicher Disziplin und als klinischer Institution. Bei möglicherweise symptomarmen, abgeschwächten psychischen Krankheiten lag das Beurteilungsproblem dann aber schon in der Frage, ob zum Tatzeitpunkt ein Krankheitsbild, das als solches bei dem Beschuldigten gesichert ist, bereits so ausgeprägt war, dass die tatzeitliche Symptomatik die Einsichts- oder Steuerungsfähigkeit aufgehoben hat. Dann wäre zu prüfen, welche konkrete Symptomatik in welchem konkreten Umfang vorgelegen hat und welche Auswirkungen dies auf die hier belangvollen Zielkriterien der Handlungsmotivation, der Situationserkennung, des Desaktualisierungsvermögens, der Affektkontrolle gehabt hat. Mit ungewöhnlicher Evidenz attestiert man dem psychotisch kranken Rechtsbrecher für seine psychotisch motivierte Tat Schuldunfähigkeit. Wo der gesamte oder doch zumindest der relevante Weltbezug psychotisch deformiert ist, bleiben keine Freiheitsgrade zur pflichtgemäßen Bestimmung des eigenen Handelns. Entsprechendes gilt für den schwer berauschten Rechtsbrecher, wenn bei ihm ersichtlich wird, dass vergiftungsbedingt ein adäquates Situationsverständnis zusammengebrochen war und die Intentionen anderer Personen grob verkannt wurden (Vollrausch). Diese Taten stellen sich bei genauerer Analyse häufig als Unfall, als ein Unglück dar, nicht als das Ergebnis einer bewussten Intention, sofern diese eine noch erhaltene Lenkbarkeit der Denkvorgänge voraussetzt. Die akute oder auch überdauernde *krankhafte* seelische Störung trägt diesen Namen „Krankheit" zu Recht, weil sie willentlich nicht zu beeinflussen ist (man kann den Zustand Krankheit nicht willentlich beenden), sondern schicksalhaft erlitten wird. Allerdings kann man sich schuldhaft berauschen. Seelische Krankheit, insbesondere eine Wahnkrankheit, macht zumeist eine Bezugnahme auf eine „normale", dem Allgemeinverständnis („common sense") entsprechende Interpretation der Situation vor der Tat unmöglich. Sie hebt die Möglichkeit auf, eine normkonforme Entscheidung zu treffen, weil diese Option dem Kranken gar nicht mehr erkennbar und zugänglich ist. Im Sinne der Formulierung von Schreiber (1981, S. 48) ist bei diesen Zuständen festzustellen, dass die Rechtsnorm keine „Möglichkeit hatte, im Motivationsprozeß des Täters wirksam zu werden".

Deutlich ist aber auch, dass Zustände der Schuldunfähigkeit sich weder mit dem Krankheits- noch mit dem Psychosebegriff eingrenzen lassen, beide sind jeweils zu weit und umfassen auch Zustände leichter psychischer Beeinträchtigung, welche die Schuldfähigkeit nur wenig tangieren. Janzarik

(1993) definierte „akut psychotisch" als eine „temporäre Autonomie" seelischer Dynamik gegenüber den Gerichtetheiten der personalen Struktur, wobei diese Struktur auch die Matrix der sozialen Bezugnahme ist. Temporäre Autonomie oder aber dauerhafte Strukturzerstörung bedeutet mithin stets auch Asozialität. Keineswegs ist solche Asozialität identisch mit Antisozialität, in welcher ja die Bezugnahme auf die Gemeinschaft (in oppositioneller oder destruktiver Form) erhalten bleibt. Die Entgleisungen der seelischen Dynamik sind zumindest kurzfristig, wie bei den schweren Intoxikationszuständen, autonom geworden und der eigenen Verfügbarkeit entzogen. Entscheidender Effekt der akuten dynamischen Entgleisung ist, dass das aktuelle psychische Feld der Ordnung durch die strukturellen Gerichtetheiten und durch das seelische Ganze entzogen wird. Durch die temporäre Autonomie des psychischen Feldes wird nicht die Person, sondern die Krankheit in der Situationsgestaltung beherrschend. Der Kranke, Schuldunfähige kann sich nicht normgerecht verhalten, wenn ihm die krankheitsbedingten Verzerrungen der Realitätswahrnehmung und -bewertung im Verbund mit Gefühlen der existenziellen Bedrohung ein Handeln abverlangen, dass dann trotz des Wissens um das Gesetzwidrige solchen Tuns durchgeführt wird. Seine Urteilskraft ist aufgehoben.

Es ist unverkennbar, dass leichtere psychische Erkrankungen, dass mittelgradige Rauschzustände, dass sexuelle Perversionen und dass Persönlichkeitsstörungen diese Bezugnahme auf das soziale Koordinatensystem, auf die tradierten Normen, auf ein konventionelles Situationsverständnis *nicht* verunmöglichen. All diese Menschen bleiben eingebunden in *unsere* Welt, profitieren von lebenslang erworbenen Kognitionen und Bewertungen, während diese bei den Kranken sozusagen ins Leere laufen, mit den situativen Vorgaben nicht mehr korrespondieren. Es gibt mithin *kein Kontinuum* zwischen voll schuldfähig und schuldunfähig. Denn ein Zustand, der Schuldunfähigkeit bedingt, unterscheidet sich unzweideutig *qualitativ* von einem Zustand erhaltener Schuldfähigkeit, auch wenn dieser das Hemmungsvermögen erheblich beeinträchtigen mag.

Es gibt keine Persönlichkeitsstörung, die überdauernd eine Bezugnahme auf soziale Regeln, soziale Erwartungen und ein im Grundsatz adäquates Situationsverständnis *verunmöglichen* würde. Persönlichkeitsgestörte leben in dem gleichen normativen Bezugssystem wie ihre Nachbarn; sie haben es sich aber nicht selten im Laufe ihrer Entwicklung für die eigenen Belange zurechtgelegt. Ihre „Einsichtssteuerung" (Janzarik 1995) erfolgt so, wie es ihrem Wertgefüge entspricht. Auch wer aus dem Tableau sozialer Erwartungen und Versprechungen forciert nur die Versprechungen zu nutzen versucht, die Erwartungen jedoch zurückweist, wie manch dissozialer Täter, ist bis zum Beweis des Gegenteils immer noch ein aktiv Handelnder und ein Wählender, ein Entscheidender.

Der vermindert Schuldfähige hat nicht das Problem des akut Psychosekranken, dass seine Wahrnehmungen und Bewertungen dem eigenen steuernden Zugriff entzogen wären. Die grundsätzlichen Möglichkeiten zur Realitätsprüfung und realitätsgerechten Orientierung bleiben ihm erhalten, auch wenn er – wie jedermann – gewisse Gewohnheiten im Umgang mit der Realität ausgebildet hat. Wird ihm ein Zustand zugeschrieben, der verminderte Schuldfähigkeit bedingt, so geht es um die Beeinträchtigung seiner Willensfähigkeit, seiner Volition. Unterstellt wird, dass seine Willensfähigkeit, seine Selbstkontrolle, seine Handlungssteuerung, sein Hemmungsvermögen erodiert, unterminiert, geschwächt sei durch emotionale Einflüsse, durch unangenehme Gefühle, durch Affekte. Liegt bei dem Betreffenden eine Desaktualisierungsschwäche vor, kann er sich nicht frei machen von dem Zorn über eine Kränkung, nicht frei machen von Eifersucht oder Gier oder Hass, dann untergräbt dies den guten Vorsatz zum normkonformen Verhalten. Statt beim guten Vorsatz zu bleiben und weiter zu leiden, vermeintlich ewig zu leiden und an nichts anderes denken zu können, möchte man dem Gefühl freien Lauf geben, in die Handlung ausweichen, sich entlasten. Privilegiert wird dieses Nachgeben gegenüber den normwidrigen Intentionen aber nur dann, wenn diese Desaktualisierungsschwäche auf einer erheblichen psychischen Störung beruht, also einer Persönlichkeitsstörung, einer sexuellen Perversion oder einer schweren süchtigen Abhängigkeit. Der Philosoph Bieri (2001) hat solche Störungen immer wieder als alltagsweltliche typische Beispiele einer Beeinträchtigung – aber nicht Aufhebung – der Willensfreiheit genommen.

Um allerdings den pathologischen Hintergrund einer verminderten Steuerungsfähigkeit zu erkunden, ist es unerlässlich, die querschnittliche Betrachtung der Tatsituation zu ergänzen um die Betrachtung des biografischen Längsschnitts und dann wiederum die Betrachtung der Zeitphase, in welcher der Täter sich zunächst in Gedanken und Phantasien und schließlich in Entscheidungen der Tat annäherte. Zum ständigen Umgang mit der Autopraxis der Lebensäußerungen gezwungen, gewinnt jeder ab einem gewissen Alter eine gewisse Übung mit sich selbst, seinen Stärken und Schwächen. Von Camus (1957, S. 49) stammt der berühmte Satz: „Ab einem gewissen Alter ist jeder Mensch für sein Gesicht verantwortlich". Von Janzarik stammt der gleichsinnige, wichtige Satz (Janzarik 1993, S. 432): „Anders als der Krankheitsprozeß läßt eine Persönlichkeitsstörung in aller Regel Auseinandersetzung und Anpassung zu. Die Verantwortung dafür, wie einer geworden ist, kann ihm, solange eigene Entscheidungen die Entwicklung dahin wesentlich mitgestaltet haben, nicht abgenommen werden. Die ‚Schwere' einer Abartigkeit wird dadurch nicht gemindert". Dies bedeutet nochmals: Persönlichkeitsstörung oder sexuelle Deviation bedeuten im Grundsatz: vorhandene Verantwortlichkeit, vorhandene Schuldfähigkeit. Aber: Die Fähigkeit zur Desaktualisierung, zur Hemmung normwidriger Intentionen kann infolge solcher struktureller Voraussetzungen (Schwere der Abartigkeit) erheblich vermindert sein.

Übrigens wird der gleiche Gedanke schon bei Aristoteles (340 v. Chr.) im dritten Band der Nikomachischen Ethik verhandelt: „Vielleicht ist man von einer Art, dass man nicht aufpassen kann. Doch dann ist man selbst schuld, dass man so geworden ist, weil man zügellos lebt, und dann ungerecht und zuchtlos ist, Verbrechen begeht oder sich dem Trunk und derartigen Dingen ergibt. Wie nämlich einer jeweils tätig ist, so wird er selber" (1114a). Er geht sogar noch weiter: Auch der Kranke sei an seiner

Krankheit schuld, da „er, wie es so oft vorkommt, sich freiwillig in Krankheit gestürzt hat, indem er unmäßig lebte und den Ärzten nicht gehorchte. Denn zuvor hatte er es in der Hand, nicht krank zu werden. Wenn er sich aber hat gehen lassen, nicht mehr. So hatten es auch der Ungerechte und der Zügellose am Anfang in der Hand, nicht derart zu werden; insofern sind sie es freiwillig. Wenn sie es aber einmal geworden sind, haben sie es nicht mehr in der Hand" (ebd., 1114a).

Aristoteles spricht dem Einzelnen also Verantwortung zu und Schuld dafür, dass er so geworden ist, wie er geworden ist. Aber wenn einer schließlich krank geworden ist, dann „hat er es nicht mehr in der Hand", dann kann man ihn durchaus für schuldunfähig oder zumindest vermindert schuldfähig halten – falls seine Störung etwas mit seiner Tat zu tun hat. Für Krankheit würden wir solches – ohnehin recht spekulatives – Vorverschulden heute ausschließen. Bei dem Persönlichkeitsgestörten jedoch unterstellen wir, dass der Betreffende wie alle fortlaufend imstande ist, sich mit seinen Schwächen auseinanderzusetzen und ihnen nicht bedingungslos ausgeliefert ist.

Wie versucht der forensische Psychiater dies herauszufinden? Anhand der Biografie, anhand typischer, wiederkehrender Lebenssituationen und anhand von Maximen des Probanden erschließen wir, wie Einsichtssteuerung und Handlungssteuerung bei ihm geregelt werden. Dazu kommt in einem weiteren Schritt die Betrachtung des Weges zur Delinquenz. Die Vorlaufzeit bis zur Tat, also dem pädophilen Übergriff, der Vergewaltigung, dem Raub, der aggressiven Abstrafung des Partners, der sadistischen Aktion, ist nicht nur gekennzeichnet von der Unlust, sich an der sehnlichst erwünschten, aber unerlaubten Handlung gehindert zu sehen, sondern durch eine schrittweise Selbstkorrumpierung. Mit Selbstkorrumpierung (Janzarik 1993, Kröber 1993) ist gemeint, und auch das kennt fast jeder selbst, dass Argumente gesammelt, ausgewählt, übernommen werden, die für die Normverletzung sprechen, sie in einem milderen Licht erscheinen lassen oder gar vermeintlich legitimieren. Nicht selten ist man sich dessen bewusst, dass diese Argumente etwas schief und gesucht sind und dass sie einer genaueren Überprüfung nicht standhalten würden. Aber so genau will man es dann auch nicht wissen und hält sich im Zweifel an Ratgeber, die eigene deviante Intentionen unterstützen und gutheißen. Die Fähigkeiten der Menschen, sich die Welt argumentativ für die aktuellen, egozentrischen Belange zurechtzuschneidern, sind beträchtlich. Dies muss nicht auch noch privilegiert werden durch die Behauptung, sie hätten nicht anders gekonnt: Sie haben nicht anders gewollt. Prüft man es nach, wurde diese Entscheidung, nicht anders zu wollen, tage- und wochenlang immer aufs Neue getroffen, da sich auch die Wahlmöglichkeit des Ablassens, des Rückzugs täglich, ja stündlich neu eröffnete.

Dieser Prozess der Selbstkorrumpierung findet sich im Vorfeld affektiv akzentuierter Delikte, er findet sich auch bei anderen Straftaten, soweit sie noch nicht zur Gewohnheit geworden sind. Das Phänomen Selbstkorrumpierung korrespondiert mit kriminologischen Delinquenztheorien. Danach haben Straftaten in der Regel ganz normale Motive; erklärungsbedürftig ist nicht das Motiv, sondern wie man es schafft, sich zunächst punktuell, dann habituell über soziale Normen und explizite Verbote hinwegzusetzen. Eine klassische Antwort lautet: durch stete Übung in Verbund mit punktueller Selbstrechtfertigung, die im Laufe der Zeit und der Taten zu einem neuen, dissozialen Selbstkonzept verdichtet wird, was wiederum durch das engere soziale Umfeld verstärkt werden kann. Es geht auch bei anderen Verläufen nicht um eine Sanktionierung früheren ungünstigen Verhaltens wie z. B. Alkoholmissbrauch, das aber strafrechtlich ohne Belang ist; es geht allein um die Frage, ob bei vorangehenden, verantwortbaren Fehlverhaltensweisen eine Privilegierung bei der Schuldschwerebestimmung für schließlich begangene Straftaten angezeigt ist. Dies wird mit dem Terminus „Vorverschulden" nicht gefasst.

Deutlich wird, dass wir die Frage der Schuldfähigkeit bei Persönlichkeitsstörungen nicht vom schließlich erreichten Ausprägungsgrad der antisozialen Haltung her entscheiden können. Wenn der § 21 ein Schuldzumessungsparagraf ist, wie manche Juristen sagen, kann er nicht das Erreichen einer besonders festen antisozialen Haltung privilegieren. Die „Schwere der Abartigkeit" muss vielmehr vom strukturellen Befund, von den Deformierungen, Defizienzen und Verwerfungen des individuellen Wertgefüges her bestimmt werden und von den dadurch bedingten Defiziten in der Handlungssteuerung in bestimmten, stark durch eine emotionale Dynamik geprägten Situationen, welche die insuffiziente Struktur dann überfordern mögen.

### 2.4.6.2 Beurteilung der Steuerungsfähigkeit allein anhand des psychischen Tatbestands unabhängig von seiner Ursache

Dies jedoch ist eine Betrachtungsweise, die einzig und allein von den psychologischen und psychopathologischen Tatbeständen ausgeht. Es ist dabei unerheblich, ob die schwere Persönlichkeitsstörung und die durch sie bedingte Beeinträchtigung der Steuerungsfähigkeit durch einen präfrontalen oder temporalen, einen kortikalen oder subkortikalen, einen sichtbaren oder unsichtbaren, bekannten oder unbekannten Zellverband oder sonstigen somatischen Zustand ausgelöst oder befördert wurde. Die Forensische Psychiatrie geht davon aus, dass alle psychischen Phänomene eine materielle Grundlage haben, ein materielles Korrelat, im Wesentlichen im Gehirn, aber natürlich auch in sonstigen körperlichen, hormonalen und molekularen Prozessen. Grundlage ist nicht identisch mit Ursache, das Fundament eines Hauses ist nicht seine Ursache, aber es begrenzt z. B. seine Möglichkeiten.

Für die Beurteilung eines Probanden bedeutet dies im Hinblick auf seine Schuldfähigkeit, dass z. B. weder geringe Kraft noch geringe Schönheit noch geringe Intelligenz – drei biografisch sehr wichtige Faktoren – trotz ihrer eindeutig biologischen Determiniertheit zu einer Dekulpierung führen, sondern dass es darauf ankommt, wie der Proband in seiner Persönlichkeitsentwicklung damit umgegangen ist. Ebensowenig führt eine angelegte Volumenminderung des dorsolateralen präfrontalen Kortex oder sonst ein normabweichender neurobiologischer Befund zur Zuschreibung verminderter oder aufgehobener Schuldfähigkeit. Dies würde allein zu einer strafrechtlichen Privilegierung von Menschen führen, bei denen gewisse strukturelle oder neuronale Korrelate mit heutigen medizintechnischen Methoden sichtbar zu machen sind. Es ist aber nicht begründbar, dass Menschen härter bestraft werden sollen, nur weil die neuronalen Korrelate ihres unziemlichen Verhaltens unbekannt und mit bisherigen bildgebenden Verfahren nicht darstellbar sind. Denn wir unterstellen: Bei buchstäblich jedem Verfahrensbeteiligten gibt es diese Korrelate. Es kann also nur um die Qualität und den Schweregrad der Beeinträchtigung gehen. Wenn jemand zur Untersuchung kommt mit den Narben einer schwerwiegenden Hirnverletzung oder entsprechenden Röntgenaufnahmen, wird man dem damit gegebenen – indirekten! – Anfangsverdacht auf eine psychische Störung natürlich besonders sorgfältig nachgehen. Die Entscheidung fällt aber allein anhand des querschnittlich und längsschnittlich zu erhebenden psychopathologischen Befundes, nicht anhand des hirnmorphologischen oder sonstigen somatischen Befundes.

Es kommt für die psychiatrische Beurteilung der Schuldfähigkeit also auch nicht darauf an, ob eine besondere Reizbarkeit, Fröhlichkeit, Antriebsschwäche, Gefühlsarmut angeboren, frühkindlich oder später erworben ist. Es kommt darauf an, ob dem Probanden bei seiner zum Tatzeitpunkt so gegebenen strukturellen Ausstattung ein normgerechtes Verhalten zumutbar war oder ob er in seinen Fähigkeiten in der gegebenen Situation durch manifeste Krankheit, schwere Persönlichkeitsstörung oder geistige Behinderung so eingeschränkt war, dass seine Fähigkeit zur Handlungssteuerung erheblich beeinträchtigt oder gar eliminiert war.

Allerdings mag es kriminalprognostisch für die Beurteilung künftigen Handelns und einer überdauernden Gefährlichkeit bedeutsam sein, ob die zu unterstellenden, die Steuerungsfähigkeit mindernden Faktoren unbeeinflussbar und zeitstabil sind oder ob sie eher passager, vom Probanden oder (im Rahmen eines Risikomanagements) zumindest von anderen zu beeinflussen und zu kontrollieren sind. Es geht dabei aber weniger um angeboren oder erworben, sondern um die spezielle Form der Störung und das empirische Wissen über ihre Beeinflussbarkeit.

### 2.4.6.3 Exekutive und motivationale Steuerungsfähigkeit

Offenbar gibt es gerade in der juristischen Argumentation zwei sehr unterschiedliche Aspekte von Steuerungsfähigkeit, die je einzeln zur Annahme einer erheblichen Beeinträchtigung des Hemmungsvermögens führen können.

Die erste Argumentationsweise fokussiert auf eine Bewertung des Tatgeschehens. Wir hören zum einen das Argument, ein Täter habe überlegt, situationsadäquat, kontrolliert und umsichtig gehandelt, Störungen in der Handlungsdurchführung seien nicht sichtbar geworden. Die Tat habe ihn auch kognitiv nicht überfordert. Mithin sei die Steuerungsfähigkeit unbeeinträchtigt gewesen. Oder aber der berauschte Täter hatte deutliche Orientierungsstörungen, lallende Aussprache, eine deutliche Perseverationsneigung in seinen Äußerungen, zugleich eine missmutige Verstimmung – angenommen wird schließlich eine erhebliche Beeinträchtigung der Steuerungsfähigkeit für sein Körperverletzungsdelikt. Man könnte das, worum es geht, *exekutive Steuerungsfähigkeit* nennen, also die Fähigkeit, eine Handlung kognitiv ungestört, regelgerecht und situationsadäquat auszuführen.

Die zweite Argumentationsweise fokussiert auf die Motivation und ihre Wirkmacht. Wir hören hier das Argument, ein Täter sei obsessiv von dem Gedanken sadistischer Handlungen besetzt gewesen, habe die Ausführung zwar mehrfach verschieben, aber schließlich nicht widerstehen können. Es habe dadurch eine erhebliche Beeinträchtigung seiner Steuerungsfähigkeit bestanden, weil diese obsessive Neigung das Resultat einer schweren schizoiden Persönlichkeitsstörung und deshalb nur eingeschränkt steuerbar sei. Im Gegenbeispiel wird beim Pädophilen argumentiert, er sei zwar deviant orientiert, ohne dass aber Beeinträchtigungen darin bestünden, bei einem vorhandenen Handlungsmotiv zu kontrollieren und abzuwägen, ob die Handlung erwünscht oder unerwünscht, gar verboten ist, und ohne relevante Einschränkungen in der Fähigkeit, diese Beurteilung handlungsleitend werden zu lassen. Man könnte das, worum es geht, *motivationale Steuerungsfähigkeit* nennen, also die Fähigkeit, das eigene Handeln auch bei starken Wünschen und Bedürfnissen normgerecht zu kontrollieren und die Ausführung normwidriger Motivationen zu inhibieren.

Man sieht rasch, dass es eine Interferenz gibt zwischen dieser Beurteilung auf der zweiten Stufe und der vorangehenden diagnostischen Zuordnung auf der ersten Stufe. In Wahrheit ist die Symptomatik des Betrunkenen ja ein Tatbestand, der zunächst einmal die Diagnose „Alkoholrausch" und die Bestimmung von dessen Schweregrad ermöglicht. Zugleich wird dann anhand dieser Symptomatik plausibel gemacht, dass der so Berauschte nun in einen Modus impulsiven, unreflektierten Agierens geraten war, sodass ihm bei seinem Eintritt in die Wirtshausschlägerei bereits in erheblichem Maße die Steuerungsfähigkeit abhanden gekommen war.

Störungen der exekutiven Steuerungsfähigkeit, der Handlungskontrolle in der gegebenen Situation, sprechen also zunächst einmal für das Vorliegen einer psychischen Krankheit: für eine Berauschung, für ein Delir, für eine andere Hirnerkrankung, für einen psychotischen Verwirrtheitszustand. Sie sind hingegen nicht indikativ für Persönlichkeitsstörungen, sexuelle Devianz oder einfache Aktionen in hochgradiger Affekterregung. Man kann hochgradig erregt sein und zugleich geordnet handeln. Eine „tiefgreifende Bewusstseinsstörung" wäre allerdings schlecht zu vereinbaren mit einem komplexen, über mehrere Etappen reichenden, flexiblen und Widerstände bewältigenden zielgerichteten Verhalten (Saß 1993a). Insofern ist die Prüfung der exekutiven Steuerungsfähigkeit gerade bei den so genannten Affektdelikten bedeutsam. Anderseits kann eine völlig unbeeinträchtigte exekutive Steuerungsfähigkeit durchaus mit Schuldunfähigkeit oder verminderter Schuldfähigkeit einhergehen: so z. B. bei manchen psychotisch motivierten, aber gut geplant und sorgsam durchgeführten Gewalttaten Schizophrener. Hier wie auch bei den Taten sexuell devianter oder persönlichkeitsgestörter Menschen schauen wir auf Motiv und Motivation und die Fähigkeit, diese Handlungsintentionen zu kontrollieren und zu unterdrücken.

| Exekutive Steuerungsfähigkeit | Motivationsbezogene Steuerungsfähigkeit |
|---|---|
| Sie zeichnet sich aus durch:<br>▪ ungestörte Situationswahrnehmung<br>▪ ungestörte Kontrolle eigenen Handelns<br>▪ vorsatz- oder motivgemäßes Handeln<br>▪ Sicherstellung des Erfolgs | Sie zeichnet sich aus durch:<br>▪ Hemmungsvermögen gegen normwidrige Motive<br>▪ Fähigkeit zur Kosten-Nutzen-Abwägung<br>▪ Desaktualisierungsfähigkeit |
| Mögliche Indizien der Störung sind:<br>▪ ungeordnet unsachgemäße Durchführung der Handlung<br>▪ inadäquate oder hilflose Reaktionen bei (un)erwarteten Hemmnissen<br>▪ fehlende Besinnungsfähigkeit<br>▪ unvorbereitet impulsives Handeln<br>▪ keine Möglichkeit zu Verlangsamung und Verschiebung<br>▪ Fortdauer ungerichteten und erregten Verhaltens auch nach Tatbeendigung | Eine Störung kann einhergehen mit<br>▪ planmäßigem, zielstrebigem, besonnenem Handeln<br>▪ Wahn, schwerer Persönlichkeitsstörung oder sexueller Perversion<br>▪ der Fähigkeit zu Verlangsamung und Verschiebung<br>▪ langer und sorgfältiger Vorbereitung<br>▪ der Vermeidung von nachteiligen Folgen |
| | Indizien der Störung sind nicht durch äußere Beobachtung erkennbar, sondern nur aus der Schilderung des Betroffenen erfahrbar:<br>▪ Besetztheit mit tatbezogenen Phantasien<br>▪ Unfähigkeit zum Abschalten von entsprechenden Gedanken und Gefühlen<br>▪ starker innerer Drang zur Tatausführung in der Vorstellung, erst dann wieder Ruhe finden zu können |

Auch geistig behinderte Täter sind bei ihren sexuellen Übergriffen oder Brandstiftungen in der Regel vermindert steuerungsfähig nicht aufgrund einer Beeinträchtigung der exekutiven Funktionen, sondern aufgrund der beeinträchtigten Fähigkeit, wunsch- und stimmungsabhängige Handlungsintentionen zu kontrollieren: weil sie nur in geringem Maße die Fähigkeit zur sprachlichen und intellektuellen Relativierung und Sublimierung haben und weil sie ein sehr viel geringeres Arsenal an eigenen Kontrollerfahrungen und Alternativaktionen haben.

Deutlich wird damit, dass die Symptomatik, die zunächst zu einer psychiatrischen Diagnose und dann im ersten Beurteilungsschritt zur Subsumption unter eine der vier Eingangsvoraussetzungen führt, nicht die gleiche sein muss, die dann für die Beurteilung der Steuerungsfähigkeit ausschlaggebend ist. So mag für die Einschätzung des Berauschungsgrades insbesondere die neurologische Beeinträchtigung des Laufens und Stehens sowie des Sprechens ausschlaggebend sein, für die Beurteilung der Steuerungsfähigkeit wäre hingegen zu prüfen, welche kognitiven, emotionalen und koordinativen Leistungen dem Betrunkenen abverlangt wurden in der Situation, die zur Tat führte. Die Diagnose einer psychotischen Residualverfassung mag sich aus der Kenntnis der Vorgeschichte sowie querschnittlich aus Antriebsarmut und Eigentümlichkeiten von Sprache und Denken ergeben; was bei dem versuchten Einbruchsdiebstahl die Steuerungsfähigkeit erheblich vermindert hat, mag aber in anderen Bereichen zu suchen sein, so der krankheitsbedingten Persönlichkeitsveränderung, die auch eine Veränderung des Wertgefüges beinhaltet und eine Entfremdung der Normbezüge bedeuten kann.

Ausgeprägt sichtbar wird das Auseinanderfallen diagnostischer Kriterien und der Kriterien für die Beeinträchtigung der Steuerungsfähigkeit bei den schweren Persönlichkeitsstörungen, bei denen sich zwar die Motivation für bestimmte Taten mit einer gewissen Plausibilität aus dem Störungsbild ableiten lässt; weit weniger leicht lässt sich aber die Frage beantworten, warum sie der Tatausführung nicht widerstehen, wenn eben diese verboten ist und sanktioniert wird. Es stellt sich die Frage, ob und warum bei diesen Menschen die Selbstkontrolle (s. 2.4.5.1) versagt und nicht zumindest in Ersatzhandlungen (z. B. Autoerotik) ausgewichen wurde. Hier liefert die Diagnose noch keineswegs die Antwort, sondern es sind indirekte Argumentationen erforderlich, wie sie in der Diskussion um die verminderte Schuldfähigkeit bei „schwerer seelischer Abartigkeit" infolge von Persönlichkeitsstörungen und sexuellen Perversionen (Kröber 1995, 1997) entwickelt wurden. Es läuft dies zumeist auf das fallbezogen konkrete Aufweisen eines Sachverhaltes hinaus, der durch ein ausgeprägtes inneres Ungleichgewicht zwischen starken Antrieben und insuffizienten haltenden Strukturen gekennzeichnet ist. Diese Umsetzungen von psychischer Störung in geordnete, sinnvolle, aber rechtswidrige Taten, die Ausdruck einer verminderten oder aufgehobenen Steuerungsfähigkeit sind, werden im zweiten Band dieses Handbuchs anhand der jeweiligen psychischen Störungen zu erörtern sein.

In jedem Fall aber beleuchten gerade die Störungen und Schwächen von Steuerungsfähigkeit und tatsächlicher Steuerung, dass diese Steuerung menschlichen Verhaltens keine „Illusion" ist, sondern ein unbestreitbares Phänomen von hoher psychischer und sozialer Relevanz. Nach welchen Regeln diese Steuerung abläuft, aufgrund freien Willensentschlusses oder aufgrund automatisierter Schemata, ist damit natürlich noch keineswegs entschieden.

### 2.4.7 Willensfreiheit

#### 2.4.7.1 Strafrechtliche Vorgaben zur Willensfreiheit

Nach dem Wortlaut des § 51 des deutschen Reichsstrafgesetzbuchs (RStGB) war nach der Abklärung der psychiatrischen Eingangsvoraussetzungen (primär einer krankhaften Störung der Geistestätigkeit) in einem zweiten Schritt des Feststellungsverfahrens zu prüfen, ob der Zustand des Täters zum Tatzeitpunkt geeignet war, einen Ausschluss der „*freien Willensbestimmung*" zu bewirken. Im Zusammenhang mit dem Erlass des „Gesetzes gegen gefährliche Gewohnheitsverbrecher und über Maßregeln der Sicherung und der Besserung" vom 24.11.1933 erfolgte eine Neufassung des § 51 RStGB, der nun als fakultativen Strafmilderungsgrund eine Regelung zur verminderten Zurechnungsfähigkeit enthielt. Zugleich war dies mit dem eher begrüßten als bedauerten Abschied vom Begriff der „freien Willensbestimmung" verbunden, denn es war nun zu prüfen, wie es mit der Fähigkeit stand, „*das Unerlaubte der Tat einzusehen oder nach dieser Einsicht zu handeln*". Lammel (2001) führte dazu aus, dass immer schon, auch zum Zeitpunkt der Schaffung der ersten Fassung des § 51 RStGB klar war, dass man sich in foro nicht am philosophischen *Begriff der Willensfreiheit* erproben sollte, sondern ein Begriffsverständnis zu entwickeln war, welches die praktische Anwendbarkeit des Begriffes erlaubte. Laut Aschaffenburg (1934, S. 3) hätten auch die „eingeschworensten Deterministen" nie daran gedacht, die Verantwortlichkeit eines Menschen für sein Handeln zu leugnen. Haddenbrock erklärte, dass „freie Willensbestimmung" (oder Steuerungsfähigkeit) gleichzusetzen sei mit menschlicher Willensfreiheit, sei schon 1870 bei Verabschiedung des § 51 StGB aF expressis verbis ausgeschlossen worden, indem in den Motiven zum RStGB (S. 56) darauf hingewiesen worden sei, dass mit dem Rechtsbegriff der „freien Willensbestimmung" in § 51 nicht „die Freiheit des Willens im philosophischen Sinne", sondern der „Zustand geistiger Gesundheit (…) dem die Rechtsanschauung des Volkes die strafrechtliche Zurechnungsfähigkeit tatsächlich zuschreibt" gemeint sei (zitiert nach Haddenbrock 1995, S. 581). Mit der Änderung der Begrifflichkeit sollte dem nun auch sprachlich Rechnung getragen werden. Lammel fährt fort, dies habe aber nicht bedeutet, dass damit einer Verquickung von Freiheitsmetaphysik und Strafrecht entgangen werden konnte. Die *Freiheitsfrage* sei aus der wissenschaftstheoretischen Diskussion grundsätzlich nicht auszuklammern. Es sei aber statthaft, sie (vorübergehend) zu suspendieren, um im Rahmen des Strafrechts mit Blick auf den Einzelfall zu Ergebnissen gelangen zu können. Verwiesen wird auf die einschlägige, auch gegen alle totalitären Konzepte des Strafrechts gerichtete Entscheidung des BGH (BGHSt 2, S. 194), dass der Mensch auf freie, verantwortliche und sittliche Selbstbestimmung angelegt und zur Verantwortungsübernahme für sein Tun befähigt ist.

Gleichwohl wurde die philosophische Grundfrage von vielen Strafrechtlern, so auch Schreiber, jahrzehntelang letztlich ausgeklammert. Schreiber (2000) nannte die Argumente, die gegen ein vom ethischen Indeterminismus geprägtes Verständnis der Schuld sprechen, das die Willensfreiheit des Menschen zur Voraussetzung hat, und plädierte für die Verwendung eines *pragmatisch-sozialen Schuldbegriffes,* der mit Schuld das Prinzip subjektiver Zurechnung normabweichenden (in Form des rechtswidrigen) Verhaltens meint. Danach sei im Strafrecht nur ein pragmatisches, sozial-vergleichendes Schuldurteil möglich, und zwar in dem Sinne, dass die Rede vom Anders-handeln-Können nicht vor dem Hintergrund eines indeterministischen Freiheitsbegriffes geführt wird, sondern damit gemeint ist, „dass ein durchschnittlich anderer in einer solchen äußeren und inneren Situation generell anders, d.h. normgemäß hätte handeln können, dass ihm nach unserer Erfahrung Handlungsspielräume zur Verfügung standen" (ebd. 2000, S. 5). Der Sachverständige, der zur Beurteilung der Fähigkeit zur Schuld herangezogen wird, muss dieses Verständnis strafrechtlicher Schuld akzeptieren, unabhängig von der Frage, ob er sich als Determinist (hier nun Kompatibilist oder Inkompatibilist) oder Indeterminist bekennt und ob er überhaupt eine explizite persönliche Auffassung zur Willensfreiheit hat.

Allerdings bleibt diese defensive Position schwach gegenüber Vorstößen einiger Vertreter biologistischer Positionen, die für sich in Anspruch nehmen, als Naturwissenschaftler einen privilegierten, unverstellten, objektiven Zugang zur Wahrheit zu besitzen, während das Gedankenwerk der verstehenden Psychologie, der Psychopathologie und der Rechtsdogmatik allein Ausdruck von unwissenschaftlicher Subjektivität ist. Diese Position, die philosophisch als Naturalismus bzw. eliminativer Materialismus zu kennzeichnen ist, soll nachfolgend beleuchtet und zurückgewiesen werden. Vorab sei darauf hingewiesen, dass alle philosophischen Grundannahmen, die einige Naturforscher wie Roth oder Singer vertreten – dass z.B. die Welt und alles was in ihr ist durchgängig und ausschließlich durch physikalische Kausalprozesse zu beschreiben sei – nichts anderes sind als eine höchstpersönliche Meinung, geäußert letztlich in der Erste-Person-Perspektive. Sie entsprechen einer in der Philosophie seit 2000 Jahren wohlbekannten, letzthin etwas ausgestalteten Anschauung der Dinge, die offenkundig gar nicht durch naturwissenschaftliche Untersuchungstechniken generiert wurde, da diese ungleich jünger sind als das physikalistische Weltbild. Dieses kann philosophisch durch Argumente widerlegt, nicht aber naturwissenschaftlich bewiesen werden. Es gibt also keinen Grund, sich einschüchtern zu lassen: Das computertechnische Zerschneiden von Gehirnen und die Beobachtung ihres Sauerstoffverbrauchs bei diversen Aufgaben eröffnet noch keineswegs einen besonders erfolgträchtigen Weg zur Klärung von Problemen wie Selbstbewusstsein oder Willensfreiheit.

### 2.4.7.2 Willensfreiheit als Illusion

Der Zoologe Gerhard Roth ist ein prominenter Vertreter der Position, dass Willensfreiheit, ja überhaupt Entscheidungsfreiheit und bewusstes Entscheiden eine „Illusion" sei. Zu klären ist, was der Terminus „Illusion" in diesem Zusammenhang bedeuten mag. Roth (2006) fasst seine basale Argumentation am Anfang seines Artikels zusammen:

„Wir haben das Gefühl bzw. die Überzeugung, dass wir bei einer bestimmten Klasse von Handlungen, die man *Willenshandlungen* oder *Willkürhandlungen* nennt, *frei* sind. Dieses Gefühl bzw. diese Überzeugung ist im Wesentlichen durch drei Inhalte bestimmt:
(1) Wir als denkende und wollende Wesen sind die einzige Quelle unseres Willens und der alleinige Verursacher unserer Handlungen;
(2) wir haben die Überzeugung, wir könnten auch anders handeln, *wenn wir nur wollten* bzw. *gewollt hätten*; (dies wird ‚Alternativismus' genannt);
(3) wir fühlen uns für Handlungen, die unserem Willen unterliegen, *persönlich verantwortlich*.

Bei der willentlichen Verursachung von Handlungen handelt es sich nach klassisch-philosophischer Anschauung nicht um das in der Natur herrschende Prinzip der *kausalen Verursachung*, wonach es in der Natur Wechselwirkungen gibt, die (zumindest im makrophysikalischen Bereich) zeitlich voranschreiten und eine lückenlose Ursache-Wirkungs-Kette bilden. Bei der willentlichen Verursachung scheint dies anders zu sein: Ich fühle mich in meinen Entscheidungen zwar von vielerlei äußeren Vorgängen und inneren Motiven *beeinflusst*, aber diese Faktoren scheinen nicht kausal auf mich einzuwirken. Es handelt sich, wie es schon in der *Kritik der reinen Vernunft* von Kant heißt, um *Gründe* für ein bestimmtes Verhalten, nicht aber um *Ursachen*. Sind die Wünsche, Absichten und Pläne gut *begründet* und zu einem Willensentschluss gereift, so erlebe ich, dass dieser Willensentschluss – in manchen Fällen als ‚Willensruck' erlebt – die intendierte Handlung auslöst und vorantreibt" (Roth 2006, S. 17).

Roth entwickelt gegenüber dieser Position seine Einwände, es gebe nämlich „empirisch begründete Zweifel an der ‚Echtheit' des Gefühls der Willensfreiheit". „Aus dem Gefühl, wir seien bei Willkürhandlungen willensfrei, folgt nicht zwingend, dass Willensfreiheit tatsächlich existiert." Er verweist auf die Versuche von Wegner (s. 2.4.5.2) oder darauf, dass es möglich sei, elektrisch Armbewegungen auszulösen, bei denen die betreffende Person das Gefühl hat, sie gewollt zu haben. Wie vorangehend unter Verweis auf die vielfältige Täuschbarkeit menschlicher Kognitionen gezeigt (s. 2.4.4.2), besteht durchaus die Möglichkeit, dass der Mensch sich über Willensfreiheit täuschen könnte. Das subjektive Gefühl, Willensfreiheit zu haben, reicht also nicht aus, insofern hat Roth hier völlig recht. Es widerlegt aber Willensfreiheit auch nicht.

Ein zweites Problem sieht Roth darin, dass Wille mit Willensfreiheit verwechselt werde. Dabei sei ja wichtig, ob die Willensbildung frei erfolge. Tatsächlich würden wir aber die „externe Bedingtheit" unseres Willens nicht empfinden. Denn viele Wünsche und Absichten kämen aus dem Unbewussten, würden in die assoziative Großhirnrinde aufsteigen und dort erst bewusst werden. „Sie werden also automatisch dem Bewusstsein als Quelle zugeschrieben; wir erfahren sie entsprechend als *Gründe und Motive*, nicht aber als kausal wirkende Faktoren" (ebd., S. 18). Dieses Argument von Roth greift nicht, obwohl es sein wichtigstes ist. Dass freies Handeln gespeist sein kann von einer Vielzahl von unbewussten Motiven oder aber auch, dass bei Willensentscheidungen von bewussten Erwägungen kein Gebrauch gemacht wird, widerlegt in keiner Weise die Freiheit der Willensentscheidung. Schon Jaspers, der keinerlei Zweifel an der Willensfreiheit hatte, hat in der „Allgemeinen Psychopathologie" (1948, S. 17) geschrieben: „Im Seelenleben gibt es Zusammenhänge, in denen jemand zweckbewusst aus rationalen Motiven handelt. Nun besteht eine verbreitete Neigung, bei allem Tun der Menschen bewusste ‚Gründe' als Motive anzunehmen. In Wirklichkeit spielen solche rational verständlichen Zusammenhänge im menschlichen Seelenleben nur eine geringe Rolle. Irrationale Triebe und Gemütszustände pflegen auch da zu herrschen, wo das Individuum sich glauben machen will, dass es aus bewussten, verständigen Gründen handle. Die Übertreibung in dem Suchen nach rationalen Zusammenhängen, diese ‚intellektualistische Psychologie' ist ein Hemmnis für das richtige verstehende Eindringen in die Zusammenhänge menschlichen Tuns." Dass wir vieles aus irrationalen, nicht reflektierten, intuitiv empfundenen Gründen heraus tun, ist also keine Widerlegung der Willensfreiheit. Ebensowenig wird sie dadurch widerlegt, dass wir uns bisweilen irrtümlich für die Ursache von Wirkungen annehmen, die aber gar nicht auf uns zurückgehen.

Schließlich verfällt Gerhard Roth auch noch im Jahre 2006 (Roth 2006, S. 20) auf das Libet-Experiment, da vor ihm das Dilemma bestanden habe, dass eine empirisch-experimentelle Überprüfung der Existenz von Willensfreiheit als unmöglich angesehen worden sei. Denn nur die Dritte-Person-Perspektive sei die „Perspektive des exakten Beobachters", wobei Roth nicht mitteilt, wieso eigentlich gesichert ist, dass die Beobachtung aus der dritten Perspektive exakt ist, nicht aber jene aus der Erste-Person-Perspektive. „Damit sei nicht zu entscheiden, ob dem Auftreten eines Willensaktes irgendwelche Hirnvorgänge zeitlich vorhergehen (wie ein Determinist behaupten würde) oder ob diese dem Willensakt nachfolgen (wie ein Dualist es erwarten würde)" (ebd., S. 20). Die hier gemachte Unterstellung, die nichtdeterministische oder nichtnaturwissenschaftliche Position setze voraus, dass erst ein Willensakt erfolge und dann erst Hirnaktivität beobachtbar sein würde, versetzt alle jene, die nicht Roths Ansicht teilen, in den Bereich der Geisterseher, die quasi aus dem Zustand eines funktionellen Hirntodes heraus entscheiden, wobei dann die Entscheidung die Hirnaktivität anspringen lassen würde. Tatsächlich kann es aber allein darum gehen, welche Form von Hirnaktivität elektrophysiologisch wie psychologisch-phänomenologisch einer Entscheidung vorangeht. Roth räumt dann ein, dass die Experimente von Libet aus verschiedenen methodischen und weiteren Gründen nicht das beweisen, was sie angeblich beweisen. Dann jedoch kommt, unter Abkehr von jeglichem Versuch wissenschaftlichen Argumentierens, das Beharren darauf, dass angesichts dieses Experiments „kein Zweifel daran bestehen kann, dass unter den gegebenen experimentellen Bedingungen der subjektiv empfundene Willensakt oder Ruck dem Beginn des Bereitschaftspotentials nicht systematisch vorhergeht oder mit ihm zusammenfällt, sondern ihm in der Regel nachfolgt". Schließlich würden die Befunde Libets ja auch gut mit modernen neurobiologischen Erkenntnissen zusammenfallen (ebd., S. 24). Zur Kritik an Libet s. Roth (2006), Pauen (2004) und Goschke und Walter (2006), s. auch 2.4.5.2, Abschn. „Libet. Auslösende und strukturierende Ursachen".

Roth erklärt dann auf der folgenden Seite: „Wir haben bei Willenshandlungen das Gefühl, unser bewusstes Ich sei die (einzige) Instanz, die diese Handlungen in Gang setzt. Aus neurobiologischer und neurologischer Sicht ist dies jedoch eine Illusion, denn es gibt kein ‚höchstes Steuerzentrum' für den Beginn und die Kontrolle von Willkürhandlungen. Vielmehr erfordert dieser Prozess das Zusammenwirken bewusst und unbewusst arbeitender kortikaler (...) und subkortikaler motorischer und prämotorischer Zentren" (Roth 2006, S. 25). Auch hier findet sich wiederum der für das Denken von Roth typische Kategorienfehler, nämlich der Glaube, das subjektive psychische Erleben jedes einzelnen Menschen müsse im Gehirn ganz gleichartig strukturiert sein; wenn die Person also beispielsweise ein einheitliches Gefühl der Handlungskontrolle habe, so müsse dem im Hirn strukturell ein „Steuerzentrum" entsprechen und dürfe dieses Gefühl nicht auf das Zusammenwirken unterschiedlicher Neuronenverbände gegründet sein. Es gibt aber nicht die mindeste logische Notwendigkeit für diese strukturelle Parallelität. Beispielsweise haben wir beim Anschauen eines Films im Kino das Gefühl eines einheitlichen farbigen Bildes, während die physikalische Bildproduktion tatsächlich zum Beispiel mit drei unterschiedlich farbigen Lichtquellen arbeitet, die erst in unserer zerebralen Verarbeitung verschmelzen. Trotzdem würde keiner behaupten, dass die optischen Kognitionen, die Menschen haben, indem sie ein Bild der Außenwelt entwickeln, eine „Illusion" seien. Die Existenz eines zumindest funktionellen Steuerungssystems haben wir in Abschnitt 2.4.4.3 beleuchtet; das auch von W. Singer (2004) stets gebrachte Argument, es gebe morphologisch keine Zentraleinheit und kein Steuerungszentrum, widerlegt ja keineswegs die reale Existenz von Verhaltens- und Handlungssteuerung. Es zeigt nur, dass dieses Phänomen zerebral offenbar anders generiert wird als in *einem Zentrum*.

Generell ist der Begriff der „Illusion" bei den materialistischen Hirnforschern ein schillernder Begriff, weil sie nie erklären, ob das, was damit gemeint ist, in der Realität schlechterdings nicht existiert – dann wäre zu fragen, warum sich zahllose Forscher, speziell auch Roth und Singer, mit Sachen befassen, ja sie sogar elektronisch messen wollen, die gar nicht existieren – oder ob „Illusion" ein Synonym ist für alle psychischen Phänomene, also Denkinhalte, Gefühle, Perspektiven, alles spezifisch Menschliche, was noch nicht auf Elektronenbewegungen reduziert ist.

Es bleibt nach der erfolglosen Diskreditierung unserer Introspektion als willensfrei schließlich nur das Argument, wir seien in unserem Willen nicht frei, weil in Wahrheit das limbische System unsere lebenslang erworbenen Erfahrungen und emotionalen Bewertungen, unser Tun determiniere, und zwar unbewusst, ohne dass wir es merken. So sind Menschen denn nur die fleischliche Hülle von Entscheidungsprozessen, die physikalisch determiniert in ihnen ablaufen?

### 2.4.7.3 Machen unbewusste Motive unfrei?

Fraglos nicht ersetzbar ist die alltagssprachliche Verwendung von *bewusst* und *nichtbewusst*, wobei „unbewusst" ein von popularisierten Theorien kontaminierter Sonderfall von nichtbewusst ist. Etwas bewusst tun heißt, dass man nicht nur weiß, was man tut, sondern zugleich weiß, dass man es tut. Wenn wir wach sind, befinden wir uns in einem kontinuierlichen

Bewusstseinsstrom. Zugleich machen wir aber ständig eine Vielzahl von Bewegungen, die wir nicht bewusst intendieren, die wir größtenteils gar nicht bemerken und nicht reflektieren, zumeist auch nicht erinnern. In unserem Körper (einschließlich Gehirn) laufen gleichzeitig zahllose biologische Prozesse ab, die wir nicht bewusst beeinflussen können und mit wenigen geringen Ausnahmen (Schweißausbruch, Herzschlag, Darmgrimmen) gar nicht bemerken. Insbesondere von unserer Hirntätigkeit wissen wir nichts, spüren wir introspektiv nichts, und sie ist uns nicht bewusst. Als Resultat der Hirntätigkeit haben wir Bewusstsein, aber wir wissen nicht, wie es zustande kam, es steht sozusagen fix und fertig da, irgendwelche Produzenten des Bewusstseins sind weder zu erkennen noch zu spüren.

Es mag aber zudem Bewusstseinsinhalte geben, die untergründig bleiben, Gefühle, Worte, Gedankenfetzen, eine Melodie, die mir seit Stunden durch den Kopf geistert, aber nur gelegentlich bewusst wird. Auch im Bewusstseinsfeld bleibt vieles abgeblendet, hintergründig, nicht reflektiert.

Gerhard Roth arbeitet gern mit der Gegenüberstellung von „bewusst" und „unbewusst" und verweist darauf, dass sehr viele Hirnprozesse unbewusst seien. Das soll den Gedanken befördern, dass darauf basierende Entscheidungen dann wohl nicht bewusst, willentlich und frei sein können. So lautet der Titel einer neueren Veröffentlichung von Roth (2006): „Das Zusammenwirken *bewusst und unbewusst arbeitender Hirngebiete* bei der Steuerung von Willenshandlungen". Der Titel verdeutlicht den bei Roth konstitutiven Kategorienfehler, das Schwimmen zwischen objektiv-beschreibenden und interpretierenden, deutenden Termini in einer eigentlich metaphorischen Sprache. Denn nicht ein einziges Hirngebiet arbeitet „bewusst", kein einziges Hirngebiet hat „Bewusstsein", schon gar nicht ein Bewusstsein seines Arbeitens. Niemand hat je introspektiv gewusst, welches Hirngebiet gerade arbeitet, selbst wenn er sich im höchsten Maße darauf konzentrierte. Auch aus der Außenperspektive des objektiven Naturforschers kann niemand erkennen, dass ein Hirngebiet „bewusst" arbeitet. Diese Aufgabe sinnhaften Sprechens findet sich auch, wenn ein anderer Buchtitel Roths (2003) heißt „Aus der Sicht des Gehirns". Wingert (2006, S. 240) wies darauf hin, dass nur Personen Standpunkte einnehmen können – also trete der Autor hinter der Maske des Gehirns auf (was das Gehirn zur *persona* machen würde), und wenn er dann dem Gehirn personenspezifische Eigenschaften und Fähigkeiten zuschreibe, werde die Grenze sinnvollen Redens überschritten. Das neueste Buch heißt „Das Gehirn und seine Freiheit" (2006); doch mag man gar nicht schauen was passiert, wenn man Gehirne aus dem Gefängnis der Person in Freiheit entlässt. Fuchs (2005) hat darauf hingewiesen, dass Roth einerseits das Ziel verfolgt, Bewusstsein und Subjektivität zu „naturalisieren", also rein neurobiologisch zu erklären, und Subjektivität zu einem Epiphänomen von Hirnvorgängen zu machen. Das „Ich" werde als Konstrukt entlarvt, als Selbsttäuschung des Gehirns. Die solcherart dekonstruierte Subjektivität werde aber durch die Hintertür wieder eingeführt, indem Roth das Gehirn personalisiere und ihm menschliche Tätigkeiten attestiere. So heiße es: Es „nimmt wahr", so heißt es dann, es

„weiß" oder „erkennt", es „stellt sich vor, was im Gehirn anderer Personen vorgeht". Fuchs dazu: „Der Kategorienfehler fällt kaum noch auf – das Gehirn ist zum Nachfolger des Subjekts geworden" (Fuchs 2005, S. 1). Es ist eine charakteristische Volte des Naturalismus, Stellvertreter (homunculi) der Person, des einmaligen Menschen mit seiner einmaligen subjektiven *Perspektive* einführen zu müssen.

### 2.4.7.4 Verhaltensbestimmung nach Gründen

Es lohnt sich, zwischendurch einen kurzen Blick auf die psychiatrischen Argumente zur Willensfreiheit im Rahmen der Schuldfähigkeit zu werfen, um zu erkennen, dass auch die Überzeugung von der Fähigkeit, sich von den eigenen Gründen in seinen Entscheidungen bestimmen zu lassen, eine lange Tradition hat. Die Psychiatrie hat in ihren Überlegungen zur Schuldfähigkeit nicht nur auf gesetzliche Vorgaben reagiert. Psychiater haben aus ihren Erfahrungen mit dem Sonderfall psychischer Krankheit eigene Vorstellungen zur Willensfreiheit entwickelt. In ihren Erörterungen zur Schuldfähigkeit bezogen sich die Psychiater zwar nicht unbedingt auf den jeweiligen Stand der Gesetzgebung, wohl aber auf die rechtsphilosophisch entwickelten Begriffe. Diese waren in Deutschland wesentlich von Kant (1781) und dann Hegel (1821) bestimmt. Und auch Schopenhauer, der in seiner Preisschrift (1840) keinen Raum für die Willensfreiheit fand, schrieb gleichwohl dezidiert (ebd., S. 618): Eine „Tatsache des Bewußtseins (ist) das völlig deutliche und sichere Gefühl der *Verantwortlichkeit* für das, was wir tun, der *Zurechnungsfähigkeit* für unsere Handlungen, beruhend auf der unerschütterlichen Gewißheit, dass wir selbst *die Täter unserer Taten* sind. Vermöge dieses Bewußtseins kommt es keinem, auch dem nicht, der von der im bisherigen dargelegten Notwendigkeit, mit welcher unsere Handlungen eintreten, völlig überzeugt ist, jemals in den Sinn, sich für ein Vergehen durch diese Notwendigkeit zu entschuldigen und die Schuld von sich auf die Motive zu wälzen, da ja bei deren Eintritt die Tat unausbleiblich war."

Die Psychiater waren der Überzeugung, dass sie sich über Freiheit bzw. Unfreiheit des Individuums zu äußern haben: „Ist oder war das Individuum im Besitze der psychischen Freiheit, oder war es imstande, sich nach den Vernunftgründen psychisch selbst bestimmen zu können?" (Friedreich 1835). Dies war eine unmittelbare Bezugnahme auf Kant. Diese Position – es gehe um die Fähigkeit, das eigene Handeln nach den je eigenen, nicht krankhaft deformierten Gründen bestimmen zu können, ist letztlich bis heute Leitschnur für die Beurteilung der Willensfreiheit geblieben. Dabei kommt es nicht darauf an, ob diese Gründe bewusst oder unbewusst sind, ob sie alle erfasst werden, ob sie reflektiert und explizit gemacht werden, sondern allein darauf, dass es die eigenen Gründe eben dieser Person sind. Dass menschliches Denken, Entscheiden und Verhalten sich besser als durch Gründe bestimmt, hingegen nur verzerrt als kausal determiniert beschreiben und verstehen lässt, entspricht einer langen philosophischen Tradition und wird explizit bei Dilthey und Jaspers (s. 2.4.8.2 u. 2.4.8.3), in jüngerer Zeit unter anderem bei Gehring (2004) und Schneider (2005) diskutiert.

Ein veränderter Bezug findet sich bei Wilhelm Griesinger (1845), der erklärte, die Lehre von der Zurechnungsfähigkeit solle besser vom Begriff der *Besonnenheit* als dem der Freiheit ausgehen. Er plädierte dafür, die Ärzte sollten sich dazu äußern, ob ein Krankheitszustand vorgelegen hat. Sie sollten dann sagen, ob dieser das Seelenleben überhaupt gestört hat und ob er speziell die Freiheit des Handelns aufgehoben oder beschränkt hat oder beschränken *konnte*.

Manche späteren Psychiater vertraten einen Rückzug auf rein medizinische Aussagen. So erklärte Krafft-Ebing (1892): „Nicht Zurechnungsfähigkeit noch Willensfreiheit, sondern die Feststellung der Geistesgesundheit oder Krankheit" sei die eigentliche Aufgabe des medizinischen Sachverständigen. Diese agnostische Position ist aber spätestens seit den 60er Jahren des 20. Jahrhunderts durchgängig verlassen worden, nachdem Kurt Schneider (1948) nochmals eine recht wirkmächtige agnostische Position vertreten hatte. Er hatte sie damit begründet, dass wir als Psychiater zu wenig wüssten darüber, wie sich eine psychotische Erkrankung im Einzelfall auf eine Tatentscheidung auswirke.

Es gibt natürlich eine erhebliche Konkordanz zwischen forensisch-psychiatrischer und strafrechtlicher Anschauung des Problems. Der Strafrechtslehrer Franz von Liszt (1896) hatte die oft wiederholte Formel gefunden, das Wesen der Zurechnungsfähigkeit liege in der „normalen Bestimmbarkeit durch Motive". Mezger (1913) erklärte, die Möglichkeit, normgemäß zu handeln, liege in der Vernunftanlage des Menschen, in dessen Fähigkeit, sein Handeln nicht durch augenblickliche Reize bestimmen zu lassen. „Wo diese Fähigkeit vernünftiger Bestimmung des eigenen Willens im allgemeinen gegeben ist, ist der Mensch zurechnungsfähig; wo sie fehlt, müssen wir ihn als unzurechnungsfähig ansehen." Diese Fähigkeit zur vernünftigen Bestimmung des eigenen Willens kann durch Krankheit aufgehoben oder erheblich beeinträchtigt werden. Und auch eine schwere Persönlichkeitsstörung oder sexuelle Paraphilie kann dazu führen, dass eine Person nur noch sehr begrenzt imstande ist, den von ihr durchaus erkannten Vernunftgründen zu folgen, weil ein Zustand seelischer oder auch körperlicher Qual und Unruhe dazu drängt, sich in rechtswidriger Tat Entlastung zu schaffen.

### 2.4.8 Subjektivität und Bewusstsein

Wenden wir uns abschließend der Legitimität psychiatrischer Methodik und Begrifflichkeit zu: Erhebt sie zu Recht ihren Anspruch, unter Verzicht auf physikalische Formeln und chemische Reaktionen in einer Sprache der psychologischen Phänomenologie dem Gericht eine wichtige Aufklärung über Angeklagte und Zeugen zu leisten? Oder wird sie in ihrem Zugriff auf subjektive Phänomene bereits primär der Unwissenschaftlichkeit überführt? Medizinhistoriker wie Olaf Breidbach (1997) haben dargestellt, dass es in der ganzen mehrhundertjährigen Geschichte der Hirnforschung nie so war, dass aus empirischen Befunden eine Theorie über die Funktionsweise höherer Hirnfunktionen abgeleitet wurde. Stets gab es den entgegengesetzten Weg: Vorbestehende Konzepte über den psychischen Apparat, wie zum Beispiel Bewusstsein/Unbewusstsein, Willen, Motivation, Urteilskraft, wurden in einem zweiten Schritt empirisch unterfüttert mit eben den morphologischen oder funktionellen Hirnbefunden, die zu diesen Modellen passen. Freuds Vorstellungen von der Hirntätigkeit mit Trieb, Druck, Verschiebung, Verdrängung lehnte sich an ein Vokabular der industriellen Mechanik jener Zeit an. Der „Rubikon"-Band von Heckhausen et al. (1987) zeigt den damals starken Einfluss der Kybernetik auf die Psychologie; sehr viele Autoren strebten nach psychologischen Algorithmen in rückbezüglichen Systemen. Es ist kein Zufall, dass viele Studenten sich heute das Gehirn kaum anders als einen besonders guten Computer vorstellen können. Gerne wird auch von „neuronalen Netzen" gesprochen, bei denen es sich aber ebenfalls um mathematische Programme handelt. Michael Hagner (1997, 2004) hat entsprechend die Wissenschaftsgeschichte der Hirnforschung primär als eine Ideengeschichte gefasst. Gleichwohl hält sich bei manchen Autoren die Anschauung, unsere Deutungen der Gehirntätigkeit wären gänzlich deduktiv aus „objektiven" Befunden abgeleitet. Tatsächlich aber handelt es sich um Interpretationen, die sich zu tradierten Erklärungsmustern aus einer 2500-jährigen Ideengeschichte verhalten, mit denen jeder schon aufgewachsen ist und anhand derer er seine individuellen kognitiven Muster entwickelt hat, auf denen nun auch seine – subjektiven – Deutungen naturwissenschaftlicher Sachverhalte beruhen. Der Versuch, sich naturwissenschaftlich von der Erste-Person-Perspektive zu befreien, ist so erfolgversprechend wie der Versuch, sich an den eigenen Haaren aus dem Sumpf zu ziehen.

### 2.4.8.1 Der Versuch zur Elimination der Introspektion

Köchy (2006) beschreibt die aktuellen methodischen Optionen der Neurobiologie und weist darauf hin, dass es seit langem drei sich bekämpfende Paradigmen gibt: 1. das behavioristische, 2. das introspektionistische und 3. das ethologische Paradigma. Letzteres korrespondiert mit der evolutionstheoretischen Annahme, dass man ausgehend vom einfachen Verhalten bei Tieren mit einfachen Nervensystemen zu grundlegenden Einsichten über den Aufbau und die Funktion des Nervensystems im Allgemeinen gelangen könne. Dies könne dann auf komplexere Fälle übertragen werden und die Arbeitsweise des Nervensystems im menschlichen Verhalten erklären. Als Aufgabe der experimentellen Neurowissenschaft wird es angesehen, Verhaltensweisen anhand von Gehirnaktivitäten zu erklären. Dabei wurden von verschiedenen Schulen schon vor langer Zeit vehement alle subjektiven Interpretationen zurückgewiesen, die über Empathie oder Introspektion gewonnen werden könnten. Dies unterliegt der naturalistischen Grundannahme, wissenschaftliche Aussagen verlangten nach einer Konzentration auf die „Außenperspektive". Alleiniger Ausgangspunkt für die neurowissenschaftliche Analyse wurde damit das, was Organismen *machen*.

„Wissenschaftliche Beobachtung ist damit auf die Dritte-Person-Perspektive festgelegt. Sie ist eine Beschreibung öffentlich zugänglicher Ereignisse, die in Form der Vermessung oder apparativen Registrierung fixiert und in einer als ‚objektiv' anerkannten Weise dargestellt werden. Der Verzicht auf Befunde, die aus einer ‚anderen Perspektive, einer ‚privaten' Erste-Person-Perspektive etwa gewonnen werden, drückt sich aus im Verzicht der Verwendung als subjektiv betrachteter Begriffe (wie etwa ‚Idee') zugunsten eines Arsenals von als rein objektiver Termini verstandener Bezeichnungen wie etwa ‚Stimulus', ‚Antwort' (‚response'), ‚Verhaltensformation' (‚habit formation') oder ‚Reflex' (‚reflex act'). Diese Ausrichtung stellt keinesfalls eine heute überwundene Grenzziehung zu Beginn des 20. Jahrhunderts dar, sondern prägt nach wie vor den Ansatz der modernen experimentellen Psychologie und deren Zurückweisung von sprachlichen Protokollen von Probanden über Erlebnisse als mögliche wissenschaftliche Daten" (Köchy 2006, S. 149 f.).

Wesentliches Ziel der kognitiven Neurowissenschaften sei es daher, mittels des naturwissenschaftlichen Arsenals an Methoden einen neuen Zugang auch zu den kognitiven Verhaltenskomplexen zu gewinnen. Man erhebt den Anspruch, die charakteristischen erlebten Begleitumstände von Wahrnehmen, Erkennen, Vorstellen, Erinnern und Handeln auf bestimmte neuronale Bedingungen zurückführen zu können. Man versucht dabei behavioristische und ethologische Ansätze zu verknüpfen, während introspektionistische Ansätze weiter ausgeklammert bleiben. Für viele Neurobiologen gilt die „Innenperspektive", die Sphäre des eigenen Erlebens, wie sie in Berichten der ersten Person zum Ausdruck kommt, nach wie vor als nicht wissenschaftstauglich. Allerdings stößt diese Form der Psychologie auf das entscheidende Hemmnis, dass sie im Grunde nicht weiß, was sie erforscht, weil Gefühle, Wahrnehmungsweisen, subjektives Erleben und viele andere für die Psychologie zentrale Phänomenbereiche überhaupt nur aus der Erste-Person-Perspektive heraus als Forschungssachverhalt benannt und beschrieben werden können, sodass dann auch Methoden zur Messung solcher Sachverhalte letztlich wiederum an Beschreibungen aus der Erste-Person-Perspektive validiert werden müssen. Auch das Libet-Experiment ist ja, wie so vieles in der psychologischen Forschung, eine Kombination von objektivierender Messung aus der Außenperspektive und subjektivem Bericht der Testperson, dass sie – glaubt –, in einem bestimmten Moment eine bestimmte Entscheidung getroffen zu haben.

Bereits Köchy weist darauf hin, dass der Ansatz einer strikt naturwissenschaftlichen Psychologie von einer Reihe von Postulaten ausgeht, die naturwissenschaftlich nicht zu belegen sind. Das ist zum einen das Kausalprinzip selbst, das keineswegs einer naturwissenschaftlichen Nachweisbarkeit unterliegt, sondern eine bestimmte, bewährte Form des menschlichen Schlussfolgerns ist, indem ein zeitlich nachgehender Zustand auf einen zeitlich vorangehenden Zustand bezogen wird. Hartmann (2006) spricht in diesem Zusammenhang von einer Ontologisierung forschungsleitender Methoden wie des Kausalprinzips, das zu einem metaphysischen Sachverhalt umgedeutet werde. Das Kausalprinzip, traditionell auch „Satz vom zureichenden Grund" genannt, besagt, dass jedes Geschehnis eine Ursache hat. Es unterscheidet sich damit vom so genannten Kausalgesetz, welches besagt, dass gleiche Ursachen gleiche Wirkungen nach sich ziehen. „Das Kausalprinzip lässt sich als eine die naturwissenschaftliche Forschung leitende Norm auffassen, die vom Naturwissenschaftler fordert, ein Ereignis *nur* dann als in befriedigender Weise erklärt anzusehen, wenn es gelungen ist, sein Eintreten aus geeignet anzusetzenden Ausgangsbedingungen und Verlaufsgesetzen herzuleiten. Daraus ergibt sich dann unter anderem die Aufgabe, entsprechende Verlaufsgesetze zu etablieren. Das Kausalprinzip als Norm ist mit seiner Falschheit als metaphysische These durchaus verträglich – denn eine Norm alleine garantiert ja nicht, dass sie auch *immer* erfüllbar ist" (ebd., S. 109).

Ein zweites, naturwissenschaftlich nicht belegbares Postulat ist das der kausalen Geschlossenheit der Welt, dass alle Abläufe in der Welt dem Kausalprinzip unterliegen. Auch dies ist kein Ergebnis physikalischer Beobachtungen, sondern eine methodologische, metaphysische Voraussetzung des modernen physikalischen Weltbildes.

In der psychologischen Forschung, die ihren wesentlichen Gegenständen entsprechen will, stehen sich dann zwangsläufig zwei Sphären gegenüber: die Sphäre der Gründe als Domäne von Willensentscheidungen und die Sphäre der Ursachen als Domäne von physikalisch erfassbaren Naturereignissen. Zentrale Ansätze der kognitiven Neurowissenschaften, nämlich die Erhellung von Sachverhalten, die mit Begriffen wie Wünsche, Absichten, Pläne, Ziele, Willen bezeichnet werden, sind ohne einen direkten Rückgriff auf die Prozesse der Introspektion methodisch nicht umsetzbar. Die Vertreter des „introspektiven Physikalismus", Jack und Shallice (2001), weisen darauf hin, dass z. B. zur Messung von Prozessen der Aufmerksamkeit keineswegs nur objektive Messverfahren benötigt werden, die dann subjektive Aussagen über Aufmerksamkeit validieren. Vielmehr sei es genau umgekehrt: Man benötige subjektive Evidenz dafür, um überhaupt entscheiden zu können, *welche* objektive Messung tatsächlich eine Messung der „Aufmerksamkeit" sei. Introspektion ist daher eine notwendige Voraussetzung zur Validierung von wissenschaftlichen Aussagen. Sie erfüllt, so Köchy, nach diesem Verständnis nicht allein Funktionen bei der Hypothesen*bildung*, sondern ist maßgebliches Moment der Hypothesen*prüfung*. Letztlich aber ist es seit Jahrzehnten eine gängige Methode sowohl der psychiatrischen wie auch der psychologischen Forschung gewesen, immer wieder Verfahren naturwissenschaftlicher und physikalischer Art (z. B. bildgebende Verfahren, elektrophysiologische oder neurochemische Verfahren) mit psychologisch erfassten Phänomenen der introspektiven Ebene zu korrelieren. Dies ist z. B. das Vorgehen bei der klinischen Prüfung von Psychopharmaka, wo einerseits Labordaten gewonnen werden, andererseits über Fragebögen und psychiatrische Untersuchungen das psychische Befinden des so behandelten Patienten aus der Innenperspektive abgebildet wird. Es ist dies aber auch das Verfahren bei zahlreichen psychologischen Untersuchungen. Für einen eliminativen Materialisten wie W. Singer allerdings würden auf diese Art und Weise ständig naturwissenschaftlich messbare Sachverhalte wie Hirnpotenziale oder Sauerstoffverbrauch in bestimmten Hirngebieten korreliert werden mit Phänomenen, die „in Wahrheit" gar nicht existieren.

### 2.4.8.2 Verstehende versus erklärende Psychologie

Immer wieder ist darauf hingewiesen worden, dass die gegenwärtige Auseinandersetzung nicht neu ist, sondern dass insbesondere die philosophische, interpretierende Debatte eine mehrhundertjährige Vorgeschichte hat, die zumindest bis zum englischen Empirismus und der Aufklärung, im Grundsatz bis zu den Griechen zurückreicht. Sie war aber auch in enger Bezugnahme auf die Herausbildung von Psychologie und Psychopathologie eine Grundsatzdebatte, die zum Ende des 19. Jahrhunderts eine erste charakteristische Ausformung fand in der Auseinandersetzung zwischen Wilhelm Dilthey (1894) und Hermann Ebbinghaus (1896), welche eine Kontroverse über „erklärende und beschreibende" Psychologie austrugen. Dilthey wandte sich gegen eine „objektivierende" Psychologie, die glaube, durch eine Zerteilung der psychischen Phänomene in kleine, letztlich unbelebte Einheiten mit dann quasi naturwissenschaftlichen Methoden das Seelenleben erforschen zu können.

Dilthey insistierte auf einem grundlegenden Unterschied zwischen Außenwelt und Innenwelt. Die Tatsachen der Außenwelt, mit denen es die Naturwissenschaft zu tun habe, seien in menschlicher Wahrnehmung vereinzelt und zusammenhanglos. Die unmittelbare Beobachtung werde ergänzt durch menschliche Schlüsse, welche die bestehenden Lücken schließen, sodass wir erst dann ein scheinbar homogenes Bild der Außenwelt haben. Äußere Gegebenheiten ordneten wir durch die Zuschreibung von Ursachen und Wirkungen. Das seelische Leben sei uns gänzlich anders zugänglich. Anders als in der Außenwelt seien uns hier die Zusammenhänge direkt gegeben; *unmittelbar* hätten wir das Bewusstsein von der Gleichzeitigkeit und Abfolge der einzelnen Lebensvorgänge. Im Denken, Schließen und anderen inneren Erfahrungen würden Einheit und Kausalität, Zusammenhang und Bewirken unmittelbar innerlich erfasst und erlebt. Allein weil wir dies innerlich so erleben, entwickelten wir die Gewohnheit, solche Verknüpfungen auch auf die Außenwelt zu übertragen. Der lebendige Zusammenhang der Seele werde somit nicht, wie der der Außenwelt, allmählich versuchend gewonnen, er sei vor allem Erkennen da.

Unter dieser Voraussetzung wandte sich Dilthey gegen die Hauptströmungen der damaligen Psychologie, speziell die Assoziationspsychologie, die einem Ideal naturwissenschaftlicher Methodik folge. Als *„erklärende* Wissenschaft" bezeichnete er eine Methodik, idealtypisch in der Physik, bei der ein Sachverhalt kausalgesetzlich auf eine begrenzte Zahl von eindeutig bestimmten Elementen zurückgeführt werde. „Erklärende Psychologie" wolle mithin die Erscheinungen des Seelenlebens streng kausalgesetzlich auf eine begrenzte Zahl von eindeutig bestimmten Elementen zurückführen. Diese laufe auf ein hypothesenprüfendes Verfahren hinaus und auf die Verknüpfung von Hypothesen, die je einzeln aber nie positiv beweisbar seien, sondern nur eine gewisse Wahrscheinlichkeit beanspruchen könnten.

Es sei aber die Frage, ob eine solche Übertragung naturwissenschaftlicher Verfahren auf das Seelenleben berechtigt sei. Eine zentrale *Voraussetzung* der erklärenden Psychologie sei die Lehre vom Parallelismus der Nervenvorgänge und der geistigen Vorgänge, „nach welcher auch die mächtigsten geistigen Tatsachen nur Begleiterscheinungen unseres körperlichen Lebens sind. Eine solche Hypothese ist die Zurückführung aller Bewußtseinserscheinungen auf atomartig vorgestellte Elemente, welche in gesetzlichen Verhältnissen aufeinander wirken. Eine solche Hypothese ist die mit dem Anspruch der Kausalerklärung auftretende Konstruktion aller seelischen Erscheinungen durch die beiden Klassen der Empfindungen und der Gefühle, wodurch dann das in unserem Bewußtsein und unserer Lebensführung so mächtig auftretende Wollen zu einem sekundären Schein wird. Durch bloße Hypothesen wird aus psychischen Elementen und den Prozessen zwischen ihnen das Selbstbewußtsein abgeleitet. Nur Hypothesen besitzen wir über die verursachenden Vorgänge, durch welche der erworbene seelische Zusammenhang beständig unsere bewußten Prozesse des Schließens und Wollens so mächtig und rätselhaft beeinflußt" (Dilthey 1894, S. 142 f.).

110 Jahre später heißt es gleichsinnig im „Manifest über Gegenwart und Zukunft der Hirnforschung" von „11 führenden Neurowissenschaftlern" (Elger et al. 2004, S. 33):

„Wie entstehen Bewusstsein und Ich-Erleben, wie werden rationales und emotionales Handeln miteinander verknüpft, was hat es mit der Vorstellung des ‚freien Willens' auf sich? Die großen Fragen der Neurowissenschaften zu stellen ist heute schon erlaubt – dass sie sich bereits in den nächsten zehn Jahren beantworten lassen, allerdings eher unrealistisch. Selbst ob wir sie bis dahin auch nur sinnvoll angehen können, bleibt fraglich. Dazu müssten wir über die Funktionsweise des Gehirns noch wesentlich mehr wissen (…) Nach welchen Regeln das Gehirn arbeitet; wie es die Welt so abbildet, dass unmittelbare Wahrnehmung und frühere Erfahrung miteinander verschmelzen; wie das innere Tun als ‚seine' Tätigkeit erlebt wird und wie es zukünftige Aktionen plant – all dies verstehen wir nach wie vor nicht einmal in Ansätzen. Mehr noch: Es ist überhaupt nicht klar, wie man dies mit den heutigen Mitteln erforschen könnte. In dieser Hinsicht befinden wir uns gewissermaßen noch auf dem Stand von Jägern und Sammlern."

Dilthey plädierte nun, am Ende des 19. Jahrhunderts, für eine geisteswissenschaftliche Methodik der Psychologie, die sich darauf stützen könne, dass seelische Phänomene nicht wie äußere in vereinzelten Fakten, sondern „als lebendiger Zusammenhang" aufträten. Es folgt der programmatische Satz: „*Die Natur erklären wir, das Seelenleben verstehen wir.*" (Dilthey 1894, S. 144). Hier würden nicht Einzelelemente verknüpft, sondern ein primärer Zusammenhang in seinen Gliedern analysiert. Dazu bedürfe es eines festen deskriptiven Gerüsts, einer bestimmten Terminologie und genauer Analysen. Ziel sei die Darstellung der in jedem entwickelten menschlichen Seelenleben gleichförmig auftretenden Bestandteile und Zusammenhänge, wie sie in einem einzigen Zusammenhang verbunden sind, der nicht hinzugedacht oder erschlossen, sondern erlebt ist. Die Hauptsorge Diltheys war, dass psychische Sachverhalte zwecks experimenteller Überprüfung vereinzelt, ihres Kontexts beraubt und damit denaturiert werden, sodass das Ergebnis des darauf basierenden Experiments nur irreführend sein kann. Gut illustrieren könnte man eben dies am Libet-Experiment (1985), in dem „menschliche Entscheidung" denaturiert wird zur Selbstbeobachtung bei einem beliebigen Knopfdruck.

Dilthey betonte die soziale Bedeutung einer verstehenden Psychologie unter Verweis auf die Justiz: „Die Jurisprudenz hat in Begriffen wie Norm, Gesetz, Zurechnungsfähigkeit psychische Zusammensetzungen vor sich, welche eine psychologische Analyse fordern. Sie kann den Zusammenhang, in welchem Rechtsgefühl entsteht, oder den, in welchem Zwecke im Recht wirksam werden und die Willen dem Gesetz unterworfen werden, unmöglich darstellen, ohne ein klares Verständnis des regelmäßigen Zusammenhangs in jedem Seelenleben" (ebd., S. 147).

Die Position von Ebbinghaus (1896) war Dilthey keineswegs diametral entgegengesetzt. In seiner Entgegnung auf die Arbeit von Dilthey warb er ausführlich für die damalige, objektivierende, „erklärende" Psychologie, indem er darauf hinwies, dass auch diese Forschungsmethodik durchaus legitim sei und dass sie sich der von Dilthey genannten Probleme durchaus bewusst sei. In den Prinzipien des Verfahrens bestehe zwischen der erklärenden Psychologie und der beschreibenden Psychologie Diltheys kein wirklicher Gegensatz. Ebbinghaus verweist aber darauf, dass auch eine beschreibende Psychologie keineswegs frei sei von methodischen Gefahren und z. B. keineswegs ganz ohne Hypothesen auskomme. Problematisch seien aber die vermeintliche Sicherheit des Erlebnisses unmittelbarer Erfahrung und die Verifizierbarkeit der beschreibend gewonnenen Ansichten. Ebbinghaus erklärte, fraglos zutreffend: „Die Unsicherheiten der Psychologie beginnen gar nicht erst mit ihren Erklärungen und hypothetischen Konstruktionen, sondern bereits mit der einfachen Feststellung des Tatbestandes. Eben das Beschreiben und Zergliedern, das bei Dilthey gleichsam von der Garantie allgemeingültiger Gewißheit der Resultate getragen erscheint, bringt schon Zweifel und widerstreitende Resultate in Fülle mit sich. Die gewissenhafteste Befragung der inneren Erfahrung liefert gleichwohl dem einen dieses, dem anderen ein anderes Ergebnis; und trotz vielfacher und sorgfältiger Nachprüfung gelingt es oft nicht, die Sache zu zweifelsfreier Klarheit zu bringen (...) Zu durchgängiger Sicherheit ist also die Psychologie selbst bei Vermeidung aller Hypothesen auf keine Weise zu erheben; auch einer bloß beschreibenden Psychologie ist sie nicht beschieden" (Ebbinghaus 1896, S. 81 f.). Allemal lief das Projekt Diltheys hinaus auf eine *phänomenologische Arbeitsweise*, und auch die objektivierende Psychologie bedarf zur Erfassung dessen, was sie messen und in ein Ursachengeflecht bringen will, einer möglichst validen Deskription.

### 2.4.8.3 Allgemeine Psychopathologie als Phänomenologie

Dies wiederum war die Grundlage, auf der Karl Jaspers, damals 29 Jahre alt, im April 1913 eine „Allgemeine Psychopathologie" vorlegte, in deren Einführung er seine phänomenologische Methodik beschrieb. In der wissenschaftlichen Besinnung gehe es um dreierlei: die Auffassung der Einzeltatbestände, die Erforschung der Zusammenhänge, das Ergreifen der Ganzheiten. Die Auffassung der Einzeltatbestände im Bereich des Seelenlebens erfordere ein Aussondern, Begrenzen, Unterscheiden und Beschreiben bestimmter *erlebter Phänomene*, die dadurch klar vergegenwärtigt und mit einem bestimmten Ausdruck regelmäßig benannt werden. Als Beispiele nennt er Trugwahrnehmungen, Wahnerlebnisse, Zwangsvorgänge, Triebe. Das Vergegenwärtigen seelischer Erlebnisse und Zustände, ihre Abgrenzung und Festlegung, sodass man mit den Begriffen immer dasselbe meine, sei Aufgabe der *Phänomenologie*.

Jaspers weist darauf hin, dass die vielbenutzte Unterscheidung der subjektiven und objektiven Tatbestände nicht eindeutig sei.

„1. Objektiv ist alles in die sinnlich wahrnehmbare Erscheinung tretende: Reflexe, registrierbare Bewegungen, Handlungen, Lebensführung usw., alle meßbaren Leistungen, wie Arbeitsleistungen, Gedächtnisleistungen usw. Subjektiv ist alles, was durch *Hineinversetzen* in Seelisches, durch Vergegenwärtigung von Seelischem erfaßt wird.
2. Objektiv sind die *rationalen Inhalte*, z.B. von Wahnideen, die ohne Hineinversetzen in Seelisches durch bloßes Denken dieser Inhalte, d.h. rational verstanden werden. Subjektiv ist das eigentlich Seelische, das durch *Einfühlen und Miterleben* erfaßt wird, z.B. das ursprüngliche Wahnerlebnis.
3. Objektiv wird schließlich ein Teil dessen genannt, was eben subjektiv war: das durch die *unmittelbare* Einfühlung in Ausdrucksbewegungen erfaßte Seelische, so z.B. die Angst eines Kranken. Demgegenüber ist subjektiv das, was wir *mittelbar* durch die Urteile des Kranken erfahren, so wenn uns ein Kranker, der objektiv keine Angst zeigt, sagt, er habe Angst.
4. Es besteht die eigentümliche Tatsache, dass wir seelisch erleben, ohne selbst von der Weise unseres Erlebens zu wissen. Wenn Kranke z.B. gehemmt sind, was wir *objektiv* in der Verlangsamung der Reaktionen oder objektiv durch Einfühlen konstatieren, so braucht er nicht *subjektiv* sich selbst *dessen bewußt* zu sein. Je undifferenzierter ein Seelenleben ist, desto weniger ist darin subjektiv bewußt. So haben wir die Gegensätze von objektiver Hemmung und subjektiver Hemmung, der objektiven Ideenflucht und des subjektiv empfundenen ‚Gedankendrangs' (eines empfundenen ordnungslosen und rastlosen Wechsels der Vorstellung)" (Jaspers 1948, S. 23).

Zur Erforschung der Zusammenhänge schreibt Jaspers: „In manchen Fällen verstehen wir, *wie Seelisches aus Seelischem mit Evidenz hervorgeht*. Wir verstehen auf diese nur dem Seelischen gegenüber mögliche Weise, wenn der Angegriffene zornig, der betrogene Liebhaber eifersüchtig wird, wenn aus Motiven ein Entschluß und eine Tat hervorgeht" (ebd., S. 23). Jaspers schreibt, mit dem genetischen Verstehen, was man auch psychologisches Erklären nenne, das man dem kausalen, objektiven Erklären als wesensverschieden gegenüberstelle, komme man besonders in der Psychopathologie bald an Grenzen. „Seelisches taucht als etwas Neues in uns gänzlich unverständlicher Weise auf. Seelisches folgt auf Seelisches in einer für uns unverständlichen Art. Es folgt aufeinander, es geht nicht auseinander hervor" (ebd., S. 24).

„Um Unklarheiten aus dem Wege zu gehen, gebrauchen wir den Ausdruck ‚*Verstehen*‘ immer für das von innen gewonnene Anschauen des Seelischen. Das Erkennen objektiver Kausalzusammenhänge, die immer nur von außen gesehen werden, nennen wir niemals Verstehen, sondern immer ‚Erklären‘. Verstehen und Erklären haben also eine feste Bedeutung (…) Von der Einsicht in den prinzipiellen Gegensatz statischen Verstehens zur äußerlichen sinnlichen Wahrnehmung, genetischen Verstehens zum kausalen Erklären hängt die Möglichkeit eines geordneten Studiums und eines klaren Forschens in der Psychopathologie ab. Es handelt sich hier um völlig verschiedene letzte Erkenntnisquellen" (ebd., S. 24). Jaspers betont, dass wir niemals fremdes Seelisches direkt wahrnehmen können, so wie wir Physisches wahrnehmen, sondern dass es sich immer nur um eine Vergegenwärtigung, um ein Einfühlen, um ein Verstehen handeln kann, zusammen mit der Erfassung der Rahmenbedingungen. Elementar für eine Psychopathologie seien also vor allem die Selbstschilderungen der Kranken. Das phänomenologische Ideal ist dabei: vorurteilslose unmittelbare Erfassung des Psychischen, so wie es ist (ebd., S. 48 f.).

### 2.4.8.4 Bewusstsein als Konstituens von Subjektivität

Zur Erfassung des Psychischen, so wie es ist, gehören die früher erörterten Phänomene der Ziel- und Zukunftsbezogenheit, der Absicht, des abwägenden Entschlusses; Sachverhalte also, die auch für das Strafrecht eine wichtige Rolle spielen. Gemeinsam ist diesen psychischen Phänomenen, dass sie Bewusstsein voraussetzen, durch Bewusstlosigkeit verunmöglicht werden. So wenden wir uns abschließend dem Bewusstsein zu, da auch Bewusstsein zu den Sachverhalten gehört, die es aus Sicht fundamentalistischer Hirnforscher gar nicht gibt. Denn auch Bewusstsein existiert nur in der Erste-Person-Perspektive. „Bewusstsein" ist allerdings nicht nur für Neurobiologen ein schwieriger Begriff, sondern auch für Psychiater, Psychologen und Philosophen. Da Descartes Bewusstsein zum Leitbegriff seiner Psychologie gemacht hat, man sich aber vom cartesianischen Dualismus freimachen will, gibt es weitere Turbulenzen, die immer wieder zu der Frage führen, wie der Begriff „Bewusstsein" gefasst werden soll oder ob er nicht besser durch andere Termini (z. B. Intentionalität, Selbstbewusstsein, Ich etc.) bzw. mehrere Begriffe zu ersetzen wäre (Krämer 1996). Gleichwohl lässt sich die Zahl der philosophischen Arbeiten zum Thema kaum noch überschauen (Metzinger 2005).

Dem philosophischen Wörterbuch (Mittelstraß 1980) entnehmen wir, Bewusstsein sei eine Lehnübersetzung von *conscientia*, das zunächst grundstuflich gleichbedeutend mit „Wissen" verwendet wurde. Bald aber wurde es auch metastuflich verwendet, nämlich theoretisch als Wissen vom eigenen Wissen, Vorstellen, Meinen, Verstehen, Einbilden und praktisch als Wissen vom eigenen Wollen, Begehren, Zweifeln etc. Schon Aristoteles sprach vom „Denken des Denkens". Leibniz nannte Perzeption die Wahrnehmung von Dingen der Außenwelt, Apperzeption jedoch die reflexive Kenntnis des eigenen inneren Zustandes. Kant wiederum nannte diese reflexive Kenntnis der eigenen Vorstellungen „empirisches Bewußtsein", das in unterschiedlichen Klarheitsgraden auftreten kann. Bei Hegel wird der reflexive Aspekt, die Selbsterfahrung des sinnlichen, des wahrnehmenden und des verständigen Bewusstseins dann im Wesentlichen zum Selbstbewusstsein. Bei Husserl schließlich bekommt der Bewusstseinsbegriff kategoriale Bedeutung als „Bewußtsein von etwas", als Intentionalität.

Selbstbewusstsein wiederum wurde ebenfalls schon in der griechischen Philosophie erörtert. So beschrieb Plotin die Seele als „aktives Bewusstsein", dem eine relationale Struktur von passiv gegebenem Bewusteinsinhalt und aktivem Bewusstwerden dieses Inhalts zukommt; reflektiert werden kann beides: das Gedachte und das Denken. Krämer (1996) hat darauf hingewiesen, dass die seit Beginn bestehende Doppelbedeutung auch in heutigen Bewusstseinskonzepten persistiert – in der Literatur fänden sich zahlreiche Gegenüberstellungen wie phänomenales/repräsentationales Bewusstsein, zuständliches und intentionales Bewusstsein, nichtbegriffliches und begriffliches Bewusstsein –, und unterscheidet selbst zwischen Relationen- und Eigenschaftstheorien des Bewusstseins.

Recht unstreitig dürfte sein, dass all das, was mit Bewusstsein gemeint ist, allein und höchst individuell von der jeweiligen Person für sich selbst introspektiv zu erfahren, also ganz im Subjektiven angesiedelt ist, in der Innenperspektive erfahren wird, ja dass *Bewusstsein die Erste-Person-Perspektive überhaupt konstituiert.*

Thomas Nagel (1991a) hat in einer Vorlesung über „Bewusstsein" zunächst den Begriff der „*Objektivität*" erläutert. Dies sei ein wissenschaftliches Vorgehen, das alle Dinge der physikalischen Welt sachlich von außen betrachtet; die daraus resultierende Beschreibung müssten im Prinzip auch intelligente außerirdische Wesen verstehen können.

„Die von dieser objektiven Auffassung beschriebene Welt kennt nicht nur kein *Zentrum*, sie kennt in gewissem Sinne nicht einmal *Qualitäten*. Zwar haben in ihr die Dinge *Eigenschaften*, doch bei keiner dieser Eigenschaften handelt es sich um wahrnehmbare Aspekte. Denn diese Aspekte wurden insgesamt in den Bereich des *Bewußtseins* abgeschoben, ein Gebiet, das erst noch zu erforschen ist. Die physikalische Welt, wie sie eigentlich beschaffen sein soll, enthält keine subjektiven Gesichtspunkte, sie enthält nichts, was nur aus einer besonderen Perspektive zugänglich wäre. Was auch immer in ihr vorkommt, kann von einem allgemeinen rationalen Bewußtsein erfaßt werden, das seine Information von ganz gleich welcher perzeptiven Perspektive bezieht, durch die es kontingenterweise die Welt betrachtet" (ebd., S. 14 f.).

Wenn man so eine „absolute Konzeption der Realität" geschaffen habe, stelle man fest, dass die objektivierbare physikalische Realität nicht die gesamte Realität sei und dass keineswegs alles Wirkliche sich um so besser verstehen lasse, je objektiver es betrachtet werde. Dabei seien es die Phänomene des Bewusstseins selbst, die dem Gedanken, physikalische Objektivität stelle die allgemeine Form der Wirklichkeit dar, die deutlichsten Einwände machen. Schon das objektive Betrachten erfordere den Kunstgriff, dass wir von der eigenen Perspektive und der eigenen Person – als Zentrum unseres Weltbildes – abstrahieren und sozusagen ortlos von außen auf die Welt schauen, wissend, dass wir irgendwo anonym dazugehören. Wir sind uns aber der unauflösbaren *Verdoppelung unserer Perspektive* stets bewusst, und wir kontrollieren z. B. die Einhaltung des objektiven Vorgehens aus der subjektiven Perspektive, wechseln beispielsweise am Feierabend vom automatenhaften Wissenschaftler zum gefühlserfüllten Menschen. Wir erarbeiten in unserem Bewusstsein folgende Vorstellung: Genauso, wie ich mit meinem einmaligen Körper einen absolut individuellen Blick auf die Welt und das Leben habe, gibt es Millionen anderer Menschen, die gleichermaßen Subjekte des Blicks auf die Welt sind, mit einem je eigenen, nicht austauschbaren Erleben der Welt und der anderen. Bewusstsein ist also unabdingbar gekoppelt an menschliche Perspektive. Ebenso wird auf diese Weise *Zeit* subjektiv – bezogen auf mich, das Individuum, wird Zeit bedeutsam zu Vergangenheit, Zukunft und Gegenwart. Und schließlich kann auch nur individuell und subjektiv das eigentümliche Abenteuer gelingen, dass ich mir *Identität* zuschreibe, dass ich mich jeden Tag erneut als derselbe erlebe, der ich gestern war (Nagel 1991, 1991a).

In diesem subjektiven Bereich bewusster Wahrnehmung und Zuordnung liegen viele elementare psychische Leistungen, deren Unverzichtbarkeit schon dadurch erwiesen ist, dass wir wissen, welche Folgen ihre krankheitsbedingte Beeinträchtigung hat. Dies betrifft z. B. das Bewusstsein der Meinhaftigkeit des Denkens, Fühlens und Wahrnehmens; ich kann meine eigenen Gedanken von denen anderer unterscheiden, mein Gefühl vom Gefühl anderer. Wie wichtig dies ist, zeigen die psychotischen Zustände, bei denen die Kranken diese Abgrenzung des Subjektiven nach außen nicht mehr erleben und den Eindruck haben, dass ihnen Gedanken entzogen oder eingegeben werden, dass ihre Gedanken sich ausbreiten und von anderen wahrgenommen werden können. Das kann man nicht von außen sehen, das kann man nur berichtet bekommen. Diese Zustände sind oft mit sehr viel Angst verbunden. Diese kann man an physikalischen Parametern messen; wesentlich aussagekräftiger – auch unter wissenschaftlichem Aspekt – ist aber die Auskunft des Kranken. Für die Forensische Psychiatrie ist klinisch neben diesen qualitativen Veränderungen vor allem die Bewusstseinsstörung infolge einer hirnorganischen Ursache von Belang – die langsame Eintrübung der Bewusstseinshelligkeit bis zur Schwerbesinnlichkeit und dann der Bewusstlosigkeit, aus der es anfangs noch eine Erweckbarkeit geben mag. Ursache mögen Medikamente, Vergiftungen, Hirnentzündungen oder andere Hirnkrankheiten sein.

Solche Bewusstseinstrübungen bis hin zur tiefen Bewusstlosigkeit sind natürlich aus der Außenperspektive wahrnehmbar; vom hellwachen Bewusstsein jedoch sehen wir nur, dass es vorliegt, aber nicht was es beinhaltet. Auch das hätte Nagel am liebsten einer objektivierenden Betrachtung zugänglich gemacht, weil er sich davon – angeregt von Rawls (1975) – einen Ansatzpunkt für eine objektivierte, interpersonal anwendbare Theorie der Gerechtigkeit erhoffte: indem ein für sich selbst interesseloser Außenbetrachter der Menschenwelt überlegt, welche rechtlichen Regelungen für alle den besten Ertrag für ein definiertes Gemeinwesen erbringen, unter Verzicht auf eine Rücksichtnahme, wie solches Recht vom Einzelnen erlebt und bewertet wird.

Das klassische Modell für den Versuch der verstehenden Objektivierung nur subjektiv erfahrbarer Phänomene bietet die Phänomenologie und speziell auch die Psychopathologie im Gefolge von Jaspers (s. 2.4.8.3). Tatsächlich gelingt es uns auf diesem Wege recht gut, das Innenleben psychotisch Kranker nachzuvollziehen und auch wiederzuerkennen. Ähnlich können wir auch in Kenntnis von Möglichkeiten und Einschränkungen eines Individuums Hypothesen über sein Innenleben generieren, bis hin zu dem Versuch sich vorzustellen, wie es wäre eine Fledermaus zu sein (Nagel 1997). Es ist dies sozusagen ein Propädeutikum zu der schwierigen Frage, wie es ist, ein Mensch zu sein. Die Begrenztheit dieser Versuche und die Unhintergehbarkeit von Subjektivität steht aber außer Frage. Wollte man auf sie verzichten, würde die Welt schlagartig eine menschenleere Wüste physikalischer Prozesse.

### 2.4.9 Zusammenfassung

Im Umfeld juristischer Darstellung der Grundlagen des Strafrechts in diesem Band werden in diesem Beitrag einige erfahrungswissenschaftliche, aber auch philosophisch-methodische Hintergründe der forensisch-psychiatrischen Konzeptbildungen von individueller Verantwortlichkeit, freier Willensentscheidung, Schuldfähigkeit und Steuerungsfähigkeit erläutert.

Es wird zunächst dargestellt, dass der inzwischen gängige Sprachgebrauch „psychische Störung" in der medizinischen Versorgungspraxis und Forschung nützlich ist, dass aber damit keine grundsätzliche Abkehr vom Krankheitskonzept verbunden sein kann. Gerade für rechtliche Fragestellungen hat es besondere Bedeutung, weil Krankheit in paradigmatischer Weise als schicksalhaft erfahrener Zustand schwerer Funktionsbeeinträchtigung den Bürger von gewissen sozialen Pflichten entbindet. Vorgestellt werden aktuelle Definitionen von Krankheit, die als krankhafte seelische Störung auch den entscheidenden qualitativen Bezugspunkt der Schuldunfähigkeit darstellt. Krankheit ist der Eckpfeiler des „psychopathologischen Referenzsystems" (Saß 1985, 1991) zur Beurteilung der Schuldfähigkeit.

Es wird sodann in Abschnitt 2.4.3 dargestellt, dass psychische Krankheit, deren Phänomenen sicherlich somatische Prozesse korreliert sind, ganz überwiegend in der Innenperspektive der Patienten erfahren und erlitten wird, also in der „subjektiven" oder „Erste-Person-Perspektive". Die Kranken leiden nicht unter feuernden Neuronen, sondern unter Angst und Unruhe. Psychiatrie als die Lehre von diesen Störungen und ihrer Behandlung ist mithin in großem Umfang eine Wissenschaft vom subjektiven Erfahrungsraum.

In Abschnitt 2.4.4 werden psychologische Sachverhalte dargestellt, die sich in Vorfeld und Verlauf auch einer Straftat wiederfinden: Es geht um Wahrnehmen, Entscheiden, Vorbereiten und Handeln. Schon Aristoteles hatte ein sehr brauchbares Modell von freiwilligem Entschluss und zielgerichtetem Wollen entwickelt. Allerdings sind Entschlussbildung und Ausführung nicht unabhängig von menschlichen Urteilsschwächen und kognitiven Fehlerquellen. Insbesondere in der Kausalattribution sind wir täuschbar, ebenso in unseren Erinnerungen und Urteilsheuristiken. Gleichwohl sind wir mit unserem kognitiven Apparat recht zufrieden, weil er in der Regel doch brauchbare Ergebnisse liefert und uns keineswegs systematisch, sondern nur im Ausnahmefall an einer freien Willensbestimmung hindert. Besonders hilfreich ist es für die Alltagsbewältigung, dass eine Vielzahl erlernter Funktionen vom Gehen und Sprechen bis zum Autofahren automatisiert erfolgt und dass eine Vielzahl von Handlungsschemata existiert, die keine bewusste Kontrolle erfordern. Dadurch bleibt das bewusste Wahrnehmen und Reflektieren frei für die wichtigen oder ungewohnten Aufgaben, speziell für neue Willenshandlungen.

Willentliche Handlungen sind ausgerichtet durch mental repräsentierte Zielzustände und die Fähigkeit, zukünftige Bedürfnislage zu antizipieren. Die Abfolge der Handlungsphasen wird mit dem Modell von Heckhausen (1983) beleuchtet, psychologische Mechanismen zur Stärkung und Bewahrung des Vorsatzes beschrieb die Handlungskontrolltheorie von Kuhl (1983). Die Handlungssteuerung bis zur Erreichung des Ziels erfordert eine anhaltende Aktivierung der Intention wie auch eine Inhibition entgegenstehender Bedürfnisse oder konkurrierender Intentionen, so das Volitionsmodell von Goschke (2002). Zugleich wird aber auch erforscht, wie es zur Deaktivierung von Handlungsintentionen kommen kann. Offenbar bedarf es zur Ausrichtung auf neue Ziele oder beim Auftreten von Widerständen steuernder Eingriffe, für die ein übergeordnetes Aufmerksamkeitssystem postuliert wird. Diese Steuerung von Planen und Handeln wird hirnmorphologisch nicht durch eine zentrale Kommandostruktur vermittelt, sondern durch ein vernetztes neuronales Expertensystem.

Goschke und Walter (2006) haben ein Modell zur intentionalen Handlungssteuerung entwickelt, das in Abschnitt 2.4.5 vorgestellt wird. Dafür entscheidende kognitive Kompetenzen sind die Fähigkeit zu antizipieren, die dadurch mögliche komplexe Planung, die Nutzung des unbegrenzten und Zeit überbrückenden Repräsentationssystems der Sprache sowie die Fähigkeit zur Selbstkontrolle und Selbstreflexion. Auch hier werden nochmals Täuschungsmöglichkeiten dargestellt unter Bezugnahme auf die Experimente von Wegner und Libet. Es wird auf den Unterschied zwischen auslösenden und strukturierenden Ursachen hingewiesen. Dem Modell der aktiven Handlungskontrolle und Selbstkontrolle wird sodann das Modell der Steuerung durch Desaktualisierung bei Janzarik (1995) zur Seite gestellt. Janzarik verweist darauf, dass es gerade im strafrechtlichen Bereich oft nicht um die aktive Durchsetzung neuer, ungewohnter Projekte geht, sondern im Gegenteil um die (schließlich nicht erfolgende) Unterdrückung von Wünschen und Begierden, die kraft ihrer emotionalen Wertigkeit spontan ins Bewusstseinsfeld drängen, wie z. B. sexuelle Begierden oder auch Hass- und Rachegefühle. Desaktualisierung besteht darin, diese Themen immer wieder aus dem Bewusstseinsfeld zu verdrängen; durch die Desaktualisierungspotenz werden die Handlungsbereitschaften bestimmt. Goschke und Walter (2006) beschreiben parallel die Notwendigkeit der intentionalen Aktivierung, die ihrerseits die Handlungsbereitschaften moduliert; offenbar findet beides gleichzeitig statt und greift ineinander. Es geht hier nicht um „Impulskontrolle", also nicht um das Problem der Abwehr eines soeben aufgetauchten, noch unreflektierten Handlungsimpulses, sondern um die Auseinandersetzung mit einer reflektierten, zielgerichteten Handlungsabsicht.

In Abschnitt 2.4.6 wird die Notwendigkeit des zweischrittigen Vorgehens bei der Schuldfähigkeitsbegutachtung betont, das zunächst zu prüfen hat, ob ein Zustand vorliegt, der einer der in § 20 StGB genannten Eingangsvoraussetzungen (krankhafte seelische Störung, tiefgreifende Bewusstseinsstörung, Schwachsinn oder schwere andere seelische Abartigkeit) entspricht. Im zweiten Schritt ist dann zu prüfen, ob dieser Zustand die Einsichtsfähigkeit aufhebt oder ob sich daraus eine erhebliche Beeinträchtigung oder gar Aufhebung der Steuerungsfähigkeit ergibt. Es wird ein Konzept der Steuerungsfähigkeit entwickelt und betont, dass es einen kategorialen Unterschied zwischen aufgehobener und verminderter Steuerungsfähigkeit gibt. Allemal ist für die Frage der Schuldfähigkeit nur die Qualität und Intensität des abnormen Zustandes entscheidend, nicht aber seine Ursache. Speziell der Sachverhalt, dass körperliche Korrelate eines mentalen Zustandes bekannt sind, ändert nichts an seiner ausschließlich nach Qualität und Intensität zu beurteilenden Wertigkeit; für *jeden* psychischen Zustand, auch für alle normalen Zustände, gibt es körperliche Korrelate.

Erörtert wird sodann der Unterschied zwischen exekutiver und motivationaler Steuerungsfähigkeit. Störungen der exekutiven Funktionen bei einer Handlungsdurchführung können auf eine akute Berauschung, einen organischen Hirnschaden oder eine Psychose mit Verwirrtheitssymptomatik verweisen. Ein völlig geordnetes Tatbild widerlegt jedoch nicht eine möglicherweise vorliegende Beeinträchtigung der Steuerungsfähigkeit im Umgang mit eigenen, drängenden Motivationen, sei es infolge einer schweren Persönlichkeitsstörung, sei es infolge einer wahnhaften Erlebensweise.

In Abschnitt 2.4.7 wird nach einem Blick auf strafrechtliche Aussagen zur Willensfreiheit die Argumentation einiger Neurobiologen gemustert, welche die Willensfreiheit als Illusion bezeichnen. Konzediert wird, dass Menschen sich täuschen können, auch über die eigenen Erkenntnismöglichkeiten. Diese Täuschbarkeit widerlegt aber noch keineswegs die generelle Fähigkeit zu richtigen Urteilen. Auch das Fehlen zentraler Entscheidungsstrukturen im Gehirn beweist nichts zur Frage der Willensfreiheit. Dass Menschen nicht voraussetzungslos, nicht blind und zufällig, sondern nach ihren je individuellen Gründen entscheiden, ist der unwiderlegte Sinngehalt von Willensfreiheit. Dabei ist es nicht entscheidend, ob diese Gründe bewusst oder unbewusst sind, man muss sie auch nicht reflektiert haben. Krankheit und Störung können sich aber darin bemerkbar machen, dass diese Besinnung auf die eigenen Gründe auch dann, wenn sie gewünscht wird, nicht mehr gelingt.

In Abschnitt 2.4.8 geht es um das Postulat, eigentlich dürfe man auch psychische Vorgänge nur in der Dritte-Person-Perspektive des objektiven Naturforschers untersuchen, unter Ausklammerung aller Phänomene, die nur in der Erste-Person-Perspektive erfahrbar seien. Damit wäre auch „Bewusstsein" eliminiert, weil darin die eigene Person als Zentrum der Welt und der Sicht auf die Welt etabliert wird. Auch der Naturforscher kann sich von dieser Erste-Person-Perspektive nur durch einen bewussten Akt freimachen, indem er – als Forscher – zugleich aus der Dritte-Person-Perspektive, sozusagen als neutraler Beobachter, auf sich (als Teil dieser Welt) und die Welt blickt. Es wird nachgezeichnet, wie gerade die Psychologie seit langem von der Sehnsucht nach naturwissenschaftlicher Objektivität getrieben wird, die aber ihrem Gegenstand strukturell nicht gerecht werden kann, da auch die großen Themen der Psychologie – Aufmerksamkeit, Erinnerung, Liebe, Verlangen, Antizipation – nur in der Welt subjektiver Wahrnehmung existieren. Man kann gleichzeitige Potenzialschwankungen der Hirnrinde aufzeichnen. Korreliert werden diese jedoch einer möglichst genauen Deskription psychischer Phänomene, wie sie in der deskriptiven Phänomenologie entwickelt wurde. Diese ist gleichermaßen Grundlagenwissenschaft, wenn es gilt, das Persönlichkeitsbild eines Angeklagten zu beschreiben und darauf aufbauend seine Schuldfähigkeit zu beurteilen.

## Literatur

Aristoteles (2001) Die Nikomachische Ethik. Artemis & Winkler, Düsseldorf
Aschaffenburg G (1934) Strafrecht und Strafprozeß. In: Hoche A (Hrsg) Handbuch der Gerichtlichen Psychiatrie, 3. Aufl. Springer, Berlin, S 1–154
Bieri P (2001) Das Handwerk der Freiheit. Die Entdeckung des eigenen Willens. Hanser, München
Blankenburg W (1989) Der Krankheitsbegriff in der Psychiatrie. In: Kisker KP, Lauter H, Meyer JE et al. (Hrsg) Brennpunkte der Psychiatrie. Springer, Berlin Heidelberg New York, S 119–145
Breidbach O (1997) Die Materialisierung des Ichs – Zur Geschichte der Hirnforschung im 19. und 20. Jahrhundert. Suhrkamp, Frankfurt
Burkhardt B (1987) Der Wille als konstruktives Prinzip der Strafrechtsdogmatik. In: Heckhausen H, Gollwitzer PM, Weinert FE (Hrsg) Jenseits des Rubikon: Der Wille in den Humanwissenschaften. Springer, Berlin Heidelberg, S 319–339
Burkhardt B (2005) Wie ist es, ein Mensch zu sein? In: Arnold J et al. (Hrsg) Menschengerechtes Strafrecht. Festschrift für Albin Eser. Beck, München, S 77–100
Camus A (1957) Der Fall. Rowohlt, Reinbek
Chaiken S, Trope Y (eds) (1999) Dual-process theories in social psychology. Guilford, New York
Dretske FI (1988) Explaining behavior. Reasons in a world of causes. MIT Press, Cambridge MA
Dilthey W (1894) Ideen über eine beschreibende und zergliedernde Psychologie. In: Dilthey W (1957) Gesammelte Schriften, Bd 5. Teubner, Stuttgart, S 139–240

Ebbinghaus H (1896) Über erklärende und beschreibende Psychologie. (primär: Zeitschrift für Psychologie und Physiologie der Sinnesorgane 9:161–205) In: Rodi F, Lessing HU (Hrsg) (1984) Materialien zur Philosophie Wilhelm Diltheys. Suhrkamp, Frankfurt am Main, S 45–87

Elger CE, Friederici AD, Koch C et al (2004) Das Manifest – Elf führende Neurowissenschaftler über Gegenwart und Zukunft der Hirnforschung. Gehirn & Geist 6:30–37

Fuchs T (2005) Ökologie des Gehirns. Eine systemische Sichtweise für Psychiatrie und Psychotherapie. Nervenarzt 76:1–10

Friedreich JB (1835) Systematisches Handbuch der gerichtlichen Psychologie. Wigand, Leipzig

Gehring P (2004) Es blinkt, es denkt – Die bildgebenden und weltbildgebenden Verfahren der Neurowissenschaft. Philosophische Rundschau 51:273–295

Gollwitzer P (1990) Abwägen und Planen. Hogrefe, Göttingen

Goschke T (1996) Wille und Kognition. Zur funktionalen Architektur der intentionalen Handlungssteuerung. In: Kuhl J, Heckhausen H (Hrsg) Enzyklopädie der Psychologie Serie IV, Bd 4: Motivation, Volition und Handeln. Hogrefe, Göttingen, S 583–663

Goschke T (2002) Volition und kognitive Kontrolle. In: Müsseler J, Prinz W (Hrsg) Allgemeine Psychologie. Spektrum, Heidelberg

Goschke T (2006) Vom freien Willen zur Selbstdetermination. Exekutive Funktionen: Kognitive Kontrolle intentionaler Handlungen. In: Pawlik K (Hrsg) Handbuch Psychologie. Springer, Berlin Heidelberg, S 249–261

Goschke T, Kuhl J (1993) The representation of intentions: persisting activation in memory. J Exp Psychol Learn Mem Cogn 19:1211–1226

Goschke T, Walter H (2006) Autonomie und Selbstkontrolle – Bausteine für eine naturalistische Konzeption von Willensfreiheit. In: Köchy K, Stederoth D (Hrsg) Willensfreiheit als interdisziplinäres Problem. Alber, Freiburg München, S 103–142

Griesinger W (1845) Die Pathologie und Therapie der psychischen Krankheiten. Krabbe, Stuttgart

Haddenbrock S (1995) Geistesfreiheit und Geisteskrankheit – Grenzparameter forensischer Schuldfähigkeit. NStZ 14:581

Häfner H (1981) Der Krankheitsbegriff in der Psychiatrie. In: Degkwitz R, Siedow H (Hrsg) Zum umstrittenen psychiatrischen Krankheitsbegriff. Urban & Schwarzenberg, München, S 16–54

Häfner H (1997) Was tun mit Krankheiten, die keine sind? MMW 139:158–160

Hagner M (1997) Homo cerebralis. Der Wandel vom Seelenorgan zum Gehirn. Berlin Verlag, Berlin

Hagner M (2004) Geniale Gehirne. Zur Geschichte der Elitegehirnforschung. Wallstein, Göttingen

Hartmann D (2006) Physis und Psyche. Das Leib-Seele-Problem als Resultat der Hypostasierung theoretischer Konstrukte. In: Sturma D (Hrsg) Philosophie und Neurowissenschaften. Suhrkamp, Frankfurt, S 97–123

Heckhausen H (1983) Motivation und Handeln. Springer, Berlin Heidelberg

Heckhausen H, Gollwitzer PM, Weinert FE (Hrsg) (1987) Jenseits des Rubikon: Der Wille in den Humanwissenschaften. Springer, Berlin Heidelberg

Hegel GWF (1821) Grundlinien der Philosophie des Rechts. Nicolai, Berlin (Hegel GWF, Werke in zwanzig Bänden, Bd 7. Suhrkamp, Frankfurt am Main, 1970)

Helmchen H (2006) Zum Krankheitsbegriff in der Psychiatrie. Nervenarzt 77:271–275

Hsiao AT, Reber AS (1998) The role of attention in implicit learning. In: Stadler MA, Frensch PA (eds) Handbook of implicit learning. Sage, MIT Press, pp 471–494

Hume D (1739) A treatise of human nature. Clarendon Press, Oxford

Jack AI, Shallice T (2001) Introspective physicalism as an approach to the science of consciousness. Cognition 79:161–196

Janzarik W (1991) Desaktualisierung als Prinzip von Steuerung und Handlung. In: Schütz H, Kaatsch HJ, Thomsen H (Hrsg) Medizinrecht – Psychopathologie – Rechtsmedizin. Festschrift für G. Schewe. Springer, Berlin Heidelberg, S 218 238

Janzarik W (1991a) Grundlagen der Einsicht und das Verhältnis von Einsicht und Steuerung. Nervenarzt 62:423–427

Janzarik W (1993) Seelische Struktur als Ordnungsprinzip in der forensischen Anwendung. Nervenarzt 64:427–433
Janzarik W (1993a) Steuerung und Entscheidung, deviante Strukturierung und Selbstkorrumpierung im Vorfeld affektiv akzentuierter Delikte. In: Saß H (Hrsg) Affektdelikte. Springer, Berlin Heidelberg New York, S 57–76
Janzarik W (1995) Grundlagen der Schuldfähigkeitsprüfung. Enke, Stuttgart
Janzarik W (2000) Handlungsanalyse und forensische Bewertung seelischer Devianz. Nervenarzt 71:181–187
Janzarik W (2004) Autopraxis, Desaktualisierung, Aktivierung und die Willensthematik. Nervenarzt 75:1053–1060
Jaspers K (1948) Allgemeine Psychopathologie, 5. Aufl. Springer, Berlin Heidelberg
Kant I (1781) Kritik der reinen Vernunft. Hartknoch, Riga. (Kant I, Werkausgabe Bd 4, Suhrkamp, Frankfurt am Main, 1968)
Kendler KS (2005) Toward a philosophical structure for psychiatry. Am J Psychiatry 162:433–440
Kibele A (2006) Priming von Bewegungshandlungen im Sport – Motorische Reaktionen auf nichtbewusst repräsentierte Bewegungsmerkmale. In: Köchy K, Stederoth D (Hrsg) Willensfreiheit als interdisziplinäres Problem. Alber, Freiburg München, S 77–101
Köchy K (2006) Was kann die Neurobiologie nicht wissen? In: Köchy K, Stederoth D (Hrsg) Willensfreiheit als interdisziplinäres Problem. Alber, Freiburg München, S 145–164
Krafft-Ebing R von (1892) Lehrbuch der gerichtlichen Psychopathologie, 3. Aufl. Enke, Stuttgart
Krämer S (1996) Einleitung. In: Krämer S (Hrsg) Bewußtsein – Philosophische Beiträge. Suhrkamp, Frankfurt am Main, S 9–15
Kröber HL (1993) Persönlichkeit, konstellative Faktoren und die Bereitschaft zum „Affektdelikt". In: Saß H (Hrsg) Affektdelikte. Springer, Berlin Heidelberg New York, S 77–94
Kröber HL (1995) Konzepte zur Beurteilung der „schweren anderen seelischen Abartigkeit". Nervenarzt 66:532–541
Kröber HL (1997) Strafrechtliche Begutachtung von Persönlichkeitsstörungen. Persönlichkeitsstörungen – Theorie und Therapie 1:161–171
Kröber HL (2001) Die psychiatrische Diskussion um die verminderte Zurechnungs- und Schuldfähigkeit. In: Kröber HL, Albrecht HJ (Hrsg) Verminderte Schuldfähigkeit und psychiatrische Maßregel. Nomos, Baden-Baden, S 33–68
Kröber HL (2006) Die Wiederbelebung des „geborenen Verbrechers" – Hirndeuter, Biologismus und die Freiheit des Rechtsbrechers. In: Hillenkamp T (Hrsg) Neue Hirnforschung – Neues Strafrecht? Nomos, Baden-Baden, S 63–83
Kuhl J (1983) Motivation, Konflikt und Handlungskontrolle. Springer, Heidelberg New York Tokyo
Kuhl J (1996) Wille und Freiheitserleben. Formen der Selbststeuerung. In: Kuhl J, Heckhausen H (Hrsg) Enzyklopädie der Psychologie, Serie IV, Bd 4: Motivation, Volition und Handlung. Hogrefe, Göttingen, S 665–765
Lammel M (2001) Die erheblich verminderte Steuerungsfähigkeit. In: Kröber HL, Albrecht HJ (Hrsg) Verminderte Schuldfähigkeit und psychiatrische Maßregel. Nomos, Baden-Baden, S 87–127
Lewin K (1926) Vorsatz, Wille und Bedürfnis. Psychol Forsch 7:330–385
Libet B (1985) Unconscious cerebral initiative and the role of conscious will in voluntary action. Behav Brain Sci 8:529–539
Libet B (2004) Haben wir einen freien Willen? In: Geyer C (Hrsg) Hirnforschung und Willensfreiheit – Zur Deutung der neuesten Experimente. Suhrkamp, Frankfurt am Main, S 268–289 (dt Übersetzung des Beitrags Libet B (1999) Do we have a free will? Journal of Consciousness Studies 6:47–57)
Liszt F v (1896) Die strafrechtliche Zurechnungsfähigkeit. Vortrag auf dem 3. internationalen Psychologenkongreß 1896. ZStW 17:70–84 (dto. Liszt, 1905, Aufsätze u. Vorträge 2, S 214–229)
Maier W, Helmchen H, Saß H (2005) Hirnforschung und Menschenbild im 21. Jahrhundert. Nervenarzt 76:543–545

Metzinger T (Hrsg) (2005) Bewußtsein. Beiträge aus der Gegenwartsphilosophie. 5. Aufl. Mentis, Paderborn

Mezger E (1913) Die Klippe des Zurechnungsproblems. Juristisch-psychiatrische Grenzfragen. Zwanglose Abhandlungen, Bd 9 Heft 1. Marhold, Halle, S 35–50

Miller EK, Cohen DJ (2001) An integrative theory of prefrontal cortex function. Ann Rev Neurosci 24:167–2002

Mitscherlich A (1971) Die Idee des Friedens und die menschliche Aggressivität. Suhrkamp, Frankfurt am Main

Mittelstraß J (Hrsg) (1980) Enzyklopädie Philosophie und Wissenschaftstheorie, Bd 1. Bibliographisches Institut, Mannheim

Mittelstraß J (1987) Der arme Wille: Zur Leidensgeschichte des Willens in der Philosophie. In: Heckhausen H, Gollwitzer PM, Weinert FE (Hrsg) Jenseits des Rubikon: Der Wille in den Humanwissenschaften. Springer, Berlin Heidelberg, S 33–48

Nagel T (1991) Die Grenzen der Objektivität. The Tanner-Lectures Oxford 1979. Reclam, Stuttgart

Nagel T (1991a) Das Subjektive und das Objektive. In: Nagel T (Hrsg) Die Grenzen der Objektivität. Reclam, Stuttgart, S 99–128

Nagel T (1997) Wie es ist, eine Fledermaus zu sein. In: Bieri P (Hrsg) Analytische Philosophie des Geistes, 3. Aufl. Beltz Athenäum, Weinheim, S 267–275

Neumann O, Prinz W (1987) Kognitive Antezedenzien von Willkürhandlungen. In: Heckhausen H, Gollwitzer PM, Weinert FE (Hrsg) Jenseits des Rubikon: Der Wille in den Humanwissenschaften. Springer, Berlin Heidelberg, S 195–215

Norman DA, Shallice T (1986) Attention to action: willed and automatic control of behavior. In: Davidson RJ, Schwartz GE, Shapiro D (eds) Consciousness and self regulation: Advances in research (vol IV). Plenum, New York, pp 1–18

Pauen M (2004) Illusion Freiheit? Mögliche und unmögliche Konsequenzen der Hirnforschung. Fischer, Frankfurt

Pawlik M (2004) Person, Subjekt, Bürger – Zur Legitimation von Strafe. Duncker & Humblot, Berlin

Rawls J (1975) Eine Theorie der Gerechtigkeit. Suhrkamp, Frankfurt am Main

Rösler F (2006) Neuronale Korrelate der Handlungsausführung – Zur Validität der Experimente von Libet. In: Köchy K, Stederoth D (Hrsg) Willensfreiheit als interdisziplinäres Problem. Alber, Freiburg München, S 165–190

Roth G (2003) Aus der Sicht des Gehirns. Suhrkamp, Frankfurt am Main

Roth G (2006) Das Zusammenwirken bewusst und unbewusst arbeitender Hirngebiete bei der Steuerung von Willenshandlungen. In: Köchy K, Stederoth D (Hrsg) Willensfreiheit als interdisziplinäres Problem. Alber, Freiburg München, S 17–38

Saß H (1985) Ein psychopathologisches Referenzsystem zur Beurteilung der Schuldfähigkeit. Forensia 6:33–43

Saß H (1987) Psychopathie – Soziopathie – Dissozialität. Zur Differentialtypologie der Persönlichkeitsstörungen. Springer, Berlin Heidelberg New York

Saß H (1991) Forensische Erheblichkeit seelischer Störungen im psychopathologischen Referenzsystem. In: Schütz H et al. (Hrsg) Medizinrecht – Psychopathologie – Rechtsmedizin. Festschrift G. Schewe. Springer, Berlin Heidelberg New York, S 266–281

Saß H (1993) Affektdelikte: die Kontroverse geht weiter. In: Saß H (Hrsg) Affektdelikte. Springer, Berlin Heidelberg New York, S 1–11

Saß H (1993a) Affekt und Schuldfähigkeit: ein psychopathologischer Lösungsversuch. In: Saß H (Hrsg) Affektdelikte. Springer, Berlin Heidelberg New York, S 214–231

Schneider HJ (2005) Reden über Inneres. Wittgensteins begriffliche Auflösung des Leib-Seele-Problems, bezogen auf Überlegungen von Gerhard Roth. Deut Zeit Philosophie 53: 743–760

Schneider K (1948) Die Beurteilung der Zurechnungsfähigkeit. Thieme, Stuttgart

Schopenhauer A (1840) Preisschrift über die Freiheit des Willens. (Sämtliche Werke, Bd 3, Kleinere Schriften; Suhrkamp, Frankfurt am Main 1986, S 519–627)

Schreiber HL (1981) Bedeutung und Auswirkungen der neugefaßten Bestimmungen über die Schuldfähigkeit. NStZ 1:46–51

Schreiber HL (2000) Rechtliche Grundlagen der psychiatrischen Begutachtung. In: Venzlaff U, Foerster K (Hrsg) Psychiatrische Begutachtung. Urban & Fischer, München Jena, S 1–54
Simons DJ, Chabris CF (1999) Gorillas in our midst: Sustained inattentional blindness for dynamic events. Perception 28:1059–1074
Singer W (2004) Verschaltungen legen uns fest: Wir sollten aufhören, von Freiheit zu sprechen. In: Geyer C (Hrsg) Hirnforschung und Willensfreiheit – Zur Deutung der neuesten Experimente. Suhrkamp, Frankfurt am Main, S 30–65
Stephan E, Willmann M (2006) Grenzen der Willensfreiheit aus psychologischer Sicht – Nichtbewusste Einflüsse auf alltägliche Kognitionsakte. In: Köchy K, Stederoth D(Hrsg) Willensfreiheit als interdisziplinäres Problem. Alber, Freiburg München, S 51–76
Steller M (1993) Psychodiagnostik bei Affekttaten. In: Saß H (Hrsg) Affektdelikte. Springer, Berlin Heidelberg New York, S 132–146
Volbert R (2004) Beurteilungen von Aussagen über Traumata. Erinnerungen und ihre psychologische Bewertung. Huber, Bern
Volbert R (2005) Standards der psychologischen Glaubhaftigkeitsdiagnostik. In: Kröber HL, Steller M (Hrsg) Psychologische Begutachtung im Strafverfahren – Indikationen, Methoden und Qualitätsstandards, 2. Aufl. Steinkopff, Darmstadt, S 171–203
Wegener H (1983) Zum Aussagewert der Handlungsanalyse einer Tat – die psychologische Perspektive. In: Gerchow J (Hrsg) Zur Handlungsanalyse einer Tat. Springer, Berlin Heidelberg New York, S 35–45
Wegner DM (2002) The illusion of conscious will. Bradford, Cambridge MA
Welzel H (1969) Das Deutsche Strafrecht. Eine systematische Darstellung, 11. Aufl. De Gruyter, Berlin
Wingert L (2006) Grenzen der naturalistischen Selbstobjektivierung. In: Sturma D (Hrsg) Philosophie und Neurowissenschaften. Suhrkamp, Frankfurt am Main, S 240–260

## 2.5 Die strafrechtlichen Rechtsfolgen

### 2.5.1 Das Rechtsfolgensystem des StGB

D. Dölling

Die Rechtsfolgen, die wegen der Begehung von Straftaten durch Erwachsene verhängt werden können, sind in den §§ 38 ff. StGB geregelt. Außerdem besteht nach der StPO unter bestimmten Voraussetzungen die Möglichkeit, von der Verfolgung einer Straftat abzusehen, wenn eine gerichtliche Sanktionierung nicht geboten ist. Für jugendliche und – unter bestimmten Voraussetzungen – heranwachsende Täter enthält das Jugendgerichtsgesetz (JGG) ein eigenständiges Sanktionensystem, das die §§ 38 ff. StGB im Wesentlichen verdrängt. Das jugendstrafrechtliche Sanktionensystem wird unter 4.1.4 dargestellt. Im Folgenden werden das Rechtsfolgensystem des StGB und die für die Entscheidung über die strafrechtliche Reaktion auf eine Straftat relevanten Vorschriften der StPO erörtert. Zunächst wird ein *Überblick* über das Sanktionensystem gegeben, unter 2.5.2 ff. werden dann die einzelnen Rechtsfolgen näher dargestellt.

Die Reaktion auf eine Straftat kann in einer *Einstellung des Strafverfahrens* ohne förmliche Bestrafung des Täters bestehen. Diese „informelle Sanktionierung" ist in der StPO geregelt. Die Rechtsfolgen, die bei einer förmlichen Sanktionierung durch das Gericht ausgesprochen werden können, enthält das StGB. Diese Rechtsfolgen können auf einer ersten Stufe in Strafen, Nebenfolgen und Maßnahmen eingeteilt werden. Bei den in den §§ 38 ff. StGB geregelten *Strafen* handelt es sich um die mit einem sozialethischen Tadel verbundene Auferlegung eines Übels zum Ausgleich einer Unrechtstat (s. 2.1.1). Die Strafen erfüllen die Funktionen des Schuldausgleichs, der Spezial- und der Generalprävention (s. 2.1.2). Es ist zwischen *Haupt- und Nebenstrafen* zu unterscheiden. Hauptstrafen können allein und unabhängig von anderen Strafen verhängt werden. Eine Nebenstrafe kann dagegen nur in Verbindung mit einer Hauptstrafe ausgesprochen werden. Als *Hauptstrafen* kennt das StGB nur die Geldstrafe und die Freiheitsstrafe. Bei der *Geldstrafe* (§§ 40 ff. StGB) wird der Täter zur Zahlung eines bestimmten Geldbetrages verurteilt. Die Geldstrafe kann nicht zur Bewährung ausgesetzt werden. Unter bestimmten Voraussetzungen kann sich das Gericht jedoch auf eine *Verwarnung mit Strafvorbehalt* (§§ 59 ff. StGB) beschränken. Dann spricht das Gericht den Täter schuldig und verwarnt ihn; außerdem bestimmt es eine Geldstrafe, verhängt diese aber nicht, sondern behält die Verurteilung für eine Bewährungszeit vor. Steht der Täter die Bewährungszeit durch, hat es bei der Verwarnung sein Bewenden; bewährt sich der Täter nicht, wird er zu der Geldstrafe verurteilt. *Freiheitsstrafen* sind nach § 38 StGB entweder zeitig oder lebenslang. Das Mindestmaß der zeitigen Freiheitsstrafe ist sechs Monate, ihr Höchstmaß 15 Jahre. Freiheitsstrafen bis zu zwei Jahren können unter den Voraussetzungen des § 56 StGB zur *Bewährung* ausgesetzt werden. *Nebenstrafe* ist das *Fahrverbot* nach § 44 StGB. Unter bestimmten Voraussetzungen kann das Gericht den Täter schuldig sprechen und *von Strafe absehen*. Dies kommt z. B. nach einem Täter-Opfer-Ausgleich oder einer Schadenwiedergutmachung in Betracht (§ 46a StGB) oder wenn die Folgen der Tat, die den Täter getroffen haben, so schwerwiegend sind, dass die Verhängung einer Strafe offensichtlich verfehlt wäre (§ 60 StGB). Regeln über die *Strafzumessung* enthalten die §§ 39 f., 46 ff. StGB.

Die in den §§ 45 ff. StGB normierten *Nebenfolgen* haben einerseits den Charakter von Nebenstrafen und erfüllen andererseits Sicherungsfunktionen (Zipf 1989, S. 525). Nebenfolgen sind nach § 45 StGB der Verlust der Amtsfähigkeit, der Wählbarkeit sowie des Wahl- und Stimmrechts. Die Nebenfolgen treten teils kraft Gesetzes ein, teils können sie vom Gericht angeordnet werden, wenn das Gesetz dies für den erfüllten Straftatbestand besonders vorsieht.

Unter dem Begriff der *Maßnahmen* fasst das StGB in § 11 Abs. 1 Nr. 8 die Maßregeln der Besserung und Sicherung, den Verfall, die Einziehung und die Unbrauchbarmachung zusammen. Die in den §§ 61 ff. StGB geregelten *Maßregeln der Besserung und Sicherung* haben ausschließlich eine spezialpräventive Funktion: Sie dienen der Verhinderung weiterer Delikte von als gefährlich eingestuften Tätern. Einen Schuldvorwurf gegen den Täter enthalten sie nicht. Das StGB kennt drei Maßregeln mit und drei Maßregeln ohne Freiheitsentzug. *Maßregeln mit Freiheitsentzug* sind die Unterbringung in einem psychiatrischen Krankenhaus (§ 63 StGB), die Unterbringung in einer Entziehungsanstalt (§ 64 StGB) und die Sicherungsverwahrung (§ 66 StGB). Unter den Voraussetzungen der §§ 67 b und c StGB wird die Vollstreckung dieser Maßregeln zur *Bewährung* ausgesetzt. *Maßregeln ohne Freiheitsentzug* sind die Führungsaufsicht nach § 68 StGB, bei der der Täter einer Aufsichtsstelle und einem Bewährungshelfer unterstellt wird, die Entziehung der Fahrerlaubnis (§ 69 StGB) und das Berufsverbot (§ 70 StGB).

Die Vorschriften über *Verfall, Einziehung und Unbrauchbarmachung* finden sich in den §§ 73 ff. StGB. Mit diesen Rechtsfolgen wird auf Gegenstände zugegriffen, die im Zusammenhang mit rechtswidrigen Taten stehen. Mit dem *Verfall* (§ 73 ff. StGB) werden Vermögenswerte abgeschöpft, die der Täter für eine rechtswidrige Tat oder aus der Tat erlangt hat. Die *Einziehung* (§§ 74 ff. StGB) erfasst Gegenstände, die durch eine vorsätzliche Tat hervorgebracht oder zu ihrer Begehung oder Vorbereitung gebraucht worden oder bestimmt gewesen sind. Die *Unbrauchbarmachung* (§ 74 d Abs. 1 S. 2 StGB) bezieht sich auf zur Herstellung von Medien strafbaren Inhalts gebrauchte oder bestimmte Vorrichtungen.

### 2.5.2 Die Einstellung des Strafverfahrens, das Absehen von Strafe und die Strafen

D. DÖLLING

#### 2.5.2.1 Die Einstellung des Strafverfahrens

Die Vorschriften der StPO, die eine Einstellung des Verfahrens ohne Bestrafung des Täters ermöglichen, sind im Laufe der Zeit immer mehr erweitert worden (Beulke 2001, §§ 153 ff. StPO jeweils Vor Rn 1). Heute enthalten insbesondere die §§ 153 ff. StPO zahlreiche Möglichkeiten der Verfahrenseinstellung. Im Folgenden seien einige praktisch besonders wichtige Vorschriften genannt. Nach § 153 StPO kann bei einem Vergehen eine *Einstellung des Verfahrens ohne weitere Reaktion* erfolgen, wenn die Schuld des Täters als gering anzusehen wäre und kein öffentliches Interesse an der Verfolgung besteht. Vergehen sind nach § 12 Abs. 2 StGB die Straftaten, die im Mindestmaß mit einer Strafe von weniger als einem Jahr Freiheitsstrafe bedroht sind. § 153 StPO gilt also nicht für die Verbrechen nach § 12 Abs. 1 StGB, bei denen die Mindeststrafe ein Jahr Freiheitsstrafe oder mehr beträgt. Geringe Schuld wird von der herrschenden Meinung angenommen, wenn die Schuld bei einem Vergleich mit Vergehen gleicher Art nicht unerheblich unter dem Durchschnitt liegt (Beulke 2001, § 153 Rn 24; Meyer-Goßner 2006, § 153 Rn 4; vgl. aber auch Schöch 1992, § 153 Rn 17 f., nach dem die Geringfügigkeit nicht deliktspezifisch zu bestimmen ist, sondern geringe Schuld vorliegt, wenn die potenzielle Sanktion im mildesten Bereich des Sanktionenspektrums liegen würde). An der Verfolgung besteht kein öffentliches Interesse, wenn weder Gründe der Spezial- oder Generalprävention noch berechtigte Belange der Allgemeinheit oder des Verletzten eine Bestrafung des Täters erfordern (Meyer-Goßner 2006, § 153 Rn 7). Unter den genannten Voraussetzungen kann nach § 153 Abs. 1 S. 1 StPO die Staatsanwaltschaft mit Zustimmung des für die Eröffnung des Hauptverfahrens zuständigen Gerichts von der Verfolgung absehen. Der Zustimmung des Gerichts bedarf es nach S. 2 nicht, wenn das Vergehen nicht mit einer im Mindestmaß erhöhten Strafe bedroht ist und die durch die Tat verursachten Folgen gering sind. Nach Anklageerhebung kann das Gericht gemäß § 153 Abs. 2 S. 1 StPO das Verfahren mit Zustimmung der Staatsanwaltschaft und des Angeschuldigten einstellen.

Eine *Einstellung des Verfahrens gegen Leistungen des Beschuldigten* ermöglicht § 153a StPO. Nach Absatz 1 der Vorschrift kann die Staatanwaltschaft mit Zustimmung des für die Eröffnung des Hauptverfahrens zuständigen Gerichts und des Beschuldigten bei einem Vergehen vorläufig von der Erhebung der öffentlichen Klage absehen und zugleich dem Beschuldigten Auflagen und Weisungen erteilen, wenn diese geeignet sind, das öffentliche Interesse an der Strafverfolgung zu beseitigen, und die Schwere der Schuld nicht entgegensteht. Erfüllt der Beschuldigte die Auflagen und Weisungen innerhalb einer von der Staatsanwaltschaft gesetzten Frist, kann die Tat nicht mehr als Vergehen verfolgt werden. Als Auflagen oder Weisungen kommen nach § 153a Abs. 1 S. 2 StPO insbesondere in Betracht, 1. zur Wiedergutmachung des durch die Tat verursachten Schadens eine bestimmte Leistung zu erbringen, 2. einen Geldbetrag zugunsten einer gemeinnützigen Einrichtung oder der Staatskasse zu zahlen, 3. sonstige gemeinnützige Leistungen zu erbringen, 4. Unterhaltspflichten in einer bestimmten Höhe nachzukommen, 5. sich ernsthaft zu bemühen, einen Ausgleich mit dem Verletzten zu erreichen (Täter-Opfer-Ausgleich) und dabei seine Tat ganz oder zum überwiegenden Teil wiedergutzumachen oder deren Wiedergutmachung zu erstreben, oder 6. an einem Aufbauseminar nach § 2b Abs. 2 S. 2 oder § 4 Abs. 8 S. 4 des Straßenverkehrsgesetzes (besonderes Aufbauseminar nach Teilnahme am Verkehr unter dem Einfluss von Alkohol oder anderer berauschender Mittel) teilzunehmen. Außerdem können sonstige Auflagen oder Weisungen verhängt werden. Mit der Formulierung, dass die Schwere der Schuld nicht entgegenstehen darf, ist gemeint, dass § 153a StPO nur angewendet werden darf, wenn es sich höchstens um eine Schuld im mittleren Bereich handelt (Meyer-Goßner 2006, § 153a Rn 7). Wird eine Auflage oder Weisung nach § 153a Abs. 1 S. 2 Nr. 1 bis 5 ausgesprochen, kann die Staatsanwaltschaft ebenso wie bei § 153 StPO ohne Zustimmung des Gerichts einstellen, wenn das Vergehen nicht mit einer im Mindestmaß erhöhten Strafe bedroht ist und die durch die Tat verursachten Folgen gering sind. Nach Anklageerhebung ist ein Vorgehen nach § 153a StPO durch das Gericht mit Zustimmung der Staatsanwaltschaft und des Angeschuldigten möglich.

Bei den Privatklagedelikten des § 374 StPO, zu denen unter anderem die Beleidigung und die einfache Körperverletzung gehören, erhebt die Staatsanwaltschaft nach § 376 StPO die öffentliche Klage nur, wenn dies im öffentlichen Interesse liegt. Der Begriff des öffentlichen Interesses entspricht im Wesentlichen demjenigen in § 153 StPO (Hilger 1998, § 376 Rn 1). Wird die öffentliche Klage nicht erhoben, wird der Verletzte *auf den Privatklageweg verwiesen*. Erhebt er Privatklage, kann das Gericht das Verfahren nach § 383 Abs. 2 StPO einstellen, wenn die Schuld des Täters gering ist.

Nach § 154 StPO kann die Staatsanwaltschaft und nach Anklageerhebung das Gericht auf Antrag der Staatsanwaltschaft von der Verfolgung einer Tat absehen, wenn die *Sanktion*, zu der die Verfolgung führen kann, neben der Rechtsfolge, die gegen den Täter wegen einer anderen Tat rechtskräftig verhängt worden ist oder die er wegen einer anderen Tat zu erwarten hat, *nicht beträchtlich ins Gewicht fällt* oder wenn ein Urteil wegen der in Rede stehenden Tat in angemessener Frist nicht zu erwarten ist und eine wegen einer anderen Tat rechtskräftig verhängte oder zu erwartende Rechtsfolge zur Einwirkung auf den Täter und zur Verteidigung der Rechtsordnung (d.h. aus generalpräventiven Gründen, vgl. Meyer-Goßner 2006, § 154 Rn 14) ausreichend erscheint. Eine ähnliche Regelung enthält § 154a StPO für einzelne abtrennbare Teile einer Tat oder einzelne von mehreren durch dieselbe Tat begangene Gesetzesverletzungen. Außerdem ist eine Einstellung des Verfahrens nach zahlreichen weiteren Vorschriften möglich (vgl. den Überblick bei Beulke 2006, S. 204).

Der Erledigung des Strafverfahrens ohne förmliche Bestrafung des Täters kommt *in der Praxis erhebliche Bedeutung* zu. Die Anwendung dieser Erledigungsform hat in den letzten Jahrzehnten deutlich zugenommen. Während 1981 etwa 34% der nach allgemeinem Strafrecht sanktionierbaren Personen informell nach den §§ 153 ff. StPO sanktioniert wurden, betrug der Anteil der informellen Sanktionierungen 2002 ca. 52% (Heinz 2004, S. 515). Die informelle Erledigung dient insbesondere der Staatsanwaltschaft als ein Mittel zur Bewältigung steigender Verfahrenszahlen und zur Vermeidung kostenintensiver Gerichtsverfahren. Eine Einstellung des Verfahrens ohne förmliche Bestrafung kann bei leichterer Kriminalität durchaus sinnvoll sein. Da die Einstellungsvoraussetzungen nur durch unbestimmte Rechtsbegriffe geregelt sind, besteht allerdings die Gefahr einer ungleichen Rechtsanwendung (ebd., S. 518). Außerdem muss die Gefahr gesehen werden, dass Einstellungsvorschriften sachfremd angewendet werden könnten, z.B. § 153a StPO zur Vermeidung von Freisprüchen bei Beweisschwierigkeiten oder im Sinne einer Bevorzugung sozial besser gestellter Beschuldigter (Dölling 1992, S. 268).

### 2.5.2.2 Das Absehen von Strafe

In einer Reihe von Fällen besteht nach dem Gesetz die Möglichkeit, dass das Gericht den Täter schuldig spricht, aber von einer Strafe absieht. Die strafrechtliche Reaktion beschränkt sich dann auf den *Schuldspruch*, mit dem ein sozialethisches Unwerturteil über die Tat ausgesprochen und dem

Täter die Tatbegehung persönlich vorgeworfen wird (Meier 2006, S. 47). Ein Strafübel wird dem Täter nicht auferlegt. Die Entscheidung wird nicht in das Strafregister eingetragen (Zipf 1989, S. 663). Die Vorschriften, die ein *Absehen von Strafe* zulassen, beruhen auf *unterschiedlichen Gründen* (Jescheck u. Weigend 1996, S. 861 ff.): Es kann eine Unrechtsminderung vorliegen (z. B. § 23 Abs. 3 StGB: Der Täter verkennt aus grobem Unverstand, dass der Versuch nicht zum Erfolg führen kann), es kann die Schuld gemindert sein (etwa § 157 Abs. 1 StGB: falsche uneidliche Aussage, um eine Bestrafung von einem Angehörigen oder sich selbst abzuwenden), es können Unrecht und Schuld gering sein (z. B. § 129 Abs. 5 StGB: an einer kriminellen Vereinigung Beteiligter, dessen Schuld gering und dessen Mitwirkung von untergeordneter Bedeutung ist), es kann eine Abwendung weiteren Schadens nach Vollendung der Tat vorliegen (etwa § 306 e Abs. 1 StGB: freiwilliges Löschen des Brandes, bevor ein erheblicher Schaden entsteht), die Folgen der Tat, die den Täter getroffen haben, können so schwer sein, dass eine Bestrafung offensichtlich verfehlt wäre (§ 60 StGB), oder ein Täter-Opfer-Ausgleich bzw. eine Schadenswiedergutmachung können eine Strafe entbehrlich erscheinen lassen (§ 46 a StGB). In den genannten Fällen hat das Gericht in der Regel nach pflichtgemäßem Ermessen zu entscheiden, ob es von Strafe absieht, die Strafe einem gemilderten Strafrahmen entnimmt oder aus dem Regelstrafrahmen straft. Eine Ausnahme hiervor ist § 60 StGB: Liegen dessen Voraussetzungen vor, muss das Gericht von Strafe absehen. Wenn die Voraussetzungen für ein Absehen von Strafe durch das Gericht gegeben sind, ermöglicht es § 153 b StPO der Staatsanwaltschaft, das Verfahren mit Zustimmung des Gerichts einzustellen, sodass es nicht zu einer Hauptverhandlung kommt. Ein Absehen von Strafe in der Hauptverhandlung erfolgt verhältnismäßig selten. Im Jahr 2004 sahen die Gerichte bei 388 nach allgemeinem Strafrecht abgeurteilten Personen von Strafe ab (Statistisches Bundesamt 2006 a, S. 54 f.; die statistischen Angaben beziehen sich hier und im Folgenden auf die alten Bundesländer). Das sind 0,05% aller nach allgemeinem Strafrecht Abgeurteilten. Im Folgenden werden § 60 und § 46 a StGB näher behandelt.

Voraussetzung für ein Absehen von Strafe nach *§ 60 StGB* ist gemäß S. 1 der Vorschrift, dass die Folgen der Tat, die den Täter getroffen haben, so schwer sind, dass die Verhängung einer Strafe offensichtlich verfehlt wäre. Die *Folgen der Tat für den Täter* müssen über die typischerweise mit der Begehung von Straftaten verbundenen Folgen wie Schadensersatzpflichten oder Selbstvorwürfe deutlich hinausgehen (Meier 2006, S. 48). In Betracht kommen z. B. schwere Verletzungen, die sich der Täter durch die Tatbegehung selbst zugezogen hat, oder der durch die Tat verursachte Verlust eines nahen Angehörigen. Aufgrund dieser Tatfolgen für den Täter muss eine *Strafe offensichtlich verfehlt* sein. Eine Strafe ist verfehlt, wenn kein Strafzweck eine Sanktionierung des durch die Tatfolgen schon genug „gestraften" Täters erfordert (BGHSt 27, 300; Streng 2002, S. 288). Teilweise wird von einer poena naturalis gesprochen (Jescheck u. Weigend 1996, S. 862). Wie aus dem Erfordernis der Offensichtlichkeit hervorgeht, muss das Verfehltsein der Strafe so deutlich sein, dass es jedem ernsthaften Zweifel entrückt ist (BGHSt 27, 298; Lackner u. Kühl 2004, § 60 Rn 3). Zweifel an der Wertung einer Strafe als verfehlt gehen daher zu Lasten des Täters. Ein Absehen von Strafe darf nach § 60 S. 2 StGB *nicht* erfolgen, wenn der Täter für die Tat eine *Freiheitsstrafe von mehr als einem Jahr* verwirkt hat. Das hypothetische Strafmaß ist nach herrschender Meinung nach den allgemeinen Strafzumessungsgrundsätzen festzulegen, wobei die Folgen der Tat für den Täter bereits strafmildernd zu berücksichtigen sind (Jescheck u. Weigend 1996, S. 864; Lackner u. Kühl 2004, § 60 Rn 4; Tröndle u. Fischer 2007, § 60 Rn 3: aA Meier 2006, S. 49; Streng 2002, S. 288 f., nach denen die Tatfolgen für den Täter bei der Festlegung der verwirkten Strafe außer Betracht zu bleiben haben).

Nach *§ 46 a StGB* kann das Gericht unter bestimmten Voraussetzungen nach einem Täter-Opfer-Ausgleich oder einer Schadenswiedergutmachung von Strafe absehen. Die Vorschrift enthält zwei Alternativen. *§ 46 a Nr. 1 StGB* setzt voraus, dass der Täter in dem Bemühen, einen Ausgleich mit dem Verletzten zu erreichen (Täter-Opfer-Ausgleich), seine Tat ganz oder zum überwiegenden Teil wiedergutmacht oder deren Wiedergutmachung ernsthaft erstrebt. Unter einem *Täter-Opfer-Ausgleich* ist eine friedensstiftende Konfliktregelung zwischen Täter und Opfer zu verstehen. Sie setzt nach der Rechtsprechung einen kommunikativen Prozess zwischen Täter und Opfer voraus, der zu einer Einigung über konstruktive Leistungen des Täters führt, die vom Opfer als friedensstiftender Ausgleich akzeptiert werden (BGHSt 48, 134, 139 ff.). Das Verhalten des Täters muss „Ausdruck der Übernahme von Verantwortung" sein (BGHSt ebd., 141; kritisch hierzu Schöch 2000, S. 326). Der Täter-Opfer-Ausgleich kann unter Vermittlung durch einen unparteiischen Dritten erfolgen, notwendig ist die Einschaltung eines Schlichters aber nicht (Rössner u. Klaus 1998, S. 50). Auch eine persönliche Begegnung zwischen Täter und Opfer ist nicht erforderlich; insbesondere können die Verhandlungen zwischen den Rechtsanwälten des Täters und des Opfers geführt werden. Ein Täter-Opfer-Ausgleich setzt voraus, dass durch die Straftat ein persönlich ansprechbares Opfer verletzt worden ist. Er ist nicht auf leichte Delikte beschränkt, sondern kommt auch bei gewichtigen Straftaten in Betracht (Meier 2006, S. 327). § 46 a Nr. 1 StGB verlangt nicht unbedingt, dass es zu einer Einigung zwischen dem Täter und dem Opfer kommt; vielmehr kann das *Bemühen des Täters* um einen Ausgleich genügen. Auch eine vollständige oder überwiegende Wiedergutmachung der Tat ist nicht erforderlich; das ernsthafte Erstreben der Wiedergutmachung kann ausreichen. Der Verletzte kann frei darüber entscheiden, ob er an einem Täter-Opfer-Ausgleich mitwirkt. Auf ihn darf kein Druck ausgeübt werden. Lehnt der Verletzte eine Beteiligung am Täter-Opfer-Ausgleich ab, kann eine Anwendung des § 46 a Nr. 1 StGB aufgrund des Ausgleichsbemühens des Täters in Betracht kommen (Loos 1999, S. 864; aA BGHSt 48, 134, 142 f., wonach die Vorschrift ausscheidet, wenn das Opfer sich nicht auf einen kommunikativen Prozess mit dem Täter einlässt).

Während § 46 a Nr. 1 StGB vor allem auf den ideellen Ausgleich zwischen Täter und Opfer abhebt, hat *§ 46 a Nr. 2 StGB* die materielle *Scha-*

*denswiedergutmachung* zum Gegenstand. Die Vorschrift setzt voraus, dass der Täter in einem Fall, in welchem die Schadenswiedergutmachung von ihm erhebliche persönliche Leistungen oder persönlichen Verzicht erfordert hat, das Opfer ganz oder zum überwiegenden Teil entschädigt. Danach muss der Täter den Schaden vollständig oder zu mehr als der Hälfte (Schöch 2000, S. 317, 321) ausgleichen. Das bloße Bemühen um Schadenswiedergutmachung reicht anders als bei § 46a Nr. 1 StGB nicht aus. Außerdem muss die Schadenswiedergutmachung von dem Täter *erhebliche persönliche Leistungen oder persönlichen Verzicht* erfordern. Danach genügt allein die Erfüllung der dem Opfer nach Zivilrecht zustehenden Schadensersatzansprüche nicht. Der Täter muss vielmehr einen über die rein rechnerische Kompensation hinausgehenden Beitrag erbringen (BGHSt 48, 134, 144). Dieser kann z.B. in umfangreichen Arbeiten in der Freizeit oder in erheblichen Einschränkungen im finanziellen Bereich bestehen (Tröndle u. Fischer 2007, § 46a Rn 11).

Die beiden Alternativen des § 46a StGB umschreiben selbstständige Voraussetzungen, die jede für sich zu den Rechtsfolgen des § 46a StGB führen können. Im Einzelfall können jedoch beide Alternativen erfüllt sein (BGHSt 48, 134, 138; Lackner u. Kühl 2004, § 46a Rn 4a). Als *Rechtsfolge* ordnet § 46a StGB an, dass das Gericht die Strafe nach § 49 Abs. 1 StGB mildern oder, wenn keine höhere Strafe als Freiheitsstrafe bis zu einem Jahr oder Geldstrafe bis zu 360 Tagessätzen verwirkt ist, von Strafe absehen kann. Das Gericht hat nach pflichtgemäßem Ermessen darüber zu entscheiden, ob es von diesen Möglichkeiten Gebrauch macht (dazu Loos 1999, S. 865ff.; Rössner u. Klaus 1998, S. 5f.). Schadenswiedergutmachung und Täter-Opfer-Ausgleich können auch im Rahmen von *§ 153a StPO* nach Abs. 1 S. 2 Nr. 1 und 6 dieser Vorschrift aufgegeben werden und dann zur Einstellung des Strafverfahrens führen. Nach *§ 155a StPO* sollen die Staatsanwaltschaft und das Gericht in jedem Stadium des Verfahrens die Möglichkeit prüfen, einen Ausgleich zwischen Beschuldigten und Verletzten zu erreichen, und in geeigneten Fällen darauf hinwirken, wobei gegen den ausdrücklichen Willen des Verletzten die Eignung nicht angenommen werden darf.

Mit den dargestellten Regelungen hat das deutsche Strafrecht die seit einigen Jahrzehnten auf nationaler und internationaler Ebene wirksamen Bestrebungen aufgenommen, auf Straftaten mit *Täter-Opfer-Ausgleich und Wiedergutmachung* zu reagieren (zusammenfassend zu diesen Bestrebungen Dölling et al. 1998; Weitekamp u. Kerner 2003). Diese Bestrebungen tragen der Erkenntnis Rechnung, dass durch Täter-Opfer-Ausgleich und Schadenswiedergutmachung zu einem erheblichen Teil die *Strafzwecke* verwirklicht werden können (Dölling 1992, S. 494, 498; Roxin 2006, S. 103f.): Durch die Wiedergutmachung erbringt der Täter eine Leistung zum Ausgleich der Unrechtsfolgen und trägt damit zum Schuldausgleich bei. Durch die Konfrontation mit dem Opfer wird dem Täter das von ihm verursachte Unrecht vor Augen geführt und Neutralisierungstendenzen, die zu einer Verharmlosung des Unrechts führen können, entgegengewirkt. Außerdem kann der Täter konstruktive Möglichkeiten der Konfliktlösung erlernen.

Hierdurch wirkt der Täter-Opfer-Ausgleich spezialpräventiv auf den Täter ein. Schließlich bringt der Täter durch die Entschuldigung für die Tat und die Wiedergutmachung der Tatfolgen zum Ausdruck, dass er sich von dem Normbruch distanziert und die Norm anerkennt. Damit leistet er einen Beitrag zur generalpräventiven Normbekräftigung. Außerdem tragen Täter-Opfer-Ausgleich und Wiedergutmachung dem *Interesse des Tatopfers* Rechnung: Sie machen deutlich, dass dem Opfer Unrecht geschehen ist und es die Respektierung seiner Rechtsgüter verlangen kann, ermöglichen es dem Verletzten, seine Sichtweise von der Tat in das Strafverfahren einzubringen, und können ihm dazu verhelfen, schneller als in einem Zivilprozess Schadensersatz zu erhalten. Allerdings kann der Täter-Opfer-Ausgleich das Strafrecht nicht ersetzen, sondern muss er in die Strafrechtspflege integriert werden, damit ein eventuelles Machtgefälle zwischen Täter und Opfer ausgeglichen werden kann und die durch die Straftat verletzten Interessen der Allgemeinheit zur Geltung gebracht werden können (Dölling 1992, S. 497).

In einer Reihe von Projekten, in denen sich Vermittler um eine Konfliktschlichtung bemühen, ist in einer erheblichen Zahl von Fällen ein Ausgleich zwischen Tätern und Opfern und eine Schadenswiedergutmachung gelungen, so dass das Strafverfahren eingestellt oder die Strafe gemildert werden konnte (vgl. die Befunde der Täter-Opfer-Ausgleichs-Statistik bei Kerner u. Hartmann 2004). Die quantitative Bedeutung des Täter-Opfer-Ausgleichs in der Praxis der Strafrechtspflege ist allerdings weiterhin verhältnismäßig gering. Teilweise wird vorgeschlagen, die Wiedergutmachung neben den Strafen und den Maßregeln der Besserung und Sicherung als eine „*dritte Spur*" im Sanktionssystem zu verankern (Baumann et al. 1992, S. 21 ff.; Roxin 2006, S. 104). Soweit ist der Gesetzgeber jedoch bisher nicht gegangen. Täter-Opfer-Ausgleich und Schadenswiedergutmachung sind nach geltendem Recht der Strafe gewissermaßen vorgelagert, indem sie unter bestimmten Voraussetzungen zum Absehen von Strafe oder zur Strafmilderung führen können (Streng 2002, S. 242: bloßes Strafzumessungsmodell). In geeigneten Fällen empfiehlt es sich, Täter-Opfer-Ausgleich und Schadenswiedergutmachung bereits im Ermittlungsverfahren einzuleiten; ein Ausgleich kommt aber auch noch in der Hauptverhandlung in Betracht (BGH StV 2000, 129: auch nach Rechtskraft des Schuldspruchs).

### 2.5.2.3 Die Strafen

### 2.5.2.3.1 Die Geldstrafe

Die Geldstrafe ist die *quantitativ bedeutsamste Strafe* des deutschen Rechts. Circa 80% aller nach allgemeinem Strafrecht Verurteilten erhalten eine Geldstrafe (Streng 2002, S. 59). Im Jahr 2004 war das bei 540 209 von 670 279 Verurteilten der Fall (Statistisches Bundesamt 2006 a, S. 84 f.). Mit der Geldstrafe soll dem Täter Einkommen entzogen werden, wodurch er zu Konsumverzicht und Einschränkung der Lebensführung gezwungen wird

(Meier 2006, S. 58). Hiermit sollen unter Vermeidung der schädlichen Folgen einer Freiheitsentziehung die spezial- und generalpräventiven Wirkungen der Strafe erreicht werden. Ob die Geldstrafe die intendierte *höchstpersönliche Strafwirkung* erreicht, kann allerdings zweifelhaft sein. So ist es denkbar, dass der Verurteilte nicht seinen eigenen Lebensstandard einschränkt, sondern Unterhaltspflichten gegenüber Angehörigen vernachlässigt. Außerdem kann es geschehen, dass Dritte die Geldstrafe für den Verurteilten bezahlen, z. B. der Arbeitgeber, wenn der Verurteilte die Straftat in Ausübung seines Berufs begangen hat. Dies soll nach der neueren Rechtsprechung nicht als Strafvollstreckungsvereitelung gemäß § 258 Abs. 2 StGB strafbar sein (BGHSt 37, 226; aA Hillenkamp 1992; Dölling 2004, S. 643 f.). Trotz dieser Probleme hat sich die Geldstrafe als eine sachgerechte Reaktion auf leichtere bis mittlere Kriminalität erwiesen.

*Voraussetzung für die Verhängung* einer Geldstrafe ist grundsätzlich, dass das Gesetz für den Straftatbestand, den der Täter verwirklicht hat, Geldstrafe androht. Außerdem kann eine Geldstrafe nach § 47 Abs. 2 StGB auch dann verhängt werden, wenn für den Straftatbestand nur Freiheitsstrafe angedroht ist, aber eine Freiheitsstrafe von sechs Monaten oder mehr nicht in Betracht kommt. In diesem Fall verhängt das Gericht eine Geldstrafe, wenn nicht nach § 47 Abs. 1 StGB aufgrund besonderer Umstände in der Tat oder der Persönlichkeit des Täters die Verhängung einer Freiheitsstrafe zur Einwirkung auf den Täter oder zur Verteidigung der Rechtsordnung unerlässlich ist. Weiterhin kann das Gericht nach § 49 Abs. 2 StGB in den Fällen, in denen das Gesetz auf diese Vorschrift verweist, statt auf Freiheitsstrafe auf Geldstrafe erkennen. Nach § 41 StGB kann ausnahmsweise eine Geldstrafe neben einer Freiheitsstrafe verhängt werden. Voraussetzung hierfür ist, dass der Täter sich durch die Tat bereichert oder zu bereichern versucht hat und die Verhängung einer Geldstrafe neben einer Freiheitsstrafe auch unter Berücksichtigung der persönlichen und wirtschaftlichen Verhältnisse des Täters angebracht ist. Dies kommt bei einkommensstarken Bereicherungstätern in Betracht, die gegenüber Geldstrafen besonders empfindlich sind (BGHSt 26, 325, 327 f.).

Bei der *Bemessung der Geldstrafe* besteht das Problem, dass sich der Entzug eines bestimmten Geldbetrages auf Arme und Reiche unterschiedlich auswirkt. Um zu erreichen, dass Täter, die Taten mit gleichem Schuldgehalt begangen haben, aber wirtschaftlich unterschiedlich situiert sind, durch die Geldstrafe gleich getroffen werden, ordnet § 40 StGB an, dass die Geldstrafe nach dem *Tagessatzsystem* verhängt wird. Danach erfolgt die Bemessung der Geldstrafe in zwei Schritten: Im ersten Schritt legt das Gericht die *Zahl der Tagessätze* fest. Nach § 40 Abs. 1 S. 2 StGB beträgt die Zahl der Tagessätze bei Verurteilung wegen einer Tat mindestens 5 und höchstens 360. Wird der Täter wegen mehrerer Taten zu einer Gesamtgeldstrafe verurteilt, beläuft sich die Obergrenze gemäß § 54 Abs. 2 S. 2 StGB auf 720 Tagessätze. Innerhalb dieses Rahmens ist die Zahl der Tagessätze nach den *allgemeinen Strafzumessungsregeln* des § 46 StGB zu bestimmen (Tröndle u. Fischer 2007, § 40 Rn 5). Danach richtet sich die Zahl der Tagessätze in erster Linie nach dem Schuldgehalt der Tat. Außerdem können spezial- und generalpräventive Gesichtspunkte berücksichtigt werden (Lackner u. Kühl 2004, § 40 Rn 5; aA Horn 2001, § 40 Rn 4). Für arme und reiche Täter wird somit – abgesehen von präventiven Aspekten – für Taten mit gleich hohem Schuldgehalt die gleiche Zahl von Tagessätzen verhängt.

Im zweiten Schritt wird die *Höhe des Tagessatzes* festgelegt. Dieser Schritt dient zur *Anpassung der Geldstrafe an die wirtschaftliche Leistungsfähigkeit des Täters* (Zipf 1989, S. 504). Ein Tagessatz wird nach § 40 Abs. 2 S. 3 StGB auf mindestens einen und höchstens 5000 Euro festgesetzt. Die Höhe des Tagessatzes bestimmt das Gericht gemäß § 40 Abs. 2 S. 1 StGB unter Berücksichtigung der persönlichen und wirtschaftlichen Verhältnisse des Täters. Dabei geht es nach § 40 Abs. 2 S. 2 StGB in der Regel von dem Nettoeinkommen aus, das der Täter durchschnittlich an einem Tag hat oder haben könnte. Damit hat sich der Gesetzgeber im Interesse der generalpräventiven Wirksamkeit der Geldstrafe für das *Nettoeinkommensprinzip* entschieden, nach dem durch die Geldstrafe das gesamte Nettoeinkommen des Verurteilten abgeschöpft wird. Nicht gefolgt ist der Gesetzgeber dem weniger strengen Einbußeprinzip, nach dem ein Tagessatz den Geldbetrag umfassen soll, dessen Einbuße dem Täter unter Berücksichtigung seiner wirtschaftlichen und persönlichen Verhältnisse täglich zuzumuten ist (Lackner u. Kühl 2004, Vor § 40 Rn 2).

Der Begriff des Nettoeinkommens ist strafrechtlich und nicht steuerrechtlich zu verstehen. Er umfasst alle Einkünfte aus selbstständiger und nichtselbstständiger Arbeit sowie aus sonstigen Einkunftsarten, insbesondere Lohn, Gehalt, Renten-, Vermögens- und Unterhaltsbezüge, Arbeitslosengeld, Sozialhilfe, Einkünfte aus Kapitalvermögen, Vermietung und Verpachtung (Tröndle u. Fischer 2007, § 40 Rn 7). Da die Geldstrafe nicht die Aufgabe hat, Vermögen abzuschöpfen, bleibt das Vermögen des Verurteilten bei der Bemessung der Tagessatzhöhe grundsätzlich unberücksichtigt. Bei großen Vermögen wird aber eine Anhebung der Tagessatzhöhe für zulässig gehalten, weil die Geldstrafe den Täter sonst nicht empfindlich treffen und damit die Strafwirkung der Geldstrafe vereitelt würde (Zipf 1989, S. 514). Von den Einkünften sind insbesondere die direkten Steuern und Sozialabgaben, bei Selbstständigen Betriebsausgaben und -verluste sowie Unterhaltsverpflichtungen abzuziehen (Lackner u. Kühl 2004, § 40 Rn 7, 11). Andere Verbindlichkeiten werden von einer Ansicht als berücksichtigungsfähig angesehen, wenn sie Bestandteil einer angemessenen und vorausschauenden Lebensplanung sind (Stree 2006, § 40 Rn 14a), nach anderer Auffassung sind sie nur dann zu berücksichtigen, wenn dies zur Vermeidung einer unbilligen Härte angezeigt ist (Lackner u. Kühl 2004, § 40 Rn 11). Nach § 40 Abs. 2 S. 2 StGB kommt es für die Tagessatzhöhe nicht nur auf das tatsächliche, sondern auch auf das erzielbare Einkommen an. Auf dieses ist abzustellen, wenn der Täter zumutbare Erwerbstätigkeiten ohne billigenswerten Grund nicht wahrnimmt (Tröndle u. Fischer 2007, § 40 Rn 8). Hierdurch soll verhindert werden, dass der Täter durch gezielten Verzicht auf Einkünfte die Geldstrafe unterläuft (Streng 2002, S. 64).

Der von dem Verurteilten zu zahlende Geldbetrag ergibt sich aus der *Multiplikation* der Zahl der Tagessätze mit der Tagessatzhöhe. Bei der Bemessung der Geldstrafe darf allerdings nicht rein schematisch vorgegangen werden (Tröndle u. Fischer 2007, § 40 Rn 21). Dies folgt aus dem Wortlaut des § 40 Abs. 2 S. 1 und 2 StGB, der dem Gericht auf der Grundlage des Nettoeinkommensprinzips einen gewissen Spielraum bei der Anpassung der Tagessatzhöhe an die wirtschaftliche Belastbarkeit des jeweiligen Täters gibt, und aus § 46 Abs. 1 S. 2 StGB, nach dem die Strafe keine entsozialisierende Wirkung haben soll (Jescheck u. Weigend 1996, S. 773). Danach kann sich auch die Zahl der Tagessätze auf ihre Höhe auswirken (Lackner u. Kühl 2004, § 40 Rn 13). Da sich die Geldstrafe mit ansteigender Zahl der Tagessätze zunehmend bedrückender auf den Täter auswirkt, kann bei hohen Tagessatzzahlen (über 90) der progressiven Steigerung des Strafübels durch eine Minderung der Tagessatzhöhe entgegengewirkt werden (BGHSt 26, 325, 331; Tröndle u. Fischer 2007, § 40 Rn 24).

Stehen Zahl und Höhe der Tagessätze und damit der vom Verurteilten zu zahlende Geldbetrag fest, hat das Gericht nach § 42 StGB von Amts wegen zu prüfen, ob dem Verurteilten *Zahlungserleichterungen* zu gewähren sind. Die Geldstrafe soll zwar grundsätzlich sofort und in vollem Umfang gezahlt werden, damit sie spürbar wirkt, dem Verurteilten dürfen aber keine Verpflichtungen auferlegt werden, deren Erfüllung ihm unmöglich oder unzumutbar ist. Außerdem soll auf die Schadenswiedergutmachung an das Tatopfer Rücksicht genommen werden. Voraussetzung für Zahlungserleichterungen nach § 42 S. 1 StGB ist, dass dem Verurteilten nach seinen persönlichen und wirtschaftlichen Verhältnissen nicht zuzumuten ist, die Geldstrafe sofort zu zahlen. Das ist der Fall, wenn der Verurteilte keine ausreichenden Rücklagen hat und er die Geldstrafe im Hinblick auf Lebensbedarf und laufende Verpflichtungen nicht auf einmal aus seinen laufenden Einnahmen aufbringen kann (Lackner u. Kühl 2004, § 42 Rn 2). Liegen die Voraussetzungen vor, müssen die Zahlungserleichterungen nach der zwingenden Vorschrift des § 42 S. 1 StGB bewilligt werden (Tröndle u. Fischer 2007, § 42 Rn 6). Die Zahlungserleichterung kann entweder in der Einräumung einer Zahlungsfrist oder in der Erlaubnis zur Ratenzahlung bestehen. Nach § 42 S. 2 StGB kann das Gericht anordnen, dass die Ratenzahlungserlaubnis entfällt, wenn der Verurteilte einen Teilbetrag nicht rechtzeitig zahlt. Gemäß § 42 S. 3 StGB soll das Gericht Zahlungserleichterungen auch gewähren, wenn ohne die Bewilligung die Wiedergutmachung des durch die Straftat verursachten Schadens durch den Verurteilten erheblich gefährdet wäre.

Die Ermittlung der tatsächlichen Grundlagen für die Bemessung der Tagessatzhöhe kann erhebliche Schwierigkeiten bereiten. Deshalb erlaubt § 40 Abs. 3 StGB die *Schätzung* der Einkünfte des Täters, seines Vermögens und anderer Grundlagen für die Bemessung eines Tagessatzes. Damit wird die gerichtliche Aufklärungspflicht nach § 244 Abs. 2 StPO, nach der das Gericht zur Erforschung der Wahrheit die Beweisaufnahme auf alle Tatsachen und Beweismittel zu erstrecken hat, die für die Entscheidung von Bedeutung sind, und die auch für die Umstände gilt, die für die Bestimmung der Rechtsfolgen erheblich sind, eingeschränkt. Voraussetzung für die Schätzung ist, dass der Täter keine, unzureichende oder unzutreffende Angaben über seine wirtschaftlichen Verhältnisse macht und diese nicht ohne weiteres und ohne unzumutbaren Aufwand zu ermitteln sind (Tröndle u. Fischer 2007, § 40 Rn 19). Das Gericht kann sich dann auf die Erarbeitung einer hinreichend konkreten Schätzungsgrundlage beschränken, wenn weitere Ermittlungen im Verhältnis zum Ausmaß der noch bestehenden Ungewissheiten und zur Tatschwere einen unangemessenen Aufwand darstellen würden (Lackner u. Kühl 2004, § 40 Rn 17; Meier 2006, S. 71 f.).

Mit der Rechtskraft der Verurteilung zu einer Geldstrafe wird eine öffentlich-rechtliche Verpflichtung des Verurteilten zur Zahlung des festgesetzten Betrages an die Staatskasse begründet (Zipf 1989, S. 505). Zahlt der Verurteilte die Geldstrafe nicht und kann sie auch nicht im Wege der Zwangsvollstreckung beigetrieben werden, ist die Geldstrafe uneinbringlich. Dann tritt nach § 43 S. 1 StGB an die Stelle der Geldstrafe die *Ersatzfreiheitsstrafe*. Hierbei entspricht gemäß § 43 S. 2 StGB einem Tagessatz ein Tag Freiheitsstrafe. Die Ersatzfreiheitsstrafe ist echte Strafe und nicht ein Beugemittel zur Durchsetzung der Zahlung der Geldstrafe (BGHSt 20, 13, 16; Tröndle u. Fischer 2007, § 43 Rn 2). Die Verbüßung der Ersatzfreiheitsstrafe tilgt zugleich die Geldstrafe, so dass deren spätere Beitreibung ausgeschlossen ist (Lackner u. Kühl 2004, § 43 Rn 1). Die Geldstrafe kann noch nach Anordnung der Vollstreckung der Ersatzfreiheitsstrafe bezahlt werden. Nach § 459 f StPO ordnet das Gericht an, dass die Vollstreckung der Ersatzfreiheitsstrafe unterbleibt, wenn die Vollstreckung für den Verurteilten eine unbillige Härte wäre. Das ist nur der Fall, wenn die Vollstreckung eine außerhalb des Strafzwecks liegende zusätzliche Härte bedeuten würde (Tröndle u. Fischer 2007, § 43 Rn 10). Art. 293 EGStGB ermächtigt die Landesregierungen, durch Rechtsverordnungen Regelungen zu treffen, wonach dem Verurteilten gestattet werden kann, die Vollstreckung der Ersatzfreiheitsstrafe durch *freie Arbeit* abzuwenden. Diese Möglichkeit besteht in allen Bundesländern. Bei der freien Arbeit handelt es sich um unentgeltliche gemeinnützige Tätigkeiten wie z. B. Pflege von Außenanlagen und Hilfsarbeiten in sozialen Einrichtungen (Streng 2002, S. 67). In der Regel kann mit sechs Stunden gemeinnütziger Arbeit ein Tag Ersatzfreiheitsstrafe abgelöst werden (Meier 2006, S. 74).

In der *Praxis* liegt die Zahl der Tagessätze bei etwa der Hälfte der Geldstrafen im Bereich von 5 bis 30. Tagessatzzahlen von mehr als 90 werden nur selten verhängt. Im Jahr 2004 betrug die Zahl der Tagessätze bei 49% der Geldstrafen 5 bis 30 und bei 45% 31 bis 90. Lediglich bei 6% der Geldstrafen lag die Tagessatzzahl über 90 (berechnet nach Statistisches Bundesamt 2006 a, S. 176 f.). Die Zurückhaltung der Gerichte bei der Verhängung von Geldstrafen mit hohen Tagessatzzahlen könnte damit zusammenhängen, dass die Bezahlung hoher Geldstrafen vielen Tätern erhebliche Schwierigkeiten bereiten dürfte und dass den Gerichten außerdem die Geldstrafe bei gravierenden Delikten nicht mehr als ausreichende Sanktion erscheint (Meier 2006, S. 76). Bei der Höhe der Tagessätze sind Beträge von mehr als

10 bis 25 Euro am häufigsten. 2004 betrug die Tagessatzhöhe bei 7% der Geldstrafen bis zu 5 Euro, bei 26% mehr als 5 und bis zu 10 Euro und bei 41% mehr als 10 bis zu 25 Euro; 24% beliefen sich auf mehr als 25 und bis zu 50 Euro und bei 2% der Geldstrafen überstieg die Tagessatzhöhe 50 Euro (berechnet nach Statistisches Bundesamt 2006a, S. 176 ff.). Hierbei besteht eine Tendenz, dass mit steigenden Tagessatzzahlen auch die Tagessatzhöhe ansteigt. Geldstrafen mit hohen Tagessatzzahlen scheinen danach insbesondere bei Tätern mit guten finanziellen Verhältnissen verhängt zu werden, die einen Entzug des Nettoeinkommens über längere Zeit verkraften können (Streng 2002, S. 70).

Nach empirischen Untersuchungen bewilligen die Gerichte bei fast einem Drittel der Geldstrafen Ratenzahlungen. Circa die Hälfte aller Geldstrafen wird pünktlich bezahlt, etwa ein Viertel nach Mahnungen. Zwangsvollstreckungen bleiben überwiegend erfolglos. Etwa 10% der Geldstrafen werden erst nach Anordnung der Ersatzfreiheitsstrafe beglichen (Albrecht 1980, S. 23 ff.). Der Anteil der zu Geldstrafe Verurteilten, bei denen eine Ersatzfreiheitsstrafe vollstreckt werden muss, wird mit 5 bis 10% veranschlagt (Meier 2006, S. 77). Zur Vollstreckung der Ersatzfreiheitsstrafe kommt es vor allem bei Personen, die durch Arbeitslosigkeit, niedrige Berufsposition und Belastung mit Vorstrafen gekennzeichnet sind und damit Ähnlichkeiten mit den zu Freiheitsstrafe Verurteilten aufweisen (Albrecht 1980, S. 257 ff.; Janssen 1994, S. 206 f.; Villmow 1998, S. 1296 ff.). Zur Leistung gemeinnütziger Arbeit dürfte es in etwa 9% der Fälle von uneinbringlicher Geldstrafe kommen (Feuerhelm 1991, S. 69 ff.). Die zu Geldstrafe verurteilten Täter werden überwiegend nicht rückfällig. Für die 1994 zu einer Geldstrafe Verurteilten ergab sich in einem Untersuchungszeitraum von vier Jahren eine Rückfallquote von 30% (Jehle et al. 2003, S. 37).

#### 2.5.2.3.2 Die Verwarnung mit Strafvorbehalt

Wird gegen den Täter eine Geldstrafe verhängt, kann die Vollstreckung der Geldstrafe nicht zur Bewährung ausgesetzt werden. Hierdurch soll die präventive Wirkung der Geldstrafe gesichert und sollen Spannungen zum Ordnungswidrigkeitenrecht, das eine Aussetzung der Vollstreckung der Geldbuße nicht kennt, vermieden werden. In Ausnahmefällen hat das Gericht aber nach § 59 ff. StGB die Möglichkeit, gegen den Täter eine Verwarnung mit Strafvorbehalt auszusprechen statt ihn zu einer Geldstrafe zu verurteilen. Die Verwarnung mit Strafvorbehalt besteht aus *vier Elementen*: Das Gericht spricht den Täter schuldig, verwarnt ihn, bestimmt eine Geldstrafe in bestimmter Höhe und behält die Verurteilung zu dieser Strafe für eine Bewährungszeit vor. Die Verwarnung mit Strafvorbehalt hat also keinen Strafcharakter; sie wird nicht in das Führungszeugnis eingetragen (§ 32 Abs. 2 Nr. 1 BZRG). Steht der Täter die Bewährungszeit durch, hat es bei der Verwarnung sein Bewenden; bewährt er sich nicht, wird die bereits im Urteil bestimmte Geldstrafe verhängt. Die Verwarnung mit Strafvorbehalt ist ein *Reaktionsmittel eigener Art* (Stree 2006, § 59 Rn 1). Ihr Ziel ist es, im unteren Kriminalitätsbereich insbesondere Ersttätern eine Bestrafung zu ersparen, gleichwohl aber spezialpräventiv auf sie einzuwirken (Meier 2006, S. 51).

Die *Voraussetzungen* für eine Verwarnung mit Strafvorbehalt sind in § 59 StGB geregelt. Danach kommt eine Verwarnung mit Strafvorbehalt nur in Betracht, wenn der Täter *Geldstrafe bis zu 180 Tagessätzen verwirkt* hat. Sind Maßregeln der Besserung und Sicherung zu verhängen, ist die Verwarnung mit Strafvorbehalt nach § 59 Abs. 3 S. 2 StGB nicht zulässig. Die zweite Voraussetzung ist eine *günstige Legalprognose*: Es muss zu erwarten – also wahrscheinlich – sein, dass der Täter künftig auch ohne Verurteilung zu Strafe keine Straftaten mehr begehen wird. Außerdem müssen nach der Gesamtwürdigung von Tat und Persönlichkeit des Täters *besondere Umstände* vorliegen, die eine Verhängung von Strafe entbehrlich machen. In Betracht kommen z. B. Fälle, in denen der Täter in einer besonderen Konfliktlage oder in gutem Glauben gehandelt hat und die Tatschuld deshalb stark gemindert ist. Weiterhin darf die *Verteidigung der Rechtsordnung* die Verurteilung zu Strafe nicht gebieten. Dieser generalpräventive Ausschlussgrund wird unter 2.5.2.3.3, Abschn. „Die kurze Freiheitsstrafe" näher behandelt.

Nach dem Wortlaut des § 59 Abs. 1 StGB („kann") steht die Verwarnung mit Strafvorbehalt im *Ermessen* des Gerichts. Sind aber die genannten Voraussetzungen erfüllt, wird die Verwarnung im Regelfall auszusprechen sein (Lackner u. Kühl 2004, § 59 Rn 10). Entscheidet sich das Gericht für eine Verwarnung mit Strafvorbehalt, hat es gemäß § 59a Abs. 1 StGB eine *Bewährungszeit* zwischen einem und zwei Jahren festzusetzen. Außerdem kann es *Anweisungen* aus dem Katalog des § 59a Abs. 2 StGB verhängen. Der Katalog enthält sowohl der Genugtuung für das begangene Unrecht dienende Auflagen als auch Weisungen zu ambulanten Resozialisierungsmaßnahmen, wie z. B. die Weisung, sich einer ambulanten Heilbehandlung oder einer ambulanten Entziehungskur zu unterziehen.

Die *endgültige Entscheidung* richtet sich nach § 59b StGB. Unter den Voraussetzungen des § 56f StGB wird der Verwarnte zu der im Urteil vorbehaltenen Geldstrafe verurteilt. Das kommt insbesondere bei der Begehung von Straftaten in der Bewährungszeit in Betracht. Einzelheiten werden unter 2.5.2.3.3, Abschn. „Die Strafaussetzung zur Bewährung" behandelt. Erfolgt keine Verurteilung, stellt das Gericht nach Ablauf der Bewährungszeit fest, dass es bei der Verwarnung sein Bewenden hat. Der Täter bleibt damit endgültig von einer Strafe verschont.

Die *Strafrechtspraxis* macht von der Verwarnung mit Strafvorbehalt verhältnismäßig selten Gebrauch. Im Jahr 2004 erging gegen 6642 Personen eine Verwarnung mit Strafvorbehalt (Statistisches Bundesamt 2006a, S. 54 f.). Das sind 0,9% der förmlich Sanktionierten (Verurteilte und Verwarnte). Allerdings ist die Anwendungshäufigkeit der Verwarnung mit Strafvorbehalt im Laufe der Jahre gestiegen. 1980 wurden 1309 Verwarnungen mit Strafvorbehalt ausgesprochen (Meier 2006, S. 57). Die Misserfolgsquote ist gering: Der Anteil der Verwarnten, die zu einer Geldstrafe verurteilt werden, liegt unter 10% (Streng 2002, S. 73 f.).

### 2.5.2.3.3 Die Freiheitsstrafe

**Grundlagen**

Die Freiheitsstrafe ist neben der Geldstrafe die zweite Hauptstrafe des deutschen Erwachsenenstrafrechts. In der *Strafrechtspraxis* bleibt die Freiheitsstrafe in quantitativer Hinsicht deutlich hinter der Geldstrafe zurück. Im Jahr 2004 standen den 540 209 zu einer Geldstrafe verurteilten Personen 129 986 gegenüber, die zu einer Freiheitsstrafe mit oder ohne Bewährung verurteilt wurden (Statistisches Bundesamt 2006 a, S. 84 f). Das sind 19% der Verurteilten. Gleichwohl ist die Bedeutung der Freiheitsstrafe erheblich, denn sie ist die Antwort des StGB auf schwere Kriminalität und auf die wiederholte Begehung von Straftaten. Außerdem setzt § 43 StGB die Freiheitsstrafe als Ersatzfreiheitsstrafe ein, wenn eine Geldstrafe uneinbringlich ist.

Das StGB kennt nur noch die *einheitliche Freiheitsstrafe*. Die frühere Differenzierung zwischen Zuchthaus, Gefängnis, Einschließung und Haft wurde durch das 1. Strafrechtsreformgesetz von 1969 abgeschafft. Die Freiheitsstrafe ist nach § 38 StGB entweder zeitig oder lebenslang. Das Mindestmaß der *zeitigen Freiheitsstrafe* ist nach § 38 Abs. 2 StGB ein Monat, das Höchstmaß 15 Jahre. Aus den Strafdrohungen des Besonderen Teils des StGB und der strafrechtlichen Nebengesetze, gegebenenfalls in Verbindung mit § 49 StGB, kann sich ein erhöhtes Mindestmaß oder ein niedrigeres Höchstmaß ergeben. *Lebenslange Freiheitsstrafe* darf nach § 38 Abs. 1 StGB nur verhängt werden, wenn sie für einen Straftatbestand ausdrücklich angedroht ist. Ist das nicht der Fall, ist die Freiheitsstrafe zeitig. Die *Zeiteinheiten*, nach denen eine zeitige Freiheitsstrafe zu bemessen ist, regelt § 39 StGB. Danach ist Freiheitsstrafe unter einem Jahr nach vollen Wochen und Monaten, Freiheitsstrafe von längerer Dauer nach vollen Monaten und Jahren zu bemessen.

Bei Freiheitsstrafen bis zu zwei Jahren kann die Vollstreckung unter den Voraussetzungen des § 56 StGB zur *Bewährung* ausgesetzt werden (s. Abschn. „Die Strafaussetzung zur Bewährung"). Längere Freiheitsstrafen sind zu vollstrecken. Wird eine Freiheitsstrafe vollstreckt, muss der Verurteilte nicht unbedingt die gesamte verhängte Freiheitsstrafe verbüßen. Vielmehr kann unter den Voraussetzungen des § 57 StGB die Vollstreckung eines Strafrestes zur Bewährung ausgesetzt werden (s. 2.6.2.2).

Bei der *Dauer der verhängten Freiheitsstrafe* liegt der Schwerpunkt im unteren Bereich. Im Jahr 2004 hatten 35% der Freiheitsstrafen eine Länge von weniger als sechs Monaten und 42% eine Länge von sechs Monaten bis zu einem Jahr. Bei 16% der Freiheitsstrafen betrug die Höhe mehr als ein Jahr bis zwei Jahre und bei 8% über zwei Jahre bis 15 Jahre; 0,1% der Freiheitsstrafen waren lebenslängliche Freiheitsstrafen (berechnet nach Statistisches Bundesamt 2006 a, S. 144 f.). Im Lauf der Jahrzehnte ist der Anteil der kurzen Freiheitsstrafen gesunken und die Quote der langen Freiheitsstrafen gestiegen. Der Anteil der Freiheitsstrafen unter sechs Monaten ging von 67% 1960 über 48% 1980 auf 35% 2004 zurück, die Quote der Freiheitsstrafen von mehr als 2 bis 15 Jahren stieg von 2% 1960 über 5% 1980 auf 8% 2004 (für 1960 und 1980: Meier 2006, S. 97; für 2004 Berechnungen nach Statistisches Bundesamt 2006a, S. 144f.).

Zum *Rückfall* nach Freiheitsstrafe ohne Bewährung wurde für einen Zeitraum von vier Jahren nach der Entlassung im Jahr 1994 ermittelt, dass 56% der Entlassenen erneut verurteilt wurden; 29% erhielten eine stationäre Sanktion (Jehle et al. 2003, S. 38; zum Rückfall nach Freiheitsstrafe mit Bewährung s. Abschn. „Die Strafaussetzung zur Bewährung").

## Die kurze Freiheitsstrafe

Das StGB schränkt die kurze Freiheitsstrafe ein, weil es erhebliche Nachteile dieser Sanktion sieht: Die Zeit kann für erfolgversprechende Resozialisierungsbemühungen zu kurz sein, der Verurteilte kann dem ungünstigen Einfluss anderer Straffälliger ausgesetzt sein und konformitätsstützende familiäre und berufliche Bindungen des Verurteilten können geschwächt werden (Zipf 1989, S. 623). Deshalb dürfen Freiheitsstrafen unter einem Monat nach § 38 Abs. 2 StGB überhaupt nicht verhängt werden und sind *Freiheitsstrafen im Bereich von einem Monat bis unter sechs Monaten* gemäß § 47 StGB *nur in Ausnahmefällen* als ultima ratio zulässig (kritisch Tröndle u. Fischer 2007, § 47 Rn 2). Nach § 47 Abs. 1 StGB darf eine Freiheitsstrafe unter sechs Monaten nur verhängt werden, wenn besondere Umstände in der Tat oder in der Persönlichkeit des Täters die Verhängung einer Freiheitsstrafe zur Einwirkung auf den Täter oder zur Verteidigung der Rechtsordnung unerlässlich machen. *Besondere Umstände* sind bestimmte Tatsachen, die die konkrete Tat oder den konkreten Täter aus dem Durchschnitt der üblicherweise abzuurteilenden Fälle gleicher Art herausheben (Tröndle u. Fischer 2007, § 47 Rn 6). Solche Umstände können z. B. in verschuldeten Tatfolgen, dem Maß der Pflichtwidrigkeit oder in der Vorstrafenbelastung des Täters liegen (Meier 2006, S. 85f.). *Zur Einwirkung auf den Täter*, also aus spezialpräventiven Gründen unerlässlich ist die Freiheitsstrafe, wenn eine Geldstrafe, auch in Verbindung mit einer Maßregel oder einer Nebenstrafe, nicht ausreicht, um den Täter von weiteren Straftaten abzuhalten (Lenckner 1972, S. 166f.; Stree 2006, § 47 Rn 11). Das kann z. B. bei Tätern der Fall sein, die schon wegen ähnlicher Delikte mit Geldstrafe belegt worden sind (Theune 2006, § 47 Rn 19). Mit dem Begriff der *Verteidigung der Rechtsordnung* umschreibt das Gesetz generalpräventive Gesichtspunkte. Die Verhängung einer Freiheitsstrafe ist nach der Rechtsprechung zur Verteidigung der Rechtsordnung unerlässlich, wenn eine Geldstrafe für das allgemeine Rechtsempfinden schlechthin unverständlich wäre und das Vertrauen der Bevölkerung in den Schutz der Rechtsordnung erschüttern könnte und deshalb eine Beeinträchtigung der Rechtstreue der Bevölkerung zu befürchten ist (BGHSt 24, 40, 45f.; Theune 2006, § 47 Rn 27). Dies kommt z. B. bei brutalem Vorgehen des Täters in Betracht oder bei Taten, welche Ausdruck einer verbreiteten Einstellung sind, welche die verletzte Norm nicht ernst nimmt (BGHSt 24, 40, 47; Lackner u. Kühl 2004, § 47 Rn

5). Gesichtspunkte des Schuldausgleichs oder der Genugtuung für den Verletzten sind bei der Entscheidung nach § 47 StGB nicht zu berücksichtigen (BGHSt 24, 40, 44).

§ 47 StGB darf *nicht schematisch* angewendet werden (Meier 2006, S. 87). So darf nicht für bestimmte Tätergruppen (z. B. Vorbestrafte) oder Tatgruppen (etwa Trunkenheit im Verkehr) generell auf Freiheitsstrafe erkannt werden (Lackner u. Kühl 2004, § 47 Rn 1). Vielmehr ist stets eine Gesamtwürdigung des Einzelfalls erforderlich. Die Unerlässlichkeit einer Freiheitsstrafe muss zur *Überzeugung* des Gerichts feststehen; bleiben Zweifel, ist eine Geldstrafe zu verhängen (Theune 2006, § 47 Rn 14). Auch dann, wenn das Gesetz keine Geldstrafe androht und eine Freiheitsstrafe von sechs Monaten oder darüber nicht in Betracht kommt, ist nach § 47 Abs. 2 S. 1 StGB eine Geldstrafe zu verhängen, wenn nicht die Verhängung einer Freiheitsstrafe nach den Maßstäben des § 47 Abs. 1 StGB unerlässlich ist.

### Die lebenslange Freiheitsstrafe

Lebenslange Freiheitsstrafe droht das deutsche Strafrecht nur für wenige Taten *schwerster Kriminalität* allein (z. B. in § 211 StGB und § 6 Abs. 1 Völkerstrafgesetzbuch) oder wahlweise neben zeitiger Freiheitsstrafe (etwa in § 178 und § 251 StGB) an. Nach dem Bundesverfassungsgericht ist die lebenslange Freiheitsstrafe *verfassungsgemäß*, weil nicht festgestellt werden kann, dass ihr Vollzug zwangsläufig zu irreparablen psychischen oder physischen Schäden führt, welche die Menschenwürde des Gefangenen verletzen (BVerfGE 45, 187). Voraussetzung eines menschenwürdigen Strafvollzugs ist aber nach dem Bundesverfassungsgericht die konkrete Chance des Gefangenen auf Wiedererlangung der Freiheit. Hierfür reicht die Möglichkeit einer Begnadigung nicht. Vielmehr ist eine gesetzliche Regelung der *Strafrestaussetzung* erforderlich (ebd.). Diesem Auftrag ist der Gesetzgeber durch Einfügung des § 57 a StGB nachgekommen (s. 2.6.2.2).

Im Jahr 2004 haben die Gerichte gegen 116 Personen eine lebenslange Freiheitsstrafe *verhängt* (Statistisches Bundesamt 2006 a, S. 144 f.). Am 31. März 2006 befanden sich in den Strafanstalten 1919 Personen, die eine lebenslange Freiheitsstrafe *verbüßten* (Statistisches Bundesamt 2006 b, S. 12). Aufgrund von Strafrestaussetzungen oder Begnadigungen wird die Mehrzahl der zu lebenslanger Freiheitsstrafe Verurteilten vor ihrem Lebensende aus dem Strafvollzug entlassen (zur Verbüßungsdauer s. Meier 2006, S. 90: meistens 15 bis 19 Jahre; Streng 2002, S. 137: Mittel von 18 bis 22 Jahren).

### Die Strafaussetzung zur Bewährung

Bei Freiheitsstrafen bis zu zwei Jahren kann unter den Voraussetzungen des § 56 StGB die Vollstreckung zur Bewährung ausgesetzt werden. *Ziel* der Strafaussetzung zur Bewährung ist die *resozialisierende Einwirkung* auf den Täter ohne Freiheitsentzug (Jescheck u. Weigend 1996, S. 833). Durch Drohung mit der Vollstreckung der ausgesetzten Freiheitsstrafe und Unterstützung des Täters bei der Lösung seiner mit der Straffälligkeit zusammenhängenden Probleme soll erreicht werden, dass der Täter keine weiteren Straftaten begeht. Der möglicherweise desintegrierend wirkende Strafvollzug soll dem Täter erspart bleiben. Die *Rechtsnatur* der Strafaussetzung zur Bewährung ist umstritten. Nach der Rechtsprechung handelt es sich um eine Modifikation der Strafvollstreckung, der jedoch Eigenständigkeit im Sinne einer besonderen ambulanten Behandlungsart zukommt (BGHSt 24, 40, 43; 31, 25, 28). In der Literatur wird die Strafaussetzung zur Bewährung teilweise als Sanktion eigener Art eingestuft (Jescheck u. Weigend 1996, S. 834).

Die *Voraussetzungen*, unter denen § 56 StGB eine Strafaussetzung zur Bewährung zulässt, hängen von der Höhe der Freiheitsstrafe ab. Das Gesetz unterscheidet zwischen drei Zeitbereichen: Freiheitsstrafe unter sechs Monaten, Freiheitsstrafe von sechs Monaten bis zu einem Jahr und Freiheitsstrafe von mehr als einem Jahr bis zu zwei Jahren.

Bei *Freiheitsstrafen unter sechs Monaten* ist die Vollstreckung nach § 56 Abs. 1 S. 1 iVm Abs. 3 StGB zur Bewährung auszusetzen, wenn zu erwarten ist, dass der Verurteilte sich schon die Verurteilung zur Warnung dienen lassen und künftig auch ohne die Einwirkung des Strafvollzugs keine Straftaten mehr begehen wird. Erforderlich ist also eine *günstige Legalprognose*. Weitere Voraussetzungen für die Aussetzung bestehen nicht. Insbesondere darf die Aussetzung bei Vorliegen einer günstigen Prognose nicht aus generalpräventiven Überlegungen abgelehnt werden (Lenckner 1972, S. 169). Für die Prognose kommt es auf das künftige Legalverhalten des Täters an, nicht auf seine „Moralität" (Zipf 1989, S. 639). Die günstige Legalprognose setzt nicht die Gewissheit voraus, dass der Täter in Zukunft keine Straftaten mehr begehen wird. Andererseits reicht die bloße Möglichkeit künftiger Straffreiheit nicht aus. Vielmehr muss die Wahrscheinlichkeit künftigen straffreien Verhaltens größer sein als diejenige erneuter Straffälligkeit (BGH, NStZ 1997, 594; Gribbohm 1992, § 56 Rn 11). § 56 Abs. 1 S. 2 StGB nennt als Umstände, die bei der Erstellung der Prognose namentlich zu berücksichtigen sind: die Persönlichkeit des Verurteilten, sein Vorleben, die Umstände seiner Tat, sein Verhalten nach der Tat, seine Lebensverhältnisse und die *Wirkungen, die von der Aussetzung* für ihn *zu erwarten sind*. Es kommt für die Prognose also nicht darauf an, wie sich der Verurteilte unabhängig von einer Maßnahme der Justiz verhalten würde, sondern darauf, ob damit zu rechnen ist, dass der Verurteilte unter dem Eindruck der ausgesetzten Freiheitsstrafe und aufgrund der Hilfsmaßnahmen in der Bewährungszeit keine Straftaten mehr begehen wird (Streng 2002, S. 83). Eine Strafaussetzung kommt daher nicht nur bei Gelegenheitstätern in Betracht, deren Tat sich als „einmaliger Ausrutscher" darstellt und bei denen keine Anhaltspunkte für künftige Straffälligkeit vorliegen, sondern auch bei Tätern, bei denen kriminelle Gefährdungen erkennbar sind, aber davon ausgegangen werden kann, dass diese Risiken in der Bewährungszeit bewältigt und sich deshalb nicht in neuen Straftaten niederschlagen werden. Grundsätzlich muss sofortige Straffreiheit des Täters zu erwarten sein. Bei Verurteilungen wegen exhibitionistischer Handlungen kann das Gericht nach § 183 Abs. 3 StGB jedoch die Vollstreckung einer Freiheitsstrafe auch dann zur Bewährung aussetzen, wenn zu erwarten ist, dass der Täter erst nach einer längeren Heilbehandlung keine exhibitionistischen Handlungen mehr vornehmen wird.

Bei der Erstellung der Prognose sollten die *kriminologischen Prognosemethoden* herangezogen werden (dazu Bd. 3, S. 1 ff.). In der Regel kann der Richter die Prognose selbst erstellen. Es empfiehlt sich eine strukturierte Einzelfallprognose auf der Grundlage kriminologischen Erfahrungswissens: Die insbesondere von Göppinger (1997, S. 328 ff.), Rasch u. Konrad (2004, S. 393) und Nedopil (2000, S. 245) herausgearbeiteten Dimensionen des Täters in seinen sozialen Bezügen sind zu analysieren und auf der Grundlage einer Gesamtwürdigung der erhobenen Befunde ist die Prognose für den individuellen Täter zu erstellen (Brunner u. Dölling 2002, Einf. I Rn 52 d, e). Kommen psychische Störungen des Täters in Betracht oder lässt sich sonst keine Klarheit gewinnen, ist ein Sachverständiger mit der Erstellung einer klinischen Prognose zu beauftragen. Bei Tätern, die erstmals verurteilt werden oder die zum ersten Mal eine Freiheitsstrafe erhalten, wird vielfach eine günstige Prognose zu stellen sein. Vorstrafen stehen einer günstigen Prognose nicht ohne weiteres entgegen, es kommt vielmehr auf die konkrete Situation des Einzelfalls an (Gribbohm 1992, § 56 Rn 18). Maßgeblicher Zeitpunkt für die Prognose ist die tatrichterliche Hauptverhandlung, nicht der Zeitpunkt der Tat (Stree 2006, § 56 Rn 17). Nach herrschender Meinung gilt der Grundsatz „in dubio pro reo" für die Tatsachen, auf die sich die Prognose stützt, nicht aber für das Prognoseurteil selbst (Lackner u. Kühl 2004, § 56 Rn 8).

Bei *Freiheitsstrafen von sechs Monaten bis zu einem Jahr* kommt nach § 56 Abs. 3 StGB zur günstigen Legalprognose eine weitere Voraussetzung für die Strafaussetzung hinzu: Trotz günstiger Legalprognose darf eine Aussetzung nicht erfolgen, wenn die *Verteidigung der Rechtsordnung* die Vollstreckung der Freiheitsstrafe gebietet. Der Begriff der Verteidigung der Rechtsordnung ist wie in § 47 StGB auszulegen (s. Abschn. „Die kurze Freiheitsstrafe"). Danach kann eine Vollstreckung z. B. bei besonders schweren Tatfolgen, Missbrauch einer Vertrauensstellung durch den Täter oder hartnäckigem rechtsmissachtenden Verhalten geboten sein (Lackner u. Kühl 2004, § 56 Rn 17; Tröndle u. Fischer 2007, § 56 Rn 15).

Hat der Täter eine *Freiheitsstrafe von mehr als einem bis zu zwei Jahren* erhalten, muss neben der günstigen Legalprognose und dem Nichtentgegenstehen der Verteidigung der Rechtsordnung noch eine dritte Voraussetzung für die Strafaussetzung gegeben sein: Nach § 56 Abs. 2 StGB müssen nach der Gesamtwürdigung von Tat und Täter *besondere Umstände* vorliegen. Das sind nach der Rechtsprechung Umstände, die im Vergleich mit gewöhnlichen Milderungsgründen von besonderem Gewicht sind und eine Strafaussetzung trotz des erheblichen Unrechts- und Schuldgehalts der Tat, wie er sich in der Höhe der Strafe widerspiegelt, als nicht unangebracht und den vom Strafrecht geschützten Interessen nicht zuwiderlaufend erscheinen lassen (BGHSt 29, 370, 371; BGH NStZ 1987, 21). Es ist nicht erforderlich, dass die Umstände der Tat den Charakter einer Ausnahmesituation geben (BGHSt 29, 370, 371 f.). Einzelne Umstände, die für sich betrachtet nur einfache Milderungsgründe darstellen, können durch ihr Zusammentreffen zu besonderen Umständen im Sinne von § 56 Abs. 2 StGB führen (Tröndle u. Fischer 2007, § 56 Rn 20). Die besonderen Umstände müssen um so gewichtiger sein, je näher die Freiheitsstrafe an der Zweijahresgrenze liegt (Stree 2006, § 56 Rn 25). Besondere Umstände können z. B. vorliegen, wenn schweren Tatfolgen ein vergleichsweise geringes Verschulden gegenübersteht (Streng 2002, S. 84). Nach § 56 Abs. 2 S. 2 StGB ist namentlich auch das Bemühen des Verurteilten um Schadenswiedergutmachung zu berücksichtigen. Während bei Freiheitsstrafen bis zu einem Jahr die Strafaussetzung bei Vorliegen der Voraussetzungen des § 56 Abs. 1 und 3 obligatorisch ist, liegt die Aussetzung bei Freiheitsstrafen von mehr als einem bis zu zwei Jahren gemäß § 56 Abs. 2 StGB im pflichtgemäßen Ermessen des Gerichts (Lackner u. Kühl 2004, § 56 Rn 22).

Die Strafaussetzung zur Bewährung betrifft stets die *gesamte Freiheitsstrafe*. Eine Beschränkung der Aussetzung auf einen Teil der Freiheitsstrafe ist nach § 56 Abs. 4 S. 1 StGB nicht zulässig. Setzt das Gericht die Vollstreckung der Freiheitsstrafe zur Bewährung aus, muss es eine Reihe von Entscheidungen zur *Ausgestaltung der Strafaussetzung* treffen. Während über die Strafaussetzung als solche im Urteil befunden wird, ergehen die Entscheidungen über die Ausgestaltung gemäß § 268a StPO in einem gesonderten Beschluss, der gemeinsam mit dem Urteil verkündet wird. Dieser Beschluss kann anders als das Urteil vom Gericht abgeändert werden und ist gesondert anfechtbar.

Zunächst muss das Gericht die *Bewährungszeit* festlegen. Diese beträgt nach § 56a Abs. 1 S. 2 StGB mindestens zwei und höchstens fünf Jahre. Die Dauer der Bewährungszeit ist danach zu bemessen, wie lange mit den Mitteln der Strafaussetzung auf den Verurteilten eingewirkt werden muss, damit von ihm ein Leben ohne Straftaten erwartet werden kann (Gribbohm 1992, § 56a Rn 2). Die Bewährungszeit beginnt nach § 56a Abs. 2 S. 1 StGB mit der Rechtskraft der Entscheidung über die Strafaussetzung. Nach § 56a Abs. 2 S. 2 StGB kann das Gericht nachträglich die Bewährungszeit auf das Mindestmaß verkürzen oder vor ihrem Ablauf bis auf das Höchstmaß verlängern.

Weiterhin kann das Gericht dem Täter nach § 56b Abs. 1 S. 1 StGB *Auflagen* erteilen, die der Genugtuung für das begangene Unrecht dienen. Die Auflagen sind strafähnliche Maßnahmen, die dem Täter die Verurteilung fühlbar machen sollen (Lackner u. Kühl 2004, § 56b Rn 1). Die möglichen Auflagen sind in § 56b Abs. 2 S. 1 StGB in einem abschließenden Katalog festgelegt. Danach kann das Gericht dem Verurteilten auferlegen, den verursachten Schaden wiedergutzumachen, einen Geldbetrag zugunsten einer gemeinnützigen Einrichtung zu zahlen, sonst gemeinnützige Leistungen zu erbringen oder einen Geldbetrag zugunsten der Staatskasse zu zahlen. Die drei letztgenannten Auflagen soll das Gericht nach § 56b Abs. 2 S. 2 StGB nur erteilen, soweit ihre Erfüllung einer Schadenswiedergutmachung nicht entgegensteht. Die Auflagen müssen in einem angemessenen Verhältnis zur Tatschuld stehen (Stree 2006, § 56b Rn 20). An den Verurteilten dürfen nach § 56b Abs. 1 S. 2 StGB keine unzumutbaren Anforderungen gestellt werden. Erbietet sich der Verurteilte zu angemessenen Leistungen zur Genugtuung für das begangene Unrecht, sieht das Gericht nach § 56 b Abs. 3 StGB in der Regel vorläufig von Auflagen ab.

Außerdem erteilt das Gericht dem Verurteilten nach § 56 c Abs. 1 S. 1 StGB *Weisungen*, wenn er dieser Hilfe bedarf, um keine Straftaten mehr zu begehen. Die Weisungen haben also eine ausschließlich spezialpräventive Zielsetzung: Sie sollen die Lebensführung des Verurteilten so beeinflussen, dass dieser nicht wieder straffällig wird (Tröndle u. Fischer 2007, § 56 c Rn 1 a). Die zulässigen Weisungen werden vom Gesetz – anders als die Auflagen – nicht abschließend angeführt. Vielmehr enthält § 56 c Abs. 2 StGB lediglich eine beispielhafte Aufzählung möglicher Weisungen. Genannt werden z. B. die Weisung, sich zu bestimmten Zeiten bei Gericht oder einer anderen Stelle zu melden, und die Weisung, Unterhaltspflichten nachzukommen. Die in § 56 c Abs. 3 StGB genannten Weisungen dürfen nur mit Einwilligung des Verurteilten erteilt werden. Es handelt sich hierbei um die Weisungen, sich einer Heilbehandlung, die mit einem körperlichen Eingriff verbunden ist, oder einer Entziehungskur zu unterziehen oder in einem geeigneten Heim oder einer geeigneten Anstalt Aufenthalt zu nehmen. Als Heilbehandlung mit körperlichem Eingriff wird auch die Zuführung von Medikamenten angesehen (Lackner u. Kühl 2004, § 56 c Rn 8 b). Ambulante Therapien, die nicht mit einem körperlichen Eingriff verbunden sind, dürfen ohne Einwilligung angeordnet werden, wobei freilich die Erfolgsaussichten sorgfältig zu prüfen sind. Nach § 56 c Abs. 1 S. 2 StGB dürfen mit den Weisungen keine unzumutbaren Anforderungen an die Lebensführung des Verurteilten gestellt werden. Macht der Verurteilte glaubhafte Zusagen für seine Lebensführung, sieht das Gericht nach § 56 c Abs. 4 StGB in der Regel von Weisungen vorläufig ab. Während die Verhängung von Auflagen im pflichtgemäßen Ermessen des Gerichts steht, ist die Erteilung von Weisungen obligatorisch, wenn der Verurteilte dieser Hilfe bedarf.

Schließlich unterstellt das Gericht den Verurteilten nach § 56 d Abs. 1 StGB der Aufsicht und Leitung eines *Bewährungshelfers*, wenn dies angezeigt ist, um ihn von Straftaten abzuhalten. Hierbei handelt es sich um eine Weisung im Sinne von § 56 c Abs. 1 StGB. Die Bestellung eines Bewährungshelfers ist im allgemeinen Strafrecht anders als im Jugendstrafrecht (§ 24 JGG) nicht obligatorisch. Vielmehr wird ein Bewährungshelfer nur bestellt, wenn dies erforderlich ist, um den Verurteilten zu einem Leben ohne Straftaten zu führen. Nach § 56 d Abs. 2 StGB ist das in der Regel der Fall, wenn eine Freiheitsstrafe von mehr als neun Monaten ausgesetzt wird und der Verurteilte noch nicht 27 Jahre alt ist. Die Bestellung kann für die gesamte Bewährungszeit oder einen Teil erfolgen.

Der Bewährungshelfer hat nach § 56 d Abs. 3 StGB eine *Doppelfunktion*. Einerseits steht er dem Verurteilten helfend und betreuend zur Seite, andererseits überwacht er die Erfüllung der Auflagen und Weisungen, berichtet dem Gericht über die Lebensführung des Verurteilten und teilt gröbliche oder beharrliche Auflagen- oder Weisungsverstöße dem Gericht mit. Die Berichtspflicht erstreckt sich grundsätzlich auch auf Straftaten des Probanden (Stree

2006, § 56 d Rn 3 a). Der Bewährungshelfer ist somit sowohl Helfer als auch Kontrolleur des Verurteilten. Diese Doppelfunktion kann zu Rollenkonflikten führen: Zur Betreuung des Verurteilten bedarf es eines Vertrauensverhältnisses und der Verschwiegenheit, andererseits muss der Bewährungshelfer dem Gericht auch über für den Verurteilten nachteilige Vorgänge berichten (Streng 2002, S. 92 f.). Ein Zeugnisverweigerungsrecht hat der Bewährungshelfer nicht. Dieser Rollenkonflikt kann dadurch abgemildert werden, dass der Bewährungshelfer zu Beginn seiner Tätigkeit den Verurteilen über die Aufgaben der Bewährungshilfe einschließlich der Kontrollfunktion informiert und damit vermeidet, dass er das Vertrauen des Verurteilen enttäuscht. Nach § 56 Abs. 5 StGB wird die Tätigkeit des Bewährungshelfers haupt- oder ehrenamtlich ausgeübt. In der Regel sind hauptamtliche Bewährungshelfer tätig. Hierbei handelt es sich regelmäßig um Sozialarbeiter oder Sozialpädagogen, die bei der Justiz angestellt sind. In Baden-Württemberg ist die Bewährungshilfe auf eine private Einrichtung übertragen worden.

Die Entscheidungen über Auflagen, Weisungen und Bestellung eines Bewährungshelfers kann das Gericht nach § 56 e StGB auch *nachträglich* treffen, ändern oder aufheben.

Bei einer Strafaussetzung ist zunächst ungewiss, ob die Freiheitsstrafe noch vollstreckt wird. Dieser Schwebezustand wird durch die *endgültige Entscheidung* nach § 56 f und g StGB beendet. Unter den Voraussetzungen des § 56 f StGB widerruft das Gericht die Strafaussetzung. Der Verurteilte muss dann die Freiheitsstrafe verbüßen. Erfolgt kein Widerruf, wird die Strafe gemäß § 56 g StGB erlassen. Der Verurteilte bleibt dann von der Vollstreckung der Freiheitsstrafe verschont. Der *Widerruf* der Strafaussetzung setzt voraus, dass einer der in § 56 f Abs. 1 StGB abschließend genannten Widerrufsgründe vorliegt. Der *Widerrufsgrund* des § 56 Abs. 1 Nr. 1 StGB ist gegeben, wenn der Verurteile in der Bewährungszeit oder in der Zeit zwischen der Entscheidung über die Strafaussetzung und deren Rechtskraft eine *Straftat* begeht und dadurch zeigt, dass die Erwartung, die der Strafaussetzung zugrunde lag, sich nicht erfüllt hat. Die Begehung der neuen Straftat muss feststehen. Nach der bisher überwiegenden Rechtsprechung und Literatur reichte die Überzeugung des Widerrufsgerichts von der Begehung der neuen Straftat aus und war eine rechtskräftige Aburteilung der Straftat nicht erforderlich (BVerfG NStZ 1987, 118; Stree 1992, S. 153). Der Europäische Gerichtshof für Menschenrechte hat jedoch entschieden, dass es gegen die Unschuldsvermutung nach Art. 6 Abs. 2 EMRK verstoße, wenn das über den Widerruf entscheidende Gericht feststelle, dass der Verurteilte in der Bewährungszeit eine neue Straftat begangen habe, bevor er wegen dieser verurteilt worden sei (NJW 2004, 43). Dies spricht dafür, den Widerruf nur auf rechtskräftig abgeurteilte Straftaten zu stützen (Lackner u. Kühl 2004, § 56 f Rn 3). Die Begehung der neuen Straftat bildet nur dann einen Widerrufsgrund, wenn der Verurteilte durch die Straftatbegehung zeigt, dass sich die der Strafaussetzung zugrunde liegende Erwartung nicht erfüllt hat. Das ist der Fall, wenn sich durch die neue Straftat die ursprüngliche günstige Prognose als falsch erwiesen hat (Streng 2002, S. 97). Diese Voraussetzung wird regelmäßig zu verneinen sein, wenn es sich bei der neuen Straftat um ein Bagatelldelikt oder eine Fahrlässigkeitstat handelt und dieses Delikt zu der Straftat, die der Aussetzung zugrunde liegt, in keiner Beziehung steht (Gribbohm 1992, § 56 f Rn 13). Dagegen ist es für einen Widerruf nicht erforderlich, dass die frühere und die neue Tat nach Art und Schwere vergleichbar sind und zwischen ihnen ein kriminologischer Zusammenhang besteht (Lackner u. Kühl 2004, § 56 f Rn 4; Tröndle u. Fischer 2007, § 56 f Rn 8, 8 a; aA Horn 2001, § 56 f Rn 12).

Ein Widerrufsgrund liegt nach § 56 f Abs. 1 Nr. 2 StGB auch vor, wenn der Verurteilte gegen Weisungen gröblich oder beharrlich verstößt oder sich der Aufsicht und Leitung des Bewährungshelfers beharrlich entzieht und dadurch Anlass zu der Besorgnis gibt, dass er erneut Straftaten begehen wird. Durch das Erfordernis eines gröblichen oder beharrlichen *Weisungsverstoßes* werden kleinere Zuwiderhandlungen als Widerrufsgrund ausgeschlossen. Ein gröblicher Verstoß ist eine schwerwiegende Zuwiderhandlung, ein beharrlicher Verstoß eine wiederholte Zuwiderhandlung in ablehnender Haltung gegenüber dem Weisungszweck (Lackner u. Kühl 2004, § 56 f Rn 6). Dieser Verstoß muss Anlass zur Besorgnis der Begehung neuer Straftaten durch den Verurteilen geben, es muss dem Verurteilen also jetzt eine ungünstige Prognose zu stellen sein.

Widerrufsgrund ist schließlich nach § 56 f Abs. 1 Nr. 3 StGB ein gröblicher oder beharrlicher *Verstoß gegen Auflagen*. Anders als beim Widerruf wegen eines Weisungsverstoßes setzt der Widerruf wegen eines Verstoßes gegen eine Auflage keine ungünstige Prognose voraus. Wird die Genugtuung für das begangene Unrecht nicht durch die Erfüllung der Auflage geleistet, tritt an deren Stelle die Vollstreckung der Freiheitsstrafe.

Liegt ein Widerrufsgrund nach § 56 f Abs. 1 StGB vor, führt das nicht ohne weiteres zum Widerruf der Strafaussetzung. Vielmehr *sieht das Gericht* nach § 56 f Abs. 2 StGB *von dem Widerruf* ab, wenn es ausreicht, weitere Auflagen oder Weisungen zu erteilen, namentlich den Verurteilten einem Bewährungshelfer zu unterstellen oder die Bewährungs- oder Unterstellungzeit zu verlängern. Diese Vorschrift ist eine Ausprägung des Verhältnismäßigkeitsgrundsatzes: Reicht eine Umgestaltung der Bewährungsbedingungen aus, um den Verurteilten von weiteren Straftaten abzuhalten und dem Genugtuungsinteresse zu genügen, ist von dieser Möglichkeit Gebrauch zu machen und von einem Bewährungswiderruf abzusehen (Stree 2006, § 56 f Rn 9). Hierbei kann die Bewährungszeit über die in § 56 a Abs. 1 S. 2 StGB gezogene Grenze von fünf Jahren hinaus um bis zur Hälfte der zunächst bestimmten Bewährungszeit verlängert werden. Die Bewährungszeit kann daher bis zu siebeneinhalb Jahre dauern (näher Dölling 1989).

Reichen Maßnahmen nach § 56 f Abs. 2 StGB nicht aus oder steht der Verurteilte auch die nach dieser Vorschrift umgestaltete Bewährungszeit nicht durch, ist die Strafaussetzung zu *widerrufen*. Leistungen, die der Verurteilte zur Erfüllung von Auflagen, Anerbieten, Weisungen oder Zusagen erbracht hat, werden dann nach § 56 f Abs. 3 StGB nicht erstattet. Das Gericht kann jedoch zur Erfüllung von Auflagen nach § 56 b Abs. 2 S. 1 Nr. 2

bis 4 StGB oder entsprechender Anerbieten erbrachte Leistungen nach pflichtgemäßem Ermessen auf die Strafe anrechnen.

Ist die Bewährungszeit abgelaufen und liegt nach Überzeugung des Gerichts endgültig kein Widerrufsgrund vor, hat das Gericht die Strafe nach § 56 g Abs. 1 StGB zu erlassen (Lackner u. Kühl 2004, § 56 g Rn 1). Der *Straferlass* setzt kein besonderes Wohlverhalten des Verurteilten voraus. Es reicht aus, dass kein Widerrufsgrund gegeben ist. Die Entscheidung über Widerruf oder Straferlass ist baldmöglichst zu treffen. Wird die Entscheidung ungebührlich lange hinausgezögert und braucht der Verurteile mit einem Widerruf nicht mehr zu rechnen, ist der Widerruf ausgeschlossen (Gribbohm 1992, § 56f Rn 47). Ein Widerruf des Straferlasses ist unter den Voraussetzungen des § 56 g Abs. 2 StGB zulässig.

In der *Strafrechtspraxis* hat die Strafaussetzung zur Bewährung seit ihrer Einführung in das StGB im Jahr 1953 aufgrund gesetzlicher Erweiterungen der Aussetzungsvoraussetzungen und einer zunehmenden Bereitschaft der Praxis, von diesem Institut Gebrauch zu machen, erheblich an Bedeutung gewonnen. Während 1954 30% der Freiheitsstrafen zur Bewährung ausgesetzt wurden, waren es 1970 53% und 1993 69% (Kaiser 1996, S. 1004). Im Jahr 2004 betrug die Aussetzungsquote 71%. Von den aussetzungsfähigen Freiheitsstrafen wurden 77% zur Bewährung ausgesetzt, und zwar 78% der Freiheitsstrafen bis zu einem Jahr und 71% der Freiheitsstrafen von mehr als einem bis zu zwei Jahren (berechnet nach Statistisches Bundesamt 2006 a, S. 144 f.). Es wird angenommen, dass zwischen 25 und 30% der zu einer Freiheitsstrafe mit Bewährung Verurteilten ein Bewährungshelfer beigeordnet wird (Meier 2006, S. 128). Von den 1994 zu einer Freiheitsstrafe mit Bewährung Verurteilten wurden innerhalb von vier Jahren 55% nicht rückfällig; zu einer Sanktion mit Freiheitsentzug wurden lediglich 15% verurteilt (Jehle et al. 2003, S. 38). Es wird davon ausgegangen, dass die Widerrufsquote unter 30% liegt (Streng 2002, S. 101). Die Ausdehnung der Strafaussetzung zur Bewährung auf stärker belastete Tätergruppen hat nicht zu einer Erhöhung der Widerrufsraten geführt (Jescheck u. Weigend 1996, S. 833). Bei der Strafaussetzung zur Bewährung handelt es sich somit um eine insgesamt erfolgreiche kriminalrechtliche Reaktionsform.

### 2.5.2.3.4 Das Fahrverbot

Als *Nebenstrafe* kennt das StGB das Fahrgebot gemäß § 44 StGB. Die Vermögensstrafe des § 43 a StGB, die auch als Nebenstrafe eingestuft werden kann, ist vom Bundesverfassungsgericht (BVerfGE 105, 135) für verfassungswidrig erklärt worden, weil § 43 a StGB keine hinreichend bestimmten Strafzumessungsregeln enthalte und deshalb mit Art. 103 Abs. 2 GG nicht vereinbar sei. Das Fahrverbot nach § 44 StGB ist von der Entziehung der Fahrerlaubnis gemäß § 69 StGB abzugrenzen. Bei der Entziehung der Fahrerlaubnis handelt es sich um eine Maßregel der Besserung und Sicherung, mit der zum Führen von Kraftfahrzeugen ungeeignete Personen vom Kraftfahrzeugverkehr ausgeschlossen werden sollen. Das Fahrverbot ist demgegenüber eine

Strafe. Es soll in erster Linie als ein „Denkzettel" auf Täter spezialpräventiv einwirken, die zwar nicht ungeeignet zum Führen von Kraftfahrzeugen sind, bei denen aber wegen einer erheblichen Pflichtwidrigkeit eine nachdrückliche Warnung angezeigt ist (Geppert 2006, § 44 Rn 2). Als Nebenstrafe darf das Fahrverbot nicht isoliert angeordnet werden, sondern nur dann, wenn der Täter zu einer Freiheitsstrafe oder einer Geldstrafe verurteilt wird.

*Voraussetzung* für die Verhängung eines Fahrverbots ist die Begehung einer Straftat bei oder im Zusammenhang mit dem Führen eines Kraftfahrzeugs oder unter Verletzung der Pflichten eines Kraftfahrzeugführers. Eine Straftat wird bei dem Führen eines Kraftfahrzeugs begangen, wenn der Tatbestand durch das Steuern eines Kraftfahrzeugs verwirklicht wird. Das ist z.B. bei Trunkenheit im Verkehr nach § 316 StGB der Fall. Die Begehung einer Straftat im Zusammenhang mit dem Führen eines Kraftfahrzeugs liegt vor, wenn dem Täter das Führen des Fahrzeugs zur Vorbereitung, Durchführung, Ausnutzung oder Verdeckung einer Straftat dient (BGHSt 22, 328, 329). Das ist z.B. gegeben, wenn der Täter das Kraftfahrzeug zur Entführung von Geiseln benutzt oder die Diebesbeute mit dem Fahrzeug abtransportiert (Tröndle u. Fischer 2007, § 44 Rn 9). Auch Tätlichkeiten bei Auseinandersetzungen über Verkehrsverhalten werden unter diese Alternative subsumiert (Lackner u. Kühl 2004, § 44 Rn 3). Eine Straftat unter Verletzung der Pflichten eines Kraftfahrzeugführers liegt z.B. vor, wenn der Täter sein Fahrzeug Personen ohne Fahrerlaubnis oder Betrunkenen überlässt (Tröndle u. Fischer 2007, § 44 Rn 11).

Liegen diese Voraussetzungen vor, steht die Anordnung des Fahrverbots grundsätzlich im *Ermessen* des Gerichts (Stree 2006, § 44 Rn 14). Ein Fahrverbot ist jedoch nach § 44 Abs. 1 S. 2 StGB in der Regel anzuordnen, wenn in den Fällen einer Verurteilung nach § 315 c Abs. 1 Nr. 1 a, Abs. 3 oder § 316 – also bei rauschbedingter Fahruntüchtigkeit – die Entziehung der Fahrerlaubnis nach § 69 unterbleibt. Das Mindestmaß des Fahrverbots beträgt einen Monat, das Höchstmaß drei Monate. Das Fahrverbot kann sich auf Kraftfahrzeuge jeder Art oder auf Kraftfahrzeuge einer bestimmten Art beziehen. Die Hauptstrafe und das Fahrverbot zusammen müssen schuldangemessen sein (Lackner u. Kühl 2004, § 44 Rn 6). Verstöße gegen das Fahrverbot sind in § 21 Abs. 1 StVG mit Strafe bedroht.

Das Fahrverbot nach § 44 StGB hat eine erhebliche praktische Bedeutung. Im Jahr 2004 wurde gegen 33 281 Verurteilte ein Fahrverbot angeordnet (Statistisches Bundesamt 2006 a, S. 332). Für Verkehrsordnungswidrigkeiten, die der Täter unter grober oder beharrlicher Verletzung der Pflichten eines Kraftfahrzeugführers begeht, kann nach § 25 StVG ein Fahrverbot als Sanktion des Ordnungswidrigkeitenrechts verhängt werden.

#### 2.5.2.4 Die Strafzumessung

Die Strafzumessung ist die Festsetzung der Strafe, zu der ein bestimmter Täter in einem Strafverfahren verurteilt werden soll. Die Strafzumessung besteht aus mehreren Aufgaben. Zunächst muss der Richter die im jeweiligen Fall einschlägige Strafdrohung ermitteln. Sieht die gesetzliche Strafdrohung – wie z. B. in § 242 Abs. 1 StGB – vor, dass die Tat mit Freiheitsstrafe oder mit Geldstrafe zu bestrafen ist, muss der Richter eine Entscheidung zwischen den Strafarten treffen. In der Regel ist die Strafhöhe im Gesetz nicht absolut festgelegt, sondern wird dem Richter ein Strafrahmen zur Verfügung gestellt. So besteht für die Verhängung einer Freiheitsstrafe für einen Diebstahl nach § 242 Abs. 1 iVm § 38 Abs. 2 StGB ein Strafrahmen von einem Monat bis zu fünf Jahren. Der Richter muss also entscheiden, wie hoch die Strafe innerhalb dieses Strafrahmens ausfallen soll. Stehen Strafart und Strafhöhe fest, können weitere Entscheidungen zu treffen sein. So muss der Richter bei Freiheitsstrafen bis zu zwei Jahren nach § 56 StGB prüfen, ob die Vollstreckung der Freiheitsstrafe zur Bewährung auszusetzen ist. Schließlich kann zu entscheiden sein, ob neben der Strafe weitere Rechtsfolgen, z. B. eine Maßregel der Besserung und Sicherung, zu verhängen sind. Die Fixierung des konkreten Strafmaßes wird als Strafzumessung im engeren Sinne bezeichnet, die darauf folgenden Entscheidungen, insbesondere über die Strafaussetzung zur Bewährung, werden unter dem Begriff der Strafzumessung im weiteren Sinne zusammengefasst (Bruns 1985, S. 4f.; Zipf 1989, S. 542). Die Strafzumessung ist Rechtsanwendung. Der Richter hat bei der Festsetzung der Strafe die Rechtsnormen des Strafzumessungsrechts anzuwenden (Jescheck u. Weigend 1996, S. 871). Allerdings determinieren die Rechtssätze die Strafzumessung nur zu einem Teil. Dem Richter bleibt ein Spielraum, innerhalb dessen er in persönlicher Verantwortung über die Strafe zu entscheiden hat.

Die Grundregeln für die Strafzumessung sind in § 46 Abs. 1 StGB enthalten. Nach § 46 Abs. 1 S. 1 StGB ist die Schuld des Täters die Grundlage für die Zumessung der Strafe. Nach S. 2 sind die Wirkungen, die von der Strafe für das künftige Leben des Täters in der Gesellschaft zu erwarten sind, zu berücksichtigen. Über die Auslegung dieser allgemein gehaltenen Vorschriften streiten die *Strafzumessungstheorien*. Nach der von der Rechtsprechung und der herrschenden Lehre vertretenen Spielraumtheorie (vgl. BGHSt 7, 28, 32; 20, 264, 266f.; Bruns 1985, S. 105ff.; Jescheck u. Weigend 1996, S. 880f.) hat die Strafe in erster Linie gerechter Schuldausgleich zu sein. Grundlage der Strafzumessung sind danach die Schwere der Tat in ihrer Bedeutung für die verletzte Rechtsordnung und der Grad der persönlichen Schuld des Täters. Es gibt jedoch nicht nur eine einzige schuldangemessene Strafe. Vielmehr hat der Richter einen Spielraum, der nach unten durch die schon schuldangemessene und nach oben durch die noch schuldangemessene Strafe begrenzt ist. Die präventiven Strafzwecke sind bei der Festsetzung der Strafhöhe innerhalb des Spielraums zu berücksichtigen. Sie dürfen jedoch nicht zu einer Überschreitung und auch nicht zu einer Unterschreitung des Schuldrahmens führen.

Anders als die Spielraumtheorie nimmt die Theorie der Punktstrafe an, dass es nur eine schuldangemessene Strafe gibt (Kaufmann 1976, S. 261). Die Theorie des sozialen Gestaltungsakts geht wie die Theorie der Punktstrafe davon aus, dass die schuldangemessene Strafe nur eine einzige bestimmte

Strafe sein kann, lässt aber gewisse Über- und Unterschreitungen dieser Schuldstrafe aus präventiven Gründen zu (Dreher 1967, S. 45; 1968, S. 211). Nach der Lehre von der Schuldobergrenze wird die Strafhöhe durch das Maß der Schuld begrenzt, darf aber die Strafe das durch die Tatschuld bestimmte Strafmaß unterschreiten, wenn dies aus präventiven Gründen angezeigt ist (Roxin 2006, S. 93). Nach der Stellenwerttheorie soll sich die Strafhöhe grundsätzlich nur nach der Schwere des verschuldeten Unrechts richten, während für die Entscheidungen über die Strafart und die Vollstreckung präventive Überlegungen maßgeblich sein sollen (Henkel 1969, S. 22 ff.). Die Lehre von der Tatproportionalität tritt ebenfalls dafür ein, die Strafhöhe nur nach der Tatschwere festzusetzen (Hörnle 1999, S. 143 ff.).

Für die Spielraumtheorie spricht, dass durchaus mehrere Strafen als gerechter Schuldausgleich für eine bestimmte Tat erscheinen können. Die Theorie des sozialen Gestaltungsakts dürfte im praktischen Ergebnis weitgehend mit der Spielraumtheorie übereinstimmen. Gegen die Lehre von der Schuldobergrenze spricht, dass sie zu ungerechten Ergebnissen führen kann, denn nach ihr müssten zwei Täter mit unterschiedlich schwerer Schuld die gleiche Strafe erhalten, wenn präventive Gründe für eine niedrige Strafe in gleicher Höhe sprechen. Gegen die Annahme der Stellenwerttheorie und der Lehre von der Tatproportionalität, dass die Strafhöhe grundsätzlich allein nach der Schuldschwere und ohne Berücksichtigung präventiver Gesichtspunkte festzulegen sei, spricht § 46 Abs. 1 S. 2 StGB, nach dem bei der Zumessung der Strafe – und dazu gehört auch die Festlegung der Strafhöhe – die Wirkungen, die von der Strafe für das künftige Leben des Täters in der Gesellschaft zu erwarten sind, und damit präventive Aspekte, zu berücksichtigen sind (Dölling 2003, S. 56 ff.).

Wird auf der Grundlage der vorstehenden Überlegungen bei der Strafzumessung von der Spielraumtheorie ausgegangen, hat sich der Richter zunächst unter Abwägung der für und gegen den Täter sprechenden Umstände Klarheit über die Spannweite der Strafen zu verschaffen, die einen gerechten Schuldausgleich darstellen. Die Ausfüllung dieses Rahmens hat in erster Linie nach spezialpräventiven Gesichtspunkten zu erfolgen. Es kommen Aspekte der Individualabschreckung und der Sicherung, der Behandlung und der Vermeidung entsozialisierender Wirkungen der Strafe in Betracht. Generalpräventive Überlegungen dürfen zur Ausfüllung des Spielraums nur ausnahmsweise herangezogen werden, z. B. wenn eine gemeinschaftsgefährliche Zunahme solcher oder ähnlicher Taten, wie sie abzuurteilen sind, zu verzeichnen ist (BGHSt 17, 321, 324; BGH NStZ 1992, 275; generell gegen die Zulässigkeit einer generalpräventiven Strafschärfung Roxin 1978, S. 195 ff.).

§ 46 Abs. 2 StGB enthält einen nicht abschließenden Katalog von *strafzumessungsrelevanten Umständen*, die sowohl unter dem Gesichtspunkt der Schuldschwere als auch unter dem Aspekt der Prävention von Bedeutung sein können. Diese Umstände betreffen einerseits die Tat und andererseits die Person des Täters. Tatbezogen sind die verschuldeten Auswirkungen der Tat, die Art der Tatausführung, das Maß der Pflichtwidrigkeit und –

als Merkmale der subjektiven Tatseite – der bei der Tat aufgewendete Wille, die Beweggründe und Ziele des Täters und die Gesinnung, die aus der Tat spricht. Als täterbezogene Umstände werden das Vorleben des Täters, seine persönlichen und wirtschaftlichen Verhältnisse und sein Verhalten nach der Tat genannt. Darüber hinaus können im Einzelfall weitere Umstände für die Strafzumessung von Bedeutung sein. So kann eine Verminderung der Schuldfähigkeit, die nicht erheblich im Sinne von § 21 StGB ist, zu einer Milderung der Strafe innerhalb des Regelstrafrahmens führen.

§ 46 Abs. 3 StGB enthält das *Doppelverwertungsverbot*. Danach dürfen Umstände, die schon Merkmale des gesetzlichen Tatbestandes sind, bei der Strafzumessung nicht berücksichtigt werden. Da die Erfüllung der Tatbestandsmerkmale bereits vom Gesetzgeber bei der Festlegung des Strafrahmens für den jeweiligen Tatbestand verwertet worden ist, darf sie bei der Bildung des konkreten Strafmaßes innerhalb des gesetzlichen Strafrahmens nicht noch einmal berücksichtigt werden. So darf bei einer Verurteilung wegen Totschlags die Strafe nicht mit der Begründung erhöht werden, dass der Täter sich über das Leben eines anderen Menschen hinweggesetzt hat (BGH StV 1982, 167). Zulässig ist es aber, bei der Strafzumessung quantitative Abstufungen der Tatbestandsverwirklichung zu berücksichtigen, z. B. bei einem Körperverletzungsdelikt die Schwere der Verletzungen des Opfers (Tröndle u. Fischer 2007, § 46 Rn 80).

Hat der Täter *mehrere Straftatbestände* verwirklicht, gelten für die Strafzumessung die §§ 52 ff. StGB. Danach wird die Strafe dann, wenn mehrere Strafgesetze durch dieselbe Handlung verletzt wurden (Tateinheit/Idealkonkurrenz), nach dem Gesetz bestimmt, das die schwerste Strafe androht. Wurden die Straftatbestände durch verschiedene Handlungen verwirklicht (Tatmehrheit/Realkonkurrenz), wird zunächst für jede Handlung eine Strafe festgesetzt. Danach wird durch Verschärfung der höchsten Einzelstrafe eine Gesamtstrafe gebildet (näher Wessels u. Beulke 2006, S. 287 ff.).

Die *Praxis der Strafzumessung* ist nach den vorliegenden empirischen Untersuchungen dadurch gekennzeichnet, dass die Festsetzung der Strafe vor allem durch einige wenige Faktoren beeinflusst wird. Es sind dies insbesondere der angewendete Strafrahmen, die Schwere des verursachten Schadens, die Intensität der Tatausführung und die Tatplanung, die Zahl der abgeurteilten Taten und die Zahl der Vorstrafen des Täters (Albrecht 1994, S. 330 ff.; Dölling 1999, S. 192 f.; 2001, S. 128 f.). Wenn das Gericht erheblich verminderte Schuldfähigkeit im Sinne von § 21 StGB annimmt, führt das ganz überwiegend zu einer Strafrahmenmilderung nach § 49 Abs. 1 StGB und zu deutlich niedrigeren Strafen als bei Bejahung von voller Schuldfähigkeit (Dölling 2001, S. 123 f.). Häufig wurden erhebliche regionale Unterschiede in der Strafzumessung festgestellt, die auch bei Kontrolle von strafzumessungsrelevanten Faktoren der abzuurteilenden Fälle nicht vollständig neutralisiert werden konnten (Albrecht 1994, S. 348 ff.; Streng 2002, S. 205 ff.). Diese regionalen Unterschiede werden auf verschiedene „lokale Justizkulturen" zurückgeführt (Meier 2006, S. 213 f.). Auch zwischen einzelnen Richtern wurden Unterschiede in der Strafzumessung ermittelt, die unter anderem auf verschiedene Strafzweckpräferenzen zurückgeführt werden (Streng 2002, S. 207 ff.). Die Gleichmäßigkeit der Strafzumessung stellt somit ein erhebliches Problem dar.

## Literatur

Albrecht HJ (1980) Strafzumessung und Vollstreckung bei Geldstrafen unter Berücksichtigung des Tagessatzsystems. Duncker & Humblot, Berlin
Albrecht HJ (1994) Strafzumessung bei schwerer Kriminalität. Eine vergleichende theoretische und empirische Studie zur Herstellung und Darstellung des Strafmaßes. Duncker & Humblot, Berlin
Baumann J et al (1992) Alternativ-Entwurf Wiedergutmachung (AE-WGM). Entwurf eines Arbeitskreises deutscher, österreichischer und schweizerischer Strafrechtslehrer (Arbeitskreis AE). Beck, München
Beulke W (2001) Kommentierung der § 151 bis 157 StPO. In: Rieß P (Hrsg) Löwe-Rosenberg. Die Strafprozeßordnung und das Gerichtsverfassungsgesetz. Großkommentar, 25. Aufl., Bd 3. De Gruyter, Berlin New York, S 373–683
Beulke W (2006) Strafprozessrecht, 9. Aufl. Müller, Heidelberg
Brunner R, Dölling D (2002) Jugendgerichtsgesetz. Kommentar, 11. Aufl. De Gruyter, Berlin New York
Bruns HJ (1985) Das Recht der Strafzumessung. Eine systematische Darstellung für die Praxis, 2. Aufl. Heymanns, Köln Berlin Bonn München
Dölling D (1989) Die Verlängerung der Bewährungszeit nach § 56 f. II StGB. NStZ 9:345–348
Dölling D (1992) Der Täter-Opfer-Ausgleich – Möglichkeiten und Grenzen einer kriminalrechtlichen Reaktionsform. JZ 47:493–499
Dölling D (1999) Über die Strafzumessung beim Raub. In: Gössel KH, Triffterer O (Hrsg) Gedächtnisschrift für H Zipf. Müller, Heidelberg, S 177–196
Dölling D (2001) Über Schuldfähigkeitsbeurteilung und Rechtsfolgenzumessung bei Gewaltdelikten. In: Britz G et al. (Hrsg) Grundfragen staatlichen Strafens. Festschrift für H. Müller-Dietz zum 70. Geburtstag. Beck, München, S 119–132
Dölling D (2003) Über die Höhenbemessung bei der Freiheits- und der Jugendstrafe. In: Amelung K et al. (Hrsg) Strafrecht Biorecht Rechtsphilosophie. Festschrift für H.-L. Schreiber zum 70. Geburtstag am 10. Mai 2003. Müller, Heidelberg, S 55–62
Dölling D (2004) Straftaten gegen Rechtsgüter der Allgemeinheit. In: Gössel KH, Dölling D, Strafrecht Besonderer Teil 1. Straftaten gegen Persönlichkeits- und Gemeinschaftswerte, 2. Aufl. Müller, Heidelberg, S 427–721
Dölling D et al. (1998) Täter-Opfer-Ausgleich in Deutschland. Bestandsaufnahme und Perspektiven. Herausgegeben vom Bundesministerium der Justiz. Forum, Mönchengladbach
Dreher E (1967) Zur Spielraumtheorie als der Grundlage der Strafzumessungslehre des Bundesgerichtshofes. JZ 22:41–46
Dreher E (1968) Gedanken zur Strafzumessung. Eine Besprechung von H-J Bruns: Strafzumessungsrecht – Allgemeiner Teil. JZ 23:209–214
Feuerhelm W (1991) Gemeinnützige Arbeit als Alternative in der Geldstrafenvollstreckung. Kriminologische Zentralstelle, Wiesbaden
Geppert K (1994) Kommentierung des § 44 StGB. In: Jähnke B, Laufhütte HW, Odersky W (Hrsg) Strafgesetzbuch. Leipziger Kommentar. Großkommentar, 11. Aufl., Bd 2. De Gruyter, Berlin New York
Göppinger H (1997) Kriminologie, 5. Aufl. Beck, München
Gribbohm G (1992) Kommentierung der §§ 56 bis 59c StGB. In: Jähnke B, Laufhütte HW, Odersky W (Hrsg) Strafgesetzbuch. Leipziger Kommentar. Großkommentar, 11. Aufl., Bd 2. De Gruyter, Berlin New York

Heinz W (2004) Verfahrensrechtliche Entkriminalisierung. Kriminologische und kriminalpolitische Aspekte der Situation in Deutschland. In: Grafl C, Medigovic U (Hrsg) Festschrift für M Burgstaller zum 65. Geburtstag. Neuer Wissenschaftlicher Verlag, Wien Graz, S 507–526
Henkel H (1969) Die „richtige" Strafe. Gedanken zur richterlichen Strafzumessung. Mohr, Tübingen
Hilger H (1998) Kommentierung der §§ 374 bis 406 h StPO. In: Rieß P (Hrsg) Löwe-Rosenberg. Die Strafprozeßordnung und das Gerichtsverfassungsgesetz. Großkommentar, 25. Aufl, Bd 6. De Gruyter, Berlin New York
Hillenkamp T (1992) Anmerkung zum Urteil des Bundesgerichtshofs vom 7.11.1990 – 2 StR 439/90. Juristische Rundschau 46:74–76
Hörnle T (1999) Tatproportionale Strafzumessung. Duncker & Humblot, Berlin
Horn E (2001) Kommentierung der §§ 38 bis 51 StGB. In: Rudolphi HJ (Gesamtredaktion) Systematischer Kommentar zum Strafgesetzbuch, Bd 2. Luchterhand, Neuwied Kriftel Berlin
Janssen H (1994) Die Praxis der Geldstrafenvollstreckung – eine empirische Studie zur Implementation kriminalpolitischer Programme. Lang, Frankfurt am Main
Jehle JM, Heinz W, Sutterer P (2003) Legalbewährung nach strafrechtlichen Sanktionen. Eine kommentierte Rückfallstatistik. Bundesministerium der Justiz. Forum, Mönchengladbach
Jescheck HH, Weigend T (1996) Lehrbuch des Strafrechts – Allgemeiner Teil, 5. Aufl. Duncker & Humblot, Berlin
Kaiser G (1996) Kriminologie. Ein Lehrbuch, 3. Aufl. Müller, Heidelberg
Kaufmann A (1976) Das Schuldprinzip. Eine strafrechtlich-rechtsphilosophische Untersuchung, 2. Aufl. Winter, Heidelberg
Kerner HJ, Hartmann A (2004) Täter-Opfer-Ausgleich in der Entwicklung. Auswertung der bundesweiten Täter-Opfer-Ausgleichs-Statistik für den Zehnjahreszeitraum 1993 bis 2002. Bericht für das Bundesministerium der Justiz. Institut für Kriminologie der Universität Tübingen, Tübingen
Lackner K, Kühl K (2004) Strafgesetzbuch. Kommentar, 25. Aufl. Beck, München
Lenckner T (1972) Strafe, Schuld und Schuldfähigkeit. In: Göppinger H, Witter H (Hrsg) Handbuch der forensischen Psychiatrie, Bd 1. Springer, Berlin Heidelberg New York, S 3–286
Loos F (1999) Bemerkungen zu § 46a StGB. In: Weigend T, Küpper G (Hrsg) Festschrift für H. J. Hirsch zum 70. Geburtstag am 11. April 1999. De Gruyter, Berlin New York, S 851–877
Meier BD (2006) Strafrechtliche Sanktionen, 2. Aufl. Springer, Berlin Heidelberg
Meyer-Goßner L (2006) Strafprozessordnung, Gerichtsverfassungsgesetz, Nebengesetze und ergänzende Bestimmungen, 49. Aufl. Beck, München
Nedopil N (2000) Forensische Psychiatrie. Klinik, Begutachtung und Behandlung zwischen Psychiatrie und Recht, 2. Aufl. Thieme, Stuttgart New York
Rasch W, Konrad N (2004) Forensische Psychiatrie, 3. Aufl. Kohlhammer, Stuttgart
Rössner D, Klaus T (1998) Rechtsgrundlagen und Rechtspraxis. In: Dölling et al., Täter-Opfer-Ausgleich in Deutschland. Bestandsaufnahme und Perspektiven. Herausgegeben vom Bundesministerium der Justiz. Forum, Mönchengladbach, S 49–119
Roxin C (1978) Prävention und Strafzumessung. In: Frisch W, Schmid W (Hrsg) Festschrift für H.-J. Bruns zum 70. Geburtstag. Heymanns, Köln, S 183–204
Roxin C (2006) Strafrecht Allgemeiner Teil, Bd 1: Grundlagen. Der Aufbau der Verbrechenslehre, 4. Aufl. Beck, München
Schöch H (1992) Kommentierung der §§ 151–160 StPO. In: Wassermann R (Hrsg) Kommentar zur Strafprozessordnung (Reihe Alternativkommentare), Bd 2, Teilbd 1. Luchterhand, Neuwied Kriftel Berlin, S 635–784
Schöch H (2000) Täter-Opfer-Ausgleich und Schadenswiedergutmachung gemäß § 46a StGB. In: Roxin C, Widmaier G (Hrsg) 50 Jahre Bundesgerichtshof. Festgabe aus der Wissenschaft, Bd 4 Strafrecht, Strafprozeßrecht. Beck, München, S 309–338
Statistisches Bundesamt (2006a) Fachserie 10: Rechtspflege. Reihe 3: Strafverfolgung, 2004. Statistisches Bundesamt, Wiesbaden

Statistisches Bundesamt (2006 b) Fachserie 10: Rechtspflege. Reihe 4.1: Strafvollzug – Demographische und kriminologische Merkmale der Strafgefangenen zum Stichtag 31.3.2006. Statistisches Bundesamt, Wiesbaden

Stree W (1992) Probleme des Widerrufs einer Strafaussetzung wegen einer Straftat. NStZ 12:153–160

Stree W (2006) Kommentierung der §§ 38 bis 72 StGB. In: Schönke A, Schröder H, Strafgesetzbuch Kommentar, 27. Aufl. Beck, München, S 717–1021

Streng F (2002) Strafrechtliche Sanktionen. Die Strafzumessung und ihre Grundlagen, 2. Aufl. Kohlhammer, Stuttgart

Theune W (2006) Kommentierung der §§ 45 bs 51 StGB. In: Laufhütte HW, Rissing-van Saan R, Tiedemann K (Hrsg) Strafgesetzbuch. Leipziger Kommentar. Großkommentar, 12. Aufl. Bd 2. De Gruyter, Berlin, S 1032–1239

Tröndle H, Fischer T (2007) Strafgesetzbuch und Nebengesetze, 54. Aufl. Beck, München

Villmow B (1998) Kurze Freiheitsstrafe, Ersatzfreiheitsstrafe und gemeinnützige Arbeit. Erfahrungen und Einstellungen von Betroffenen. In: Albrecht HJ et al. (Hrsg) Internationale Perspektiven in Kriminologie und Strafrecht. Festschrift für G Kaiser zum 70. Geburtstag. Zweiter Halbbd. Duncker & Humblot, Berlin, S 1291–1324

Weitekamp GM, Kerner HJ (Hrsg) (2003) Restorative justice in context. International Practice and Directions. Willan, Cullompton Devon

Wessels J, Beulke W (2006) Strafrecht Allgemeiner Teil. Die Straftat und ihr Aufbau, 36. Aufl. Müller, Heidelberg

Zipf H (1989) Die Rechtsfolgen der Tat. In: Maurach R, Gössel KH, Zipf H, Strafrecht Allgemeiner Teil, Teilbd 2. Erscheinungsformen des Verbrechens und Rechtsfolgen der Tat. Ein Lehrbuch, 7. Aufl. Müller, Heidelberg, S 479–754

### 2.5.3 Die Maßregeln der Besserung und Sicherung

D. Best, D. Rössner

#### 2.5.3.1 Allgemeine Gesichtspunkte

**Sanktionstheoretischer Hintergrund.** Die Maßregeln der Besserung und Sicherung (§§ 61 ff. StGB) stellen die so genannte *zweite Spur* des strafrechtlichen Sanktionensystems dar. Im Gegensatz zu den (die erste Spur ausmachenden) Strafen, die als ethisch tadelnde Reaktionen begrifflich schuldhaftes Verhalten („*nulla poena sine culpa*") voraussetzen (Best 2002, S. 100 ff.) und im Einzelfall nach Art und Höhe durch das Maß der Schuld begrenzt werden (vgl. § 46 Abs. 1 S. 1 StGB), knüpfen sie primär an die vom Täter ausgehende Gefahr zukünftigen kriminellen Verhaltens an. Die Maßregeln unterliegen daher konzeptionell nicht den durch das Schuldprinzip gesetzten Limitierungen (Best 2003, S. 339) und können auch gegen schuldunfähige oder solche Personen angeordnet werden, bei denen die durch die schuldmaßgebundene Strafe eröffneten Einwirkungsmöglichkeiten als nicht ausreichend oder sachgerecht erscheinen, um ihrer Gefährlichkeit wirksam zu begegnen. Die das Staatshandeln verfassungsrechtlich rechtfertigende, originäre Aufgabe des „Straf-" oder genauer Kriminalrechts in seiner Funktion als (letzter) Teil des abgestuften gesamtgesellschaftlichen Systems der sozialen Kontrolle besteht aber gerade darin, besonders bedeutsame Rechtsgüter auch vor (künftigen) Verletzungen zu schützen (Meier 2006, S. 219).

Legitimationsgrund des Instituts der Maßregel ist somit das gegenüber den Interessen des betroffenen Einzelnen *überwiegende öffentliche Interesse* an einem effektiven vorbeugenden Rechtsgüterschutz (BVerfGE 109, 236; StV 2006, 575; Streng 2002, S. 151). In Hinsicht auf die Gewährleistung dieses staatlichen (Selbst-)Schutzauftrags ist die Existenz einer schuldunabhängigen, sozialethisch neutralen Sanktionsart unverzichtbar. Dessen Einbettung in das *straf*rechtliche Rechtsfolgeninstrumentarium begründet sich indes nur aus dem Gesichtspunkt des Sachzusammenhangs mit einer Straftat. Die strikt präventive Ausrichtung der Einwirkung ist eigentlich Aufgabe polizeilicher Gefahrenabwehr.

**Historische Entwicklung.** Erste Ansätze zur Implementierung von kriminalrechtlichen Tatfolgen mit lediglich oder vorrangig (spezial-)präventiver Zwecksetzung werden gemeinhin in sporadischen (Schmidt 1965, S. 251 ff.) Formen des Freiheitsentzugs aus der Partikulargesetzgebung des 18. Jahrhunderts erblickt (Dessecker 2004 a, S. 27 ff.). Verschiedene „Sicherungsmittel" polizeirechtlicher Natur waren indes schon seit dem Mittelalter gemeinrechtlich anerkannt (Heffter 1857, S. 119 f.), so vor allem die *Urfehde* (*urpheda*), die als Vorläuferin der Polizei- und damit der heutigen Führungsaufsicht (§§ 68 ff. StGB) anzusehen ist. Die Entwicklung, die zur gegenwärtigen Rechtslage geführt hat, wurde erst 1882 durch die von *Franz von Liszt*, dem Hauptvertreter der so genannten *modernen Schule*, in seinem „Marburger Programm" aufgestellte Forderung nach einer rein spezialpräventiven Zweckstrafe ausgelöst. Durchgesetzt hat sich schließlich nach jahrzehntelangen Auseinandersetzungen (der so genannte *Schulenstreit*) eine wesentlich durch den 1893 von *Karl Stooß* vorgelegten Vorentwurf für ein Schweizerisches StGB beeinflusste Kompromisslösung, die der schuldgebundenen, retrospektiven Strafe die gefährlichkeitsbezogene, prospektive Maßregel an die Seite stellte – duales Rechtsfolgensystem des Strafrechts – (eingehend Dessecker 2004 a, S. 57 ff., 70 ff.).

Eingeführt wurden die Maßregeln der Besserung und Sicherung, ursprünglich als solche der „Sicherung und Besserung" letztlich durch das – allenfalls in der Anwendungspraxis nationalsozialistisch *geprägte* (Dessecker 2004 a, S. 90 ff.; aA Kammeier 1996, S. 105 ff.) – *Gewohnheitsverbrechergesetz* vom 24. November 1933 (RGBl. I S 995). Trotz einer grundlegenden Umgestaltung im Rahmen der großen Strafrechtsreform von 1969 und verschiedener, durch die wechselhafte „kriminalpolitische Wetterlage" bedingter Änderungen ist das Konzept der *Zweispurigkeit* heute im Ausgangspunkt allgemein anerkannt und zum „fest etablierten Grundelement des deutschen Sanktionensystems" geworden (Meier 2006, S. 221). Damit ist freilich nicht gesagt, dass die Entwicklung im Einzelnen bereits abgeschlossen wäre, wie stetig neue gesetzgeberische Reformbestrebungen vor allem im Bereich der freiheitsentziehenden Maßregeln zeigen (s. zuletzt etwa BR-Dr. 135/2006; 139/2006; 181/2006; BT-Dr. 16/1110). Im internationalen Vergleich dominieren demgegenüber einspurige Sanktionsmodelle (Meier 2006, S. 221 f.), wenngleich diese Feststellung wegen „maßregeltypischer Durchflechtungen" in der einen oder anderen Form bisweilen eher formaler Natur ist.

**Gegenwärtige Situation.** Das StGB sieht derzeit insgesamt sechs Maßregeln vor (§ 61 StGB): drei freiheitsentziehende (*stationäre*) und drei nichtfreiheitsentziehende (*ambulante*). Zur ersteren Gruppe gehören die Unterbringungen in einem psychiatrischen Krankenhaus (§ 63 StGB), in der Entziehungsanstalt (§ 64 StGB) und in der Sicherungsverwahrung (§§ 66–66 b StGB), zur letzteren die Führungsaufsicht (§§ 68–68 f StGB), die Entziehung der Fahrerlaubnis (§§ 69–69b StGB) und das Berufsverbot (§§ 70–70 b StGB). Maßregelcharakter kommt in gewissen Fällen (vgl. §§ 74 Abs. Nr. 2, Abs. 3; 74 d StGB) zudem der Einziehung und der Unbrauchbarmachung zu (Tröndle u. Fischer 2007, Vor § 61 Rn 9, § 74 Rn 2). Aus dem Nebenstrafrecht sind ferner noch das Verbot der Tierhaltung (§ 20 TierSchG) und die Entziehung des Jagdscheins (§ 41 BJagdG) hier einzuordnen (Stree 2006, § 61 Rn 1). Um „Maßregeln der Besserung und Sicherung" im Sinne des Gesetzes handelt es sich bei diesen Sanktionen indes nicht (Tröndle u. Fischer 2007, Vor § 61 Rn 9). Daneben sind im außerstrafrechtlichen Bereich verschiedene „korrespondierende" Präventivmaßnahmen vorgesehen, die unabhängig vom Vorliegen kriminellen Verhaltens bei bestehender Gefährlichkeit anwendbar sind wie namentlich die öffentlich-rechtliche Unterbringung nach Landesrecht (Bode 2004, S. 159 ff.), die Entziehung der Fahrerlaubnis gemäß § 3 StVG sowie das „Berufsverbot" z. B. nach § 35 GewO oder § 5 BÄO.

Das übergreifende Ziel des Rechtsgüterschutzes verfolgen die einzelnen Maßregeln auf unterschiedlichen Wegen. Auf der einen Seite knüpfen sie mit Ausnahme der Führungsaufsicht entweder an besonders relevante *Gefahrenursachen* (psychische Störung, Sucht, Hang) oder an besonders wichtige *Lebens- und Gefahrbereiche* an (Straßenverkehr, Berufswelt), wodurch bedingt auf der anderen Seite Art und Ausgestaltung der Einwirkung erheblich divergieren. Sie orientieren sich entsprechend dem gesetzlichen Leitkonzept generell einzig am Gedanken der *Spezialprävention* entweder in der (positiven) Form der Besserung im Sinne einer „inneren" therapeutisch-(re)sozialisierenden Behandlung des Verurteilten oder in der (negativen) Form der Sicherung im Sinne einer „äußeren" Einwirkung auf den Täter durch faktische oder rechtliche Abwehrmaßnahmen. Repressive Gesichtspunkte und generalpräventive Belange sind demgegenüber irrelevant. Wegen vielfältiger Wechselwirkungen zwischen Strafe und Maßregel einerseits, die der Gesetzgeber unter Inkaufnahme gewisser Friktionen vorgesehen hat, und der gerichtlichen Praxis andererseits, welche diese Tendenz noch weiter verstärkt, wird der klare Grundsatz in der Realität nicht immer verwirklicht (Best 2002, S. 114 ff.; Wedekind 2005, S. 68 ff.).

### 2.5.3.1.1 Gemeinsame Voraussetzungen

Aus Wesen und Zweckbestimmung der Maßregeln sowie der Einordnung in das Kriminalrecht ergeben sich gewisse strukturelle Gemeinsamkeiten, die als institutionelle Eckpfeiler Minimalanforderungen hinsichtlich der Anordnungsvoraussetzungen sämtlicher Maßregeln begründen. In diesem Sinn muss im Allgemeinen eine zumindest *rechtswidrige Tat* (so genannte Anlasstat) und eine negative *Kriminalprognose* vorliegen sowie der Anwendungsgrundsatz der *Verhältnismäßigkeit* gewahrt sein.

**Rechtswidrige Tat.** Nach der Legaldefinition von § 11 Abs. 1 Nr. 5 StGB ist eine rechtswidrige Tat „nur eine solche, die den Tatbestand eines Strafgesetzes verwirklicht." Die Maßregelanordnung setzt demnach jedenfalls die Verwirklichung des *Unrechtstatbestands* einer bestimmten Straftat ohne Eingreifen eines *Rechtfertigungsgrundes* voraus. Unrechtstatbestandsmäßig- und Rechtswidrigkeit beurteilen sich nach allgemeinen Regeln, weshalb der Täter bei Vorsatzdelikten in Tatumstandskenntnis (§ 16 Abs. 1 S. 1 StGB) gehandelt haben muss (vgl. 2.5.3.2.2 Abschn. „Rechtswidrige Tat").

*Schuld* und *Strafwürdigkeit* als weitere Deliktelemente sind für das Vorliegen einer rechtswidrigen Tat begrifflich unbeachtlich; ihr Fehlen kann im Einzelfall gleichwohl von Belang für die Maßregelentscheidung sein. Mit Blick auf die Gefährlichkeitsprognose gilt dies zunächst, wenn der Schuldausschluss nicht auf dem Ursachenbereich des individuellen Gefahrpotenzials beruht bzw. beruhen würde, z.B. bei Überschreitung der Notwehr (§ 33 StGB) ohne symptomatischen Zusammenhang zu einer Störung im Sinne der §§ 20, 21 StGB (BGH NStZ 1991, 528 f.; NStZ-RR 2004, 11). Bei strafbefreiendem Rücktritt vom Versuch (§ 24 StGB) erwiese sich die Anordnung einer Maßregel *überdies* als unverhältnismäßig (BGH StV 2003, 537 mit Anm. Barton).

Allgemeingültige Anforderungen bezüglich Deliktnatur und Erscheinungsform (Begehungsweise, Verwirklichungsstadium und Beteiligungsart) der möglichen Anlasstat bestehen im Übrigen nicht; sie muss aber verfolgbar, d.h. unverjährt (§§ 78 ff. StGB) und bei Antragsdelikten (z.B. § 123 StGB) muss Strafantrag gestellt sein (BGHSt 31, 134).

**Gefährlichkeitsprognose.** Das auf der *Voraussetzungs-*, der *Anordnungs-* sowie der *Vollstreckungsebene* bedeutsame Moment der Prognose ist sowohl hinsichtlich des jeweiligen Bezugsgegenstandes als auch bezüglich des erforderlichen Grades an Aussagekraft bei den einzelnen Maßregeln unterschiedlich ausgestaltet (Schall 2003, S. 262 ff.; eingehend Dessecker 2004 a, S. 182 ff.). Generell gilt, dass für die Anordnung eine *negative Gefährlichkeitsprognose* verlangt wird, da vom Täter weitere rechtsgutverletzende Verhaltensweisen drohen müssen, an die zum Teil überhaupt keine (§ 68 und implizit § 69 StGB), eher unbestimmte („erheblich": §§ 63, 64, 70 StGB) oder vergleichsweise bestimmte (§§ 66–66 b StGB) Anforderungen hinsichtlich des Gewichts gestellt werden. § 64 StGB erfordert daneben noch die

Stellung einer *Behandlungsprognose*. Der vom Gesetz explizit verlangte Grad an prognostischer Dichte reicht vom „Erkennen lassen" (§ 70 StGB) und „Bestehen" (§ 68 StGB) einer Gefahr bis hin zum – in der Rechtsprechung weiter abgestuften – „Erwarten" von Tatbegehungen (§§ 63, 64, 66 StGB). Dies bedeutet allgemein, dass an keiner Stelle prognostische „Sicherheit" gefordert wird; vielmehr genügt ein im Einzelnen zu bestimmendes Maß an *Wahrscheinlichkeit*, von dem der Richter überzeugt sein und das er in diesem Sinne „feststellen" muss (Tröndle u. Fischer 2007, Vor § 61 Rn 3). Nach überwiegender und zutreffender Ansicht (Hanack 1992, Vor § 61 Rn 48 ff.) gilt auch hinsichtlich des jeweilig verlangten Wahrscheinlichkeitsniveaus der *Zweifelssatz* (in dubio pro reo).

Zu beachten ist, dass es sich bei der (Gefährlichkeits-)Prognose um eine vom Richter zu treffende *normative Feststellung* handelt (Schall 2003, S. 261 f.), die insbesondere am Schutzziel der betreffenden Maßregel und an deren Natur als kriminalrechtlichem Sanktionsmittel auszurichten ist. Der Sachverständige (§§ 246a, 415 Abs. 5, 244 Abs. 4 StPO) ist nur insoweit zu hören, als es um die *empirischen Grundlagen* geht. Darüber hinausgehende – von den Instanzgerichten gerne angenommene, wenn nicht gar erwartete – (vornehmlich therapeutisch motivierte) „Empfehlungen", welche die gerichtliche Entscheidung dann in aller Regel determinieren (Schönberger 2002, S. 163 f.), dürfen nicht unreflektiert in die normative Entscheidung übernommen werden (BGHSt 42, 388 f.). Auf welcher methodisch-konzeptionellen Vorgehensweise die Begutachtung beruht (s. etwa Rasch u. Konrad 2004, S. 388 ff.), ist im Übrigen grundsätzlich gleichgültig, sofern sie lege artis durchgeführt und für das Gericht nachvollziehbar ist (näher Rössner, s. Kap. 3.2). Dies bedeutet freilich, dass die Prognose sowohl hinsichtlich ihrer theoretischen und methodischen sowie der in Bezug genommenen empirischen Grundlagen (dazu Dahle Bd. 3, Kap. 1) als auch im Hinblick auf ihre handwerkliche Umsetzung (dazu Kröber Bd. 3, Kap. 3) den aktuellen Stand der wissenschaftlichen Forschung widerspiegeln muss. Als für den forensischen Gutachter unverzichtbar erweist sich dabei die Beachtung der von einer interdisziplinären Arbeitsgruppe des BGH aufgestellten „Mindestanforderungen für Prognosegutachten" (Boetticher et al. 2006), die im Zusammenhang mit den zuvor formulierten „Mindestanforderungen für Schuldfähigkeitsgutachten" (Boetticher et al. 2005) zu sehen sind. Im Bereich psychiatrischer Diagnosen ist danach in jedem Fall der Rückgriff auf eingeführte standardisierte Klassifikationskriterien, d. h. derzeit entsprechend ICD-10 oder DSM-IV, geboten, auch wenn diesen keine rechtliche Verbindlichkeit zukommt (BGHSt 37, 401; NStZ 1997, 383).

**Verhältnismäßigkeit.** Der im Rechtsstaatsprinzip und den Grundrechten gründende Verhältnismäßigkeitsgrundsatz verlangt, dass staatliche Eingriffsmaßnahmen für den verfolgten Zweck geeignet, erforderlich und dem Betroffenen zumutbar sind (Detterbeck 2005, Rn 229 ff.). § 62 StGB drückt dies so aus, dass eine Maßregel nicht angeordnet werden darf, wenn sie *zur Bedeutung der vom Täter begangenen und zu erwartenden Taten sowie zu dem Grad* *der von ihm ausgehenden Gefährlichkeit außer Verhältnis* steht. Damit sind die drei genannten Kriterien (differenzierend Dessecker 2004a, S. 334 ff., 345 ff.) *insgesamt zu würdigen* und nicht einzeln in Bezug zur Schwere des mit der Maßregel verbundenen Eingriffs zu setzen (BGH StV 1999, 389).

In zweierlei Hinsicht erweckt die Vorschrift indes einen verfehlten Eindruck von der Reichweite des Verhältnismäßigkeitsprinzips (Meier 2006, S. 223 f.), denn dieses ist zum einen nicht erst *nach*, sondern schon *bei* Klärung der einzelnen Maßregelvoraussetzungen und zum anderen ebenfalls bei der Anordnung selbst und im Vollstreckungsverfahren zu berücksichtigen. Dem trägt das Gesetz andernorts auch ausdrücklich Rechnung, so unter anderem durch Zulassung einer unmittelbaren Aussetzung der Maßregelvollstreckung (§§ 67 b, 68 f II StGB), im Rahmen der Regelung der so genannten Maßregelkonkurrenz (§ 72 StGB) und durch zeitliche und sachliche Vollstreckungsbegrenzungen (§ 67 d StGB). Wenn demgegenüber § 69 Abs. 1 S. 2 StGB bestimmt, dass eine Prüfung nach § 62 StGB unterbleibt, weil die Maßregel bei festgestellter Ungeeignetheit zur Führung eines Kfz stets als verhältnismäßig anzusehen sei (Stree 2006, § 69 Rn 56), darf dies von Verfassungswegen aber nicht zur Zulässigkeit einer unverhältnismäßigen Fahrerlaubnisentziehung führen; vielmehr ist über das Merkmal der Ungeeignetheit ein – wenngleich gegenüber § 62 StGB engerer – Prüfrahmen eröffnet (BGH NJW 2004, 3502; Tröndle u. Fischer 2007, § 69 Rn 50). Davon abgesehen, bemisst sich im Sinne von § 62 StGB die *Bedeutung der begangenen Taten* nicht nur nach Deliktsart und -schwere, sondern insbesondere nach ihrer kriminalbiografischen Einordnung sowohl im Längs- als auch Querschnitt der kriminellen Entwicklung eines Täters und damit letztlich nach ihrer indiziellen Aussagekraft für künftiges kriminelles Verhalten.

Bei der *Bedeutung der zu erwartenden Taten* kommt es demgegenüber namentlich auf deren kriminalprognostisches Gewicht an. Für den *Grad der vom Täter ausgehenden Gefahr* sind schließlich die bisherigen und drohenden Taten einschließlich der insoweit bestehenden Wahrscheinlichkeit zueinander in Beziehung zu setzen. Zudem sind im Rahmen einer *Gesamtbetrachtung* noch die persönlichen, beruflichen und wirtschaftlichen Auswirkungen der Maßregel in den Blick zu nehmen. Eine Anordnung kommt deshalb prinzipiell auch bei weniger gravierenden Taten in Betracht, wenn die zu erwartenden besonders schwer wiegen (BGH NStZ 1986, 237).

### 2.5.3.1.2 Jugendliche und Heranwachsende

Gegen Jugendliche und Heranwachsende, auf die nach § 105 Abs. 1 JGG Jugendstrafrecht anzuwenden ist, können gemäß § 7 JGG die Unterbringungen in einem psychiatrischen Krankenhaus sowie in der Entziehungsanstalt, die Führungsaufsicht und die Entziehung der Fahrerlaubnis angeordnet werden (Baier 2006, S. 163 f.). Wegen der erzieherischen Ausrichtung des Jugendstrafrechts werden dagegen, unabhängig von speziellen Einwänden gegen einzelne Maßregeln, systematische Bedenken erhoben. Diese beziehen sich vor allem auf die als Fremdkörper empfundene Betonung des Sicherungsaspekts (s. Eisenberg 2006 a, § 7 Rn 3 ff.). Darüber hinaus können sich Anwendungsschwierigkeiten aus den Eigenheiten der jugendstrafrechtlichen Sanktionsstrukturen ergeben, beispielsweise wegen des Einheitsstrafenprinzips (§ 31 Abs. 1 S. 1 JGG) hinsichtlich der Zulässigkeit der Führungsaufsicht gemäß § 68 f StGB (OLG München ZJJ 2004, 198 f. mit zustimmender Anm. Ostendorf sowie OLG Dresden ZJJ 2004, 433 ff.). Allgemein gilt, dass die Anordnung einer Maßregel ausscheidet, wenn die Gefährlichkeit des Jugendlichen oder Heranwachsenden ausschließlich auf entwicklungsbedingten Reifeverzögerungen beruht (BGH NStZ-RR 2003, 186).

Neben den in § 7 JGG aufgeführten Maßregeln kann gegen Heranwachsende, auf die allgemeines Strafrecht Anwendung findet, nach Maßgabe von § 106 Abs. 3, 5 und 6 JGG auch die Sicherungsverwahrung vorbehalten oder nachträglich angeordnet werden. Insbesondere unter Hinweis auf die bei der betroffenen Klientel noch nicht abgeschlossene Persönlichkeitsentwicklung, die sichere prognostische Aussagen im Sinne der §§ 66 a, b StGB bereits im Ansatz unmöglich mache (Eisenberg 2006 b, S. 140 ff.), stoßen diese Regelungen weithin auf Kritik bzw. Ablehnung (Goerdeler 2003, S. 87 f.; Kinzig 2004, S. 658). Dabei wird jedoch der Aussagekraft der für die Kriminologie insgesamt immer wichtiger werdenden psychiatrischen Befunde (Rössner 2004, S. 391 ff.) zur Kriminalitätsprävalenz vor allem der dissozialen Persönlichkeitsstörung (Rössner et al. 2003, S. 393 ff.) nicht hinreichend Rechnung getragen. Denn deren typische psychopathologische Symptome – ausgehend von Störungen der Aufmerksamkeit und Aktivität über Störungen des Sozialverhaltens – treten meist bereits im frühen Kindes- und Jugendalter auf (Blanz 2004, S. 382 ff.; Matt 2005, S. 432 ff.), weshalb jedenfalls bei Hinzukommen bestimmter sozialbiografischer Gesichtspunkte (Rasch u. Konrad 2004, S. 284) – ungeachtet der zweifelsohne bestehenden entwicklungsbedingten Diagnose- und Prognoseschwierigkeiten (Goerdeler 2003, S. 189) – eine hinreichend verlässliche diesbezügliche Risikobewertung bereits im Jugendalter nicht von vornherein ausgeschlossen ist. Ist hiernach die frühe Ausprägung von Merkmalen einer dis- bzw. antisozialen Persönlichkeit festgestellt, mit deren „Auswachsen" im Rahmen des weiteren Reifungsprozesses bzw. diesbezüglicher Interventions- und Präventionsmaßnahmen nicht zu rechnen ist, können die Sicherheitsbelange der Allgemeinheit den Vorbehalt oder die nachträgliche Anordnung der Sicherungsverwahrung rechtfertigen (aA Baier 2006, S. 168 f.). Dass sich deren Vollzug gerade nicht in einer bloßen „Verwahrung" erschöpfen darf, ist zu betonen; ebenso, dass der insoweit betroffene Personenkreis, der nur den „härtesten Kern" der so genannten Intensivtäter umfasst (Matt 2005, S. 432), äußerst klein ist und in jedem Einzelfall eine besonders eingehende Begutachtung zu erfolgen hat. Ist aber eben diese Personengruppe Anlass immer neuer kriminalpolitischer Verschärfungstendenzen und stellt sie unabdingbare Erziehungsgrundsätze des Jugendstrafrechts mit seinen notwendigen Besonderheiten insgesamt in Frage, wird deutlich, dass gerade hier sehr differenzierte Lösungen erforderlich sind. Dabei ist vor allem an die vom Gesetzgeber bereits erwogene Möglichkeit zur nachträglichen Anordnung der Sicherungsverwahrung gemäß § 66b StGB gegenüber Jugendlichen und ihnen gleichgestellten Heranwachsenden (s. BR-Dr. 50/06; 181/06) zu denken, da die Gefährlichkeit nicht vom Alter abhängt und die Vollzugszeit hinreichend Möglichkeiten zur verlässlichen prognostischen Feststellung bietet (vgl. Poseck 2004, S. 2561 f.).

### 2.5.3.1.3 Anordnungsverfahren

**Allgemeines.** Die Maßregeln der Besserung und Sicherung werden für gewöhnlich im Rahmen eines „normalen" Strafverfahrens durch *Urteil* angeordnet bzw. im Fall des § 66a StGB vorbehalten (§ 260 Abs. 2, 4 StPO). Für die nachträgliche Anordnung der Sicherungsverwahrung gelten nach § 275a StPO mit einigen auf die Vollstreckungssituation Rücksicht nehmenden Modifikationen ebenfalls die allgemeinen Vorschriften über das Hauptverfahren. Das Gericht trifft gemäß § 267 StPO (auch) hinsichtlich des Maßregelausspruchs eine Begründungspflicht, die ebenfalls besteht, wenn es einen Anordnungsantrag abgelehnt hat oder – über den Gesetzeswortlaut hinaus – wenn sich die Anordnung irgendeiner Maßregel aufdrängte (BGH NJW 1999, 2606). Ist auf die Möglichkeit der Anordnung *einer bestimmten* Maßregel nicht bereits in der zugelassenen Anklage hingewiesen worden, darf diese nur nach einem entsprechenden gerichtlichen Hinweis in der Hauptverhandlung (§ 265 Abs. 2 StPO) geschehen (BGH StV 1991, 198), gleichgültig ob bereits ein Sachverständiger hierzu gehört wurde (BGH NStZ-RR 2002, 271). In den Fällen der §§ 63 und 66 StGB bzw. bei Durchführung eines Sicherungsverfahrens muss stets ein (Pflicht-)Verteidiger bestellt sein (§§ 140 Abs. 1 Nr. 1, 7 StPO, 24 Abs. 2 GVG).

Ausgeschlossen ist die Anordnung einer Maßregel im Privatklageverfahren (§ 384 StPO); bei Abwesenheit des Angeklagten sowie im Strafbefehls- und im beschleunigten Verfahren ist lediglich die Entziehung der Fahrerlaubnis zulässig, wobei sich die Sanktionsgewalt des AG ohnehin nicht auf die Maßregeln gemäß §§ 63 und 66 StGB erstreckt (§ 24 Abs. 2 GVG). Schließlich ist zu beachten, dass die Unterbringungen nach §§ 63, 64 StGB vom Verbot der *reformatio in peius*, d.h. der Verschärfung des Rechtsfolgenausspruchs im Falle eines nur zu Gunsten des Angeklagten bzw. Verurteilten betriebenen Rechtsmittel- oder Wiederaufnahmeverfahrens, ausgenommen sind (§§ 331 Abs. 2, 358 Abs. 2 S. 2, 373 Abs. 2 S. 2 StPO), was nach herrschender Meinung verfassungsrechtlich nicht zu beanstanden sein soll (vgl. BGHSt 29, 270), in den Einzelheiten aber stark umstritten ist (Meyer-Goßner 2006, § 338 Rn 22 f.).

Im Übrigen gelten hinsichtlich der Maßregeln die allgemeinen prozessualen Grundsätze und Regeln (vgl. §§ 154, 154a, 263 Abs. 1, 268a Abs. 2, 3 StPO). Bei Verfahren aus Anlass von Sexualdelikten, in denen die Anordnung der Sicherungsverwahrung zur Diskussion steht, macht sich in der instanzgerichtlichen Praxis jedoch die Tendenz zu einer möglichst raschen

Prozessabwicklung bemerkbar (Düx 2006, S. 83 f.), die aus Opfersicht zwar fraglos begrüßenswert, wegen des mit ihr verbundenen Geständnisdrucks für den Beschuldigten gleichwohl nicht unproblematisch ist.

**Das Sicherungsverfahren.** Ist das Strafverfahren wegen eines dauerhaften *Prozesshindernisses*, wozu auch die Verhandlungsunfähigkeit rechnet, undurchführbar, muss es eingestellt werden (§§ 170 Abs. 2, 204, 206 a, 260 Abs. 3 StPO). Entsprechendes gilt bei (nicht auszuschließender) Schuldunfähigkeit zum Zeitpunkt der Tat, solange das Hauptverfahren noch nicht eröffnet ist (Meyer-Goßner 2006, § 205 Rn 2); wird das Fehlen der Schuldfähigkeit erst nach dessen Eröffnung erkannt, muss die Hauptverhandlung aber durchgeführt und der Angeklagte freigesprochen werden. Bei den nicht schuldgebundenen Maßregeln kann der Freispruch allerdings nach § 71 StGB mit ihrer Anordnung verbunden werden (BGH NStZ-RR 1998, 142). Im Jahr 2004 geschah dies 33-mal (Statistisches Bundesamt 2006 b, Tabelle 2.2).

In prozessualer Hinsicht steht für die selbstständige Anordnung der Maßregeln nach §§ 71 iVm 63, 64, 69 und 70 StGB das Sicherungsverfahren nach §§ 413 ff. StPO zur Verfügung (BGHSt 31, 134), bei dem es sich gewissermaßen um die prozessrechtliche Ergänzung der Zweispurigkeit des Sanktionensystems handelt (Ranft 2005, Rn 2368). Zulässigkeitsvoraussetzung für das Sicherungsverfahren ist zunächst die *Nichtdurchführung des Strafverfahrens durch die Staatsanwaltschaft wegen Schuld- oder Verhandlungsunfähigkeit des Täters* (§ 413 StPO). Stellt sich Letztere erst im Hauptverfahren heraus, muss das Strafverfahren nach § 206 a oder § 260 Abs. 3 StPO *zwingend* eingestellt werden, seine Überleitung in das Sicherungsverfahren analog § 416 StPO ist ausgeschlossen (BGH JR 2001, 520 ff. mit Anm. Gössel). In Betracht kommt nur umgekehrt dessen Überleitung in das Strafverfahren, wenn sich die Schuld- oder Verhandlungsfähigkeit des Beschuldigten zweifelsfrei (BGH JR 1962, 501 ff. mit Anm. Sax) ergibt. Für die Einleitung des Sicherungsverfahrens genügt, dass das Fehlen der Schuldfähigkeit nicht auszuschließen ist (BGHSt 22, 1 ff.; 31, 6). Weiter muss die Anordnung der in § 71 StGB genannten Maßregeln *zu erwarten*, d. h. wahrscheinlich im Sinne des § 203 StPO sein (Pfeiffer 2005, § 413 Rn 3). Ferner dürfen dem Verfahren keine allgemeinen Prozesshindernisse im Weg stehen (Meyer-Goßner 2006, § 413 Rn 6). In formeller Hinsicht setzt dessen Einleitung schließlich einen *Antrag* der Staatsanwaltschaft voraus, der nach pflichtgemäßer Ermessensausübung zu stellen ist (Ranft 2005, Rn 1371).

Für das Sicherungsverfahren selbst gelten im Wesentlichen die Vorschriften des Strafverfahrens. Verständlicherweise kann gegenüber §§ 231 ff. StPO in deutlich erweitertem Umfang auf die Anwesenheit des Beschuldigten in der Hauptverhandlung verzichtet werden (§ 415 StPO), sofern dies wegen seines Zustands oder aus Gründen der öffentlichen Sicherheit oder Ordnung notwendig ist (Pfeiffer 2005, § 415 Rn 2). Bei vollständiger Abwesenheit muss der Beschuldigte aber zuvor unter Hinzuziehung eines Sachverständigen, bei dem es sich zweckmäßigerweise um den in der Hauptverhandlung gutachtenden handeln wird (Meyer-Goßner 2006, § 415 Rn 6), durch einen beauftragten Richter vernommen werden (§ 415 Abs. 2 StPO).

Im Sicherungsverfahren besteht gemäß § 140 Abs. 1 Nr. 7 StPO notwendige Verteidigung; die Nebenklage ist jetzt in § 395 Abs. 1 StPO ausdrücklich zugelassen (zur bisherigen Rechtsprechung s. BGHSt 47, 202 ff.; OLG Karlsruhe NStZ-RR 2001, 115). Wird eine Maßregel nicht angeordnet, ist im Übrigen nicht freizusprechen, sondern auf Ablehnung des Antrags zu erkennen (§ 414 Abs. 2 S. 2 StPO).

Im Jahr 2004 wurden bundesweit 629 Anträge auf Einleitung eines Sicherungsverfahrens gestellt (Statistisches Bundesamt 2006a, Tabellen 2.1, 4.1, 7.1).

**Begutachtung.** Ist mit der Anordnung einer Maßregel nach §§ 63, 64 oder 66 StGB bzw. einem Vorbehalt gemäß § 66a StGB zu rechnen, muss nach § 246a S. 1 StPO in der Hauptverhandlung ein Sachverständiger über den Zustand des Angeklagten und die Behandlungsaussichten *vernommen* werden. Die Aufklärungspflicht (§ 244 Abs. 2 StPO) kann darüber hinaus die Zuziehung weiterer Gutachter gebieten (BGHSt 18, 375). Auch wenn sich dies, anders als nach § 429 Abs. 2 Nr. 2 öStPO, nicht ausdrücklich aus dem Gesetz ergibt, muss bei § 63 StGB der zu hörende (erste) Sachverständige stets ein Psychiater sein (Müller-Dietz 1983, S. 204). Entsprechendes gilt grundsätzlich für die übrigen Unterbringungen (vgl. BGH bei Dallinger, MDR 1976, S. 17), wobei insbesondere im Fall des § 64 StGB die weitere Zuziehung eines psychologischen Sachverständigen notwendig sein kann (vgl. Pfeiffer 2005, § 246a Rn 1), während bei §§ 66, 66a StGB die – in der Praxis unübliche – zusätzliche Einholung eines spezifisch kriminologischen Gutachtens sinnvoll sein mag (weitergehend Feltes 2000, S. 282). Will der Richter von einem eingeholten Gutachten abweichen, muss er in Auseinandersetzung mit der Gegenansicht des Sachverständigen nachvollziehbar darlegen, dass er mit Recht eigene Sachkunde in Anspruch genommen hat (BGH NStZ 2005, 628 f.; 2006, 511 f.).

Da die Sachverständigenvernehmung in der Hauptverhandlung *zwingend* vorgeschrieben ist, kann sie nicht durch Verlesung des schriftlichen Gutachtens oder Ähnliches ersetzt werden (BGH bei Dallinger, MDR 1953, S. 723). Erst recht darf sie nicht unter Hinweis auf die eigene Sachkunde des Gerichts (§ 244 Abs. 4 S. 1 StPO) gänzlich unterbleiben (BGH StV 2004, 601) Dies gilt selbst dann, wenn die Untersuchung des Angeklagten, etwa mangels Mitwirkung, zu keinem verwertbaren Ergebnis geführt hat (BGH NStZ 1994, 95). Der Sachverständige, der bei der Vernehmung umfassend zu hören ist, muss zwar nicht während der Hauptverhandlung ständig anwesend sein, aber den gesamten Sachverhalt kennen und würdigen, der den Zustand des Angeklagten sowie die Behandlungsaussichten betrifft und den das Gericht seiner Entscheidung zugrunde legen will (BGH NStZ 1999, 470). Ergibt sich erst im Lauf der Hauptverhandlung, dass eine Unterbringung in Betracht kommt, hat das Gericht bei der weiteren Sachbehandlung sorgfältig die Frage der Wiederholung bereits durchgeführter Verhandlungsteile unter Zuziehung eines Sachverständigen zu prüfen (BGH NJW 1968, 2298); prinzipiell verpflichtet ist es hierzu jedoch nicht (BGH bei Pfeiffer u. Miebach, NStZ 1987, S. 219).

Nach § 246 a S. 2 StPO *soll* dem Sachverständigen vor der Hauptverhandlung dazu Gelegenheit gegeben werden, den Angeklagten zu *untersuchen*, sofern er dies nicht schon früher getan hat. Die Untersuchung (Exploration), die auch noch während der Hauptverhandlung stattfinden *kann* (BGH StV 2002, 234), ist obligatorisch (BGH NStZ 1990, 27; 2002, 384), sodass die bloße Beobachtung des Angeklagten in den Sitzungsterminen nicht genügt (BGH NStZ 1995, 219; 2000, 215). Verweigert dieser die Untersuchung, kann sie nach §§ 81, 81a StPO (Unterbringung zur Beobachtung; körperliche Untersuchung) gerichtlich erzwungen werden (BGH NJW 1972, 348), sofern die freiwillige Mitwirkung des Probanden nicht nach der Art der Untersuchung notwendig ist (Meyer-Goßner 2006, § 246a Rn 3). Erweist sich die Exploration auf die eine oder andere Weise als undurchführbar, kann ausnahmsweise auf sie verzichtet werden (BGH StV 2004, 207 f.). Die Ergebnisse einer früheren Untersuchung (BGHSt 18, 374) können lediglich dann herangezogen werden, wenn diese ihrem Umfang und Erkenntnisinteresse nach der nun zu treffenden Maßregelentscheidung angemessen und insofern „maßnahmespezifisch" sind (Pfeiffer 2005, § 246 a Rn 3). Eine vorangegangene allgemein-psychiatrische Untersuchung scheidet folglich aus (BVerfG NJW 1995, 3047); eine Untersuchung zur Unterbringung gemäß § 63 StGB kann demgegenüber ebenfalls für die nach § 66 StGB genügen (BGH bei Becker NStZ-RR 2003, 98), wobei das Gutachten freilich an der veränderten Fragestellung auszurichten ist.

**Die einstweilige Unterbringung.** Da die Maßregeln der Besserung und Sicherung, wie alle Kriminalsanktionen, erst mit Eintritt der Rechtskraft vollstreckbar sind (§§ 449, 463 StPO), können im Strafverfahren vorläufige Zwangsmaßnahmen angeordnet werden, sofern die Sicherheitsinteressen der Allgemeinheit dies gebieten (s. BVerfG, Beschl. v. 15.12.2005 – 2 BvR 673/05). In Betracht kommt dabei neben der vorläufigen Entziehung der Fahrerlaubnis (§ 111a StPO) und dem vorläufigen Berufsverbot (§ 132a StPO) – sowie der strukturell hier einzuordnenden Untersuchungshaft wegen Wiederholungsgefahr (§ 112a StPO) – namentlich die einstweilige Unterbringung nach § 126a StPO (eingehend Pollähne 2002). Vorausgesetzt für ihre Anordnung sind *dringende Gründe, dass der Beschuldigte eine rechtswidrige Tat im Zustand des § 20 oder § 21 StGB begangen hat und seine Unterbringung gemäß § 63 oder § 64 StGB angeordnet werden wird*, sowie die *Erforderlichkeit der Unterbringung aus Gründen der öffentlichen Sicherheit*. Die „dringenden Gründe" entsprechen in ihrem Schweregrad dem von §§ 112, 112a StPO für die Anordnung der Untersuchungshaft verlangten „dringenden Tatverdacht", sodass eine hohe Wahrscheinlichkeit für das Vorliegen einer rechtswidrigen Tat, deren Begehung im Zustand der Schuldunfähigkeit oder verminderten Schuldfähigkeit und die spätere Anordnung einer Maßregel nach §§ 63 oder 64 StGB gegeben sein muss (Pfeiffer 2005, § 126a Rn 2). Die Verhängung von Untersuchungshaft gegen vermindert Schuldfähige ist nicht ausgeschlossen, zumal die einstweilige Unterbringung lediglich in Fällen akuter psychischer Krankheit und Behandlungsbedürftigkeit sinnvoller ist (aA KG JR 1989, 476), nicht aber bei Persönlichkeitsstörungen, die das Gros der Fälle des § 21 StGB ausmachen. Haben von vornherein *nur* die Voraussetzungen für eine einstweilige Unterbringung vorgelegen, sind Anordnung und Vollzug von Untersuchungshaft demgegenüber rechtswidrig und begründen einen Entschädigungsanspruch des Betroffenen (OLG Stuttgart NStZ-RR 2000, 190 f.).

Die öffentliche Sicherheit erfordert die Unterbringung, wenn zum Zeitpunkt der Anordnungsentscheidung mit hoher Wahrscheinlichkeit davon auszugehen ist, dass der Beschuldigte aufgrund seines anhaltenden, psychisch gestörten Zustandes weitere erhebliche rechtswidrige Taten begehen wird, sodass der Schutz der Allgemeinheit ein Einschreiten gebietet (vgl. OLG Düsseldorf OLGSt StPO § 126a Nr. 3). Zu beachten ist freilich der Verhältnismäßigkeitsgrundsatz, weshalb nach zutreffender Ansicht praeter legem eine Aussetzung in Betracht zu ziehen sein kann (LG Hildesheim StV 2001, 521). Von daher beansprucht ebenfalls das aus Art. 2 Abs. 2 GG und dem Rechtsstaatsprinzip folgende Beschleunigungsgebot Beachtung (OLG Koblenz StraFo 2006, 326 ff.).

Verfahrensmäßig ergeht die Anordnungsentscheidung nach § 126a StPO in einem *Unterbringungsbefehl* (§ 126a Abs. 1 StPO), den der Ermittlungsrichter bzw. nach dem Vorverfahren das Prozessgericht auf Antrag der Staatsanwaltschaft erlässt (s. im Übrigen § 126a Abs. 2, 3 StPO).

### 2.5.3.2 Die Unterbringung in einem psychiatrischen Krankenhaus

#### 2.5.3.2.1 Kriminalpolitischer Hintergrund

Die Unterbringung in einem psychiatrischen Krankenhaus gemäß § 63 StGB bezweckt den Schutz der Allgemeinheit vor infolge psychischer Erkrankung oder Behinderung gefährlichen und allenfalls eingeschränkt schuldfähigen Tätern durch einen auf heilende und subsidiär lediglich pflegende Behandlung ausgerichteten Entzug der persönlichen Freiheit (BGH NStZ 1983, 429; 1990, 122). Die Zulässigkeit der Unterbringung hängt also nur insofern von einer Interventionsnotwendigkeit ab, als diese im Hinblick auf psychische Defizite bestehen muss, weshalb die fehlende Aussicht auf Therapierbarkeit (dazu Eisenberg 2004; umfassend Braasch 2006) nicht entgegensteht (BGH StV 1995, 300; OLG Hamburg, NJW 1995, 2424; eingehend Braasch 2006, 175 ff., 187 ff.). Die Maßregel nach § 63 StGB wird durch das prozessuale Sicherungsmittel der einstweiligen Unterbringung gemäß § 126a StPO ergänzt. Daneben existieren die Möglichkeiten der zivilrechtlichen (§ 1906 BGB) sowie der landesrechtlich geregelten öffentlich-rechtlichen Unterbringung, deren Durchführung der Anordnung einer

Maßregel nach § 63 StGB unter dem Aspekt der Verhältnismäßigkeit im Wege stehen kann (Tröndle u. Fischer 2007, § 63 Rn 23).

Vor dem Hintergrund einer seit Mitte der 1990er Jahre zu beobachtenden Abkühlung des kriminalpolitischen Klimas insbesondere im Bereich der Sexualdelinquenz, vor allem aber wegen der vermehrten Unterbringung schuldunfähiger Schizophrener nach § 63 StGB (s. Leygraf Bd. 3, Kap. 4.1) hat deren tatsächlicher Umfang sowohl hinsichtlich der Anordnungshäufigkeit als auch bezüglich der Vollzugsdauer erheblich zugenommen, wodurch sich der Bestand an Untergebrachten seither mehr als verdoppelt hat (Seifert et al. 2003, S. 302; näher Böllinger u. Pollähne 2005, § 63 Rn 4 ff.; Braasch 2006, S. 296 ff.). Im Jahr 2004 ergingen insgesamt 968 Anordnungen, davon 86 gegen Heranwachsende und 31 gegen Jugendliche (Statistisches Bundesamt 2006 b, Tabelle 5.5); die amtlich erfasste Zahl der am 31.3.2005 Untergebrachten (ohne neue Bundesländer) belief sich auf 5640 (Statistisches Bundesamt 2006 c, Tabelle 6).

#### 2.5.3.2.2 Anordnungsvoraussetzungen

**Rechtswidrige Tat.** Das zunächst verlangte Vorliegen einer *rechtswidrigen Tat* beurteilt sich nach allgemeinen Regeln. Die Rechtsprechung hält allerdings das allein durch den Zustand des Täters bedingte Fehlen von subjektiven Merkmalen, die zur Bejahung der Unrechtstatbestandsmäßigkeit oder Rechtswidrigkeit notwendig sind, für unbeachtlich (BGH NStZ 1991, 528; NStZ-RR 2003, 11), was sowohl in strafrechtsdogmatischer wie auch in verfassungsrechtlicher Hinsicht außerordentlich problematisch ist (Prapolinat 2004, S. 50 ff.), zumal mit Blick auf die Möglichkeit der Unterbringung nach Landesrecht auch kein praktisches Bedürfnis für derartige (Um-)Deutungen besteht. Im Falle des Vollrausches (§ 323 a StGB) ist nicht die Rauschtat, sondern das „Sichberauschen" Anlasstat im Sinne von § 63 StGB (BGH NStZ-RR 1997, 300); für einen Grenzfall will der 4. Strafsenat des BGH (NStZ 2004, 96) hiervon jedoch abrücken.

**Schuldunfähigkeit oder verminderte Schuldfähigkeit.** Die Tatbegehung muss *im Zustand der Schuldunfähigkeit oder verminderten Schuldfähigkeit* erfolgt sein, wobei Erstere nur möglicherweise, Letztere aber sicher vorgelegen haben muss (BGH NStZ 1999, 612 f.; 2004, 197). Da die Gefährlichkeitsprognose nach dem Wortlaut des § 63 StGB an den Zustand anknüpft, der zur Beeinträchtigung der Schuldfähigkeit gemäß §§ 20, 21 StGB geführt hat, muss dieser ein über den Tatzeitpunkt hinaus *länger dauernder* sein (BGH NStZ 1991, 528; NStZ-RR 1998, 174; 2003, 232), sodass der Beurteilungsgegenstand nicht deckungsgleich ist (näher Hanack 1992, § 63 Rn 62 ff.). Von daher kann nach zutreffender Ansicht des BGH (Beschluss v. 22.2.2006 – 3 StR 479/05) eine – nicht pathologisch begründete – Persönlichkeitsstörung, die zwar nicht unmittelbar tatauslösend, aber Ursache eines die Schuldfähigkeit unter dem Aspekt einer „tiefgreifenden Bewusstseinsstörung" beeinträchtigenden hochgradigen Affekts war, eine Unterbringung rechtfertigen, wenn sie sich *nach ihrem Gewicht als entsprechend schwer und nach ihren Folgen als vergleichbar nachhaltig* erweist wie eine „krankhafte seelische Störung" (vgl. BGH NStZ 2004, 197f.; 2005, 326f.). Ist eine Persönlichkeitsstörung hinsichtlich ihrer Ursachen und Symptome aufgeklärt, bedarf es für die *Zustandsbeurteilung* im Sinne des § 63 StGB in derartigen Fällen keiner Zuordnung zu einem bestimmten Eingangskriterium des § 20 StGB, sofern die Auswirkungen der Störung zweifelsfrei zu einer dauerhaften Schuldunfähigkeit führen (vgl. BGH NStZ-RR 2003, 168f.). Die Ursachen der in Rede stehenden Störung bzw. sämtlicher in Betracht kommender Störungen (s. Streng 2004, S. 618f.) sowie deren konkrete Auswirkungen auf die Schuldfähigkeit und Gefährlichkeit müssen indes immer zweifelsfrei festgestellt werden (BGH NStZ-RR 2003, 232; NStZ 2004, 197f.). Dazu ist es notwendig zu klären, ob bereits die Unrechtseinsichts- oder erst die Steuerungsfähigkeit betroffen war (BGHSt 40, 349; Urt. v. 18.1.2006 – 2 StR 394/05).

Von den im Sinne der §§ 20, 21 StGB relevanten Störungen kommen bei § 63 StGB mit Ausnahme der zumeist nicht dauerhaften „tiefgreifenden Bewusstseinsstörung" im Grundsatz sämtliche in Betracht (Kasuistik bei Tröndle u. Fischer 2007, § 63 Rn 7a), insbesondere auch Persönlichkeitsstörungen, sofern der Täter aus einem starken, nicht notwendig unwiderstehlichen Zwang heraus gehandelt hat (BGH NStZ 2003, 165f. StV 2005, 20). Bei einer zusätzlichen Suchtproblematik (Rössner et al. 2003, S. 393ff.; Streng 2004, S. 614ff.) ist erforderlich, dass diese auf einer psychischen Störung *beruht* und durch diese *aufrechterhalten* wird, nicht umgekehrt (BGHSt 44, 338ff.; NStZ-RR 1999, 267; StV 2001, 677). Ist im Einzelfall eine dieser Kausalbeziehung entsprechende Abgrenzung zwischen den verschiedenen Einflussfaktoren nicht möglich, ist zu Gunsten des Beschuldigten zu votieren (BGH NStZ-RR 1997, 335) und sind die Voraussetzungen der – insgesamt weniger einschneidenden (vgl. § 67d Abs. 1, 5 bzw. 2, 6 StGB – Unterbringung gemäß § 64 StGB zu prüfen. Bedenklich ist danach, dass nach ständiger Rechtsprechung (BGHSt 44, 375f.; NStZ-RR 2000, 299) die von § 63 StGB vorausgesetzte Anwendbarkeit der §§ 20, 21 StGB nicht allein durch den psychischen Defekt begründet sein muss, sondern unter Umständen erst durch das Zusammenwirken mit der Rauschmittelabhängigkeit ausgelöst werden kann (Streng 2004, S. 618).

**Gefährlichkeitsprognose.** Zum Zeitpunkt der tatrichterlichen Entscheidung muss *die Gesamtwürdigung des Täters und seiner Tat ergeben, dass von ihm infolge seines Zustands erhebliche rechtswidrige Taten zu erwarten sind und er deshalb für die Allgemeinheit gefährlich ist.* Für die hiernach verlangte *negative Gefährlichkeitsprognose* ergibt sich so die Notwendigkeit der Feststellung eines Kausalzusammenhangs dergestalt, dass die Anlasstat, die Ausdruck des auf der psychischen Störung beruhenden Zustands sein muss, *symptomatisch* für die vom Täter ausgehende Gefährlichkeit ist (vgl. BGHSt 24, 134; 27, 248). Diese muss sich mit anderen Worten als Folgewirkung des jeweiligen (BGH bei Holtz, MDR 1987, 93) Zustands darstellen (BGH StV 1999, 482 mit Anm. Müller-Dietz; NStZ-RR 2003, 168 f.), indem der Einschränkung der Schuldfähigkeit und den zu erwartenden rechtswidrigen Taten dieselbe „Defektquelle" zugrunde liegt (BGH NStZ-RR 2004, 332). Aus dem Symptomcharakter der befürchteten Taten folgt allerdings nicht, dass diese der Anlasstat ähnlich oder vergleichbar sein müssen (BGH NStZ 1991, 528).

„Zu erwarten" sind Taten, wenn festgestellt wird, dass ihre Begehung (in *höherem Grade) wahrscheinlich* ist (BGH NStZ 1991, 528; StV 2001, 676; NStZ-RR 2006, 265); die bloße Möglichkeit genügt nicht (BGH StV 2005, 21; NStZ-RR 2006, 265 f.), erst recht nicht eine gänzlich unspezifische Pauschalbehauptung (vgl. BGH NStZ-RR 2003, 168 f.). Eine permanente Gefahr muss vom Täter indessen nicht ausgehen (Tröndle u. Fischer 2007, § 63 Rn 15). Das Merkmal der „Erheblichkeit", in welchem sich der Verhältnismäßigkeitsgrundsatz niederschlägt (BVerfG NJW 1995, 3049), ist erfüllt, wenn die zu erwartenden Taten zumindest dem Bereich mittlerer Kriminalität zuzurechnen sind (BVerfGE 70, 312; BGH NStZ 1986, 185; 1995, 228; NStZ-RR 2005, 73). Der anzulegende Maßstab ist dabei nach ständiger Rechtsprechung (s. nur BGH NJW 1989, 2959) nicht so streng wie bei § 66 StGB, was auf einer verfehlten gegensätzlichen Bestimmung des jeweiligen Eingriffsgewichts beruht (vgl. Hanack 1992, § 63 Rn 49; Müller-Dietz 1983, S. 149). Damit scheiden reine Bagatelltaten wie Beleidigungen (BGH NJW 1968, 1483) oder einfache Eigentums- und Vermögensdelikte mit geringer Schadenshöhe (BGH NStZ 1992, 278; NStZ-RR 1997, 230) aus. Im Einzelnen, insbesondere im Bereich der Sexualkriminalität, kann die Grenzziehung jedoch unter Umständen Schwierigkeiten bereiten (s. etwa BGH NStZ-RR 1999, 298; 2000, 299; 2005, 72 f.); rein exhibitionistische Handlungen genügen jedenfalls nicht (BGH NStZ 1995, 228; NStZ-RR 2006, 203).

Der Täter ist „für die Allgemeinheit" gefährlich, wenn die zu erwartenden Taten geeignet sind, den Rechtsfrieden der Gemeinschaft nicht unerheblich zu stören. Eine unmittelbar nur gegenüber einer bestimmten Person bestehende Gefahr kann hierfür lediglich ausreichen, wenn die zu erwartenden Taten für die Allgemeinheit nicht hinnehmbar sind, weil sie, wie vor allem Tötungs- und schwere Körperverletzungs- oder Sexualdelikte (vgl. Art. 2 Abs. 2 GG), zugleich die Rechtsordnung, d.h. die öffentliche Sicherheit, und damit die Grundlagen des Gemeinschaftslebens bedrohen würden (BGHSt 26, 323; JR 1996, 290 mit Anm. Laubenthal).

Bei der schließlich durchzuführenden Gesamtwürdigung des Täters und seiner Tat ist dessen gesamte Persönlichkeit einschließlich etwaiger früherer Kriminalitätsbelastung in den Blick zu nehmen (s. BGH NStZ-RR 2006, 301 f.; StV 2006, 579). Dabei gilt, dass die Bejahung der Unterbringungsvoraussetzungen umso sorgfältiger zu begründen ist, je leichter die zu erwartenden Taten sind (BGH NStZ 1986, 237). Nach überwiegender Auffassung sollen die zu erwartenden Wirkungen anderer Möglichkeiten zur Einwirkung auf den Täter (Vollzug einer Freiheitsstrafe, ambulante medizinische Behandlung, Betreuerbestellung, anderweitige Unterbringung etc.)

bei der Prognosestellung unbeachtlich sein, dem *Subsidiaritätsprinzip* könne daher allein über die (anfängliche) Maßregelaussetzung nach § 67 b StGB Rechnung getragen werden (vgl. BGH NStZ-RR 1998, 205; NStZ 2000, 470 f.; R & P 2002, 192 mit Anm. Pollähne; Lackner u. Kühl 2004, § 63 Rn 8). Dem ist zu folgen, soweit es sich um *zukünftige Maßnahmen* handelt, auf deren Anordnung das Gericht selbst *keinen bestimmenden Einfluss* hat (BGH MDR 1991, 1188; Stree 2006, § 63 Rn 19; vgl. Bode 2004, S. 193 ff.). Erscheint die Anordnung einer anderen *Maßregel* gleich erfolgversprechend, hätte im Hinblick auf § 62 StGB an sich dasselbe zu gelten; allerdings greift hier die speziellere Regelung des § 72 StGB ein, wonach unter mehreren möglichen Maßregeln diejenige zu bevorzugen ist, die den Täter am wenigsten beschwert. Ist eine anderweitige Maßnahme *bereits angeordnet* und wird sie zum Entscheidungszeitpunkt noch oder wieder *vollzogen*, ist sie stets berücksichtigungs*fähig* (vgl. BGH NStZ-RR 2000, 138; BayObLG NStZ-RR 2004, 296; Bode 2004, S. 196 ff.; Hanack 1992, Vor § 61 Rn 61 ff., § 63 Rn 82 ff.; Müller-Dietz 1983, S. 149). Dies gilt ohne weiteres auch im Hinblick auf eine schon bestehende strafrechtliche Unterbringung (vgl. BGHSt 50, 199 ff.), zumal aus der bloßen Erledigungsbestimmung des § 67 f StGB im Fall des § 64 StGB kein „Zwang" zur Mehrfachanordnung folgt (Pollähne 2006, S. 319). Dass nach der – insgesamt wenig schlüssigen – Rechtsprechung eine zivil- oder öffentlich-rechtliche Unterbringung nur dann zu berücksichtigen sein soll, wenn die Anlasstat vor oder während der Unterbrechung der Maßnahme begangen wurde (so BGH NStZ 1998, 405; 1999, 611 f.), geht im Übrigen fehl, weil für eine derartige Differenzierung unter *präventiven* Gesichtspunkten kein Sachgrund vorhanden ist.

#### 2.5.3.2.3 Anordnungsgegenstand und -folgen

Liegen die Voraussetzungen des § 63 StGB vor, ist die Anordnung der Maßregel zwingend (BGH NJW 1992, 1570). Eine gesetzliche Höchstfrist für die Unterbringung gibt es nicht, weshalb sich auch für den Richter eine Befristung verbietet (BGHSt 30, 307). Je länger der Vollzug dauert, desto strenger sind jedoch die an seine Aufrechterhaltung zu stellenden Anforderungen (BVerfGE 70, 311 ff.; NStZ-RR 2004, 77; Veh 2005, § 67 d Rn 21 f.).

### 2.5.3.3 Die Unterbringung in der Entziehungsanstalt

#### 2.5.3.3.1 Kriminalpolitischer Hintergrund

Mit der Unterbringung in der Entziehungsanstalt nach § 64 StGB soll eine Suchtmittelabhängigkeit in dem Sinn „geheilt" (s. dazu Schalast et al. 2005, S. 6 f.) werden, dass der Betroffene in Abstinenz eingeübt oder zumindest für gewisse Zeit vor einem Rückfall in die akute Sucht bewahrt wird (BVerfGE 91, 29; Tröndle u. Fischer 2007, § 64 Rn 2). Diese Maßregel darf daher allein *um der Besserung willen* angeordnet (und aufrechterhalten) werden, weshalb § 64 StGB durch Urteil des BVerfG vom 16. 3. 1994 (mit

Folgeaussprüchen zu §§ 67d Abs. 5 S. 1, 67 Abs. 4 S. 2 StGB) insoweit für verfassungswidrig und nichtig erklärt wurde, als die Unterbringung auch ohne hinreichend konkrete Aussichten auf einen Behandlungserfolg zugelassen wird (BVerfGE 91, 1 ff.). Dies führte in der Praxis zwar zu gewissen Veränderungen hinsichtlich der Täterklientel und der Anlassdelikte sowie zu einer merklichen Verkürzung der Unterbringungsdauer, nicht aber zu dem zunächst erwarteten nachhaltigen Rückgang der Anordnungen (Dessecker 2004b, S. 115 ff.; Metrikat 2002, S. 119 ff., 207 ff.). Im Gegenteil ist sowohl deren Zahl als auch die der Untergebrachten seit Mitte der 1990er Jahre (nach kurzzeitiger gegenläufiger Entwicklung) dramatisch gestiegen (näher zur kriminologischen Befundlage Dessecker 2004b, S. 192 ff.; Böllinger u. Pollähne 2005, § 64 Rn 3 ff.). Im Jahr 2004 ergingen insgesamt 1609 Anordnungen nach § 64 StGB, davon 88 gegen Heranwachsende und 21 gegen Jugendliche (Statistisches Bundesamt 2006b, Tabelle 5.5). Untergebracht waren am 31.3.2005 (ohne neue Bundesländer) 2473 Personen (Statistisches Bundesamt 2006c, Tabelle 6). Der Anteil von Alkohol- und sonstigen Suchtstoffabhängigen im Vollzug hält sich mittlerweile in etwa die Waage (Böllinger u. Pollähne 2005, § 64 Rn 4).

#### 2.5.3.3.2 Anordnungsvoraussetzungen

**Hang.** Der Täter muss den *Hang* haben, *alkoholische Getränke oder andere berauschende Mittel im Übermaß zu sich zu nehmen* (BGH NStZ-RR 2003, 106; StraFo 2003, 431). Er ist gegeben bei einer eingewurzelten, durch die jeweilige psychische Disposition bedingten oder durch Übung erworbenen Neigung zum regelmäßigen, d.h. steten oder zeitlich immer wieder unterbrochenen Konsum von Suchtmitteln (BGH NStZ 2004, 484). Eine physische Abhängigkeit ist nicht erforderlich, erreicht sein muss aber der sichere Grad der psychischen Alkohol- oder Rauschmittelabhängigkeit (BGH NStZ-RR 1997, 291; NStZ 1998, 407). Bei Letzterer muss es sich wegen des Gesetzeswortlauts um eine *stofflich* vermittelte Sucht handeln (BGH JR 2005, 294 ff. mit Anm. Schöch). Im Hinblick auf nicht stofflich gebundene Abhängigkeiten, die wie vor allem die Spielsucht (Wagner-von Papp 2006, S. 470) traditionellen Süchten nach dem Stand der neurowissenschaftlichen Forschung wirkungsmäßig gleichstehen, ist insoweit der Gesetzgeber gefordert.

Ein „Übermaß" liegt beim Überschreiten des gesundheitlich Verträglichen vor, wenn der Täter dadurch in einen Rausch gerät, seine Gesundheit schädigt oder seine Arbeits- und Leistungsfähigkeit herabsetzt (BGHSt 3, 339).

**Rechtswidrige Tat.** Weiter ist eine rechtswidrige Tat erforderlich, die der *Täter im Rausch begangen hat oder die auf seinen Hang zurückgeht.* Beim „Rausch" handelt es sich um einen Zustand der Enthemmung, der Ausdruck des für das jeweilige Suchtmittel typischen, die psychischen Fähigkeiten durch Intoxikation beeinträchtigenden Erscheinungsbildes ist (BGHSt 32, 53; BayObLG NJW 1990, 2334). Auch hier ist es – über den Gesetzeswortlaut hinaus – notwendig, dass die Anlasstat ihre Wurzeln in der Abhängigkeit hat und folglich *symptomatisch* für den Hang ist (BGH JR 1991, 161 mit Anm. Stree; NStZ-RR 2006, 204). Beim Zusammentreffen mit suchtunabhängigen psychischen Defiziten, insbesondere einer dissozialen Persönlichkeitsstruktur, ist dies jedenfalls zu bejahen, wenn bereits der Hang für sich genommen eine Disposition zur Begehung rechtswidriger Taten begründet (BGH NStZ-RR 1997, 232; 2004, 78). Lässt sich dies nicht sicher feststellen, ist der Symptomcharakter der Tat nur dann gegeben, wenn die fragliche Störung mit der Sucht in engem Zusammenhang steht (BGH NStZ 2000, 25 f.; 2002, 647; Streng 2004, S. 619).

**(Nicht-)Verurteilung.** Nötig ist ferner, dass der Täter wegen der Anlasstat *verurteilt oder nur deshalb nicht verurteilt wird, weil seine Schuldunfähigkeit erwiesen oder nicht auszuschließen ist*. Eine Verurteilung im Sinne der ersten Alternative setzt nicht voraus, dass eine Strafe verhängt wird (vgl. §§ 59, 60 StGB, § 27 JGG), umgekehrt besteht für eine solche kein Höchst- oder Mindestmaß, weshalb auch lebenslange Freiheitsstrafe in Betracht kommt (BGHSt 37, 160). Für die zweite Alternative ist – ohne Rücksicht auf das Gefahrenpotenzial des Täters – eine Nichtverurteilung aus einem anderen als den genannten Gründen, z.B. mangels Tatnachweises, nicht ausreichend. Entsprechendes gilt für die Einstellung des Verfahrens (vgl. Geppert 1996, § 69 Rn 20); erfolgt diese wegen Verhandlungsunfähigkeit, bleibt indes die Möglichkeit einer selbstständigen Anordnung der Unterbringung gemäß § 71 Abs. 1 StGB iVm §§ 413 ff. StPO.

**Gefährlichkeitsprognose.** Festgestellt werden muss die *Gefahr, dass der Täter infolge seines Hanges erhebliche rechtswidrige Taten begehen wird*. Eine Gefahr in diesem Sinne liegt vor, wenn aufgrund konkreter Tatsachen mit bestimmter Wahrscheinlichkeit von der zumindest auch auf dem Hang beruhenden (BGH NStZ 2000, 25; 2003, 86) Begehung derartiger, der Anlasstat nicht notwendig ähnlicher oder vergleichbarer (BGH NStZ-RR 1996, 25) Taten auszugehen ist (Lackner u. Kühl 2004, § 64 Rn 5). Da diese anders als nach § 63 StGB nicht „erwartet" werden müssen, wird verbreitet ein weniger hoher Grad an Wahrscheinlichkeit verlangt (Hanack 1992, § 64 Rn 69; Tröndle u. Fischer 2007, § 64 Rn 12), was formal gesehen zwar zutreffend, in der Prognosepraxis aber kaum umsetzbar ist (Schalast u. Leygraf 1994, S. 8).

Im Hinblick auf den hier eindeutig im Vordergrund stehenden Heilungszweck und die zeitliche Begrenzung der Maßregel (§ 67 d Abs. 1 StGB) ist bezüglich der Erheblichkeit der drohenden Taten indes ein weniger strenger Maßstab anzulegen als bei §§ 63, 66 StGB (KG StV 1997, 315; Streng 2002, Rn 341; Tröndle u. Fischer 2007, § 64 Rn 12; aA Hanack 1992, § 64 Rn 73 f.). Im Gegensatz zu § 63 StGB ist vom Gesetz das Vorliegen einer Gefahr für die Allgemeinheit nicht verlangt, womit im Einzelnen nicht viel gewonnen sein dürfte (Stree 2006, § 64 Rn 9), da die Wahrscheinlichkeit bloßer Selbstgefährdung unzweifelhaft nicht genügt (OLG Hamm NJW

1974, 614; Lackner u. Kühl 2004, § 64 Rn 5). Maßgeblich für die Prognosestellung sind im Übrigen die Verhältnisse zum Zeitpunkt der (letzten) tatrichterlichen Entscheidung (BGH NStZ-RR 1997, 97; 2001, 295).

**Erfolgsaussicht.** Nachdem das BVerfG, wie erwähnt, § 64 StGB wegen Unverhältnismäßigkeit insoweit für unvereinbar mit Art. 2 Abs. 1, 2 S. 2 GG und damit für nichtig erklärt hat, als er die Unterbringung auch beim Fehlen der hinreichend konkreten Aussicht eines Behandlungserfolgs zulässt, ist deren Vorliegen zwingende weitere Anordnungsvoraussetzung. Die – unter neurowissenschaftlichen und kriminologischen Gesichtspunkten ohnehin verfehlte (Tröndle u. Fischer 2007, § 64 Rn 15) – Regelung des § 64 Abs. 2 StGB, wonach „eine Entziehungskur" lediglich nicht „von vornherein aussichtslos" erscheinen darf, ist damit obsolet.

Für die Beantwortung der Frage, ob eine solche hinreichend konkrete Erfolgsaussicht gegeben ist, ist nach der Rechtsprechung des BGH eine Abwägung der konkreten, sich aus dem Gesamtsachverhalt der Persönlichkeit und den Lebensumständen des Täters ergebenden Anhaltspunkten erforderlich, die für und gegen die Therapierbarkeit sprechen (NStZ 1995, 229; NStZ-RR 2002, 7). Verlangt wird die Prognose, dass bei erfolgreichem Therapieverlauf die Gefährlichkeit jedenfalls deutlich herabgesetzt wird (NStZ 2003, 86). Entscheidendes Gewicht wird dabei insbesondere der ausdrücklich erklärten Therapiebereitschaft beigemessen (NStZ-RR 1997, 131; 2003, 12), während umgekehrt ihrem Fehlen *allein* keine kontraindizielle Wirkung zugesprochen wird (NStZ-RR 1999, 267; 2004, 263), sofern die Aussicht besteht, dass sie noch während des Vollzugs geweckt werden kann (NStZ 1996, 274). Grundsätzlich soll Entsprechendes hinsichtlich bereits erfolglos durchgeführter Therapiebemühungen gelten (NStZ-RR 1997, 131; 2001, 12). Auch wenn der BGH betont, dass seine frühere Rechtsprechung überholt ist (NStZ 2005, 10), lässt sich insgesamt konstatieren, dass er der durch die Entscheidung des BVerfG bewirkten Zäsur nur unzureichend Rechnung getragen hat (Böllinger u. Pollähne 2005, § 64 Rn 89 ff.), wie nicht zuletzt die wiederholt (s. aber BGH NStZ 2001, 418) bejahte Zulässigkeit der Unterbringung eines der deutschen Sprache nur unzureichend mächtigen Ausländers (BGH StV 1998, 74; 2001, 678 mit Anm. Stange) zeigt.

#### 2.5.3.3.3 Anordnungsgegenstand und -folgen

Die Maßregel ist beim Vorliegen der Voraussetzungen des § 64 StGB zwingend anzuordnen (BGHSt 35, 7; NStZ-RR 2003, 295). Die erst im Vollstreckungsverfahren bestehende Zurückstellungsmöglichkeit gemäß §§ 35, 36 BtMG ist insoweit *ipso jure* unbeachtlich (BGH StraFo 2004, 359). Die Unterbringungsdauer ist durch den Gesichtspunkt der Zweckerreichung und nach der gesetzlichen Regelfrist des § 67d Abs. 1 S. 1 StGB auf höchstens zwei Jahre begrenzt. Bei – ebenfalls regelmäßigem (§ 67 Abs. 1 StGB) – Vorwegvollzug vor der im faktischen Normalfall zugleich verhängten Freiheitsstrafe verlängert sich die Höchstfrist nach der umstrittenen (Pollähne

u. Böllinger 2005, § 67 d Rn 35 f.) Vorschrift des § 67 d Abs. 1 S. 3 StGB jedoch um die Dauer von zwei Dritteln der verhängten Begleitstrafe.

### 2.5.3.4 Die Unterbringung in der Sicherungsverwahrung

#### 2.5.3.4.1 Kriminalpolitischer Hintergrund

Zweck des in §§ 66–66 b StGB normierten Instituts der Sicherungsverwahrung ist vorrangig der Schutz der Allgemeinheit durch die Entziehung der Freiheit bei Personen, die aufgrund einer „persönlichkeitsbedingten Affinität" zur Begehung schwerer Straftaten eine erhebliche Gefahr für potenziell Betroffene darstellen (BVerfGE 90, 174; BGH NStZ 2000, 587). Unter diesen Vorbedingungen sollen zugleich die Voraussetzungen für ein verantwortliches Leben in Freiheit geschaffen werden (BVerfGE 109, 133 LS 1). Wegen der Intensität der mit der Maßregel verbundenen Grundrechtseingriffe und ihrer „utilitaristischen Konzeption" sieht sie sich seit langem verfassungsrechtlicher Kritik ausgesetzt (s. Mayer 1953, S. 36 ff., 379 ff.), welche durch die Befunde empirischer Untersuchungen zur prognostischen Handhabbarkeit ihres zentralen „Hang"-Kriteriums (Ullenbruch 2005, § 66 b Rn 25 ff.) weiter genährt wurde (vgl. Böllinger u. Pollähne 2005, § 66 Rn 43 ff.; Kinzig 1996, S. 102 ff., 588 ff.; Schüler-Springorum 1989; Weber u. Reindl 2001). Der Gesetzgeber hat gleichwohl nicht nur an der Sicherungsverwahrung festgehalten, sondern, beginnend mit dem so genannten Sexualdeliktebekämpfungsgesetz vom 26. 1. 1998 (BGBl. I S 160), das Sanktionsmittel durch Herabsenkung der Anordnungshürden, Anhebung der Entlassungsvoraussetzungen sowie durch die rückwirkende Streichung der obligatorischen Höchstfrist für die erste Unterbringung weiter ausgebaut (Braasch 2006, S. 226 ff.).

Im Zuge der aktuellen – weit über Deutschland hinaus geführten (etwa McSherry 2006) – Diskussion um ein Recht auf Sicherheit gegen schwere Kriminalität haben darüber hinaus verschiedene Bundesländer über den Erlass so genannter Straftäterunterbringungsgesetze faktisch eine nachträgliche Sicherungsverwahrung eingeführt, die bis dahin auf Bundesebene nicht durchzusetzen war. Diese wurden durch Urteil des BVerfG vom 10. 2. 2004 wegen fehlender Gesetzgebungskompetenz der Länder für verfassungswidrig erklärt (BVerfGE 109, 190 ff.), woraufhin der Bund ein halbes Jahr später mit § 66 b StGB schließlich eine Regelung zur nachträglichen Sicherungsverwahrung schuf. Die Möglichkeit des Vorbehalts der Sicherungsverwahrung gemäß § 66 a StGB war schon zwei Jahre zuvor als Kompromisslösung ins Gesetz aufgenommen worden (zur Entwicklung Kinzig 2004, S. 655 f.). Die – kaum verwunderlich – sowohl an der vorbehaltenen (Kinzig 2002, S. 3205 ff.; Müller-Metz 2003, S. 50) als auch an der nachträglichen Sicherungsverwahrung (Calliess 2004, S. 136 ff.; Gazeas 2005, S. 11 ff.; Kinzig 2004, S. 659 f.) geübte, der Interessenlage mitunter nicht einmal ansatzweise gerecht werdende Kritik, die sich im Kern am zweifelsohne nicht unproblematischen prognostischen Aussagewert des Vollzugsverhaltens entzündet, auf das es insoweit maßgeblich ankommt, kann letztlich jedoch nicht überzeugen. Denn bei Prognoseentscheidungen geht es stets um eine Verteilung von „Risikosachverhalten" unter dem *normativen* Gesichtspunkt, „ob eine bestimmte Rechtsfolge mit Blick auf die Allgemeinheit einerseits und mit Blick auf den Täter andererseits zu verantworten ist" (Schall 2003, S. 261). Überwiegt entsprechend des das Maßregelrecht tragenden Legitimationsgedankens nach der somit erforderlichen Abwägungsentscheidung das Gemeinschaftsinteresse an der Verhinderung (erheblicher) zukünftiger Straftaten den Freiheitsanspruch des Betroffenen, können prognostische Unsicherheiten, die immer *in beiderlei Richtung* wirken, zwar erhöhte Mindestanforderungen bezüglich der gesetzlichen Anordnungsvoraussetzungen sowie der „Dichte" und Bewertung des einzuholenden Gutachtens nach sich ziehen, die Zulässigkeit eines seiner Art nach als geboten erachteten Freiheitsentzugs unter dem verfassungsrechtlichen Gesichtspunkt des Übermaßverbots aber nicht prinzipiell in Frage stellen (vgl. BVerfGE 109, 180 ff.; 236 ff.; StV 2006, 575 ff.; s. auch Ullenbruch 2005, § 66 Rn. 7 ff., 13 ff.). Ein in Richtung „absolute Sicherheit" weisendes höheres Maß an Validität, als es nach dem Stand der Prognoseforschung erreichbar ist, ist von Verfassungs wegen folglich nicht verlangt (s. BVerfG NJW 1998, 2202); die danach weder auszuschließende noch grundsätzlich zu beanstandende Möglichkeit der „Produktion" so genannter *falscher Positiver* ist unter dem – unter anderem aus dem Untersuchungshaftrecht bekannten – Aspekt des *Sonderopfers* zu sehen. Das Institut der Sicherungsverwahrung erweist sich mithin nicht nur in seiner Grundgestalt gemäß § 66 StGB (vgl. BVerfGE 2, 118 ff.; 421 ff.; 109, 133 ff.; NStZ-RR 1996, 122; Stree 2006, § 66 Rn 3), sondern auch in seinen Formen nach §§ 66a und 66b StGB (BVerfG StV 2006, 574 ff.; BGH NJW 2005, 2023; Poseck 2004, S. 2561) als kriminalpolitisch zweckmäßig und – ebenfalls im Hinblick auf weitere gerügte Verfassungsverstöße (vgl. Passek 2005, S. 100) – verfassungsrechtlich haltbar. Die erhobenen Einwände entlarven sich demnach als vorgeschoben, wo der Kritik „in Wahrheit die *ganze Richtung* nicht passt" (Tröndle u. Fischer 2007, § 66b Rn 4a). Dass es im Hinblick auf die konkrete Ausgestaltung des Rechts der – vorbehaltenen und nachträglichen (s. 2.5.3.4.3; vgl. ferner Caspari 2006) – Sicherungsverwahrung, die fachliche Qualifikation der hier tätigen Gutachter (Feltes 2000, S. 282) sowie die strafverfahrensrechtlich-institutionellen Rahmenbedingungen (Schall 2003, S. 261 f.) keinen Verbesserungsbedarf gibt, ist damit nicht gesagt.

Im Jahr 2004 wurde in nur 65 Fällen die Sicherungsverwahrung angeordnet (Statistisches Bundesamt 2006b, Tabelle 5.5), am 31.3.2005 gab es 350 Untergebrachte (Statistisches Bundesamt 2006c, Tabelle 1).

### 2.5.3.4.2 Sicherungsverwahrung gemäß § 66 StGB

**Formale Voraussetzungen.** Innerhalb des § 66 StGB ist zwischen der zwingend vorgeschriebenen (Abs. 1) und der ins Ermessen des Richters gestellten und insoweit subsidiären (Abs. 2, 3) Anordnung der Unterbringung zu unterscheiden. Während die so genannten formellen Anordnungsvoraussetzungen, d. h. die Anlasstat(en) und weitere kriminalbiografische Vorkommnisse für die genannten Varianten unterschiedlich ausgestaltet sind, ist das materielle Anordnungskriterium des *Hangs* jeweils identisch.

Nach § 66 Abs. 1 StGB muss es sich bei der Anlasstat um eine vorsätzliche Straftat handeln, für die der Täter zu Freiheitsstrafe von zwei Jahren verurteilt wird. Ferner muss er wegen vorsätzlicher Straftaten, die er *vor* der neuen begangen hat, schon zweimal jeweils zu einer – rechtskräftigen (Lackner u. Kühl 2006, § 66 Rn 4) – Freiheitsstrafe von mindestens einem Jahr verurteilt worden sein (Nr. 1) und wegen wenigstens einer dieser Taten *vor* der Anlasstat für die Zeit von mindestens zwei Jahren Freiheitsstrafe verbüßt oder sich im Vollzug einer freiheitsentziehenden Maßregel befunden haben (Nr. 2). Gemäß § 66 Abs. 2 StGB muss der Täter drei vorsätzliche Straftaten begangen haben, für die er jeweils mindestens ein Jahr Freiheitsstrafe verwirkt hat und von denen er zumindest wegen einer zu einer wenigstens dreijährigen Freiheitsstrafe verurteilt wird. Eine frühere Verurteilung oder Freiheitsentziehung ist nicht erforderlich, sodass maximal sämtliche Taten gleichzeitig abzuurteilen sind. Nach § 66 Abs. 3 S. 1 StGB muss der Täter erstens wegen einer der genannten Straftaten zu einer mindestens zweijährigen Freiheitsstrafe verurteilt werden, zweitens wegen einer solchen Tat, die er *vor* der Anlasstat begangen hat, zu Freiheitsstrafe von mindestens drei Jahren verurteilt worden sein und drittens einen wenigstens zweijährigen Freiheitsentzug erlitten haben. Schließlich ist gemäß § 66 Abs. 3 S. 2 StGB die Anordnung der Sicherungsverwahrung auch ohne frühere Verurteilung oder Freiheitsentziehung zulässig, wenn der Täter zwei der in S. 1 bezeichneten Straftaten begangen, hierfür jeweils Freiheitsstrafe von mindestens zwei Jahren verwirkt hat und jedenfalls wegen einer dieser Taten zu mindestens dreijähriger Freiheitsstrafe verurteilt wird. Variantenübergreifende Konkretisierungen ergeben sich aus § 66 Abs. 4 StGB, wobei insbesondere auf die so genannte *Rückfallverjährung* (S. 3 u. 4) hinzuweisen ist.

**Hang.** Materiell muss die Gesamtwürdigung des Täters und seiner Taten ergeben, dass er *infolge eines Hanges zu erheblichen Straftaten für die Allgemeinheit gefährlich ist*. Hierunter zu verstehen ist nach ständiger Rechtsprechung eine eingewurzelte, aufgrund charakterlicher Veranlagung bestehende oder durch Übung erworbene intensive Neigung zu Rechtsbrüchen, die den Täter immer wieder straffällig werden lässt, wenn sich die Gelegenheit dazu bietet (BGH NStZ 2000, 578; 2003, 201). Dass diese Formel für sich genommen nur bedingt empirisch zu fassen ist und sowohl die Gefahr der Produktion „falscher Positiver" wie „falscher Negativer" in sich birgt, ist nicht zu übersehen, weshalb sich die empirisch fundierte Kritik mit gewichtigen Argumenten von der ersatzlosen Streichung des Hangkriteriums zweckrationalere Entscheidungen verspricht (s. insbesondere Kinzig 1996, S. 102 ff., 591 f.); verfassungswidrig ist es gleichwohl nicht (vgl. BVerfG NStZ-RR 1996, 122; s. auch BVerfG StV 2006, 576), weil es durch die

Rechtspraxis, die tunlich um einen steten Abgleich mit den Resultaten prognosewissenschaftlicher, psychiatrischer und kriminologischer Forschung bemüht sein sollte, mit inhaltlichen Kriterien aufgefüllt werden kann (Stree 2006, § 66 Rn 21 ff.). Grundsätzlich gilt jedenfalls, dass es nicht auf die Ursache des Hanges ankommt (BGH NStZ 1992, 382; 1999, 502), es sei denn, der „charakterliche Mangel" überschreitet die Schwelle einer gemäß §§ 21, 63 StGB beachtlichen psychischen, insbesondere einer Persönlichkeitsstörung (s. BGH NStZ 2003, 310). Für die Beurteilung, ob von einem Hang auszugehen ist (näher Tröndle u. Fischer 2007, § 66 Rn. 18 ff.), sind sowohl Umstände, die in der Persönlichkeit des Täters liegen, als auch solche, die sich aus seinen Taten ergeben, maßgeblich (Hanack 1992, § 66 Rn. 156 ff.). Zu Ersteren zählen namentlich Herkunft, Erziehung, Arbeits- und Sozialverhalten, Charakter, Intelligenz und legalbiografische Entwicklung (vgl. BGH JZ 1980, 532 mit Anm. Mayer; NStZ 1983, 71; 1989, 67). Aus den in den Blick zu nehmenden Taten muss sich ergeben, dass sie für die dem Täter eigentümliche Art und Richtung des kriminellen Lebenswandels symptomatisch sind (s. BGH StV 1996, 540; Beschluss vom 8.11.2005 – 3 StR 370/05), was z. B. ausgeschlossen sein kann, wenn lediglich die äußere Tatsituation oder eine Augenblickserregung tatauslösend war (BGH NStZ-RR 2006, 105 f.). Einzubeziehen sind hier sowohl die in den verschiedenen Konstellationen des § 66 StGB formell jeweils erforderliche(n) Anlass- als auch die notwendige(n) Vortat(en). Dabei ist zu berücksichtigen, dass in den Fällen des Abs. 3 S. 1 bzw. 2 bereits zwei Taten als diagnostische Grundlage genügen, was die Hangbewertung erschwert und die Anforderungen hinsichtlich der „Prüfdichte" daher erhöht (s. bereits Horn 1999, § 66 Rn 33; vgl. im Übrigen BGH, Beschluss vom 7.3.2006 – 3 StR 37/06).

„Erhebliche" Straftaten, auf die der Hang bezogen sein muss, können, wie die in § 66 Abs. 1 Nr. 3 StGB aufgeführten Delikte zeigen, nur solche sein, die schon nach ihrer objektiven Gefährlichkeit oder schädlichen Wirkung geeignet sind, den Rechtsfrieden empfindlich zu stören (BGH NStZ 2000, 587; NStZ-RR 2003, 73; Beschluss v. 8.11.2005 – 3 StR 370/05). Daher scheiden praktisch alle Taten aus dem Bereich der unteren und mittleren Kriminalität aus (Lackner u. Kühl 2006, § 66 Rn 14). „Schwere körperliche Schädigungen" drohen von den künftigen Taten vor allem bei den hiernach verbleibenden Gewaltdelikten, „schwere seelische Schädigungen" sind darüber hinaus insbesondere bei Sexualdelikten (BGH NJW 1976, 300) und gegebenenfalls bei Taten zu bejahen, durch welche eine Rauschmittelabhängigkeit der Opfer begründet oder verstärkt wird (s. Hanack 1992, § 66 Rn. 135 ff.). Was etwaige „schwere wirtschaftliche Schäden" angeht, so kann hierfür zwar nicht allein auf die Schadenshöhe abgestellt werden (BGH NStZ-RR 2002, 38), der Umstand, dass die Taten, beispielsweise mit Blick auf ihre Ausführung, unabhängig davon geeignet sind, der Bevölkerung das Gefühl der Rechtssicherheit zu nehmen, reicht indes ebenfalls nicht aus (Tröndle u. Fischer 2007, § 66 Rn 21).

Der Täter ist „für die Allgemeinheit gefährlich", wenn eine *bestimmte, hohe Wahrscheinlichkeit* dafür besteht, dass er durch die auf seinem Hang beruhenden, sich gegebenenfalls nur gegen Einzelne richtenden Taten zukünftig den Rechtsfrieden empfindlich stören wird (BGH NJW 2000, 3015; Beschluss vom 8.11.2005 – 3 StR 370/05). Im Rahmen der anzustellenden Gesamtwürdigung sind einerseits die Täterpersönlichkeit und andererseits die äußeren Umstände der Taten sowie die hierauf bezogenen maßgeblichen Beweggründe und Vorstellungen in den Blick zu nehmen (BGH NStZ 2001, 596). Maßgeblicher Zeitpunkt für die Prognose ist die tatrichterliche Entscheidung (BGH NStZ-RR 1998, 206).

**Anordnungsgegenstand und -folgen.** Liegen die Voraussetzungen von § 66 Abs. 1 StGB vor, ist die Anordnung der Sicherungsverwahrung, wie erwähnt, zwingend; im Übrigen steht die Entscheidung im pflichtgemäßen Ermessen des Gerichts. Vollstreckt wird die Maßregel erst im Anschluss an den Strafvollzug (vgl. § 67 StGB), vollzogen wird sie in einer Justizvollzugsanstalt (§§ 139, 140 StVollzG). Die vormals obligate Höchstdauer für die Unterbringung beträgt seit der – verfassungsgerichtlich abgesegneten (BVerfGE 109, 167 ff.; ablehnend Best 2002, S. 128) – rückwirkend in Kraft gesetzten Verschärfung der Entlassungsvoraussetzungen des § 67 d StGB durch das SexBG vom 26.1.1998 (s. 2.5.3.4.1) *in der Regel* zehn Jahre (§ 67 d Abs. 3 StGB nF).

### 2.5.3.4.3 Vorbehaltene und nachträgliche Sicherungsverwahrung

**Der Vorbehalt der Sicherungsverwahrung gemäß § 66 a StGB.** Ist bei der Verurteilung *wegen einer der in § 66 Abs. 3 S. 1 StGB genannten Straftaten nicht mit hinreichender Sicherheit feststellbar, ob der Täter im Sinne des § 66 Abs. 1 Nr. 3 StGB für die Allgemeinheit gefährlich ist*, kann gemäß § 66 a Abs. 1 StGB die Anordnung der Sicherungsverwahrung vorbehalten werden, *wenn die übrigen Voraussetzungen des § 66 Abs. 3 StGB vorliegen.* Nach dem Wortlaut der in verschiedener Hinsicht unausgegoren wirkenden Vorschrift (Tröndle u. Fischer 2007, § 66 a Rn 3 ff.) darf sich die Ungewissheit, anders als vom Gesetzgeber gewollt (BT-Dr. 14/8586, 6), nur auf die Gefährlichkeit des Täters beziehen, nicht auch auf den Hang im Sinne des § 66 Abs. 1 Nr. 3 StGB (Kindhäuser 2006, § 66 a Rn 4; Ullenbruch 2005, § 66 a Rn 36). Zu beachten ist allerdings, dass sich die Ungewissheit wegen der Notwendigkeit eines symptomatischen Zusammenhangs zwischen Hang und zu erwartenden Taten regelmäßig auch auf die Beurteilung des Ersteren auswirken wird; von daher muss eine erhebliche, nahe liegende Wahrscheinlichkeit dafür bestehen, dass der Täter für die Allgemeinheit gefährlich ist und zum Zeitpunkt einer möglichen Entlassung aus dem Strafvollzug noch sein wird (Meier 2006, S. 290). Liegen die Voraussetzungen für eine originäre Anordnung der Sicherungsverwahrung gemäß § 66 StGB vor, darf diese im Übrigen nicht durch eine Vorbehaltsentscheidung nach § 66 a StGB (zunächst) vermieden werden (BGHR § 66 a StGB – Vorbehaltene Sicherungsverwahrung 1; StV 2006, 63).

Die *Anordnung* der vorbehaltenen Sicherungsverwahrung *muss* erfolgen, *wenn die Gesamtwürdigung des Verurteilten, seiner Taten und seiner Ent-*

*wicklung während des Strafvollzuges ergibt, dass von ihm erhebliche Straftaten zu erwarten sind, durch welche die Opfer seelisch oder körperlich schwer geschädigt werden* (§ 66a Abs. 2 S. 2 StGB). Da sich die Beurteilungsgrundlage für die nachträglichen Erkenntnisse danach im Grunde auf die Entwicklung des Verurteilten während des – durch den Anordnungsvorbehalt bezüglich der insoweit besonders wichtigen Lockerungen ohnehin belasteten (s. Adams 2003, S. 53) – Strafvollzugs reduziert, ist der Aussagewert der diagnostischen Ausgangslage für die Prognoseentscheidung fraglos nicht unproblematisch (vgl. BGH StV 2006, 63 f.; Calliess 2004, S. 136 ff.). Über die Anordnung hat das (erstinstanzliche) Gericht spätestens sechs Monate vor Erreichen des Zweidrittelzeitpunkts nach § 57 Abs. 1 Nr. 1 StGB bzw. im Falle lebenslanger Freiheitsstrafe vor Ablauf von 15 Jahren (§ 57a Abs. 1 Nr. 1 StGB) und bei Vollstreckung mehrerer Freiheitsstrafen vor dem Zeitpunkt gemäß § 454b Abs. 3 StPO für eine gemeinsame Reststrafenaussetzung zu entscheiden (§ 66a Abs. 2 S. 1 StGB).

**Die nachträgliche Sicherungsverwahrung gemäß § 66b StGB.** Die nachträgliche Sicherungsverwahrung gemäß § 66b StGB kommt in drei verschiedenen Konstellationen in Betracht (Ullenbruch 2006, § 66b Rn 54 ff.). Zum einen kann sie gemäß § 66b Abs. 1 StGB erfolgen, wenn der Täter im Ausgangsverfahren *wegen eines Verbrechens gegen bestimmte Individualrechtsgüter* (Leben, körperliche Unversehrtheit, persönliche Freiheit, sexuelle Selbstbestimmung und Eigentum bei einer Gewalttat nach §§ 250, 251 bzw. 252, 255 StGB; s. BGH NStZ 2006, 443 f.) *oder eines der in § 66 Abs. 3 S. 1 StGB genannten Vergehens zu Freiheitsstrafe verurteilt wurde und diese verbüßt hat*. Da zudem „die übrigen Voraussetzungen des § 66 erfüllt" sein müssen, ist in formeller Hinsicht weiter verlangt, dass zumindest noch eine Vorverurteilung im Sinne von § 66 Abs. 3 S. 1 StGB vorliegt oder Grundlage der gegenwärtigen Strafverbüßung zwei Taten im Sinne von § 66 Abs. 3 S. 2 StGB sind, es sich mithin um einen Wiederholungstäter handelt. In materieller Hinsicht muss *die Gesamtwürdigung des Verurteilten, seiner Taten und ergänzend seiner Entwicklung während des Strafvollzugs ergeben, dass er mit hoher Wahrscheinlichkeit erhebliche Straftaten begehen wird, durch welche die Opfer seelisch oder körperlich schwer geschädigt werden*. Im Vergleich zur Lage bei § 66 StGB folgt damit sowohl hinsichtlich des Umstands der *Höchstpersönlichkeit* der gefährdeten Rechtsgüter als auch im Hinblick auf den – inhaltlich nicht einfach zu fassenden (Tröndle u. Fischer 2007, § 66b Rn 22 f.) – *gesteigerten Grad an Wahrscheinlichkeit* (OLG Brandenburg NStZ 2005, 275) eine Einschränkung, wodurch dem Verhältnismäßigkeitsgrundsatz Nachdruck verliehen wird. Diagnostische Basis der Prognose (s. BGH NJW 2006, 385) müssen stets *während des Strafvollzugs erkennbar werdende Tatsachen sein, die auf eine erhebliche Gefährlichkeit des Verurteilten für die Allgemeinheit hinweisen*. Wegen des mit der Anordnung der nachträglichen Sicherungsverwahrung verbundenen Eingriffs in die Rechtskraft des vorangegangenen Urteils können hier nur „*neue*" *Tatsachen* Beachtung finden (näher Streng 2006; Zschieschack u. Rau 2006,

S. 897 ff.), wobei es insoweit nicht auf ihren Entstehungszeitpunkt, sondern auf die Möglichkeit ihrer Berücksichtigung, d. h. auf ihre faktische Bekanntheit oder rechtliche Verwertbarkeit im Ausgangsverfahren ankommt (BGH NJW 2005, 2023; 3080; 2006, 385; NStZ 2006, 278; NStZ-RR 2006, 302; Kindhäuser 2006, § 66 b Rn 5). Darüber hinaus müssen die Nova in dem Sinn erheblich sein, dass ihnen bereits eigenständiges Gewicht für die Beurteilung der Gefährlichkeit des Verurteilten zukommt und sie diese so in einem deutlich anderen Licht als zum Zeitpunkt der Ausgangsentscheidung erscheinen lassen (vgl. BVerfG StV 2006, 575; BGH NJW 2006, 385; 535; 1444; OLG Rostock StV 2005, 281). Mögliche prognoserelevante Tatsachen *können* vor diesem Hintergrund z. B. bislang unbekannte frühere Straftaten (OLG Brandenburg NStZ 2005, 274; OLG Rostock NStZ 2005, 105), eine festgestellte Hirnsubstanzverletzung (s. BGH NJW 2006, 385 f.), das Abfallen der ursprünglich vorhandenen Therapiemotivation (BGH NJW 2006, 386; 535; NStZ-RR 2006, 302; 303 LS) oder (nicht bloß verbale) Aggressionsausbrüche von einem erst im Nachhinein zutrage getretenen Umfang sein (vgl. BGH NJW 2006, 535; NStZ 2006, 278; OLG Jena StV 2006, 73). Gerade bei vollzugstypischen Verhaltensweisen ist bei der Bewertung jedoch Zurückhaltung geboten (vgl. BVerfG StV 2006, 575 f.; BGH NJW 2006, 535; 1448; NStZ-RR 2006, 302), da deren Ursachen nicht ausschließlich in der Person des Verurteilten liegen müssen, sondern auch in den institutionellen Rahmenbedingungen begründet sein können (insgesamt kritisch Calliess 2004, S. 136 ff.; Schneider 2006). Nicht erforderlich ist indes eine gegenüber dem Zeitpunkt der Verurteilung objektiv erhöhte Gefährlichkeit, vielmehr genügt eine entsprechende Überzeugung des Gerichts (BVerfG StV 2006, 576). Wegen der Verweisung auf die „übrigen Voraussetzungen des § 66" muss demgegenüber ein Hang zu erheblichen Straftaten im Sinne von § 66 Abs. 1 Nr. 3 StGB festgestellt werden, sodass vermittels der neuen Tatsachen ein *symptomatischer Zusammenhang* zwischen der Anlasstat und den erwarteten Taten bestehen muss (s. BVerfG StV 2005, 575; BGH NJW 2005, 2025; 2006, 385).

Die nachträgliche Anordnung der Sicherungsverwahrung ist gemäß § 66 b Abs. 2 StGB zum anderen möglich, wenn in formaler Hinsicht eine *Verurteilung wegen eines der in Abs. 1 genannten Verbrechen zu einer verbüßten, mindestens fünfjährigen Freiheitsstrafe* vorliegt. Da der Verweis auf § 66 StGB hier fehlt, bedarf es also keiner weiteren Vorverurteilung oder Anlasstat im Sinne von § 66 Abs. 3 StGB. Materiell hat die Gesetzesfassung aus systematischen Gründen zur Folge, dass nach zutreffender Ansicht ein Hang im Sinne von § 66 Abs. 1 Nr. 3 StGB und damit ein symptomatischer Gefahrzusammenhang nicht festgestellt werden muss (vgl. BVerfG StV 2006, 576; aA BGH NJW 2006, 1445; Tröndle u. Fischer 2007, § 66 b Rn 20), während im Übrigen die weiteren Bedingungen des Abs. 1 erfüllt sein müssen. Das bei dem hiernach ins Auge gefassten Ersttäter die Armut an legalbiografischen Befunddaten die Prognosestellung gegenüber der Situation des Abs. 1 erschwert, steht außer Frage (Meier 2006, S. 293; gänzlich ablehnend Schneider 2006, S. 103 f.). Ob der Verzicht auf das Hangkriterium mit Blick auf die Eigenwelt des Strafvollzugs aus prognostischer Sicht ebenfalls ein „Verlust" ist (vgl. Ullenbruch 2005, § 66b Rn. 95), ist demgegenüber zweifelhaft (s. Kinzig 2004, S. 656; Lackner u. Kühl 2004, § 66b Rn 8). Verfassungswidrig ist die Regelung wegen der erhöhten formalen Anforderungen jedenfalls nicht (BVerfG StV 2006, 575f.).

Schließlich kann die nachträgliche Sicherungsverwahrung gemäß § 66b Abs. 3 StGB angeordnet werden, wenn in formeller Hinsicht zunächst *die Unterbringung in einem psychiatrischen Krankenhaus nach § 67d Abs. 6 Alternative 1 StGB für erledigt erklärt worden ist, weil der die Schuldfähigkeit beeinträchtigende Zustand, auf dem die Unterbringung beruhte, zum Zeitpunkt der Erledigungsentscheidung nicht mehr bestanden hat.* Ob die Zweckerreichung darauf zurückzuführen ist, dass die psychische Störung von vornherein nicht bestand (*Fehleinweisung*) oder nachträglich (in einem die weitere Behandlung nicht mehr notwendig machenden Maße) weggefallen ist („*Heilung*"), ist gleichgültig; eine nur anderweitige rechtliche oder prognostische Bewertung genügt allerdings nicht (näher Schneider 2004; Veh 2005, § 67d Rn 26ff.; vgl. auch OLG Frankfurt R&P 2005, 151f.). Weiter ist vorausgesetzt, dass die Unterbringung entweder *wegen mehrerer (d.h. mindestens zwei) der in § 66 Abs. 3 StGB genannten Taten* angeordnet wurde oder dass der Betroffene *wegen wenigstens einer solchen Tat zuvor bereits zu einer mindestens dreijährigen Freiheitsstrafe verurteilt worden oder gemäß § 63 StGB untergebracht* war. Die materiellen Anforderungen entsprechen denen von § 66b Abs. 2 StGB.

Wie ein arg. e § 66a Abs. 2 S. 1 StGB zeigt, kann die (erstinstanzliche) Anordnung der nachträglichen Sicherungsverwahrung noch *nach* Beendigung des Strafvollzugs oder der Unterbringung gemäß § 63 StGB und damit selbst gegen einen auf freiem Fuß befindlichen Verurteilten ergehen (BGH NJW 2005, 3079; NStZ-RR 2006, 303; aA Böllinger u. Pollähne 2005, § 66b Rn 16).

**Anordnungsverfahren.** Die Entscheidung über die Anordnung der vorbehaltenen oder über die nachträgliche Sicherungsverwahrung trifft das Gericht des ersten Rechtszuges (§§ 66a Abs. 2 S. 1 StGB bzw. 120a GVG; bei erstinstanzlicher Zuständigkeit des AG im Ausgangsverfahren das übergeordnete LG, § 74f GVG) in dem durch § 275a StPO geregelten Verfahren, das an die übliche Hauptverhandlung angelehnt ist (näher Folkers 2006, S. 427ff.). Vor der Entscheidung, die durch Urteil ergeht und mit der Revision angefochten werden kann, muss das Gutachten eines bzw. im Fall des § 66b StGB von zwei Sachverständigen, die nicht im Rahmen des Vollzugs mit der Behandlung des Verurteilten befasst gewesen sein dürfen, eingeholt werden (§ 275a Abs. 4 StPO). Um zu verhindern, dass der Verurteilte nach Vollzugsende (vorübergehend) auf freien Fuß gelangt, kann das Gericht einen *Unterbringungsbefehl* erlassen, wenn dringende Gründe für die Annahme vorhanden sind, dass die Sicherungsverwahrung angeordnet wird (§ 275a Abs. 5 StPO).

### 2.5.3.5 Die Führungsaufsicht

#### 2.5.3.5.1 Kriminalpolitischer Hintergrund

Bei der in §§ 68–68 g StGB geregelten Führungsaufsicht, d. h. der Unterstellung des Betroffenen unter eine primär überwachende Aufsichtsstelle bei gleichzeitiger Bestellung eines primär betreuenden Bewährungshelfers, soll ursachen- und bereichsunabhängig die von einer Person ausgehende Gefahr weiterer Straftaten reduziert werden (Streng 2002, Rn 324). Zur Abdeckung des hierbei in Betracht kommenden breit gefächerten Fallspektrums hat der Gesetzgeber eine Konzeption gewählt, die seiner Intention nach dem Besserungs- und dem Sicherungszweck gleichermaßen Raum geben und somit bei der inhaltlichen Gestaltung der Anordnungsentscheidung eine Anpassung an die konkreten Belange zulassen soll (Lackner u. Kühl 2004, Vor § 68 Rn 1). Tendenziell ausgerichtet ist die Maßregel am Institut der Straf(rest)aussetzung, deren Hilfs- und Kontrollniveau sie als eine Art gesteigerte „ambulante Sozialtherapie" aber übertreffen soll (Maelicke 2004, S. 75). In der Praxis werden diese hochgesteckten Ziele insbesondere wegen des eigenen Rollenverständnisses der Aufsichtsstellen als einer Einrichtung der Landesjustizverwaltung (Art. 295 EGStGB) und daraus resultierender mangelnder Kooperation mit den Bewährungshelfern sowie deren deutlich überhöhten Fallzahlen nicht erreicht (Frehsee u. Ostendorf 2005, Vor § 68 Rn 12 ff.; Maelicke 2004, S. 75). Daher wird die Führungsaufsicht faktisch wie die Straf(rest)aussetzung gehandhabt und gehört auf den Prüfstand des Gesetzgebers (Neubacher 2004, S. 75 ff.). Als besonders problematisch erweist sich die Unterstellung der aus dem Maßregelvollzug nach §§ 63, 64 StGB Entlassenen, weil die Bewährungshelfer nur eingeschränkt für deren Betreuung fachlich qualifiziert sind (Jacobsen 1985, S. 169 ff.; vgl. aber auch Seifert u. Möller-Mussavi 2006, S. 134 ff.).

Zur Frage, wie viele Personen bundesweit von Führungsaufsicht betroffen sind, liegen keine aktuellen statistischen Erhebungen vor. Verschiedene Anhaltspunkte sprechen für einen kontinuierlichen Anstieg der Zahlen seit den 1990er Jahren auf derzeit zirka 15 000 bis 20 000 Unterstellungen (Frehsee u. Ostendorf 2005, Vor § 68 Rn 20; Neubacher 2004, S. 78 f.).

#### 2.5.3.5.2 Anordnungsvoraussetzungen

Mit dem umfassenden Schutzzweck der Führungsaufsicht korrespondiert ein entsprechend weiter Anwendungsbereich, der sich auf zwei alternative Hauptfallgruppen erstreckt.

**Führungsaufsicht nach Verbüßung einer Freiheitsstrafe.** Zu unterscheiden sind hier zwei Fälle, zum einen die richterliche Anordnung bei Verurteilung wegen bestimmter Delikte (§ 68 Abs. 1 StGB), zum anderen der Eintritt kraft Gesetzes bei voller Verbüßung einer längeren Freiheitsstrafe (§ 68 f StGB).

Vorausgesetzt für die im pflichtgemäßen Ermessen des Gerichts stehende Anordnung der Führungsaufsicht nach § 68 Abs. 1 StGB ist die Begehung einer als besonders rückfallträchtig eingeschätzten *Straftat*, bei der das Gesetz deshalb Führungsaufsicht besonders vorsieht (§§ 129a Abs. 9, 181b, 239c, 245, 256 I, 262, 263 Abs. 6, 263a Abs. 2, 321 StGB u. § 34 BtMG), wofür der Täter zeitige Freiheitsstrafe von mindestens sechs Monaten verwirkt haben muss. Da die Maßregel nicht selbstständig angeordnet werden kann (§ 71 StGB), bedeutet dies, dass die verwirkte Freiheitsstrafe auch *verhängt* sein muss (Tröndle u. Fischer 2007, § 68 Rn 4). Bei Gesamtstrafenbildung kommt es nach richtiger Ansicht auf die insoweit relevante(n) Einzelstrafe(n) an (Hanack 1992, § 68 Rn 6; aA Stree 2006, § 68 Rn 5).

Es muss *die Gefahr bestehen, dass der Täter weitere Straftaten begehen wird*. Aus Gründen der Verhältnismäßigkeit müssen die im Rahmen dieser ungünstigen Sozialprognose zu befürchtenden Straftaten mindestens dem Bereich der mittleren Kriminalität zuzurechnen und mit Wahrscheinlichkeit zu erwarten sein (Streng 2002, Rn 326). Eine Einschränkung auf einschlägige Delikte ist mit Blick auf den Schutzzweck der Maßregel demgegenüber nicht zu verlangen (Tröndle u. Fischer 2007, Rn 5), zumal ein kriminalpolitisch motiviertes Anwendungsübermaß schon wegen des prognostischen Begründungsaufwandes nicht zu erwarten ist – im Jahr 2004 ergingen insgesamt nur 36 Anordnungen nach § 68 Abs. 1 StGB (Statistisches Bundesamt 2006b, Tabelle 5.5). Wird die verhängte Freiheitsstrafe zur Bewährung ausgesetzt, scheidet wegen der insoweit erforderlichen positiven Prognose die Anordnung von Führungsaufsicht im Normalfall, aber nicht zwingend aus (Horn 1999, § 68 Rn 14; vgl. § 68g Abs. 2 StGB). Der für die Gefahrprognose relevante Zeitpunkt differiert zwischen der tatrichterlichen Entscheidung und dem mutmaßlichen Entlassungszeitpunkt (Hanack 1996, § 68 Rn 15).

Nach § 68f Abs. 1 S. 1 StGB tritt mit der Entlassung des Verurteilten kraft Gesetzes Führungsaufsicht ein, wenn eine Freiheitsstrafe von mindestens zwei Jahren wegen einer vorsätzlichen oder von mindestens einem Jahr wegen einer in § 181b StGB genannten Straftat vollständig vollstreckt wurde, was sich unter Berücksichtigung der Dauer eines gegebenenfalls anzurechnenden vorgängigen Freiheitsentzugs (z. B. Untersuchungshaft) bestimmt. Die Vorverlegung des Entlassungszeitpunktes nach §§ 16, 43 StVollzG ist demgegenüber irrelevant (KG NStZ 2004, 228f.). Wie bei § 68 Abs. 1 StGB kommt es nicht auf die Länge einer etwaigen Gesamt-, sondern auf die der Einzelstrafen an (OLG Hamm NStZ 1996, 407; aA OLG München NStZ-RR 2002, 183).

Die zusätzliche Stellung einer negativen Sozialprognose ist nicht notwendig, da diese durch das Unterbleiben der eine positive Prognosesituation voraussetzenden Strafrestaussetzung (s. § 57 StGB) „konzeptionell indiziert" ist. Das Gericht kann lediglich umgekehrt das Entfallen der Maßregel anordnen, *wenn zu erwarten ist, dass der Verurteilte auch ohne Führungsaufsicht keine Straftaten mehr begehen wird* (§ 68f Abs. 2 StGB). Weil das Gesetz selbst davon ausgeht, dass im Zweifel eine ungünstige Prognose vorliegt, gilt der Satz *in dubio pro reo* hier nicht (Streng 2002, Rn 326). Schließt an die Strafverbüßung unmittelbar der Vollzug einer freiheitsentziehenden Maßregel an, tritt insoweit keine Führungsaufsicht ein (§ 68 Abs. 1 S. 2 StGB).

**Führungsaufsicht im Zusammenhang mit freiheitsentziehenden Maßregeln.**
Ferner tritt kraft Gesetzes (§ 68 Abs. 2 StGB) Führungsaufsicht zum einen ein, wenn die Vollstreckung einer freiheitsentziehenden Maßregel zur Bewährung ausgesetzt wird (§§ 67b, 67c Abs. 1 S. 2, Abs. 2 S. 4, 67d Abs. 2 S. 2 StGB), und zum anderen mit der Erledigung der Sicherungsverwahrung nach Erreichung der Regelhöchstdauer des Vollzugs von zehn Jahren (§ 67d Abs. 3 S. 2 StGB) wie auch mit der Entlassung aus der Unterbringung nach § 64 StGB, wenn das Gericht sie wegen Aussichtslosigkeit aufhebt (§ 67d Abs. 5 StGB) oder mit der Erledigung der Unterbringung gemäß § 63 StGB, wenn das Gericht feststellt, dass ihre Voraussetzungen nicht vorliegen oder ihre weitere Vollstreckung unverhältnismäßig wäre (§ 67d Abs. 6 StGB). Bei positiver Sozialprognose kann (und muss) eine gerichtliche Anordnung des Nichteintritts der Führungsaufsicht lediglich in letzterem Fall ergehen (§ 66d Abs. 6 S. 3 StGB). Dass dies bei § 67d Abs. 3 und 5 StGB nicht in Betracht kommt, ist nicht zu beanstanden bzw. versteht sich von selbst. In den übrigen Fällen muss das Gericht zumindest bei der Gestaltung des Maßregelausspruchs dem Umstand Beachtung schenken, dass hier zum Teil besonders günstige prognostische Situationen gegeben sind.

### 2.5.3.5.3 Anordnungsgegenstand und -folgen

Wie bereits erwähnt, wird der Verurteilte einer vorwiegend überwachenden und verwaltenden Aufsichtsstelle unter- und ihm ein in erster Linie helfender und betreuender Bewährungshelfer zur Seite gestellt (§ 68a Abs. 1 bis 3 StGB; Schöch 1992, S. 3711), wobei in der Praxis zwischen beiden Organen ein virulentes Spannungsverhältnis besteht (Streng 2002, Rn 328), das im Realisierungsfall durch eine Entscheidung des Gerichts (§ 68 Abs. 4 StGB) aufgelöst werden muss. Dieses kann dem Unterstellten für die Dauer der Führungsaufsicht – die normalerweise mindestens zwei und höchstens fünf Jahre beträgt, ausnahmsweise aber auch „lebenslänglich" sein kann (§ 68c StGB) – oder für kürzere Zeit Weisungen erteilen. Hierbei ist zwischen den in § 68b Abs. 1 StGB abschließend aufgeführten so genannten Katalogweisungen, die durch den außerordentlich problematischen (Göppinger 1997, S. 815f.; Streng 2002, Rn 329) Straftatbestand des § 145a StGB gegen Zuwiderhandlungen abgesichert sind, und den so genannten freien oder richterlichen Weisungen nach § 68b Abs. 2 StGB zu unterscheiden, bei denen lediglich in den Fällen der Führungsaufsicht im Zusammenhang mit einer zur Bewährung ausgesetzten Sanktion bei gröblichen oder beharrlichen Verstößen ein Widerruf erfolgen kann. Bei aus dem Maßregelvollzug nach §§ 63 und 64 StGB Entlassenen werden auf § 68b Abs. 2 StGB relativ häufig Therapieweisungen gestützt (Jacobsen 1985, S. 133ff.). Nach Maßgabe von § 68d StGB können Weisungen und bestimmte andere Entscheidungen nachträglich geändert, getroffen oder aufgehoben werden. Hinsichtlich einer zugleich bestehenden Aussetzung der Strafe, des Strafrests oder des Berufsverbots genießt die Führungsaufsicht grundsätzlich (Tröndle u. Fischer 2007, § 68g Rn 7f) Vorrang (§ 68g StGB). Sie ist aufzuheben, wenn zu erwarten ist, dass der Verurteilte auch ohne sie keine Straftaten mehr begehen wird, andernfalls endet sie mit Ablauf ihrer gesetzlichen oder der durch das Gericht abgekürzten (§ 68 c Abs. 1 S. 2 StGB) Höchstdauer (§ 68 e StGB).

### 2.5.3.6 Die Entziehung der Fahrerlaubnis

#### 2.5.3.6.1 Kriminalpolitischer Hintergrund

Mit der in §§ 69–69 b StGB geregelten Entziehung der Fahrerlaubnis (bzw. der so genannten isolierten Sperre gemäß § 69 a Abs. 1 S. 3 StGB) soll die Öffentlichkeit vor Personen geschützt werden, von denen eine Gefahr für die Sicherheit im Straßenverkehr ausgeht (BGH [GSSt] NStZ 2005, 504; BGH StV 2004, 133; Sowada 2004, S. 171 f.). Die Maßregel wird durch das prozessuale Sicherungsmittel der vorläufigen Entziehung der Fahrerlaubnis nach § 111 a StPO ergänzt (Krumm 2004, S. 1629 ff.), das ebenfalls allein dem Schutz der Sicherheit des Straßenverkehrs dient (BVerfG NJW 2005, 1768).

Bei der Fahrerlaubnisentziehung handelt es sich seit jeher um die bei weitem am häufigsten ausgesprochene Maßregel. Im Jahr 2004 entfielen 124 843 der insgesamt 127 650 Anordnungen (97,8 %) auf solche nach §§ 69, 69 a StGB (vgl. Statistisches Bundesamt 2006 b, Tabelle 5.4). Die Fahrerlaubnis wird mehr als 60 % der wegen einer Verkehrsstraftat Verurteilten entzogen, wobei über 90 % der Maßregelanordnungen unter Alkoholeinfluss begangene Delikte gemäß §§ 315 c, 316 StGB zugrunde liegen (Geppert 1996, § 69 Rn 10).

Zur Erreichung ihres Präventionszwecks setzt die Fahrerlaubnisentziehung unmittelbar nur am Sicherungsaspekt in der bildlichen Form des Aus-dem-Verkehr-Ziehens des Betroffenen an, ohne dass darüber hinaus auf ihn zur Überwindung seiner diesbezüglichen Defizite eingewirkt wird. Eine „Besserung" kann vielmehr allenfalls indirekt, nicht zuletzt unter dem Druck einer gegebenenfalls verlangten medizinisch-psychologischen Begutachtung gemäß §§ 11 Abs. 3 S. 1 Nr. 5 oder 13 Nr. 2 FeV (Hentschel 2005, 3 a § 11 Rn 12 ff., § 13 Rn 4 ff.), eintreten; ob und wie (Abschreckung; Einsicht) dies geschieht, bleibt letztlich allein dem Verurteilten überlassen. Da die Maßnahme diesen wegen der damit verbundenen wirtschaftlichen, unter Umständen existenzgefährdenden Nachteile zudem oftmals härter trifft als die etwaige Begleitstrafe, wird sie vielfach als die eigentliche „Strafe" empfunden. Zu weiteren sanktionssystematischen Friktionen, insbesondere zu konzeptionellen Unklarheiten im Verhältnis zu dem als Nebenstrafe konzipierten „Denkzettel" des Fahrverbots (§ 44 StGB), kommt es durch die gesetzlich vorgegebene strenge Tatbezogenheit der Maßregel (Best 2002, S. 116 f.; vgl. AG Bad Hersfeld StraFo 2004, 427) und die den Eindruck des Strafcharakters unterstreichende Gerichtspraxis (Kulemeier 1991, S. 277 ff.; Sowada 2004, S. 171; s. ferner BGH NStZ 2003, 660). Vor diesem Hintergrund ist eine grundlegende Reform des Sanktionsmittels zu erwägen (Gronemeyer 2001, S. 87 ff.; Kulemeier 1991, S. 298 ff.).

## 2.5.3.6.2 Anordnungsvoraussetzungen

Vorliegen muss zunächst eine *rechtswidrige Tat, die bei oder im Zusammenhang mit der Führung eines Kraftfahrzeugs oder unter Verletzung der* – spezifischen (Schäfer 2001, Rn 285) – *Pflichten eines Kraftfahrzeugführers* begangen wurde. Während bei der ersten Variante in erster Linie Verkehrsdelikte in Betracht kommen, war innerhalb der uneinheitlichen Rechtsprechung des BGH (vgl. BGH StV 2004, 133; Sowada 2004, S. 169 ff.). umstritten, ob als „Zusammenhangstat" im Sinne der zweiten Variante schon eine solche der so genannten allgemeinen Kriminalität ausreicht, sofern sie unter („funktionaler") Verwendung eines Kraftfahrzeugs begangen wurde (NStZ 2003, 659 ff.), oder ob insoweit ein verkehrsspezifischer Gefahrenzusammenhang bestehen muss (NStZ 2004, 87 ff.). Der Große Senat für Strafsachen hat sich im Hinblick auf das Schutzziel der Maßregel im Einzelnen letzterer Ansicht angeschlossen und verlangt, dass die Anlasstat selbst tragfähige Rückschlüsse auf die Ungeeignetheit zum Führen eines Kraftfahrzeugs zulassen (NStZ 2005, 504 f.), insofern also symptomatisch sein muss (vgl. BGH StV 2004, 132; Sowada 2004, S. 172 ff.). Das Hervorrufen einer Straßenverkehrsgefährdung durch das jeweilige Tatverhalten genügt als solches demgegenüber ebenso wenig für die Bejahung des verlangten Zusammenhangs, wie es *insoweit* umgekehrt überhaupt des Bewirkens einer solchen Gefahr bedarf (BGH NStZ 2005, 504; Tröndle u. Fischer 2007, § 69 Rn 11 f.; s. § 69 Abs. 2 Nr. 3 StGB).

Weiter ist erforderlich, dass der Täter *wegen der Anlasstat verurteilt* bzw. *infolge erwiesener oder nicht auszuschließender Schuldunfähigkeit nicht verurteilt* worden ist (vgl. 2.5.3.3.2, Abschn. „(Nicht-)Verurteilung").

Da es nach § 69 Abs. 1 S. 2 StGB einer Verhältnismäßigkeitsprüfung gemäß § 62 StGB *nicht bedarf*, ist letzte Anordnungsvoraussetzung die sich *aus der Tat ergebende* – und zum Urteilszeitpunkt noch gegebene – *Ungeeignetheit zum Führen von Kraftfahrzeugen*. Von einer Ungeeignetheit in diesem Sinn ist auszugehen, wenn sich bei Würdigung der körperlichen, geistigen oder charakterlichen Eigenschaften des Täters, der diesbezüglich wesentliche Anhaltspunkte liefernden Tatumstände sowie seines Vorlebens und seiner momentanen persönlichen Verhältnisse ergibt, dass dessen fortgesetzte Teilnahme am Kraftfahrzeugverkehr zu einer Gefährdung der Verkehrssicherheit führen würde (BGH [GSSt] NStZ 2005, 504; BGH StV 2004, 132; Krumm 2004, S. 1629; Lehmann 2004, S. 602; vgl. ferner BVerfG StV 2002, 595). Wegen des Maßregelcharakters der Fahrerlaubnisentziehung kommt der Schwere der Schuld insoweit freilich nur insoweit Bedeutung zu, als sie auf Art und Umfang des Eignungsmangels schließen lässt (BGHSt 15, 397). In der Praxis dominieren die so genannten *charakterlichen (persönlichkeitsbezogenen) Mängel* (Krumm 2004, S. 1629), die verbreitet unter dem Topos der „Unzuverlässigkeit" zusammengefasst und in diverse Untergruppen wie „Rücksichtslosigkeit oder Gleichgültigkeit gegenüber den Interessen Dritter", „fehlendes Einfühlungsvermögen" und dergleichen eingeteilt werden (Tröndle u. Fischer 2007, § 69 Rn 14, 18).

Dass man sich hier mehr oder weniger erhellender phänomenologischer Umschreibungen bedient und nicht auf eine ätiologische Typenbildung (unter dem Gesichtspunkt der Persönlichkeitsstörung) zurückgreift, gibt beredt Zeugnis von der Problematik des prinzipiell akzeptierten (s. § 246a StPO; BGH [GSSt] NStZ 2005, 505) Gerichtsgebrauchs, bei der zu erstellenden Gefährlichkeitsprognose in aller Regel auf sachverständige (vor allem verkehrspsychologische) Beratung zu verzichten (näher Gehrmann 2004, S. 442 ff.).

Eine nicht unerhebliche Erleichterung bei der Bejahung der Ungeeignetheit zur Kraftfahrzeugführung ergibt sich indes aus dem Gesetz selbst, denn hiervon ist nach § 69 Abs. 2 StGB *in der Regel* auszugehen, wenn der Täter eine der dort genannten rechtswidrigen Taten begangen hat. Wie nicht zuletzt die Vorschrift des § 44 Abs. 1 S. 2 StGB deutlich macht, handelt es sich dabei allerdings nur um eine – zweifelsohne starke – *widerlegliche Vermutung*, weshalb das Gericht im Einzelfall verpflichtet sein kann zu prüfen, ob wegen besonderer (Tat-)Umstände eine negative Entscheidung geboten ist (vgl. OLG Hamm DAR 1957, 77 f.; OLG Stuttgart NJW 1987, 142), was in der Praxis jedoch weithin ignoriert wird (Schäfer 2001, Rn 287).

Im Rahmen der hiernach erforderlichen *Gesamtabwägung* sollen nach ganz überwiegender Auffassung, selbst bei drohender Existenzgefährdung (Verlust des Arbeitsplatzes etc.), wirtschaftliche Gesichtspunkte außen vor bleiben (BGH bei Dreher, MDR 1954, 398; Lehmann 2004, S. 602; Stree 2006, § 69 Rn 53), was wegen des verkehrsspezifischen Prognosegegenstands im Grundsatz zutreffend ist. Zu berücksichtigen ist aber, dass der Täter, vor allem bei vorläufiger Entziehung der Fahrerlaubnis nach § 111 a StPO (LG Neuruppin StV 2004, 125), durch die Tat bzw. deren – stigmatisierend wirkenden – prozessualen und sonstigen Folgen bereits derart „beeindruckt" sein kann, dass er seine Lebensführung nachhaltig verändert und z. B. freiwillig an einer intensiven Rehabilitierungsmaßnahme für alkoholauffällige Kraftfahrer teilnimmt (LG Potsdam StV 2004, 491 L.), und deshalb von ihm eine Gefährdung der Verkehrssicherheit nicht länger zu erwarten ist (AG Bad Hersfeld StraFo 2004, 427; Schäfer 2001, S. 290).

### 2.5.3.6.3 Anordnungsgegenstand und -folgen

Liegen die Anordnungsvoraussetzungen vor, *muss* die Fahrerlaubnis entzogen werden; dem Gericht ist also kein Ermessensspielraum eingeräumt. Eine inländische Fahrerlaubnis erlischt mit Eintritt der Rechtskraft (§ 69 Abs. 3 S. 1 StGB), anders als beim Fahrverbot gemäß § 44 StGB wird sie also nicht nur vorübergehend „suspendiert"; ein von einer deutschen Behörde ausgestellter Führerschein wird im Urteil eingezogen (§ 69 Abs. 3 S. 2 StGB). In diesem wird zugleich festgesetzt, dass dem Verurteilten durch die Verwaltungsbehörde keine neue Fahrerlaubnis erteilt werden darf. Von dieser *Sperre*, mithin nicht von der Entziehung selbst, können aus Gründen der Verhältnismäßigkeit bestimmte Fahrzeugarten ausgenommen werden, wenn der Maßregelzweck hierdurch nicht gefährdet wird (Hentschel 2005, 4 § 69a Rn 5; Lehmann 2004, S. 603). Die mögliche *Sperrfrist* kann im Normalfall sechs Monate – erhöht: ein Jahr (§ 69a Abs. 3 StGB) – bis fünf Jahre betragen. Ausnahmsweise kann auch eine lebenslange Sperre ergehen (§ 69a Abs. 1 S. 2 u. 3 StGB). Die Zeit der wirksamen vorläufigen Entziehung der Fahrerlaubnis oder der Sicherstellung des Führerscheins ist anzurechnen, was aber nicht zur Unterschreitung einer Mindestsperrdauer von drei Monaten führen darf (vgl. dazu und zur Fristberechnung § 69a Abs. 4–6 StGB). Besitzt der Täter keine Fahrerlaubnis – weil er noch nie eine hatte oder sie in einem früheren Verfahren entzogen wurde –, wird eine so genannte *isolierte Sperre* (§ 69a Abs. 1 S. 3 StGB) angeordnet, die ebenfalls mit Rechtskrafteintritt wirksam wird (§ 69a Abs. 5 S. 1 StGB; s. dazu AG Idstein NStZ-RR 2005, 89f.). Hinsichtlich einer ausländischen Fahrerlaubnis hat deren Entziehung lediglich die Wirkung einer Aberkennung des Rechts, von ihr im Inland Gebrauch zu machen; die Erteilung einer inländischen Fahrerlaubnis ist während der anzuordnenden Sperre ausgeschlossen (§ 69b Abs. 1 StGB). Sonderregelungen gelten bei Erteilung der Fahrerlaubnis durch einen EG- oder EWR-Mitgliedsstaat (s. § 69b Abs. 2 StGB; vgl. zu diesem Problemkomplex ferner OLG Karlsruhe StaFo 2004, 378; OLG Saarbrücken NStZ-RR 2005, 50ff.).

Für die Bemessung der Sperrfrist kommt es allein darauf an, wie lange die Ungeeignetheit unter Berücksichtigung der Wirkungen der Sperre und etwaiger vorläufiger Sicherungsmaßnahmen bestehen wird. In der Praxis haben sich für die wichtigsten Delikte relativ einheitlich gehandhabte „Sätze" herausgebildet (Schäfer 2001, Rn 295), wobei im Erwachsenenbereich Sperrfristen von sechs Monaten bis zwei Jahren mit einem Anteil von über drei Vierteln aller Anordnungen klar dominieren (vgl. Statistisches Bundesamt 2006b, Tabelle 5.4). Ergeben sich im Nachhinein Umstände, die darauf schließen lassen, dass die Ungeeignetheit nicht mehr besteht, etwa wegen einer erfolgreich durchgeführten Nachschulung, kann die Sperre vorzeitig aufgehoben werden (§ 69a Abs. 7 StGB; s. Lehmann 2004, S. 603).

Nach Ablauf der Sperrfrist entscheidet (auf Antrag) die Verwaltungsbehörde selbstständig über die Neuerteilung der Fahrerlaubnis. Dabei darf sie sich nicht in Widerspruch zu den Wertungen des Strafgerichts setzen, was, zumindest bei schwerwiegenderen Anlasstaten, wegen der hier deutlich häufigeren Einholung von Gutachten in der Regel nicht – und wenn doch, so oftmals nur auf den ersten Blick – der Fall ist (Tröndle u. Fischer 2007, § 69a Rn 19).

#### 2.5.3.7 Das Berufsverbot

##### 2.5.3.7.1 Kriminalpolitischer und kriminologischer Hintergrund

Zweck des in §§ 70–70b StGB geregelten Berufsverbots ist der Schutz der Allgemeinheit vor Gefahren, die von der Ausübung einer berufsspezifischen Tätigkeit durch hierfür nicht qualifizierte Personen ausgehen (BVerfG, Beschluss vom 30.10.2002 – 2 BvR 1837/00). In der Praxis spielt das Berufsverbot bei 129 Anordnungen im Jahr 2004 (Statistisches Bundesamt 2006b,

Tabelle 5.5) keine große Rolle (Hanack 1996, § 70 Rn 4). Dies mag unter anderem daran liegen, dass die Maßregel wegen ihrer Eingriffsschwere (BGH StV 1982, 73) auf Vorbehalte stößt; verfassungswidrig ist sie, jedenfalls für sich genommen, allerdings nicht (BVerfGE 25, 101).

Wie bei der Entziehung der Fahrerlaubnis, mit der die Maßnahme strukturell vergleichbar ist (BGH StV 2004, 133), handelt es sich um eine reine Sicherungsmaßregel (Hanack 1996, § 70 Rn 1) mit erheblichem pönalen Potenzial, zu dem nicht zuletzt ihre *straf*rechtliche Absicherung durch § 145 c StGB beiträgt (s. Best 2002, S. 111 f.). Wünschenswert wäre vor allem die Zulassung der Aussetzung des Berufsverbots zur Bewährung nicht erst frühestens nach einem Jahr Dauer (§ 70 a Abs. 2 S. 1 StGB), sondern zugleich mit der Anordnung.

#### 2.5.3.7.2 Anordnungsvoraussetzungen

Als Anlass der Anordnung ist nach § 70 Abs. 1 S. 1 StGB die Begehung einer rechtswidrigen Tat unter Missbrauch des Berufs oder Gewerbes des Täters oder unter grober Verletzung der mit ihnen verbundenen Pflichten vorausgesetzt. Ein *Missbrauch des Berufs oder Gewerbes* (Stree 2006, § 70 Rn 5) ist gegeben, wenn der Täter das betreffende Betätigungsfeld bewusst dazu ausnutzt, unter Überschreitung der jeweiligen Befugnisse ein seinen Aufgaben zuwiderlaufendes Ziel zu verfolgen (BGH NJW 1989, 3232; wistra 2003, S. 423; Stree 2006, § 70 Rn 6). Die Tat muss mithin in einem inneren Zusammenhang zu der konkreten Berufs- oder Gewerbeausübung stehen (BGHSt 22, 146; NJW 2001, 3349) und somit als deren Ausfluss symptomatisch die Unzuverlässigkeit des Täters gerade auf dem betreffenden Gebiet erkennen lassen (BGH NStZ 1988, 176; Lackner u. Kühl 2004, § 70 Rn 3). Zu bejahen ist dies bei der sachwidrigen Verschreibung (BGH NJW 1975, 2249) oder der Entwendung und Konsumierung von Betäubungsmitteln durch einen Arzt (OLG Frankfurt NStZ-RR 2001, 16 f.). Nicht ausreichend ist demgegenüber die Tatbegehung bei schlichter Gelegenheit der Berufs- bzw. Gewerbetätigkeit, etwa das betrügerische Erlangen von Patientendarlehen (BGH NJW 1983, 2099).

Eine *grobe Verletzung der mit dem Beruf oder Gewerbe verbundenen Pflichten* kann sich nach überwiegender Auffassung (BGH NJW 1989, 3231; Tröndle u. Fischer 2007, § 70 Rn 5) zum einen auf berufsspezifische und zum anderen auf allgemeine Pflichten beziehen, sofern diese, wie z.B. die Pflicht des Arztes zu ordnungsgemäßer Abrechnung gegenüber der Krankenkasse (OLG Koblenz wistra 1997, 280), aus der Berufs- oder Gewerbeausübung selbst herrühren und den Täter nicht nur deretwegen treffen, wie im Allgemeinen die Steuerpflicht (KG JR 1980, 247). Ob die Pflichtverletzung *grob* ist, bestimmt sich nach dem Grad der Pflichtwidrigkeit sowie der Bedeutung der betreffenden Pflicht (Stree 2006, § 70 Rn 7): Je schwerer das eine wiegt, desto weniger schwer muss das andere wiegen. Dem Täter braucht daher die Pflichtverletzung nicht zwangsläufig bewusst zu sein, weshalb hier die Verwirklichung des tatbestandsmäßigen Unrechts einer Fahrlässigkeitstat genügen kann.

Weiterhin ist erforderlich, dass der Täter wegen der jeweiligen Tat verurteilt bzw. *wegen erwiesener oder nicht auszuschließender Unschuld* nicht verurteilt wird. Darüber hinaus ist lediglich eine selbstständige Anordnung nach Maßgabe von §§ 71 Abs. 2 StGB, 413 ff. StPO möglich.

Weiter muss die auf eine *Gesamtwürdigung von Täter und Tat* zum Zeitpunkt der (letzten) tatrichterlichen Entscheidung gegründete Gefahr hinzukommen, dass dieser bei fortgesetzter Berufs- bzw. Gewerbeausübung erhebliche rechtswidrige Taten *der bezeichneten Art* begehen wird. Ist nur über eine Anlasstat zu befinden, kommt es für die Prognose dabei insbesondere auf die einschlägige bisherige Kriminalitätsbelastung des Täters an; ansonsten können namentlich die präventiven Wirkungen des Strafverfahrens und der verhängten Begleitstrafe von Belang sein (Schäfer 2001, Rn 279). Wegen der Eingriffsschwere des Berufsverbots kommt schließlich dem Grundsatz der Verhältnismäßigkeit noch besonderes Gewicht zu, und zwar sowohl im Rahmen der vorzunehmenden Gesamtabwägung als auch bei der Entscheidung über die konkrete Ausgestaltung des Maßregelausspruchs (Hanack 1996, § 70 Rn 49).

#### 2.5.3.7.3 Anordnungsgegenstand und -folgen

Inhalt der im pflichtgemäßen Ermessen des Gerichts stehenden (Lackner u. Kühl 2004, § 70 Rn 13) Maßregelanordnung ist das Verbot der Ausübung des Berufs, Berufszweigs, Gewerbes oder Gewerbezweigs für sich, einen anderen oder durch einen weisungsabhängigen Dritten (§ 70 Abs. 1 S. 1, Abs. 3). Mit Blick auf das zuvor Gesagte ist sie regelmäßig auf bestimmte Formen oder Arten von Tätigkeiten zu beschränken, bei einem Arzt, von dem ausschließlich sexuelle Übergriffe gegenüber Patientinnen zu befürchten sind, z. B. auf die medizinische Behandlung von Personen weiblichen Geschlechts (BGH StV 2004, 653 mit zustimmender Anm. Kugler). Die mögliche Dauer des Berufsverbots beträgt im Normalfall sechs Monate bis fünf Jahre; ausnahmsweise kann es für immer angeordnet werden. Frühestens nach einem Jahr Dauer (vgl. §§ 70 Abs. 2, 4; 70a Abs. 2 S. 2 StGB) ist eine Aussetzung zur Bewährung zulässig (§ 70a Abs. 2 S. 1 StGB).

### Literatur

Adams M (2003) Zur nachträglichen Sicherungsverwahrung nach Landesrecht. Strafverteidiger 23:51–54

Baier H (2006) Das jugendstrafrechtliche Rechtsfolgensystem. In: Laubenthal K, Baier H, Jugendstrafrecht. Springer, Berlin Heidelberg, S 157–205

Best D (2002) Das Rückwirkungsverbot nach Art. 103 Abs. 2 GG und die Maßregeln der Besserung und Sicherung. ZStW 114:88–129

Best D (2003) Anmerkung zu BGH, Urt. v. 21.8.2002 – 1 StR 115/02. Juristische Rundschau 57:337–342

Blanz B (2004) Kinder- und jugendpsychiatrische Aspekte der dissozialen Persönlichkeitsstörung. In: Schöch H, Jehle, JM (Hrsg) Angewandte Kriminologie zwischen Freiheit und Sicherheit. Forum, Mönchengladbach, S 381–390

Bode A (2004) Konkurrenz freiheitsentziehender Unterbringungen. Lang, Frankfurt am Main
Böllinger L, Pollähne H (2005) Kommentierung der §§ 61–66 b. In: Kindhäuser U, Neumann U, Paeffgen HU (Hrsg) Nomos-Kommentar Strafgesetzbuch Bd 1, 2. Aufl. Nomos, Baden-Baden, S 1763–1875
Boetticher A et al (2005) Mindestanforderungen für Schuldfähigkeitsgutachten. NStZ 25:57–62
Boetticher A et al (2006) Mindestanforderungen für Prognosegutachten. NStZ 26:537–544
Braasch M (2006) Untherapierbare Straftäter im Maßregelvollzug. Forum, Mönchengladbach
Calliess RP (2004) Die „Entwicklung des Verurteilten im Strafvollzug" und die Anordnung der nachträglichen Sicherungsverwahrung ohne Vorbehalt. Zeitschrift für Strafvollzug und Straffälligenhilfe 53:135–138
Caspari S (2006) Vor- und Nachteile der nachfolgenden Sicherungsverwahrung. Deutsche Richterzeitung 84:72–74
Dessecker A (2004 a) Gefährlichkeit und Verhältnismäßigkeit. Duncker & Humblot, Berlin
Dessecker A (2004 b) Unterbringungen nach § 64 StGB in kriminologischer Sicht. Recht & Psychiatrie 22:192–199
Detterbeck S (2005) Allgemeines Verwaltungsrecht mit Verwaltungsprozessrecht, 3. Aufl. Beck, München
Düx H (2006) Sexualstraftaten und Sicherungsverwahrung – Abschied vom rechtsstaatlichen Strafverfahren? ZRP 39:82–85
Eisenberg U (2004) Die Maßregel der Unterbringung in einem psychiatrischen Krankenhaus gemäß § 63 StGB und die so genannte „Nicht-Therapie-Geeignetheit". NStZ 24:240–248
Eisenberg U (2006 a) Jugendgerichtsgesetz, 11. Aufl. Beck, München
Eisenberg U (2006 b) Zur Tragweite psychiatrischer Gutachten bei der Anwendbarkeit materiellen Jugendstrafrechts auf Heranwachsende (§ 105 I Nr. 1 JGG) – erörtert an Hand von zwei Originalfällen. JA 38:140–144
Feltes T (2000) Rückfallprognose und Sicherungsverwahrung – Die Rolle des Sachverständigen: Strafverteidiger 20:281–286
Folkers S (2006) Die nachträgliche Sicherungsverwahrung in der Rechtsanwendung. NStZ 26:426–434
Frehsee D, Ostendorf H (2005) Kommentierung der §§ 68–68 g. In: Kindhäuser U, Neumann U, Paeffgen HU (Hrsg) Nomos-Kommentar Strafgesetzbuch Bd 1, 2. Aufl. Nomos, Baden-Baden, S 1977–2019
Gazeas N (2005) Nachträgliche Sicherungsverwahrung – Ein Irrweg der Gesetzgebung? StraFo 18:9–15
Gehrmann L (2004) Das Sachverständigengutachten von Ärzten und Verkehrspsychologen als Grundlage der Entziehung der Fahrerlaubnis durch den Strafrichter. NZV 17:442–445
Geppert K (1996) Kommentierung der §§ 69–69 b. In: Jähnke B, Laufhütte HW, Odersky W (Hrsg) StGB, Leipziger Kommentar, 11. Aufl. 23. Lfg. De Gruyter, Berlin, S 1–211
Göppinger H (1997) Kriminologie, 5. Aufl. Beck, München
Goerdeler J (2003) Sicherungsverwahrung auch für Heranwachsende? ZJJ 14:185–189
Gronemeyer D (2001) Zur Reformbedürftigkeit der strafrechtlichen Fahrerlaubnisentziehung und des strafrechtlichen Fahrverbots. Lang, Frankfurt am Main
Hanack EW (1992) Kommentierung der §§ 61–67. In: Jähnke B, Laufhütte HW, Odersky W (Hrsg) StGB, Leipziger Kommentar, 11. Aufl, 2. Lfg. De Gruyter, Berlin, S 1–239
Hanack EW (1996) Kommentierung der §§ 70–72. In: Jähnke B, Laufhütte HW, Odersky W (Hrsg) StGB, Leipziger Kommentar, 11. Aufl, 2. Lfg. De Gruyter, Berlin, S 211–272
Heffter AW (1857) Lehrbuch des gemeinen deutschen Strafrechts mit Rücksicht auf ältere und neuere Landesrechte, 6. Aufl. Schwetschke, Braunschweig
Hentschel P (2005) Straßenverkehrsrecht, 38. Aufl. Beck, München
Horn E (1999) Kommentierung der §§ 61–72. In: Rudolphi (Gesamtredaktion) Systematischer Kommentar zum Strafgesetzbuch, Bd 1, 7. Aufl, 30 Lfg. Luchterhand, Neuwied, S 1–145
Jacobsen HF (1985) Führungsaufsicht und ihre Klientel, Intention und Realitäten einer Maßregel. Heymanns, Köln
Kammeier H (1996) Maßregelrecht. De Gruyter, Berlin
Kindhäuser U (2006) Strafgesetzbuch, Lehr- und Praxiskommentar. Nomos, Baden-Baden

Kinzig J (1996) Die Sicherungsverwahrung auf dem Prüfstand. Max-Planck-Institut für ausländisches und internationales Strafrecht, Freiburg i. Br.

Kinzig J (2002) Das Gesetz zur Einführung der vorbehaltenen Sicherungsverwahrung. NJW 55:3204-3208

Kinzig J (2004) Umfassender Schutz vor dem gefährlichen Straftäter? – Das Gesetz zur Einführung der nachträglichen Sicherungsverwahrung. NStZ 24:655-660

Krumm C (2004) Fahrverbot und Fahrerlaubnisentziehung bei langer Verfahrensdauer. NJW 57:1627-1631

Kulemeier R (1991) Fahrverbot (§ 44 StGB) und Entzug der Fahrerlaubnis (§§ 69 ff. StGB). Schmidt-Römhild, Lübeck

Lackner K, Kühl K (2004) Strafgesetzbuch, 24. Aufl. Beck, München

Lehmann J (2004) Die Entziehung der Fahrerlaubnis (§§ 69, 69 a StGB). JurA 26:601-603

Maelicke B (2004) Führungsaufsicht. Neue Kriminalpolitik 16:75

Matt E (2005) Straffälligkeit und Lebenslauf: Jugenddelinquenz zwischen Episode und Verfestigung. ZJJ 16:429-433

Mayer H (1953) Strafrecht, Allgemeiner Teil. Kohlhammer, Stuttgart Köln

McSherry B (2006) High-risk offenders: continued detention and supervision options. On behalf of the Sentencing Advisory Council. State of Victoria, Melbourne

Meier BD (2006) Strafrechtliche Sanktionen, 2. Aufl. Springer, Berlin Heidelberg

Metrikat I (2002) Die Unterbringung in einer Entziehungsanstalt nach § 64 StGB. Lang, Frankfurt am Main

Meyer-Goßner L (2006) Strafprozessordnung, 49. Aufl. Beck, München

Müller-Dietz H (1983) Rechtsfragen der Unterbringung nach § 63 StGB. NStZ 3:145-153 u. 203-207

Müller-Metz R (2003) Die Sicherungsverwahrung, Tätigkeit des Sachverständigen im Erkenntnis- und Vollstreckungsverfahren. Strafverteidiger 23:42-54

Neubacher F (2004) Führungsaufsicht, quo vadis? – Eine Maßregel zwischen Sozialkontrolle und Hilfsangebot. Bewährungshilfe 51:73-84

Passek IK (2005) Sicherungsverwahrung im Wandel, Neuregelungen der §§ 66, 66a und 66b StGB. Goltdammer's Archiv für Strafrecht 152:96-112

Pfeiffer G (2005) Strafprozessordnung, 5. Aufl. Beck, München

Pollähne H (2002) Die einstweilige Unterbringung des § 126 a StPO im Recht – Teil 1: Grundlagen, Verfahren, Anordnung. Recht & Psychiatrie 20:229-244

Pollähne H (2006) Wiederholte Anordnung der Unterbringung gemäß § 63 StGB? Juristische Rundschau 60:316-322

Pollähne H, Böllinger L (2005) Kommentierung der §§ 67-67 g. In: Kindhäuser U, Neumann U, Paeffgen HU (Hrsg) Nomos-Kommentar Strafgesetzbuch, Bd 1, 2. Aufl. Nomos, Baden-Baden, S 1876-1976

Poseck R (2004) Das Gesetz zur Einführung der nachträglichen Sicherungsverwahrung. NJW 57:2559-2562

Prapolinat A (2004) Subjektive Anforderungen an eine „rechtswidrige Tat" bei § 63 StGB. Diss. jur., Hamburg

Ranft O (2005) Strafprozessrecht, 3. Aufl. Boorberg, Stuttgart

Rasch W, Konrad N (2004) Forensische Psychiatrie, 3. Aufl. Kohlhammer, Stuttgart

Rössner D (2004) Dissoziale Persönlichkeitsstörung und Strafrecht. In: Schöch H, Jehle, JM (Hrsg) Angewandte Kriminologie zwischen Freiheit und Sicherheit. Forum, Mönchengladbach, S 391-411

Rössner D, Marneros A, Ullrich S (2003) Psychische Störungen und Kriminalität im Strafrecht. In: Amelung K et al (Hrsg) Strafrecht, Biorecht, Rechtsphilosophie – Festschrift für Hans-Ludwig Schreiber. Müller, Heidelberg, S 387-397

Schäfer G (2001) Praxis der Strafzumessung, 3. Aufl. Beck, München

Schalast N, Dessecker A, Haar M v d (2005) Unterbringung in der Entziehungsanstalt – Entwicklungstendenzen und gesetzlicher Regelungsbedarf. Recht & Psychiatrie 23:3-10

Schalast N, Leygraf N (1994) Maßregelvollzug gemäß § 64 StGB: Unterbringungsgutachten über alkoholabhängige Patienten. MSchrKrim 77:1-12

Schall H (2003) Strafrechtliche Prognoseentscheidungen im Spannungsfeld zwischen Sicherung und Resozialisierung. In: Osterheider M (Hrsg) 17. Eickelborner Fachtagung – Wie sicher kann Prognose sein? PsychoGen, Dortmund, S 256–265

Schmidt E (1965) Einführung in die Geschichte der deutschen Strafrechtspflege, 3. Aufl. Vandenhoeck & Ruprecht, Göttingen

Schneider H (2006) Die Kriminalprognose bei der nachträglichen Sicherungsverwahrung. Strafverteidiger 26:99–104

Schneider U (2004) Beendigung der Unterbringung in einem psychiatrischen Krankenhaus bei Zweckerreichung. NStZ 24:649–654

Schöch H (1992) Bewährungshilfe und Führungsaufsicht in der Strafrechtspflege. NStZ 12:364–372

Schönberger G (2002) Zur justiziellen Handhabung der Voraussetzungen der Unterbringung gemäß §§ 63, 66 StGB. Duncker & Humblodt, Berlin

Schüler-Springorum H (1989) SV ohne Hang? MSchrKrim 72:147–154

Seifert D, Möller-Mussavi S (2006) Führungsaufsicht und Bewährungshilfe – Erfüllung gesetzlicher Auflagen oder elementarer Bestandteil forensischer Nachsorge? NStZ 26:131–136

Seifert D et al (2003) Wegweiser aus dem Maßregelvollzug (gemäß § 63 StGB). Strafverteidiger 23:301–305

Sowada C (2004) Die Entziehung der Fahrerlaubnis (§ 69 StGB) bei Taten der allgemeinen Kriminalität. NStZ 24:169–175

Statistisches Bundesamt (2006a) Fachserie 10: Rechtspflege. Reihe 2.3: Strafgerichte. Statistisches Bundesamt, Wiesbaden

Statistisches Bundesamt (2006b) Fachserie 10: Rechtspflege. Reihe 3: Strafverfolgung. 2004. Statistisches Bundesamt, Wiesbaden

Statistisches Bundesamt (2006c) Fachserie 10: Rechtspflege. Reihe 4.1: Strafvollzug. 2005. Statistisches Bundesamt, Wiesbaden

Stree W (2006) Kommentierung der §§ 61–72. In: Schönke A, Schröder H (Hrsg) Strafgesetzbuch Kommentar, 27. Aufl. Beck, München, S 932–1021

Streng F (2002) Strafrechtliche Sanktionen, 2. Aufl. Kohlhammer, Stuttgart

Streng F (2004) „Komorbidität", Schuld(un)fähigkeit und Maßregelanordnung. Strafverteidiger 24:614–620

Streng F (2006) „Erkennbar gewordene Tatsachen" und rechtsstaatliche Anforderungen an nachträgliche Sicherungsverwahrung. Strafverteidiger 26:92–98

Tröndle H, Fischer T (2007) Strafgesetzbuch und Nebengesetze, 54. Aufl. Beck, München

Ullenbruch T (2005) Kommentierung der §§ 66–66b. In: Joecks W, Miebach K (Hrsg) Münchener Kommentar zum Strafgesetzbuch, Bd 2/1. Beck, München, S 391–500

Veh H (2005) Kommentierung der §§ 67a–67d. In: Joecks W, Miebach K (Hrsg) Münchener Kommentar zum Strafgesetzbuch, Bd 2/1. Beck, München, S 526–559

Wagner-von Papp F (2006) Anmerkung zu BGH, Urt. v. 15.12.2005 – III ZR 65/05. Juristenzeitung 61:470–473

Weber HM, Reindl R (2001) Sicherungsverwahrung, Argumente zur Abschaffung eines umstrittenen Rechtsinstituts. Neue Kriminalpolitik 13:16–21

Wedekind V (2005) Die Reform des strafrechtlichen Berufsverbots (§§ 70–70b StGB). Diss. jur., Tübingen

Zschieschack F, Rau I (2006) Die nachträgliche Sicherungsverwahrung in der aktuellen Rechtsprechung des BGH. Juristenzeitung 61:895–899

## 2.5.4 Die Maßregeln der Besserung und Sicherung – Anmerkungen aus psychiatrischer Sicht

N. Leygraf

### 2.5.4.1 Vorbemerkungen

Für die Forensische Psychiatrie kommt den Maßregeln der Besserung und Sicherung unter zwei Aspekten besondere Bedeutung zu. Die Anordnung einer mit Freiheitsentzug verbundenen Maßregel (§§ 63, 64 und 66 StGB) erfordert stets die Hinzuziehung eines Sachverständigen zur Beurteilung der Gefährlichkeitsprognose sowie der weiteren Voraussetzungen bezüglich der Schuldfähigkeit (§ 63 StGB), der Behandlungsaussichten (§ 64 StGB) oder eines „Hanges zu erheblichen Straftaten" (§ 66 StGB). Bei Maßregeln gemäß §§ 63, 64 StGB ist darüber hinaus auch der Vollzug selbst Teil des psychiatrischen Versorgungssystems (vgl. Kapitel 2.6.4). Insofern ist Best und Rössner zuzustimmen, dass hier stets ein Psychiater als Sachverständiger zu hören ist, zumal wenn es um die Unterbringung in einem *psychiatrischen Krankenhaus* geht. Bei der Frage der Voraussetzungen für die Unterbringung in der Entziehungsanstalt ist ebenfalls eine umfassende psychiatrische Begutachtung unerlässlich, insbesondere in Hinblick auf die zunehmende Zahl schizophrener Patienten mit komorbider Suchtproblematik, deren schizophrene Erkrankung leicht übersehen oder als drogeninduziert missdeutet werden kann. Auch bei der Unterbringung in der Sicherungsverwahrung wird primär ein psychiatrischer Sachverständiger zu hören sein, zumal auch hier die Gefahr besteht, schizophrene Erkrankungen im Hintergrund einer chronischen Delinquenz zu übersehen (Habermeyer et al. 2002). Zudem betrifft diese Maßregel zumeist persönlichkeitsauffällige Täter, bei denen sich häufig die Frage einer Einschränkung der Schuldfähigkeit und ggf. einer Unterbringung in einem psychiatrischen Krankenhaus stellt. Eine Abgrenzung des „Hanges" im Sinne des § 66 StGB gegenüber psychischen Störungen mit Auswirkungen auf die Einsichts- oder Steuerungsfähigkeit kann sachverständig nur vom Psychiater geleistet werden (Habermeyer u. Saß 2004).

Inwieweit die weitere Hinzuziehung eines *psychologischen Sachverständigen* sinnvoll sein kann, ist weniger von der fraglichen Maßregel abhängig als von der jeweiligen psychischen Problematik des Beschuldigten. In Betracht zu ziehen ist dies insbesondere bei Tätern mit intellektuellen Beeinträchtigungen oder Besonderheiten in der Persönlichkeitsentwicklung. Die von Feltes (2000) angeregte *kriminologische Begutachtung* bei der Anordnung von Sicherungsverwahrung dürfte jedoch kaum über die Anwendung statistischer Prognoseinstrumente hinausgehen, was der hier erforderlichen individuellen Kriminalprognose nicht gerecht werden kann (vgl. Boetticher et al. 2006 sowie den Beitrag von Kröber, Band 3, Kap. 2).

## 2.5.4.2 Die einstweilige Unterbringung

Die Anordnung einer einstweiligen Unterbringung gemäß § 126a StPO dient in Fällen akuter Erkrankung und Behandlungsbedürftigkeit nicht allein dem Schutz der Gesellschaft, sondern auch dem Schutz des Betroffenen selbst. Sie sollte, wie Best und Rössner zutreffend feststellen, auf Beschuldigte mit psychiatrischen Erkrankungen im engeren Sinne beschränkt bleiben, zumal bei Persönlichkeitsstörungen zumeist keine akute Behandlungsnotwendigkeit oder eine psychische Verfassung vorliegt, die dem Vollzug von Untersuchungshaft entgegenstünde. Zudem erfolgt die einstweilige Unterbringung zumeist in den Aufnahme- und Akutbereichen der Maßregeleinrichtungen, in denen keine speziellen Behandlungsprogramme für persönlichkeitsgestörte Patienten vorgehalten werden. Somit ist hier kaum mehr als ein Abwarten auf ein rechtskräftiges Urteil möglich. Dies kann in aller Regel auch in der Untersuchungshaft erfolgen, zumal es für spätere Behandlungsbemühungen nicht sonderlich günstig ist, wenn sich der erste Teil des Aufenthaltes in einer psychiatrischen Klinik inhaltlich auf ein monatelanges Abwarten beschränkt.

Bei Patienten mit schizophrenen Erkrankungen, die den Hauptteil der einstweilig Untergebrachten ausmachen (Losch 2003), sollte die einstweilige Unterbringung hingegen zu einer möglichst intensiven Behandlung genutzt werden. Unstrittig sind Behandlungsmaßnahmen auch gegen den Willen des Patienten einzuleiten, sofern sich aus seiner akuten Erkrankung eine unmittelbare Gefahr für ihn selbst oder für Mitpatienten sowie Mitarbeiter ergibt. Von juristischer Seite aus wird in sonstigen Fällen eine medikamentöse Zwangsbehandlung mit Hinweis auf die Unschuldsvermutung kritisch gesehen (Volckart u. Grünebaum 2003, S. 47). Tatsächlich ergibt sich die Notwendigkeit einer Behandlung aber in der Regel unabhängig von der Frage, ob der Patient aus der Erkrankung heraus straffällig geworden ist oder nicht. Somit wird die Unschuldsvermutung auch nicht durch eine psychiatrische Behandlung außer Kraft gesetzt, sondern vielmehr dann, wenn bei einer krankheitsbedingten Ablehnung des einstweilig untergebrachten Patienten auf eine tatsächlich erforderliche medikamentöse Behandlung verzichtet wird. Schließlich würde dem Patienten dann wegen des Tatverdachts eine in der Regel erfolgversprechende Behandlungsmöglichkeit vorenthalten, zumal eine frühzeitige neuroleptische Behandlung der schizophrenen Akutsymptomatik einen wesentlichen Einfluss auf den Langzeitverlauf der Erkrankung hat und die Gefahr einer Chronifizierung mindert (Wyatt 1991). Wenn in einigen Maßregeleinrichtungen auf eine solche Behandlung mit der Begründung verzichtet wird, dass die vorläufige Unterbringung nur der Verfahrenssicherung diene und nicht mit einem Behandlungsauftrag verbunden sei, ist dies nicht nur unter medizinisch-ethischen Aspekten abzulehnen, sondern entspricht unter Umständen dem Straftatbestand der unterlassenen Hilfeleistung (Rasch u. Konrad 2004, S. 133).

Die durchschnittliche Dauer einer vorläufigen Unterbringung beträgt im Mittel ca. 5 bis 8 Monate (Dessecker 1997, Losch 2003). Sofern diese Zeit zu einer intensiven Behandlung genutzt wird, kann zumindest bei einigen schizophrenen Patienten bis zur Hauptverhandlung eine deutliche Symptomreduktion und Stabilisierung erreicht werden. Dies könnte eine nachfolgende Unterbringung gemäß § 63 StGB verzichtbar machen oder zumindest deren Aussetzung zugleich mit der Anordnung gemäß § 67 b StGB ermöglichen.

### 2.5.4.3 Die Unterbringung in einem psychiatrischen Krankenhaus

Die Zahl der Anordnungen einer Unterbringung gemäß § 63 StGB hat sich von 432 im Jahre 1990 auf 968 im Jahre 2004 mehr als verdoppelt (Statistisches Bundesamt Wiesbaden, Reihe Strafverfolgung). Dieser Anstieg der Unterbringungen betrifft insbesondere schizophrene Rechtsbrecher, was u.a. auf dem Hintergrund von Veränderungen in den allgemeinen Versorgungsangeboten für psychisch Kranke zu sehen ist (Schanda 2000, 2006). Vor allem aber zeigt sich hier eine Auswirkung des vermehrt sicherheitsorientierten *kriminalpolitischen Gesamtklimas* (Dessecker 2005; Priebe et al. 2005). Offenbar ist in den letzten Jahren eine strafrechtliche Unterbringung gemäß § 63 StGB auch bei Straftaten mittleren Schweregrades erfolgt, die früher zu einer Verfahrenseinstellung durch die Staatsanwaltschaften führten, wenn die Schuldunfähigkeit eindeutig und eine stationäre Behandlung mittels Landesunterbringungsrecht oder Betreuung gesichert waren.

Diesem Trend zum vermehrten Maßregelvollzug lässt sich noch am ehesten während der Zeit der einstweiligen Unterbringung (s. o.) entgegenwirken. Die Vermeidung einer Unterbringung nach § 63 StGB ist zumindest bei schizophren erkrankten Rechtsbrechern meistens einfacher zu erreichen als deren spätere Aussetzung. Sobald eine Unterbringung nach § 63 StGB erfolgt ist, führt dies zu einer Art Beweislastumkehr. Für die Anordnung einer Unterbringung ist der Nachweis erforderlich, dass von dem Patienten mit einer gewissen Wahrscheinlichkeit „weitere erhebliche Straftaten zu erwarten sind" (§ 63 StGB). Eine bedingte Entlassung setzt hingegen die Feststellung voraus, dass „zu erwarten ist, dass der Untergebrachte außerhalb des Maßregelvollzugs keine rechtswidrigen Taten mehr begehen wird" (§ 67 d Abs. 2 StGB). Diese Entlassungsschwelle liegt deutlich höher als die im § 67 b StGB genannte Bedingung für eine *primäre Aussetzung der Maßregel zur Bewährung*. Hier bedarf es lediglich der Feststellung, dass „besondere Umstände die Annahme rechtfertigen, dass der Zweck der Maßregel auch dadurch erreicht werden kann".

Mit „besonderen Umständen" sind vor allem anderweitige Möglichkeiten einer Behandlung gemeint. So wurde bereits in den letzten Jahren aufgrund der erheblichen Kapazitätsengpässe in den psychiatrischen Maßregeleinrichtungen eine wachsende Zahl vor allem schizophrener Patienten zwar nach § 63 StGB untergebracht, aber nicht in eine forensische Einrichtung, sondern in eine allgemein-psychiatrische Abteilung aufgenommen. Dies hat durchaus zu Lösungen geführt, die unter Sicherungs- und Behandlungsgesichtspunkten akzeptabel erscheinen (Schalast et al. 2003). Daher sollte künftig bei schizophren erkrankten Rechtsbrechern vermehrt an die Möglichkeit gedacht werden, die Maßregelunterbringung bereits primär zur Bewährung auszusetzen, wenn mittels entsprechender Weisungen eine Fortdauer der Behandlung gesichert ist. Diese Weiterbehandlung kann je nach erreichter psychischer Stabilität des Patienten ambulant erfolgen oder in komplementären Betreuungseinrichtungen oder auch zunächst noch weiter stationär in der Allgemeinpsychiatrie. Damit könnten unnötig lange Unterbringungszeiten vermieden werden.

Die Unterbringung in einem psychiatrischen Krankenhaus stellt eine potenziell lebenslange freiheitsentziehende Maßnahme dar. Entsprechend sorgfältig sind ihre Voraussetzungen zu überprüfen. Dies gilt nicht nur hinsichtlich der Gefährlichkeitsprognose, sondern insbesondere für die *Beurteilung der strafrechtlichen Schuldfähigkeit* im Zusammenhang mit Persönlichkeitsstörungen und sexuellen Fehlentwicklungen. Hier ergibt sich aus der Annahme einer verminderten Schuldfähigkeit zumeist zwanglos auch eine ungünstige Kriminalprognose, so dass in Fällen einer schwerwiegenden Delinquenz die Feststellung verminderter Schuldfähigkeit in der Regel mit einer Unterbringung in die psychiatrische Maßregel gekoppelt ist. Diese entscheidende Weichenstellung zwischen Straf- und psychiatrischem Maßregelvollzug erfolgt bereits im Erkenntnisverfahren und ist einer späteren Veränderung kaum mehr zugänglich. Daher sollte hier seitens der Sachverständigen wie der Gerichte auf eine Einhaltung der für Schuldfähigkeitsbeurteilungen erarbeiteten Standards besonders geachtet werden (Boetticher et al. 2005).

#### 2.5.4.4 Die Unterbringung in der Entziehungsanstalt

Während sich in der vermehrten Unterbringungsrate gemäß § 63 StGB eine zunehmende Entwicklung zu einem „Sicherheitsstaat" widerspiegelt (Haffke 2005), entspricht der noch deutlichere Anstieg der Unterbringung suchtkranker Rechtsbrecher gemäß § 64 StGB einer kriminaltherapeutischen Orientierung, die nach dem Grundsatz *„Therapie statt Strafe"* auch im Hintergrund der 1982 erfolgten Reform des Betäubungsmittelgesetzes stand. Das Überwiegen des therapeutischen Aspektes dieser Maßregel wurde im Urteil des Bundesverfassungsgerichtes vom 16.3.1994 (BVerfG 91, 1) noch einmal deutlich hervorgehoben. Demnach kann eine solche Unterbringung nur erfolgen, sofern „eine hinreichend konkrete Aussicht besteht, den Süchtigen zu heilen oder doch über eine gewisse Zeitspanne vor dem Rückfall in die akute Sucht zu bewahren".

Der Gedanke, dem individuellen Täter wie den Sicherheitsinteressen der Bevölkerung eher durch therapeutische Interventionen als durch Strafe gerecht werden zu können, liegt bei Rechtsbrechern, deren Kriminalität aus einer Suchterkrankung erwachsen ist, natürlich nahe. Trotz der hohen Koinzidenz von Suchtmittelmissbrauch und Delinquenz sind die beiden Phänomene aber zumeist in einer recht komplexen Weise miteinander assoziiert. Sie stellen oft parallele Entwicklungen dar, ohne dass sich das dissoziale Verhalten monokausal auf die Suchtproblematik zurückführen lässt. Dies zeigt sich u. a. in der hohen Komorbidität von antisozialer Persönlichkeitsstörung und Substanzmissbrauch (Verheul et al. 1995, Moss u. Tarter 1993). Auch die Abhängigkeit von illegalen Drogen stellt sich zumeist als Facette eines sozial devianten Lebensstils dar, zu dem die Bereitschaft zur Selbstgefährdung wie auch zu strafbarem Verhalten gehört (Rautenberg 1997). So wird seitens der Einrichtungen nicht nur über den Anstieg der Einweisungsrate insgesamt geklagt, sondern insbesondere über die zunehmende Einweisung von Tätern, deren Delinquenz weniger auf ihrem Suchtmittelkonsum, sondern mehr auf ihrer Bereitschaft zu dissozialem Verhalten basiert (Gerl u. Bischof 2001). Bei jedem dritten Patienten in einer Maßregel gemäß § 64 StGB lässt sich diagnostisch auch eine dissoziale Persönlichkeitsstörung feststellen (von der Haar 2006).

Somit ist die Frage des *symptomatischen Zusammenhanges* zwischen dem „Hang" im Sinne des § 64 StGB und der begangenen wie der prognostizierten Delinquenz im Einzelfall oft nicht eindeutig zu klären. Besonders kritisch zu betrachten sind hier aber die Fälle, bei denen die Delikte sowohl ohne als auch mit einer Alkoholisierung verbunden waren bzw. in denen die kriminelle Entwicklung der Suchtproblematik zeitlich voranging (Seifert u. Leygraf 1999). Fehlplatziert in der Entziehungsanstalt sind auch diejenigen Gewalttäter, die unter Alkoholeinfluss eine sexuelle Deviation oder gar sadistische Störung ausleben, zumal sie durch die Unterbringung gemäß § 64 StGB in ihren Vermeidungs- und Externalisierungstendenzen bestätigt werden (Schalast u. Leygraf 2002).

Die mit dem oben genannten Urteil des Bundesverfassungsgerichts verbundene Hoffnung, die Anordnung einer solchen Maßregel werde nunmehr stärker auf diejenigen Täter eingegrenzt, bei denen tatsächlich ein *positiver Behandlungsverlauf* zu erwarten ist, hat sich bislang nicht erfüllt. Vielmehr hat der Anteil erfolgloser Therapieverläufe seitdem weiter erheblich zugenommen. Wurden 1994 noch mehr als die Hälfte der Unterbringungen „regulär", also mit einer Entlassung zur Bewährung, abgeschlossen und lediglich ein Drittel wegen Aussichtslosigkeit für erledigt erklärt (§ 67 d Abs. 5 StGB), findet sich mittlerweile ein genau umgekehrtes Verhältnis (von der Haar 2006). Das Scheitern bereits während der Behandlung ist in einigen Abteilungen zum statistischen Normalfall geworden, was kaum für das Motivationspotenzial eines solchen Therapieangebotes spricht (Schalast et al. 2005). Dies ist auch deshalb besonders bedauerlich, als ein tendenziell günstiger Behandlungsverlauf am ehesten dann zu erwarten ist, wenn der Betroffene zu Beginn der Maßnahme Hoffnung in die Behandlung setzt. Hoffnungslosigkeit als Lebensgefühl ist dagegen mit einem eher problematischen Verlauf assoziiert (Schalast 2000). Insofern sollten Gutachter wie Gerichte strenge Maßstäbe hinsichtlich der Behandlungsaussichten anlegen, um dem Probanden in zweifelhaften Fällen eine Erfahrung zu ersparen, die ihn unter Umständen entmutigen und in seiner dissozialen Haltung bestärken kann.

Nicht allein wegen der ohnehin problematischen Situation in den Maßregeleinrichtungen ist die von Best und Rössner gemachte Anregung, die gesetzlichen Möglichkeiten des § 64 StGB auch auf nicht stofflich gebundene Abhängigkeiten, insbesondere auf die „*Spielsucht*" auszuweiten, aus psychiatrischer Sicht kritisch zu betrachten. Bei der Interpretation der Ergebnisse neurowissenschaftlicher Forschung in Hinblick auf die Strafrechtspraxis ist stets Vorsicht geboten. So weist Wagner-von Papp (2006) in seinem Kommentar zu einer zivilrechtlichen Entscheidung des Bundesgerichtshofes auch lediglich auf „Ähnlichkeiten der Spielsucht mit stoffabhängigen Süchten" hin; die dort angeführten Befunde sind zudem recht unspezifisch (z. B. Veränderungen im Neurotransmittersystem oder Probleme der Impulskontrolle). Eine Gleichstellung pathologischen Spielverhaltens mit den Folgen einer Alkohol- oder Opiatabhängigkeit wird aus klinisch-psychiatrischer Sicht den Besonderheiten beider Problembereiche sicher nicht gerecht (zu Einzelheiten hierzu siehe die Beiträge von Leygraf und Schalast in Band 2). Die Beschränkung auf eine stoffgebundene Abhängigkeit ist eine der wenigen klar eingrenzbaren Voraussetzungen einer Unterbringung nach § 64 StGB. Angesichts der bereits bestehenden Unschärfen der Anordnungsvoraussetzungen sollte nicht auch noch auf diese Beschränkung verzichtet werden.

### 2.5.4.5 Die Unterbringung in der Sicherungsverwahrung

Bei Gutachten zu den Voraussetzungen einer Unterbringung in der Sicherungsverwahrung entfernt sich der psychiatrische Sachverständige recht weit von seiner klinischen Praxis und seinem ärztlich-therapeutischen Anspruch. Hier geht es nicht um den Schutz des schuldunfähigen Kranken oder um Einschränkungen der Schuldfähigkeit mit der Möglichkeit einer Strafmilderung. Es geht auch nicht um die Unterbringung in einer psychiatrischen oder psychotherapeutisch orientierten Einrichtung, sondern vielmehr darum, einen psychisch nicht wesentlich gestörten Täter über den Schuldaspekt hinaus eventuell zeitlebens im Justizvollzug zu verwahren. Erforderlich ist die Hinzuziehung eines psychiatrischen Sachverständigen hier zum einen zur Abgrenzung im Hinblick auf den psychiatrischen Maßregelvollzug gemäß § 63 StGB (Habermeyer u. Saß 2004). Zum anderen bietet eine sorgfältige psychiatrische und psychologische Untersuchung am ehesten Gewähr, die kriminalprognostisch wesentlichen Aspekte der Biografie, Delinquenzgeschichte und Persönlichkeit des Täters hinreichend zu erfassen und zu würdigen.

Die Aufgabe des Sachverständigen ist ein Beitrag zur Frage, ob der Täter „infolge eines *Hanges zu erheblichen Straftaten* für die Allgemeinheit gefährlich ist" (§ 66 Abs. 1 Nr. 3 StGB). Dabei bedarf das Vorliegen eines „Hanges" der normativen Bewertung; welche tatsächlichen Merkmale hiermit verknüpft sind, ist bislang allenfalls unscharf formuliert. Gemäß ständiger Rechtsprechung des Bundesgerichtshofes entspricht der Hang einem „eingeschliffenen inneren Zustand des Täters, der ihn immer wieder neue Straftaten begehen lässt" (BGH, Urteil vom 11.9.2002 – 2 StR 193/02). Darüber hinaus finden sich überwiegend Beschreibungen von Umständen, die das Vorliegen eines solchen Hanges nicht ausschließen (z. B. Gelegenheits- oder Affekttaten). Gutachterlich sollte auf die *Gefährlichkeitsprognose* fokussiert werden und auf eine Abgrenzung zu den Fällen, in denen sich die Gefährlichkeit aus einer überdauernden psychischen Problematik im Sinne des im § 63 StGB genannten „Zustands" ergibt. Lässt sich eine hohe Gefahr künftiger Straftaten von erheblichem Gewicht feststellen, die nicht durch eine psychiatrische Erkrankung im engeren Sinne bedingt ist, muss diese Gefahr offensichtlich in der Person des Täters begründet sein. Sofern sich die Gefährlichkeit aus einer die Schuldfähigkeit vermindernden Persönlichkeitsstörung oder sexuellen Deviation ergibt, liegen die Voraussetzungen einer Unterbringung gemäß § 63 StGB vor. Die Frage, ob zusätzlich noch ein „Hang" im Sinne des § 66 StGB anzunehmen ist, erübrigt sich dann im Regelfall. Zwar hat der Bundesgerichtshof in früheren Entscheidungen die gleichzeitige Verhängung beider Maßregeln in Ausnahmefällen für möglich erklärt (z. B. BGH, Beschluss vom 20.2.2002 – 2StR 486/01). Die darin beschriebene Notwendigkeit einer gleichzeitigen Anordnung dürfte aber aufgrund der nunmehr gegebenen Möglichkeit einer nachträglichen Verhängung von Sicherungsverwahrung bei Erledigung einer psychiatrischen Maßregelunterbringung (§ 66b Abs. 3 StGB) nicht mehr gegeben sein.

Liegt bei einem Täter mit einer hohen kriminellen Rückfallgefahr keine schuldfähigkeitsrelevante Störung vor, dürfte juristisch dagegen von einem „Hang" im Sinne des § 66 StGB auszugehen sein (hinsichtlich typischer Fallkonstellationen siehe den Beitrag von Kröber in Band 3, Kap. 2.5.4). Randunschärfen ergeben sich am ehesten dann, wenn sich die Gefährlichkeitsprognose nicht auf eine entsprechende kriminelle Vorgeschichte stützen kann. Dies war in der Vergangenheit zumeist kein sonderliches Problem, da aufgrund der Zurückhaltung der Gerichte die Frage der Voraussetzungen für eine Sicherungsverwahrung gutachterlich überwiegend bei Tätern zu beantworten war, die zuvor bereits vielfach einen entsprechenden „Hang" tatkräftig unter Beweis gestellt hatten. Im Rahmen der „Renaissance" dieser Maßregel in den letzten Jahren, verbunden mit einer Herabsetzung der formalen Voraussetzungen, hat sich die Basis der Gefährlichkeitsprognose jedoch zunehmend von der Delinquenzvorgeschichte in Richtung auf persönlichkeitsbezogene Aspekte verschoben. Somit verlangt die nachträgliche Sicherungsverwahrung gemäß § 66b Abs. 2 StGB auch keinen Nachweis eines „Hanges" mehr, zumal sie schon nach einer einzigen Straftat verhängt werden kann. Ob sich tatsächlich bereits bei einem Ersttäter feststellen lässt, dass er „mit hoher Wahrscheinlichkeit" erneut schwerwiegend straffällig wird, erscheint jedoch zweifelhaft, jedenfalls dann, wenn sich die Gefährlichkeit nicht aus einer erheblichen und dann auch schuldfähigkeitsrelevanten psychiatrischen Erkrankung oder Störung ableitet.

Dass sich Hinweise auf eine derart hohe und entsprechend sicher feststellbare Gefährlichkeit erst im Verlauf des Vollzugs ergeben, ist kaum realistisch vorstellbar. Möglicherweise wird durch den Vollzugsverlauf in einzelnen Fällen die Beurteilungsbasis im Vergleich zum Erkenntnisverfahren etwas verbreitert. Entscheidend bleibt jedoch auch hier die Analyse des spezifischen Hintergrundes des (einen) Deliktes, in dem der Betreffende seine Gefährlichkeit gezeigt hat. Unter gutachterlichen Aspekten unterscheiden sich Fragestellung und Erkenntnismöglichkeit in Fällen *nachträglicher Sicherungsverwahrung* also kaum von den Stellungnahmen, die immer schon im Vollstreckungsverfahren vor Beginn und während des Vollzuges einer angeordneten bzw. vorbehalten Sicherungsverwahrung (§§ 67c I, 67d II StGB) erforderlich waren. Neben den Gefährlichkeitsaspekten, die sich in den früheren Delikten gezeigt haben, ist hier *zusätzlich* der Haftverlauf prognostisch zu berücksichtigen.

Auch das Bundesverfassungsgericht hat in seinem Urteil vom 10.2.2004 (BVerfG 109, 190ff.) eingehend ausgeführt, dass sich die Gefährlichkeitsprognose auf eine möglichst breite Basis stützen muss, was insbesondere die eingehende Analyse der früheren Delinquenz beinhaltet. Die im § 66b StGB für eine nachträgliche Sicherungsverwahrung geforderten „neuen Tatsachen" stellen somit lediglich eine Eingangsvoraussetzung dar, also eine Eingrenzung der Fälle, in denen eine solche Maßregel überhaupt in Betracht kommt. Hinsichtlich der Frage, ob bei dem Täter aufgrund einer individuellen Disposition nach einer Entlassung mit hoher Wahrscheinlichkeit erhebliche Straftaten zu erwarten sind, muss der Sachverständige jedoch alle prognostisch relevanten Aspekte berücksichtigen. Der Gedanke, dass sich die wahre Gefährlichkeit eines Straftäters erst während des Strafvollzugs herausstellen könnte, geht an der prognostischen Realität vorbei. Auch ein unkooperatives Vollzugsverhalten und insbesondere die Nichtteilnahme an einer Therapie führen allenfalls dazu, dass die schon bei der Verurteilung bestehende Gefährlichkeit nicht vermindert wird. Die Gefährlichkeit selbst wird dadurch aber nicht höher und auch nicht sichtbarer. Die bisherigen Erfahrungen mit Verfahren zur nachträglichen Sicherungsverwahrung betreffen somit auch vor allem Fälle, bei denen im letzten Strafverfahren die Frage der Sicherungsverwahrung übersehen oder bewusst nicht erörtert worden war (Kröber et al. 2007, Leygraf 2007).

Eine besondere formale Neuerung stellt die in Verfahren zur nachträglichen Sicherungsverwahrung gesetzlich vorgeschriebene *Hinzuziehung zweier Sachverständiger* dar (§ 275a Abs. 4 StPO). Hierdurch soll, so die Begründung im Gesetzesentwurf (BT-Drs. 15-2887), „eine möglichst breite und zuverlässige Entscheidungsbasis für das Gericht" geschaffen werden. Tatsächlich wird hierdurch zwar die Position des Sachverständigen verstärkt, nicht aber in gleicher Weise die Treffsicherheit prognostischer Stellungnahmen. Angesichts der immer noch geringen Anzahl kriminalprognostisch sachverständiger Gutachter bindet die doppelte Prüfung unnötig viel an fachlicher Kompetenz, zumal bislang die allermeisten dieser Verfahren zu dem Ergebnis geführt haben, dass die Voraussetzungen einer solchen Maßregel nicht vorlagen (Leygraf 2007). Der Schutz der Gesellschaft vor erneuten Delikten gefährlicher Straftäter dürfte sich statt durch Doppelbegutachtungen eher durch eine weitere Verbesserung der Gutachtenqualität, eine Ausweitung der Zahl qualifizierter Gutachter und eine Verbesserung der kriminalprognostischen Kompetenz der Strafvollstreckungskammern erhöhen lassen (Kröber et al. 2007).

## Literatur

Boetticher A, Nedopil N, Bosinski H, Saß H (2005) Mindestanforderungen für Schuldfähigkeitsgutachten. NStZ 25:57–62
Boetticher A, Kröber HL, Müller-Isberner R, Böhm KM, Müller-Metz R, Wolf T (2006) Mindestanforderungen für Prognosegutachten. NStZ 26:537–544
Bundesrat (2004) Drucksache 455/04: Entwurf eines Gesetzes zur Reform des Rechts der Unterbringung in einem psychiatrischen Krankenhaus und in einer Entziehungsanstalt. Gesetzesantrag der Länder Bayern, Sachsen-Anhalt vom 27.5.2004
Deutscher Bundestag (2004) Drucksache 15/2887: Entwurf eines Gesetzes zur Einführung der nachträglichen Sicherungsverwahrung vom 2.4.2004
Dessecker A (1997) Straftäter und Psychiatrie. Eine empirische Untersuchung zur Praxis der Maßregel nach § 63 StGB im Vergleich mit der Maßregel nach § 64 StGB und sanktionslosen Verfahren. Kriminologische Zentralstelle e.V., Wiesbaden
Dessecker A (2005) Die Überlastung des Maßregelvollzugs: Folge von Verschärfungen im Kriminalrecht? Neue Kriminalpolitik 18:23–28
Feltes T (2000) Rückfallprognose und Sicherungsverwahrung: Die Rolle des Sachverständigen. Strafverteidiger 20:281–286
Gerl S, Bischof HL (2001) Auswirkungen des Bundesverfassungsgerichtsbeschlusses vom 16.3.1994 auf die Unterbringung in einer Entziehungsanstalt (§ 64 StGB) bei Alkoholabhängigen und Politoxikomanen. MschrKrim 84:138–153
Haar M von der (2006) Stichtagserhebung im Maßregelvollzug nach § 64 StGB. Niedersächsisches Landeskrankenhaus Wunstorf, Fachabteilung Bad Rehburg, Eigenverlag
Habermeyer E, Saß H (2004) Maßregel der Sicherungsverwahrung nach § 66 StGB. Grundlagen und Differenzialindikation gegenüber der Maßregel gemäß § 63 StGB. Nervenarzt 75:1061–1067
Habermeyer E, Hoff P, Saß H (2002) Das psychiatrische Sachverständigengutachten zur Hangtäterschaft – Zumutung oder Herausforderung? MschrKrim 85:20–24
Haffke B (2005) Vom Rechtsstaat zum Sicherheitsstaat? In: Rode I, Kammeier H, Leipert M (Hrsg) Neue Lust auf Strafen. LIT, Wiesbaden, S 35–66
Kröber HL (2006) Kriminalprognostische Begutachtung. In: Kröber HL, Dölling D, Leygraf N, Saß H (Hrsg) Handbuch der Forensischen Psychiatrie, Bd 3. Steinkopff, Darmstadt, S 69–172
Kröber HL, Lammel M, Wendt F, Leygraf N (2007) Erste psychiatrische Erfahrungen mit der nachträglichen Sicherungsverwahrung. Forens Psychiatr Psychol Kriminol 1:130–138
Leygraf J (2007) Erste Erfahrungen mit der Rechtsprechung zur nachträglichen Sicherungsverwahrung. Forens Psychiatr Psychol Kriminol 1:121–129
Losch M (2003) Aktuelle Situation und Unterbringungsverlauf einstweilig untergebrachter Maßregelpatienten (gem. § 126a StPO) in NRW. Forschungsbericht für das Ministerium für Frauen, Jugend, Familie und Gesundheit des Landes Nordrhein-Westfalen
Moss HB, Tarter RE (1993) Substance abuse, aggression and violence. What are the connections? Am J Addict 2:149–160
Priebe S, Badesconyi A, Fioritti A, Hansson L, Kilian R, Torres-Gonzales F, Turner T, Wiersma D (2005) Reinstitutionalisation in mental health care: comparison of data on service provision from six European countries. BMJ 330:123–126
Rasch W, Konrad N (2004) Forensische Psychiatrie, 3. Aufl. Kohlhammer, Stuttgart
Rautenberg M (1997) Zusammenhänge zwischen Devianzbereitschaft, kriminellem Verhalten und Drogenmissbrauch. Schriftenreihe des Bundesministeriums für Gesundheit. Bd 103. Nomos, Baden-Baden
Schalast N (2000) Therapiemotivation im Maßregelvollzug gemäß § 64 StGB. Neue kriminologische Studien, Bd 21. Fink, München
Schalast N, Leygraf N (2002) Unterbringung und Behandlung im Maßregelvollzug gemäß § 64 StGB. In: Schneider F, Frister H (Hrsg) Alkohol und Schuldfähigkeit. Entscheidungshilfen für Ärzte und Juristen. Springer, Berlin Heidelberg, S 181–202

Schalast N, Balten A, Leygraf N (2003) Zur Unterbringung forensischer Patienten in der Allgemeinpsychiatrie. Nervenarzt 74:252–258

Schalast N, Dessecker A, Haar M von der (2005) Unterbringung in der Entziehungsanstalt – Entwicklungstendenzen und gesetzlicher Regelungsbedarf. Recht & Psychiatrie 23:3–10

Schanda H (2000) Probleme bei der Versorgung psychisch kranker Rechtsbrecher – ein Problem der Allgemeinpsychiatrie? Psychiatr Prax 27 (Sonderheft 2):72–76

Schanda H (2006) Untersuchungen zur Frage des Zusammenhanges zwischen Psychosen und Kriminalität/Gewalttätigkeit. Fortschr Neurol Psychiatr 74:85–100

Seifert D, Leygraf N (1999) Drogenabhängige Patienten im Maßregelvollzug. Nervenarzt 70: 450–456

Statistisches Bundesamt Wiesbaden (1990–2006), Fachserie 10, Reihe Strafverfolgung

Verheul R, Brink van den W, Hartgens C (1995) Prevalence of personality disorders among alcoholics and drug addicts: an overview. Eur Addict Res 1:166–177

Volckart B, Grünebaum R (2003) Maßregelvollzug. Luchterhand, München Neuwied

Wagner-von Papp F (2006) Anmerkung zu BGH, Urt. v. 15.12.2005 – III ZR 65/05. Juristenzeitung 61:470–473

Wyatt RJ (1991) Neuroleptics and the natural course of schizophrenia. Schizophr Bull 17: 325–351

## 2.6 Die Vollstreckung und der Vollzug der Strafen und Maßregeln

### 2.6.1 Grundlagen

D. DÖLLING

Ist ein Strafurteil, in dem gegen den Angeklagten eine strafrechtliche Sanktion verhängt worden ist, rechtskräftig geworden, schließt sich an das Urteil die Vollstreckung der Sanktion an. Unter *Strafvollstreckung* werden alle Maßnahmen zur Einleitung, Überwachung und Beendigung der Durchführung einer Kriminalsanktion verstanden (Roxin 1998, S. 470). Die Strafvollstreckung ist in den §§ 449 ff. StPO geregelt. Weitere Einzelheiten enthält die Strafvollstreckungsordnung, eine bundeseinheitlich geltende Verwaltungsvorschrift. Unter den Begriff des *Strafvollzugs* fällt demgegenüber die Art und Weise der Durchführung einer freiheitsentziehenden Kriminalsanktion (Kaiser 2002, S. 1). Rechtsgrundlagen des Strafvollzugs waren bisher vor allem das Strafvollzugsgesetz und für die Jugendstrafe das Jugendgerichtsgesetz. Während die Strafvollstreckung also das Ob der Sanktionsvollstreckung betrifft, geht es beim Strafvollzug um das Wie der praktischen Durchführung der freiheitsentziehenden Kriminalsanktionen (Laubenthal 2007, S. 10). Im Folgenden werden der Vollzug der Freiheitsstrafe und der freiheitsentziehenden Maßregeln der Besserung und Sicherung sowie die Aussetzung der Vollstreckung eines Strafrestes und einer Maßregel näher behandelt.

Am 16. März 1976 wurde das *Strafvollzugsgesetz* (StVollzG) erlassen. Es ist am 1. Januar 1977 in Kraft getreten. Das StVollzG regelt nach seinem § 1 den Vollzug der Freiheitsstrafe in Justizvollzugsanstalten und der freiheitsentziehenden Maßregeln der Besserung und Sicherung (zum Vollzug der Jugendstrafe, s. 4.1.5). Mit diesem Gesetz hatte der Bundesgesetzgeber von seiner bisherigen Gesetzgebungskompetenz nach Art. 74 Abs. 1 Nr. 1 GG Gebrauch gemacht. Im Rahmen der Föderalismusreform ist Mitte 2006 die Gesetzgebungsbefugnis für den Strafvollzug vom Bund auf die Länder übertragen worden. Gegen diesen Schritt sind erhebliche Bedenken geltend gemacht worden (vgl. die Kritik durch Müller-Dietz 2005): Strafrecht, Strafverfahrensrecht und Strafvollzug bilden wegen der engen Zusammenhänge eine Einheit, die nicht durch unterschiedliche Gesetzgebungskompetenzen auseinandergerissen werden sollte. Die Gesetzgebungszuständigkeit der Länder bringt die Gefahr mit sich, dass sich Ungleichheiten im Strafvollzug verstärken. – Da Strafvollzugsgesetze der Länder im Zeitpunkt des Abschlusses dieses Beitrags noch nicht erlassen worden sind, liegt der folgenden Darstellung das bis zum Erlass der Landesgesetze weitergeltende StVollzG des Bundes zugrunde.

### 2.6.2 Der Vollzug der Freiheitsstrafe und die Aussetzung der Vollstreckung des Strafrestes zur Bewährung

D. DÖLLING

#### 2.6.2.1 Der Strafvollzug

#### 2.6.2.1.1 Grundsätze

Die Gestaltung des Strafvollzugs hängt von den Aufgaben ab, die ihm zugewiesen werden. Das StVollzG regelt die *Aufgaben des Vollzugs* in § 2. Nach § 2 S. 1 StVollzG soll der Gefangene im Vollzug der Freiheitsstrafe fähig werden, künftig in sozialer Verantwortung ein Leben ohne Straftaten zu führen (Vollzugsziel). Gemäß S. 2 dient der Vollzug der Freiheitsstrafe auch dem Schutz der Allgemeinheit vor weiteren Straftaten. § 2 S. 1 StVollzG legt das Vollzugsziel der *Resozialisierung* fest. Dem Gefangenen sollen danach im Strafvollzug die Fähigkeiten und die Einstellungen vermittelt werden, die erforderlich sind, damit der Gefangene nach der Entlassung aus dem Vollzug keine weiteren Straftaten mehr begeht. § 2 S. 1 StVollzG ist Ausdruck der verfassungsrechtlichen Verpflichtung des Staates, sich um die Resozialisierung von Straftätern zu bemühen. Diese Verpflichtung ergibt sich aus Art. 2 Abs. 1 iVm. Art. 1 Abs. 2 GG und aus dem Sozialstaatsprinzip des Art. 20 Abs. 1 GG (BVerfGE 35, 202, 235 f.). Als weitere Aufgabe des Vollzugs nennt § 2 S. 2 StVollzG den *Schutz der Allgemeinheit* vor weiteren Straftaten. Hiermit ist die Verhinderung von Straftaten während der Verbüßung der Freiheitsstrafe gemeint (Calliess u. Müller-Dietz 2005, § 2 Rn 1). Aus dem Umstand, dass § 2 StVollzG nur die Resozialisierung als Vollzugsziel bezeichnet und diese in S. 1 regelt, während der Schutz der Allgemeinheit in S. 2 als weitere Aufgabe des Vollzugs genannt wird, folgert die herrschende Lehre den Vorrang des Vollzugsziels der Resozialisierung (Laubenthal 2007, S. 87 f.; Schöch 2002, S. 232). Danach dürfen zur Erreichung dieses Vollzugsziels vertretbare Risiken eingegangen werden (für Gleichrangigkeit der Aufgaben des § 2 Arloth 2004, § 2 Rn. 10).

Nach § 2 StVollzG hat der Vollzug ausschließlich *spezialpräventive Aufgaben*. Satz 1 betrifft mit der Resozialisierung die positive Spezialprävention, S. 2 hat mit der Sicherung die negative Spezialprävention zum Gegenstand. Hieraus folgt, dass Gesichtspunkte des Schuldausgleichs und der Generalprävention bei der Gestaltung des Vollzugs grundsätzlich nicht berücksichtigt werden dürfen. Schuldausgleich und Generalprävention werden bereits durch den Strafvollzug als solchen geleistet (Schöch 2002, S. 232). Die Rechtsprechung hält es jedoch für zulässig, bei Ermessensentscheidungen über Vollzugsmaßnahmen mit Außenwirkung – z. B. bei Entscheidungen über die Gewährung von Urlaub – in Ausnahmefällen, in denen der Täter besonders schwere Schuld auf sich geladen hat, auch Gesichtspunkte des *Schuldausgleichs* und der positiven Generalprävention zu berücksichtigen (OLG Karlsruhe JR 1978, 213; OLG Nürnberg NStZ 1984, 92; OLG Stuttgart NStZ 1084, 525, 526; einschränkend OLG Frankfurt NStZ 2002, 53). Nach dem Bundesverfassungsgericht ist diese Auslegung von Verfassungs wegen nicht zu beanstanden (BVerfGE 64, 261). Nach der herrschenden Lehre ist dagegen die Berücksichtigung von Schuldausgleich und Generalprävention auch in diesen Ausnahmefällen unzulässig, weil die Vollzugsziele in § 2 StVollzG abschließend geregelt sind (Calliess u. Müller-Dietz 2005, § 2 Rn 8; Laubenthal 2007, S. 88 ff.; Schöch 2002, S. 240 ff.; der Rechtsprechung zustimmend Böhm 2003, S. 18).

Das Vollzugsziel kann durch *Gestaltungsgrundsätze* konkretisiert werden. § 3 StVollzG enthält drei Gestaltungsgrundsätze. Nach § 3 Abs. 1 StVollzG soll das Leben im Vollzug den allgemeinen Lebensverhältnissen soweit als möglich angeglichen werden (*Angleichungsgrundsatz*). Gemäß § 3 Abs. 2 StVollzG ist schädlichen Folgen des Freiheitsentzuges entgegenzuwirken (*Gegensteuerungsgrundsatz*). Nach § 3 Abs. 3 StVollzG ist der Vollzug darauf auszurichten, dass er dem Gefangenen hilft, sich in das Leben in Freiheit einzugliedern (*Integrationsgrundsatz*).

Für die *Rechtsstellung des Gefangenen* hat der verfassungsrechtliche Grundsatz des *Vorbehalts des Gesetzes* zentrale Bedeutung. Nach diesem Grundsatz sind Eingriffe in Freiheit und Eigentum nur auf der Grundlage eines förmlichen Gesetzes zulässig. Dieser Grundsatz gilt auch für den Strafvollzug. Eingriffe in Grundrechte der Gefangenen bedürfen daher einer gesetzlichen Grundlage und können nicht auf die überholte Lehre von einem besonderen Gewaltverhältnis gestützt werden, nach der alle zur Erreichung der Vollzugszwecke erforderlichen Maßnahmen gerechtfertigt waren (BVerfGE 33, 1). Ausprägung des Grundsatzes des Vorbehalts des Gesetzes ist § 4 Abs. 2 S. 1 StVollzG. Danach unterliegt der Gefangene den in diesem Gesetz vorgesehenen *Beschränkungen seiner Freiheit*. Nach § 4 Abs. 2 S. 2 StVollzG dürfen dem Gefangenen, soweit das Gesetz eine besondere Regelung nicht enthält, nur Beschränkungen auferlegt werden, die zur Aufrechterhaltung der Sicherheit oder zur Abwendung einer schwerwiegenden Störung der Ordnung der Anstalt unerlässlich sind. Bei dieser Vorschrift handelt es sich um eine Generalklausel für nicht voraussehbare Ausnahmefälle (Schöch 2002, S. 194). Unter den Begriff der Sicherheit fällt zunächst die *Anstaltssicherheit*. Diese umfasst die Fluchtverhinderung und die Abwehr von Gefahren für Vollzugsbedienstete, Mitgefangene und Sachen (Calliess u. Müller-Dietz 2005, § 4 Rn 18). Außerdem gehört zur Sicherheit im Sinne von § 4 Abs. 2 S. 2 StVollzG auch der Schutz der Allgemeinheit vor Straftaten des Verurteilten während der Verbüßung der Freiheitsstrafe (BGH NJW 2004, 1398; Laubenthal 2007, S. 122; Schöch 2002, S. 236 f.; für Beschränkung auf die Anstaltssicherheit Feest u. Lesting 2006, § 4 Rn 12). Unter *Ordnung der Anstalt* sind die Regeln zur verstehen, die für ein geordnetes Zusammenleben innerhalb der Anstalt erforderlich sind (Schöch 2002, S. 348). Gefahren für die Anstaltsordnung rechtfertigen einen Eingriff nach § 4 Abs. 2 S. 2 StVollzG nur, wenn eine schwerwiegende Störung der Anstaltsordnung zu befürchten ist. Nach § 4 Abs. 2 S. 2 StVollzG darf ein Eingriff zur Abwehr einer Gefahr für die genannten Schutzgüter nur vorgenommen werden, wenn er unerlässlich ist, also keine andere Möglichkeit zur Gefahrenabwehr besteht.

Regelungen über die *Mitwirkung des Gefangenen* am Vollzug enthält § 4 Abs. 1 StVollzG. Nach § 4 Abs. 1 S. 1 StVollzG wirkt der Gefangene an der Gestaltung seiner Behandlung und an der Erreichung des Vollzugszieles mit. Diese Vorschrift begründet keine Mitwirkungspflicht des Gefangenen, sondern ein Mitwirkungsrecht. Eine mangelnde Mitwirkung des Gefangenen an seiner Behandlung darf daher nicht mit Disziplinarmaßnahmen geahndet werden (Arloth 2004, § 4 Rn 2). Mit der Vorschrift wird die Subjektstellung des Gefangenen und die Notwendigkeit einer aktiven Rolle des Gefangenen bei der Behandlung anerkannt (Laubenthal 2007, S. 117 f.). Nach § 4 Abs. 1 S. 2 StVollzG ist deshalb die Bereitschaft des Gefangenen zur Mitwirkung an seiner Behandlung zu wecken und zu fördern.

### 2.6.2.1.2 Planung des Vollzugs

Unter der Überschrift „Planung des Vollzuges" können Vorschriften über die *Rahmenbedingungen* für die Durchführung des Vollzugs bei den einzelnen Gefangenen zusammengefasst werden. Solche Vorschriften finden sich im StVollzG in den §§ 5 bis 16. Der Vollzug beginnt mit dem *Aufnahmeverfahren*. Nach § 5 Abs. 1 StVollzG dürfen beim Aufnahmeverfahren andere Gefangene nicht zugegen sein. Gemäß Abs. 2 wird der Gefangene über seine Rechte und Pflichten unterrichtet. Nach Abs. 3 wird der Gefangene nach der Aufnahme alsbald ärztlich untersucht und dem Leiter der Anstalt oder der Aufnahmeabteilung vorgestellt. § 5 StVollzG wird durch § 72 StVollzG ergänzt. Nach dieser Bestimmung wird dem Gefangenen bei der Aufnahme geholfen, die notwendigen Maßnahmen für hilfsbedürftige Angehörige zu veranlassen und seine Habe außerhalb der Anstalt sicherzustellen. Außerdem ist er über die Aufrechterhaltung einer Sozialversicherung zu beraten.

An das Aufnahmeverfahren schließt sich die *Behandlungsuntersuchung* an. Diese Untersuchung erstreckt sich gemäß § 6 Abs. 2 StVollzG auf die

Umstände, deren Kenntnis für eine planvolle Behandlung des Gefangenen im Vollzug und für die Eingliederung nach seiner Entlassung notwendig ist. Nach S. 2 ist bei Gefangenen, die wegen eines Sexualdelikts nach den §§ 174 bis 180 oder 182 StGB verurteilt worden sind, besonders gründlich zu prüfen, ob die Verlegung in eine sozialtherapeutische Anstalt angezeigt ist. § 6 Abs. 3 StVollzG schreibt als Ausprägung von § 4 Abs. 1 StVollzG vor, die Planung der Behandlung mit dem Gefangenen zu erörtern. Gemäß § 6 Abs. 1 S. 1 StVollzG kann von der Behandlungsuntersuchung abgesehen werden, wenn diese mit Rücksicht auf die Vollzugsdauer nicht geboten erscheint. Nach der Verwaltungsvorschrift zu § 6 StVollzG ist bei einer Vollzugsdauer bis zu einem Jahr eine Behandlungsuntersuchung in der Regel nicht geboten (kritisch zu dem generellen Ausschluss Kurzstrafiger von der Behandlungsuntersuchung durch die Verwaltungsvorschrift Schöch 2002, S. 470).

Auf der Grundlage der Behandlungsuntersuchung wird ein *Vollzugsplan* erstellt. In dem Vollzugsplan sind die Maßnahmen zusammenzustellen, die für die Behandlung und Förderung der Wiedereingliederung des jeweiligen Gefangenen geeignet erscheinen. Mit dem Vollzugsplan soll ein Orientierungsrahmen für die an der Behandlung beteiligten Mitarbeiter des Vollzugs und für den Gefangenen geschaffen werden (Calliess u. Müller-Dietz 2005, § 7 Rn 2). § 7 Abs. 2 StVollzG enthält einen Minimalkatalog von Maßnahmen, zu denen sich der Vollzugsplan äußern muss. Gemäß § 7 Abs. 3 StVollzG ist der Vollzugsplan mit der Entwicklung des Gefangenen und weiteren Ergebnissen der Persönlichkeitserforschung in Einklang zu halten. Bei Gefangenen, die wegen eines Sexualdelikts nach den §§ 174 bis 180 oder 182 StGB zu Freiheitsstrafen von mehr als zwei Jahren verurteilt worden sind, ist nach § 7 Abs. 4 StVollzG über eine Verlegung in eine sozialtherapeutische Anstalt jeweils nach Ablauf von sechs Monaten neu zu entscheiden.

Während des Vollzugs kann sich die Notwendigkeit einer Verlegung oder Überstellung des Gefangenen in eine andere Strafvollzugsanstalt als die ursprünglich zuständige ergeben. *Verlegung* ist die dauerhafte Unterbringung in einer anderen Anstalt (Laubenthal 2007, S. 185). Nach § 8 Abs. 1 StVollzG ist eine Verlegung zulässig, wenn die Behandlung des Gefangenen oder seine Eingliederung nach der Entlassung hierdurch gefördert wird oder wenn sie aus Gründen der Vollzugsorganisation oder aus anderen wichtigen Gründen erforderlich ist. Ergänzend erlaubt § 85 StVollzG eine Verlegung zur sicheren Unterbringung.

Im Wege der Verlegung kann auch die Unterbringung eines Gefangenen in einer *sozialtherapeutische Anstalt* erfolgen. Das StVollzG hat dies in § 9 geregelt. Das Gesetz unterscheidet hierbei zwei Gruppen von Gefangenen. Gefangene, die wegen eines Sexualdelikts nach den §§ 174 bis 180 oder 182 StGB zu zeitiger Freiheitsstrafe von mehr als zwei Jahren verurteilt worden sind und bei denen die Indikation für die Verlegung in eine sozialtherapeutische Anstalt bei der Behandlungsuntersuchung nach § 6 Abs. 2 S. 2 StVollzG oder durch eine spätere Entscheidung gemäß § 7 Abs. 4 StVollzG bejaht wird, sind nach § 9 Abs. 1 S. 1 StVollzG in eine sozialtherapeutische Anstalt zu verlegen. Nach § 9 Abs. 1 S. 2 StVollzG werden sie zurückverlegt, wenn der Zweck der Behandlung aus Gründen, die in der Person des Gefangenen liegen, nicht erreicht werden kann. Andere Gefangene können nach § 9 Abs. 2 StVollzG in eine sozialtherapeutische Anstalt verlegt werden, wenn dies indiziert ist und sowohl der Gefangene als auch der Leiter der sozialtherapeutischen Anstalt der Verlegung zustimmen. Diese Zustimmungserfordernisse bestehen bei den Sexualstraftätern im Sinne von § 9 Abs. 1 StVollzG nicht. Diese Tätergruppe hat somit einen gewissen Vorrang bei der Verlegung in die Sozialtherapie (kritisch Laubenthal 2007, S. 321).

Eine *Überstellung* ist die vorübergehende Unterbringung eines Gefangenen in einer anderen Anstalt. Diese darf nach § 8 Abs. 2 StVollzG aus wichtigem Grund erfolgen.

Gefangene können im offenen oder im geschlossenen Vollzug untergebracht werden. Anstalten des *geschlossenen Vollzuges* sehen eine sichere Unterbringung vor, während Anstalten des *offenen Vollzuges* über keine oder nur verminderte Vorkehrungen gegen Entweichungen verfügen (vgl. § 141 Abs. 2 StVollzG). § 10 Abs. 1 StVollzG bestimmt, dass ein Gefangener mit seiner Zustimmung in einer Anstalt oder Abteilung des offenen Vollzuges untergebracht werden soll, wenn er den besonderen Anforderungen des offenen Vollzuges genügt und namentlich nicht zu befürchten ist, dass er sich dem Vollzug der Freiheitsstrafe entziehen oder die Möglichkeiten des offenen Vollzuges zu Straftaten missbrauchen werde. Im Übrigen sind die Gefangenen nach § 10 Abs. 2 S. 1 StVollzG im geschlossenen Vollzug unterzubringen. Nach S. 2 kann ein Gefangener auch dann im geschlossenen Vollzug untergebracht oder dorthin zurückverlegt werden, wenn dies zu seiner Behandlung notwendig ist. § 10 StVollzG schreibt somit für geeignete Gefangene den offenen Vollzug als Regelvollzugsform vor. Diese Bestimmung wird jedoch durch § 201 Nr. 1 StVollzG eingeschränkt. Danach dürfen in Anstalten, mit deren Errichtung vor Inkrafttreten des Strafvollzugsgesetzes – also vor 1977 – begonnen wurde, abweichend von § 10 StVollzG Gefangene ausschließlich im geschlossenen Vollzug untergebracht werden, solange die räumlichen, personellen und organisatorischen Anstaltsverhältnisse dies erfordern.

Für Behandlung und Wiedereingliederung des Gefangenen haben Lockerungen und Urlaub große Bedeutung. Nach § 11 StVollzG kann der Vollzug gelockert werden. § 11 Abs. 1 StVollzG nennt vier Arten von *Lockerungen*: die regelmäßige Arbeit außerhalb der Anstalt unter Aufsicht (*Außenbeschäftigung*) oder ohne Aufsicht eines Vollzugsbediensteten (*Freigang*) und das Verlassen der Anstalt für eine bestimmte Tageszeit unter Aufsicht (*Ausführung*) oder ohne Aufsicht eines Vollzugsbediensteten (*Ausgang*). Weitere Lockerungsformen sind möglich (Laubenthal 2007, S. 285). *Urlaub* ist ein unbeaufsichtigter Aufenthalt außerhalb der Anstalt, der mit mindestens einer Übernachtung verbunden ist (Ullenbruch 2005, § 13 Rn 1). Nach § 13 Abs. 1 S. 1 StVollzG kann ein Gefangener bis zu 21 Kalendertage in einem Jahr aus der Haft beurlaubt werden. Die Gewährung von Lockerungen und von Urlaub setzt nach § 11 Abs. 2 und § 13 Abs. 1 S. 2 StVollzG voraus, dass der Gefangene zustimmt und nicht zu befürchten ist, dass er sich dem Vollzug der Freiheitsstrafe entziehen oder die Lockerungen bzw. den Urlaub zu Straftaten missbrauchen werde. Urlaub soll nach § 13 Abs. 2 StVollzG in der Regel erst gewährt werden, wenn der Gefangene sich mindestens sechs Monate im Strafvollzug befunden hat. Bei einem zu lebenslanger Freiheitsstrafe verurteilten Gefangenen setzt die Beurlaubung nach § 13 Abs. 3 StVollzG voraus, dass zehn Jahre Freiheitsentziehung vollzogen worden sind oder eine Überweisung in den offenen Vollzug erfolgt ist. Der Anstaltsleiter kann dem Gefangenen für Lockerungen und Urlaub *Weisungen* erteilen (§ 14 Abs. 1 StVollzG). Unter den Voraussetzungen des § 14 Abs. 2 StVollzG kann der Anstaltsleiter Lockerung und Urlaub widerrufen bzw. zurücknehmen.

Voraussetzung für die Unterbringung im offenen Vollzug sowie für die Gewährung von Lockerungen und Urlaub ist, dass nicht zu befürchten ist, dass der Gefangene sich dem Vollzug der Freiheitsstrafe entziehen oder die Lockerungen des Vollzugs zu Straftaten missbrauchen werde. Bei der Flucht- oder Missbrauchsgefahr handelt es sich um *unbestimmte Rechtsbegriffe*, die im Einzelfall durch eine Prognose konkretisiert werden müssen. Nach der Rechtsprechung steht der Vollzugsanstalt hierbei ein *Beurteilungsspielraum* zu. Danach haben die Gerichte nur zu prüfen, „ob die Behörde von einem zutreffend und vollständig ermittelten Sachverhalt ausgegangen ist, ob sie ihrer Entscheidung den richtigen Begriff des Versagungsgrundes zugrunde gelegt und ob sie dabei die Grenzen des ihr zustehenden Beurteilungsspielraums eingehalten hat" (BGHSt 30, 320). Sind diese Voraussetzungen erfüllt, ist die Beurteilung der Vollzugsanstalt von den Gerichten hinzunehmen (zustimmend Laubenthal 2007, S. 292; kritisch Kamann u. Volckart 2006, § 115 Rn 34).

Liegen die Voraussetzungen für eine Lockerung oder einen Urlaub vor, „kann" die Vollzugsanstalt die Lockerung bzw. den Urlaub anordnen. Die Anstalt hat also nach pflichtgemäßem *Ermessen* darüber zu entscheiden. Danach können mehrere Entscheidungen rechtmäßig sein. Die Entscheidung muss sich jedoch in dem vom Gesetz vorgesehenen Rahmen halten – es dürfen also keine Rechtsfolgen angeordnet werden, die im Gesetz nicht vorgesehen sind (keine Ermessensüberschreitung). Außerdem muss die Anstalt von dem Ermessen in einer den Zweck des Gesetzes entsprechenden Weise Gebrauch machen, sie muss also die nach dem Gesetzeszweck relevanten Gesichtspunkte berücksichtigen und darf keine Aspekte heranziehen, die nach dem Gesetzeszweck keine Rolle spielen dürfen und sachfremd sind (vgl. § 115 Abs. 5 StVollzG und Laubenthal 2007, S. 435 f.). Der Gefangene hat einen Anspruch auf einen fehlerfreien Ermessensgebrauch, der sich allerdings nur dann zu einem Recht auf einen bestimmten Entscheidungsinhalt verdichtet, wenn eine Ermessensreduzierung auf Null vorliegt, also nur eine Entscheidung ermessensfehlerfrei ist (Schöch 2002, S. 273).

Nach den Verwaltungsvorschriften zu § 11 und § 13 StVollzG ist bei den Entscheidungen über Lockerungen und Urlaub auch zu berücksichtigen, ob der Gefangene durch sein Verhalten im Vollzug die Bereitschaft gezeigt hat, an der Erreichung des Vollzugszieles mitzuwirken (kritisch dazu Calliess u. Müller-Dietz 2005, § 4 Rn 4; zustimmend Böhm 2003, S. 145 f.; Schöch 2002, S. 271). Die Unterbringung im offenen Vollzug „soll" nach § 10 Abs. 1 StVollzG unter den dort genannten Voraussetzungen erfolgen. Sind die Voraussetzungen erfüllt, ist der Gefangene also in der Regel im offenen Vollzug unterzubringen und darf eine Unterbringung im geschlossenen Vollzug nur ausnahmsweise erfolgen. Durch die Ausgestaltung des § 10 Abs. 1 StVollzG als Sollvorschrift ist somit der Ermessensspielraum der Anstalt eingeschränkt (Laubenthal 2007, S. 183).

Nach bisherigen Untersuchungen ist der Anteil der Fälle, in denen es bei einer Lockerung oder bei einem Urlaub zur Flucht oder zu Straftaten kommt, sehr gering (Schöch 2002, S. 274). Flieht ein Gefangener oder begeht er eine Straftat, stellt sich die Frage einer *Strafbarkeit* der Vollzugsbediensteten und Gutachter, die an der Lockerungs- oder Urlaubsentscheidung mitgewirkt haben. Liegt die Entscheidung im Rahmen des vom Strafvollzugsgesetz eingeräumten Beurteilungs- und Ermessensspielraums, ist weder eine Strafbarkeit wegen Gefangenenbefreiung nach § 120 StGB noch wegen Strafvollstreckungsvereitelung gemäß § 258, 258 a StGB gegeben, da das Verhalten dann nicht tatbestandsmäßig oder jedenfalls gerechtfertigt ist (Rössner 1984; Lackner u. Kühl 2004, § 120 Rn 3, 7, 9, § 258 Rn 13; Dölling 2004 a, S. 600 f., 643). Eine Beteiligung an einer von einem Gefangenen während einer Vollzugslockerung, eines Urlaubs oder einer anschließenden Flucht begangenen Straftat als Mittäter, Anstifter oder Gehilfe dürfte in der Regel wegen Fehlens des Vorsatzes des Vollzugsbediensteten ausscheiden. In Betracht kommt eine Strafbarkeit wegen einer Fahrlässigkeitstat, z. B. wegen fahrlässiger Tötung oder fahrlässiger Körperverletzung. Diese scheidet jedoch mangels Setzung eines unerlaubten Risikos bzw. mangels Sorgfaltspflichtverletzung aus, wenn der Beurteilungs- und Ermessensspielraum nicht überschritten wird (Schöch 2002, S. 275).

Der Zeitpunkt der Entlassung aus dem Strafvollzug hängt von der Dauer der verhängten Freiheitsstrafe und davon ab, ob eine Strafrestaussetzung nach § 57 StGB (s. 2.6.2.2) gewährt wird. Einzelheiten zum Entlassungszeitpunkt regelt § 16 StVollzG. Wichtig ist eine rechtzeitige und sorgfältige *Entlassungsvorbereitung*. Nach § 15 Abs. 1 StVollzG soll der Vollzug zur Entlassungsvorbereitung gelockert werden, nach § 15 Abs. 2 StVollzG kann der Gefangene in eine offene Anstalt oder Abteilung verlegt werden und nach Maßgabe von § 15 Abs. 3 und 4 StVollzG kann Sonderurlaub gewährt werden. § 74 StVollzG sieht als Hilfe zur Entlassung Beratung des Gefangenen bei der Ordnung seiner persönlichen, wirtschaftlichen und sozialen Angelegenheiten, einschließlich Benennung der für Sozialleistungen zuständigen Stellen, und Hilfe dabei vor, Arbeit, Unterkunft und persönlichen Beistand für die Zeit nach der Entlassung zu finden. Wenn die eigenen Mittel des Gefangenen nicht ausreichen, erhält er nach § 75 StVollzG von der Anstalt eine Beihilfe zu den Reisekosten sowie eine Überbrückungsbeihilfe und erforderlichenfalls ausreichende Kleidung.

### 2.6.2.1.3 Einzelne Rechte und Pflichten des Gefangenen

Hinsichtlich der *Unterbringung* der Gefangenen kommt Einzel- oder Gemeinschaftsunterbringung in Betracht. Das StVollzG hat sich im Grundsatz für eine Kombination von Gemeinschafts- und Einzelhaft entschieden. Danach arbeiten die Gefangenen gemeinsam, können sie sich in der Freizeit in der Gemeinschaft mit anderen Gefangenen aufhalten und werden sie während der Ruhezeit allein in ihren Haftraum untergebracht (vgl. – auch zu den Ausnahmen von diesen Grundregeln – § 17 und 18 StVollzG). Nach § 19 StVollzG darf der Gefangene seinen Haftraum in angemessenem Umfang mit eigenen Sachen ausstatten. § 20 StVollzG legt fest, dass die Gefangenen grundsätzlich *Anstaltskleidung* tragen, § 21 StVollzG enthält Vorschriften über die *Anstaltsverpflegung*. Danach findet unter anderem eine ärztliche Überwachung der Anstaltsverpflegung statt.

Der *Verkehr mit der Außenwelt* ist außer in den §§ 11 ff. StVollzG in den §§ 23 ff. StVollzG geregelt. Nach der Grundsatznorm des § 23 StVollzG hat der Gefangene das Recht, mit Personen außerhalb der Anstalt im Rahmen der Vorschriften des StVollzG zu verkehren und ist der Verkehr mit Personen außerhalb der Anstalt zu fördern. Der Besuchsverkehr ist in den §§ 24 ff. StVollzG näher geregelt, der Schriftwechsel hat in den §§ 28 ff. StVollzG eine Regelung gefunden, über Ferngespräche und den Empfang von Paketen enthalten die §§ 32 und 33 StVollzG Regelungen. Die §§ 35 und 36 StVollzG betreffen Urlaub, Ausgang und Ausführung aus wichtigem Anlass und zu gerichtlichen Terminen.

Von zentraler Bedeutung für die Vollzugsgestaltung ist der *Arbeitsbereich*. Nach § 41 Abs. 1 StVollzG sind Strafgefangene zur Arbeit verpflichtet. Die Arbeit dient nach § 37 Abs. 1 StVollzG dem Ziel, Fähigkeiten für eine Erwerbstätigkeit nach der Entlassung zu vermitteln, zu erhalten oder zu fördern. Dem Gefangenen soll nach § 37 Abs. 2 StVollzG wirtschaftlich ergiebige Arbeit zugewiesen werden. Ist dies nicht möglich, wird ihm nach § 37 Abs. 4 StVollzG eine angemessene Beschäftigung zugeteilt. Die Arbeit kann – wie in der Regel – innerhalb der Anstalt oder im Wege der Außenbeschäftigung oder des Freigangs außerhalb der Anstalt geleistet werden (vgl. näher Laubenthal 2007, S. 206 ff.). Kann dem Gefangenen Freigang gewährt werden, soll ihm unter den Voraussetzungen des § 39 Abs. 1 StVollzG gestattet werden, ein freies Beschäftigungsverhältnis einzugehen. Der Gefangene arbeitet dann auf der Grundlage eines Arbeits- oder Berufsausbildungsvertrages mit einem privaten Unternehmen außerhalb der Anstalt. Auch eine selbstständige Tätigkeit des Gefangenen innerhalb der Anstalt oder im Rahmen des Freigangs ist möglich (vgl. § 39 Abs. 2 StVollzG).

Der Arbeitsleistung gleich stehen Maßnahmen der *Berufsausbildung und Weiterbildung*. Nach § 37 Abs. 3 StVollzG soll geeigneten Gefangenen Gelegenheit zur Berufsausbildung, beruflichen Weiterbildung oder Teilnahme an anderen ausbildenden oder weiterbildenden Maßnahmen gegeben werden. Nach § 38 Abs. 1 S. 1 StVollzG soll für geeignete Gefangene, die den Abschluss der Hauptschule nicht erreicht haben, Unterricht in den zum

Hauptschulabschluss führenden Fächern oder ein der Sonderschule entsprechender Unterricht vorgesehen werden. Bei der beruflichen Ausbildung ist nach § 38 Abs. 1 S. 2 StVollzG berufsbildender Unterricht vorzusehen. Der Unterricht soll nach § 38 Abs. 2 StVollzG während der Arbeitszeit stattfinden. Es kommt auch sonstiger Schulunterricht (z. B. Lehrgänge mit Realschulabschluss) und ein weiterführender Schulbesuch im Wege des Freigangs in Betracht (Schöch 2002, S. 308).

Pflichtarbeit stellt nach dem BVerfG nur dann ein wirksames Resozialisierungsmittel dar, wenn sie durch einen greifbaren Vorteil eine angemessene Anerkennung findet (BVerfGE 98, 169). Nach § 43 Abs. 1 StVollzG wird die Arbeit des Gefangenen durch Arbeitsentgelt und eine Freistellung von der Arbeit anerkannt. Das *Arbeitsentgelt* beträgt gemäß § 43 Abs. 2 S. 1 iVm § 200 StVollzG grundsätzlich 9% des durchschnittlichen Arbeitsentgelts aller Versicherten der Rentenversicherung der Arbeiter und Angestellten ohne Auszubildende des vorvergangenen Kalenderjahres (näher Laubenthal 2007, S. 229 ff.). Hat der Gefangene zwei Monate lang zusammenhängend gearbeitet, wird er auf seinen Antrag hin nach § 43 Abs. 6 StVollzG einen Werktag von der Arbeit freigestellt. Somit können zu den dem Gefangenen nach § 42 Abs. 1 StVollzG ohnehin zustehenden 18 Tagen mit Freistellung von der Arbeitspflicht sechs weitere Tage pro Arbeitsjahr hinzukommen. Nach § 43 Abs. 7 StVollzG wird die Freistellung nach Abs. 6 auf Antrag des Gefangenen in Form von Hafturlaub gewährt, wenn die Urlaubsvoraussetzungen vorliegen. Stellt der Gefangene keinen Antrag nach § 43 Abs. 6 oder 7 StVollzG oder wird der Antrag nach Abs. 7 abgelehnt, wird die Freistellung gemäß § 43 Abs. 9 StVollzG auf den Entlassungszeitpunkt des Gefangenen angerechnet. Ist ein Gefangener wegen Teilnahme an einer Berufsausbildung, beruflichen Weiterbildung oder an einem Unterricht von seiner Arbeitspflicht freigestellt, erhält er nach § 44 Abs. 1 StVollzG eine *Ausbildungsbeihilfe*, soweit ihm keine Leistungen nach allgemeinem Arbeitsförderungsrecht gewährt werden. Wenn ein Gefangener ohne sein Verschulden kein Arbeitsentgelt und keine Ausbildungsbeihilfe erhält, wird ihm gemäß § 46 StVollzG ein *Taschengeld* gewährt, falls er bedürftig ist.

Die *Verwendung des Arbeitsentgelts* wird im Strafvollzugsgesetz eingehend geregelt. Drei Siebtel des Entgelts darf der Gefangene nach § 47 Abs. 1 StVollzG als *Hausgeld* für den Einkauf gemäß § 22 StVollzG oder anderweitig verwenden. Ein *Haftkostenbeitrag* wird nach § 50 StVollzG nur von Gefangenen erhoben, die in einem freien Beschäftigungsverhältnis stehen oder sich selbst beschäftigen. Aus den verbleibenden Bezügen wird nach § 51 StVollzG ein *Überbrückungsgeld* gebildet, das den notwendigen Lebensunterhalt des Gefangenen und seiner Unterhaltsberechtigten für die ersten vier Wochen nach seiner Entlassung sichern soll. Die danach verbleibenden Bezüge werden dem Gefangenen gemäß § 52 StVollzG zum *Eigengeld* gutgeschrieben. Über das Eigengeld kann der Gefangene verfügen; er darf es jedoch nicht in Besitz haben und grundsätzlich nicht für den Einkauf in der Anstalt verwenden (näher zur Verwendung des Arbeitsentgelts Schöch 2002, S. 312 ff.). Die Gefangenen sind in die Unfall- und Arbeitslosenversicherung einbezogen, nicht jedoch in die Kranken- und die Rentenversicherung (Laubenthal 2007, S. 255 ff.).

Artikel 4 GG gebietet es, dem Gefangenen die *Religionsausübung* zu ermöglichen. Der Verwirklichung dieses Grundrechts dienen die §§ 53 bis 55 StVollzG. Der Vollzug hat weiterhin die Aufgabe der *Gesundheitsfürsorge* für die Gefangenen. Im StVollzG ist diese Aufgabe in den §§ 56 bis 66 geregelt. Nach § 56 Abs. 1 S. 1 StVollzG ist für die körperliche und geistige Gesundheit des Gefangenen zu sorgen. Damit wird eine *Fürsorgepflicht der Anstalt* für die Gesundheit des Gefangenen begründet (Calliess u. Müller-Dietz 2005, § 56 Rn 1). Gemäß § 56 Abs. 2 StVollzG hat der Gefangene die notwendigen Maßnahmen zum Gesundheitsschutz und zur Hygiene zu unterstützen. Mit der Fürsorgepflicht der Anstalt korrespondiert also eine *Mitwirkungspflicht des Gefangenen*. Die §§ 57 bis 63 StVollzG geben den Gefangenen Leistungsansprüche auf Vorsorgeuntersuchungen, Krankenbehandlung und Versorgung mit Hilfsmitteln, die im Wesentlichen den Leistungen der gesetzlichen Krankenversicherung entsprechen (Böhm 2003, S. 129). Es gilt insoweit das *Äquivalenzprinzip* (Calliess u. Müller-Dietz 2005, § 56 Rn 1; näher zur Gesundheitsfürsorge im Strafvollzug Hillenkamp u. Tag 2005). Zur Gesundheitsfürsorge für die Gefangenen gehört auch eine ausreichende psychiatrische Versorgung (vgl. dazu Bd. 3, S. 234 ff. sowie Foerster 2005; Kallert 1996; Konrad 1997 u. 2003; Missoni 1996; Missoni u. Rex 1997). Die ärztliche Versorgung wird nach § 158 Abs. 1 S. 1 StVollzG grundsätzlich durch hauptamtliche Ärzte geleistet. Sie kann aus besonderen Gründen nach S. 2 nebenamtlichen oder vertraglich verpflichteten Ärzten übertragen werden. Nach § 65 Abs. 1 StVollzG kann ein kranker Gefangener in ein Anstaltskrankenhaus oder in eine für die Behandlung seiner Krankheit besser geeignete Vollzugsanstalt verlegt werden. Kann die Krankheit in einer Vollzugsanstalt oder einem Anstaltskrankenhaus nicht erkannt oder behandelt werden oder ist es nicht möglich, den Gefangenen rechtzeitig in ein Anstaltskrankenhaus zu verlegen, ist dieser gemäß § 65 Abs. 2 StVollzG in ein Krankenhaus außerhalb des Vollzuges zu bringen.

Im Vollzug sollte den Gefangenen ein angemessenes Angebot für eine sinnvolle *Freizeitgestaltung* zur Verfügung stehen. Das StVollzG enthält hierzu in den §§ 67 bis 70 Vorschriften. Nach § 67 StVollzG erhält der Gefangene Gelegenheit, sich in seiner Freizeit zu beschäftigen, und soll ihm ermöglicht werden, am Freizeitangebot der Anstalt teilzunehmen. Der Bezug von Zeitungen und Zeitschriften ist in § 68 StVollzG geregelt, Hörfunk und Fernsehen haben in § 69 StVollzG eine Regelung gefunden. Nach § 70 StVollzG darf der Gefangene in angemessenem Umfang Bücher und andere Gegenstände zur Fortbildung und zur Freizeitbeschäftigung besitzen.

Viele Gefangene bedürfen der *sozialen Hilfe*. Das StVollzG hat die Vorschriften hierüber in den §§ 71 bis 75 zusammengefasst. Nach der Grundsatznorm des § 71 StVollzG kann der Gefangene die soziale Hilfe der Anstalt in Anspruch nehmen, um seine persönlichen Schwierigkeiten zu lösen. Die Hilfe soll darauf gerichtet sein, den Gefangenen in die Lage zu versetzen, seine Angelegenheiten selbst zu ordnen und zu regeln.

Das Grundrecht auf informelle Selbstbestimmung (BVerfGE 65, 1) erfordert Regelungen über den *Datenschutz* im Strafvollzug. Das StVollzG regelt die Materie in den §§ 179 bis 187. Nach den §§ 179 und 180 StVollzG darf die Vollzugsbehörde personenbezogene Daten erheben, verarbeiten und nutzen, soweit dies für den ihr nach dem StVollzG aufgegebenen Vollzug der Freiheitsstrafe erforderlich ist. Im Übrigen ist eine Verarbeitung und Nutzung nur zu den in § 180 StVollzG im Einzelnen angeführten sonstigen Zwecken zulässig. Gemäß § 182 Abs. 1 S. 1 StVollzG dürfen das religiöse oder weltanschauliche Bekenntnis eines Gefangenen und personenbezogene Daten, die anlässlich ärztlicher Untersuchungen erhoben worden sind, in der Anstalt nicht allgemein kenntlich gemacht werden.

Nach § 182 Abs. 2 S. 1 StVollzG unterliegen personenbezogene Daten, die Ärzten, Psychologen und Sozialarbeitern von einem Gefangenen als Geheimnis anvertraut oder über einen Gefangenen sonst bekannt geworden sind, auch gegenüber der Vollzugsbehörde der Schweigepflicht. Ausnahmen von dieser *innerbehördlichen Schweigepflicht* regeln § 182 Abs. 2 S. 2 und 3 StVollzG. Nach S. 2 sind die Ärzte, Psychologen und Sozialarbeiter zur Offenbarung gegenüber dem Anstaltsleiter verpflichtet, soweit dies für die Aufgabenerfüllung der Vollzugsbehörde oder zur Abwehr von erheblichen Gefahren für Leib oder Leben des Gefangen oder Dritter erforderlich ist. Einen erhöhten Geheimnisschutz sieht S. 3 für personenbezogene Daten vor, die dem Arzt im Rahmen der allgemeinen Gesundheitsfürsorge nach den §§ 56 bis 66 StVollzG bekannt geworden sind. Der Arzt ist zur Offenbarung dieser Daten befugt, soweit dies für die Aufgabenerfüllung der Vollzugsbehörde unerlässlich oder zur Abwehr von erheblichen Gefahren für Leib oder Leben des Gefangenen oder Dritter erforderlich ist. Anders als S. 2 begründet S. 3 keine Verpflichtung, sondern lediglich die Befugnis zur Offenbarung. Der Arzt muss also die für und gegen eine Offenbarung sprechenden Gesichtspunkte abwägen (Laubenthal 2007, S. 508). Hat der Arzt außerhalb der allgemeinen Gesundheitsfürsorge von den Daten Kenntnis erlangt, gilt auch für ihn S. 2. Nach § 182 Abs. 2 S. 4 StVollzG bleiben sonstige Offenbarungsbefugnisse unberührt. So können sich z. B. aus dem Infektionsschutzgesetz Meldepflichten ergeben (Schmid 2005, § 182 Rn 17).

Gemäß § 182 Abs. 2 S. 5 StVollzG ist der Gefangene vor der Datenerhebung über die nach den Sätzen 2 und 3 bestehenden Offenbarungsbefugnisse zu unterrichten. Sofern Ärzte oder Psychologen außerhalb des Vollzuges mit der Untersuchung oder Behandlung eines Gefangenen beauftragt werden, gilt nach § 182 Abs. 4 StVollzG Abs. 2 mit der Maßgabe entsprechend, dass der beauftragte Arzt oder Psychologe auch zur Unterrichtung des Anstaltsarztes oder des in der Anstalt mit der Behandlung des Gefangenen betrauten Psychologen befugt ist.

Akten und Dateien mit personenbezogenen Daten sind nach § 183 Abs. 2 S. 1 StVollzG durch die erforderlichen technischen und organisatorischen Maßnahmen gegen unbefugten Zugang und unbefugten Gebrauch zu schützen. Nach S. 2 sind *Gesundheitsakten* und Krankenblätter getrennt von anderen Unterlagen zu führen und besonders zu sichern. Nach § 185 S. 1 StVollzG erhält der Betroffene nach Maßgabe des § 19 des Bundesdatenschutzgesetzes *Auskunft* und, soweit eine Auskunft für die Wahrnehmung seiner rechtlichen Interessen nicht ausreicht und er hierfür auf die Einsichtnahme angewiesen ist, Akteneinsicht. Nach dieser Vorschrift und aufgrund seines durch Art. 2 Abs. 1 iVm Art. 1 Abs. 1 GG geschützten Persönlichkeitsrechts hat der Gefangene bei Vorliegen eines berechtigten Interesses einen Anspruch auf Einsicht in die über ihn vom Anstaltsarzt geführten Gesundheitsakten, soweit es sich um naturwissenschaftlich objektivierbare Befunde und Behandlungstatsachen handelt, die die Person des Patienten betreffen. Dieses Recht erstreckt sich nicht auf schriftlich niedergelegte persönliche Eindrücke und Wertungen des Arztes (Schöch 2002, S. 322 f.).

Eine Auskunft und Akteneinsicht für *wissenschaftliche Zwecke* ist gemäß § 186 StVollzG nach Maßgabe von § 476 StPO zulässig. Danach setzt die Übermittlung personenbezogener Informationen für wissenschaftliche Zwecke insbesondere voraus, dass das öffentliche Interesse an der Forschungsarbeit das schutzwürdige Interesse des Betroffenen an dem Ausschluss der Übermittlung erheblich überwiegt.

### 2.6.2.1.4 Sicherheit und Ordnung

Zur Gewährleistung von Sicherheit und Ordnung in der Anstalt stellt das StVollzG in § 81 drei Grundsätze auf (Schöch 2002, S. 347): Nach § 81 Abs. 1 StVollzG ist das Verantwortungsbewusstsein der Gefangenen für ein geordnetes Zusammenleben in der Anstalt zu wecken und zu fördern (Grundsatz der *Selbstverantwortung*). Nachdem sich aus dem Zusammenspiel der Absätze 1 und 2 des § 81 StVollzG ergebenden *Subsidiaritätsprinzip* dürfen dem Gefangenen Pflichten und Beschränkungen nur auferlegt werden, wenn andere Maßnahmen (z. B. Gespräche) nicht ausreichen. Ist die Auferlegung von Pflichten und Beschränkungen zur Aufrechterhaltung der Sicherheit oder Ordnung der Anstalt erforderlich, sind diese nach § 81 Abs. 2 StVollzG so zu wählen, dass sie in einem angemessenen Verhältnis zu ihrem Zweck stehen und den Gefangenen nicht mehr und nicht länger als notwendig beeinträchtigen (*Verhältnismäßigkeitsgrundsatz*).

Zur Aufrechterhaltung der Sicherheit und Ordnung der Anstalt dienen Verhaltensvorschriften, Sicherungsmaßnahmen, unmittelbarer Zwang und Disziplinarmaßnahmen. Regelungen hierzu finden sich in den §§ 82 bis 107 StVollzG. Die §§ 82 und 83 StVollzG enthalten eine Reihe von *Verhaltensvorschriften*, z. B. über die Beachtung der Tageseinteilung der Anstalt. Die §§ 84 bis 92 StVollzG regeln *Sicherungsmaßnahmen*, z. B. die Durchsuchung nach § 84 StVollzG und die besonderen Sicherungsmaßnahmen nach § 88 StVollzG, zu denen etwa der Entzug oder die Beschränkung des Aufenthalts im Freien, die Unterbringung in einem besonders gesicherten Haftraum und die Fesselung gehören. Wird ein Gefangener ärztlich behandelt oder beobachtet oder bildet sein seelischer Zustand den Anlass der Maßnahme, hat der Anstaltsleiter vor Anordnung einer besonderen Sicherungsmaßnahme nach § 91 Abs. 2 S. 1 StVollzG den Arzt zu hören. Ist dies wegen Gefahr im Verzug nicht möglich, ist die Stellungnahme des Arztes gemäß S. 2 unverzüglich einzuholen. Ist ein Gefangener in einem besonders gesicherten Haftraum untergebracht oder gefesselt, so sucht ihn der Anstaltsarzt nach § 91 Abs. 1 S. 1 StVollzG alsbald und in der Folge möglichst täglich auf. Gemäß § 92 Abs. 2 StVollzG ist der Arzt regelmäßig zu hören, solange einem Gefangenen der tägliche Aufenthalt im Freien entzogen wird.

In den §§ 94 bis 101 StVollzG ist die Anwendung von *unmittelbarem Zwang* geregelt. Unmittelbarer Zwang ist nach § 95 Abs. 1 StVollzG die Einwirkung auf Personen oder Sachen durch körperliche Gewalt, ihre Hilfsmittel und durch Waffen. Er darf nach § 94 Abs. 1 StVollzG nur angewendet werden, wenn Vollzugs- und Sicherungsmaßnahmen rechtmäßig durchgeführt werden und der damit verfolgte Zweck auf keine andere Weise erreicht werden kann. Die Zulässigkeit von *Zwangsmaßnahmen auf dem Gebiet der Gesundheitsfürsorge* ist in § 101 StVollzG geregelt. Diese Vorschrift ist z. B. bei Hungerstreiks oder Suizidversuchen von Bedeutung. Für zwangsweise körperliche Untersuchungen, die nicht mit einem körperlichen Eingriff verbunden sind (z. B. bei der Aufnahmeuntersuchung nach § 5 Abs. 3 StVollzG), gilt § 101 Abs. 2 StVollzG. Danach sind solche Untersuchungen zum Gesundheitsschutz und zur Hygiene zulässig. Handelt es sich dagegen um eine medizinische Untersuchung und Behandlung oder Ernährung, die mit einem körperlichen Eingriff verbunden ist, sind die strengeren Voraussetzungen des § 101 Abs. 1 StVollzG zu beachten. Diese Maßnahmen sind nach § 101 Abs. 1 S. 1 StVollzG nur bei Lebensgefahr, bei schwerwiegender Gefahr für die Gesundheit des Gefangenen oder bei Gefahr für die Gesundheit anderer Personen zulässig; die Maßnahmen müssen für die Beteiligten zumutbar und dürfen nicht mit erheblicher Gefahr für Leben oder Gesundheit des Gefangenen verbunden sein. Hiermit wird ein Recht, aber keine Pflicht der Vollzugsbehörde zur Durchführung der Maßnahme begründet. Eine Verpflichtung zur Durchführung der Maßnahme besteht nach § 101 Abs. 1 S. 2 StVollzG nur, wenn nicht von einer freien Willensbestimmung des Gefangenen ausgegangen werden kann. Maßnahmen nach § 101 Abs. 1 und Abs. 2 StVollzG dürfen gemäß Abs. 3 nur auf Anordnung und unter Leitung eines Arztes durchgeführt werden, unbeschadet der Leistung erster Hilfe für den Fall, dass ein Arzt nicht rechtzeitig erreichbar und mit einem Aufschub Lebensgefahr verbunden ist.

Die §§ 102 bis 107 StVollzG regeln die Verhängung von *Disziplinarmaßnahmen*. Nach § 102 Abs. 1 StVollzG kann der Anstaltsleiter gegen einen Gefangenen Disziplinarmaßnahmen anordnen, wenn der Gefangene schuldhaft gegen Pflichten verstößt, die ihm durch das StVollzG oder aufgrund dieses Gesetzes auferlegt sind. Die Arten der Disziplinarmaßnahmen sind in § 103 Abs. 1 StVollzG abschließend geregelt. Schwerste Disziplinarmaßnahme ist der Arrest bis zu vier Wochen, der nach § 103 Abs. 2 StVollzG nur wegen schwerer oder mehrfach wiederholter Verfehlungen verhängt werden darf. Bevor der Arrest vollzogen wird, ist nach § 107 Abs. 1 S. 1 StVollzG der Arzt zu hören. Nach S. 2 steht der Gefangene während des Arrestes unter ärztlicher Aufsicht. Gemäß § 107 Abs. 2 StVollzG unterbleibt der Vollzug des Arrestes oder wird er unterbrochen, wenn die Gesundheit des Gefangenen gefährdet würde.

### 2.6.2.1.5 Die Organisation des Strafvollzugs

Nach § 139 StVollzG werden die Freiheitsstrafe sowie die Unterbringung in der Sicherungsverwahrung in Anstalten der Landesjustizverwaltungen (*Justizvollzugsanstalten*) vollzogen. § 140 StVollzG normiert den *Trennungsgrundsatz*. Nach Abs. 1 wird die Unterbringung in der Sicherungsverwahrung in getrennten Anstalten oder in getrennten Abteilungen einer für den Vollzug der Freiheitsstrafe bestimmten Vollzugsanstalt vollzogen. Gemäß Abs. 2 sind Frauen getrennt von Männern in besonderen Frauenanstalten unterzubringen, wobei aus besonderen Gründen getrennte Abteilungen in Anstalten für Männer vorgesehen werden können. Von der getrennten Unterbringung nach den Abs. 1 und 2 darf nach Abs. 3 abgewichen werden, um dem Gefangenen die Teilnahme an Behandlungsmaßnahmen in einer anderen Anstalt oder in einer anderen Abteilung zu ermöglichen. § 141 StVollzG enthält das *Differenzierungsprinzip*. Nach Abs. 1 sind für den Vollzug der Freiheitsstrafe Haftplätze in verschiedenen Anstalten oder Abteilungen vorzusehen, in denen eine auf die unterschiedlichen Bedürfnisse der Gefangenen abgestimmte Behandlung gewährleistet ist. Absatz 2 sieht eine Differenzierung in Anstalten des geschlossenen und des offenen Vollzuges vor.

Während sich der Begriff der Differenzierung auf die Einteilung der Anstalten bezieht, wird mit dem Begriff der *Klassifizierung* die Zusammenfassung der Gefangenen in Gruppen unter Behandlungs- und Sicherungsgesichtspunkten bezeichnet (Laubenthal 2007, S. 157 f.). Differenzierung und Klassifizierung sind in der Weise aufeinander bezogen, dass Gefangene einer bestimmten Gruppe in der für sie geeigneten Anstalt einer bestimmten Art untergebracht werden sollen.

Die örtliche und sachliche Zuständigkeit der Justizvollzugsanstalten regeln die Landesjustizverwaltungen gemäß § 152 Abs. 1 StVollzG in einem *Vollstreckungsplan*. Die Zuweisung der Gefangenen zu den einzelnen Justizvollzugsanstalten erfolgt in der Regel gemäß § 152 Abs. 3 StVollzG nach *allgemeinen Merkmalen*, wie z.B. dem Wohnort des Gefangenen oder der Strafdauer. Der Vollstreckungsplan kann jedoch nach § 152 Abs. 2 S. 1 StVollzG auch vorsehen, dass Verurteilte zunächst in eine *Einweisungsanstalt oder -abteilung* eingewiesen werden. Über eine Verlegung zum weiteren Vollzug kann dann gemäß S. 2 nach Gründen der Behandlung und Eingliederung entschieden werden. Von den Möglichkeiten des § 152 Abs. 2 StVollzG haben einige Bundesländer für Gefangene mit längerer Strafdauer Gebrauch gemacht.

Die einzelnen Vollzugsanstalten sind nach § 143 Abs. 1 StVollzG so zu gestalten, dass eine auf die Bedürfnisse des Einzelnen abgestellte Behandlung gewährleistet ist. Nach Abs. 2 sind sie so zu gliedern, dass die Gefangenen in überschaubaren *Betreuungs- und Behandlungsgruppen* zusammengefasst werden können. Diese Vorschriften gelten allerdings gemäß § 201 Nr. 4 StVollzG für Anstalten, mit deren Errichtung vor Inkrafttreten des StVollzG begonnen wurde, nur als Sollvorschrift. Nach § 142 Abs. 3 StVollzG soll die für sozialtherapeutische Anstalten und für Justizvollzugsanstalten für Frauen vorgesehene Belegung 200 Plätze nicht übersteigen.

Zur Personalstruktur der Anstalten schreibt § 155 Abs. 1 S. 1 StVollzG vor, dass die Aufgaben der Justizvollzugsanstalten von *Vollzugsbeamten* wahrgenommen werden. Damit wird Art. 33 Abs. 4 GG konkretisiert, nach dem die Ausübung hoheitsrechtlicher Befugnisse als ständige Aufgabe in der Regel Beamten zu übertragen ist. Gemäß § 155 Abs. 1 S. 2 StVollzG können aus besonderen Gründen Aufgaben auch anderen Bediensteten der Justizvollzugsanstalten sowie nebenamtlichen oder vertraglich verpflichteten Personen übertragen werden. Nach § 155 Abs. 2 StVollzG ist für jede Anstalt entsprechend ihrer Aufgabe die erforderliche Anzahl von Bediensteten der *verschiedenen Berufsgruppen*, namentlich des allgemeinen Vollzugsdienstes, des Verwaltungsdienstes und des Werkdienstes sowie von Seelsorgern, Ärzten, Pädagogen, Psychologen und Sozialarbeitern, vorzusehen. Alle im Vollzug Tätigen sind nach § 154 Abs. 1 StVollzG zur *Zusammenarbeit* und Mitwirkung an der Erfüllung der Aufgaben des Vollzugs verpflichtet. § 154 Abs. 2 StVollzG begründet eine Verpflichtung zur Zusammenarbeit mit Stellen außerhalb des Vollzugs, deren Arbeit für die Wiedereingliederung der Gefangenen wichtig ist.

Zentrale Bedeutung kommt dem *Anstaltsleiter* zu. Nach § 156 Abs. 1 StVollzG ist für jede Justizvollzugsanstalt ein Beamter des höheren Dienstes oder aus besonderen Gründen ein Beamter des gehobenen Dienstes zum hauptamtlichen Leiter zu bestellen. Nach § 156 Abs. 2 StVollzG vertritt er die Anstalt nach außen und trägt er die Verantwortung für den gesamten Vollzug. Er hat jedoch die Möglichkeit, Aufgabenbereiche an andere Vollzugsbedienstete zu *delegieren*. Zur Aufstellung und Überprüfung des Vollzugsplanes und zur Vorbereitung wichtiger Entscheidungen im Vollzug führt der Anstaltsleiter nach § 159 StVollzG *Konferenzen* mit an der Behandlung maßgeblich Beteiligten durch. § 160 StVollzG regelt die *Gefangenenmitverantwortung*. Nach dieser Vorschrift soll den Gefangenen und Untergebrachten ermöglicht werden, an der Verantwortung für Angelegenheiten von gemeinsamem Interesse teilzunehmen, die sich ihrer Eigenart und der Aufgabe der Anstalt nach für ihre Mitwirkung eignen. Die Ausgestaltung der Gefangenenmitverantwortung im Einzelnen obliegt der Anstalt. Aus Personen außerhalb der Anstalt setzt sich der *Anstaltsbeirat* zusammen, der die Aufgabe hat, den Vollzug zu unterstützen und bei der Betreuung der Gefangenen mitzuwirken (vgl. § 162–165 StVollzG). Aufgabe des *kriminologischen Dienstes* ist nach § 166 StVollzG die vollzugsnahe kriminologische Forschung. Ein kriminologischer Dienst besteht allerdings in den Bundesländern nur in eingeschränktem Umfang (Laubenthal 2007, S. 150).

Die Rechtsschutzgarantie des Art. 19 Abs. 4 GG, nach der jedermann gegen die Verletzung seiner Rechte durch die öffentliche Gewalt die Gerichte anrufen kann, steht auch den Gefangenen zu. Das StVollzG regelt die *Rechtsbehelfe* in Strafvollzugssachen in den §§ 108 ff. Nach § 108 Abs. 1 StVollzG hat der Gefangene in Angelegenheiten, die ihn selbst betreffen, ein *Beschwerderecht* beim Anstaltsleiter. Gemäß Abs. 2 kann er sich in diesen Angelegenheiten auch an einen Vertreter der Aufsichtsbehörde wenden, der die Anstalt besichtigt. Nach Abs. 3 bleibt die Möglichkeit der Dienstaufsichtsbeschwerde unberührt.

Gerichtlichen Rechtsschutz kann der Gefangene durch einen *Antrag auf gerichtliche Entscheidung* nach den §§ 109 ff. StVollzG erlangen. Mit dem Antrag kann er gemäß § 109 Abs. 1 StVollzG die Aufhebung einer Maßnahme zur Regelung einzelner Angelegenheiten auf dem Gebiet des Strafvollzugs oder die Verpflichtung zum Erlass einer abgelehnten oder unterlassenen Maßnahme begehren. Nach § 115 Abs. 3 StVollzG kommt nach Erledigung einer Maßnahme bei berechtigtem Interesse ein Antrag auf Feststellung der Rechtswidrigkeit der Maßnahme in Betracht. Über den Antrag entscheidet die Strafvollstreckungskammer; das ist ein Spruchkörper beim Landgericht (vgl. § 110 StVollzG, §§ 78 a, b GVG). Gegen die Entscheidung der Strafvollstreckungskammer ist nach den §§ 116 ff. StVollzG die Rechtsbeschwerde zum Oberlandesgericht zulässig, wenn es geboten ist, die Nachprüfung zur Fortbildung des Rechts oder zur Sicherung einer einheitlichen Rechtsprechung zu ermöglichen. Der Bundesgerichtshof entscheidet in Strafvollzugssachen nur, wenn ein Oberlandesgericht von einer Entscheidung eines anderen Oberlandesgerichts oder des BGH abweichen will (§ 121 Abs. 2 GVG). Ist der Rechtsweg nach den §§ 109 ff. StVollzG erschöpft, besteht nach Art. 93 Abs. 1 Nr. 4a GG die Möglichkeit der Einlegung einer *Verfassungsbeschwerde*.

Für den Vollzug von Ordnungs-, Sicherungs-, Zwangs- und Erzwingungshaft (sog. *Zivilhaft*) gelten Spezialvorschriften. Im StVollzG befinden sie sich in den §§ 171 ff.

**2.6.2.1.6 Zur tatsächlichen Situation des Strafvollzugs**

Die Zahl der *Strafgefangenen* ist in Deutschland in den letzten Jahren gestiegen. Während 1995 am Stichtag 31. März die Zahl der Strafgefangenen und Sicherungsverwahrten 46 516 betrug, belief sich die entsprechende Zahl 2006 auf 64 512 (Tabelle 2.6.1). Die Gefangenen sind zu 95% Männer, der Anteil der weiblichen Gefangenen ist mit 5% sehr niedrig (s. hierzu und zum Folgenden Tabelle 2.6.2). Etwa die Hälfte der Gefangenen sind 25 bis unter 40 Jahre alt, circa ein Fünftel sind unter 25 Jahre und etwa 30% 40 Jahre und älter. Es überwiegt mit 89% der Vollzug der Freiheitsstrafe, 11% der Gefangenen verbüßen eine Jugendstrafe und 375 Personen befinden sich in Sicherungsverwahrung.

Unter den Delikten, die der Strafverbüßung zugrunde liegen, haben Diebstahl und Unterschlagung mit 21% und Straftaten gegen die Person mit 20% den größten Anteil. Bei 17% der Gefangenen liegt dem Strafvollzug eine Straftat nach einem anderen Gesetz als dem StGB zugrunde. Hierbei handelt es sich überwiegend um Betäubungsmittelstraftaten nach dem BtMG. Vermögensdelikte/Urkundenfälschung und Raub/räuberische Erpressung haben Anteile von 14% bzw. 13%, bei den anderen Deliktgruppen liegt der Anteil unter 10%.

Etwa zwei Drittel der Gefangenen sind vorbestraft. Circa ein Viertel der Gefangenen weist fünf und mehr Vorstrafen auf, 41% der Gefangenen sind

**Tabelle 2.6.1.** Strafgefangene und Sicherungsverwahrte in der Bundesrepublik Deutschland 1955 bis 2006, jeweils am 31.3.

| Jahr | Zahl der Strafgefangenen und Sicherungsverwahrten |
|---|---|
| 1995 | 46 516 |
| 1996 | 48 904 |
| 1997 | 51 642 |
| 1998 | 56 661 |
| 1999 | 59 707 |
| 2000 | 60 798 |
| 2001 | 60 678 |
| 2002 | 60 742 |
| 2003 | 62 594 |
| 2004 | 63 677 |
| 2005 | 63 533 |
| 2006 | 64 512 |

Quelle: Statistisches Bundesamt (2006)

so genannte Wiederkehrer, sind also vor Verbüßung ihrer aktuellen Strafe schon mindestens einmal im Strafvollzug gewesen. Bei etwa einem Fünftel der Gefangenen liegt die voraussichtliche Vollzugsdauer unter sechs Monaten, bei ebenfalls jeweils einem Fünftel beträgt sie sechs Monate bis ein Jahr bzw. mehr als ein Jahr bis zwei Jahre (Tabelle 2.6.3). Bei einem Viertel der Gefangenen beläuft sich die voraussichtliche Vollzugsdauer auf mehr als zwei bis fünf Jahre, bei 10% auf mehr als fünf bis 15 Jahre. Drei Prozent der Gefangenen verbüßen eine lebenslange Freiheitsstrafe.

Im *internationalen Vergleich* ist die Situation in Deutschland dadurch gekennzeichnet, dass hier die Gerichte weniger Freiheitsstrafen verhängen als in anderen Ländern, die Freiheitsstrafen aber teilweise verhältnismäßig lang ausfallen. Dies führt bei der Betrachtung der Gefangenenrate, also der Zahl der Gefangenen an einem bestimmten Stichtag bezogen auf 100 000 Einwohner, dazu, dass Deutschland eher im mittleren Bereich liegt, weil Gefangene mit kurzen Freiheitsstrafen, die sie nicht an dem Stichtag verbüßen, nicht in die Stichtagserhebung eingehen (näher zum internationalen Vergleich Kaiser 2002, S. 61 ff.).

Im Hinblick auf das *Leben der Gefangenen im Vollzug* wird angenommen, dass sich in der Haftanstalt eine Gefängnisgesellschaft mit einer Subkultur eigener Normen und Werte, die von der dominierenden Kultur abweichen, und einer Hierarchie unter den Gefangenen ausbildet (näher Walter 1999, S. 255 ff.). Der Prozess, in dem neu in den Vollzug kommende Gefangene die subkulturellen Normen und Werte übernehmen, wird im Anschluss an Clemmer (1958) als *Prisonisierung* bezeichnet. Nach Wheeler

**Tabelle 2.6.2.** Strafgefangene und Sicherungsverwahrte am 31.3.2006

| Strafgefangene und Sicherungsverwahrte | n | % |
|---|---|---|
| ∎ insgesamt | 64 512 | 100 |
| ∎ Geschlecht | | |
| – männlich | 61 250 | 95 |
| – weiblich | 3 262 | 5 |
| ∎ Alter | | |
| – unter 25 Jahre | 12 918 | 20 |
| – 25 bis unter 40 | 31 916 | 49 |
| – 40 und mehr | 19 683 | 31 |
| ∎ Staatsangehörigkeit | | |
| – deutsch | 50 486 | 78 |
| – nichtdeutsch | 14 026 | 22 |
| ∎ Art des Vollzugs | | |
| – Freiheitsstrafe | 57 142 | 89 |
| – Jugendstrafe | 6 995 | 11 |
| – Sicherungsverwahrung | 375 | 1 |
| ∎ Hauptdeliktgruppen | | |
| – Diebstahl und Unterschlagung | 13 853 | 21 |
| – Straftaten gegen die Person (darunter 4 540 Straftaten gegen das Leben) | 12 935 | 20 |
| – Straftaten nach anderen Gesetzen und nach dem Strafrecht der früheren DDR | 10 658 | 17 |
| – Vermögensdelikte und Urkundenfälschung | 8 823 | 14 |
| – Raub und räuberische Erpressung | 8 141 | 13 |
| – Straftaten gegen die sexuelle Selbstbestimmung | 4 925 | 8 |
| – Straftaten im Straßenverkehr | 3 428 | 5 |
| – Gemeingefährliche Straftaten, Straftaten gegen die Umwelt und Straftaten gegen den Staat | 1 749 | 3 |
| ∎ vorbestraft | 42 155 | 65 |
| ∎ 5× und mehr vorbestraft | 16 673 | 26 |
| ∎ wieder eingewiesen | 26 138 | 41 |

Quelle: Statistisches Bundesamt (2006)

(1961) verläuft die Prisonisierung in Form einer U-Kurve, wobei das U den Grad der Übereinstimmung des Gefangenen mit den Normen der Außenwelt abbilden soll. Danach besteht bei Haftantritt eine hohe Übereinstimmung des Gefangenen mit den Normen der Außenwelt, geht diese im Verlauf des Vollzuges bei gleichzeitiger Übernahme subkultureller Normen und Werte zurück und erfolgt gegen Ende der Haftzeit wieder eine Orien-

**Tabelle 2.6.3.** Strafgefangene am 31.3.2006 nach voraussichtlicher Vollzugsdauer

| Voraussichtliche Vollzugsdauer | n | % |
|---|---|---|
| unter 6 Monate | 14 354 | 22 |
| 6 Monate bis 1 Jahr | 12 871 | 20 |
| mehr als 1 Jahr bis 2 Jahre | 12 370 | 19 |
| mehr als 2 Jahre bis 5 Jahre | 16 405 | 26 |
| mehr als 5 Jahre bis 10 Jahre | 5 230 | 8 |
| mehr als 10 Jahre bis 15 Jahre | 988 | 2 |
| lebenslang | 1 919 | 3 |
| alle Strafgefangenen | 64 137 | 100 |

Quelle: Statistisches Bundesamt (2006)

tierung an den Außenweltnormen. Empirische Untersuchungen bestätigen den U-förmigen Verlauf des Prisonisierungsprozesses jedoch überwiegend nicht (Hermann u. Berger 1997; Dölling 2004 b). Die Entstehungsbedingungen der Subkultur des Gefängnisses sind umstritten (vgl. dazu Walter 1999, S. 258). Nach der Deprivationstheorie entwickeln die Gefangenen die Subkultur im Vollzug, um in der „totalen Institution" Gefängnis zu überleben. Nach der kulturellen Übertragungstheorie importieren die Gefangenen die subkulturellen Einstellungen in das Gefängnis. Möglicherweise tragen sowohl vollzugsinterne als auch vollzugsexterne Faktoren zur Entstehung der Subkultur bei (Hermann u. Berger 1997, S. 381 f.; Dölling 2004 b, S. 95 f.).

Subkulturelle Strukturen dürften in den verschiedenen Anstaltsarten unterschiedlich ausgeprägt sein. Ihnen kann unter anderem durch ein für den Gefangenen attraktives Behandlungsangebot und durch eine Unterbringung in überschaubaren Gruppen, die das Erkennen von Ansätzen zur Bildung von Subkulturen erleichtert, entgegengewirkt werden (zum Rückfall nach Strafvollzug s. 2.5.2.3.3, Abschn. „Grundlagen").

### 2.6.2.2 Die Aussetzung der Vollstreckung des Strafrestes zur Bewährung

Die Dauer der Vollstreckung einer Freiheitsstrafe richtet sich zunächst nach der im Urteil festgelegten Straflänge. Die §§ 57 und 57 a StGB ermöglichen es jedoch, nach Teilverbüßung einer Freiheitsstrafe die Vollstreckung des Restes zur Bewährung auszusetzen. Die Strafrestaussetzung dient der *Spezialprävention* (Meier 2006, S. 129; Streng 2002, S. 122 f.): Die Strafrestaussetzung ermöglicht es, die Zeit in Unfreiheit zu verkürzen und damit dem Umstand entgegenzuwirken, dass mit steigender Verbüßungsdauer die Schwierigkeiten bei der Wiedereingliederung des Gefangenen in der Regel größer werden. Die Dauer der Vollstreckung kann der Entwicklung des Verurteilten im Vollzug angepasst werden und dem Gefangenen wird ein Anreiz zur Mitwirkung an der Behandlung gegeben. Der Übergang vom Vollzug in die Freiheit wird durch Hilfen und Aufsicht (Weisungen, Bewährungshilfe) und den von dem drohenden Widerruf der Strafrestaussetzung ausgehenden Druck erleichtert.

§ 57 StGB regelt die Strafrestaussetzung bei *zeitiger Freiheitsstrafe*. Absatz 1 betrifft die Aussetzung nach Verbüßung von zwei Dritteln der verhängten Strafe, Abs. 2 die Aussetzung nach Verbüßung der Hälfte der Strafe. Die Strafrestaussetzung nach *§ 57 Abs. 1 StGB* setzt voraus, dass *zwei Drittel* der verhängten Strafe, mindestens jedoch zwei Monate, verbüßt sind. Verbüßt ist eine Freiheitsstrafe nach § 57 Abs. 4 StGB auch, soweit sie durch Anrechnung erledigt ist, z. B. dadurch, dass der Verurteilte aus Anlass der Tat Untersuchungshaft erlitten hat (§ 51 Abs. 1 StGB). Werden mehrere selbstständige Freiheitsstrafen nacheinander vollstreckt, wird nach § 454 b StPO die Vollstreckung jeder Strafe zum erstmöglichen Aussetzungszeitpunkt unterbrochen und dann zur Vollstreckung der nächsten Freiheitsstrafe übergegangen, sodass über die Aussetzung aller Strafreste einheitlich entschieden werden kann.

Zweite Voraussetzung für die Aussetzung der Vollstreckung des Strafrestes ist, dass dies unter Berücksichtigung des Sicherheitsinteresses der Allgemeinheit *verantwortet werden* kann. Hierbei handelt es sich um eine Prognoseklausel. Wie der Vergleich des Wortlauts des § 57 Abs. 1 StGB („verantwortet werden kann") mit dem Wortlaut des § 56 Abs. 1 StGB („zu erwarten") zeigt, sind die Anforderungen an die Prognose bei der Strafrestaussetzung nicht so hoch wie bei der primären Strafaussetzung durch das Urteil. Erforderlich ist, dass eine reale Bewährungschance besteht. Außerdem muss eine Abwägung zwischen den Interessen an der Entlassung des Verurteilten und den Sicherheitsinteressen der Allgemeinheit vorgenommen werden (Lackner u. Kühl 2004, § 57 Rn 7). Hierbei sind die Anforderungen an die Wahrscheinlichkeit künftigen straffreien Verhaltens umso höher, je größer das Gewicht des bei einem Rückfall bedrohten Rechtsguts ist (Tröndle u. Fischer 2007, § 57 Rn 12). Weitere bei der Prognosestellung zu berücksichtigende Gesichtspunkte sind in § 57 Abs. 1 S. 2 StGB angeführt. Schließlich muss der Verurteilte in die Strafrestaussetzung *einwilligen*. Die Aussetzung soll nur erfolgen, wenn der Verurteilte bereit ist, zu kooperieren und sich den Anforderungen der Bewährungssituation auszusetzen (Streng 2002, S. 126 f.).

Liegen die Voraussetzungen des § 57 Abs. 1 StGB vor, ist die Strafrestaussetzung *obligatorisch*. Sie darf nicht aus Gründen des Schuldausgleichs oder der Generalprävention verweigert werden (Lenckner 1972, S. 173; Tröndle u. Fischer 2007, § 57 Rn 20). Wenn der Verurteilte über den Verbleib der Beute unzureichende oder falsche Angaben macht, kann das Gericht allerdings nach § 57 Abs. 5 StGB von der Aussetzung des Strafrestes absehen.

*§ 57 Abs. 2 StGB* ermöglicht eine Strafrestaussetzung bereits nach Verbüßung der *Hälfte* einer zeitigen Freiheitsstrafe, mindestens jedoch von sechs Monaten. Erforderlich ist neben den Voraussetzungen des Abs. 1, dass der Verurteilte entweder erstmals eine Freiheitsstrafe verbüßt und diese zwei Jahre nicht übersteigt oder die Gesamtwürdigung von Tat, Persönlichkeit des Verurteilten und seiner Entwicklung während des Strafvollzugs ergibt, dass besondere Umstände vorliegen. Die *Erstverbüßerregelung* beruht auf der Überlegung, dass der erste Freiheitsentzug in der Regel am spürbarsten

empfunden wird (Jescheck u. Weigend 1996, S. 851). Vorverbüßte Freiheitsstrafe im Sinne dieser Regelung ist auch die Jugendstrafe (Zipf 1989, S. 654). *Besondere Umstände* im Sinne der zweiten Alternative sind Milderungsgründe von besonderem Gewicht, welche die Strafrestaussetzung als nicht unangebracht und den vom Strafrecht geschützten Interessen nicht zuwiderlaufend erscheinen lassen (Lackner u. Kühl 2004, § 57 Rn 17 iVm § 56 Rn 19). Besondere Umstände können z. B. vorliegen, wenn der Verurteilte noch im Strafvollzug dazu beiträgt, dass die Tat über seinen Tatbeitrag hinaus aufgedeckt wird (Meier 2006, S. 133). Mehrere einfache Milderungsgründe können in ihrem Zusammenwirken besondere Umstände darstellen (Jescheck u. Weigend 1996, S. 852).

Liegen die Voraussetzungen des § 57 Abs. 2 StGB vor, steht die Aussetzung des Strafrestes im pflichtgemäßen *Ermessen* des Gerichts. Gründe des Schuldausgleichs und der Generalprävention können jedoch nach herrschender Meinung nur ausnahmsweise eine Versagung der Strafrestaussetzung rechtfertigen (Lackner u. Kühl 2004, § 57 Rn 20).

Wird die Vollstreckung des Strafrestes nach § 57 Abs. 1 oder Abs. 2 StGB zur Bewährung ausgesetzt, gelten nach § 57 Abs. 3 StGB die Vorschriften der §§ 56 a bis 56 g StGB über die *Ausgestaltung der Bewährung* (s. 2.5.2.3.3, Abschn. „Die Strafaussetzung zur Bewährung") entsprechend. Die Bewährungszeit darf die Dauer des Strafrestes nicht unterschreiten. Hat der Verurteilte vor der Restaussetzung mindestens ein Jahr seiner Strafe verbüßt, unterstellt ihn das Gericht in der Regel der Aufsicht und Leitung eines Bewährungshelfers.

*§ 57 a StGB* regelt die Aussetzung der Vollstreckung des Restes einer *lebenslangen Freiheitsstrafe* zur Bewährung. Voraussetzung für die Aussetzung ist nach § 57 a Abs. 1 StGB zunächst, dass der Verurteilte *15 Jahre* der Strafe verbüßt hat, wobei nach Abs. 2 als verbüßte Strafe jede Freiheitsentziehung gilt, die der Verurteilte aus Anlass der Tat erlitten hat. Weiterhin darf nicht die *besondere Schwere der Schuld* des Verurteilten die weitere Vollstreckung gebieten. Bei der Anwendung dieser Vorschrift hat das Gericht nach dem BGH die schuldrelevanten Umstände zu ermitteln und zu gewichten und dann im Wege einer zusammenfassenden Würdigung von Tat und Täterpersönlichkeit die Schuld daraufhin zu bewerten, ob sie besonders schwer ist. Die Feststellung der besonderen Schwere der Schuld kann dabei nur dann in Betracht kommen, wenn Umstände von Gewicht vorliegen (BGHSt [GS] 40, 360, 370). Nach der überwiegenden Meinung in der Literatur ist besondere Schwere der Schuld gegeben, wenn die Schuld des Verurteilten das Schuldmindestmaß, das die Verhängung einer lebenslangen Freiheitsstrafe rechtfertigt, erheblich überschreitet (Lackner u. Kühl 2004, § 57 a Rn 3 a; Streng 2002, S. 132 f.; Tröndle u. Fischer 2007, § 57 a Rn 10). Teilweise wird verlangt, dass die Schuld des Verurteilten die Durchschnittsschuld in den mit lebenslanger Freiheitsstrafe sanktionierten Fällen übersteigt (Meurer 1992, S. 445). Die besondere Schwere der Schuld muss die weitere Vollstreckung *gebieten*. Es ist daher eine vollstreckungsrechtliche Gesamtwürdigung vorzunehmen, bei der die besondere Schwere der

Schuld mit dem Freiheitsinteresse des Verurteilten abzuwägen ist. Bei dieser Abwägung können unter anderem das Alter des Verurteilten, sein Gesundheitszustand und seine Persönlichkeitsentwicklung im Strafvollzug eine Rolle spielen (Streng 2002, S. 135).

Weitere Voraussetzung für die Aussetzung des Strafrestes bei lebenslanger Freiheitsstrafe ist nach § 57a Abs. 1 Nr. 3 iVm § 57 Abs. 1 Nr. 2 StGB, dass die Aussetzung unter Berücksichtigung des Sicherheitsinteresses der Allgemeinheit verantwortet werden kann. Bei der Erstellung der *Prognose* im Bereich der Hochkriminalität ist äußerste Sorgfalt geboten. Ein auch nur verhältnismäßig geringes Risiko, dass der Verurteilte erneut Tötungsdelikte oder andere schwere Straftaten begehen könnte, darf nicht eingegangen werden (Lackner u. Kühl 2004, § 57a Rn 11). Die Gefahr der Begehung von Eigentumsdelikten muss dagegen eine Aussetzung nicht ausschließen (Tröndle u. Fischer 2007, § 57a Rn 19). Schließlich muss auch bei der Aussetzung des Restes einer lebenslangen Freiheitsstrafe der Verurteilte *einwilligen* (§ 57a Abs. 1 Nr. 3 iVm. mit § 57 Abs. 1 Nr. 3 StGB).

Liegen die genannten Voraussetzungen vor, ist die Strafrestaussetzung *obligatorisch*. Die Dauer der Bewährungszeit beträgt nach § 57a Abs. 3 S. 1 StGB fünf Jahre. Im Übrigen entspricht die *Ausgestaltung der Bewährungszeit* der Regelung des § 57 Abs. 3 StGB. Wird die Restaussetzung *abgelehnt*, hat das Gericht zugleich auszusprechen, bis wann die Vollstreckung unter dem Gesichtspunkt der Schwere der Schuld fortzusetzen ist (BVerfGE 86, 288, 331 f.).

Über die Aussetzung der Vollstreckung des Strafrestes zur Bewährung entscheidet in der Regel die *Strafvollstreckungskammer* des Landgerichts, in deren Bezirk die Strafanstalt liegt, in der der Verurteilte die Strafe verbüßt (§§ 454 Abs. 1, 462a Abs. 1 StPO, 78a, b GVG). Eine Besonderheit besteht bei der Entscheidung über die Aussetzung des Strafrestes bei einer lebenslangen Freiheitsstrafe im Hinblick auf die Frage, ob die besondere Schwere der Schuld des Verurteilten die weitere Vollstreckung gebietet (§ 57a Abs. 1 Nr. 2 StGB). Hier muss nach dem BVerfG das Tatgericht im Urteil über das Vorliegen besonders schwerer Schuld entscheiden. Die vollstreckungsrechtliche Gesamtwürdigung darüber, ob die besondere Schwere der Schuld die weitere Vollstreckung gebietet, hat die Strafvollstreckungskammer zu treffen (BVerfGE 86, 288, 317 ff.).

Stellt der Verurteilte keinen Antrag auf Strafrestaussetzung, hat die Strafvollstreckungskammer die Strafrestaussetzung von Amts wegen zu prüfen. Das Verfahren ist so rechtzeitig einzuleiten, dass ausreichend Zeit für die Entlassungsvorbereitung bleibt. Gemäß § 454 Abs. 1 StPO entscheidet das Gericht ohne mündliche Verhandlung durch Beschluss nach Anhörung der Staatsanwaltschaft, des Verurteilten und der Vollzugsanstalt. Der Verurteilte ist grundsätzlich mündlich zu hören.

Erwägt das Gericht, die Vollstreckung des Restes einer lebenslangen Freiheitsstrafe auszusetzen, muss es nach § 454 Abs. 2 S. 1 Nr. 1 StPO ein *Sachverständigengutachten* über den Verurteilten einholen. Das Gleiche gilt nach Nr. 2 der Vorschrift, wenn das Gericht erwägt, die Vollstreckung des Restes einer zeitigen Freiheitsstrafe von mehr als zwei Jahren wegen einer Straftat der in § 66 Abs. 3 S. 1 StGB bezeichneten Art (Verbrechen, Sexualdelikte, erhebliche Körperverletzungsstraftaten oder Vollrausch gemäß 323a StGB iVm mit einem der genannten Delikte) auszusetzen und nicht auszuschließen ist, dass Gründe der öffentlichen Sicherheit einer vorzeitigen Entlassung des Verurteilten entgegenstehen. Als Sachverständige kommen forensische Psychiater und Psychologen in Betracht. Nach der Rechtsprechung kann das Gutachten durch einen Anstaltspsychologen erstattet werden (OLG Karlsruhe StV 1999, 384f., 495). Der den Verurteilten behandelnde Psychologe sollte jedoch im Allgemeinen nicht herangezogen werden (KG NStZ 1999, 319). Der Sachverständige ist grundsätzlich mündlich zu hören, wobei der Staatsanwaltschaft, dem Verurteilten, seinem Verteidiger und der Vollzugsanstalt Gelegenheit zur Mitwirkung zu geben ist (§ 454 Abs. 2 S. 3 und 4 StPO).

Gegen die Entscheidung der Strafvollstreckungskammer über die Strafrestaussetzung ist nach § 454 Abs. 3 StPO sofortige Beschwerde zulässig. Über die Beschwerde entscheidet das Oberlandesgericht.

In der *Praxis* spielt insbesondere die Aussetzung des Strafrestes nach § 57 Abs. 1 StGB eine erhebliche Rolle. Im Jahr 2002 wurden 74244 Gefangene in die Freiheit entlassen. Bei 22705 Gefangenen (31%) erfolgte die Entlassung aufgrund einer Strafrestaussetzung (Statistisches Bundesamt 2003, S. 9). Von den Strafrestaussetzungen erfolgten 50% nach § 57 Abs. 1 StGB, 4% gemäß § 57 Abs. 2 Nr. 1 StGB, 1% nach § 57 Abs. 2 Nr. 2 StGB und 0,3% gemäß § 57a StGB (berechnet nach: ebd.). Bei 20% der Aussetzungen handelte es sich um Zurückstellungen der Strafvollstreckung nach § 35 BtMG, 15% der Aussetzungen betrafen Jugendstrafen, bei denen der Strafrest nach § 88 JGG ausgesetzt wurde, und 9% der Aussetzungen erfolgten im Gnadenweg (zur Entwicklung der Strafrestaussetzung s. Meier 2006, S. 136f.); zur Verbüßungsdauer bei der lebenslangen Freiheitsstrafe s. 2.5.2.3.3, Abschn. „Die lebenslange Freiheitsstrafe").

## Literatur

Arloth F (2004) Kommentierung der §§ 1 bis 8 StVollzG. In: Arloth F, Lückemann C, Strafvollzugsgesetz. Kommentar. Beck, München, S 7–38
Böhm A (2003) Strafvollzug, 3. Aufl. Luchterhand, Neuwied Kriftel
Calliess RP, Müller-Dietz H (2005) Strafvollzugsgesetz, 10. Aufl. Beck, München
Clemmer D (1958) The prison community, 2nd edn. Holt, Rinehart & Winston, New York
Dölling D (2004a) Straftaten gegen Rechtsgüter der Allgemeinheit. In: Gössel KH, Dölling D, Strafrecht Besonderer Teil 1. Straftaten gegen Persönlichkeits- und Gemeinschaftswerte, 2. Aufl. Müller, Heidelberg, S 427–721
Dölling D (2004b) Zur Entwicklung der Normakzeptanz von weiblichen und männlichen Strafgefangenen. In: Urbanová M (Hrsg) Ženská Delikvence Jako Sociální Jev. Masarykova univerzita, Brno, S 88–97
Feest J, Lesting W (2006) Kommentierung der §§ 1 bis 4 StVollzG. In: Feest J (Hrsg) Kommentar zum Strafvollzugsgesetz (AK-StVollzG), 5. Aufl. Luchterhand, Neuwied, S 1–28

Foerster K (2005) Psychisch Kranke im Strafvollzug. In: Hillenkamp T, Tag B (Hrsg) Intramurale Medizin – Gesundheitsfürsorge zwischen Heilauftrag und Strafvollzug. Springer, Berlin Heidelberg, S 143–157
Hermann D, Berger S (1997) Prisonisierung im Frauenstrafvollzug. Eine explorative Längsschnittstudie zur Deprivationstheorie und kulturellen Übertragungstheorie. MSchrKrim 80:370–397
Hillenkamp T, Tag B (Hrsg) (2005) Intramurale Medizin – Gesundheitsfürsorge zwischen Heilauftrag und Strafvollzug. Springer, Berlin Heidelberg
Jescheck HH, Weigend T (1996) Lehrbuch des Strafrechts Allgemeiner Teil, 5. Aufl. Duncker & Humblot, Berlin
Kaiser G (2002) Begriff des Strafvollzugs und der Strafvollzugskunde und Strafvollzug im internationalen Vergleich – ein Überblick. In: Kaiser G, Schöch H, Strafvollzug, 5. Aufl. Müller, Heidelberg, S 1–8, 61–119
Kallert T (1996) Zu den Aufgaben eines psychiatrisch-neurologischen Beratungsdienstes in einer Justizvollzugsanstalt. ZfStrVo 45:146–152
Kamann U, Volckart B (2006) Kommentierung der §§ 108 bis 121 StVollzG. In: Feest J (Hrsg) Kommentar zum Strafvollzugsgesetz (AK-StVollzG), 5. Aufl. Luchterhand, Neuwied, S 540–616
Konrad N (1997) Psychiatrie im Justizvollzug. R&P 15:51–59
Konrad N (2003) Die Versorgungssituation psychisch Kranker im Justizvollzug. R&P 21:5–8
Lackner K, Kühl K (2004) Strafgesetzbuch. Kommentar, 25. Aufl. Beck, München
Laubenthal K (2007) Strafvollzug, 4. Aufl. Springer, Berlin Heidelberg
Lenckner T (1972) Strafe, Schuld und Schuldfähigkeit. In: Göppinger H, Witter H (Hrsg) Handbuch der forensischen Psychiatrie, Bd 1. Springer, Berlin Heidelberg New York, S 3–286
Meier BD (2006) Strafrechtliche Sanktionen, 2. Aufl. Springer, Berlin Heidelberg
Meurer D (1992) Strafaussetzung durch Strafzumessung bei lebenslanger Freiheitsstrafe. JR 46:441–450
Missoni L (1996) Über die Situation der Psychiatrie in den Justizvollzugsanstalten in Deutschland. ZfStrVo 45:143–146
Missoni L, Rex R (1997) Strukturen psychiatrischer Versorgung der Gefangenen im deutschen Justizvollzug. ZfStrVo 46:335–339
Müller-Dietz H (2005) Gesetzgebungszuständigkeit für den Strafvollzug. ZRP 38:16–159
Rössner D (1984) Die strafrechtliche Beurteilung der Vollzugslockerungen. JZ 39:1065–1072
Roxin C (1998) Strafverfahrensrecht, 25. Aufl. Beck, München
Schmid G (2005) Kommentierung der §§ 179 bis 187 StVollzG. In: Schwind HD, Böhm A, Jehle JM (Hrsg) Strafvollzugsgesetz. Kommentar, 4. Aufl. De Gruyter, Berlin
Schöch H (2002) Rechtliche Gestaltung des Strafvollzugs. In: Kaiser G, Schöch H, Strafvollzug, 5. Aufl. Müller, Heidelberg, S 230–388
Statistisches Bundesamt (Hrsg) (2003) Fachserie 10: Rechtspflege. Reihe 4.2. Strafvollzug – Anstalten, Bestand und Bewegung der Gefangenen – 2002. Statistisches Bundesamt, Wiesbaden
Statistisches Bundesamt (Hrsg) (2006) Fachserie 10: Rechtspflege. Reihe 4.1. Stafvollzug – Demographische und kriminologische Merkmale der Strafgefangenen zum Stichtag 31.3.2006. Statistisches Bundesamt, Wiesbaden
Streng F (2002) Strafrechtliche Sanktionen – Die Strafzumessung und ihre Grundlagen, 2. Aufl. Kohlhammer, Stuttgart
Tröndle H, Fischer T (2007) Strafgesetzbuch und Nebengesetze, 54. Aufl. Beck, München
Ullenbruch T (2005) Kommentierung der §§ 11 bis 14 StVollzG. In: Schwind HD, Böhm A, Jehle JM (Hrsg) Strafvollzugsgesetz. Kommentar, 4. Aufl. De Gruyter, Berlin, S 181–257
Walter M (1999) Strafvollzug, 2. Aufl. Boorberg, Stuttgart
Wheeler S (1961) Socialization in correctional communities. Am Sociological Rev 26: 697–712
Zipf H (1989) Die Rechtsfolgen der Tat. In: Maurach R, Gössel KH, Zipf H, Strafrecht Allgemeiner Teil, Teilbd 2. Erscheinungsformen des Verbrechens und Rechtsfolgen der Tat. Ein Lehrbuch, 7. Aufl. Müller, Heidelberg, S 479–754

## 2.6.3 Der Maßregelvollzug und die Aussetzung der Maßregelvollstreckung zur Bewährung

D. BEST, D. RÖSSNER

### 2.6.3.1 Begriffliche und rechtliche Grundlagen

Maßregelvollzug wird verstanden als die Durchführung einer freiheitsentziehenden Maßregel nach § 61 Nr. 1–3 StGB (Isak u. Wagner 2004, Rn 3 f.). *Vollzugsrechtlich* gesehen hat diese Definition spezielle Folgen aber nur für die Unterbringungen in einem psychiatrischen Krankenhaus und in der Entziehungsanstalt nach §§ 63, 64 StGB (Baur 2002, Rn C 1). Die Unterbringung in der Sicherungsverwahrung erfolgt nämlich nach Maßgabe der §§ 139, 140 StVollzG im Justizvollzug und unterliegt gemäß § 130 StVollzG weitgehend den Bestimmungen über den Vollzug der Freiheitsstrafe, von dem sie in der Realität auch kaum zu unterscheiden ist (Calliess u. Müller-Dietz 2005, § 130 Rn 1).

Der Maßregelvollzug ist Teil der (Maßregel- bzw.) Strafvollstreckung im weiteren Sinne, die sich auf den Gesamtvorgang der Verwirklichung einer gerichtlich angeordneten Kriminalsanktion erstreckt und folglich auch die nichtfreiheitsentziehenden Maßregeln (§ 61 Nr. 4–6 StGB) erfasst. Die Strafvollstreckung im engeren Sinne bezieht sich demgegenüber auf die Einleitung, generelle Überwachung und Beendigung des Straf- oder Maßregelvollzugs einschließlich der gegebenenfalls eintretenden Anschlussführungsaufsicht (Pollähne u. Böllinger 2005, Vor § 67 Rn 19 ff.).

*Vollstreckungsbehörde* ist grundsätzlich die Staatsanwaltschaft (§ 451 Abs. 1 StPO), im Verfahren gegen Jugendliche und diesen nach § 105 JGG im Urteil gleich gestellten Heranwachsenden der Jugendrichter als Vollstreckungsleiter (§§ 82 Abs. 1 S. 1, 110 Abs. 1 JGG), also jeweils ein Justizorgan. Da dessen Tätigkeit oftmals von anderen Leitvorstellungen getragen ist als von denen der zur Sozial- und Gesundheitsverwaltung gehörenden Maßregelvollzugseinrichtungen, sollte in der Praxis besonderen Wert auf ein beständiges Kooperationsverhältnis gelegt werden (Schaumburg 2003, S. 33).

Rechtsgrundlagen des Maßregelvollzugs sind auf Bundesebene die §§ 136–138 StVollzG, die sich im Wesentlichen damit begnügen, das jeweilige *Vollzugsziel* zu definieren und die Regelungen über die gerichtliche Kontrolle von Vollzugsmaßnahmen (§§ 109 ff. StVollzG) für entsprechend anwendbar zu erklären. Die nähere Ausgestaltung von Art und Weise des Vollzugs ist den Ländern nach § 139 StVollzG übertragen worden. Zugleich ergibt sich aus dieser Vorschrift, die nur den Vollzug der Freiheitsstrafe und der Sicherungsverwahrung den Justizvollzuganstalten der Länder überweist, dass psychiatrische Krankenhäuser und Entziehungsanstalten zum einen nicht der Landesjustizverwaltung zugeordnet werden und zum andern ihre Einrichtung und Organisation im Rahmen der allgemeinen psychiatrischen Krankenversorgung erfolgen kann (Volckart 2000, §§ 136–138 Rn 3). Die Unterbringung im Rahmen der allgemeinen Krankenversorgung einerseits und die Zielvorgaben der §§ 136 f. StVollzG andererseits können dabei zu vielfältigen, bisher nicht grundsätzlich gelösten Problemen beim Vollzug in den allgemeinen psychiatrischen Krankenhäusern führen. Ihre Regelungsbefugnis (bzw. -pflicht) haben die einzelnen Länder, abhängig von Tradition und Vorverständnis, verschiedenartig wahrgenommen (Kammeier 2002, Rn A 122). Die einen haben eigene, an den formalen Strukturen des Strafvollzugsgesetzes orientierte Maßregelvollzugsgesetze geschaffen, die anderen haben Sonderbestimmungen in ihre polizei- bzw. gesundheitsrechtlich geprägten Unterbringungs- oder Psychisch-Kranken-Gesetze aufgenommen (abgedruckt bei Volckart u. Grünebaum 2003, S. 263 ff.). Auch wenn der jeweilige Regelungsumfang sehr unterschiedlich ist und eine konzeptionell eigenständige Normierung den Besonderheiten des Umgangs mit der forensischen Klientel eher gerecht wird, stellen sämtliche Gesetze eine den verfassungsrechtlichen Mindestanforderungen für die Zulässigkeit einer Freiheitsentziehung genügende Rechtsgrundlage dar (Rotthaus u. Freise 2005, § 138 Rn 2). Ergänzend haben die Träger oder die Einrichtungen des Maßregelvollzugs Hausordnungen zur Regelung von „Alltagsfragen" erlassen (Schaumburg 2003, S. 13). Das so genannte Föderalismusreformgesetz vom 28. August 2006 (BGBl. I S 2034), nach dessen Art. 1 Nr. 7 die Gesetzgebungskompetenz für den Strafvollzug vom Bund auf die Länder übergegangen ist, führt vor diesem Hintergrund zu keinen nennenswerten Änderungen für den Vollzug der Maßregeln gemäß §§ 63, 64 StGB. Dies gilt auch im Hinblick auf die Rechtsschutzgewährleistungen nach §§ 109 ff. StGB (s. Volckart u. Grünebaum 2003, S. 235 ff.), weil bis zum Erlass abändernder landesrechtlicher Bestimmungen die Regelungen des StVollzG weiterhin als Bundesrecht in Kraft bleiben (Art. 125a Abs. 1 GG nF). Da ohnehin die vollstreckungsrechtliche Zuständigkeit der Strafvollstreckungskammern nach §§ 462a Abs. 1, 463 Abs. 1 StPO unberührt bleibt, ist unabhängig davon keine Verlagerung der vollzugsrechtlichen Zuständigkeit (§ 110 StVollzG) zu erwarten. *Dogmatisch* bringt die Verlagerung der Gesetzgebungskompetenz im Übrigen insoweit einen Vorteil, als von ihr kraft ausdrücklicher Regelung ebenfalls der Vollzug der Untersuchungshaft und, da eine isolierte Gesetzgebungskompetenz des Bundes insoweit sinnwidrig wäre, der einstweiligen Unterbringung gemäß § 126a StPO erfasst wird. Somit muss die Anwendung des Maßregelvollzugsrechts auf diese (eingehend Pollähne 2003) zukünftig, bei entsprechender Regelung, nicht mehr über den Umweg einer vorgeblich expliziten richterlichen Anordnung (Baur 2002, Rn C 2) erfolgen.

### 2.6.3.2 Organisatorischer Rahmen des Maßregelvollzugs

Wie erwähnt wird der Vollzug der Maßregeln nach §§ 63, 64 StGB nicht in Einrichtungen der Landesjustizverwaltung, sondern – unabhängig von der Bezeichnung als „Maßregelvollzugskrankenhaus" und dem etwaigen Bestehen baurechtlicher Sondervorschriften auf Landesebene – ausschließlich im Rahmen der allgemeinen psychiatrischen Versorgungsstrukturen und – mit

Ausnahme von Mecklenburg-Vorpommern (Arloth u. Lückemann 2004, § 136 Rn 2) – unter Aufsicht der Landessozial- und Landesgesundheitsverwaltung durchgeführt (Baur 2002, Rn C 10 f.). Dabei steht es dem Landesgesetzgeber frei vorzuschreiben, dass die Maßregelvollzugspatienten unter denselben rechtlichen Bedingungen wie die nach Landesrecht Untergebrachten in gemeinsam genutzten Einrichtungen behandelt werden (Volckart 2000, §§ 136–138 Rn 3). Daher ist es nicht zu beanstanden, dass der Maßregelvollzug tatsächlich sowohl in baulich und organisatorisch eigenständigen Einrichtungen als auch in speziellen Abteilungen von allgemeinen psychiatrischen Krankenhäusern durchgeführt wird (Schaumburg 2003, S. 27). Darüber hinaus ist es ebenfalls zulässig, einen Untergebrachten im Einzelfall, etwa zur Entlassungsvorbereitung, in eine allgemein-psychiatrische Klinik (bzw. Abteilung oder Station) zu verlegen, wenn diese hierfür konzeptionell, therapeutisch, personell und sicherheitstechnisch geeignet ist (Baur 2002, Rn C 11).

Der Maßregelvollzug ist mit Blick auf die strafgerichtliche Anordnung des Freiheitsentzugs und die Vielzahl weiterer intensiver Grundrechtseinschränkungen eine spezifisch *hoheitliche Aufgabe*, deren Ausführung die Länder zum Teil kommunalen Zweckverbänden (Landschaftsverband, Landeswohlfahrtsverband, Bezirk) und gelegentlich weiteren Trägern mittelbarer Staatsgewalt wie Universitätskliniken (z. B. in Rostock für Unterbringungen gemäß § 63 StGB und, zwischenzeitlich privatisiert, in Marburg für Jugendliche) zugewiesen haben. Die Einrichtungen des Maßregelvollzugs sind mithin (untere) *Vollzugsbehörden*. Einer allgemeinen haushalts- und verwaltungspolitischen Tendenz folgend, werden mittlerweile aber zunehmend – nicht notwendigerweise kostengünstiger arbeitende (s. den Bericht in ZfStrVo 2006, 236) – Privatunternehmen (zumeist in private Trägerschaft überführte vormals öffentliche Krankenhäuser) im Wege der *(Funktions-)Beleihung* mit der Durchführung des Maßregelvollzugs betraut (Kammeier 2004, S. 76 ff.). Wegen der Intensität und Nachhaltigkeit der mit der Unterbringung verbundenen und der in ihrem Rahmen stattfindenden weiteren Grundrechtseingriffe werden hiergegen zu Recht verfassungsrechtliche Bedenken erhoben (LG Flensburg ZJJ 2005, 208 ff.; Willenbruch u. Bischoff 2006, S. 1777 f.), soweit es um die mit der Ausübung von Zwangsbefugnissen im Zusammenhang stehenden Vollzugsbereiche geht (s. auch OLG Schleswig R&P 2006, 37 ff. mit Anm. Baur).

### 2.6.3.3 Vollstreckungsrechtliche Vor- und Begleitfragen

**Allgemeines.** Ordnet das Gericht eine freiheitsentziehende Maßregel nach §§ 63, 64 StGB an, muss es gegebenenfalls zugleich über verschiedene vollstreckungsrechtliche Vorfragen befinden, die sich sowohl auf die Zulässigkeit des Vollzugs insgesamt als auch auf dessen nähere Modalitäten beziehen können. Da diese Entscheidungen die Voraussetzungen der Vollstreckung mitgestalten, sind sie selbst zwar vollstreckungsrechtlicher Natur, nicht aber

Teil des Vollstreckungsverfahrens. Denn Voraussetzung für die Einleitung der Straf- bzw. Maßregelvollstreckung ist sowohl das Vorhandensein eines formell *rechtskräftigen*, d. h. mit ordentlichen Rechtsmitteln nicht mehr angreifbaren *Urteils* (§§ 449, 463 StPO) als auch das Vorliegen einer gerichtlichen Rechtskraft- oder genauer *Vollstreckbarkeitsbescheinigung* (§ 451 Abs. 1 StPO). Darüber hinaus haben die Vollstreckungsbehörde sowie das Vollstreckungsgericht (Strafvollstreckungskammer) in eigener Zuständigkeit bestimmte Fragen zu entscheiden, die (im Nachhinein) im Zusammenhang mit dem Antritt des Maßregelvollzugs aufkommen.

#### 2.6.3.3.1 Bedingter Verzicht auf die Maßregelvollstreckung

**Aussetzung der Unterbringung zugleich mit der Anordnung.** Die Vollstreckung einer Maßregel gemäß §§ 63, 64 StGB ist zwingend zugleich mit ihrer Anordnung zur Bewährung auszusetzen, *wenn besondere Umstände die Erwartung rechtfertigen, dass ihr Zweck auch ohne Vollzug erreicht werden kann*, es sei denn der Täter hat noch eine im selben Verfahren verhängte, nicht zur Bewährung ausgesetzte Freiheitsstrafe zu verbüßen (§ 67b Abs. 1 StGB). Das bedeutet, dass aufgrund von Tatsachen, die in der Tat, der Person des Täters oder seiner gegenwärtigen bzw. künftigen Situation liegen können, die begründete Wahrscheinlichkeit bestehen muss, dass die von ihm ausgehende Gefahr weiterer Tatbegehung abgewendet oder so abgeschwächt wird, dass zunächst ein Verzicht auf den Vollzug der Maßregel gewagt werden kann (BGH StV 2001, 679). Zu denken ist hierbei nicht zuletzt an die Bereitschaft des Täters, sich einer psychotherapeutischen oder medikamentösen Behandlung in einer offenen oder geschlossenen Einrichtung zu unterziehen (BGH NStZ 1988, 309). Abgesichert wird deren Durchführung und damit letztlich die Erreichung des Maßregelzwecks durch eine in diesem Fall besonders nahe liegende (Frehsee u. Ostendorf 2005, § 68b Rn 25) – allerdings zustimmungspflichtige und deshalb unter Umständen mit Problemen verbundene – so genannte Therapieweisung (§§ 67b Abs. 2, 68b Abs. 2 S. 2 StGB), da ein gröblicher oder beharrlicher Verstoß gegen diese zum Aussetzungswiderruf führt (§ 67g Abs. 1 Nr. 2 StGB). So kann die formal zur Bewährung ausgesetzte freiheitsentziehende Maßregel bei entsprechender Notwendigkeit und Einsicht inhaltlich als Mittel zur Förderung der ambulanten Therapie genutzt werden. Darüber hinaus können gegebenenfalls auch Verhältnismäßigkeitsgesichtspunkte eine originäre Vollzugsaussetzung gebieten (s. BGH NStZ 1998, 405; vgl. aber Best u. Rössner Kap. 2.5.3.2.2 Abschn. „Gefährlichkeitsprognose").

**Zurückstellung der Unterbringung in der Entziehungsanstalt.** Neben der Aussetzungsmöglichkeit besteht im Betäubungsmittelrecht die Besonderheit der fakultativen *Zurückstellung* der Vollstreckung der Strafe, eines Strafrests oder der Unterbringung in einer Entziehungsanstalt (Meier 2006, S. 124 ff.). Die Vollstreckungsbehörde kann hiernach mit Zustimmung des Gerichts die Vollstreckung für längstens zwei Jahre zurückstellen, wenn gegen den Verurteilten wegen einer Straftat, die er aufgrund einer Betäubungsmittelabhängigkeit begangen hat, eine Freiheitsstrafe von nicht mehr als zwei Jahren zu vollstrecken ist und er sich einer Suchtbehandlung unterzieht (§ 35 Abs. 1 BtMG; s. dazu OLG Koblenz StV 2006, 588 f. mit Anm. Rühlmann). Die Zeit des Aufenthalts in einer Therapieeinrichtung *muss*, die einer ambulanten Behandlung *kann* auf maximal zwei Drittel der Strafe angerechnet werden, sodass diese bei günstiger Gefährlichkeitsprognose zur Bewährung ausgesetzt werden kann (§ 36 BtMG). Hinsichtlich der Maßregel nach § 64 StGB fehlt es an einer entsprechenden ausdrücklichen Regelung, weshalb insoweit auf eine analoge Anwendung der §§ 67 c Abs. 1, 67d Abs. 6 StGB zurückgegriffen werden muss (Isak u. Wagner 2004, Rn 695, 698).

Vorteil dieser so genannten Vollstreckungslösung, die zwar im Fall einer Polytoxikomanie (s. OLG Dresden StV 2006, 585 ff.), nicht aber bei reiner Alkoholabhängigkeit in Betracht kommt und allein deshalb schon auf Kritik stößt (Volckart u. Grünebaum 2003, S. 37 f.), ist ein gegenüber der Straf(rest)- oder Maßregelaussetzung erheblich vereinfachtes Widerrufsverfahren. Denn im Fall der „Therapie statt Strafe" kann die Vollstreckungsbehörde die Zurückstellung bei Vorliegen eines der in § 35 Abs. 5, 6 BtMG genannten Gründe (z. B. Therapieabbruch) „kurzerhand" widerrufen und die Straf- oder Maßregelvollstreckung einleiten, ohne dass ein hiergegen gerichteter Rechtsbehelf aufschiebende Wirkung hätte (§ 35 Abs. 7 S. 3 BtMG).

### 2.6.3.3.2 Vollstreckungsreihenfolge

**Vollstreckung von Strafe und Maßregel.** Ist gegen den gemäß §§ 63 oder 64 StGB Unterzubringenden zugleich eine Freiheitsstrafe verhängt worden, wird nach § 67 Abs. 1 StGB die Maßregel grundsätzlich vor der Strafe vollstreckt (bei Sanktionen aus verschiedenen Verfahren gilt iE Entsprechendes über § 44b StrVollstrO). In diesem Fall wird die Zeit des Vollzugs angerechnet, bis zwei Drittel der Strafe erledigt sind (§ 67 Abs. 4 StGB), weil die Maßregel insoweit stellvertretend deren Aufgaben übernimmt und Wirkungen zeitigt (System des *Vikariierens*). Dem wird die – verfassungsgerichtlich abgesegnete (BVerfG NStZ 1994, 578) – Anrechnungsbeschränkung, durch welche die Therapiemotivation des Verurteilten unter dem „Druck" einer möglichen Vollstreckung des Strafrests gesteigert werden soll, allerdings nicht gerecht (Hanack 1992, § 67 Rn 18 f.). Eine Aussetzung des Strafrests ist im Übrigen frühestens möglich, sobald sich die Hälfte der Begleitstrafe erledigt hat (§ 67 Abs. 5 StGB).

Den vollständigen oder teilweisen Vorwegvollzug der Strafe kann das erkennende Gericht – bzw. nachträglich die Strafvollstreckungskammer (§ 67 Abs. 3 StGB) – bestimmen, *wenn der Zweck der Maßregel dadurch leichter erreicht wird* (§ 67 Abs. 2 StGB). Allgemeine Erwägungen, etwa, dass der „Leidens-" oder „Motivationsdruck" des Strafvollzugs die Erfolgsaussichten einer anschließenden Behandlung im Maßregelvollzug erhöhe, genügen hierfür nicht (BGH NStZ 1986, 140; StraFo 2006, 299). Maßgeblich sind vielmehr nur auf den Einzelfall bezogene Gesichtspunkte unter dem Primat des am Zweck der Maßregel auszurichtenden *Rehabilitierungsinteresses* des Verurteilten (BGH NStZ-RR 1998, 272; 2001, 93). Eine Umkehr der Vollstreckungsreihenfolge ist danach vor allem dann gerechtfertigt, wenn der Entlassung in die Freiheit eine Behandlung im Sinne der §§ 63 oder 64 StGB unmittelbar vorausgehen sollte, weil ein nachfolgender Strafvollzug die positiven Auswirkungen der Unterbringung konkret wieder gefährden würde (BGH NJW 1986, 143; 1999, 613; NStZ-RR 2003, 295), bzw. wenn der vorgezogene Strafvollzug als sinnvolle Vorstufe für die Zwecke der Behandlung im Maßregelvollzug erforderlich ist (BGHSt 33, 286). Bei besonders langen Freiheitsstrafen, die im Falle des § 64 StGB wegen der Höchstfristregelung des § 67 d Abs. 1 StGB zu einem erheblichen Strafüberhang oder einer beträchtlichen Vorwegverbüßungsdauer im Strafvollzug führen können, ist gegebenenfalls eine doppelte Vollstreckungsumkehr zu erwägen (Volckart u. Grünebaum 2003, 23 f.).

Wird eine Freiheitsstrafe – teilweise (Veh 2005, § 67 Rn 6) – vor einer zugleich angeordneten Maßregel nach §§ 63 oder 64 StGB vollzogen, hat die Vollstreckungskammer vor dem Ende des Strafvollzugs zu prüfen, ob deren jeweiliger Zweck die Unterbringung *noch erfordert*; ansonsten ist ihre Vollstreckung zur Bewährung auszusetzen (§ 67 c Abs. 1 StGB).

**Vollstreckung verschiedener freiheitsentziehender Maßregeln.** Werden mehrere freiheitsentziehende Maßregeln angeordnet, was auch hinsichtlich der Unterbringungen nach §§ 63, 64 StGB in Betracht kommt (BGH StV 1998, 72), bestimmt das erkennende Gericht zugleich die Reihenfolge ihrer Vollstreckung (§ 72 Abs. 2, 3 S. 1 StGB). Maßgeblich ist insoweit eine Einzelfallbetrachtung anhand der Verhältnisse zum Zeitpunkt der tatrichterlichen Entscheidung unter dem *Aspekt optimaler Zweckerreichung* (Bockemühl 2005, § 72 Rn 6). Der zugezogene Sachverständige (§ 246 a StPO) ist zu dieser Frage zu hören. Zu vollziehen ist die hintenangestellte Maßregel allerdings nur dann, wenn ihr Zweck die Unterbringung noch erfordert (§ 72 Abs. 3 S. 2, 3 StGB), wozu das Vollstreckungsgericht ein gesondertes Sachverständigengutachten einzuholen hat (§ 463 Abs. 3 S. 3 iVm § 454 Abs. 2 StPO).

### 2.6.3.3.3 Überweisung in den Vollzug einer anderen Maßregel

Ist eine Unterbringung nach §§ 63 oder 64 StGB angeordnet, kann die Strafvollstreckungskammer den Täter nachträglich in den Vollzug der anderen Maßregel überweisen – bzw. im weiteren Verlauf wieder rücküberweisen (§ 67 a Abs. 3 StGB) –, *wenn seine Resozialisierung dadurch besser gefördert werden kann* (§ 67 a Abs. 1 StGB). Eine entsprechende Überweisungsmöglichkeit besteht im Verhältnis der Sicherungsverwahrung zu den genannten Maßregeln (§ 67 a Abs. 2 StGB), nicht aber umgekehrt (BGH NStZ 2000, 587).

Für die Prognose, ob die Eingliederung des Täters in die Gesellschaft durch die Überweisung besser gefördert werden kann als durch den zunächst vorgesehenen Vollzug (LG Marburg StV 1991, 72), wird regelmäßig die Stellungnahme eines Sachverständigen einzuholen sein (OLG Hamm NStZ 1987, 93). In formaler Hinsicht ändert die Überweisung nichts am Fortbestehen des im Urteil getroffenen Maßregelausspruchs, weshalb sich nicht nur die Höchst- und Prüfungsfristen für die Unterbringung (§ 67a Abs. 4 StGB), sondern auch deren Voraussetzungen und das Vollzugsregime nach der angeordneten Maßregel bestimmen (Volckart u. Grünebaum 2003, S. 31). Die erst im Vollstreckungsverfahren gegebene Möglichkeit des Vollzugswechsels macht die Anordnung mehrerer Maßregeln gemäß § 72 Abs. 2 StGB im Übrigen nicht überflüssig (Tröndle u. Fischer 2007, § 72 Rn 2b).

### 2.6.3.3.4 Vorläufige freiheitsentziehende Maßnahmen

Die Vollstreckung eines strafgerichtlichen Urteils ist mit Eintritt der Rechtskraft möglich (§ 449 StPO). Das bedeutet im (Regel-)Fall der vorweg zu vollstreckenden Unterbringungen nach § 63 und insbesondere § 64 StGB aber keineswegs, dass sie auch sogleich vollzogen werden. Grund hierfür ist die – mit zum Teil beachtlichen regionalen Unterschieden – seit Jahren angespannte, um nicht zu sagen überspannte Belegungssituation im Maßregelvollzug (vgl. Bron 2004, S. 7 ff.; Dessecker 2005, S. 23 ff.; Schalast et al. 2005, S. 3 ff.). Steht von daher für den Verurteilten unmittelbar kein Therapieplatz zur Verfügung, wird er in der Praxis zumeist einstweilen in so genannter *Organisationshaft* „geparkt", wenn er sich bei Rechtskrafteintritt bereits in Untersuchungshaft befindet, da ein vollzugsorganisationsbedingter Vollstreckungsaufschub hier in aller Regel ausscheidet (s. § 455a Abs. 1 HS 2 StPO). Unter Hinweis auf das Fehlen einer ausdrücklichen Gesetzesgrundlage wird dieses Vorgehen vielfach als rechtswidrig qualifiziert (OLG Brandenburg NStZ 2000, 500 ff. mit zustimmender Anm. Rautenberg; Ostermann 1993, S. 52 ff.), zumal selbst eine „überfüllte" Maßregelvollzugseinrichtung aufnahmepflichtig sei (Volckart 2004, S. 179 ff.). Das BVerfG, das die Organisationshaft zunächst als „Regelwidrigkeit" bezeichnet hat, die sich bei der Strafzeitberechnung nicht nachteilig auswirken dürfe (NStZ 1998, 77 mit Anm. Lemke), hält sie demgegenüber nun mit Blick auf die praktischen Probleme in dem zeitlichen Rahmen für zulässig, den die Vollstreckungsbehörde bei unverzüglicher Vollstreckungseinleitung nach den Verhältnissen des Einzelfalls benötigt, um in beschleunigter Weise die Überstellung des Verurteilten in eine geeignete Einrichtung herbeizuführen (NJW 2006, 427 ff.). Einer festen dreimonatigen „Organisationsfrist", die ein Teil der früheren Rechtsprechung den Vollstreckungsbehörden eingeräumt hat (vgl. Bartmeier 2006, S. 546 f.), ist damit verfassungsgerichtlich ebenso der Boden entzogen worden wie der Verwahrung des Verurteilten während des bloßen Wartens auf das Freiwerden eines Therapieplatzes (s. bereits OLG Hamm NStZ-RR 2004, 381).

Befindet sich der Verurteilte, gegen den eine zunächst zu vollziehende Unterbringung nach §§ 63 oder 64 StGB angeordnet ist, auf freiem Fuß (vgl. auch § 67 c Abs. 2 StGB), kann gegen ihn ein *Vorführungs- oder Vollstreckungshaft- bzw. -unterbringungsbefehl* ergehen, wenn er sich der Ladung zum Antritt der Maßregel nicht gestellt hat oder der Flucht verdächtig ist (§§ 457 Abs. 2 S. 1, 463 Abs. 1 StPO). In der Praxis kommen solche Fälle vor allem im Zusammenhang mit Einweisungen gemäß § 64 StGB vor.

### 2.6.3.4 Grundzüge des Maßregelvollzugs

#### 2.6.3.4.1 Unterbringung in einem psychiatrischen Krankenhaus

**Vollzugsziel und -auftrag.** Vollzugsziel der Unterbringung in einem psychiatrischen Krankenhaus ist gemäß § 136 S. 2 StVollzG, *den Patienten, soweit möglich, zu heilen oder seinen Zustand soweit zu bessern, dass er nicht mehr gefährlich ist*. Die Behandlung richtet sich also nach *ärztlichen Gesichtspunkten*, wobei dem Untergebrachten die nötige Aufsicht, Betreuung und Pflege zuteil werden muss (§ 136 S. 1 u. 3 StVollzG). Daraus ergibt sich zum einen, dass dieser einen *Anspruch auf Therapie* hat (LG Paderborn R&P 2000, 42), zum anderen aber, dass bei der Vollzugsgestaltung der gesetzliche *Sicherungsauftrag des Maßregelvollzugs* zu beachten ist. Neben rein ärztlichen sind demnach prinzipiell auch Sicherungsmaßnahmen (z. B. Durchsuchung, unmittelbarer Zwang, vorübergehende Verlegung in eine „Akutstation") sowie Ordnungs- und Disziplinarmaßnahmen (z. B. Postkontrolle; befristete Wegnahme von Geräten der Unterhaltungsindustrie) zulässig, sofern jeweils eine ausreichende landesgesetzliche Grundlage vorhanden ist (Einzelheiten bei Volckart u. Grünebaum 2003, S. 50 ff.). Die Abgrenzung ist im Einzelfall schwierig, denn die zuletzt genannten Maßnahmen (etwa Fernsehbeschränkungen) können ebenfalls therapeutischen Zwecken dienen und somit nach den hierfür maßgeblichen Bestimmungen des Landesrechts zulässig sein (LG Marburg R&P 1992, 67).

**Behandlung.** Für die Frage, wie die auf das Vollzugsziel auszurichtende Behandlung des Untergebrachten (eingehend Stolpmann 2001, S. 98 ff.; Wagner 2002) zu gestalten ist, kommt es primär auf die Probleme und Ressourcen des Patienten an, an denen der zu Beginn des Vollzugs aufzustellende und stetig fortzuschreibende Therapieplan auszurichten ist. Dieser hat indes nicht nur die Behandlungsmethoden im engeren Sinne, d. h. Pharmako-, Psycho- und Soziotherapie (Schaumburg 2003, S. 85 ff.), sondern alle fördernden Maßnahmen, also auch die der übrigen Fachkräfte, in den Blick zu nehmen (Arbeit, Aus- und Weiterbildung, Freizeitgestaltung etc.). Dabei gebietet es bereits die *Subjektstellung* des Patienten, ihn, soweit möglich, an den Planungen zu beteiligen (Volckart u. Grünebaum 2003, S. 193 f.).

Nicht von vornherein unzulässig ist bei Bestehen einer landesgesetzlichen Grundlage (vgl. KG NStZ-RR 1997, 351) eine *Zwangsbehandlung* des Patienten wegen seiner *Anlasskrankheit*, wobei hier aber lediglich die Verabreichung von Psychopharmaka und gegebenenfalls noch die Elektrokrampfbehandlung in Betracht kommen. Dies gilt freilich nur im Rahmen des nach allgemeiner psychiatrischer Meinung Unerlässlichen (Volckart u. Grünebaum 2003, S. 161 ff.) und setzt nach den landesrechtlichen Regelungen außerhalb von Akutsituationen zumeist die vorherige Zustimmung des Betroffenen oder seines hierfür zuständigen Betreuers voraus. Beim Fehlen entsprechender Regelungen ist an eine – freilich nicht unproblematische – analoge Anwendung des § 101 StVollzG zu denken. In geeigneten Fällen ist jedenfalls sehr sorgfältig zu prüfen, ob die Behandlung mit Psychopharmaka der sonst möglichen Fixierung oder gesonderten Unterbringung nicht vorzuziehen ist. Das Wohl der Patienten sollte jedenfalls nicht von einem rechtlich risikovollen Handeln des verantwortlichen Arztes abhängen, sondern im Rahmen klarer gesetzlicher Regeln und Vorgaben bei der Zulässigkeit von Zwangsbehandlungen in Akutsituationen stattfinden.

Hinsichtlich der Patientenrechte ist vor allem zu beachten, dass dem Untergebrachten mit Blick auf sein in Art. 1 Abs. 1 iVm Art. 2 Abs. 1 GG wurzelndes Recht auf informationelle Selbstbestimmung und personale Würde von Verfassungs wegen, also unabhängig von einer entsprechenden landesgesetzlichen Regelung, ein grundsätzlich umfassender *Anspruch auf Akteneinsicht* zusteht, der sich nicht nur auf objektive Befunde wie EEG, EKG, Labordaten und durchgeführte Behandlungsmaßnahmen, sondern auch auf bewertungsabhängige und insofern subjektive Beurteilungen bezieht. Etwaige Persönlichkeitsrechte des Therapeuten, an die etwa im Hinblick auf das Phänomen der Übertragung und Gegenübertragung zu denken ist, sind demgegenüber weitgehend unbeachtlich. Soweit sie überhaupt anerkennenswert sind, rechtfertigen sie indes nur eine durch geeignete Maßnahmen (Schwärzungen in Kopien von Aktenstücken, Herausnahme von Aktenbestandteilen etc.) zu bewirkende Einschränkung, nicht aber den Ausschluss des Akteneinsichtsrechts. Die Befürchtung, der Patient könne aufgrund der Akteneinsicht Therapieerfolge vortäuschen, ist dagegen in keinem Fall von Belang (gundlegend zum Ganzen BVerfG EuGRZ 2006, 303 ff.). Vor diesem Hintergrund versteht es sich von selbst, dass dem Betroffenen auf sein Verlangen hin eine schriftliche Fassung des Behandlungs- und Eingliederungsplans auszuhändigen ist (LG Landau ZfStrVo 2006, 247).

Im Übrigen ist darauf hinzuweisen, dass sich die im Maßregelvollzug tätigen Ärzte, Psychologen und das nachgeordnete therapeutische Personal gegenüber der Strafvollstreckungsbehörde sowie der Strafvollstreckungskammer nach bestrittener Ansicht auf das umfassende *Aussageverweigerungsrecht* gemäß §§ 53 Abs. 1 Nr. 3, 53 a, 76 StPO berufen können; davon abgesehen besteht die einen engeren Bereich erfassende *Schweigepflicht* nach § 203 StGB, die sich im Wesentlichen auf solche Tatsachen erstreckt, die der Patient im Vertrauen auf die Verschwiegenheit seines Gegenübers im therapeutischen Gespräch berichtet hat und die sonst nicht bekannt geworden sind (näher Volckart u. Grünebaum 2003, S. 183 ff.).

### 2.6.3.4.2 Unterbringung in der Entziehungsanstalt

**Vollzugsziel und -auftrag.** Vollzugsziel der Unterbringung in der Entziehungsanstalt ist gemäß § 137 StVollzG, *den Patienten von seinem Hang zu heilen und die zugrunde liegende Fehlhaltung zu beheben*. Daher soll der Untergebrachte in Abstinenz eingeübt oder zumindest für gewisse Zeit vor einem Rückfall in die akute Sucht bewahrt werden (BVerfGE 91, 29; s. auch Schalast et al. 2005, S. 6 f.). Der auf die Behebung einer „Fehlhaltung" gerichtete und damit charakterliche Defizite insinuierende Zusatz wird der Suchtkrankheitsproblematik demgegenüber nicht gerecht (vgl. Tröndle u. Fischer 2007, § 64 Rn 15).

Wenngleich der Vollzug der Maßregel gemäß § 64 StGB, entsprechend ihrer institutionellen Zielorientierung, hiernach in erster Linie therapeutisch ausgerichtet ist und eine § 136 S. 3 StVollzG vergleichbare Bestimmung fehlt, darf nicht übersehen werden, dass der Sicherungsauftrag des Maßregelvollzugs durch die Einbindung in das staatliche Hoheitsverhältnis mit dem Urteil hier in gleicher Weise gilt (Arloth u. Lückemann 2004, § 137 Rn 1).

**Behandlung.** Bezüglich der Behandlungserfordernisse wie auch der psychosozialen Suchtbedingungen und der notwendigen stationären Therapiedauer ist grundsätzlich zwischen Alkohol- und Betäubungsmittelabhängigkeit zu unterscheiden. Hauptproblem der Therapieplanung ist die Abstimmung der stationären Behandlung auf die Mindestverbüßungszeit, weshalb die Behandlung in zeitlicher Hinsicht so zu gestalten ist, dass nach dem voraussichtlichen Ende ihres stationären Teils ein nahtloser Übergang in die ambulante Erprobungsphase möglich ist. Behandlungsmethoden sind im Wesentlichen die Psycho- und Soziotherapie sowie die Milieugestaltung, wobei als Palliativmaßnahmen im Grundsatz sowohl Zwangsbehandlungen (bei Entzugserscheinungen) als auch die Schaffung von „Leidensdruck" im Rahmen der Psychotherapie (und unter starken Einschränkungen durch strenge Vollzugsbedingungen) sowie Kontaktsperren in Betracht kommen (vgl. zum Ganzen Volckart u. Grünebaum 2003, S. 210 ff.; Wilms 2005, S. 98 ff.; s. im Übrigen oben Kap. 2.6.3.4.1 Abschn. „Behandlung").

### 2.6.3.4.3 Vollzugslockerungen

Die Gewährung von Vollzugslockerungen (eingehend Pollähne 1994) ist eines der wesentlichen Gestaltungsmittel des Maßregelvollzugs, mit dem nicht nur die nachteiligen Folgen des mit der Unterbringung verbundenen Freiheitsentzugs auf das unvermeidliche Maß zurückgedrängt werden können, sondern auch zur Gewährleistung eines auskömmlichen Vollzugsklimas beigetragen werden kann. Zudem sind derartige Entwicklungsschritte hin zu mehr Freiheit und Eigenverantwortung notwendig für eine planvolle Entlassungsvorbereitung (Pollähne 2002, Rn. F 14 ff.; Schaumburg 2003, S. 98 ff.) und spätestens dann unabdingbar, wenn eine Aussetzung zur Bewährung ins Auge gefasst wird (s. LG Paderborn R&P 2002, 124 mit

Anm. Lesting). In diesem Zusammenhang ist allerdings, bei entsprechender Eignung, ebenfalls die Verlegung des Untergebrachten in eine „durchlässigere" Form des Vollzugs („offene" oder „halboffene" Stationen u. Ä.) zu erwägen, die auch in einem allgemeinen psychiatrischen Krankenhaus durchgeführt werden kann (Pollähne 2002, Rn. F 51 ff.).

Der Patient hat vor diesem Hintergrund einen *Rechtsanspruch* auf Vollzugslockerungen (Volckart 2000, §§ 136–138 Rn 14), sofern der Sicherungsauftrag des Maßregelvollzugs hierdurch nicht gefährdet wird (Arloth u. Lückemann 2004, § 136 Rn 4). Der insoweit zuständigen Stelle, d. h. dem Leiter der Einrichtung bzw. einem kollegialen Entscheidungsorgan (zur Forderung, den Aufgabenkreis des behandelnden Therapeuten strikt von dem des Prognosegutachters zu trennen, s. Volckart u. Grünebaum 2003, S. 134 ff.) und der gegebenenfalls nach Landesrecht vorgesehenen Zustimmungsbehörde (z. B. Staatsanwaltschaft) steht bei festgestellter günstiger Gefährlichkeitsprognose deshalb nur hinsichtlich Art und Dauer der Lockerungsmaßnahme ein gerichtlich voll überprüfbarer Ermessensspielraum zu; die einzelnen landesrechtlichen Regelungen werden dem jedoch nur teilweise gerecht (Pollähne 2002, Rn F 60).

Als Arten der Vollzugslockerung kommen in Anlehnung an § 11 StVollzG vor allem in Betracht die Gruppen- oder Einzelausführung, der begleitete oder unbegleitete Ausgang, die Außenbeschäftigung mit oder ohne Aufsicht, der Freigang sowie die Beurlaubung (Pollähne 2002, Rn. F 29 ff.; Volckart u. Grünebaum 2003, S. 130 ff.). Die Anlässe für die Gewährung von Vollzugslockerungen sind vielgestaltig. In Betracht kommen etwa die Erledigung privater oder geschäftlicher Angelegenheiten bzw. die Wahrnehmung von Gerichtsterminen (Ausgang, Ausführung), arbeitstherapeutische Aspekte (Außenbeschäftigung), Behandlungs- und Qualifizierungsmaßnahmen (Ausgang, Freigang) sowie die Entlassungsvorbereitung (Freigang, Beurlaubung).

In der Vorbereitung vollzugsbeendender Maßnahmen kommt vor allem der *(Langzeit-)Beurlaubung* besondere Bedeutung zu, wobei in den einzelnen Ländern zum Teil erheblich voneinander abweichende Regelungen zur Frage der Urlaubsbefristung und der Zulässigkeit so genannter Kettenbeurlaubungen existieren (Pollähne 2002, Rn. F 77 ff.). Die Festlegung bestimmter Obergrenzen ist indes verfassungsrechtlich zweifelhaft (vgl. LG Marburg, Beschluss v. 25.9.2001 – 7 StVK 481/01). Eine längerfristige, erfolgreiche Beurlaubung verschafft dem Maßregelvollzugspatienten jedenfalls einen Anspruch auf Vollstreckungsaussetzung gemäß § 67d Abs. 2 StGB (OLG Hamm StV 1988, 115).

Was die Frage der für die Lockerungsgewährung notwendigen *Prognose* angeht, so muss sich diese zum einen auf die Gefahr des Entweichens, zum anderen auf diejenige weiterer erheblicher rechtswidriger Taten und schließlich auf die Gefährdung des Behandlungserfolgs erstrecken (Volckart u. Grünebaum 2003, S. 134), wobei dem Grundsatz der Verhältnismäßigkeit Rechnung zu tragen ist (Pollähne 2002, Rn. F 59). Wegen der im – gerade noch nicht gelockerten – Maßregelvollzug eingeschränkten Beurteilungsbasis sieht sich die Prognosestellung beachtlichen Schwierigkeiten ausgesetzt, sodass die Lockerungsgewährung stets mit einem gewissen „Erprobungsrisiko" (OLG Hamm StV 2000, 682) verbunden ist. Um dieses Risiko möglichst „kalkulierbar" zu halten, ist es angezeigt, sowohl den Tatkomplex, den Persönlichkeitsquerschnitt, die Krankheitssymptomatik und das beobachtete Vollzugsverhalten als auch die sozialen Perspektiven im Fall der Lockerungsdurchführung in den Blick zu nehmen (Rasch 1985, S. 317). Wichtigster *Versagungsgrund* ist die Missbrauchsgefahr, d. h. die Befürchtung, der Patient werde im Verlauf der Lockerungsmaßnahme erhebliche rechtswidrige Taten begehen; daneben sind insbesondere noch die Fluchtgefahr sowie die Gefährdung des Therapieziels zu nennen (zum Teil kritisch Pollähne 2002, Rn. F 64 ff.). Die eine Versagungsentscheidung tragende prognostische Beurteilung muss in jedem Fall *durch konkrete Tatsachen begründet* sein und darf daher nicht schematisch begründet werden (s. zur Methodologie Volckart u. Grünebaum 2003, S. 137 ff.). Zu beachten ist, dass wegen des unterschiedlichen Verhältnisses zwischen Vollzugsziel und Sicherungszweck bei der Unterbringung nach §§ 63 und 64 StGB der Beurteilungsspielraum bei Letzterer tendenziell großzügiger ist (vgl. Frisch 1990, S. 789 f.). Nicht abgelehnt werden darf, auch bei besonders schwerwiegenden Anlasstaten, eine Vollzugslockerung aus Gründen des Schuldausgleichs (so aber OLG Frankfurt R&P 1986, 75), weil eine Durchsetzung des Maßregelrechts mit repressiven Gedanken aus sanktionstheoretischer Sicht allenfalls in dem bereits bestehenden, lediglich Zweckmäßigkeitserwägungen verhafteten bundesgesetzlichen Rahmen (Best 2002, S. 114 ff., 120 ff.) toleriert werden kann.

Begeht ein Patient im Verlauf einer Lockerungsmaßnahme eine rechtswidrige Tat, stellt sich die Frage nach der *Verantwortlichkeit des Prognosestellers*. In strafrechtlicher Hinsicht ist dabei namentlich an eine Strafbarkeit wegen fahrlässiger Tötung (§ 222 StGB) oder fahrlässiger Körperverletzung (§ 229 StGB) zu denken. Nach gefestigter Rechtsprechung ist eine solche jedoch nur dann zu bejahen, wenn der Verantwortliche pflichtwidrig gehandelt, d.h. entweder die maßgeblichen gesetzlichen Vorschriften oder die Regeln der ärztlichen Kunst (bzw. prognostischen Methodik) nicht beachtet hat und die eingetretene Rechtsgutsverletzung für ihn vorhersehbar gewesen ist (BGHSt 49, 1 f.; LG Göttingen NStZ 1985, 410; StA Paderborn NStZ 1999, 51 ff. mit Anm. Pollähne). Danach kommt es nicht zuletzt entscheidend darauf an, ob sämtliche zur Verfügung stehenden Erkenntnismöglichkeiten ausgeschöpft und einer nachvollziehbaren Bewertung zugeführt worden sind (s. auch Rössner Kap. 3.5). Unter denselben Voraussetzungen kommt auch eine zivilrechtliche Haftung gemäß § 839 BGB iVm Art. 34 GG wegen Amtspflichtverletzung in Betracht (OLG Karlsruhe R&P 2002, 37), wobei fraglich ist, ob die Amtspflichten des Prognostikers in dem Sinn „drittbezogen" sind, dass von ihrem Schutz jedes potenzielle (so OLG Karlsruhe R&P 2002, 37 f.) oder nur ein individuell voraussehbares Opfer (so OLG Hamburg R&P 1997, 183 f.) erfasst wird. Die Haftung trifft indes in jedem Fall unmittelbar allein den Staat, der sich erst bei mindestens grober Fahrlässigkeit im Regressweg am verantwortlichen Entscheidungsträger schadlos halten kann (näher Pollähne 2004, S. 110 ff.). Insgesamt ist festzuhalten, dass das Risiko, im seltenen Fall einer „ernstlich" fehlgeschlagenen Lockerungsmaßnahme straf- oder zivilrechtlich zur Verantwortung gezogen zu werden, für einen lege artis handelnden Prognosesteller praktisch ausgeschlossen ist (Grünebaum 1996, S. 148).

### 2.6.3.5 Beendigung der Vollstreckung einer Maßregel nach §§ 63 oder 64 StGB

#### 2.6.3.5.1 Erledigung

**Überblick.** Bei der Erledigung (Meier 2006, S. 314 ff.) handelt es sich um ein maßregelspezifisches Rechtsinstitut, welches dazu führt, dass die Maßregel *als solche* keine unmittelbaren Rechtswirkungen mehr zeitigen kann. Dabei ist einerseits zwischen der Erledigung kraft Gesetzes und derjenigen kraft vollstreckungsrichterlicher Entscheidung und andererseits zwischen der echten, d. h. sanktionslosen, sowie der unechten, d. h. (insbesondere durch dem Eintritt von Führungsaufsicht) sanktionsbewährten Erledigung zu unterscheiden. Echte Erledigung kraft Gesetzes tritt ein bei Ablauf der Höchstfrist für die Unterbringung gemäß § 64 StGB (§ 67 d Abs. 4 S. 2 StGB), bei wiederholter Anordnung einer solchen Unterbringung (§ 67 f StGB) sowie beim widerrufsfreiem Ablauf der Führungsaufsicht (§ 67 g Abs. 5 StGB). Kraft vollstreckungsrichterlicher Entscheidung tritt echte Erledigung ein, wenn der Zweck der Maßregel bereits vor ihrem Beginn erreicht ist (§§ 67 c Abs. 2 S. 5, 72 Abs. 3 S. 3 StGB). Dasselbe gilt nach bislang herrschender Meinung (BGHSt 42, 310; OLG Frankfurt, NStZ 2003, 223; Radtke 1998, S. 303 ff.) analog § 67 c Abs. 2 S. 5 StGB, wenn sich nachträglich herausstellt, dass der Maßregelzweck nicht (mehr) erreicht werden kann, weil die Anordnungsvoraussetzungen von vornherein nicht vorlagen (*Fehleinweisung*) oder später weggefallen sind. Für die Unterbringung nach § 63 StGB ist dieser Fall wie auch die Unverhältnismäßigkeit der Fortsetzung des Vollzugs allerdings von § 67 d Abs. 6 StGB zu einer unechten Erledigung kraft vollstreckungsrichterlicher Entscheidung ausgestaltet worden, was im Zusammenhang mit der durch § 66 b Abs. 3 StGB ermöglichten Anordnung der nachträglichen Sicherungsverwahrung zu sehen ist. Hierher gehört letztlich auch die Anordnung der endgültigen Außervollzugsetzung der Unterbringung gemäß § 64 StGB, wenn der Zweck der Maßregel wegen des Fehlens einer „hinreichend konkreten Aussicht auf Behandlungserfolg" (BGH NStZ-RR 2005, 10 f.) infolge Therapieunwilligkeit oder -resistenz nicht erreicht werden kann (§ 67 d Abs. 5 StGB).

**Unterbringungshöchstfrist.** Die Unterbringung gemäß § 64 StGB darf nach der Regel des § 67 d Abs. 1 S. 1 StGB die Dauer von zwei Jahren nicht übersteigen. Wird die Maßregel, wie im faktischen Normalfall, vor einer zugleich verhängten Freiheitsstrafe vollzogen, *verlängert* sich die Höchstfrist jedoch *um deren Dauer, soweit die Zeit der Unterbringung auf die Strafe angerechnet wird* (§ 67 d Abs. 1 S. 3 StGB). Nach überwiegender Auffassung wird die *Grundhöchstfrist* demzufolge in Anlehnung an die Anrechnungsbestimmung des § 67 d Abs. 4 S. 1 StGB um maximal zwei Drittel der Dauer der Begleitfreiheitsstrafe verlängert (OLG Frankfurt NStZ 1993, 454; OLG Hamm StV 1995, 89; Lackner u. Kühl 2004, § 67 d Rn 2). Von anderer Seite wird demgegenüber aus teleologischen Gründen bei vier Jahren eine absolute Obergrenze gezogen (LG Paderborn NStZ 1990, 357; Isak u. Wagner 2003, Rn 343 aE). Die von § 67 d Abs. 5 S. 1 StGB vorgesehene starre Mindestvollzugsdauer ist im Übrigen verfassungswidrig (BVerfGE 91, 34).

Die Unterbringung gemäß § 63 StGB ist an keine Höchstfrist gebunden. Deshalb kommt hier dem Verhältnismäßigkeitsprinzip besondere Bedeutung zu (§ 67 d Abs. 6 S. 1 Alt. 2 StGB), wonach für die Fortsetzung des Maßregelvollzugs umso strengere Grundsätze gelten, je länger dieser bereits dauert (BVerfGE 70, 315; NJW 1995, 3048 f.; R&P 2005, 79 f. mit Anm. Volckart). Erforderlich ist danach, auf der Grundlage ausreichend geklärter Tatsachen bezüglich Diagnose und Prognose die Dauer des Freiheitsentzugs zur möglichen Gefährdung der Allgemeinheit in Beziehung zu setzen, wofür sowohl die Anlasstat(en) als auch andere nach einer Freilassung eventuell zu befürchtende Taten in den Blick zu nehmen sind (OLG Hamburg NStZ-RR 2005, 40 f.; OLG Karlsruhe R&P 1999, 93). Zu beachten ist dabei nicht nur das Gewicht der bedrohten Rechtsgüter, sondern ebenfalls der Grad der Wahrscheinlichkeit einer Tatbegehung, deren zu erwartende Modalitäten sowie außerhalb des Maßregelvollzugs bestehende Möglichkeiten zur Risikoreduzierung (BVerfGE 70, 313 f.; OLG Karlsruhe R&P 2006, 149 f.).

### 2.6.3.5.2 Aussetzung zur Bewährung

▍ **Allgemeines.** Vor Ablauf der Höchstfrist bzw. bei unbefristeter Unterbringung kann gemäß § 67 d Abs. 2 StGB durch die Strafvollstreckungskammer die Vollstreckung einer in Vollzug befindlichen freiheitsentziehenden Maßregel zur Bewährung ausgesetzt werden, was zwingend den Eintritt von Führungsaufsicht zur Folge hat (vgl. ferner die zum Teil bereits erörterten Aussetzungsmöglichkeiten nach §§ 67 b Abs. 1, 67 c Abs. 1 S. 2, Abs. 2 S. 4, 72 Abs. 3 S. 3 StGB). Wird die Aussetzung nicht widerrufen, führt dies, wie eben gesagt, zu ihrer Erledigung (§ 67 g Abs. 5 StGB); in dieser Widerrufsmöglichkeit besteht dabei der entscheidende Unterschied zwischen Vollstreckungsaussetzung und unechter Erledigung (Pollähne u. Böllinger 2005, Vor § 67 Rn 43, 49; zu weiteren Beendigungsformen s. im Übrigen ebd., Vor § 67 Rn 46).

▍ **Entlassungsprognose.** Die Vollstreckung der Unterbringung ist auszusetzen, *wenn zu erwarten ist, dass der Untergebrachte außerhalb des Maßregelvollzugs keine rechtswidrigen Taten mehr begehen wird* (§ 67 d Abs. 2 S. 1 StGB). Die Formulierung, dass „keine" rechtswidrigen Taten mehr begangen werden dürfen, kann nicht wörtlich verstanden werden, da die Vorschrift ansonsten faktisch leer liefe und einer sowohl den Sicherheitsinteressen der Allgemeinheit als auch dem Freiheitsanspruch des Untergebrachten gerecht werdende Abwägungsentscheidung (vgl. BVerfGE 70, 311) von vornherein den Weg versperrte. Die Aussetzung der Vollstreckung kann daher nur hinsichtlich solcher zukünftiger Taten versagt werden, die nach Art und Schwere geeignet sind, die Anordnung der jeweiligen Maßregel zu rechtfertigen (BVerfGE 70, 313; OLG Düsseldorf MDR 1987, 957; OLG Karlsruhe NJW 1974, 1390; Veh 2005, § 67 d Rn 18).

Für die Frage, wann keine derartigen Taten mehr „zu erwarten" sind, ist die Feststellung einer *durch Tatsachen begründeten hohen Wahrscheinlichkeit künftiger Straffreiheit* entscheidend, wobei der Grad an Wahrscheinlichkeit, der konkret zu verlangen ist, vom Gewicht der bei einem Rückfall bedrohten Rechtsgüter abhängt (KG NStZ-RR 2002, 138; Meier 2006, S. 312). Das als Folge einer mehr hysterisch als sachlich geführten kriminalpolitischen Diskussion um den Umgang mit gefährlichen Sexualstraftätern 1998 eingeführte Erwartenserfordernis, das die frühere so genannte Erprobungsklausel ersetzt hat (Schüler-Springorum 1999, S. 243 ff.), macht im Übrigen in keinem Fall die Übernahme einer in Richtung absoluter Sicherheit gehenden Gewähr notwendig, da prognostische Beurteilungen naturgemäß stets ein nie völlig auszuschließendes Fehlerrisiko in sich bergen (BVerfG NJW 1998, 2202). Dementsprechend ist § 463 Abs. 3 S. 3 iVm § 454 Abs. 2 S. 2 StPO, wonach sich das insoweit einzuholende Sachverständigengutachten namentlich zu der Frage zu äußern hat, ob bei dem Verurteilten „keine Gefahr" bezüglich des Fortbestehens seiner „Gefährlichkeit" mehr gegeben ist, dahingehend auszulegen, dass alle für die Prognoseentscheidung heranzuziehenden Umstände ohne durchdringenden Zweifel die Beurteilung zulassen müssen, dass von dem Untergebrachten „praktisch" keine Gefahr für die öffentliche Sicherheit mehr ausgeht (vgl. OLG Karlsruhe StV 2000, 156; Meyer-Goßner 2006, § 454 Rn. 37).

Im Rahmen der Aussetzungsentscheidung ist schließlich eine *am Verhältnismäßigkeitsgrundsatz auszurichtende Gesamtwürdigung* vorzunehmen (BVerfGE 70, 314 f.; NJW 1995, 3048), bei der neben den für die Anordnung maßgeblichen Aspekten sowie dem Gewicht und der Wahrscheinlichkeit der drohenden Taten vor allem die Unterbringungsdauer, der therapeutische Erfolg, das Vollzugsverhalten, die Persönlichkeitsentwicklung und der soziale Empfangsraum in den Blick zu nehmen sind (Veh 2005, § 67 d Rn 23; näher Stolpmann 2001, S. 308 ff.).

**Sachverständigengutachten.** Erwägt das Gericht die Aussetzung, hat es zwingend das Gutachten eines Sachverständigen (s. OLG Koblenz StV 2003, 686) einzuholen; dieser ist prinzipiell persönlich zu hören, zudem ist unter anderem dem Untergebrachten und der Maßregelvollzugseinrichtung Gelegenheit zur Stellungnahme zu geben (§§ 463 Abs. 3 S. 3, 454 Abs. 2 StPO). Wird die Aussetzung der weiteren Vollstreckung etwa wegen angenommener Aussichtslosigkeit seitens des Gerichts von vornherein nicht ernstlich in Betracht gezogen, ist die Zuziehung eines Sachverständigen nach herrschender Meinung entbehrlich (OLG Hamburg NJW 2000, 2758; OLG Jena StV 2001, 26; KG NStZ-RR 2006, 252 LS; OLG Nürnberg NStZ-RR 2003, 283; OLG Rostock NJW 2003, 1334; Meyer-Goßner 2006, § 463 Rn. 6 a mit Verweisung; vgl. § 463 Abs. 3 S. 4 StPO). Obgleich hiergegen keine verfassungsrechtlichen Bedenken bestehen (vgl. BVerfG NJW 2002, 2773; NStZ-RR 2003, 251), sieht sich diese Auffassung indes berechtigten Einwänden ausgesetzt (s. OLG Celle NStZ 1999, 159; OLG Hamm StV 2004, 273; OLG Koblenz NStZ-RR 1999, 345). Nicht vorgeschrieben ist, dass das einzuholende Gutachten von einem *externen* Sachverständigen zu erstatten ist, was allein wegen der für die Unterbringungen gemäß §§ 63, 64 StGB zur Frage des § 67 d Abs. 2 StGB jährlich benötigten zirka 6000 bzw. 2500 Gutachten ohnehin kaum praktikabel wäre. Zu beachten ist allerdings, dass interne Gutachter verstärkt der Gefahr ausgesetzt sind, ihr Augenmerk vornehmlich auf die klinischen Erfahrungen – d. h. gegebenenfalls einzig auf den Aspekt der Vollzugsanpassung – und nicht auf das künftige Legalverhalten zu richten (vgl. Gretenkord 2003, S. 11 f.; Seifert et al. 2003, S. 304). Zumindest ist bei externer Begutachtung, trotz der auch hier zu verzeichnenden Defizite (Gretenkord 2003, S. 12), die Gewähr der Objektivität in höherem Maße gegeben (vgl. BVerfG EuGRZ 2006, 300; OLG Zweibrücken ZfStrVo 2001, 313). Daraus ergibt sich zwar nicht die zwangsläufige Notwendigkeit, grundsätzlich (vgl. OLG Koblenz NStZ-RR 2005, 30) oder gar stets (s. Tondorf 2000, S. 171) einen anstaltsfremden Sachverständigen zu hören; zumindest bei längerer Unterbringungsdauer kann dies jedoch geboten sein (vgl. OLG Koblenz NStZ-RR 1999, 345; KG NStZ-RR 2006, 252 LS). Überdies ist zu beachten, dass die Gutachtenqualität im Rahmen der vom Gericht selbst zu treffenden Prognoseentscheidung richterlicher Kontrolle unterliegt (BVerfGE 109, 164 f.; EuGRZ 2005, 181; OLG Koblenz ZfStrVo 2003, 302), woraus mit Blick auf die Sachaufklärungspflicht ebenfalls die Notwendigkeit der Zuziehung eines externen Gutachters resultieren kann (vgl. OLG Hamm StV 2004, 273 f.; KG NStZ-RR 2006, 252 LS).

In inhaltlicher Hinsicht erfordert das einzuholende Gutachten eine umfassende, in sich nachvollziehbare Darstellung des Erkenntnis- und Wertungsprozesses bezüglich des Probanden, wozu die Angabe der herangezogenen und ausgewerteten Erkenntnismittel und der hierdurch gewonnen Informationen gehört, soweit diese nicht bereits aktenkundig sind. Dabei ist es unerlässlich, dass sich der Sachverständige mit der den Anlasstaten zugrunde liegenden Dynamik sowie den sonstigen Tatursachen, wie sie sich aus den Urteilsgründen und dem im Erkenntnisverfahren eingeholten Gutachten ergeben, auseinandersetzt und im Hinblick darauf die Entwicklung des Untergebrachten während des Maßregelvollzugs aufzeigt (OLG Hamm StV 2004, 273 f.). Ein bloßer Bericht über den Verlauf der Unterbringung unter Hervorhebung gewisser Verhaltensauffälligkeiten, erlittener Rückschläge und Ähnlichem genügt dem nicht (OLG Koblenz NStZ-RR 1999, 345 f.).

### 2.6.3.5.3 Überprüfungsfristen

Die Vollstreckungskammer kann nach § 67 e Abs. 1 S. 1 StGB die Aussetzungsreife und – insoweit über den Wortlaut der Vorschrift hinaus – das Vorliegen von Erledigungsvoraussetzungen jederzeit prüfen. Dazu verpflichtet ist sie, sobald Anhaltspunkte vorliegen, welche dies angezeigt erscheinen lassen

(OLG Hamm NStZ 1990, 252), spätestens aber vor Ablauf bestimmter Fristen (§ 67 e Abs. 1 S. 2 StGB). Diese betragen im Fall des § 63 StGB ein Jahr und in dem des § 64 StGB sechs Monate (§ 67 e Abs. 2 StGB). Diese Fristen kann das Gericht einerseits abkürzen, andererseits kann es im genannten gesetzlichen Zeitrahmen eine *Sperrfrist* festsetzen, vor deren Ablauf ein (querulatorischer) Prüfungsantrag unzulässig ist (§ 67 e Abs. 3 StGB).

## Literatur

Arloth F, Lückemann C (2004) Strafvollzugsgesetz. Beck, München
Bartmaier A (2006) Die Zulässigkeit der so genannten „Organisationshaft". NStZ 26:544–550
Baur F (2002) Grundsätze, Ziele, Organisation. In: Kammeier H (Hrsg) Maßregelvollzugsrecht, 2. Aufl. De Gruyter, Berlin, S 65–89
Best D (2002) Das Rückwirkungsverbot nach Art. 103 Abs. 2 GG und die Maßregeln der Besserung und Sicherung. ZStW 114:88–129
Bockemühl J (2005) Kommentierung der §§ 70–72. In: Kindhäuser U, Neumann U, Paeffgen HU (Hrsg) Nomos-Kommentar Strafgesetzbuch, Bd 1, 2. Aufl. Nomos, Baden-Baden, S 2040–2060
Bron K (2004) Maßregelvollzug. Ausarbeitung im Auftrag des Parlamentarischen Berater- und Gutachterdienstes des Landtags NRW. Landtag Nordrhein-Westfalen, Information 13/1208, Düsseldorf
Calliess RP, Müller-Dietz H (2005) Strafvollzugsgesetz, 10. Aufl. Beck, München
Dessecker A (2005) Die Überlastung des Maßregelvollzugs – Folge von Verschärfungen im Kriminalrecht? Neue Kriminalpolitik 17:23–27
Frehsee D, Ostendorf H (2005) Kommentierung der §§ 68–68 g. In: Kindhäuser U, Neumann U, Paeffgen HU (Hrsg) Nomos-Kommentar Strafgesetzbuch, Bd 1, 2. Aufl. Nomos, Baden-Baden, S 1977–2019
Frisch W (1990) Dogmatische Grundfragen der bedingten Entlassung und der Lockerungen des Vollzuges von Strafen und Maßregeln. ZStW 102:707–792
Gretenkord L (2003) Empirisch fundierte Prognosestellung im Maßregelvollzug nach § 63 StGB. Deutscher Psychologen Verlag, Bonn
Grünebaum R (1996) Zur Strafbarkeit des Therapeuten im Maßregelvollzug bei fehlgeschlagenen Lockerungen. Lang, Frankfurt am Main
Hanack EW (1992) Kommentierung der §§ 61–67. In: Jähnke B, Laufhütte HW, Odersky W (Hrsg) StGB, Leipziger Kommentar, 11. Aufl., 2. Lfg. De Gruyter, Berlin, S 1–239
Isak F, Wagner A (2004) Strafvollstreckung, 7. Aufl. Beck, München
Kammeier H (2002) Entwicklung und Systematik von Maßregelrecht und Maßregelvollzug. In: Kammeier H (Hrsg) Maßregelvollzugsrecht, 2. Aufl. De Gruyter, Berlin, S 1–46
Kammeier H (2004) Maßregelvollzug nach §§ 63, 64 StGB durch Private. In: Kammeier H, Michalke R (Hrsg) Streben nach Gerechtigkeit. Festschrift für Günter Tondorf. Lit, Münster, S 61–94
Lackner K, Kühl K (2004) Strafgesetzbuch, 24. Aufl. Beck, München
Meier BD (2006) Strafrechtliche Sanktionen, 2. Aufl. Springer, Berlin Heidelberg
Meyer-Goßner L (2006) Strafprozessordnung, 49. Aufl. Beck, München
Ostermann S (1993) Haft ohne Rechtsgrundlage – Zum Übergang von der Untersuchungshaft in den Maßregelvollzug. Strafverteidiger 13:52–54
Pollähne H (1994) Lockerungen im Maßregelvollzug. Lang, Frankfurt am Main
Pollähne H (2002) Das Maß des Freiheitsentzugs (Vollzugslockerungen). In: Kammeier H (Hrsg) Maßregelvollzugsrecht, 2. Aufl. De Gruyter, Berlin, S 169–246
Pollähne H (2003) Die einstweilige Unterbringung des § 126 a StPO im Recht, Teil 2: Vollstreckung und Vollzug. Recht & Psychiatrie 21:57–75

Pollähne H (2004) MRVGmbH? In: Kammeier H, Michalke R (Hrsg) Streben nach Gerechtigkeit. Festschrift für Günter Tondorf. Lit, Münster, S 95–121
Pollähne H, Böllinger L (2005) Kommentierung der §§ 67–67g, §§ 71, 72. In: Kindhäuser U, Neumann U, Paeffgen HU (Hrsg) Nomos-Kommentar Strafgesetzbuch, Bd 1, 2. Aufl. Nomos, Baden-Baden, S 1876–1976
Radtke H (1998) Materielle Rechtskraft bei der Anordnung freiheitsentziehender Maßregeln der Besserung und Sicherung. ZStW 110:297–326
Rasch W (1985) Die Prognose im Maßregelvollzug als kalkuliertes Risiko. In: Schwind HD (Hrsg) Festschrift für Günter Blau. De Gruyter, Berlin New York, S 309–325
Rotthaus KP, Freise U (2005) Kommentierung der §§ 136–138. In: Schwind HD, Böhm A, Jehle JM (Hrsg) Strafvollzugsgesetz (StVollzG), 4. Aufl. De Gruyter, Berlin, S 852–860
Schalast N, Dessecker A, Haar M v d (2005) Unterbringung in der Entziehungsanstalt – Entwicklungstendenzen und gesetzlicher Regelungsbedarf. Recht & Psychiatrie 23:3–10
Schaumburg C (2003) Maßregelvollzug. Psychiatrie-Verlag, Bonn
Schüler-Springorum H (1999) Rechtliche Konsequenzen bei gefährlichen Tätern? Überlegungen zu einer Maßregelreform. In: Rössner D, Jehle JM (Hrsg) Kriminalität, Prävention und Kontrolle. Kriminalistik-Verlag, Heidelberg, S 243–260
Seifert D et al. (2003) Wegweiser aus dem Maßregelvollzug (gemäß § 63 StGB). Strafverteidiger 23:301–305
Stolpmann G (2001) Psychiatrischer Maßregelvollzug. Hogrefe, Göttingen
Tondorf G (2000) Behandler sind keine Sachverständigen. Strafverteidiger 21:171–173
Tröndle H, Fischer T (2007) Strafgesetzbuch und Nebengesetze, 54. Aufl. Beck, München
Veh H (2005) Kommentierung der §§ 67a–67d. In: Joecks W, Miebach K (Hrsg) Münchener Kommentar zum Strafgesetzbuch, Bd 2/1. Beck, München, S 526–559
Volckart B (2000) Kommentierung der §§ 136–138. In: Feest J (Hrsg) Kommentar zum Strafvollzugsgesetz (AK-StVollzG), 4. Aufl. Luchterhand, Neuwied Kriftel, S 787–796
Volckart B (2004) Darf das Maßregelkrankenhaus eine Aufnahme wegen Überfüllung ablehnen? Recht & Psychiatrie 22:179–186
Volckart B, Grünebaum (2003) Maßregelvollzug, 6. Aufl. Luchterhand, München Neuwied
Wagner B (2002) Behandlung. In: Kammeier H (Hrsg) Maßregelvollzugsrecht, 2. Aufl. De Gruyter, Berlin, S 90–144
Willenbruch K, Bischoff K (2006) Verfassungsrechtliche Zulässigkeit der Privatisierung des Maßregelvollzugs. NJW 59:1776–1778
Wilms Y (2005) Drogenabhängigkeit und Kriminalität. Lit, Münster

### 2.6.4 Der Maßregelvollzug und die Aussetzung der Maßregelvollstreckung zur Bewährung – Anmerkungen aus psychiatrischer Sicht

N. Leygraf

#### 2.6.4.1 Organisation des Maßregelvollzugs

Bereits lange vor der gesetzlichen Einführung des psychiatrischen Maßregelvollzuges wurde die Frage der Zuständigkeit (Integration in die psychiatrische Gesamtversorgung oder justizeigene Sonderanstalten) kontrovers diskutiert (Sander 1904/05). Hier hat der Gesetzgeber im Rahmen der 2. Strafrechtsreform noch einmal klar entschieden, dass der Vollzug der Maßregeln gemäß §§ 63, 64 StGB *innerhalb des allgemeinen psychiatrischen Versorgungssystems* erfolgt, was u.a. auch der Forderung der Psychiatrie-Enquête 1975 (S. 282) entsprach. Die Organisation und Ausgestaltung des Vollzuges ist Ländersache (§ 139 StVollzG), was nicht nur zu unterschiedlichen rechtlichen Ausgestaltungen des Vollzugs geführt hat (Übersicht bei Volckart u. Grünebaum 2003, S. 263 ff.). Auch hinsichtlich der Versorgungsstrukturen fanden sich bundesweit erhebliche Unterschiede, vor allem in Bezug auf den Zentralisations- und Spezialisierungsgrad der Einrichtungen (Leygraf 1988). Infolge der Kapazitätsprobleme, die sich durch zunehmende Einweisungszahlen und abnehmende Entlassungshäufigkeit in fast allen Bundesländern ergeben haben, wurden jedoch in den letzten Jahren auch in den ursprünglich zentralisiert organisierten Ländern zusätzliche Abteilungen eingerichtet, teils als regional zuständige Einrichtungen innerhalb psychiatrischer Versorgungskrankenhäuser, teils als „Außenstellen" forensischer Kliniken mit speziellen Aufgabenbereichen.

Aus der Einbindung des Maßregelvollzuges in das allgemein-psychiatrische Versorgungssystem haben sich im Zuge der aktuellen Tendenz, in öffentlicher Trägerschaft befindliche psychiatrische Krankenhäuser an Privatunternehmen zu veräußern, verfassungsrechtliche Probleme ergeben (Willenbruch u. Bischoff 2006), über die bislang noch nicht höchstrichterlich entschieden wurde. Dies hat wiederum zu recht divergenten Lösungsversuchen in den jeweiligen Bundesländern geführt. So ist nach der *Privatisierung der psychiatrischen Kliniken* in Berlin das „Krankenhaus des Maßregelvollzugs" in Trägerschaft des Landes verblieben. Einige Bundesländer (z. B. Brandenburg, Schleswig-Holstein) haben hingegen bei der Privatisierung ihrer Landeskrankenhäuser die nunmehr privatwirtschaftlich betriebenen Einrichtungen auch mit der Durchführung des Maßregelvollzugs betraut. Der besonderen Problematik des Maßregelvollzuges scheint die für Niedersachsen geplante Lösung am ehesten gerecht zu werden. Hier sollen zwar die dezentralen Maßregelabteilungen der bisherigen Landeskrankenhäuser mit in die privaten Trägerschaften überführt werden, die zentralen Maßregeleinrichtungen verbleiben jedoch weiterhin in Trägerschaft des Landes (Pressemitteilung der Niedersächsischen Staatskanzlei Nr. 008/07 vom 16. 1. 2007).

Unabhängig von eventuellen verfassungsrechtlichen Bedenken erscheint eine Übertragung des gesamten Maßregelvollzugs an einen privaten Träger auch inhaltlich ausgesprochen problematisch. Privatunternehmen sind zwangsläufig gewinnorientiert, wobei Rückfalldelikte entlassener Patienten oder Zwischenfälle im Rahmen von Lockerungen dem Renommee der Klinik und des Trägers durchaus abträglich sein können. Eine Senkung der Unterbringungsdauer durch eine möglichst intensive Behandlung und entsprechend frühe Entlassung könnte die Auslastungsquote verringern. Das geringste Risiko hinsichtlich öffentlicher Kritik und finanzieller Einbußen böte hingegen eine möglichst langjährige Unterbringung der Patienten unter geschlossenen Bedingungen. Daher dürfen sich die Länder ihrer Verantwortung für die strafrechtlich zwangsuntergebrachten Patienten nicht entziehen und müssen zumindest für regulative Eingriffsmöglichkeiten Vorsorge tragen. Anlass zu solchen Befürchtungen geben u. a. die entsprechenden Daten aus Sachsen-Anhalt, wo die zentral für den Maßregelvollzug gemäß § 63 StGB zuständige Einrichtung seit 1997 im Management eines privaten Klinikunternehmens steht. Dort wurde im Jahre 2004 lediglich bei einem Patienten die Unterbringung zur Bewährung ausgesetzt (§ 67 d Abs. 2 StGB), wogegen im gleichen Zeitraum 4 Todesfälle zu verzeichnen waren (Kröninger 2006, S. 118).

### 2.6.4.2 Vollstreckungsreihenfolge

Wird neben einer Maßregel gemäß §§ 63, 64 StGB zugleich eine Freiheitsstrafe verhängt, ist grundsätzlich zunächst die Maßregel zu vollstrecken, deren Vollzug bis zu zwei Dritteln auf die Strafverbüßung angerechnet wird (§ 67 Abs. 1 und 4 StGB). Dahinter steht der grundsätzlich richtige Gedanke, einen behandlungsbedürftigen Täter möglichst schnell einer Therapie zuzuführen. Auch wenn bei dem hier in Frage kommenden Personenkreis (persönlichkeitsgestörte, sexuell deviante oder suchtkranke Rechtsbrecher) selten eine akute Behandlungsbedürftigkeit anzunehmen ist, werden die Erfolgsaussichten einer Therapie in der Regel durch eine zeitliche Verzögerung des Behandlungsbeginns nicht besser, zumal durch vorhergehende Strafverbüßung eine subkulturelle, antitherapeutische Haltung erzeugt bzw. verstärkt werden kann.

Probleme ergeben sich aber vor allem in den Fällen, in denen eine *Unterbringung nach § 64 StGB* neben einer langjährigen oder gar lebenslangen Freiheitsstrafe angeordnet wird. Zwar sind bei der strafgerichtlich angeordneten Unterbringung in einer Entziehungsanstalt sicher deutlich längere Behandlungszeiten als im Rahmen sonst üblicher Entwöhnungsbehandlungen erforderlich – schließlich handelt es sich hier um Täter, deren Problematik in der Regel weit über ihren Substanzmissbrauch hinausgeht (Schalast et al. 2005); dennoch dürften stationäre Behandlungszeiten von mehr als zwei bis drei Jahren kaum sinnvoll therapeutisch auszufüllen sein. In solchen Fällen kann der Täter auch nach erfolgreichem Ablauf der Maßregelbehandlung nicht in die Freiheit entlassen, sondern lediglich in den Strafvollzug verlegt werden. Dies ist dem Aufbau einer Behandlungsmotivation, der bei dieser Klientel ohnehin schwierig ist, nicht gerade förderlich. Zudem verlangt man von dem Betroffenen in der Therapie eine Abkehr von seiner bisherigen dissozialen Lebensführung und den Bruch mit einer Vergangenheit, in die er nach Abschluss der Therapie zwangsläufig wieder zurückkehrt. Eine Erfolg versprechende Suchtbehandlung setzt ferner stets Belastungserprobungen voraus, die dabei gegebene Möglichkeit des Scheiterns, also des Suchtmittelrückfalls, und die therapeutische Aufarbeitung solcher Rückfälle. Somit muss es in der Behandlung zunehmende Lockerungen geben, was aber bei Untergebrachten, die noch eine lange Freiheitsstrafe vor sich haben, wegen der hohen Fluchtgefahr nur schwer zu verantworten ist. Zwar ist bereits jetzt schon entsprechend der von Best und Rössner zitierten Rechtsprechung des Bundesgerichtshofes eine Umkehr der Vollstreckungsreihenfolge im Einzelfall möglich, wenn sich konkret begründen lässt, dass hierdurch der Zweck der Maßregel leichter erreicht werden kann (§ 67 Abs. 2 u. 3 StGB), in der Praxis wäre jedoch eine generelle Lösung anzustreben, die bei Unterbringungen in der Entziehungsanstalt regelhaft einen teilweisen Vorwegvollzug einer langjährigen Freiheitsstrafe vorsieht.

Auch im psychiatrischen *Maßregelvollzug nach § 63 StGB* erweist sich der generelle Vorwegvollzug der Unterbringung zuweilen als problematisch, vor allem bei persönlichkeitsgestörten Straftätern mit langjährigen Parallelstrafen. Hier wird die Zeitdauer der Behandlung nicht durch therapeutische Erfordernisse bestimmt, sondern zunächst durch die sich in der Höhe der Freiheitsstrafe widerspiegelnde Schuld, denn vor Verbüßung der Hälfte der Freiheitsstrafe kann der Untergebrachte nicht in die Freiheit entlassen werden, wobei in der Praxis kaum eine Aussetzung der Maßregel zur Bewährung vor Verbüßung von zwei Dritteln der Strafe erfolgt. Eine Verlegung in den Strafvollzug zur weiteren Strafverbüßung käme auch nach erfolgreich abgeschlossener Behandlung nicht in Betracht, es sei denn, dass „Umstände in der Person des Verurteilten" (§ 67 Abs. 5 StGB) dies angezeigt erscheinen ließen, was in der Regel kaum zu begründen ist.

Nach Abschluss der Mindestverbüßungsdauer erfolgt die Fortdauer der Unterbringung allein unter dem Aspekt der angenommenen Gefährlichkeit des Patienten. Aufgrund ihrer überwiegenden Sicherungsfunktion ist nicht nur die Anordnung der Maßregel gemäß § 63 StGB, sondern auch ihre Fortdauer unabhängig vom tatsächlichen Behandlungsbedarf oder den Erfolgsaussichten einer Therapie. Auch bei fehlenden therapeutischen Möglichkeiten gebietet § 136 S. 3 StVollzG die dauerhafte ärztliche „Aufsicht, Betreuung und Pflege" des Untergebrachten. Dies erfolgt durchaus zu Recht in den Fällen, in denen der Betroffene aufgrund der Art und Schwere seiner Störung des besonderen Schutzes und der Langzeitbetreuung eines psychiatrischen Krankenhauses bedarf. Bedarf er einer solchen psychiatrischen Dauerbetreuung aber nicht, wie es bei persönlichkeitsgestörten und sexuell devianten Tätern nicht selten der Fall ist, wird der Maßregelvollzug alleine auf seine Sicherungsaufgabe reduziert und an dem Patienten wird Sicherungsverwahrung vollzogen, auch wenn dies nicht in einer Justizvollzugsanstalt, sondern im psychiatrischen Krankenhaus geschieht. Eine zumindest zeitweilige Verlegung in den Justizvollzug mittels Umkehr der Vollstreckungsreihenfolge ist bislang nach § 67 Abs. 2 StGB nur möglich, „wenn der Zweck der Maßregel dadurch leichter erreicht wird", was im Einzelfall kaum konkret begründet werden kann. Hier sah der im Jahre 2005 vorgelegte „Entwurf eines Gesetzes zur Sicherung der Unterbringung in einem psychiatrischen Krankenhaus und in einer Entziehungsanstalt" im § 67 Abs. 4 GE-StGB die Möglichkeit eines Vorwegvollzuges der Freiheitsstrafe vor, sofern sich nach einem Jahr in der Maßregel gezeigt hat, dass „die Resozialisierung der untergebrachten Person durch den weiteren Vollzug der Maßregel derzeit nicht gefördert werden kann" (BMJ-0-15-15; Dokument: 050518massregelgesetz.doc). Eine Fortsetzung dieses Vorhabens durch den Gesetzgeber wäre sicher begrüßenswert.

## 2.6.4.3 Behandlung

Hinsichtlich Einzelheiten zur Behandlung im Maßregelvollzug ist auf die entsprechenden Beiträge in Band 3 des Handbuches zu verweisen. Unabhängig von den jeweiligen psychischen Erkrankungen bzw. Störungen der Untergebrachten und den speziellen Behandlungsstrategien bedarf eine Maßregeleinrichtung, soweit sie therapeutisch erfolgreich sein will, eines *therapeutisch orientierten Gesamtklimas*, um als „Basisbehandlung" im Sinne eines entwicklungsfördernden Milieus wirken zu können. Je aktiver die Behandlung gestaltet und je stärker der Patient in ein therapeutisches Gesamtkonzept einbezogen wird, umso weniger nachteilige Auswirkungen hat der Zwangscharakter der Therapie.

Dennoch ist insbesondere bei der Unterbringung nach § 63 StGB stets die *doppelte Aufgabe der Maßregel*, nämlich den Rechtsbrecher zu bessern und die Gesellschaft vor erneuten erheblichen Taten zu schützen, im Blick zu behalten. Dies gilt nicht nur für die Einrichtung selbst, ihre baulichen Voraussetzungen und ihr therapeutisches Gesamtkonzept, sondern setzt sich auf alle hier tätigen Mitarbeiter fort. Auch bei den therapeutisch tätigen Ärzten und Psychologen beschränkt sich der Sicherungsauftrag nicht allein darauf, die potenzielle Gefährlichkeit des Patienten durch die Behandlung zu verringern. Vielmehr sind sie stets auch in konkrete sicherheitsrelevante Entscheidungen mit einbezogen, z. B. hinsichtlich der Verantwortbarkeit von Vollzugslockerungen. Damit ist die Frage der *Schweigepflicht* für im Maßregelvollzug tätige Therapeuten tangiert, die in der juristischen wie der psychiatrisch-psychologischen Literatur kontrovers diskutiert wird (Übersicht bei Volckart und Grünebaum 2003, S. 183).

Hinsichtlich der einstweiligen Unterbringung nach § 126a StGB hat der Bundesgerichtshof einen der wenigen von der Strafprozessordnung vorgesehenen Ausnahmefälle angenommen, in denen die sonst erforderliche Zustimmung zur Preisgabe eines „Geheimnisses" i.S. des § 203 StGB aufgrund einer gesetzlichen Duldungspflicht ersetzt werde, weil hier das staatliche Interesse an der Aufklärung des Sachverhalts vorgehe (BGH 1 StR 468/01; NStZ 2002, 21). Dies müsste in gleicher Weise auch für Lockerungs- und Entlassungsentscheidungen im Rahmen des Vollzuges einer Maßregel gemäß §§ 63, 64 StGB gelten. Denn ohne Einbeziehung der in den therapeutischen Gesprächen gewonnenen Erkenntnisse ist eine fundierte Gefährlichkeitsprognose vielfach nicht möglich. Zwar wird zuweilen die Meinung vertreten, dass der Therapeut die Erkenntnisse aus seinen therapeutischen Sitzungen nicht in den Behandlungsprozess einbringen, sich also vor allem nicht zu prognostischen Fragen äußern solle (Böllinger 1999, 2003). Dahinter steht die Vorstellung, dass es dem Patienten nur dann möglich ist, schambesetzte oder ängstigende Themen zur Sprache zu bringen, wenn er sich sicher sein kann, dass das Wissen darum bei seinem Therapeuten bleibt (kritisch dazu Kröber 1999; Urbaniok 2001). Ob diese Realitätskonstruktion aber auch den Sichtweisen der Patienten entspricht, in deren Biografien häufig konflikthafte Beziehungen zu Institutionen und

Autoritätspersonen mit einem entsprechendes Misstrauen zu finden sind, ist zu bezweifeln. In der klinischen Praxis hat sich bewährt, zu Beginn der Behandlung mit dem Patienten offen zu thematisieren, inwieweit Therapieeinhalte in Lockerungsentscheidungen und sonstige prognostische Stellungnahmen einbezogen und somit offenbart werden (Gretenkord 1995, 1998). In welchem Ausmaß sich dann ein Patient seinem Therapeuten zu öffnen vermag, wird entscheidend von der Qualität der konkreten therapeutischen Beziehung abhängen.

Die Frage der Gewährung von *Vollzugslockerungen* nimmt nicht nur in der Praxis des Maßregelvollzuges, sondern auch in der öffentlichen Diskussion über ihn einen erheblichen Stellenwert ein. Dies gilt insbesondere, wenn es im Rahmen einer Lockerung zu einem schwerwiegenden Delikt durch den Patienten gekommen ist. Zwar ist das Risiko von straf- oder zivilrechtlichen Folgen ausgesprochen gering, sofern die Lockerungsprognose lege artis erfolgt ist (Grünebaum 1996), dennoch sehen sich nach spektakulären Zwischenfällen die Einrichtung, der für die Lockerungsentscheidung verantwortliche Klinikleiter sowie die Verantwortlichen auf Träger- und Landesebene zumeist erheblicher öffentlicher Kritik ausgesetzt, auch dann, wenn die Lockerungsentscheidung fachlich nicht zu beanstanden war. Auf administrativer und politischer Seite wird hierauf rasch mit der Forderung nach einer restriktiveren Lockerungspraxis reagiert. Werden aber Lockerungsmaßnahmen zunehmend reduziert, führt dies nicht nur zu einer Beeinträchtigung des Klimas innerhalb der Einrichtung, sondern vor allem zu Verlängerungen der Unterbringungsdauer, da eine Aussetzung der Maßregel gemäß § 67 d Abs. 2 StGB in der Regel nur bei Patienten erfolgt, die sich zuvor im Rahmen eines längerfristigen Lockerungsprozesses als hinreichend stabil erwiesen haben. Im Übrigen lassen sich schwerwiegende Zwischenfälle durchaus verhindern, ohne zugleich die Gesamtzahl der Patienten, bei denen eine Vollzugslockerung angewandt wird, zu senken. Entscheidend ist hierfür vor allem eine Professionalisierung der klinikinternen Lockerungsprognosen (Müller-Isberner et al. 2007).

Zu Recht betonen Best u. Rössner den *rechtlichen Anspruch des Untergebrachten* auf die Gewährung von Vollzugslockerungen, sofern hierdurch der Sicherungsauftrag der Maßregel nicht gefährdet ist. Dem Leiter einer Maßregeleinrichtung bleibt jedoch bei der Entscheidung, ob er eine bestimmte Vollzugslockerung bei einem bestimmten Patienten für verantwortbar hält, ein weiter Ermessensspielraum, denn die für eine Lockerungsgewährung erforderliche günstige Gefährlichkeitsprognose lässt sich nicht im naturwissenschaftlichen Sinne „feststellen", sondern beinhaltet stets normative Bewertungsaspekte. Mit Hilfe psychopathologischer Merkmale und kriminologischer Prognosekriterien lassen sich Entweichungs- und/oder Delinquenzrisiko eines bestimmten Patienten für eine bestimmte Lockerung abschätzen. Auf dem Boden dieser empirisch basierten *Risikoeinschätzung* ist anschließend aber eine normative *Bewertung* dieses Risikos erforderlich, etwa in Hinblick auf die bisherige Dauer der Unterbringung und den Schweregrad der zu befürchtenden Delikte. Hierauf begründet sich auch die in den meisten Bundesländern rechtlich vorgesehene *Einbeziehung juristischer Kontrollinstanzen* bei Lockerungsentscheidungen.

Auch bei der Gewährung von Vollzugslockerungen entspricht die Forderung, den Aufgabenkreis des behandelnden Therapeuten von dem des *Prognosegutachters* strikt zu trennen (Volckart u. Grünebaum 2003, S. 134 ff.), nicht den tatsächlichen Erfordernissen und der Praxis in den Maßregeleinrichtungen. Schließlich basiert jede Lockerungsentscheidung auf einer innerhalb des Behandlungsteams erfolgten Prognosebeurteilung, bei der nicht nur der ärztliche oder psychologische Psychotherapeut, sondern auch die auf der Station und in den komplementären Therapiebereichen (z. B. der Ergotherapie) für den Patienten zuständigen Mitarbeiter zu beteiligen sind. Entscheidungsrelevant ist hier auch das Verhältnis des möglicherweise noch bestehenden Missbrauchsrisikos zum angestrebten Nutzen der Lockerungsmaßnahme. Ein Mehr an Freiheit ist für sich genommen nicht therapeutisch wirksam, schließlich erfolgt die Anordnung der freiheitsentziehenden Maßregel ja wegen der in Freiheit gezeigten Gefährlichkeit. Vollzugslockerungen dienen daher keinem Selbstzweck, sondern sind Bestandteil eines Gesamtrehabilitationsplans. Ihr Einsatz sollte stets klar definierten Zielen dienen (im Einzelnen hierzu Schüler-Springorum et al. 1996).

Um die Gefahr einer „einseitigen" therapeutischen Sicht zu vermeiden, bedarf die innerhalb des Behandlungsteams erfolgte Beurteilung natürlich einer anschließenden Kontrolle, etwa durch den ärztlichen Leiter der Maßregeleinrichtung, der auch die rechtliche Letztverantwortung für die Lockerungsentscheidung trägt. Eine zusätzliche Kontrolle durch einen *externen Gutachter* kann im Einzelfall sicher hilfreich und empfehlenswert sein, ist aber keineswegs regelhaft erforderlich. So bieten Patienten, die ihr Unterbringungsdelikt im Rahmen einer akuten psychotischen Erkrankung begangen haben, unter den Bedingungen der stationären Maßregel prognostisch kaum Probleme. Hier lässt sich die durch die Erkrankung bedingte Gefährlichkeit zumeist in einem überschaubaren Zeitraum effizient therapeutisch beeinflussen, eventuelle Krankheitsrezidive sind innerhalb einer stationären Unterbringung rasch erkennbar. Die aktuelle Gefährlichkeit bzw. Ungefährlichkeit lässt sich bei diesen Patienten also recht eindeutig beurteilen. Andere Patienten können dagegen erhebliche Schwierigkeiten in der prognostischen Beurteilung bieten, und zwar aufgrund der Art ihrer Anlasstat (z. B. bestimmte Arten der Sexual- oder Tötungsdelinquenz), der Art ihrer Störung (etwa bestimmte Formen sexueller Deviation oder gestörter Persönlichkeitsentwicklung) oder des bisherigen Unterbringungsverlaufes (z. B. frühere Entweichungen oder Deliktrückfälle). In solchen Fällen können externe Gutachten nicht nur vor dem ersten unbegleiteten Ausgang sinnvoll sein, sondern zuweilen schon beim Eintritt in den Lockerungsprozess. Externe Gutachten sind aber immer nur ein *zusätzliches* prognostisches Mittel und können die eigene Kompetenz der Maßregeleinrichtung und deren sorgfältige Entscheidungsfindung nicht ersetzen. Werden solche Gutachten regelhaft eingeholt, könnten sich die Gründlichkeit und Ernsthaftigkeit des klinikeigenen Beurteilungsprozesses mindern.

## 2.6.4.4 Entlassungsentscheidungen

Bei den nach *§ 64 StGB* in einer Entziehungsanstalt untergebrachten Rechtsbrechern handelt es sich um Menschen mit einer zumeist komplexen Persönlichkeitsproblematik, bei denen der Unterbringung ein langjähriger Alkohol- oder Drogenmissbrauch und eine ebenso lange Delinquenzgeschichte vorausgegangen ist. Hier können die Behandlung innerhalb des Maßregelvollzugs und die Gestaltung des Entlassungsumfeldes zwar die von dem Betroffenen ausgehenden Deliktgefahren verringern, als Ergebnis der Behandlung aber die Erwartung anzustreben, „dass der Untergebrachte außerhalb des Maßregelvollzugs keine rechtswidrigen Taten mehr begehen wird", wie *§ 67d Abs. 2 StGB* für eine Aussetzung der Maßregel zur Bewährung fordert, ist in der Regel nicht realistisch. Diese hohe gesetzliche Voraussetzung dürfte mitverantwortlich sein für die sinkende Zahl an Bewährungsentlassungen und den Anstieg der Fälle einer Beendigung wegen Aussichtslosigkeit, was die therapeutische Bilanz dieser Maßregel sicher nicht verbessert hat (Schalast et al. 2005). Der Situation in den Entziehungsanstalten deutlich angemessener erscheint die Zielbeschreibung im Beschluss des Bundesgerichtshofes, laut der eine Unterbringung gemäß § 64 StGB die Aussicht voraussetzt, dass das Ausmaß der Gefährlichkeit des Täters nach Frequenz und krimineller Intensität der von ihm befürchteten Straftaten *deutlich herabgesetzt* wird (BGH bei Detter, NStZ 2003, 139). An diesem Ziel sollte sich auch die Aussetzung der Maßregel zur Bewährung orientieren.

Ob die seit dem 01.2.1998 gültige Neufassung des § 67d Abs. 2 StGB auch die Entlassung aus einer *Unterbringung nach § 63 StGB* wesentlich erschwert hat, ist empirisch schwer zu belegen. Zwar ist die Verweildauer im psychiatrischen Maßregelvollzug in den letzten Jahren deutlich angestiegen (Seifert 2007, Seifert et al. 2001), es muss aber offen bleiben, ob sich darin tatsächlich Auswirkungen des neuen Gesetzestextes widerspiegeln. Trotz bundesweit einheitlicher Gesetzesregelung haben frühere Untersuchungen erhebliche Unterschiede der Verweildauern im Maßregelvollzug gezeigt (Leygraf 1988). Dies legt nahe, dass die Entlassungspraxis keineswegs allein durch die gesetzlichen Rahmenbedingungen bestimmt wird. Die jetzige „Erwartensklausel" entspricht jedenfalls durchaus den Kriterien, die schon zuvor von den Gerichten für Entlassungsentscheidungen herangezogen wurden. Auch „erwarten" bedeutet nicht, dass hier eine absolute Sicherheit gefordert wäre (Kröber 1998). Eine deutlich höhere Bedeutung für die Entlassungspraxis als dem veränderten Wortlaut dürfte dem hinter der Gesetzesreform stehenden kriminalpolitischen Gesamtklima zukommen.

## Literatur

Böllinger L (1999) Ein Schlag gegen das Resozialisierungsprinzip. Offenbarungspflicht der Therapeuten im Strafvollzug. Zeitschrift für Sexualforschung 12:140–158

Böllinger L (2003) Kontrolle der Innenwelt statt Resozialisierung. Zur Offenbarungspflicht der Therapeuten im Strafvollzug. Werkstattschriften für Forensische Psychiatrie und Psychotherapie 10:17–45

Deutscher Bundestag (1975) Bericht über die Lage der Psychiatrie in der Bundesrepublik Deutschland – Zur psychiatrischen und psychotherapeutisch/psychosomatischen Versorgung der Bevölkerung. Deutscher Bundestag – Drucksache 7/4200 („Psychiatrie-Enquête")

Gretenkord L (1995) Sollte der Therapeut zu „63er-Patienten" Beurteilungen abgeben? In: Beier KM, Hinrichs G (Hrsg) Psychotherapie mit Straffälligen. Fischer, Stuttgart, Jena, New York, S 124–145

Gretenkord L (1998) Der Therapeut als Doppelagent – Zum Rollenkonflikt des Psychotherapeuten in einer forensischen Institution. In: Wagner E, Werdenich W (Hrsg) Forensische Psychotherapie. Facultas, Wien, S 68–80

Grünebaum R (1996) Zur Strafbarkeit des Therapeuten im Maßregelvollzug bei fehlgeschlagenen Lockerungen. Lang, Frankfurt/M

Kröber HL (1998) Die Strafrechtsreformen zur Sexual- und Gewaltdelinquenz. Z Sexualforsch 11:59–66

Kröber HL (1999) Wandlungsprozesse im psychiatrischen Maßregelvollzug. Z Sexualforsch 12:93–107

Kröniger S (2006) Lebenslange Freiheitsstrafe, Sicherungsverwahrung und Unterbringung in einem psychiatrischen Krankenhaus. Dauer und Gründe der Beendigung. Ergebnisübersicht zur Bundesweiten Erhebung für das Jahr 2004. Schriftenreihe der Kriminologischen Zentralstelle e.V., Wiesbaden

Leygraf N (1988) Psychisch kranke Straftäter. Epidemiologie und aktuelle Praxis des psychiatrischen Maßregelvollzuges. Springer, Berlin Heidelberg

Leygraf N, Schalast N (2005) Wodurch wird ein Maßregelpatient „schwer entlassbar"? In: Rode I, Kammeier H, Leipert M (Hrsg) Neue Lust auf Strafen. LIT, Wiesbaden, S 85–104

Müller-Isberner R, Jöckel D, Neumeyer-Bubel W, Imbeck J (2007) Entwicklungen im psychiatrischen Maßregelvollzug Hessens. Forens Psychiatr Psychol Kriminol 1:43–49

Sander W (1904/1905) Zur Frage der Versorgung geisteskranker Verbrecher. MschrKrim 1:520–523

Seifert D (2007) Gefährlichkeitsprognosen im psychiatrischen Maßregelvollzug gemäß § 63 StGB. Springer, Berlin Heidelberg

Seifert D, Jahn K, Bolten S (2001) Zur momentanen Entlassungssituation forensischer Patienten (§ 63 StGB). Fortschr Neurol Psychiatr 69:245–255

Schalast N, Dessecker A, Haar M von der (2005) Unterbringung in der Entziehungsanstalt – Entwicklungstendenzen und gesetzlicher Regelungsbedarf. Recht & Psychiatrie 23:3–10

Schüler-Springorum H, Berner W, Cirullies B, Leygraf N, Nowara S, Pfäfflin F, Schott M, Volbert R (1996) Sexualstraftäter im Maßregelvollzug – Grundfragen ihrer therapeutischen Behandlung und der Sicherheit der Allgemeinheit. MschrKrim 79:147–200

Urbaniok F (2001) Das Züricher PPD-Modell: Ein modernes Konzept der Zusammenarbeit von Justiz und Psychiatrie. Werkstattschriften für Forensische Psychiatrie und Psychotherapie 8:37–67

Volckart B, Grünebaum R (2003) Maßregelvollzug. Luchterhand, München, Neuwied

Willenbruch K, Bischoff K (2006) Verfassungsrechtliche Zulässigkeit der Privatisierung des Maßregelvollzugs. NJW 59:1776–1778

## 2.6.5 Drogentherapie im strafrechtlichen Rahmen – die Zurückstellungslösung der §§ 35, 38 Betäubungsmittelgesetz

J.-M. JEHLE*

### 2.6.5.1 Einleitung

**Therapie statt Strafe?**

Unter dem Schlagwort „Therapie statt Strafe" ist Ende der 1970er, Anfang der 1980er Jahre eine Debatte geführt worden, die im Jahre 1982 in die Einführung von Therapieregelungen für drogenabhängige Straftäter in das Betäubungsmittelgesetz mündete. Dieses Schlagwort gab schon damals die Problemlage nur unzureichend wieder und trifft nicht den eigentlichen Kern. Vielmehr stehen Therapie und Strafe in einer viel komplexeren Beziehung zueinander, die man mit folgenden Alternativen kennzeichnen kann: Therapie *außerhalb* des Strafrechts oder Therapie *innerhalb* des Strafrechts, Therapie *und* Strafe oder Therapie *statt* Strafe, freiwillige oder Zwangstherapie. Es gibt also verschiedene Formen des Verhältnisses zwischen Therapie und Strafe, die alle einen Aspekt der Rechtswirklichkeit erfassen.

Tatsächlich findet Drogentherapie auch und vor allem unabhängig vom Strafrecht statt, und selbst eine justiziell veranlasste Drogentherapie wird zumeist außerhalb des eigentlichen Strafjustizsystems durchgeführt, in freien Einrichtungen im Wege der Vollstreckungslösung des § 35 BtMG oder in psychiatrischen Einrichtungen und Entziehungsanstalten. Gleichwohl liegt hier immer die Kontrolle bei der Strafjustiz, denn die Therapie ist Teil der Strafvollstreckung oder der Vollstreckung der Maßregel und bleibt insofern innerhalb des Strafrechtssystems. Therapie geht zudem nicht immer, aber regelmäßig mit Freiheitsstrafe einher, das heißt also: Therapie *verbunden mit* Strafe. Präziser gefasst, geht es um Therapie *veranlasst durch* strafrechtliche Maßnahmen.

Allerdings ist es gerade diese strafrechtliche Veranlassung, der strafjustizielle Zwang, der auf Seiten der Vertreter der Drogentherapie zu Anfang eine ablehnende Haltung gegenüber den Therapieregelungen des Betäubungsmittelgesetzes begründete. Zentral für die Ablehnung ist das Postulat der Freiwilligkeit des Therapieantritts. Äußere Zwänge, speziell justizielle Zwänge, seien mit Therapievorstellungen unvereinbar und dürften bei der Behandlung von Drogenabhängigkeit keine Rolle spielen (so Quensel 1982; Dammann 1985). Bei dieser idealen Vorstellung eines therapeutischen Settings bleibt freilich außer Acht, was das Störungsbild einer Suchtabhängigkeit kennzeichnet, nämlich dass ein Abhängiger sein Suchtverhalten gerade nicht aufgeben will, vielmehr allenfalls dann aufgibt, wenn die negativen Folgen so gravierend sind, dass sie die positiv empfundenen Wirkungen des Drogengebrauchs überwiegen. Diese negativen Folgen können den Ab-

---

* Frau Diplomjuristin Katja Goedelt sei herzlich für ihre Mitwirkung bedankt.

hängigen veranlassen, ja „zwingen", mit Hilfe einer Therapie sein Verhalten verändern zu wollen. Nach Bühringer (1998, S. 434 f.) lassen sich – außer justiziellen Zwängen – weitere Formen des Zwangs ausmachen: Dazu zählen soziale Zwänge, einmal durch Bezugspersonen wie Eltern und Partner, die Druck auf den Betroffenen ausüben, weiter durch Institutionen wie Schule, Arbeitgeber, Sozialfürsorge- und Gesundheitssystem und ganz allgemein durch ein Drogen ablehnendes soziales Klima; zudem körperliche und emotionale Zwänge, wozu vor allem die Folgen akuter Erkrankung in Zusammenhang mit der Drogenabhängigkeit gehören. Darüber hinaus gibt es aber auch nach Therapieantritt therapeutische Zwänge, die helfen sollen, dass die Behandlung erfolgreich durchgeführt werden kann; dazu zählen Verhaltensregeln, Sanktionen bei Verstößen bis hin zum Ausschluss aus der Therapie. All diese mehr oder minder massiven Einwirkungen auf den Drogenabhängigen haben das Ziel, ihn zur Verhaltensänderung zu motivieren, einer Behandlung zuzuführen und wenn möglich langfristig zur Abstinenz zu bewegen. Der so genannte justizielle Zwang ist also nur ein Teil des Gesamtbildes sozialer Einwirkung, er allein könnte den Antritt und das erfolgreiche Durchstehen einer Drogentherapie kaum bewirken.

Von daher ist auch das Schlagwort des justiziellen Zwangs kritisch zu hinterfragen: Selbstverständlich wird dadurch, dass der Umgang mit illegalen Drogen, in Gestalt der Herstellung, des Besitzes und der Weiterverbreitung, unter Strafe gestellt ist und der Strafverfolgung unterliegt, ein Druck in Richtung drogenfreien Lebens ausgeübt. Wenn der Normappell nicht wirkt und es aufgrund eines Verstoßes zur Bestrafung kommt, wird damit zugleich intendiert, in spezialpräventivem Sinne Rückfälligkeit zu verhindern. Eine Zwangsbehandlung der Drogenabhängigkeit per Strafe ist gleichwohl rechtlich nicht möglich; vielmehr kommt es stets auf das Einverständnis bzw. die Mitwirkung des Betroffenen an. So kann die so genannte Therapieweisung im Rahmen der Strafaussetzung zur Bewährung gemäß § 56 c Abs. 3 StGB nur auferlegt werden, wenn der Betroffene einverstanden ist; und der Übergang in eine therapeutische Einrichtung nach §§ 35, 38 BtMG setzt einen Antrag des Betroffenen voraus. Freilich ist die Alternative nicht attraktiv: Verweigert im Hinblick auf die fragliche Strafaussetzung der Betreffende seine Zustimmung zu einer therapeutischen Maßnahme, ist möglicherweise seine Legalprognose ungünstig und verhindert die Strafaussetzung, sodass er in den Vollzug gelangt; und im Falle der Zurückstellungslösung nach BtMG kann er den (weiteren) Strafvollzug nur abwenden, wenn er sich um eine Drogentherapie bemüht.

Selbst im Rahmen der Unterbringung in einer Entziehungsanstalt kann eine Zwangstherapie im eigentlichen Sinne nicht durchgeführt werden. Zwar hat das erkennende Gericht diese Maßregel anzuordnen, wenn aufgrund der Drogenabhängigkeit weiterhin die Gefahr erheblicher Straftaten besteht; zugleich darf sie aber – nach der Rechtsprechung des Bundesverfassungsgerichts (BVerfGE 91,1 ff.) – nur angeordnet werden, wenn hinreichende Erfolgsaussicht der Behandlung besteht; dies ist nur der Fall, wenn Therapiebereitschaft seitens des Unterzubringenden gegeben ist oder jedenfalls geweckt werden kann. Fehlt es daran, muss die Anordnung der Maßregel unterbleiben oder die Vollstreckung beendet werden, weil eine Zwangsbehandlung rechtlich nicht zulässig erscheint. Somit „verordnet" das Strafrecht keine Zwangstherapie; die Drogentherapie ist vielmehr strafrechtlich veranlasst und wird durch den Druck des Strafvollzugs auf den Abhängigen gefördert.

## Die Therapieregelungen des BtMG im gesamten System strafrechtlicher Reaktionen

Die Therapieregelungen des BtMG sind nicht isoliert zu betrachten, sondern ordnen sich ein in ein Spektrum rechtlicher Möglichkeiten, wie der Staat gegenüber straffälligen, gefährlichen oder gefährdeten Suchtabhängigen reagiert (Tabelle 2.6.4).

Es sind hier zunächst außerstrafrechtliche und innerstrafrechtliche Möglichkeiten zu unterscheiden: Außerhalb des Strafrechts gibt es die *öffentlich-rechtliche Unterbringung* über die landesrechtlichen Unterbringungsgesetze und die *zivilrechtliche Unterbringung* gemäß § 1906 BGB. Sie haben Zwangscharakter, allerdings wird häufig dem Betreffenden nahe gelegt, sich freiwillig einer solchen Therapie zu unterziehen, um eine zwangsweise Unterbringung zu vermeiden. Die Unterbringung erfolgt zum Teil in psychiatrischen Landeskliniken bzw. in Bezirkskrankenhäusern. Auch die zivil- oder öffentlich-rechtlich untergebrachten Abhängigen können in gewissem Umfang straffällig geworden sein. Der Anlass für die Unterbringung ist aber nicht eigentlich die strafrechtliche Handlung, sondern die Sucht. Nicht selten wechseln auch strafrechtlich Untergebrachte nach Beendigung einer Maßregelbehandlung über in die zivil- oder öffentlich-rechtliche Unterbringung.

Innerhalb der strafrechtlichen Reaktionsmöglichkeiten gegenüber Suchtkranken gibt es zunächst die *Unterbringung in einer Entziehungsanstalt* nach § 64 StGB. Diese Vorschrift wird auf Alkoholiker und Drogenabhängige gleichermaßen angewandt. Die Alkoholabhängigen stellten dabei noch in den 1980er Jahren die große Mehrheit in den Anstalten; inzwischen haben die Drogenabhängigen gleichgezogen. Die Therapie wird zum einen in spezialisierten Einrichtungen, zum anderen in Spezialabteilungen innerhalb eines psychiatrischen Landeskrankenhauses (bzw. Bezirkskrankenhauses) durchgeführt. Die meisten der nach § 64 StGB Untergebrachten werden zugleich zu einer Freiheitsstrafe verurteilt, d. h. sie werden vom Gericht als voll schuldfähig oder aufgrund ihrer Drogenabhängigkeit im Tatzeitpunkt vermindert schuldfähig (§ 21 StGB) eingestuft. Schuldunfähigkeit aufgrund von BtM-Abhängigkeit wird ausgesprochen selten angenommen (nach der Strafverfolgungsstatistik 2003 sind 1,2% – 5 von 413 – der nach dem BtMG abgeurteilten Untergebrachten schuldunfähig, vgl. Statistisches Bundesamt 2004, S. 302 f.). Sofern die Unterbringung nach § 64 StGB und die Freiheitsstrafe zugleich angeordnet sind, wird allerdings gemäß § 67 Abs. 1 StGB regelmäßig zuerst die Maßregel vollstreckt. Danach können die Betreffenden auf Bewährung entlassen werden, wenn infolge der Anrechnung der Unterbringungszeit zwei Drittel der Strafe verbüßt sind und eine günstige Prognose besteht.

**Tabelle 2.6.4.** Staatliche Reaktionen gegenüber straffälligen/gefährdeten/gefährlichen Suchtmittelabhängigen

| Gesetzliche Regelung | Öffentliche/ zivilrechtliche Unterbringung Landesgesetze § 1906 BGB | Maßregel- unterbringung (zumeist i.Vm. Freiheitsstrafe) § 64 StGB | Freiheitsstrafe | | |
|---|---|---|---|---|---|
| | | | Vollzugslösung §§ 9 II analog, 65 StVollzG | Vollstreckungslösung § 35 BtMG | Bewährungslösung §§ 56, 56c III StGB |
| **Anordnung durch** | Vormundschafts- gericht | Strafrichter | Anstaltsleiter | Staatsanwalt | Strafrichter |
| **Voraussetzung** | Selbstgefahr/ Fluchtgefahr | Gefahr erheblicher Straftaten | | | Günstige Prognose |
| **Betroffene** | Psychisch Kranke | Abhängige von Drogen und Alkohol | | Drogenabhängige | |
| **Therapieeinrichtung** | PLK u.a. | PLK/spezielle Einrichtungen | JVA | Freie Träger | Freie Träger |

Neben der Maßregel des § 64 StGB gibt es auch Maßnahmen, die *nur* im Zusammenhang mit einer verhängten Freiheitsstrafe durchgeführt werden. Hier bestehen drei Lösungen: die Vollzugslösung gemäß §§ 9 Abs. 2 analog und 65 StVollzG, die Bewährungslösung gemäß §§ 56, 56 c Abs. 3 StGB sowie die *Vollstreckungslösung* gemäß § 35 BtMG.

Nach § 35 BtMG kann die Staatsanwaltschaft die Vollstreckung einer Freiheitsstrafe bis zu zwei Jahren unter bestimmten Voraussetzungen aussetzen, wenn der Betreffende sich in eine Entzugstherapie außerhalb des Strafvollzugs begibt. Auch auf Personen, die zu längeren Freiheitsstrafen verurteilt wurden, kann § 35 BtMG angewandt werden, sofern nur noch zwei Jahre Reststrafe übrig sind. Allerdings ist § 35 BtMG nur auf Drogenabhängige anwendbar. Man überlegt derzeit, ob man nicht auch Alkoholabhängige in den Genuss einer solchen Regelung kommen lassen könnte, weil sie viel flexibler ist als andere Möglichkeiten (s. 2.6.5.5). Insbesondere die Haftanstalten klagen über viele Personen mit teilweise massiven Alkohol- und/oder Drogenproblemen. Die Anstalten selber können damit im Allgemeinen nicht umgehen, auch wenn vereinzelt im Rahmen der so genannten *Vollzugslösung* Suchtabteilungen in Vollzugskrankenhäusern (gemäß § 65 Abs. 1 StVollzG) oder gesonderte Einrichtungen für Abhängige im Strafvollzug (entsprechend den sozialtherapeutischen Einrichtungen, § 9 Abs. 2 StVollzG analog) geschaffen wurden.

Die Vollstreckungslösung des § 35 BtMG ist im Moment der Hauptweg für Drogenabhängigkeit innerhalb des Strafrechtssystems: Diese Lösung hat deshalb so großen Anklang gefunden – auch bei den Drogenabhängigen –, weil auf jeden Fall, wenn man die Therapie antritt, diese auf die Strafe angerechnet wird; gleichgültig, ob die Therapie erfolgreich war oder nicht, ob der Betreffende die Therapie abbricht oder nicht, ihm wird auf jeden Fall die Zeit in der Therapie „vergütet".

Ganz anders liegen die Verhältnisse bei der *Bewährungslösung* gemäß § 56 c Abs. 3 StGB: Wenn dort eine Therapie im Rahmen der Strafaussetzung zur Bewährung begonnen wird und die Therapie scheitert, aus welchen Gründen auch immer, und infolge dessen die Aussetzung widerrufen wird, dann muss der Betreffende unabhängig von der Therapiedauer die volle Zeit im Strafvollzug verbüßen. Daher ist die Vollstreckungslösung von der Motivationslage her eindeutig günstiger als die Bewährungslösung. Zudem ist der mögliche Anwendungsbereich des § 56 c Abs. 3 StGB in der Praxis eher gering, da die dort geforderte günstige Prognose bei Drogenabhängigen regelmäßig nicht gestellt werden kann.

Eine Gemeinsamkeit weisen die Vollstreckungs- und Bewährungslösung gegenüber der Vollzugslösung auf: In beiden ersteren Fällen wird die Therapie von und bei freien Trägern, also nicht im Strafvollzug, durchgeführt. Diese Träger sind in der Gestaltung der Therapie nicht völlig frei, sondern bedürfen regelmäßig einer staatlichen Anerkennung. Nur wer vernünftige und erfolgversprechende Konzepte vorlegt, erhält die staatliche Anerkennung, und nur bei staatlich anerkannten Trägern kann sich der Betreffende sicher sein, dass ihm die Therapie auf die Strafe angerechnet wird.

### 2.6.5.2 Voraussetzungen und Verfahren der Zurückstellung nach §§ 35, 38 BtMG

#### Zur Genese der §§ 35 ff. BtMG

Die Vorschriften §§ 35 bis 38 BtMG über die Zurückstellung der Strafvollstreckung und der Erhebung der öffentlichen Klage gegen betäubungsmittelabhängige Straftäter wurden durch das BtMG 1982 eingeführt und durch das Gesetz vom 9.9.1992 (BGBl. I S. 1593) behutsam erweitert. Sie sind das Ergebnis eines Kompromisses zwischen Bundestag und Bundesrat und konnten deswegen in beiden Gesetzgebungsorganen mit breiter Mehrheit (im Deutschen Bundestag sogar einstimmig) verabschiedet werden (Weber 2003, Vor § 35 Rn 1).

Auch vor Einführung der Therapieregelungen in das Betäubungsmittelgesetz gab es Regelungen zur Behandlung von drogenabhängigen Straftätern, die auch heute noch bestehen. Neben der Therapie im Strafvollzug, die sich mangels qualifizierten Personals allerdings im Allgemeinen auf die physische Entziehung beschränkt (Körner 1998, S. 1303), bestand und besteht die Möglichkeit einer Einweisung in eine Entziehungsanstalt gemäß § 64 StGB oder einer Weisung, sich im Rahmen der Strafaussetzung zur Bewährung gemäß §§ 56 ff. StGB einer Drogentherapie zu unterziehen, wenn der Verurteilte einwilligt (§ 56 c Abs. 3 Nr. 1 StGB; Endriß u. Malek 2000, S. 485 f.). Die Nachteile dieser Regelungen standen dem Gesetzgeber aber vor Augen: Die Zwangsunterbringung im Maßregelvollzug wurde vielfach von Drogenberatern und Therapieeinrichtungen abgelehnt; ferner gab es innerhalb psychiatrischer Krankenhäuser nur wenige speziell geeignete Einrichtungen für Drogenabhängige mit einem akzeptablen Therapieangebot.

Bei der Drogentherapie im Rahmen der Strafaussetzung zur Bewährung fehlt häufig eine günstige Sozialprognose beim drogenabhängigen Täter (Kurze 1994, S. 23); zudem fehlen die Voraussetzungen, wenn die Strafe zwei Jahre übersteigt. Diese als misslich zu bezeichnende Therapiesituation sollte durch die neuen Therapievorschriften verbessert werden (Endriß u. Malek 2000, S. 485 f.).

Nach der Intention des Gesetzgebers dient die Zurückstellung gemäß §§ 35, 36 BtMG dem Zweck, dem drogenabhängigen Verurteilten durch vorläufige Herausnahme aus dem oder Verschonung vom Strafvollzug die Gelegenheit zu gewähren, die gewonnene Zeit zu nutzen, um eine freiwillige, meist stationäre, Therapie zur Überwindung seiner Drogensucht zu absolvieren. Er soll einerseits durch den Druck des noch anstehenden Strafvollzuges im Falle des Scheiterns, andererseits durch die Möglichkeit des Erwerbs vorzeitiger Aussetzung zur Bewährung nach erfolgreichem Abschluss der Therapie motiviert werden (Schöfberger 2005, S. 441).

### Voraussetzungen und Verfahren nach § 35 Abs. 1 S. 1, Abs. 3 BtMG

Die Zurückstellung der Strafvollstreckung bezieht sich auf Freiheitsstrafen wie auch gemäß § 38 BtMG auf Jugendstrafen. Die Strafvollstreckung kann jedoch nur zurückgestellt werden, wenn sie ohne die Zurückstellung stattfinden könnte. Voraussetzung der Zurückstellung ist daher ein *rechtskräftiges Urteil* (§ 449 StPO). Ein Beschluss über die nachträgliche Bildung einer Gesamtstrafe (§ 460 StPO) steht einem Urteil gleich. Ein Strafbefehl kommt als Grundlage für die Zurückstellung der Strafvollstreckung erst dann in Betracht, wenn die in ihm angeordnete Strafaussetzung rechtskräftig widerrufen ist. Ein drogenabhängiger Verurteilter hat also mit seinem Verteidiger abzuwägen, ob er der alsbaldigen Therapieeinleitung und einem alsbaldigen Therapieantritt oder der Ausschöpfung der Rechtsmittelmöglichkeiten im Hauptverfahren den Vorrang einräumt. Will ein Drogenabhängiger möglichst schnell eine Therapie antreten, dann bedeutet dies in der Regel für ihn, dass er das Urteil akzeptieren und auf ein Rechtsmittel verzichten muss. Denn solange das Urteil nicht rechtskräftig ist, wird keine Vollstreckung eingeleitet und ohne Vollstreckungseinleitung gibt es keine Zurückstellung der Strafvollstreckung (Körner 2001, § 35 Rn 35).

Das Urteil muss auf Freiheitsstrafe bzw. Jugendstrafe von *nicht mehr als zwei Jahren* lauten. Entscheidend für die Anwendung des § 35 Abs. 1 BtMG ist der Strafausspruch im Urteil, nicht die Strafzeit, die nach Anrechnung der Untersuchungshaft, Auslieferungshaft, verbüßter Strafhaft oder sonstiger Erledigung verbleibt. Dabei kann sich die Zurückstellung natürlich nur auf den verbliebenen Rest der Strafe beziehen (Weber 2003, § 35 Rn 11). Da der drogenabhängige Angeklagte sich zur Zeit der Hauptverhandlung zumeist in Untersuchungshaft befindet und die Untersuchungshaft gemäß § 51 Abs. 1 S. 1 StGB auf die Strafe anzurechnen ist, hat die Staatsanwaltschaft zumeist die Vollstreckung von nur noch einem Strafrest zurückzustellen. Bei der für die Zurückstellung maßgeblichen Strafhöhe kommt es auch nicht darauf an, ob die Strafe nach Verbüßung der Hälfte oder von zwei Dritteln der Strafzeit oder zu einem noch früheren Termin ausgesetzt werden kann oder muss (BGHSt 34, 318, 319).

Eine Zurückstellung nach Absatz 1 ist auch möglich, wenn *mehrere Strafen* zu vollstrecken sind: Das gilt zunächst für die Fälle, in denen die verschiedenen Strafen zusammen zwei Jahre nicht übersteigen (BGHSt 33, 94, 96). Dabei ist für jede Verurteilung gesondert zu prüfen, ob die Voraussetzungen des § 35 Abs. 1 BtMG gegeben sind. Liegen für alle Strafen die Zurückstellungsvoraussetzungen vor, so kann die Zurückstellung für jede von ihnen erfolgen (OLG Saarbrücken StV 1983, 468 f.). Dies bereitet dann keine Probleme, wenn ein und dieselbe Vollstreckungsbehörde die Strafen zu vollstrecken hat und nun die Vollstreckung gleichzeitig zurückstellen kann. Vollstrecken aber verschiedene Staatsanwaltschaften oder Jugendrichter in verschiedenen Orten der Bundesrepublik die verschiedenen Strafen, so ist eine enge Zusammenarbeit zwischen sämtlichen Staatsanwälten und Richtern vonnöten, damit nicht das eine Gericht die Zustimmung erteilt, das andere Gericht sie verweigert, der eine Staatsanwalt oder Jugendrichter die Vollstreckung zurückstellt und der andere die Zurückstellung verweigert. Ideal wäre in diesen Fällen, wenn die gesamte Vollstreckung zentral von einer Staatsanwaltschaft übernommen werden würde (Körner 2001, § 35 Rn 73; 1983, S. 433).

Sind mehrere Freiheitsstrafen zu vollstrecken, von denen einige zurückstellungsfähig sind, andere jedoch nicht, wirft die Gestaltung der Vollstreckungsreihenfolge erhebliche Probleme auf. Eine Zurückstellung gemäß § 35 BtMG ist insgesamt, also auch für die an sich zurückstellungsfähige Strafe ausgeschlossen, solange die nicht zurückstellungsfähige Strafe zu vollstrecken ist. Hier stellt sich die Frage, ob es sachgerecht ist, dem behandlungsbedürftigen Verurteilten die Therapie insgesamt zu versagen, wenn er auch unabhängig von seiner Drogenabhängigkeit Straftaten begeht (s. dazu näher Schöfberger 2005, S. 441 ff.).

Eine Zurückstellung der Strafvollstreckung ist auch dann möglich, wenn die verschiedenen Freiheitsstrafen zusammen die Obergrenze von zwei Jahren übersteigen (BGH MDR 1985, 340). Eine Zusammenrechnung sieht das Gesetz nicht vor, sodass auch hier die Voraussetzungen für eine Zurückstellung für jede Strafe gesondert zu prüfen sind. Auch in solchen Fällen setzt die Zurückstellung voraus, dass keine der übrigen Strafen vollstreckt wird. Eine andere Frage ist, ob die Vollstreckungsbehörde bei mehreren beträchtlichen offenen Strafen von ihrem Ermessen im Sinne einer Zurückstellung Gebrauch macht (s. hierzu Katholnigg 1985, S. 128).

Nach Abs. 3 Ziff. 1 kommt schließlich auch bei einer Gesamtstrafe die Zurückstellung in Betracht, wenn sie zwei Jahre Freiheitsstrafe nicht übersteigt. Dabei ist nicht erforderlich, dass der Verurteilte alle Taten, die der Gesamtstrafe zugrunde liegen, aufgrund von Betäubungsmittelabhängigkeit begangen hat. Es reicht aus, wenn dies für den ihrer Bedeutung nach überwiegenden Teil zutrifft (Körner 2001, § 35 Rn 67 mit Bezug auf Generalstaatsanwaltschaft Frankfurt, Beschluss v. 31.3.1995 – Zs 619/95).

Es kann neben Freiheitsstrafe oder Jugendstrafe auch die Maßregel der Unterbringung in einer *Entziehungsanstalt* festgesetzt sein. Gemäß § 67 Abs. 1 StGB ist die *neben einer Freiheitsstrafe angeordnete Maßregel der Unterbringung* vor einer Strafe zu vollziehen. Übersteigt die Freiheitsstrafe oder der Strafrest die Zweijahresgrenze nicht, so wird die Maßregel zusammen mit der Strafe zurückgestellt. Auch wenn Einrichtungen für den Maßregelvollzug eine Langzeittherapie für Drogenabhängige anbieten, schließt dies eine Zurückstellung von Strafvollzug und Maßregelvollzug nicht grundsätzlich aus (zur Anwendungspraxis s. 2.6.5.4). Der im Maßregelvollzug befindliche Verurteilte kann deshalb bei einem Strafrest bis zu zwei Jahren einen Zurückstellungsantrag nach § 35 BtMG stellen (Körner 2001, § 35 Rn 71). Auch andere Rechtsfolgen, die neben einer Freiheitsstrafe angeordnet wurden, schließen eine Zurückstellung nicht aus. § 35 BtMG erlaubt allerdings keine Zurückstellung, wenn infolge von Schuldunfähigkeit nur auf Unterbringung in einer Entziehungsanstalt, aber nicht auf Freiheitsstrafe erkannt wurde.

Die absolute *Obergrenze von zwei Jahren* trägt dem Umstand Rechnung, dass die Zurückstellung systematisch dem Rechtsinstitut der Strafaussetzung zur Bewährung nachgebildet ist (Franke u. Wienroeder 2001, § 35 Rn 7). Nicht zuletzt wurde die Zweijahresfrist auch deshalb gewählt, weil fast alle Therapieprogramme unter der Zweijahresgrenze liegen (Körner 2001, § 35 Rn 70). Indessen sollen auch Verurteilte mit längeren Freiheitsstrafen in den Genuss einer Therapieüberleitung kommen. Die Vorschrift von Abs. 3 Ziff. 2 lässt die Zurückstellung auch bei Freiheitsstrafen oder Jugendstrafen von mehr als zwei Jahren zu, wenn der noch zu vollstreckende Strafrest zwei Jahre nicht übersteigt. Für die Berechnung des noch zu vollstreckenden Strafrestes kommt es auf die Zeit zwischen dem erledigten Teil der Strafe und dem Strafende bei Vollverbüßung an. Eine mögliche vorzeitige Entlassung nach §§ 57 StGB, 88 JGG oder 456a StPO ist nicht zu berücksichtigen (BGHSt 34, 318, 319).

Die Verurteilung muss wegen einer *Straftat* erfolgt sein. Die Tat muss nach deutschem Recht mit Strafe bedroht sein; der Tatort muss aber nicht in Deutschland liegen (Körner 2001, § 35 Rn 32). Die Straftat muss kein Verstoß gegen das BtMG sein, sofern sie nur aufgrund einer Betäubungsmittelabhängigkeit begangen wurde.

Aus den Urteilsgründen muss sich ergeben, dass der Täter die Tat *aufgrund einer Betäubungsmittelabhängigkeit* begangen hat. Die Betäubungsmittelabhängigkeit muss nicht nur zur Tatzeit bestanden haben, sondern auch im Zeitpunkt der Hauptverhandlung und im Zeitpunkt des Zurückstellungsantrages noch vorhanden sein. Umstritten ist die Art des Kausalzusammenhangs zwischen der Betäubungsmittelabhängigkeit und der Straftat. Die allgemeine Ansicht fordert einen unmittelbaren Kausalzusammenhang im Sinne einer „conditio sine qua non" (OLG Frankfurt NStZ-RR 1998, 314, 315; Körner 2001, § 35 Rn 46; Körner 1998, S. 1307). Nach anderer Auffassung (Eberth u. Müller 1982, § 35 Rn 32; Joachimski u. Haumer 2002, § 35 Rn 13) reicht schon eine Mitursächlichkeit aus. Nach dieser Meinung kommt es nicht entscheidend darauf an, ob der Täter primär drogenabhängig oder primär kriminell ist. Entscheidend sei auch nicht, ob der Täter die Straftat ohne seine Betäubungsmittelabhängigkeit begangen hätte (Lundt u. Schiwy 2001, § 35 A II 3 b). Diese weitergehende Ansicht verkennt aber den gesetzgeberischen Zweck der Vorschrift: Nach Körner stellt § 35 „keinen *Freibrief* für Straftaten BtM-abhängiger Täter dar, sondern soll lediglich bei suchtbedingten Taten den Abhängigen ermöglichen, den Strafvollzug durch die Therapie zu ersetzen" (Körner 2001, § 35 Rn 46). Die Bestimmung will ja gerade die Abhängigkeit als Ursache für weitere Straftaten beseitigen.

Weitere Voraussetzung ist, dass eine *der Rehabilitation dienende Behandlung* vorliegt oder alsbald angetreten werden kann (S. 1). Für die Zurückstellung ist erforderlich, dass sich der Verurteilte wegen seiner Abhängigkeit bereits in einer seiner Rehabilitation dienenden Behandlung befindet oder zusagt, sich einer derartigen Behandlung zu unterziehen. Der Aufenthalt in einer therapeutischen Einrichtung erleichtert regelmäßig die Zurückstellungsentscheidung erheblich (Körner 2001, § 35 Rn 79). Zur Rehabilitationsbehandlung gehören alle Maßnahmen, die final darauf ausgerichtet sind, den in der Behandlung Stehenden möglichst auf Dauer in Arbeit, Beruf und Gesellschaft einzugliedern (BSG NJW 1981, 2535). Eine staatliche Anerkennung ist nicht erforderlich, erleichtert aber die Anrechenbarkeit der Therapie nach § 36 Abs. 1 BtMG. Neben der in der Entgiftungsphase vorherrschenden medikamentösen Behandlung sind die Methoden und Organisationsformen der ärztlichen und nichtärztlichen Drogentherapie vielfältig und unterschiedlich (näher s. 2.6.5.5).

Die *Zusage des Verurteilten* ist regelmäßig im Antrag auf Zurückstellung der Strafvollstreckung zu sehen. Der Verurteilte muss bereit sein, die Therapie anzutreten und durchzustehen; eine weitergehende Therapiemotivation ist nicht zu verlangen (Endriß u. Malek 2000, S. 501; Körner 2001, § 35 Rn 121 ff.). Er muss kein besonderes Durchhaltevermögen unter Beweis stellen und keine Erfolgsprognose rechtfertigen (OLG Hamm NStZ 1982, 485). Die Zurückstellungslösung soll nicht nur Musterpatienten, sondern auch Risikopatienten in die Therapie führen. Die Zurückstellung soll im Gegensatz zur Strafaussetzung zur Bewährung gerade bei ungünstiger Prognose Therapiemöglichkeiten eröffnen. Die Versagung einer Zurückstellung der Strafvollstreckung kann z.B. nicht damit begründet werden, angesichts zweier gescheiterter Therapieversuche müsse der Verurteilte vor einem erneuten Therapieantritt den Leidensdruck einer Strafvollstreckung verspüren, um eine ernsthafte Therapiebereitschaft und ein ausreichendes Durchhaltevermögen zu erlangen. Bestehen allerdings klare Anzeichen für das Fehlen eines ernsthaften Therapiewillens, ist die Zurückstellung zu versagen. Dies ist insbesondere der Fall, wenn der Betreffende die Therapie nicht angetreten bzw. auf dem Weg zur Einrichtung die Flucht ergriffen hat oder mehrfach eine Behandlung abgebrochen hat bzw. aus der Therapieeinrichtung entwichen ist oder sich dort an keinerlei Regeln hält (Körner 2001, § 35 Rn 126 ff. mwN).

Der *Behandlungsbeginn* muss *gewährleistet* sein: Das bezieht sich zum einen auf den Therapieplatz. Die Zurückstellung setzt einen freien Therapieplatz, die *Therapieplatzzusage* der Therapieeinrichtung und einen festen Aufnahmetermin voraus. Da in allen Bundesländern Entzugs- und Therapieplätze für Drogenabhängige fehlen, muss der Verurteilte mit Wartezeiten bei den Therapieeinrichtungen rechnen. Der Verurteilte, sein Drogenberater oder sein Verteidiger müssen sich also frühzeitig um einen Therapieplatz bemühen.

Zum anderen bedarf es der *Zusage des Kostenträgers*, die Kosten zu übernehmen. Der Verurteilte hat einen Anspruch auf Kostenübernahme gemäß § 11 Abs. 2 iVm § 40 SGB V gegen die gesetzliche Krankenversicherung, sofern nicht im Einzelfall ein anderer Rehabilitationsträger zuständig ist, z.B. der Rentenversicherungsträger gemäß § 9 ff. SGB VI. Subsidiär übernimmt der überörtliche Sozialhilfeträger die Kosten der Behandlung.

Die Zurückstellung der Vollstreckung bedarf der *Zustimmung des Gerichts des ersten Rechtszuges*. Die Zustimmung ist eine juristische Prozesserklärung und keine eigene gerichtliche Sachentscheidung (OLG Stuttgart NStZ 1986, 141; Endriß u. Malek 2000, S. 503). Das Gesetz geht davon aus, dass das erkennende Gericht am besten mit der Sache vertraut und in der Lage ist, die Chancen und Risiken einer Zurückstellung abzuschätzen (Joachimski u. Haumer 2002, § 35 Rn 15). Zuständig ist stets das Prozessgericht erster Instanz, auch wenn die Strafe erst vom Berufungsgericht verhängt wird. Die Zustimmung steht im Ermessen des Gerichts. Bei seiner Entscheidung prüft das Gericht alle Voraussetzungen des § 35 BtMG selbst. Die Zustimmung des Gerichts kann bereits in der Hauptverhandlung erklärt werden, wenn das Urteil durch Rechtsmittelverzicht der Beteiligten rechtskräftig wird (OLG Hamm NStZ-RR 1998, 315). Einer Einschaltung des Gerichts bedarf es nicht, wenn die Vollstreckungsbehörde die Zurückstellung ablehnt (ebd.). Verweigert das Gericht die Zustimmung, so steht der Vollstreckungsbehörde der Rechtsbehelf der Beschwerde zu (§ 35 Abs. 2 BtMG iVm § 304 StPO).

Die Vollstreckungsbehörde prüft zunächst, ob die Voraussetzungen einer Zurückstellung gegeben sind. *Vollstreckungsbehörde* ist die Staatsanwaltschaft (§ 451 Abs. 1 S. 1 StPO), bei der Vollstreckung von Jugendstrafe der Jugendrichter als Vollstreckungsleiter (§ 82 Abs. 1 S. 1 JGG). Fehlt es an den Voraussetzungen der Zurückstellung, so lehnt die Vollstreckungsbehörde die Zurückstellung ab. Sind die Voraussetzungen gegeben, so ist nach pflichtgemäßem Ermessen zu entscheiden. Der Verurteilte hat zwar keinen Anspruch auf eine Zurückstellung; doch ist dem Antrag regelmäßig stattzugeben, wenn sämtliche Voraussetzungen vorliegen. Dass der Gesetzgeber § 35 Abs. 1 BtMG nur als Kannvorschrift ausgestaltet hat, ermöglicht es der Vollstreckungsbehörde, den im Rehabilitationsinteresse günstigsten Zeitpunkt für die Therapieüberleitung zu wählen und den Missbrauch des Zurückstellungsverfahrens zu verhindern (Adams u. Eberth 1983, S. 196). Lehnt die Vollstreckungsbehörde den Antrag auf Zurückstellung ab bzw. verweigert das Gericht seine Zustimmung, erfolgt nach Anfechtung seitens des Verurteilten eine Überprüfung und gegebenenfalls Aufhebung der Entscheidung durch das zuständige Oberlandesgericht, §§ 35 Abs. 2 S. 2, 3 BtMG iVm §§ 23 ff. EGGVG.

## Die Zurückstellung nach § 35 Abs. 1 S. 2 BtMG

Auch Einrichtungen, in denen kein Fachpersonal tätig ist und deswegen keine eigentliche Behandlung stattfindet, können geeignet sein, den Drogenabhängigen vor weiterer Abhängigkeit zu bewahren (Weber 2003, § 35 Rn 160). Abs. 1 S. 2 eröffnet die Möglichkeit, auch bei Aufenthalt in einer solchen Einrichtung die Strafvollstreckung zurückzustellen. Der Gesetzgeber hat hier besonders die Selbsthilfegruppen im Auge, die das Ziel verfolgen, das Selbstwertgefühl des Abhängigen zu stärken und sein soziales Verhalten zu trainieren (BT-Dr 8/4283, 8). Alle oben genannten Voraussetzungen müssen auch hier erfüllt sein, Abs. 1 S. 2 ersetzt lediglich das Merkmal der Behandlung.

Aus dem Wortlaut wird teilweise geschlossen, dass nur staatlich anerkannte *stationäre* Einrichtungen die Voraussetzungen des § 35 Abs. 1 S. 2 BtMG erfüllen (Joachimski u. Haumer 2002, § 35 Rn 27; Weber 2003, § 35 Rn 164). Gegen das Erfordernis einer stationären Einrichtung spricht allerdings, dass die stationäre Therapie weder in der Behandlungspraxis noch in der Rechtsprechung weiterhin als Regelfall der Behandlung angesehen wird (Endriß u. Malek 2000, S. 500). Des Weiteren spricht für eine weite

Auslegung der Vorschrift die Tatsache, dass durch das Gesetz zur Änderung des Betäubungsmittelgesetzes vom 9.9.1992 die früher geltende Regelung, wonach die Behandlungseinrichtung die freie Gestaltung der Lebensführung des Verurteilten erheblich beschränken musste, weggefallen ist.

### Nachweis- und Mitteilungspflichten (§ 35 Abs. 4 BtMG)

Der Verurteilte ist verpflichtet, Nachweis über die Aufnahme und Fortführung der Behandlung zu erbringen. Die Zeitpunkte, zu denen die Nachweise zu erbringen sind, müssen von der Vollstreckungsbehörde festgelegt werden. Eine besondere Form schreibt das Gesetz nicht vor. In der Regel dürfte Schriftform zu verlangen sein (Weber 2003, § 35 Rn 207 mwN). Weitergehende Nachweispflichten, insbesondere die Auflage, Arzt und Therapeuten von der Schweigepflicht zu entbinden und sie zu ermächtigen, der Vollstreckungsbehörde auf Anforderung Auskunft über den Therapieverlauf zu geben, können zwar nicht unmittelbar auf Abs. 4 gestützt werden (Weber 2003, § 35 Rn 212 mwN), dies bedeutet jedoch nicht, dass eine solche Auflage unzulässig wäre (OLG Hamm NStZ 1986, 333); sie ist im Gegenteil empfehlenswert, damit die Vollstreckungsbehörde bei Abbruch der Therapie nicht automatisch gezwungen ist zu widerrufen, vielmehr in Kenntnis der Gründe gegebenenfalls einen überflüssigen Widerruf unterlässt (andere Ansicht s. Kreuzer 1986).

Seitens der Behandelnden ist der Abbruch der Behandlung mitzuteilen, nicht jedoch der Nichtantritt der Behandlung. Eine bestimmte Form der Mitteilung ist nicht vorgeschrieben, auch telefonische Mitteilungen reichen aus (Weber 2003, § 35 Rn 225). Soweit Mitteilungspflichtige der ärztlichen oder einer anderen Schweigepflicht unterliegen, machen sie sich durch die Mitteilung des Abbruchs der Behandlung nicht strafbar, weil sie hierzu nicht nur befugt, sondern sogar verpflichtet sind.

### Widerruf (§ 35 Abs. 5, 6 BtMG)

§ 35 Abs. 5 BtMG will der Vollstreckungsbehörde ermöglichen, auch ohne Anhörung des Verurteilten auf die Nichteinhaltung der Verpflichtungen nach § 35 Abs. 4 BtMG möglichst schnell zu reagieren und so den drogenabhängigen Verurteilten vor einer Rückkehr in die Drogenszene zu bewahren (Körner 2001, § 35 Rn 250). Die gesetzlich benannten Widerrufsgründe liegen vor, wenn die Behandlung nicht begonnen oder nicht fortgeführt wurde und nicht zu erwarten ist, dass der Verurteilte die Behandlung derselben Art alsbald beginnt oder wieder aufnimmt, sowie wenn die Aufnahme und Fortführung der Behandlung nicht nachgewiesen wurde, wobei nach Abs. 5 S. 2 ein nachträglicher Nachweis erlaubt, vom Widerruf abzusehen.

Ein *Therapieabbruch* führt nicht automatisch zu einem Widerruf der Zurückstellung. Nach Kreuzer (1989, S. 1510) ist eine Therapie ein langes, prozesshaftes Geschehen, in dem es darum geht, Rückfälle therapeutisch zu verarbeiten, drogenfreie Intervalle zu vergrößern und Erfolge in kleinen Schritten anzustreben. Dementsprechend verlangt der Gesetzgeber eine Prognose, ob der Beginn einer gleichartigen Alternativtherapie gewährleistet ist. Nur wenn diese negativ ausfällt, ist bei Therapieabbruch der Widerruf gerechtfertigt. Eine erneute Zurückstellung ist nach Abs. 5 S. 3 nicht ausgeschlossen, auch nicht durch eine zwischenzeitliche Inhaftierung. Es müssen lediglich zum Zeitpunkt der neuerlichen Entscheidung die Voraussetzungen einer Zurückstellung vorliegen. Auch für die erneute Zurückstellung bedarf es wieder der Zustimmung des Gerichts (Körner 2001, § 35 Rn 273).

*Neue Straftaten* während der Zurückstellung führen nicht zwangsläufig zum Widerruf. Wird der Betreffende aufgrund dessen jedoch in Untersuchungshaft genommen, so kann die Therapie nicht fortgeführt werden; daher ist die Zurückstellung zu widerrufen (Weber 2003, § 35 Rn 260). Darüber hinaus ist nach Körner (2001, § 35 Rn 271) – unter Heranziehung der Vorschrift des § 37 Abs. 1 S. 2 Ziff. 3 BtMG – auch dann zu widerrufen, wenn infolge erheblicher Straftaten die mit der Zurückstellung verknüpften Erwartungen nicht erfüllt wurden. Letztlich liegen darin ein Abbruch der Behandlung und ein Scheitern der Therapie. Soweit die neuen Straftaten nicht bereits zu einer vollstreckbaren Freiheitsstrafe oder Maßregel geführt haben (§ 35 Abs. 6 Ziff 2 BtMG), genügt es für einen Widerruf, dass der Betreffende die Tat einräumt und keine vernünftigen Zweifel an ihrer Begehung bestehen – entsprechend den für den Widerruf der Strafaussetzung entwickelten Grundsätzen (die freilich nicht unumstritten sind; vgl. Groß 2005, § 56 f. Rn 41). Im Übrigen ist zwingend zu widerrufen, wenn nachträglich eine Gesamtfreiheitsstrafe gebildet wird, die zwei Jahre Freiheitsstrafe übersteigt, oder eine weitere nicht zurückstellungsfähige Freiheitsstrafe bzw. Maßregel zu vollstrecken ist (§ 35 Abs. 6 BtMG).

Die Vollstreckungsbehörde kann zur besseren Durchsetzung des nunmehr wieder auflebenden staatlichen Strafanspruchs gemäß § 35 Abs. 7 S. 1 BtMG einen Vollstreckungshaftbefehl erlassen. Gegen den Widerruf kann der Verurteilte gemäß Abs. 7 S. 2 die Entscheidung des Gerichts des ersten Rechtszuges herbeiführen; die Vollstreckung wird dadurch jedoch nicht gehemmt (Abs. 7 S. 3).

Über den Antrag wird durch Gerichtsbeschluss nach Anhörung der Vollstreckungsbehörde und des Verurteilten entschieden. Er ist gemäß Abs. 7 S. 4 iVm §§ 462 Abs. 3 S. 1, 311 StPO mit der sofortigen Beschwerde anfechtbar.

## Anrechnung und Strafaussetzung zur Bewährung gemäß § 36 BtMG

Entsprechend der Anrechnung der im Maßregelvollzug verbrachten Zeit (§ 67 StGB) wird auch eine im Wege der Zurückstellung erfolgte Therapie – bei Erfüllung bestimmter Voraussetzungen – auf die Freiheitsstrafe angerechnet. Mit der Anrechnung des Vollzugs der Unterbringung in einem psychiatrischen Krankenhaus oder einer Entziehungsanstalt wird berücksichtigt, dass auch beim Maßregelvollzug dem Täter die Freiheit entzogen und insoweit dem Strafzweck Genüge getan wird (Hanack 1991, § 67 Rn

5). Gleiches gilt auch für die Therapie im Wege der Zurückstellung der Strafvollstreckung, die für den Verurteilten ähnlich belastend sein kann wie die Unterbringung im Maßregelvollzug. Die Anrechnung soll dem Verurteilten einen zusätzlichen Motivationsverstärker bieten, eine Therapie anzutreten und durchzustehen (Körner 2001, § 36 Rn 1).

Die *obligatorische Anrechnung* (§ 36 Abs. 1) setzt voraus, dass der Verurteilte, dessen Strafvollstreckung zurückgestellt wurde, in einer staatlich anerkannten Einrichtung behandelt wurde. Es kommt bei der Anrechnung nicht auf den Erfolg einer Therapie an, sondern lediglich auf die Aufenthaltszeit. Der Verurteilte muss sich die Anrechnung weder durch aktives Mitwirken an der Behandlung noch durch erfolgreiches Beenden derselben verdienen (Holzinger 1998, S. 205). Allerdings wird eine mangelnde Mitwirkung in der Regel dazu führen, dass die Therapie seitens der Behandler beendet wird – mit der wahrscheinlichen Folge, dass die Zurückstellung widerrufen wird und eine Straf(rest)aussetzung zur Bewährung nicht in Frage kommt.

Die *Vorschrift des § 36 Abs. 3 BtMG* ermöglicht auch dann die Anrechnung, wenn eine Zurückstellung der Strafvollstreckung hätte erfolgen können, aber nicht erfolgt ist; sie erfasst insbesondere die Fälle, in denen sich der Verurteilte nach Begehung der Tat zwischen Tat und Hauptverhandlung, während der Hauptverhandlung, zwischen Verurteilung und Rechtskraft des Urteils oder zwischen rechtskräftiger Verurteilung und Zurückstellungsentscheidung ohne vorherige Zurückstellung oder trotz abgelehnter Zurückstellung in Behandlung begab (Holzinger 1998, S. 205).

Entsprechend den Regelungen bezüglich des Maßregelvollzugs wird die Therapiezeit so weit angerechnet, *bis zwei Drittel der Strafe* erledigt sind. Das Offenhalten von einem Drittel der Strafe soll einen weiteren Motivationsdruck für die restliche Behandlungszeit und darüber hinaus in der Phase der Bewährung erzeugen (Eberth u. Müller 1982, § 36 Rn 20). Für die Zurückstellung mehrerer Strafvollstreckungen enthält das Gesetz keine Regelungen. Eine gleichzeitige Anrechnung auf mehrere Strafen scheidet aus; vielmehr ist die Behandlungszeit auf die zuerst zurückgestellte Strafe bis zwei Drittel anzurechnen und der verbleibende Rest dann auf die weitere(n) Strafe(n) (Körner 2001, § 36 Rn 21).

Der nach Anrechnung der Therapiezeit verbleibende *Strafrest* kann *zur Bewährung ausgesetzt* werden. Eine Bewährungsaussetzung ist nach § 36 Abs. 2 auch möglich, wenn zwar eine Zurückstellung erfolgte, die Therapie aber nicht in einer staatlich anerkannten Einrichtung stattfand oder für anrechnungsfähig erklärt wurde. Die Entscheidung trifft nicht die Vollstreckungsbehörde, auch nicht wie bei der Bewährungsaussetzung nach § 57 StGB die Vollstreckungskammer, sondern grundsätzlich das Gericht des ersten Rechtszugs (zu den Ausnahmen s. Körner 2001, § 36 Rn 48 ff.). Für die Aussetzungsentscheidung ist es unerheblich, ob bereits zwei Drittel der Strafe durch Anrechnung oder Verbüßung erledigt sind; vielmehr kann die Aussetzung schon zu einem früheren Zeitpunkt erfolgen, „sobald dies unter Berücksichtigung des Sicherheitsinteresses der Allgemeinheit verantwortet werden kann".

Entscheidend ist also eine *günstige Prognose*. Ob die in gleicher Weise wie bei der Strafaussetzung nach § 57 StGB vorgenommene gesetzgeberische Änderung der Prognoseformel eine Verschärfung des Maßstabs bewirkt oder lediglich eine Klarstellung beabsichtigt hat, ist umstritten; unzweifelhaft ist jedenfalls, dass eine Abwägung zwischen dem Resozialisierungsinteresse des Verurteilten und dem Sicherheitsinteresse der Allgemeinheit stattzufinden hat. Je schwerer die gefährdeten Rechtsgüter wiegen, eine desto größere Wahrscheinlichkeit muss für den Bewährungserfolg bestehen (Weber 2003, § 36 Rn 46ff.). Eine bloße Chance der Legalbewährung reicht in keinem Fall aus, vielmehr müssen Indizien bestehen, die ein straffreies Leben in Zukunft hinreichend wahrscheinlich machen (Weber 2003, § 36 Rn 51; Körner 2001, § 36 Rn 65). Bei der Aussetzungsprognose geht es also um die Frage, ob die von dem Verurteilten ausgehenden Gefahren durch die Therapie entscheidend gemindert wurden. Daher ist in erster Linie auf die vorausgegangene Therapie, die Persönlichkeit des Verurteilten, das Verhalten während der Therapie und das aufgrund der Therapie zu erwartende Verhalten abzustellen (Körner 2001, § 36 Rn 62).

Wird die Vollstreckung des Strafrestes nach § 36 BtMG zur Bewährung ausgesetzt, so ist primär die Strafvollstreckungskammer für die *Bewährungsaufsicht* zuständig, was die Bestimmung der Dauer der Bewährungszeit, des Bewährungshelfers und die aufzuerlegenden Auflagen und Weisungen betrifft (§ 36 Abs. 4 BtMG iVm §§ 56 a–g StGB). Übliche Bewährungsauflagen und -weisungen sind Arbeitsauflagen im Rahmen einer Arbeitstherapie, Teilnahme an einem Urinkontrollprogramm oder Antritt einer Nachsorgebehandlung, wobei Letzteres nach § 56 c Abs. 3 Nr. 1 StGB die Einwilligung des Betroffenen voraussetzt.

Kommt es in der Bewährungszeit zu neuen Straftaten, die zeigen, dass der Proband die Erwartung der Strafaussetzung nicht erfüllt hat, oder verstößt er beharrlich oder gröblich gegen Weisungen und Auflagen, z. B. durch Abbruch einer Therapie, oder entzieht er sich der Kontrolle des Bewährungshelfers beharrlich, so ist die *Strafaussetzung* zu *widerrufen* (§ 56 f StGB) und der Strafrest zu vollstrecken. Durchläuft hingegen der Proband die Bewährungszeit erfolgreich, so wird die Strafe bzw. der *Strafrest erlassen* (§ 56 g StGB).

### 2.6.5.3 Das Absehen von Anklageerhebung und Verurteilung gemäß § 37 BtMG

Das Schlagwort „Therapie statt Strafe", das die Debatte um die Neufassung des Betäubungsmittelgesetzes über weite Strecken beherrscht hatte, ist nur in § 37 BtMG verwirklicht (Endriß u. Malek 2000, S. 529). Nur nach § 37 BtMG kann eine therapeutische Behandlung an die Stelle einer Bestrafung treten, während die §§ 35, 36 BtMG stets ein rechtskräftiges Urteil voraussetzen.

§ 37 BtMG durchbricht das in §§ 152, 170 Abs. 1 StPO formulierte Legalitätsprinzip insoweit, als von der Anklageerhebung abgesehen werden kann, wenn der Beschuldigte nachweist, dass er sich wegen seiner Abhängigkeit einer Behandlung unterzieht und seine Resozialisierung zu erwarten ist. § 37 BtMG erweitert die Einstellungsmöglichkeiten der §§ 153, 153a StPO und stellt insofern ein Sonderrecht für betäubungsmittelabhängige Straftäter dar. Die §§ 153, 153a StPO, 45 JGG finden jedoch subsidiäre Anwendung, wenn die Voraussetzungen des § 37 BtMG nicht vorliegen (Endriß u. Malek 2000, S. 529).

In der Praxis wird diese Vorschrift nur höchst selten angewandt. Kreuzer (1989, S. 1510) ist der Frage nachgegangen, warum diese mit hohen Erwartungen geschaffene Vorschrift von der Praxis nicht angenommen wurde, sondern ein Schattendasein fristet. Die Gründe, die er herausgefunden hat, gelten wohl auch noch heute: Staatsanwälte verändern ungern ihre Entscheidungspraxis, der § 37 BtMG bringe der Staatsanwaltschaft Mehrarbeit, beim Zuwarten seien Beweismittelverluste zu beklagen, das Abwarten mehrmonatiger Therapiezeit und die mehrjährige Überwachung des ausgesetzten Verfahrens beanspruchten viel Zeit, ohne Hauptverhandlung gebe es keine Eintragung im Bundeszentralregister, die Entscheidung nach § 37 BtMG führe zu einer vorzeitigen Beschränkung der Strafwartung, eine Therapie sollte erst nach einer ausgesprochenen Sanktion erfolgen, um damit Druck ausüben zu können.

### 2.6.5.4 Das Verhältnis des § 35 BtMG zu § 64 StGB

Die Unterbringung in einer Entziehungsanstalt nach § 64 StGB hat Vorrang vor den §§ 35, 38 BtMG, da diese erst im Vollstreckungsverfahren eingreifen und keinen Einfluss auf das Erkenntnisverfahren haben können (BGH Beschluss v. 20.7.2004, 5 StR 257/04; Beschluss v. 30.6.2004, 2 StR 196/04). In fast allen Fällen, in denen im Vollstreckungsverfahren eine Zurückstellung der Strafvollstreckung nach § 35 BtMG erfolgt, hätten somit die Voraussetzungen einer Unterbringung im Maßregelvollzug zumindest diskutiert werden können. Eine Unterbringung in einer Entziehungsanstalt darf nicht deswegen unterbleiben, weil das Gericht der Auffassung ist, der Zweck der Unterbringung könne durch die flexiblere und speziell auf Betäubungsmittelabhängigkeit zugeschnittene Lösung des § 35 BtMG erreicht werden. Liegen die Voraussetzungen von § 64 StGB vor, so muss das Gericht die Unterbringung in einer Entziehungsanstalt anordnen; ein Ermessensspielraum besteht hier nicht (BGH StV 1993, 302). Entsprechend kann die Anordnung des Vorwegvollzuges der Strafe nicht damit begründet werden, dass die Zurückstellung der Vollstreckung der Rehabilitation des Verurteilten besser diene und deswegen ein Teilvollzug der Strafe nötig sei. Nur wenn eine freiwillige Therapie durch einen teilweisen Vollzug besser gefördert wird, kann dies als Begründung ausreichen (BGH StV 1990, 261). Auch die Bereitschaft des Täters, sich wegen seiner Rauschmittelsucht freiwillig in eine ambulante Therapie zu begeben, steht der Anordnung nach § 64 StGB nicht entgegen (BGH NStZ-RR 1996, 196). Trotz der in vielen Judikaten dargelegten Rechtsauffassung des BGH wird indessen die Bestimmung des § 64 StGB von der Strafrechtspraxis unterlaufen (BGH bei Detter NStZ 1991, 479 mwN).

Nach Untersuchungen von Kreuzer besteht große Unsicherheit bei der Auswahl oder Koppelung von Unterbringungsmaßregel nach § 64 StGB und Therapieüberleitung durch Bewährungsaussetzung oder Vollstreckungsrückstellung nach §§ 56, 57 StGB, 35 ff. BtMG (Kreuzer 1995, S. 177 ff.). Der BGH mahnt immer wieder, angesichts einer Drogenabhängigkeit in aller Regel Schuldfähigkeit und die Voraussetzungen einer Unterbringung zu prüfen (BGH NStZ 1992, 432). Fast bei jedem drogenabhängigen Straftäter dürfte nämlich aus rechtlich-dogmatischer Sicht die Unterbringung angezeigt sein. Aber die Praxis der Tatgerichte wählt überwiegend eine mehr therapeutische Sicht. Danach ist die Therapie in der Zwangsunterbringung zu wenig flexibel; sie wird als weniger erfolgreich erachtet. Viele halten – zu Unrecht – die §§ 35 ff. BtMG sogar für vorrangige Spezialvorschriften, obwohl sich Maßregelanordnung und Vollstreckungszurückstellung sogar kombinieren lassen (Kreuzer 1995, S. 177 ff.). Gerade solche Verfahren, in denen nach Anordnung einer Unterbringung in einer Entziehungsanstalt eine Therapie über eine Zurückstellung der Strafvollstreckung gemäß § 35 BtMG in die Wege geleitet wird, sind seltene Ausnahmefälle (s. Tabelle 2.6.6). Dies mag verschiedene Gründe haben: Zunächst war die Zahl der im Maßregelvollzug befindlichen Drogenabhängigen bis in die 1990er Jahre vergleichsweise gering, was sich darauf zurückführen lässt, dass es weitgehend an eigenen Maßregelvollzugsanstalten fehlte, die sich der Problematik drogenabhängiger Straftäter annehmen. Insoweit zeigen Richterbefragungen übereinstimmend, dass die Einweisung in eine Entziehungsanstalt aus richterlicher Sicht eine außerordentlich einschneidende Maßnahme darstellt, die zudem kaum Erfolg verspreche, und dass beim Vollzug in einem psychiatrischen Krankenhaus nicht einmal die sichere Verwahrung und damit die Chance einer körperlichen Entziehung gewährleistet sei (Kreuzer 1995). Abgesehen von einzelnen schlechten Erfahrungen mit Entziehungsanstalten und einer teilweise vorhandenen Angst der Drogenabhängigen vor der Einweisung sind Entziehungsanstalten nach Ansicht der befragten Richter eher auf ältere Alkoholabhängige und nicht auf die vergleichsweise jungen BtM-Abhängigen eingestellt (Kreuzer 1995).

Nicht von ungefähr stellte Körner (2001, § 35 Rn 309) daher die provokante Frage, ob es die Tatrichter sind, die die BGH-Rechtsprechung nicht verstehen, oder die Revisionsrichter, die nicht zur Kenntnis nehmen, dass die Tatrichter aufgrund ihrer traurigen Erfahrungen von der Wirkungslosigkeit der Unterbringung überzeugt sind. Inzwischen mögen sich allerdings Veränderungen ergeben haben, worauf die gestiegene Zahl untergebrachter Drogenabhängiger hin deutet.

### 2.6.5.5 Daten zur Anwendung in der Praxis

#### Datenquellen

Aktuelle repräsentative Daten über die Strafrechtswirklichkeit hinsichtlich der Anwendung der §§ 35 ff. BtMG gibt es nur wenige. Abgesehen von einigen empirischen Untersuchungen an Stichproben, in Form von Strafaktenerhebungen, kommen als Datenquellen die amtlichen Statistiken in der Strafrechtspflege in Betracht. Die Strafverfolgungsstatistik, die an rechtskräftige Urteile anknüpft, enthält keine Angaben zu §§ 35 ff. BtMG, da diese Entscheidungen regelmäßig erst im Laufe des Vollstreckungsverfahrens getroffen werden. Dagegen enthält die Strafvollzugsstatistik Angaben über „Abgänge" von Inhaftierten wegen einer Zurückstellung nach §§ 35, 38 BtMG; damit sind freilich nicht alle Personen mit derartigen Entscheidungen erfasst, da ein Teil sich nicht zuvor im Strafvollzug befunden hat. Schließlich führt die Geschäftsstatistik der Staatsanwaltschaften die vorläufigen Einstellungen nach § 37 BtMG auf.

Die ergiebigste Datenquelle stellt eine Sonderauswertung des Generalbundesanwalts aus dem Bundeszentralregister dar, die seit 1986 jährlich vorgenommen wird und so die Nachzeichnung der Entwicklung erlaubt. Gezählt werden einerseits Personen, gegenüber denen im jeweiligen Berichtszeitraum eine oder mehrere Entscheidungen nach §§ 35, 38 BtMG ergehen, wobei nach Geschlecht, Alter und Staatsangehörigkeit unterschieden werden kann. Zum anderen werden Entscheidungen im Berichtjahr gezählt und nach verschiedenen Aspekten differenziert: So wird zwischen Zurückstellungen von Jugend- und Freiheitsstrafe, von Strafe und Strafrest und Unterbringung gemäß § 64 StGB unterschieden. Schließlich werden im Berichtzeitraum erfolgte Widerrufe, Strafaussetzung nach § 36 BtMG sowie Erlasse der Strafe bzw. des Strafrestes nach §§ 36 Abs. 4, 38 Abs. 1 S. 5 BtMG erfasst.

## Zahlenmäßige Entwicklung

Seit 1986 registriert das Bundeszentralregister (BZR) die Zahlen sowohl der im Berichtjahr ergangenen Entscheidungen zu §§ 35, 38 BtMG als auch der davon betroffenen Personen. Sie finden sich in Tabelle 2.6.5 und Abb. 2.6.1, wobei als Vergleichszahlen die Abgänge von Vollzugsinsassen aufgrund von §§ 35, 38 BtMG gegenübergestellt sind.

Auf den ersten Blick zeigt sich eine enorme Steigerung der Zahlen: auf 6517 im BZR erfasste Personen und 10 957 Entscheidungen im Jahre 2003; dies sind 500% bzw. 600%, bezogen auf die Ausgangszahlen im Jahre 1987. Dabei lassen sich drei Zeitabschnitte unterscheiden: ein mäßiges Wachstum bis Anfang der 1990er Jahre, wobei sich hier die Zahlen noch auf das alte Bundesgebiet beziehen; ein stürmisches Wachstum in den 1990er Jahren, das allerdings nicht auf den Zuwachs an neuen Bundesländern zurückzuführen ist, vielmehr hat, wie eine nach Bundesländern differenzierte Auswertung (Tabelle 8 der Sonderauswertung des BZR) zeigt, gerade in den alten Bundesländern diese enorme Steigerung stattgefunden; schließlich ein nur noch geringes Wachstum seit 2000. Vergleicht man die Entwicklung der erfassten Entscheidungen mit den betroffenen Personen, so sind Erstere stärker angewachsen, d.h. der Anteil der Fälle, in denen mehrere Entscheidungen pro Person zurückgestellt werden, ist gestiegen. Auch die aus dem Strafvollzug Entlassenen weisen eine ähnliche Entwicklung auf. Aus dem Vergleich der Größenordnungen – ein unmittelbarer Vergleich verbietet

**Tabelle 2.6.5.** Entwicklung der Zurückstellungen nach §§ 35, 38 BtMG

| Jahr | Vollzug[1] | | Verurteilte[2] | | Entscheidungen[3] | |
|---|---|---|---|---|---|---|
| | N | Index | N | Index | N | Index |
| 1987 | 924 | 100 | 1246 | 100 | 1802 | 100 |
| 1988 | 1104 | 119 | 1546 | 124 | 2368 | 131 |
| 1989 | 1228 | 133 | 1661 | 133 | 2620 | 145 |
| 1990 | 1280 | 139 | 1745 | 140 | 2756 | 153 |
| 1991 | 1608 | 174 | 2157 | 173 | 3405 | 189 |
| 1992 | 1852[4] | 200 | 2311 | 185 | 3690 | 205 |
| 1993 | 2285[5] | 247 | 2694 | 216 | 4459 | 247 |
| 1994 | 2409 | 261 | 2930 | 235 | 5003 | 278 |
| 1995 | 2562 | 277 | 2897 | 233 | 5453 | 303 |
| 1996 | 2781 | 301 | 3499 | 281 | 6137 | 341 |
| 1997 | 3126 | 338 | 4329 | 347 | 6908 | 383 |
| 1998 | 3465 | 375 | 4940 | 396 | 8045 | 446 |
| 1999 | 3945 | 427 | 5716 | 459 | 9544 | 530 |
| 2000 | 4082 | 442 | 6077 | 488 | 10187 | 565 |
| 2001 | 4161[6] | 450 | 6093 | 489 | 10534 | 585 |
| 2002 | 4540[7] | 491 | 6230 | 500 | 10540 | 585 |
| 2003 | 5028[8] | 544 | 6517 | 523 | 10957 | 608 |
| 2004 | 5060[9] | 548 | | | | |

[1] Abgänge der Inhaftierten aus der JVA; Bestand und Bewegung der Gefangenen und Verwahrten in den Justizvollzugsanstalten aus den Strafvollzugsstatistiken 1987–2004; bis einschließlich 1992: früheres Bundesgebiet einschließlich Berlin-West, für 1992 einschließlich Gesamt-Berlin.

[2] Anzahl der Verurteilten mit mindestens einer Entscheidung, bei der im Berichtzeitraum eine Zurückstellung der Vollstreckung nach §§ 35, 38 BtMG eingegangen ist, aus: Generalbundesanwalt (2003).

[3] Zurückstellungen insgesamt im Berichtzeitraum aus: Generalbundesanwalt (2003).

[4,5] Für Hamburg Ergebnisse aus 1991.

[6,7] Aufgrund geänderter Erfassung in Bremen, wo Verlegungen innerhalb der Abteilungen einer JVA nicht mehr als Zu- bzw. Abgang gezählt werden, sind die entsprechenden Ergebnisse über Zu- und Abgänge insgesamt nicht mehr voll mit den Vorjahren vergleichbar.

[8] Diese Zahl wurde vom Verfasser hochgerechnet aufs gesamte Jahr aus den Erhebungen für die Monate März, August, November 2003.

[9] Diese Zahl wurde vom Verfasser hochgerechnet aufs gesamte Jahr aus den Erhebungen für die Monate März, August, November 2004.

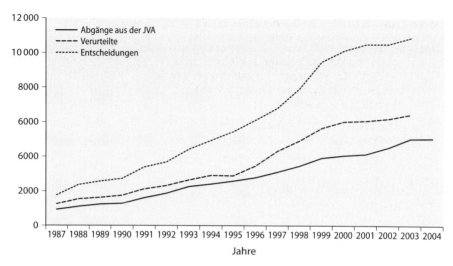

**Abb. 2.6.1.** Zurückstellungen nach §§ 35, 38 BtMG

sich wegen der unterschiedlichen Erfassungsmodalitäten – lässt sich schließen, dass die ganz große Mehrheit der von Zurückstellungen Betroffenen aus dem Strafvollzug in Therapie übergeleitet wird und dass der Anteil derjenigen, die ohne vorherigen Strafvollzug in den Genuss der Entscheidungen nach §§ 35, 38 BtMG kommen, in etwa gleich bleibt.

Was diese zahlenmäßige Entwicklung vorangetrieben hat, ist schwer zu sagen. Zunächst sprechen die Zahlen von einem „Siegeszug" der Therapieregelungen. Freilich ist nicht völlig auszuschließen, dass diese Steigerungen zulasten anderer therapeutischer Möglichkeiten erzielt werden. So wurde schon früh befürchtet, dass mit der Zurückstellungslösung die Bewährungslösung zurückgedrängt werden könnte (Kreuzer 1988, S. 112 f.; Hellebrand 1990, S. 119 ff.) – eine Annahme, die empirisch nicht direkt zu überprüfen ist; die Zahl der bei Verstößen gegen das BtMG verhängten Bewährungsstrafen spricht jedenfalls nicht dafür (s. schon Kurze 1994, S. 32). Auch könnte die Maßregellösung nach § 64 StGB darunter leiden, wofür es gewisse Anhaltspunkte gibt (s. unten). Wenngleich diese Befürchtungen nicht ganz von der Hand zu weisen sind, sprechen dennoch die hohen Zahlen der aus dem Vollzug zugunsten einer Therapie Entlassenen dafür, dass diese Regelungen im Wesentlichen Strafgefangenen zugute kommen und zugleich den Strafvollzug von Drogenabhängigen entlasten.

## Zurückstellungen und (Miss-)Erfolg

Die Sondererhebung des BZR erlaubt, bei den Entscheidungen nach §§ 35, 38 BtMG einige interessante Differenzierungen vorzunehmen, die hier für das letzte Berichtjahr 2003 in Tabelle 2.6.6 dargestellt sind.

**Tabelle 2.6.6.** Daten zur Betäubungsmittelkriminalität 2003 aus dem Bundeszentralregister (jährliche Sonderauswertung des Generalbundesanwalts)

| | | | |
|---|---|---|---|
| 1 | Anzahl der Verurteilten mit mindestens einer Entscheidung, bei der im Berichtzeitraum eine Zurückstellung der Vollstreckung nach §§ 35, 38 BtMG eingegangen ist | 6517 | 100% |
| 1.1 | **Verurteilte** mit einer **(ersten)** Zurückstellung im Berichtzeitraum | 3795 | 58,2% |
| | Mit **mehr als einer (ersten)** Zurückstellung im Berichtzeitraum | 2722 | 41,8% |
| 1.2 | **Geschlecht der Verurteilten** | | |
| 1.2.1 | Männlich | 5860 | 89,9% |
| 1.2.2 | Weiblich | 657 | 10,1% |
| 1.3 | **Alter der Verurteilten bei Zurückstellung*** | | |
| 1.3.1 | Noch keine 18 Jahre alt | 11 | 0,2% |
| 1.3.2 | 18, aber noch nicht 21 Jahre alt | 367 | 5,6% |
| 1.3.3 | 21 Jahre alt oder älter | 6139 | 94,2% |
| 1.4 | **Staatsangehörigkeit der Verurteilten** | | |
| 1.4.1 | Deutsche | 5714 | 87,7% |
| 1.4.2 | Andere Staatsangehörige | 803 | 12,3% |
| 2 | **Zurückstellungen insgesamt im Berichtzeitraum (Summe aus 2.1 und 2.4)** | **10957** | **100%** |
| 2.1 | Zurückstellungen bei Freiheitsstrafen und bei Jugendstrafen einschließlich Strafresten im Berichtzeitraum | **10903** | **99%** |
| 2.1.1 | Zurückstellung bei Strafen (Freiheitsstrafe/Jugendstrafe) | 3265 | 29,9% von 2.1 |
| 2.1.2 | Zurückstellung bei Strafresten (Freiheitsstrafe/Jugendstrafe) | 7638 | 70,1% von 2.1 |
| 2.2 | **Zurückstellungen bei Freiheitsstrafen einschließlich Strafrest** | 9838 | 89,8% |
| 2.2.1 | Zurückstellung bei Freiheitsstrafe ohne Zurückstellung des Strafrestes | 2758 | 28% von 2.2 |
| 2.2.2 | Zurückstellung bei Rest einer Freiheitsstrafe | 6818 | 69,3% von 2.2 |
| 2.3 | **Zurückstellungen bei Jugendstrafe einschließlich Strafrest** | 1065 | 9,1% |
| 2.4 | **Zurückstellung bei Unterbringung in einer Entziehungsanstalt** | 54 | 0,5% |

**Tabelle 2.6.6** (Fortsetzung)

| 3 | Widerrufe der Zurückstellungen im Berichtzeitraum insgesamt (Summe aus 3.1 und 3.4) | 6144 | 100% |
|---|---|---|---|
| 3.1 | Bei Freiheitsstrafe und Jugendstrafe einschließlich Strafrest insgesamt | 6134 | 99,8% |
| 3.2 | Bei Freiheitsstrafe einschließlich Strafrest | 5543 | 90,2% |
| 3.3 | Bei Jugendstrafe einschließlich Strafrest | 591 | 9,6% |
| 3.4 | Bei Unterbringung | 10 | 0,2% |
| 4 | Strafaussetzung nach § 36 BtMG im Berichtzeitraum (Summe aus 4.1 und 4.2) | 3686 | 100% |
| 4.1 | Aussetzung des Strafrestes nach § 36 Abs. 1, Satz 3 BtMG | 3312 | 89,9% |
| 4.2 | Aussetzung nach § 36 Abs. 2 BtMG insgesamt** | 374 | 10,1% |
| 5 | Erlass der Strafe oder des Strafrestes nach § 36 Abs. 4, § 38 Abs. 1 S. 5 BtMG im Berichtzeitraum insgesamt | 1964 | 100% |

\* Alter zur Zeit des Eingangs der ersten Mitteilung über eine Zurückstellung im Berichtszeitraum
\*\* Aussetzung sowohl des Strafrestes als auch der Strafe

Es ist auffallend, dass ein beträchtlicher Anteil der Betroffenen mehr als eine Zurückstellung im Berichtzeitraum aufweist, was sich auch an der die Personenzahl weit übersteigenden Zahl der Entscheidungen zeigt. Die meisten Betroffenen sind männlich (89,9%), zum Zeitpunkt der Zurückstellung erwachsen (94,2%) und besitzen die deutsche Staatsangehörigkeit (87,7%). Was die Entscheidungen betrifft, so werden überwiegend Strafreste (70,1%) und nur in einer Minderheit der Fälle die gesamte Strafe zurückgestellt, wobei Zurückstellungen von Jugendstrafen 9,1% ausmachen. Von großem Interesse ist die Zahl der zurückgestellten Unterbringungen im Maßregelvollzug gemäß § 64 StGB. Die 54 erfassten Fälle bedeuten lediglich rund 0,5% aller Entscheidungen; daran ist unschwer abzulesen, dass die Versuche des BGH, eine veränderte Strafrechtspraxis in diesem Bereich herbeizuführen, bisher wenig erfolgreich waren, im Gegenteil ist der Anteil der zurückgestellten Unterbringungen noch gesunken (Kurze 1996, S. 181).

Maßstab für den *Erfolg bzw. Misserfolg* der Zurückstellungen könnten die Widerrufe und die Strafaussetzungen zur Bewährung sowie die späteren Straferlasse bilden. Es ist jedoch davor zu warnen, einen unmittelbaren Zahlenvergleich zwischen den in einem Berichtjahr erfassten Zurückstellungen und den ergangenen Widerrufen bzw. gewährten Straf(rest)aussetzungen anzustellen, da sich Widerrufe und Bewährungsaussetzungen keineswegs auf die im selben Berichtjahr ergangenen Zurückstellungen beziehen müssen. Dies gilt erst recht für die Straferlasse, die oft Jahre nach der Zurückstellungsentscheidung ergehen. Gleichwohl zeigen die Größenverhältnisse, dass Zurückstellungen in einem beträchtlichen Ausmaß – jedenfalls zunächst – scheitern. Umgekehrt gibt es aber auch eine beträchtliche Zahl von Zurückstellungsentscheidungen, nach denen erfolgreich eine Therapie absolviert wird, die zu einer Strafaussetzung nach § 36 BtMG führt. Darunter sind immerhin etwa 10%, die nicht in einer staatlich anerkannten Einrichtung behandelt wurden, § 36 Abs. 2 BtMG. Ob die Therapie auch erfolgreich im Sinne einer Verhinderung des Rückfalls in die Sucht oder Straffälligkeit ist, lässt sich damit noch nicht sagen. Indessen geben die Angaben zum Straferlass eine Vorstellung davon, dass ein Großteil der Bewährungsprobanden die mehrjährige Bewährungszeit erfolgreich durchsteht.

Genaueren Aufschluss über den Erfolg der Therapie nach §§ 35 ff. BtMG kann man nur gewinnen, wenn man zusätzliche *empirische Erhebungen*, insbesondere an Strafakten, durchführt. Eine interessante Untersuchung hat Baumgart 1994 vorgelegt. Die umfangreichste Untersuchung dieser Art wurde von der Kriminologischen Zentralstelle (Kurze 1994) an einem Urteilsjahrgang aus 1987 unternommen. Hier konnte über einen mehrjährigen Zeitraum der Verlauf der justiziellen Entscheidungen und therapeutischen Bemühungen verfolgt werden. Zunächst wird festgestellt, dass die Anträge zur Zurückstellung von den meisten Verurteilten eher spät eingereicht wurden. Insoweit wurde das Ziel, möglichst viele Drogenabhängige frühzeitig zu einer Antragstellung im Sinne des BtMG zu bewegen, in vielen Fällen nicht erreicht. Der Median, berechnet von der Hauptverhandlung bis zur Antragstellung, lag bei 85 Tagen.

Rund 55% der Zurückstellungsanträge wurden von dem jeweiligen Verurteilten, ein weiteres Drittel von der Strafverteidigung gestellt. In knapp 6% der Verfahren erfolgte die Einleitung der Zurückstellung durch die Justizbehörden; dabei handelte es sich um Verfahren, in denen bereits in einem anderen Verfahren parallel zur Bezugsentscheidung die Zurückstellung beantragt wurde (ebd. 1994, S. 159).

Die Bearbeitungsdauer eines Zurückstellungsantrags konnte sowohl innerhalb einer Woche erfolgen als auch mehr als ein Jahr in Anspruch nehmen (ebd., S. 167), wobei eine zügige Therapieüberleitung dann nicht gegeben war, wenn mehrere Zurückstellungsentscheidungen in verschiedenen Behörden zu treffen waren. Hingegen verlief das Zusammenspiel von Staatsanwalt und Richter im jeweiligen Verfahren weitgehend reibungslos.

Ferner wird festgestellt, dass Zurückstellungsverfahren vorwiegend (rund 90%) in stationären und staatlich anerkannten Einrichtungen erfolgten; diese schienen für die Vollstreckungsbehörden am ehesten die Gewähr einer weitgehend reibungslosen Zusammenarbeit zu bieten (ebd. 1994, S. 181 ff.).

In rund 42% der Verfahren meldeten die behandelnden Einrichtungen eine reguläre Beendigung der Therapie an die Vollstreckungsbehörde. Auch wenn diese Quote nicht mit einer erfolgreich abgeschlossenen Therapie gleichgesetzt werden sollte, ist diese als beachtlich zu bezeichnen, zumal sie sich auf rund 48% erhöhen würde, wenn auch die zweiten Therapieversuche der ehemaligen Abbrecher berücksichtigt würden (ebd. 1994, S. 220). Während in den Gruppen der regulären Therapiebeendiger ein einheitliches justizielles Vorgehen zu erkennen war, nämlich die Aussetzung der Reststrafe zur Bewährung, wurde bei Therapieabbrechern nicht stets widerrufen; in wenigen Fällen wurde hier die Reststrafe zur Bewährung ausgesetzt (ebd. 1994, S. 211).

Bezogen auf die Werte der Hauptstichprobe wurde rund ein Drittel der Strafmonate bereits vor Therapieantritt durch Untersuchungshaft oder Strafhaft erledigt; dagegen entfällt auf die Anrechnungsmöglichkeiten des § 36 BtMG nur rund ein Viertel der verhängten Strafmonate. (Ebenfalls den Therapieregelungen des BtMG hinzuzurechnen wäre ein Anteil von rund 10% aller Strafmonate, der durch Aussetzung zur Bewährung erledigt wurde.) Die erheblichen Inhaftierungsraten vor Antritt der Therapie sind zum Teil auf Strafmaße zurückzuführen, die die Zweijahresgrenze der Zurückstellungsregelung überschritten. In diesen Verfahren musste also vor Therapieantritt in jedem Fall zunächst der die Zweijahresgrenze überschreitende Teil der Strafe verbüßt werden (ebd. 1994, S. 226 ff.).

Die Wiederverurteilungsquote in einem dreijährigen Beobachtungszeitraum unterschied sich je nach Untersuchungsgruppe: Differenziert man nach Geschlecht, waren die Männer mit 63% erheblich höher als die Frauen mit rund 45% belastet (ebd. 1994, 238 f.). Besonders interessant ist die Unterscheidung in Nichtantritt, Abbruch und reguläre Beendigung der Therapie. So weisen die Männer, die die Therapie nicht angetreten bzw. abgebrochen haben, eine deutlich höhere Wiederverurteilungsquote, nämlich 68% bzw. 67%, und eine erheblich höhere Quote der Rückkehr in den Strafvollzug, nämlich 53% bzw. 44%, auf als diejenigen Männer, die regulär ihre Therapie beendeten (Wiederverurteilungsquote: 60%, Rückkehrerquote: 35%) (ebd. 1994, S. 241).

### Einstellungen nach § 37 BtMG

Die vorläufigen Einstellungen nach § 37 BtMG werden in der Geschäftsstatistik der StA erfasst. Die Anzahl war bis Mitte der 1990er Jahre auf rund 250 Fälle pro Jahr gestiegen, ist nunmehr aber wieder stark zurückgegangen auf 86 Einstellungen im Jahr 2003. Gemessen an den rund 10 000 Zurückstellungsentscheidungen zeigt sich, dass die „Therapie-statt-Strafe"-Vorschrift weiterhin ein Schattendasein fristet und ohne gravierende gesetzliche oder praktische Änderungen keine bedeutsame Rolle spielen wird.

#### 2.6.5.6 Einrichtungen und Therapien

Von einer einheitlichen Methode zur Behandlung von Betäubungsmittelabhängigen ist die Praxis weit entfernt. Einigkeit besteht nur darin, dass die so genannte orthodoxe Methode der klassischen Psychiatrie, die sich im Wesentlichen auf die körperliche Entziehung beschränkte, als gescheitert angesehen werden muss (Endriß u. Malek 2000, S. 497). Im Übrigen ist die Drogentherapie von einer großen Methodenvielfalt geprägt (s. ausführlich Bühringer 1998, S. 371 ff.; Egg 1997, S. 167). Eine Therapie wird üblicherweise in drei Phasen gegliedert, den Entzug (*Entgiftung*) zur Beendigung der körperlichen Abhängigkeit, die *Entwöhnung* zum Abbau der psychischen Abhängigkeit und die anschließende *Nachsorge*.

Eine abgeschlossene *Entgiftung* und eine Behandlung von Begleiterkrankungen sind Voraussetzungen für die Entwöhnungsbehandlung. Der Entzug und die Behandlung der Begleiterkrankungen müssen stationär unter ärztlicher Kontrolle erfolgen. Die medikamentöse Behandlung wird begleitet durch Einzelgespräche zur Motivationsbildung für eine Entwöhnungsbehandlung. Von der Entgiftung und der Behandlung von Begleiterkrankungen ist die Behandlung in einer Übergangseinrichtung zu unterscheiden. In Einzelfällen setzt eine Langzeittherapie inhaftierter Drogenabhängiger das Durchlaufen einer so genannten Übergangseinrichtung voraus, die die Voraussetzungen einer Langzeittherapie schaffen soll. In anderen Fällen soll die Übergangszeit bis zum Freiwerden eines Therapieplatzes therapeutisch genutzt werden.

Die klassische Form der *Entwöhnung* ist die stationäre Langzeittherapie. Das Spektrum der Einrichtungen reicht von der fachwissenschaftlich geführten Klinik über Selbsthilfegruppen ehemaliger Abhängiger bis hin zur therapeutischen Wohngemeinschaft. Die Behandlung ist in der Regel in Stufen (z. B. Eingangsstufe, Behandlungsstufe, Ablösungs- oder Ausgangsstufe) gegliedert. Jeder Stufe entsprechen bestimmte therapeutische Ziele, wobei die Anforderungen an den Klienten von Stufe zu Stufe größer werden. Eine neue Stufe wird in der Regel nicht automatisch erreicht, etwa nach Ablauf einer festgelegten Zeit; die Umstufung erfolgt vielmehr auf Antrag des Klienten und wird in der Gruppe oder im Gespräch mit dem Therapeuten diskutiert. Dieses für Therapeuten und Klienten überschaubare System ist eine sinnvolle Orientierungshilfe, die den jeweils erreichten Entwicklungsstand anzeigt und damit den erzielten Erfolg (oder Misserfolg) der Behandlung auch für andere verdeutlicht (Bühringer 1998, S. 371 ff.; Egg 1997, S. 167).

*Teilstationäre Einrichtungen* kommen vor allem dann in Betracht, wenn sich der Verurteilte noch nicht weit vom gesellschaftlichen Leben entfernt hat. Vielfach arbeiten solche Einrichtungen nach dem Modell der Tagesklinik, in der die Abhängigen tagsüber betreut werden, während sie in ihrer gewohnten Umgebung schlafen und ihnen für Wochenenden gezielte Pläne vorgegeben werden (Bühringer 1998, S. 390 ff.). Schließlich kann die Entwöhnung auch ambulant durchgeführt werden. Die ambulante Therapie kann in einer Verhaltens-, Arbeits- oder Psychotherapie, in einer Einzel- oder Gruppentherapie bestehen (s. ausführlich Bühringer 1998, S. 371 ff.; vgl. auch Körner 1998, S. 1309). Die ambulante Therapie muss zumindest geeignet sein, die Abhängigkeit zu beheben oder einer erneuten Abhängigkeit entgegenzuwirken. Sie kann in einer anderen Art und Weise ausgestattet sein, muss aber in einem vergleichbaren Umfang wie bei einer stationären Therapie den Probanden zur Mitwirkung anhalten, sollen die Kriterien der Therapieregelungen des BtMG erfüllt werden. Es bedarf hierfür also einer Vergleichbarkeit der ambulanten Therapie mit der stationären Therapie in qualitativer Hinsicht (OLG Hamm NStZ 1986, 333).

Die *Nachsorge* bildet die letzte Phase der Therapie. Mit dem Verlassen der stationären Therapieeinrichtung ist in der Regel die einer Rehabilitation dienende Behandlung nicht völlig abgeschlossen, sondern setzt sich in einer Nachsorgeeinrichtung fort. Sie dient der besseren Anpassung des Abhängigen an das Alltagsleben und der Vermeidung von Rückfällen. Zu ihr gehören alle Maßnahmen, mit denen erreicht werden soll, dass dem ehemaligen Suchtkranken die Wiedereingliederung in das soziale Umfeld ermöglicht und er für die Verwirklichung einer abstinenten und eigenständigen Lebensweise gefestigt wird. Insofern ist die Nachsorge eine Phase der Therapie und damit Teil der der Rehabilitation dienenden Behandlung (Weber 2003, § 35 Rn 89). Es werden verschiedene Formen stationärer Nachsorge und ambulanter Therapie, unter anderem durch die Therapieeinrichtungen selbst, durch Beratungsstellen und Selbsthilfegruppen durchgeführt. Es handelt sich vornehmlich um therapeutische Wohngruppen bzw. betreutes Wohnen sowie um freie Wohngemeinschaften, insbesondere betrieben von Selbsthilfegruppen (Körner 2001, § 35 Rn 111 f.). Allerdings kommt nicht jede Form von Betreuung in Betracht, vielmehr kann eine Nachsorgebehandlung nur dann zu einer weiteren Zurückstellung der Vollstreckung führen und nach § 36 BtMG Anrechnung finden, wenn sie nach regulärem Abschluss einer stationären oder ambulanten Therapie dazu dient, die Abhängigkeit zu beheben und einer erneuten Abhängigkeit entgegenzuwirken (Körner 2001, § 35 Rn 112 mwN).

Es war lange Zeit umstritten, ob eine *Substitution* mit Methadon oder anderen suchtdämpfenden Mitteln eine Therapie im Sinne der §§ 35 ff. BtMG sein könne. Inzwischen haben Rechtsprechung und Gesetzgebung insoweit Klärungen bewirkt:

Durch das Gesetz zur Änderung des Betäubungsmittelgesetzes vom 9.9.1990 (BGBl I, 1539) wurde § 13 Abs. 1 S. 1 BtMG um eine Klarstellung zur rechtlichen Zulässigkeit von Substitutionsbehandlungen ergänzt. Gemäß § 13 BtMG dürfen die in Anlage III bezeichneten Betäubungsmittel vom Arzt im Rahmen einer ärztlichen Behandlung einschließlich der Behandlung einer Betäubungsmittelabhängigkeit verschrieben und verabreicht werden, wenn ihre Anwendung ärztlich begründet ist. Die Substitutionsbehandlung scheidet aus, wenn der beabsichtigte Zweck auf andere Weise erreicht werden kann, § 13 Abs. 1 S. 2 BtMG. Allein die Vergabe des Substitutionsstoffes ist keine Rehabilitationsbehandlung im Sinne des § 35 Abs. 1 BtMG. Denn die Substitution ist die bloße Vergabe einer Ersatzdroge, auch wenn diese ärztlich indiziert ist und am Ende die Drogenfreiheit stehen soll (Körner 1998, S. 1311). Deshalb stellt eine auf das Fernziel der Drogenfreiheit hinarbeitende Substitutionstherapie nur dann eine der Rehabilitation dienende Behandlung im Sinne des § 35 Abs. 1 BtMG dar, wenn sie den Probanden sozial und beruflich rehabilitiert, gesundheitlich stabilisiert und in kleinen Schritten schließlich befähigt, ein drogenfreies Leben zu führen (LG Berlin B. v. 6.8.1992 – 524 Os 11/91 in StV 1992, 481).

Besondere Problemgruppen stellen *Frauen*, insbesondere *Mütter* und *Schwangere*, dar: Drogenabhängige Frauen haben oft sexuellen Missbrauch erlebt und/oder waren in der Drogenszene oder bei der Prostitution zur Finanzierung ihres Drogenkonsums laufend der Gefahr ausgesetzt, von Männern vergewaltigt zu werden. Es bedarf deshalb besonderer geschlechtsspezifischer Hilfsangebote (Körner 2001, § 35 Rn 96). Schwangere Drogenabhängige bedürfen besonderer Entzugs- und Entwöhnungsbehandlung. Selten sind spezifische Therapieeinrichtungen für drogenabhängige Frauen mit Kindern.

Die Rechtsprechung lässt zwar keine Ungleichbehandlung zwischen der Behandlung deutscher und ausländischer Drogenabhängiger zu (BGH StV 1989, 431). Vielfach fehlt es aber an Drogenberatungsstellen und Therapieeinrichtungen für *nicht Deutsch sprechende Ausländer* (Körner 2001, § 35 Rn 97). Da die angewandten Psychotherapien auf sprachlicher Kommunikation beruhen, bestehen bereits Schwierigkeiten, wenn die deutsche Sprache nur rudimentär beherrscht wird. Dies mag auch erklären, dass der Ausländeranteil an den von §§ 35 ff. BtMG betroffenen Personen im Vergleich zum allgemeinen Ausländeranteil an BtM-Delinquenten mit etwas mehr als 10% vergleichsweise niedrig liegt (s. 2.6.5.5).

Eine Entwöhnungsbehandlung im Ausland kam nach bisheriger Auffassung nicht in Betracht.

Wünscht ein Verurteilter einen *Therapieantritt im Ausland*, so ist der Antrag jedenfalls dann abzulehnen, wenn die Drogentherapie nicht wirksam gemäß §§ 35 ff. BtMG überwacht und bei Abbruch die Zurückstellung widerrufen werden kann (Generalstaatsanwaltschaft Frankfurt, Beschluss v. 26. 4. 1996 – Zs 529/96, zitiert nach Körner 2001, § 35 Rn 97). Eine Zurückstellung zugunsten einer Drogentherapie in Österreich oder in einem anderen europäischen Nachbarland wird allerdings inzwischen unter bestimmten Voraussetzungen als zulässig angesehen (LG Kleve, Beschluss v. 24. 2. 2000-1 KLs 76/99).

Es gibt eine Vielzahl von *Einrichtungen*, die Drogentherapie anbieten. Das Spektrum reicht von der stationären Langzeittherapie in einer Fachklinik bis hin zu ambulanten Therapieformen. Das Gesetz differenziert zwischen anerkannten und nichtanerkannten Einrichtungen und leitet davon unterschiedliche Rechtsfolgen ab (s. 2.6.5.2). Die Regelung des Anerkennungsverfahrens ist Aufgabe des Gesundheitswesens und liegt damit in der Zuständigkeit der Länder. Zuständig ist das Land, in dem die Einrichtung ihren Sitz hat. Die Länder haben die Voraussetzungen der Anerkennung und das Verfahren zum Teil durch Gesetz (z. B. in Bayern – Gesetz v. 4. 5. 1982 in GVBl., 235), zum Teil durch Verwaltungsvorschrift geregelt; zum Teil fehlt eine ausdrückliche Regelung. Die Anerkennung ist ein Verwaltungsakt, als Mindestvoraussetzungen werden verlangt: ein fachlich anzuerkennendes Behandlungskonzept, eine eindeutige Definition des Behandlungsabbruchs, die schriftliche Verpflichtung der Therapiestelle, Behandlungsabbrüche unverzüglich der zuständigen Vollstreckungsbehörde mitzuteilen, die Sicherstellung der Kostenregelung, eine in ausreichender Zahl durchgeführte multidisziplinäre Behandlung durch Fachpersonal und die ausreichende räumliche Ausstattung der Einrichtung (Endriß u. Malek 2000, Rn 975).

### 2.6.5.7 Rechtspolitischer Ausblick

Nimmt man die Strafrechtspraxis zum Maßstab, so lassen sich die Therapieregelungen des BtMG als klarer Erfolg bezeichnen: Schon rein quantitativ ist die Zurückstellung nach §§ 35, 38 BtMG *der* Hauptweg für die Behandlung drogenabhängiger Straffälliger geworden. Trotz des beträchtlichen Mehraufwands in der Strafvollstreckung hat die Zahl der Zurückstellungen insbesondere in den 1990er Jahren enorm zugenommen. Damit wurde und wird gleichzeitig der Strafvollzug von drogenabhängigen Strafgefangenen stark entlastet. Demgegenüber spielt die Maßregel der Unterbringung in einer Entziehungsanstalt gemäß § 64 StGB bei Drogenabhängigen immernoch eine vergleichsweise bescheidene Rolle, möglicherweise auch deshalb, weil die Praxis der erkennenden Gerichte – entgegen der Auffassung des Bundesgerichtshofs (s. 2.6.5.4) – beide strafrechtlichen Reaktionsmöglichkeiten als echte Alternative ansieht. Deshalb darf man vermuten, dass die Zurückstellungslösung indirekt auch den Maßregelvollzug stark entlastet. Von daher erscheint es wünschenswert, wenn sich der Gesetzgeber einer Neubestimmung des Verhältnisses dieser beiden Maßnahmen annehmen würde.

Darüber hinaus muss sich der Gesetzgeber die Frage stellen, ob es mit dem Gleichbehandlungsgebot in Einklang steht, den Alkoholkranken und den übrigen Suchtkranken nicht vergleichbare Chancen wie den von illegalen Drogen Abhängigen einzuräumen. So wird gefordert, insbesondere für alkoholabhängige Straftäter eine den §§ 35 ff. BtMG entsprechende Regelung zu schaffen. Tatsächlich erfasst die Unterbringung in einer Entziehungsanstalt nur einen kleinen Teil der Straffälligen mit Alkoholproblemen, während sich im Strafvollzug viele tausend Gefangene befinden, deren Alkoholprobleme nicht adäquat angegangen werden können (Rebsam-Bender 1995, S. 158). Von daher liegt es nahe zu überlegen, auch für Alkoholabhängige Therapieüberleitungen während der Strafvollstreckung zu schaffen. Argumentiert wird insbesondere mit den Erfahrungen bezüglich §§ 35, 38 BtMG, die gezeigt hätten, dass der Anreiz, Strafe mittels Anrechnung von Therapiezeiten zu mindern bzw. zu vermeiden, bei Abhängigen Therapiemotivationen wecke, respektive stärke (Rebsam-Bender 1995, S. 158 ff.; Dessecker 1995, S. 322). Demgegenüber bestehen durchaus beachtliche Argumente (wiedergegeben in LT-Dr BadWürtt 10/564 u. 10/3775) gegen eine Ausweitung der Therapieüberleitung auf Alkoholabhängige. So ist Alkohol eine legale Droge, die ohne Schwierigkeiten erlangt und konsumiert werden kann, während bei Betäubungsmitteln bereits der Erwerb und Besitz unter Strafe gestellt sind. Weiterhin wird hervorgehoben, dass die Einnahme harter Drogen sehr viel schneller als Alkoholmissbrauch eine starke Abhängigkeit bewirke; ferner erwüchsen der Allgemeinheit erheblichere Gefahren aus der Beschaffungskriminalität Betäubungsmittelabhängiger. Schließlich könne zwischen Alkoholikern und Straftätern, die Alkohol nur bei Gelegenheit einer Tat trinken, nicht ausreichend unterschieden werden.

Indessen lässt sich ein Bedarf an zusätzlichen Möglichkeiten, Straffälligen mit Alkoholproblemen einer Behandlung zuzuführen, nicht leugnen.

Sollte dafür ein den Regelungen von §§ 35, 38 BtMG vergleichbares Instrument geschaffen werden, ist dies zum einen eine durchaus komplexe gesetzestechnische Frage. Zum anderen wäre es, bevor der Gesetzgeber tätig wird, empfehlenswert, die Praxis und den Erfolg der Therapieüberleitung nach §§ 35, 38 BtMG empirisch erneut (die bisherigen empirischen Studien beziehen sich auf Verfahren aus den späten 1980er und frühen 1990er Jahren) zu untersuchen, um den rechtspolitischen Überlegungen ein sicheres rechtstatsächliches Fundament zu verschaffen.

## Literatur

Adams M, Eberth A (1983) Die Therapievorschriften des Betäubungsmittelgesetzes in der Praxis. NStZ NStZ 3:193–199

Baumgart MC (1994) Illegale Drogen – Strafjustiz – Therapie. Eine empirische Untersuchung zu den strafjustiziellen Anwendungsstrukturen der §§ 35, 36 BtMG. Eigenverlag Max-Planck-Institut für ausländisches und internationales Strafrecht, Freiburg i. Br.

Bühringer G (1998) Therapie und Rehabilitation. In: Kreuzer A (Hrsg) Handbuch des Betäubungsmittelstrafrechts. Beck, München, S 333–433

Dammann B (1985) Selbsthilfegruppen und Rechtsschutz in der Drogentherapie. Dissertation, Frankfurt am Main

Dessecker A (1995) Hat die strafrechtliche Unterbringung in einer Entziehungsanstalt eine Zukunft? NStZ 15:318–322

Detter K (1991) Zum Strafzumessungs- und Maßregelrecht. NStZ 11:475–479

Eberth A, Müller E (1982) Betäubungsmittelrecht. Kommentar und Anleitung für die Praxis. Schweitzer, München

Egg R (1997) Institutionen der Straftäterbehandlung. In: Steller M, Volbert R (Hrsg) Psychologie im Strafverfahren. Ein Handbuch. Huber, Bern, S 160–170

Endriß R, Malek K (2000) Betäubungsmittelstrafrecht, 2. Aufl. Beck, München

Franke U, Wienroeder K (2001) Betäubungsmittelgesetz – Kommentar, 2. Aufl. Müller, Heidelberg

Generalbundesanwalt, Dienststelle Bundeszentralregister, Daten zur Betäubungsmittelkriminalität, Jahrgänge 1987–2003, Bonn

Groß KH (2005) Kommentierung der §§ 56 bis 60 StGB. In: Joecks W, Niebach K (Hrsg) Münchener Kommentar zum Strafgesetzbuch, Bd 2/1 (Bandredakteur: von Heintschel-Heinegg B). Beck, München, S 124–312

Hanack EW (1991) Kommentierung der §§ 61 bis 67 StGB. In: Jähnke B, Laufhütte HW, Odersky W (Hrsg) Strafgesetzbuch – Leipziger Kommentar, 11. Aufl. De Gruyter, Berlin New York

Hellebrand J (1990) Drogen und Justiz. Überlegungen zur Einbindung der Justiz in eine fortschrittliche Drogenpolitik. Forum Godesberg, Mönchengladbach

Holzinger M (1998) Sucht und soziale Kontrolle durch das geltende Recht. Lang, Frankfurt am Main

Joachimski J, Haumer C (2002) Betäubungsmittelgesetz, 7. Aufl. Boorberg, Stuttgart

Katholnigg O (1985) Anmerkung zum Beschluss des BGH vom 11.12.1984 – 5 AR (VS) 20/84. NStZ 5:127–128

Körner HH (1998) Sonderfragen der Therapieüberleitung in Betäubungsmittel-Strafverfahren. In: Kreuzer A (Hrsg) Handbuch des Betäubungsmittelstrafrechts. Beck, München, S 1301–1328

Körner HH (2001) Betäubungsmittelgesetz. Arzneimittelgesetz. Kommentar, 5. Aufl. Beck, München

Kreuzer A (1986) Anmerkung zum Beschluss des OLG Hamm vom 7.11.1985 – 1 VAs 89/85. NStZ 6:334–336

Kreuzer A (1988) Strafjustizielle Kontrolle des Drogenumgangs. In: Kreuzer A, Wille R (Hrsg) Drogen – Kriminologie und Therapie. Decker & Müller, Heidelberg, S 87–118
Kreuzer A (1989) Therapie und Strafe. Versuch einer Zwischenbilanz zur Drogenpolitik und zum Betäubungsmittelgesetz von 1981. NJW 42:1505–1512
Kreuzer A (1995) Betäubungsmittelstrafrecht – Gedanken, Befunde, Kritik. In: Kühne HH (Hrsg) Festschrift für K Miyazawa. Nomos, Baden-Baden, S 177–198
Kurze M (1994) Strafrechtspraxis und Drogentherapie. Eine Implementationsstudie zu den Therapieregelungen des Betäubungsmittelrechts, 2. Aufl. Eigenverlag Kriminologische Zentralstelle eV, Wiesbaden
Kurze M (1996) Empirische Daten zur Zurückstellungspraxis gemäß § 35 BtMG. NStZ 16:178–182
Lundt PV, Schiwy P (2001) Betäubungsmittelgesetz. Schulz, Percha am Starnberger See
Quensel S (1982) Drogenelend. Cannabis, Heroin, Methadon. Für eine neue Drogenpolitik. Campus, Frankfurt am Main New York
Rebsam-Bender C (1995) Neuregelungen für alkoholabhängige Straftäter? NStZ 15:158–161
Schöfberger F (2005) Zurückstellung nach § 35 BtMG und Vollstreckungsreihenfolge. NStZ 25:441–443
Statistisches Bundesamt (2004) Fachserie 10: Rechtspflege. Reihe 3: Strafverfolgung 2003. Statistisches Bundesamt, Wiesbaden
Weber K (2003) Betäubungsmittelgesetz, 2. Aufl. Beck, München

# 3 Strafprozessrecht

D. RÖSSNER

## 3.1 Grundlagen des Strafprozessrechts

### 3.1.1 Das Strafverfahren im Überblick

Das Strafverfahren lässt sich grob betrachten in das *Erkenntnis-* und das *Vollstreckungsverfahren* unterteilen. Das Erkenntnisverfahren zielt darauf ab, nach einem Verdacht auf eine Straftat (§§ 160, 152 Abs. 2 StPO) die Unschuld oder die Schuld eines Verdächtigen und an letztere anknüpfend eine Kriminalstrafe bzw. eine Maßregel der Besserung und Sicherung rechtskräftig festzustellen. Das Vollstreckungsverfahren (§§ 449 ff. StPO) dient der Realisierung der Sanktion im Fall der rechtskräftigen Verurteilung.

Der Schwerpunkt des Strafverfahrensrechts liegt auf der Regelung des Erkenntnisverfahrens. Dieses lässt sich wiederum in drei Verfahrensabschnitte untergliedern, nämlich das Ermittlungs- (§§ 158–177 StPO), das Zwischen- (§§ 198–212 b StPO) und das Hauptverfahren (§§ 213–295 StPO) inklusive der Rechtsmittelverfahren (§§ 296–358 StPO).

### Der Gang des Strafverfahrens

| Erkenntnisverfahren | | | → | Vollstreckungsverfahren |
|---|---|---|---|---|
| Ermittlungsverfahren (StA, Polizei) | Zwischenverfahren (Gericht) | Hauptverfahren (Gericht) | | (StA oder Gericht) |
| Anzeige – § 160 StPO (Privatleute, Polizei) | Anklage – § 170 StPO (StA) | Eröffnungsbeschluss – § 203 StPO (Gericht) | rechtskräftiges Urteil – § 260 StPO (Gericht) | Abschluss des Verfahrens |

Das Ermittlungsverfahren und damit der erste Teil des Erkenntnisverfahrens kommt in Gang, sobald die Staatsanwaltschaft als die „Herrin des Ermittlungsverfahrens" (§ 160 StPO) oder im Regelfall der Alltagskriminalität die Polizei (§ 163 StPO) von dem Verdacht einer Straftat Kenntnis erhält. Letztere ist entgegen der rechtlichen Regelung die „faktische Herrin" des

Ermittlungsverfahrens. Von diesem Moment an besteht die Forderung, den Verdacht durch das Erforschen des tatsächlichen Geschehens zu erhärten oder auszuräumen. Zur Entlastung des Beschuldigten durch die Ermittlungen sind die Strafverfolgungsorgane ausdrücklich verpflichtet (§ 160 Abs. 2 StPO). In den Prozess der Tatsachenfeststellung sind die Sachverständigen eingebunden, wenn das Gericht ihrer besonderen Sachkenntnis bedarf.

### 3.1.2 Die Ziele des Strafverfahrens und die Rechte der Angeklagten

*Feststellung und Durchsetzung des staatlichen Strafanspruchs* stellen nur eines von *drei Zielen des Strafverfahrens* dar. Ein weiteres ist die *Gewährung eines rechtsstaatlichen Verfahrens*, weil nur eine an rechtliche Grenzen gebundene Aufklärung von Straftaten die Gefahr der Zerstörung gemeinschaftlicher und persönlicher Werte verhindern kann. „Es ist kein Grundsatz der StPO, dass die Wahrheit um jeden Preis erforscht werden müsste" (BGHSt 14, 358, 365). Im Rechtsstaat (Art. 20 Abs. 3 GG) hat die Durchsetzung des staatlichen Strafanspruchs im Gesamtrechtsrahmen auf prozessordnungsgemäße Weise zu erfolgen. Die Individualinteressen des Verdächtigen sind dabei angemessen zu berücksichtigen (exemplarisch § 136a StPO). Das dritte Ziel ist schließlich, *Rechtsfrieden zu stiften*. Das kann nur gelingen, wenn die strafrechtliche Aufarbeitung des in Frage stehenden Sachverhaltes den mächtigen Schlusspunkt setzt (Rössner 2001) und das Verfahren damit ein für allemal abgeschlossen ist. Das Prozessrecht bedient sich hierzu des *Instituts der Rechtskraft*. Selbst wenn sich unter Umständen herausstellt, dass eine ergangene Entscheidung falsch ist, wird – abgesehen von der Möglichkeit der Wiederaufnahme des Verfahrens nach den §§ 359 ff. StPO und 79 Abs. 1 BVerfGG – an ihr festgehalten. Die Rechtsfriedensfunktion des Strafverfahrens kollidiert in diesem Fall mit der Aufgabe der Wahrheitserforschung und, sofern das falsche Urteil ein belastendes ist, mit der des Individualschutzes des Betroffenen.

Die *Pflicht zur Wahrheitserforschung* und der *Individualschutz* bilden ein ganz besonderes Konfliktfeld. Denn die Wahrheitserforschung erfolgt insbesondere durch Eingriffe in die Rechtspositionen des Verdächtigen, angefangen vom Beobachten über das Befragen, Belauschen und Untersuchen bis hin zur Festnahme. Es ist eine schwierige Aufgabe des Strafverfahrensrechts, diesen Konflikt zu einem angemessenen Ausgleich zu bringen. Am wirksamsten erfolgt dies durch die in der StPO ausdrücklich bestimmten *Beweisverbote*. Grundsätzlich besagen solche Verbote, dass bestimmte Beweise, obwohl sie der Wahrheitsfindung dienlich wären, aus Gründen des Individualschutzes schon nicht erhoben (Erhebungsverbot) oder als besonders scharfe Reaktion noch nicht einmal dann verwertet werden dürfen, wenn sie den Ermittlungsorganen trotz der verbotenen Beweiserhebung vorliegen (Beweisverwertungsverbot, z. B. § 136a Abs. 3 StPO). Existiert keine ausdrückliche Normierung eines Beweisverbotes, kann sich ein solches – insbesondere in der scharfen Konsequenz des Beweisverwertungsverbots – unmittelbar aus den Grundrechten des Betroffenen ergeben. Relevant wird dies insbesondere bei heimlichen Tonband-, Foto- und Filmaufnahmen, die z. B. aufgrund privater Ermittlungstätigkeit nicht unter § 100 c StPO fallen, und bei Tagebuchaufzeichnungen, die die Individualsphäre des Verdächtigen besonders betreffen, aber keine Regelung in der StPO gefunden haben (BGHSt 19, 325 ff. u. 34, 238 ff. sowie BVerfGE 86, 367).

### 3.1.3 Die rechtsstaatlichen Grundprinzipien der StPO

Das gesamte Strafverfahren hat sich an einer Reihe von unverzichtbaren Grundsätzen, so genannten *Prozessmaximen*, zu orientieren. An ihnen ist die Zulässigkeit einer jeden strafprozessualen Maßnahme zu messen. Ihre Grundlage haben diese Leitlinien in der StPO, im GVG und auch unmittelbar im Grundgesetz. Sie bilden einen ungeschriebenen allgemeinen Teil der StPO (Beulke 2005; Weigend 2001) und müssen bei der Rechtsanwendung innerhalb der besonderen Vorschriften der StPO beobachtet werden. Wichtig sind sie auch für die Entwicklung eines vernünftigen Rechtsgefühls im Strafprozess.

**Das Prinzip des „fair trial" – Art. 20 Abs. 3 GG, 6 Abs. 1 EMRK.** Dieser Grundsatz ist eine „Generalklausel" für das gesamte Verfahren. Er besagt, dass das Strafverfahren in jedem Stadium fair abzulaufen hat, insbesondere soll zwischen der Staatsanwaltschaft und dem Beschuldigten bzw. der Verteidigung „Waffengleichheit" herrschen und das Opfer nicht mehr als nötig durch das Verfahren belastet werden. Im Kern erfordert Fairness als Gerechtigkeitsregel für das soziale Zusammenleben (Rawls 1975) bei grundsätzlicher Regeltreue vom einzelnen Akteur Rollenabstraktion im Strafverfahren (hinsichtlich der Rolle des Staatsanwalts, Richters, Angeklagten, Opfers u. a.) in dem Sinn, dass die Entscheidung so getroffen wird, als ob der jeweilige Akteur nicht wüsste, welche Rolle er im konkreten Fall einnimmt. Damit wird vor allem der Aspekt der Chancengleichheit zur Entfaltung der jeweiligen prozessualen Rechte betont und die „unfaire" Ausnutzung von formalen Machtpositionen beschnitten, wie z. B. die erzwungene Mitwirkung des Angeklagten an der Sachverhaltsaufklärung (EGMR StV 1997, 617; BVerfG NJW 2001, 224) oder die staatlich gelenkte Provokation von Straftaten durch nicht tatgeneigte Personen (BGHSt 46, 100; 47, 47) sowie die Pflicht zur möglichst frühzeitigen Bestellung des Pflichtverteidigers (§ 141 StPO) im Ermittlungsverfahren vor einer richterlichen Vernehmung (BGH NJW 2000, 3505; NJW 2002, 975 und 1279). Die Reichweite des Fairnessprinzips im Strafverfahren ist noch nicht abschließend geklärt (Rzepka 2000) und konzentriert sich vorerst im Rahmen einer Kasuistik. Freilich ist auch der Sachverständige diesem Prinzip vor allem in der Ausformung der Neutralität verpflichtet.

**Die Offizialmaxime – § 152 I StPO.** Die Einleitung und die Durchführung des Strafverfahrens obliegen dem Staat und nicht dem Bürger. Der Staat besitzt das Anklagemonopol. Das unterscheidet das Strafverfahren vom dispositiven Zivilverfahren. Als Ausnahme vom strafrechtlichen Offizialprinzip können auf dem Wege der Privatklage nach §§ 374 StPO geringfügige Straftaten vom Verletzten zur Anklage vor dem Strafrichter gebracht werden.

**Das Legalitätsprinzip – §§ 152 II, 170 I StPO.** Dieses Prinzip ist das Korrelat zur Offizialmaxime. Denn wenn der Staat für sich in Anspruch nimmt, allein den materiellen Strafanspruch durchzusetzen, muss der einzelne Bürger sich darauf verlassen können, dass er dies tatsächlich tut. Das Legalitätsprinzip statuiert daher die Pflicht zur Strafverfolgung ohne Ansehen der Person (Art. 3 GG), sofern der entsprechende Verdacht einer Straftat vorliegt. Abgesichert wird dieses Prinzip durch die Möglichkeit des Klageerzwingungsverfahrens für den Verletzten nach §§ 172 ff. StPO.

In Form von immer weiter ausgedehnten Ausnahmeregelungen hat das entgegengesetzte *Opportunitätsprinzip der §§ 153 ff., 154 StPO* inzwischen eine gleichrangige Bedeutung, insbesondere für die Alltagskriminalität geringer bis mittlerer Schwere im Rahmen der §§ 153, 153a StPO erlangt. Der Opportunitätsbereich der StPO, der den Verfolgungsbehörden einen Ermessensspielraum beim Absehen von der Strafverfolgung gibt, ist zugleich ein Einfallstor für Absprachen (s. 3.1.4.1) im Strafverfahren.

**Der Anklagegrundsatz – § 151 StPO.** Der Anklagegrundsatz besagt, dass das Gericht das Hauptverfahren nicht ohne vorherige Anklage durch die Staatsanwaltschaft betreiben darf. Ankläger und Richter müssen, anders als im Inquisitionsprozess, getrennt sein, um unvoreingenommen über die vorgelegten Beweise zu urteilen. In das laufende Verfahren darf das Gericht keine neuen Sachverhalte (keine neuen prozessualen Taten) mit einbeziehen, die nicht angeklagt sind (§ 266 Abs. 1 StPO). Damit normiert der Anklagegrundsatz insbesondere die personelle Trennung von Anklage- und Entscheidungsinstanz und bestimmt den Prozessgegenstand durch den angeklagten Sachverhalt, d.h. die Tat im prozessualen Sinn (§§ 151, 200, 264 StPO).

**Der Ermittlungsgrundsatz – §§ 155 Abs. 2, 160 Abs. 2, 244 Abs. 2 StPO.** Im Zivilprozess ist es Sache der streitenden Parteien, welche Tatsachen und Beweise sie dem Gericht zur Entscheidung unterbreiten (Prinzip der formellen Wahrheit). Im deutschen Strafverfahren dagegen ist der Sachverhalt von Amts wegen zu erforschen und aufzuklären *(Prinzip der materiellen Wahrheit)*. Das gilt für das Gericht (§ 244 Abs. 2 StPO), aber auch für die Staatsanwaltschaft, die alle be- und entlastenden Umstände zu ermitteln hat (§ 160 Abs. 2 StPO) und damit nicht Partei des Verfahrens ist. Deshalb bezeichnet sich die Staatsanwaltschaft gern als die „objektivste Behörde der Welt". Der Amtsermittlungsgrundsatz schließt aber nicht aus, dass ein Sachverständigengutachten vom Beschuldigten als „Parteigutachten" vorgelegt wird, um weitere Ermittlungen zu veranlassen.

**Das Beschleunigungsgebot – Art. 20 Abs. 3 GG, 6 Abs. 1 EMRK.** Aus Gründen des Beschuldigtenschutzes und zur Wahrheitssicherung (die Güte der Beweismittel nimmt im Laufe der Zeit ab), ist das Strafverfahren möglichst schnell durchzuführen. Die Hauptverhandlung soll in einem Zug, also ohne häufige oder lange Unterbrechungen durchgeführt werden (Konzentrationsmaxime). Dazu dienen viele Einzelvorschriften (§§ 228, 229 StPO), die sich auch konkret auf die zügige Abwicklung eines Sachverständigengutachtens beziehen (§§ 73 Abs. 1 S. 2; 80a StPO). Die Verletzung des Gebots führt zunächst zur Berücksichtigung bei der Strafzumessung, in gravierenden Fällen je nach Schwere des Verstoßes auch zu einem Verfahrenshindernis (BGHSt 46, 159).

**Der Grundsatz der Öffentlichkeit – § 169 S. 1 GVG, Art. 6 Abs. 1 S. 1, 2 EMRK.** Im Rahmen der räumlichen Kapazitäten darf grundsätzlich jedermann der Hauptverhandlung beiwohnen. Hierdurch wird das Informationsinteresse der Öffentlichkeit über die Judikative hinsichtlich des Strafverfahrens gewährleistet. Das Informationsinteresse entspricht dem Hauptzweck der Strafe, die elementaren Verhaltensnormen des Strafrechts zu verdeutlichen. Die Medienöffentlichkeit ist daher trotz § 169 S. 2 GVG (keine unmittelbare Ton- und Bildberichterstattung aus der Hauptverhandlung wie z.B. in den USA) besonders bedeutsam.

**Das Mündlichkeitsprinzip – § 261 StPO.** Der Grundsatz der Mündlichkeit dient dem Informationsinteresse der Öffentlichkeit durch die Medien ebenso wie dem Schutz des Angeklagten vor Überraschungen und seinem Recht auf rechtliches Gehör. Das Urteil darf allein auf dem beruhen, was für das Gericht, alle sonstigen Verfahrensbeteiligten und das Gerichtspublikum zu hören oder zu sehen war. Die Entscheidung basiert nach § 261 StPO allein auf dem (mündlichen) Inbegriff der Hauptverhandlung.

**Der Grundsatz der Unmittelbarkeit – §§ 226, 250, 261 StPO.** Der Grundsatz der Unmittelbarkeit besagt, dass sich das Gericht im Rahmen der Hauptverhandlung einen möglichst unmittelbaren Eindruck vom Tatgeschehen verschaffen soll. Das erfordert zum einen die ununterbrochene Anwesenheit des Gerichts gemäß § 226 StPO und mit wenigen Ausnahmen der sonstigen Prozessbeteiligten (zum Angeklagten §§ 231 Abs. 2, 231a–c StPO) sowie zum anderen die Verwendung des jeweils tatnächsten Beweismittels (§§ 250ff. StPO). Die Vernehmung eines Zeugen geht der Verlesung des Vernehmungsprotokolls aus dem Vorverfahren vor. Der Zeugenschutz erfordert bei sensiblen Zeugen eng umgrenzte Ausnahmen (z.B. § 255a Abs. 2 StPO). Eine Ausnahme besteht auch für die nur vom Sachverständigen zu erhebenden speziellen Befundtatsachen (s. 3.4) des Gutachtens.

**Der Grundsatz der freien richterlichen Beweiswürdigung – § 261 StPO.** Über das Ergebnis der Beweisaufnahme entscheidet das Gericht nach seiner freien Überzeugung. Feste Beweisregeln, wonach z.B. bei einem fehlenden Geständnis eine Verurteilung erst ab mindestens zwei Belastungszeugen möglich ist, existieren nicht. Für eine Verurteilung muss der Richter aufgrund logisch-rationaler Überlegungen überzeugt sein, dass der Angeklagte die Tat begangen hat. Die subjektive Überzeugung setzt voraus, dass der Sachverhalt objektiv mit an Sicherheit grenzender Wahrscheinlichkeit feststeht (BGHSt 10, 211; BGH StV 1999, 2, BGH NJW 1999, 1562). Unter dieser Prämisse hat der Richter auch das Gutachten eines Sachverständigen zu werten. Bei Berücksichtigung des Entscheidungsgrundsatzes „in dubio pro reo" stehen einer Verurteilung nicht schon theoretische Alternativmöglichkeiten, sondern nur vernünftige Zweifel entgegen. Diese Leitlinien sind zwar hilfreich, überlassen Grenzfälle letztendlich aber dem Gefühl der Richter, wie der realitätsfern entschiedene so genannte Pistazienfall zeigt (BGH NJW 1999, 1562).

**Die Unschuldsvermutung – Art. 20 Abs. 3 GG, 6 Abs. 2 EMRK, § 261 StPO.** Bis zur der rechtskräftigen Feststellung seiner strafrechtlichen Verantwortlichkeit hat der Beschuldigte als unschuldig zu gelten. Die Unschuldsvermutung beruht sowohl auf dem materiellen Schuldprinzip des Strafrechts wie dem Rechtsstaatsgrundsatz (Art. 20 Abs. 3 GG). Ist das Gericht unsicher, ob die Voraussetzungen für eine Schuldfeststellung vorliegen, darf es eine solche nicht treffen. Dies gilt ganz besonders hinsichtlich des Verhältnisses zwischen Verurteilung und Freispruch. Bei bloßen Verfahrensfragen findet der Grundsatz „im Zweifel für den Angeklagten" wegen seiner materiell-rechtlichen Herkunft keine Anwendung (BGHSt 16, 166), wie z.B. die Frage eines Verstoßes gegen ein Beweiserhebungsverbot oder andere Vorgänge im Rahmen einer Begutachtung.

**Der Grundsatz des gesetzlichen Richters – Art. 101 GG.** Objektive und generelle Regelungen hinsichtlich der (örtlichen, sachlichen und funktionellen) Zuständigkeit der Strafgerichte sind erforderlich, damit im Voraus die jeweilige Aburteilungsbefugnis feststeht und Verfahrensmanipulationen auszuschließen sind. Dem werden die Regelungen der StPO und des GVG zur örtlichen, sachlichen und funktionellen Zuständigkeit gerecht.

**Der Grundsatz des rechtlichen Gehörs – Art. 103 Abs. 1 GG; § 33 StPO.** Nach dieser Vorgabe muss jedermann Gelegenheit haben, sich zu den gegen ihn erhobenen Vorwürfen zu erklären und zu verteidigen. Es handelt sich um ein elementares Justizgrundrecht. Verstöße sind im Strafverfahren stets beachtlich (Rüping 1976).

**Der Grundsatz der Selbstbelastungsfreiheit (nemo tenetur se ipsum accusare) – Art. 2 Abs. 1, 1 Abs. 1 GG.** Niemand ist verpflichtet, sich selbst zu belasten. Der Beschuldigte hat ein Schweigerecht – auch gegenüber dem Sachverständigen. Er ist in keiner Form gehalten, an seiner Überführung mitzuwirken (Verrel 2001). Daher sind z.B. Stimmenproben, Alkoholtest mit Abgabe von Atemluft und Explorationen nur freiwillig möglich. Das bedeutet auch, dass aus der Inanspruchnahme dieses Rechts grundsätzlich keine negativen Schlüsse gezogen werden dürfen (BHGSt 34, 326; anders aber beim nur teilweisen Schweigen BGH NJW 2002, 2060).

■ **Der Grundsatz des Opferschutzes.** Die Perspektive des Verletzten ist im Strafprozess zu berücksichtigen, soweit Verteidigungsrechte des Angeklagten nicht substanziell eingeschränkt werden. Der Grundsatz des „fair trial" gilt auch für das Opfer, d. h. Belastungen und Gefährdungen, die durch seine obligatorische Beteiligung am Verfahren hervorgerufen werden, sind soweit wie möglich zu vermeiden. Das gilt besonders für Kinder und Jugendliche. In diesem Sinn hat die StPO inzwischen ein an der Schwere des Eingriffs orientiertes gestuftes Konzept des Opferschutzes entwickelt, das bei der prozessualen Wahrheitsermittlung zu beachten ist (Haupt et al. 2003; Rössner 1998; Rössner u. Wulf 1987). Aus der Gesamtregelung des einfachen Opferschutzes (§§ 55, 58a, 68a, 68b, 168c, 241a, 247, 255a StPO; 171b, 172 GVG) und der erweiterten Berücksichtigung schwer betroffener Opfer insbesondere von Gewaltstraftaten (Nebenklage, §§ 406e, 406g StPO) folgt ein durchgehender *prozessualer Fürsorgegrundsatz*, der sich zum einen auf die Anwendung und Auslegung opferbezogener Verfahrensvorschriften und zum anderen auf ein opferschonendes Verhandlungsklima bezieht (im Einzelnen s. 3.7).

### 3.1.4 Konfliktregelungen im Strafverfahren

Anders als der amerikanische ist der deutsche Strafprozess grundsätzlich vergleichsfeindlich ausgestaltet. Aufgrund des Legalitäts-, des Offizial- und des Ermittlungsgrundsatzes unterliegt der Verfahrensgegenstand nicht der Disposition der Prozessbeteiligten. Wird das Verfahren dennoch durch eine Absprache der Prozessbeteiligten beendet, kann dies zu Konflikten mit einer Reihe der genannten Prozessmaximen führen, die es bei der Frage nach der Zulässigkeit von Absprachen zu lösen gilt.

#### 3.1.4.1 Absprachen („Deals") über Geständnisse und ihre Auswirkungen

Absprachen oder so genannte „Deals" zwischen den Strafverfolgungsorganen und dem Beschuldigten verfolgen das Ziel einer einverständlichen Verfahrensgestaltung und (vor allem) Verfahrensbeendigung. Inhalt des „Deals" ist oftmals die Zusage einer Strafmilderung bzw. eines recht konkret festgesetzten Strafmaßes durch das Gericht gegen die Abgabe eines Geständnisses durch den Angeklagten. Durch Absprachen können Verfahren mit komplizierten Sachverhalten deutlich schneller zu einem Abschluss gebracht werden. In dieser verfahrensbeschleunigenden Wirkung liegt der große Vorteil des „Deals", er ist aber gerade wegen seiner Verfahrensgestaltung praeter legem (Kritiker sagen contra legem) auch nicht zu vernachlässigenden rechtsstaatlichen Bedenken ausgesetzt (Weßlau 2004).

Die Grundproblematik ist dabei, dass im Strafverfahren eigentlich die Unschuldsvermutung gilt, Ausgangspunkt eines „Deals" jedoch gerade die Vermutung der Schuld des Angeklagten ist. Bei ungünstiger Beweislage hinsichtlich der eigenen Entlastung entsteht für den Angeklagten die Drucksituation, zum Zwecke einer Vergünstigung ein taktisches Geständnis abzulegen und sich auf diese Weise selbst zu belasten. Die Absprache eröffnet so die Möglichkeit des Handels über Schuld und Unschuld. Vor diesem Hintergrund hat der Bundesgerichtshof auf der Grundlage einer Entscheidung des Bundesverfassungsgerichts (BVerfG NJW 1987, 2662) Leitlinien entwickelt, unter deren Berücksichtigung ein „Deal" für zulässig erachtet wird. Im Gegensatz zu einem Großteil der Literatur akzeptiert das BVerfG wie die Strafgerichtsbarkeit aus Gründen der Verfahrensökonomie die grundsätzliche Zulässigkeit von Absprachen im Strafverfahren, verlangt jedoch die Wahrung von rechtsstaatlichen Mindeststandards. Danach ist es erforderlich, dass das Gericht nicht zugunsten von Verfahrensvereinfachung und Verfahrensbeschleunigung seine Pflicht zur materiellen Wahrheitserforschung vernachlässigt und die Schuldfrage nicht zur Disposition der Beteiligten – inklusive des Angeklagten – gestellt wird.

Auf dieser Basis stellte der Bundesgerichtshof (BGHSt 43, 195) zunächst *folgende Anforderungen* auf:

- Die Abgabe eines Geständnisses durch den Angeklagten entbindet den Richter nicht von seiner Ermittlungspflicht. Er muss das Geständnis auf seine Glaubwürdigkeit prüfen, sowie gegebenenfalls sich aufdrängende Beweiserhebungen durchführen.
- Ergebnis und wesentlicher Inhalt der Absprache müssen in der Hauptverhandlung offen gelegt und im Protokoll vermerkt werden.
- Es darf kein bestimmtes Strafmaß, sondern lediglich eine Strafobergrenze zugesagt werden.
- Das In-Aussicht-Stellen einer schuldunangemessenen (zu) niedrigen Strafe ist unzulässig.
- Die vom Gericht angebotene Strafmilderung und die vom Angeklagten verlangte Leistung müssen in einem sachlichen Zusammenhang stehen (Konnexität).

Inzwischen zeigt der Bundesgerichtshof in einer neuen Entscheidung eine restriktive Tendenz: Im Rahmen einer Urteilsabsprache darf das Gericht auf keinen Fall an der Erörterung eines Rechtsmittelverzichts mitwirken. Ein wirksamer Rechtsmittelverzicht nach dem Urteil hängt von der qualifizierten Belehrung des Angeklagten ab, dass er trotz einer Absprache – gleich welchen Inhalts – in der Entscheidung frei ist, ein Rechtsmittel einzulegen (BGH NJW 2006, 1440). Am Ende der Entscheidung wird an den Gesetzgeber appelliert, die wesentlichen rechtlichen Voraussetzungen und Begrenzungen von Urteilsabsprachen gesetzlich zu regeln. Das Bundesjustizministerium hat die Anregung aufgenommen und im Mai 2006 einen Referentenentwurf zur Regelung der Verständigung im Strafverfahren vorgelegt, der einerseits ausdrücklich zur Kommunikation zwischen den Verfahrensbeteiligten ermuntert, andererseits aber die in der Rechtsprechung entwickelten und oben dargelegten Grenzen der Verständigung weiterhin übernimmt.

In die Kommunikation mit dem Ziel einer Absprache kann auch der Sachverständige einbezogen werden, wenn es z. B. um (vorläufige) Ergebnisse einer (verminderten) Schuldfähigkeitsbeurteilung geht und davon die Strafobergrenze mit abhängt.

### 3.1.4.2 Täter-Opfer-Ausgleich (Mediation im Strafverfahren)

In den Bereich der Verständigung fällt auch der kommunkationsorientierte Täter-Opfer-Ausgleich. Zentrale Norm im allgemeinen Strafrecht ist § 46 a StGB. Danach ist nach erfolgtem Täter-Opfer-Ausgleich (TOA) eine fakultative Strafmilderung für den Täter vorgesehen oder, wenn keine höhere Strafe als Freiheitsstrafe bis zu einem Jahr oder Geldstrafe bis zu 360 Tagessätzen verwirkt ist, das Absehen von Strafe. Täter-Opfer-Ausgleich und Wiedergutmachung werden auch im Rahmen der Strafaussetzung zur Bewährung sowie im Jugendstrafrecht (§ 45 Abs. 2 S. 2 JGG) berücksichtigt. Die §§ 155 a, 155 b StPO verlangen von Gerichten und Staatsanwaltschaften ausdrücklich die Prüfung der Möglichkeit, einen Ausgleich zwischen Beschuldigtem und Verletztem herbeizuführen (BGH StV 2002, 656).

*Voraussetzung* des TOA im Strafrecht ist die freiwillige Konfliktregelung zwischen Täter und Opfer. Zur Teilnahme, zu bestimmten Leistungen oder gar zur Einigung darf keine Seite gezwungen werden (BGH StV 2001, 457; NJW 2002, 3264). Der TOA setzt auf der Verständigungsebene einen kommunikativen Prozess voraus (BGH StV 1995, 584), der allein von Täter und Opfer bestimmt wird. Dabei wird es in der Regel zu einem Zusammentreffen von Täter und Opfer kommen; es genügt aber auch ein mittelbarer Kontakt über Angehörige, Verteidiger oder sonstige Dritte (BGH StV 2002, 650). Die einseitige Wiedergutmachung durch den Täter ohne Einbeziehung des Opfers genügt nicht (BGH NJW 2003, 1466; NStZ-RR 2003, 363). Unabdingbar ist eine immaterielle Wiedergutmachungsleistung wie z.B. eine Entschuldigung neben möglichen Schadensersatzansprüchen (BGH StV 1995, 584; StV 1999, 89; NJW 2003, 740). Maßstab für den Umfang des TOA ist der Ausgleichswunsch des Opfers, nicht eine Vorgabe des Gerichts (BGH StV 2001, 457). Der Täter sollte in der Regel geständig sein (BGH NJW 2003, 1466), zumindest aber seine Rolle akzeptiert haben. Auf der justiziellen Entscheidungsebene im Rahmen des § 46 a StGB (eventuell in Verbindung mit § 153 b StPO) geht es darum, welche Auswirkungen die Konfliktregelung zwischen Täter und Opfer auf das Strafverfahren hat. Die Kriterien der Ermessensentscheidung orientieren sich an der Erfüllung der traditionellen Strafzwecke, am Grad der freiwilligen Mitwirkung des Täters und am Handlungs- und Erfolgswert des TOA (Rössner 2004 a).

Der Ansatz der Verständigung im Strafverfahren eröffnet beim TOA die Möglichkeit, den der Tat zugrunde liegenden Konflikt zu regeln und dadurch sozialen Frieden zu schaffen. Die Stellung des Opfers im Strafverfahren wird gestärkt, wenn mit dem TOA und der Aufarbeitung der Tat auch auf Opferinteressen eingegangen werden kann. Auf Seiten des Täters können Prozesse des Normlernens durch das Zusammentreffen mit dem Opfer angestoßen werden und für die Gesellschaft kommt es zu einer

Normverdeutlichung und Normbestätigung. Nicht zuletzt kann die Justiz so von unnötigen Anklagen und Hauptverhandlungen entlastet werden.

### 3.1.5 Die Position der Beteiligten im Strafverfahren

Das den Strafprozess bestimmende Prozessrechtsverhältnis zwischen den Hauptbetroffenen (Staatsanwaltschaft, Gericht und Beschuldigter) beginnt in der Regel, indem die Staatsanwaltschaft oder die Polizei als Ermittlungshilfe der Staatsanwaltschaft eine Person in die Rolle des Beschuldigten versetzt. Es endet durch eine einstellende Abschlussverfügung der Staatsanwaltschaft oder eine rechtskräftige Endentscheidung des Gerichts. In dieses Basisprozessrechtsverhältnis können verschiedene Prozesssubjekte mit jeweils besonderen Rechten und Pflichten hinzutreten. Dazu gehören insbesondere die Verteidiger des Beschuldigten, die Zeugen (vor allem als Opfer, s. u. 3.7) und Sachverständigen.

#### 3.1.5.1 Der Beschuldigte

Die Aktivierung der besonderen Rechte des Beschuldigten im Strafverfahren hängt ab vom Entstehen des Strafverfahrensverhältnisses, konkret von der rechtswirksamen Beschuldigung einer Person als Straftäter. Die exakte Bestimmung des genannten Zeitpunkts ist im Einzelfall schwierig (Beulke 2005; Lesch 2001). Den strafverfahrens*recht*lichen Ermittlungen gehen nämlich Akte der allgemeinen Informationsbeschaffung voraus, die sich ungezielt und sozusagen unter dem „Schleier des Nichtwissens" gegen spätere Zeugen und Beschuldigte gleichermaßen richten können und noch kein Prozessrechtsverhältnis zum Beschuldigten herstellen. Nach der aktuellen Rechtsprechung wird eine Person zum Beschuldigten, wenn gegen sie von einem Strafverfolgungsorgan eine nach außen manifestierte Maßnahme getroffen wird, die auf eine Strafverfolgung abzielt (BGHSt 38, 214 ff.)

Der *Begriff des Beschuldigten* (§ 157 StPO) wird gemeinhin als Oberbegriff für denjenigen gebraucht, gegen den ein Strafverfahren betrieben wird, und zwar während des gesamten Erkenntnisverfahrens, also ab Einleitung des Ermittlungsverfahrens bis zum rechtskräftigen Urteil. Eine weitergehende Differenzierung, orientiert am Fortgang des Verfahrens, bezeichnet die Position des Beschuldigten dem jeweiligen Ermittlungsstadium entsprechend wie folgt:

| Beschuldigter im weiteren Sinne (§ 157 StPO) | | | | |
|---|---|---|---|---|
| Verdächtiger | Beschuldigter im engeren Sinne | Angeschuldigter (§ 157 Variante 1) | Angeklagter (§ 157 Variante 2) | Verurteilter |
| | Anfangsverdacht (Möglichkeit der Tatbegehung) Einleitung des Ermittlungsverfahrens | Hinreichender Tatverdacht (Verurteilungswahrscheinlichkeit) Anklage durch die StA | Zulassung der Anklage = Eröffnungsbeschluss § 203 | Rechtskräftiges Urteil (mit an Sicherheit grenzender Wahrscheinlichkeit § 261) |

Vom Eintritt der Beschuldigtenstellung hängen wesentliche Rechte ab, die nur für den Beschuldigten, nicht den bloß Verdächtigen gelten, wie sie z. B. in § 136 StPO oder § 81a StPO enthalten sind. Eine Belehrung bei der ersten Vernehmung muss gemäß § 136 StPO nur erfolgen, wenn es sich um eine Beschuldigtenvernehmung handelt. Die Beschuldigteneigenschaft begründet insoweit rechtliche Vorteile. Dagegen kann sie bei der Vornahme von Zwangsmaßnahmen auch Nachteile mit sich bringen. Bei einer körperlichen Untersuchung des Beschuldigten gemäß § 81a StPO gilt ein weniger strenger Maßstab als bei der körperlichen Untersuchung eines Dritten gemäß § 81c StPO. Bei dringendem Tatverdacht ist auch die Unterbringung zur Vorbereitung eines Sachverständigengutachtens nach § 81 StPO möglich.

Die richterliche *Vernehmung des Beschuldigten* ist in den §§ 133–137 ff. StPO geregelt. Für die Vernehmung durch die Staatsanwaltschaft und die Polizei gelten die Normen aufgrund der Verweisung in § 163a Abs. 3 und Abs. 4 StPO entsprechend. Wesentlich ist bei der ersten Vernehmung, dass der Beschuldigte über sein Recht belehrt werden muss, die Aussage zu verweigern. Diese Belehrungspflicht sichert den Nemo-tenetur-Grundsatz ab; der Beschuldigte ist nicht verpflichtet, sich selbst (durch eine Aussage) zu belasten. Ohne Belehrung ist eine Aussage nicht verwertbar (BGHSt 45, 15 ff.; Rössner 2003). Die Belehrungspflicht vor Preisgabe von belastenden Tatsachen beim Sachverständigen wird von der Rechtsprechung nicht verlangt (BGH JZ 1969, 437), aber verschiedentlich in der Literatur gefordert (Roxin 1998). Da es sich um eine „vernehmungsähnliche" Situation handelt (Lesch 2001), ist die Belehrung auf jeden Fall angebracht, um spätere Verwertungsprobleme bei der gerichtlichen Verwertung zu vermeiden. Gleiches gilt mit Blick auf § 252 StPO auch für Zeugen mit Verweigerungsberechtigung (im Einzelnen s. 3.4).

### 3.1.5.2 Die Staatsanwaltschaft

Die Staatsanwaltschaft hat im Wesentlichen *drei Funktionen*: Sie ist die *„Herrin des Ermittlungsverfahrens"*, im Zwischen- und Hauptverfahren ist sie *Anklagevertreterin* und nach dem Eintritt der Rechtskraft gemäß § 451 StPO *Strafvollstreckungsbehörde*. Als Herrin des Ermittlungsverfahrens liegt es in der Hand der Staatsanwaltschaft, ob ein Strafverfahren in Gang kommt, wie die Ermittlungen durchgeführt werden und ob Anklage erhoben oder eingestellt wird. Im Prozessrechtsverhältnis ist die Staatsanwaltschaft ein *Organ der Rechtspflege* und nicht Verfahrenspartei. Sie ist daher zur Objektivität verpflichtet. Das gilt zum einen für den Umfang der Ermittlungen, der sich gemäß § 160 Abs. 2 StPO auf die be- und entlastenden Umstände erstreckt. Zum anderen gilt die Objektivitätspflicht auch für die Frage des „Ob" der Ermittlungen.

Unter bestimmten Voraussetzungen kann das Verfahren trotz Tatverdachts eingestellt werden. Die Gründe sind recht vielfältig. Sie sind Einfallstore für Absprachen und sehen im Überblick wie folgt aus:

**▮ Opportunitätsentscheidungen der Staatsanwaltschaft**
als Ausnahme vom Legalitätsprinzip

| Geringfügigkeit des Tatvorwurfs | | Beseitigung der Tatfolgen durch Täter-Opfer-Ausgleich oder Wiedergutmachung: § 46a StGB iVm § 153b StPO | Übergewicht anderer Straftaten §§ 154, 154a StPO | weichendes Strafverfolgungsinteresse in besonderen Situationen §§ 153d, 153e, 154c, 154d StPO |
|---|---|---|---|---|
| § 153 StPO ohne belastende(r) | § 153a StPO mit Rechtsfolge | | | |

Die Privatklage (§§ 374ff. StPO) als Ausnahme vom Offizialprinzip stellt die Verfolgung der in § 374 Abs. 1 Nr. 1–8 StPO angeführten Delikte stets in das Ermessen der Staatsanwaltschaft.

Die Staatsanwaltschaft ist eine hierarchisch aufgebaute Behörde. In der (Behörden-)Hierarchie kommt nach dem Landesjustizministerium der Behördenleiter. Die ihm beigeordneten Staatsanwälte handeln gemäß § 144 GVG als seine Vertreter. Somit kann der Behördenleiter den untergeordneten Staatsanwälten Weisungen bezüglich ihrer Aufgabenerfüllung erteilen (vgl. § 146 GVG). Ferner besitzt er ein Substitutions- und ein Devolutionsrecht, d.h. er kann das Ermittlungsverfahren einem anderen Staatsanwalt oder sich selbst übertragen.

### 3.1.5.3 Die Verteidigung

Das in § 137 Abs. 1 StPO gewährleistete Recht zur Verteidigung wird dadurch hervorgehoben, dass der Beschuldigte zwingend schon bei Beginn der ersten Vernehmung darauf hinzuweisen ist und quasi von der Ermittlungsbehörde gewarnt wird, vor der Konsultation mit einem Verteidiger auszusagen (§ 136 Abs. 1 S. 2 StPO). Das Unterlassen eines entsprechenden Hinweises führt ebenso wie die faktische Beeinträchtigung dieses Rechts zu der scharfen Konsequenz, dass dennoch erfolgte Aussagen bei Widerspruch des Beschuldigten nicht verwertet werden dürfen (BGH St 38, 214 ff.; 42, 15 ff.). Ausdrücklich erwähnt wird das Recht auf Verteidigung auch in Art. 6 Abs. 3c EMRK.

Trotz der staatsanwaltschaftlichen Pflicht zur Neutralität und zur Ermittlung von Entlastungsmaterial verlangt das Fairnessprinzip im Sinne von Waffengleichheit zwischen Anklage und Beschuldigtem vor allem mit Blick auf die Rechtskenntnisse, dass der Beschuldigte bis zu drei Verteidiger wählen darf (§ 137 Abs. 1 2 StPO) oder bei der notwendigen Verteidigung nach § 140 StPO bei einschneidenden und komplexen Verfahrenssituationen einen Pflichtverteidiger zur Seite bekommt. Die Bestellung erfolgt durch den Vorsitzenden des Gerichts (§ 142 Abs. 1 StPO).

Der Strafverteidiger ist anders als im Zivilprozess nicht Vertreter des Angeklagten, sondern seine Beauftragung macht ihn zum Rechtsbeistand mit allgemeiner Beratungs-, Unterstützungs-, Aufklärungs- und Vermittlungsfunktion und nur in gesetzlich geregelten Sonderfällen zum Vertreter (Beulke 2005). Wegen der darüber hinausgehenden öffentlichen Funktion des Strafverteidigers als Mitgarant eines fairen Strafverfahrens gilt er als *Organ der Rechtspflege* (§ 1 BRAO; BVerfGE 34, 300; BGHSt 46, 43; Beulke 1980).

Aus dem Spannungsverhältnis zwischen der Interessenvertretung für den Angeklagten und der Organstellung folgt, dass eine *Grenze zwischen erlaubtem und unerlaubtem Verteidigerhandeln* zu ziehen ist. Einigkeit besteht darin, dass die Organstellung des Verteidigers die Effektivität der Verteidigung nicht beschränken darf und intensive Gegenwehr mit allen prozessualen Mitteln erlaubt ist. Der auch bei der Verteidigung unantastbare Bereich der Strafrechtspflege bezieht sich im Wesentlichen auf die Wahrheitspflicht, sodass der Verteidiger keine Beweismittel verfälschen oder seinen Mandanten nicht zur Lüge verleiten darf, ohne eine Strafbarkeit wegen Strafvereitelung nach § 258 StGB zu riskieren (BGHSt 38, 345 ff.; Beulke 1989). Eine entsprechende Strafbarkeit kann sich ergeben, wenn der Verteidiger genaue und zur Täuschung über die Schuldfähigkeit zu verwendende Information über die Wirkungsweise nicht eingenommener Medikamente seinem Mandanten nahegelegt (BGHSt NStZ 1999, 188). Bei mindestens hinreichendem Tatverdacht (§ 203 StPO) auf Komplizenschaft, Missbrauch oder strafbarer Begünstigung kann der Verteidiger nach §§ 138 a ff. StPO von der weiteren Mitwirkung am Strafverfahren ausgeschlossen werden.

An besonderen Rechten stehen dem Verteidiger zu: die unbeschränkte Kommunikation mit dem Angeklagten (§ 148 StPO), die Akteneinsicht (§ 147 StPO) und die Befugnis sich im Verfahren zu äußern (§ 257 StPO), zu fragen (§ 240 Abs. 2 StPO), Anträge zu stellen und das Schlussplädoyer (§ 257 Abs. 3 StPO) zu halten.

#### 3.1.5.4 Die Zeugen und ihre Rechte

Zeugen haben im Gegensatz zum Beschuldigten die staatsbürgerliche Pflicht (BVerfGE 49, 284), wahrheitsgemäß auszusagen und die Aussage im besonderen Fall zu beeiden. Die Pflicht zur Aussage nach § 48 StPO ist zum einen mit Zwangsmitteln bis hin zur Ordnungshaft (§ 51 StPO) durchsetzbar und zum anderen hinsichtlich der wahrheitsgemäßen Aussage nach

§§ 153 ff. StGB mit strafrechtlichem Schutz versehen. Die besondere Stellung der Opferzeugen wird noch im Zusammenhang dargestellt (s. 3.7).

Den Zeugen steht nur im Ausnahmefall ein *Zeugnisverweigerungsrecht* zu. Die Zeugnisverweigerungsrechte sind in den §§ 52 ff. StPO geregelt. Sie sollen bestimmte Interessenkollisionen vermeiden, die durch den Aussagezwang des Zeugen auftreten können. So sind gemäß *§ 52 StPO* bestimmte Angehörige von ihrer Zeugnispflicht freigestellt, damit das Angehörigenverhältnis nicht leidet (vgl. BGHSt 11, 216). Die *§§ 53, 53 a StPO* normieren ein Zeugnisverweigerungsrecht für bestimmte Berufsgruppen wie Geistliche, Rechtsanwälte, Ärzte oder Psychotherapeuten. § 55 StPO gewährt ein partielles *Auskunftsverweigerungsrecht*, um sich selbst oder einen nahen Angehörigen durch eine Zeugenaussage nicht belasten zu müssen. Wer sich auf § 55 StPO beruft, wird nicht insgesamt von seiner Zeugnispflicht wie bei §§ 52, 53 StPO freigestellt, sondern erhält nur das Recht, einzelne Fragen nicht beantworten zu müssen. Um das Auskunftsverweigerungsrecht zu realisieren, ist der Zeuge gemäß § 55 Abs. 2 StPO über sein Recht zu belehren, sobald Grund zu der Annahme besteht, dass die Voraussetzungen von § 55 Abs. 1 StPO vorliegen.

§ 53 StPO statuiert auf prozessualer Ebene ein Zeugnisverweigerungsrecht für ärztliche und andere Berufsgruppen, um das notwendige Vertrauensverhältnis zu denjenigen zu schützen, die bei einem entsprechenden Berufsangehörigen Hilfe suchen. § 203 StGB schützt dieses Vertrauensverhältnis auf materiell-rechtlicher Ebene, indem die unbefugte Preisgabe von vertrauensgeschützten Geheimnissen mit Strafe bedroht ist. Allerdings sind die in § 203 StGB und in § 53 StPO erfassten Berufsgruppen nur teilweise identisch. Der von § 53 StPO erfasste Personenkreis ist kleiner. Das bedeutet, dass die materiell-rechtliche Schweigepflicht nicht in gleichem Umfang auf prozessualer Ebene durch ein Zeugnisverweigerungsrecht abgesichert ist. Die Diskrepanz wirft in den betroffenen Fällen schwierige Fragen auf. Dabei geht es um die beiden folgenden Konstellationen:

- Ein nach § 203 Abs. 1 Nr. 5 StGB zum Schweigen verpflichteter Sozialarbeiter hat kein entsprechendes Zeugnisverweigerungsrecht nach § 53 Abs. 1 StPO. Nach ganz herrschender Meinung geht hier die staatsbürgerliche Zeugenpflicht der bloß materiellen Schweigepflicht vor (Lackner u. Kühl 2004, § 203 Rn 24). Der Sozialarbeiter muss also aussagen.
- Der Arzt ist nach § 203 Abs. 1 Nr. 1 StGB zum Schweigen verpflichtet *und* es steht ihm im Prozess ein Zeugnisverweigerungsrecht nach § 53 Abs. 1 Nr. 3 StPO zu, sodass das materielle Recht auch im Strafprozess realisiert werden kann. Damit erfolgte die Geheimnisoffenbarung unbefugt, wenn der Arzt sich nur auf die Aussagesituation im Prozess berufen würde. Nach der Rechtsprechung führt aber eine Güter- und Interessenabwägung im Konfliktfall wie z. B. der Feststellung von Misshandlungen eines Kindes zur Begründung einer Offenbarungsbefugnis nach § 34 StGB. Bei fehlender Befugnis nach § 203 StGB stellt sich die Frage nach der prozessualen Verwertbarkeit der strafrechtlich verbotenen Aussage. Für das Zivilverfahren ist die Problematik durch § 383 Abs. 3 ZPO im

Sinne eines Vernehmungsverbotes gelöst. Im Strafverfahren räumt die Rechtsprechung zutreffend dem Strafverfolgungsinteresse Vorrang ein und lässt die Verwertung zu (BGHSt 18, 146 ff.; Rössner 2003). Der Arzt oder Psychologe als Sachverständiger ist aufgrund des Gutachtenauftrags vor Staatsanwaltschaft oder Gericht (natürlich nicht generell) befugt bzw. verpflichtet, seine Befunde darzulegen (BGHSt 38, 369). Das gilt für alle Untersuchungen und Behandlungen, die der Vorbereitung eines Gutachtens dienen (BGH MedR 2002, 309). Es gilt nicht in gleicher Weise für Kenntnisse aus früheren Behandlungen ohne Gutachtenauftrag oder Mitteilungen, die mit dem Verfahren nichts zu tun haben.

### 3.1.6 Staatliche Zwangsmaßnahmen im Strafverfahren

Die Zwangsmaßnahmen im Strafverfahren zielen auf die Gewinnung und Sicherstellung von Beweismitteln zur Tatsachenfeststellung und die Sicherung der Verfahrensdurchführung. Die Maßnahmen lassen sich wie folgt einteilen:

- Freiheitsentzug zur Durchführung des Strafverfahrens bei der vorläufigen Festnahme (§§ 127 ff. StPO) und der Untersuchungshaft (§§ 112 ff. StPO),
- Erlangung von Beweismitteln wie bei der Durchsuchung (§§ 102 ff. StPO) und der Sicherstellung und Beschlagnahme (§§ 94 ff. StPO),
- Beobachtung und Untersuchung von Personen (§§ 81–81 g StPO),
- Einsatz technischer Mittel zur Überwachung der Telefonkommunikation (§ 100 a, 100 g; 100 i StPO) oder für Bild- und Wortaufzeichnungen (§§ 100 c, 100 f StPO),
- Einsatz verdeckter Ermittler (§§ 110 a ff StPO),
- sonstige breit angelegte Fahndungsmaßnahmen der Polizei in der Öffentlichkeit (§§ 131 ff.; 98 a f.; 111; 163 b ff. StPO),
- als enge Ausnahme vom Prinzip der Begrenzung auf repressive Strafverfolgungsmaßnahme die Prävention von Rückfällen durch Registrierung von körperlichen Merkmalen des Beschuldigten mit Lichtbildern und Fingerabdrücken (§ 81 b StPO) und DNA-Identifizierungsmustern (§ 81 g StPO).

Um diese Zwecke zu erreichen, gestattet die StPO *Eingriffe in die Grundrechte* des Betroffenen, denn ohne solche ist ein effektives Strafverfahren nicht durchführbar (Malek u. Wohlers 2001). Die Untersuchungshaft nach den §§ 112 ff. StPO bedeutet z. B. einen Eingriff in die Fortbewegungsfreiheit nach Art. 2 Abs. 1, 11, 104 GG; die Wohnraumdurchsuchung nach den §§ 102 ff. StPO einen Eingriff in Art. 13 GG. Natürlich müssen dem Grundrecht entsprechende Anforderungen an die Rechtfertigung des staatlichen Eingriffs gegenübergestellt werden, was ganz besonders bei verdeckten Ermittlungen in der Privatsphäre gilt (BVerfGE 109, 279 ff.). Insbesondere ist bei jeder Maßnahme der aus Art. 20 Abs. 3 GG abgeleitete *Verhältnis-*

*mäßigkeitsgrundsatz* zu beachten. Betroffener der Maßnahme kann sowohl der *Beschuldigte* als auch ein *Dritter* sein.

Die *Anordnung einer Zwangsmaßnahme* obliegt im Regelfall dem *Richter*. Teilweise ist die Regel zwingend wie bei der Untersuchungshaft (§ 114 Abs. 1 StPO) und vor allem bei geheimen Ermittlungsmethoden wie dem Lauschangriff in Wohnungen, wo sogar eine Strafkammer des Landgerichts ausschließlich zuständig ist (§ 100d Abs. 1 StPO). Teilweise – bei Gefährdung des Ermittlungszwecks – erhält auch der Staatsanwalt eine Notkompetenz wie bei der Durchsuchung nach §§ 102, 103 StPO. Er darf diese jedoch nur bei *Gefahr im Verzug* in Anspruch nehmen (§ 105 StPO), also wenn die begründete Gefahr besteht, dass bei weiterem Zuwarten der Durchsuchungserfolg vereitelt würde. Nur in wenigen Ausnahmefällen besitzt der Staatsanwalt eine originäre Kompetenz zur Anordnung einer Zwangsmaßnahme (vgl. z. B. § 163b, 163f. Abs. 3 StPO). Bei weniger grundrechtsintensiven Eingriffen können statt des Staatsanwaltes bei Gefahr im Verzug auch bestimmte Polizeibeamte (sog. Ermittlungspersonen) die Maßnahme anordnen (z. B. § 105 StPO). Diese werden durch Landesrecht bestimmt (§ 152 GVG). Originäre polizeiliche Ermittlungszuständigkeit bei Zwangsmaßnahmen ist nur bei den sonstigen weniger grundrechtsrelevanten spezifischen Fahndungsmitteln vorgesehen wie der Identitätsfeststellung (§ 163b Abs. 1 StPO) und der vorläufigen Festnahme (§ 127 Abs. 2 StPO). Uneingeschränkt ist die Polizei zuständig für allgemeine Ermittlungen ohne Zwangseingriffe in Grundrechte wie z. B. Aufnahmen vom Tatort oder Opfer, Vernehmungen, Beauftragung von Sachverständigen u.s.w. (§ 163 StPO – Ermittlungsgeneralklausel).

Gegen das Ermittlungsverfahren als solches gibt es keinen Rechtsbehelf (BverfG NJW 1984 1451; NStZ 04, 447), wohl aber gegen einzelne konkrete Maßnahmen. Die Vornahme einer Zwangsmaßnahme bedeutet immer eine Grundrechtsbeeinträchtigung für den Betroffenen. Daher verlangt die Rechtsweggarantie des Art. 19 Abs. 4 GG die *richterliche Überprüfbarkeit* der Maßnahme. Vor allem zwei Rechtsbehelfe stehen dazu zur Verfügung:

- Gegen gerichtliche Beschlüsse und Verfügungen kann die *Beschwerde nach den §§ 304 ff. StPO* erhoben werden.
- Über die Rechtmäßigkeit der Anordnung einer Beschlagnahme durch einen Staatsanwalt oder eine Ermittlungsperson der Staatsanwaltschaft kann jederzeit die nachträgliche *Entscheidung des Ermittlungsrichters beim Amtsgericht gemäß § 98 Abs. 2 StPO* beantragt werden. In den übrigen Fällen staatsanwaltschaftlich oder polizeilich angeordneter Maßnahmen, bleibt am Ende nur *§ 98 Abs. 2 StPO (analog)* übrig. Keine Rolle spielt es, ob die Maßnahme bereits erledigt ist oder nicht (BVerfG StV 2001, 207 ff.; BGHSt 44, 265).

### 3.1.7 Anklage und Beginn des gerichtlichen Verfahrens

Ist am Ende eines Ermittlungsverfahrens nach der Auffassung der Staatsanwaltschaft ein *hinreichender Tatverdacht (§ 203 StPO)* begründet, d. h. ist mit überwiegender Wahrscheinlichkeit eine Verurteilung zu prognostizieren, erhebt die Staatsanwaltschaft *Anklage nach § 170 Abs. 1 StPO*. Damit beginnt das *Zwischenverfahren*. Dieses Verfahren dient der erneuten Überprüfung der angeklagten Tat. Das für die Hauptverhandlung zuständige Gericht soll als eine von der Anklagebehörde unabhängige Instanz vorab prüfen, ob tatsächlich der erforderliche Verdachtsgrad vorliegt. Ist das Gericht derselben Auffassung wie die Staatsanwaltschaft, ergeht Eröffnungsbeschluss nach den §§ 203, 207 StPO, die Anklage wird zur Hauptverhandlung zugelassen. Gelangt das Gericht dagegen zu der Einschätzung, dass ein hinreichender Tatverdacht nicht gegeben ist, z. B. weil es den Beschuldigten nicht für den Täter oder das angeklagte Verhalten nicht für strafbar hält, wird die Eröffnung der Hauptverhandlung gemäß § 204 StPO abgelehnt. Es kann nach § 202 StPO auch weitere Ermittlungen anordnen und z. B. einen Sachverständigen beauftragen.

Besteht ein *Verfahrenshindernis*, hängt die zu treffende Entscheidung davon ab, ob dieses vorübergehend oder dauerhaft ist. Bei vorübergehenden Verfahrenshindernissen, wie der zeitweiligen Verhandlungsunfähigkeit des Angeschuldigten aufgrund einer Krankheit, wird das Verfahren gemäß § 205 StGB (analog außerhalb des Zwischenverfahrens) vorübergehend eingestellt. Ist das Verfahrenshindernis endgültig, wie beim Tod des Angeschuldigten oder bei Strafunmündigkeit, wird die Eröffnung der Hauptverhandlung gemäß § 204 StPO abgelehnt. Ebenfalls geprüft werden die *Prozessvoraussetzungen*, d. h. Umstände, die für die Zulässigkeit eines Sachurteils positiv vorliegen müssen. Hierzu zählen z. B. der Strafantrag bei den Antragsdelikten oder die schon erwähnte Verhandlungsfähigkeit des Beschuldigten.

### 3.1.8 Gerichtliche Entscheidungen und die Organisation der Strafgerichte

Die deutsche Gerichtsorganisation im Strafverfahren basiert auf abstrakten Regeln der Zuständigkeitsbestimmung hinsichtlich sachlicher, örtlicher und funktioneller Zuständigkeit. Daraus resultiert eine strafrechtliche Gerichtsorganisation als Teilbereich der ordentlichen Gerichtsbarkeit, die je nach der Rechtsfolgenkompetenz zwei unterschiedliche erstinstanzliche Eingangsgerichte beim Amtsgericht (bis zu vier Jahren Freiheitsstrafe) und beim Landgericht (über vier Jahre Freiheitsstrafe und Unterbringung im psychiatrischen Krankenhaus sowie Sicherungsverwahrung) kennt. Beim Oberlandesgericht gibt es speziell bezogen auf einzelne Staatschutzdelikte und schwere Strafrechtsfälle von besonderer Bedeutung eine weitere erste (Ausnahme-)Instanz. In Kombination mit den ordentlichen Rechtsmitteln der Berufung (Überprüfung der erstinstanzlichen Urteile in tatsächlicher und rechtlicher Hinsicht) und der Revision (ausschließlich Rechtsprüfung) ergibt sich im Überblick die folgende Gerichtsorganisation:

## 3 Strafprozessrecht

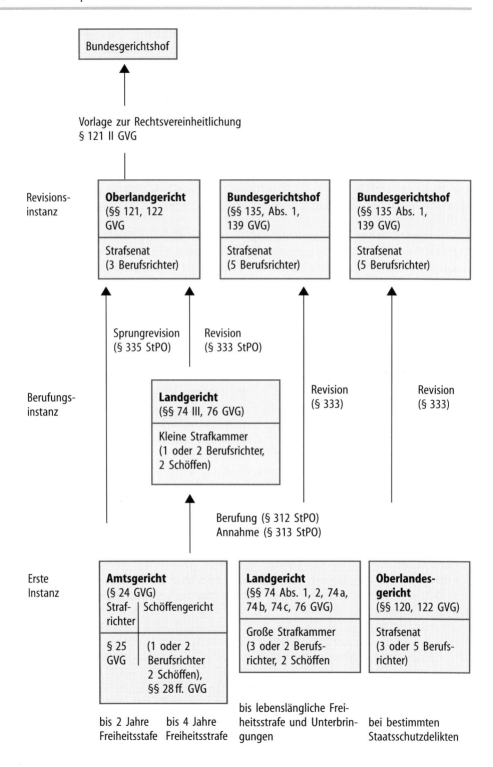

Das gerichtliche Handeln, die Verhandlungs- und Entscheidungskompetenz und das Fortschreiten bis zum Abschluss des Verfahrens dokumentieren sich vor allem in drei unterschiedliche Arten von Entscheidungen:

- Die *Verfügung* ist eine prozessbegleitende Einzelanordnung des (vorsitzenden) Richters zur Prozessführung. Verfügungen umfassen alle Akte der formellen Verhandlungsleitung (z. B. Verhandlungspausen und äußere Gestaltung der Sitzungen) und der inhaltsbezogenen Sachleitung (z. B. Zurückweisung von Fragen nach § 241 Abs. 2 StPO, Wortentziehungen u. a.). Gegen eine solche Verfügung in der Hauptverhandlung kann immer dann nach § 238 Abs. 2 StPO die Entscheidung des (Kollegial-)Gerichts herbeigeführt werden, wenn der Rügende schlüssig darlegt, dass er durch die Anordnung beschwert ist. Ein weiterer Rechtsbehelf besteht nicht.
- Der *Beschluss* ist eine prozessbegleitende (Richterablehnung nach § 28 StPO, Bestellung des Sachverständigen) oder prozessbeendende Entscheidung des Gerichts (z. B. Strafbefehl nach den §§ 407, 409 StPO oder Einstellung des Verfahrens nach § 153 Abs. 2 StPO). Beschlüsse des erkennenden Gerichts, die der Urteilsfällung vorausgehen, d. h. in einem untrennbaren Zusammenhang mit der verfahrensabschließenden Endentscheidung stehen, wie z. B. alle Beschlüsse im Rahmen der Beweisaufnahme (Ablehnung eines Beweisantrags oder Hinzuziehung eines bestimmten Sachverständigen), und zur Durchführung der Verhandlung sind nach § 305 S. 1 StPO nicht gesondert anfechtbar. Anderes gilt für die in § 305 S. 2 StPO ausdrücklich genannten Gegenstände und sonstigen prozessual selbstständigen Fragen, wie z. B. die Zulassung einer Nebenklage oder die Anordnung der U-Haft.
- Das *Urteil* ist die nach einer Hauptverhandlung ergehende, instanzabschließende Entscheidung des Gerichts. Bei den Urteilen ist zwischen sogenannten Prozess- und Sachurteilen zu unterscheiden. *Prozessurteile* erklären die Weiterführung des Verfahrens für unzulässig, so z. B. die Einstellung nach § 260 Abs. 3 StPO (außerhalb der Hauptverhandlung: § 206 a StPO) bei Vorliegen eines Prozesshindernisses. *Sachurteile* dagegen nehmen durch Verurteilung oder Freispruch zum materiellen Anklagevorwurf Stellung. Nach dem Eintritt der Rechtskraft bestehen nur wenige Möglichkeiten, eine Änderung des Urteils zu erreichen. Die wichtigste ist die *Wiederaufnahme des Verfahrens,* die aber spezielle und abschließend aufgezählte Wiederaufnahmegründe voraussetzt (vgl. §§ 359 ff. StPO, 79 Abs. 1 BVerfGG).

### 3.1.9 Beweisgrundsätze: Wie wird der Sachverhalt vor Gericht festgestellt?

Die intersubjektiv orientierte Ermittlung der Tatsachen und Erfahrungssätze im Strafverfahren basiert auf einem geregelten Verfahren und der Festlegung auf bestimmte Beweismittel, bei denen von einer ausreichenden Verlässlichkeit ausgegangen wird (Eisenberg 2002). *In der Hauptverhand-*

*lung* gilt für alle Fragen, die die *Schuld des Angeklagten und die Rechtsfolgen betreffen,* das sogenannte *Strengbeweisverfahren.* Das bedeutet, dass zum Beweis der materiellen Voraussetzungen eines Schuldspruchs ausschließlich die gesetzlich genannten Beweismittel zulässig sind (numerus clausus):

- der Zeugenbeweis (§§ 48–71 StPO),
- der *Sachverständigenbeweis (§§ 72–85 StPO),*
- der Augenscheinsbeweis (§§ 86–93 StPO),
- der Urkundenbeweis (§§ 249–256 StPO) und
- die Einlassung des Angeklagten, die zwar kein Beweismittel im engeren Sinne ist (s. den Wortlaut von § 244 Abs. 1 StPO, wonach die Beweisaufnahme der Vernehmung des Angeklagten nachfolgt), aber ebenso der freien richterlichen Beweiswürdigung nach § 261 StPO unterliegt und damit ein Beweismittel im weiteren Sinne darstellt.

Dem Strengbeweisverfahren steht das sogenannte *Freibeweisverfahren* gegenüber. Dieses gilt uneingeschränkt *bis zur Eröffnung des Hauptverfahrens* und darüber hinaus *zur Klärung prozessualer Fragen.* Ob also z. B. rechtzeitig Strafantrag gestellt oder der Angeklagte über sein Aussageverweigerungsrecht nach § 136 Abs. 1 StPO z. B. auch vom Sachverständigen belehrt wurde, kann der Richter (auch noch in der Hauptverhandlung) durch telefonische Nachfrage klären. Da sich der Grundsatz *"in dubio pro reo"* (Art 103 Abs. 2 GG) nur auf die Schuld- und Straffrage im materiellen Sinn bezieht, ist bei prozessualen Feststellungen wie der vorgenannten im Zweifel nicht automatisch zugunsten des Angeklagten zu entscheiden, sondern es genügt die „Wahrscheinlichmachung" der Tatsache als Grundlage der prozessualen Entscheidung (BGHSt 46, 351).

Sowohl im Streng- als auch im Freibeweisverfahren gilt hinsichtlich der Beweisaufnahme der *Ermittlungsgrundsatz* gemäß § 244 Abs. 2 StPO. Der Beweis über entscheidungserhebliche Tatsachen ist von Amts wegen zu erheben, die Beweismittel sind von den Ermittlungsbehörden zu beschaffen. Jedoch räumt die StPO den übrigen Verfahrensbeteiligten die Möglichkeit ein, insbesondere durch das Stellen von *Beweisanträgen* Einfluss auf die Beweisaufnahme zu nehmen und bestimmte Tatsachen klären zu lassen, damit sich denkbare Nachlässigkeiten nicht zum Nachteil der Betroffenen auswirken. Ein förmlicher *Beweisantrag* im Sinne des § 244 Abs. 3–6 StPO liegt vor, wenn

- erstens eine bestimmte Tatsachenbehauptung aufgestellt wird (nicht nur ein Werturteil), die
- zweitens durch ein konkret bezeichnetes Beweismittel belegt werden soll.

Hiervon ist der sogenannte *Beweisermittlungsantrag* zu unterscheiden, der z. B. vorliegt, wenn zwar eine Tatsache behauptet wird, das Beweismittel aber erst noch gesucht werden muss. Der Beweisermittlungsantrag ist als *Anregung* an das Gericht zu verstehen, dem Ermittlungsgrundsatz Genüge zu tun. Dementsprechend muss er vom Gericht anders als der Beweisantrag (§ 244 Abs. 6 StPO) nicht förmlich beschieden werden. Der förmliche Beweisantrag kann, sofern ihm nicht gefolgt wird, in dem zu treffenden Gerichtsbeschluss nur aus den gesetzlich genannten Gründen abgelehnt werden. Welche Gründe das sind, hängt davon ab, ob es sich um *präsente oder nichtpräsente Beweismittel* handelt. Generell verboten ist eine unzulässige Beweiserhebung (§ 244 Abs. 3 StPO bzw. § 245 Abs. 2 StPO). Die Ablehnung ist bei noch nicht unmittelbar zur Verfügung stehenden (nichtpräsenten) Beweismitteln in größerem Umfang nach § 244 Abs. 3 StPO möglich, (Offenkundigkeit, Bedeutungslosigkeit, Erwiesenheit, Ungeeignetheit, Unerreichbarkeit, Verschleppungsabsicht und Wahrunterstellung) als bei präsenten Beweismitteln gemäß § 245 Abs. 2 StPO (Erwiesenheit, Offenkundigkeit, Ungeeignetheit, Verschleppungsabsicht, fehlender Zusammenhang mit der Urteilsfindung). Nach diesen Kriterien und einem entsprechenden Begründungszwang richtet sich auch die Ablehnung eines Antrags auf Hinzuziehung eines Sachverständigen (s. Abschn. 3.3). Die fehlende Sachkunde in einem spezifischen Gebiet wird also gleichbehandelt wie die im Übrigen fehlende Sachverhaltsklärung. Das gilt auch für die Erleichterungen bei einem präsenten Sachverständigen nach § 245 Abs. 2 StPO.

Neben dem angeführten Grundsatz der gerichtlichen Aufklärungspflicht haben die weiteren Prinzipien der Mündlichkeit und der freien richterlichen Beweiswürdigung (§ 261 StPO) bei der Beweisaufnahme eine besondere Bedeutung. Zentral für die Beweisaufnahme ist der *Unmittelbarkeitsgrundsatz*. § 250 StPO normiert als Ausfluss dieses Grundsatzes den *Vorrang der persönlichen Vernehmung*. Als Beweismittel soll prinzipiell die in der Hauptverhandlung gemachte mündliche Aussage dienen. Die Verlesung von Protokollen über Aussagen im Ermittlungsverfahren ist nur in Ausnahmefällen möglich. § 253 StPO lässt (neben den §§ 251, 254 StPO) eine solche *Ausnahme* für den Fall zu, dass sich ein Zeuge oder Sachverständiger nicht mehr oder nur teilweise an die zu bekundende Tatsache erinnert oder mit seiner Aussage zur früheren Aussage in Widerspruch gerät. Gleiches lässt § 254 Abs. 2 StPO bei Widersprüchen in den Angaben des Angeklagten zu.

Die Möglichkeit der sogenannten *Videovernehmung* wurde 1998 durch das Zeugenschutzgesetz in die StPO aufgenommen. Seitdem ist gemäß § 247a S. 1–3 StPO eine *zeitgleiche Bild-Ton-Übertragung* einer Zeugenvernehmung in der Hauptverhandlung zur Abwendung eines schwerwiegenden Nachteils für das Wohl des Zeugen möglich. Sie kann nach §§ 247a S. 4 StPO zur späteren Wiederverwendung aufgezeichnet werden kann. Die Verwertung von *konservierten Aufzeichnungen aus dem Ermittlungsverfahren* (§§ 58a, 168a StPO) in der Hauptverhandlung richtet sich nach § 255a StPO. Während § 58a StPO die Aufzeichnung von Zeugenvernehmungen generell zulässt und bei Opferzeugen unter 16 Jahren sowie bei der Befürchtung späterer Unerreichbarkeit des Zeugen nachdrücklich empfiehlt (§ 58a Abs. 1 Nr. 1 und 2 StPO), richtet sich die Möglichkeit der Verwertung der Videoaufzeichnung nach den Ausnahmen der §§ 251, 253 StPO vom Grundsatz der persönlichen Vernehmung in der Hauptverhandlung (§ 250 StPO). Insoweit wird die Videoaufzeichnung wie eine Urkunde (Protokoll) über die Vernehmung behandelt (§ 255a Abs. 1 StPO) und darf in bestimmten Ausnahmefällen an deren Stelle verwendet werden. Eine spezifische Durchbrechung des Unmittelbarkeitsgrundsatzes ausschließlich für Videoaufzeichnungen findet sich in § 255a Abs. 2 für besonders sensible Zeugen (unter 16 Jahren) zur Vermeidung von traumatisierenden Mehrfachvernehmungen, insbesondere bei deren (sexuellen) Misshandlung. Diese frühe erste richterliche Vernehmung sollte daher im Interesse des Opferschutzes immer erwogen werden (Rössner 1998).

### 3.1.10 Beweisverbote und ihre Wirkung

In der Regel dienen *Beweisverbote* der Schonung grundrechtlicher Individualinteressen der Beschuldigten gegenüber dem staatlichen Strafanspruch. Denn die Wahrheit darf nicht um jeden Preis erforscht werden (s. 3.1.2). Die Beweisverbote lassen sich unterscheiden nach Beweisthema, Beweismittel und Methode.

- *Beweisthemenverbote* untersagen es, bestimmte Tatsachenfeststellungen überhaupt zum Gegenstand eines Beweisantrages zu machen. So verbietet es z.B. § 51 Abs. 1 BZRG, bereits getilgte Vorstrafen zu erforschen.
- *Beweismittelverbote* schließen die Verwendung bestimmter Mittel der Beweisführung aus, z.B. ist ein Zeuge, der nach § 52 StPO berechtigt ist, das Zeugnis zu verweigern und von diesem Recht Gebrauch macht, ein ebenso wenig taugliches Beweismittel wie eine nach § 96 StPO gesperrte Urkunde. Mit anderen Beweismitteln darf die in Frage stehende Tatsache aber durchaus belegt werden.
- *Beweismethodenverbote* schließlich untersagen eine bestimmte Art und Weise des Vorgehens bei der Beweiserhebung. Gemäß § 136a StPO darf etwa der Beschuldigte nicht misshandelt oder gequält werden, um von ihm ein Geständnis zu erlangen, und nach § 136 StPO muss er vor der Vernehmung belehrt werden. Eine Blutprobe darf nur durch einen Arzt entnommen werden (§ 81a Abs. 1 2 StPO).

Die Feststellung eines Beweiserhebungsverbots sagt noch nichts darüber aus, was mit Beweisen zu geschehen hat, die nun einmal – wenn auch unter Verstoß gegen ein Erhebungsverbot – vorliegen. Das Interesse an der Wahrheitsfeststellung lässt sich nicht einfach beiseite schieben. Das Kernproblem des Beweisrechts läuft daher meist auf die Frage zu, ob die unzulässig erlangten Beweise im weiteren Strafverfahren verwendet werden dürfen oder ob zulässig erhobene Beweise gegen einen Themenverbot (z.B. aus der Intimsphäre) verstoßen. Knapp gesagt: *Führt das Beweiserhebungsverbot zu einem Beweisverwertungsverbot?*

Die Schwierigkeit der Beantwortung liegt darin, dass viele der gesetzlich normierten Beweiserhebungsverbote keine Antwort auf diese Frage geben.

Das ist nur ausnahmsweise der Fall, wenn der Gesetzgeber das Erhebungsverbot ausdrücklich mit einem Verwertungsverbot verknüpft hat (z. B. in §§ 136a Abs. 3 S. 2, 69 Abs. 3; 81a Abs. 3; 81c Abs. 3 S. 5, 98b Abs. 3 S. 3; 100b Abs. 5; 100d Abs. 6; 108 Abs. 2; 161 Abs. 2 StPO, Art. 13 Abs. 5 S. 2 GG). Im Übrigen gibt es keine allgemeine Regel, und es ist eine schwierige Aufgabe für die Rechtsanwender, den Verstoß gegen eine isolierte Beweiserhebungsregel daraufhin zu untersuchen, ob daraus ein konkludentes Verwertungsverbot folgt oder nicht. In die Waagschale fallen die Schwere des Eingriffs in Rechtspositionen des Angeklagten einerseits ebenso wie das staatliche Interesse an der Wahrheitsermittlung und Strafverfolgung andererseits. Bei der Beurteilung wird hinsichtlich in der StPO normierter Beweiserhebungsverbote auf den Schutzbereich der in Frage stehenden Norm abgestellt (BGHSt 38, 221; 42, 377; 47, 179) und bei verfassungsrechtlich begründeten Beschränkungen zwischen Strafverfolgungs- und Individualinteresse abgewogen (BVerfGE 80, 367; BGHSt 34, 397).

### 3.1.11 Das Strafurteil und seine Wirkung

Das maßgebliche Ziel des Strafverfahrens ist es, *Rechtsfrieden* zu stiften. Daher müssen selbst unrichtige Urteile irgendwann unanfechtbar und verbindlich werden. Hierzu bedient sich das Prozessrecht des Instituts der Rechtskraft. Zu unterscheiden ist zwischen der formellen und der materiellen Rechtskraft. Formell rechtskräftig wird ein Urteil, wenn es im Verfahren mit ordentlichen Rechtsbehelfen nicht mehr anfechtbar ist. Das ist der Fall, wenn wirksam auf Rechtsmittel verzichtet wurde (§ 302 StPO), die Rechtsmittelfrist abgelaufen ist oder ein Revisionsgericht abschließend entschieden hat. Die *materielle Rechtskraft* bezieht sich auf den Inhalt der Entscheidung und entfaltet Sperrwirkung hinsichtlich der verhandelten Tat im prozessualen Sinn. Dieses durch die Tat umrissene Geschehen kann nicht erneut zum Gegenstand eines Strafverfahrens und eines Sachurteils gemacht werden (Strafklageverbrauch).

### 3.1.12 Rechtsmittel gegen ein Strafurteil

Rechtsbehelfe werden üblicherweise in ordentliche und außerordentliche unterteilt. *Ordentliche Rechtsbehelfe* sind dadurch gekennzeichnet, dass sie in das übliche Strafverfahren bis zur abschließenden rechtskräftigen Entscheidung integriert sind. Ihre zulässige Inanspruchnahme hemmt den Eintritt der Rechtskraft.

Die *Berufung* nach §§ 312 ff. StPO richtet sich gegen Urteile erster Instanz und überprüft diese in tatsächlicher und rechtlicher Hinsicht, soweit sie angefochten worden sind (§ 318 StPO). Sie stellt eine zweite Tatsacheninstanz zur Verfügung, vor der eine komplett neue Verhandlung stattfindet und neue Tatsachen und Beweismittel uneingeschränkt vorgetragen werden können (§ 323 Abs. 3 StPO). Bagatellsachen bedürfen der ausdrücklichen Annahme durch das Gericht (§ 313 StPO).

*Die Revision* ist sowohl gegen Strafurteile des Amtsgerichts als auch gegen Berufungsurteile und erstinstanzliche Urteile der Landgerichte möglich (s. 3.1.8), überprüft diese aber ausschließlich in rechtlicher Hinsicht. Tatsachenfeststellungen im vorangegangenen Verfahren oder gar neue Tatsachen sind von der Überprüfung ausgeschlossen.

*Die Beschwerde* dient der Kontrolle von Beschlüssen und Verfügungen in rechtlicher und tatsächlicher Hinsicht.

Im Gegensatz zu den ordentlichen stehen die *außerordentlichen Rechtsbehelfe* außerhalb des üblichen Verfahrensausgangs und eröffnen trotz eingetretener Rechtskraft die Möglichkeit, ein Urteil abzuändern. Die Funktion des Strafverfahrens, endgültigen Rechtsfrieden herzustellen, wird in besonders fehlurteilverdächtigen Fällen der gleichrangigen Aufgabe, die materielle Wahrheit zu erforschen, untergeordnet. Zu den außerordentlichen Rechtsbehelfen zählen:
- die Wiedereinsetzung in den vorigen Stand (§§ 44 ff. StPO),
- die Wiederaufnahme des Verfahrens (§§ 359 ff. StPO) und
- die Verfassungsbeschwerde gemäß Art. 93 Abs. 1 Nr. 4 a GG, §§ 90 ff. BVerfGG.

## 3.2 Grundlagen des Zusammenwirkens von Juristen und psychiatrischen/psychologischen Sachverständigen

Die selbstverständliche Mitwirkung von psychowissenschaftlichen Sachverständigen in der Strafrechtspflege geht auf eine parallele *Entwicklung des Strafrechts und der Wissenschaft vom Menschen* in der zweiten Hälfte des 19. Jahrhunderts zurück. Die Beseitigung starrer Beweisregeln und die epochale Wende vom Tat- und Vergeltungs- zum Täter- und präventiv orientierten Strafrecht erforderte mehr und mehr Kenntnisse zu Persönlichkeit und Verhalten über die jedem eigene „Menschenkenntnis" hinaus. Zugleich entwickelten sich Psychiatrie und Psychologie mehr und mehr zu etablierten Wissenschaften, die Persönlichkeit und Verhalten in normalen und pathologischen Formen systematisch erforschten und das Wissen zusammenstellten. Daraus folgte zwangsläufig, dass das fehlende Fachwissen des Richters zur Beurteilung des Täters und seines Verhaltens bei Fragen der Schuldfähigkeit, Glaubwürdigkeit und Kriminalprognose aus diesen Wissenschaften „geholt" wurde. Nach der großen Strafrechtsreform von 1969 mit der klar präventiv orientierten Grundtendenz der Rechtsfolgenbestimmungen gewann das psychowissenschaftliche Gutachten im Strafprozess noch größere Bedeutung. Das zeigt sich daran, dass Sachverständige mehr und mehr vom Gericht obligatorisch beigezogen werden müssen (§§ 78 Abs. 1, 231 a Abs. 3 S. 1, 246 a, 415 Abs. 2, 454 Abs. 2 StPO) oder es als unverzichtbare Voraussetzung eines rechtsstaatlichen Verfahrens gesehen wird, dass Entscheidungen zur Persönlichkeit und ihrer Beurteilung auf ausreichender richterlicher Sachaufklärung beruhen, die durch ein hinreichend substanziiertes und zeitnahes Gutachten vorzubereiten ist (BVerfGE 70, 308).

Die heute im Vordergrund stehenden *Tätigkeitsfelder des psychowissenschaftlichen Sachverständigen im Strafverfahren* beziehen sich auf die Beurteilung der Schuldfähigkeit nach §§ 20, 21 StGB, Gefährlichkeits- und Kriminalprognosen auf dem Gebiet der Aussetzung einer Freiheitsstrafe oder deren Vollstreckung zur Bewährung sowie im gesamten Bereich der freiheitsentziehenden Maßregeln der Besserung und Sicherung und der Lockerungen des Strafvollzugs. Hinzu kommen Gutachten zur Behandlungs- und Prozessfähigkeit sowie Aussagetüchtigkeit und Glaubhaftigkeit. Sachverständigenaufgaben ergeben sich auch im Bereich des Jugendstrafrechts bei der Frage nach der Reife gemäß § 3 JGG, nach Entwicklungsrückständen (§ 105 Abs. 1 Nr. 1 JGG) und im gesamten Bereich zur Wahl der erzieherisch sinnvollen Maßnahmen sowie zur Begutachtung der Glaubwürdigkeit (Remschmidt u. Martin 2005).

Der psychowissenschaftliche Sachverständige ist neben dem Zeugen ein weiteres *persönliches Beweismittel* der StPO. Er wird beauftragt, um dem Richter aufgrund seiner fachlichen Qualifikation und seiner wissenschaftlichen Kenntnisse und Erfahrungen über Tatsachen und Erfahrungssätze seiner Disziplin orientiert an der Fallfrage Auskunft zu erteilen. Der Sachverständige ersetzt so die dem Gericht fehlende besondere psychowissenschaftliche Sachkunde. Im Blick darauf wird die Prozessrolle des Sachverständigen meistens als Gehilfe oder Berater des Gerichts definiert. Es finden sich aber auch Ansichten, die ihn als selbstständigen Helfer bei der Wahrheitsfindung sehen (dazu Zwiehoff 2000). Die geläufige Bezeichnung des Sachverständigen als Richtergehilfe wird den ihm gestellten Aufgaben nicht mehr gerecht und führt vor allem zu Rollenkonflikten, die der forensischen Arbeit nicht förderlich sind (Nedopil 2000). So ist der psychiatrische Sachverständige auf keinen Fall Gehilfe des Richters oder Staatsanwalts bei der Aufklärung des Falles. Sein Aufgabenkreis beschränkt sich darauf, psychopathologische Befunde zu erheben, psychiatrische Diagnosen zu stellen und innerpsychische Zusammenhänge aufzudecken. Wichtig ist in diesem Zusammenhang, dass der Sachverständige seinen wissenschaftlichen Ansatz, seine Untersuchungsmethoden und seine Hypothesen offen legt (BGHSt 45, 178). Im Rahmen der meist zugespitzten Fallfrage erhofft sich die Justiz vom psychowissenschaftlichen Sachverständigen wissenschaftlich abgesicherte Erkenntnisse über Biografie, Persönlichkeit und Entwicklung der Tat, um die Entscheidung, insbesondere zu den Rechtsfolgen, besser zu begründen. Dabei wird vom Sachverständigen erwartet, dass er seine Sachkunde auch in das juristische Denksystem (Rasch 1999) einordnet. Beides sind verständliche und legitime Ansprüche. Sie dürfen jedoch nicht zur anschließend zu behandelnden Kompetenzüberschreitung des Sachverständigen führen.

Der Beschuldigte und sein Verteidiger haben ebenfalls Ansprüche und Erwartungen an den psychowissenschaftlichen Sachverständigen neben dessen Hauptaufgabe der Wissensvermittlung. Der Beschuldigte sieht im Gutachter auch den Arzt und Therapeuten, weil es dessen „normalen" Rollenbild entspricht. Hier muss der Sachverständige seine von der Alltagserwartung abweichende Position als neutraler Gutachter deutlich machen und therapeutische Hilfserwartungen zurückweisen bzw. an andere Ärzte verweisen. Das wird meistens schon dadurch zu erreichen sein, dass der Sachverständige den Beschuldigten darüber belehrt, dass seine Erkenntnisse in das Strafverfahren einfließen und somit nicht im vertraulichen Arzt-Patienten-Verhältnis bleiben. Wegen der notwendigen Rollen- und Funktionsklarheit sollten frühere Therapeuten nicht zu späteren Gutachtern werden. Im Verfahren hat der Sachverständige zur größtmöglichen Schonung des Beschuldigten ihn vor unnötigen Bloßstellungen zu bewahren, andererseits ist es aber nicht seine Aufgabe, ihn zu entschuldigen.

Das große Problem der Verständigung zwischen Sachverständigem und Richter liegt in der *Kompetenzabgrenzung.* Der Sachverständige gleicht die fehlende Sachkunde des Richters bei der Tatsachenfeststellung aus, die rechtlich-normative Entscheidung liegt beim Richter. So klar die Trennlinie dabei erscheint, so schwierig ist es, sie im alltäglichen Zusammenwirken einzuhalten. Gerichte neigen dazu, die Schwierigkeiten einer normativen Entscheidung möglichst schon den Sachverständigen durch Aussagen zur Rechtsfrage präjudizieren zu lassen (Plewig 1983). Es liegt dann nahe, dass Sachverständige bevorzugt werden, die bereit sind, Wertungen vorzunehmen, die ohne weiteres in ein Urteil umgesetzt werden können.

Trotz der Kompliziertheit der Materie und der sich heute überschneidenden Problemstellungen zwischen Sachverständigem und Richter lässt sich eine sachliche Basis für die Aufgabenverteilung zwischen ihnen finden und praktizieren. Ausgangspunkt ist dabei, dass der Sachverständige nicht Gehilfe des Gerichts für die in Frage stehende Entscheidung ist, sondern beide bei deren Vorbereitung *unterschiedliche und selbstständige Aufgabenbereiche* haben. Aufgabe des psychowissenschaftlichen Sachverständigen ist es, die nötige empirische Sachkunde zur Beurteilung teilweise schwieriger Fragestellungen zu vermitteln (Maatz 2000). Beispielsweise hat der Sachverständige die Aufgabe, dem Richter hinsichtlich der Eingangsmerkmale der §§ 20, 21 StGB die festgestellten *Befunde* im Sinne der psychiatrischen Klassifizierung der Persönlichkeitsstörungen mitzuteilen und sich zu der empirisch bezogenen Frage zu äußern, wie sich dieser psychische Zustand beim Angeklagten in quantitativer Hinsicht auf dessen Einsichts- und/oder Hemmungsfähigkeit ausgewirkt hat. Hierbei steht fest, dass die Graduierung der entsprechenden Einschränkung beim Angeklagten, d. h. der Analyse der Täterpersönlichkeit, der Motivation, der Handlungsdeterminanten und der situativen Gegebenheiten empirisch ist (Schreiber 2000). In den Aufgabenkreis des Tatrichters fällt danach die *Bewertung* der empirisch festgestellten und entsprechend graduell eingeordneten Tatsache hinsichtlich der rein normativen Grenzziehung für volle, verminderte oder ausgeschlossene Schuldfähigkeit auf der Skala des von psychischen Störungen unbeeinflussten Handelns bis zum weitgehend dadurch bestimmten. Trotz aller Verknüpfungen handelt es sich bei der Tätigkeit des psychowissenschaftlichen Sachverständigen im Strafprozess so um einen eigenen Aufgabenkreis, der sich deutlich von dem des Richters unterscheidet. Der Sachverständige liefert dem Richter die von ihm gefragten Tatsachen, die dem Richter für die Entscheidung fehlen. Die Entscheidung auf der Grundlage des neuen Tatsachenwissens ist und bleibt Sache des Tatrichters (BGHSt 7, 240; 8, 118). Aus dieser Aufgabenteilung resultiert, dass der Richter das Gutachten gedanklich nachvollziehen, Lücken, Fehler und logische Brüche erkennen muss. Im Hinblick auf die selbstständigen Aufgabenkreise sollte man die Tätigkeit des psychowissenschaftlichen Sachverständigen nicht mehr als Gehilfen für das Gericht umschreiben, sondern ihn verstehen als *Wissensvermittler*, der den Transfer wissenschaftlicher Erkenntnisse zur Anwendung im Recht leistet.

Die unterschiedlichen Tätigkeitsfelder schließen freilich nicht aus, dass ein intensiver *Dialog zwischen Sachverständigem und Richter bei der Subsumtion* stattfindet und zur richtigen Entscheidung notwendig ist. Eine solche Zusammenarbeit, die die rechtlichen Voraussetzungen einer Norm dadurch präzisiert, dass der Blick zwischen normativer Vorgabe und gegebener Tatsache hin und her geht, entspricht dem methodisch geforderten Vorgehen bei der rechtlichen Subsumtion schon im Normalfall, wo der Richter Tatsachenermittler und rechtlich Bewertender in einer Person ist. Denn die Norm kann nur im Hinblick auf den jeweiligen Sachverhalt analysiert und präzisiert werden. Die Konkretisierung der vorgegebenen Gesetzesnorm zur „Fallnorm" erfolgt mit Bezug auf die Lebenswirklichkeit in einem *Hin- und Herwandern des Blickes zwischen Norm und Tatsachen* (Zippelius 2005; s. auch Engisch 2005; Mastronardi 2003). Da wo der Richter völlig selbstständig für die rechtliche Wertung und Tatsachenfeststellung zuständig ist, wird er diese Subsumtionstechnik natürlich selbstständig anwenden. Im Falle der Tatsachenfeststellung durch den gerade dafür bestellten sachkundigen und zuständigen Gutachter ist der Richter auf das beim Hin- und Herwandern des Blicks zwischen rechtlicher Vorgabe und Tatsache notwendige Zusammenspiel – den Dialog – mit dem Sachverständigen angewiesen. In diesem Modus der Zusammenarbeit zwischen Sachverständigem und Richter liegt sowohl die notwendige Abgrenzung zwischen beiden Aufgabenkreisen als auch die methodisch unangreifbare Notwendigkeit der Zusammenarbeit.

In diese Richtung weisen auch die neueren Entscheidungen der höchstrichterlichen Rechtsprechung. Dabei wird betont, dass das Gericht sich nicht einer Bewertung des Sachverständigen anschließen darf, sondern auf der Grundlage der Anknüpfungs- und Befundtatsachen die *selbstständige Rechtsfrage* zu beantworten hat, ob z. B. eine schwere andere seelische Abartigkeit vorliegt, die zu einer erheblichen Verminderung der Steuerungsfähigkeit geführt haben könnte (BGH NStZ 2000, 24; BGH Urteile vom 13. bzw. 26. August 1997 – 3 StR 189/97 bzw. 1 StR 383/97). Das Bundesverfassungsgericht fordert, dass nach einer Sachverständigenberatung der Richter eine eigenständige Prognoseentscheidung zu treffen hat, die sich auf Qualität und Inhalt der Prognosestellung beziehen muss (BVerfG – Beschluss vom 14.1.2005 – 2 BvR 983/04; HRRS 2005 Nr. 213).

## 3.3 Die Beauftragung und die Auswahl des Sachverständigen

Das Strafverfahrensrecht überlässt die Tatsachenfeststellung, deren Beurteilung und die rechtliche Subsumtion grundsätzlich dem Gericht (§§ 241, 261 StPO) und den am Verfahren beteiligten Personen wie dem Verteidiger, Staatsanwalt und Nebenkläger. Es geht insbesondere davon aus, dass das Gericht die zur Entscheidung über die Schuldfrage und die Rechtsfolgen der Tat (§ 263 Abs. 1 StPO) *erforderliche Sachkunde* besitzt. Während dieser Grundsatz für die Rechtsanwendung deutscher Gesetze uneingeschränkt gilt, sieht der in §§ 72 ff. StPO geregelte Sachverständigenbeweis Ausnahmefälle vor, wenn dem Gericht oder der Staatsanwaltschaft die notwendige Sachkunde hinsichtlich der Tatsachenfeststellung oder ihrer Auswertung und Beurteilung wegen des Bedarfs spezieller (wissenschaftlicher) Kenntnisse fehlt. Die Ausnahme beruht auf der Aufklärungspflicht nach § 244 Abs. 2 StPO. Sind spezielle und bei den verantwortlichen Juristen nicht vorhandene Kenntnisse zur genauen Erfassung der Wirklichkeit zur Tatsachenfeststellung erforderlich, muss sachverständiges Wissen in Anspruch genommen werden (BGH St 7, 239), um der Wahrheit möglichst nahe zu kommen.

In einigen wenigen Fällen vermutet das Gesetz in der Regel die fehlende Sachkenntnis und schreibt deshalb die *Hinzuziehung des Sachverständigen zwingend* vor. Das betrifft vor allem sämtliche Feststellungen zum Zustand und zu den Behandlungsaussichten von Angeklagten in der Hauptverhandlung bei zu erwartender Unterbringung im psychiatrischen Krankenhaus, einer Entziehungsanstalt oder der (vorbehaltenen) Sicherungsverwahrung (§ 246 a StPO bzw. § 415 Abs. 5 StPO im Sicherungsverfahren). Zur Beschleunigung und gründlichen Vorbereitung verlangt § 80 a StPO die Zuziehung bereits im Vorverfahren, wenn sich eine entsprechende Unterbringung abzeichnet (§ 414 Abs. 3 StPO im Sicherungsverfahren). Weiter ist die Anhörung eines Sachverständigen vor der einschneidenden Maßnahme der Unterbringung zur sachverständigen Beobachtung nach § 81 Abs. 1 StPO erforderlich. Im Rahmen der Strafvollstreckung muss ein Sachverständiger nach § 454 Abs. 2 StPO in jedem Fall hinzugezogen werden, wenn das Strafvollstreckungsgericht erwägt, eine lebenslange Freiheitsstrafe nach § 57 a StGB oder eine zeitige Freiheitsstrafe von mehr als zwei Jahren wegen eines Verbrechens oder einer Straftat nach §§ 174–174 c, 176, 179 Abs. 1–3, 180, 182, 224, 225 Abs. 1 oder Abs. 2 StGB auszusetzen. In den übrigen Fällen hat das Gericht orientiert an der *Aufklärungspflicht des § 244 Abs. 2 StPO* von Amts wegen oder nach einem Beweisantrag gemäß § 244 Abs. 4 StPO nach *pflichtgemäßem Ermessen* darüber zu befinden, ob es selbst die erforderliche Sachkunde besitzt oder nicht. Für diese Einzelfallentscheidung gibt es keine weiteren Vorgaben. Die genannten Fälle der gesetzlichen Pflicht zur Hinzuziehung eines psychowissenschaftlichen Sachverständigen lassen jedoch Leitlinien erkennen, die das Ermessen beschränken. Eigene Sachkunde wird bis auf den Nachweis spezieller Kenntnisse beim Gericht im Bereich wissenschaftlich fundierter Fragestellungen medizinischer und psychiatrisch-psychologischer Art fehlen (BGH NJW

1964, 2213; Schreiber u. Rosenau 2004). Konkret betrifft dies dann vor allem die Fragen der (verminderten) Schuldfähigkeit bei psychiatrischen Störungen und Rauschmittelkonsum, der Verantwortlichkeit von Jugendlichen, des Entwicklungsstandes eines Heranwachsenden und entsprechend persönlichkeitszentrierte Glaubwürdigkeitsbeurteilungen, insbesondere bei Kindern und Jugendlichen (BGH StV 2004, 241). Mit dem Blick auf § 454 Abs. 2 StPO steht inzwischen außer Streit, dass Gutachten auch zu schwierigen Fragen der Persönlichkeitserfassung im Rahmen von Sanktionsentscheidungen, insbesondere der Strafaussetzung zur Bewährung, spezielle Sachkenntnis voraussetzt.

Nach § 73 Abs. 1 StPO erfolgt die Auswahl der zuzuziehenden Sachverständigen und die Bestimmung ihrer Anzahl durch *den Richter*, der vor allem auf die öffentlich bestellten Sachverständigen zurückgreifen soll (§ 73 Abs. 2 StPO). Im Hinblick auf diese Grundsatznorm enthält die auf das Vorverfahren bezogene Nr. 69 der RiStBV den zurückhaltenden Hinweis, dass ein Sachverständiger durch die Staatsanwaltschaft nur zugezogen werden soll, wenn sein Gutachten für die vollständige Aufklärung des Sachverhalts unentbehrlich ist. Falls dies der Fall ist, gibt § 161 a StPO der *Staatsanwaltschaft* das Recht, den Sachverständigen selbstständig ohne den Richter auszuwählen und zu beauftragen. In der Praxis erfolgt dies in nahezu der Hälfte der Strafverfahren (Barton 1983). Wegen der Protokollierungspflicht staatsanwaltschaftlicher Untersuchungshandlungen nach § 168b StPO sollte das Gutachten schriftlich erstattet werden. Der Richter bestimmt – wenn er gemäß § 162 StPO zur Bestellung des Gutachters beigezogen wird – nach § 82 StPO, ob das Gutachten schriftlich oder mündlich zu erstatten ist. Der Verteidiger hat kein Anwesenheitsrecht bei der Untersuchung, auch nicht bei der Exploration (BGH NStZ 2003, 101).

Besondere Probleme der Begutachtung bringt die im gesamten Verfahren mögliche *stationäre Unterbringung des Beschuldigten in einem psychiatrischen Krankenhaus zur Beobachtung* seines psychischen Zustands bis zu höchstens sechs Wochen nach *§ 81 StPO* mit sich. Vor der Entscheidung ist schon ein Sachverständiger zur Frage der Unterbringung in schriftlicher Form zu hören, wobei vor allem zu klären ist, ob die einschneidende Maßnahme zur Begutachtung unerlässlich ist (BVerfG NStZ 2002, 98; BGH NStZ 2003, 101). Diese Voraussetzung fehlt, wenn der wegen des Grundsatzes der Selbstbelastungsfreiheit (s. 3.1.3) nicht zur aktiven Mitwirkung verpflichtete Beschuldigte brauchbare Erkenntnisse zu seiner Beurteilung durch Verweigerung jeglicher Kooperation mit dem Sachverständigen verhindert (BVerfG NJW 2002, 284; OLG Stuttgart StV 2004, 582; OLG Düsseldorf StV 2005, 490). Sie fehlt weiter, wenn aufgrund alternativer Erkenntnisquellen, z.B. der Akten über frühere Untersuchungen, die Beurteilung möglich wäre oder ambulante Untersuchungen ausreichen. Am Grundsatz des hier durch § 81 Abs. 2 S. 2 StPO hervorgehobenen Verhältnismäßigkeitsprinzips scheitern Unterbringungen bei geringfügigen Straftaten (LG Zweibrücken StV 1997, 347). Möglich ist eine entsprechende Beobachtung jenseits einer Anwendung des § 81 StPO im Rahmen eines Unterbringungsbefehls nach § 126a StPO oder einer psychiatrischen Abteilung einer Vollzugsanstalt (Meyer-Goßner 2006, § 81 Rn 2 mwN).

Die konkrete Auswahl des Sachverständigen hat sich an dessen persönlicher Eignung zur Beantwortung der Gutachtenfrage zu orientieren. Dazu zählen in erster Linie die fachspezifische Kompetenz des Gutachters sowie seine wissenschaftliche Offenheit und Neutralität, aber auch seine Prozesserfahrung hinsichtlich bestimmter Fragestellungen (Schreiber u. Rosenau 2004). Nicht zuletzt spielt bei Persönlichkeitsuntersuchungen natürlich mit, dass die Person des Sachverständigen wegen eines bestimmten wissenschaftlichen Vorverständnisses oder einer mangelnden Vertrauensbasis vom Beschuldigten und der Verteidigung nicht völlig abgelehnt wird. Zu Recht hebt Nr. 70 der RiStBV daher hervor, dass der Verteidiger vor der Auswahl des Sachverständigen zu hören ist. Das ist freilich kein Anspruch darauf, dass den Argumenten bei der Auswahl gefolgt wird, selbst wenn diese Richtlinie de lege ferenda als § 73 Abs. 3 StPO Diskussionsentwurf des Bundesjustizministeriums für eine Reform des Strafverfahrens von 2004 Gesetz würde.

Neben dem Versuch einer möglichst einverständlichen Bestellung des Gutachters haben der Angeklagte und sein Verteidiger bisher nur wenig formale Einflussmöglichkeiten. Sie können einen Sachverständigen ihrer Wahl gemäß §§ 219, 220, 245 StPO ohne durchgreifende Ablehnungsmöglichkeiten des Gerichts nur in der Hauptverhandlung präsentieren oder ein „Privatgutachten" im gesamten Verfahren vorlegen. Freilich steht neben dem Kostenproblem (§ 220 Abs. 2 StPO) auch die verständliche Zurückhaltung seriöser Gutachter als „Parteisachverständiger" (s. 3.1.3 – der Ermittlungsgrundsatz) zu erscheinen entgegen.

Umso wichtiger ist in dieser gegenwärtigen Situation, dass sich das Gericht im Rahmen seiner Aufklärungspflicht streng an sachliche Gesichtspunkte im Rahmen des pflichtgemäßen Ermessens hält (BGHSt 34, 357) und keinesfalls versucht, durch die Auswahl bestimmter Sachverständiger Ergebnisse zu präjudizieren.

Daraus folgt, dass der Richter zur Beurteilung der Schuldfähigkeit des Angeklagten, soweit es um psychische Erkrankungen geht, einen Psychiater oder Neurologen heranziehen muss (Meyer-Goßner 2006, § 73 Rn 8). Die Glaubwürdigkeitsbegutachtung sollte dagegen weitgehend in den Händen der Psychologen liegen, es sei denn, es geht um die Beurteilung einer psychischen Erkrankung (BGHSt 23, 8 ff.). Bei den Prognosegutachten ist die Kompetenz des Psychiaters gefragt, soweit entsprechende fachspezifische Kenntnisse notwendig sind (BGH JR 1994, 30; BVerfG NJW 2004, 739). Wenn keine besonderen psychischen Erkrankungen in Frage stehen, ist der forensische Psychologe jedoch nicht weniger geeignet, die fehlende Sachkenntnis des Gerichts zu vermitteln (Tondorf 2005). Orientiert an der Aufklärungspflicht des Gerichts sollte die Kompetenzabgrenzung nicht formal an der beruflichen Eigenschaft, sondern an der forensischen Fragestellung und der forensischen Erfahrung des Psychiaters oder Psychologen festgemacht werden (Tondorf 2005). Immer häufiger wird die wissenschaftliche Kooperation von Psychiatrie und Psychologie zu Recht als notwendig bei den zentralen Fragestellungen nach der Schuldfähigkeit und Kriminalprognose gesehen (Kröber 2005 a).

Das nur an der Aufklärungspflicht gemäß § 244 Abs. 2 StPO orientierte gerichtliche Auswahlrecht des Sachverständigen wird dadurch betont, dass die entsprechenden Ermessensentscheidungen weder im Ermittlungs- noch im Hauptverfahren mit der Beschwerde angefochten werden können (OLG Schleswig StV 2000, 543; Meyer-Goßner 2006 zu § 73 Rn 18; aA Wagner StV 2000, 544 ff.). Für die Bestellung durch das Gericht folgt das Ergebnis schon aus §§ 202 Abs. 1 S. 2, 305 S. 1 StPO, da es sich eindeutig um eine der Urteilsfällung notwendig vorausgehende Entscheidung handelt, die nicht selbstständig anfechtbar ist. Auch im Ermittlungsverfahren sieht die StPO nicht die Prüfung jedes einzelnen Ermittlungsschritts, sondern nur eine Gesamtprüfung bei der Anklageerhebung vor. Daher sind Einzelbeschwerden gegen die Auswahl eines Sachverständigen unzulässig und nur mit der jeweiligen Endentscheidung anfechtbar. Gegen ein Urteil lässt sich die Aufklärungsrüge nach § 244 Abs. 2 StPO oder die Sachrüge mit der Revision erheben (BGH StV 2003, 430).

Die von der StPO nicht beachtete Grundfrage, ob in einem bestimmten Verfahren überhaupt ein Gutachter beigezogen werden oder der Richter sich auf die eigene Sachkunde verlassen soll, hat eine große *rechtstatsächliche Bedeutung*. So ergibt sich aus verschiedenen empirischen Untersuchungen, dass die Entscheidung für oder gegen die Beauftragung eines Sachverständigen die entscheidende *Weichenstellung für die Anwendung der §§ 20, 21 StGB* ist (Rössner et al. 2000). Im Rahmen der Hallenser Angeklagtenstudie stellte sich das beunruhigende Resultat heraus, dass die Beauftragung eines Sachverständigen nicht signifikant durch das Vorliegen psychopathologischer Befunde oder auch auffälliger soziobiografischer Merkmale beeinflusst wird, sondern allein durch den Schweregrad oder die Art des Delikts (sexueller Missbrauch von Kindern und Tötungsdelikte) und der Verfügbarkeit von Sachverständigen (Universitäts-/Nichtuniversitätsstadt). Besonders eklatant ist der Befund, dass fast zwei Drittel der nicht begutachteten Angeklagten eine oder mehrere nach ICD-10 zu klassifizierende psychische Störungen aufwiesen (Marneros et al. 2002). Tendenziell ähnliche Ergebnisse zeigen weitere Studien zu dieser Frage (Müller u. Siadak 1991; Schepker 1998; Verrel 1994). Die Ergebnisse erlangen besondere Relevanz, wenn man berücksichtigt, dass nach einer Gutachtenbeauftragung vier von fünf Fällen im Sinne der §§ 20, 21 StGB exkulpiert werden, während dieser Prozentsatz bei den nicht begutachteten sich auf nur 18% beläuft (Verrel 1994). Diese empirische Situation hinsichtlich der Beauftragungsentscheidung ist ein Appell an die in diesem Stadium verantwortlichen Staatsanwälte, Richter und auch Rechtsanwälte, genau hinzusehen, ob psychopathologische Auffälligkeiten vorliegen, die sich nicht ohne weiteres aus Struktur, Art und Schwere des Delikts erschließen. Der Bedeutung der Entscheidung wäre es wohl angemessen, wenn den dafür verantwortlichen Juristen die fachlich abgesicherte Basis der Entscheidung in einem kurzen und standardisierten *psychologisch-psychopathologischen Screeningverfahren* geboten würde (Rössner et al. 2000).

## 3.4 Tatsachengrundlage und Tatsachenerhebungen durch den Sachverständigen

Der Sachverständige ist – wie dargelegt – Vermittler der besonderen Sachkunde für entsprechende Tatsachenfeststellungen. Nach der Beauftragung wird seine Tätigkeit insbesondere hinsichtlich der Fragestellung, eventueller Erweiterungen des Auftrags oder der Hinzuziehung weiterer Sachverständiger – nicht jedoch bei der fachlichen Durchführung der Untersuchungen – vom Richter gemäß § 78 StPO bzw. im Vorverfahren von der Staatsanwaltschaft (§ 161 a StPO) geleitet.

Dem Sachverständigen werden die so genannten *Anknüpfungstatsachen*, d.h. der *bisher vom Gericht festgestellte Sachverhalt*, durch einen Sachbericht für sein Gutachten oder die Überlassung von Aktenmaterial vorgegeben. Dabei können Anknüpfungstatsachen vom Gericht auch in alternativer Form dem Gutachter vorgelegt werden, wenn der Sachverhalt noch nicht geklärt ist (BayObLG StV 2004, 6f.). Aufgrund seines Fachwissens erhebt der Sachverständige danach die so genannten *Befundtatsachen*, d.h. *Fakten und Zustände, die nur mit besonderer Fachkenntnis zugänglich sind,* wie durch medizinische Untersuchungen oder psychiatrische Explorationen. Sie sind Grundlage und Bestandteil des Gutachtens (BGHSt 18, 107). Beide Arten von Tatsachen sind insoweit unproblematisch, als sie entweder vom Gericht selbst schon festgestellt sind oder Bestandteil des vom entsprechenden Beweisbeschluss gedeckten Sachverständigengutachtens sind. Die Verwertung im Strafverfahren ist dann in jedem Fall zulässig.

Die *Befundtatsachen* erhebt der Sachverständige selbstverantwortlich ohne weitere Mitwirkung des Gerichts. Dazu gehören neben der unmittelbaren Erhebung der Fakten durch eigene Untersuchungen auch die Herbeiziehung von früheren Krankenakten und ähnlichen Materials – freilich unter Beachtung etwaiger Schweigepflicht der früheren Ärzte. Die Befundtatsachen werden zusammen mit dem Gutachten ohne weitere spezielle Beweisaufnahme zulässig in das Verfahren eingeführt. Das regelmäßig schriftliche Gutachten gelangt außer in den Sonderfällen der §§ 251, 256 StPO, wobei das Einverständnis von Verteidiger, Angeklagtem und Staatsanwalt zur Verlesung der praktisch wichtigste Fall ist, aufgrund des Unmittelbarkeits- und Mündlichkeitsprinzips (s. 3.1.3) nur durch *den mündlichen Vortrag des Sachverständigen* als Entscheidungsgrundlage im Sinne des § 261 StPO in die Hauptverhandlung. Damit ist freilich die schwierige Aufgabe gestellt, die Befundtatsache als Bestandteil des Gutachtens und die allgemein in die Kompetenz des Gerichts fallende Tatsachenfeststellung durch die gesetzlich vorgeschriebene Beweiserhebung, derer sich das Gericht auch bedienen könnte und die vor allem das Tatgeschehen betrifft (BGHSt 18,

108), zu unterscheiden. So sind Befragungen von Dritten, die sich ausschließlich auf die Anreicherung von Fachwissen etwa zur Beurteilung von psychischen Zuständen und Entwicklungen beziehen, den Befundtatsachen zuzurechnen, während Angaben zum Tatgeschehen und auch allgemein strafzumessungsrelevante Aspekte zur gerichtlichen Beweiserhebung gehören.

Die *Grenze* zwischen der dem Sachverständigen zukommenden eigenständigen Ermittlung der Befundtatsachen und der nur im Strengbeweisverfahren (s. 3.1.9) durch das Gericht möglichen nachträglichen Erweiterung der Anknüpfungstatsachen durch so genannte *Zusatztatsachen, d. h. Erkenntnisse, die vor allem das Tatgeschehen betreffen und die der Sachverständige im Rahmen seines Gutachtens unaufgefordert oder nach Befragen bzw. durch Augenschein erhält*, ist stets zu beachten. Die Zusatztatsachen können nur durch eine Zeugenvernehmung des Sachverständigen – in der Regel als „Zeuge vom Hörensagen" – eingeführt werden (BGHSt 6, 209; 13, 4). Das hat vor allem zur Konsequenz, dass weder belastende Angaben des zu untersuchenden Beschuldigten (BGHSt 13, 1 ff.) noch solche von Zeugen – wie z. B. des Opfers (BGHSt 46, 189; NStZ 1997, 95) – verwertet werden dürfen, wenn der Beschuldigte später im Verfahren von seinem Aussageverweigerungsrecht Gebrauch macht oder der Zeuge sich auf ein Zeugnisverweigerungsrecht nach §§ 52 iVm 252 StPO beruft. Eventuell vorangegangene Belehrungen durch den Sachverständigen, zu denen er nicht verpflichtet ist (BGH JZ 1969, 437), ändern daran nichts. Die Vernehmung von Auskunftspersonen im Interesse des Gutachtens zur Ermittlung weiterer Anknüpfungstatsachen (Zusatztatsachen) soll daher gemäß § 80 Abs. 1 StPO durch Gericht, Polizei oder Staatsanwaltschaft erfolgen (BGH JR 1962, 111; systematischer Kommentar Rogall 2000, § 80 Rn 19 ff.). Im Strengbeweisverfahren der Hauptverhandlung (s. 3.1.9) werden die notwendigen Zusatztatsachen in der Regel durch die Vernehmung des Angeklagten oder eine Zeugenvernehmung ebenso erfolgen wie durch die Vernehmung des Sachverständigen als *Zeugen vom Hörensagen* (BGHSt 6, 209; 13, 4). Für Bekundungen *außerhalb seines Fachwissens* hat der Sachverständige die Rolle und Rechtsstellung des Zeugen (s. 3.1.9). Davon zu unterscheiden ist der *sachverständige Zeuge* nach § 85 StPO, der als nicht behördlich beauftragte Person Zeugnis über ein *mit seiner besonderen Sachkunde* wahrgenommenes und interpretiertes Geschehen vor Gericht ablegen soll.

Für den Gutachter lässt sich daraus folgende *praktische Leitlinie* entwickeln: Basis der Arbeit des Gutachters sind die ihm vom Gericht übermittelten Anknüpfungstatsachen. Ohne weiteres kann und soll er darüber hinaus die notwendigen, nur mit seiner Sachkunde zugänglichen Befundtatsachen mit allen ihm zur Verfügung stehenden und fachlich anerkannten Mitteln erheben. In diesem Rahmen ist es unproblematisch, wenn er Dritte wie Partner, Eltern und sonstige Auskunftspersonen informatorisch mit dem Ziel befragt, ob sie (Fach-)Relevantes zum Gutachtenauftrag beizutragen haben (BGHSt 9, 296). Ist das der Fall, muss der Sachverständige für sich entscheiden, ob es sich um rein fachbezogene Auskünfte im Rahmen des Gutachtenauftrags handelt oder um Angaben, die darüber hinausgehen und die richterliche Tat- oder Täterbeurteilung betreffen. Dann müssen diese Tatsachen vor ihrer Verwendung formal durch richterliche Beweiserhebung in das Verfahren eingeführt werden. Die Einschaltung des Gerichts nach § 80 StPO ist dafür ausdrücklich vorgesehen und anzuwenden (BGH JR 1962, 11; MDR 1966, 383). Da in § 80 Abs. 1 StPO die Vernehmung genannt wird und in diesen Fällen die Abgrenzung zwischen Befund- und Zusatztatsache besonders heikel ist, sollte der Sachverständige im Zweifel Rücksprache mit dem Auftraggebenden halten. Er kann und soll der eventuellen Vernehmung durch den Richter beiwohnen (§ 80 Abs. 2 StPO) und bekommt so den für das Gutachten notwendigen unmittelbaren Eindruck. In umgekehrter Richtung ist das Gericht verpflichtet, dem Sachverständigen ihm nicht bekannte neue Anknüpfungstatsachen mitzuteilen und die Möglichkeit der Berücksichtigung zu geben, ehe es von dem erstatteten Gutachten wegen veränderter Tatsachengrundlagen abweicht (OLG Zweibrücken StV 2000, 126).

## 3.5 Die Rechtsstellung des Sachverständigen

Die *Gutachterpflicht* ist ähnlich wie die Zeugenpflicht (§ 48 StPO) eine staatsbürgerliche Aufgabe für die in § 75 StPO genannten Personen, wozu praktisch alle Psychiater und Psychologen mit ihren Fachkenntnissen gehören. Die Möglichkeit, die Annahme eines Gutachtens zu verweigern, geht jedoch gemäß § 76 Abs. 1 StPO deutlich über das Zeugnisverweigerungsrecht hinaus. Der Sachverständige kann „auch aus anderen Gründen" entbunden werden. Dazu gehört insbesondere die Arbeitsüberlastung. Der Sachverständige kann vom Beschuldigten aus denselben Gründen *abgelehnt* werden, die für die Ablehnung von Richtern gelten (§ 74 StPO). Die Regelung beruht auf der zutreffenden Erwägung, dass ein Sachverständiger seine Sachkunde neutral in das Verfahren einbringen soll. Nach § 77 StPO können Verstöße gegen Gutachterpflichten wie Weigerung oder Nichtablieferung in der abgesprochenen Frist durch Kostenauferlegung und Ordnungsgeld geahndet werden.

Nach § 79 StPO kann der Sachverständige darauf vereidigt werden, dass er das Gutachten unparteiisch und nach bestem Wissen und Gewissen erstattet hat. Aus der Vorschrift lässt sich entnehmen, dass die Nichtvereidigung die Regel ist und daher vom Gericht – anders als die Vereidigung – weder ausdrücklich entschieden noch begründet werden muss (BGHSt 21, 277). Bei einer vorausgegangenen allgemeinen Vereidigung für die Erstattung von Gutachten entfällt die spezielle Vereidigung für ein konkretes Verfahren.

Ein Anspruch auf Vergütung für den Gutachter ergibt sich aus § 84 StPO. Die Modalitäten und die Höhe der Entschädigung folgen aus dem Justizvergütungs- und -entschädigungsgesetz (JVEG). Der Anspruch entsteht für erbrachte Vorleistungen wie ein schriftliches Gutachten und die Teilnahme am Verfahren. Der Vergütungsanspruch muss innerhalb von nur drei Monaten geltend gemacht werden. Der Sachverständige hat Anspruch auf das Honorar, Fahrtkosten und den Aufwand durch Abwesenheit. Das Honorar orientiert sich am Zeitaufwand für das Aktenstudium, die Untersuchungen und die Ausarbeitung des Gutachtens. Die klassischen strafrechtlichen Begutachtungen sind der höchsten in der Anlage 1 zu § 9 JVEG aufgeführten Honorargruppe M 3 mit 85 € pro Stunde zugewiesen, weil sie als medizinisch und psychologische Gutachten von hohem Schwierigkeitsgrad gelten. Anzusetzen ist nicht die effektiv aufgewendete Zeit etwa eines noch unerfahrenen Gutachters, sondern die erforderliche fiktive Zeit eines Sachverständigen mit durchschnittlicher Befähigung, Erfahrung und Arbeitsintensität.

## 3.6 Das Sachverständigengutachten und seine Qualität im Strafverfahren

Die große Bedeutung des psychowissenschaftlichen Gutachtens im Strafverfahren beruht auf den eingriffsintensiven Folgen der damit zusammenhängenden Entscheidungen. Das gilt für beweiserhebliche Glaubwürdigkeitsgutachten ebenso wie für die Frage der strafrechtlichen Verantwortlichkeit oder lang dauernder freiheitsentziehender Unterbringungen im Rahmen von Maßregeln der Besserung und Sicherung. Aus diesem Grunde wurden aus der Rechtsprechung und der forensischen Psychiatrie und Psychologie Forderungen erhoben, dass bei solchen Begutachtungen neben der beruflich allgemein vorausgesetzten Sachkunde spezielle Kenntnisse vorliegen, die *Mindestanforderungen forensischer Begutachtung* erfüllen. Das Bundesverfassungsgericht hat dazu festgestellt, es sei eine unverzichtbare Voraussetzung rechtsstaatlichen Verfahrens, dass solche Entscheidungen auf zureichender richterlicher Sachaufklärung beruhen und es dazu in der Forensik besonders erfahrener Sachverständiger bedürfe, um Mindesterfordernisse für eine zuverlässige Wahrheitserforschung zu gewährleisten (BVerfGE 57, 275; 70, 308). Dabei steigen die Anforderungen an die Sachverhaltsaufklärung mit der Intensität des Eingriffs (BVerfG vom 14. Januar 2005-2 BvR 983/04). Angesichts der Meinungsvielfalt psychowissenschaftlicher Sachverständiger und einer Vielzahl von Fehlerquellen in diesem Wissenschaftsbereich ist die Suche nach Mindeststandards der richtige Weg. Das geht freilich über die bisherigen Anforderungen hinaus, die sich in der Regel auf ausreichenden Sachverstand, Sorgfalt und Gründlichkeit, Objektivität und Verständlichkeit des Gutachtens beschränkten (Tondorf 2005).

Mängel der bisherigen Situation zeigen sich in empirischen Ergebnissen zur Begutachtung der Schuldfähigkeit: Bei 20% der Gutachten gab es danach keine Angaben zur Untersuchungsmethode und nur bei 1% wurde der eigene theoretische Standort dargestellt. Bei nur 18% der Gutachten wurden die wissenschaftlichen Quellen in nachvollziehbarer Weise genannt und bei 39% fand eine Unterscheidung zwischen Datenerhebung und Dateninterpretation statt (Kury 1991). In der Untersuchung von Verrel erfolgte nur in 37% der Gutachten eine klare Zuordnung zu den Eingangsmerkmalen der §§ 20, 21

StGB (Verrel 1994). Eine neuere Analyse von 208 Fällen forensisch-psychiatrischer Gutachten in Mecklenburg-Vorpommern der Tötungs- und Brandstiftungskriminalität brachte hervor, dass in fast 90% der Verfahren nur pauschal auf das Ergebnis des Gutachtens hingewiesen wird, nicht aber die verlangte kritische Auseinandersetzung stattfindet (Fegert et al. 2003).

Der Bundesgerichtshof hat nun Forderungen nach Mindeststandards aufgenommen und für die beiden wichtigen Bereiche der *Glaubwürdigkeitsgutachten* (BGHSt 45, 164) und für *Schuldfähigkeits- und Prognosegutachten* (BGHSt 49, 45) Mindeststandards aufgestellt. Bei den Glaubwürdigkeitsgutachten sind danach die zugrunde gelegten Hypothesen im Gutachten im Einzelnen zu bezeichnen, die verwendeten Untersuchungsmethoden und Testverfahren zu benennen und in Bezug auf die Hypothesen zu begründen. Es gilt das *Nachvollziehbarkeits- und Transparenzgebot* (BGHSt 45, 179). Hinsichtlich der Mindestanforderungen für Schuldfähigkeitsgutachten hat sich eine interdisziplinäre Arbeitsgruppe aus Juristen, forensischen Psychiatern und Psychologen gebildet und auf der Basis der höchstrichterlichen Rechtsprechung einen beachtlichen Katalog von „*Mindestanforderungen für Schuldfähigkeitsgutachten*" entwickelt (Bötticher et al. 2005). Danach hat der Sachverständige methodische Mittel auf dem aktuellen Kenntnisstand zu verwenden und diese zu erläutern. Die Beurteilung hat auf gebräuchlichen diagnostischen Klassifikationssystemen wie der ICD-10 zu basieren. Neben der Zuordnung ist das Ausmaß der psychischen Störung festzustellen. Zur Beurteilung der Schuldfähigkeit bei Begehung der Tat ist die Beeinträchtigung der psychischen Funktionsfähigkeit durch die festgestellten psychopathologischen Verhaltensmuster zu untersuchen. Es wird weiterhin ein ausführlicher Katalog von formellen Mindestanforderungen der Forensischen Psychiatrie ebenso wie von inhaltlichen Mindestanforderungen auch hinsichtlich spezieller Fragestellungen wie z.B. Persönlichkeitsstörungen oder sexuellen Devianz entwickelt. Insgesamt handelt es sich bei diesen Mindeststandards um ein klares und nachvollziehbares Konzept der sachgerechten Diagnostik und Beurteilung (Kröber 2005). Das Bundesverfassungsgericht verlangt inzwischen vom Richter, dass er vor seiner eigenen Wertung zu überprüfen hat, ob das Gutachten den entwickelten Mindeststandards genügt (Beschluss des BVerG vom 14.1.2005–2 BvR 983/04). Eine gewisse Problematik zeichnet sich ab, wenn den Verteidigern in praktischen Anleitungen eine breite Palette stereotyper (Fang-) Fragen zur wissenschaftlichen Orientierung und Qualifikation der Sachverständigen empfohlen wird (Tondorf 2005). So könnten die für den Einzelfall wichtigen Aspekte unter den Tisch fallen.

Wenn das Gutachten nach richterlicher Prüfung den formalen und inhaltlichen Mindeststandards entspricht, hat der Richter auf dieser Tatsachenbasis seine eigenverantwortliche Entscheidung zu treffen (BVerfGE 58, 223; 70, 310; 109, 165). Dabei geht es vor allem um die *normativ orientierte Gesamtschau und Gesamtwürdigung* der Persönlichkeit des Angeklagten und ihrer Entwicklung sowie deren Zusammenhang mit den konkreten Taten (BGH 4 StR 59/00 – Beschluss vom 9.5 2000).

Die *Einholung eines weiteren Gutachtens,* um z. B. ein unerwünschtes Ergebnis des Erstgutachtens zu widerlegen, steht nicht im freien Ermessen des Gerichts (BGH NStZ 2003, 99), sondern erfordert die Darlegung eines ungenügenden Erstgutachtens mit der Konsequenz der daraus resultierenden weiteren Aufklärungspflicht nach §§ 83 Abs. 1, 244 Abs. 4 S. 2 StPO (Anm. Duttge zum vorgenannten Urteil, NStZ 2003, 375). Die Einholung eines Zweitgutachtens nach § 83 Abs. 1 StPO durch das Gericht ist damit bei Erfüllung der Mindeststandards durch das Erstgutachten im Regelfall ausgeschlossen. Für den Angeklagten gelten bei der Beantragung eines Zweitgutachtens in jedem Fall die strengen Anforderungen des § 244 Abs. 4 S. 2 StPO. Danach müssen die Sachkunde des früheren Gutachters zweifelhaft sein, das Gutachten von unzutreffenden tatsächlichen Vorraussetzungen ausgehen, Widersprüche enthalten oder Forschungsmittel des neuen Sachverständigen erkenntlich werden, die denen des früheren Gutachters überlegen erscheinen. Die Einholung eines weiteren Gutachtens liegt nahe, wenn das die Hauptverhandlung vorbereitende schriftliche Gutachten in einem entscheidenden Punkt von dem dann mündlich erstatteten abweicht und der Widerspruch nicht zu klären ist.

Fraglich ist, wie ein im Vorverfahren durch die Staatsanwaltschaft eingeholtes Gutachten einzuordnen ist. Dazu wird die Auffassung vertreten, dass ein Antrag des Angeklagten in der Hauptverhandlung auf Hinzuziehung eines Sachverständigen als Erstantrag zu behandeln sei, da es sich im Sinne des Beweisrechts um einen ersten richterlich bestellten Gutachter handele (Zwiehoff 2000). Die Rechtsprechung folgt dieser Annahme zu Recht nicht, sondern überlässt es dem Gericht, ob es den durch die Staatsanwaltschaft nach §§ 161, 80a StPO hinzugezogenen Sachverständigen als „Gerichtsgutachter" übernimmt oder einen anderen bestellt (BGHSt 44, 32). Mit Blick auf § 80a StPO, der einen im Vorverfahren bestellten Sachverständigen ausdrücklich in den Rahmen der Vorbereitung der Hauptverhandlung stellt, ist das konsequent.

Ein *Anhörungsrecht* vor der Bestellung des Gutachters hinsichtlich der Auswahl sollte unter dem Aspekt der Gewährung des rechtlichen Gehörs im Rahmen der Aufklärungspflicht gegeben werden (Toepel 2002). Wenn ein *Opferzeuge* die Glaubwürdigkeitsuntersuchung unter Hinweis auf das fehlende Vertrauensverhältnis zum vom Gericht bestellten Sachverständigen ablehnt, muss das Gericht bei gegebener Aufklärungspflicht einen anderen Sachverständigen hinzuziehen (KG Berlin StV 1997, 65). Der Angeklagte kann dagegen in der Regel durch eine Explorationsverweigerung nicht erreichen, dass ein neuer Sachverständiger seines Vertrauens zugezogen wird (BGHSt 44, 26). Er hat allerdings die Möglichkeit, durch Selbstladung und Präsentieren des von ihm ausgewählten Sachverständigen in der Hauptverhandlung zu erreichen, dass dieser zum Beweisthema gehört werden muss (§§ 245, 220, 38 StPO).

Das Rechtsmittel der Revision hinsichtlich einer Begutachtung kann sich nach §§ 337, 344 Abs. 2 StPO sowohl als im Einzelnen zu begründende Verfahrensrüge als auch als Sachrüge hinsichtlich der Beweiswürdigung des Tatrichters darstellen. Die *Verfahrensrüge* ist angebracht, wenn sich der Fehler als mangelnde Aufklärung des Gerichts nach § 244 Abs. 2 StPO darstellt oder die Ablehnung eines Beweisantrags auf Hinzuziehung eines Gutachters nach § 244 Abs. 4 StPO unzutreffend war. Letzteres ist dann der Fall, wenn sich das Gericht mit unzureichender eigener Sachkunde begnügt oder sich mit einer oberflächlichen Begutachtung zufrieden gibt. Der Maßstab orientiert sich an der jeweiligen Beweisfrage. So kann sich das Gericht bei der Beurteilung der Glaubwürdigkeit von Zeugen eigene Sachkunde eher zutrauen (BVerfG NJW 2004, 211; BGH NStZ 2005, 159) als bei der Frage nach der Schuldfähigkeit mit einem hirnorganischen Hintergrund (BGH NJW 1993, 1540), wegen einer Affekttat (BGH NStZ-RR 1997, 296) oder vor einer Entscheidung über langdauernde freiheitsentziehende Maßregeln (BVerfGE 70, 308). Die Verwendung eines Gutachtens, das gewissen Mindeststandards nicht entspricht, ist ebenfalls mit der Aufklärungsrüge anzugreifen. Die neue Rechtsprechung hält sich dabei im Rahmen der von der genannten Arbeitsgruppe ausgearbeiteten Vorgaben (BGH NStZ 2005, 205). Eine Prüfung auf die *inhaltliche Richtigkeit des Gutachtens* gehört nicht zu den Aufgaben des Revisionsgerichts (Maatz 2000). Weder bei der Aufklärungs- noch der Sachrüge kann vorgebracht werden, dass ein am Verfahren nicht beteiligter Sachverständiger wegen seiner grundlegenden abweichenden Auffassung zu einem anderen Ergebnis gekommen wäre (BGH NJW 1998, 3654; BGH StV 1999, 408). Die hinsichtlich der Beweiswürdigung schon grundsätzlich sehr eingeschränkte Sachrüge kann bei einem Gutachten nur darauf bezogen werden, dass es in sich widersprüchlich, lückenhaft oder unklar ist oder gegen Denkgesetze und Erfahrungssätze verstößt (Meyer-Goßner 2006, § 337 Rn 26 ff.).

Fehlerhafte rechtliche Schlüsse des Sachverständigen lassen keinen Rückschluss auf dessen fehlende fachorientierte Sachkunde zu. Seine Folgerung aus zulässigem Verteidigungsverhalten auf eine negative Einstellung des Angeklagten darf zwar vom Gericht bei seiner Entscheidung nicht nachteilig für den Angeklagten gewertet werden; die Rechtsunkenntnis beim Schluss ist dem empirisch und nicht normativ wertenden Sachverständigen jedoch nicht vorzuwerfen (BGH Beschl. v. 16.1.2003 – 1 StR 512/02)

Eine eigene *(strafrechtliche) Verantwortlichkeit* kann den Sachverständigen bei der Vorlage eines unsorgfältigen und nicht den wissenschaftlichen Anforderungen entsprechenden Gutachtens dadurch treffen, dass eine verkannte Gefährlichkeit des Täters und dadurch bedingte Freilassung zu schweren, mit Körperverletzung oder Tötung verbundenen Delikten führt. Die strafrechtliche Beurteilung eines fahrlässigen Körperverletzungs- oder Tötungsdelikts hängt natürlich von den Umständen des Einzelfalles ab. Die objektive und subjektive strafrechtliche Zurechnung der Folgen eines unsorgfältigen Verhaltens des Gutachters sind aber nicht schlechthin ausgeschlossen, wie die Rechtsprechung zeigt (LG Göttingen NStZ 1985, 410; BGHSt 49, 1 ff.; Rössner 1984; Verrel 2003). Eine genügende Sorgfalt des psychowissenschaftlichen Gutachters ist jedenfalls gegeben, wenn das Gutachten im Sinne der Mindeststandards mit ausreichender fachlicher Kompetenz erstellt wurde. Ein strafrechtlicher Vorwurf entfällt dann unabhängig vom Ergebnis des Gutachtens und der Folgen. Eine weitere Konsequenz des unsorgfältigen und mit schwerwiegenden, vom Sachverständigen zu vertretenden Mängeln behafteten Gutachtens ist die Kürzung oder Versagung des Gebührenanspruchs (BGH NStZ-RR 2006, 156 ff.).

## 3.7 Die Rechtsstellung des Opfers

### 3.7.1 Die kriminalpolitische Situation

Der in juristischer Diktion „Verletzte" – in der umgangs- bzw. sozialwissenschaftlichen Sprache das *Opfer* einer Straftat – ist in der kriminalpolitischen Diskussion der letzten 20 Jahre aus einer kaum beachteten Randstellung ins Zentrum des Interesses gerückt. Verschiedene gesellschaftliche, wissenschaftliche und kriminalpolitische Entwicklungen haben das Interesse geweckt: Die Gemeinschaft thematisiert stärker als früher das *Leid der Verbrechensopfer*, ist sensibler insbesondere für die *Folgen der Gewalt*, kümmert sich um die *Entschädigung* von Verbrechensopfern im Bereich sozialer Versorgung (Gesetz über die Entschädigung für Opfer von Gewalttaten) und installiert allmählich neben der traditionellen Straffälligenhilfe auch die *Opferhilfe*. Zugleich wird dem Opfer das im Strafprozess häufig geäußerte eigene Interesse an *Wiedergutmachung* und Teilnahme an der *Konfliktregelung* zugestanden. Das Opferschutzgesetz von 1986 mit ersten Ansätzen zur Stärkung der Position des Opfers im Verfahren, die Einführung des Täter-Opfer-Ausgleichs durch § 46a StGB im Jahre 1994, das Zeugenschutzgesetz von 1998 und das Opferrechtsreformgesetz von 2004 sind wichtige Markierungen auf dem Weg zu einer Stärkung des Opfers im Strafverfahren (Schöch 2003). Die Viktimologie als Teilbereich der Kriminologie hat durch groß angelegte Forschungen zum Opferwerden, zum Anzeige- und Prozessverhalten des Opfers, zum Täter-Opfer-Verhältnis und zur Opferbehandlung wichtige empirische Ergebnisse zur bedeutenden *Rolle des Opfers* im System der strafrechtlichen Sozialkontrolle geliefert (Kilchling 1995; zusammenfassende Ergebnisse bei Jerouschek 2000; Meier 2003; Schneider 2002; Schwind 2005).

Viel Schubkraft entsteht auch durch die starke internationale Bewegung der „Restorative Justice" mit beeindruckenden wissenschaftlichen Ergebnissen und entsprechenden kriminalpolitischen Forderungen (Weitekamp u. Kerner 2003). Zu nennen ist in diesem Zusammenhang ein Rahmenbeschluss des Rates der EU vom 15.03.2001, der auf eine stärkere Beteiligung des Opfers im Strafverfahren abzielt und die Mitgliedsländer auf entsprechende Regelungen verpflichtet. Diese Entwicklung hat zu einer erheblichen Stärkung der Stellung des Opfers im gesamten Strafrechtssystem (Schünemann u. Dubbers 2000; Weigend 1989) geführt. Zur praktischen Realisierung einer stärker opferbezogenen Strafrechtspflege liegen mehrere Handlungsanleitungen vor (Haupt et al. 2003; Rössner u. Wulf 1987; Schroth 2005).

## 3.7.2 Die Situation des Opferzeugen und die rechtlichen Konsequenzen

Der Opferzeuge erlangt eine zentrale Rolle im Strafverfahren. Er setzt nicht nur rund 90% aller polizeilichen Ermittlungsverfahren in Gang, sondern bestimmt als weitaus häufigstes „Beweismittel" das Ergebnis des Urteils stärker als die Sachbeweise (Schmitz 1978). Dabei ist freilich zu beachten, dass bewusste oder irrige Falschaussagen von Zeugen zu den wichtigsten *Fehlerquellen im Strafprozess* gehören (Peters 1970). So ist es im Interesse einer effektiven Strafrechtspflege eminent wichtig, dass Opferzeugen angemessen und stressfrei behandelt werden. Das wird durch empirische Ergebnisse in Frage gestellt, wenn neun von zehn Zeugen angeben, sie seien nicht ausreichend ernst genommen worden (Kilchling 1995), ein zweiter Opfergang in der Konfrontation mit dem Täter und seinem Anwalt möglich ist oder gar Repressalien zu erwarten sind (Zacharias 1997).

Diese Ausgangssituation muss Konsequenzen zeigen (Rössner 1998): Kein Zweifel dürfte darüber bestehen, dass der Zeuge *Rechtssubjekt* des Verfahrens sein sollte. Zeugennot und Zeugenleid (ent-)stehen in unmittelbarem Zusammenhang mit dem staatlichen Zwang zur Aussage im Strafverfahren. Es ist deshalb keine Frage, dass sich das staatliche Strafverfahren im Rahmen seiner Möglichkeiten der Zeugensorgen anzunehmen und erkennbare Nachteile zu minimieren hat. Entgegen vielen Befürchtungen rechtsstaatlich orientierter Kriminalpolitiker ist das Zeugenschutzthema – richtig verstanden – kein Generalangriff auf die Rechtsposition des Beschuldigten im Strafverfahren. Dieser Eindruck mag durch manche übereifrigen Anhänger der „Opferbewegung" entstanden sein, diskreditiert aber nicht die berechtigten Zeugenschutzinteressen bei der prozessualen Feststellung der materiellen Wahrheit. Es geht um eine abgewogene Sicht auf die deutlichen Zusammenhänge zwischen den Rahmenbedingungen für die objektive Wahrheitsermittlung und den Zeugenschutz sowie für die berechtigten Verteidigungsinteressen.

Ausgangspunkt für eine *faire Lösung*: Gemeinsam für den Angeklagten wie das Opfer bestehen die staatliche Zwangsbeteiligung am Strafverfahren und die damit verbundenen Freiheitsbeschränkungen in unterschiedlicher Form. Grundsätzlich sind beide Grundrechtseingriffe zu berücksichtigen und im Kollisionsfall abzuwägen. Im Strafverfahren des Rechtsstaates hat jeder Grundrechtseingriff möglichst schonend zu erfolgen. Orientierungspunkte dafür sind beim Angeklagten die Unschuldsvermutung und beim Zeugen die durch Art. 1, 2 Abs. 1 GG geschützte persönliche Integrität gegen den zwangsweisen Zugriff auf seine sinnlichen Wahrnehmungen. Selbstverständlich sind damit beide in ihrer grundrechtsbetroffenen Position Verfahrenssubjekt, d.h. der Beschuldigte im gesamten Strafverfahren, der Zeuge im davon abgrenzbaren „*Zeugenverfahren*" (Jung 1998), wenn es um seine spezifischen Rechte geht.

Die notwendige Konsequenz mit Blick auf die Grundrechtseingriffe vor allem beim Opferzeugen ist die Anerkennung des *Strafrechtszwecks* und des *Prozessgrundsatzes* der *Opfergerechtigkeit* (s. 3.1.2). Daraus folgt als zu beachtender Auslegungsgrundsatz hinsichtlich aller Normen, die das Opfer betreffen: *Belastungen und Gefährdungen des Opfers sind soweit als möglich zu vermeiden oder durch Hilfe zu verringern.* Bei der Rechtsanwendung ist weiter zu berücksichtigen: Je gravierender die primären Viktimisierungsmerkmale (z. B. bei sexuellen Gewaltdelikten) sind, je größer die soziale Nähe zum Täter ist und je sensibler die Opfer sind (Frauen, Kinder und alte Menschen), desto stärker leiden sie unter der Prozesssituation durch die erneute Konfrontation mit dem früheren Tatgeschehen und dem Zusammentreffen mit dem Täter (Kilchling 1995; zum Kindeswohl im Strafverfahren Keiser 1998).

Nicht zu vernachlässigen sind die Effekte des *Opferschutzes bei der Wahrheitsfindung.* Die Aussagepsychologie kann trotz aller ungeklärter Fragen zumindest soviel zeigen: Druck und Stress beeinträchtigen das Erinnerungsvermögen ganz erheblich. In diesem Sinne dient der Schutz sensibler Opferzeugen der Wahrheitsfindung in elementarer Weise. Ein Recht des Beschuldigten und seines Verteidigers, die Wahrheitsermittlung durch gezielte Stresserzeugung bei dem Zeugen zu stören, ist auszuschließen.

### 3.7.3 Die Ansätze einer opferbezogenen Strafrechtspflege in der StPO

Wie zuvor dargelegt beruht der Schutz des Verletzten auf der Berücksichtigung seiner *Persönlichkeitsrechte* und dem Interesse der *Wahrheitsfindung.* Je nach Betroffenheit und Intensität der Beeinträchtigung enthält die StPO heute ein gestuftes und ausdifferenziertes System des *Opferschutzes* und der *Opferbeteiligung.* Dabei lassen sich vier Elemente unterscheiden:
- Einfluss auf die Durchführung des Strafverfahrens,
- opferschützende Vorschriften im „Zeugenverfahren",
- Aktivierung der Rechte durch Beistand,
- aktive Beteiligungsrechte am Verfahren.

Der Verletzte kann hinsichtlich des ersten Punktes bei bestimmten Delikten wie Beleidigung, Hausfriedensbruch und bei Fehlen eines besonderen öffentlichen Interesses bei der Körperverletzung (§ 230 StGB) durch *Verzicht auf einen Strafantrag* ein Prozesshindernis schaffen. Bei Privatklagedelikten nach § 374 StPO hängt es bei fehlendem öffentlichem Interesse ebenfalls vom Verletzten ab, ob er das Delikt auf dem mühsamen Privatklageweg verfolgt. Nach einem gelungenen Täter-Opfer-Ausgleich kann nach § 46a StGB iVm § 153b StPO von einer weiteren Strafverfolgung abgesehen werden (s. 3.1.4.2).

*Schutzvorschriften im Vernehmungsverfahren* wie die Zurückweisung bloßstellender Fragen (§§ 55, 68a StPO), die Geheimhaltung bei Gefährdung des Zeugen (§ 68 Abs. 2 u. 3 StPO), die Vernehmung in Distanz (§§ 247, 247a StPO), die nichtöffentliche Vernehmung (§§ 171b, 172 Nr. 4 GVG), die ersetzende Vorführung einer Videovernehmung bei besonders sensiblen Opfern unter 16 Jahren (§§ 58a, 255a StPO) oder die Information über das Verfahren durch Akteneinsicht (§ 406e StPO) und die Mitteilung über den Verfahrensausgang (§ 406 d StPO) lassen ein Gesamtkonzept des durchgängigen Opferschutzes im Zeugenverfahren hervortreten.

Die erweiterte Berücksichtigung und *Aktivierung der passiven Schutzrechte* durch die Möglichkeit des Opfers, einen Rechtsbeistand zuzuziehen, entweder auf eigene Kosten für das gesamte Verfahren (§ 406 f StPO) oder im Fall der Nebenklageberechtigung mit stärkeren Befugnissen im Verfahren (§ 406 g StPO) sowie durch gerichtliche Beiordnung für die Vernehmung bei Verbrechen und sexuellen Vergehen oder sonstigen schweren Delikten (§ 68 b StPO) sind zur Realisierung des Opferschutzes wichtige Mittel.

Das fünfte Buch der Strafprozessordnung behandelt in den §§ 374 bis 406 c StPO die *aktiven Beteiligungsrechte des Verletzten*. Es enthält dazu die Institute der Privatklage (§§ 374–394 StPO), der Nebenklage (395–402 StPO) und Adhäsionsverfahrens über die Entschädigung des Verletzten (§§ 403–406 c StPO). Die Verfahren sind unterschiedlich hilfreich zur Verfolgung im Opferinteresse.

Das *Privatklageverfahren* zielt ebenso wie die öffentliche Klage im Ergebnis auf die Klärung eines Tatverdachts und gegebenenfalls die Verhängung einer Kriminalstrafe gegen den Angeklagten. Die Besonderheit liegt darin, dass das Verfahren nicht von der Staatsanwaltschaft durchgeführt wird, sondern hinsichtlich Einleitung und Betreibung in den Händen des Verletzten liegt. Der Privatklage geht kein Ermittlungsverfahren voraus, sodass der Privatkläger die Beweise selbst erheben und vorlegen muss. Dazu fehlen ihm die besonderen Zwangsbefugnisse des Staatsanwalts. Das gerichtliche Verfahren unterscheidet sich bis auf den nicht vorhandenen Staatsanwalt kaum vom sonstigen Strafverfahren. Das gerichtliche Privatklageverfahren ist damit alles andere als opferfreundlich. Es errichtet hohe Schwellen hinsichtlich der Beweisbeibringung, beinhaltet ein erhebliches Kostenrisiko für den Privatkläger und hält für das Gericht weite Einstellungsmöglichkeiten nach §§ 383 Abs. 2, 390 Abs. 5 StPO bereit. Es spielt daher zu Recht in der Praxis keine Rolle mehr. Seine Konfliktregelungsmöglichkeiten (§ 380 StPO) sind üblichen Offizialverfahren mit der Möglichkeit des Täter-Opfer-Ausgleichs (s. 3.1.4.2) besser aufgehoben.

Anders ist die Situation bei der im Rahmen der eingangs genannten aktuellen Opferschutzgesetze reformierten *Nebenklage*. Sie gibt dem von einer schweren Straftat Betroffenen entsprechend dem enumerativen Deliktkatalog in § 395 Abs.1 Nr. 1 und 2 StPO Aktivrechte, um auf eine opferbezogene Verfahrensgestaltung und die Opfergerechtigkeit als Verfahrensziel hinzuwirken. Ihre Schutz- und Gerechtigkeitsfunktion für das Opfer umfasst dabei keine Legitimation für Rache oder Vergeltungsinteressen. Die Nebenklage gewährt so eine umfassende Beteiligungsbefugnis im Rahmen eines sonst wie üblich ablaufenden Strafverfahrens. Trotz der grundsätzlichen Abhängigkeit der Nebenklage von der Offizialklage des Staatsanwalts ist der Nebenkläger im durchgeführten Strafprozess nicht bloßer Gehilfe des Staatsanwalts, sondern Vertreter selbstständiger eigener Interessen. Er hat *weitgehende Befugnisse* auf Anwesenheit, Antragstellung und Mitgestaltung der Beweisgewinnung (§ 397 StPO). Daneben kann er durch sonstige aktive

Beteiligung mit Erklärungen, Fragen und Anträgen das Verfahren mit beeinflussen und schließlich Rechtsmittel hinsichtlich eines unterbliebenen Schuldspruchs einlegen (§§ 400, 401 StPO). Die Nebenklage ist im Verfahren gegen Jugendliche nach § 80 Abs. 3 JGG gemäß dem gerade in Kraft getretenen Justizmodernisierungsgesetz bei einigen schwerwiegenden Delikten gegen sensible Opfer zulässig geworden (schon Rössner 2001 a), in Sicherungsverfahren nach § 413 ff. StPO uneingeschränkt zulässig. In ihrer Ausgestaltung ist sie ein zentrales Instrument zur Realisierung der Opfergerechtigkeit.

Das *Adhäsionsverfahren* gibt dem Verletzten die Möglichkeit, vermögensrechtliche Ansprüche, die ihm aus der Straftat erwachsen sind, als Annex des Strafverfahrens geltend zu machen. Der einheitliche Konflikthintergrund bleibt so auch im Recht erhalten. Das Verfahren ist opferfreundlich, weil dem Verletzten ein Zivilverfahren erspart wird und er sich auf die strafprozessuale Beweisermittlung berufen kann. Das Opferrechtsreformgesetz von 2004 hat die Möglichkeiten des Gerichts weiter beschnitten, von der Entscheidung über den zivilrechtlichen Antrag abzusehen. Es ist noch offen, ob es dadurch zu mehr Leben erweckt wird (zu den Problemen Rössner u. Klaus 1996).

Die dargelegten Ansatzpunkte ergeben bei der Gesamtbetrachtung ein akzeptables *Konzept des Opferbezugs* in der Strafprozessordnung. Zur angemessenen Anwendung bedarf es darüber hinaus der notwendigen Einsicht, dass die Opferschutzvorschriften keine systemfremde Ausnahme im Strafprozess abgeben, sondern mit den unverzichtbaren Aufgaben und insbesondere den Beschuldigtenrechten im Strafverfahren zu vereinbaren sind. Ein modernes Strafrecht ist gehalten, den Strafanspruch opferfreundlich auszuüben (Kilchling 2002). Jetzt geht es um die Aktivierung der Rechtsstellung des Opfers in der Praxis (Minthe 2003). Vorbildlich ausgebaut sind Opferschutz und -beteiligung im weltweit jüngsten Strafrechtsmodell der internationalen Strafgerichtsbarkeit am Internationalen Strafgerichtshof in Den Haag.

## Literatur

Barton S (1983) Der psychowissenschaftliche Sachverständige im Strafverfahren. Kriminalistik Verlag, Heidelberg
Beulke W (1980) Der Verteidiger im Strafverfahren. Luchterhand, Neuwied
Beulke W (1989) Die Strafbarkeit des Verteidigers. Müller, Heidelberg
Beulke W (2005) Strafprozessrecht, 8. Aufl. Müller, Heidelberg
Boetticher A, Nedopil N, Bosinski HAG, Saß H (2005) Mindestanforderungen für Schuldfähigkeitsgutachten. NStZ 25:57–62
Eisenberg U (2002) Beweisrecht der StPO, 4. Aufl. Beck, München
Engisch K (2005) Einführung in das juristische Denken, 10. Aufl. Kohlhammer, Stuttgart
Fegert JM, Rebernig E, Schnoor K, König C, Schläfke D, Häßler F (2003) Bestandsaufnahme und Qualitätssicherung der forensisch-psychiatrischen Gutachtertätigkeit in Mecklenburg-Vorpommern. In: Häßler F, Rebernig U et al (Hrsg) Forensische Kinder-, Jugend- und Erwachsenenpsychiatrie. Schattauer, Stuttgart, S 19–38

Haupt H, Weber U, Bürner S (2003) Handbuch Opferschutz und Opferhilfe, 2. Aufl. Nomos, Baden-Baden
Jerouschek G (2000) Strafrecht und Traumatisierung. JZ 55:185–194
Jesionek U (2000) Die Anforderungen des Richters an den Jugendpsychiater. In: Marneros A, Rössner D et al (Hrsg) Justiz und Psychiatrie. Zuckschwerdt, München, S 184–188
Jung H (1998) Zeugenschutz. Goltdammer's Archiv für Strafrecht 145:315–328
Keiser C (1998) Das Kindeswohl im Strafverfahren. Lang, Frankfurt am Main
Kilchling M (1995) Opferinteressen und Strafverfolgung. Max-Planck-Institut für ausländisches und internationales Strafrecht, Freiburg
Kilchling M (2002) Opferschutz und Strafanspruch des Staates – Ein Widerspruch. NStZ 22:57–63
Kröber HL (2005) Qualitätssicherung bei der Schuldfähigkeitsbegutachtung. In: Kröber HL, Steller M (Hrsg) Psychologische Begutachtung im Strafverfahren. Steinkopff, Darmstadt, S 21–37
Kröber HL (2005a) Psychologische und psychiatrische Begutachtung im Strafrecht. In: Kröber HL, Steller M (Hrsg) Psychologische Begutachtung im Strafverfahren. Steinkopff, Darmstadt, S 205–217
Kury H (1991) Zur Begutachtung der Schuldfähigkeit: Ausgewählte Ergebnisse eines empirischen Forschungsprojekts. In: Egg R (Hrsg) Brennpunkte der Rechtspsychologie. Forum, Bonn, S 331–350
Kury H (2000) Indikationen für psychowissenschaftliche Gutachten im Strafprozess. In: Marneros A, Rössner D et al (Hrsg) Psychiatrie und Justiz. Zuckwerdt, München, S 35–41
Lackner K, Kühl K (2004) Strafgesetzbuch Kommentar, 25. Aufl. Beck, München
Lesch H (2001) Strafprozessrecht, 2. Aufl. Luchterhand, Neuwied
Maatz KR (2000) Schuldfähigkeitsbeurteilung und Unterbringungsentscheidung: Zwischen Diagnose und Therapie – Der juristische Standpunkt zum Verhältnis zwischen Richter und Sachverständigen. In: Marneros A, Rössner D et al (Hrsg) Psychiatrie und Justiz. Zuckschwerdt, München, S 20–29
Malek K, Wohlers W (2001) Zwangsmaßnahmen und Grundrechtseingriffe im Ermittlungsverfahren, 2. Aufl. Müller, Heidelberg
Marneros A, Ulrich S, Rössner D (2002) Angeklagte Straftäter. Das Dilemma der Begutachtung. Nomos, Baden-Baden
Mastronardi P (2003) Juristisches Denken. Eine Einführung, 2. Aufl. UTB, Stuttgart
Meier BD (2003) Kriminologie. Beck, München
Meyer-Goßner L (2006) Strafprozessordnung, 49. Aufl. Beck, München
Minthe E (2003) Entspricht die Strafprozessordnung dem Opferschutz? Die Polizei S 207–211
Müller E (1997) Über Probleme des Sachverständigenbeweises im staatsanwaltschaftlichen Ermittlungsverfahren. In: Prütting H, Rüssmann H (Hrsg) Festschrift für Gerhard Lüke zum 70. Geburtstag. Beck, München, S 493–502
Müller P, Siadak T (1991) Häufigkeit psychiatrischer Begutachtung im Strafverfahren – Regionaleinflüsse und Tätermerkmale. MSchrKrim 74:316–322
Nedopil N (2000) Forensische Psychiatrie, 2. Aufl. Thieme, Stuttgart
Peters K (1970) Fehlerquellen im Strafprozeß, Bd 1–3. Müller, Karlsruhe
Plewig HJ (1983) Funktion und Rolle des Sachverständigen aus der Sicht des Strafrichters. Kriminalistik-Verlag, Heidelberg
Rasch W (1999) Forensische Psychiatrie, 2. Aufl. Kohlhammer, Stuttgart
Rawls J (1975) Eine Theorie der Gerechtigkeit. Suhrkamp, Frankfurt
Remschmidt H, Martin M (2005) Gerichtliche Kinder- und Jugendpsychiatrie. In: Remschmidt H (Hrsg) Kinder- und Jugendpsychiatrie, 4. Aufl. Thieme, Stuttgart, S 461–471
Rössner D (1984) Die strafrechtliche Beurteilung von Vollzugslockerungen. JZ 35:1065–1072
Rössner D (1998) Referat zum Opferschutz beim 62. Deutschen Juristentag in Bremen. Verhandlungen des 62. DJT. Sitzungsberichte Bd II/1. Beck, München, L 9–26
Rössner D (2001) Die besonderen Aufgaben des Strafrechts im System rechtsstaatlicher Verhaltenskontrolle. In: Schünemann B et al (Hrsg) Festschrift für Claus Roxin zum 70. Geburtstag. De Gruyter, Berlin, S 977–987

Rössner D (2001 a) Das Jugendkriminalrecht und das Opfer der Straftat. In: Dölling D (Hrsg) Das Jugendstrafrecht an der Wende zum 21. Jahrhundert. Symposium zum 80. Geburtstag von Dr. Rudolf Brunner. De Gruyter, Berlin, S 165–180
Rössner D (2003) 30 Probleme aus dem Strafrecht. Luchterhand, Neuwied
Rössner D (2004) Dissoziale Persönlichkeit und Strafrecht. In: Schöch H, Jehle JM (Hrsg) Freiheit und Sicherheit. Forum, Mönchengladbach, S 391–411
Rössner D (2004 a) Mediation im Strafrecht. In: Maelike B, Sonnen R (Hrsg) Handbuch der Resozialisierung, 2. Aufl. Nomos, Baden-Baden, S 203–231
Rössner D, Wulf R (1987) Opferbezogene Strafrechtspflege, 3. Aufl. Deutsche Bewährungshilfe, Bonn
Rössner D, Klaus T (1996) Für eine opferbezogene Anwendung des Adhäsionsverfahrens. NJ 50:288–294
Rössner D, Marneros A, Ulrich S (2000) Auslesefaktoren für Begutachtung und Therapie. In: Jehle JM (Hrsg) Täterbehandlung und neue Sanktionsformen. Kriminalpolitische Konzepte in Europa. Forum, Mönchengladbach, S 155–167
Roxin C (1998) Strafverfahrensrecht, 25. Aufl. Beck, München
Rüping H (1976) Der Grundsatz des rechtlichen Gehörs und seine Bedeutung im Strafverfahren. Duncker & Humblot, Berlin
Rzepka D (2000) Zur Fairness im deutschen Strafverfahren. Klostermann, Frankfurt
Schepker R (1998) Zur Indikationsstellung jugendpsychiatrischer Gerichtsgutachten. Eine vergleichende Untersuchung zu § 42 (2) JGG. Fink, München
Schmitz HW (1978) Tatgeschehen, Zeugen und Polizei. Bundeskriminalamt, Wiesbaden
Schneider HJ (2002) Die gegenwärtige Situation der Verbrechensopfer in Deutschland. JZ 57:231–237
Schöch H (2003) Das Opfer im Strafprozessrecht. In: Egg R, Minthe E (Hrsg) Opfer von Straftaten. Kriminologische Zentralstelle, Wiesbaden
Schreiber HL (2000) Die Schuldfähigkeitsbeurteilung zwischen psychiatrischen und juristischen Kriterien. In: Marneros A, Rössner D et al (Hrsg) Psychiatrie und Justiz. Zuckschwerdt, München, S 13–20
Schreiber HL, Rosenau H (2004) Der Sachverständige im Verfahren und in der Verhandlung. In: Venzlaff U, Foerster K (Hrsg) Psychiatrische Begutachtung, 4. Aufl. Urban & Fischer, München, S 125–137
Schroth K (2005) Die Rechte des Opfers im Strafprozess. Müller, Heidelberg
Schünemann B, Dubbers MD (2000) Die Stellung des Opfers im Strafrechtssystem. Heymann, Köln
Schwind HD (2005) Kriminologie, 15. Aufl. Kriminalistik-Verlag, Heidelberg
Tondorf G (2005) Psychologische und psychiatrische Sachverständige im Strafverfahren, 2. Aufl. Müller, Heidelberg
Verrel T (1994) Die Anwendung der §§ 20, 21 StGB im Bereich der Tötungskriminalität. MSchrKrim 77:272–285
Verrel T (2001) Die Selbstbelastungsfreiheit im Strafverfahren. Ein Beitrag zur Konturierung eines überdehnten Verfahrensgrundsatzes. Beck, München
Verrel T (2003) Strafrechtliche Konsequenzen bei fehlerhafter Prognosebeurteilung. In Häßler F, Rebernig F et al. (Hrsg) Forensische Kinder-, Jugend- und Erwachsenenpsychiatrie. Schattauer, Stuttgart, S 217–225
Weigend T (1989) Deliktsopfer und Strafverfahren. Duncker & Humblot, Berlin
Weigend T (2001) Unverzichtbares im Strafverfahrensrecht. ZStW 113:271–304
Weitekamp EGM, Kerner HJ (eds) (2003) Restorative justice in context. International practice and directions. Willan, Cullompton, UK
Weßlau E (2004) Absprachen im Strafprozess. ZStW 114:150–185
Zacharias K (1997) Der gefährdete Zeuge im Strafverfahren. Duncker & Humblot, Berlin
Zwiehoff G (2000) Das Recht auf den Sachverständigen. Nomos, Baden-Baden

## 3.8 Grundlagen des Zusammenwirkens von Juristen und psychiatrischen/psychologischen Sachverständigen – Anmerkungen aus psychiatrischer/psychologischer Sicht

H. Sass

### 3.8.1 Vorbemerkung

Zutreffend leitet Rössner die in den letzten Jahrzehnten stetig angewachsene Mitwirkung von psychowissenschaftlichen Sachverständigen in der Strafrechtspflege aus einer Wende vom Tat- und Vergeltungs- zum Täter- und präventiv orientierten Strafrecht in der zweiten Hälfte des 19. Jahrhunderts ab. Ähnlich war in der Psychiatrie seit Beginn des 20. Jahrhunderts mit dem Aufkommen psychodynamischer und psychoanalytischer Betrachtungsweisen, der phänomenologischen und daseinsanalytischen Methoden, den charakterologischen und konstitutionstypologischen Lehren sowie einer immer differenzierteren Persönlichkeitsdiagnostik eine Tendenz eingetreten, Taten eines individuellen Menschen in einer bestimmten Lebenssituation vor dem Verstehenshintergrund der biografischen Entwicklung und der Persönlichkeit zu analysieren. Dies trifft auch auf die forensisch-psychiatrische Analyse von Straftaten zu (vgl. Saß u. Kröber 1999). Zwar handelt es sich dabei nicht um ein Erklären im Sinne kausalgesetzlicher Beziehungen zwischen Bedingungsfaktoren und Delikt, doch kann auf der Basis der Kenntnisse über Biografie und Persönlichkeit der motivische Hintergrund eines Tatgeschehens mit Hilfe der Psychowissenschafter weit differenzierter aufgehellt werden, als es allgemeine Lebenserfahrung und Menschenkunde ermöglichen.

Damit dient heute das psychowissenschaftliche Sachverständigengutachten nicht allein zur Aufklärung der Frage, ob psychische Erkrankungen im engeren Sinne bzw. Akzentuierungen in Persönlichkeitsgefüge oder psychosexueller Konstitution vorliegen, die Belang für die Schuldfähigkeit haben. Vielmehr können Psychiater und Psychologen wegen ihrer besonderen Möglichkeiten und Methoden bei der gutachterlichen Untersuchung die Erkenntnisse über Biografie, Persönlichkeit und Entwicklung hin zur Tat weit vertiefter herausarbeiten, als es üblicherweise in dem von anderen Zielen und Vorgehensweisen geleiteten Kontext eines Ermittlungsverfahrens oder einer Hauptverhandlung möglich ist. Besonders wichtig ist dieses zusätzliche Repertoire an Methoden, Kenntnissen und Untersuchungsmöglichkeiten, wie Rössner zu Recht betont, für die ebenso komplexen wie folgenreichen Fragestellungen nach Kriminalprognose und Gefährlichkeit bei psychisch gesunden wie bei kranken Straftätern (s. auch Maatz 2000).

## 3.8.2 Qualitätssicherung forensischer Begutachtung

Erfreulicherweise hat sich auf dem Gebiet der Begutachtung in den letzten Jahren sowohl in der Forensischen Psychiatrie wie auch in der Forensischen Psychologie eine deutliche Verbesserung der wissenschaftlichen wie auch der empirisch-praktischen Situation ergeben. In der Psychiatrie hat dies in einem mehrjährigen Prozess, der Anfang der 1990er Jahre begann, zunächst zu einem Zertifikat „Forensische Psychiatrie" innerhalb der wissenschaftlichen psychiatrischen Fachgesellschaft (DGPPN) geführt (Nedopil u. Saß, 1997; Saß 1999). Inzwischen gibt es in der Musterweiterbildungsordnung der Bundesärztekammer zusätzlich zur Gebietsbezeichnung „Psychiatrie und Psychotherapie" die Schwerpunktbezeichnung „Forensische Psychiatrie", die auch weitgehend in die Weiterbildungsordnungen der Landesärztekammern übernommen wurde. DGPPN-Zertifikat und Schwerpunktbezeichnung der Ärztekammern zielen auf die Förderung und Sicherung der Qualität in der forensischen Begutachtung, in der Täterbehandlung und im strafrechtlichen Umgang mit delinquent gewordenen Menschen. Ganz analoge Entwicklungen gab es in der Rechtspsychologie, wo der Berufsverband (BDP) und die wissenschaftliche Vereinigung der Psychologen (DGPs) gemeinsam entsprechende Weiterbildungscurricula zur Führung des Titels „Fachpsychologe/Fachpsychologin für Rechtspsychologie" erarbeitet haben.

Mit den geschilderten Entwicklungen wird auch der immer wieder geäußerten Forderung Rechnung getragen, dass der Sachverständige seinen wissenschaftlichen Ansatz, seine Untersuchungsmethoden und seine Hypothesen offenlegt (BGHSt 45, 178). Wer sich in der Forensischen Psychiatrie oder Psychologie durch entsprechende Weiterbildungscurricula, Zertifizierungen oder Zusatzbezeichnungen qualifiziert hat, steht auf der Grundlage eines heute allgemein anerkannten und gesicherten Regelwerkes hinsichtlich Untersuchung, Diagnostik und Differenzialdiagnostik sowie Ableitung der forensischen Schlussfolgerungen. Er wird seine Begutachtungsergebnisse mit Hilfe der operationalisierten Klassifikationssysteme von ICD-10 oder DSM-IV-TR darlegen und die von ihm daraus gezogenen Konsequenzen unter Bezug auf die aktuelle wissenschaftliche Literatur erläutern. Dabei stehen ihm als methodologischer Rahmen auch die jüngst von Arbeitsgruppen aus Psychiatern, Psychologen, Juristen und Kriminologen vorgelegten Mindeststandards für die beiden wichtigsten Themengruppen forensischer Begutachtung, nämlich die Schuldfähigkeitsprobleme und die Prognosebeurteilung, zur Verfügung (vgl. Boetticher et al. 2005; Eisenberg 2005; Boetticher et al. 2006).

Die Orientierung des Sachverständigen an einem derartigen Regelwerk wird auch helfen, einer weiteren Forderung zu genügen, die von Juristen häufig erhoben wird, nämlich die Einhaltung der Kompetenzabgrenzung zwischen den Sachverständigen und den übrigen Verfahrensbeteiligten, insbesondere dem Gericht. Hier sei jedoch aus gutachterlicher Sicht der auch in den genannten Mindeststandards geäußerte Wunsch noch einmal unterstrichen, dass der Sachverständige durch klare Fragestellungen bei der Auftragserteilung und geeignete Hinweise im Laufe des Verfahrens eine sachdienliche Anleitung durch das Gericht erfährt. Auf diese Weise wird sich der von Rössner zutreffend beschriebene Dialog zwischen Sachverständigem und Richter bei der Bewertung der empirisch festgestellten Tatsachen und ihrer Subsumtion konstruktiv entwickeln können. Fragen der fachspezifischen Kompetenz des Gutachters sowie seiner wissenschaftlichen Offenheit und Neutralität, aber auch seiner Prozesserfahrung hinsichtlich bestimmter Fallgestaltungen, wie sie Rössner anführt, dürften durch diese in den letzten Jahren erfolgten Maßnahmen der Qualitätssicherung in den forensischen Wissenschaften zunehmend an Aktualität verlieren (vgl. Kröber 2005).

### 3.8.3 Mögliche Rollenkonflikte des Sachverständigen

Naturgemäß kann die gewachsene Bedeutung des psychowissenschaftlichen Sachverständigengutachtens für das gerichtliche Verfahren zu Überschneidungen in der Aufgabenstellung und Rollenkonflikten führen. Deshalb ist es wesentlicher Inhalt von Ausbildung und Qualitätskontrolle in der forensisch-psychiatrischen oder forensisch-psychologischen Tätigkeit, dass der Sachverständige sich selbst und allen Beteiligten im Verfahren Möglichkeiten und Grenzen seiner Tätigkeit in aller Deutlichkeit darlegt. Dabei drohen für den Sachverständigen Rollenkonflikte nicht nur hinsichtlich der Abgrenzung gegenüber den anderen Funktionsträgern im Verfahren, sondern auch innerhalb der eigentlichen ärztlichen bzw. psychologischen Tätigkeit. Eine klare Darlegung des eigenen Auftrages und der damit verbundenen Konsequenzen für Selbstverständnis und Verhalten gegenüber dem Probanden ist auch bei der Gutachtenuntersuchung essenziell.

Üblicherweise wird ein Mensch, der einen Arzt oder einen Psychologen aufsucht, nicht nur die selbstverständliche Respektierung der Schweigepflicht erwarten, sondern auch die mit dem zwischen beiden Seiten eingegangenen Behandlungsvertrag unausgesprochen übernommene Verpflichtung, für den Patienten da zu sein, alle nachteiligen Entwicklungen von ihm fernzuhalten und das Bestmögliche für ihn zu tun. Natürlich steht dabei der Aspekt von Gesundheit und Krankheit im Vordergrund, doch ist auch in sozialer Hinsicht in der Allgemeinbevölkerung die unausgesprochene Erwartung verbreitet, dass ein Arzt und Therapeut vor allem das Wohl, die Hilfeleistung und die Unterstützung seines Patienten im Auge haben soll.

Insofern muss der Gutachter in seinem Selbstverständnis nicht nur die Gefahr einer Überschneidung mit richterlichen oder anderen Rollenfunktionen im Verfahren reflektieren, sondern vor allem vor sich und den Probanden mit größtmöglicher Klarheit den Unterschied zwischen den Rollen als Arzt/Therapeut und als Sachverständiger deutlich machen. Erfahrungsgemäß reicht es daher nicht aus, derartige Klarstellungen in einer Belehrung zu Beginn des Kontaktes mit dem Probanden vorzunehmen, da aufgrund des gesellschaftlich verankerten Rollenbildes zumindest im Empfinden des Probanden immer wieder ein Abgleiten in Richtung therapeutischer Situation mit konsekutiver Hilfserwartung naheliegt. Von daher muss der Untersucher in seiner Haltung und in seinen Äußerungen zwar Kontaktbereitschaft und Empathie vermitteln, aber auch dem Probanden immer wieder die besondere, von der Alltagserwartung deutlich abweichende Rolle klar machen, die mit Verfahren und Gutachtenauftrag verbunden ist.

Im Übrigen wird in der Literatur unterschiedlich gesehen, ob und in welche Form eine Belehrung durch den Gutachter erforderlich ist (vgl. Finke 1974; Ehlers 1989; Schreiber u. Rosenau 2004; Rössner in diesem Band). Zumindest erscheint es aber aus ärztlich-ethischer Sicht unabdingbar, einer zu begutachtenden Person Sinn und Fragestellung der Untersuchung zu erläutern und auf Schweigerechte des Betroffenen sowie die eingeschränkte Schweigepflicht des Untersuchers hinzuweisen. Schließlich ist in diesem Zusammenhang von Bedeutung, dass solche Erkenntnisse des Untersuchers, die für die Erstattung des Gutachtens nicht wesentlich sind, durchaus der Schweigepflicht unterliegen.

Aus derartigen Gründen einer größtmöglichen Transparenz über Rolle und Funktion des Sachverständigen ist es auch in aller Regel zu vermeiden, dass behandelnde Ärzte oder Psychologen zu irgendeinem späteren Zeitpunkt gutachterliche Aufgaben für ihre ehemaligen oder gegenwärtigen Patienten, jetzt Probanden, übernehmen. Zu beachten ist die aus der therapeutischen Tätigkeit resultierende Schweigepflicht, die für den späteren Sachverständigen, sofern er nicht entbunden wird, hinsichtlich seines früher erworbenen Wissens um den seinerzeitigen Patienten uneingeschränkt gültig bleibt. Ebenso sollte im Gerichtssaal bei aktuellen Fragestellungen, die mit dem Gesundheitszustand des Angeklagten zu tun haben, stets reflektiert werden, ob Aspekte einer therapeutischen Funktion betroffen sind. Sobald dies – und sei es auch nur in der Erwartung des Angeklagten – der Fall sein kann, ist auf Beiziehung eines nicht durch die Gutachterposition in der Rollenbeschreibung festgelegten Arztes oder Therapeuten zu drängen.

Im Übrigen kann gerade bei psychiatrischen/psychologischen Untersuchungen ein gewisses Kontakt- oder Näheverhältnis entstehen, das zu besonders sorgfältiger Rollenreflektion und Aufklärung Anlass gibt. Bei mehrstündigen Explorationsgesprächen, die einfühlsam geführt werden, entwickelt sich nicht selten eine Atmosphäre des Vertrauens bis hin zu Übertragungsphänomenen. Dabei werden oft auch Mitteilungen gemacht, die über die eigentliche Gutachtenthematik hinausgehen und eher einem Aussprache- und Entlastungsbedürfnis entspringen. All dies ist vom Untersucher sorgfältig zu reflektieren und gegebenenfalls mit dem Probanden zu erörtern, um Missverständnissen, Enttäuschungen und Vorwürfen der Befangenheit vorzubeugen. Auch ist aus ähnlichen Gründen in der Regel zu empfehlen, dass ein Sachverständiger in einem Verfahren mit mehreren Beschuldigten nur eine Begutachtung übernimmt. Eine umfassende und für alle Sachverständigen wichtige Darstellung der zu berücksichtigenden Aspekte von Zurückhaltung und Neutralität zur Vermeidung der Besorgnis von Befangenheit gibt Eisenberg (2006).

### 3.8.4 Zur Auswahl des Sachverständigen

Eine wichtige Frage im Zusammenwirken von Juristen und Sachverständigen betrifft die Prozeduren der Auswahl und Bestellung. Hierbei geht es zum einen um Fragen der Sachkompetenz, der Zuständigkeit bestimmter Fachdisziplinen und des Verfügens über geeignete Untersuchungsmethoden bis hin zu technischen Verfahren oder spezieller Testdiagnostik. Was die Beauftragung eines psychiatrischen oder eines psychologischen Gutachters angeht, so hat sich der in früheren Jahrzehnten übliche Kompetenzstreit (vgl. Rasch 1992) zwischen zwei ehemals konkurrierenden Disziplinen inzwischen weitgehend erledigt (Schöch 2005). Selbstverständlich muss immer dann, wenn es um die Frage einer psychischen Erkrankung oder einer körperlichen Störung mit potenziellen Auswirkungen auf die psychischen Funktionen geht, der medizinische Methodenkanon mit psychiatrischer Kompetenz im Vordergrund stehen, einschließlich somatischer Untersuchung und entsprechender Zusatzdiagnostik wie zerebraler Bildgebung oder elektrophysiologischer Verfahren. In aller Regel wird also, wenn es um die Möglichkeit oder den Ausschluss von krankhaften Prozessen geht, die psychiatrische Begutachtung führend sein und gegebenenfalls ihre Ergänzung in testpsychologischen Untersuchungen finden. Das Schwergewicht psychologischer Untersuchungskompetenz liegt in der Spielbreite gesunder psychischer Verfassungen mit Besonderheiten in der Persönlichkeitsentwicklung, in der psychosexuellen Konstitution oder in der Intelligenzausstattung. Darüber hinaus können differenzierte testpsychologische Verfahren hilfreich sein in der Ergänzung psychiatrisch-psychopathologischer Untersuchung bei psychisch Kranken, etwa in der Herausarbeitung und Quantifizierung von Leistungsmängeln bei hirnorganischer Beeinträchtigung. Auf der anderen Seite sind Kompetenzen und Methodenrepertoire der Psychologen führend bei Fragestellungen wie Glaubhaftigkeitsbeurteilung oder familienrechtlichen Problemen. Hier wird nur dann, wenn Verdachtsmomente für psychische Erkrankungen erkennbar sind, eine ergänzende psychiatrische Untersuchung indiziert sein. Insgesamt gilt heute, dass das arbeitsteilige Zusammenwirken von Psychiatern und Psychologen gut eingespielt und in aller Regel für das Gesamtvorhaben der Begutachtung förderlich ist. Zumindest bei komplexen und schwierigen Fragestellungen wird man zu einer gemeinsamen Beurteilung durch Zusammenfügen der mit je eigener Fachkompetenz erarbeiteten Ergebnisse gelangen.

Ein zweiter, in jüngerer Zeit zunehmend mit Kontroversen verbundener Auswahlvorgang betrifft die Entscheidung über die individuelle Person des Gutachters. Rössner führt hierzu in diesem Band aus, die sach- und fachbezogene Auswahl des Gutachters erfolge durch den Staatsanwalt bzw. das Gericht im Rahmen eines Beurteilungsspielraumes. Hier haben sich in den letzten Jahren Problemstellungen ergeben, die zunächst auf der Ebene der praktischen Abläufe in Erscheinung treten, aber wohl doch mit grundsätzlicheren Themen verbunden sind. Bekanntlich kann es um die Frage, welcher Gutachter in einem Strafverfahren beauftragt wird, im Vorfeld des

Verfahrens und bis hinein in die Hauptverhandlung ein erhebliches Tauziehen geben. Trotz des Postulates gutachterlicher Neutralität, einer inzwischen weniger durch Schulmeinungen geprägten, wissenschaftlichen Grundhaltung der Sachverständigen und der klärenden Funktion von Mindeststandards gibt es die wohl nicht nur auf Vorurteilen beruhende Auffassung, dass manche Gutachter eher und andere seltener zur De- und Exkulpierung oder auch zu einer bestimmten prognostischen Beurteilung neigen. Von daher haben zuweilen Angeklagte oder ihre Verteidigung, aber auch die beauftragende Staatsanwaltschaft ein Interesse daran, einen bestimmten Gutachter zu bestellen und einen anderen gerade nicht zu bestellen. Dabei spielen neben den vordergründig vorgetragenen Fragen der speziellen Kompetenz und Erfahrung sicherlich im Hintergrund Erwartungen über das Ergebnis der Begutachtung die wesentliche Rolle.

Die überzeugendste Form, mit diesen Problemen umzugehen, liegt in einer Verständigung etwa zwischen Staatsanwaltschaft und Verteidigung oder, falls das Gericht die Auswahl vornimmt, zwischen diesem und den anderen Verfahrensbeteiligten über den zu beauftragenden Gutachter. Kommt es dabei nicht zu einem Einvernehmen, so kann, wie es nicht selten geschieht, der Angeklagte bzw. seine Verteidigung ankündigen, der Proband werde nicht an der Exploration teilnehmen. In einer solchen Situation wurde früher häufig zum Mittel einer stationären Untersuchung und Beobachtung gemäß § 81 StPO gegriffen. Allerdings begegnet diese Maßnahme heute rechtlichen Bedenken, da es einem Angeklagten frei steht, an einer psychiatrischen Untersuchung mitzuwirken oder auch nicht. Dies entspricht, wie Rössner darlegt, dem grundgesetzlichen Postulat der Selbstbelastungsfreiheit. Gelegentlich wird dann aber gleichzeitig vom Angeklagten bzw. seiner Verteidigung erklärt, man sei zur Exploration durch einen anderen als den von Staatsanwaltschaft oder Gericht ins Auge gefassten Gutachter bereit. Das kann unter Hinweis auf eine fehlende Vertrauensbasis geschehen, häufig wird aber auch keine Begründung genannt. In solchen Situationen stellt sich die weitere Frage zwar nicht der überlegenen Sachkunde, aber doch die der möglicherweise überlegenen Beurteilungsgrundlage. Sicherlich ist es in einfach gelagerten Fällen und beim Fehlen jeglicher Hinweise auf psychische Erkrankungen durchaus möglich, die Schuldfähigkeitsfrage auf Basis der Aktenkenntnis und vor allem der Ergebnisse der Hauptverhandlung zu beantworten. Schwieriger wird es in komplexeren Fällen oder dann, wenn der Angeklagte auch in der Hauptverhandlung von seinem Schweigerecht Gebrauch macht. Dann mag tatsächlich die Überlegung auftauchen, ob nicht ein Gutachter, der persönlich untersuchen und explorieren konnte, über eine deutlich bessere Beurteilungsbasis verfügt.

Andererseits erscheint es zumindest aus Sicht der Sachverständigen problematisch, wenn durch gezielte Verhaltensweisen die Gutachterauswahl in bestimmte Richtungen gelenkt werden soll. Ähnlich sieht es offenbar der BGH (Urteil vom 12.2.1998): „Will der Angeklagte nur beim ‚Sachverständigen des Vertrauens' Angaben machen, wird dadurch die alleinige Entscheidungsbefugnis des Tatrichters über die Auswahl des Sachverständigen nicht tangiert („darf nicht ausgehöhlt werden', BGH NStZ 1993, 395, 397). Lässt sich ein Angeklagter vom gerichtlichen Sachverständigen nicht untersuchen, muß er in Kauf nehmen, überhaupt nicht untersucht zu werden (vgl. auch BGH NStZ 1997, 610)." Im genannten Urteil wird auch ausgeführt, dass die Untersuchung einer zu begutachtenden Person kein überlegenes Forschungsmittel ist, über das der eine, nicht aber ein anderer Sachverständiger verfügt (S. 30), und dass ein Angeklagter durch Untersuchungsverweigerung nicht einen weiteren Sachverständigen erzwingen kann (S. 31).

Diese Formulierungen erscheinen aus gutachterlicher Sicht überzeugend. Anderenfalls könnte nämlich die Gefahr nicht von der Hand gewiesen werden, dass Neutralität und Unabhängigkeit der Gutachterfunktion Schaden nehmen, wenn dauerhaft einseitig geprägte Auswahlvorgänge stattfinden. Sowohl die Bindung an einen der Staatsanwaltschaft oder dem Gericht allzu vertrauten und genehmen Gutachter sollte vermieden werden, als auch die Bevorzugung eines dem Angeklagten bzw. seiner Verteidigung genehmen Sachverständigen. Erfahrungsgemäß können diese Fragen in manchen Verfahren eine erhebliche Bedeutung erlangen, auch wenn anerkannt ist, dass der Beschuldigte aus seinem eigenen Verhalten während des Verfahrens keinen Ablehnungsgrund wegen Befangenheit des Sachverständigen herleiten kann (Meyer-Goßner 2006). Insgesamt liegt in diesem Komplex der Beautragungs- und Auswahlentscheidungen für die Begutachtung wohl auch künftig noch mancher Zündstoff.

### 3.8.5 Die persönliche Bestellung des Sachverständigen

Zu praktischen Problemen im Zusammenwirken zwischen Gericht und Sachverständigen kann die Frage der persönlichen Gutachterpflicht und der Beteiligung von Mitarbeitern führen (Hanack 1961; Schreiber u. Rosenau 2004). In größeren Institutionen wie forensisch-psychiatrischen Abteilungen eines Landeskrankenhauses, in einer psychiatrischen Universitätsklinik oder in einem Maßregelvollzugskrankenhaus werden die Anforderungen von Gutachten zumeist an den jeweiligen Leiter gerichtet. Ebenso geläufig ist die Praxis, dass dieser die Gutachten an erfahrene, forensisch kompetente Fachärzte delegiert, die dann den Gutachtenauftrag selbstständig erfüllen. Hier muss – entweder durch grundsätzliche Regelung oder durch Absprache mit dem Auftraggeber von Fall zu Fall – geklärt werden, ob ein derartiges Vorgehen akzeptiert wird. Eine andere, ebenfalls häufig geübte Praxis besteht darin, dass der jeweilige Leiter geeignete Mitarbeiter in unterschiedlichem Umfang für die Erbringung von Teilleistungen der Untersuchungen beizieht. Eine bewährte Verfahrensweise liegt dann darin, dass der ursprünglich mit der Begutachtung beauftragte Leiter der Institution sich durch eigenes Aktenstudium sowie eigene Untersuchung gründlich mit dem Fall vertraut macht und das Ergebnis mit dem von ihm beigezogenen Mitarbeiter gemeinsam konzipiert. Bei einem solchen Ablauf trägt er die klinische und wissenschaftliche Gesamtverantwortung für das Gutachten. Hierfür hat sich üblicherweise als geeignete Unterschriftsformel eingebürgert: „Einverstanden aufgrund eigener Untersuchung und Urteilsbildung". Auch hier muss aber durch vorherige Klärung beim Auftraggeber für das Einverständnis mit dem geplanten Vorgehen gesorgt werden, um nicht unliebsame Verwicklungen vor oder gar in der Hauptverhandlung herbeizuführen. Dies gilt auch für die Frage, wer das Gutachten schließlich in der Hauptverhandlung vertritt. Ähnlich sollte auch bei der beabsichtigten Einholung von weiterer Kompetenz durch eine Spezialuntersuchung oder ein Zusatzgutachten der Auftraggeber frühzeitig informiert werden.

### 3.8.6 Zusätzliche Erhebungen des Sachverständigen

Schließlich gehört in diesen Komplex des Zusammenwirkens zwischen Sachverständigem und Gericht bei der Vorbereitung und Durchführung der Gutachtenerstattung auch noch die Frage, zu welchen eigenen Erhebungen der Sachverständige berechtigt ist (vgl. Heinitz 1969; Schreiber u. Rosenau 2004). Sofern es um Anknüpfungstatsachen geht, so ist, wie Rössner ausführt, für die Vernehmung von Auskunftspersonen die Zuständigkeit des Gerichtes, der Polizei oder der Staatsanwaltschaft gegeben. Allerdings dürften diese Instanzen nicht immer die nötigen Kenntnisse besitzen, um etwa nach psychopathologisch relevanten Informationen zu forschen. Dabei geht es nämlich eher um Befundtatsachen, die zu ihrer Erhebung einer besonderen, hier psychiatrisch-psychologischen Sachkunde bedürfen. In solchen Fällen ist die Exploration durch den Sachverständigen sicherlich ergiebiger. Deshalb kann es in solchen Fällen sinnvoll oder erforderlich sein, eine Fremdanamnese einzuholen, etwa bei Angehörigen, wenn es um Anzeichen einer psychischen Erkrankung in früherer Zeit geht, oder auch bei Intimpartnern, wenn zur Gutachtenthematik Auffälligkeiten im Sexualverhalten gehören. Um keine Probleme mit der Verwertbarkeit der Informationen aufzuwerfen, sollte der Sachverständige in Zweifelsfällen vor Einleitung derartiger Schritte das Vorgehen mit dem Auftraggeber besprechen. Zu beachten ist auch, dass spätere Aussageverweigerungen von dazu berechtigten Personen dazu führen, dass der Sachverständige die Angaben bei seiner endgültigen Gutachtenerstattung nicht berücksichtigen darf. Für diese Fragen hat Rössner in seinem Beitrag eine praktische Leitlinie formuliert, die aus Sicht des Sachverständigen ebenso einleuchtend wie nützlich ist.

Im Übrigen gehen die einzelnen Tätigkeiten des Sachverständigen, was die Unterscheidung zwischen Anknüpfungstatsachen, Befundtatsachen und Zusatztatsachen angeht, bei seiner Erarbeitung des Gutachtens häufig fließend ineinander über (vgl. Göppinger 1972). Deshalb stellen die notwendigen Untersuchungen des Sachverständigen zur Durchführung des Gutachtenauftrages in aller Regel eine kombinierte Tätigkeit dar, bei der es zum einen um die Erhebung von Tatsachen und Befunden geht, zum anderen aber findet gleichzeitig ein diagnostischer Prozess statt mit ständiger

Überprüfung, Rückfragen, Interpretationen, Verifikation oder Falsifikation von Hypothesen. Reine Wahrnehmungen des Psychiaters oder Psychologen bei der Untersuchung dürften zumeist dem Gericht wenig helfen, vielmehr kommt es auf die diagnostischen Schlüsse und die Beschreibung der üblicherweise zu erwartenden Auswirkungen der diagnostizierten Störungen auf die psychischen Funktionen an. Der enge inhaltliche Zusammenhang und die fließenden Übergänge zwischen Zusatztatsachen und Befundtatsachen seien erläutert an der Beschaffung von Informationen über Vorerkrankungen in der Familie. Natürlich könnte versucht werden, sie als Zusatztatsachen mittels Vernehmung durch Staatsanwaltschaft oder Polizei zu erheben. Weitaus sachdienlicher und für den Gutachtenzweck ergiebiger dürfte aber die eigene Erhebung durch den Sachverständigen mittels einer Fremdanamnese durch den Sachverständigen bei Angehörigen des Untersuchten sein, da auf diese Weise neben der reinen Konstatierung von Fakten wie Klinikaufenthalt oder ärztlicher Behandlung auch eine detailliertere Rekonstruktion der psychopathologischen Befundlage, der biografischen Entwicklung und der lebensgeschichtlichen Bedeutung von Auftreten und Verlauf psychischer Störungen möglich wird.

### 3.8.7 Schlussbemerkung

Einen speziellen Problempunkt betrifft die Bemerkung von Rössner über praktische Anleitungen für (Fang)Fragen zur wissenschaftlichen Orientierung und Qualifikation der Sachverständigen (vgl. Tondorf 2005). Solange es dabei um die Prüfung der allgemeinen Kompetenz des Untersuchers und die Qualität des speziellen Gutachtens geht, wird ein Sachverständiger derartige Fragen als Beitrag zur notwendigen Gütekontrolle respektieren und ebenso sachlich wie diszipliniert Auskunft geben. Schwieriger wird es, wenn auf diese Weise missliebige, für bestimmte Verteidigungsstrategien als ungünstig empfundene Sachverständige aus einem Verfahren entweder von vornherein ferngehalten oder im weiteren Ablauf eliminiert werden sollen. Hier kommt es nach forensischer Erfahrung nicht nur auf die klare und kompetente Stellungnahme des Sachverständigen an, sondern auch auf die souveräne Leitung durch das Gericht, um einen sachbezogenen Ablauf der Erörterungen in der Hauptverhandlung zu gewährleisten. Stets ist der Sachverständige gut beraten, gelegentlich aufkommenden Unmut hintan zu halten und sich den auf zuweilen streitigen Erkenntnisfortschritt ausgerichteten Charakter eines Strafprozesses vor Augen zu führen.

# Literatur

Boetticher A, Nedopil N, Bosinski HAG, Saß H (2005) Mindestanforderungen für Schuldfähigkeitsgutachten. NStZ 25:57–62, Nervenarzt 76:1154–1160

Boetticher A, Kröber HL, Müller-Isberner R, Böhm KM, Müller-Metz R, Wolf T (2006) Mindestanforderungen für Prognosegutachten. NStZ 26:237–544

Ehlers APF (1989) Die Aufklärungspflichten der psychiatrisch-psychologischen Sachverständigen im Strafprozeß. Msch Krim 72:79

Eisenberg U (2005) Anmerkungen zu dem Beitrag „Mindestanforderungen für Schuldfähigkeitsgutachten. NStZ 25:305–307

Eisenberg U (2006) Zur Ablehnung des Sachverständigen im Strafverfahren wegen Besorgnis der Befangenheit. NStZ 26:368–374

Fincke M (1974) Die Pflicht des Sachverständigen zur Belehrung des Beschuldigten. ZStW 86:656

Göppinger H (1972) Das Verfahren. In: Göppinger H, Witter H (Hrsg) Handbuch der forensischen Psychiatrie, Bd 2. Springer, Berlin Heidelberg, S 1531–1561

Hanack EW (1961) Zum Problem der persönlichen Gutachterpflicht, insbesondere in Kliniken. NJW 14:2041

Heinitz E (1969) Grenzen der Zulässigkeit eigener Ermittlungstätigkeit des Sachverständigen im Strafprozeß. In: Bockelmann P et al (Hrsg) Festschrift Karl Engisch. Klostermann, Frankfurt am Main, S 693–1561

Kröber HL (2005) Qualitätssicherung bei der Schuldfähigkeitsbegutachtung. In: Kröber HL, Steller M (Hrsg) Psychologische Begutachtung im Strafverfahren. Steinkopff, Darmstadt, S 21–37

Maatz KR (2000) Schuldfähigkeitsbeurteilung und Unterbringungsentscheidung: Zwischen Diagnose und Therapie – Der juristische Standpunkt zum Verhältnis zwischen Richter und Sachverständigen. In: Marneros A, Rössner D et al (Hrsg) Psychiatrie und Justiz. Zuckschwerdt, München, S 20–29

Meyer-Goßner L (2006) Strafprozessordnung, 49. Aufl, § 74, RN 8. Beck, München

Nedopil N, Saß H (1997) Schwerpunkt „Forensische Psychiatrie?" Nervenarzt 68:529–530

Rasch W (1992) Die Auswahl des richtigen Psycho-Sachverständigen im Strafverfahren. NStZ 12:257–264

Saß H (1999) Schwerpunktbildung im Rahmen des Gebietes „Psychiatrie und Psychotherapie". Nervenarzt 70:486–487

Saß H, Kröber HL (1999) Rechtliche Beurteilung psychisch Kranker. In: Helmchen H, Lauter H, Sartorius N (Hrsg) Psychiatrie der Gegenwart, 4. Aufl, Bd 2. Springer, Berlin Heidelberg New York, S 481–494

Schöch H (2005) Zum Verhältnis von Psychiatrie und Strafrecht aus juristischer Sicht. Nervenarzt 76:1382–1388

Schreiber HL, Rosenau H (2004) Der Sachverständige im Verfahren und in der Verhandlung. In: Venzlaff U, Foerster K (Hrsg) Psychiatrische Begutachtung, 4. Aufl. Urban & Fischer, München, S 125–137

Tondorf G (2005) Psychologische und psychiatrische Sachverständige im Strafverfahren, 2. Aufl. Müller, Heidelberg

# 4 Besonderheiten des Jugendstrafrechts

## 4.1 Grundlinien des Jugendstrafrechts

D. Dölling

### 4.1.1 Grundlagen

Das Jugendstrafrecht ist ein *Sonderstrafrecht für junge Täter* (Schaffstein u. Beulke 2002, S. 1). Es ist im Jugendgerichtsgesetz (JGG) geregelt. Das Jugendstrafrecht findet nach § 1 Abs. 1 JGG Anwendung, wenn ein Jugendlicher oder ein Heranwachsender eine Verfehlung begeht, die nach allgemeinen Vorschriften – also nach dem StGB oder anderen Strafgesetzen – mit Strafe bedroht ist. *Jugendlicher* ist nach § 1 Abs. 2 JGG, wer zur Zeit der Tat 14, aber noch nicht 18 Jahre alt ist, *Heranwachsender*, wer zur Zeit der Tat 18, aber noch nicht 21 Jahre alt ist. Für Jugendliche gilt das JGG uneingeschränkt, für Heranwachsende nur unter bestimmten Voraussetzungen, die im Abschnitt 4.1.3 erläutert werden.

Für *Kinder* – das sind Personen, die das 14. Lebensjahr noch nicht vollendet haben – gilt das JGG nicht. Kinder sind nach § 19 StGB schuldunfähig. Diese Vorschrift begründet nicht nur eine unwiderlegliche Vermutung der Schuldunfähigkeit von Kindern. Vielmehr ist die Vollendung des 14. Lebensjahres auch Prozessvoraussetzung. Richtet sich der Tatverdacht daher gegen ein Kind, ist das Verfahren einzustellen und nicht freizusprechen (Brunner u. Dölling 2002, § 1 Rn 14). Bei rechtswidrigen Taten von Kindern kommen nur Maßnahmen des Familien- oder Vormundschaftsgerichts oder der Jugendhilfe in Betracht. Auch auf *Erwachsene* – also auf Personen, die das 21. Lebensjahr vollendet haben – ist das JGG nicht anwendbar. Das gilt auch dann, wenn der Entwicklungsstand des Erwachsenen noch dem eines Jugendlichen oder Heranwachsenden entspricht.

Maßgeblich für das Eingreifen des Jugendstrafrechts ist nach § 1 Abs. 2 JGG das Alter des Täters zum *Zeitpunkt der Tat*, nicht zum Zeitpunkt des Strafverfahrens und des Urteils. Die Tat ist nach § 8 StGB zu der Zeit begangen, zu welcher der Täter gehandelt hat oder im Falle des Unterlassens hätte handeln müssen.

Das JGG enthält *Spezialregelungen* zum materiellen Strafrecht und zum Verfahrensrecht. Diese Spezialvorschriften verdrängen die allgemeinen – also für Erwachsene geltenden – Vorschriften. Die allgemeinen Vorschriften greifen nach § 2 JGG nur ein, soweit im JGG nichts anderes bestimmt ist. Der Vorrang des JGG gilt nicht nur, wenn das JGG eine ausdrückliche Regelung enthält, sondern auch dann, wenn das allgemeine Recht den Grundsätzen des JGG widerspricht oder zu einem nicht jugendgemäßen Ergebnis führen würde (Eisenberg 2006, § 2 Rn 12). So ist eine öffentliche Zustellung gemäß § 40 StPO gegen Jugendliche unzulässig, weil sie dem Grundsatz der Nichtöffentlichkeit des Jugendstrafverfahrens widerspricht (Ostendorf 2007, § 48 Rn 7).

Die Besonderheiten des Jugendstrafrechts gegenüber dem allgemeinen Strafrecht werden durch die Begriffe „Erziehungsstrafrecht" und „Täterstrafrecht" gekennzeichnet (Streng 2003, S. 9). Mit dem Begriff *Erziehungsstrafrecht* ist gemeint, dass das Hauptziel des Jugendstrafrechts darin besteht, mit auf den Entwicklungsstand junger Menschen abgestimmten Reaktionen in der Weise auf die jungen Täter einzuwirken, dass diese nicht erneut straffällig werden. Unter Erziehung im Sinne des JGG ist also jugendgemäße Spezialprävention zu verstehen (Dölling 1993, S. 370). Im Jugendstrafrecht hat somit anders als im allgemeinen Strafrecht der Sanktionszweck der Spezialprävention den Vorrang vor Schuldausgleich und Generalprävention (Lenckner 1972, S. 239). Mit dem Begriff *Täterstrafrecht* wird zum Ausdruck gebracht, dass die jugendstrafrechtlichen Reaktionen dann, wenn sie den Erziehungszweck erfüllen wollen, an die Persönlichkeit des jeweiligen jungen Täters angepasst werden müssen. Demgegenüber tritt im Jugendstrafrecht im Vergleich zum allgemeinen Strafrecht die Bedeutung der Tat für die Sanktionszumessung zurück. Auch im Jugendstrafrecht ist die Tat jedoch relevant: Jugendstrafrechtliche Sanktionen dürfen nur verhängt werden, wenn eine Straftat begangen worden ist, und dürfen nicht außer Verhältnis zur Tatschwere stehen.

Von einem Teil der Literatur wird der Erziehungsgedanke kritisiert und gefordert, das Erziehungsprinzip als Grundlage des Jugendstrafrechts aufzugeben (Albrecht PA 2000, S. 65 ff.; Albrecht HJ 2002, S. 97 ff.). Gegen den Erziehungsgedanken wird unter anderem eingewendet, dass bei den zahlreichen normal sozialisierten jungen Gelegenheitstätern kein Erziehungsbedürfnis bestehe, der Erziehungsgedanke zu unbestimmt und die erzieherische Wirkung jugendstrafrechtlicher Sanktionen zweifelhaft sei und der Erziehungsgedanke zu einer Verschärfung der Sanktionen führen könne. Diese Argumente überzeugen jedoch nicht. Besteht kein Erziehungsbedarf, ist aus erzieherischen Gründen keine Sanktion zu verhängen. Ist Erziehungsbedarf vorhanden, werden Art und Ausmaß der Sanktion durch das erzieherisch Erforderliche und den Verhältnismäßigkeitsgrundsatz bestimmt und begrenzt. Der Erziehungsgrundsatz ermöglicht eine sinnvolle jugendgemäße Reaktion im Einzelfall und erscheint daher besser als ein dem Prinzip der Tatproportionalität folgendes Strafrecht geeignet, die Rückfälligkeit junger Täter zu verhindern. Deshalb hält die ganz überwiegende Meinung zu Recht am Erziehungsgedanken als Grundprinzip des Jugendstrafrechts fest (Böhm u. Feuerhelm 2004, S. 11; Brunner u. Dölling 2002, Einf. II Rn 4; Schaffstein u. Beulke

2002, S. 50; Streng 2003, S. 12 ff.). Völlig verfehlt ist die von Kusch (2006) erhobene Forderung nach Abschaffung des Jugendstrafrechts. Die Anwendung des Erwachsenenstrafrechts auf Jugendliche würde vielfach zu Ergebnissen führen, die den Besonderheiten der Jugendphase nicht entsprechen, und wäre deshalb kontraproduktiv und schädlich.

### 4.1.2 Die relative Strafmündigkeit gemäß § 3 JGG

Auch ein Jugendlicher darf strafrechtlich nur zur Verantwortung gezogen werden, wenn er eine *Straftat* begangen hat. Dies setzt ebenso wie im allgemeinen Strafrecht voraus, dass der Jugendliche einen Straftatbestand rechtswidrig und schuldhaft erfüllt hat. Die Strafbarkeitsvoraussetzungen des allgemeinen Strafrechts gelten also auch im Jugendstrafrecht. Insbesondere die Erfüllung der subjektiven Tatseite ist bei Jugendlichen sorgfältig zu prüfen. Zu den allgemeinen Strafbarkeitsvoraussetzungen fügt § 3 S. 1 JGG eine *zusätzliche Schuldvoraussetzung* hinzu. Danach ist ein Jugendlicher nur dann strafrechtlich verantwortlich, wenn er zur Zeit der Tat nach seiner sittlichen und geistigen Entwicklung reif genug ist, das Unrecht der Tat einzusehen und nach dieser Einsicht zu handeln. Während bei einem über 18-Jährigen grundsätzlich von der Schuldfähigkeit ausgegangen werden kann und Schuldunfähigkeit nur dann näher zu prüfen ist, wenn Anhaltspunkte für eine psychische Beeinträchtigung des Täters bestehen, ist die Strafmündigkeit nach § 3 JGG in jedem Fall sorgfältig zu prüfen und setzt die Verurteilung eines Jugendlichen die positive Feststellung der Strafmündigkeit voraus (Brunner u. Dölling 2002, § 3 Rn 3 und 8).

Die relative Strafmündigkeit nach § 3 JGG hat zwei Voraussetzungen, die mit den Begriffen „Einsichtsfähigkeit" und „Steuerungsfähigkeit" gekennzeichnet werden können. Die *Einsichtsfähigkeit* setzt voraus, dass der Jugendliche nach seinem Entwicklungsstand in der Lage ist, das Unrecht der Tat zu erkennen. Es kommt also nicht auf die positive Kenntnis des Unrechts, sondern auf die Fähigkeit hierzu an. Es genügt nicht, dass der Jugendliche erfassen kann, dass sein Handeln unmoralisch ist. Vielmehr muss er erkennen können, dass sein Tun gegen die Rechtsordnung verstößt (Ostendorf 2007, § 3 Rn 7). Hierfür reicht das Erkennenkönnen der formellen Rechtswidrigkeit nicht aus. Der Jugendliche muss vielmehr in der Lage sein, das materielle Unrecht der Tat, ihre Wertwidrigkeit zu erkennen (Schaffstein u. Beulke 2002, S. 64). Maßgeblich ist, ob der Jugendliche nach seinen intellektuellen Fähigkeiten und seinem ethischen Reifestand bei zumutbarer Anstrengung das Tatunrecht erkennen kann (Diemer 2002, § 3 Rn 4). Die konkrete Vorschrift, gegen die der Jugendliche verstößt, und die Strafbarkeit des Verhaltens muss der Jugendliche nicht erkennen können.

Die Einsichtsfähigkeit wird bei normal entwickelten Jugendlichen in der Regel zu bejahen sein, wenn es um Verstöße gegen allgemein bekannte Strafvorschriften, z.B. gegen das Diebstahlsverbot, geht. Dagegen kommt bei komplexeren Straftatbeständen, wie etwa der Urkundenfälschung, eher ein

Fehlen der Einsichtsfähigkeit in Betracht. Außerdem ist an eine Verneinung der Einsichtsfähigkeit zu denken, wenn der Jugendliche durch seine Erziehungspersonen unzureichend sozialisiert wurde und in sozialer Isolierung aufgewachsen ist oder wenn der Jugendliche aus einem anderen Kulturkreis mit Normen stammt, die in einem Konflikt zum deutschen Recht stehen (Streng 2003, S. 26 f.).

Zur Einsichtsfähigkeit muss die *Steuerungsfähigkeit* hinzukommen. Sie ist gegeben, wenn der Jugendliche nach seinem Entwicklungsstand in der Lage ist, den Tatanreizen zu widerstehen und sich normgemäß zu verhalten. Der Jugendliche muss also über ausreichende Selbstkontrolle verfügen. Die Steuerungsfähigkeit folgt nicht ohne weiteres aus der Einsichtsfähigkeit (Meier 2003, S. 90 f.). Vielmehr können Jugendliche trotz vorhandener Einsichtsfähigkeit außerstande sein, die zur Tat drängenden Bestrebungen zu beherrschen. Als Beispiele kommen ein übermächtiger Sexual- oder Besitztrieb und die Abhängigkeit von älteren Personen oder Gleichaltrigengruppen in Betracht (Brunner u. Dölling 2002, § 3 Rn 4).

Für die relative Strafmündigkeit kommt es auf die *Zeit der Tat* an. Die Strafmündigkeit ist auf die jeweils begangene konkrete Tat zu beziehen. Hat der Jugendliche mehrere Delikte begangen, die zueinander im Verhältnis der Tatmehrheit stehen, ist also *für jede Tat gesondert* zu prüfen, ob die Strafmündigkeit vorhanden war. Auch dann, wenn der Jugendliche durch eine Handlung mehrere Tatbestände erfüllt hat – wenn also ein Fall der Tateinheit oder der Gesetzeskonkurrenz vorliegt –, ist die Strafmündigkeit für jeden Tatbestand getrennt zu prüfen (Diemer 2002, § 3 Rn 5 ff.). Die gesonderte Prüfung kann zu unterschiedlichen Ergebnissen führen. So kann bei einer beeideten falschen Zeugenaussage die Einsichtsfähigkeit bezüglich des Unrechts der falschen Aussage gemäß § 153 StGB, nicht aber hinsichtlich des spezifischen Unrechts des Meineids nach § 154 StGB gegeben sein (Schaffstein u. Beulke 2002, S. 65). In diesem Fall ist nur nach § 153 StGB zu verurteilen.

*Fehlt die Strafmündigkeit*, darf der Jugendliche nicht verurteilt werden. Das Ermittlungsverfahren ist daher nach § 170 Abs. 2 StPO einzustellen. Ergibt sich das Fehlen der Strafmündigkeit erst nach Anklageerhebung im Zwischenverfahren, lehnt das Gericht die Eröffnung des Hauptverfahrens gemäß § 204 StPO ab. Nach Eröffnung des Hauptverfahrens spricht das Gericht bei Entscheidung durch Urteil frei oder stellt es das Verfahren nach § 47 Abs. 1 Nr. 4 JGG ein (Brunner u. Dölling 2002, § 3 Rn 7). Außerdem kann der Richter nach § 3 S. 2 JGG dieselben *Maßnahmen* anordnen *wie der Familien- oder Vormundschaftsrichter*. Diese Vorschrift gibt dem Jugendrichter insbesondere die Möglichkeit, Maßnahmen zur Abwendung einer Gefährdung des Jugendlichen nach den §§ 1666, 1666a BGB zu ergreifen. Dies ist allerdings nur zulässig, wenn die im BGB geregelten Voraussetzungen für diese Maßnahmen erfüllt sind (Ostendorf 2007, § 3 Rn 19). Liegen diese Voraussetzungen vor, steht es im pflichtgemäßen Ermessen des Jugendrichters, ob er von der Möglichkeit des § 3 S. 2 JGG Gebrauch macht. Er kann das weitere Vorgehen auch dem Familien- oder Vormundschaftsgericht überlassen. Nach überwiegender Meinung gibt § 3 S. 2 JGG dem Jugendrichter auch die Möglichkeit, Hilfen zur Erziehung nach den §§ 27 ff. SGB VIII anzuordnen (Eisenberg 2006, § 3 Rn 42; Streng 2003, S. 31; aA Miehe 1996). Die Anfechtung von Entscheidungen des Jugendrichters nach § 3 S. 2 JGG richtet sich nach JGG und StPO, nicht nach FGG (Brunner u. Dölling 2002, § 3 Rn 16).

Für die Taten eines Jugendlichen gelten auch die Vorschriften der §§ 20, 21 StGB über Schuldunfähigkeit und erheblich verminderte Schuldfähigkeit. Es stellt sich daher die Frage, wie § 3 JGG und §§ 20, 21 StGB voneinander abzugrenzen sind. Dieser Abgrenzung kommt wegen der unterschiedlichen Rechtsfolgen erhebliche Bedeutung zu. Nur wenn die Strafmündigkeit nach § 3 S. 1 JGG zu verneinen ist, kann der Jugendrichter nach § 3 S. 2 JGG dieselben Maßnahmen anordnen wie der Familien- oder Vormundschaftsrichter. Nur wenn Schuldunfähigkeit nach § 20 StGB oder erhebliche Verminderung der Schuldfähigkeit gemäß § 21 StGB bejaht wird, darf nach § 7 JGG und § 63 StGB die Unterbringung eines Jugendlichen im psychiatrischen Krankenhaus angeordnet werden. Die Abgrenzung kann grundsätzlich in der Weise vorgenommen werden, dass § 3 JGG Reifemängel im – normal oder regelwidrig verlaufenden – Entwicklungsprozess betrifft, die durch eine Nachreifung ausgeglichen werden können, während die §§ 20, 21 StGB bei pathologischen Störungen eingreifen, die von der Entwicklung des Jugendlichen unabhängig sind (Meier 2003, S. 94).

Im Einzelfall kann es zu einem Zusammentreffen der Voraussetzungen des § 3 JGG und der §§ 20, 21 JGG kommen, etwa wenn ein Jugendlicher wegen eines erheblichen Entwicklungsrückstandes im Sinne von § 3 JGG nicht verantwortlich ist und bei ihm außerdem wegen Debilität auf Dauer § 21 StGB anzunehmen ist (vgl. den Fall BGHSt 26, 67). Wie diese Fälle zu beurteilen sind, ist umstritten. Nach dem BGH kommt den §§ 20 und 21 StGB der Vorrang zu: Liegen die Voraussetzungen für die Unterbringung nach § 63 StGB vor, ist diese auszusprechen (BGHSt 26, 67; ebenso Brunner u. Dölling 2002, § 3 Rn 10; Diemer 2002, § 3 Rn 28). Nach anderer Auffassung soll § 3 JGG den Vorrang haben (OLG Karlsruhe NStZ 2000, 485; Eisenberg 2006, § 3 Rn 36, 39) und nach einer dritten Meinung soll dem Richter ein Wahlrecht zwischen den Rechtsfolgen des § 3 JGG und der §§ 20, 21 JGG zustehen (Schaffstein u. Beulke 2002, S. 68). Zu folgen ist dem BGH. Das JGG hat in § 7 entschieden, das § 63 StGB zum Schutz der Allgemeinheit und im Behandlungsinteresse des Jugendlichen auch auf Taten Jugendlicher Anwendung finden soll. § 3 JGG kann daher nicht als eine den § 7 JGG verdrängende Spezialregelung angesehen werden. Ist eine Unterbringung nach § 63 StGB nicht notwendig, können aber Maßnahmen nach § 3 S. 2 JGG angeordnet werden (Brunner u. Dölling 2002, § 3 Rn 10). Kann nicht aufgeklärt werden, ob nur Strafunmündigkeit nach § 3 S. 1 JGG gegeben ist oder auch die Voraussetzungen der §§ 20, 21 StGB vorliegen, ist nur § 3 JGG anzuwenden (Ostendorf 2007, § 3 Rn 3).

In der Regel wird der Jugendrichter in der Lage sein, das Vorliegen der Strafmündigkeit gemäß § 3 JGG aufgrund seiner Sachkunde und Erfahrung und unter Heranziehung der Jugendgerichtshilfe zu beurteilen, ohne dass es der Beauftragung eines *Sachverständigen* bedarf (Diemer 2002, § 3 Rn 15). Kann der Richter aber Zweifel am Vorliegen der Strafmündigkeit nicht selbst klären, wird ein Sachverständiger einzuschalten sein. Das wird insbesondere der Fall sein, wenn ein regelwidriger Entwicklungsverlauf vorliegt oder wenn Anhaltspunkte für eine psychische Störung bestehen. Bei der Entscheidung über die Einholung eines Gutachtens hat der Jugendrichter auch zu bedenken, dass ein Sachverständigengutachten mit erheblichen Eingriffen in die Persönlichkeitssphäre des Jugendlichen verbunden sein und sich unter Umständen stigmatisierend auswirken kann und deshalb zur Bedeutung der abzuurteilenden Tat außer Verhältnis stehen kann (Ostendorf 2007, § 3 Rn 14; Schöch 2001, S. 138).

### 4.1.3 Die Heranwachsenden im Jugendstrafrecht

Die *Heranwachsenden*, also diejenigen jungen Menschen, die das 18., aber noch nicht das 21. Lebensjahr vollendet haben (§ 1 Abs. 2 JGG), sind teilweise in das Jugendstrafrecht einbezogen. Die Anwendung des *materiellen Jugendstrafrechts* auf Heranwachsende ist in *§ 105 JGG* geregelt. Nach § 105 Abs. 1 JGG sind die für Jugendliche geltenden §§ 4 bis 8, 9 Nr. 1, 10, 11 und 13 bis 32 auf Heranwachsende entsprechend anzuwenden, wenn 1. die Gesamtwürdigung der Persönlichkeit des Täters bei Berücksichtigung auch der Umweltbedingungen ergibt, dass er zur Zeit der Tat nach seiner sittlichen und geistigen Entwicklung noch einem Jugendlichen gleichstand, oder 2. wenn es sich nach der Art, den Umständen oder den Beweggründen der Tat um eine Jugendverfehlung handelt. Danach finden die genannten Vorschriften des JGG auf einen Heranwachsenden Anwendung, wenn dieser sich entweder zur Zeit der Tat auf dem Entwicklungsstand eines Jugendlichen befand oder wenn es sich bei der von ihm begangenen Straftat um eine Jugendverfehlung handelt.

Für die Bejahung des *Entwicklungsstandes eines Jugendlichen* reicht es aus, dass der Heranwachsende entweder nach seiner geistigen *oder* nach seiner sittlichen Entwicklung einem Jugendlichen gleichstand, denn bereits das Zurückbleiben in einem dieser Bereiche prägt das Gesamtbild des Heranwachsenden (BGH NJW 1956, 1408; Streng 2003, S. 40). Nicht entscheidend ist das körperliche Erscheinungsbild des Heranwachsenden. Allerdings kann eine verzögerte körperliche Entwicklung ein Indiz für ein Zurückbleiben auch in geistig-seelischer Hinsicht sein. Dagegen kann aus einer raschen körperlichen Entwicklung nicht auf eine entsprechende geistig-seelische Reife geschlossen werden, sie kann vielmehr zu erheblichen Entwicklungsproblemen führen (Brunner u. Dölling 2002, § 105 Rn 11 a).

Die Beurteilung der Frage, ob ein Heranwachsender in seiner geistigen oder sittlichen Entwicklung noch einem Jugendlichen gleichsteht, ist schwierig, denn die Entwicklung vom Jugendlichen zum Erwachsenen verläuft fließend. „Ein bestimmter, sicher abgrenzbarer Typ des Jugendlichen zwischen 14 und 18 Jahren, mit dem der Heranwachsende verglichen werden könnte, ist nicht feststellbar" (BGHSt 36, 37, 39). Zutreffend stellt die Rechtsprechung daher einen Heranwachsenden einem Jugendlichen dann gleich, wenn in dem Heranwachsenden noch *in größerem Umfang Entwicklungskräfte wirksam* sind (BGHSt 36, 37; BGH NJW 1998, 3654, 3655). Das Durchlaufen der Entwicklungsphase zum Erwachsenen kennzeichnet das Jugendalter; hierauf sind die Sanktionen des Jugendstrafrechts abgestellt. Befindet sich daher ein Heranwachsender noch in der für das Jugendalter typischen Entwicklungsphase, ist es angebracht, ihn einem Jugendlichen gleichzustellen und die jugendstrafrechtlichen Sanktionen auf ihn anzuwenden.

Anhaltspunkte für die Beurteilung des Entwicklungsstandes eines Heranwachsenden enthalten die – rechtlich unverbindlichen – *Marburger Richtlinien*, die 1954 auf einer Arbeitstagung von Jugendpsychiatern, Jugendpsychologen und Jugendrechtlern erarbeitet wurden (Deutsche Vereinigung für Jugendpsychiatrie 1955). Danach legt das Fehlen folgender Züge es nahe, einen Heranwachsenden einem Jugendlichen gleichzustellen: eine gewisse Lebensplanung; Fähigkeit zum selbstständigen Urteilen und Entscheiden; Fähigkeit zum zeitlich überschauenden Denken; Fähigkeit, Gefühlsurteile rational zu unterbauen; ernsthafte Einstellung zur Arbeit und eine gewisse Eigenständigkeit zu anderen Menschen. Charakteristische jugendtümliche Züge können z. B. sein: ungenügende Ausformung der Persönlichkeit; Hilflosigkeit, nicht selten hinter Trotz und Arroganz versteckt; naiv-vertrauensseliges Verhalten; Leben im Augenblick; starke Anlehnungsbedürftigkeit; spielerische Einstellung zur Arbeit; Neigung zum Tagtraum; Hang zu abenteuerlichem Handeln; Hineinleben in selbsterhöhende Rollen und mangelhafter Anschluss an Altersgenossen. Die Marburger Richtlinien werden teilweise als wenig verbindlich und vom Idealbild eines reifen Erwachsenen ausgehend kritisiert (Eisenberg 2006, § 105 Rn 25). Immerhin enthalten sie Hinweise, die bei der erforderlichen Gesamtwürdigung des Entwicklungsstandes des Heranwachsenden hilfreich sein können.

Auf der Grundlage der Marburger Richtlinien haben Esser, Fritz und Schmidt (1991, S. 356) die folgenden zehn *Reifekriterien* herausgearbeitet: realistische Lebensplanung; Eigenständigkeit gegenüber Eltern; Eigenständigkeit gegenüber Gleichaltrigen und Partnern; ernsthafte Einstellung gegenüber Arbeit und Schule; äußerer Eindruck; realistische Alltagsbewältigung; gleichaltrige oder ältere Freunde; Bindungsfähigkeit; Integration von Eros und Sexus und konsistente, berechenbare Stimmungslage. Diese Kriterien haben sich als tatsächlich reifeabhängig erwiesen (Esser 1999) und können bei der Beurteilung des Einzelfalls herangezogen werden.

Liegt bei dem Heranwachsenden ein *unbehebbarer Entwicklungsrückstand* vor, aufgrund dessen er niemals über den Entwicklungsstand eines Jugendlichen hinauskommen wird (z. B. wegen Intelligenzminderung), lehnt die Rechtsprechung die Anwendung von Jugendstrafrecht ab, weil das Jugendstrafrecht auf den in der Entwicklung befindlichen und damit noch formbaren jungen Menschen zugeschnitten ist und diese Voraussetzungen bei einer abgeschlossenen Entwicklung nicht vorliegen (BGHSt 22, 41; BGH NJW 2002, 73, 76; aA Ostendorf 2007, § 105 Rn 6). Die Prognose, dass eine Nachreifung ausgeschlossen ist, dürfte sich freilich nur in Ausnahmefällen stellen lassen. Teilweise wird die Möglichkeit einer *partiellen Reifeverzögerung* (z. B. nur in der Sexualsphäre bei im Übrigen fortgeschrittener Entwicklung) angenommen (Blau 1959, S. 717). Diese Möglichkeit ist jedoch abzulehnen, denn § 105 Ab. 1 Nr. 1 JGG verlangt eine Gesamtwürdigung der Täterpersönlichkeit und stellt damit auf die Reife des Heranwachsenden im Ganzen ab (Brunner u. Dölling 2002, § 105 Rn 11).

Für § 105 Abs. 1 Nr. 1 JGG kommt es auf den Entwicklungsstand des Heranwachsenden *zur Zeit der Tat*, nicht zur Zeit der Hauptverhandlung an. Bei der Anwendung von Jugend- oder Erwachsenenstrafrecht auf einen Heranwachsenden besteht *kein Regel-Ausnahme-Verhältnis*. Insbesondere verhält es sich nicht so, dass grundsätzlich Erwachsenenstrafrecht und nur ausnahmsweise Jugendstrafrecht anzuwenden ist (BGHSt 12, 116, 118; 36, 37). Bleiben nach Ausschöpfung aller Erkenntnismöglichkeiten *Zweifel*, ob der Heranwachsende einem Jugendlichen gleichstand, ist nach der Rechtsprechung *Jugendstrafrecht* anzuwenden (BGHSt 12, 116; 36, 37, 40). Nach einem Teil der Literatur ist in einem Zweifelsfall festzustellen, welche Sanktion bei Anwendung von Jugendstrafrecht und welche Rechtsfolge bei Anwendung von Erwachsenenstrafrecht auszusprechen wäre, und dann die mildere Sanktion zu verhängen (Schaffstein u. Beulke 2002, S. 75 f.). Zu folgen ist der Rechtsprechung. Der Nachteil ist größer, wenn auf einen noch in der Entwicklung befindlichen Heranwachsenden das weniger flexible Erwachsenenstrafrecht angewendet wird, als wenn auf einen Heranwachsenden mit abgeschlossener Entwicklung das Jugendstrafrecht Anwendung findet. Außerdem ist das Jugendstrafrecht weniger stigmatisierend als das Erwachsenenstrafrecht. Eine Benachteiligung des Heranwachsenden durch die Anwendung von Jugendstrafrecht kann dadurch verhindert werden, dass die Rechtsfolge nach Jugendstrafrecht nicht härter ausfallen darf als die Sanktion, die nach Erwachsenenstrafrecht zu verhängen wäre (Brunner u. Dölling 2002, § 105 Rn 17; Streng 2003, S. 45).

Nach § 105 Abs. 1 Nr. 2 JGG ist Jugendstrafrecht auch dann anzuwenden, wenn es sich bei der Tat des Heranwachsenden um eine *Jugendverfehlung* handelt. Für das Vorliegen einer Jugendverfehlung kommt es allein auf die Tat einschließlich ihrer subjektiven Seite an. Die Nr. 2 schafft damit im Verhältnis zur Nr. 1, die eine Gesamtwürdigung der Täterpersönlichkeit erfordert, eine Beweiserleichterung (Meier 2003, S. 99): Ergibt bereits die Würdigung der Tat eine Jugendverfehlung, bedarf es für die Anwendung von Jugendstrafrecht keiner umfassenden Untersuchung der Persönlichkeit des Heranwachsenden.

Jugendverfehlungen sind Taten, die *für in der Entwicklung befindliche junge Menschen charakteristisch* sind (Brunner u. Dölling 2002, § 105 Rn 14). Das Vorliegen einer Jugendverfehlung kann sich bereits aus dem äußeren Erscheinungsbild der Tat und den Vordergrundmotiven ergeben. Das ist z. B. der Fall, wenn ein Heranwachsender einen Warenhausdiebstahl begeht, um einer Gruppe Gleichaltriger zu imponieren, oder wenn ein Heranwachsender ohne Fahrerlaubnis fährt, um seine Fahrkünste zu erproben. Außerdem kann eine nähere Analyse der Tatmotive zur Bejahung einer Jugendverfehlung führen, z. B. wenn sich zeigt, dass eine von einem Sohn gegen seinen Vater begangene Tat auf einem entwicklungsbedingten Vater-Sohn-Konflikt beruht. Jugendverfehlungen sind danach alle „aus den Antriebskräften der Entwicklung entspringenden Entgleisungen" (BGHSt 8, 90, 92), alle Taten, die auf „jugendlichen Leichtsinn, Unüberlegtheit oder soziale Unreife" zurückgehen (BGH NStZ 2001, 102). Der Begriff der Jugendverfehlung ist nicht auf leichte Delikte begrenzt, es kann sich auch um schwere Taten handeln (BGH NStZ 2001, 102: versuchter Totschlag in Tateinheit mit gefährlicher Körperverletzung). Die Annahme einer Jugendverfehlung wird nicht dadurch ausgeschlossen, dass ähnliche Taten auch von Erwachsenen begangen werden (Eisenberg 2006, § 105 Rn 35). Kann nicht mit Sicherheit geklärt werden, ob eine Jugendverfehlung vorliegt, ist Jugendstrafrecht anzuwenden (BGH bei Böhm 1983, S. 451).

Für Entscheidungen nach § 105 Abs. 1 JGG ist nach dem BGH in der Regel die Heranziehung eines *Sachverständigen* nicht geboten. Sie ist nach dem BGH nur erforderlich, wenn Anlass zu Zweifeln über eine normale Reifeentwicklung des Heranwachsenden besteht, insbesondere wegen Auffälligkeiten in seiner sittlichen und geistigen Entwicklung (BGH NStZ 1984, 467). Die jugendrichterliche *Praxis* hat auf Heranwachsende zunehmend Jugendstrafrecht angewendet. Der Anteil der nach Jugendstrafrecht verurteilten Heranwachsenden ist von 21% im Jahr 1954 auf 65% 1988 gestiegen (Schöch 2001, S. 126). Im Jahr 2004 lag er bei 63% (berechnet nach Statistisches Bundesamt 2006, S. 18). Die Anwendung des § 105 Abs. 1 JGG weist erhebliche regionale und deliktsspezifische Ungleichheiten auf (Heinz 2001, S. 79 ff.).

Wird nach § 105 Abs. 1 JGG auf einen Heranwachsenden *Jugendstrafrecht* angewendet, gelten einige Besonderheiten. § 3 JGG ist auf Heranwachsende nicht anwendbar, denn die Vorschrift ist in dem Katalog der auf Heranwachsende anzuwendenden Vorschriften in § 105 Abs. 1 JGG nicht enthalten. Psychische Beeinträchtigungen eines Heranwachsenden können also nur über die §§ 20, 21 StGB berücksichtigt werden. Hilfen zur Erziehung nach §§ 9 Nr. 2, 12 JGG (Erziehungsbeistandschaft und Heimerziehung) dürfen gegen einen Heranwachsenden nicht angeordnet werden, denn die §§ 9 Nr. 2 und 12 JGG sind in § 105 Abs. 1 JGG ebenfalls nicht aufgeführt. Außerdem legt § 105 Abs. 3 JGG fest, dass das Höchstmaß der Jugendstrafe für Heranwachsende bei allen Straftaten und nicht nur bei den in § 18 Abs. 1 S. 2 JGG genannten Verbrechen 10 Jahre beträgt.

Führt die Prüfung des § 105 Abs. 1 JGG zur Anwendung von *Erwachsenenstrafrecht*, sind ebenfalls einige Besonderheiten zu beachten. Nach § 106 Abs. 1 JGG kann das Gericht anstelle von lebenslanger Freiheitsstrafe auf eine Freiheitsstrafe von 10 bis zu 15 Jahren erkennen. Gemäß § 106 Abs. 2 JGG kann das Gericht anordnen, dass der Verlust der Fähigkeit, öffentliche Ämter zu bekleiden und Rechte aus öffentlichen Wahlen zu erlangen (§ 45

Abs. 1 StGB), nicht eintritt. Nach § 106 Abs. 3 S. 1 JGG darf Sicherungsverwahrung neben der Strafe nicht angeordnet werden. Der Vorbehalt der Sicherungsverwahrung und die nachträgliche Anordnung der Sicherungsverwahrung sind aber nach Maßgabe von § 106 Abs. 3 S. 2 und 3 und Abs. 4 bis 6 JGG zulässig.

Die Anwendung des § 105 JGG kann erhebliche Schwierigkeiten bereiten. Die Vorschrift ist wegen der Unbestimmtheit ihrer Voraussetzungen und der Ungleichmäßigkeit ihrer Anwendung erheblicher Kritik ausgesetzt. Die *Reformvorschläge* reichen von der generellen Anwendung des Erwachsenenstrafrechts auf Heranwachsende bis zur generellen Anwendung des Jugendstrafrechts (vgl. die Übersicht bei Eisenberg 2006, § 105 Rn 6). Ein rechtspolitischer Konsens konnte bisher noch nicht erzielt werden.

Unabhängig davon, ob materielles Jugendstrafrecht oder materielles Erwachsenenstrafrecht angewendet wird, werden die Heranwachsenden von den *Jugendgerichten* abgeurteilt (§§ 107 und 108 JGG). Für das *Verfahren* gegen Heranwachsende gilt grundsätzlich die StPO. Es finden aber stets die in § 109 Abs. 1 JGG angeführten Verfahrensvorschriften des JGG Anwendung. Wird materielles Jugendstrafrecht angewendet, gelten außerdem die in § 109 Abs. 2 JGG genannten Verfahrensvorschriften des JGG. Die Vorschriften des JGG über *Vollstreckung und Vollzug* bei Jugendlichen gelten nach § 110 JGG für Heranwachsende grundsätzlich entsprechend, wenn das Gericht materielles Jugendstrafrecht anwendet.

### 4.1.4 Die Rechtsfolgen des Jugendstrafrechts

Das JGG enthält ein *eigenständiges Sanktionensystem*, das die Hauptstrafen des allgemeinen Strafrechts – die Geldstrafe und die Freiheitsstrafe – verdrängt. Daneben sind einige Rechtsfolgen des allgemeinen Strafrechts – wie z. B. bestimmte Maßregeln der Besserung und Sicherung – auch im Jugendstrafrecht anwendbar. Im Folgenden werden die jugendstrafrechtlichen Rechtsfolgen im Überblick dargestellt.

Das JGG teilt die jugendstrafrechtlichen Sanktionen in *drei Gruppen* ein: die Erziehungsmaßregeln, die Zuchtmittel und die Jugendstrafe. Diese drei Sanktionsarten haben unterschiedliche Funktionen. Die *Erziehungsmaßregeln* sind in den §§ 9 bis 12 JGG geregelt. Sie sind für jugendliche Straftäter vorgesehen, bei denen Erziehungsdefizite vorliegen, die sich in der Straftat niedergeschlagen haben und die weitere Delikte befürchten lassen. Mit den Erziehungsmaßregeln sollen die Defizite behoben und damit weitere Straftaten des Jugendlichen verhindert werden. Die Erziehungsmaßregeln haben damit allein die Funktion einer positiven spezialpräventiven Einwirkung auf den Täter. Sie dienen nicht der Vergeltung und der Generalprävention (Brunner u. Dölling 2002, § 9 Rn 5). Das JGG bringt dies in § 5 Abs. 1 durch die Formulierung zum Ausdruck, dass Erziehungsmaßregeln „aus Anlass der Straftat eines Jugendlichen" angeordnet werden können. Der Umstand, dass die Maßnahme von dem Jugendlichen häufig als ein Übel empfunden wird, steht ihrer ausschließlich erzieherischen Ausrichtung nicht entgegen (Schaffstein u. Beulke 2002, S. 106).

Dem Jugendgericht stehen nach § 9 JGG zwei *Arten von Erziehungsmaßregeln* zur Verfügung: die Weisungen und die Hilfen zur Erziehung. Die Weisungen sind in den §§ 10 und 11 JGG geregelt, die Hilfen zur Erziehung in § 12 JGG. Diese Aufzählung ist erschöpfend, weitere jugendstrafrechtliche Erziehungsmaßregeln gibt es nicht. Daneben kommen allerdings erzieherische Maßnahmen durch den Familien- und Vormundschaftsrichter nach dem BGB und Hilfen zur Erziehung nach dem Jugendhilferecht (SGB VIII) in Betracht.

*Weisungen* sind nach § 10 Abs. 1 S. 1 JGG Gebote und Verbote, welche die Lebensführung des Jugendlichen regeln und dadurch seine Erziehung fördern und sichern sollen. Werden Weisungen verhängt, bleibt der Jugendliche in der Regel in seinem bisherigen Lebensumfeld. Durch die Weisungen soll seine Lebensgestaltung in einer Weise beeinflusst werde, die weiteren Straftaten vorbeugt. Das JGG nennt in § 10 Abs. 1 S. 3 neun Beispiele von Weisungen. Dieser Katalog ist nicht abschließend, der Richter kann weitere Weisungen „erfinden" (Streng 2003, S. 175). Die in § 10 Abs. 2 JGG angeführten Weisungen dürfen dem Jugendlichen nur mit Zustimmung des Erziehungsberechtigten und des gesetzlichen Vertreters auferlegt werden.

Nach § 10 Abs. 1 S. 3 Nr. 1 JGG kann der Jugendrichter dem Jugendlichen Weisungen erteilen, die sich auf den *Aufenthaltsort* beziehen. So kann dem Jugendlichen etwa verboten werden, sich an Orten aufzuhalten, an denen er zu Straftaten verleitet werden kann (Diemer 2002, § 10 Rn 27). Nach Nr. 2 kann der Jugendliche angewiesen werden, bei einer *Familie* oder in einem *Heim* zu wohnen. Bei der in Nr. 3 genannten Weisung, eine *Ausbildungs- oder Arbeitsstelle* anzunehmen, ist das Grundrecht der Berufsfreiheit nach Art. 12 GG zu beachten. Der Jugendrichter darf daher den Jugendlichen nur anweisen, irgendeine und nicht eine bestimmte Ausbildungs- oder Arbeitsstelle anzutreten oder beizubehalten (Eisenberg 2006, § 10 Rn 19). Die Weisung nach Nr. 4, *Arbeitsleistungen* zu erbringen, verstößt nicht gegen das Zwangsarbeitsverbot des Art. 12 Abs. 2 und 3 GG (BVerfGE 74, 102). Teilweise wird angenommen, diese Weisung dürfe nur verhängt werden, um die Einstellung des Jugendlichen zur Arbeit zu beeinflussen (BGH bei Holtz 1976, S. 634; Diemer 2002, § 10 Rn 32). Diese Auffassung ist jedoch zu eng, denn Arbeitsweisungen sind geeignet, Jugendliche auch in anderer Hinsicht erzieherisch zu beeinflussen, z. B. durch Verdeutlichung des Wertes bestimmter Rechtsgüter (Brunner u. Dölling 2002, § 10 Rn 9a; Schöch 2003, S. 176 f.).

Nach § 10 Abs. 1 S. 3 Nr. 5 JGG kann der Richter dem Jugendlichen auferlegen, sich der Betreuung und Aufsicht einer bestimmten Person (Betreuungshelfer) zu unterstellen. Bei dieser *Betreuungsweisung* wird dem Jugendlichen eine Bezugsperson zur Seite gestellt, die diesen bei der Lösung kriminalitätsfördernder persönlicher und sozialer Probleme unterstützen soll. Diese Aufgabe wird nach § 38 Abs. 2 S. 7 JGG von einer Mitarbeiterin oder einem Mitarbeiter der Jugendgerichtshilfe erfüllt, wenn der Richter nicht eine andere Person damit betraut. In Nr. 6 ist die Weisung genannt, an einem *sozialen Trainingskurs* teilzunehmen. Hierbei geht es darum, dem Jugendlichen durch sozialpädagogische Arbeit in der Gruppe soziale Kompetenz und Verantwortungsbereitschaft zu vermitteln. Bei Gewalttätern kommt ein Anti-Aggressivitäts-Training in Betracht. Nach Nr. 7 kann dem Jugendlichen auferlegt werden sich zu bemühen, einen Ausgleich mit dem Verletzten zu erreichen (*Täter-Opfer-Ausgleich*). Durch diese Weisung soll der Jugendliche veranlasst werden, den mit dem Opfer bestehenden Konflikt insbesondere durch Entschuldigung und Schadenswiedergutmachung zu regulieren. Hierdurch sollen ihm Unrechtseinsicht und Fähigkeit zur sozialadäquaten Konfliktlösung vermittelt werden (Brunner u. Dölling 2002, Rn 12). Da mit dem Täter-Opfer-Ausgleich eine freiwillige Verantwortungsübernahme durch den Täter angestrebt wird, empfiehlt es sich jedoch nicht, den Täter-Opfer-Ausgleich im Wege einer Weisung anzuordnen. Vielmehr sollte in geeigneten Fällen im Ermittlungsverfahren ein Täter-Opfer-Ausgleich eingeleitet und bei dessen Gelingen das Verfahren eingestellt oder eine noch erforderliche Sanktion gemildert werden (Schöch 2003, S. 180).

Gemäß § 10 Abs. 1 S. 3 Nr. 8 JGG kann dem Jugendlichen die Weisung erteilt werden, den Verkehr mit bestimmten Personen oder den Besuch von Gast- oder Vergnügungsstätten zu unterlassen. In Betracht kommt etwa ein *Verbot des Kontakts* mit früheren Tatbeteiligten oder mit potenziellen Opfern (Streng 2003, S. 174 f.). Schließlich führt Nr. 9 die Weisung an, an einem Verkehrsunterricht teilzunehmen. Als *im Gesetz nicht genannte Weisungen* kommen etwa das Gebot, Nachweise über die Einkommensverwendung vorzulegen, oder das Verbot, Kredit- oder Ratenzahlungsverträge abzuschließen, in Betracht (Brunner u. Dölling 2002, § 10 Rn 14 a).

§ 10 Abs. 2 JGG betrifft die Weisungen, sich einer heilerzieherischen Behandlung durch einen Sachverständigen oder einer Entziehungskur zu unterziehen. Diese Weisungen dürfen nur mit Zustimmung des Erziehungsberechtigten und des gesetzlichen Vertreters auferlegt werden. Hat der Jugendliche das 16. Lebensjahr vollendet, soll die Weisung außerdem nur mit seinem Einverständnis erteilt werden. Eine *heilerzieherische Behandlung* kommt in Betracht, wenn die Delinquenz des Jugendlichen auf psychische Störungen zurückzuführen ist und deren Behebung durch eine Therapie erwartet werden kann. Anlasstaten können etwa Sexualdelikte, Brandstiftungen, Aggressionsdelikte aus nichtigem Anlass, scheinbar sinnlose Bereicherungsdelikte, Taten von auffälligen Einzelgängern und Delikte von Jugendlichen, die sich bei äußerlich intaktem Milieu dissozial entwickelt haben, sein (Böhm u. Feuerhelm 2004, S. 194; Ostendorf 2007, § 10 Rn 26). Als behandelnde Sachverständige kommen neben Psychiatern und Psychotherapeuten auch Psychologen, Heil-, Sozial- und Sonderpädagogen in Betracht (Schöch 2003, S. 181). Die heilerzieherische Behandlung umfasst insbesondere Gesprächs- und Verhaltenstherapie, analytische Psychotherapie und Heilpädagogik. Sie ist als Einzel- oder Gruppentherapie möglich (Brunner u. Dölling 2002, § 10 Rn 15 a). Die Weisung, sich einer *Entziehungskur* zu unterziehen, betrifft alkohol- oder drogenabhängige Täter. In Abgrenzung von der zwangsweisen Unterbringung in einer Entziehungsanstalt nach den §§ 64 StGB, 7 und 93a JGG kommt sie nur bei Tätern mit hoher Therapiemotivation in Betracht (Schöch 2003, S. 182).

Weisungen müssen in einem *angemessenen Verhältnis* zur Schwere der von dem Jugendlichen begangenen Tat stehen, sie dürfen an die Lebensführung des Jugendlichen *keine unzumutbaren Anforderungen* stellen (§ 10 Abs. 1 S. 2 JGG) und sie dürfen nicht gegen Grundrechte verstoßen (Schaffstein u. Beulke 2002, S. 108 ff.). Die *Laufzeit* der Weisungen darf zwei Jahre nicht überschreiten; sie soll bei einer Betreuungsweisung nicht mehr als ein Jahr und bei einer Weisung zur Teilnahme an einem sozialen Trainingkurs nicht mehr als sechs Monate betragen (§ 11 Abs. 1 S. 2 JGG). Der Richter kann nach § 11 Abs. 2 JGG Weisungen ändern, von ihnen befreien oder ihre Laufzeit vor Ablauf bis auf drei Jahre verlängern, wenn dies aus Gründen der Erziehung geboten ist.

Um die Durchsetzung von Weisungen zu erzwingen, hat der Richter nach § 11 Abs. 3 JGG die Möglichkeit, Jugendarrest zu verhängen (*Ungehorsamsoder Beugearrest*). Voraussetzung dafür ist, dass der Jugendliche einer Weisung schuldhaft nicht nachkommt und er über die Folgen schuldhafter Zuwiderhandlung belehrt worden ist (§ 11 Abs. 1 S. 1 JGG). Außerdem ist dem Jugendlichen Gelegenheit zur mündlichen Äußerung vor dem Richter zu geben (§ 65 Abs. 1 S. 3 JGG). Der Richter hat sorgfältig zu prüfen, ob von der Möglichkeit des Ungehorsamsarrests Gebrauch zu machen ist. Ungehorsamsarrest kommt nur bei erheblichen Verstößen in Betracht; oft wird eine Ermahnung oder eine Änderung der Weisung genügen (Brunner u. Dölling 2002, § 11 Rn 4). Ungehorsamsarrest darf bei einer Verurteilung die Dauer von insgesamt vier Wochen nicht übersteigen (§ 11 Abs. 3 S. 2 JGG). Erfüllt der Jugendliche nach Verhängung des Arrestes die Weisung, ist von der Vollstreckung des Arrestes abzusehen (§ 11 Abs. 3 S. 3 JGG).

Die zweite Gruppe der Erziehungsmaßregeln neben den Weisungen sind die *Hilfen zur Erziehung* nach §§ 9 Nr. 2 und 12 JGG. Mit dieser Reaktionsform hat der Gesetzgeber zwei im SGB VIII geregelte Erziehungshilfen in das JGG übernommen: die Erziehungsbeistandschaft im Sinne von § 30 SGB VIII und die Unterbringung in einer Einrichtung über Tag und Nacht (Heimerziehung) oder in einer sonstigen betreuten Wohnform im Sinne von § 34 SGB VIII. Der Jugendrichter kann dem Jugendlichen nach Anhörung des Jugendamtes auferlegen, eine dieser Hilfen zur Erziehung in Anspruch zu nehmen, wenn die für die Erziehungshilfe im SGB VIII genannten Voraussetzungen vorliegen.

Gemäß § 27 Abs. 1 SGB VIII sind Hilfen zur Erziehung zu gewähren, wenn eine dem Wohl des Jugendlichen entsprechende Erziehung nicht gewährleistet ist und die Hilfe für seine Entwicklung geeignet und notwendig ist. Nach § 30 SGB VIII soll der *Erziehungsbeistand* den Jugendlichen bei der Bewältigung von Entwicklungsproblemen möglichst unter Einbeziehung des sozialen Umfelds unterstützen und unter Erhaltung des Lebensbezugs zur Familie seine Verselbstständigung fördern. Eine Erziehungsbeistandschaft kommt also in Betracht, wenn die Eltern zur ausreichenden Erziehung des Jugendlichen nicht in der Lage sind, es aber keiner Herausnahme des Jugendlichen aus der Familie bedarf, sondern die Beiordnung einer die Erziehung unterstützenden und fördernden Person ausreicht. Gemäß § 34 SGB VIII soll Hilfe zur Erziehung in einer Einrichtung über Tag und Nacht (Heimerziehung) oder in einer sonstigen *betreuten Wohnform* Jugendliche durch eine Verbindung von Alltagserleben mit pädagogischen und therapeutischen Angeboten in ihrer Entwicklung fördern. Sie soll entsprechend dem Alter und Entwicklungsstand des Jugendlichen sowie den Möglichkeiten der Verbesserung der Erziehungsbedingungen in der Herkunftsfamilie 1. eine Rückkehr in die Familie zu erreichen versuchen oder 2. die Erziehung in einer anderen Familie vorbereiten oder 3. eine auf längere Zeit angelegte Lebensform bieten und auf ein selbstständiges Leben vorbereiten. Bei dieser Hilfe zur Erziehung wird der Jugendliche also aus seiner Herkunftsfamilie herausgenommen und in einem Heim oder in einer sonstigen betreuten Wohnform, insbesondere in einer pädagogisch betreuten Jugendwohngemeinschaft oder in Form eines betreuten Einzelwohnens, untergebracht (Schöch 2003, S. 172).

Nach dem SGB VIII werden Hilfen zur Erziehung nur auf Antrag der Personensorgeberechtigten gewährt. Durch das *Urteil des Jugendrichters* nach § 12 JGG wird dieser Antrag ersetzt; der Jugendliche wird verpflichtet, die Hilfe in Anspruch zu nehmen. Ob das Jugendamt verpflichtet ist, die Hilfe zu gewähren, ist umstritten (bejahend Schaffstein u. Beulke 2002, S. 128; verneinend Eisenberg 2006, § 82 Rn 5). Die *Durchführung* der Hilfe zur Erziehung richtet sich nach dem SGB VIII; der Jugendrichter hat hierauf keinen Einfluss mehr.

Als weitere Sanktionskategorie neben den Erziehungsmaßregeln enthält das JGG die *Zuchtmittel*. Das sind nach § 13 Abs. 2 JGG die Verwarnung, die Erteilung von Auflagen und der Jugendarrest. Gemäß §§ 5 Abs. 2 und 13 Abs. 1 JGG dienen die Zuchtmittel der Ahndung der Tat und haben sie die Funktion, dem Jugendlichen eindringlich zum Bewusstsein zu bringen, dass er für das von ihm begangene Unrecht einzustehen hat. Durch die Verhängung eines Zuchtmittels wird dem Jugendlichen die Tat zum Vorwurf gemacht und ihm hierfür ein Übel zugefügt. Hierdurch soll dem Jugendlichen die Einsicht in das Unrecht der Tat und seine Verantwortung für das Delikt vermittelt und ihm deutlich gemacht werden, dass sich Straftaten nicht lohnen. Zuchtmittel haben damit eine Appell- und Denkzettelfunktion. Insofern weisen sie Ähnlichkeiten mit einer Strafe auf. Anders als die Strafe dienen die Zuchtmittel aber nicht der gerechten Vergeltung und der Generalprävention. Sie werden vielmehr allein deshalb verhängt, um den Jugendlichen von weiteren Straftaten abzuhalten. Die Zuchtmittel haben also ebenso wie die Erziehungsmaßregeln eine spezialpräventive Funktion. Da bei den Zuchtmitteln der spezialpräventive Zweck des JGG durch die Verhängung strafähnlicher Sanktionen verfolgt wird, werden die Zuchtmittel als „Erziehungsstrafen" oder „Jugenddisziplinarstrafen" charakterisiert (Schaffstein u. Beulke 2002, S. 135). Von der Jugendstrafe, die eine echte Kriminalstrafe ist, sind die Zuchtmittel aber klar zu trennen. Nach

§ 13 Abs. 3 JGG haben die Zuchtmittel nicht die Rechtswirkungen einer Strafe. Die Zuchtmittel können daher als tatbezogener Mahn- und Ordnungsruf ohne die Fernwirkungen der Strafe umschrieben werden (Brunner u. Dölling 2002, § 13 Rn 2).

Nach § 5 Abs. 2 JGG dürfen Zuchtmittel nur verhängt werden, wenn Erziehungsmaßregeln nicht ausreichen. Diese Formulierung bedarf der Erläuterung. *Erziehungsmaßregeln* sind im *Verhältnis* zu den Zuchtmitteln nicht immer die leichtere Sanktion (Streng 2003, S. 120 f.). So wiegt eine Heimunterbringung nach § 12 JGG schwerer als eine Verwarnung gemäß § 14 JGG. Der Unterschied zwischen den beiden Sanktionsarten besteht nicht in der Schwere, sondern in der Funktion (Dölling 2006, S. 310). Durch die Erziehungsmaßregeln sollen Erziehungsmängel behoben werden, mit den Zuchtmitteln soll eine Appell- und Denkzettelwirkung erzielt werden. Liegen bei dem Jugendlichen keine Erziehungsmängel vor, kommt die Anordnung von Erziehungsmaßregeln nicht in Betracht. Es ist dann zu prüfen, ob auf den Jugendlichen mit einem Zuchtmittel eingewirkt werden muss. § 5 Abs. 2 JGG wird daher nur dann relevant, wenn zur Behebung von Erziehungsdefiziten Erziehungsmaßregeln verhängt werden müssen. Dann ist zu fragen, ob eine eventuell erforderliche Einwirkung im Sinn eine Appells und Denkzettels bereits in ausreichendem Maß als Nebenwirkung in der Erziehungsmaßregel enthalten ist. Wenn dies der Fall ist, darf nicht noch zusätzlich ein Zuchtmittel verhängt werden.

Zum *Verhältnis der Zuchtmittel zur Jugendstrafe* enthält § 13 Abs. 1 JGG die Regelung, dass Zuchtmittel nur verhängt werden dürfen, wenn Jugendstrafe nicht geboten ist. Bedarf es also zum Vorgehen gegen eine gravierende Rückfallgefahr oder zur Ahndung schwerer Schuld nach § 17 Abs. 2 JGG einer Jugendstrafe, muss der Richter diese verhängen und darf er nicht auf ein Zuchtmittel ausweichen.

Das leichteste Zuchtmittel ist die *Verwarnung* gemäß § 14 JGG. Die Verwarnung ist eine förmliche Zurechtweisung des Jugendlichen durch den Richter. Durch sie soll dem Jugendlichen das Unrecht der Tat eindringlich vorgehalten werden. Die Verwarnung kommt als alleinige Sanktion nur bei leichteren Verfehlungen von Jugendlichen in Betracht, bei denen angenommen werden kann, dass sie bereits durch die Zurechtweisung ausreichend beeindruckt werden können. Der Ausspruch der Verwarnung ist von der Anordnung der Verwarnung durch das Urteil zu unterscheiden. Wenn die Beteiligten auf Rechtsmittel verzichten und das Urteil damit sofort rechtskräftig wird, kann die Verwarnung sogleich ausgesprochen werden. Andernfalls muss für die Verwarnung ein besonderer Termin nach Eintritt der Rechtskraft anberaumt werden (Brunner u. Dölling 2002, § 14 Rn 5).

Die *Auflagen* nach § 15 JGG können als gesteigerte Verwarnungen gekennzeichnet werden, denn mit ihnen sollen dem Jugendlichen das Tatunrecht und seine Verantwortung hierfür durch die Auferlegung einer Leistung verdeutlicht werden (Schaffstein u. Beulke 2002, S. 137). Nach dem abschließenden Katalog des § 15 Abs. 1 JGG kann der Richter dem Jugendlichen auferlegen,

- nach Kräften den durch die Tat verursachten Schaden wiedergutzumachen,
- sich persönlich bei dem Verletzten zu entschuldigen,
- Arbeitsleistungen zu erbringen oder
- einen Geldbetrag zugunsten einer gemeinnützigen Einrichtung zu zahlen.

Die Auflage der *Schadenswiedergutmachung* ist nur im Umfang einer zivilrechtlichen Schadensersatzverpflichtung des Täters zulässig (Diemer 2002, § 15 Rn 6). Die kriminalpädagogisch wertvolle Schadenswiedergutmachung sollte in erster Linie im Rahmen eines Täter-Opfer-Ausgleichs im Ermittlungsverfahren erfolgen. Eine Auflage nach § 15 Abs. 1 Nr. 1 JGG ist jedoch angezeigt, wenn der Jugendliche nicht zu einer freiwilligen Schadenswiedergutmachung bereit ist und ihm deshalb verdeutlicht werden muss, dass er für die von ihm verursachten Tatfolgen einzustehen hat (Rössner 2001, S. 177). Die Auflage, sich persönlich bei dem Verletzten zu *entschuldigen*, setzt regelmäßig voraus, dass der Verletzte zur Entgegennahme der Entschuldigung bereit ist (Albrecht PA 2000, S. 214). Grundsätzlich sollte die Entschuldigung nicht durch eine Auflage angeordnet werden, sondern im Rahmen eines Täter-Opfer-Ausgleichs erfolgen.

Die Auflage, *Arbeitsleistungen* zu erbringen, ist von der Weisung des § 10 Abs. 1 S. 3 Nr. 4 JGG, die ebenfalls die Erbringung von Arbeitsleistungen zum Gegenstand hat, zu unterscheiden. Während die Arbeitsweisung der Behebung von Erziehungsdefiziten dient, wird die Arbeitsauflage verhängt, um bei dem Jugendlichen eine Appell- und Denkzettelwirkung zu erzielen (Schöch 2003, S. 199). Die Arbeitsauflage kommt insbesondere bei Jugendlichen in Betracht, die nicht über eigene Geldmittel verfügen und bei denen daher eine Geldauflage nicht sinnvoll ist (Streng 2003, S. 194). Die *Geldauflage* ist in § 15 Abs. 1 S. 1 Nr. 4 und Abs. 2 JGG geregelt. Sie besteht darin, dass dem Jugendlichen auferlegt wird, einen Geldbetrag zugunsten einer gemeinnützigen Einrichtung zu zahlen. Sie soll nach § 15 Abs. 2 JGG nur angeordnet werden, wenn der Jugendliche eine leichte Verfehlung begangen hat und anzunehmen ist, dass er den Geldbetrag aus Mitteln zahlt, über die er selbstständig verfügen darf, oder dem Jugendlichen der Gewinn, den er aus der Tat erlangt oder das Entgelt, das er für sie erhalten hat, entzogen werden soll.

Für alle Auflagen bestimmt § 15 Abs. 1 S. 1 JGG, dass mit ihnen an den Jugendlichen *keine unzumutbaren Anforderungen* gestellt werden dürfen. Nach § 15 Abs. 3 S. 1 JGG kann der Richter nachträglich Auflagen *ändern* oder von ihrer Erfüllung ganz oder zum Teil befreien, wenn dies aus Gründen der Erziehung geboten ist. Erfüllt der Jugendliche die Auflage nicht, kann unter den Voraussetzungen des § 11 Abs. 3 JGG *Ungehorsamsarrest* verhängt werden (§ 15 Abs. 3 S. 2 JGG). Ist Jugendarrest vollstreckt worden, kann der Richter nach § 15 Abs. 3 S. 3 JGG die Auflagen ganz oder zum Teil für erledigt erklären.

Schließlich gehört zu den Zuchtmitteln der *Jugendarrest* gemäß § 16 JGG. Der Jugendarrest ist ein kurzer Freiheitsentzug. Es gibt drei Formen des Jugendarrestes. Der *Freizeitarrest* wird nach § 16 Abs. 2 JGG für die wöchentliche Freizeit des Jugendlichen, d. h. für das Wochenende, verhängt. Der Richter kann den Freizeitarrest auf eine oder zwei Freizeiten bemessen. Gemäß § 16 Abs. 3 JGG wird statt Freizeitarrest *Kurzarrest* verhängt, wenn der zusammenhängende Vollzug aus Gründen der Erziehung zweckmäßig erscheint und weder die Ausbildung noch die Arbeit des Jugendlichen beeinträchtigt werden. Dabei stehen zwei Tage Kurzarrest einer Freizeit gleich. Die dritte Form des Jugendarrestes ist der *Dauerarrest*. Er beträgt nach § 16 Abs. 4 JGG mindestens eine Woche und höchstens vier Wochen.

Der Jugendarrest wurde 1940 als kurze, aber nachdrückliche Denkzettelsanktion für „gutgeartete" jugendliche Täter eingeführt. Er sollte die Sofortwirkung der Strafe, nicht aber deren Fernwirkung (insbesondere kein Strafregistereintrag) haben (Schaffstein u. Beulke 2002, S. 140 f.). In der Praxis ist es jedoch zu einem *Funktionswandel* des Jugendarrestes gekommen. Auf Straftaten nicht erheblich kriminell gefährdeter Jugendlicher wird heute ganz überwiegend mit ambulanten Sanktionen reagiert, der Jugendarrest wird dagegen vor allem auf bereits erheblich gefährdete Jugendliche angewendet (Brunner u. Dölling 2002, § 16 Rn 8). In der Tat eröffnet der Jugendarrest bei Jugendlichen, die in eine kriminelle Karriere abzugleiten drohen, eine Einwirkungsmöglichkeit, durch welche die Verhängung einer Jugendstrafe entbehrlich werden kann (Schöch 2003, S. 207). Deshalb sollte an dieser Sanktion festgehalten werden (Streng 2002, 2003; für Abschaffung Albrecht PA 2000, S. 225).

Die dritte Sanktionskategorie des Jugendstrafrechts ist die *Jugendstrafe* gemäß § 17 JGG. Die Jugendstrafe ist eine echte Kriminalstrafe, denn mit ihr wird dem Jugendlichen als Vergeltung schuldhaften Unrechts ein Übel zugefügt (Schaffstein u. Beulke 2002, S. 151). Die Jugendstrafe ist jedoch von der Freiheitsstrafe des Erwachsenenstrafrechts zu unterscheiden. Sie wird nach §§ 17 Abs. 1 und 92 Abs. 1 JGG in Jugendstrafanstalten vollzogen und der Vollzug hat nach § 91 Abs. 1 JGG den Zweck, den Jugendlichen zu einem straffreien Leben zu erziehen. Die Jugendstrafe ist die *ultima ratio* des Jugendstrafrechts. Sie darf nur verhängt werden, wenn Erziehungsmaßregeln und Zuchtmittel zur spezialpräventiven Einwirkung auf den Täter und zum Ausgleich schwerer Schuld nicht ausreichen (Streng 2003, S. 203).

Die Voraussetzungen der Jugendstrafe sind in § 17 Abs. 2 JGG geregelt. Danach ist Jugendstrafe in zwei Fällen zu verhängen. Der erste Fall ist gegeben, wenn wegen der *schädlichen Neigungen* des Jugendlichen, die in der Tat hervorgetreten sind, Erziehungsmaßregeln oder Zuchtmittel zur Erziehung nicht ausreichen. Schädliche Neigungen eines Jugendlichen liegen nach der Rechtsprechung vor, wenn erhebliche Anlage- oder Erziehungsmängel die Gefahr begründen, dass der Jugendliche ohne längere Gesamterziehung durch weitere Straftaten die Gemeinschaftsordnung stören wird (BGHSt 11, 169, 170). Mit diesem Merkmal sollen die Täter erfasst werden, bei denen die Gefahr erheblicher Rückfälligkeit besteht (Brunner u. Dölling 2002, § 17 Rn 11). In der Regel kommen schädliche Neigungen nur in Betracht, wenn der Täter bereits mehrere Straftaten begangen hat. Es ist aber möglich, dass sich schon in der ersten Straftat schädliche Neigungen zeigen (Streng 2003, S. 205). Die schädlichen Neigungen müssen in der abzuurteilenden Tat hervorgetreten sein; hat die Tat keine symptomatische Bedeutung für die schädlichen Neigungen, darf Jugendstrafe nicht verhängt werden (Schöch 2003, S. 218). Liegen schädliche Neigungen vor, ist zu prüfen, ob diesen mit Erziehungsmaßregeln und Zuchtmitteln ausreichend entgegengetreten werden kann. Nur wenn dies nicht der Fall ist, ist Jugendstrafe wegen schädlicher Neigungen zu verhängen.

Außerdem ist Jugendstrafe dann zu verhängen, wenn wegen der *Schwere der Schuld* Strafe erforderlich ist. Das ist der Fall, wenn ein Absehen von Strafe zugunsten von Erziehungsmaßregeln oder Zuchtmitteln in einem unerträglichen Widerspruch zum allgemeinen Gerechtigkeitsgefühl stehen würde (Schaffstein u. Beulke 2002, S. 156). Für die Beurteilung der Schwere der Schuld kommt es auf das Maß der persönlichen Vorwerfbarkeit der Tat an (Sonnen 2002, § 17 Rn 22). Hierfür sind neben den verschuldeten Tatfolgen und der Tatausführung insbesondere der Grad der Schuldfähigkeit und die Tatmotive von Bedeutung (Brunner u. Dölling 2002, § 17 Rn 14). Eine Jugendstrafe wegen Schwere der Schuld kommt vor allem bei Kapitalverbrechen, schweren Fällen von Raub und räuberischer Erpressung und schweren Sexual- und Körperverletzungsdelikten in Betracht. Bei Fahrlässigkeitsdelikten kann die Schwere der Schuld ausnahmsweise zu bejahen sein, wenn der Täter mit besonders grober Leichtfertigkeit gehandelt hat (Schaffstein u. Beulke 2002, S. 156f.; aM Ostendorf 2007, § 17 Rn 6). Nach Entscheidungen des BGH soll auch Jugendstrafe wegen Schwere der Schuld nur zulässig sein, wenn sie aus erzieherischen Gründen zum Wohl des Jugendlichen erforderlich ist (BGHSt 15, 224; 16, 261, 263; dem folgend Eisenberg 2006, § 17 Rn 34f.). Dieses zusätzliche Erfordernis widerspricht jedoch Wortlaut, Systematik, Entstehungsgeschichte und Sinn des Gesetzes (Brunner u. Dölling 2002, § 17 Rn 14a; Lenckner 1972, S. 273; Schaffstein u. Beulke 2002, S. 157). Durch die zweite Alternative des § 17 Abs. 2 JGG soll gerade erreicht werden, dass in Fällen schwerer Schuld eine Jugendstrafe auch dann verhängt werden kann, wenn der Jugendliche nicht erziehungsbedürftig oder -fähig ist.

Die in § 17 Abs. 2 JGG geregelten *Voraussetzungen* der Jugendstrafe, die auch gemeinsam vorliegen können, sind *abschließend*. Allein aus generalpräventiven Gründen (insbesondere zur Abschreckung anderer) darf eine Jugendstrafe nicht verhängt werden (Schaffstein u. Beulke 2002, S. 157).

Regelungen über den für die Jugendstrafe zur Verfügung stehenden Strafrahmen und über die Strafbemessung enthält § 18 JGG. Nach § 18 Abs. 1 S. 3 JGG gelten die *Strafrahmen* des allgemeinen Strafrechts im Jugendstrafrecht nicht. Vielmehr richtet sich der Strafrahmen für die Jugendstrafe nach § 18 Abs. 1 S. 1 und 2 JGG. Danach beträgt das Mindestmaß der Jugendstrafe sechs Monate und das Höchstmaß fünf Jahre. Handelt es sich bei der Tat um ein Verbrechen, für das nach dem allgemeinen Strafrecht eine Höchststrafe von mehr als zehn Jahren angedroht ist, so ist das Höchstmaß der Jugendstrafe zehn Jahre. Wird auf einen Heranwachsenden Jugendstrafrecht angewendet, beträgt das Höchstmaß der Jugendstrafe nach § 105 Abs.

3 JGG generell zehn Jahre. Die Mindestdauer von sechs Monaten soll eine wirksame erzieherische Einwirkung ermöglichen (Schöch 2003, S. 225). Die grundsätzliche Höchstdauer von fünf Jahren beruht auf der Überlegung, dass für die Erziehung in aller Regel ein Freiheitsentzug von mehr als fünf Jahren nicht sinnvoll ist (Brunner u. Dölling 2002, § 18 Rn 3). Bei schwersten Verbrechen hat das Gesetz das Höchstmaß auf zehn Jahre angehoben, um den Ausgleich sehr schwerer Schuld zu ermöglichen und dem Schutzbedürfnis der Allgemeinheit Rechnung zu tragen (Schaffstein u. Beulke 2002, S. 162).

Für die Festsetzung der Höhe der Jugendstrafe ist § 18 Abs. 2 JGG maßgeblich. Danach ist die Jugendstrafe so zu *bemessen*, dass die erforderliche erzieherische Einwirkung möglich ist. Der Richter hat die Bemessung der Jugendstrafe also vorrangig an der Überlegung auszurichten, welche Höhe der Jugendstrafe zur Verhinderung weiterer Delikte des Jugendlichen am sinnvollsten ist. Daneben ist auch der Gesichtspunkt des gerechten Schuldausgleichs zu berücksichtigen: Die erzieherisch bemessene Jugendstrafe darf einerseits die Obergrenze der schuldangemessenen Strafe nicht überschreiten und sie darf andererseits nicht so niedrig ausfallen, dass sie die Tatschuld unangemessen verniedlichen würde (BGH NStZ 1990, 389; 1994, 124, 125; Dölling 2003, S. 60 ff.).

Nach der Festsetzung der Höhe der Jugendstrafe ist zu prüfen, ob die Vollstreckung der Jugendstrafe zur *Bewährung* auszusetzen ist. Die Voraussetzungen hierfür sind in § 21 JGG geregelt. Danach ist eine Strafaussetzung zur Bewährung bei Jugendstrafen bis zu *zwei Jahren* möglich. Jugendstrafen von mehr als zwei Jahren müssen vollstreckt werden, es bleibt nur die Möglichkeit der Aussetzung eines Strafrestes nach § 88 JGG. Voraussetzung für die Strafaussetzung nach § 21 JGG ist eine *günstige Prognose*: Es muss zu erwarten sein, dass der Jugendliche sich schon die Verurteilung zur Warnung dienen lassen und auch ohne die Einwirkung des Strafvollzugs unter der erzieherischen Einwirkung in der Bewährungszeit künftig einen rechtschaffenen Lebenswandel führen wird (§ 21 Abs. 1 JGG). Gegenstand der Prognose ist die Frage künftiger Straftaten des Jugendlichen. Der Begriff des rechtschaffenen Lebenswandels hat die Funktion darauf hinzuweisen, dass dieses Ziel bei jungen Menschen praktisch nur über eine innere Bejahung der Rechtsordnung zu erreichen ist und die Möglichkeit von Gelegenheitstaten mit Bagatellcharakter, die auch dem an sich rechtstreuen Bürger unterlaufen können, einer Strafaussetzung nicht entgegensteht (Brunner u. Dölling 2002, § 21 Rn 6 c). Mit der Formulierung, dass ein rechtschaffener Lebenswandel „zu erwarten" sein muss, ist nicht die Gewissheit künftiger Straffreiheit gemeint. Wie bei § 56 Abs. 1 StGB ist die Wahrscheinlichkeit ausreichend, aber auch erforderlich, dass sich der Verurteilte künftig straffrei verhalten wird (Streng 2003, S. 224 f.).

Bei Jugendstrafen bis zu einem Jahr ist die günstige Prognose die einzige Voraussetzung für die Strafaussetzung. Liegt sie vor, muss die Vollstreckung der Jugendstrafe zur Bewährung ausgesetzt werden. Hat die Jugendstrafe eine Höhe von mehr als einem bis zu zwei Jahren, kommt nach § 21 Abs. 2 JGG als zusätzliche Voraussetzung für die Aussetzung hinzu, dass *nicht die Vollstreckung im Hinblick auf die Entwicklung des Jugendlichen geboten* sein muss. Diese kaum praktisch werdende Klausel könnte etwa in Betracht kommen, wenn der Jugendliche eine Strafaussetzung als unangemessen empfinden und nicht verstehen würde und hierdurch seine Entwicklung gefährdet werden könnte (Schaffstein u. Beulke 2002, S. 174). Eine Versagung der Strafaussetzung aus generalpräventiven Gründen ist nicht zulässig. § 21 JGG enthält keine dem § 56 Abs. 3 StGB entsprechende Regelung.

Die Aussetzung der Jugendstrafe zur Bewährung wird nach § 57 Abs. 1 JGG im Urteil oder, solange der Strafvollzug noch nicht begonnen hat, nachträglich durch Beschluss angeordnet. Die Vorschrift verschafft dem Richter die Möglichkeit, bei Jugendlichen, denen in der Hauptverhandlung die nach § 21 Abs. 1 JGG erforderliche günstige Prognose nicht sicher gestellt werden kann, eine Jugendstrafe auszusprechen und für eine gewisse Zeit nach dem Urteil zu erproben, ob der Jugendliche zu einem Leben ohne Straftaten in der Lage ist, wobei ihm zur Unterstützung auch Weisungen und Auflagen erteilt werden können. Ergibt sich bei dieser „*Vorbewährung*" eine günstige Prognose, kann dann durch Beschluss die Aussetzung der Jugendstrafe ausgesprochen werden (Brunner u. Dölling 2002, § 57 Rn 4; Eisenberg 2006, § 57 Rn 6; gegen die Zulässigkeit der Vorbewährung Ostendorf 2007, § 57 Rn 5).

Wird die Vollstreckung der Jugendstrafe zur Bewährung ausgesetzt, bestimmt der Richter eine *Bewährungszeit*, deren Mindestlänge zwei Jahre und deren Höchstdauer drei Jahre beträgt (§ 22 Abs. 1 JGG). Nach § 23 Abs. 1 JGG soll der Richter für die Dauer der Bewährungszeit dem Jugendlichen *Weisungen* erteilen und kann er auch *Auflagen* anordnen. Außerdem unterstellt der Richter gemäß § 24 Abs. 1 JGG den Jugendlichen in der Bewährungszeit für höchstens zwei Jahre der Aufsicht und Leitung eines *Bewährungshelfers*. Der Bewährungshelfer hat wie im allgemeinen Strafrecht eine Hilfs- und Kontrollfunktion. Einerseits steht er dem Jugendlichen helfend und betreuend zur Seite, andererseits überwacht er die Erfüllung der dem Jugendlichen obliegenden Pflichten, berichtet dem Richter über die Lebensführung des Jugendlichen und teilt dem Richter gröbliche oder beharrliche Pflichtverstöße des Jugendlichen mit (§§ 24 Abs. 3, 25 JGG).

Die endgültige Entscheidung darüber, ob die Strafaussetzung widerrufen oder die Jugendstrafe erlassen wird, ist in den §§ 26 und 26a JGG geregelt. Die in § 26 Abs. 1 JGG abschließend angeführten *Widerrufsgründe* entsprechen den in § 56f Abs. 1 StGB für das allgemeine Strafrecht genannten Widerrufsgründen (vgl. dazu 2.5.2.3.3, Abschn. „Die Strafaussetzung zur Bewährung"). Wie im Erwachsenenstrafrecht unterbleibt der Widerruf trotz Vorliegens eines Widerrufsgrundes, wenn mildere Maßnahmen ausreichen, um den Jugendlichen von weiteren Straftaten abzuhalten. Nach § 26 Abs. 2 JGG sieht der Richter von einem Widerruf ab, wenn es ausreicht, 1. weitere Auflagen oder Weisungen zu erteilen, 2. die Bewährungs- oder Unterstellungszeit bis zu einem Höchstmaß von vier Jahren zu verlängern oder 3. den Jugendlichen vor Ablauf der Bewährungszeit erneut einem Bewährungshelfer zu unterstellen. Ist ein Widerrufsgrund gegeben und reichen mildere

Maßnahmen nach § 26 Abs. 2 JGG nicht aus, wird die Jugendstrafe vollstreckt. Steht der Jugendliche die Bewährungszeit ohne Widerrufsgrund durch, wird die Jugendstrafe nach § 26a JGG erlassen.

Von der Aussetzung der Vollstreckung der Jugendstrafe zur Bewährung ist die *Aussetzung der Verhängung der Jugendstrafe* nach § 27 JGG zu unterscheiden. Hierbei setzt der Richter nicht erst die Vollstreckung der Jugendstrafe, sondern bereits die Entscheidung darüber, ob überhaupt eine Jugendstrafe verhängt werden soll, für eine bestimmte Bewährungszeit aus. Voraussetzung hierfür ist, dass nach Erschöpfung der Ermittlungsmöglichkeiten nicht mit Sicherheit beurteilt werden kann, ob in der Straftat eines Jugendlichen schädliche Neigungen von einem Umfang hervorgetreten sind, dass eine Jugendstrafe erforderlich ist. Liegt diese Voraussetzung vor, kann der Richter die Schuld des Jugendlichen feststellen und die Entscheidung über die Verhängung der Jugendstrafe für eine Bewährungszeit aussetzen. Die Bewährungszeit beträgt nach § 28 JGG mindestens ein Jahr und höchstens zwei Jahre. Gemäß § 29 Satz 1 JGG wird der Jugendliche für die Dauer oder einen Teil der Bewährungszeit einem Bewährungshelfer unterstellt. Im Übrigen gelten die Vorschriften über die Ausgestaltung der Aussetzung der Vollstreckung der Jugendstrafe zur Bewährung entsprechend.

Die endgültige Entscheidung ist in § 30 JGG geregelt. Stellt sich während der Bewährungszeit heraus, dass die in dem Schuldspruch missbilligte Tat auf schädliche Neigungen von einem Umfang zurückzuführen ist, dass eine Jugendstrafe erforderlich ist, so erkennt der Richter nach § 30 Abs. 1 JGG auf die Strafe, die er im Zeitpunkt des Schuldspruchs bei sicherer Beurteilung der schädlichen Neigungen des Jugendlichen ausgesprochen hätte. Dadurch, dass das Gesetz für die Bemessung der Jugendstrafe auf den Zeitpunkt des Schuldspruchs abstellt, will es verhindern, dass das Verhalten des Jugendlichen während der Bewährungszeit zu einer Strafverschärfung führt und der Jugendliche schlechter steht, als wenn die Jugendstrafe sofort verhängt worden wäre (Brunner u. Dölling 2002, § 30 Rn 8). Liegen die Voraussetzungen des § 30 Abs. 1 JGG nach Ablauf der Bewährungszeit nicht vor, so wird der Schuldspruch gemäß § 30 Abs. 2 JGG getilgt. Ein Vorgehen nach § 27 JGG kommt nur in Betracht, wenn ausschließlich eine Jugendstrafe wegen schädlicher Neigungen in Rede steht. Liegen die Voraussetzungen für eine Jugendstrafe wegen Schwere der Schuld vor, ist diese zu verhängen. Für § 27 JGG ist dann kein Raum (Eisenberg 2006, § 27 Rn 9).

Neben den dargestellten speziellen Sanktionen des JGG dürfen im Jugendstrafrecht auch einige *Rechtsfolgen des allgemeinen Strafrechts* verhängt werden. So ergibt sich aus § 76 JGG, dass gegen Jugendliche die Nebenstrafe des Fahrverbots nach § 44 StGB ausgesprochen werden darf. Die Nebenfolgen des § 45 StGB kommen dagegen gemäß § 6 JGG bei Jugendlichen nicht in Betracht. Von den Maßregeln der Besserung und Sicherung des allgemeinen Strafrechts dürfen nach § 7 JGG gegen Jugendliche die Unterbringung in einem psychiatrischen Krankenhaus oder in einer Entziehungsanstalt, die Führungsaufsicht oder die Entziehung der Fahrerlaubnis angeordnet werden. Sicherungsverwahrung und Berufsverbot sind gegen Jugendliche unzulässig.

Wird die Unterbringung in einem psychiatrischen Krankenhaus oder einer Entziehungsanstalt angeordnet, wird gemäß § 5 Abs. 3 JGG von Zuchtmitteln und Jugendstrafe abgesehen, wenn die Unterbringung eine Ahndung durch den Richter entbehrlich macht. Verfall, Einziehung und Unbrauchbarmachung (§ 73 ff. StGB) sind auch gegen Jugendliche zulässig.

Um die erforderliche erzieherische Einwirkung auf einen Jugendlichen zu erreichen, kann es im Einzelfall zweckmäßig sein, mehrere Sanktionen miteinander zu verbinden. Die Zulässigkeit solcher *Verbindungen* regelt § 8 JGG. Nach § 8 Abs. 1 JGG können Erziehungsmaßregeln und Zuchtmittel, ebenso mehrere Erziehungsmaßregeln oder mehrere Zuchtmittel, nebeneinander angeordnet werden. Lediglich die Verbindung der Unterbringung in einer betreuten Wohnform mit Jugendarrest ist unzulässig. Gemäß § 8 Abs. 2 JGG sind neben einer Jugendstrafe Weisungen, Auflagen und die Anordnung der Erziehungsbeistandschaft zulässig; mit der Unterbringung in einer betreuten Wohnform, einer Verwarnung und Jugendarrest darf die Jugendstrafe dagegen nicht verbunden werden.

Nach diesen Regelungen ist eine Verbindung von Erziehungsmaßregeln, Zuchtmitteln und Jugendstrafe in weitem Umfang zulässig. Von dem Grundsatz der Kombinierbarkeit gibt es nur vier Ausnahmen, von denen drei den Grundsatz der „Einspurigkeit der freiheitsentziehenden Rechtsfolgen" (Schaffstein u. Beulke 2002, S. 103) betreffen: Die Unzulässigkeit der Verbindung der Unterbringung in einer betreuten Wohnform mit Jugendarrest, der Unterbringung in einer betreuten Wohnform mit Jugendstrafe und der Kombination von Jugendstrafe und Jugendarrest. Die vierte Ausnahme ist die Unzulässigkeit der Verbindung von Jugendstrafe und Verwarnung.

Nach § 8 Abs. 3 JGG kann der Richter neben Erziehungsmaßregeln, Zuchtmitteln und Jugendstrafe auf die nach dem JGG zulässigen Nebenstrafen und Nebenfolgen erkennen. Die spezifischen Sanktionen des JGG können daher mit einem Fahrverbot nach § 44 StGB kombiniert werden. Möglich sind auch Kombinationen mit den nach dem JGG zulässigen Maßregeln der Besserung und Sicherung (vgl. aber § 5 Abs. 3 JGG) sowie mit Verfall, Einziehung und Unbrauchbarmachung.

Sind *mehrere Straftaten* eines Täters abzuurteilen, gelten für die Strafbemessung im allgemeinen Strafrecht die §§ 52 ff. StGB. Diese Vorschriften finden im Jugendstrafrecht keine Anwendung. Vielmehr gilt nach § 31 Abs. 1 JGG das „Einheitsprinzip" (Streng 2003, S. 130): Auch wenn ein Jugendlicher mehrere Straftaten begangen hat, setzt der Richter nur einheitlich Erziehungsmaßregeln, Zuchtmittel oder eine Jugendstrafe fest. Soweit es nach § 8 JGG zulässig ist, können Sanktionen miteinander verbunden werden. Hiermit soll im Interesse einer sinnvollen erzieherischen Einwirkung erreicht werden, dass die Rechtsfolgen einheitlich auf die Persönlichkeit des Täters abgestellt werden (Schaffstein u. Beulke 2002, S. 98). Die gesetzlichen Höchstgrenzen des Jugendarrestes und der Jugendstrafe dürfen nach § 31 Abs. 1 S. 3 JGG auch bei Aburteilung mehrerer Straftaten nicht überschritten werden.

Ist der Jugendliche wegen eines Teils der Straftaten bereits rechtskräftig verurteilt worden und sind die Rechtsfolgen noch nicht vollständig ausgeführt, verbüßt oder sonst erledigt, gilt nach § 31 Abs. 2 JGG ebenfalls das Einheitsprinzip: Es wird unter Einbeziehung des früheren Urteils in dem neuen Urteil in gleicher Weise nur einheitlich auf Maßnahmen oder Jugendstrafe erkannt. Allerdings kann der Richter nach § 31 Abs. 3 JGG davon absehen, schon abgeurteilte Straftaten in die neue Entscheidung einzubeziehen, wenn dies aus erzieherischen Gründen zweckmäßig ist. Das kann z. B. der Fall sein, wenn der Jugendliche im Strafvollzug erneut Straftaten begeht. In diesem Fall stehen dann zwei gesondert zu vollstreckende Urteile nebeneinander.

Begeht ein Täter mehrere Straftaten, auf die bei gesonderter Betrachtung teils Jugendstrafrecht und teils allgemeines Strafrecht anzuwenden wäre (z. B. eine Tat als Jugendlicher und eine Tat als Erwachsener), wäre es für eine sachgerechte Einwirkung auf den Täter ungünstig, wenn zwei Sanktionsordnungen nebeneinander Anwendung finden würden. § 32 JGG sieht deshalb für *Taten in verschiedenen Alters- und Reifestufen* eine einheitliche Behandlung vor. Nach § 32 S. 1 JGG gilt für mehrere Straftaten, die gleichzeitig abgeurteilt werden und auf die teils Jugendstrafrecht und teils allgemeines Strafrecht anzuwenden wäre, einheitlich das Jugendstrafrecht, wenn das Schwergewicht bei den Straftaten liegt, die nach Jugendstrafrecht zu beurteilen wären. Für die Beantwortung der Frage, bei welchen Taten das Schwergewicht liegt, ist neben Anzahl und Schwere der Taten vor allem die Bedeutung der jeweiligen Tat im Rahmen der Persönlichkeitsentwicklung des Täters maßgeblich (Schaffstein u. Beulke 2002, S. 82). So kann auch dann, wenn die Mehrzahl der Taten im Erwachsenenalter begangen wurden, das Schwergewicht bei den im Jugendalter begangenen Straftaten liegen, wenn die Taten im Erwachsenenalter die Fortsetzung des im Jugendalter gesetzten prägenden Beginns sind (Brunner u. Dölling 2002, § 32 Rn 3). Lässt sich nicht feststellen, dass das Schwergewicht bei den nach Jugendstrafrecht abzuurteilenden Taten liegt, ist nach § 32 S. 2 JGG einheitlich das allgemeine Strafrecht anzuwenden. Nach der Rechtsprechung ist § 32 JGG, abgesehen von dem Fall des § 105 Abs. 2 (frühere Verurteilung eines Heranwachsenden nach allgemeinem Strafrecht), nur anzuwenden, wenn die Straftaten gleichzeitig abgeurteilt werden (BGHSt 36, 270; aM Eisenberg 2006, § 32 Rn 9). Bei getrennter Aburteilung kommt es daher nach der Rechtsprechung zu einem Nebeneinander von Sanktionen des Jugendstrafrechts und des allgemeinen Strafrechts.

In vielen Fällen der leichteren Jugendkriminalität sind zur erzieherischen Einwirkung auf den Täter eine Hauptverhandlung und ein Urteil nicht erforderlich. Für diese Fälle sehen die §§ 45 und 47 JGG Möglichkeiten der Beendigung des Jugendstrafverfahrens ohne Hauptverhandlung und Urteil vor. Dieses Vorgehen wird als Diversion bezeichnet. Nach § 45 Abs. 1 JGG kann der Staatsanwalt ohne Zustimmung des Richters *von der Verfolgung absehen*, wenn die Voraussetzungen des § 153 StPO vorliegen, es sich also bei der Straftat um ein Vergehen handelt, die Schuld des Täters als gering anzusehen wäre und kein öffentliches Interesse an der Verfolgung besteht. In den Fällen des § 45 Abs. 1 JGG wird somit das Verfahren ohne Sanktionierung des Jugendlichen beendet.

Nach § 45 Abs. 2 JGG sieht der Staatsanwalt von der Verfolgung ab, wenn eine erzieherischen Maßnahme bereits durchgeführt oder eingeleitet ist und er weder eine Beteiligung des Richters nach § 45 Abs. 3 JGG noch die Erhebung der Anklage für erforderlich hält. Diese Vorschrift betrifft den Fall, dass es zur erzieherischen Einwirkung auf den Jugendlichen einer Reaktion bedarf, z. B. durch die Eltern oder durch das Jugendamt, eine Einschaltung des Richters aber nicht erforderlich ist. Ist die notwendige erzieherische Reaktion erfolgt, wird das Strafverfahren ohne Beteiligung des Richters beendet. Ist die nach Auffassung des Staatsanwalts erforderliche erzieherische Maßnahme noch nicht durchgeführt, kann der Staatsanwalt sie anregen und hierdurch die Voraussetzungen für ein Absehen von der Verfolgung nach § 45 Abs. 2 JGG schaffen (Brunner u. Dölling 2002, § 45 Rn 21). Nach § 45 Abs. 2 S. 2 JGG steht einer erzieherischen Maßnahme das Bemühen des Jugendlichen gleich, einen Ausgleich mit dem Verletzten zu erreichen.

Die Beendigung des Verfahrens unter Beteiligung des Richters, aber ohne Anklageerhebung regelt § 45 Abs. 3 JGG. Nach § 45 Abs. 3 S. 1 JGG regt der Staatsanwalt die Erteilung einer Ermahnung, bestimmter Weisungen (Arbeitsleistungen, Täter-Opfer-Ausgleich oder Teilnahme an einem Verkehrsunterricht) oder von Auflagen durch den Jugendrichter an, wenn der Beschuldigte geständig ist und der Staatsanwalt die Anordnung einer solchen richterlichen Maßnahme für erforderlich, die Erhebung der Anklage aber nicht für geboten hält. Entspricht der Jugendrichter der Anregung, so sieht der Staatsanwalt nach § 45 Abs. 3 S. 2 JGG von der Verfolgung ab, bei Erteilung von Weisungen und Auflagen jedoch nur, nachdem der Jugendliche ihnen nachgekommen ist. Nach Einreichung der Anklage kann der Richter gemäß § 47 JGG das Verfahren mit Zustimmung des Staatsanwalts unter den Voraussetzungen des § 45 JGG einstellen.

In der *Praxis der Jugendstrafrechtspflege* spielen die Verfahrenseinstellungen nach den §§ 45 und 47 JGG eine sehr große Rolle. Im Jahr 2002 wurden 69% der nach Jugendstrafrecht gegen namentlich bekannte Beschuldigte geführten Verfahren nach den §§ 45 und 47 JGG beendet (Heinz 2004, S. 518). Hierbei erfolgte die Einstellung überwiegend durch den Staatsanwalt ohne Beteiligung des Richters (ebd., S. 519 f.). Von den 105 523 Personen, die 2004 in den alten Bundesländern einschließlich Gesamt-Berlin nach Jugendstrafrecht verurteilt wurden, erhielten 17% eine Jugendstrafe, 76% Zuchtmittel und 7% Erziehungsmaßregeln (berechnet nach Statistisches Bundesamt 2006, S. 84 f.). In dieser Berechnung ist nur die jeweils schwerste Sanktionsart in der Reihenfolge Jugendstrafe, Zuchtmittel und Erziehungsmaßregel erfasst. Von den Jugendstrafen wurden 62% zur Bewährung ausgesetzt (berechnet nach: ebd., S. 258 f.). Von den Zuchtmitteln waren 40% Arbeitsauflagen und 25% Verwarnungen. Bei 18% der Zuchtmittel handelt es sich um Jugendarrest und bei 15% um Geldauflagen. Die Schadenswiedergutmachung und die Entschuldigung spielten mit Anteilen von 2% und 0,2% nur eine geringe Rolle (berechnet nach: ebd., S. 284 f.). Die Erziehungsmaßregeln bestanden zu 99% in Weisungen (berechnet nach: ebd.). Die Bedeutung der Hilfe zur Erziehung nach § 12 JGG ist somit sehr gering.

Zur *Legalbewährung* der nach Jugendstrafrecht sanktionierten Täter wurde ermittelt, dass innerhalb von vier Jahren nach einer Sanktionierung nach dem JGG (Bezugsjahr 1994) 45% der Sanktionierten erneut strafrechtlich geahndet wurden; bei 5% bestand die Folgeentscheidung in der Verhängung einer stationären Rechtsfolge (Jehle et al. 2003, S. 57). Die Rückfallquoten betrugen nach Entscheidungen gemäß § 45 und 47 JGG 40% (stationäre Folgeentscheidung 3%), nach jugendrichterlichen Maßnahmen (Erziehungsmaßregeln, Zuchtmittel, § 27 JGG) 55% (6%), nach Jugendarrest 70% (18%), nach Jugendstrafe mit Bewährung 60% (17%) und nach Jugendstrafe ohne Bewährung 78% (45%) (ebd.). Die im Vergleich zum Erwachsenenstrafrecht höhere Rückfallquote ist mit der generell höheren Kriminalitätsbelastung der Jugendlichen und Heranwachsenden zu erklären. Bei den höheren Rückfallquoten nach schweren Sanktionen ist zu berücksichtigen, dass die schweren Sanktionen vor allem gegen Täter mit schlechterer Kriminalprognose verhängt werden.

### 4.1.5 Jugendgerichtsverfassung, Jugendstrafverfahren, Vollstreckung und Vollzug

Der Charakter des Jugendstrafrechts als Erziehungs- und Täterstrafrecht schlägt sich in einer besonderen Jugendgerichtsverfassung und in Besonderheiten des Strafverfahrens gegen Jugendliche und Heranwachsende sowie der Vollstreckung und des Vollzugs nieder. Für die Aburteilung von Straftaten, die Jugendlichen oder Heranwachsenden vorgeworfen werden, sind nach den §§ 33 ff., 107 f. JGG die *Jugendgerichte* zuständig. Die Jugendgerichte sind Teile der Strafgerichtsbarkeit (Brunner u. Dölling 2002, §§ 33–33 b Rn 1). Jugendgerichte sind der Jugendrichter, das Jugendschöffengericht und die Jugendkammer (zur Besetzung und zur Zuständigkeit vgl. §§ 33 ff., 39 ff. JGG). Für Verfahren, die zur Zuständigkeit der Jugendgerichte gehören, sind nach § 36 JGG Jugendstaatsanwälte zu bestellen. Nach § 37 JGG sollen Jugendrichter und Jugendstaatsanwälte erzieherisch befähigt und in der Jugenderziehung erfahren sein (zur Problematik der Verwirklichung dieser Vorschrift vgl. Böhm u. Feuerhelm 2004, S. 80 f.). Die polizeilichen Ermittlungen in Jugendstrafsachen werden häufig durch speziell ausgebildete Jugendsachbearbeiter vorgenommen.

Außerdem hat das JGG zur Gewährleistung der erforderlichen Erforschung der Persönlichkeit des Beschuldigten und für seine Betreuung mit der *Jugendgerichtshilfe* (JGH) ein Prozessorgan eigener Art geschaffen. Die JGH ist Hilfe für das Gericht und für den Jugendlichen (Brunner u. Dölling 2002, § 38 Rn 1; Laubenthal 2006, S. 67 f.). Die Vertreter der JGH bringen nach § 38 Abs. 2 S. 1 JGG die erzieherischen, sozialen und fürsorgerischen Gesichtspunkte im Verfahren vor den Jugendgerichten zur Geltung. Zu diesem Zweck erforschen sie nach § 38 Abs. 2 S. 2 JGG die Persönlichkeit, die Entwicklung und die Umwelt des Beschuldigten und äußern sich zu den Maßnahmen, die zu ergreifen sind. Die Ergebnisse der Persönlichkeitserforschung werden in der Regel in einem

JGH-Bericht der Justiz zur Verfügung gestellt. Die JGH überwacht nach § 38 Abs. 2 S. 5 JGG die Erfüllung von Weisungen und Auflagen durch den Jugendlichen, soweit nicht ein Bewährungshelfer dazu berufen ist. Hat der Richter eine Betreuungsweisung nach § 10 Abs. 1 S. 3 Nr. 5 JGG ausgesprochen, übt nach § 38 Abs. 2 S. 7 JGG ein Vertreter der JGH die Betreuung und Aufsicht aus, wenn der Richter nicht eine andere Person damit betraut. Außerdem steht die JGH dem Jugendlichen helfend zur Seite. Sie hat nach § 52 Abs. 2 SGB VIII frühzeitig zu prüfen, ob für den Jugendlichen Leistungen der Jugendhilfe in Betracht kommen. Ist dies der Fall oder ist eine geeignete Leistung bereits eingeleitet oder gewährt worden, so hat die JGH den Staatsanwalt oder den Richter umgehend davon zu unterrichten, damit geprüft werden kann, ob diese Leistung ein Absehen von der Verfolgung nach § 45 JGG oder eine Einstellung des Verfahrens gemäß § 47 JGG ermöglicht. Die Vorschriften über die JGH gelten nach § 107 JGG auch für heranwachsende Beschuldigte (näher zur JGH Schaffstein u. Beulke 2002, S. 222 ff.).

Wird ein *Strafverfahren* gegen einen Jugendlichen geführt, hat dieser die gleichen prozessualen Rechte wie ein erwachsener Beschuldigter. Soweit der jugendliche Beschuldigte ein Recht darauf hat, im Verfahren gehört zu werden, Fragen und Anträge zu stellen oder bei Untersuchungshandlungen anwesend zu sein, steht dieses Recht nach § 67 Abs. 1 JGG auch dem Erziehungsberechtigten und dem gesetzlichen Vertreter zu. Sowohl der Jugendliche als auch sein Erziehungsberechtigter und sein gesetzlicher Vertreter können einen Verteidiger wählen (§ 137 StPO, § 67 Abs. 3 JGG). In den Fällen des § 68 JGG ist die Verteidigung notwendig, bestellt also der Richter dem Beschuldigten, der noch keinen Verteidiger hat, einen Verteidiger.

Nach Einleitung des Verfahrens sollen gemäß § 43 Abs. 1 S. 1 JGG sobald wie möglich die persönlichen Verhältnisse des jugendlichen Beschuldigten erforscht werden. Hierfür ist nach § 43 Abs. 1 S. 4 iVm § 38 Abs. 3 JGG die JGH heranzuziehen. Gemäß § 43 Abs. 2 S. 1 JGG ist, soweit erforderlich, eine Untersuchung des Beschuldigten, namentlich zur Feststellung seines Entwicklungsstandes oder anderer für das Verfahren wesentlicher Eigenschaften, herbeizuführen. Mit der Durchführung der Untersuchung soll gemäß § 43 Abs. 2 S. 2 JGG nach Möglichkeit ein zur Untersuchung von Jugendlichen befähigter *Sachverständiger* beauftragt werden. Die Bestellung eines Sachverständigen kommt insbesondere in Betracht, wenn Anhaltspunkte für psychische Störungen des Jugendlichen bestehen. Gegenstand der Begutachtung können vor allem die Strafmündigkeit im Sinne von § 3 JGG und der Reifestand nach § 105 Abs. 1 JGG sein, außerdem Prognose- und Sanktionsfragen. Als Gutachter kommen vor allem Jugendpsychiater und Entwicklungspsychologen in Betracht. Die Begutachtung hat vorrangig ambulant zu erfolgen (Eisenberg 2006, § 43 Rn 37). Nach § 73 JGG ist in Ausnahmefällen eine stationäre Unterbringung zur Beobachtung zulässig. Hierzu ist eine richterliche Anordnung erforderlich, die nur nach Anhörung eines Sachverständigen und eines Verteidigers ergehen darf. Die Unterbringung in der Anstalt darf die Dauer von sechs Wochen nicht überschreiten. Daneben kommt eine Unterbringung nach § 81 StPO in Betracht.

Nach § 71 Abs. 1 JGG kann der Richter bis zur Rechtskraft des Urteils *vorläufige Anordnungen über die Erziehung* des Jugendlichen treffen oder die Gewährung von Leistungen nach dem SGB VIII anregen. § 71 Abs. 2 JGG ermöglicht die richterliche Anordnung zur einstweiligen Unterbringung in einem geeigneten Heim der Jugendhilfe, wenn dies auch im Hinblick auf die zu erwartenden Maßnahmen geboten ist, um den Jugendlichen vor einer weiteren Gefährdung seiner Entwicklung, insbesondere vor der Begehung neuer Straftaten, zu bewahren. Untersuchungshaft darf gegen Jugendliche nach § 72 Abs. 1 JGG nur unter strenger Beachtung des Verhältnismäßigkeitsgrundsatzes angeordnet werden. Solange der Jugendliche das 16. Lebensjahr noch nicht vollendet hat, gelten die weiteren Einschränkungen des § 72 Abs. 2 JGG. Nach § 72 Abs. 4 S. 1 JGG kann unter denselben Voraussetzungen, unter denen ein Haftbefehl erlassen werden kann, auch die einstweilige Unterbringung in einem Heim der Jugendhilfe im Sinne von § 71 Abs. 2 JGG angeordnet werden.

Die *Hauptverhandlung* gegen einen Jugendlichen ist nach § 48 Abs. 1 JGG nicht öffentlich. Den in § 48 Abs. 2 S. 1 und 2 JGG genannten Personen, z. B. dem Verletzten, ist die Anwesenheit zu gestatten. Sind in dem Verfahren auch Heranwachsende oder Erwachsene angeklagt, so ist die Verhandlung nach § 48 Abs. 3 S. 1 JGG öffentlich. Nach S. 2 kann die Öffentlichkeit jedoch ausgeschlossen werden, wenn dies im Interesse der Erziehung des jugendlichen Angeklagten geboten ist. Die Rechtsstellung des *Verletzten* ist im Verfahren gegen Jugendliche gegenüber dem allgemeinen Strafverfahren eingeschränkt. Nach § 80 JGG ist die Privatklage nicht und die Nebenklage nur begrenzt zulässig und nach § 81 JGG findet das Adhäsionsverfahren keine Anwendung.

Zur Beschleunigung des Verfahrens sind die *Rechtsmittel* im Jugendstrafverfahren gegenüber dem allgemeinen Strafverfahren eingeschränkt. Nach § 55 Abs. 1 JGG können Entscheidungen, in denen lediglich Erziehungsmaßregeln oder Zuchtmittel verhängt worden sind, nicht wegen mangelnder Zweckmäßigkeit der Sanktion angefochten werden und gemäß § 55 Abs. 2 JGG kann, wer eine zulässige Berufung eingelegt hat, gegen das Berufungsurteil nicht mehr Revision einlegen.

Ist das Urteil rechtskräftig geworden, richtet sich die *Vollstreckung* nach den §§ 82 ff. JGG. Vollstreckungsleiter ist nach § 82 Abs. 1 JGG der Jugendrichter. Für den *Vollzug* des Jugendarrestes bestimmt § 90 Abs. 1 JGG, dass er das Ehrgefühl des Jugendlichen wecken und ihm eindringlich zum Bewusstsein bringen soll, dass er für das von ihm begangene Unrecht einzustehen hat. Außerdem soll der Vollzug erzieherisch gestaltet werden und dem Jugendlichen helfen, die Schwierigkeiten zu bewältigen, die zur Begehung der Straftat beigetragen haben.

Zum Vollzug der Jugendstrafe gibt es bisher nur wenige gesetzliche Regelungen. Nach § 91 Abs. 1 JGG ist es Ziel des Vollzuges der Jugendstrafe, den Verurteilten dazu zu erziehen, künftig einen rechtschaffenen und verantwortungsbewussten Lebenswandel zu führen. § 91 Abs. 2 JGG nennt einzelne Erziehungsmittel. Absatz 3 ermöglicht es, den Vollzug aufzulockern und in geeigneten Fällen weitgehend in freien Formen durchzuführen. Nach § 92 Abs.

1 JGG wird die Jugendstrafe in Jugendstrafanstalten vollzogen. An einem Verurteilten, der das 18. Lebensjahr vollendet hat und sich nicht für den Jugendstrafvollzug eignet, braucht die Jugendstrafe gemäß § 92 Abs. 2 JGG nicht in der Jugendstrafanstalt vollzogen zu werden, sondern kann der Vollzug nach den Vorschriften des Strafvollzugs für Erwachsene erfolgen. Nach § 92 Abs. 2 S. 3 JGG soll dies geschehen, wenn der Verurteilte das 24. Lebensjahr vollendet hat.

§ 115 Abs. 1 JGG enthält eine Ermächtigungsgrundlage für den Erlass von Rechtsverordnungen über den Vollzug der Jugendstrafe, des Jugendarrestes und der Untersuchungshaft. Hiervon ist für den Jugendarrest, nicht aber für die Jugendstrafe Gebrauch gemacht worden. Nach den §§ 176 und 178 StVollzG gelten die Vorschriften des Strafvollzugsgesetzes über die Bemessung des Arbeitsentgelts und über den unmittelbaren Zwang auch für den Vollzug der Jugendstrafe. Weitere gesetzliche Regelungen über den Vollzug der Jugendstrafe bestehen bisher nicht. Diese Gesetzeslage wird dem verfassungsrechtlichen Erfordernis, dass Eingriffe in die Grundrechte von Gefangenen vom Gesetzgeber mit hinreichender Bestimmtheit geregelt werden müssen (BVerfG 33, 1), nicht gerecht (Brunner u. Dölling 2002, § 91 Rn 6). Das Bundesverfassungsgericht hat deshalb mit Urteil vom 31. Mai 2006 (NJW 2006, 2093) entschieden, dass für den Jugendstrafvollzug die verfassungsrechtlich erforderlichen gesetzlichen Grundlagen fehlen, und den Gesetzgeber verpflichtet, diese bis Ende 2007 zu schaffen. Die Erfüllung dieser Verpflichtung obliegt den Ländern, auf die durch die Föderalismusreform Mitte 2007 die Gesetzgebungszuständigkeit in Strafvollzugssachen übergegangen ist. Bis zum Erlass der Landesgesetze sind Grundrechtseingriffe im Jugendstrafvollzug zulässig, soweit sie zur Aufrechterhaltung eines geordneten Vollzugs unerlässlich sind.

Richtet sich das Verfahren gegen einen *Heranwachsenden*, ist nach den §§ 109 ff. JGG zu entscheiden, ob die für Verfahren gegen Jugendliche geltenden Vorschriften Anwendung finden.

## Literatur

Albrecht HJ (2002) Ist das Jugendstrafrecht noch zeitgemäß? Gutachten D zum 64. Deutschen Juristentag. Beck, München

Albrecht PA (2000) Jugendstrafrecht. Ein Studienbuch, 3. Aufl. Beck, München

Blau G (1959) Zur Frage der partiellen strafrechtlichen Vollreife Heranwachsender – zugleich ein Beitrag zur strafrechtlichen Methodenlehre. MDR 13:717–721

Böhm A (1983) Aus der neueren Rechtsprechung zum Jugendstrafrecht. NStZ 3:448–451

Böhm A, Feuerhelm W (2004) Einführung in das Jugendstrafrecht, 4. Aufl. Beck, München

Brunner R, Dölling D (2002) Jugendgerichtsgesetz. Kommentar, 11. Aufl. De Gruyter, Berlin New York

Deutsche Vereinigung für Jugendpsychiatrie (1955) Arbeitstagung über die Probleme der §§ 105, 21, 43, 3, 10 II des Jugendgerichtsgesetzes v. 4.8.1953. MSchrKrim 38:58–62

Diemer H (2002) Kommentierung der §§ 3 bis 15 JGG. In: Diemer H, Schoreit A, Sonnen BR (Hrsg) Jugendgerichtsgesetz. Kommentar, 4. Aufl. Müller, Heidelberg, S 37–380

Dölling D (1993) Erziehung im Jugendkriminalrecht und Legalbewährung nach jugendstrafrechtlichen Sanktionen. RdJB 41:370–380
Dölling D (2003) Über die Höhenbemessung bei der Freiheits- und der Jugendstrafe. In: Amelung K et al. (Hrsg) Strafrecht Biorecht Rechtsphilosophie. Festschrift für HL Schreiber zum 70. Geburtstag am 10. Mai 2003. Müller, Heidelberg, S 55–62
Dölling D (2006) Das Verhältnis zwischen Erziehungsmaßregeln und Zuchtmitteln. ZJJ 17:310–311
Eisenberg U (2006) Jugendgerichtsgesetz, 11. Aufl. Beck, München
Esser G (1999) Sind die Kriterien der sittlichen Reife des § 105 JGG tatsächlich reifungsabhängig? DVJJ-Journal 10:37–40
Esser G, Fritz A, Schmidt MH (1991) Die Beurteilung der sittlichen Reife Heranwachsender – Versuch einer Operationalisierung. MSchrKrim 74:356–368
Heinz W (2001) Die jugendstrafrechtliche Sanktionierungspraxis im Ländervergleich. In: Dölling D (Hrsg) Das Jugendstrafrecht an der Wende zum 21. Jahrhundert. De Gruyter, Berlin New York, S 63–97
Heinz W (2004) Verfahrensrechtliche Entkriminalisierung. Kriminologische und kriminalpolitische Aspekte der Situation in Deutschland. In: Grafl C, Medigovic U (Hrsg) Festschrift für M Burgstaller zum 65. Geburtstag. Neuer Wissenschaftlicher Verlag, Wien Graz, S 507–526
Holtz G (1976) Aus der Rechtsprechung des Bundesgerichtshofs in Strafsachen. MDR 30:632–635
Jehle JM, Heinz W, Sutterer P (2003) Legalbewährung nach strafrechtlichen Sanktionen. Eine kommentierte Rückfallstatistik. Herausgegeben vom Bundesministerium der Justiz. Forum Verlag, Mönchengladbach
Kusch (2006) Plädoyer für die Abschaffung des Jugendstrafrechts. NStZ 26:65–69
Laubenthal K (2006) Beteiligte des Jugendstrafverfahrens. In: Laubenthal K, Baier H, Jugendstrafrecht. Springer, Berlin Heidelberg
Lenckner T (1972) Strafe, Schuld und Schuldfähigkeit. In: Göppinger H, Witter H (Hrsg) Handbuch der forensischen Psychiatrie, Bd 1. Springer, Berlin Heidelberg New York, S 3–286
Meier BD (2003) Persönlicher und sachlicher Anwendungsbereich des Jugendstrafrechts. In: Meier BD, Rössner D, Schöch H, Jugendstrafrecht. Beck, München, S 85–106
Miehe O (1996) Zur Anordnung von Hilfen zur Erziehung nach §§ 27 bis 35 SGB VIII durch Vormundschafts- und Jugendrichter. In: Yessiou-Faltsi P et al. (Hrsg) Recht in Europa. Festschrift für H Fenge zum 65. Geburtstag am 28.10.1996. Kovač, Hamburg
Ostendorf H (2007) Jugendgerichtsgesetz. Kommentar, 7. Aufl. Nomos, Baden-Baden
Rössner D (2001) Das Jugendkriminalrecht und das Opfer der Straftat. In: Dölling D (Hrsg) Das Jugendstrafrecht an der Wende zum 21. Jahrhundert. De Gruyter, Berlin New York, S 165–179
Schaffstein F, Beulke W (2002) Jugendstrafrecht. Eine systematische Darstellung, 14. Aufl. Kohlhammer, Stuttgart
Schöch H (2001) Wie soll die Justiz auf Jugendkriminalität reagieren? In: Dölling D (Hrsg) Das Jugendstrafrecht an der Wende zum 21. Jahrhundert. De Gruyter, Berlin New York, S 125–139
Schöch H (2003) Erziehungsmaßregeln, Weisungen – Inhalt und Grenzen, Zuchtmittel, Jugendstrafe. In: Meier BD, Rössner D, Schöch H, Jugendstrafrecht. Beck, München, S 162–235
Sonnen BR (2002) Kommentierung der §§ 16 bis 26a JGG. In: Diemer H, Schoreit A, Sonnen BR (Hrsg) Jugendgerichtsgesetz. Kommentar, 4. Aufl. Müller, Heidelberg, S 181–279
Statistisches Bundesamt (2006) Fachserie 10: Rechtspflege. Reihe 3: Strafverfolgung. 2004, Wiesbaden
Streng F (2003) Jugendstrafrecht. Müller, Heidelberg

## 4.2 Forensisch-psychiatrische Begutachtung von Kindern und Jugendlichen

P. Bauer, H. Remschmidt

### 4.2.1 Die Rechtsstellung von Kindern und Jugendlichen auf verschiedenen Altersstufen

Die Rechtsordnung verwendet den Begriff „Kind" nicht einheitlich. Im Folgenden werden als „Kinder" Personen unter 14 Jahren bezeichnet, als „Jugendliche" solche, die über 14, aber noch nicht 18 Jahre alt sind, als „Heranwachsende" die 18- bis 21-Jährigen. Im § 7 des SGB VIII (Kinder- und

**Tabelle 4.2.1.** Die Rechtsstellung des Kindes auf verschiedenen Altersstufen (nach Schüler-Springorum 1988)

| Alter | Bedeutung | §§ |
|---|---|---|
| Vollendung der Geburt | Rechtsfähigkeit | 1 BGB |
| | Grundrechtsfähigkeit zivilprozessuale Parteifähigkeit | Art. 1 ff. GG<br>50 ZPO |
| 6 Jahre | Schulpflicht | Landesschulgesetze |
| 7 Jahre | beschränkte Geschäftsfähigkeit | 106 BGB |
| | beschränkte/zivilrechtliche Deliktfähigkeit | 828 II BGB |
| 12 Jahre | beschränkte Religionsmündigkeit | 5 (vgl. 2 III) RelKErzG |
| 14 Jahre | volle Religionsmündigkeit | 5 RelKErzG |
| | bedingte Strafmündigkeit | 1, 3 JGG |
| | Ende des strafrechtlichen Kinderschutzes | 176 StGB |
| | besondere Mitbestimmungs- und Anhörungsrechte | 1746, 1765, 1671, 1778 BGB; 55b, 55c, 59 FGG |
| | Beschwerderecht im FGG-Verfahren | 59 FGG |
| 15 Jahre | Ende der allgemeinen Schulpflicht; Berufsschulpflicht | Landesschulgesetze |
| 16 Jahre | bedingte Ehemündigkeit | 1 EheG |
| | Testierfähigkeit, Eidesmündigkeit (zivilprozessuale) Parteivernehmung | 2229 BGB<br>60 StPO, 393, 455 ZPO |
| | teilweise Ende des strafrechtlichen Jugendschutzgesetzes | 170d, 174, 180, 182 (vgl. 235, 236 StGB) |
| 18 Jahre | Volljährigkeit, Heranwachsendenalter | 2 BGB pp. 1, 105 JGG |
| 21 Jahre | Ende der Anwendbarkeit des JugendStrR | 1, 105 JGG, 41 KJHG |
| 24 Jahre | Ende des Jugendstrafvollzugs | 92 JGG |

Jugendhilfegesetz) wird als „junger Volljähriger" bezeichnet, wer 18, aber noch nicht 27 Jahre alt ist. Als „junger Mensch" wird bezeichnet, wer noch nicht 27 Jahre alt ist (§ 7 Abs. 1 Nr. 3 und Nr. 4 SGB VIII).

Das Kind ist „mit Vollendung der Geburt" (§ 1 BGB) rechtsfähig; es besitzt z. B. die Fähigkeit zu klagen. Bis zur Volljährigkeit steht das Kind unter dem Recht der elterlichen Sorge (§ 1626 BGB).

Unsere Rechtsordnung geht davon aus, dass Kinder mit dem Fortschreiten ihrer Entwicklung schrittweise in unsere Rechtsordnung hineinwachsen. Dies spiegelt sich darin, dass für die Zuordnung bestimmter Rechte und Pflichten Altersgrenzen vorgesehen werden. Eine Übersicht hierzu ist in Tabelle 4.2.1 wiedergegeben.

Die Zuordnung bestimmter Rechte und Pflichten zu bestimmten Altersstufen geht von der Annahme aus, dass junge Menschen, wenn sie das entsprechende Alter erreicht haben, in der Lage sind, die ihnen auferlegten Rechte und Pflichten auch wahrzunehmen. Dies ist allerdings häufig nicht der Fall. Sowohl im Zivilrecht als auch im Strafrecht werden in Zweifelsfragen dann Sachverständige hinzugezogen, von denen erwartet wird, dass sie auf der Grundlage psychologischer und psychiatrischer Erkenntnisse dem Gericht Hinweise geben, wie im jeweiligen Einzelfall die jeweilige Fragestellung fach- und sachgerecht beantwortet werden kann. Die einzelnen gutachterlichen Fragestellungen, die Kinder und Jugendliche betreffen, sind sehr unterschiedlich. Sie berühren einerseits eine Vielzahl von Rechtsbestimmungen und beziehen sich andererseits auf ebenso viele und zum Teil sehr unterschiedliche menschliche Situationen, Gefahren, Erkrankungen und Beeinträchtigungen. Dies macht die Erstellung von Gutachten zu einer schwierigen und verantwortungsvollen Aufgabe.

### 4.2.2 Die Rechtsstellung des Sachverständigen

Der vom Gericht bzw. von der Staatsanwaltschaft beauftragte Sachverständige übt immer eine „Gehilfenfunktion" aus mit der Aufgabe, das Gericht bei der Rechtsfindung zu unterstützen (Ostendorf 1999). Insofern unterscheidet sich seine Aufgabe vom gewohnten ärztlichen Auftrag der Untersuchung, Beratung und Behandlung. Zu jeder Begutachtung gehört zwar die Untersuchung, nicht aber die Behandlung. Die Aufgabe des Gutachters besteht darin, eine vom Auftraggeber formulierte Fragestellung nach Maßgabe der Untersuchungsbefunde und unter Berücksichtigung des derzeitigen ärztlich-psychologischen Wissens so genau wie möglich zu beantworten. Nicht immer aber werden die Fragen so gestellt, dass eine klare Antwort möglich ist. In solchen Fällen sollte der kinder- und jugendpsychiatrische Gutachter nur das ausführen, was er aufgrund seiner Untersuchungsbefunde oder der allgemein anerkannten Erkenntnisse seines Fachgebietes dazu sagen kann. Auch vor Gericht kommt es oft in der mündlichen Verhandlung zu Fragen, die die Erkenntnismöglichkeiten, die dem Gutachter zur Verfügung stehen, überschreiten. Hier sollte dann klar ausgeführt werden, dass die Beantwortung entsprechender Fragen nicht möglich ist, weil eine entsprechende Methodik hierfür nicht zur Verfügung steht. Auch sollte sich der Gutachter vor Kompetenzüberschreitungen jeglicher Art hüten (vgl. Barth 2003).

Der Sachverständige kann aber nicht nur vom Gericht beauftragt werden, sondern z. B. auch von Versicherungsgesellschaften, Behörden, Krankenkassen oder Privatpersonen. In diesen Fällen steht es ihm frei, ob er den Gutachtenauftrag übernimmt. In strafrechtlichen Verfahren versuchen zuweilen die Parteien, einen Sachverständigen zu engagieren. Er gerät dabei häufig in die problematische Situation eines „Parteiengutachters", was seine Position vor Gericht erheblich schwächt. Um dieser Situation zu entgehen, die letztlich niemandem nützt, sollte der Gutachter darauf achten, vom Gericht oder von der Staatsanwaltschaft beauftragt zu werden, und zwar stets vor Beginn der Verhandlung. Selbstverständlich steht es den Parteien frei, dem Gericht einen bestimmten Sachverständigen vorzuschlagen. Wird er vom Gericht akzeptiert, so kann er nicht als Parteigutachter betrachtet werden (vgl. Remschmidt 1978). Zu grundsätzlichen Fragen der Begutachtung hat eine Kommission der Deutschen Gesellschaft für Kinder- und Jugendpsychiatrie und Psychotherapie Empfehlungen erarbeitet, die auch detaillierte Hinweise zur Erstellung von Gutachten in verschiedenen Rechtsgebieten enthalten (Klosinski 2003).

### 4.2.3 Forensisch-psychiatrische Begutachtungsfragen im Kindes- und Jugendalter

#### 4.2.3.1 Begutachtung zur Deliktfähigkeit gemäß § 828 BGB

Fragen der zivilrechtlichen Deliktfähigkeit sind in § 828 BGB geregelt. Der Gesetzestext lautet:
„(1) Wer nicht das siebente Lebensjahr vollendet hat, ist für einen Schaden, den er einem anderen zufügt, nicht verantwortlich.
 (2) Wer das siebente, aber nicht das zehnte Lebensjahr vollendet hat, ist für einen Schaden, den er bei einem Unfall mit einem Kraftfahrzeug, einer Schienenbahn oder einer Schwebebahn einem anderen zufügt, nicht verantwortlich. Dies gilt nicht, wenn er die Verletzung vorsätzlich herbeigeführt hat.
 (3) Wer das 18. Lebensjahr noch nicht vollendet hat, ist, sofern seine Verantwortlichkeit nicht nach Absatz 1 oder 2 ausgeschlossen ist, für den Schaden, den er einem anderen zufügt, nicht verantwortlich, wenn er bei Begehung der schädigenden Handlung nicht die zur Erkenntnis der Verantwortlichkeit erforderliche Einsicht hat."

Begutachtungen nach § 828 Abs. 3 BGB sind in der Regel verbunden mit Fragen des Verschuldens bzw. Mitverschuldens im Sinne der §§ 276 und 254 BGB (Hommers 1999). In den meisten Fällen handelt es sich dabei um körperliche Schäden (fahrlässige Körperverletzung, häufig beim Spielen) oder um materielle Schäden (meist Brandstiftungen), die durch über 7-jährige Kinder verursacht werden, wobei sich die Frage erhebt, ob das Kind zum Zeitpunkt der Tat „die zur Erkenntnis der Verantwortlichkeit erforderliche Einsicht" hatte.

Für das gutachterliche Vorgehen ergibt sich damit ein zweistufiges Verfahren (ebd.):
- Zunächst ist zu prüfen, ob die zur Erkenntnis der Verantwortlichkeit erforderliche *Einsicht* zum Zeitpunkt der Tat vorhanden war.
- Sodann ist die Frage des *Verschuldens* oder *Mitverschuldens* zu klären. In diesem Zusammenhang ist in der Regel auch die Frage zu prüfen, ob seitens der Betreuungspersonen eine Aufsichtspflichtverletzung gemäß § 832 BGB vorgelegen hat.

In der Literatur ist kritisiert worden, dass, im Gegensatz zu § 3 JGG und anderen Bestimmungen, im § 828 BGB lediglich die „Einsichtsfähigkeit" gefordert und die „Steuerungsfähigkeit" außer Acht gelassen wird.

Das *diagnostische Vorgehen* stützt sich auf folgende Schritte bzw. Methoden:
- Ermittlung des *kognitiven Entwicklungsstandes* anhand von altersangemessenen Intelligenztests. Tabelle 4.2.2 gibt einen Überblick über die gebräuchlichen Testverfahren und den jeweiligen Altersbereich ihrer Anwendung. Ein altersentsprechendes und im durchschnittlichen Normbereich befindliches Intelligenzniveau allein ist natürlich kein hinreichender Indikator für den Nachweis der Einsichtsfähigkeit zum Tatzeitpunkt. Vielmehr müssen die intellektuellen Funktionen im Kontext der Gesamtpersönlichkeit und auch im situativen Kontext, bezogen auf die Tat, bewertet werden. Die Überprüfung der Intelligenz ist aber ein wichtiger Baustein in der Begutachtung.
- Ermittlung der „*moralischen Reife*" anhand von Fragen, die sich auf Gebote und Verbote beziehen und die gezielt zu eruieren versuchen, warum bestimmte Handlungen nicht ausgeführt werden dürfen, welche Folgen sie haben, welcher Schaden entstehen könnte etc. Diesbezüglich ist eine Abschätzung der *moralischen Entwicklung* des zu begutachtenden Kindes vorzunehmen. Unter moralischer Entwicklung versteht man bestimmte Teilprozesse der Sozialisation, die zur Internalisierung von sozialen Normen und Regeln führen und ein Individuum in die Lage versetzen, einem Übertretungswunsch auch dann zu widerstehen, wenn weder eine Überwachung noch Sanktionen zu befürchten sind (Colby u. Kohlberg 1986). Mit dem Terminus „moralische Entwicklung" beschreibt man einen kontinuierlichen Prozess der Normaneignung und der subsequenten Verhaltenssteuerung, der im Laufe der individuellen Entwicklung mehrere Stufen durchläuft (Kohlberg 1995). Dabei kommt es bei einer unbeeinträchtigten Entwicklung, neben der Internalisierung von Normen, auch zur Entwicklung eines Gerechtigkeitsempfindens und zur Fähigkeit, eigene Bedürfnisse und Interessen gegenüber jenen anderer zurückzu-

**Tabelle 4.2.2.** Überblick über gängige Intelligenztests (aus: Remschmidt 2005)

| Testverfahren | Autoren | Altersbereich | Durchführung |
|---|---|---|---|
| **HAWIK-III** – Hamburg-Wechsler-Intelligenztests für Kinder III | Tewes et al. 2000 (3. Aufl.) | 6; 0–15; 11 | 50–70 min Einzeltest |
| **K-ABC** – Kaufman-Assessment-Battery for Children | Melchers u. Preuß 2003 (6. Aufl.) | 2; 6–12; 5 | 30–90 min Einzeltest |
| **AID 2** – Adaptives Intelligenz-Diagnostikum 2 | Kubinger u. Wurst 2000 | 6; 0–15; 11 | ca. 75 min Einzeltest |
| **CFT 1** – Grundintelligenztest Skala 1 (Culture Fair Test) | Cattell, Weiß u. Osterland 1997 (5. Aufl.) | 5; 3–9; 5 | 45–60 min Einzel- und Gruppentest |
| **CFT 20** – Grundintelligenztest Skala 2 (Culture Fair Test) | Weiß 1998 (4. Aufl.) | 8; 7–18; 0 | 35 (Teiltest) o. 55 min (Gesamtform) Einzel- und Gruppentest |
| **CPM** – Coloured Progressive Matrices | Bulheller u. Häcker 2002 | 4; 0–10; 11 | ca. 15 min Einzel- und Gruppentest |
| **PSB-R 4–6** – Prüfsystem für Schul- und Bildungsberatung für 4.–6. Klassen – revidierte Fassung PB-R 4-6 | Horn et al. 2002 | 4.–6. Klassen | ca. 45 min Einzel- und Gruppentest |
| **PSB-R 6–13** – Prüfsystem für Schul- und Bildungsberatung für 6.–13. Klassen – revidierte Fassung PSB-R 6-13 | Horn et al. 2003 | 6.–13. Klassen | ca. 45 min Einzel- und Gruppentest |

stellen. Zur Beurteilung der „moralischen Reife" ist das so genannte „Kohlberg-Schema" eine Hilfe, das in Tabelle 4.2.3 gekürzt wiedergegeben ist (Kohlberg 1997). Auch hier gilt das Gleiche, was für die Intelligenzprüfung angemerkt wurde: Die Ergebnisse können nur im Gesamtkontext unter Berücksichtigung aller relevanten Faktoren verwertet werden. Im Übrigen gibt es auch kritische Anmerkungen zum Schema von Kohlberg, die darauf hinauslaufen, dass mehr oder weniger nur das moralische Urteil und nicht das moralische Handeln berücksichtigt wird und dass das Schema sich mehr oder weniger an den Maßstäben westlich ausgerichteter Kulturen orientiert.

- Die Beurteilung der „emotionalen Reife" des Kindes im Vergleich zu seiner Altersgruppe. Hierfür gibt es keine verbindlichen Maßstäbe: Im Allgemeinen beschränkt man sich darauf zu erkunden, ob zwischen der gut feststellbaren kognitiven Entwicklung und der emotionalen Entwicklung Dis-

**Tabelle 4.2.3.** Stufen der moralischen Entwicklung (nach Kohlberg 1997)

### I. Das präkonventionelle Niveau

| | | |
|---|---|---|
| 1. Stufe | ▮ | heteronome Moralität: |
| | | – egozentrische Einstellung |
| | | – Regeleinhaltung aus Furcht vor Bestrafung |
| 2. Stufe | ▮ | Individualismus: |
| | | – Einsicht in das Vorhandensein verschiedener individueller Interessen |
| | | – Regeleinhaltung nur, soweit es den eigenen sowie den Interessen anderer dient |
| | | – gerecht ist, was fair ist |

### II. Das konventionelle Niveau

| | | |
|---|---|---|
| 3. Stufe | ▮ | interpersonelle Konformität: |
| | | – gemeinsame Interessen erhalten Vorrang vor individuellen Interessen |
| | | – den Erwartungen einer Rolle gerecht werden; vor sich selbst und anderen als „guter Kerl" – „good boy" – zu erscheinen |
| 4. Stufe | ▮ | soziales System und Gewissen: |
| | | – erkennt das System an, das Rollen und Regeln festlegt |
| | | – die Pflicht ist zu erfüllen, Gesetze sind zu befolgen |

### III. Das postkonventionelle Niveau

| | | |
|---|---|---|
| 5. Stufe | ▮ | sozialer Kontrakt: |
| | | – allgemeine Werte und Rechte, die der Gesellschaft vorgeordnet sind |
| | | – Regeln im Interesse der Gerechtigkeit einhalten |
| 6. Stufe | ▮ | universale ethische Prinzipien: |
| | | – Perspektive des moralischen Standpunktes, von dem sich gesellschaftliche Ordnungen herleiten |

krepanzen bestehen und ob das jeweilige Kind zu Regressionen auf frühere Entwicklungsstufen neigt (z. B. Trotzreaktionen eines 10-Jährigen, im Vergleich zum Anlass unangemessene Gefühlsausbrüche). Diesbezüglich ist allerdings immer die Grenze zur psychopathologischen Auffälligkeit zu bedenken.

▮ Die Feststellung etwaiger *psychopathologischer Auffälligkeiten* oder Intelligenzminderungen, die das Vorhandensein der Einsicht zum Tatzeitpunkt beeinträchtigt haben könnten. Dies geschieht durch Anamneseerhebung, Exploration und fallweise auch durch zusätzliche Interviews und Testverfahren.

▮ Schließlich muss auch die *jeweilige Situation* zum Tatzeitpunkt berücksichtigt werden. Gerade aus Spiel- und Gruppensituationen ergeben sich oft Handlungen, bei denen Zweifel am Vorhandensein der erforderlichen Einsichtsfähigkeit gerechtfertigt erscheinen.

Bei der Begutachtung geht es nicht um eine allgemeine Feststellung des Entwicklungsstandes und um den Vergleich des Kindes, das die Tat begangen hat, beispielsweise mit einem 7- oder 8-Jährigen, sondern um die Einsicht in die Verantwortlichkeit im konkreten Einzelfall. Besonders schwierig ist diese Frage zu entscheiden, wenn es um Körperverletzungen geht, die sich aus dem Spiel heraus ergeben haben, oder um Brandstiftungen bei jüngeren Kindern (Hommers 1994).

### 4.2.3.2 Begutachtung zur Frage der relativen Strafmündigkeit gemäß § 3 JGG

Das Jugendgerichtsgesetz (JGG) enthält nicht nur das materielle, sondern auch das formelle Jugendstrafrecht wie z.B. Zusammensetzung und Kompetenz der Jugendgerichte, strafprozessuale Regelungen und Richtlinien über die Strafvollstreckung und den Strafvollzug. § 1 Abs. 2 JGG definiert den Anwendungsbereich:

„Jugendlicher ist, wer zur Zeit der Tat 14, aber noch nicht 18, Heranwachsender, wer zur Zeit der Tat 18, aber noch nicht 21 Jahre alt ist".

Mit der Bestimmung des § 3 wird ein spezieller *Schuldausschließungsgrund* für Jugendliche anerkannt. Sie können als „relativ" strafmündig bezeichnet werden.

§ 3 JGG lautet:
„Ein Jugendlicher ist strafrechtlich verantwortlich, wenn er zur Zeit der Tat nach seiner sittlichen und geistigen Entwicklung reif genug ist, das Unrecht der Tat einzusehen und nach dieser Einsicht zu handeln. Zur Erziehung eines Jugendlichen, der mangels Reife strafrechtlich nicht verantwortlich ist, kann der Richter dieselben Maßnahmen anordnen wie der Familien- oder Vormundschaftsrichter".

Die strafrechtliche Verantwortlichkeit gemäß § 3 JGG ist für jeden anhängigen Fall sorgfältig zu prüfen und muss positiv vom Gericht festgestellt werden. Es muss geprüft werden, ob zum Zeitpunkt der Tat die Reife zur Einsicht vorhanden war und auch die Reife, gemäß dieser Einsicht zu handeln.

*Einsichtsfähigkeit* nach § 3 JGG setzt einen Entwicklungsstand voraus, der den Jugendlichen zu der Erkenntnis befähigt, dass seine Handlung mit einem friedlichen Zusammenleben der Menschen unvereinbar ist und deshalb von der Rechtsordnung nicht geduldet werden kann. Dazu gehört nicht nur ein intellektuelles Vermögen (Verstandesreife), sondern auch eine Ausbildung der sittlichen Wertvorstellungen (ethische Reife). Vom Jugendlichen muss der Unrechtscharakter der konkreten Handlung zutreffend beurteilt werden. Es muss die Erkenntnis ausgebildet sein, dass die Handlung vom Recht missbilligt wird; nicht verlangt wird die Kenntnis der Strafgesetze. Bei der Beurteilung der Einsichtsfähigkeit geht es also ausdrücklich nicht darum festzustellen, ob der straffällige Jugendliche zum Zeitpunkt der Tat einem körperlich und geistig durchschnittlich entwickelten Jugendlichen entsprach, sondern es geht darum, ob er bei der ihm konkret vorgeworfenen Handlung reif genug zur Einsicht war und auch reif genug, entsprechend dieser Einsicht zu handeln. Für die häufigsten inkriminierten Straftaten Jugendlicher wie Eigentumsdelikte oder aggressive Handlungen wird man, eine normale Entwicklung vorausgesetzt, in der Regel die Einsichtsfähigkeit bejahen können, wenn die verstandesmäßigen Voraussetzungen bezüglich der Erkenntnisfähigkeit in den Unrechtsgehalt der Tat vorhanden sind. Nur bei für jüngere Jugendliche schwer durchschaubaren Deliktformen, wie z. B. Hehlerei, wird man im Einzelfall auch zu einer negativen Beurteilung kommen.

§ 3 JGG erfordert außerdem eine Aussage darüber, ob der Jugendliche nach erfolgter Einsicht in das Unrecht der Tat auch in der Lage war, danach zu handeln (*Handlungsfähigkeit*).

Nicht wenige Jugendliche sind in ihrer sozialen Reife noch nicht so weit entwickelt, dass sie auch in der Lage wären, trotz vorhandener Einsicht in das Unrecht ihres Tuns, entsprechend zu handeln bzw. inkriminierte Handlungen zu unterlassen. Es geht hierbei weniger um psychopathologische Zustandsbilder als vielmehr darum zu beurteilen, ob zum Zeitpunkt der Tat Einflüsse auf den Jugendlichen einwirkten, die es ihm unmöglich machten, gemäß seiner Einsicht auch zu handeln. Konfliktsituationen, die ein Jugendlicher nicht lösen kann und die seine Handlungsfähigkeit in Frage stellen könnten, entstehen z. B. bei der Delinquenz in einer Gruppe, aus der der Jugendliche sich nicht lösen kann oder in der er wichtige emotionale Bindungen hat, oder bei Delikten, die Jugendliche zusammen mit Autoritätspersonen verüben (z. B. mit Vätern oder älteren Brüdern). Solche speziellen Tatumstände können dazu führen, dass der Gutachter zu dem Ergebnis kommt, dass zwar die Einsichtsfähigkeit gemäß § 3 vorhanden war, aber die Handlungsfähigkeit verneint werden muss.

Eine generelle Schwierigkeit bei der Beurteilung nach § 3 JGG ist bezüglich der Reifebeurteilung zu bewältigen: Untersuchungszeitpunkt und Tatzeitpunkt sind nicht miteinander identisch. Es fehlen objektive, allgemein verbindliche diagnostische Kriterien zur Erfassung der Reife. Schließlich ist die *Konkurrenz zwischen § 3 JGG und § 20 StGB* zu berücksichtigen. Beide Bestimmungen gleichen sich insofern, als sie die strafrechtliche Verantwortlichkeit an die Voraussetzung der Einsichtsfähigkeit und der Handlungsfähigkeit knüpfen. Handelt es sich um ein psychisches Zurückbleiben, das als Folge eines noch nicht abgeschlossenen Entwicklungsprozesses verstanden werden kann und ist eine Nachreifung zu erwarten, so ist § 3 JGG anwendbar. Hingegen soll § 20 StGB angewandt werden, wenn das Zurückbleiben pathologischer Art ist (z. B. Intelligenzminderung). Es handelt sich dann um eine strukturelle, bleibende oder nur mangelhaft ausgleichbare Unreife. Schließlich muss der Gutachter immer vor Augen haben, dass die Verneinung des § 3 JGG auch eine pädagogische Wirkung hat. Die Feststellung, ein Jugendlicher sei strafrechtlich nicht verantwortlich, kann von diesem einerseits als Freibrief für weitere strafbare Handlungen verstanden werden, andererseits aber auch zu einer erheblichen Verletzung des Selbstwertgefühls führen.

Bei der Begutachtung sind folgende Gesichtspunkte zu beachten:
- Im Hinblick auf die *geistige Reife* sind die kognitiven Funktionen durch entsprechende Intelligenztests zu überprüfen. Dabei ist darauf zu achten,

dass das sprachliche Niveau des jeweiligen Jugendlichen berücksichtigt wird. Gegebenenfalls empfiehlt es sich, sprachfreie Tests anzuwenden wie z. B. den Raven-Test. Kann man davon ausgehen, dass sich die sprachlichen Funktionen im Normbereich bewegen, so empfehlen sich die Wechsler-Skalen, z. B. der Hamburg-Wechsler-Intelligenztest in seiner revidierten Fassung (HAWIE-R), und eine Reihe anderer Verfahren, die in Tabelle 4.2.2 wiedergegeben sind.

- Im Hinblick auf die *sittliche Reife* ist zu prüfen, auf welchem Stadium der moralischen Entwicklung der Jugendliche sich befindet. Hier sind die Kohlberg-Stadien der moralischen Entwicklung eine wichtige Hilfe (vgl. Tabelle 4.2.3). Wie Tabelle 4.2.3 verdeutlicht, gehen sie von drei Stadien aus: Im *präkonventionellen* Stadium orientiert sich das Kind an Autoritätspersonen und verfolgt stark egozentrische Motive. Im *konventionellen* Stadium kommt es zu einer Anerkennung und Akzeptanz eines Systems von Regeln und Pflichten und zum Bestreben, den Erwartungen der Umgebung gerecht zu werden (sog. „Good Boy-Orientierung"). Im Allgemeinen wird angenommen, dass der Übergang vom präkonventionellen zum konventionellen Stadium sich im Laufe der Pubertät vollzieht. Schließlich erfordert das *postkonventionelle* Stadium einen hohen Abstraktionsgrad, der die Einsicht in allgemein gültige moralische Prinzipien ermöglicht, etwa nach dem kategorischen Imperativ von Kant: „Handle so, dass die Maxime deines Willens zugleich als Prinzip einer allgemeinen Gesetzgebung gelten kann". Diese Stufe wird von vielen Straftätern überhaupt nicht erreicht.
- Auch im Zusammenhang mit Fragestellungen bezüglich des § 3 JGG ist zu prüfen, ob die geistige und sittliche Entwicklung des jeweiligen Probanden durch etwaige *psychopathologische Einflüsse* (z. B. extreme Deprivation, Intelligenzminderung, Hirnschädigung) beeinträchtigt sein kann.
- Stets sind Reifebeurteilungen gemäß § 3 JGG auf den *Zeitpunkt der Tat* zu beziehen, was bei ausgeprägten zeitlichen Differenzen zwischen Tatzeit und Begutachtungszeit außerordentlich schwierig und manchmal unmöglich ist.

Grundsätzlich ist zu allen Begutachtungen im Hinblick auf den § 3 JGG zu vermerken, dass es sich um die Feststellung des Entwicklungsstandes und gegebenenfalls um Entwicklungsverzögerungen handelt. Es geht hierbei nicht um Zustände mangelnder Reife infolge einer psychiatrischen Erkrankung oder anderer Umstände, wie sie in den §§ 20 und 21 StGB kodifiziert sind.

### 4.2.3.3 Begutachtung zur Frage der Anwendung von Jugendstrafrecht auf Heranwachsende (§ 105 JGG)

Die Reifebeurteilung gemäß § 105 JGG unterscheidet sich von den anderen gesetzlich kodifizierten Reifebeurteilungen gemäß § 828 BGB und § 3 JGG dadurch, dass hier junge Volljährige beurteilt werden, deren weiteres Schicksal, insbesondere bei schwerwiegenden Straftaten wie Mord und Totschlag, in besonderem Maße von dieser Beurteilung abhängt. Nicht zuletzt aus diesen Gründen stellen Begutachtungen nach § 105 JGG eine besonders verantwortliche Aufgabe dar.

Ein *globaler Reifebegriff* taucht an verschiedenen Stellen des Jugendgerichtsgesetzes auf (z. B. § 3 und § 105 JGG). Aber auch in anderen Bereichen kommen wir ohne irgendwie geartete Reifebegriffe nicht aus (z. B. Schulreife, Berufsreife, Verantwortungsreife etc.). Reifebegriffe im Kontext gesetzlicher Bestimmungen haben stets Schwierigkeiten und Unsicherheiten mit sich gebracht. Einheitlich gilt für alle Reifebegriffe, dass sie mit zunehmendem Lebensalter immer schwieriger zu definieren und festzustellen sind. Dies gilt insbesondere für die so genannte körperliche und die so genannte psychosoziale Reife (vgl. Thomae 1973; Remschmidt 1978). Deshalb wurde sowohl von juristischer als auch von jugendpsychiatrischer Seite gefordert, auf das Instrument des § 105 JGG zu verzichten und die Straftaten Heranwachsender prinzipiell nach Jugendstrafrecht zu beurteilen (Remschmidt 1997; DVJJ 2002).

*Körperliche Reife* lässt sich definieren als die Projektion bestimmter körperlicher Merkmale auf ein zeitliches Kontinuum. Es gibt hierbei erhebliche Streubreiten. Für die Mehrzahl delinquenter Jugendlicher bzw. junger Volljähriger lässt sich aus körperlichen Reifemerkmalen kein Zusammenhang zu ihrem delinquenten Verhalten herstellen. Bei einer kleinen Gruppe jedoch existieren derartige Korrelationen.

*Psychosoziale Reife* lässt sich definieren als Übereinstimmung zwischen psychischer Entwicklung und sozialen Normen. Es bedarf keiner weiteren Erläuterung, dass eine derart definierte Reife eine Fülle von Lernprozessen impliziert und dass die Erlangung eines Reifegrades, der eine derartige Übereinstimmung beinhaltet, fast zwangsläufig über „Umwege" verläuft. Art und Ausmaß dieser Umwege, die uns bei vielen Jugendlichen, aber auch noch bei jungen Volljährigen, als Delikte begegnen, hängen ab von der Persönlichkeit des Betreffenden, aber ebenso von der sozialen Umwelt, die ihn umgibt (Remschmidt 1978).

Auf diesem Hintergrund kann zur Frage der Begutachtung gemäß § 105 JGG Folgendes ausgeführt werden:

Ob ein Heranwachsender nach allgemeinem Strafrecht oder nach Jugendstrafrecht beurteilt wird, muss gemäß § 105 Abs. 1 JGG entschieden werden. Dies hat für den Betroffenen oft einschneidende Folgen, etwa bei der Festsetzung der Höhe des Strafmaßes, insbesondere bei schwerwiegenden Delikten wie Mord und Totschlag (Höchststrafe nach dem JGG 10 Jahre Freiheitsentzug).

In der Regel bezieht sich die Begutachtung auf § 105 Abs. 1 Ziff. 1 JGG, nämlich die „Gesamtwürdigung der Persönlichkeit des Täters" und den „sittlichen und geistigen Entwicklungsstand". Zu beurteilen ist also, ob zum Zeitpunkt der Tat dieser Entwicklungsstand dem *Entwicklungsstand eines Jugendlichen* gleichzusetzen war. Auch bezüglich des § 105 JGG besteht das Dilemma, dass es keine objektiven psychiatrischen oder psychologischen Kriterien gibt, mit denen man feststellen könnte, ob ein Heranwachsender zum Tatzeitpunkt einem Jugendlichen gleichzustellen wäre. Auf der Grundlage

**Tabelle 4.2.4.** Modifizierte und operationalisierte Kriterien zur Reifebeurteilung, ausgehend von den Marburger Richtlinien (Esser et al. 1991)

1. Realistische Lebensplanung
2. Eigenständigkeit im Verhältnis zu den Eltern
3. Eigenständig im Verhältnis zu Gleichaltrigen/Partner
4. Ernsthafte Einstellung zu Arbeit und Schule
5. Äußerer Eindruck
6. Alltagsbewältigung
7. Alter der Freunde
8. Bindungsfähigkeit
9. Integration von Eros und Sexus
10. Konsistente, berechenbare Stimmungslage

Für jedes Merkmal wurden vier Reifestufen definiert:
1 = kindlich bzw. aus der Sicht der 18-Jährigen stark entwicklungsverzögert (entsprechend einem Entwicklungsstand von unter 14 Jahren)
2 = jugendlich oder mäßig entwicklungsverzögert (entsprechend einem Entwicklungsstand von 14–17 Jahren)
3 = heranwachsend oder altersgerecht (entsprechend einem Entwicklungsstand von 18–21 Jahren)
4 = erwachsen oder akzeleriert (entsprechend einem Entwicklungsstand von 21 Jahren oder älter)

Nach Auffassung der Autoren ermöglicht die Einteilung in vier Reifestadien die Identifikation von starken Entwicklungsverzögerungen.
Die Reifestufen der 10 genannten Merkmale werden jeweils operationalisiert, wobei die operationalisierten Kriterien sich auf vier Reifestufen erstrecken: kindlich, jugendlich, heranwachsend und erwachsen.

der so genannten „Marburger Richtlinien" (1955) wurden Reifekriterien (Esser et al. 1991) definiert, auf die bei der Begutachtung abgehoben werden kann. Die Reifeskala stützt sich auf 10 Kriterien (s. Tabelle 4.2.4).

In einer weiteren Untersuchung konnte Esser (1999) zeigen, dass die 1991 definierten und operationalisierten Reifekriterien tatsächlich reifeabhängig sind. Zu diesem Zweck wurde die ursprüngliche Normierungsstichprobe sieben Jahre später mit dem identischen Instrumentarium nachuntersucht. Dabei zeigte sich, dass alle 10 definierten Reifekriterien einen Alterszuwachs aufwiesen, was sowohl für die Normalpopulation als auch für die Gruppe der jugendlichen Delinquenten galt. Dieses Ergebnis zeigt, dass in beiden Gruppen, wie dies von der höchstrichterlichen Rechtsprechung gefordert wird, noch „Entwicklungskräfte wirksam sind". Die untersuchten Probanden waren bei der Nachuntersuchung im Durchschnitt 25 Jahre alt.

Nach diesen Richtlinien wird ein Heranwachsender einem Jugendlichen in seiner geistigen und sittlichen Entwicklung dann gleichzustellen sein, wenn seine Persönlichkeit insbesondere folgende, für die *Erwachsenenreife* charakteristischen Züge vermissen lässt: eine gewisse Lebensplanung, die Fähigkeit zu selbstständigem Urteilen und Entscheiden, die Fähigkeit zu zeitlich überschauendem Denken, die Fähigkeit Gefühlsurteile rational zu unterbauen, ernsthafte Einstellung zur Arbeit und eine gewisse Eigenständigkeit in Beziehung zu anderen Menschen.

Umgekehrt können charakteristische *jugendtümliche Züge* unter anderem sein: ungenügende Ausformung der Persönlichkeit, Hilflosigkeit (die sich nicht selten hinter Trotz und Arroganz versteckt), naiv-vertrauensseliges Verhalten, im Augenblick leben, starke Anlehnungsbedürftigkeit, spielerische Einstellung zur Arbeit, Neigung zum Tagträumen, ein Hang zu abenteuerlichem Handeln, ein Hineinleben in selbsterhöhende Rollen, ein mangelnder Anschluss an Altersgenossen.

Die Feststellung puberaler Persönlichkeitszüge und Reaktionsmöglichkeiten, wie persistierende emotionale Abhängigkeit von den Eltern oder auch ausgeprägter Elternprotest, mit einer damit verbundenen sozialen Unreife rechtfertigt ebenso die Anwendung eines Erziehungsstrafrechts.

Auch die mögliche Prognose wird man bei der Beurteilung der sittlichen und geistigen Entwicklung eines Heranwachsenden mit berücksichtigen müssen. Kann man davon ausgehen, dass die weitere Entwicklung mehr innere Stabilität, Selbstständigkeit und Reife mit sich bringen wird, so ist dies ebenfalls ein Argument, den § 105 JGG anzuwenden.

Ziffer 2 Abs. 1 des § 105 JGG, nämlich die Feststellung, ob es sich um eine *„typische Jugendverfehlung"* handelt, obliegt zunächst der Beweiswürdigung des Richters. Typische Jugendverfehlungen sind z.B. unfugartige Streiche, die Entwendung von Kraftfahrzeugen zum vorübergehenden eigenen Gebrauch, wenn sie aus jugendlichem Geltungsbedürfnis heraus geschehen, oder auch jugendliche Rauflust. In solchen Fällen wird ein Gutachter nur selten bemüht. In anderen Fällen aber ist eine Berücksichtigung der Beweggründe ausschlaggebend dafür, ob es sich noch um eine jugendtümliche Verfehlung handelt. Hierbei soll beurteilt werden, ob „aus den Antriebskräften der Entwicklung entspringende Entgleisungen" vorgelegen haben. Als Beispiel hierfür gilt die Brandstiftung aus pubertätsbedingten sexuellen Motiven. Eine solche Tat muss im Einzelfall dann als Resultante der körperlichen und seelischen Pubertätsentwicklung angesehen werden können. In diesem Falle könnte sie dann als „Jugendverfehlung" betrachtet werden.

Die Begutachtung stützt sich im Einzelnen auf folgende Untersuchungen:
1. Ermittlung des *kognitiven Entwicklungsstandes* mit Hilfe geeigneter Testverfahren: Auch hier ist zu prüfen, ob der jeweilige Proband die deutsche Sprache gut beherrscht, einen etwaigen Sprachentwicklungsrückstand aufweist oder an umschriebenen Entwicklungsstörungen leidet (z.B. an einer Legasthenie, einer Rechenstörung oder einer motorischen Entwicklungsstörung), die seine kognitive Entwicklung nachhaltig beeinträchtigt haben könnten. Zur Intelligenzprüfung können die in Tabelle 4.2.2 angeführten Verfahren verwendet werden, für die Überprüfung von umschriebenen Entwicklungsstörungen existieren spezielle Verfahren, die bei entsprechendem Verdacht immer anzuwenden sind. Ergeben sich aus der Anamnese Verdachtsmomente auf Hirnfunktionsstörungen (z.B.

**Tabelle 4.2.5.** Einige häufig angewandte neuropsychologische Untersuchungsverfahren

| Testverfahren | Autoren | Altersbereich | Durchführung |
|---|---|---|---|
| ■ **DCS** – Diagnostikum für Zerebralschädigung | Weidlich et al. 2001 (4. Aufl.) | ab 6 Jahren | 20–60 min Einzeltest |
| ■ **Test d2** – Aufmerksamkeits-Belastungs-Test d2 | Brickenkamp 1994 (8. Aufl.) | ab 9 Jahren | 4 min 40 s Einzel- und Gruppentest |
| ■ **TÜKI** – Tübinger Luria-Christensen Neuropsychologische Untersuchungsreihe für Kinder | Deegener et al. 1997 (2. Aufl.) | 5–16 Jahre | ca. 2 h Einzeltest |
| ■ **BT** – Benton-Test | Benton Sivan u. Spreen 1996 | 7–70 Jahre | ca. 5 min Zeichen-/Wahlform |
| ■ **WMS-R** – Wechsler Gedächtnis-Test – revidierte Fassung | Härting et. al. 2000 | 15–75 Jahre | 30–60 min Einzeltest |
| ■ **DT** – Demenz-Test | Kessler et al. 1999 | kein definierter Altersbereich | 25–60 min Einzeltest |
| ■ **TT** – Token-Test | Orgass 1982 | 15–75 Jahre | 15–20 min Einzeltest |
| ■ **Test d2** – Aufmerksamkeits-Belastungs-Test d2 | Brickenkamp 1994 (8. Aufl.) | ab 9 Jahren | 4 min 40 s Einzel- und Gruppentest |
| ■ **TÜLUC** – Tübinger Luria-Christensen Neuropsychologische Untersuchungsreihe | Hamster et al. 1980 | Kein definierter Altersbereich | ca. 2 h Einzeltest |

nach Unfällen oder Erkrankungen des Gehirns), so ist eine Untersuchung des Gehirns mit Hilfe bildgebender Verfahren (z. B. Computertomografie, Magnetresonanztomografie) angezeigt. In derartigen Fällen sollten auch neuropsychologische Testverfahren eingesetzt werden, mit deren Hilfe sich Hirnfunktionsstörungen ebenfalls objektivieren lassen. In Tabelle 4.2.5 sind einige häufig angewandte neuropsychologische Testverfahren angegeben.

2. *Untersuchung der Persönlichkeit* mit entsprechenden Persönlichkeitstests: Die im JGG und SGB VIII enthaltenen Bestimmungen, die auf eine Persönlichkeitsbeurteilung hinauslaufen, bereiten Sachverständigen wie Gerichten nicht geringe Probleme. Auf die methodologischen Schwierigkeiten der Persönlichkeitsbeurteilung kann hier nicht im Detail eingegangen werden. Hingewiesen werden soll jedoch auf zwei wesentliche Gesichtspunkte: den Eigenschaftsbegriff und das dynamische Konzept der Persönlichkeit.

- Viele Schwierigkeiten der Beurteilung ergeben sich aufgrund einer statischen und rigiden Auffassung irgendwie gearteter Eigenschaftsbegriffe. Eigenschaften einer Persönlichkeit gibt es nie absolut, sondern nur relativ im Hinblick auf die situativen Bedingungen. Ein Mensch kann in einer bestimmten Situation extrem geizig und in einer anderen sehr großzügig sein. Die herkömmliche Diagnostik versucht, strukturelle Merkmale der Persönlichkeit zu objektivieren, was in gewissen Grenzen auch möglich ist. Diese strukturellen Merkmale stellen aber keinen verlässlichen Indikator für das reale Verhalten in bestimmten Situationen dar. Wenn man auch auf strukturelle Gesichtspunkte nicht verzichten kann, so gehört auch zur Begutachtung, über eine Analyse biografischer Daten sowie aufgrund der direkten Beobachtung (was im Rahmen eines stationären Aufenthaltes möglich ist), Aussagen darüber zu machen, wie sich ein Proband in kritischen Situationen verhält.
- Ein derartiges Vorgehen stützt sich auf die These einer *dynamischen Auffassung* von Persönlichkeit, deren Entstehungsbedingungen bis in die frühe Kindheit zurückverfolgt werden können. Dabei ist man natürlich auf die Angaben der Eltern oder anderer langjähriger Erziehungspersonen angewiesen. Ihre Einbeziehung ist bei jungen Volljährigen mit deren Einverständnis meist möglich und sollte auch genutzt werden.

Trotz dieser kritischen Anmerkungen kommt man ohne die Anwendung von *Persönlichkeitstests* nicht aus. Die am häufigsten angewandten sind das Freiburger Persönlichkeitsinventar (Fahrenberg et al. 2001), das Minnesota Multiphasic Personality Inventory (MMPI, Hathaway u. McKinley 2000), das Persönlichkeitsstil- und -störungsinventar (PSSI, Kuhl u. Kazen 1997) und der 16-Persönlichkeits-Faktoren-Test (Schneewind et al. 1998).

3. Untersuchungen im Hinblick auf *psychopathologische Auffälligkeiten* stützen sich auf eine sorgfältige Anamneseerhebung mit dem Probanden und (nach Möglichkeit) auch mit seinen Eltern, auf eine eingehende psychiatrische Exploration und gegebenenfalls auf die Anwendung von Zusatzuntersuchungen in Form von Checklisten, Skalen oder Interviews. Am Ende dieses Untersuchungsganges steht jeweils eine multiaxiale Diagnose, bei deren Anwendung Symptomatik und psychosoziale Besonderheiten des Probanden auf sechs Achsen dargestellt werden (Remschmidt et al. 2001). Die erste Achse erstreckt sich auf die psychiatrische Symptomatik, die zweite auf Entwicklungsstörungen, die dritte auf die Intelligenz; auf der vierten Achse werden körperliche Auffälligkeiten kodiert, auf der fünften Achse abnorme psychosoziale Umstände und auf der sechsten Achse das psychosoziale Anpassungsniveau. Die multiaxiale Diagnostik hat den Vorteil, dass nicht nur eine psychiatrische Diagnose gestellt wird, sondern dass die Auffälligkeiten und Lebensbedingungen des Probanden umfassend und unter verschiedenen Perspektiven auf den besagten sechs Achsen abgebildet werden. Dies führt nicht nur zu einem besseren Verständnis seiner Verhaltensweisen, sondern gibt zugleich auch Anhaltspunkte für mögliche Interventionen.

4. **Reifebeurteilung nach dem Kohlberg-Schema und den revidierten Marburger Richtlinien:** Auf das *Kohlberg-Schema* zur Abschätzung der moralischen Entwicklung sind wir an früherer Stelle schon eingegangen. Auch im Hinblick auf Fragestellungen gemäß § 105 JGG kann das Kohlberg-Schema eine Hilfe sein, jedoch kann es nicht den Schwerpunkt der Untersuchungen darstellen. Denn es ermöglicht nur eine grobe Orientierung, und es lässt sich allenfalls feststellen, ob ein Heranwachsender sich hinsichtlich seiner moralischen Entwicklung auf dem präkonventionellen oder konventionellen Stadium bewegt. Diese Einschätzung muss in Relation zu seinem kognitiven Entwicklungsstand und seiner Persönlichkeit gesetzt werden. Liegen psychopathologische Auffälligkeiten vor, so sind auch diese zu berücksichtigen.

Die bekannten Schwierigkeiten der Reifebestimmung, gerade bei Heranwachsenden, haben zur Entwicklung der so genannten *„Marburger Richtlinien"* geführt, die, insbesondere in der revidierten und operationalisierten Form (Esser et al. 1991), trotz der älteren und neueren Kritik, die sie erfahren haben (Holzbach u. Venzlaff 1966; Busch u. Scholz 2003; Esser et al. 2003) als wertvolle Hilfestellung angesehen werden können. Esser et al. (1991) konnten an einer Feldstichprobe von 314 18-Jährigen aus einer prospektiven epidemiologischen Längsschnittstudie nachweisen, dass die operationalisierten Marburger Kriterien eine gute Interraterreliabilität besitzen. In einer Faktorenanalyse konnten drei unabhängige Hauptaspekte der Reife herausgearbeitet werden: Lebensplanung und Alltagsbewältigung (Faktor 1), Partnerbeziehung (Faktor 2) und äußere Reifeaspekte (Faktor 3). In einem Normierungsversuch zeigten die Autoren, dass die Items dem Lebensalter der untersuchten Population angemessene Schwierigkeitsindizes mit deutlicher Varianz aufweisen. Interessant war dabei, dass psychiatrische Auffälligkeiten nahezu mit allen Einzelaspekten von Unreife verknüpft waren. Verzögerungen der Reifeentwicklung fanden sich insbesondere als Folge von psychischen Störungen. Die Autoren kommen zu dem Schluss, dass eine Anwendung der normierten Kriterien Stellungnahmen zum § 105 JGG erleichtert. Im Übrigen konnte Esser (1999) in der bereits erwähnten Nachuntersuchung der Normierungsstichprobe (sieben Jahre später) zeigen, dass die 10 definierten Reifekriterien einem deutlichen Entwicklungstrend unterliegen, also auch tatsächlich reifeabhängig sind.

Im Hinblick auf die Reifebeurteilung nach § 105 JGG sowie auch im Hinblick auf die Anwendung dieses Paragrafen bestehen erhebliche Unsicherheiten und auch Unterschiede zwischen den verschiedenen Bundesländern. Nach Angaben des Statistischen Bundesamtes (zitiert von Busch u. Scholz 2003) wurden im Jahr 2000 in Rheinland-Pfalz 51% der Heranwachsenden nach allgemeinem Strafrecht verurteilt, in Hamburg und in Schleswig-Holstein im selben Zeitraum jedoch nur 9%. Die Autoren weisen mit Recht darauf hin, dass unterschiedliche biologische und psychosoziale Entwicklungsrückstände für diese erhebliche Variationsbreite wohl nicht verantwortlich gemacht werden können. Nicht zuletzt aufgrund dieser Schwierigkeiten und Unterschiede hat die Deutsche Vereinigung für Jugendgerichte und Jugendgerichtshilfen vorgeschlagen, die Voraussetzungen des § 105 JGG generell auf Heranwachsende anzuwenden (DVJJ 2002).

#### 4.2.3.4 Begutachtung zu Fragen der Schuldfähigkeit

**Schuldfähigkeitskriterien**

Die Einschränkung der Schuldfähigkeit bei psychischen Erkrankungen richtet sich wie bei Erwachsenen nach den in § 20 StGB festgelegten Kriterien. So stellt sich bei jeder Begutachtung die Frage, ob bei dem straffälligen Jugendlichen zur Zeit der ihm zur Last gelegten Tat eine psychiatrische Störung oder Krankheit vorgelegen hat, die die Einsichts- oder Steuerungsfähigkeit so stark beeinträchtigt hat, dass von einer erheblich verminderten oder aufgehobenen Schuldfähigkeit ausgegangen werden kann. Bei den so genannten „biologischen" Kriterien handelt es sich um
1) krankhafte seelische Störung,
2) tiefgreifende Bewusstseinsstörung,
3) Schwachsinn,
4) schwere andere seelische Abartigkeit (SASA).

(1) Unter dem forensischen Begriff der *krankhaften seelischen Störung* werden akute und chronische Zustandsbilder endogener und exogener Psychosen subsumiert. Hierzu zählen neben den schizophrenen Psychosen auch organische Psychosyndrome und drogen- oder alkoholinduzierte Psychosen. Ferner werden alkohol- oder drogeninduzierte Intoxikationszustände, ausgeprägte organische Wesensänderungen, wie z.B. nach frühkindlicher Hirnschädigung oder Epilepsie und dadurch bedingte demenzielle Abbauprozesse dazu gerechnet. So können z.B. postenzephalitische Syndrome oder organische Psychosyndrome nach Schädelhirntrauma im Kindes- und Jugendalter auch zu kognitiven und intellektuellen Einbußen führen, die das Ausmaß einer geistigen Behinderung annehmen. Die Diagnose einer geistigen Behinderung aufgrund einer nachgewiesenen organischen Schädigung wird ebenfalls unter das erste Merkmal subsumiert und nicht dem dritten Merkmal (Schwachsinn) zugeordnet.

Schizophrene Psychosen im Kindesalter sind eher eine Seltenheit, ab dem 12. Lebensjahr treten sie jedoch in steigender Häufigkeit auf, sodass ihnen bei der strafrechtlichen Begutachtung Jugendlicher und Heranwachsender eine erhebliche Bedeutung zukommt. Bei zirka 25% der an Schizophrenie Erkrankten beginnt die Störung vor dem 20. Lebensjahr. Im Unterschied zu der bei Erwachsenen am häufigsten auftretenden paranoid-halluzinatorischen Schizophrenie, die durch eine floride psychotische Symptomatik gekennzeichnet ist, verlaufen die juvenilen schizophrenen Psychosen eher schleichend und sind weniger durch eine akute Symptomatik gekennzeichnet, was ihre Abgrenzung zu anderen psychischen Störungen häufig erschwert. Auch können die weniger prägnanten Verläufe durch entwicklungstypische Verhaltensakzentuierungen in der Adoleszenz eine besondere Tönung erhalten; sie werden dann aufgrund der daraus resultierenden diagnostischen Unsicherheit häufig zunächst nicht als Schizophrenie diagnostiziert, sondern mit dem unspezifischen Begriff der Adoleszentenkrise beschrieben. Bei etwa einem Drittel der im Jugendalter zunächst als Adoleszentenkrise beschriebenen Auffälligkeiten liegt eine schizophrene Psychose zugrunde, vorwiegend vom hebephrenen Verlaufstyp. Eine weitere diagnostische Unsicherheit, die besonders in der Adoleszenz und zu Krankheitsbeginn eine Rolle spielt, stellt die Unterscheidung zwischen den schizophrenen und affektiven Psychosen dar (Freisleder 2000). So haben Verlaufsbeobachtungen ergeben, dass 20 bis 50% der zunächst an ausgeprägten phasischen Verstimmungszuständen erkrankten Jugendlichen später in eine Schizophrenie übergingen. Während manche maniformen Zustandsbilder nach der zweiten Episode den Verlauf einer Hebephrenie annehmen, kann die erste manische Phase einer bipolaren Störung zunächst hebephren wirken. Die eindeutige diagnostische Zuordnung ist nicht nur wegen der geeigneten psychiatrischen Behandlung und der Krankheitsprognose relevant, sondern auch unter forensischen Gesichtspunkten im Hinblick auf die Legalprognose.

Bei der Begutachtung delinquenter Jugendlicher muss immer geprüft werden, inwieweit die kriminellen Handlungen eines vordergründig dissozial wirkenden Täters nicht in einer beginnenden schizophrenen Psychose begründet sind.

(2) Unter dem Begriff der *tiefgreifenden Bewusstseinsstörung* werden schwere affektive Ausnahmezustände beschrieben, die nicht krankheitsbedingt sind, jedoch weit über normalpsychologisch auftretende handlungsbestimmende Affekte hinausgehen. Von psychologischer Seite wurde auf Unterschiede zwischen normalpsychologisch organisierten Handlungsentwürfen und Affekthandlungen hingewiesen (Steller 1994). Während bei einer normalpsychologischen Handlung Zielsetzung und Planung, Handlungsplanung und Ausführung aufeinander folgen, können bei Affekthandlungen diese Schritte nicht mehr nachvollzogen werden. Sie stehen teilweise im Widerspruch zueinander und zu den ursprünglichen Intentionen. Der Nachweis eines normalpsychologisch organisierten Handlungsentwurfs spricht demnach gegen das Vorliegen eines Defektdeliktes.

Typische Kennzeichen für diese Form einer Bewusstseinsstörung ist eine spezifische Tatvorgeschichte mit einer problematischen Täter-Opfer-Beziehung. Nach Saß (1983) sind für das Vorliegen eines Affektdeliktes die folgenden 12 Symptome charakteristisch:
1. spezifische Vorgeschichte und Tatanlaufzeit,
2. affektive Ausgangssituation mit Tatbereitschaft,
3. psychopathologische Disposition der Persönlichkeit,
4. konstellative Faktoren,
5. abrupter elementarer Tatablauf ohne Sicherungstendenz,
6. charakteristischer Affektauf- und -abbau,
7. Folgeverhalten mit schwerer Erschütterung,
8. Einengung des Wahrnehmungsfeldes und der seelischen Abläufe,

9. Missverhältnis zwischen Tatanstoß und Reaktion,
10. Erinnerungsstörungen,
11. Persönlichkeitsfremdheit der Tat,
12. Störung der Sinn- und Erlebniskontinuität.

Gegen eine tiefgreifende Bewusstseinsstörung sprechen
1. aggressive Vorgestalten in der Phantasie,
2. Ankündigung der Tat,
3. aggressive Handlungen in der Tatanlaufzeit,
4. Vorbereitungshandlungen für die Tat,
5. Konstellierung der Tatsituation durch den Täter,
6. fehlender Zusammenhang von Provokation – Erregung – Tat,
7. zielgerichtete Gestaltung des Tatablaufs,
8. lang hingezogenes Tatgeschehen,
9. komplexer Handlungsablauf in Etappen,
10. erhaltene Introspektionsfähigkeit bei der Tat,
11. exakte detailreiche Erinnerungen,
12. zustimmende Kommentierung des Tatgeschehens,
13. Fehlen von vegetativen, psychomotorischen und psychischen Begleiterscheinungen heftiger Affekterregung.

Eine tiefgreifende Bewusstseinsstörung zeichnet sich in der Praxis durch zwei weitere Besonderheiten aus. Während bei den übrigen Merkmalen des § 20 StGB mit der Diagnosestellung zunächst noch nichts über die psychische Funktionsbeeinträchtigung bei der Tat ausgesagt wird, bedeutet die Feststellung des Vorliegens einer tiefgreifenden Bewusstseinsstörung nahezu automatisch die Annahme einer verminderten, in Ausnahmefällen aufgehobenen Steuerungsfähigkeit (Schüler-Springorum 1983; Theune 1999). Während bei der Annahme der Voraussetzungen des § 21 StGB auch die Kriminalprognose und die Unterbringung im Maßregelvollzug zu prüfen ist, stellt sich diese Frage bei der Diagnose „tiefgreifende Bewusstseinsstörung" eher selten, da es sich nicht um ein überdauerndes Merkmal handelt und somit kein erneutes Delinquenzrisiko birgt.

(3) Unter einem forensisch relevanten *Schwachsinn* versteht man bei einem jugendlichen Täter eine nicht oder nur in Grenzen veränderbare, zumindest leichte Intelligenzminderung entsprechend der ICD-10 mit IQ-Werten unter 70, wobei nicht nur der numerische Intelligenzquotient bei der Einschätzung der Schuldfähigkeit ausschlaggebend ist, sondern auch die individuellen intellektuellen Voraussetzungen und Kompetenzen eines minderbegabten jugendlichen Täters in einer spezifischen Tatsituation.

(4) Unter dem Begriff der *schweren anderen seelischen Abartigkeit* (SASA) werden die Persönlichkeitsstörungen, die Paraphilien und die manifesten Suchtformen psychotroper Substanzen subsumiert. Da zum Konzept der Persönlichkeitsstörung eine zeitliche Konstanz des Symptombildes mit einem überdauernden Muster von Auffälligkeiten in den Bereichen Affektivität, Ko-

gnition und zwischenmenschliche Beziehungen gehört, ist die Diagnose einer Persönlichkeitsstörung im Jugendalter umstritten, weil sie die Möglichkeiten der Entwicklung im Jugendalter zu wenig berücksichtigt. Die entsprechenden Denk- und Verhaltensmuster beginnen zwar überwiegend in Kindheit und Jugend, werden aber häufig erst dann als genügend rigide und schwer beeinflussbar angesehen, wenn sie bis ins Erwachsenenalter persistieren. Obwohl sich Persönlichkeitsstörungen in ihren unterschiedlichen Erscheinungsbildern schon in Kindheit und Jugend ausformen und als akzentuierte Charakterzüge und psychopathologische Auffälligkeiten in Erscheinung treten, sollte die Diagnose einer Persönlichkeitsstörung nicht vor dem 16. Lebensjahr gestellt werden. Um auf das Reifungsmoment und die Möglichkeiten einer entwicklungsabhängigen Ausformung der Persönlichkeit hinzuweisen, kann es sinnvoll sein, gerade bei dissozialen Symptomen nicht von einer dissozialen Persönlichkeitsstörung zu sprechen, sondern von einer Störung des Sozialverhaltens. Die entsprechenden Operationalisierungen finden sich in der ICD-10 in dem Kapitel F 9, wo entwicklungstypische psychische Auffälligkeiten im Kindes- und Jugendalter beschrieben werden. Liegen jedoch bereits im Jugendalter eindeutige ausgeprägte Symptome einer spezifischen Persönlichkeitsstörung vor, sollte die entsprechende Diagnose auch gestellt werden. Dies hat insbesondere Konsequenzen in Bezug auf entsprechende Behandlungsmöglichkeiten und die Legalprognose. In der ICD-10 (Dilling et al. 2004) werden folgende Persönlichkeitsstörungen beschrieben: 1. die paranoide, 2. die schizoide, 3. die dissoziale, 4. die emotional instabile vom impulsiven sowie vom Borderline Typus, 5. die histrionische, 6. die anankastische, 7. die ängstlich(-vermeidende), 8. die abhängige, 9. die sonstige spezifische, worunter Begriffe wie exzentrische, haltlose, narzisstische, passiv-aggressive, neurotische und unreife Persönlichkeit(-sstörung) gehören sowie 10. die nicht näher bezeichnete. Forensisch relevant sind insbesondere die Persönlichkeitsstörungen, die mit einer gestörten Impulskontrolle einhergehen wie die dissoziale und die emotional-instabile. Darüber hinaus finden sich im forensischen Kontext gehäuft die narzisstische und die paranoide.

## Feststellung der Schuldfähigkeit

Gelangt der Sachverständige zu der Feststellung, dass das Störungsbild die Merkmale der Klassifikationen in ICD-10 oder DSM-IV erfüllt, sind das Ausmaß der psychischen Störung und deren Auswirkung auf die Tat(en) zu bestimmen. Die sozialen und biografischen Merkmale sind unter besonderer Berücksichtigung der zeitlichen Konstanz der psychopathologischen Auffälligkeiten zu erheben. Mit der bloßen Feststellung, bei dem Beschuldigten liege eines der vier Merkmale des § 20 StGB vor, ist die Frage, ob die Voraussetzungen der §§ 20, 21 StGB vorliegen, noch nicht beantwortet. Dafür sind der Ausprägungsgrad der Störung und der Einfluss auf die soziale Anpassungsfähigkeit entscheidend. Hierbei ist die Beeinträchtigung der psychischen Funktionsfähigkeit durch die festgestellten psychopathologischen Verhaltensmuster zu untersuchen. So ist bei die Tat überdauernden

Störungen für die Bewertung des Schweregrades insbesondere maßgebend, ob es im Alltag außerhalb des beschuldigten Deliktes zu Einschränkungen des beruflichen und sozialen Handlungsvermögens gekommen ist. Für das Vorliegen der §§ 20, 21 StGB kommt es nicht darauf an, ob die Steuerungsfähigkeit generell aufgehoben oder eingeschränkt ist. Vielmehr kommt es auf den Zustand bei Begehung der Tat an.

### Besonderheiten bei der Schuldfähigkeitsbeurteilung von Persönlichkeitsstörungen und sexueller Devianz

Da zum Konzept der *Persönlichkeitsstörung* eine zeitliche Konstanz des Symptombildes mit einem überdauernden Muster von Auffälligkeiten in verschiedenen Funktionsbereichen gehört, muss eben diese Konstanz sachgerecht begründet werden, wobei sich das Gutachten nicht auf die Darstellung von Eckdaten beschränken darf. Vielmehr müssen die individuellen Interaktionsstile, Reaktionsweisen unter Belastungen sowie Veränderungen infolge von Reifungs- und Alterungsschritten dargelegt werden. Auswirkungen von Persönlichkeitsstörungen zeigen sich nicht nur im strafrechtlichen Kontext.

Die klinische Diagnose einer Persönlichkeitsstörung ist nicht automatisch mit dem juristischen Begriff der schweren anderen seelischen Abartigkeit gleichzusetzen.

Die Beurteilung des Schweregrades der diagnostizierten Persönlichkeitsstörung sollte getrennt von der Analyse der Einsichts- und Steuerungsfähigkeit erfolgen. Nur wenn die durch die Persönlichkeitsstörung hervorgerufenen psychosozialen Leistungseinbußen mit den Defiziten vergleichbar sind, wie sie infolge einer forensisch relevanten krankhaften seelischen Störung auftreten, kann von einer schweren anderen seelischen Abartigkeit (SASA) gesprochen werden. Gründe für die Einstufung einer Persönlichkeitsstörung als SASA können erhebliche Auffälligkeiten in der Affektregulierung, Einengung der Lebensführung und damit verbundene Stereotypisierung des Verhaltens sowie wiederholte Beeinträchtigung der Beziehungsgestaltung bei unflexiblen, unangepassten Denkstilen sein. Gegen eine solche Einstufung sprechen Auffälligkeiten in der Affektregulierung ohne schwer wiegende Beeinträchtigung der Beziehungsgestaltung und psychosozialen Leistungsfähigkeit sowie weitgehend erhaltene Verhaltensmöglichkeiten, ebenso eine altersentsprechende biografische Entwicklung.

Liegt eine SASA vor, muss geprüft werden, ob ein Zusammenhang zwischen Tat und Persönlichkeitsstörung besteht. Hierbei ist zu klären, ob die Tat Symptomcharakter hat. Eine relevante Beeinträchtigung der Einsichtsfähigkeit allein durch die Symptome einer Persönlichkeitsstörung liegt in der Regel nicht vor. Meistens kommt für den Bereich der SASA allenfalls eine erheblich verminderte Steuerungsfähigkeit in Betracht. Die Beurteilung der Steuerungsfähigkeit erfordert eine detaillierte Analyse der Tatumstände, wie Verhalten vor, während und nach der Tat, Beziehung zwischen Täter und Opfer sowie handlungsleitende Motive. So sprechen für eine relevante Beeinträchtigung der Steuerungsfähigkeit (Saß 1987) eine konflikthafte Zuspitzung und emotionale Labilisierung in der Zeit vor dem Delikt, ein abrupter impulshafter Tatablauf, relevante konstellative Faktoren, wie z. B. eine Alkoholintoxikation und ein enger Zusammenhang zwischen Persönlichkeitsproblemen und Tat.

Gegen eine Beeinträchtigung der Steuerungsfähigkeit bei Persönlichkeitsstörungen sprechen eine Tatvorbereitung, Hervorgehen des Deliktes aus dissozialen Verhaltensbereitschaften, planmäßiges Vorgehen bei der Tat, die Fähigkeit zu warten, ein lang hingezogenes Tatgeschehen, komplexer Handlungsablauf sowie die Vorsorge gegen Entdeckung.

Zur Sachverständigeneinordnung einer *Paraphilie* als SASA bedarf es der Prüfung des Anteils der Paraphilie an der Sexualstruktur, der Intensität des paraphilen Musters im Erleben, der Integration der Paraphilie in das Persönlichkeitsgefüge sowie der bisherigen Fähigkeit des Probanden zur Kontrolle paraphiler Impulse. Obwohl Jugendliche bei Sexualdelikten gegenüber ihrem Anteil an der Bevölkerung überrepräsentiert sind, ist eine manifeste Perversionsentwicklung im Jugendalter eher selten bzw. aufgrund entwicklungspsychologischer Besonderheiten schwer zu diagnostizieren. Retrospektiv lässt sich hierzu feststellen, dass zirka 50% der erwachsenen Sexualstraftäter bereits im Jugendalter einschlägig auffällig geworden sind. Gelegentlich sei eine Sexualstraftat die erste Manifestation einer Paraphilie.

Bei den jugendlichen Sexualdelinquenten spielen zahlenmäßig vor allem in der Entwicklung deutlich retardierte Jugendliche eine Rolle, die aufgrund ihrer Kontaktstörung bei an sich normalen sexuellen Wünschen keine soziale Kompetenz erworben haben, sich in adäquater Weise Gleichaltrigen zu nähern und stattdessen zur Befriedigung sexueller Interessen auf junge Kinder zurückgreifen. Oft sind derartige Handlungen passagere Phänomene einer sexuellen Reifungskrise, können aber auch Ausdruck einer sexuellen Fehlentwicklung sein bzw. Vorboten einer späteren fixierten Pädophilie.

### 4.2.3.5 Begutachtung zur Glaubhaftigkeit

#### Allgemeine Gesichtspunkte

Der bislang in der Gerichtspraxis übliche Begriff „Glaubwürdigkeit" signalisiert die Existenz einer bestimmten Eigenschaft als Persönlichkeitsmerkmal, welche jedoch nicht eindeutig definiert werden kann.

Mittlerweile besteht Konsens darin, dass von Sachverständigen eine aussagebezogene Glaubhaftigkeitseinschätzung erwartet wird. Hier findet sich die Konzeptualisierung einer Aussage als Leistungsprodukt, worauf der inhaltsanalytische Ansatz beruht (Stern 1904; Wegener 1992). Das Produkt Aussage ist demnach auch bei gegebenem Wahrheitsvorsatz kein getreues Abbild einer Realität, sondern kann durch Einflüsse in den Phasen der Aussageentstehung modifiziert werden. Bei diesen Phasen handelt es sich um die Wahrnehmung eines Ereignisses, dessen Speicherung im Gedächtnis und dessen verbale Reproduktion.

Einflüsse in der *Wahrnehmungsphase* können sensorischer, physikalischer und sozialer Natur sein. Auch Wahrnehmungsdauer, Aufmerksamkeitsverteilung, Arousal und Stress spielen dabei eine Rolle (Wegener et al. 1988). Mit sozialen Wahrnehmungsbedingungen sind erwartungs- und erfahrungsbedingte Wahrnehmungsunterschiede bei identischem Sachverhalt gemeint. Einflüsse in der *Phase der Speicherung* liegen in der Intervalldauer und der nachträglichen Information. So hängt die Genauigkeit von Aussagen von der seit dem beobachteten Ereignis verstrichenen Zeit ab. Dies ist jedoch kein linearer Prozess im Sinne der Konzeptualisierung des Gedächtnisses als Sammlung von Spuren, deren Schwächerwerden im Laufe der Zeit das Vergessen darstellt. Vielmehr handelt es sich bei dem menschlichen Gedächtnis um ein aktiv verarbeitendes System, in welchem Um- und Neubewertungen seiner Inhalte bis hin zu Neuschöpfungen zu erwarten sind.

In diesem Zusammenhang soll auf die Auswirkungen *nachträglicher* (irreführender) *Informationen* auf Gedächtnisinhalte hingewiesen werden, wie sie in empirischer Forschung vielfach belegt worden sind (Köhnken 1997, 2000). Ähnliche Einflüsse können auch in der Reproduktionsphase wirksam werden. So bergen die unterschiedlichen Aussageformen, wie freier Bericht versus Befragung, Frageformen und Formulierungen sowie die geleitete Erinnerung vielfältige Möglichkeiten der Beeinflussung. Eine größere Zuverlässigkeit gegenüber Fremdbeeinflussungen bieten zusammenhängende Spontanschilderungen. Da es sich bei einer Aussage unter Umständen um ein hoch komplexes Geschehen handelt, welches bereits bei der Wahrnehmung vielfältigen äußeren Einflüssen unterliegt, reicht es nicht aus, lediglich die Aussage als Leistungsprodukt heranzuziehen, sondern es muss zunächst geprüft werden, ob das jeweilige Individuum die notwendigen *Voraussetzungen* zur Wahrnehmung, Erinnerung und Wiedergabe eines Ereignisses besitzt im Sinne der *Aussagetüchtigkeit*, wobei dies insbesondere bei sehr jungen Kindern und geistig behinderten Menschen eine Rolle spielt. Ferner ist im Rahmen der *Aussageentstehung* zu überprüfen, ob hier entsprechende Fremdbeeinflussungen bzw. Suggestiveffekte eine Rolle spielen, ebenso ob mögliche Motive für eine eventuelle Falschaussage vorliegen. Die inhaltsanalytische Auswertung bzw. merkmalorientierte Qualitätsanalyse erfolgt dann vor dem Hintergrund der Kenntnisse des intellektuellen Leistungsniveaus und der Persönlichkeitsaspekte des Individuums.

## Aussagetüchtigkeit

**Entwicklungspsychologische Aspekte.** Zu prüfen ist insbesondere, inwieweit die Gedächtnisbildung und Differenzierung und die Fähigkeit zur Überwachung und Diskrimination der Informations- und Erinnerungsquellen entwickelt sind und inwieweit die kognitive Entwicklung die Unterscheidung tatsächlicher Erfahrungen von Phantasie oder Gehörtem grundsätzlich bereits erlaubt (Steller u. Volbert 1997). Ferner ist bei Anwendung der merkmalorientierten Inhaltsanalyse zu prüfen, ob die bei kindlichen Zeugen hohe Suggestibilität in der Praxis von besonderer Bedeutung ist (Ceci

u. Bruck 1993; Greuel et al. 1998; Volbert 1997). Sind Erinnerungen durch den Einfluss der Befragung bereits substanziell beeinflusst worden, verliert die kindliche Aussage letztlich an Beweiskraft, sodass der Beweiswert zerstört ist.

**Gedächtnis des Kindes.** Im kindlichen Gedächtnis werden Eindrücke nicht kontinuierlich aufgezeichnet, sondern die Erinnerung besteht aus vielen einzelnen Elementen. Wie bereits ausgeführt, unterliegt sie verschiedenen Einflüssen. Je weniger die Situation begreifbar für ein Kind ist, desto weniger ist ein Ereignis auch in seiner Gesamtheit einprägsam. Bei der Wiedergabe muss die bei Kindern weniger differenzierte Ausdrucksfähigkeit berücksichtigt werden. Die Gedächtnisleistung des Kindes ist abhängig von der Art der Gedächtnisaufgabe. Beim *Wiedererkennungsgedächtnis* wird ein Stimulus vorgegeben, bei dem entschieden werden muss, ob er vertraut ist oder nicht. Bei der *freien Erinnerung* werden dagegen Informationen aus der Vergangenheit in größerem Zusammenhang wiedergegeben.

Das Wiedererkennungsgedächtnis beherrschen bereits Vorschulkinder sehr gut. Dies betrifft sowohl die Wiedererkennungsleistung von Porträtfotos (Goodman 1984; Niebergall et al. 1995) als auch das Wiedererkennen von Örtlichkeiten (Acredelo et al. 1975). Bei der freien Erinnerung wird neben der Fähigkeit zur Wiedererkennung auch das Nacherzählen gefordert, was bei Kindern schlechter als bei Erwachsenen ausgeprägt ist, weil ihr Gedächtnis weniger Informationen gespeichert hat, welche oft nur bruchstückhaft sind, da die Gesamtsituation in ihrer Besonderheit oft nicht erfasst wird. Untersuchungen zur Frage, über welchen Zeitraum Fakten erinnert werden können, ergaben, dass Kinder im Alter zwischen 3 und 4 Jahren Ereignisse in ihrer gewohnten Umgebung bis zu einem Jahr erinnern können. Fivush und Hamond (1990) fanden sogar Erinnerungsintervalle bis zu zwei Jahren für Details spezifischer Episoden. Von besonderer Bedeutung für die Behaltensleistung hat sich dabei die sprachliche Kompetenz des Kindes zum Erlebniszeitpunkt erwiesen.

Wiederholung des Erinnerungsmaterials wirkt sich positiv auf die Gedächtnisleistung aus, birgt aber die Gefahr der suggestiven Beeinflussung und damit Verfälschung der Aussage, die insbesondere bei unsachgemäßer suggestiver Befragungstechnik auftritt (Goodman et al. 1991). Grundsätzlich führt Verbalisation und Wiederholung von Erlebniserinnerungen in der Endcodierungsphase zu einer Verbesserung der Behaltensleistung. Bei sehr jungen, sprachinkompetenten Kindern und bei länger zurückliegenden Erlebnissachverhalten sollte jedoch auf Befragungswiederholung verzichtet werden.

**Entwicklungspsychologische Aspekte der Wahrnehmung.** Junge Kinder haben Schwierigkeiten, konstant zwischen tatsächlich Geschehenem und imaginierten Ereignissen zu unterscheiden, wobei bereits 3-Jährige die Fähigkeit haben, zwischen sich selbst und anderen zu unterscheiden, die Permanenz und Konstanz von Objekten zu begreifen, Objekte zu identifizieren und einfache Unterschiede zwischen Ursache und Wirkung zu erkennen (Heatherington u. Parks 1986). Vierjährige können den Unterschied zwischen Imagination und Realität erkennen (Flavel 1986). Die Illusionseinsicht und Differenzierungsfähigkeit zwischen Fiktion und Wirklichkeit entwickelt sich in spielerischer Auseinandersetzung mit der Umwelt.

Bei der Darstellung der Altersentwicklung gilt, dass das Lebensalter allein keine hinreichende Bedingung für die Annahme der Aussagetüchtigkeit darstellt, sondern dass neben der emotionalen Bedeutung des fraglichen Originärerlebnisses vor allem die narrativen Kompetenzen des Kindes zum Erlebniszeitpunkt ausschlaggebend sind und es in der Entwicklung von Kindern interindividuelle Unterschiede gibt. Auch die intellektuelle Leistungsfähigkeit spielt hier eine Rolle. So haben Kinder mit einer Lernbehinderung oder geistigen Behinderung schlechtere Gedächtnisfähigkeiten (Campione u. Brown 1977). Sie brauchen mehr Zeit, um ihre Aufgabe zu erfüllen. Meist haben sie ein eingeschränktes verbales Ausdrucksvermögen und sind leichter ablenkbar, was die Anfälligkeit für Suggestibilität erhöht.

Zusammenfassend konvergieren die Befunde zur Entwicklung kognitiver Voraussetzungen für die Erstattung zuverlässiger Aussagen (z. B. Wirklichkeitskontrolle, Gedächtnis) auf das 4. Lebensjahr. Damit wird eine untere Altersgrenze markiert, ab der Aussagetüchtigkeit häufig angenommen werden kann. Ab dem 5. bis 6. Lebensjahr kann dann im Regelfall vom Vorliegen der Aussagetüchtigkeit ausgegangen werden.

### Aussageentstehung

Die Rekonstruktion der Aussageentstehung und -entwicklung steht im Mittelpunkt der aussagepsychologischen Analyse und dient unter anderem der Differenzierung zwischen wahren und suggerierten Aussagen. Die Beantwortung der Fragen nach dem Zeitpunkt der Entstehung der jeweiligen Aussage (wann, bei welcher Gelegenheit bzw. aus welchem Anlass hat sie ein Zeuge wem mitgeteilt) kann Hinweise auf die gesamte Dynamik im Hinblick auf das Vorliegen einer eventuellen Falschaussage geben.

### Unterscheidung zwischen wahren und suggerierten Aussagen

**Fremdsuggerierte Aussage bei Kindern.** Bei Kindern, bei denen der Ausgangspunkt der Verdachtsbildung nicht in der Bekundung einer sexuellen Missbrauchserfahrung besteht, kann ein Verdacht in der Umgebung des Kindes z. B. durch die Ausdeutung bestimmter Signale entstehen. Dazu gehören unspezifische Verhaltensweisen, wie körperliche Beschwerden, Ängste, Einnässen, sexualisierte Sprache, Abscheu vor Sexualität, sozialer Rückzug, Distanzlosigkeit, bestimmte Details in Kinderzeichnungen und Fehlen dieser Details. Ein spezifisches Missbrauchssyndrom ist empirisch jedoch nicht belegt (Kendal-Tackett et al. 1993).

Verdichtet sich ein solcher Anfangsverdacht, werden Befragungen unter Verwendung suggestiver Techniken vorgenommen, um den Kindern Berichte über den vermeintlichen Missbrauch zu erleichtern. Hier kommt es dann zur Durchführung von so genannter „Aufdeckungsarbeit" mit wiederholten Befragungen bei teilweise direkter Vorgabe, bedingungslosem Akzeptieren und Verstärken von Beschreibungen sexueller Missbrauchshandlungen, selbst wenn diese unrealistisch oder widersprüchlich sind. Schweigen und Verneinen wird als „noch nicht bereit sein" zur Verbalisierung sexueller Missbrauchserfahrungen gedeutet. Eine spätere Rücknahme einer bereits gemachten Bekundung wird als erneuter Rückzug ins Leugnen interpretiert (Volbert u. Steller 2004). Weitere Elemente der „Aufdeckungsarbeit" bestehen zunächst im Herstellen einer Beziehung zwischen Interviewer und Kind. Es werden allgemeine Gespräche über Sexualität geführt. Hierbei werden entsprechende anschauliche Hilfsmittel wie Aufklärungskassetten und Bücher sowie Kinderbücher mit Geschichten über sexuellen Missbrauch und die Demonstration anatomisch ausgebildeter Puppen eingesetzt. Es erfolgt die Erörterung guter versus schlechter Geheimnisse sowie die (unzutreffende) Mitteilung, der Interviewer wisse über den sexuellen Missbrauch bereits Bescheid. Darüber hinaus werden direkte Vorgaben gemacht, z.B. die „Geschichte vom anderen Kind". In engem Zusammenhang damit stehen auch „Als-ob-Techniken". Diese können in der Aufforderung an das Kind bestehen, sexuelle Missbrauchshandlungen so zu schildern, als ob es diese selbst erlebt habe, wobei häufig eine anschließende Erörterung mit dem Kind nicht mehr auf der fiktiven, sondern auf der Realebene erfolgt. Als begünstigende Einflussfaktoren für Suggestionsprozesse gelten das Herstellen von (Gedächtnis-)Unsicherheiten und Erklärungsbedarf auf Seiten des Kindes, das Vorgeben einer Erklärungsmöglichkeit durch Autoritätspersonen mit hohem sozialen Prestige, wiederholte Befragungen bei langer zeitlicher Distanz zum in Frage stehenden Ereignis, fehlende Kompetenz bei sehr jungen Kindern für den erfragten Bereich und Fehlen von Überprüfungsmöglichkeiten in Bezug auf die vorgegebenen Informationen, wie z.B. ein Kontaktabbruch zum Beschuldigten durch Herausnahme aus der Familie (Steller 1997; Steller u. Volbert 1997). Als Erklärungsansatz zur Wirksamkeit von Suggestionen bei Kinderaussagen lassen sich kognitive und sozialpsychologische Ansätze unterscheiden (Volbert 1997).

Bei dem kognitiven Ansatz wird davon ausgegangen, dass die Übernahme nachträglicher Fehlinformationen eine Stärkung der Gedächtnisspuren darstellt. Eine Fehlinformation wird demnach vor allem dann übernommen, wenn die Gedächtnisspur für das tatsächliche Ereignis schwach ist, die Gedächtnisspur für die nachträgliche Fehlinformation hingegen relativ stark (Ceci, Ross u. Toglia 1987). Wiederholte Einflussnahmen scheinen die suggestive Wirkung zu fördern (Leitchmann u. Ceci 1995), wiederholte Präsentation der Originalinformation dagegen die Anfälligkeit gegenüber Suggestion zu reduzieren (Farrar u. Goodman 1992). Irreführende Informationen sind wirksamer, wenn sie nach einem längeren Zeitraum nach der ursprünglichen Wahrnehmung präsentiert werden als direkt danach (Belli et al. 1992). Die höhere Suggestibilität von jungen Kindern lässt sich danach damit erklären, dass deren Fähigkeiten, Informationen effektiv zu verarbeiten, noch weniger gut entwickelt sind, Kinder über schwächere Gedächtnisspuren verfügen, in stärkerem Maße einzelne Aspekte eines Ereignisses incodieren und weniger interpretative und zusammenhängende Gedächtnisrepräsentationen besitzen (Ceci u. Bruck 1993). Demnach sind Kinder unter 6 bis 7 Jahren, vor allem aber 3- bis 4-Jährige, in höherem Maße empfänglich für suggestive Einflüsse als ältere. Vergessensraten nehmen mit steigendem Alter ab, was nicht allein auf bessere Abrufstrategien oder vollständigeres Lernen des Ausgangsmaterials, sondern auch auf eine stärkere Anfälligkeit für Speicherfehler, insbesondere für Interferenzfehler bei jüngeren Kindern zurückzuführen ist.

Bei den sozialen Faktoren wird davon ausgegangen, dass Fehlinformationen auch dann übernommen werden, wenn eine Erinnerung an das ursprüngliche Ereignis besteht. Dies geschieht entweder, wenn die beeinflusste Person ihre eigene Erinnerung als weniger zuverlässig einschätzt als die von kompetenten Dritten vermittelten Informationen oder weil sie glaubt, dass es von ihr erwartet wird. Dabei kann bei einem Kind das Bemühen, die Erwartungen der erwachsenen Autoritätsperson zufrieden zu stellen, besonders relevant sein (Zaragozza et al. 1992).

Zur Differenzierung zwischen wahren und suggerierten Aussagen lassen sich aus der Suggestionsforschung relevante Fragen ableiten (Volbert 2000; Greuel et al. 1998). So soll geklärt werden, ob 1. vor der ersten Äußerung des Kindes bereits ein entsprechender Verdacht bestanden hat und welche Maßnahmen zur Abklärung gegebenenfalls durchgeführt wurden. 2. Ferner gilt es, die genauen Umstände und Inhalte der ersten Äußerung des Kindes zu eruieren, ob das Kind z. B. bei der ersten Bekundung eigene Angaben über einen relevanten Vorfall gemacht hat oder nur entsprechende Fragen bejaht hat und wie auf die Erstbekundung reagiert wurde. 3. Art und Häufigkeit der Befragung zum relevanten Sachverhalt sowie Anzahl und Erwartungshaltung der Personen, die mit dem Kind über den relevanten Sachverhalt gesprochen haben, sollten ebenso untersucht werden wie der Verlauf der Aussage.

Da die *Inhaltsanalyse* voraussetzt, dass keine suggestiven Einflüsse während der Aussageentwicklung wirksam geworden sind, sind daher neben den individuellen Voraussetzungen des Kindes auch die *Entstehungsbedingungen der Aussage* aufzunehmen. Die Leitfrage hierzu lautet nach Volbert (1995): „Könnte dieses Kind mit den gegebenen individuellen Voraussetzungen unter den gegebenen Befragungsumständen und unter Berücksichtigung der im konkreten Fall möglichen Einflüsse von Dritten diese spezifische Aussage machen, ohne dass sie auf einem realen Erlebnishintergrund basiert?"

### Aussagemotivation

Nach Arntzen (1993) tritt die Motivlage am ursprünglichsten gewöhnlich in der Erstaussage und ihren äußeren Umständen hervor. Es kann im Hinblick auf Rechtfertigungssituationen ein Anlass gegeben sein für eine Notlüge, deren Revision im weiteren Verlauf dann unter Umständen als schwierig angesehen wird. Ein häufig anzutreffendes Motiv ist das Motiv des Schutzes einer anderen oder der eigenen Person durch eine Falschaussage. Häufig finden sich Motive im Zusammenhang mit Auseinandersetzungen zwischen Familien und deren Dynamik.

**Analyse der Aussagemotivation.** Um *Hypothesen* über eine mögliche Aussagemotivation zu gewinnen, ist es erforderlich, die subjektive Bedeutung, die der Zeuge seiner Lebenssituation zum Zeitpunkt der Aussage und der Aussagesituation selbst beigemessen hat, zu kennen. Arntzen (1993) zählt eine Reihe von Informationen auf, die dazu erhoben werden sollten. So sollte die emotional affektive Einstellung des Zeugen und seiner Umgebung zu der von der Aussage betroffenen Person erhoben werden, ebenso sonstige zwischenmenschliche Bezüge des Zeugen. Ferner sollte die Situation des erstmaligen Vorbringens der Zeugenaussage berücksichtigt werden sowie die Aussageweise, der Aussageinhalt, die vom Zeugen vorhersehbaren Folgen der Aussage und das Verhalten des Zeugen nach bezeugten Vorgängen.

Bei kindlichen Zeugenaussagen ist das bewusste falsche Vorbringen des Vorwurfs eines sexuellen Missbrauchs eher selten (Volbert 1992) und bei sehr jungen Kindern entwicklungspsychologisch kaum möglich. So setzt ein Verständnis von „Lügen" und „Täuschung" zusätzlich die Einsicht in motivationale Aspekte des Verhaltens (Täuschungsmotivation) und damit in psychologische Kausalität voraus. Das Kind muss also in der Lage sein, Einsicht in und Fertigkeiten für die Induktion „falscher Überzeugungen" bei anderen aufzuweisen. Bereits 3-Jährige haben ein zumindest diffuses Verständnis für den Unterschied zwischen Lüge und Wahrheit (Leekam 1992), das sich auf der semantischen Ebene jedoch deutlich von dem älterer Kinder und Erwachsener unterscheidet. Vierjährige sind häufig in der Lage, zwischen Lüge und Wahrheit zu diskriminieren (Bussey 1992a; Siegal u. Peterson 1996, 1998), sie legen dabei aber mehrheitlich ein übergeneralisiertes Lügenkonzept im Sinne Piagets zugrunde (Bussey 1992b; Peterson et al. 1983). Auch wenn Kinder in den Folgejahren differenziertere Denkweisen erkennen lassen und der „Wahrheitsaspekt" der Aussage zunehmend zugunsten der Intention an Bedeutung verliert, entwickelt sich erst ab dem 6. Lebensjahr ein grundlegendes Verständnis für den Unterschied zwischen Irrtum und Lüge (Burton u. Stricharz 1992). Zudem verdeutlichen die Studien, dass das frühkindliche Verständnis von „Lüge" in starkem Maße von der Art der Lüge abhängt (Bussey 1992b). So schnitten jüngere Kinder insbesondere in solchen Untersuchungen unerwartet gut ab, in denen unmittelbar verhaltensbezogene Lügen zu identifizieren waren, nämlich solche, die zur Vertuschung von Regelverstößen vorgebracht wurden (Bussey 1992a; Peterson et al. 1983). Es handelt sich hierbei um einen Lügentyp, der Kindern aus ihrer alltäglichen Lebenserfahrung am ehesten vertraut ist (Lewis et al. 1989).

Die „bevorzugte" Lügenform junger Kinder besteht also eher in der fälschlichen Verneinung tatsächlicher Sachverhalte als in der fälschlichen Produktion fiktiver Sachverhalte. Die frühe „Lüge" des Kindes entspringt in erster Linie dem Bedürfnis nach Strafvermeidung. Nach gegenwärtiger Forschungslage ist davon auszugehen, dass Kinder erst ab etwa dem 6. Lebensjahr ein bereichsübergreifendes Verständnis von Lüge haben. Ausgehend von den entwicklungspsychologischen Befunden stellt sich die Lüge als außerordentlich komplexe Leistung dar, die Kinder vor Erreichen des Grundschulalters offenkundig nicht zu vollbringen in der Lage sind. So setzt die erfolgreiche Lüge nicht nur voraus, beim Gegenüber eine vom eigenen Wissen abweichende, falsche Überzeugung hervorzurufen, sondern gleichzeitig auch reaktive Abgleichungsprozesse des Interaktionspartners mit ins Kalkül zu ziehen und diese antizipierend gezielt zu unterlaufen. Es sind also komplexe Kompetenzen der kognitiven Perspektivenübernahme notwendig, um überzeugend zu lügen. Im Bereich der sprachlichen Täuschung, also dem Erzählen einer Lüge, bedarf es zudem eines gesteigerten Ausmaßes an sozialkommunikativen narrativen und mnestischen Kompetenzen, die für die Altersgruppe der Vorschul- und in weiten Teilen auch der Grundschulkinder weder für sich allein genommen noch in ihrem integrativen Zusammenspiel vorausgesetzt werden können. So setzt das überzeugende Lügen voraus, dass Erlebnisse für eine konstruierte Geschichte aus dem verbalen Merkgedächtnis abgerufen werden, wobei die Leistungsgüte von der Anwendung mnestischer Einpräg- und Abrufstrategien abhängt. Vor Erreichen des 6. oder 7. Lebensjahres können sich Kinder nicht einmal vorstellen, dass Menschen im Sinne eines inneren Monologes verbales Gedächtnismaterial reproduzieren können (ebd.). Ebenso wenig zeigen sie die Fähigkeit, simultan zum Sprechen gedanklich Informationen verarbeiten zu können (Flavell u. Grossman 1997). Insgesamt lassen sich die Erfahrungswerte aus der forensischen Praxis entwicklungspsychologisch absichern. Während jüngere Kinder ab etwa dem 4. Lebensjahr die notwendigen Voraussetzungen zur Erstattung einer zuverlässigen Aussage aufweisen, ist die intentionale Falschaussage des Vorschulkindes ein seltenes, zumal entwicklungspsychologisch kaum erwartbares Phänomen (Greuel 2001; Volbert 1992).

### Merkmalorientierte Qualitätsanalyse

**Inhaltsanalytische Auswertung.** Grundlage der *inhaltsanalytischen Auswertung* bzw. kriterienorientierter Inhaltsanalyse ist die so genannte „Undeutsch-Hypothese" (Begriff von Steller 1989), die besagt, dass Aussagen über selbst erlebte Ereignisse sich in ihrer Qualität von erfundenen Aussagen unterscheiden. Dieser qualitative Unterschied zeigt sich anhand der so genannten Glaubwürdigkeitskriterien bzw. Realkennzeichen. Realkennzeichen in der Kategorisierung von Steller und Köhnken (1989) sind insgesamt in 19 einzelne Items aus 5 übergeordneten Bereichen eingeteilt, welche zur Beurteilung der Qualität einer Aussage herangezogen werden. Bei den Bereichen handelt es sich um die 1. *Allgemeinmerkmale* (mit den Items logische Konsistenz, ungeordnete sprunghafte Darstellung, quantitativer Detailreichtum), die 2. *spezifischen Inhalte* (mit den Items räumlich-zeitliche Verknüpfung, Interaktionsschilderung, Wiedergabe von Gesprächen, Schilderung von Komplikationen im Handlungsverlauf), 3. *inhaltliche Besonderheiten* (mit den Items Schilderungen ausgefallener Einzelheiten, Schilderung nebensächlicher Einzelheiten, phänomengemäße Schilderung unverstandener Handlungselemente, indirekt handlungsbezogene Schilderungen, Schilderungen eigener psychischer Vorgänge, Schilderungen psychischer Vorgänge des Angeschuldigten), 4. die *motivationsbezogenen Inhalte* (mit den Items spontane Verbesserung der eigenen Aussage, Eingeständnis von Erinnerungslücken, Einwände gegen die Richtigkeit der eigenen Aussagen, Selbstbelastung, Entlastung des Angeschuldigten) sowie 5. die *deliktspezifischen Inhalte* (mit dem Item deliktspezifische Aussageelemente).

In dem Komplex *allgemeine Merkmale* werden Merkmale zusammengefasst, die sich auf eine Aussage in ihrer Gesamtheit beziehen. Die unstrukturierte Darstellung liegt nur dann als Realkennzeichen vor, wenn die unstrukturierte Schilderung dennoch zu einem geschlossenen, logisch konsistenten Bild rekonstruiert werden kann. Bei der logischen Konsistenz interessiert, inwieweit verschiedene Details der Aussage von verschiedenen Ausgangspunkten her betrachtet den gleichen Geschehnisablauf definieren, inwieweit hier eine innere Stimmigkeit und Folgerichtigkeit festgestellt werden kann oder ob die Aussage wesentliche Unstimmigkeiten aufweist. In den Kategorien *spezielle und inhaltliche Besonderheiten* sind Merkmale zusammengefasst, die für das Ausmaß der Konkretheit und Anschaulichkeit einer Schilderung bedeutsam sind. So fragt die räumlich-zeitliche Verknüpfung danach, ob die Angaben in nachprüfbarer Weise mit besonderen Lebensumständen oder Gewohnheiten des Beschuldigten verwoben sind oder darauf Bezug nehmen. Dabei wird betrachtet, ob die Aussage im Ansatz eingebettet ist in Alltagssituationen, ob den Rahmen oder das Kerngeschehen betreffend eine vertraute Umgebung geschildert wird oder ob die Angaben im luftleeren Raum stehen. Die Schilderung von Interaktionen ist definiert als Ablauf des Kerngeschehens, als Kette von wechselseitigen aufeinander bezogenen Aktionen und Reaktionen. Komplikationen im Handlungsverlauf, komplexe oder originelle Handlungsstörungen oder Unterbrechungen gelten als Realkriterium, welches in der Regel von einem lügenden Zeugen nicht in die Aussage eingebaut wird. Bei der phänomengemäßen Schilderung unverstandener Handlungselemente gilt das Kriterium als erfüllt, wenn ein Sachverhalt zutreffend geschildert wird und gleichzeitig deutlich wird, dass der Aussagende eben diesen Sachverhalt nicht in seiner Bedeutung erkannt hat. Die Besonderheiten im Denken und Erleben des jüngeren Kindes begünstigen das Auftreten phänomenorientierter Schilderungen.

Als indirekt handlungsbezogene Schilderung im Sinne eines Realkennzeichens gelten Inhalte einer Aussage, die den aktuell berichteten Handlungen ähnlich sind oder sich auf sie beziehen, aber zu anderer Zeit und mit anderen Personen stattgefunden haben. Zur Merkmalgruppe der *motivationsbezogenen Inhalte* zählen Inhalte, welche die Selbstpräsentation des Aussagenden betreffen und Rückschlüsse auf seine Motivation zulassen. Es handelt sich um inhaltliche Realkennzeichen, da sie aus dem Inhalt einer Aussage erkannt werden können, ohne dass das direkt im Hinblick auf die Aussagemotivation exploriert wird. Die Erwähnung selbstbelastender Details bzw. solcher, die den Beschuldigten entlasten oder mindestens der Verzicht auf nahe liegende Mehrbelastung des Beschuldigten sind hier unter anderem zu berücksichtigen (Undeutsch 1967; Dettenborn et al. 1984). Bei dem Merkmal *deliktspezifische Aussageelemente* handelt es sich um ein inhaltliches Merkmal, das sich auf solche delikttypischen Schilderungen (z. B. Schweigegebot, Progression der Handlungsintensität) bezieht, die von kindlichen Zeugen berichtet werden.

Glaubhaftigkeitsmerkmale dürfen nicht im Sinne eines Checklistenverfahrens angewendet werden. Jede schematische Verwendung von Realkennzeichen im Sinne einer Checkliste und Bemühungen einer Quantifizierung im Sinne einer Festlegung eines allgemein gültigen Schwellenwertes sind unzulässig.

Der Indikatorwert einer Qualitätsanalyse für die Beurteilung der Erlebnisbegründetheit einer Schilderung ergibt sich nur in der intraindividuellen Perspektive (Arntzen 1993; Greuel et al. 1998).

In diesem Zusammenhang sei noch darauf hingewiesen, dass es sich bei den Qualitätsmerkmalen um Merkmale handelt, deren Vorhandensein auf den Erlebnisgehalt einer Schilderung hinweist. Beim Fehlen dieser Merkmale ist der Umkehrschluss auf eine Lüge nicht gerechtfertigt. Vielmehr kann das Fehlen von Glaubhaftigkeitsmerkmalen vielfältige Ursachen haben (z. B. Angst, Gedächtnismängel), wobei die Lüge nur eine mögliche Begründung darstellt.

**Aussageübergreifende Qualitätsanalyse.** Neben der inhaltlichen Qualitätseinschätzung, die für eine Aussage vorgenommen wird, sind auch aussageübergreifende Qualitätsmerkmale zu berücksichtigen, die sich aus dem Vergleich von Aussagen über den selben Sachverhalt zu unterschiedlichen Zeitpunkten ergeben, wobei hier die Aussagekonstanz analysiert wird. Von Arntzen (1993) wurden darüber hinaus zusätzliche Bedingungen spezifiziert, unter denen die Annahmen zur Bedeutung von Konstanz als Glaubhaftigkeitsmerkmal Gültigkeit haben sollen. Hierbei handelt es sich um das Befragungsformat, Aussagen, die auf Fragen mit inhaltlichen Vorgaben erfolgen, sollen für Konstanzanalysen nicht berücksichtigt werden. Weiterhin ist der Detaillierungsgrad von Bedeutung. So ist bei einfachen, übersichtlichen Aussagen die Konstanz für die Beurteilung der Glaubhaftigkeit der Aussage bedeutungslos, während umgekehrt Konstanz in sehr komplexen Darstellungen besondere Bedeutung als Glaubhaftigkeitsmerkmal zukommt. Der zeitliche Aspekt spielt im Hinblick auf das Konstanzphänomen erst eine Rolle nach einem längeren Zeitabstand, d.h. wenn die Befragungen zeitlich weit auseinander liegen. Ein zügiges Arbeitstempo ist bei erfundenen Aussagen eher nicht zu erwarten, da die Aufrechterhaltung und Abstimmung mit früheren Angaben viel Überlegung erfordert, was in der Regel eine langsamere Aussageweise zur Folge hat.

In diesem Zusammenhang soll erwähnt werden, dass reproduktive Anteile in zeitlicher Nähe zu einer Erfahrung einen wesentlich größeren Anteil ausmachen als mit zeitlichem Abstand. Erfolgte die erste Befragung zeitnah zum Ereignis und liegt z. B. zwischen erster und zweiter Befragung ein Abstand von einem Jahr, so sind diese beiden Aussagen vermutlich weniger konstant als bei identischem Intervall, aber einem Abstand von mehr als einem Jahr zwischen dem Ereignis und der ersten Befragung. Zeitnah werden vermutlich noch Details angegeben werden können, die nach einem Jahr nicht mehr erinnert werden. Umgekehrt ist anzunehmen, dass viele der Details, die nach einem Jahr noch erinnert werden, auch über einen weiteren längeren Zeitraum behalten werden (Volbert 2002).

#### 4.2.3.6 Prognose der Delinquenz

**Einführung**

Risiko- und Schutzfaktoren sind eine Basis für die Prognose der Delinquenz. Eine zweite Basis stellen Daten über die Stabilität der Delinquenz bzw. die Kontinuität der Delinquenzentwicklung dar. Über kurze Zeitspannen ist Kontinuität nachgewiesen (Farrington u. West 1990). In jedem Alter ist die Delinquenzbelastung (Anzahl und Schwere der Delikte) in der vorausgegangenen Altersperiode der beste Einzelprädiktor. Prognosen der Jugend- und Erwachsenendelinquenz aus der Kindheit setzen voraus, dass Prädispositionen angelegt oder in der Kindheit gebildet werden. Sind diese im Längsschnitt identifiziert, können sie die Basis für die Langzeitprognose bilden.

Untersuchungen aus vielen Ländern belegen, dass die Delinquenz in Art und Häufigkeit mit dem Alter variiert (Wetzels et al. 2001). Die Kriminalitätsbelastung erreicht im Jugendalter bei den 16- bis 20-Jährigen einen Höhepunkt und fällt danach kontinuierlich und deutlich ab. Die Mehrzahl der delinquenten Jugendlichen wird im Erwachsenenalter nicht mehr oder mit deutlich geringerer Häufigkeit und Tatschwere straffällig. Aus Dunkelfelderhebungen ist bekannt, dass die Mehrheit der Jugendlichen wenigstens gelegentlich Straftaten begeht, wenn auch keine schweren, sodass passagere Delinquenz im Jugendalter statistisch betrachtet „normal" ist. Diese Straftaten erfolgen häufig innerhalb der Peergruppe. Für die meisten Jugendlichen ist Delinquenz jedoch ein diskontinuierliches Phänomen (Remschmidt et al. 1975). Moffitt (1993) formulierte eine Entwicklungstheorie, wonach sie zwei Tätertypen unterscheidet. Erstens die von der Kindheit an kontinuierlich bis ins Erwachsenenalter antisozialen Menschen sowie zweitens die Jugenddelinquenten, die nur in der Jugend Straftaten begehen.

In den letzten 50 Jahren ist die allgemeine Delinquenz im Jugendalter deutlich gestiegen (Farrington 1986; Steffensmeier et al. 1989). In Deutschland ist der Anstieg seit 1984 insgesamt sehr steil. Das gilt auch für die Gewaltdelinquenz, wobei der Anstieg bei den 14- bis 18-Jährigen besonders steil ist. So erfolgte hier zwischen 1984 und 2000 eine Verdreifachung auf über 1000 Tatverdächtige je 100 000 Einwohner. Opfer der Gewaltdelikte Jugendlicher sind weit überwiegend wiederum Jugendliche. Hierbei muss allerdings bedacht werden, dass die Anzahl der als tatverdächtig ermittelten

Jugendlichen nicht den Anteil der tatsächlichen Täter in der entsprechenden Altersgruppe darstellt.

Die persistent Delinquenten weisen eine hohe Kontinuität bezüglich antisozialen Verhaltens auf, wie Unverträglichkeit, Ungehorsam und Aggressivität in der Kindheit und den ersten Schuljahren, in den mittleren Schuljahren kommen kleinere Diebstähle hinzu, in der Jugend Fahrzeugdiebstähle, Drogenhandel, Einbrüche, später Raubüberfälle, Vergewaltigungen und andere Gewaltdelikte sowie Betrug und illegale Geschäfte. Der Wechsel der Formen beruht auf einem Wandel der Handlungsmöglichkeiten und Gelegenheiten. Delinquenz ist in dieser Kategorie analog einer Eigenschaft konsistent über Situationen und Zeit (Farrington u. West 1990). Demgegenüber setzt Jugenddelinquenz erst in der Adoleszenz ein und wird mit hoher Wahrscheinlichkeit im Erwachsenenalter wieder aufgegeben.

Angesichts der erheblichen Zunahme insbesondere gewalttätiger Delinquenz wurde in den letzten Jahrzehnten den aggressiven Störungen große Aufmerksamkeit zugewandt, auch im Hinblick auf Prävention und Behandlungsmöglichkeiten.

Es besteht bei Störungen des Sozialverhaltens weitgehend Einigkeit darüber, dass es sich um ein relativ stabiles Verhaltensmuster mit einer hohen Änderungsresistenz handelt (Dumas 1992; Kazdin 1991). Moffitt (1990b) untersuchte in einer Längsschnittuntersuchung den Verlauf delinquenten Verhaltens über 12 Jahre (vom 3. bis zum 15. Lebensjahr), wobei das antisoziale Verhalten der Jungen eine beträchtliche Stabilität vom 3. bis 13. Lebensjahr aufwies. Die Kinder, die am ausgeprägtesten antisoziales Verhalten im Alter von 3 Jahren zeigten, hatten auch die höchsten Werte mit 13. Es lässt sich feststellen, dass eine Anzahl von Studien die These der Stabilität aggressiven Verhaltens über den Entwicklungsverlauf (angefangen bei dem schwierigen Temperament eines 3-Jährigen bis zum delinquenten Verhalten des Jugendlichen) unterstützen. Weiterhin legen sie alters- und geschlechtsspezifische Unterschiede dar. Loeber (1990) geht in seinem Modell über die Entwicklung delinquenten Verhaltens von der Kontinuität aggressiver Verhaltenstendenzen über die verschiedenen Entwicklungsstufen hinweg aus. Diese Tendenzen können sich altersgemäß in unterschiedlichen Verhaltensweisen ausdrücken.

### Risikofaktoren

Als Indikatoren für die Fortdauer antisozialer Verhaltensweisen können ein früher Beginn in der Kindheit, hohe Frequenz und Vielfalt der störenden Verhaltensweisen in vielfältigen Situationen gelten (Loeber 1988, 1990; Dumas 1992). Die Wahrscheinlichkeit für eine antisoziale Störung steigt mit der Anzahl der berichteten Symptome an. Außerdem wird bei einem frühen Beginn (vor dem 6. Lebensjahr) der Symptomatik die Störung im Erwachsenenalter meist beibehalten. Ein geringes Alter bei Beginn wird als der beste Prädiktor für den Verlauf betrachtet (Farrington et al. 1990), der mit einer hohen Auftretenswahrscheinlichkeit der Störung, einer langen Dauer und einem hohen

Schweregrad verbunden ist. Ein früher Beginn begünstigt auch eher das Auftreten von sekundären Problemen, wie Schwierigkeiten in der Schule und im Umgang mit Gleichaltrigen (Dumas 1992). Mit der Anzahl der antisozialen Verhaltensweisen vermindert sich die Wahrscheinlichkeit für den Abbruch der Karriere (Robins 1991). In einer Studie von Stattin und Magnusson (1989) wurde gezeigt, dass Jungen, die über eine ausgeprägte Aggression verfügten, sowohl schwerwiegendere Verbrechen begingen als auch wegen sehr unterschiedlichen Straftaten inhaftiert wurden. In einer prospektiven Studie von Walter u. Remschmidt (2004) zur Vorhersage der Delinquenz im Kindes-, Jugend- und Erwachsenenalter konnte ebenfalls gezeigt werden, dass die polizeiliche Registrierung im Kindesalter nur bei Wiederholungstätern prognostiziert werden konnte, desgleichen bei Mehrfachtätern in der Adoleszenz und bei chronischen Straftätern jeweils im Vergleich zu unregistrierten Probanden und episodisch Delinquenten. Im Folgenden sollen einzelne Risikofaktoren erläutert werden, wobei davon auszugehen ist, dass bei Auftreten mehrerer Risikofaktoren die Legalprognose ungünstig ist.

**Prä- und perinatale Faktoren.** Neben einer eventuellen genetischen Komponente wurde angenommen, dass Schwangerschaftsverlauf und Geburt Einfluss auf die spätere Entwicklung nehmen können. In einer groß angelegten prospektiven Studie von Werner und Smith (1977, zitiert nach Campbell 1991) sagten perinatale Probleme das Auftreten von Verhaltens- und Schulproblemen im Alter von 10 Jahren voraus, besonders im Kontext einer hohen Aktivität im Alter von einem Jahr, einer schlechten Eltern-Kind-Beziehung, familiärer Instabilität und geringer mütterlicher Bildung. Diese Befunde weisen auf eine Interaktion zwischen biologischen, psychologischen und Umweltfaktoren hin.

**Familiäre Faktoren.** Dem Umgang in der Familie kommt eine wichtige Rolle bei der Entstehung und Aufrechterhaltung antisozialen Verhaltens zu. So wurde die Beziehung zwischen unangemessenem Erziehungsverhalten und aggressivem Kindverhalten in diversen Studien bestätigt (Frick et al. 1992; Dishion 1990; Loeber 1990). Wie in einer Studie von Loeber (1990) gezeigt wurde, begünstigen bestimmte Verhaltensweisen der Eltern delinquentes Verhalten der Kinder. Diese Eltern sind nur gering über den Alltag des Kindes informiert, kontrollieren deren Sozialverhalten nur mangelhaft, nehmen nur geringen Anteil an den kindlichen Aktivitäten, zeigen selber aggressives/delinquentes Verhalten, gehören einer unteren Sozialschicht an und klagen über gesundheitliche Probleme.

**Psychische Begleiterkrankung.** Insgesamt wurde in diversen Studien eine beträchtliche Komorbidität von Delinquenz mit einer Reihe von Störungsbildern festgestellt, wie Depression, Störung des Sozialverhaltens, Aufmerksamkeits- und Hyperaktivitätsstörung, Angst- und Persönlichkeitsstörung, geistige Behinderung und Drogenmissbrauch. So zeigte Taylor (Taylor et al. 1991) zum Verlauf hyperkinetischer Syndrome, dass die Kombination hyperkinetischer und dissozialer Störungen prognostisch ungünstiger verläuft als die alleinige Störung des Sozialverhaltens. Silberg et al. (1996) betonten, dass diese Kombination von Störungen einen vermutlich stärkeren genetischen Hintergrund hat als andere Formen hyperaktiven Verhaltens. Längsschnittuntersuchungen (Esser et al. 1992) zeigen, dass diese Kombination früh entsteht, eine Komorbidität eigener Dignität darstellt und sich nicht erst durch sekundäres Aufpfropfen dissozialer Symptome auf hyperkinetische Störungen entwickelt, wenngleich es diesen Mechanismus auch gibt. Die hohe Persistenz hyperkinetischer dissozialer Störungen macht einen wesentlichen Anteil psychischer Störungen im Kindes- und Jugendalter bzw. jungen Erwachsenenalter aus. Übergänge in dissoziale Persönlichkeitsstörungen setzen dabei insbesondere Aggressivität voraus. Neuropsychologische Defizite, die bei jüngeren Kindern mit Unaufmerksamkeit und Hyperaktivität gekoppelt sind, sind bei älteren stärker mit Aggressivität und dissozialem Verhalten verbunden. In einer prospektiven epidemiologischen Längsschnittstudie (Schmidt et al. 1999) wurden zwei Gruppen von Delinquenten unterschieden, die Stabilen, die sowohl zwischen dem 13. und 18. sowie 18. und 25. Lebensjahr bestrafte Delinquenz zeigten, und die Instabilen, im jungen Erwachsenenalter nicht mehr Delinquenten. Die Gruppen unterschieden sich deutlich voneinander bei der Rate der Schwangerschafts- und Geburtskomplikationen sowie der Belastungen des Umfeldes in den ersten Lebensjahren des Kindes, dem Vorhandensein umschriebener Entwicklungsstörungen bei den 13-Jährigen (44 versus 6%) und Sonderschulabschlüssen (22 versus 0%) bei den stabil Delinquenten. Auch die Häufigkeit der hyperaktiven und/oder dissozialer Störungen war in der Gruppe der stabil Delinquenten deutlich höher. Zu den Störungen des Sozialverhaltens im frühen Schulalter gehören wichtige Prädiktoren, wie Wutausbrüche, Weglaufen, darüber hinaus verbale und körperliche Aggressionen. Dissoziales Verhalten im Grundschulalter sagt dessen Weiterbestehen besser voraus als familiäre und soziale Faktoren. Das bedeutet, dass hyperkinetische und dissoziale Grundschüler eine Hochrisikogruppe in Bezug auf zukünftige Delinquenz darstellen.

Auch in dem Heidelberger Delinquenzprojekt nach Kröber et al. (1994) werden psychiatrische, neurologische und neuropsychologische Phänomene, die für das Auftreten und Beibehalten von Delinquenz bedeutsam sind, beschrieben. Hier werden insgesamt vier Ebenen genannt. Die erste stellt die motorische Ebene dar, die sich phänomenologisch in einer hyperkinetischen Störung äußert. Die zweite, die neurologische, wird durch diskrete neurologische Zeichen (sog. Softsigns) repräsentiert. Die dritte, kognitive Ebene stellt sich durch generelle intellektuelle Defizite sowie kognitive Teilleistungsstörungen dar. Auf der psychopathologischen Ebene schließlich zeigen sich affektive und emotionale Auffälligkeiten sowie ein Mangel an Bindungsfähigkeit.

## Intelligenz und schulische Leistungen

Eine Vielzahl von empirischen Studien berichtet von geringeren IQ-Werten aggressiver sowie delinquenter Kinder und Jugendlicher (Frick et al. 1991; Moffitt 1990 a). Die jugendlichen Delinquenten zeigen Defizite in der selektiven Aufmerksamkeit, was bedeutet, dass diese Gruppe Schwierigkeiten damit hat, ihre Aufmerksamkeit auf bestimmte Reize zu lenken (Hurt u. Naglieri 1992). Solche Defizite können zum Teil schlechte Leistungen in den Intelligenztests erklären. Geringe schulische Leistungen und antisoziales Verhalten beeinflussen sich gegenseitig. So sagt die Schulleistung im Alter von 10 Jahren eine antisoziale Persönlichkeit im Alter von 14 Jahren voraus, nicht jedoch das Auftreten von delinquentem Verhalten. Umgekehrt können Verhaltensauffälligkeiten mit geringeren schulischen Leistungen einhergehen und eine wichtige Rolle bei der Aufrechterhaltung delinquenten Verhaltens spielen.

## Kognitive und soziale Fertigkeiten

Aggressive Kinder zeigen im Umgang mit Gleichaltrigen kognitive sowie soziale Defizite. So neigen sie in provozierenden zweideutigen sozialen Situationen dazu, anderen Personen eine feindselige Absicht zu unterstellen (Dodge et al. 1990 b; Guerra u. Slaby 1989), wobei dieser Effekt bei erlebter Bedrohung deutlicher zutage trat (Dodge u. Somberg 1987). Außerdem finden aggressive Kinder in sozialen Konfliktsituationen vergleichsweise wenig alternative Lösungen (Guerra u. Slaby 1989). Sie schlagen seltener verbale Beschwichtigungen als Lösungsstrategie vor und bevorzugen eher direkte Aktionen (Lochmann u. Lampron 1986). Aggressive Kinder bewerten aggressives Verhalten als positiv und leicht in die Tat umsetzbar (Quiggle 1988, zitiert nach Garber et al. 1991). Das Ergebnis einer Metaanalyse von Nelson, Smith und Dodd (1990) zum moralischen Urteil Jugendlicher unterstützt die Hypothese, dass das moralische Urteilsverhalten von Delinquenten für ihr Alter unreif ist.

In einer Studie von Willner (1991) stellte dieser fest, dass aggressive Jungen weniger Zeit bei interaktiven Spielen verbrachten, mehr spezifische und feindselige Aggressionen äußerten, egozentrisches Verhalten zeigten und insgesamt weniger positive Verhaltensweisen boten.

Zusammenfassend steigt das Risiko für die Aufrechterhaltung aggressiven Verhaltens, wenn das Verhalten früh in der Kindheit beginnt, häufig zu beobachten ist und in verschiedenen situativen Kontexten auftritt; ferner wenn diverse problematische Verhaltensweisen gezeigt werden und das familiäre Umfeld durch ein hohes Ausmaß an Stress gekennzeichnet ist bei ungünstigen Erziehungspraktiken. Erschwerend wirke sich das gleichzeitige Vorhandensein weiterer Störungen, wie Depressionen oder insbesondere eine Aufmerksamkeits- und Hyperaktivitätsstörung sowie zusätzliche schulische Probleme und Schwierigkeiten im Umgang mit Gleichaltrigen aus.

Bei den Risikofaktoren handelt es sich nicht um voneinander unabhängige Größen, sondern diese interagieren miteinander. Gerade die Kombination von verschiedenen Risikofaktoren führt zu einer Vervielfachung des Risikos.

## Prognoseinstrumente

In den letzten Jahren wurden eine Vielzahl von Kriterien gesammelt und Kataloge erarbeitet, die delinquentes und insbesondere aggressives Verhalten prognostisch besser einschätzen lassen sollen. Viele von ihnen wurden zunächst im angloamerikanischen Raum entwickelt und teilweise später nach erfolgter deutscher Übersetzung auch im deutschsprachigen Raum erprobt. Im Folgenden soll eine tabellarische Übersicht über die gebräuchlichsten Prognoseinstrumente gegeben werden.

- VRAG, Violence Recidivism Assessment Guide (Harris et al. 1993)
- HCR-20 (Webster et al. 1997)
- Prädiktorenlisten der McArthur Risk Study (Monahan u. Steadman 1994)
- SVR 20, Sexual Violence Risk (Boer et al. 1997)
- Savry, Structured Assessment of Violence Risk in Youth (Borum et al. 2002)
- EARL-B, Early Assessment Risk for Boys (Augimeri et al. 2001)

Diese so genannten Prognoseinstrumente wurden bis auf die beiden letztgenannten speziell für den Erwachsenenbereich entwickelt. Sowohl für den HCR-20 als auch für den SVR-20 liegt eine entsprechende operationalisierte deutsche Übersetzung vor. Für die speziell für Jugendliche entwickelten Prognoseinstrumente liegen bislang keine deutschen Übersetzungen vor. Dennoch gibt es nicht nur einen großen Überlappungsbereich zwischen den einzelnen Prognoseinstrumenten, sondern auch zwischen denen für Jugendliche und Erwachsene. In allen nehmen die anamnestischen und objektiv feststellbaren Daten einen großen Raum ein. Neben diesen statischen Parametern existieren aber auch dynamische, also veränderbare Variablen, die verschiedenen Einflussfaktoren unterliegen, wie z. B. therapeutische Interventionen, oder die das entsprechende ebenfalls veränderbare Lebensumfeld berücksichtigen.

Im Umgang mit derartigen Prognoseinstrumenten ist zu betonen, dass es sich bei den aufgeführten Merkmalen nicht um Prognoseparameter, sondern um Risikofaktoren handelt, die erst dann relevant werden, wenn beim untersuchten Probanden diese Risikofaktoren auch mit Delinquenz verknüpft sind. Erst dann lassen sich daraus prognostische Schlussfolgerungen ziehen. Die Evaluation entsprechender Risikofaktoren für die Begehung von Straftaten, insbesondere von gewalttätiger Delinquenz, dient nicht nur der prognostischen Einschätzung, sondern eröffnet auch die Möglichkeit einer gezielten Intervention.

### 4.2.4 Therapie und Rehabilitationsmaßnahmen

#### 4.2.4.1 Allgemeine Gesichtspunkte

Bei allen institutionellen Reaktionen auf delinquentes und kriminelles Verhalten von Jugendlichen sind zunächst die einschlägigen Vorschriften des Kinder- und Jugendhilferechts zu beachten, welche das Recht jedes jungen

Menschen „auf Förderung seiner Entwicklung und auf Erziehung zu einer eigenverantwortlichen und gemeinschaftsfähigen Persönlichkeit" ausdrücklich feststellt. Darüber hinaus muss aber auf konkretes kriminelles Verhalten von Jugendlichen und Heranwachsenden in bestimmten Fällen strafrechtlich reagiert werden. Dennoch besteht Einigkeit darüber, dass strafrechtlich relevante Handlungen Jugendlicher grundsätzlich anders zu behandeln sind als kriminelle Handlungen Erwachsener.

So lässt das Jugendstrafrecht eine erheblich breitere Handlungspalette zu. Die Rechtsfolgen strafbarer Handlungen reichen von der Erziehungsmaßregel, wie Betreuungsweisungen, Täter-Opfer-Ausgleich und Erziehungshilfen, über Zuchtmittel, wie Verwarnung, Auflagen und Arrest, bis zur Jugendstrafe oder der Unterbringung in einer Maßregelvollzugseinrichtung gemäß §§ 63 oder 64 StGB, § 7 JGG.

### 4.2.4.2 Zur Auswirkung von Strafen

Strafe soll weiteren Straftaten vorbeugen. Bei allen Sanktionen einschließlich der Jugendstrafe ist schon der Strafzweck explizit spezialpräventiv. Die Sanktion soll also primär unter Effektivitäts- statt unter Sühnegesichtspunkten bestimmt werden. So gelten auch für Jugendstrafen nicht die Strafrahmen des allgemeinen Strafrechtes, vielmehr sind sie so zu bemessen, dass die erforderliche erzieherische Einwirkung möglich ist. Hier stellt sich die Frage, inwieweit Strafe überhaupt erziehen kann. So sprechen die Daten zur Legalbewährung auf den ersten Blick dagegen. Bei vorsichtigen Schätzungen muss davon ausgegangen werden, dass etwa die Hälfte der jugendlichen Inhaftierten wenigstens ein weiteres Mal in das Gefängnis zurückkehrt und bis zu einem Drittel der Verurteilten auch über einen längeren Zeitraum im Kreislauf zwischen Delinquenz und Strafe verbleibt (Kerner et al. 1996). Entdeckung und Verfolgung einer Straftat zieht nicht unmittelbar Dämpfungseffekte nach sich. Andererseits ist die Interpretation deskriptiver Rückfallstatistiken schwierig, weil die Qualität und die längerfristige Entwicklung der Delinquenz oft nicht berücksichtigt werden. Bei der Beurteilung der Wirksamkeit von Haftstrafen ist zunächst zu beachten, dass vorwiegend Vielfachtäter mit Haftstrafen belegt werden (Greve 2001). Sodann ist die Rückfälligkeit nach Haftentlassung auch eine Funktion des Lebensalters. Lösel (1995) berichtet aus der Statistik des Generalbundesanwalts eine Rückfallquote von etwa 50 Prozent für 20 bis 25-Jährige, und nur noch von 35 Prozent für 25 bis 30-Jährige. Wissenschaftliche Untersuchungen zu den Folgen der Strafhaft für die Identität ergeben eine heterogene Befundlage (Greve 2001). Eine Längsschnittuntersuchung von Greve und Enzmann (2001) deutet darauf hin, dass die unmittelbaren negativen Effekte einer Jugendstrafe weniger gravierend sind als populäre kriminologische Theorien, wie der so genannte „Labelingansatz", dies erwarten lassen. Das Selbstwertempfinden der Jugendlichen während der Haft verändert sich dann nur wenig, wenn adaptive Bewältigungsressourcen verfügbar sind (Greve 2001). Allerdings können Haftstrafen auch das Selbstbewusstsein sowie die soziale Integration und berufliche Chancen erheblich beeinträchtigen. So bietet die Haft wenig Gelegenheiten, konstruktive soziale Kompetenzen und Einstellungen zu erwerben.

### 4.2.4.3 Straftäterbehandlung

Da bei jugendlichen Straftätern das allgemeine Bildungs- und Ausbildungsniveau deutlich unter dem der nichtdelinquenten Gleichaltrigen liegt, sollten alle Interventionsmaßnahmen, auch die der Jugendstrafe sowie der Unterbringung in einer Maßregelvollzugseinrichtung, aber auch bei entsprechender Heimerziehung darauf abzielen, Bildungsdefizite im Rahmen der individuellen Möglichkeiten auszugleichen. Darüber hinaus sollte bei entsprechender Intervention, wenn möglich, auf den Verbleib in einer prosozialen Umgebung geachtet bzw. ein dissoziales Umfeld gemieden werden, wie z. B. der Verbleib in einer dissozialen Primärfamilie und entsprechende Risikosituationen, wie Drogen und Alkohol, vermieden werden.

Bezüglich der therapeutischen Interventionen haben auch diese den spezifischen Defiziten jugendlicher Straftäter Rechnung zu tragen in Bezug auf die allgemeinen und individuellen Delinquenzfaktoren. So zeigen vor allem solche Behandlungsprogramme im Hinblick auf Rückfallvermeidung über den mittleren Wert hinausgehende Wirkungen, die auf empirisch bewährten Theorien über die Entwicklung und Aufrechterhaltung delinquenten Handelns basieren (Lösel u. Bender 1997; Lösel 1998). Hierzu sollten die von Andrews et al. (1990) vorgeschlagenen Prinzipien der Behandlung beachtet werden.

Bei diesen Prinzipien handelt es sich um das
- „Bedürfnisprinzip", das die Behandlung spezifischer problematischer Faktoren beinhaltet und somit die kriminogenen Merkmale in den Mittelpunkt stellt. Das therapeutische Vorgehen zielt hauptsächlich auf die Modifikation kriminogener Faktoren ab (z. B. Alkoholsucht, Mangel an sozialer Kompetenz).
- Das „Ansprechbarkeitsprinzip" bedeutet, dass die Therapie dem Kommunikationsstil, den individuellen Lernmöglichkeiten der Klientel und den speziellen Denk- und Lernweisen angepasst ist. Dies bedeutet z. B. die Bevorzugung handlungs- statt sprachorientierter Methoden.
- Das „Risikoprinzip" soll die Intensität und Dosierung der Behandlung an das Ausmaß der Störung bzw. des Rückfallrisikos des individuellen Täters anpassen.

Therapiestudien und Metaanalysen der letzten 20 Jahre haben gezeigt, dass Straftäterbehandlung effektiv ist (Lösel 1995, 1998; Hollin 2001; McGuire 1995, 2002). So ergibt sich im Mittel über alle Studien eine nachweisbare Verbesserung der Legalprognose in behandelten gegenüber unbehandelten Gruppen. Bezüglich differenzieller Effekte konnte die Studie von Andrews et al. (1990) zeigen, dass bei Beachtung der Prinzipien (Risiko, Bedürfnis, Ansprechbarkeit) einer effektiven Straftäterbehandlung die erhaltene mittlere Effektstärke der als angemessen betrachteten Behandlungsansätze signifikant höher war als die der unspezifischen (durchschnittliche Effektstärke phi = 0.10; angemessene Behandlungsansätze phi = 0.32). Die Studie konnte aber auch zeigen, dass reine Sanktionen oder die Anwendung unangemessener Verfahren sogar negative Effektstärke zur Folge hatten, was eine Steigerung der Rückfälligkeit bedeutet. Dieses Ergebnis konnte in weiteren Studien bestätigt werden (Andrews u. Bonta 1998; McGuire 2002).

Wie diese Studien zeigen konnten, zeichnet sich erfolgreiche Straftäterbehandlung durch die Anwendung multimodaler, kognitiv-behavioraler, fertigkeitsorientierter hoch strukturierter und intern valider Programme aus, die auf die kriminogenen Bedürfnisse von Straftätern zugeschnitten sind (Bedürfnisprinzip). Dies bedeutet z.B. antisoziale Einstellungen und Denkmuster zu verändern, die Selbstkontrolle zu stärken, soziale Fertigkeiten zu verbessern, Ärger und Wut besser zu kontrollieren, Alkoholismus und Drogenabhängigkeit zu heilen, Kontakte zu antisozialen Gruppen zu verringern, positive soziale Kontakte zu fördern und das Kosten-Nutzen-Verhältnis für nichtkriminelles Verhalten zu verbessern. Zur Vermittlung dieser Fertigkeiten werden Methoden ausgewählt, die dem handlungsorientierten Lernstil von Straftätern gerecht werden (Ansprechbarkeitsprinzip) wie Modelllernen, Rollenspiele, Verstärkung, konkrete Hilfestellung und Ressourcenbereitstellung, schrittweise Erprobung, kognitive Umstrukturierung, Selbstinstruktion und Gebrauch von Autorität. Ferner sollen nur Straftäter entsprechend behandelt werden, die ein bedeutsames Rückfallrisiko haben und ein erhebliches Maß an Gestörtheit im Sinne der oben genannten Eigenschaften aufweisen (Risikoprinzip). Wichtig ist das entsprechende Engagement des Behandlers, der eine kritisch-offene, klar abgegrenzte Beziehung zum Klienten haben soll, jedoch keine moralisierende und predigende Haltung einnehmen darf. Relativ erfolgreiche Programme sollten daher Module enthalten, die prosoziale Einstellungen und Denkmuster, die Selbstkontrolle, das selbstkritische Denken, die Einfühlung in Opfer und andere, das Ärgermanagement, soziale Fertigkeiten und Erfahrungen einer kontingenten Bekräftigung verbessern (vgl. Andrews u. Bonta 1998; Hollin 1990, 1999). Eines der am weitesten verbreiteten und gut evaluierten Behandlungsprogramme stellt das Anfang der 80er Jahre in Kanada entwickelte multimodale kognitiv-behavioristische Straftäterbehandlungsprogramm Reasoning & Rehabilitation, kurz R & R genannt, von Ross und Fabiano (1985; Ross et al. 1989; Ross u. Ross 1995) dar.

#### 4.2.4.4 Straftäterbehandlung im Maßregelvollzug

Eine Sonderstellung in der Behandlung von Straftätern stellt die Unterbringung der psychisch kranken Straftäter im Maßregelvollzug gemäß § 63 StGB dar. Da es sich bei den Untergebrachten um Delinquente handelt, die neben möglichen kriminogenen Faktoren auch noch eine schwerwiegende psychische Erkrankung aufweisen, benötigen diese Patienten neben der gezielten Straftäterbehandlung auch eine entsprechende psychiatrisch-psychologische

Behandlung. Bevor mit der gezielten Straftäterbehandlung begonnen werden kann, müssen diese Patienten, insbesondere beim Vorliegen akuter schizophrener Psychosen, psychiatrisch behandelt werden. Um eine entsprechende innere Differenzierung vornehmen zu können (Schizophrenien, Sexualstraftaten, Persönlichkeitsstörungen, geistig Behinderte, Aufnahme- und Entlassungsstation, hoher versus geringer Sicherungsbedarf, Frauen und Männer), bedarf es einer entsprechenden Größe der Einrichtung. Dies ist besonders im Hinblick auf ein differenziertes Bildungs- und Ausbildungsangebot wichtig bzw. notwendig, um umfangreiche Arbeits- und Beschäftigungsmöglichkeiten anbieten zu können. Solche Bedingungen finden sich jedoch nur im Bereich des Erwachsenenmaßregelvollzuges, wobei hier bereits Heranwachsende ab 18 Jahren aufgenommen werden können. Die jüngeren Straftäter, die nach § 63 StGB untergebracht werden müssen, werden in den entsprechenden Abteilungen kinder- und jugendpsychiatrischer Kliniken behandelt. Zahlenmäßig handelt es sich bei den unter 18-jährigen Straftätern jedoch um eine sehr kleine Gruppe. In einigen Publikationen wurden die angeblich unzureichenden Behandlungsmöglichkeiten Jugendlicher bzw. Heranwachsender im Erwachsenenmaßregelvollzug gemäß § 63 StGB beklagt (Freisleder 2000; Günter 2004). Im Folgenden sollen jedoch auch durchaus positive Aspekte einer solchen Unterbringung angeführt werden.

In den letzten Jahren haben sich im Bereich des 63er-Maßregelvollzuges die Behandlungsmöglichkeiten und -bedingungen drastisch verbessert. Dies zeigt sich nicht nur in der Personalentwicklung und in baulichen Veränderungen, sondern auch an dem zunehmenden Forschungsinteresse bezüglich effektiver Therapiemethoden und deren praktischer Umsetzung. So fanden neben der Implementierung erfolgreicher Straftäterbehandlungsprogramme wie dem R & R (Bauer 2000; Gretenkord 2003) z. B. im Bereich der Behandlung von Persönlichkeitsstörungen Adaptationen evaluierter Therapiekonzepte an die Bedingungen des Maßregelvollzuges statt. Beispiele hierfür sind das aus der Suchtbehandlung stammende Rückfallvermeidungsmodell (Eucker 2002). Die zur Behandlung der Borderline-Persönlichkeitsstörung entwickelte dialektisch-behaviorale Therapie nach Linehan (1996) wurde ebenfalls an die stationären Bedingungen einer Maßregelvollzugseinrichtung adaptiert und unter Einbeziehung der Delinquenz verändert (Bauer 2002; Oermann u. Blaha-Zitterbarth 2005).

Besondere Vorteile für Jugendliche und Heranwachsende liegen in der Nutzung des umfangreichen Bildungs- und Ausbildungsangebotes, bei denen die häufig vorhandenen Defizite nachgeholt werden können. Durch die innere Differenzierung ist es möglich, Behandlungseinheiten mit durchschnittlich jüngerer Klientel zu schaffen. Durch die Mischung von verschiedenen Altersstufen (im jüngeren Bereich) und verschiedenen Krankheitsbildern mit unterschiedlichen Bedürftigkeiten ist die Möglichkeit zur Verantwortungsübernahme für andere gegeben sowie das Einnehmen von Rücksichtnahme innerhalb der Lebensgemeinschaft einer Station. Erfolgt eine Unterbringung im Maßregelvollzug, ist dies immer verbunden mit einem Verlust an Autonomie und Selbstständigkeit, die gerade bei Jugendlichen eine wichtige Entwicklungsstufe darstellt und somit häufig zum zentralen Thema der Auseinandersetzungen mit der Umwelt wird.

Im Erwachsenenmaßregelvollzug besteht eher die Möglichkeit, diesem Autonomiebestreben im Sinne von Erwachsenwerden bzw. -sein gerecht zu werden als im Jugendbereich, weil durch die dort gestellten Anforderungen dem Jugendlichen eher das Gefühl vermittelt werden kann, dass man ihn als Heranwachsenden ernst nimmt und ihm bestimmte Fähigkeiten zutraut, die entsprechend erprobt werden können. Der Vergleich mit anderen, weniger Leistungsfähigen kann zur Stärkung des Selbstwertgefühls führen, der besondere Schonraum mit abgestuften Anforderungsmöglichkeiten für weniger leistungsfähige Patienten kann diese vor weiteren Selbstzweifeln bewahren. Um eventuelle Hospitalisierungstendenzen und Entwicklungsdefizite zu vermeiden bzw. so gering wie möglich zu halten, ist besonders bei der Behandlung Jugendlicher und junger Erwachsener (60% der Untergebrachten sind zum Zeitpunkt der Unterbringung jünger als 30 Jahre, Leygraf 1988) darauf zu achten, dass die Unterbringungszeit so kurz wie möglich gehalten wird und frühzeitig bereits innerhalb der Einrichtung mit der Verselbstständigung begonnen wird. Ein weiterer Vorteil liegt in der je nach Bundesland gut ausgebauten ambulanten Nachsorge, die den Patienten auch nach der Entlassung forensisch relevant unterstützt. Hier geht es nicht nur um die Verabreichung und Überwachung der Einnahme verordneter Medikamente, sondern insbesondere um frühzeitige Krisenintervention innerhalb des Lebensumfeldes des Patienten (Freese 2003). Bereits die Entlassung erfolgt nur in ein gesichertes, erprobtes und für den Patienten geeignetes Setting. Da die Unterbringung im 63er-Vollzug bereits ein überdauerndes schweres Störungsbild voraussetzt bei fortbestehender Gefährlichkeit und diese Voraussetzungen im Falle von Jugendlichen noch kritischer zu prüfen sind (Abgrenzungsschwierigkeiten aufgrund vielfältiger entwicklungsbedingter passager auftretender Delinquenz), handelt es sich in der Regel bei den Untergebrachten auch um Hochrisikofälle, die nicht nur an einer psychischen Krankheit leiden, sondern darüber hinaus eine Vielzahl von Sozialisations- und Ausbildungsdefiziten aufweisen, welche umfassende Therapiemaßnahmen erforderlich machen, wie sie nur in einer auf dieses Klientel spezialisierten Einrichtung zu realisieren sind. Die frühzeitige adäquate Behandlung in einer hoch spezialisierten Einrichtung mit entsprechender Nachsorge kann auch für jugendliche psychisch kranke Straftäter eine Chance darstellen, um sich in Zukunft gesellschaftlich zu integrieren und ein straffreies Leben zu führen.

## Literatur

Acredelo LP, Pich HL, Olsen MG (1975) Environmental differentiation and familiarity as determinants of children's memory for special location. Dev Psychol 11:495–501

Andrews DA, Bonta J (1998) The psychology of criminal conduct, $2^{nd}$ edn. Anderson, Cincinnati

Andrews DA, Zinger I, Hoge RD, Bonta J, Gendreau P, Cullen FT (1990) Does correctional treatment work? A clinically relevant and informed meta-analysis. Criminology 38:97–104

Arntzen F (1993) Psychologie der Zeugenaussage. System der Glaubwürdigkeitsmerkmale. Beck, München
Augimeri LK, Koegl CJ, Webster CD, Levene KS (2001) Early assessment risk for boys (EARL – 20 B), Version 2. Earlscourt Child & Family Court, Toronto
Barth GM (2003) Ethische Aspekte der Begutachtung im kinder- und jugendpsychiatrischen Bereich. In: Klosinski G (Hrsg) Begutachtung in der Kinder- und Jugendpsychiatrie. Deutscher Ärzte-Verlag, Köln, S 1–16
Bauer P (2000) Kognitiv-behaviorale Behandlung im psychiatrischen Maßregelvollzug. In: Marneros A, Rössner D, Haring A, Brieger P (Hrsg) Psychiatrie und Justiz. Zuckschwerdt, München
Bauer P (2002) Dialektisch behaviorale Therapie der Borderline Störung. In: Müller-Isberner G, Gretenkord L (Hrsg) Psychiatrische Kriminaltherapie, Bd. 1. Pabst, Lengerich
Belli RF, Windschitl P, McCarthy T, Winfrey S (1992) Defecting memory impairment with a modified test procedure. Manipulating retention interval with centrally presented event items. J Exp Psychol Learn Mem Cogn 18:356–367
Benton Sivan A, Spreen O (1996) Benton-Test (BT), 7. Aufl. Huber, Bern
Boer DP, Hart SD, Kropp RP, Webster CD (1997) Sexual Violence Risk-20. Simon Fraser University, Burnaby BC, Canada. Deutsche Übersetzung: Müller-Isberner R, Gonzalez Cabeza S, Eucker S. Eigenverlag, Haina
Borum, R, Bartel P, Forth A (2002) Structured Assessment of Violence Risk in Youth (SAVRY). Louis de la Parte, University of South Florida, Florida Mental Health Institute
Brickenkamp R (1994) Test d2. Aufmerksamkeits-Belastungs-Test, 8. Aufl. Hogrefe, Göttingen
Bulheller S, Häcker HO (2002) Coloured Progressive Matrices (CPM). Evaluation und Neunormierung. Swets Test Service, Frankfurt am Main
Burton RV, Strichartz AF (1992) Liar! Liar! Pants afire! In: Ceci SJ, Leitchman MD, Putnick M (eds) Cognitive and social factors in early deception. Erlbaum, Hillsdale NJ, pp 11–28
Busch TP, Scholz OB (2003) Neuere Forschung zum § 105 JGG. Die Bonner Delphi-Studie – ein Zwischenbericht. MSchrKrim 86:421–432
Bussey K (1992 a) Children's lying and truthfulness: implications for children's testimony. In: Ceci SJ, Leichtman MD, Putnick M (eds) Cognitive and social factors in early deception. Erlbaum, Hillsdale NJ, pp 89–110
Bussey K (1992 b) Lying and truthfulness. Children's definitions, standards, and evaluative retentions. Child Dev 63:129–137
Campbell S (1991) Longitudinal studies of active and aggressive preschoolers: individual differences in early behaviour and outcome. In: Cicchetti D, Toth SL (eds) Internalizing and externalizing expression of dysfunction. Erlbaum, Hillsdale, pp 57–90
Campione JC, Brown AC (1977) Memory and metamemory development in educable retarded children. In: Kail RV, Hagen JW (eds) Perspective on the development of memory and cognition. Wiley, New York
Cattell RB, Weiß RH, Osterland J (1997) Grundintelligenztest Skala 1 (CFT 1), 5. Aufl. Hogrefe, Göttingen
Ceci SJ, Bruck M (1993) The suggestibility of the child witness: a historical review and Synthesis. Psychol Bull 113:403–439
Ceci SJ, Ross D, Toglia M (1987) Age differences in suggestibility: psychological implications. J Exp Psychol Gen 118:38–49
Colby A, Kohlberg L (1986) Das moralische Urteil: Der kognitionszentrierte entwicklungspsychologische Ansatz. In: Bertram H (Hrsg) Gesellschaftlicher Zwang und moralische Autonomie. Suhrkamp, Frankfurt, S 130–162
Deegener G, Dietel B, Hamster W et al. (1997) Tübinger Luria-Christensen Neuropsychologische Untersuchungsreihe für Kinder (TÜKI), 2. Aufl. Hogrefe, Göttingen
Dettenborn H, Fröhlich HH, Szewczyk H (1984) Forensische Psychologie. Ein Lehrbuch der gerichtlichen Psychologie für Juristen, Kriminalisten, Psychologen, Pädagogen und Mediziner. VEB Deutscher Verlag der Wissenschaften, Berlin
Deutsche Vereinigung für Jugendgerichte und Jugendgerichtshilfen (DVJJ) (2002) Zweite Jugendstrafrechtsreform-Kommission: Abschlussbericht. DVJJ-Extra 5:7–11

Dilling H, Mombour W, Schmidt MH, Schulte-Markwort E (2004) Internationale Klassifikation psychischer Störungen, 3. Aufl. Huber, Bern

Dishion TJ (1990) The family ecology of boys peer relations in middle childhood. Child Dev 61:874–892

Dodge KA, Somberg D (1987) Hostile attributional biases among aggressive boys are exacerbated under conditions of threats to the self. Child Dev 58:213–224

Dodge KA, Price JM, Bochorowski JA, Newman JP (1990b) Hostile attributional biases in severely aggressive adolescents. J Abnorm Psychol 99:385–392

Dumas E (1992) Conduct disorder. In: Turner SM, Calhoun KS, Adams HE (eds) Handbook of clinical behaviour therapy. Wiley, New York, pp 285–316

Esser G (1999) Sind die Kriterien der sittlichen Reife des § 105 JGG tatsächlich reifungsabhängig? DVJJ-Journal 10:37–40

Esser G, Fritz A, Schmidt MH (1991) Die Beurteilung der sittlichen Reife Heranwachsender im Sinne des § 105 JGG – Versuch einer Operationalisierung. MSchrKrim 74:356–368

Esser G, Schmidt M, Blanz B (1992) Prävalenz und Verlauf psychischer Störungen im Kindes- und Jugendalter. Z Kinder Jugendpsychiatr 20:232–242

Esser G, Wyschkon A, Schmidt MH (2003) Anmerkungen zu Busch TP und Scholz OB: Neuere Forschung zum § 105 JGG. Die Bonner Delphi-Studie – ein Zwischenbericht. MSchrKrim 87:458–459

Eucker S (2002) Relapse Prevention. In: Müller-Isberner G, Gretenkord L (Hrsg) Psychiatrische Kriminaltherapie, Bd. 1. Pabst, Lengerich

Fahrenberg J, Hampel R, Selg H (2001) Freiburger Persönlichkeitsinventar, revidierte Fassung (FPI-R). Hogrefe, Göttingen

Farrar MJ, Goodman GS (1992) Development changes in event memory. Child Dev 63:173–187

Farrington DP (1986) Age and crime. In: Tonry M, Morris N (eds) Crime and justice: an annual review of research, vol 7. University of Chicago Press, Chicago, pp 189–250

Farrington DP, Coeber R, Elliot DS et al. (1990) Advancing knowledge about the onset of delinquency and crime. In: Lahey BB, Kazdin AE (eds) Advances in clinical child psychology, vol 13. Plenum Press, London, pp 283–342

Farrington DP, West DJ (1990) The Cambridge Study of delinquent development: a long-term follow-up of 411 London males. In: Kerner HJ, Kaiser G (Hrsg) Kriminalität: Persönlichkeit, Lebensgeschichte und Verhalten. Springer, Berlin Heidelberg, S 115–138

Fivush R, Hammond N (1990) Autobiographical memory across the preschool years: towards reconceptualizing childhood amnesia. In: Fivush R, Hudson JA (eds) Knowledge and remembering in young children. Cambridge University Press, New York, pp 223–248

Flavell JH (1986) The development of children's knowledge about the appearance – reality – distinction. Am Psychol 41:418–425

Flavell JH, Green FL, Flavell ER, Grossman JR (1997) The development of children's knowledge about inner speech. Child Dev 68:39–47

Freese, R (2003) Ambulante Versorgung psychisch kranker Straftäter. In: Müller-Isberner R, Gretenkord L ( Hrsg) Psychiatrische Kriminaltherapie, Bd 2. Pabst, Lengerich

Freisleder FJ (2000) Störungen des Kindes- und Jugendalters. In: Nedopil N (Hrsg) Forensische Psychiatrie. Thieme, Stuttgart New York, S 179–190

Frick PJ, Kamphaus RW, Lahey BB, Loeber R, Chris MA, Hart EL, Tannenbaum LE (1991) Academic underachievement and the disruptive behaviour disorders. J Consult Clin Psychol 59:289–294

Frick PJ, Lahey BB, Loeber R, Stouthamer-Loeber M, Christ MAG, Hanson K (1992) Familial risk factor to oppositional defiant disorder and conduct disorder: parental psychopathology and maternal parenting. J Consult Clin Psychol 60:49–55

Garber J, Quiggle NL, Panak W, Dodge KA (1991) Aggression and depression in children: comorbidity, specifity and social cognitive process. In: Chicchetti D, Toth SL (eds) Internalizing and externalizing expression of dysfunction. Erlbaum, Hillsdale, pp 225–264

Goodman GS, Bottoms BL, Schwartz-Kenney B, Rudy L (1991) Children's testimony about a stressful event: improving children's reports. J Narrative Hist 7:69–99

Goodman, GS (1984) The accuracies of children's eyewitness reports. In: Bross D (ed) Multidisciplinary advocacy for mistreated children. The National Association of Counsel for Children, Denver
Gretenkord L (2002) Das Reasoning and Rehabilitation Programm (R & R). In: Müller-Isberner G, Gretenkord L (Hrsg) Psychiatrische Kriminaltherapie, Bd. 1. Pabst, Lengerich
Greuel L (2001) Wirklichkeit – Erinnerung – Aussage. Beltz, Weinheim
Greuel L, Offe S, Fabian A, Wetzels P, Fabian T, Offe H, Stadler M (1998) Glaubhaftigkeit der Zeugenaussage. Beltz, Weinheim
Greve W (2001) Imprisonment of juveniles and adolescents: deficits and demands for developmental research. Appl Dev Sci 5:21–36
Greve W, Enzmann D (2001) Etikettierungen durch Jugendstrafe? Wider einige Gewissheiten des Labeling-Ansatzes. In: Bereswill W, Greve W (Hrsg) Forschungsthema Strafvollzug. Nomos, Baden-Baden, S 207–250
Guerra NG, Slaby RG (1989) Evaluative factors in social problem solving by aggressive boys. J Abnorm Child Psychol 17:277–289
Günter M (2004) Strafrechtliche Begutachtung von Jugendlichen und Heranwachsenden. In: Venzlaff U, Foerster K ( Hrsg) Forensische Psychiatrie. Urban & Fischer, München
Hamster W, Langner W, Mayer K (1980) Tübinger Luria-Christensen Neuropsychologische Untersuchungsreihe (TÜLUC). Hogrefe, Göttingen
Harris GT, Rice ME, Quinsey VL (1993) Violent recidivism of mentally disordered offenders: the development of an statistical prediction instrument. Crim Justice Behav 20:315–335
Härting C, Markowitsch HJ, Neufeld H, Calabrese P, Deisinger K, Kessler J (Hrsg) (2000) Wechsler Gedächtnis-Test – Revidierte Fassung (WMS-R). Huber, Bern
Hathaway SR, McKinley JCH (2000) Minnesota-Multiphasic-Personality-Inventory-2 (MMPI-2). Huber, Bern
Heatherington EM, Parks RD (1986) Child psychology: a contemporary viewpoint. McGraw-Hill, New York
Hollin CR (1990) Cognitive-behavioral interventions with young offenders. Pergamon, Elmsford
Hollin CR (1999) Treatment programs for offenders. Int J Law Psychiatry 22:361–372
Hollin CR (ed) (2001) Handbook of offender assessment and treatment. Wiley, Chichester
Holzbach H, Venzlaff U (1966) Die Rückfallprognose bei heranwachsenden Straftätern. MSchrKrim 49:66–87
Hommers W (1994) Zur Einzelfalldiagnose der Wertungskompetenz bei fahrlässigen Brandstiftungen. Diagnostica 40:61–81
Hommers W (1999) Gutachten zur Deliktfähigkeit. In: Lempp R, Schütze G, Köhnken G (Hrsg) Forensische Psychiatrie und Psychologie des Kindes- und Jugendalters. Steinkopff, Darmstadt, S 78–84
Horn W, Lukesch H, Kormann A, Mayrhofer S (2002) Prüfsystem für Schul- und Bildungsberatung für 4. bis 6. Klassen – revidierte Fassung (PSB-R 4-6). Hogrefe, Göttingen
Horn W, Lukesch H, Mayrhofer S, Kormann A (2003) Prüfsystem für Schul- und Bildungsberatung für 6. bis 13. Klassen – revidierte Fassung (PSB-R 6-13). Hogrefe, Göttingen
Hurt J, Naglieri JA (1992) Performance of delinquent and nondelinquent males on planning, attention, simultaneous and successive cognitive processing tasks. J Clin Psychol 48:120–128
Kazdin AE (1991) Effectiveness of psychotherapy with children and adolescents. J Consult Clin Psychol 59:785–798
Kendall-Tachett KA, Williams LM, Finkelhor D (1993) Impact of sexual abuse on children: a review and synthesis of recent empirical studies. Psychol Bull 113:164–180
Kerner HJ, Dolde G, Meyer HG (Hrsg) (1996) Jugendstrafvollzug und Bewährung. Forum Verlag, Godesberg Bonn
Kessler J, Denzler P, Markowitsch HJ (1999) Demenz-Test (DT), 2. Aufl. Hogrefe, Göttingen
Klosinski G (Hrsg) (2003) Begutachtung in der Kinder- und Jugendpsychiatrie. Empfehlungen der Kommission „Qualitätssicherung für das Gutachtenwesen in der Kinder- und Jugendpsychiatrie und Psychotherapie". Deutscher Ärzte-Verlag, Köln
Kohlberg L (1995) Die Psychologie der Moralentwicklung. Suhrkamp, Frankfurt
Kohlberg L (1997) Die Psychologie der Moralentwicklung, 2. Aufl. Suhrkamp, Frankfurt

Köhnken G (1997) Suggestive Prozesse in Zeugenbefragungen: Formen und theoretische Erklärungsansätze. MSchrKrim 80:290–299
Köhnken G (2000) Glaubwürdigkeitsbegutachtung nach Mainz und Montessori: Eine Zwischenbilanz. Prax Rechtspsychol 10 (Sonderheft 1):4–8
Kröber HL, Scheurer H, Saß H (1994) Zerebrale Dysfunktion, neurologische Symptome und Rückfalldelinquenz. Ergebnisse des Heidelberger Delinquenzprojekts. Fortschr Neurol Psychiatr 62:223–232
Kubinger KD, Wurst E (2000) Adaptives Intelligenz Diagnostikum 2 (AID 2). Hogrefe, Göttingen
Kuhl J, Kazen M (1997) Persönlichkeits-Stil-und-Störungsinventar (PSSI). Hogrefe, Göttingen
Leekam SR (1992) Believing and deceiving: steps to becoming a good liar. In: Ceci SJ, Leichtman M, Putnick M (eds) Cognitive and social factors in early deception. Erlbaum, Hillsdale, New York, pp 47–62
Leichtman MD, Ceci S (1995) The effects of stereotypes and suggestions on preschooler's reports. Dev Psychol 31:568–578
Lewis M, Stanger C, Sullivan M (1989) Deception in 3-year-olds. Dev Psychol 25:439–443
Leygraf N (1988) Psychisch kranke Rechtsbrecher. Springer, Berlin Heidelberg
Linehan M (1996) Dialektisch behaviorale Therapie der Borderline-Persönlichkeitsstörung. Cip-Medien, München
Lochman JE, Lampron LB (1986) Situational social problem solving skills and self esteem of aggressive and non-aggressive boys. J Abnorm Child Psychol 14:605–617
Loeber R (1988) Natural histories of conduct problems, delinquency and associated substance abuse. In: Lahey BB, Kazdin AE (eds) Advances in clinical child psychology, vol 11. Plenum, London, pp 73–124
Loeber R (1990) Development and risk factors of juvenile antisocial behaviour and delinquency. Clin Psychol Rev 10:1–41
Lösel F (1995) The efficacy of correctional treatment: a review and synthesis of meta-evaluations. In: McGuire J (ed) What works: reducing reoffending. Wiley, Chichester, pp 79–111
Lösel F (1998) Evaluation der Straftäterbehandlung: Was wir wissen und noch erforschen müssen. In: Müller-Isberner R, Gonzalez Cabeza S (Hrsg) Forensische Psychiatrie. Forum, Bad Godesberg, S 29–50
Lösel F, Bender D (1997) Straftäterbehandlung: Konzepte, Ergebnisse, Probleme. In: Steller M, Volbert R (Hrsg) Psychologie im Strafverfahren. Huber, Bern, S 171–204
Marburger Richtlinien (1955) MSchrKrim 38:58 ff.
McGuire J (1995) What works: reducing reoffending. Wiley, Chichester
McGuire J (2002) Criminal sanctions versus psychologically based interventions with offenders: a comparative empirical analysis. Psychol Crime Law 8:183–208
Melchers P, Preuss U (2003) Kaufman-Assessment Battery for Children (K-ABC) – Durchführungs- und Auswertungshandbuch. Deutsche Version, 6. Aufl. Swets & Zeitlinger, Amsterdam
Moffitt TE (1990a) Juvenile delinquency and attention deficit disorder: boys' development trajectories from age 3 to age 15. Child Dev 61:893–910
Moffitt TE (1990b) The Neuropsychology of delinquency: a criterial review of theory and research. In: Tonry M, Morris N (eds) Crime and justice, vol 12. University of Chicago Press, Chicago, pp 99–169
Moffitt TE (1993) Adolescence – limited and life-course persistent antisocial behaviour: a developmental taxonomy. Psychol Rev 100:674–701
Monahan J, Steadman HJ (1994) Violence and mental disorder. University of Chicago Press, Chicago
Nelson JR, Smith DJ, Dodd J (1990) The moral reasoning of juvenile delinquents – a meta analysis. J Abnorm Child Psychol 18:231–239
Niebergall G, Sporer SL, Warnke A (1995) Zur Glaubwürdigkeit und zu weiteren psychologischen Problemen bei Zeugenaussagen junger Kinder im Strafermittlungsverfahren. Z Kinder Jugendpsychiatr 23:44–45

Oermann A, Blaha-Zitterbarth S (2005) Frauen im Maßregelvollzug. In: Bauer P, Kielisch S (Hrsg) Differenzierte Behandlungskonzepte im psychiatrischen Maßregelvollzug. Psychiatrische Kriminaltherapie, Bd. 3. Pabst, Lengerich
Orgass B (1982) Token Test (TT). Beltz, Weinheim
Ostendorf H (1999) Rechtliche Grundlagen. In: Lempp R, Schütze G, Köhnken G (Hrsg) Forensische Psychiatrie und Psychologie des Kindes- und Jugendalters. Steinkopff, Darmstadt, S 115–126
Peterson CC, Peterson JL, Seeto D (1983) Developmental changes in ideas about lying. Child Dev 54:1529–1535
Remschmidt H (1978) Junge Volljährige im Kriminalrecht – aus jugendpsychiatrisch-psychologischer Sicht. MSchrKrim 61:79–94
Remschmidt H (1997) Aufgaben und Rolle des Gutachters bei verschiedenen Begutachtungsfragen. In: Warnke A, Trott GE, Remschmidt H (Hrsg) Forensische Kinder- und Jugendpsychiatrie. Huber, Bern Stuttgart Wien, S 20–32
Remschmidt H (Hrsg) (2005) Kinder- und Jugendpsychiatrie: Praktische Einführung für Krankenpflege-, pädagogische und soziale Berufe, 4. Aufl. Thieme, Stuttgart
Remschmidt H, Merschmann W, Walter R (1975) Zum Dunkelfeld kindlicher Delinquenz. Eine Erhebung an 483 Probanden. MSchrKrim 58:133–153
Remschmidt H, Schmidt MH, Poustka F (Hrsg) (2001) Multiaxiales Klassifikationsschema für psychische Störungen des Kindes- und Jugendalters nach ICD-10 der WHO: Mit einem synoptischen Vergleich von ICD-10 und DSMIV, 4. Aufl. Huber, Bern
Robins LN (1991) Conduct disorder. J Child Psychol Psychiatry 32:193–212
Ross RR, Fabiano EA (1985) Time to think: a cognitive model of delinquency prevention and offender rehabilitation. Institute of Social Sciences and Arts, Johnson City
Ross R, Ross B (eds) (1995) Thinking straight. Cognitive Centre, Ottawa
Ross RR, Fabiano EA, Ross B (1989) Reasoning and rehabilitation. A handbook for teaching cognitive skills. The Cognitive Centre, Ottawa
Saß H (1983) Affektdelikte. Nervenarzt 54:557–572
Saß H (1987) Psychopathie Soziopathie Dissozialität. Springer, Berlin Heidelberg
Schmidt MH, Ihle W, Esser G, Lay B (1999) Dissozialität – Vorstufe zur Jugendkriminalität. MMW 141:207–210
Schneewind KA, Graf J (1998) Der 16-Persönlichkeits-Faktoren-Test, revidierte Fassung (16 PF-R). Huber, Bern
Schüler-Springorum H (1983) Die „zweite Spur" im Kriminalrecht. Zur Struktur und Gestaltung strafrechtlicher Maßregeln. Keio Law Review 4:125–131
Schüler-Springorum H (1988) In: Remschmidt H, Schmidt MH (Hrsg) Kinder- und Jugendpsychiatrie in Klinik und Praxis, Bd II. Thieme, Stuttgart
Siegal M, Peterson CC (1996) Breaking the mold: a fresh look at children's understanding of questions about lies and mistakes. Dev Psychol 32:322–334
Siegal M, Peterson CC (1998) Preschooler's understanding of lies and innocent and negligent mistakes. Dev Psychol 34:332–341
Silberg J, Rutter M, Meyer J (1996) Genetic and environmental influences of the co-variation between hyperactivity and conduct disturbances in juvenile twins. J Child Psychol Psychiatry 37:803–816
Stattin H, Magnusson D (1989) The hole of early aggressive behaviour in the frequency, seriousness, and types of later crime. J Consult Clin Psychol 57:710–718
Steffensmeier DJ, Allan EA, Harer MD, Steifel C (1989) Age and the distribution of crime. AJS 94:803–831
Steller M (1997) Grundlagen und Methoden der Glaubwürdigkeitsbegutachtung bei Kinderaussagen über sexuellen Missbrauch. In: Warnke A, Trott GE, Remschmidt R (Hrsg) Forensische Kinder- und Jugendpsychiatrie. Huber, Bern
Steller M, Volbert R (1997) Glaubwürdigkeitsbegutachtung. In: Steller M, Volbert R (Hrsg) Psychologie im Strafverfahren. Huber, Bern
Steller M (1994) Quantifizierung von Affektmerkmalen. In: Nedopil N (2000) Forensische Psychiatrie. Thieme, Stuttgart

Steller M, Köhnken G (1989) Criteria-based statement analysis. Credibility assessment of children's statements in sexual abuse cases. In: Ruskin DC (ed) Psychological methods for investigation and evidence. Springer, New York Berlin, pp 217–245. Deutsch in: Steller M, Volbert R (1997) Glaubwürdigkeitsbegutachtung. In: Steller M, Volbert R (Hrsg) Psychologie im Strafverfahren. Huber, Bern, S 12–39

Stern W (1904) Die Aussage als geistige Leistung und als Verhörsprodukt: Experimentelle Schüleruntersuchungen. In: Stern W (Hrsg) Beiträge zur Psychologie der Aussage, Heft 3. Barth, Leipzig

Taylor E, Sandberg S, Thorley G, Giles S (1991) The epidemiology of childhood hyperactivity. Oxford University Press, Oxford

Tewes U, Rossmann P, Schallberger U (2000) Hamburg-Wechsler-Intelligenztest für Kinder (HAWIK-III). Handbuch und Testanweisung, 3. Aufl. Huber, Bern

Theune W (1999) Auswirkung des normal-psychologischen (psychogenen) Affekts auf die Schuldfähigkeit sowie den Schuld- und Rechtsfolgenanspruch. NStZ 19:273–280

Thomae H (1973) Das Problem der „sozialen Reife" von 14- bis 20-Jährigen. Eine kritische Literaturanalyse. Wissenschaftliche Informationsschriften der Arbeitsgemeinschaft für Erziehungshilfe (AFET) e.V., Hannover

Undeutsch U (1967) Beurteilung der Glaubhaftigkeit von Zeugenaussagen. In: Undeutsch U (Hrsg) Handbuch der Psychologie, Bd. 11, Forensische Psychologie. Hogrefe, Göttingen, S 26–181

Volbert R (1992) Sexueller Missbrauch von Kindern. Empirische Befunde und psychosoziale Trends. Psychomed 4:8–12

Volbert R (1995) Glaubwürdigkeitsbegutachtung bei Verdacht auf sexuellen Missbrauch. Z Kinder Jugendpsychiatr 23:20–26

Volbert R (1997) Suggestionseffekte in Kinderaussagen. In: Warnke A, Trott GE, Remschmidt R (Hrsg) Forensische Kinder- und Jugendpsychiatrie. Huber, Bern

Volbert R (2000) Standards der psychologischen Glaubhaftigkeitsdiagnostik. In: Kröber HL, Steller M (Hrsg) Psychologische Begutachtung im Strafverfahren – Indikation und Qualitätsstandards. Steinkopff, Darmstadt, S 113–145

Volbert R (2002) Zur Zuverlässigkeit von Erinnerungen an persönlich bedeutsame Erlebnisse, Habilitationsschrift. Freie Universität Berlin

Volbert R, Steller M (2004) Die Begutachtung der Glaubhaftigkeit. In: Venzlaff U, Förster K (Hrsg) Psychiatrische Begutachtung. Urban & Fischer, München, S 693–728

Walter R, Remschmidt H (2004) Die Vorhersage der Delinquenz im Kindes-, Jugend- und Erwachsenenalter. MSchrKrim 87:333–352

Webster CD, Douglas, KS, Eaves, D, Hart S (1997) The HCR-20 Scheme. The assessment of dangerousness and risk. Simon Fraser University and Forensic Psychiatric Services Commission of British Columbia. Deutsche Übersetzung: Müller-Isberner R, Jöckel D, Gonzalez-Cabeza S. Eigenverlag, Haina

Wegener H (1992) Einführung in die Forensische Psychologie. Wissenschaftliche Buchgesellschaft, Darmstadt

Wegener H, Köhnken G, Steller M (1988) Anwendungsgebiet Recht. In: Frey D, Hoych C, Stahlberg D (Hrsg) Angewandte Psychologie. Ein Lehrbuch. Psychologie Verlags-Union, München

Weidlich S, Lamberti G (2001) Diagnosticum für Cerebralschädigungen (DCS), 4. Aufl. Huber, Bern

Weiß RH (1998) Grundintelligenztest Skala 2 (CFT 20), 4. Aufl. Hogrefe, Göttingen

Wetzels P, Enzmann D, Mecklenburg E, Pfeiffer C (2001) Jugend und Gewalt: Eine repräsentative Dunkelfeldanalyse in München und acht anderen deutschen Städten. Nomos, Baden-Baden

Willner AH (1991) Behavioural deficiencies of aggressive 8–9 years old boys: An observational study. Aggressive Behav 17:135–154

Zaragoza MS, Dahlgreen D, Muench J (1992) The role of memory impairment in children's suggestibility. In: Howe ML, Brainard CJ, Reyna VG (eds) Development of long-term retention. Springer, New York, pp 184–216

# 5 Rechtliche Grundlagen der Forensischen Psychiatrie – eine international vergleichende Perspektive

H.-J. ALBRECHT

## 5.1 Einführung in Grundlagen und Probleme: Forensische Sachverständige im Strafverfahren

Die Funktion von (forensischen) Sachverständigen im Strafverfahren ist in Systemen des Strafverfahrens international vergleichbar ausgebildet: Sie sollen den Entscheidungen treffenden Personen valide und verlässliche Erkenntnisse verschaffen, die eine richtige (und gerechte) Entscheidung erlauben. Freilich unterscheiden sich die rechtlichen Rahmenbedingungen des Sachverständigenbeweises und die Stellung des forensischen Sachverständigen entlang der materiellrechtlichen und prozessualen Ausformungen von Schuld und Prävention, des Ermittlungsverfahrens sowie der Hauptverhandlung. Die Bedeutung forensischer Sachverständiger hat – so ist es internationalen Stellungnahmen zu entnehmen (Nijboer et al. 1993) – in der Moderne dramatisch zugenommen. Sie wird insbesondere durch den Glauben an (natur)wissenschaftliche Methoden und dadurch erzielbaren Erkenntnis- und Wissensfortschritt gefördert. Jedoch geht es in der Kombination von wissenschaftlich begründeter Wahrheitssuche und dem Strafverfahren nie um eine vollständig wissenschaftlichen Methoden gehorchende Aufklärung historischer Sachverhalte oder eine ebenso begründbare Vorhersage zukünftiger Verläufe oder Ereignisse. Denn der Zugang zur Wahrheit, auch der, den der Sachverständige wählt, ist im Strafverfahren strikten Verfahrensregeln unterworfen, die eine national und kulturell jeweils eigene und normativ mehr oder weniger stark eingefärbte Herstellung von Wahrheit mit sich bringen. Dies mag dann auch zu Konflikten zwischen der Rolle des forensischen Experten und der Rolle des Kernberufs (z.B. zu Konflikten zwischen therapeutischen, wissenschaftlichen und forensischen Interessen) führen (Merckelbach u. Rassin 2000, S. 148). Der Glaube an die durch wissenschaftliche Methoden erzielbare Gewissheit kann allerdings durchaus die normativen Grundregeln und eine Arbeitsteilung in Mitleidenschaft ziehen, die dem forensischen Sachverständigen eine die Tatsachenbasis aufbereitende und die wertende Entscheidung der Gerichte vorbereitende Rolle zuweist. Dies ist eine Erfahrung, von der immer wieder berichtet wird. Nicht umsonst wird kritisiert, dass in der Moderne allzu häufig der „Richter in Weiß" die Entscheidungen treffe und nicht die eigentlich zur Entscheidung berufene „Dritte Gewalt" (Volk 1993, S. 45;

Hodgkinson u. Scarman 1990, S. 233: „trial by psychiatrists"). Jedoch sind damit leidige und seit jeher nur unzureichend zu beantwortende Fragen der Trennung zwischen „Tatsachen" und wertenden Schlussfolgerungen angesprochen (Hodgkinson u. Scarman 1990, S. 16 ff.).

Insoweit ist der forensische Sachverständige freilich auch eingebettet in eine normative Grundstruktur, die – wenn man interkulturell und international vergleichende Perspektiven anlegt – sehr stark bedingt ist durch die Rolle der Aufklärung und die hierdurch bewirkten Einflüsse auf die Implementation von Gewaltenteilung und die Durchsetzung der Trennung zwischen Religion und Staat (und Recht). Die Rolle des forensischen Sachverständigen ist ferner bedingt durch sozioökonomische Entwicklungen und die Ressourcen, die zur Ermittlung der Wahrheit eingesetzt werden können oder – in Abhängigkeit von Kosten-Nutzen-Kalkülen – eingesetzt werden sollen. Schließlich hat die im 19. Jahrhundert einsetzende Folgenorientierung des Strafrechts und strafrechtlicher Sanktionen zu einem erheblichen Bedarf an Wissen über Ursachen des Verbrechens, die Wirkungsweise strafrechtlicher Sanktionen und die Möglichkeiten der Behandlung von Straftätern geführt (Albrecht et al. 1981).

Geht es um Sachverständige, dann geht es vor allem um Medizin, Psychiatrie und Psychologie einerseits, Biowissenschaften, Technik- sowie Informationswissenschaften und betriebswirtschaftlichen Sachverstand auf der anderen Seite (Bolle 1992, S. 361). Freilich ist es schwierig, sich einen umfassenden Überblick über Disziplinen und Forschungsgegenstände der Forensik zu verschaffen (Jakobs u. Sprangers 2000). Insgesamt werden die im Strafverfahrensbereich tätigen Sachverständigen unter dem allgemeinen Begriff der forensischen Wissenschaften zusammengefasst. Ausbildungsgänge, Organisation, Literatur und Forschung verweisen auf eine zunehmende Ausdifferenzierung der forensischen Disziplin (Freckelton 2000), teils entlang strafrechtlicher oder gesellschaftlicher Unterthemen (Drogen, Alkohol, Straßenverkehr), teils entlang der jeweiligen wissenschaftlichen Disziplinen (Rechtsmedizin, Forensische Psychiatrie etc.) oder entlang rechtlicher Materien (beispielsweise Lebensmittelrecht und Umweltrecht) bzw. der Rollen im Verfahren (Zeugenunterstützung, Simon 2001). Hervorgehoben wird auch die zunehmende interdisziplinäre Ausrichtung forensischer Aktivitäten (Margot 2000); ferner kann eine Differenzierung nach der Nähe zu den Ermittlungsbehörden bzw. zur Polizei (und damit zur traditionellen Kriminalistik oder Spurenkunde) erfolgen (McGrath 2000).

Die Bedeutung von Expertenwissen und Sachverständigengutachten insgesamt folgt gesellschaftlichen Entwicklungen, in denen zum einen die zunehmende Technisierung und vor allem die Informationstechnologie (vgl. z. B. die schnelle Entwicklung so genannter Computerforensik, United States Department of Justice 2001; Britz 2003; Johnson 2005; vgl. auch das 2006 erstmals erscheinende Journal of Digital Forensic Practice), die Entwicklung der Wissenschaften selbst und zum anderen eine zunehmende Regulierung komplexer Sachverhalte, die auch durch strafbewehrte Verbote gekennzeichnet ist (insbesondere das sog. Nebenstrafrecht und die damit auch verbundenen Materien des Wirtschafts- und Umweltstrafrechts), zusammenwirken. Die Entwicklung der Disziplin wird freilich auch als abhängig von ihrer Organisation, den Forschungskapazitäten und Fortbildungsanstrengungen angesehen (Faulkner 2000).

Andererseits erweisen sich Fortschritte in forensisch nutzbarem theoretischem und praktischem Wissen als erhebliche Antriebskräfte für Kriminalpolitik und Reformen des Strafrechts und Strafverfahrensrechts. Entwicklungen in der Psychiatrie und in der Psychologie haben in den letzten Jahrzehnten im Bereich der Schuldfähigkeit zu Veränderungen im Recht geführt, für die als Beispiele die Erweiterung des § 20 StGB auf körperlich nicht fassbare psychische Deviationen oder die grundlegende Entscheidung des amerikanischen Obersten Gerichts zum Ausschluss der Todesstrafe bei starker Herabsetzung der Schuldfähigkeit und bei jungen Menschen (Atkins v. Virginia, 536 U.S. 304 (2002) sowie die Entscheidung des US Supreme Court Roper, Superintendent, Potosi Correctional Center v. Simmons, 1. März 2005, in der die Anwendung der Todesstrafe bei Straftaten Jugendlicher für verfassungswidrig – Verstoß gegen den 8. Zusatzartikel zur Verfassung – erklärt wurde) herangezogen werden können (zu ethischen Fragen der Beteiligung von forensischen Psychiatern an Strafverfahren, die zur Anwendung der Todesstrafe führen können, vgl. auch die Diskussion bei Gunn 2004). Die Fortschritte der Molekularbiologie haben nunmehr erhebliche Auswirkungen in Form des DNA-Beweises (vgl. Gesetz zur Novellierung der forensischen DNA-Analyse vom 12. August 2005, BGBl 2005, I Nr. 49; Weedn u. Hicks 1998) nach sich gezogen; ferner sind diese Fortschritte Anlass für die Errichtung von nationalen DNA-Datenbanken (für Frankreich vgl. Gesetz n° 98-468 vom 17. Juni 1998) und für Debatten über grenzüberschreitenden Austausch von DNA-Informationen sowie zur Errichtung einer europaweiten DNA-Datenbank (vgl. hierzu die Mitteilung der Kommission an den Rat und das Europäische Parlament über die Verbesserung der Effizienz der europäischen Datenbanken im Bereich Justiz und Inneres und die Steigerung ihrer Interoperabilität sowie der Synergien zwischen ihnen. Brüssel, den 24.11.2005, KOM (2005) 597 endgültig). Gerade die Molekularbiologie bietet in Form der DNA-Analyse ein anschauliches Beispiel für neue Probleme und Problemlösungsansätze im Bereich forensischer Aktivitäten. Es geht um Automatisierung (und damit auch ökonomische Handhabung von Expertenwissen) sowie um die Beziehungen zwischen Grundregeln des Strafverfahrens und Interessen an der Geheimhaltung von wirtschaftlich bedeutsamen Informationen. Zum einen wird das sachverständige Wissen in so genannte Testkits transformiert (automatisiert), die auch von Laien für sofortige Anwendung genutzt werden sollen (National Commission on the Future of DNA Evidence 2000, S. 3, 5) und deren Ergebnisse selbstverständlich auch in das Strafverfahren Eingang finden (wobei jedoch hier in aller Regel ein Geständnis die Folge sein wird, mit dem Ergebnis, dass abgekürzte Verfahren – ohne Beweisaufnahme – die Regel sein werden). Zum anderen entstehen bereits aus der Tätigkeit Forensischer Psychiatrie bekannte Probleme von Risiken der Identifizierung Falsch-Positiver und Falsch-Negativer in einem neuen Umfeld (Balding 1999;

Balding u. Donnelly 1995, 1996), was auch Fragen nach neuen Fehlerquellen einschließt. Erbitterte Auseinandersetzungen werden in den USA darüber geführt, ob und inwieweit Firmen, die „DNA-Kits" herstellen, dazu verpflichtet sind, die den Instrumenten zugrunde liegenden Entwicklungsdaten offen zu legen (Mellon 2001), eine Fragestellung, die auch auf Testverfahren anderer Disziplinen erweitert werden kann. Die grundsätzliche Bedeutsamkeit derartiger Forschungsgrundlagen für Belange der Strafverteidigung kann aus der Perspektive der Verfahrensfairness bzw. des rechtsstaatlichen Verfahrens nicht bezweifelt werden (Imwinkelried 1995). Freilich werden von den Herstellerfirmen der genannten Kits Geschäftsgeheimnisinteressen sowie der Schutz von Urheberrechten geltend gemacht (zur Auseinandersetzung sowie zum Stand der Rechtsprechung vgl. Mellon 2001, S. 1112 ff.). Jedoch dürften letztlich die (grundrechtlich geschützten) Interessen vor allem des Angeklagten an einem fairen Strafverfahren überwiegen (Mellon 2001, S. 1137).

Die Differenzierung der Sanktionensysteme im modernen Strafrecht und die Einführung von Flexibilität durch die an Behandlungserfolge oder Rückfallrisiken angebundene Entscheidung über die vorzeitige Entlassung aus einer richterlich angeordneten Freiheitsentziehung haben ebenfalls zu einer Stärkung der Stellung von forensischen Sachverständigen geführt. Die bedingte Entlassung aus dem Strafvollzug wird teilweise von einem Sachverständigengutachten abhängig gemacht, ebenso wie regelmäßig Maßregeln der Besserung und Sicherung, für deren Anordnung die Feststellung der Gefährlichkeit und Behandlungsbedürftigkeit Voraussetzung ist, auf der Basis eines forensischen Gutachtens begründet werden müssen. Das französische Recht sieht eine sachverständige Begutachtung vor einer bedingten Entlassung z. B. dann vor, wenn der Täter zu einer lebenslangen Freiheitsstrafe wegen eines durch eine Vergewaltigung oder besondere Brutalität der Tatausführung qualifizierten Mordes verurteilt worden ist (für diese Fälle bestimmt das französische Strafrecht im Übrigen eine Sicherheitsperiode im Vollzug der Freiheitsstrafe, die ausschließt, dass der Gefangene Vollzugslockerungen erhält, vgl. Art. 123, 23 StGB). Hier muss das Gutachten durch ein Kollegium von drei forensischen Sachverständigen erstellt werden (Pradel 1995, S. 16). In einer vergleichenden französisch-kanadischen Studie wird schließlich das Problem hervorgehoben, dass sich die Rolle des Vollzugspsychologen als Sachverständiger in Fragen des Rückfallrisikos kaum verträgt mit der Forderung nach Vertrauen als Basis für ein therapeutisches Klima im Rahmen von Behandlungsansätzen (Chantraine u. Vacheret 2005). Eine gewisse Rolle spielt die Forensische Psychiatrie ferner bei Disziplinarverfahren in Gefängnissen (Krelstein 2002).

Der zunehmende Einfluss von Sachverständigen und Expertenwissen auf das Strafverfahren und das strafrichterliche Urteil sowie der steigende Bedarf an sachverständigem Wissen führen dann zu zwei allgemeinen Fragestellungen, die sich einmal auf die Menschenrechte und zum anderen auf die Ökonomie des Strafverfahrens beziehen.

Der erhebliche Einfluss von Sachverständigen auf das Ergebnis von Strafverfahren bringt es mit sich, dass ihr Einsatz auch aus der Perspektive der

Menschenrechte Beachtung findet. So hat der Missbrauch Forensischer Psychiatrie zum Zwecke politischer Repression (zu einem spezifischen Aspekt politischer (forensischer) Psychiatrie vgl. van Voren 2002; Bonnie 2002) oder zur Erfüllung öffentlicher Bestrafungswünsche (La-Fond 1992; Morris 2002) immer wieder Aufmerksamkeit auf sich gezogen. Ferner werden dann, wenn durch die Strafverfolgungsbehörden bestimmte oder durch das Gericht ernannte Sachverständige in der Hauptverhandlung Zeugnis ablegen, Fragen nach der „Waffengleichheit" und insoweit nach der Fairness des Strafverfahrens aufgeworfen (Emmerson u. Ashworth 2001, S. 477). Artikel 6 der Europäischen Menschenrechtskonvention garantiert die Pflicht der (europäischen) Staaten, jedem Angeklagten ein faires Verfahren einzuräumen. Der Grundsatz des fairen Verfahrens wirkt sich auch auf die Rolle eines forensischen Sachverständigen aus (Bönisch v. Austria (1987) 9, E.H.R.R., 191; Brandstetter v. Austria (1993) 15, E.H.R.R., 378). Schließlich sind die Menschenrechte hinsichtlich der Frage von Bedeutung, unter welchen Bedingungen eine Person als geistig krank (oder als gefährlich) beurteilt und in Konsequenz einer solchen Einstufung langfristig untergebracht werden darf.

Die Bedeutung von forensischen Sachverständigen für ein faires Verfahren hat nicht zuletzt der Bericht der Royal Commission on Criminal Justice 1993 für England/Wales herausgestrichen (The Royal Commission on Criminal Justice 1993, S. 114 ff.), wo spektakuläre Fehlurteile (auch) auf leichtfertige Sachverständigengutachten zurückzuführen waren (vgl. auch House of Commons Science and Technology Committee 2005). Nicht weniger spektakulär als die von der Royal Commission on Criminal Justice aufgegriffenen Sachverhalte, die häufig Terrorismusverdacht beinhalteten, sind verschiedene Großverfahren zu sexuellem Missbrauch, die vor allem in den 1990er Jahren in vielen Ländern auf dem problematischen Zusammenwirken von engagierten Sachverständigen und ebenso eifrigen Strafverfolgungsbehörden beruhten („Wormser Verfahren", Der Spiegel Nr. 26/97 vom 23.6.1997; zu Fällen in den USA vgl. Lehmann 2003, S. 14; für England vgl. den Shieldfield-Newcastle-Fall, Telegraph, 31. Mai 2005).

Vergleichende und internationale Analysen des Sachverständigenrechts und der Sachverständigenpraxis gewinnen zunehmend an Bedeutung nicht nur wegen der Möglichkeit des Austausches und des Lernens (Spencer 1992 u. 1998), sondern auch wegen zunehmender internationaler Migration, damit zusammenhängenden forensischen Fragestellungen – insbesondere wird dieses Thema im Zusammenhang mit der forensischen Begutachtung ausländischer Tatverdächtiger bzw. Angehöriger ethnischer Minoritäten aufgegriffen (vgl. hierzu Koenraadt 1999; Schepker 1999; Boehnlein et al. 2005) – und hieraus resultierendem Bedarf an grenzüberschreitendem Austausch sowie wegen des Bedarfs an Zusammenarbeit in grenzüberschreitenden Fällen strafrechtlicher Ermittlungen (de Boer 2000). Schließlich setzt auch der allgemeine Trend hin zu einer Harmonisierung des Strafrechts in Europa an Fragestellungen an, die für die forensische Begutachtung Bedeutung haben. Denn es geht bei der Harmonisierung zum einen um das Strafverfahren, zum anderen geht es um die Bestände an strafrechtlichen Sanktionen, für die vor allem die Forensische Psychiatrie sowohl hinsichtlich der Anordnungsvoraussetzungen als auch der Vollstreckung eine erhebliche Rolle spielt – so insbesondere bei langem Freiheitsentzug und sichernden Sanktionen sowie bei Unterbringungen im zweispurigen Verfahren (vgl. Commission of the European Communities 2004). Schließlich wird eine Internationalisierung Forensischer Psychiatrie sichtbar in der Praxis der internationalen Strafgerichte, die sich auch mit verschiedenen Konzepten der Schuldfähigkeit, ihren Abstufungen und mit den Konsequenzen für strafrechtliche Zurechnung und die Strafzumessung auseinanderzusetzen haben (Sparr 2005). Immerhin hat sich nunmehr nach entsprechenden Ansätzen in anderen Justizberufen ein europäisches Netzwerk forensischer Wissenschaften ausgebildet, das unter anderem die Harmonisierung von Untersuchungsmethoden und die Vergleichbarkeit bzw. Übertragbarkeit von Analyseresultaten thematisiert (Portal unter www.enfsi.org/; Sprangers 2000).

Wie eingangs bereits festgestellt gelten Sachverständigengutachten als Beweismittel. Sachverständige sollen Entscheidern (Staatsanwaltschaft, Gericht, Jury) wahre Aussagen über Vergangenheit, Gegenwart oder die Zukunft zur Verfügung stellen (Bertel u. Venier 2002, S. 86 f.) und damit eine richtige Entscheidung über Schuld und Strafe sicherstellen. Die Hauptaufgaben von Sachverständigen im Strafverfahren liegen demnach auch in Feststellungen zu den Grundlagen der Schuldfähigkeit. Ferner rückt in den Aufgaben immer stärker die Begutachtung von Angeklagten, Strafgefangenen und Untergebrachten im Hinblick auf ihre Gefährlichkeit in den Vordergrund. Die besondere Betonung von Sexualkriminalität und sexuellem Missbrauch von Kindern hat dann forensische Fragestellungen zur Validität von Opferzeugenaussagen ebenso wie Fragen zu den Auswirkungen von Taten auf das Opfer als sachverständiger Aufklärung bedürftig entstehen lassen (Harnon 1989; Diesing 1976).

Natürlich umfassen die Aufgaben von Sachverständigen alle Fragestellungen, hinsichtlich derer sich Strafverfolgungsbehörden und Gerichte nicht auf eigene Sachkunde verlassen dürfen, weil eben besonderes theoretisches und empirisches Wissen erforderlich ist, um physikalische, psychologische oder medizinische Abläufe zu verstehen und kausale Zusammenhänge nachvollziehbar darzustellen und nachzuweisen. Diese Bereiche umfassen Routinesachverhalte wie die Feststellung der BAK ebenso wie den Nachweis des Konsums von Betäubungsmitteln und Medikamenten sowie die molekulargenetische Untersuchung.

Unterschiedliche Schwerpunkte in der normativen und empirischen Forschung zu Sachverständigen bilden sich dann entlang der unterschiedlichen Verfahrens- und Verhandlungssysteme aus. So steht im amerikanischen Geschworenenverfahren die Frage der Wirkungen von Sachverständigenaussagen auf Geschworene (die über die Schuldfrage befinden) im Vordergrund (Schuller u. Rzepa 2002; Montgomery et al. 2005). Sachverständige sollen auch zur Entmystifizierung bestimmter Sachverhalte beitragen; dies wird z. B. für Vergewaltigungsverfahren als bedeutsames Thema benannt (Rumney u. Morgan-Taylor 2002).

## 5.2 Die rechtlichen Rahmenbedingungen der Forensischen Psychiatrie im Strafverfahren

### 5.2.1 Anforderungen an den Sachverständigenbeweis unter der Europäischen Menschenrechtskonvention

Bereits in den einleitenden Bemerkungen wurde darauf verwiesen, dass die rechtlichen Regelungen des Sachverständigenbeweises auch aus der Perspektive der Europäischen Menschenrechtskonvention Beachtung finden müssen. Die Rechtsprechung des Europäischen Gerichtshofs für Menschenrechte hat in verschiedenen Entscheidungen Fragestellungen des Sachverständigen im Strafprozess aufgegriffen (zusammenfassend Esser 2002, S. 693 ff.). Dabei gilt es vor allem, auf die allgemeinen Bedingungen zu achten, die durch den in der Europäischen Menschenrechtskonvention verankerten Grundsatz des fairen Verfahrens (Art. 6, 1) und die Auslegung des Grundsatzes durch den Europäischen Gerichtshof für Menschenrechte gesetzt werden. Der Europäische Gerichtshof für Menschenrechte geht von der Geltung des allgemeinen Grundsatzes aus, dass sowohl die Beschuldigten/Angeklagten als auch die Anklagevertretung Gelegenheit haben müssen, von den durch die jeweils andere Partei vorgelegten Beweismitteln Kenntnis und zu den vorgelegten Beweismitteln Stellung zu nehmen. Unabhängig vom Verfahrenstypus (adversarisches oder inquisitorisches Verfahren) ist also Gelegenheit zu einer (streitigen) Auseinandersetzung über die Beweismittel zu geben (Mantonavelli v. France, ECHR, 18. März 1997). Dies gilt selbstverständlich auch für den Sachverständigen bzw. das Sachverständigengutachten (Brandstetter v. Austria (1993), 15, E.H.R.R., 378). Im Zusammenhang mit dem Sachverständigenbeweis dürften die bisherigen Entscheidungen des Europäischen Gerichtshofs verlangen, dass dem Angeklagten die Gelegenheit gegeben werden muss, einen Sachverständigenbeweis unter denselben Bedingungen wie die Anklage einzuführen (van Kampen 2000, S. 201), wenn die Befürchtung objektiv gerechtfertigt ist, dass ein durch die Staatsanwaltschaft oder das Gericht beigezogener Sachverständiger nicht unbefangen und neutral urteilt (Bönisch v. Austria (1987), 9, E.H.R.R., 191). Eine objektiv begründete Befürchtung der Voreingenommenheit wird nicht allein dann angenommen werden können, wenn ein Sachverständiger einer Einrichtung angehört, durch deren Aktivitäten das konkrete Strafverfahren ausgelöst worden ist (zur objektiv begründeten Befürchtung der Befangenheit eines Sachverständigen vgl. auch das schweizerische Bundesgericht BGE 120 V, 365). Jedoch sind solche Personen als Sachverständige ausgeschlossen, deren Handlungen zu der Entstehung des Tatverdachts gegen einen Beschuldigten beigetragen haben (Esser 2002, S. 696, der hieraus auch Schlussfolgerungen für die Ablehnbarkeit eines weiteren Sachverständigengutachtens gemäß § 244 Abs. 4, 2 StPO zieht). Ein Mitbestimmungsrecht des Angeklagten bei der Bestellung eines Sachverständigen durch ein Gericht fordert Art. 6 EMRK dagegen nicht.

Handelt es sich bei dem Sachverständigengutachten um ein für die Beurteilung der Schuldfrage wesentliches Beweismittel, dann verlangt die Verfahrensfairness, dass zu diesem Beweismittel effektiv Stellung genommen werden kann. Der Grundsatz einer effektiven Stellungnahme kann auch bedeuten, dass eine solche Stellungnahme nur vor oder während der Durchführung der Untersuchungen des Sachverständigen gewährleistet ist (Mantonavelli v. France, ECHR, 18. März 1997).

Geht es um die Erstellung eines Gutachtens zur Frage der Gefährlichkeit eines Angeklagten, dann liegt ein Verstoß gegen die Unschuldsvermutung aber nicht vor, wenn der Sachverständige von der Annahme ausging, dass der Angeklagte die Tat begangen hat (Bernard v. France, Reports 1998, II, § 38; kritisch hierzu Esser 2002, S. 706, der bei Kompetenzüberschreitungen eines Sachverständigen durch Äußerungen zur Tatschuld, die wohl als besonders beeindruckend für Laienrichter angesehen werden, regelmäßig Anlass für objektiv begründete Zweifel an der Neutralität des Sachverständigen sieht).

Bedeutung hat die Europäische Menschenrechtskonvention schließlich für die Freiheitsentziehung zur Unterbringung in psychiatrischen Einrichtungen im Falle von Geisteskrankheit oder anderen psychischen Störungen bzw. zur Unterbringung in Sicherungsverwahrung oder ähnlichen Einrichtungen wegen der Annahme von Gefährlichkeit. Artikel 5 Abs. 1 der Europäischen Menschenrechtskonvention legt die Gründe fest, die einen Eingriff in das Freiheitsrecht erlauben. Als Grundlage für eine Freiheitsentziehung in den hier relevanten Bereichen können dabei Art. 5 Abs. 1a EMRK (Verurteilung durch ein Gericht wegen einer Straftat), Abs. 1c (Untersuchungshaft) sowie Abs. 1e (psychische Krankheit, Alkohol- und Drogenabhängigkeit, Landstreicherei) dienen. Durch das Gericht gleichzeitig neben einer wegen einer Straftat verhängten Freiheitsstrafe angeordnete Sicherungsverwahrung oder Unterbringung in einer psychiatrischen Einrichtung (bei Feststellung von psychischen Störungen) sind durch den Haftgrund des Art. 5 Abs. 1a EMRK gedeckt (van Drogenbroeck v. Belgium, Series A, No. 50; Steel v. United Kingdom, Reports 1998-VII; Probleme bestehen insoweit für die nachträgliche Anordnung der Sicherungsverwahrung nach § 66b StGB, vgl. zusammenfassend Baltzer 2005, S. 205 ff.). Probleme können sich insbesondere für Unterbringungen während des Ermittlungsverfahrens ergeben, wenn sowohl der Verdacht einer Geisteskrankheit als auch der Verdacht einer strafbaren Handlung vorliegen. Freilich ist dann das Ausweichen auf Art. 5 Abs. 1e EMRK nicht erlaubt, denn die Unterbringung nach Art. 5 Abs. 1e EMRK sieht andere Garantien vor als die bei Anordnung von Untersuchungshaft eingeräumten Rechte, die aus Art. 5 Abs. 3 EMRK sowie Art. 6 EMRK zu entnehmen sind und die klassischen Beschuldigten- bzw. Angeklagtenrechte betreffen.

Im Zusammenhang mit der Freiheitsentziehung bei psychischer Krankheit hat sich der Europäische Gerichtshof auch mit den Anforderungen an den Begriff der psychischen bzw. Geisteskrankheit befasst und dabei festgestellt, dass der Gesetzgeber einen gewissen Beurteilungsspielraum bei der Festlegung der Voraussetzungen für die Unterbringung hat und im Übrigen auch wegen des Wandels in der Bestimmung psychischer Krankheiten den Begriff der geistigen Erkrankung nicht eindeutig definieren muss (Winterwerp v. The Netherlands, Series A, No. 33; Luberti v. Italy, Series A, No. 75). Jedoch darf nicht willkürlich vorgegangen werden (Johnson v. Untied Kingdom, Reports 1997, VII). Verschiedene Bedingungen müssen für die Unterbringung erfüllt sein. Dabei handelt es sich um: (a) das Vorliegen einer durch einen Sachverständigen nachgewiesenen Geisteskrankheit, (b) die Rechtfertigung der Unterbringung durch die Schwere der Erkrankung (Verhältnismäßigkeit) und (c) die Begrenzung der Unterbringung durch das tatsächliche Bestehen der Krankheit (Herczegfalvy v. Austria, Series A, No. 244). Vorläufige Unterbringungen (zur Untersuchung des Geisteszustandes) dürften dann den Anforderungen aus Art. 5 Abs. 1 e EMRK genügen, wenn ein hinreichender Verdacht besteht, dass der Betroffene für sich oder andere in Freiheit eine Gefahr darstellt (X v. United Kingdom, Series A, No. 46).

Schließlich ergibt sich im Zusammenhang mit der Durchführung von Strafverfahren eine Pflicht, frühzeitig durch Sachverständige feststellen zu lassen, ob und in welchem Umfang ein Tatverdächtiger schuldfähig ist, insbesondere dann, wenn bei Feststellung der Schuldunfähigkeit strafrechtliche Sanktionen nicht in Betracht kommen und deshalb eine andauernde Freiheitsentziehung (durch Untersuchungshaft) nicht legitimiert werden kann (Esser 2002, S. 238).

### 5.2.2 Allgemeine Grundsätze

Die Rolle und die Funktion des Sachverständigen sind eingebettet in die Normen des Strafverfahrensrechts und des materiellen Strafrechts. Dadurch ergibt sich unabhängig von der konkreten Ausgestaltung des Sachverständigenbeweises ein kompliziertes Netzwerk an Bedingungen und Beziehungen, die vor allem allgemeine Verfahrensgrundsätze und dann das Beweisrecht einschließen. Das Beweisrecht verweist wiederum auf eine Reihe von Unterthemen, wie beispielsweise das Beweisantragsrecht, die Beweiserhebungs- und Beweisverwertungsverbote sowie die Beweiswürdigung. Ferner ergeben sich Parallelen in den Regelungen insoweit, als für besondere Beweisthemen und Beweisformen unterschiedliche Regelungsdichten existieren (Perron 1995). Dies gilt für die Bestimmung der Schuldfähigkeit bei dem Verdacht einer Geisteskrankheit ebenso wie für die Voraussetzungen der Unterbringung von gefährlichen Straftätern oder von geisteskranken Straftätern und die Voraussetzungen ihrer Entlassung. Ferner haben sich in vielen Ländern seit den 1990er Jahren besondere Regeln zur Durchführung der DNA-Analyse durchgesetzt (van der Westen 2000, S. 284 f.).

Die Rolle des Sachverständigen unterscheidet sich zunächst entlang der Common Law Tradition des Strafverfahrens und der Inquisitionsverfahren (auch kontinentale oder zivile Rechtssysteme genannt). Pradel unterscheidet das Recht des Sachverständigenbeweises in zwei große Linien, wobei die Unterscheidung durch das Vorhandensein offiziell bestellter (oder vereidigter) Experten geführt wird (Carrio u. Garro 1999, S. 44). Dies ist in Common Law Systemen in der Regel nicht der Fall (vgl. aber zu Entwicklungen in den USA Ende des 19. und Anfang des 20. Jahrhunderts, die dort zu einer kurzen Blütezeit gerichtlich ernannter Sachverständiger führten, Jones 1994, S. 49 f.), sondern lässt sich nur in Systemen des kontinentalen Rechts beobachten. Hier wiederum trennt Pradel zwischen Gesetzgebungen, die die Bestellung von Sachverständigen wie im adversarischen Prozess üblich, den Parteien anheim stellen, solchen, die die Bestellung als Aufgabe des Richters betrachten, und schließlich Systemen, in denen der Beschuldigte/Angeklagte das Recht hat, sachverständige Berater beizuziehen (Pradel 1998, S. 105). Das Parteienverfahren behandelt in der Regel den Sachverständigen wie einen Zeugen, der von Verteidigung oder Strafverfolgungsbehörde benannt wird (Beliveau 1992, S. 138). Hieraus folgt, dass der Sachverständige auch, so wie jeder andere Zeuge, dem Kreuzverhör unterzogen wird.

Mit der angesprochenen Unterscheidung sind unterschiedliche Funktionen des Sachverständigen benannt. In Systemen des Common Law gilt der Sachverständige als ein Beweismittel, das durch die Parteien eingeführt wird (Huber 1995, S. 55, für England und Wales). Dies geschieht auf Kosten der jeweiligen Partei, wobei unterschiedliche Systeme sicherstellen sollen, dass auch bei mittellosen Angeklagten ein Sachverständiger bestellt werden kann (vgl. für Südafrika Schwikkard u. van der Merwe 1999, S. 354; für die USA Ake v. Oklahoma, 470 U.S. 68 (1985)) und damit Waffengleichheit und sichere Grundlagen für ein faires Verfahren hergestellt werden können. So hat das amerikanische Oberste Gericht in der Entscheidung Ake v. Oklahoma aus dem Gebot rechtsstaatlichen Verfahrens abgeleitet, dass dem (bedürftigen) Angeklagten das Recht zusteht, auf Staatskosten einen Sachverständigen beigeordnet zu bekommen, damit die Einrede der Schuldunfähigkeit gutachtlich vorbereitet werden kann (Ake v. Oklahoma, 1985, 470 U.S. 68). Das Problem der Kosten taucht freilich im inquisitorischen Verfahren dort ebenfalls auf, wo der Angeklagte mit einem Gutachten bzw. Sachverständigen nicht einverstanden ist und auf ein weiteres Gutachten besteht. Das niederländische Oberste Gericht hat in einem solchen Fall entschieden, dass kein gesetzlicher Anspruch auf Kostenerstattung für den Fall der Beauftragung eines Sachverständigen durch den Angeklagten besteht (Hoge Raad, NJ 1998, 152). Vielmehr könne eine Kostenerstattung nur dann erfolgen, wenn die durch den Angeklagten veranlassten Untersuchungen „im Interesse des strafrechtlichen Ermittlungsverfahrens" gelegen hätten (vgl. hierzu Art. 591 niederländische StPO). Auch im italienischen Strafverfahren sind Kosten für Parteisachverständige grundsätzlich von der benennenden Partei zu übernehmen. Freilich kann der Angeklagte von den Kosten befreit werden (Hein 1995, S. 182).

In Systemen des kontinentalen Rechts gilt der Sachverständige zuallererst als ein Gehilfe des Gerichts, wobei die Hilfefunktion auf die Ermittlung der Wahrheit ausgerichtet ist. In Systemen, die der Inquisitionsmaxime folgen, sind unterschiedliche Varianten des Zugriffs auf Sachverständige zu finden. Im Vordergrund steht hier die Auswahl des Sachverständigen durch Strafverfolgungsbehörden, den Untersuchungsrichter oder das Gericht (vgl. z. B. Art. 156 ff. des französischen Code de Procédure Pénale; zusammenfassend Arnoux 2004). So wird dem Angeklagten in einigen Ländern die Beiziehung eines beratenden Sachverständigen gestattet (Corso 1992, S. 230; Behnam 1992, S. 167; so auch das portugiesische Strafprozessrecht, Art. 155), was eine gewisse Annäherung an den Parteienprozess darstellt (Rodrigues 1992, S. 313). In den Niederlanden erlaubt Art. 227 der StPO dem Beschuldigten, einen Sachverständigen vorzuschlagen; ferner sieht Art. 232 der niederländischen StPO vor, dass der Beschuldigte einen Sachverständigen beauftragt, der dann das Recht hat, an den Untersuchungen des gerichtlich beauftragten Experten teilzunehmen (zusammenfassend Corstens 1992, S. 282). Das geltende französische Strafverfahrensrecht (Art. 157 ff. StPO) sieht vor, dass Untersuchungsbehörden oder Gerichte von Amts wegen oder auf Antrag der Staatsanwaltschaft bzw. des Beschuldigten/Angeklagten Sachverständige beauftragen können. In Italien wird der Sachverständige durch den Richter bestellt. Jedoch haben die Parteien die Befugnis, eigene Parteisachverständige zu benennen (Hein 1995, S. 175).

In der Regel ist aus Listen von (vereidigten) Sachverständigen auszuwählen, die bei den Gerichten geführt werden (s. z. B. Art. 157 des französischen Code de Procédure Pénale; zusammenfassend Casorla 1992, S. 190 f.; kritisch wegen des Fehlens sachlich nachvollziehbarer Kriterien für die Aufnahme in die Sachverständigenlisten Olié et al. 1995). Ferner werden bestimmte Aufgaben in forensischen Instituten und Labors konzentriert, die in Europa entweder durch den Staat eingerichtet worden sind oder zunehmend einem Akkreditierungs- oder Zertifizierungsverfahren unterliegen (vgl. den Überblick bei de Kwant 2000). Sonderregelungen gelten in einigen Ländern für den Bereich der DNA-Gutachten. Die Neuregelung des § 81f StPO lässt für Deutschland erkennen, dass auf eine gewisse Distanz zwischen Sachverständigem und ermittlungsführender Behörde geachtet wird. Denn mit der Untersuchung nach § 81 e StPO sind in der schriftlichen Anordnung Sachverständige zu beauftragen, die öffentlich bestellt oder nach dem Verpflichtungsgesetz verpflichtet oder Amtsträger sind, die der ermittlungsführenden Behörde nicht angehören oder einer Organisationseinheit dieser Behörde angehören, die von der ermittlungsführenden Dienststelle organisatorisch und sachlich getrennt ist.

Auch in der deutschen StPO ist dem Angeklagten die Möglichkeit eingeräumt, einen Sachverständigen selbst zu laden (§ 220 StPO). Doch ist das Unternehmen, ein „Gegengewicht" gegen den bereits durch Staatsanwalt oder Richter ausgewählten Experten zu schaffen, mit erheblichen Problemen behaftet (Volk 2002, S. 175). Im Übrigen kann der Angeklagte beantragen, einen weiteren Sachverständigen zu hören. Freilich kann dieser Antrag abgelehnt werden mit der Begründung, das Gegenteil sei bereits erwiesen (§ 244 IV StPO; BGHSt 39, 49). Nur wenn der Erstgutachter nicht sachkundig war, das Erstgutachten von unzutreffenden tatsächlichen Voraussetzungen ausgegangen ist, im Erstgutachten (oder im mündlichen Vortrag) Widersprüche zutage treten (vgl. BGHSt 23, 176 ff.; BGH NStZ 1991, 448) oder einem anderen Sachverständigen überlegene Forschungsmethoden und -mittel zur Verfügung stehen (vgl. hierzu auch BGHSt 44, 26), greift der Ablehnungsgrund nicht ein. Auch so kann freilich eine starke und partiell aus dem Blickwinkel der Waffengleichheit problematische Nähe zwischen forensischen Sachverständigen und den Strafverfolgungsbehörden sowie dem Gericht hergestellt werden. Für die Entstehung von Nähe zwischen forensischen Sachverständigen und Ermittlungs- und Strafverfolgungsbehörden hat vor allem die Einrichtung von staatlichen forensischen Instituten eine erhebliche Rolle gespielt (Ramsay 1987; Bertel u. Venier 2002, S. 88; für die Niederlande van Kampen 2000, S. 205). Insoweit wird Offenheit gegenüber der Strafverteidigung als angebracht angesehen (Ramsey 1987, S. 45).

Kritisch betrachtet wird die Auswahl des Sachverständigen durch den Richter insbesondere auch deshalb, weil die Wahl wohl recht häufig auf den bereits von der Strafverfolgungsbehörde im Ermittlungsverfahren (vgl. § 161 a Abs. 1 S. 1 der deutschen StPO) für die Erstellung eines Gutachtens beauftragten Experten fällt (Boppel 2002, S. 151 ff.; vgl. hierzu auch die Vorschläge von Sarstedt 1968, S. 177 ff., die wohl auf eine zwischen Staatsanwaltschaft und Verteidigung auszuhandelnde, einvernehmliche Bestellung eines Sachverständigen hinauslaufen). Aus den Niederlanden wird berichtet, dass dort die Entscheidung, einen Sachverständigen aus dem Staatslabor für forensische Wissenschaften beizuziehen, nur mehr in einem verschwindend kleinen Teil der Fälle durch den (Untersuchungs-)Richter getroffen wird. Regelmäßig erfolgen die Auswahl und Benennung als Sachverständiger durch Polizei oder Staatsanwaltschaft (vgl. die Nachweise bei van Kampen 2000, S. 205). Im Vordergrund stehen offensichtlich verfahrensökonomische Motive. Denn die weitgehende Abwicklung der Bestellung von Sachverständigen durch die Strafverfolgungsbehörden ist mit schnelleren Strafverfahren verbunden (ebd., S. 206). Die Entwicklung der Praxis im Hinblick auf die Bestellung von Sachverständigen hat den niederländischen Gesetzgeber wohl dazu veranlasst, mit der Einführung von Art. 151 StPO im Jahre 2000 die Auswahl des Sachverständigen auch förmlich der Staatsanwaltschaft und in bestimmten Fällen den Hilfsbeamten der Staatsanwaltschaft zu übertragen. Die Auswahlentscheidung ist freilich eine kritische Entscheidung, die leicht zu Lasten des Beschuldigten/Angeklagten gehen kann (Volk 1993, S. 45). Zwar ist die Staatsanwaltschaft der Neutralität und dem Grundsatz verpflichtet, Ermittlungen auch zur Entlastung des Beschuldigten durchzuführen, doch dürfte gerade in spektakulären Kriminalfällen das Interesse an Aufklärung und an der Präsentation von Tätern ein Ermittlungsklima schaffen, das einer neutralen Ermittlungspraxis nicht förderlich ist.

Vor dem Hintergrund der Rechtsprechung des Europäischen Gerichtshofs für Menschenrechte dürften allerdings nur Regelungen und eine darauf gestützte Praxis angemessen sein, die, wie weiter oben ausgeführt, dem Angeklagten die praktikable und effektive Möglichkeit einräumen, den Sachverständigenbeweis einer Überprüfung zu unterziehen. Die niederländische Rechtsentwicklung sowie die Rechtsprechung des obersten Gerichts, die dem Angeklagten in neuerer Zeit mehr Möglichkeiten, ein „Gegengutachten" zu führen, eingeräumt haben (zusammenfassend Jakobs u. Sprangers 2000, S. 217 f.), werden auch damit erklärt, dass die entsprechende

Rechtsprechung des Europäischen Gerichtshofs für Menschenrechte umgesetzt werden sollte. Ein gewisser Trend hin zu einem dem Parteienprozess ähnlichen Verfahren der kontradiktorischen Behandlung auch des Sachverständigengutachtens wird demnach erkennbar (zusammenfassend van Kampen 1998, S. 298 ff.). Für eine solche Entwicklung hin zu einer adversarischen Methode der Behandlung des Gutachtens sollen verschiedene Gründe sprechen. Geltend gemacht werden die Möglichkeit einer „Rekontextualisierung" des Sachverständigengutachtens durch ein Gegengutachten, die bessere Kontrollierbarkeit der Qualität des Sachverständigengutachtens und die Erzielung größerer Sorgfalt in der Auswahl von Sachverständigen durch Staatsanwaltschaften und Gerichte (Redmayne 2000, S. 309 f.; kritisch hierzu Spencer 2000, S. 553, der dem gerichtlich bestellten Sachverständigen des kontinentalen Strafverfahrens weniger Fehleranfälligkeit zuordnet; kritisch aus der Perspektive von spieltheoretischen Überlegungen Keram 2002). Freilich zeigen sich an diesem Punkt deutliche Konflikte zwischen einer an Wahrheit orientierten Sachverständigenexpertise einerseits und der an Parteiinteressen gebundenen Präsentation von Beweisen in einer Hauptverhandlung andererseits (Gutheil et al. 2003).

### 5.2.3 Wann ist ein Sachverständiger beizuziehen?

Die Notwendigkeit der Beiziehung eines Sachverständigen kann durch den allgemeinen Ermittlungsgrundsatz bedingt oder im Gesetz selbst angeordnet sein. So weist das Schweizer Strafverfahrensrecht, so wie in anderen Strafprozessordnungen ebenfalls vorgesehen (vgl. z. B. Art. 209 polnische StPO; zur Geschichte vgl. Jones 1994, S. 17 ff.), die Beiziehung eines Sachverständigen an, wenn der Geisteszustand des Beschuldigten zweifelhaft ist (Art. 13 StGB; vgl. auch § 134 österreichische StPO) oder wenn für die Anordnung einer sichernden Maßnahme eine Untersuchung des körperlichen oder geistigen Zustands erforderlich ist. Gerade vor der Anordnung sehr einschneidender freiheitsentziehender Maßnahmen wird – entsprechend den deutschen Regelungen in § 246a StPO – regelmäßig ein Sachverständigengutachten vorgesehen (vgl. hierzu auch die Unterbringung nach §§ 21–23 österreichischem StGB, Bertel u. Venier 2002, S. 87), in dem die Voraussetzungen der Schuldunfähigkeit sowie weitere Voraussetzungen der Unterbringung einer Untersuchung unterzogen werden. Die Relevanz von Sachverständigenaussagen findet vor allem dort starke Beachtung, wo schwere Strafen von der Frage abhängig gemacht werden, ob beispielsweise eine geistige Behinderung besteht (Atkins v. Virginia 536 U.S. 304 (2002)) oder in der Zukunft schwere Gewalttaten zu erwarten sind.

Die Heranziehung von Sachverständigen der Forensischen Psychiatrie ist insoweit ganz wesentlich auch dadurch strukturiert, ob das jeweilige Sanktionensystem eine zweite Spur der Maßregeln der Besserung und Sicherung enthält oder ob ein einspuriges System der Strafe vorherrscht (zusammenfassend Kinzig 1996). In zweispurigen Systemen (Deutschland, Schweiz,

Österreich oder die Niederlande) kann anstelle oder neben der Strafe auch eine Maßregel der Besserung und Sicherung im Strafverfahren (oder in einem Sicherungsverfahren) angeordnet werden, die nicht durch Tatschuld begründet und begrenzt wird, sondern allein durch das Ziel des Gesellschaftsschutzes und den Grundsatz der Verhältnismäßigkeit. Dabei geht es um die Unterbringung in der Psychiatrie oder vergleichbaren Einrichtungen, die Unterbringung zur Behandlung von Rauschmittelabhängigkeit sowie um die Sicherungsverwahrung im Falle von Gewohnheits- oder Hangverbrechern bzw. gefährlichen Rückfallstraftätern. § 429 der österreichischen StPO schreibt vor, dass der Unterbringung in einer Anstalt für geistig abnorme Straftäter (§ 21 Abs. 1 StGB) die Untersuchung durch mindestens einen Sachverständigen aus dem Bereich der Psychiatrie vorauszugehen hat. Ein Sachverständiger ist in diesem Fall auch in der Hauptverhandlung vorzusehen (§ 430 Abs. 4 StPO). Psychiatrische Sachverständige sind vor der Unterbringung in der Sicherungsverwahrung oder in einer Entziehungsanstalt ebenfalls heranzuziehen (§ 439 Abs. 2). Im Zusammenhang mit sicherndem Freiheitsentzug geht es im Wesentlichen um die Erstellung einer Gefährlichkeitsprognose.

In einspurigen Systemen, die eine sichernde und präventive Spur strafrechtlicher Sanktionen nicht kennen, ist die Festlegung einer Strafe dem Gericht auch dann vorbehalten, wenn die Strafe sichernde und präventive Funktionen übernehmen soll. Das Gericht ist hier auf sachverständige Beratung nicht angewiesen, geht es doch allein um die Bemessung einer Freiheitsstrafe (vgl. ferner die Ausführungen im Abschn. 5.3.2).

In Strafverfahrensordnungen, die in der Tradition des Inquisitionsprozesses stehen, erklärt sich die Beiziehung eines Sachverständigen mit dem Ermittlungsgrundsatz (Hauser u. Schweri 1999, S. 266) und der Suche nach der materiellen Wahrheit. Auch dann, wenn keine spezielle gesetzliche Regelung zur Erhebung von Sachverständigenbeweis vorhanden ist, enthält der Ermittlungsgrundsatz die rechtlichen Grundlagen für die Entscheidung über die Erhebung von Sachverständigenbeweis. Die Beiziehung von Sachverständigen steht dabei regelmäßig – wie im Übrigen auch in Systemen des Common Law (Hodgkinson u. Scarman 1990, S. 239) – unter der Bedingung, dass eine besondere technische oder wissenschaftliche Sachkunde erforderlich ist, um relevante Tatsachenfragen beantworten zu können (vgl. z.B. § 151 portugiesische StPO; Art. 193 polnische StPO: Feststellung von Umständen, die von erheblicher Bedeutung für die Entscheidung sind). Dies wird bei Fragen der Auswirkungen einer geistigen Erkrankung auf die Zurechnungsfähigkeit immer der Fall sein (vgl. Triffterer 2005, § 11 Anm. 53, wo darauf hingewiesen wird, dass klare, aber sehr seltene Fälle denkbar seien, in denen das Gericht aus eigener Sachkunde die Unzurechnungsfähigkeit feststellen könne). Sachverständige Begutachtungen der Schuldfähigkeit werden im Gesetz in der Regel Ärzten übertragen. So verlangt § 134 Abs. 1 der österreichischen StPO, dass bei Zweifeln über Geistesstörungen oder die Zurechnungsfähigkeit eine Untersuchung durch einen oder mehrere Ärzte zu veranlassen sei. Insoweit ist das Feld der Schuldfähigkeitsbeurteilungen eine klassische Aufgabe der Forensischen Psychiatrie. Probleme treten insbesondere in der Wahl des Sachverständigen dann auf, wenn Kompetenzabgrenzungen (oder interdisziplinäre Fragestellungen) eine Rolle spielen. Dies dürfte häufig bei der Frage der Fall sein, ob ein Psychologe oder Psychiater zu Rate gezogen wird. Regelmäßig steht dem Richter hier ein Ermessensspielraum zu (BGHSt 34, 355; kritisch Volk 2002, S. 175).

Im Parteienprozess des Common-Law-Kreises stellen sich die Fragen in anderer Art und Weise. Mit wenigen Ausnahmen entscheiden allein die Parteien über die Frage, ob und durch welchen Sachverständigen Beweis eingeführt werden soll. Freilich hat das Gericht (bzw. der vorsitzende Richter) die Entscheidung darüber zu treffen, ob den Geschworenen in der Verhandlung ein bestimmter Sachverständigenbeweis tatsächlich vorgestellt werden darf oder nicht (was unter anderem von der bereits weiter oben angesprochenen Frage abhängig ist, ob dies den Geschworenen dabei hilft, über Tatbegehung und Schuld zu entscheiden). Die richterliche Entscheidung ist bestimmt durch die allgemeinen Regeln zur Einführung von Beweismitteln. Freilich stellen sich an diesem Punkt die im inquisitorischen Verfahren auch relevanten Fragen eben in der Form, ob die Geschworenen der sachverständigen Information bedürfen, um die Schuldfrage beantworten zu können (vgl. z. B. Hodgkinson u. Scarman 1990, S. 238 f. zur Frage, ob ein psychiatrischer oder psychologischer Sachverständiger zur Frage der Disposition eines Angeklagten zu bestimmten Delikten beigezogen werden darf). So bestimmen z. B. die Beweisnormen des Bundes (2004) in den USA in Regel 702, dass dann, wenn wissenschaftliches, technisches oder anderes spezialisiertes Wissen den über die tatsächlichen Umstände urteilenden Richter („trier of fact") dabei unterstützt, ein Beweismittel zu verstehen oder einen in Frage stehenden Umstand des Falles zu bestimmen, ein Zeuge, der durch Wissen, Ausbildung etc. besonders qualifiziert ist, aussagen darf. Ein Sachverständiger muss also durch besonderes Wissen, Erfahrung oder Ausbildung qualifiziert sein. Das Gutachten muss auf verlässlichen Prinzipien und Methoden basieren sowie auf der verlässlichen Anwendung der Methoden auf den in Frage stehenden Sachverhalt. Denn der Richter soll die Zulassung von solchen Beweismitteln verweigern, die die Geschworenen in die Irre führen können, also unzuverlässige und nicht valide Beweise ausschließen.

In den USA hatte für die Zulassung des Sachverständigenbeweises durch den vorsitzenden Richter lange Zeit der so genannte Frye-Test Bestand (Frye v. United States, 293 F. 1013, 1014 [D.C.Cir. 1923]). Er ist auch heute noch in einer Reihe von Bundesstaaten der Standardtest für die Beantwortung der Frage, ob ein Sachverständigenbeweis in die Verhandlung eingeführt werden darf (zusammenfassend Mellon 2001, S. 1104). Mit der zugrunde liegenden Entscheidung des Obersten Gerichts wurde die Zulassung eines Sachverständigenbeweises (Polygraphtest) abhängig gemacht davon, dass das wissenschaftliche Verfahren in der jeweiligen Disziplin allgemeine Akzeptanz gefunden hat. Dahinter steht die Theorie, dass die allgemeine Akzeptanz eines wissenschaftlichen Analyseverfahrens in der jeweiligen Disziplin die Verlässlichkeit der Methode indiziert.

Mit dem im Jahre 1993 entschiedenen Fall Daubert v. Merrel-Dow Pharmaceuticals hat das Oberste Gericht der USA die Zulassung des Sachverständigenbeweises weiter entwickelt. Nach dieser Entscheidung muss ein Sachverständigengutachten dann als Beweismittel zugelassen werden, wenn es sich bei den Inhalten um wissenschaftliche Aussagen handelt und wenn es dem Richter bzw. der Jury bei der Entscheidung über die Sachlage Unterstützung leistet (Supreme Court 1993, WL, 224478 [US]). Die Frage, wann wissenschaftliche Aussagen vorliegen, wird in der Entscheidung beantwortet mit dem

- Vorliegen aussagekräftiger Untersuchungen, die die Aussagen stützen,
- der Prüfung durch die wissenschaftliche Community („peer review"),
- der Einschätzbarkeit von Irrtumswahrscheinlichkeiten sowie
- der Akzeptanz der Aussagen in der jeweiligen wissenschaftlichen Disziplin (Daubert-Test; zur Umsetzung vgl. z. B. Vallabhajosula u. van Gorp 2001).

Legen forensische Psychiater sachverständiges Zeugnis über den Geisteszustand eines Angeklagten zur Zeit der Tat ab, dann wird verlangt, dass eine Aussage mit vernünftiger medizinischer Sicherheit („reasonable medical certainty") gemacht werden kann. Bei Sachverständigen aus anderen Disziplinen wird eine vernünftige wissenschaftliche Sicherheit („reasonable scientific certainty") gefordert. Mit dem Daubert-Test wird der Schwerpunkt der Prüfung von der allgemeinen Akzeptanz einer Schlussfolgerung des Sachverständigen auf die Validität der der Aussage zugrunde liegenden Methodologie verschoben. Damit können natürlich in verschiedenen Feldern Forensischer Psychiatrie Probleme verbunden sein, soweit nämlich Aussagen eher auf klinische Erfahrungen denn auf validierte Vorgehensweisen gestützt werden (Freckelton u. Selby 1999, S. 580). Mit der Entscheidung Kumho Tire Co. v. Carmichael hat das Oberste Gericht der USA die Kriterien der Daubert Entscheidung auf nichtwissenschaftliche Sachverständigengutachten ausgedehnt (Kumho Tire Co. v. Carmichael [97-1709], 526 U.S. 137 (1999), 131 F.3d 1433, reversed).

Gerichte können im adversarischen Verfahren an diesem Punkt (der Zulassung von Beweismitteln der Parteien) die Beweisführung durch Sachverständige begrenzen. So wurde z. B. in England/Wales ein psychiatrischer Sachverständigenbeweis zur Frage der Erregbarkeit eines Angeklagten, der sich auf eine Provokation durch das Opfer berufen hatte, zurückgewiesen, „weil Geschworene keines Psychiaters bedürfen, der ihnen erklärt, wie ein normaler Mann, der nicht an einer Geisteskrankheit leidet, auf die Anforderungen und Belastungen des Lebens reagiert" (R. v. Turner (1975), 1 All ER 70, 74; vgl. auch Hodgkinson u. Scarman 1990, S. 230; Huber 1995, S. 55).

Andererseits ergibt sich die Notwendigkeit der Einführung eines Sachverständigenbeweises in Common-Law-Systemen daraus, dass ohne eine solche Beweisführung der Nachweis der Geisteskrankheit als Grundlage der Verteidigungseinrede nicht erbracht werden könnte (Hodgkinson u. Scarman 1990, S. 236). In diesem Zusammenhang wird auch die Frage diskutiert, ob das Gericht einen Sachverständigen bestellen kann, wenn ein

Angeklagter trotz deutlicher Anzeichen einer Geisteskrankheit die Einrede der Schuldunfähigkeit wegen Geisteskrankheit nicht erheben will (einschränkend für England/Wales Court of Appeal (1982), 74 Cr. App. R., 30).

Die Frage, wann das Gericht selbst sachkundig ist, und unter welchen Bedingungen auf einen Sachverständigenbeweis zurückgegriffen werden muss bzw. eine entsprechende Beweiseinführung durch die Parteien zulässig ist (Löschnig-Gspandl u. Puntigam 1995, S. 385), stellt sich in besonderer Weise im Falle der Beurteilung der Glaubwürdigkeit von Zeugen. Nach der ständigen Rechtsprechung des deutschen Bundesgerichtshofs ist die Beurteilung der Glaubwürdigkeit von Zeugen „ureigenste" Aufgabe des Tatrichters (BGHSt 8, 130; BGH 1 StR 499/04). Bei der Beurteilung der Glaubhaftigkeit einer Zeugenaussage benötigt der Richter deshalb die Hilfe eines Sachverständigen grundsätzlich nicht (BVerfG NJW 2003, 1443). Dies gilt auch für die Beurteilung der Aussagen kindlicher Opferzeugen (BGH 5 StR 222/04). Der Hinzuziehung eines Sachverständigen bedarf es nach der Rechtsprechung nur dann, wenn Besonderheiten des Einzelfalls eine Sachkunde erfordern, die auch ein Richter mit besonderen forensischen Erfahrungen nicht hat (BGHR StPO – 5 – § 244 Abs. 4 Satz 1 StPO Sachkunde 4, 6, 12).

Diese Auffassung wird sich grundsätzlich mit der Rechtspraxis in ausländischen Verfahrensordnungen decken. Vor allem dort, wo Geschworenengerichte die Faktenlage beurteilen, wird wohl die Auffassung dominieren, dass es keiner sachverständigen Hilfe bedarf, um den Inhalt einer Zeugenaussage beurteilen zu können (Huber 1995, S. 55; Hodgkinson u. Scarman 1990, S. 240 ff.). Sachverständigengutachten, die die Unglaubwürdigkeit des Opfers oder anderer Zeugen belegen sollen, dürfen im amerikanischen Strafverfahren nicht eingeführt werden (Thaman 1995, S. 530). Die Beurteilung des Einsatzes von Lügendetektoren fällt durchaus unterschiedlich aus. Jedoch verläuft die Zulässigkeit nicht entlang der Trennungslinien zwischen Common Law und inquisitorischen Systemen (Hodgkinson u. Scarman 1990, S. 244 f.). Besondere Bedeutung haben die forensische Untersuchung und der Sachverständigenbeweis in Verfahren wegen sexuellen Missbrauchs von Kindern erlangt. Hier treffen sich zwei Linien der Entwicklung des Rückgriffs auf die Forensische Psychiatrie im Strafverfahren, deren eine gefördert wird durch das immer nachhaltigere Interesse am Opfer, was Wissen darüber einschließt, welche Folgen die Tat für ein Opfer gehabt hat, und deren andere sehr stark bedingt ist durch die rechtspolitische Aufmerksamkeit, die Sexualkriminalität an Kindern in den letzten Jahrzehnten zuteil wurde.

### 5.2.4 Die Bestellung des Sachverständigen

Die Bestellung des Sachverständigen erfolgt nach den einschlägigen Normen der Strafprozessordnung in der Schweiz und in Österreich (wie auch in Deutschland) durch den Richter, der auch die konkrete Auswahl eines Sachverständigen trifft (Hauser u. Schweri 1999, S. 266). In den Niederlanden, Frankreich, in der Türkei und in Polen ist auch die Staatsanwaltschaft befugt, einen Sachverständigen zu bestellen (Bourgeois et al. 1999). In einigen Ländern (Frankreich, Polen) steht dieses Recht ferner den polizeilichen Ermittlungsbehörden zu. Dabei besteht kein Anspruch des Angeklagten auf vorherige Stellungnahme oder Anhörung. Jedoch hat der Angeklagte das Recht auf Ablehnung eines durch Gericht oder Strafverfolgungsbehörden bestellten Sachverständigen wegen Befangenheit (Hauser u. Schweri 1999, S. 266; Bertel u. Venier 2002, S. 89). Der Angeklagte hat ein Recht auf einen unparteiischen und unvoreingenommenen Sachverständigen (Bertel u. Venier 2002, S. 88; Maier u. Möller 1999, S. 113 ff.), ebenso wie ein Recht auf einen unvoreingenommenen Richter besteht. Ferner gewährt das Strafverfahrensrecht der genannten Länder kein Recht auf Einholung eines Sachverständigengutachtens durch den Angeklagten; jedoch verpflichtet der Ermittlungsgrundsatz im Falle substanziierter Probleme des gerichtlich bestellten Gutachtens zur Einholung eines weiteren Gutachtens (Bertel u. Venier 2002, S. 90). In schwierigen Fällen oder dort, wo in einer Disziplin Streit besteht, mag das Gesetz bereits die Bestellung von mehreren Sachverständigen vorsehen (so § 118 Abs. 2 österreichische StPO).

In Ländern des Common Law, wie beispielsweise in den USA oder England/Wales, ist es grundsätzlich Angelegenheit der Parteien, einen Sachverständigen zu bestimmen. Im Grunde kann jedes Sachverständigengutachten, das durch die Staatsanwaltschaft eingeführt wird, mit einem Gutachten der Verteidigung beantwortet werden. Jedoch wird für England/Wales darauf hingewiesen, dass entsprechende Gegengutachten nur selten durch die Verteidigung in die Verhandlung eingeführt werden (Zander u. Henderson 1993, S. 86 f.). Der Richter hat im adversarischen Strafverfahren allein die Aufgabe, in einem der Hauptverhandlung vorgelagerten Verfahren zu entscheiden, ob Sachverständigengutachten in die Hauptverhandlung eingeführt und der Jury als Beweismittel vorgetragen werden dürfen.

### 5.2.5 Stellung und Tätigkeit des forensischen Sachverständigen

Die Tätigkeit des Sachverständigen ist charakterisiert durch die Mitteilung von Erfahrungs- und Wissenssätzen der Disziplin, durch die Feststellung von Tatsachen, durch Schlussfolgerungen aus z. B. polizeilich festgestellten Tatsachen oder durch die eigenständige Ermittlung von Tatsachen und die sich hieran anschließende Ableitung von Schlussfolgerungen (Hauser u. Schweri 1999, S. 267). Gebunden ist der Sachverständige durch den in inquisitorischen Systemen durch den Richter (oder die Strafverfolgungsbehörden) erteilten Auftrag. In den Systemen des Common Law wird der forensische Sachverständige durch die Parteien beauftragt. Dies führt zur Frage, ob und inwieweit der Sachverständige in der Untersuchung und in der Präsentation der Ergebnisse dann an deren Instruktionen gebunden ist (vgl. hierzu z. B. die Richtlinien des australischen Obersten Gerichts, Practice Direction: Guidelines for Expert Witnesses in Proceedings in the Federal Court of Australia, in der Fassung vom 19. März 2004, durch die es den forensischen Sachverständigen untersagt wird, Instruktionen der Parteien entgegenzunehmen). Hier greifen vor allem ethische Richtlinien der Berufsorganisationen ein, die Objektivität und die Wahrheitsermittlung in der Gutachtenerstellung an die erste Stelle setzen (vgl. dazu auch Abschn. 5.3.7).

Eine entwürdigende Behandlung des Beschuldigten oder Angeklagten ist dem Sachverständigen verboten. Teilweise wird aus diesem Grundsatz auch das Verbot der Benutzung eines Lügendetektors oder der Verwendung von Wahrheitsdrogen gefolgert (Hauser u. Schweri 1999, S. 268). Von besonderer Bedeutung ist überall die Belehrung über das Aussageverweigerungsrecht (vgl. hierzu auch Marneros 1999). Denn über den Sachverständigen soll keine unkontrollierte außergerichtliche Tatsachenermittlung stattfinden (Hauser u. Schweri 1999, S. 268). Vielmehr steht die Beantwortung einer klar umrissenen Frage im Vordergrund. Auch in Common-Law-Systemen wird der Grundsatz, dass sich der Beschuldigte/Angeklagte nicht selbst belasten muss und dass er vor Einvernahmen darauf hinzuweisen ist, dass er dieses Recht hat, auf die Exploration bzw. Untersuchung durch den Sachverständigen ausgedehnt. Das amerikanische Oberste Gericht hat diesen Grundsatz in verschiedenen Entscheidungen bekräftigt und in Estelle v. Smith (Estelle v. Smith, 451 U.S. 454 (1981)) darauf hingewiesen, dass die Miranda-Rechte (Belehrung über das Schweigerecht und das Recht einen Anwalt zu konsultieren; Miranda v. Arizona, 384 U.S. 436, 478) eines Beschuldigten auch für die Untersuchung eines Psychiaters gelten, die dieser an einem Gefangenen zunächst für den Zweck der Feststellung der Verhandlungsfähigkeit durchführt. In dem angegebenen Fall wurde die Exploration, die ohne Hinweis auf das Recht, Angaben zu verweigern und vorher einen Strafverteidiger zu konsultieren, durchgeführt worden war, auch für eine Gefährlichkeitsprognose verwendet, die dann als Voraussetzung für die Verhängung der Todesstrafe in die Verhandlung eingeführt wurde. Geständnisse, die anlässlich eines gerichtlich angeordneten stationären (Sexualstraftäter-)Behandlungsprogramms (das zur freien Aussprache über Erfahrungen mit sexueller Devianz führen soll) abgegeben werden, fallen ebenfalls unter das Verwertungsverbot (samt den hieraus folgenden weiteren Beweismitteln wie z. B. Aussagen von Opferzeugen, die erst durch die Hinweise des Täters identifiziert worden sind; Welch v. Kentucky, 149 S.W.3d 407 (Ky. 2004)).

Diese Problematik hängt in den USA wiederum mit der Frage zusammen, ob unter Umständen eine Verpflichtung zur Warnung (potenzieller Opfer) oder zur Anzeige für Psychiater oder Psychologen besteht, denen in Gesprächen mit Klienten solche Informationen zugetragen werden, die das Risiko von Gewalttaten indizieren. In der Entscheidung Tarasoff v. Regents of the University of California (Tarasoff v. Regents of University of California, 551 P.2d 334 (Cal. 1976)) wurde eine solche Verpflichtung festgestellt. Die Vertraulichkeit und ein besonderes Arzt-Patienten-Verhältnis privilegieren dann nicht, wenn durch eine Warnung ein Gewaltdelikt verhindert werden kann. Freilich wird hier eine Interessenverschiebung sichtbar, die auch mit dem Inkrafttreten des § 182 Abs. 2 des deutschen Strafvollzugsgesetzes (BGBl. I

1998, 2461) wirksam geworden ist. Den Berufsgruppen des § 203 Abs. 1 Nr. 1, 2, 5 StGB werden bei Erforderlichkeit der Informationen für die Aufgabenerfüllung der Vollzugsbehörde oder zur Abwehr erheblicher Gefahren für Leib/Leben des Gefangenen oder Dritter Offenbarungspflichten auferlegt, die die Opferinteressen in den Mittelpunkt rücken (Preusker u. Rosemeier 1998).

Rechtliche Regeln zur Durchführung von Sachverständigengutachten im Hinblick auf anzuwendende Methoden existieren in aller Regel nicht. Dies führt freilich zu Unterschieden in den Praktiken, die sich im Hinblick auf die psychiatrische oder psychologische Diagnostik, auf die Bestimmung der DNA, Blutalkoholuntersuchungen oder Fingerabdruckverfahren etc. entwickeln (vgl. die Umfrageergebnisse zu den genannten Bereichen in van der Westen 2000, S. 285 ff.).

### 5.2.6 Beweiswürdigung und Sachverständigengutachten

Das Gutachten des Sachverständigen unterliegt der freien Beweiswürdigung (Triffterer 2005, § 11 Anm. 62). Allerdings ist das Gericht in der Frage der Abweichung von Feststellungen durch den Sachverständigen beschränkt. Eine Abweichung vom Gutachten kommt nur aus triftigen Gründen und mit Begründung in Betracht (vgl. die Entscheidungen des Schweizerischen Bundesgerichts in BGE 102, 1976, IV, 226; BGE 107, 1981, IV, 8). Dies gilt auch für Common-Law-Systeme (Hodgkinson u. Scarman 1990, S. 237). Ferner wird diskutiert, wie sich Entscheider angesichts voneinander abweichender Gutachtenaussagen verhalten sollen. Dabei wird darauf hingewiesen, dass gerade im Bereich psychiatrischer Gutachten zur Diagnose von geistigen Krankheiten häufig Meinungsunterschiede beobachtet werden könnten. Für den Fall von Meinungsverschiedenheiten unter Sachverständigen hält das amerikanische Oberste Gericht den Richter dazu an, auf der Basis der vorgelegten Gutachten Konflikte und Widersprüche selbst aufzulösen, vor allem dann, wenn es um die Frage der Zurechnungsfähigkeit eines Angeklagten geht (Ake v. Oklahoma, 470 U.S. 68 (1985)).

### 5.2.7 Ethische Richtlinien der Forensischen Psychiatrie

Organisationen von Sachverständigen haben sich insbesondere im Common-Law-Rechtskreis mit der Entwicklung von Ethikrichtlinien für die Berufsausübung befasst. So liegen beispielsweise von der Amerikanischen Akademie für Psychiatrie und Recht ethische Regeln vor (American Academy of Psychiatry and the Law Ethics Guidelines for the Practice of Forensic Psychiatry, adopted May 2005). Diese gelten für Psychiater, die im forensischen Bereich tätig werden. Anerkannt wird dabei, dass das spezifische Tätigkeitsfeld an den Grenzen zwischen Recht und Psychiatrie/Medizin deshalb zu Konflikten und Problemen führen kann, weil unterschiedliche Institutionen, Berufe, Verpflichtungen etc. aufeinander treffen. In der Ausübung des forensischen Berufs sollen Belange der betroffenen Einzelpersonen einerseits sowie der Gesellschaft und des Rechts zum Ausgleich gebracht werden. Freilich sollen dort, wo eine Behandlungsbeziehung zwischen Sachverständigem und Betroffenen besteht (wie z. B. im Strafvollzug), die herkömmlichen Arzt-Patienten-Verpflichtungen Anwendung finden. Im Übrigen wird ausgesprochen, dass bei einer bestehenden Arzt-Patienten-Beziehung keine forensische Begutachtung übernommen werden solle. Vertraulichkeit und Schutz der Intimsphäre sollen jedoch immer besondere Beachtung finden. Dabei wird auch dazu aufgefordert, schon bei Beginn der Exploration auf geltende rechtliche Grenzen der Vertraulichkeit im forensischen Kontext hinzuweisen. Einzuhalten sind dann die Regeln zur Information über Zweck und Verwendung der Exploration oder Untersuchung. Auf die freiwillige und informierte Zustimmung der Betroffenen ist besonders zu achten. Im Umgang mit dem adversarischen Charakter des Strafrechts wird die Bedeutung von Wahrhaftigkeit und Objektivität herausgestellt. Diese Grundwerte sind bei Erstattung des Gutachtens auch dann nicht außer Acht zu lassen, wenn der forensische Experte von einer Partei des Prozesses beauftragt worden ist. Für weitere Länder wie z.B. Kanada (Canadian Society of Forensic Science, Rules of Professional Conduct, vom 5. November 1994) oder Australien (Australian/New Zealand Forensic Science Society Code of Ethics; www.anzfss.org.au/code_of_ethics.htm) sowie europäische forensische Organisationen (ENFSI Board, Code of Conduct, vom 16. Juni 2005) existieren ähnliche Regelwerke.

Besondere Bedeutung erlangen vor allem in der US-amerikanischen Rechtsprechung Amicus-curiae-Stellungnahmen, die auch von Berufsorganisationen abgegeben werden können (auch in Verfahren vor dem Europäischen Gerichtshof für Menschenrechte sind Amicus-curiae-Stellungnahmen möglich (Art. 37 EMRK), vgl. hierzu Mazeaud 1995). Besondere Aufmerksamkeit erlangte eine solche Stellungnahme in einem Strafverfahren, in dem es um die Frage der Gefährlichkeitsbeurteilung eines im Bundesstaat Texas wegen Mordes Verurteilten ging. Die texanische Gesetzgebung zur Todesstrafe macht die Verhängung der Todesstrafe (auch) abhängig davon, dass ein forensischer Psychiater die Gefährlichkeit des Täters bestätigt. Die Vereinigung Amerikanischer Psychiatrie hat hierzu eine Stellungnahme in das Verfahren eingebracht, in der dem Gericht die Meinung des Berufsverbands zu den Grenzen und Problemen der Gefährlichkeitsprognose vorgestellt wurde (American Psychiatric Association 1983; American Psychological Association Ethics Committee 2002; American Psychological Association Task Force 1978).

## 5.3 Rechtliche Grundlagen Forensischer Psychiatrie im Strafrecht

### 5.3.1 Schuld und Schuldunfähigkeit

#### 5.3.1.1 Einführung

Die Bedeutung Forensischer Psychiatrie ist verbunden mit der Entdeckung oder der Erfindung der Schuld als etwas, was über bloße kognitive Dimensionen hinausgeht. Es geht demnach um die Fähigkeit des einzelnen Menschen, zwischen Recht und Unrecht (oder Gut und Böse, lesenswert Morris 2002) zu unterscheiden, sowie um die Fähigkeit, sich solcher Einsicht entsprechend verhalten zu können, und, nicht zuletzt, um die Anerkenntnis, dass in diesen Merkmalen Varianz vorhanden ist, was Deviationen vom Normalen einschließt. Erst wenn diese Kompetenzen des Einzelnen grundsätzlich als bedeutsam anerkannt werden, wird auch die Frage relevant, ob und inwieweit und durch was bedingt derartige Kompetenzen eingeschränkt sein können und ob und inwieweit Fachkräfte für psychische Devianz herangezogen werden müssen, um Feststellungen über den Grad der Beschränkung der Handlungsfreiheit zu treffen.

Die Entwicklung der Normen zur Schuldfähigkeit, wie sie heute in §§ 20, 21 des deutschen StGB enthalten sind, verweist auf das erhebliche Konfliktpotenzial, das in der auf psychiatrischen Erklärungen basierenden Exkulpation von Straftätern enthalten ist. Die Konflikte entstehen aus der Frage, ob bei zu weitgehender „Entschuldigung" von Tätern, vor allem aus dem Gesichtspunkt des Verlusts der Fähigkeit der Handlungskontrolle heraus, die Generalprävention Schaden nimmt.

In den §§ 20, 21 StGB sind einmal die so genannte Einheitslösung, zum anderen die so genannte zweistufige biologisch-psychologische Methode (oder wie auch immer Letzteres genannt wird) zum Zuge gekommen. Die Einheitsmethode meint, dass die §§ 20, 21 StGB neben den krankhaften seelischen Störungen, der tiefgreifenden Bewusstseinsstörung und dem Schwachsinn auch die schweren seelischen Abartigkeiten aufnehmen und diese in ihrer Eignung, grundsätzlich einen Schuldausschluss herbeiführen zu können, gleichstellen. Die Einheitslösung war umstritten. Eine Alternative war mit der so genannten differenzierenden Lösung vorgelegt worden, nach der den schweren seelischen Abartigkeiten lediglich schuldmindernder Charakter zugekommen wäre.

Nach der gemischten, biologisch-psychologischen Methode ist zurechnungsunfähig, wer aus biologischen Gründen psychisch unfähig ist, das Unrecht seiner Tat einzusehen (Diskretionsunfähigkeit) oder nach dieser Einsicht zu handeln (Dispositionsunfähigkeit). Die Zurechnungsfähigkeit ist gegeben, wenn beim Täter zum Zeitpunkt der Tat die Vorstellung von Recht und Unrecht sowie von sozialem und unsozialem Verhalten schon so ausgeprägt ist, dass sie sich in der Form von Hemmungen geltend macht. Diese Fähigkeit hängt einmal vom Alter (mangelnde Reife, vgl. auch § 3 JGG) und im Übrigen vom Vorliegen bzw. Nichtvorliegen bestimmter seelischer Störungen ab (Fuchs 1997, S. 192). Die zweistufige Methode setzt also voraus, dass zwei Schritte in der Beurteilung der Schuldfähigkeit vorgenommen werden, die zunächst in der Feststellung der Ausgangslage in Form von seelischen Deviationen bestehen, zum anderen, und hierauf aufbauend, in der Untersuchung, ob und inwieweit sich diese Deviationen auf die Einsichts- und Steuerungsfähigkeit ausgewirkt haben.

Der Tatbestand der verminderten Schuldfähigkeit – eingeführt im Jahre 1933 – verweist dabei auf eine gewisse Ambivalenz. Und zwar geht es um eine Ambivalenz, die sich aus zwei Sichtweisen entwickelt. Aus der Perspektive des Beschuldigten oder Angeklagten ist § 21 gleichzeitig eine Norm, die Milderung der Strafe zwar nicht fest verspricht, aber jedenfalls in Aussicht stellt; zum anderen ist § 21 ein Tatbestand, der auf einschneidende Sanktionen verweist und grundsätzlich zu unbefristeter Freiheitsentziehung ermächtigt, nämlich durch die Unterbringung in einer psychiatrischen Anstalt gemäß § 63 StGB. Die Unterbringung darf angeordnet werden, wenn verminderte Schuldfähigkeit bei gleichzeitig fortbestehender Gefährlichkeit Behandlungs- und Sicherungsbedarf begründet. Aus der Perspektive der Öffentlichkeit erscheint § 21 deshalb ambivalent, weil damit zwar einmal dem Schuldgrundsatz genüge getan wird, zum anderen aber die Befürchtung der Eröffnung einer generalpräventiven Achillesferse des Strafrechts folgt, die im Risiko einer zu weitgehenden Akzeptanz von psychischen Abweichungen vom Durchschnitt gesehen wird. Die Ambivalenz zeigt sich schließlich in dem Konzept, das den Tatbestand des § 21 StGB gestaltet.

Bereitet man das deutsche Konzept des § 21 auf, dann gilt es in einem ersten Schritt auf die Abhängigkeit des § 21 von § 20 hinzuweisen. § 21 verweist in vollem Umfang auf § 20, was die Ausgangsvoraussetzungen für seelische Deviationen betrifft. Sodann enthält das Konzept der „verminderten Schuldfähigkeit" in § 21 entgegen dem Wortlaut nicht die verminderte Schuldfähigkeit oder verminderte Zurechnungsfähigkeit, sondern einen Ansatz, mit dem festgestellt wird, was und wie viel zur Schuld zugerechnet wird. Der tragende Gedanke in diesem Zurechnungsschritt ist freilich die Zumutbarkeit (und zwar die Zumutbarkeit, den Erfolg oder die Folgen der Tat vermeiden zu können). Im Unterschied zu § 20, wo die Frage gestellt wird, ob der Täter grundsätzlich kompetent war, die Normgeltung in Frage zu stellen und damit generalpräventive Bedürfnisse auszulösen, geht es bei § 21 nicht mehr um eine Antwort hierauf – denn der Täter wird grundsätzlich als kompetent betrachtet – sondern darum, festzustellen, in welchem Grade das Unrecht als verschuldet betrachtet werden kann und ob aus verminderter Schuld (und nicht verminderter Schuldfähigkeit) Konsequenzen für die Strafbemessung fließen sollen.

§ 21 enthält schließlich den Begriff der „Erheblichkeit". Einsichts- und Steuerungsfähigkeit müssen „erheblich" vermindert gewesen sein. Die Erheblichkeit verweist auf Probleme, die bereits in den Begriffen der „tiefgreifenden" Bewusstseinsstörung sowie der „schweren" seelischen Abartigkeit angelegt sind und die hierdurch weiter verstärkt werden. Ein gewisser Widerspruch ergibt sich im Vergleich zum Verbotsirrtum nach § 17, wo die Strafmilderungskonsequenz nicht von der Erheblichkeit der Beeinträchtigung der Unrechtseinsicht abhängig gemacht wird. Die Anwendung des § 21 ist bei Vorliegen des § 17 eingeschränkt worden (s. Tröndle u. Fischer 2006, § 21 Rn 3). Mit dem Begriff der Erheblichkeit wurde offensichtlich eine weitere Sperre eingebaut, mit der das Ausmaß von Dekulpation reduziert werden soll. Die fakultative Strafmilderung ist ebenfalls wesentlicher Bestandteil des Konzepts. Die Favorisierung des fakultativen gegenüber dem obligatorischen Modell ist begründet durch generalpräventive Erwägungen und eine Entwicklung, in der Schuld- und Gefährlichkeitsüberlegungen in Konkordanz gebracht wurden. Hinzu treten Erwägungen zur Selbstverschuldetheit von Zuständen der verminderten Schuldfähigkeit, insbesondere solcher, die im Zusammenhang mit Alkohol und Drogen auftreten.

Bei einer Gesamtbetrachtung ist zu prüfen, ob beim Vorliegen von seelischen Störungen im Sinne von § 20 der § 21 dann gegeben ist, wenn § 20 selbst ausscheidet (vgl. Tröndle u. Fischer 2006, § 21 Rn 2). § 21 kommt nur dann zur Anwendung, wenn seine Voraussetzungen zum Zeitpunkt der Tat erfüllt sind, wobei hier die Grundsätze der actio libera in causa gelten (Lenckner u. Perron 2006, § 21 Rn 11). Eine Strafmilderung nach § 21 findet insoweit nicht statt, wenn der Täter den Zustand des § 21 vorsätzlich herbeigeführt hat, in der Absicht oder im Bewusstsein späterer Tatbegehung. Die Steuerungsfähigkeit ist dann erheblich gemindert, wenn das Hemmungsvermögen des Täters so herabgesetzt ist, dass er den Tatanreizen gegenüber erheblich weniger Widerstand leisten kann als es der „Durchschnittsmensch" vermag (Tröndle u. Fischer 2006, § 21 Rn 6). Über die Frage des Vorliegens der „Erheblichkeit" hat der Richter im Rahmen einer Gesamtbetrachtung zu entscheiden. Es handelt sich um eine normative Entscheidung, die nicht vom forensischen Sachverständigen zu treffen ist (Tröndle u. Fischer 2006, § 21 Rn 7).

Wenn ein Schuldmilderungsgrund nach § 21 vorliegt, so kann die Strafe nach § 49 Abs. 1 gemildert werden. Die Strafmilderung führt zum Übergang auf den sich aus § 49 Abs. 1 ergebenden Strafrahmen und nicht zu einer Strafmilderung im Regelstrafrahmen (Lenckner u. Perron 2006, § 21 Rn 13). Die Strafmilderung steht aber nicht, wie man nach dem Wortlaut dieser Vorschrift meinen könnte, im Belieben des Richters. Da nur eine „erheblich" verminderte Schuldfähigkeit die Anwendung des § 21 zulässt, müsste eine erheblich verminderte Schuldfähigkeit auch zu einer erheblich verminderten Schuld führen und dies wiederum kann nur einer erheblich gemilderten Strafe entsprechen. Hieraus kann konsequenterweise nur der Schluss gezogen werden, dass der Übergang vom Regelstrafrahmen in den besonderen Strafrahmen des § 49 obligatorisch ist. Wenn also bei erheblich verminderter Schuldfähigkeit die Strafe gemildert werden muss, so bleibt für die Kannregelung des § 21 nur dann Raum zur Anwendung, wenn trotz Vorliegens eines die erheblich verminderte Schuldfähigkeit auslösenden Sachverhalts die Schuld eben doch nicht erheblich vermindert ist. Dies ist dann der Fall, wenn die Minderung der Schuld durch andere schulderhöhende Tatsachen wieder ausgeglichen wird (Lenckner u. Perron 2006, § 21 Rn 17). Eine solche, den

Übergang zu § 49 Abs. 1 verhindernde Nettobilanz kann nach der herrschenden Meinung insbesondere dann eintreten, wenn die Schuldminderung durch die besondere Schwere der Tat – die jedoch nicht gerade auf den Umständen beruhen darf, die die verminderte Schuldfähigkeit des Täters bedingen – wieder aufgewogen wird (Lenckner u. Perron 2006, § 21 Rn 18). Nur wenn das aus § 21 folgende geringere Schuldmaß durch andere, näher darzulegende Umstände aufgewogen wird, darf eine Strafmilderung nach § 21 StGB versagt werden (Tröndle u. Fischer 2006, § 21 Rn 7). Freilich können präventive Erwägungen keine Rolle spielen, da die Präventionszwecke nur innerhalb des Spielraums einer der Schuld entsprechenden Strafe berücksichtigt werden dürfen (Lenckner u. Perron 2006, § 21 Rn 15). Bei einer Strafmilderung muss aber das Doppelverwertungsverbot von Strafzumessungstatsachen beachtet werden. Wird die Schuldminderung nicht als erheblich betrachtet, so ist gleichwohl innerhalb des Regelstrafrahmens eine Milderung oder gegebenenfalls die Annahme eines minder schweren Falles möglich (Tröndle u. Fischer 2006, § 21 Rn 4).

Die zweite Funktion des § 21 besteht in der Rechtsfolge der Unterbringung in der Psychiatrie. Was im Bereich der Strafe entlastet, so lautet die Folge der zweiten Funktion, belastet im Bereich der Maßregel. Denn die Annahme des § 21 und die hierdurch abgeleitete Strafmilderung führt zum Risiko der Verhängung der zeitlich unbefristeten Maßregel des § 63. Biologisch-psychologische Merkmale sind unverzichtbare/notwendige und generalisierte Voraussetzungen für die Unterbringung, die freilich nur dann angeordnet werden darf, wenn in dem die Schuldminderung bedingenden Sachverhalt gleichzeitig die Bedingung eines erheblichen Risikos des Begehens ebenso erheblicher Straftaten liegt. Eine weitere Beschränkung erfolgt dadurch, dass der BGH vorübergehende Zustände wie Affekte oder Intoxikationen von der Anordnung einer Unterbringung nach § 63 ausnimmt.

Das normative Konzept des § 21 ist demnach durch Ambivalenz gekennzeichnet. Die Ambivalenz zeigt sich im Einbau von Sperrwirkungen, die sich aus der Anbindung an die biologisch-psychologischen Merkmale ergeben sowie aus den Begriffen der Schwere und Erheblichkeit. Damit steht die dem § 21 wohl eigene Zusammenführung von Schuld- und Gefährlichkeitsüberlegungen in Verbindung.

### 5.3.1.2 Schweiz

In der Schweiz folgt die Beurteilung der Zurechnungsfähigkeit gemäß Art. 10 StGB und der verminderten Zurechnungsfähigkeit gemäß Art. 11 StGB ebenfalls der biologisch-psychologischen Methode. Vermindert zurechnungsfähig ist der Täter dann, wenn er zur Zeit der Tat in seiner geistigen Gesundheit oder in seinem Bewusstsein beeinträchtigt oder geistig mangelhaft entwickelt war (Killias 1998, S. 133 ff.). Zwar verwendet Art. 11 StGB eine andere Begrifflichkeit als dies Art. 10 tut (Unzurechnungsfähigkeit). Doch ist wohl anerkannt, dass es sich in beiden Tatbeständen um dieselben Ausprägungen geistiger Störungen handelt (ebd., S. 138 ff.). Das Konzept der verminderten

Zurechnungsfähigkeit verweist auf minder schwere Formen der in Art. 10 StGB dargestellten Abnormalitäten (Rehberg 1999, S. 18). Die schweizerische Gerichtspraxis erkennt freilich eine verminderte Schuldfähigkeit, wie es heißt, nur in sehr „krassen" Fällen an (Stratenwerth 1996, S. 268). Insbesondere Persönlichkeitsstörungen werden als Schuldminderungsgründe – ebenso wie im Falle der Schuldausschließung nach Art. 10 – kaum akzeptiert. Ihnen wird Relevanz nur zuerkannt, wenn sie „in hohem Maße in den Bereich des Abnormen" fallen (Rehberg 1999, S. 18). Das schweizerische Bundesgericht verweist deshalb in ständiger Rechtsprechung darauf, dass der „banale" Typ krimineller Psychopathen, aus denen sich die Mehrheit der Rechtsbrecher zusammensetze, regelmäßig voll zurechnungsfähig sei (BGE 100 IV, 130). Neurotische Fehlentwicklungen dagegen – so das schweizerische Bundesgericht – müssen in hohem Maße in den Bereich des Abnormen fallen, wenn sie zur Feststellung verminderter Zurechnungsfähigkeit führen sollen. Dasselbe gilt für sexuelle Abweichungen, wo verlangt wird, dass der abnorme Geschlechtstrieb nur mit ungewöhnlicher Willensanstrengung gemeistert werden könne (BGE 73 IV, 211). Für die Alkoholisierung soll dasselbe gelten. Auch hier verlangt das Bundesgericht einen Grad der Beeinflussung, der bloß mit ungewöhnlicher Willensanstrengung überwunden werden könne (BGE 91 IV, S. 68; 107 IV, 5). Intelligenzmängel schließlich sollen nur dann berücksichtigungsfähig sein, wenn pathologischer Schwachsinn vorliege.

Die Rechtsfolge der Annahme verminderter Zurechnungsfähigkeit besteht in der Strafmilderung, zu der der Richter bei völlig freiem Ermessen befugt ist. Im Übrigen galt bis zum Jahre 1971 eine obligatorische Strafmilderung (Noll u. Trechsel 1990, S. 132). Die Umwandlung in eine fakultative Strafmilderung wird als Verstoß gegen das Schuldprinzip kritisiert. Jedoch gehen Literatur und Rechtspraxis davon aus, dass bei Feststellung einer verminderten Schuldfähigkeit eine Strafmilderung erfolgen müsse (Killias 1998, S. 142). Die Strafmilderung nach freiem Ermessen gemäß Art. 66 StGB befreit – anders als dies bei §§ 21, 49 StGB der Fall ist – das Gericht vollständig vom Strafrahmen des betroffenen Delikttatbestandes. Das Gericht kann die für bestimmte Strafarten vorgesehenen Mindeststrafen verhängen. Die Strafe ist entsprechend dem Grad der verminderten Zurechnungsfähigkeit herabzusetzen, auch wenn die Tat objektiv schwer wiegt (Rehberg 1996, S. 196 f.). Ausnahmen bestehen bei der actio libera in causa, das heißt, wenn der Tatentschluss vor der Berauschung gefasst wurde; hier erfolgt nach Art. 12 StGB die Strafzumessung, ohne dass in Strafmilderungsüberlegungen eingetreten werden müsste.

Freilich besagt Art. 11 auch, dass im Falle der verminderten Schuldfähigkeit sichernde und bessernde Maßregeln möglich bleiben. Hierzu gehören die in Art. 42–44 StGB genannten Maßnahmen: Unterbringung in der Verwahrung (dies entspricht der Sicherungsverwahrung nach § 66 StGB), Unterbringung in einer Anstalt für geistig abnorme Täter (Art. 43) sowie die Unterbringung in einer Trinkerheilanstalt. Die Maßnahmen sind derzeit zeitlich nicht befristet. Jedoch sieht das neue Schweizer StGB (das voraussichtlich im Jahre 2007 in Kraft gesetzt wird) die Befristung der Unterbringung in einer psychiatrischen Einrichtung auf 5 Jahre vor (mit Verlängerungsmöglichkeit um weitere 5 Jahre) (Art. 59 Abs. 4 des neuen schweizerischen Strafgesetzbuches, verabschiedet am 13. Dezember 2002 (allerdings noch nicht in Kraft getreten); eine Verlängerung kann durch eine gerichtliche Entscheidung um bis zu 5 Jahre erfolgen). Eine Befristung von drei Jahren gilt im neuen Strafgesetzbuch für die Unterbringung in einer Entziehungsanstalt (Art. 60, der eine einmalige Verlängerung um ein Jahr erlaubt). Geistig abnorme Straftäter sollten – geht es um längere Zeiträume – nach den Vorstellungen des im Jahre 2002 verabschiedeten allgemeinen Teils des Strafgesetzbuches nur mehr zivilrechtlich untergebracht werden können (Rehberg 1994, S. 149 ff.). Jedoch kam es danach zu einer Volksabstimmung, die den Gesetzgeber verpflichtete, eine dauerhafte (lebenslange) Unterbringung gefährlicher Straftäter vorzusehen (vgl. dazu nunmehr Art. 64 Abs. 1 des neuen Strafgesetzbuches (Botschaft zur Änderung des Strafgesetzbuches in der Fassung vom 13. Dezember 2002 und des Militärstrafgesetzes in der Fassung vom 21. März 2003 vom 29. Juni 2005)). Nach dem im Jahre 2005 eingefügten Art. 64 Abs. 1 StGB werden einerseits gefährliche Täter mit einer schweren psychischen Störung dann dauerhaft verwahrt, wenn keine Aussicht besteht, dass deren Gefährlichkeit mit einer stationären therapeutischen Behandlung nach Art. 59 StGB beseitigt werden kann. Andererseits erlaubt Art. 64 StGB, anders als im geltenden Recht, auch die Verwahrung gefährlicher Ersttäter, die keine Störung im Sinne einer psychiatrischen Diagnose aufweisen, bei denen aber aufgrund ihrer Persönlichkeitsmerkmale, der Tat- und der gesamten Lebensumstände mit weiteren schweren Straftaten gerechnet werden muss.

Artikel 13 des StGB schreibt die sachverständige Untersuchung des Täters vor, wenn hierzu Anlass besteht. Der psychiatrische Sachverständige soll sich nach der obergerichtlichen Rechtsprechung jedoch nur auf die Erläuterung des biologisch-psychologischen „Tatbestandes" begrenzen, auch wenn eine solche Beschränkung recht schwierig scheint (vgl. Ernst 1978, S. 133 ff.). Denn das sachverständige Gutachten hat sich auch zu den Rechtsfolgen sowie zu den angemessenen Formen der Straf- bzw. Maßregelvollstreckung zu äußern.

Nach dem neuen Strafgesetzbuch der Schweiz hat vor der Anordnung einer sichernden Maßnahme oder der Unterbringung zur Behandlung eine sachverständige Begutachtung zu erfolgen, die sich äußert zu der Notwendigkeit und den Erfolgsaussichten einer Behandlung des Täters, zu der Art und der Wahrscheinlichkeit weiterer möglicher Straftaten und zu den Möglichkeiten des Vollzugs der Maßnahme. Für die Unterbringung gefährlicher Straftäter gemäß Art. 64 schreibt das Gesetz einen Sachverständigen vor, der den Täter weder behandelt noch in anderer Weise betreut hat.

### 5.3.1.3 Österreich

Das österreichische Strafgesetzbuch regelt in § 11 die Zurechnungsfähigkeit und folgt ebenso wie das deutsche Strafgesetz der gemischt biologisch-psychologischen Methode (Kienapfel u. Höpfel 2005, S. 87). Sieht man von terminologischen Unterschieden ab, so stimmen die Regelungen über die

Schuldunfähigkeit im österreichischen Strafrecht weitgehend mit denen des deutschen Strafrechts überein. Der Tatbestand der Schuldunfähigkeit ist durchaus dem deutschen entsprechend formuliert, wenn § 11 festlegt, dass, wer zur Zeit der Tat wegen einer Geisteskrankheit, wegen Schwachsinns, wegen einer tiefgreifenden Bewusstseinsstörung oder wegen einer anderen schweren, einem dieser Zustände gleichwertigen seelischen Störung unfähig ist, das Unrecht seiner Tat einzusehen oder nach dieser Einsicht zu handeln, schuldunfähig ist.

Jedoch enthält das österreichische Strafgesetzbuch keinen Tatbestand der verminderten Zurechnungsfähigkeit. Denn in Österreich bildet die verminderte Zurechnungsfähigkeit keine eigene dogmatische Kategorie (Triffterer 1994, S. 259), sondern ist in den Katalog der Strafmilderungsgründe aufgenommen worden (§ 34 Abs. 1, Ziff. 1). Im österreichischen Strafrecht sind Schuldunfähigkeit und Schuldminderung wegen einer geistigen oder seelischen Störung deutlich voneinander getrennt.

Zurechnungsunfähigkeit schließt die Schuld und somit die Strafbarkeit aus. Vermindert Schuldfähige hingegen werden als schuldfähig behandelt, jedoch wird diesen bei der Strafzumessung ein dominant zu bewertender Milderungsgrund innerhalb des gesetzlichen Strafrahmens zugestanden (Kienapfel u. Höpfel 2005, S. 89). Besondere Milderungsgründe, die sich auf eine verminderte Schuldfähigkeit beziehen, finden sich in den §§ 34 Nr. 1, 34 Nr. 11 und 35. So heißt es in § 34 Nr. 1 StGB: wenn die Tat unter dem Einfluss eines abnormen Geisteszustands begangen wurde, wenn der Täter schwach an Verstand ist oder wenn seine Erziehung vernachlässigt worden ist. In Nr. 11 des § 34 StGB wird festgehalten, dass ein Milderungsgrund dann besteht, wenn die Tat unter Umständen begangen wurde, die einem Schuldausschließungsgrund oder Rechtfertigungsgrund nahe kommen. Nach dem Wortlaut des § 34 öStGB wird nicht wie in § 21 StGB eine erhebliche Verminderung der Schuldfähigkeit verlangt, die sich auf die Dispositions- oder Diskretionsfähigkeit bezieht; vielmehr ist es ausreichend, wenn der „abnorme Geisteszustand" den Willen des Täters bezüglich der Tat beeinflusst hat. § 34 StGB ändert jedoch nicht den Strafrahmen, sondern wirkt sich nur innerhalb des anzuwendenden Strafrahmens als ein besonderer Milderungsgrund aus.

Eine besondere Regel kennt das österreichische Strafrecht im Übrigen auch für die Berauschung. In § 35 heißt es nämlich, dass, wenn der Täter in einem die Zurechnungsfähigkeit nicht ausschließenden Rauschzustand gehandelt hat, dies nur dann als strafmildernd berücksichtigt werden darf, wenn die Herabsetzung der Zurechnungsfähigkeit nicht durch den Vorwurf aufgewogen wird, den der Genuss der berauschenden Mittel den Umständen nach begründet. Bei der Berauschung nach § 35 StGB wird zwischen einer unverschuldeten und einer verschuldeten sowie zwischen einer vollen und einer die Zurechnungsfähigkeit nicht ausschließenden Berauschung unterschieden (Harrer 1978, S. 121 ff.). Die Berauschung kann entweder einen Milderungsgrund darstellen – dann nämlich, wenn durch die Wirkung des Rauschmittels die Diskretions- und die Dispositionsfähigkeit herabgesetzt sind; andererseits kann die Berauschung auch einen Erschwerungsgrund darstellen, sei es für den Fall, dass die Einnahme von Alkohol überhaupt, sei es für den Fall, dass der übermäßige Genuss von Alkohol vorwerfbar erscheint. Je nach Fallgestaltung können sich so Strafmilderungs- und Straferschwerungsgrund gegenseitig aufheben (ebd., S. 121 ff.).

Die verminderte Schuldfähigkeit ist jedoch von der partiellen Schuldfähigkeit zu unterscheiden, die dann vorliegt, wenn die Schuldfähigkeit nur Teilbereiche des Unrechts betrifft (Kienapfel u. Höpfel 2005, S. 89). Die Zurechnungsfähigkeit ist für jedes Delikt einzeln zu prüfen, da diese im Falle der Verwirklichung mehrerer Tatbestände bei bestimmten Deliktgruppen gegeben und bei bestimmten Deliktgruppen ausgeschlossen sein kann (insbesondere bei krankheitsspezifischen Taten) (Foregger u. Kodek 1997, S. 56). Damit ist die Funktion der wegen geminderter Einsichts- und Steuerungsfähigkeit geminderten Schuld als Strafzumessungserwägung systematisch richtig eingeordnet. Die Koppelung der §§ 20, 21, 63 des deutschen StGB über die biologisch-psychologischen Merkmale entfällt, da im Übrigen auch die Maßregelvorschriften des österreichischen Strafrechts selbstständige Voraussetzungen normieren.

Die Rechtsfolgen finden sich in Österreich in § 21, wo die Unterbringung in einer Anstalt für geistig abnorme Rechtsbrecher geregelt ist. Die Voraussetzungen für die Unterbringung verlangen eine geistige oder seelische Abartigkeit von höherem Grad, den Ausschluss der Zurechnungsfähigkeit oder, bei verminderter Zurechnungsfähigkeit, die Befürchtung schwerer Straftaten und einen höheren Grad der seelischen Abartigkeit. Wenn die Schuldfähigkeit entfällt, so kommt anstatt einer Strafe die Verhängung einer vorbeugenden Maßnahme gemäß § 21 StGB in Betracht. Durch die actio libera in causa bzw. durch § 287 Abs. 1 werden Sonderkonstellationen erfasst. Bei einer geistigen oder seelischen Abartigkeit von höherem Grad hat das Gericht nach § 21 Abs. 1 StGB den Täter in eine Anstalt für geistig abnorme Rechtsbrecher einzuweisen, wenn zu befürchten ist, dass dieser eine strafbare Handlung mit schweren Folgen begehen wird. In eine solche Anstalt ist nach § 21 Abs. 2 auch einzuweisen, wer, ohne zurechnungsunfähig zu sein, unter dem Einfluss einer geistigen oder seelischen Abartigkeit von höherem Grad eine solche strafbare Handlung begehen könnte, die mit einer ein Jahr übersteigenden Freiheitsstrafe bedroht ist. Es kann also in eine solche Anstalt auch eingewiesen werden, wenn die Abnormalität zwar noch nicht zur Zurechnungsunfähigkeit führt, aber ein Umstand (z. B. Alkoholisierung) hinzukommt, der die schon vorhandene Abnormalität bis zur Zurechnungsunfähigkeit verstärkt (Foregger u. Kodek 1997, S. 91 f.). Die Unterbringung in einer Anstalt ist daher nur für Täter gedacht, bei denen andere strafrechtliche Maßnahmen nicht in Betracht kommen oder solche Maßnahmen als präventiv unzureichend gelten müssen (ebd., S. 92). Nähere Bestimmungen über die Einweisung sind in der StPO (§§ 429 ff.) enthalten; der Vollzug der Unterbringung ist im StVG (§§ 157 ff.) geregelt. Jedoch tritt bei vermindert Rechtsfähigen die Unterbringung in eine Anstalt für geistig abnorme Rechtsbrecher nach § 21 StGB neben die Strafe (s. Zipf 1982, S. 157 ff.).

Die Unterschiede bei der Behandlung von verminderter Schuldfähigkeit im deutschen und österreichischen Strafrecht lassen sich folgendermaßen zusammenfassen (vgl. zur Darstellung der Unterschiede Zipf, ebd. 1982, S. 157 ff.). Der Anwendungsumfang der verminderten Zurechnungsfähigkeit ist im österreichischen Strafgesetzbuch weiter, da der von § 34 StGB geforderte abnorme Geisteszustand nicht auf die vier biologischen Merkmale des § 11 StGB begrenzt ist wie in § 20 StGB, sondern auf alle gleichwertigen, aus der Beschaffenheit der Tat oder des Täters abzuleitenden Umstände anzuwenden ist (Mayerhofer u. Rieder 1994, § 34 Rn 1). Der Anwendungsumfang ist auch deshalb breiter, weil es nach § 34 StGB ausreicht, wenn die Tat unter dem Einfluss des abnormen Geisteszustandes begangen wurde. Danach muss nur der Wille des Täters im Zusammenhang mit der Tatbegehung beeinflusst worden sein. Die weite Definition der verminderten Zurechnungsfähigkeit verhindert exakte Grenzen. Denn die Obergrenze der verminderten Zurechnungsfähigkeit endet zwar dort, wo der Anwendungsbereich des § 11 beginnt, doch lässt sich eine untere Grenze nicht definieren. Es liegt im Ermessen des Richters, ob und ab welchem Stadium eine Verminderung der Zurechnungsfähigkeit angenommen wird. Ein weiterer Unterschied liegt in der Ausgestaltung der Rechtsfolgen der verminderten Zurechnungsfähigkeit, da sich § 34 StGB als ein besonderer Milderungsgrund innerhalb des gesetzlichen Strafrahmens darstellt. Diese Lösung kann im Einzelfall den verschiedenen Abstufungen der verminderten Zurechnungsfähigkeit besser gerecht werden. Im Rahmen einer außerordentlichen Strafmilderung nach § 41 StGB kann in besonderen Fällen, dann nämlich, wenn die Milderungsgründe die Erschwerungsgründe beträchtlich überwiegen, der gesetzliche Mindeststrafrahmen unterschritten werden. Ein weiterer Unterschied besteht in der „Unterstreichung der Selbstständigkeit" der Zurechnungsfähigkeit im Verhältnis zur verminderten Zurechnungsfähigkeit, die im Gesetz eigenständig als „Tatbegehung unter dem Einfluss eines abnormen Geisteszustandes" umschrieben ist. Diese Selbstständigkeit wird durch die Trennung der §§ 11, 34 StGB unterstrichen.

Zusammenfassend kann gesagt werden, dass die verminderte Schuldfähigkeit im deutschen Strafrecht schärfer abgegrenzt ist. Die verminderte Schuldfähigkeit nach § 21 StGB knüpft an die Merkmale in § 20 StGB und § 63 StGB an, die Unterbringung in einem psychiatrischen Krankenhaus verweist wiederum auf §§ 20, 21 StGB. Dagegen betont die österreichische Lösung bei der verminderten Zurechnungsfähigkeit die Eigenständigkeit sowie die Flexibilität und bietet einen größeren Ermessensspielraum (Harrer 1978, S. 121 ff.).

### 5.3.1.4 Frankreich

Das alte französische Strafrecht stellte in Art. 64 StGB fest, dass weder Vergehen noch Verbrechen vorliegen, wenn sich der Täter zur Zeit der Tat im Zustande der Demenz befand. Demgegenüber hat das zum 1.1.1994 in Kraft getretene neue französische Strafrecht die Voraussetzungen der Schuldunfähigkeit verändert (Pradel 1995, S. 14). Artikel 121, 1 regelt nunmehr die strafrechtliche Verantwortlichkeit im Allgemeinen. Dort heißt es, dass ein Täter nicht strafrechtlich verantwortlich ist, wenn er sich zur Zeit der Tat in einem Zustand psychischer oder neuropsychischer Störung befand, der die Unrechtseinsicht oder Steuerungsfähigkeit beseitigte. Entsprechend § 21 kennt das französische Strafrecht nunmehr in Art. 122, 2. Satz die verminderte Schuldfähigkeit. In Art. 122, 2 wird ausgeführt, dass eine Einschränkung der Steuerungs- oder Unrechtseinsichtsfähigkeit zwar die strafrechtliche Verantwortlichkeit unberührt lasse, der Richter die Einschränkung der strafrechtlichen Verantwortlichkeit aber bei der Festsetzung der Strafe und bei der Festsetzung der Straf- bzw.- Vollstreckungsmodalitäten zu berücksichtigen habe. Freilich werden Qualität und Quantität der Berücksichtigung nicht näher ausgeführt. Einen Verweis, der dem des § 21 auf § 49 entsprechen würde, gibt es nicht. Jedoch erscheint dies im französischen Strafrecht angesichts weitgehend entfallener Mindeststrafen auch nicht erforderlich. Eine weitgehende Entkoppelung der Schuldfähigkeitsvorschriften und der sichernden bzw. bessernden Maßnahmen findet in Frankreich schon deshalb statt, weil die strafrechtliche Unterbringung in einem psychiatrischen Krankenhaus nicht bekannt ist. Vielmehr hat der Richter, wenn die Schuldunfähigkeit festgestellt worden ist und gleichzeitig die Gutachten eine fortbestehende Gefährlichkeit des Täters ergeben, vor der Entscheidung über die Einstellung des Verfahrens dem Präfekten die Akten zu übermitteln. Der Präfekt hat dann gegebenenfalls eine Unterbringung des Täters auf der Basis des Code de Santé Publique vorzunehmen. Ist dies geschehen, dann geht die Verantwortung vollkommen auf die Gesundheitsbehörden über. Die Strafjustiz hat mit der weiteren Vollstreckung nichts zu tun. Jedoch wird der Ausschluss der Strafjustiz aus der Vollstreckung der Unterbringung in einer psychiatrischen Anstalt (für die Anlass das Vorliegen einer Straftat war) beklagt (Stefani et al. 1997, S. 439).

### 5.3.1.5 Schweden

Das schwedische System strafrechtlicher Sanktionen war bis Anfang der achtziger Jahre stark geprägt durch das medizinische Modell (Schütz-Gardén 1999, S. 35 ff.). Noch heute wird allerdings in Schweden eher von Sanktion als von Strafe, von Kriminalfürsorgeanstalten anstelle von Strafvollzugsanstalten und von Eingewiesenen anstelle von Strafgefangenen gesprochen. Im Vordergrund der Entscheidung über Rechtsfolgen der Straftat stand von daher nicht die schuldentsprechende Strafe, sondern die dem Behandlungsbedürfnis angepasste Einweisung. Dies zeigt sich auch im System der strafrechtlichen Sanktionen, das neben den klassischen Formen der Freiheits- und Geldstrafe insbesondere die Einweisung zur besonderen Pflege und Behandlung vorsieht und im Übrigen „einspurig" ausgestaltet ist. Die besondere Pflege ist vorgesehen für drei Fallgruppen: für Täter im Alter zwischen 15 und 21 Jahren (Jugendpflege, -wohlfahrt), für die alkohol- oder drogenabhängigen Täter sowie für Täter, die an einer erheblichen geistigen oder seelischen Störung leiden.

Das schwedische Strafrecht geht freilich davon aus, dass alle natürlichen Personen Straftaten begehen und dafür bestraft werden können. Bestimmte Straftäterkategorien werden aber auf der Ebene der Strafart bzw. der Strafzumessung unterschiedlich behandelt. Als Entschuldigungsgrund kommt dann zunächst lediglich ein zeitweiser Zustand seelischer Abnormalität in Betracht (Schock, Narkose und Alkohol, wenn unfreiwillig verabreicht). Eine erhebliche Geistesstörung oder -krankheit wird auf der Ebene der Strafzumessung in Betracht gezogen; sie hindert freilich die strafrechtliche Haftung nicht, sondern schließt höchstens die Verhängung der Gefängnisstrafe aus (ebd., S. 19). Für Geisteskranke (die Geisteskrankheit wird nach der biologisch-psychologischen Methode festgestellt) kommt die Unterbringung zur besonderen Pflege in Betracht. Bei reduzierter Einsichts- und Steuerungsmöglichkeit ist ein geringerer Strafwert (bzw. ein Milderungsgrund) vorgesehen.

Diskutiert wurden in Schweden im Übrigen die Fragen, ob nicht psychisch gestörte Straftäter in weitaus größerem Umfang in die normale Freiheitsstrafe einbezogen werden sollten und die Einweisung in die psychiatrische Pflege nicht den Schwerstgestörten vorbehalten bleiben sollte. Diese Debatte versteht sich nicht zuletzt vor dem Hintergrund erfolgreicher neoklassischer Strömungen in der Strafrechts- und Kriminalpolitik und einer Neuorientierung in der Strafbemessung, die stark unter dem Eindruck der Generalprävention (und der Tatproportionalität) steht. Insbesondere in den gesetzlichen Änderungen des Strafgesetzbuches vom 1.1.1992 kamen die Ideen des Neoklassizismus, die Abkehr vom Behandlungsgedanken und die Hinwendung zu Rechtsstaatlichkeit und Gleichmäßigkeit des Strafens betonenden Perspektiven in der strafrechtlichen Sanktionierung zum Tragen (im Jahre 1991 erfolgte die Reform des Strafgesetzbuches, die zum 1.1. 1992 in Kraft trat). Durch diese Reformen sollten Einheitlichkeit und die Vorhersehbarkeit im System der Rechtsfolgenentscheidungen verbessert und Proportionalität zwischen Tat und Sanktion sichergestellt werden (ebd., S. 39 f.).

Die psychiatrische Zwangspflege wurde im Jahre 1992 ebenfalls neu geregelt. Die Voraussetzungen sind nunmehr enger gefasst; insbesondere ist eine regelmäßige gerichtliche Kontrolle vorgesehen. Schließlich wurden neue Regeln zum Verfahren der psychiatrischen Untersuchung im Strafverfahren sowie zur Durchführung der psychiatrischen Behandlung von Straftätern nach gerichtlicher Einweisung erlassen (ebd., S. 41 f.).

Kapitel 30 § 6 des „Brottsbalken" (Strafgesetzbuch) in der Fassung von 1992 schreibt vor, dass ein Täter, der die Straftat unter dem Einfluss einer ernsthaften psychischen Störung begangen hat, nicht zu einer Gefängnisstrafe verurteilt werden darf. Von Strafe kann im Übrigen gänzlich abgesehen werden, wenn das Gericht der Auffassung ist, dass in einem konkreten Fall andere Strafen (z. B. Geldstrafe) keine angemessene Reaktion darstellen würden. Schließlich wurde zum 1.1.1992 auch Kapitel 31 § 3, schwedisches StGB geändert, wo eine Einweisung in die geschlossene Psychiatrie für den Fall vorgesehen ist, dass für die begangene Straftat eine Geldstrafe nicht als ausreichende Tatfolge angesehen werden kann und bei Begehen der Straftat eine ernsthafte psychische Störung vorlag. Für die Einweisung in die psychiatrische Pflege ist eine Kausalität von Störung und Tat im Übrigen nicht von Bedeutung; es kommt nur auf ein Behandlungsbedürfnis zum Zeitpunkt der Verurteilung an. Besondere Gründe, die nach dem alten Rechtszustand Voraussetzung für die Einweisung in die psychiatrische Pflege waren, brauchen nunmehr nicht mehr nachgewiesen zu werden. Bei Annahme einer Rückfallgefahr und besonderer Gefährlichkeit kann vom Gericht schon bei der Einweisung eine besondere Entlassungsprüfung angeordnet werden (Kapitel 31, § 3). Mit der Anordnung einer besonderen Entlassungsprüfung erfolgen bedeutsame Differenzierungen. Denn mit der Anordnung bewegt sich die Unterbringung in psychiatrischer Pflege zum Gesellschaftsschutz hin. Während bei sonstigen Einweisungen die Leitung der psychiatrischen Einrichtung für Fragen der Durchführung der Unterbringung samt Entlassung zuständig ist und damit allein Behandlungsgesichtspunkte ausschlaggebend sind, wird mit der Verlagerung der Entlassungsentscheidung auf das Gericht eine umfassende Prüfung auch der Schutzbedürfnisse der Öffentlichkeit erforderlich. Wichtiger noch, für Unterbringungen hinsichtlich derer eine besondere Entlassungsprüfung nicht angeordnet worden ist, beträgt die Dauer der Unterbringung vier Monate, wobei auf Antrag der Klinikleitung eine Verlängerung um weitere sechs Monate durch das Gericht angeordnet werden kann. Im Falle der Anordnung einer besonderen Entlassungsprüfung ist die Unterbringung freilich unbefristet; die Voraussetzungen sind jedoch in kurzen Zeitabständen auf ihr Vorliegen hin zu überprüfen.

Die „ernsthafte psychische Störung" ist, wie beim Verbot der Verhängung einer Gefängnisstrafe, auch Voraussetzung für eine psychiatrische Zwangsunterbringung. Eine solche Störung kann einerseits nur zum Zeitpunkt der Tat vorgelegen haben, zum anderen auch noch zum Zeitpunkt des Urteils vorliegen. Je nach dem Zeitpunkt des Vorliegens der psychischen Störung können sich die Rechtsfolgen unterscheiden (Schütz-Gärdén 1999, S. 45 f.). Liegt die Störung noch während des Verfahrens vor, dann kann auf eine Anklage verzichtet werden, wenn eine psychiatrische Behandlung zustande kommt und kein wesentliches Interesse gegen die Einstellung des Verfahrens spricht. Die Rechtsfolge kann aber auch in Geldstrafe, bedingter Verurteilung, Schutzaufsicht oder in einer Kombination aus diesen Sanktionen bestehen.

Lag eine ernsthafte psychische Störung zum Zeitpunkt der Tatbegehung vor, die die Gefängnisstrafe ausschließt, aber bis zum Zeitpunkt der Aburteilung soweit abgeklungen ist, dass die Einweisung in die psychiatrische Pflege wegen fehlenden Behandlungsbedürfnisses nicht in Betracht kommt, und ist die Straftat so schwer, dass Geldstrafe, die bedingte Verurteilung oder die Schutzaufsicht nicht als angemessene Strafen angesehen werden können, dann käme lediglich Sanktionsfreiheit in Betracht. Freilich wurde eine solche Konsequenz bislang entweder dadurch vermieden, dass gleichwohl Behandlungsbedarf diagnostiziert wurde oder dass – wie der Oberste Gerichtshof entschieden hat – in einem solchen Fall das Verbot der Verhängung einer Freiheitsstrafe nicht anerkannt und die Verhängung von Gefängnisstrafe zugelassen wurde (ebd., S. 156).

Für vermindert Schuldfähige, bei denen ein Gefängnisverbot nicht eingreift, ist grundsätzlich nur eine Milderung der Strafe möglich nach Kapitel 29 § 3 Abs. 1 StGB; der Strafwert („penal value") wird herabgesetzt. Kapitel 29 § 3 Abs. 1 Nr. 2 setzt den „Strafwert" dann herab, wenn der Täter zur Zeit der Tat als Folge einer Geistesstörung, emotionaler Erregung oder aus anderen Gründen heraus in der Kontrolle seiner Handlungen erheblich beeinträchtigt war. Eine Strafwertminderung folgt gemäß Nr. 3 auch dann, wenn die Tat mit einer deutlich erkennbaren Entwicklungsstörung, defizitärer Erfahrung oder defizitärer Fähigkeit zur Urteilsbildung in Zusammenhang stand. Schließlich ist der Strafwert herabgesetzt bei einer die Tat auslösenden starken Gefühlsregung (Nr. 4).

Nach Kapitel 36 § 13 StGB sind schließlich Maßnahmen der Einziehung und des Verfalls nur dann anwendbar, wenn diese auch unter Berücksichtigung von psychischen Störungen des Täters als angemessen erscheinen.

### 5.3.1.6 Common-Law-Rechtskreis

**England/Wales**

Einen vollständig anderen Zugang zur Behandlung der Schuldfähigkeitsfrage nimmt das Common Law vor, das zunächst am Beispiel des englischen Strafrechts erörtert werden soll. Das englische Strafrecht kennt, so ist zusammenzufassen, das Konzept der „insanity" (Schuldunfähigkeit wegen Geisteskrankheit) und den Teilentschuldigungsgrund („partial excuse"), der freilich lediglich bei einer Anklage wegen Mordes durchgreift und dort zu einer Herabstufung der Strafbarkeit auf diejenige wegen Totschlags führt (Jefferson 2006, S. 321 ff.). Schließlich ist die Einrede des „Automatismus" zu nennen, mit der vorgebracht wird, dass deshalb keine kriminelle Handlung vorliege, weil es sich bei einem Verhalten nicht um einen bewussten und willentlichen Akt gehandelt habe. Ferner wird die Einrede der „intoxication" (Vergiftung/Drogeneinfluss) unter bestimmten Voraussetzungen anerkannt.

Die Einrede der Schuldunfähigkeit wegen Geisteskrankheit wird noch immer auf die so genannten „M'Naghten-rules" (M'Naghten, 10 Cl. & Fin. 200, 8 Eng. Rep. 718 (1843)) zurückgeführt, die anlässlich eines im Jahre 1843 entschiedenen Falles entwickelt wurden und seitdem der englischen Strafrechtsprechung (freilich auch derjenigen anderer Common-Law-Länder (vgl. hierzu Freckelton u. Selby 1999, S. 607)) zugrunde liegen. Nach den „M'Naghten-rules" kann eine Berufung auf die Schuldunfähigkeit in zwei Alternativen erfolgen (zusammenfassend Ashworth 1995). Zum einen gilt der Täter dann als schuldunfähig, wenn dieser wegen einer Geisteskrankheit („disease of the mind") außerstande war, die Bedeutung der

Handlung zu erkennen („nature and quality of the act"). Hier fehlt es an der so genannten mens rea, also am Wissen, das Voraussetzung für die Strafbarkeit ist. Zum anderen gilt ein Täter dann als schuldunfähig, wenn dieser zwar weiß, was er tut, aber bedingt durch eine Geisteskrankheit keine Einsicht darin hat, Unrecht zu tun („knowledge that the act is wrong"). Im Hinblick auf diese zweite Alternative allein ist die Insanityeinrede dem § 20 StGB vergleichbar, wo Schuldfähigkeit verneint wird, wenn dem Täter die Möglichkeit fehlt, wegen einer der dort genannten Voraussetzungen das Unrecht der Tat einzusehen.

Schuldfähigkeit ist freilich bereits dann gegeben, wenn der Täter die Fähigkeit besaß, das Unrecht der Tat einzusehen. Die Fähigkeit des Täters, seine Handlungen zu kontrollieren und zu steuern, spielt für die Beurteilung der Schuldfähigkeit keine Rolle. Bei dem Ausschluss der Steuerungsfähigkeit aus den für die Schuldfähigkeit relevanten Elementen spielen offensichtlich generalpräventive Gründe die ausschlaggebende Rolle (Watzek 1997, S. 238).

Beide Alternativen der M'Naghten-Regeln setzen eine Geisteskrankheit voraus, die die Verstandestätigkeit beeinträchtigt haben muss. Der Begriff ist nach der englischen Rechtsprechung normativ zu verstehen. Danach fallen sämtliche pathologische Zustände unter den Begriff der „insanity", wenn diese zu einer Beeinträchtigung der geistigen Fähigkeiten im weitesten Sinne führen können. Die Ursachen spielen keine Rolle; insbesondere spielt keine Rolle, ob die Geisteskrankheit organischen/biologischen Ursprungs oder rein psychisch bedingt ist. Ferner ist die Dauer des Zustandes unerheblich. Beachtlich ist allein, ob dieser Zustand zum Tatzeitpunkt vorgelegen hat. In der Abgrenzung zwischen „defense of insanity" und „defense of automatism" wird auf den äußeren bzw. inneren Ursprung der Störung abgehoben. Wird der Täter durch äußere Einwirkungen, z.B. durch die Verabreichung eines Medikaments in einen Zustand versetzt, in dem er den Charakter seiner Handlungen nicht mehr erkennt (also nicht willensgesteuert handelt), so greift die Einrede des Automatismus. Handelt es sich um eine im Innenbereich gelegene Ursache, dann führt dies zur Prüfung der „defense of insanity" (ebd., S. 239 ff.).

Greift die Insanityeinrede durch, so hat das Gericht bzw. die Jury auf „not guilty by reason of insanity" zu erkennen („special verdict"). Das „special verdict" als Folge der erfolgreichen Einrede der „insanity" führt zu der Verhängung spezifischer Sanktionen bzw. Maßnahmen. Bis zum Erlass des Criminal Procedure Act 1991 („insanity and unfitness to plead") stand dem Gericht bei der Bestimmung der Maßnahme keinerlei Ermessen zu. Als Folge des „special verdict" mussten die Gerichte den Verurteilten in eine psychiatrische Klinik – und zwar ohne zeitliche Limitierung – einweisen. Bis zum Jahre 1983 stand die bedingte oder unbedingte Entlassung eines in der Psychiatrie Untergebrachten im Ermessen des Innenministeriums. Seit 1983 kann die Entlassung auch durch die Mental Health Review Tribunals angeordnet werden. Nicht zuletzt diese absolute Rechtsfolge einer zeitlich nicht befristeten Unterbringung führte offensichtlich dazu, dass sich geisteskranke Täter häufig nicht auf die Insanityeinrede beriefen, also im Prozess die „defence" oder die Einrede nicht geltend machten, und einen Schuldspruch der unbefristeten Einweisung vorzogen. Der Anreiz für eine solche, auf die Schuldunfähigkeitseinrede verzichtende Verteidigungsstrategie war nach der Abschaffung der Todesstrafe drastisch gestiegen (Mackay u. Ward 1994, S. 30). Auch in den USA wird davon berichtet, dass die Einrede der Geisteskrankheit selten angewendet wird. Freilich liegen zur Praxis und Ausgestaltung nur wenige Studien vor. In einer Untersuchung zur Praxis in New York City in den Jahren 1988 bis 1997 wurde festgestellt, dass sich lediglich 0,16% aller Angeklagten auf irgendeine Art von psychiatrisch begründeter Einrede stützten (Kirschner u. Galperin 2001; vergleichbar auch die Praxis in Australien und Neuseeland, vgl. hierzu Freckelton u. Selby 1999, S. 607).

Der Criminal Procedure Act 1991 hat die Rechtsfolgen nach erfolgreicher Verteidigung, die sich auf Schuldausschluss wegen Geisteskrankheit stützt, in England/Wales relativiert (zusammenfassend White 1992). Die Veränderungen sind nicht zuletzt Folge der Einsicht in das Paradox, dass eine dem Angeklagten legitimerweise zustehende und letztlich erfolgreiche Verteidigung zu einer unbestimmten Freiheitsentziehung (und damit zu einer als sehr hart bewerteten Sanktion) führt (Ashworth 1995, S. 202). Nunmehr hat der Richter Ermessen in der Festlegung der Rechtsfolgen. Die Rechtsfolgen schließen immer noch die Einweisung in eine psychiatrische Klinik ein (Jefferson 2006, S. 325). Freilich liegen Anordnung und Dauer im Ermessen des Gerichts. Im Übrigen hat der Richter auch die Möglichkeit, eine Überwachungs- und Behandlungsweisung als ambulante Rechtsfolge anzuordnen, den Täter unter Vormundschaft zu stellen (nach dem Mental Health Act 1983) oder ganz von Sanktionen abzusehen („absolute discharge"). Einzufügen ist hier, dass das englische Strafrecht nicht zwischen schuldabhängigen Strafen und präventiven Maßnahmen differenziert. Eine Überwachungs- und Behandlungsweisung kann beispielsweise als Rechtsfolge einem Schuldspruch folgen oder an ein „special verdict" anknüpfen.

Im Zusammenhang mit Schuldfähigkeitserwägungen sind schließlich die „fitness to stand trial" (Prozess- und Verhandlungsfähigkeit) und „fitness to plead" (Plädierfähigkeit) zu beachten (Whitehead 1982, S. 88 f.). Vor dem Vortrag der Parteien soll das Gericht nämlich prüfen, ob der Angeklagte prozessfähig ist oder ob er wegen Geisteskrankheit den Ablauf des Verfahrens nicht verstehen (und sich entsprechend verteidigen bzw. mit den anderen Verfahrensbeteiligten auseinandersetzen/kommunizieren) kann. Zweifel an der „fitness to plead" oder der Fähigkeit, am Prozess bewusst teilnehmen zu können, können von der Staatsanwaltschaft, vom Tatverdächtigen oder vom Gericht vorgebracht werden. Bei Zweifeln ist zunächst zu prüfen, ob die Fähigkeit zur Teilnahme am Verfahren besteht. Dafür sieht der Criminal Procedure Act 1991 eine vorgelagerte Geschworenenverhandlung vor, in der zwei psychiatrische Sachverständige gehört werden müssen (Akinkunmi 2002), von denen ein Sachverständiger durch das Innenministerium ernannt worden sein muss. Kommen die Geschworenen zu dem Urteil, dass der Tatverdächtige nicht prozessfähig ist, dann entscheidet eine weitere Geschworenenverhandlung darüber, ob der Tatverdächtige die ihm zur Last gelegte Tat begangen hat. Kommt das Geschworenengericht zu dem Schluss, dass der Tatverdächtige die Tat begangen hat, dann stehen dem Gericht die auch bei einem Durchgreifen der Einrede der Geisteskrankheit möglichen Rechtsfolgen zur Verfügung (Einweisung in eine psychiatrische Anstalt, Pflegschaft, Überwachungsweisung). Die Prozessunfähigkeit scheint aber in der Praxis recht selten angenommen und im Übrigen ab den 80er Jahren noch seltener angewendet zu werden. Etwas mehr als zehn Angeklagte werden jährlich als „unfit to plead" beurteilt und in einem besonderen (in etwa dem Sicherungsverfahren entsprechenden) Prozess abgeurteilt (Mackay u. Ward 1994).

Im Falle der Einrede der verminderten Verantwortlichkeit („diminished responsibility") handelt es sich um eine spezifische Verteidigung, die im Grundsatz dem § 21 StGB nahe kommt, jedoch auf den Bereich der vorsätzlichen Tötungsdelikte beschränkt wird bzw. auf Tatbestände, die einen spezifischen – und nicht allgemeinen – Vorsatz verlangen (so auch andere Common-Law-Systeme, vgl. hierzu z. B. United States v. Gonyea, 140 F.3 d 649 (6th Cir. 1998)). Die Einrede der „diminished responsibility" wird nur für den Fall einer Anklage wegen Mordes anerkannt. Greift die Einrede durch, dann ermäßigt sich die Verurteilung auf eine solche wegen Totschlags. Der Grund dieser besonderen Einrede liegt offensichtlich in der für Mord geltenden absoluten Strafe, nämlich der lebenslangen Freiheitsstrafe. Kann ansonsten der englische Strafrichter im Rahmen der Strafzumessung alle Umstände berücksichtigen, darunter natürlich auch Geistesstörungen, und ist er darüber hinaus nicht an die aus dem deutschen und aus den kontinentalen Sanktionssystemen bekannten Strafrahmen gebunden, so gilt für Mord nur die lebenslange Freiheitsstrafe. Insoweit bekommt hier die „diminished responsibility" allein die Funktion einer Veränderung der Strafzumessung: Aus der absoluten Strafe wird eine individualisierende Strafzumessung, wobei freilich aus der Feststellung der „diminished responsibility" keine Bindung des Richters in der Festlegung der Strafe wegen eines Totschlags folgt.

Die Einrede der „diminished responsibility" hängt im Übrigen von den folgenden Voraussetzungen ab: Der Täter muss unter einer Abnormität des Geisteszustands leiden („abnormality of mind") und diese Beeinträchtigung muss zu einer wesentlichen oder erheblichen Beeinträchtigung der Verantwortlichkeit („substantial impairment of mental responsibility") geführt haben. Für die „diminished responsibility" genügt im Übrigen, anders als im Falle des „insanity defense", eine wesentliche Beeinträchtigung des Steuerungsvermögens.

Im Falle von Intelligenzminderungen ist umstritten, welche Voraussetzungen für die Einführung von Sachverständigenbeweis vorliegen müssen. In England/Wales wird wohl davon ausgegangen, dass dann, wenn der Intelligenzquotient des Täters in den Rahmen des von Psychologie und Psychiatrie als „normal" betrachteten Bereichs fällt, kein Anlass dafür besteht, ein Sachverständigengutachten zuzulassen (Hodgkinson u. Scarman 1990, S. 231).

Alkoholbeeinflussung bzw. Trunkenheit oder Alkoholismus können nur unter sehr eingeschränkten Voraussetzungen als Einrede gegen die strafrechtliche Verantwortlichkeit angeführt werden. Bezeichnend ist hierfür der Public Order Act 1986, in dem Folgendes ausgeführt wird: „Eine Person, deren Wahrnehmung durch berauschende Mittel beeinträchtigt ist, soll so behandelt werden, als habe sie das wahrgenommen, was im nicht berauschten Zustand wahrgenommen worden wäre, es sei denn, sie weist nach, dass die Berauschung unfreiwillig erfolgte oder als Konsequenz einer ärztlichen Behandlung" (Section 6(5)).

Die englische Rechtsprechung hat die Geltung der „defense of intoxication" auf Straftaten beschränkt, die einen spezifischen Vorsatz verlangen (dies soll für Mord, schwere Körperverletzung, Diebstahl, Hehlerei sowie Versuchshandlungen gelten). Bei Straftaten mit einem allgemeinen Vorsatz („basic intent") soll eine Einrede der Alkoholbeeinflussung nicht möglich sein. Freilich wird eine Ausnahme heute zunehmend für den Fall der unfreiwilligen Trunkenheit oder Drogenbeeinflussung gemacht. Jedoch sind damit die Möglichkeiten der Einrede der verminderten Schuldfähigkeit und damit die Aufnahme der Alkohol- oder Drogenbeeinflussung im Rahmen der Strafzumessung bzw. als Schuldausschließungsgrund sehr reduziert.

Für die Einreden der „insanity" bzw. der „diminished responsibility" gelten schließlich besondere Regeln im Beweisrecht. Denn für den Beweis des Vorliegens einer Einrede hat derjenige, der sich auf die Einrede stützt, Sorge zu tragen (Whitehead 1982, S. 84 ff.). Die Beweislast ist somit umgekehrt. Dies geht zurück auf die Grundlagen der M'Naghten-Regeln, in die die Vermutung eingeflossen ist, dass (bis zum Beweis des Gegenteils) jedermann schuldfähig und deshalb auch strafrechtlich verantwortlich ist. Freilich gelten für den Angeklagten nicht die für die Staatsanwaltschaft geltenden hohen Anforderungen an die Beweisführung. Der Angeklagte hat für das Vorliegen der tatsächlichen Voraussetzungen der Einreden lediglich den Nachweis zu führen, dass diese wahrscheinlich vorliegen („balance of probabilities").

### USA

In den USA verlief die Entwicklung der Behandlung der Einrede der Geisteskrankheit in etwas anderer Art und Weise. Im Jahre 1954 entschied das oberste Gericht den Fall Durham (Durham v. United States, 214 F.2d 862 (1954)) und entwickelte dabei den danach benannten Test. Nach diesem Test ist ein Täter dann nicht schuldfähig, wenn die Tat Folge einer Geisteskrankheit war. Die Geschworenen müssen demnach zwei Fragen beantworten. Einmal geht es um die Frage, ob der Täter während der Tatbegehung an einer Geisteskrankheit litt und zum anderen ist die Frage zu beantworten, ob die Tat die Folge dieser Geisteskrankheit war. Werden beide Fragen mit Ja beantwortet, so ist die Folge ein Freispruch wegen Schuldunfähigkeit („not guilty by reason of insanity").

Eine andere Variante wurde dann durch das vom American Law Institute 1962 vorgelegte Modellstrafgesetzbuch in das Spiel gebracht. Vor allem ist in dem als Modellstrafgesetzbuchtest bezeichneten Konzept der Schuldunfähigkeit wegen Geisteskrankheit der Versuch zu sehen, die Beschränkung des M'Naghten-Tests auf die kognitive Ebene aufzuheben. Im Modellstrafgesetzbuch wurde eine Regel eingestellt, die die Schuld auch bei einem Ausschluss der Fähigkeit der Handlungssteuerung aufhebt (American Law Institute 1962). Insoweit wurde eine Kombination aus den M'Naghten-Regeln und einem Test des „unwiderstehlichen Handlungsimpulses" („irresistible impulse test") eingeführt. Die Regelungen des Modellstrafgesetzbuches wurden durch viele Obergerichte in den USA aufgegriffen und grundsätzlich akzeptiert.

Was die Rolle der Forensischen Psychiatrie in der Beweisführung über die Einrede der Schuldunfähigkeit betrifft, so unterscheiden sich die Regelungen der amerikanischen Bundesstaaten. Die besondere Einrede der Geisteskrankheit führt z. B. im Strafverfahren Kaliforniens zur Bestellung zweier Sachverständiger (wobei wohl die Praxis vorherrscht, einen Sachverständigen durch den Verteidiger, den anderen durch die Anklagevertretung bestimmen zu lassen). Kommt es zu widersprüchlichen Gutachtenbefunden, so bestimmt das Gericht einen dritten Sachverständigen (Thaman 1995, S. 531 f.). In Australien wird im Übrigen ein Strafverfahren, in dem die Einrede der Geisteskrankheit erhoben wird, von einem adversarischen Verfahren zu einem inquisitorischen Verfahren. In diesem hat der Richter die Wahrheit mit der Hilfe psychiatrischer Sachverständiger zu ermitteln.

Der nach der Ausarbeitung des American Law Institute benannte „ALI-Test" zur Bestimmung der Schuldunfähigkeit wurde schließlich auch in dem Verfahren gegen den Reagan-Attentäter Hinckley im Jahre 1984 angewendet. Als Konsequenz dieses Tests hatte die Staatsanwaltschaft mit an Sicherheit grenzender Wahrscheinlichkeit nachzuweisen, dass Hinckley während des Attentats nicht geisteskrank war, denn die Verteidigung hatte ein Sachverständigengutachten eingeführt, nach dem jedenfalls die Möglichkeit einer Geisteskrankheit gegeben war. Das Durchgreifen der Einrede der Geisteskrankheit in diesem Fall löste eine Debatte aus, die sehr stark durch generalpräventive Interessen geprägt war. In der Folge wurden auf Bundesebene und in vielen Bundesstaaten die Vorschriften über die Verteidigungseinrede der Geisteskrankheit geändert. Die Änderungen zielten auf eine mehr oder weniger starke Beschränkung der Möglichkeit, sich auf Geisteskrankheit (und Schuldausschluss oder Schuldminderung) berufen zu können. Die Beschränkungen erfolgten auf unterschiedliche Art und Weise. Neben einer materiellen Beschränkung finden sich prozessuale Erschwernisse bezüglich der Erhebung der Einrede der Geisteskrankheit. Freilich wird vereinzelt die Einrede der Geisteskrankheit auch vollständig ausgeschlossen (beispielsweise in Utah, Idaho und Montana, wo freilich immer noch die Möglichkeit besteht, die Einrede zu erheben, aufgrund einer Geisteskrankheit habe der (besondere) Vorsatz (mens rea) des Täters gefehlt). Ferner haben einige Bundesstaaten besondere Gesetze erlassen, nach denen das Gericht den Angeklagten für „schuldig, aber geisteskrank" („guilty but mentally ill") befinden kann. So sieht die Bundesgesetzgebung von 1984 vor, dass die Einrede der Geisteskrankheit nur dann begründet ist, wenn wegen einer schweren Geisteskrankheit oder wegen einer schweren Geistesstörung die Fähigkeit des Täters ausgeschlossen ist, die Art der Handlung oder deren Unrecht zu erkennen. Dem Täter obliegt es, einen Beweis darüber zu führen, dass eine solche schwere Geisteskrankheit wahrscheinlich vorliegt. Auf Bundesebene beschränkt die Gesetzgebung nach 1984 die Aussagen psychiatrischer Sachverständiger auf die Diagnose der Geisteskrankheit allein. Untersagt sind Stellungnahmen (vor den Geschworenen), die sich auf Schlussfolgerungen aus der Diagnose für die entsprechenden Fähigkeiten des Angeklagten beziehen. Entscheidet das Gericht, dass der Täter „schuldig, aber geisteskrank" ist, so erfolgt nach der Festsetzung der Strafe eine Untersuchung durch psychiatrische Sachverständige, ob der Täter einer Behandlung bedarf. Wird die Behandlungsbedürftigkeit angenommen, dann wird diese bis zum erfolgreichen Abschluss durchgeführt. Im Anschluss daran ist die (Rest-)Freiheitsstrafe zu vollstrecken.

Die Entscheidung der Gesetzgeber, ein Urteil „schuldig, aber geisteskrank" zu ermöglichen, gilt für den Fall, dass der Angeklagte auf „unschuldig wegen des Vorliegens einer Geisteskrankheit" („not guilty by reason of insanity") plädiert und das Gericht einen Schuldausschluss nicht annimmt (Blackburn 2001). Dies hat dann zur Folge, dass der Angeklagte verurteilt und die Geisteskrankheit als strafmildernd berücksichtigt wird (instruktiv der Fallbericht bei Zezima 1998). Die Gesetze des Bundesstaates South Carolina (2005) mögen als Beispiel herangezogen werden. Kapitel 24 (Strafverfahren), Art. 17-24-10 (A) sieht zunächst vor, dass sich der Angeklagte auf die Verteidigungseinrede der Geisteskrankheit berufen kann. Freilich gilt dies nur soweit, wie die Fähigkeit, Recht von Unrecht zu unterscheiden oder die Tat als Unrecht zu erkennen, als Folge einer Geisteskrankheit oder einer Geistesstörung ausgeschlossen ist. Dem Angeklagten obliegt die Beweislast (B), d.h. der Angeklagte muss nachweisen, dass eine gewisse Wahrscheinlichkeit für das Vorliegen einer Krankheit oder Störung besteht. Ein Beweis für eine Krankheit oder Störung, der sich lediglich auf die wiederholte Begehung von Straftaten oder allgemeines antisoziales Verhalten gründet, reicht allerdings nicht aus (C). Artikel 17-24-20 sieht dann vor, dass im Falle einer Geisteskrankheit oder Geistesstörung, die die Fähigkeit, Recht von Unrecht zu unterscheiden, nicht ausgeschlossen hat, allerdings dazu führte, dass eine ausreichende Fähigkeit fehlte, das Verhalten nach dieser Einsicht zu steuern, das Urteil auf „schuldig, aber geisteskrank" lauten soll (A). Die Anklage trägt die Beweislast für die Tatbegehung durch den Angeklagten, dem Angeklagten obliegt es, mit einer gewissen Wahrscheinlichkeit nachzuweisen, dass eine Geisteskrankheit oder Geistesstörung während der Tatbegehung vorlag (B). Dieser Beweis muss auch geführt werden, wenn der Angeklagte sich (vor der Hauptverhandlung) für „schuldig, aber geisteskrank" bekennt.

Mit den Gesetzesänderungen, die als Reaktion auf den Freispruch des Reagan-Attentäters Hinckley die Verteidigungseinrede der verminderten Verantwortungsfähigkeit drastisch einschränkten, wurde auch der Einsatz von forensischen Psychologen und Psychiatern zu Fragestellungen der Schuldfähigkeit erheblich beschränkt (zusammenfassend Thaman 1995, S. 529 f., wo allerdings auf Rechtsprechung hingewiesen wird, die derartige Beschränkungen der Verteidigungseinreden als verfassungswidrig ansieht). Insgesamt wird eine Rückkehr zum kognitiven Standard des englischen Common Law erkennbar und damit eine starke Beschränkung der Möglichkeiten, sich auf Schuldunfähigkeit oder verminderte Schuldfähigkeit wegen psychiatrischer oder psychologischer Diagnosen zu berufen. Jedoch kann eine verminderte Schuldfähigkeit („diminished capacity") in der Strafzumessung eine Rolle spielen. So sehen die Bundesstrafzumessungsrichtlinien vor, dass eine Abweichung vom Regelstrafrahmen nach unten dann stattfinden kann, wenn bei Tatbegehung eine stark reduzierte Schuldfähigkeit vorlag und wenn die reduzierte Schuldfähigkeit erheblich zur Begehung der Straftat beigetragen hat (United States Sentencing Commission: Guidelines Manual (November 2005), § 5 K2.13 „diminished capacity" (policy statement)).

Für das amerikanische Strafverfahren gelten im Hinblick auf die Prozessfähigkeit dem englischen Strafrecht entsprechende Regeln. Hier wurde durch die Obergerichte der so genannte Dusky-Standard (Dusky v. U.S., 362 U.S. 402 (1960)) entwickelt. Dieser verlangt, dass ein Angeklagter dazu in der Lage ist, sich mit seinem Verteidiger zu beraten, wobei hier auf ein vernünftigerweise vorauszusetzendes Mindestmaß an Verstehen abgehoben wird. Schließlich wird das Vorliegen von tatsächlichem und vernünftigem Verständnis der Verfahrensabläufe verlangt. Nicht ausreichend ist, dass sich ein Angeklagter räumlich und zeitlich sowie im Verhältnis zu bestimmten Ereignissen orientieren kann (Rogers et al. 2003). Das amerikanische Oberste Gericht hat Regelungen für nicht mit der Verfassung vereinbar erklärt, nach denen es dem Angeklagten oblag, einen klaren und überzeugenden Beweis für seine Verhandlungsunfähigkeit zu führen. Denn damit, so das Oberste Gericht der USA, wäre es dem Staat erlaubt, einen Angeklagten aburteilen zu lassen, der eher verhandlungsunfähig denn verhandlungsfähig sei (Cooper v. Oklahoma [95-5207], 517 U.S. 348 (1996)).

In einer neueren Entscheidung des amerikanischen Obersten Gerichts lassen sich der englischen Praxis vergleichbare Einschränkungen in der Berufung auf durch Alkohol oder andere Substanzen ausgelöste Rauschzustände beobachten (Montana v. Egelhoff (95-566), 518 U.S. 37 (1996)). In dieser Entscheidung wurde ein Gesetz des Bundesstaates Montana als verfassungskonform bestätigt, das Nachweise freiwilliger Berauschung aus der Hauptverhandlung und damit als Grundlage für die Argumentation, der Angeklagte habe nicht vorsätzlich gehandelt, ausschließt. Dabei ging das Gericht auf die historische Entwicklung der strafrechtlichen Relevanz der Berauschung ein und führte aus, dass bis zum 19. Jahrhundert überall in Nordamerika die Berauschung eines Angeklagten nicht zum Gegenstand der Beweisführung vor Gericht gemacht werden durfte. Zwar änderte sich die Gesetzgebung in vielen Bundesstaaten während der letzten 150 Jahre, doch gehen immerhin noch 10 Bundesstaaten von der alten Common-Law-Regel der grundsätzlichen Unbeachtlichkeit des Rausches aus. Als Rechtfertigung hierfür werden die Generalprävention und die negative moralische

Beurteilung von Alkohol herangezogen; freilich werden auch Einwände erhoben, die sich auf die verlässliche Feststellbarkeit von durch Alkohol verursachten Einschränkungen der Steuerungsfähigkeit beziehen (Memon u. Henderson 2002). Jedenfalls war dies für das Oberste Gericht Grund genug anzunehmen, dass die Entwicklungen, die Berauschung als für die Beurteilung der subjektiven Tatseite relevantes Ereignis einzubeziehen, noch keinen Stand erreicht hätten, nach dem die Nichtberücksichtigung der Berauschung als verfassungswidrig anzusehen wäre. Freilich kam die Entscheidung nur durch eine hauchdünne Mehrheit zustande. In der Mindermeinung wird zum Ausdruck gebracht, dass die Nichtberücksichtigung von Beweismitteln, die sich auf eine freiwillige Berauschung und deren Folgen für die subjektive Tatseite beziehen, mit dem Verfassungsgrundsatz eines rechtsstaatlichen Verfahrens nicht vereinbar ist. In der Mindermeinung wird auch darauf verwiesen, dass die Funktion eines gesetzlichen Ausschlusses der Einführung von Beweisen zur freiwilligen Berauschung nur darin bestehen könne, der Strafverfolgungsbehörde die Anklage zu erleichtern und eine höhere Verurteilungsquote zu erreichen. Der Grund dafür sei letztlich die moralische Erwägung, freiwillige Berauschung dürfe nicht zu einer Beseitigung der strafrechtlichen Verantwortlichkeit führen.

Die Strafzumessungsrichtlinien des US-Bundesstrafrechts (United States Sentencing Commission, Guidelines Manual (November 2005)) untersagen ebenfalls eine Abweichung von der Regelstrafe, wenn eine in bedeutsamer Art und Weise verminderte Einsichtsfähigkeit („mental capacity") aus dem freiwilligen Konsum von Drogen oder anderen berauschenden Mitteln folgte (United States Sentencing Commission, Guidelines Manual (November 2005), § 5 K2.19).

Strafverfahren, in denen die Todesstrafe verhängt werden kann, nehmen in verschiedener Hinsicht im amerikanischen Strafrecht und in der Praxis der amerikanischen Obergerichte eine besondere Stellung ein. Todesstrafenverfahren kommt vor allem aus der Perspektive Forensischer Psychiatrie auch deshalb eine besondere Bedeutung zu, weil der Grundsatz einer effektiven Strafverteidigung die Einführung von aus psychiatrischer Sicht entlastenden Umständen durch die Strafverteidigung verlangt (Hamblin v. Mitchell, 335 F.3d 482 (6th Cir. 2003)). In solchen Verfahren fordert der Grundsatz effektiver Strafverteidigung, dass der Verteidiger alle mildernden Umstände vorbringt, die sich aus der geistigen Verfassung des Angeklagten zur Zeit der Tat ergeben. Im Verfahren Wiggins hat das Oberste Gericht Hinweise darauf gegeben, was der Strafverteidiger zu untersuchen (und gegebenenfalls in die Hauptverhandlung einzuführen) hat (vgl. aber Bryan v. Mullin, 335 F.3d 1207 (10th Cir. 2003), wo die Nichteinführung psychiatrischer Befunde nicht als rechtswidrig angesehen wurde, wohl weil der Angeklagte darauf bestand, diese Gesichtspunkte im Verfahren nicht vorzutragen). Hierzu gehören die Krankheitsgeschichte, Bildungswerdegang, Strafvollzugserfahrungen, religiöse und kulturelle Einflüsse etc. (Wiggins v. Smith, Warden et al. 539 U.S. 510, 2003). Dies entspricht im Wesentlichen den Richtlinien der Amerikanischen Rechtsanwältevereinigung (American Bar Association, Richtlinie 11.8.6).

Besondere Bedeutung bekam in den USA das Konzept der geistigen Behinderung im Zusammenhang mit Todesstrafenfällen. Schon bevor das amerikanische Oberste Gericht in Atkins v. Virginia (Atkins v. Virginia, 536 U.S. 304 (2002)) entschieden hatte, dass die Exekution geistig Behinderter gegen den achten Zusatzartikel zur Verfassung verstößt (Verbot grausamer und ungewöhnlicher Strafen), hatten verschiedene Bundesstaaten, in denen die Todesstrafe für Mord zur Anwendung kommt, die Anwendung der Todesstrafe im Falle geistig Behinderter untersagt. Hinsichtlich der Gesetzgebung und Rechtsprechung, die bei geistiger Behinderung die Verhängung der Todesstrafe verbieten, wird darauf aufmerksam gemacht, dass keine konventionellen strafrechtlichen Konzepte, wie z. B. verminderte Schuldfähigkeit oder Verantwortlichkeit, verwendet werden, sondern mit dem Konzept der geistigen Behinderung ein Begriff der Forensischen Psychiatrie Eingang in die Gesetzessprache gefunden hat (Bonnie 2004).

### 5.3.1.7 Islamischer Rechtskreis

Die in islamischen Ländern vorhandenen unterschiedlichen Rechtsschulen im Islam haben zwar keine einheitliche Schuldkonzeption entwickelt und umgesetzt; jedoch gelten bestimmte allgemeine Grundsätze als gleichermaßen verbindlich. Im islamischen Recht werden die persönliche Schuld und die Vorwerfbarkeit der Tat zur Voraussetzung für die Strafbarkeit gemacht. Die strafrechtliche Verantwortlichkeit fehlt nach den Vorstellungen der Scharia bei Kindern bis zum Erreichen der Pubertät. Strafrechtliche Verantwortlichkeit tritt so bei Mädchen spätestens mit 9 Jahren und bei Jungen mit 14 Jahren ein. Das Fehlen strafrechtlicher Verantwortlichkeit wird auch bei Geisteskranken bejaht, wobei hier zwischen vorübergehender und dauernder Geisteskrankheit unterschieden wird. Eine Unterscheidung zwischen verminderter Zurechnungsfähigkeit und Unzurechnungsfähigkeit wird nicht vorgenommen. Bei Alkohol- und Drogenkonsum wird ein Schuldausschluss wegen einer vorübergehenden Geisteskrankheit nur dann akzeptiert, wenn die Drogen dem Täter unter Zwang, während des Schlafes oder im Zustande der Bewusstlosigkeit beigebracht wurden. Insoweit führt Zwang, sowohl physischer als auch psychischer Art, zu einer Entlastung von der strafrechtlichen Verantwortlichkeit. In einigen Rechtsschulen des Islam wird auch die Alkohol- und Drogensucht als Zwang anerkannt. Die Schuldfähigkeit entfällt jedoch nicht, wenn es zu einer verschuldeten, also zu einer vorsätzlichen Alkohol- oder Drogeneinnahme gekommen ist, auch dann, wenn der Täter sich über die Folgen und das Ausmaß seines Konsums nicht bewusst war oder wenn die Folgen nicht beabsichtigt waren. Damit wird dem in der Scharia enthaltenen Verbot von Alkohol und Drogen Rechnung getragen. Einige Rechtsschulen lassen in besonderen Fällen Ausnahmen zu. Dies wird z. B. in Art. 224 des iranischen Strafgesetzbuches sichtbar, wonach die Vergeltungstötung eine Strafe nach sich zieht, es sei denn, es wird nachgewiesen, dass „der Täter infolge Trunkenheit seiner Willensfreiheit vollkommen beraubt, unfähig zur Bildung eines Vorsatzes und die Trunkenheit nicht zum Zwecke der Begehung einer solchen Tat herbeigeführt worden war" (Tellenbach 1996, S. 78 f.). Strafmildernd kann sich die Verzeihung des Anklägers, aber auch die Reue des Täters auswirken, wobei hier eine Unterscheidung zwischen göttlichen und menschlichen Rechten gemacht werden muss. Denn dem Grundgedanken des islamischen Strafrechtes entsprechend richten sich Straftaten entweder gegen göttliches oder menschliches Recht.

Das islamische Recht wurde zu frühen Zeiten auch von den osmanischen Staatsoberhäuptern, die sowohl religiöse als auch politische Führer waren, akzeptiert und angewendet. Eine Trennung von Staat und Religion fand nicht statt. Die Strafrechtsreformen in Europa brachten jedoch auch zunächst Veränderungen im osmanischen Reich mit sich. So wurde im Jahre 1858 ein Strafgesetzbuch eingeführt, für das das französische Strafgesetzbuch, der „Code Napoléon" von 1810, als Vorlage diente. Viele Vorschriften wurden dem „Code Pénal" entnommen, wobei diesem auch einige zentrale Bestimmungen aus dem islamischen Recht beigefügt wurden (Üçok u. Mumcu 1993, S. 272). Seit der Gründung des türkischen Staates am 29.10.1923 gilt der Laizismus als grundlegendes politisches Prinzip in der Türkei. Daher enthält das moderne türkische Strafrecht auch keine der Scharia entliehenen Regelungen. Das geltende Strafgesetzbuch der Türkei ist aus dem italienischen Strafgesetzbuch von 1889, dem „Codice Zandarelli", abgeleitet. Nach langen Diskussionen, ob auch die italienische Strafprozessordnung übernommen werden sollte, hat man sich letztendlich für die Verabschiedung einer Strafprozessordnung entschieden, die im Wesentlichen auf der deutschen Strafprozessordnung basiert. Diese trat 1929 in Kraft und wurde 1992 umfassend reformiert (Tellenbach 2003).

Bis zur Vollendung des 11. Lebensjahres ist jede Person gemäß Art. 53 des türkischen StGB strafunmündig, mit der Vollendung des 18. Lebensjahres beginnt die volle Strafmündigkeit. Zwischen dem 11. und 15. Lebensjahr ist die Strafmündigkeit davon abhängig, ob der Jugendliche das Unrecht und das Ausmaß seiner Tat einsehen und sich dementsprechend verhalten konnte. Mit der Vollendung des 15. Lebensjahres fällt der Täter nicht mehr unter die Jugendgerichtsbarkeit, wobei das Strafmaß bis zur Vollendung des 18. Lebensjahres für bestimmte Delikte gemäß Art. 55 StGB herabgesetzt werden kann. Bis zum Jahre 1960 enthielt das türkische Strafgesetzbuch in Art. 56 eine Bestimmung, nach der Täter über 65 Jahre als vermindert zurechnungsfähig galten. Dies hatte eine obligatorische Strafmilderung zur Folge. Eine obligatorische Milderung der Strafe ist auch bei Taubstummen gemäß Art. 57, 58 StGB vorgeschrieben. Diese Gruppe gilt im Übrigen bis zum 15. Lebensjahr als schuldunfähig. Ihre Schuldfähigkeit ist zwischen dem 15. und 24. Lebensjahr nach Art. 53 StGB im Einzelfall entsprechend der Reife und Einsichtsfähigkeit zu bestimmen. Besondere Vorschriften zur Schuldfähigkeit finden sich im türkischen Strafgesetzbuch auch für Geisteskranke. Hat der Täter weder Schuldbewusstsein noch Handlungsfreiheit aufgrund einer Geisteskrankheit, so entfällt gemäß Art. 46 Abs. 1 StGB die Strafbarkeit der Tat. Dieser Personenkreis kann durch das Gericht zur Unterbringung und zur Behandlung in einer geschlossenen Anstalt verurteilt werden. Die Unterbringung wird auf unbestimmte Zeit (§ 46 Abs. 3: „Die Dauer ... währt bis zur Heilung") angeordnet. Bei (erheblich) verminderter Schuldfähigkeit ist eine Strafmilderung die Folge (Tellenbach 2003, S. 31).

Ist die im Zustande der Schuldunfähigkeit begangene Straftat mit einer schweren Gefängnisstrafe (Zuchthaus) bedroht, so darf der Aufenthalt in einer Therapieanstalt ein Jahr nicht unterschreiten (Art. 46 Abs. 3 StGB). Ist die Geisteskrankheit erfolgreich behandelt, so hat das Gericht den Untergebrachten aus der Anstalt zu entlassen. Jedoch kann dieser danach noch zu regelmäßigen Untersuchungen aufgefordert werden. Über die Dauer und Häufigkeit dieser Nachuntersuchungen entscheidet unter Berücksichtigung der Schwere der Tat und der Art der Geisteskrankheit das Gericht (Art. 46 Abs. 5, 6, 7 StGB).

Sind das Bewusstsein und die Handlungsfreiheit des Täters durch die Geisteskrankheit aber zumindest erheblich vermindert, so wird das Strafmaß gemäß Art. 47 StGB gemildert. Anstelle von Todesstrafe treten mindestens 15 Jahre schwere Zuchthausstrafe (die Todesstrafe wurde im Jahre 2002 für Taten in Friedenszeiten abgeschafft und im Jahre 2005 auch für Taten in Kriegszeiten), anstelle lebenslanger Freiheitsstrafe treten 10 bis 15 Jahre Zuchthausstrafe. Bei allen anderen angedrohten Strafen soll nach Art. 47 Abs. 2 StGB die Strafe um ein Drittel bis zur Hälfte gemindert werden. Sind der Ausschluss oder die Minderung des Bewusstseins und der Handlungsfähigkeit auf Alkohol- oder Drogenkonsum zurückzuführen, so wird dies bei der Entscheidung über die Schuldfähigkeit nur berücksichtigt, wenn der Zustand vom Täter nicht selbst verschuldet war (Art. 48 Abs. 2). Die Mittel müssen dem Täter unter Anwendung von unwiderstehlicher psychischer Gewalt oder unter eindeutigem und schwer wiegendem Zwang oder einer ebensolchen Drohung beigebracht worden sein. Der „Zwang" wird im türkischen Strafrecht als Entschuldigungsgrund anerkannt. Die Schuldfähigkeit von berauschten Tätern wird also immer dann bejaht, wenn diese die Drogen freiwillig eingenommen haben (s. Art. 46, 47 StGB und insbesondere Art. 48 StGB, der die Anwendung der Vorschriften über die Schuldunfähigkeit und die verminderte Schuldfähigkeit für den Fall des freiwilligen Gebrauchs von Drogen und Alkohol ausschließt). Jedoch gilt anderes, wenn eine Suchtproblematik vorliegt. In solchen Fällen könne dem Täter ein Vorwurf mangelnder Steuerung nicht mehr gemacht werden (Tellenbach 2003, S. 31).

Einen besonderen Milderungsgrund, der auch im islamischen Recht zu finden ist und die Bedeutung der „Ehre" in der türkischen Gesellschaft hervorhebt, enthält Art. 51 StGB. War die Tat Folge einer ungerechtfertigten Provokation, die bei dem Täter „blinde Wut" und einen „starken Schmerz" ausgelöst hat, dann gilt ein reduzierter Strafrahmen.

## 5.3.2 Die Sicherung vor gefährlichen Straftätern

Ein zunehmend an Bedeutung gewinnendes Tätigkeitsfeld der Forensischen Psychiatrie betrifft die Diagnose der Gefährlichkeit von Straftätern. Die Gefährlichkeitsprognose war schon immer für die Frage relevant, ob ein Täter bei vollständig ausgeschlossener oder verminderter Schuldfähigkeit untergebracht werden soll. Die rechtspolitische Aufmerksamkeit konzentriert sich seit den neunziger Jahren verstärkt auf den Schutz vor gefährlichen Straftätern (Petrunik 1994). Hierzu haben einerseits Verlagerungen rechtspolitischer Perspektiven auf die innere Sicherheit beigetragen; zum anderen hat sich die gesellschaftliche Sensibilität gegenüber sexueller und terroristischer Gewalt drastisch erhöht (Albrecht 2004).

Sicherheit wird dabei maßgeblich in der (langfristigen und unter Umständen lebenslangen) Freiheitsentziehung für gefährliche Straftäter gesehen (Baltzer 2005; vgl. dazu auch die Eidgenössische Volksinitiative „Lebenslange Verwahrung für nicht therapierbare, extrem gefährliche Sexual- und Gewaltstraftäter", angenommen mit 53% Ja-Stimmen am 8.2.2004). Dies entspricht den Lehren, die bereits im 19. Jahrhundert für den Gewohnheitsverbrecher dauerhafte Verwahrung zur Sicherung der Gesellschaft verlangten, und dem zweispurigen System von Strafe und Maßregel, dass das deutsche Strafrecht kennzeichnet (Kaiser 1990). Obwohl die Entwicklung strafrechtlicher Sanktionen sehr stark durch einen präventiven Diskurs begleitet worden ist (Frommel 1987), in dem die Resozialisierung lange Zeit dominierte, sind in Deutschland sowohl die Setzung der Strafrahmen als auch die Strafzumessung im Einzelfall dem Bestimmtheitsgebot, dem Verhältnismäßigkeitsgrundsatz und dem Schuldgrundsatz verpflichtet geblieben. Sicherung oder Behandlung durch lange oder unbestimmte Freiheitsstrafe kannte das deutsche Strafrecht (mit Ausnahme der unbestimmten Jugendstrafe) – anders als vor allem die Common-Law-Strafrechtssysteme (vgl. z. B. den Crime [Sentences] Act 1997, der in England/Wales bei einer zweiten Verurteilung wegen eines schweren Gewalt- oder Sexualdelikts zwingend eine lebenslange Freiheitsstrafe vorsieht; zusammenfassend Kemshall 2001) – nie. Obwohl das Strafgesetz selbst weder genaue Angaben bezüglich der Beziehung zwischen verschiedenen Strafzwecken noch bezüglich mildernder oder erschwerender Umstände trifft, stimmen Lehre und Praxis weitgehend darin überein, dass Ziele wie Besserung und Abschreckung nicht zu Strafen führen dürfen, die außerhalb der durch das Maß persönlicher Schuld gebildeten und noch schuldangemessenen Strafen innerhalb eines Strafrahmens liegen.

Als Antwort auf gefährliche Straftäter kommen zwei Maßregeln der Besserung und Sicherung in Betracht. Ein Täter wird bei seelischen Störungen, die das Gericht auf der Grundlage von Expertengutachten zu der Überzeugung gebracht haben, dass der Täter schuldunfähig nach § 20 StGB oder vermindert schuldfähig nach § 21 StGB ist, im Falle von Gefährlichkeit und hoher Rückfallwahrscheinlichkeit in einem psychiatrischen Krankenhaus untergebracht (§ 63 StGB). Zusätzlich verlangt die Anordnung unbestimmter Unterbringung in einem geschlossenen psychiatrischen Krankenhaus ein Expertengutachten, mit dem nachgewiesen wird, dass der Täter rückfallgefährdet ist, wenn eine therapeutische Behandlung nicht erfolgt. Anknüpfungspunkt für die Gefährlichkeit ist hier die Vorstellung, dass geisteskranke Straftäter wegen eines (unfreiwilligen) Verlusts der Selbstkontrolle ein erhöhtes Risiko vor allem der Begehung von Gewaltdelikten aufweisen (Böker u. Häfner 1973).

Für Hangtäter ist bei unterschiedlichen Kombinationen formeller Voraussetzungen die Sicherungsverwahrung vorgesehen. Das Gesetz zur Bekämpfung schwerer Sexualkriminalität hat die Anordnung der Sicherungsverwahrung im Hinblick auf deren formelle Voraussetzungen erleichtert. Schließlich wurden mit der vorbehaltenen und der nachträglich angeordneten Sicherungsverwahrung (§ 66 a, b StGB) Instrumente eingeführt, die auf Unsicherheiten im Nachweis von Gefährlichkeit reagieren sollen. Auch die Anordnung der Sicherungsverwahrung steht unter der Voraussetzung sachverständiger Begutachtung der Gefährlichkeit.

Dagegen setzen andere Rechtssysteme im Zusammenhang mit der Sicherung vor gefährlichen Straftätern teilweise auf die lange (lebenslange) und/oder die unbestimmte Freiheitsstrafe. In England/Wales hatte sich zunächst als Sicherungsmittel im Falle gefährlicher Straftäter die lebenslange Freiheitsstrafe durchgesetzt. Dies wird auch sichtbar an der Zahl lebenslange Freiheitsstrafe verbüßender Gefangener in England. Am 28. Februar 2005 befanden sich 5792 Lebenslängliche in englischen Vollzugsanstalten (zum Vergleich: Deutschland: 1794, 31.3.2004, vgl. Statistisches Bundesamt 2005, S. 6). Dabei geht es um verschiedene Typen der lebenslangen Freiheitsstrafe, die sich im Hinblick auf die Anordnungsvoraussetzungen unterscheiden. Eine lebenslange Freiheitsstrafe muss immer bei Verurteilung wegen Mordes verhängt werden, wenn der Täter bei Tatbegehung 21 Jahre alt oder älter war. Eine lebenslange Freiheitsstrafe steht im Ermessen des Gerichts, wenn der Täter zur Zeit der Tatbegehung 21 Jahre alt oder älter war und wegen eines schweren Delikts (z. B. bewaffneter Raub, Brandstiftung, Totschlag, Vergewaltigung oder versuchter Mord) verurteilt wird. Die lebenslange Freiheitsstrafe ist hier unter die zusätzliche Bedingung gestellt, dass das Risiko weiterer schwerer Straftaten auf unabsehbare Zeit besteht. Im Jahre 1997 wurde schließlich die so genannte automatische lebenslange Freiheitsstrafe eingeführt. Danach musste eine lebenslange Freiheitsstrafe verhängt werden, wenn der Täter bei Tatbegehung 18 Jahre alt oder älter war und zum zweiten Mal wegen eines schweren Gewaltdelikts oder wegen einer Sexualstraftat verurteilt wurde. Die letztere Form der lebenslangen Freiheitsstrafe wurde im Jahre 2005 jedoch abgeschafft und durch eine (unbestimmte) Freiheitsstrafe zum Zwecke des Gesellschaftsschutzes („imprisonment für public protection") ersetzt (Criminal Justice Act 2003, S. 226 [3]). Voraussetzung für die (nicht im Ermessen des Gerichts stehende) Verhängung einer gesellschaftsschützenden Freiheitsstrafe ist die Verurteilung wegen einer schweren Straftat (mit einer angedrohten Höchststrafe von 10 Jahren oder mehr) und die Feststellung eines erheblichen Risikos für die Allgemeinheit. Das Gericht setzt gleichzeitig eine Mindestverbüßungsdauer fest. Nach Verbüßung der festgesetzten Mindestfreiheitsstrafe entscheidet eine Bewährungskommission über eine Entlassung auf der Basis von Feststellungen zur andauernden Gefährlichkeit und zum Bedarf an Gesellschaftsschutz. Diese Feststellungen beruhen auf Berichten der (in Strafvollzugsanstalten tätigen) Bewährungshilfe, die in der Regel auch psychologische oder psychiatrische Beurteilungen einschließen.

Die Entlassung kann bei Lebenslänglichen oder bei unbestimmt wegen Gesellschaftsschutzes Inhaftierten auf Bewährung erfolgen; die Bewährungszeit ist bei lebenslanger Freiheitsstrafe allerdings tatsächlich lebenslänglich. Ein Widerruf der Bewährung kann aus Gründen des Gesellschaftsschutzes deshalb bis zum Lebensende des Entlassenen erfolgen. Zum Zwecke des Gesellschaftsschutzes Inhaftierte haben die Möglichkeit, nach Ablauf von 10 Jahren die Aufhebung der Bewährungsunterstellung zu beantragen. Hierüber entscheidet die Bewährungskommission. Im Falle von Jugendlichen steht die Verhängung der unbestimmten Strafe im Ermessen des Gerichts, das auch die Möglichkeit der Verhängung einer erweiterten Freiheitsstrafe hat. Eine unbestimmte Freiheitsstrafe zum Zwecke des Gesellschaftsschutzes wurde z. B. im Falle eines 13-jährigen Mädchens aufgehoben (und durch eine erweiterte Freiheitsstrafe ersetzt), das sich wegen verschiedener Delikte, darunter ein Raub an einem jüngeren Kind, für schuldig erklärt hatte (D [Hollie Louise] (2005) EWCA Crim 2292). Ein vergleichbares Gesetz gilt in Kanada seit 1997. Nach Verurteilung wegen eines Gewaltdelikts kann die Staatsanwaltschaft bei Gericht den Antrag stellen, den Verurteilten als „gefährlichen Straftäter" einzustufen. Nach der Begutachtung durch ein interdisziplinär zusammengesetztes Sachverständigengremium (mit dieser Regelung sollte im Übrigen das Problem der „duelling psychiatrists" des adversarischen Verfahrens gelöst werden) entscheidet das Gericht über den Status des gefährlichen Straftäters. Wird dieser Status festgestellt, dann muss eine unbestimmte Freiheitsstrafe verhängt werden, die zum ersten Mal nach Verbüßung von sieben Jahren und dann in regelmäßigen Abständen von drei Jahren darauf hin überprüft wird, ob die Vollstreckung wegen des Bedarfs an Gesellschaftsschutz fortgesetzt werden soll (zusammenfassend Connelly u. Williamson 2000).

In den USA wird die Sicherung vor gefährlichen Straftätern ebenfalls durch lange und lebenslange Freiheitsstrafen verfolgt, wobei sich als besondere Form der (sichernden) Freiheitsstrafe die lebenslange Freiheitsstrafe ohne Entlassungsmöglichkeit durchgesetzt hat. Besondere Aufmerksamkeit fanden die so genannten „Three-strikes-Gesetze", die bei einer dritten Verurteilung wegen bestimmter Straftaten automatisch eine (bis zu) lebenslange Freiheitsstrafe vorsehen (Albrecht 2005; vgl. die Entscheidung Ewing v. California (2003) 538 U.S. 11, 123 S.Ct. 1179, 155 L.Ed.2d 108, in der das Oberste Gericht mit einer Fünf-zu-vier-Mehrheit davon ausging, dass die im Bundesstaat Kalifornien bei einer dritten Straftat vorgesehene Strafe von 25 Jahren bis lebenslang auch dann nicht gegen das Verbot grausamer und ungewöhnlicher Strafe verstößt, wenn es sich bei der abgeurteilten Straftat um den Diebstahl mehrerer Golfschläger handelt; vgl. auch Lockyer v. Andrade (2003) 538 U.S. 63, 123 S.Ct. 1166, 155 L.Ed.2d 144: Diebstahl mit einem

Schaden von 154 US $ führt zu einer Freiheitsstrafe von 50 Jahren bis lebenslänglich). Freilich wird durch die „Three-strikes-Gesetzgebung" eine Feststellung zu der Gefährlichkeit entbehrlich. Allein die formalen Voraussetzungen (zwei Vorverurteilungen wegen bestimmter schwerer Delikte und eine bestimmte Anlasstat) reichen aus, um die (lebens-)lange Freiheitsstrafe auszulösen (vgl. den Überblick bei Grant 1998). Begleitet werden diese Entwicklungen durch erhebliche Beschränkungen der vorzeitigen Entlassung aus dem Strafvollzug (Truth-in-sentencing-Politik) (Albrecht 2003) sowie durch eine besondere Sicherungsverwahrungsstrategie für Sexualstraftäter, die nurmehr sehr oberflächlich an psychische Störungen und die Behandlung in einer psychiatrischen Einrichtung anknüpft (Walther 1997).

In den letzten zwanzig Jahren wurden in verschiedenen Bundesstaaten so genannte „sexual predator laws" (Raubtiergesetze) erlassen. Eine Vorläufergesetzgebung besteht in den „Sexuelle-Psychopathen-Gesetzen" der 1930er Jahre (vgl. hierzu Horowitz 1995). Diese erste Generation der Psychopathengesetze war freilich durch Behandlungsoptimismus und Unterbringung zur Behandlung anstelle von Strafe gekennzeichnet. Mit den „sexual predators laws" soll sichergestellt werden, dass gefährliche (rückfallgefährdete) Sexualstraftäter nach Verbüßung der Freiheitsstrafe in sichere Verwahrung genommen werden können (Walther 1997). Die Verwahrung basiert auf einer zivilrechtlichen Einweisung in eine psychiatrische Klinik. Anlass für diese und weitere Gesetzgebung waren spektakuläre Sexualmorde (an Kindern) (Wilson 1998), durchaus vergleichbar den Entwicklungen in Deutschland in der zweiten Hälfte der 1990er Jahre (vgl. dazu Albrecht 1999).

Im Zentrum dieser Unterbringungsgesetze stehen die durch einen forensischen Sachverständigen belegte psychische Störung („mental disorder") sowie die ebenfalls aus einem forensischen Gutachten begründete Gefährlichkeit bzw. Wahrscheinlichkeit des einschlägigen Rückfalls. Über die Unterbringung wird vor Ablauf der Freiheitsstrafe in einem an ein Strafverfahren sehr stark angenäherten Prozess entschieden. Der Gefangene hat das Recht auf einen Verteidiger sowie das Recht, sich durch einen psychiatrischen Sachverständigen seiner Wahl untersuchen zu lassen (Lieb 1996). Die Debatten über die Relevanz von Persönlichkeitsstörungen für die Einweisung verweisen auf die Frage, unter welchen Bedingungen Störungen mit dem Wiederauftreten von Sexualdelikten zusammenhängen und mit welcher Sicherheit das Rückfallrisiko durch Sachverständige bestimmt werden kann. In dieser Risikodebatte geht es vor allem auch darum, was „Wahrscheinlichkeit" bedeutet und ob die gesetzlich verlangte Wahrscheinlichkeit quantifiziert werden soll. Dabei kommt der Auseinandersetzung zwischen Vertretern der klinischen und solchen der statistischen Prognose besondere Bedeutung zu. Gerade hier äußert sich ein spezifisches Problem, denn der Richter soll die Zulassung von Beweismitteln ausschließen, die die Geschworenen in die Irre führen können, also unzuverlässige und nicht valide Beweise. Dies setzt freilich voraus, dass der Richter Sachverständigenaussagen in diesem Bereich der Forensischen Psychiatrie und Psychologie im Hinblick auf ihre Zuverlässigkeit tatsächlich einschätzen kann. Eine solche

Fähigkeit wird vor allem in umstrittenen Bereichen wie der Unterbringung von gefährlichen Sexualstraftätern bezweifelt (Appelbaum 2002).

Bis zum Jahre 2003 hatten 17 Bundesstaaten Gesetze zur Unterbringung gefährlicher Sexualstraftäter eingeführt. Für Kalifornien, wie für die übrigen Bundesstaaten, wird davon ausgegangen, dass nur eine relativ kleine Gruppe von Sexualstraftätern durch die Unterbringungsgesetze erfasst wird. In Kalifornien werden monatlich etwa 350 Sexualstraftäter aus dem Vollzug entlassen. Zwischen dem 1.1.1996 (Inkrafttreten des kalifornischen Unterbringungsgesetzes) und Anfang August 2001 wurden knapp 60% von etwa 3800 Sexualstraftätern, deren Entlassung anstand, einem Screeningprozess unterworfen, nach dem zirka 2100 an Psychiater/Psychologen zur weiteren Diagnosestellung überwiesen wurden (California Department of Mental Health 2001). Von diesen wurden knapp 1000 als Fälle eingestuft, die die Kriterien des gefährlichen Sexualstraftäters erfüllen und bei denen ein gerichtliches Unterbringungsverfahren weitergeführt werden sollte. Bis Anfang August 2001 waren aus dieser Gruppe 236 untergebracht worden (bei 172 noch laufenden Verfahren). Die geringe Zahl der tatsächlich Untergebrachten darf freilich nicht darüber hinwegtäuschen, dass sich die in der Sexualstraftäterdiskussion äußernden Konzepte durchaus verallgemeinern lassen.

Die in der Gesetzgebung eingeführten Begriffe variieren stark. So wird von sexuell gewalttätigen Personen (Arizona, Wisconsin), von sexuell gefährlichen Personen (Massachusetts), von sexuell gewalttätigen „Raubtieren" („predator") (Florida, Kalifornien, Texas) oder von sexuell psychopatischen Persönlichkeiten (Minnesota) gesprochen (Sreenivasan et al. 2003). Hinsichtlich der Gefährlichkeitsprognose ist erhebliche Varianz in der Umschreibung der Wahrscheinlichkeit im Gesetz festzustellen. Die Rede ist von hoher Wahrscheinlichkeit, von sehr wahrscheinlich oder von überwiegender Wahrscheinlichkeit.

Das Oberste Gericht hat bislang Rechtsmittel, die damit begründet waren, Unterbringungsgesetze widersprächen im Hinblick auf die Definition von Gefährlichkeit (bzw. des Rückfallrisikos) dem Rechtsstaatsprinzip (da sie unbestimmt seien und vor allem keine genaue Risikoschwelle definieren), abgewiesen (vgl. Addington v. Texas, 441 U.S. 418 (1979); vgl auch In re Detention of Brooks, 36 P.3d 1034 (Wash. 2001)). Jedoch wurde aus dem Rechtsstaatsprinzip abgeleitet, dass der Staat die volle Beweislast für das Vorliegen von Gefährlichkeit zu tragen hat, und zwar über eine überwiegende Wahrscheinlichkeit („preponderance of evidence") hinaus. Dabei soll den Gerichten in der Frage, wie die Gefährlichkeit untersucht und festgestellt wird, Ermessen bleiben. So können statistische Prognoseinstrumente, psychometrische Tests oder klinische Untersuchungen Verwendung finden (Sreenivasan et al. 2003).

Das Sexual-predator-Gesetz des Bundesstaats Kansas, das als erstes Gesetz einer verfassungsrechtlichen Kontrolle durch das Oberste Gericht unterzogen wurde (Kansas v. Hendricks, 521 U.S. 346 (1997), wo auf Jacobson v. Massachusetts, 197 U.S. 11 (1905) verwiesen wurde [zwangsweise Pockenimpfung; ausgegangen wurde von einem klassischen Fall des Polizeirechts]), verlangt die Überprüfung aller zur Entlassung aus dem Vollzug der Freiheitsstrafe anstehenden Sexualstraftäter auf ihre Gefährlichkeit. Gehen die Behörden von der Gefährlichkeit und dem Bedarf an sicherer Unterbringung aus, dann wird ein zivilrechtliches Unterbringungsverfahren eingeleitet. Die Entscheidung ist einem Geschworenengericht vorbehalten und setzt voraus, dass eine psychische Krankheit vorliegt, die bei dem Täter zu Kontrollverlust und andauernder Gefährlichkeit führt. Die Beschwerde stützte sich im Fall Kansas v. Hendricks auf das Argument einer nachträglichen Strafverschärfung und betonte den strafenden Charakter der Unterbringung. Denn wenn es nur um Behandlung einer Geisteskrankheit ginge, so argumentierte die Strafverteidigung, so hätte der Staat schon vor der vollständigen Verbüßung der Freiheitsstrafe eine Unterbringung und Behandlung einleiten müssen. Im Übrigen sei der Verhältnismäßigkeitsgrundsatz verletzt, denn die Prüfung weniger einschneidender Maßnahmen, wie z. B. die Anordnung von Bewährungsüberwachung, sei nicht vorgesehen. Tatsächlich wird eingeräumt, dass es dem Gesetzgeber bei dem Erlass der „sexual predator laws" im Kern nicht um eine Behandlung diagnostizierbarer seelischer Krankheiten ging, sondern um die sichere Verwahrung einerseits sowie die Überwindung der Probleme, die mit einem strafrechtlichen Ansatz verbunden wären (Verbot nachträglicher Strafverschärfung) andererseits.

Das Oberste Gericht kam (mit einer Fünf-zu-vier-Mehrheit) zu dem Schluss, dass sich die Gesetzgebung des Staates Kansas noch auf verfassungsrechtlich unbedenklichem Boden befände und dass insbesondere keine Strafe, sondern eine zivilrechtliche Unterbringung vorliege, hinsichtlich derer die klassischen strafrechtlichen Standards (z. B. des Rückwirkungsverbots etc.) nicht gelten (zur Abgrenzung zwischen Strafrecht und Zivilrecht vgl. schon Allen v. Illinois, 478 U.S. 364, 369 (1986), wo als Kriterien für die Abgrenzung genannt werden: 1. der gesetzgeberische Wille, 2. die Verwendung verfahrensrechtlicher Garantien, die normalerweise im Strafverfahren zur Anwendung kämen, 3. die Rolle der Behandlung). Das Gericht weist allerdings darauf hin, dass die Voraussetzungen für die Unterbringung sich nicht nur auf die Feststellung der Gefährlichkeit des Täters beschränken dürften, sondern auch eine erhebliche Einschränkung der Handlungskontrollfähigkeit des Täters als Teil einer psychiatrischen Diagnose einschließen müssten. Damit soll verhindert werden, dass der typische Rückfalltäter einer zivilrechtlichen Unterbringung (bzw. einer zweimaligen Bestrafung) ausgesetzt wird. Dabei wird im Zusammenhang mit der Definition der „Geisteskrankheit", die zu einer eingeschränkten Handlungssteuerung führt, vom Gesetzgeber aber keine allzu große Präzision verlangt (Jones v. U.S., 463 U.S. 354 (1983)). In Gebieten, die durch medizinische oder psychiatrische Unsicherheiten gekennzeichnet wären, so urteilte das Gericht, stünde dem Gesetzgeber ein weites Ermessen zu, in das die Gerichte nicht eingreifen sollten. Im Fall Kansas v. Hendricks ging es um Pädophilie, eine Diagnose gemäß DSM-IV (Diagnostic and Statistical Manual of Mental Disorders [DSM-IV] 1994), hinsichtlich derer aber kein Konsens darüber besteht, ob es sich um eine Geistesstörung handelt und ob die Störung behandelt werden kann oder nicht. Insoweit meinte das Oberste Gericht, dass auch dann, wenn eine aussichtsreiche Behandlung der angenommenen seelischen Abnormität nicht möglich und selbst dann, wenn eine Behandlung nicht primäres Motiv des Gesetzgebers für die Unterbringung gewesen sei (tatsächlich geht es bei der „Sexual-predator-Gesetzgebung" im Gegensatz zu der „Sexuelle-Psychopathen-Gesetzgebung" der 1930er Jahre nicht um Behandlung, sondern primär und ganz pragmatisch um Gesellschaftsschutz, vgl. Boerner 1992), eine Bestrafungsabsicht und damit die Geltung der Schutzgarantien des Strafrechts nicht angenommen werden könnten. In der Auseinandersetzung darüber, ob es sich bei der zivilrechtlichen Unterbringung um Strafe oder Unterbringung zum Zwecke der Behandlung handelt, wurden auch Bedingungen der Freiheitsentziehung herangezogen (Seling v. Young, 531 U.S. 250 (2001)).

Ein anderes Problem wird mit den Anforderungen an die Auswirkungen der Persönlichkeitsstörung auf die Verhaltenskontrolle thematisiert. Im Fall Kansas v. Crane (Kansas v. Crane, 534 U.S. 407 (2002)) ging es um die Frage, ob die festgestellte psychische Störung die Fähigkeit zur Handlungssteuerung vollständig ausschließen müsse oder ob eine bloße Einschränkung der Steuerungsfähigkeit ausreiche. Bei dem Verurteilten waren Exhibitionismus und eine antisoziale Persönlichkeit diagnostiziert worden, die freilich nicht gleichgesetzt wurden mit Störungen, die einen vollständigen Verlust der Handlungskontrolle zur Folge haben. Das Oberste Gericht meinte, dass eine genaue Erfassung des Grades der Einschränkung der Steuerungsfähigkeit wohl nicht möglich sei, dass aber anhand der Schwere einer psychischen Störung ein geistig gestörter und gefährlicher Sexualstraftäter von einem gefährlichen (und typischen) Rückfallstraftäter unterschieden werden könne. Jedoch wird im Fall Crane v. Kansas durchaus in Rechnung gestellt (Kansas v. Hendricks, 521 U.S. 346 (1997)), dass etwa 40 bis 50% der männlichen Strafvollzugsinsassen als persönlichkeitsgestört diagnostiziert werden können (ähnliche Verteilungen in Singleton et al. 1998). Dies nährt Befürchtungen einer ausufernden zivilrechtlichen Unterbringung, für die die psychiatrische Diagnose nurmehr eine Camouflage für ein massives Interesse an Strafe und unbegrenzter Inhaftierung darstellt.

Die psychiatrische Diagnostik wird im Zusammenhang mit dem Fall Hendricks durchaus als ein Vehikel angesprochen, das eben nicht nur wissenschaftlich begründete Lehren geistiger Störungen und ihrer Behandlung zu transportieren vermag. Denn die psychiatrische Diagnostik ist verschiedenen Einflüssen unterworfen, die nicht nur wissenschaftlichen Fortschritt widerspiegeln. Das regelmäßig zur Diagnose herangezogene DSM IV war seit seiner Einführung vor etwa 50 Jahren mehrfach deutlichen Revisionen ausgesetzt. Seine Validität ist allerdings verschiedentlich bezweifelt worden, nicht zuletzt mit dem Argument, dass die Diagnosen von professionellen Kommissionen entworfen werden, die auch ein gewisses Interesse an der Ausweitung der Diagnosen hätten. Psychiatrische Diagnosen mögen dann nicht nur als Konsequenz wissenschaftlicher Erkenntnis einem Wandel unterliegen, sondern auch als Folge kulturellen Wandels, des Wertewandels oder politischer Entwicklungen (innerhalb derer natürlich Sicherheit einen prominenten Stellenwert einnimmt). Auswirkungen derartigen nichtwissenschaftlichen Wandels können wohl vor allem dann angenommen werden, wenn diagnostische Kriterien auf Konsensbildung basieren.

Die amerikanische Rechtsentwicklung im Bereich sichernder Maßnahmen (oder Strafen) spiegelt ein grundsätzliches Dilemma wider. Zum einen wird eine restriktive Ausrichtung in der Akzeptanz von schuldausschließenden oder schuldmindernden psychiatrischen Diagnosen sichtbar, um der langen Freiheitsstrafe Raum zu geben. Zum anderen werden psychiatrische Konzepte eingeführt und erheblich verdünnt, um eine dauerhafte Unterbringung in solchen Fällen vornehmen zu können, in denen auch nach Verbüßung der Strafe Gefährlichkeit und der Bedarf an Gesellschaftsschutz wahrgenommen werden. Betroffen sind dabei freilich im Kern nicht schwerste Straftaten oder hartnäckige Rezidivisten (die ohnehin der sichernden Freiheitsstrafe ausgesetzt wären), sondern Straftätergruppen, die unterhalb der Schwelle von schwerer (Gewalt-)Kriminalität einzuordnen sind. Dies hat wohl auch dazu geführt, dass die amerikanische Forensische Psychiatrie der zivilrechtlichen Unterbringung im Anschluss an die Strafverbüßung skeptisch und ablehnend gegenüber steht (American Psychiatric Association 1991; kritisch auch Rogers u. Lynett 1991).

Besondere Bedeutung hat die Gefährlichkeitsbegutachtung in den USA im Zusammenhang mit Verfahren erhalten, in denen die Todesstrafe verhängt werden kann. Das Oberste Gericht der USA hatte sich im Jahre 1983 mit der Frage zu befassen, unter welchen Bedingungen ein durch zwei Psychiater angefertigtes Gefährlichkeitsgutachten, das nach texanischem Strafverfahrensrecht (Art. 37.071 texanische Gesetze) Voraussetzung für die Verhängung der Todesstrafe ist, in die Verhandlung eingeführt werden darf (Barefoot v. Estelle 463 U.S. 880 (1983); vgl. auch Williamson 2002). Nach texanischem Recht muss festgestellt werden, dass der Verurteilte in der Zukunft mit hoher Wahrscheinlichkeit Gewaltverbrechen begehen wird und dadurch eine fortdauernde Gefahr für die Gesellschaft darstellt (zu ethischen Fragen der Beteiligung von Psychiatern an Todesstrafenverfahren vgl. auch Dekleva 2001). Es handelt sich also um die Standardfrage, die in europäischen Ländern (mit zweispurigen Systemen) vor der Unterbringung in der Sicherungsverwahrung (oder vergleichbarer Einrichtungen) beantwortet werden muss. Zwei forensische Psychiater hatten im Fall Barefoot v. Estelle diese Fragen bejaht (ohne freilich den Angeklagten persönlich untersucht zu haben). Den psychiatrischen Sachverständigen war die (hypothetische) Frage gestellt worden, ob sie den Verurteilten bei Zugrundelegen von verschiedenen Tatsachen (vier Vorstrafen wegen nicht gewalttätiger Delikte, Gefängnisausbruch, Tatumstände des abgeurteilten Mordes, schlechte Reputation) als Gefahr für die Gesellschaft ansehen würden. Eine Sachverständigenaussage ging davon aus, dass der Verurteilte als Soziopath diagnostiziert werden könne, für den Behandlungsaussichten nicht bestünden und der in Zukunft (ob innerhalb oder außerhalb des Gefängnisses) eine erhebliche Gefahr darstellen würde. Der andere Sachverständige diagnostizierte den Verurteilten ebenfalls als Soziopathen und stellte eine dauerhafte Gefährlichkeit fest. Daraufhin wurde die Todesstrafe gegen den Verurteilten (in einer separaten Strafzumessungsverhandlung) verhängt. Die Verteidigung legte gegen diese Entscheidung Rechtsmittel ein, mit der Begründung, dass Psychiater weder als Einzelpersonen noch als Berufsgruppe dazu befähigt seien, die Gefährlichkeit eines Menschen vorherzusagen (vgl. auch Leong et al. 2000). Deshalb würden psychiatrische Vorhersagen mit hoher Wahrscheinlichkeit zu Fehlurteilen und damit zu rechtswidrigen Exekutionen führen (Barefoot v. State, 596 S.W.2d 875).

Das Oberste Gericht folgte den Argumenten der Verteidigung nicht und meinte in der Begründung des Urteils (leichthin), dass der Vorschlag, psychiatrische Gutachten dürften nicht als Grundlage für die Beurteilung der Gefährlichkeit verwertet werden, der Eliminierung der Erfindung des Rades gleichkäme. Freilich ist die Argumentation nicht unbedingt überzeugend. Zunächst wird nämlich nur ausgeführt, dass die gesetzlichen Anforderungen an die Todesstrafe, nämlich unter anderem das Vorliegen von Gefährlichkeit, bereits mehrfach als verfassungsgemäß beurteilt worden seien (Jurek v. Texas, 428 U.S. 262 (1976); vgl. auch Gregg v. Georgia, 428 U.S. 153, 203–204 (1976); Estelle v. Smith, 451 U.S. 454, 473 (1981)). Im Übrigen, so führte das Oberste Gericht aus, sei die Vorhersage künftigen Verhaltens im Kriminaljustizsystem etwas Alltägliches. Ferner sei die Vorhersage von schwerer Rückfallkriminalität zwar schwierig, daraus folge aber nicht, dass eine solche Vorhersage – gestützt auf psychiatrische oder psychologische Gutachten – grundsätzlich nicht möglich sei (O'Connor v. Donaldson, 422 U.S. 563, 576 (1975)). Die im adversarischen Verfahren angelegte Chance, das forensische psychiatrische Gutachten in der Hauptverhandlung im Wege des Kreuzverhörs zu überprüfen und Gegengutachten mit anderer Stellungnahme einzuführen, genüge, um falsche Gefährlichkeitsprognosen zu korrigieren. Jedoch wird in der abweichenden Meinungsäußerung eines Richters zu Recht die Frage gestellt, unter welchen Bedingungen denn Geschworene eine Gefährlichkeitsprognose als falsch erkennen können sollten, wenn nicht einmal die Sachverständigen selbst dazu in der Lage seien, falsche von richtigen Prognosen zu unterscheiden. Die Entscheidung geht auch auf einen „amicus brief" der amerikanischen psychiatrischen Vereinigung (APA) ein, die als „amicus curiae" am Verfahren teilgenommen hatte (s. Abschn. 5.2.7). In diesem „amicus brief" werden die Probleme der Gefährlichkeitsprognose aufgegriffen, allerdings ohne dass dies einen tiefen Eindruck bei der Mehrheit der Richter hinterlassen hätte. In der Stellungnahme der APA wird ausgeführt, dass die Unzuverlässigkeit von langfristigen Gefährlichkeitsprognosen in der Forensischen Psychiatrie zu den gut etablierten Befunden gehöre und dass die Forensische Psychiatrie nicht dazu in der Lage sei, zuverlässige Gefährlichkeitsprognosen zu stellen (vgl. dazu auch Rogers u. Lynett 1991).

Tatsächlich stellt sich das Problem der Gefährlichkeitsprognose in den USA sehr prägnant, handelt es sich doch in einigen Bundesstaaten um eine Frage von Leben oder Tod. Der Umgang mit Wahrscheinlichkeitsaussagen durch das amerikanische Oberste Gericht demonstriert beispielhaft und mit größerer Klarheit, als dies bislang in anderen Justizsystemen der Fall war, die erheblichen und grundsätzlichen Probleme, die mit dem Aufgreifen von wissenschaftlichen Aussagen in normativen Strukturen verbunden sind (Gigerenzer 1998), verdeutlicht aber auch die vielfältigen Verständnisprobleme, die gerade in der Verwendung von Wahrscheinlichkeitstheorien durch Juristen sichtbar werden. Der pragmatische Umgang mit den Grundlagen der Prognose stützt sich im Wesentlichen auf den Glauben, dass das, was tagtäglich an Gerichten und durch Richter ganz routiniert auf die Empfehlung von forensischen Sachverständigen getan wird, so falsch doch gar nicht sein kann.

Die Gefährlichkeitsprognose ist Teil einer Sicherheitsgesetzgebung, die, wenn auch nicht für die Anordnung von langer oder unbestimmter Freiheitsstrafe, so doch für die Verwahrung oder die Einweisung in die Psychiatrie und für die Entlassung aus derartigen Inhaftierungsformen die Herstellung von Legitimationsgrundlagen durch Gutachten der Forensischen Psychiatrie vorsieht (für Frankreich vgl. Olié et al. 1995, S. 26f.). Wie weiter oben bereits berichtet, wurde in der Schweiz ein Verfassungsartikel (Art. 123a) eingeführt, der eine lebenslange Verwahrung gefährlicher Straftäter zum Schutze der Öffentlichkeit vorsieht. Die Verwahrung ist nunmehr Teil einer Reformgesetzgebung geworden, die in Kürze in Kraft treten wird. Dabei sind Voraussetzung zwei Gutachten von unabhängigen, gut ausgebildeten und erfahrenen Psychiatern oder Psychologen. Freilich wird auch in der Schweiz moniert, dass damit von Sachverständigen Unmögliches verlangt werde. Insbesondere wird darauf verwiesen, dass es beim derzeitigen Stand keine Grundlage für gültige psychiatrische Prognosen für unbestimmte Zeiträume gebe und dass für derartige Gruppen von Straftätern selbstverständlich keine Therapiestudien erwartet werden könnten, die neue wissenschaftliche Erkenntnisse enthalten würden (Ebner et al. 2005).

Die besondere Thematisierung der Gefährlichkeit von Sexualstraftätern hat schließlich die Kastration als ein Mittel der Prävention wieder auf die Tagesordnung der Kriminalpolitik befördert. Verschiedene amerikanische Bundesstaaten erlauben die Kastration – entweder als chirurgische oder als chemische Kastration. Im Jahre 1996 erließ der Bundesstaat Kalifornien ein Kastrationsgesetz, das bei der zweiten Verurteilung wegen sexuellen Missbrauchs von Kindern die chemische Kastration vorsieht. Bei einer ersten Verurteilung steht die Anordnung im Ermessen des Gerichts (Constitutional Law. Due Process and Equal Protection. California Becomes First State to Require Chemical Castration of Certain Sex Offenders. Act of September 17, 1996, ch. 596, 1996 Cal. Stat. 92 [To Be Codified at Cal. Penal Code Section 645] 1997). Im Jahre 1997 erließ der Bundesstaat Florida ebenfalls ein Kastrationsgesetz, dem dann weitere Gesetze in anderen Bundesstaaten folgten (Spalding 1998). Dabei lässt sich erhebliche Variation hinsichtlich der Frage beobachten, ob eine psychiatrische oder eine medizinische Evaluation vor der Entscheidung über den Eingriff vorliegen muss. Der Bundesstaat Kalifornien verlangt keine sachverständige Begutachtung, sondern lediglich das Vorliegen einer zweiten Verurteilung wegen sexuellen Missbrauchs. Andere Kastrationsgesetze bestehen auf einer Sachverständigenbegutachtung, wobei die Frage, ob eine psychiatrische, psychologische oder medizinische Untersuchung der Anordnung vorauszugehen hat, unterschiedlich beantwortet wird (Prentky u. Burgess 2000; Scott u. Holmberg 2003).

## 5.4 Zusammenfassung

Lässt man die vorstehenden Ausführungen noch einmal Revue passieren, dann zeigen sich erhebliche Unterschiede in den rechtlichen Regelungen, die den Einsatz von Sachverständigen bestimmen. Natürlich verläuft eine erhebliche Differenz entlang dem inquisitorischen Verfahren und dem Parteienprozess des angelsächsischen Raumes. Jedoch ergeben sich auch Konvergenzen. Zum einen lassen sich in inquisitorischen Systemen Anzeichen für eine stärkere Stellung der Parteien (insbesondere der Strafverteidigung) in der Bestellung von forensischen Sachverständigen finden. Zum anderen werden im adversarischen System Ansatzpunkte sichtbar, dem Sachverständigen eine neutrale und unabhängige Rolle zuzuweisen. So hat das australische Oberste Gericht erstmals im Jahre 1998 eine Direktive für Sachverständige erlassen (Practice Direction: Guidelines for Expert Witnesses in Proceedings in the Federal Court of Australia in der Fassung vom 19. März 2004), die in ihrer geltenden Fassung klarstellt, dass ein Sachverständiger kein Vertreter einer der beiden Prozessparteien ist (Nr. 1. 2 der Direktive) und dass es die Hauptpflicht des Sachverständigen sei, das Gericht in dem spezifischen Bereich mit sachverständigem Wissen zu unterstützen (Nr. 1.1). Schließlich stellt die Direktive fest (3.1), dass ein Sachverständiger, der durch eine der Parteien berufen worden ist, keine Instruktionen durch die Partei entgegennehmen und befolgen darf, die darauf hinauslaufen, eine Einigung verschiedener Sachverständiger in einem relevanten Punkt der Gutachten zu verhindern.

Das ausländische Recht lässt sodann im Umgang mit der Schuldunfähigkeit und den damit verbundenen rechtlichen Konsequenzen eine Vielzahl unterschiedlicher Ansätze erkennen. Die Unterschiede sind zunächst bedingt durch die Entscheidung, ein- oder zweispurige Sanktionssysteme einzuführen. In einspurigen Sanktionssystemen übernimmt die Sicherungsfunktion die lange Freiheitsstrafe, während in zweispurigen Systemen Maßregeln der Besserung und Sicherung eingeführt worden sind. Erkennbar wird gerade in der Frage, ob und unter welchen Bedingungen psychiatrische Diagnosen zu einem Ausschluss oder einer Minderung der Schuld führen, ein Grundkonflikt, der zwischen dem Interesse an Generalprävention einerseits und der durch die Forensische Psychiatrie eröffneten Einsicht in die Wirkungen von geistigen Erkrankungen und Behinderungen auf die Vorwerfbarkeit von Taten andererseits entsteht. In diesem Grundkonflikt kommt dem Konzept der verminderten Schuldfähigkeit und den biologisch nicht fassbaren Persönlichkeitsstörungen eine besondere Bedeutung zu. Die Bedeutung des § 21 liegt ebenso wie die ausländischen Varianten praktisch gesehen in den Auswirkungen auf die Strafzumessungsentscheidung. Andererseits erlaubt erst die Diagnose einer geistigen Erkrankung einen Ansatzpunkt, der in die Unterbringung in die Psychiatrie führt und damit dauerhafte Sicherheit verspricht.

Die Gesetzgebung, die sich mit den so skizzierten Problemen befasst, lässt in den neueren Entwicklungen drei Modelle erkennen, die in unterschiedlicher Struktur in vielen Sanktionssystemen als Antworten auf als gefährlich eingeschätzte Straftäter Verwendung finden (Connelly u. Williamson 2000, S. 6 f.). Dabei handelt es sich um das Psychiatriemodell, um eine Sicherheitsgesetzgebung für gefährliche Straftäter und die Nutzung konventioneller langer oder lebenslanger Freiheitsstrafen (Connelly u. Williamson 2000). Das psychiatrische Modell eröffnet den Weg in die (unbefristete) psychiatrische Unterbringung, freilich um den Preis der Feststellung von Geisteskrankheit, Geistesschwäche oder von Persönlichkeitsstörungen, und die hierauf gerichtete Behandlung. Die Sicherheitsgesetzgebung verlangt Feststellungen zur Gefährlichkeit des Täters, und zwar tendenziell unabhängig davon, durch welche Bedingungen die Gefährlichkeit begründet ist. Das konventionelle Modell der Freiheitsstrafe und des Gefängnisses geht von der Bestrafung des Täters aus und sieht für bestimmte (Rückfall-)Delikte lange oder lebenslange Freiheitsstrafen vor. Der forensische Psychiater ist vor allem in den beiden ersten Modellen als Sachverständiger für Gefährlichkeit vertreten. Jedoch verändert sich die Funktion des Sachverständigen in diesen Modellen hin zur Teilnahme an der Sicherung vor gefährlichen Straftätern und weg von einem Krankheitsmodell, das die Behandlung einschließt. Die psychiatrischen Diagnosen zu Geisteskrankheiten und psychischen Störungen sowie ihre Relevanz für die Schuldfähigkeit verlieren an Bedeutung. In den Vordergrund tritt die Funktion des Sachverständigen für die Herstellung von Sicherheit und Gesellschaftsschutz.

## Literatur

Akinkunmi BO (2002) The MacArthur Competence Assessment Tool-Fitness to Plead: a preliminary evaluation of a research instrument for assessing fitness to plead in England and Wales. J Am Acad Psychiatry Law 30:476–482
Albrecht HJ (1999) Die Determinanten der Sexualstrafrechtsreform. ZStW 111:863–888
Albrecht HJ (2003) Tatproportionalität in der Strafzumessungspraxis. In: Frisch W, Hirsch A von, Albrecht HJ (Hrsg) Tatproportionalität. Normative und empirische Aspekte einer tatproportionalen Strafzumessung. Müller, Heidelberg, S 215–242
Albrecht HJ (2004) Security gaps: responding to dangerous sex offenders in the Federal Republic of Germany. Federal Sentencing Reporter 16:200–207
Albrecht HJ (2005) Criminal sanctions and sentencing in Europe. Trends and developments. In: Albrecht HJ, Irk F (eds) The Third German-Hungarian Colloquium on Penal Law and Criminology. Systems and developments of penal sanctions in Western and Central Europe. Bíbor Kiadó, Miskolc, pp 65–99
Albrecht HJ, Dünkel F, Spieß G (1981) Empirische Sanktionsforschung und die Begründbarkeit von Kriminalpolitik. MSchrKrim 64:310–326

American Law Institute (1962) Model penal code. Official draft and explanatory notes. 1962 Annual Meeting of the American Law Institute, Washington DC

American Psychiatric Association (1983) Brief of Amicus Curiae, Barefoot v. Estelle, 463 U.S. 880

American Psychiatric Association (1999) Dangerous sex offenders: a task force report of the American Psychiatric Association. APA, Washington DC

American Psychological Association Ethics Committee (2002) Ethical principles of psychologists and code of conduct. Am Psychol 57:1060–1073

American Psychological Association Task Force (1978) Report of the task force on the role of psychology in the criminal justice system. Am Psychol 33:1099–1113

Appelbaum PS (2002) Policing expert testimony: the role of professional organizations. Psychiatr Serv 53:389–399

Arnoux Y (2004) Le recours á l'expert en matière pénale. Presses Universitaires d'Aix-Marseille, Aix-en-Provence

Ashworth A (1995) Principles of criminal law, 2nd edn. Clarendon Press, Oxford

Balding DJ (1999) When can a DNA profile be regarded as unique? Science and Justice 39:257–260

Balding DJ, Donnelly P (1995) Inferring identity from DNA profile evidence. Proc Natl Acad Sci USA 92:11741–11745

Balding DJ, Donnelly P (1996) Evaluating DNA profile evidence when the suspect is identified through a database search. J Forensic Sci 41:603–607

Baltzer U (2005) Die Sicherung des gefährlichen Gewalttäters – eine Herausforderung an den Gesetzgeber. Eigenverlag Kriminologische Zentralstelle, Wiesbaden

Beliveau P (1992) Le droit canadien. Revue International de Droit Pénal 63:117–162

Behnam R (1992) Le droit egyptien. Revue International de Droit Pénal 63:163–167

Bertel C, Venier A (2002) Grundriss des österreichischen Strafprozessrechts, 7. Aufl. Manz, Wien

Blackburn D (2001) Insanity, guilty but mentally ill. Can Ronald Taylor and Richard Baumhammers escape criminal culpability? Juris, The Duquesne University School of Law News Magazine 34:7–10

Boehnlein JK, Schaefer MN, Bloom JD (2005) Cultural considerations in the criminal law: the sentencing process. J Am Acad Psychiatry Law 33:335–341

Boer M de (2000) Towards one European DNA database? In: Nijboer JF, Sprangers WJJM (eds) Harmonisation in forensic expertise. An inquiry into the desirability of and opportunities for international standards. Thela Thesis, Amsterdam, pp 529–538

Böker W, Häfner H (1973) Gewalttaten Geistesgestörter. Springer, Berlin

Boerner D (1992) Confronting violence: in the act and in the word. University of Puget Sound Law Review 15:525–577

Bolle PH (1992) Le droit suisse. Revue International de Droit Pénal 63:345–364

Bonnie RJ (2002) Political abuse of psychiatry in the Soviet Union and in China: complexities and controversies. J Am Acad Psychiatry Law 30:136–144

Bonnie RJ (2004) The American Psychiatric Association's resource document on mental retardation and capital sentencing: implementing Atkins v. Virginia. J Am Acad Psychiatry Law 32:304–308

Boppel R (2002) Beweisantrag und Sachverständiger. Fragen nach einer Reformbedürftigkeit. Kovaè, Hamburg

Bourgeois G, Julien P, Zavaro M (1999) La pratique de l'expertise judiciaire. Litec, Paris

Britz MT (2003) Computer forensics and cyber crime: an introduction. Prentice Hall, Upper Saddle River

California Department of Mental Health (2001) California's sex offender commitment program: the sexually violent predator commitment. Sacramento, CA

Carrio A, Garro AM (1999) Argentina. In: Bradley CM (ed) Criminal procedure. A worldwide study. Carolina Academic Press, Durham, pp 3–52

Casorla F (1992) Le droit français. Revue Internationale de Droit Pénal 63:183–204

Chantraine G, Vacheret M (2005) Expertise psychologique, gestion des risques et rapports de pouvoir dans les pénitenciers canadiens. Bulletin d'Information, Ministère de Justice, Paris

Commission of the European Communities (2004) Green Paper on the approximation, mutual recognition and enforcement of criminal sanctions in the European Union. Brussels, COM 334 final
Connelly C, Williamson S (2000) A review of the research literature on serious violent and sexual offenders. The Scottish Executive Central Research Unit, Edinburgh
Constitutional Law (1997) Due process and equal protection. California becomes first state to require chemical castration of certain sex offenders. Act of September 17, 1996, ch 596, 1996 Cal Stat 92 (to be codified at Cal Penal Code Section 645) Harvard Law Review 110:799–804
Corso P (1992) Le droit italien. Revue Internationale de Droit Pénal 63:205–236
Corstens G (1992) Le droit néerlandais. Revue Internationale de Droit Pénal 63:273–288
Dekleva KB (2001) Psychiatric expertise in the sentencing phase of capital murder cases. J Am Acad Psychiatry Law 29:58–67
Diagnostic and Statistical Manual of Mental Disorders (DSM-IV) (1994) 4th edn. American Psychiatric Association, Washington DC
Diesing U (1976) Der psychologisch-psychiatrische Sachverständige bei der Beurteilung der Glaubwürdigkeit von Zeugen im Strafverfahren. In: Göppinger H, Kaiser G (Hrsg) Kriminologische Gegenwartsfragen, Bd 12, Kriminologie und Strafverfahren. Enke, Stuttgart, S 123–130
Ebner G, Dittmann V, Steiner-König U, Kurt H (2005) Verwahrung gefährlicher Straftäter: Kluft zwischen politischen Forderungen und medizinisch-wissenschaftlicher Machbarkeit. Schweizerische Zeitschrift für Kriminologie 3:71–72
Emmerson B, Ashworth A (2001) Human rights and criminal justice. Sweet & Maxwell, London
Ernst K (1978) Die Beurteilung der Schuldfähigkeit in der Schweiz. In: Göppinger H, Kaiser G (Hrsg) Kriminologische Gegenwartsfragen, Bd 13. Enke, Stuttgart, S 133–145
Esser R (2002) Auf dem Weg zu einem europäischen Strafverfahrensrecht. De Gruyter, Berlin
Faulkner LR (2000) Ensuring that forensic psychiatry thrives as a medical specialty in the 21st century. J Am Acad Psychiatry Law 28:14–19
Foregger E, Kodek G (1997) StGB und wichtige Nebengesetze, 6.Aufl. Manz, Wien Mainz
Freckelton I (2000) Institutionalisation of forensic expertise. In: Nijboer JF, Sprangers WJJM (eds) Harmonisation in forensic expertise. An inquiry into the desirability of and opportunities for international standards. Thela Thesis, Amsterdam, pp 113–125
Freckelton I, Selby H (1999) Expert evidence in criminal law. LBC Information Services, Sydney
Frommel M (1987) Präventionsmodelle in der deutschen Strafzweck-Diskussion. Duncker & Humblot, Berlin
Fuchs H (1997) Österreichisches Strafrecht. Allgemeiner Teil I, 2. Aufl. Springer, Wien New York
Gigerenzer G (1998) Psychological challenges for normative models. In: Gabbay DM, Smets P (eds) Handbook of defeasible reasoning and uncertainty management systems. Kluwer, Dordrecht, pp 513–542
Grant I (1998) Legislating public safety: the business of risk. Canadian Criminal Law Review 3:177–242
Gunn J (2004) The Royal College of Psychiatrists and the death penalty. J Am Acad Psychiatry Law 32:188–191
Gutheil TG, Hauser M, White MS, Spruiell G, Strasburger LH (2003) "The whole truth" versus „the admissible truth": an ethics dilemma for expert witnesses. J Am Acad Psychiatry Law 31:422–427
Harnon E (1989) Children's evidence in the Israeli criminal justice system with special emphasis on sexual offences. In: Spencer JR et al. (eds) Children's evidence in legal proceedings. An international perspective. University of Cambridge, Cambridge, pp 81–97
Harrer G (1978) Die Beurteilung der Schuldfähigkeit in Österreich, Schuldfähigkeit. In: Kriminologische Gegenwartsfragen, Bd 13. Enke, Stuttgart, S 121–131
Hauser R, Schweri E (1999) Schweizerisches Strafprozessrecht, 4. Aufl. Helbing & Lichtenhahn, Basel

Hein S (1995) Italien. In: Perron W (Hrsg) Die Beweisaufnahme im Strafverfahrensrecht des Auslands. Edition iuscrim, Freiburg, S 149–193
Hodgkinson T, Scarman TL (1990) Expert witness: law and practice. Sweet & Maxwell, London
Horowitz A (1995) Sexual psychopath legislation: is there anywhere to go but backwards? University of Pittsburgh Law Review 57:35–78
House of Commons Science and Technology Committee (2005) Forensic Science on Trial. The Stationery Office Limited, London, HC 427. www.publications.parliament.uk/pa/cm 200506/cmselect/cmsctech/427/427.pdf
Huber B (1995) England und Wales. In: Perron W (Hrsg) Die Beweisaufnahme im Strafverfahrensrecht des Auslands. Edition iuscrim, Freiburg, S 11–87
Imwinkelried EJ (1995) Coming to grips with scientific research in Daubert's „Brave New World": The courts' need to appreciate the evidentiary differences between validity and proficiency studies. Brooklyn Law Review 61:1247–1260
Jakobs LEMP, Sprangers WJJM (2000) A European view on forensic expertise and counter-expertise. Criminal Law Forum 11:375–392
Jakobs LEMP, Sprangers WJJM (2000) A European view on forensic expertise and counter-expertise. In: Nijboer JF, Sprangers WJJM (eds) Harmonisation in forensic expertise. An inquiry into the desirability of and opportunities for international standards. Thela Thesis, Amsterdam, pp 213–232
Jefferson M (2006) Criminal law, 7th edn. Pearson & Longman, Glasgow
Johnson TA (2005) Forensic computer crime investigation. Taylor & Francis, Boca Raton
Jones CAG (1994) Expert witnesses. Science, medicine and the practice of law. Clarendon Press, Oxford
Kaiser G (1990) Befinden sich die strafrechtlichen Maßregeln in der Krise? Müller, Heidelberg
Kampen P van (1998) Expert evidence compared. Rules and practices in the Dutch and American criminal justice system. Intersentia, Antwerpen Groningen
Kampen P van (2000) Confronting expert evidence under the European Convention. In: Nijboer JF, Sprangers WJJM (eds) Harmonisation in forensic expertise. An inquiry into the desirability of and opportunities for international standards. Thela Thesis, Amsterdam, pp 183–211
Kemshall H (2001) Risk assessment and management of known sexual and violent offenders: a review of current issues. Police Research Series, Paper 140, London
Keram EA (2002) The insanity defense and game theory: reflections on Texas v. Yates. J Am Acad Psychiatry Law 30:470–473
Kienapfel D, Höpfel F (2005) Strafrecht. Allgemeiner Teil, 11. Aufl. Manz, Wien
Killias M (1998) Précis de droit pénal général. Staempfli, Bern
Kinzig J (1996) Die Sicherungsverwahrung auf dem Prüfstand. Edition iuscrim, Freiburg
Kirschner SM, Galperin GJ (2001) Psychiatric defenses in New York County: pleas and results. J Am Acad Psychiatry Law 29:194–201
Koenraadt F (1999) Ausländische Tatverdächtige in der forensischen Begutachtung in den Niederlanden. MSchrKrim 82:67–72
Krelstein MS (2002) The role of mental health in the inmate disciplinary process: a national survey. J Am Acad Psychiatry Law 30:488–496
Kwant I de (2000) Forensics and quality in the 21st century. In: Nijboer JF, Sprangers WJJM (eds) Harmonisation in forensic expertise. An inquiry into the desirability of and opportunities for international standards. Thela Thesis, Amsterdam, pp 377–394
La-Fond JQ (1992) Washington's sexually violent predator law: a deliberate misuse of the therapeutic state for social control. University of Puget Sound Law Review 15:655–708
Lehmann C (2003) False sex abuse accusations lead to revision of theories. Psychiatr News 38:14
Lenckner T, Perron W (2006) Kommentierung der §§ 19 bis 21 StGB. In: Schönke A, Schröder H (Hrsg) Strafgesetzbuch. Kommentar, 27. Aufl. Beck, München, S 380–420
Leong GB, Silva JA, Weinstock R, Ganzini L (2000) Survey of forensic psychiatrists on evaluation and treatment of prisoners on death row. J Am Acad Psychiatry Law 28:427–432

Lieb R (1996) Washington's sexually violent predator law: legislative history and comparison with other states. Washington State Institute for Public Policy
Löschnig-Gspandl M, Puntigam D (1995) Österreich. In: Perron W (Hrsg) Die Beweisaufnahme im Strafverfahrensrecht des Auslands. Edition iuscrim, Freiburg, S 318–407
Mackay RD, Ward T (1994) The long-term detention of those found unfit to plead and legally insane. Brit J Criminol 34:30–43
Maier P, Möller A (1999) Das gerichtspsychiatrische Gutachten gemäß Art. 13 StGB. Schulthess, Zürich
Margot P (2000) The value of interdisciplinarity for forensic investigations. In: Nijboer JF, Sprangers WJJM (eds) Harmonisation in forensic expertise. An inquiry into the desirability of and opportunities for international standards. Thela Thesis, Amsterdam, pp 127–133
Marneros A (1999) „Zum Geständnis verholfen". Der psychiatrische Sachverständige als Ermittler? MschrKrim 82:359–364
Mayerhofer C, Rieder S (1994) Das österreichische Strafrecht, 4. Aufl. Österreichische Staatsdruckerei, Wien
Mazeaud D (1995) L'expertise de droit á travers l'amicus curiae. In: Frison-Roche MA, Mazeaud D (eds) L'expertise. Dalloz, Paris, pp 109–121
McGrath MG (2000) Criminal profiling: is there a role for the forensic psychiatrist? J Am Acad Psychiatry Law 28:315–324
Mellon JN (2001) Manufacturing convictions: why defendants are entitled to the data underlying forensic DNA kits. Duke Law Journal 51:1096–1137
Memon A, Henderson SE (2002) What can psychologists contribute to the examination of memory and past mental states? In: Simon RI, Schuman DW (eds) Retrospective assessment of mental states in litigation: predicting the past. American Psychiatric Publishing, Washington DC, pp 307–334
Merckelbach H, Rassin E (2000) Interdisciplinarity in medical and psychological forensic expertise: problems and solutions. In: Nijboer JF, Sprangers, WJJM (eds) Harmonisation in forensic expertise. An inquiry into the desirability of and opportunities for international standards. Thela Thesis, Amsterdam, pp 145–157
Montgomery JH, Ciccone JR, Garvey SP, Eisenberg T (2005) Expert testimony in capital sentencing: Juror Responses. J Am Acad Psychiatry Law 33:509–518
Morris GH (2002) Commentary: punishing the unpunishable – the abuse of psychiatry to confine those we love to hate. J Am Acad Psychiatry Law 30:556–562
National Commission on the Future of DNA Evidence (2000) The future of forensic DNA testing: predictions of the Research and Development Working Group. U.S. Department of Justice Office of Justice Programs, Washington
Nijboer JF, Callen CR, Kwak N (Hrsg) (1993) Forensic expertise and the law on evidence. Thela Thesis, Amsterdam
Noll P, Trechsel S (1990) Schweizerisches Strafrecht. Allgemeiner Teil I. Allgemeine Voraussetzungen der Strafbarkeit, 3. Aufl. Schulthess, Zürich
Olié JP, de Carvalho W, Spadone C (1995) Expertise mentale dans le déroulement du processus pénal: le point de vue du psychiatre-expert. In: Frison-Roche MA, Mazeaud D (eds) L'expertise. Dalloz, Paris, pp 19–28
Perron W (Hrsg) (1995) Die Beweisaufnahme im Strafverfahrensrecht des Auslands. Edition iuscrim, Freiburg
Petrunik M (1994) Models of dangerousness. A cross jurisdictional review of dangerous offender legislation and practice. Solicitor General Canada, Ottawa
Pradel J (1995) L'expertise psychiatrique. In: Frison-Roche MA, Mazeaud D (eds) L'expertise. Dalloz, Paris, pp 11–17
Pradel J (1998) Procédure pénale comparée dans les systèmes modernes: rapports de synthèse des colloques de l'ISISC. Edition érès, Toulouse
Prentky RA, Burgess AW (2000) Incidence and prevalence. In: Prentky RA, Burgess AW (eds) Forensic management of sexual offenders. Kluwer Academic/Plenum, New York, pp 1–8

Preusker H, Rosemeier D (1998) Umfang und Grenzen der Schweigepflicht von Psychotherapeuten im Justizvollzug nach dem 4. Gesetz zur Änderung des Strafvollzugsgesetzes. ZfStrVo 47:323–328

Ramsay M (1987) The effectiveness of the Forensic Science Service. H.M.S.O. Books, London

Redmayne M (2000) Quality and forensic evidence: an overview. In: Nijboer JF, Sprangers WJJM (eds) Harmonisation in forensic expertise. An inquiry into the desirability of and opportunities for international standards. Thela Thesis, Amsterdam, pp 299–317

Rehberg J (1994) Strafrecht II. Strafen und Maßnahmen. Jugendstrafrecht, 6. Aufl. Schulthess, Zürich

Rehberg J (1996) Strafrecht I. Verbrechenslehre, Schuldfähigkeit, 6. Aufl. Schulthess, Zürich

Rehberg J (1999) Schweizerisches Strafgesetzbuch, 15. Aufl. Orell Füssli, Zürich

Rodrigues A (1992) Le droit portugais. Revue International de Droit Pénal 63:289–319

Rogers R, Lynett E (1991) The role of Canadian psychiatry in dangerous offender testimony. Can J Psychiatry 36:79–84

Rogers R, Jackson RL, Sewell KW, Tillbrook CE, Martin MA (2003) Assessing dimensions of competency to stand trial construct validation of the ECST-R. Assessment 10:344–351

Rumney P, Morgan-Taylor M (2002) The use of syndrome evidence in rape trials. Criminal Law Forum 13:471–506

Sarstedt W (1968) Auswahl und Leitung des Sachverständigen im Strafprozeß (§§ 73/78 StPO). NJW 21:177–182

Schepker R (1999) Psychiatrische Aspekte der Begutachtung im interkulturellen Kontext. MSchrKrim 82:50–57

Schütz-Gardén B (1999) Psychisch gestörte Straftäter im schwedischen und deutschen Recht. Edition iuscrim, Freiburg

Schuller RA, Rzepa S (2002) Expert testimony pertaining to battered woman syndrome: its impact on jurors' decisions. Law Hum Behav 26:655–673

Schwikkard PJ, Merwe SE van der (1999) South Africa. In: Bradley CM (ed) Criminal procedure. A worldwide study. Carolina Academic Press, Durham, pp 319–359

Scott CL, Holmberg T (2003) Castration of sex offenders: prisoners' rights versus public safety. J Am Acad Psychiatry Law 31:502–509

Simon RI (2001) The psychologically vulnerable witness: an emerging forensic consulting role. J Am Acad Psychiatry Law 29:33–41

Singleton N, Meltzer H, Gatward R (1998) Psychiatric morbidity among prisoners in England and Wales. Statistical Office, London

Spalding LH (1998) Florida's 1997 chemical castration law: a return to the dark ages. Florida State University Law Review 25:117–139

Sparr LF (2005) Mental incapacity defenses at the War Crimes Tribunal: questions and controversy. J Am Acad Psychiatry Law 33:59–70

Spencer JR (1992) Experts: can England learn a lesson from France? Current Legal Problems 45:213–216

Spencer JR (1998) The role of experts in the common law and the civil law. In: Ceci SJ (ed) Expert witnesses in child sexual abuse cases: what can and should be said in court? American Psychological Association, Washington, pp 29–58

Spencer JR (2000) Evidence and forensic science. In: Nijboer JF, Sprangers WJJM (eds) Harmonisation in forensic expertise. An inquiry into the desirability of and opportunities for international standards. Thela Thesis, Amsterdam, pp 543–555

Sprangers WJJM (2000) Harmonisation in the forensic sciences. In: Nijboer JF, Sprangers WJJM (eds) Harmonisation in forensic expertise. An inquiry into the desirability of and opportunities for international standards. Thela Thesis, Amsterdam, pp 13–22

Sreenivasan S, Weinberger LE, Garrick T (2003) Expert testimony in sexually violent predator commitments: Conceptualizing legal standards of „disorder" and „likely to reoffend". J Am Acad Psychiatry Law 31:471–485

Statistisches Bundesamt (2005) Fachserie 10: Rechtspflege, Reihe 4.1: Strafvollzug – Demographische und kriminologische Merkmale der Strafgefangenen zum Stichtag 31.3. Statistisches Bundesamt, Wiesbaden

Stefani G, Levasseur G, Bouloc B (1997) Droit pénal général, 16e edn. Dalloz, Paris
Stratenwerth G (1996) Schweizerisches Strafrecht. Allgemeiner Teil I: Die Straftat, 2. Aufl. Stämpfli, Bern
Tellenbach S (1996) Strafgesetze der islamischen Republik Iran. De Gruyter, Berlin
Tellenbach S (2003) Einführung in das türkische Strafrecht. Edition iuscrim, Freiburg
Thaman S (1995) USA. In: Perron W (Hrsg) Die Beweisaufnahme im Strafverfahrensrecht des Auslands. Edition iuscrim, Freiburg, S 489–547
The Royal Commission on Criminal Justice (1993) Report. London
Triffterer O (1994) Österreichisches Strafrecht, Allgemeiner Teil, 2. Aufl. Springer, Wien
Triffterer O (Hrsg) (2005) Salzburger Kommentar zum StGB. Orac, Wien
Tröndle H, Fischer T (2006) Strafgesetzbuch und Nebengesetze, 53. Aufl. Beck, München
Üçok C, Mumcu A (1993) Türk Hukuk Tarihi. Sava Yaýynevi, Ankara
United States Department of Justice, National Institute of Justice (2001) Electronic crime scene investigation: a guide for first responders. Washington DC
Vallabhajosula B, Gorp WG van (2001) Post-Daubert admissiblity of scientific evidence on malingering of cognitive deficits. J Am Acad Psychiatry Law 29:207–215
Volk K (1993) Forensic expertise and the law of evidence in Germany (criminal cases). In: Nijboer JF, Callen CR, Kwak N (eds) Forensic expertise and the law on evidence. Thela Thesis, Amsterdam, pp 37–52
Volk K (2002) Strafprozessrecht, 3. Aufl. Beck, München
Voren R van (2002) Comparing Soviet and Chinese political psychiatry. J Am Acad Psychiatry Law 30:131–135
Walther S (1997) Umgang mit Sexualstraftätern: Amerika, Quo vadis? – Vergewisserungen über aktuelle Grundfragen an das (deutsche) Strafrecht. MSchrKrim 80:199–221
Watzek J (1997) Rechtfertigung und Entschuldigung im englischen Strafrecht. Edition iuscrim, Freiburg
Weedn VW, Hicks JW (1998) The unrealized potential of DNA testing. National Institute of Justice. Research in Action, Washington DC
Westen L van der (2000) Legal regulations governing forensic scientific methods. In: Nijboer JF, Sprangers, WJJM (eds) Harmonisation in forensic expertise. An inquiry into the desirability of and opportunities for international standards. Thela Thesis, Amsterdam, pp 283–291
White S (1992) The Criminal Procedure (Insanity and Unfitness to Plead) Act. Crim Law Rev 1992:4–14
Whitehead T (1982) Mental illness and the law. Blackwell, Oxford
Williamson CD (2002) The use of expert testimony to prove "future dangerousness" in Texas death penalty trials: the current state of trial courts' role as "Gatekeeper". Sam Houston State University, Ann Arbor
Wilson LA (1998) No longer free to offend: involuntary civil commitment statutes for sexual predators create the basis for a uniform act. Northern Illinois University Law Review 18:351–386
Zander M, Henderson P (1993) Crown Court Study. HMSO, London
Zezima, C (1998) Guilty but mentally ill brings sentence reduction. Court offers guiding factors for mitigation. The Forensic Echo 2, http://echo.forensicpanel.com/toc/2/12/
Zipf H (1982) Verminderte Zurechnungs- oder Schuldfähigkeit – Vergleich der österreichischen und der deutschen Regelung. In: Göppinger H, Bresser PH (Hrsg) Kriminologische Gegenwartsfragen, Bd 15. Enke, Stuttgart, S 157–168

# Sachverzeichnis

## A

aberratio ictus 33
Abnorme Erlebnisreaktionen 61, 125
Abschreckung
– der Allgemeinheit 21–24
– des Täters 19
Absehen von der Anklageerhebung nach dem BtMG 363–364, 372
Absehen von Strafe 220, 223–227
– wegen Schwere der Tatfolgen für den Täter 224
– wegen Täter-Opfer-Ausgleichs oder Schadenswiedergutmachung 225–227
Absicht 34–35
Absichtsprovokation 55
Absprachen im Strafverfahren 385–387
actio libera in causa 39, 119, 128, 148–151, 179, 534, 536, 539
Adhäsionsverfahren 421
Adoleszentenkrise 479
Affekt
– asthenischer 118
– stehnischer 118
Affektive Störungen 110, 479
Affekttat 103, 115–119, 480–481
– Merkmalskatalog für die Prüfung der Schuldfähigkeit 117–118
– Vorverschulden 118–119, 145, 151
Agnostizismusstreit 131, 201
Akteneinsicht 331
Akzessorietät der Teilnahme 75
ALI-Test 548–549
Alkoholabhängigkeit 111, 127, 141–143, 376–377
Alkoholgewöhnung 111, 114
Alkoholhalluzinose 111
Alkoholrausch 61, 62, 93, 111–115, 137, 140–143, 148–152, 266, 538–539, 548, 551–552
– abnormer 115
– komplizierter 115
– pathologischer 115
– Vorverschulden 115, 145–147

Amphetamin 128
Amtsrechte 58
Angleichungsgrundsatz 300
Angstneurose 124
Anklagegrundsatz 382
Anknüpfungstatsachen 155, 410–412, 431–432
Anpassungsstörungen 125
Anstaltsbeirat 313
Anstiftung 74–75, 77
Antragsdelikt 71
Anwendungshäufigkeit der §§ 20, 21 StGB 103–106
Äquivalenzprinzip bei der Gesundheitsfürsorge im Strafvollzug 308
Arbeitsauflage nach dem JGG 450
Arbeitsweisung nach dem JGG 445
Aufklärungspflicht
– gerichtliche 382, 398, 406, 409, 524, 528
Auflagen
– bei der Strafaussetzung 239
– nach dem JGG 449–450
Aufnahmeverfahren im Strafvollzug 301
Ausführung 303
– im Maßregelvollzug 333
Ausgang 303
– im Maßregelvollzug 333
Auskunftsverweigerungsrecht 392
Auslegung 28
Aussageentstehung 487–489
Aussagekonstanz 493–494
Aussagemotivation 489–491
Aussagetüchtigkeit 485–487
Aussageverweigerungsrecht 331
Außenbeschäftigung 303
– im Maßregelvollzug 333

## B

Bedingter Vorsatz 34
Befundtatsachen 383, 410–412, 431–432
Begnadigung 72

Behandlung
- bei Jugendlichen und Heranwachsenden 499–504
- im Maßregelvollzug 344–347
Behandlungsforschung 21
Behandlungsuntersuchung 301–302
Beihilfe 74–75, 77–78
- sukzessive 77
Belastungsreaktionen 125
- akute 115
Belehrung durch den Sachverständigen 389, 411, 426–427, 529, 531
Berufsverbot 283–285
- vorläufiges 260
Berufung 395, 401–402
Beschleunigungsgrundsatz 261, 382–383
Beschuldigter
- Begriff 388
- Rechtsstellung 388–389
- Vernehmung 389
Beschützergarant 80
Beschwerde 402
Bestimmtheitsgrundsatz 14, 556
Betreute Wohnform 447–448
Betreuungs- und Behandlungsgruppen 312
Betreuungsweisung 445–446
Beugearrest 447, 450
Bewährungshilfe 240
Bewährungszeit 239
Beweisantrag 398–399
Beweiserhebungsverbot 380, 400–401
Beweisermittlungsantrag 398–399
Beweisgrundsätze
im Strafverfahren 397–400
Beweismethodenverbote 400
Beweismittel 398
- präsentes 399
Beweismittelverbot 400
Beweisthemenverbot 400
Beweisverbot 380–381, 400–401
Beweisverwertungsverbot 380, 400–401
Bewusstsein 198–200, 209–212, 215
Biologisch-psychologische Methode 98, 140, 183–184, 532–533, 537–538, 540–541
Blutalkoholkonzentration 111–115, 137
Borderline-Persönlichkeitsstörung 123–124
- Behandlung 503
Bundeszentralregister 28, 143–144

## C

Cannabis 128
Constitutio Criminalis Carolina 26

## D

Dammbruch-Argument 103
Dämmerzustand 115
Daubert-Test 526
Dauerarrest 451
Deals im Strafverfahren 385–387
Debilität 120
Deliktsfähigkeit, zivilrechtliche 466–470
Demenz 111
Depression, reaktive 125
Depressive Störung 110
Desaktualisierung 180–183, 187, 213
Determinismus 63–64, 69, 95
Devolutionsrecht 390
Diagnostik, multiaxiale 477
Dichotomie der Straftaten 37
Differenzierungsprinzip im Strafvollzug 312
Direkter Vorsatz 34–35
Disziplinarmaßnahmen 13–14, 330
Diversion 457–458
DNA-Analyse 513–514, 519, 521
dolus directus I 34–35
dolus directus II 34
dolus eventualis 34
Doppelverwertungsverbot 247
Down-Syndrom 109
Drogenabhängigkeit 111, 127–128
Drogenintoxikation 111
Drogenrausch 111, 140–143, 148–152, 266, 538–539, 548, 551–552
- Vorverschulden 145
Drogentherapie
- ambulante Therapie 373
- bei Ausländern 375
- bei Frauen 374–375
- Entgiftung 372–373
- Entwöhnung 373
- im strafrechtlichen Rahmen 349–378
- Nachsorge 373–374
- Substitution 374
Durham-Test 548

## E

Eifersuchtswahn 110
Eigengeld 307
Eigenschaftsbegriff 476–477
Eingangsmerkmale der §§ 20, 21 StGB 98, 106–130, 183–184, 214
Einheitslösung 98–99, 104, 131, 532–533
Einsichtsfähigkeit 60–61, 130, 132–133, 135, 137
- iSv § 3 JGG 437–438, 470–471

Einstellung des Strafverfahrens 220–223
– nach Jugendstrafrecht 457–458
Einstweilige Unterbringung 260–261, 290, 518–519
Einverständnis, tatbestandsausschließendes 53
Einweisungsanstalt oder -abteilung 312
Einwilligung 50–52, 86
– mutmaßliche 53
Einziehung 221
– im Jugendstrafrecht 456
Emotionale Reife 468–469
Entkriminalisierung 16
Entlassungsvorbereitung 305
Entschädigung von Verbrechensopfern 417
Entscheidung 166–169
Entschuldigung 450
Entschuldigungsgründe 35, 65
Entsprechensformel des § 13 StGB 78, 81
Entziehung der Fahrerlaubnis 280–283
– vorläufige 260, 280, 282–283
Entziehungsanstalt 142, 151, 265–269, 292–294, 351, 354, 356, 376
– primäre Aussetzung zur Bewährung 326
– spätere Aussetzung zur Bewährung 336–339, 347
– Verhältnis zur Zurückstellung der Strafvollstreckung nach dem BtMG 364–365
– Vollzug 332
Enzephalitis 111
Epilepsie 39, 61, 111
Erfolgsqualifikation 33, 38
Erkenntnisverfahren 379
Erledigung freiheitsentziehender Maßregeln 335–339
Ermittlungsgrundsatz 382, 398, 406, 409, 524, 528
Ermittlungspersonen der Staatsanwaltschaft 394
Ermittlungsverfahren 379–380
Eröffnungsbeschluss 379, 395
error in obiecto/in persona 33
Ersatzfreiheitsstrafe 231
Erschöpfung 61, 115
Erziehungsbeistandschaft 447–448
Erziehungsgedanke im Jugendstrafrecht 436–437
Erziehungsmaßregeln 444–449
Erziehungsrecht, elterliches 58–59
Erziehungsstrafrecht 436
Ethische Aspekte forensischer Tätigkeit 5–10, 513, 528–531
Europäische Menschenrechtskonvention 517–519
Exhibitionismus 125–126

Exterritoriale 71
Exzess 76–78

**F**

Fachpsychologe/Fachpsychologin für Rechtspsychologie 425
Fahrlässigkeit 34, 36, 65
– bewusste 82
– unbewusste 82
Fahrlässigkeitsdelikt 82–86
Fahrverbot 220, 243–244
– im Jugendstrafrecht 455
Faires Verfahren 381, 385, 515, 517–518
Fair trial s. Faires Verfahren
Fehde 26
Fehleinweisung 335
Fetischismus 125–126
Forensische Psychiatrie
– Begriff 1
– ethische Aspekte 5–10, 513, 528–531
– interdisziplinäre Stellung 3–5
– Internationalisierung 515–516
Forensische Wissenschaften 512
Freibeweisverfahren 398
Freie richterliche Beweiswürdigung 383–384, 530
Freigang 303
– im Maßregelvollzug 333
Freiheitsbewusstsein 97–98
Freiheitsstrafe 220, 234–244
– kurze 235–236
– lebenslange 147, 234, 236, 319–320
– – England 557–558
– – USA 558–559
– unbestimmte
– – England 557–558
– – Kanada 558
– zeitige 234
Freiwilligkeit der Therapie 349–351
Freizeitarrest 450–451
Frye-Test 525
Führungsaufsicht 277–280

**G**

Garantenstellung 78, 80–81
Gefährlichkeitsprognose 238, 253–254, 263–265, 267–268, 294–296, 424, 531
– bei der Todesstrafe 563–565
– im Maßregelvollzug 333–337, 345–346
Gefangenenmitverantwortung 313
Gegensteuerungsgrundsatz 300
Geldauflage nach dem JGG 450
Geldbuße 13

Geldstrafe 220, 227–232
- neben Freiheitsstrafe 228
- Zahlungserleichterungen 230
Gemeinnützige Arbeit 231
Generalprävention 21–25, 246
- negative 21
- positive 21–23
Generalpräventionsforschung, empirische 23–24
Genugtuung 24
Gerichtliche Entscheidungen 397
Geschlossener Vollzug 303
Gesellschaft für Soziale Verteidigung 20
Gesetzlicher Richter 384
Gesetzlichkeitsprinzip 14
Gesinnungsmerkmale 36–37, 62
Gewohnheitsverbrechergesetz 251
Glaubhaftigkeitsbegutachtung 527
- bei Kindern und Jugendlichen 484–494
Grunddelikt 37
Gutachter s. Sachverständiger

## H

Haftkostenbeitrag 307
Haftung für Kriminalprognosen 334–335, 345
Handlung im strafrechtlichen Sinn 38–48
Handlungsbegriff
- finaler 43–44, 60, 173
- kausaler 41–42, 60
- negativer 46
- personaler 46–47
- rechtsgutsbezogener personaler 47
- sozialer 45–46
- vermittelnder 45, 60
Handlungsfähigkeit iSv § 3 JGG 471
Handlungskontrolltheorie 172
Handlungsphasenmodell 172
Handlungssteuerung 169–183, 213–214
Handlungstheorie 166–183, 213–214
Hang 266, 271–273, 275, 294–295
Hausgeld 307
Hauptstrafen 220
Hauptverfahren 379
Heileingriff
- ärztlicher 46, 49–51, 53
Heilerzieherische Behandlung 446–447
Heimerziehung 447–448
Heranwachsender 435, 464–465
- Anwendung der Vorschriften über das Jugendstrafverfahren 462
- Anwendung des Jugendstrafrechts 440–444
- Anwendung des Erwachsenenstrafrechts 443–444

Heroin 128
Hilfen zur Erziehung 447–448
Hirnarteriosklerose 61, 111
Hirnatrophie 111
Hirnfunktionsstörung 475–476
Hirntumor 111
Hirnverletzungen 111
Höchstfrist der Unterbringung 335–336
Hypersexualität 126
Hypnose 39, 61

## I

Idealkonkurrenz 247
Idiotie 120
Imbezillität 120
Indemnität 71
Indeterminismus 63–64, 69, 94–95
Individualabschreckung 19
in dubio pro reo 95, 113–114, 123, 144, 147, 154, 238, 254, 278, 384, 398, 442
Infektionspsychosen 111
Informationelle Selbstbestimmung 331
Ingerenz 80
Inhaltsanalyse von Aussagen 491–493
Inquisitionsprozess 382
Intelligenzminderung 120
Intelligenztests 468
Interdisziplinarität 3–5
Internationale Kriminalistische Vereinigung 20
Internationalisierung der Forensischen Psychiatrie 515–516
Introspektion 202–205

## J

Jugendarrest 450–451, 461
Jugendgerichtsgesetz 26–27
Jugendgerichtshilfe 459–460
Jugendgerichtsverfassung 459–460
Jugendlicher 61, 92, 435, 464–465
Jugendstrafe 451–455, 500–501
- Aussetzung der Verhängung 455
- Strafaussetzung zur Bewährung 453–455
- Strafzumessung 452–453
- Vollzug 461–462
- wegen schädlicher Neigungen 451–452
- wegen Schwere der Schuld 452
Jugendstrafrecht
- Anwendung bei Taten in verschiedenen Altersstufen 457
- Begriff 435
- Rechtsfolgen 444–459
Jugendstrafverfahren 459–461

– Beauftragung von Sachverständigen 460
Jugendverfehlung 442–443, 475
Junger Mensch 464–465
Junger Volljähriger 464–465
Juristische Person 64

**K**

Kastration 565–566
Kausalität 32, 36
– beim unechten Unterlassungsdelikt 81
Kausalverlauf, abweichender 148
Kind 61, 92, 120, 152, 435, 464–465
Klageerzwingungsverfahren 382
Klassifikationssysteme 104, 108–109, 121–122, 126, 129, 138, 254, 414, 425
Klassifizierung im Strafvollzug 312
Kleptomanie 129–130
Klinefelter-Syndrom 109
Kognitiver Entwicklungsstand 467, 471–472, 475–476
Kohlberg-Stufen 467–468, 472, 478
Koinzidenzprinzip 148–152
Kokain 128
Komorbidität 98, 129, 135, 139–143, 292–293
Kompetenzabgrenzung Richter
– Sachverständiger 101–102, 131–132, 404–405, 414–415, 425–426
Kompositionensystem 26
Konzentrationsmaxime 383
Krankhafte seelische Störung 61, 109–115, 183, 185, 479–480
Krankheitsbegriff 161–163, 185–186, 212–213
– juristischer 99, 125
– klinisch-psychiatrischer 98, 162
Krankheitswert 100–101, 106, 115, 121
Kriminalisierung 16
Kriminalistik 28
Kriminalpolitik 28
Kriminalprognose 238, 253–254, 333–335, 424, 531
– bei der Todesstrafe 563–565
– bei jungen Tätern 494–499
– – Prognoseinstrumente 499
– – Risikofaktoren 495–498
– im Maßregelvollzug 336–337, 345–346
Kriminalwissenschaften 28
Kriminologie 28
Kriminologischer Dienst im Strafvollzug 313
Kurzarrest 451

**L**

Legalitätsprinzip 382
Leichtfertigkeit 82
Libet-Experiment 179, 197, 203, 207
Lockerungen
– im Maßregelvollzug 332–385, 345–347
– im Strafvollzug 303–305
Lügendetektor 525–527, 529

**M**

M'Naghten-rules 544–546, 548–549
Manische Störung 110
Marburger Programm 19, 251
Marburger Richtlinien 441, 473–474, 478
Maßnahmen 220
Maßregelaussetzung zur Bewährung 291–292, 326, 328, 336–339, 347
– Begutachtung 337–338
Maßregeln der Besserung und Sicherung 26, 220, 250–298
– Anordnungsverfahren 257–261
– Begutachtung 259–260, 289, 294, 296
– bei Jugendlichen und Heranwachsenden 255–257, 455–456
– historische Entwicklung 251
Maßregelvollstreckung 323–330
Maßregelvollzug 104–106, 323–340
– bei Jugendlichen und Heranwachsenden 502–504
– Organisation 324–325, 340–342
Maßregelvollzugsgesetze 324
Materielle Wahrheit 382
Materielles Strafrecht, Begriff 27
Mediation im Strafverfahren 387–388
Medienöffentlichkeit 383
Medikamentenintoxikation 111
Meningitis 111
Mindestanforderungen für Prognosegutachten 254, 425
Mindestanforderungen für Schuldfähigkeitsgutachten 94, 154–155, 414, 425
Mittäterschaft 76–77
Mittelbare Täterschaft 75–76
Moderne Strafrechtsschule 19, 251
Moralische Reife 467–468, 472, 478
Mündlichkeitsprinzip 383, 410–411

**N**

Nachschulung 282–283
Nebenfolgen 220
– im Jugendstrafrecht 455
Nebenklage 420–421
Nebenstrafe 220

Nebenstrafrecht 27
nemo-tenetur-Grundsatz 384, 389, 407, 429
Nettoeinkommensprinzip 229
Neuropsychologische Testverfahren 476
Neurosen 61, 124-125
Nothilfe 54
Notstand
- entschuldigender 66-67, 86
- rechtfertigender 53, 56-57, 85
- übergesetzlicher entschuldigender 67-68
Notwehr 35, 48, 54-56, 85
Notwehrexzess 66-67
Notwehrprovokation 55, 67

## O

Objektive Bedingungen der Strafbarkeit 70-71, 151
Objektive Zurechnung 32, 36
Offener Vollzug 303
Öffentlichkeitsgrundsatz 383
Offizialmaxime 381-382
omnimodo facturus 77
Opfer, Rechtsstellung 417-421
Opferanwalt 420
Opferschutz 385, 418-420
Opferzeuge 415, 418-419
Opportunitätsprinzip 382, 390
Ordnungsgeld 14
Ordnungshaft 14
Ordnungswidrigkeit 13
Organisationshaft 329
Organische Psychosyndrome 479

## P

Pädophilie 125-126, 484
Paraphilie 125-126
- bei jungen Tätern 484
Partikularstrafgesetzbücher 26
Persönlichkeitsstörung 61, 102, 108-109, 121-124, 134-135, 262-263, 483-484
- Behandlung 503
- im Jugendalter 481-482
- schizotype 109-110
Persönlichkeitstests 477
Perversion 125-126
Pflichtenkollision
- rechtfertigende 57-58, 67
Pflichtverteidiger 381, 391
Pflichtwidrigkeitszusammenhang 32, 84
Phänomenologie 208-209, 212, 215
Polizei 379-380
Posttraumatische Belastungsstörung 125
Prisonisierung 315-317

Privatisierung der psychiatrischen Kliniken 325, 341-342
Privatklage 223, 381-382, 390, 419-420
Privatstrafe 14
Privilegierung 38
Progressive Paralyse 111
Prozessmaximen 381-385
Prozessurteil 397
Prozessvoraussetzungen 395
Psychiatrisches Krankenhaus 141-142, 151-152, 261-265, 291-292, 518-519, 556-557
- primäre Aussetzung zur Bewährung 291-292, 326
- spätere Aussetzung zur Bewährung 336-339, 347
- Vollzug 330-331
Psychogene Reaktionen 125
Psychologie
- erklärende 205-209
- verstehende 205-209
Psychopathie 61, 121-124
Psychopathologisches Referenzsystem 99, 163, 212
Psychosen
- endogene 61, 109-110, 479
- exogene 61, 111, 479
Punktstrafe 245
Putativnotwehr 65
Pyromanie 129-130

## Q

Qualifizierung 38
Querulantenwahn 125

## R

Rache 26
Rausch 61-62, 93, 111-115, 137, 140-143, 148-152, 266, 538-539, 548, 551-552
- Vorverschulden 115, 145-147
Realkennzeichen von Aussagen 491-493
Realkonkurrenz 247
Rechtfertigungsgründe 48, 50-59, 85-86
Rechtliches Gehör 384
Rechtsbehelfe
- außerordentliche 402
- gegen Auswahl eines Sachverständigen 409
- gegen Zwangsmittel 394
- ordentliche 401-402
Rechtsfolgen des Jugendstrafrechts 444-459
- bei mehreren Straftaten 456
- Verbindung von Rechtsfolgen 456

Rechtsfolgen des StGB 219–221
Rechtsgut 14, 36
Rechtskraft 380, 401
Rechtsmittel gegen ein Strafurteil 401–402
Rechtsmittelverzicht 386
Rechtswidrigkeit 35, 48–50
Reflexbewegung 39
reformatio in peius 257
Regelbeispiel 38
Reichsstrafgesetzbuch 26
Reife
– Begriff 473
– körperliche 473
– psychosoziale 473
Reifekriterien 478
– bei Heranwachsenden 441, 474–475
Reifestand bei Heranwachsenden 440–442
– Begutachtung 443, 472–479
Resozialisierung 15, 19, 299
Restorative Justice 417
Revision 395, 402
Risikoerhöhungslehre 84
Rubikon-Modell 172
Rücktritt 72
Rückwirkungsverbot 14

## S

Sachurteil 397
Sachverständigenbeweis, Anforderungen der Europäischen Menschenrechtskonvention 517–519, 522–523
Sachverständigengutachten
– Einführung in die Hauptverhandlung 410–411
– Einholung eines weiteres Gutachtens 415
– Mindestanforderungen 413–414, 425–426
– Qualitätssicherung 413–414, 425–426
– Revision 415–416
Sachverständiger
– Ablehnung wegen Besorgnis der Befangenheit 412, 427, 517, 528
– Auswahl 407–410, 415, 428–430, 519–523, 527–528
– Beauftragung 406–407, 409–410, 415–416, 523–528
– Beauftragung im Jugendstrafverfahren 460
– externer 338, 346
– Haftung 305, 416–417
– Kompetenzabgrenzung zum Richter 101–102, 131–132, 404–405, 414–415, 425–426

– persönliche Bestellung 430–431
– Rechtsstellung 412–413, 465–466
– Rolle im Strafverfahren 403–405, 511–516, 519–521
– Rollenkonflikte 426
– Tatsachenerhebung 410–412, 431–432
– Vereidigung 412
– Vergütung 412–413, 416–417
– Verpflichtung zur Erstattung des Gutachtens 412
– Zusammenwirken mit dem Gericht 254, 402–405, 424–433
Sachverständiger Zeuge 411
Sadismus 125–126
Sadomasochismus 125–126
Schadenswiedergutmachung 225–227
– nach dem JGG 450
Schädliche Neigungen 451–452
Schizophrenie 61, 110, 131, 133, 290
– bei Jugendlichen und Heranwachsenden 479–480
Schlaftrunkenheit 61
Schuld, strafrechtliche 59–69, 93–94
Schuldbegriff
– funktionaler 68–69, 96
– normativer 36, 60
– psychologischer 36
– sozialer 96, 101, 131, 195
Schuldfähigkeit 35, 60–62, 92–160
– Begutachtung bei Jugendlichen 479–484
– England/Wales 544–548
– erheblich verminderte 62, 136–139, 533–535
– Frankreich 540–541
– islamischer Rechtskreis 553–555
– Österreich 537–540
– Schweden 541–544
– Schweiz 535–537
– Wiedererlangung 152
Schuldhaftigkeit 35, 86
Schuldprinzip 14, 17, 19, 21, 23, 25, 70, 93–94, 144–145, 246, 250, 384, 556
Schuldtheorie, eingeschränkte 65
Schuldunfähigkeit 185–186
– Rechtsfolgen 143–144
– und Krankheit 99, 106
Schwachsinn 61, 111, 120, 183, 481
Schweigepflicht 426
– im Maßregelvollzug 331, 344–345
– im Strafvollzug 309
– und Zeugnisverweigerungsrecht 392–393
Schwerpunktbezeichnung „Forensische Psychiatrie" 425

Seelische Abartigkeit 61, 98, 102, 104, 108–109, 120–130, 138–139, 184, 481–482
Selbstbelastungsfreiheit 384, 389, 407, 429
Selbsthilfegruppen 359, 374
Selbstkontrolle 176, 213
Selbstkorrumpierung 188–189
Selbstmord, erweiterter 125
Selbsttäterschaft 75
Sexual predator laws 559–563
Sexuelle Verhaltens-
  abweichungen 125–126
Sicherheit und Ordnung der Straf-
  anstalt 300–301, 310–311
Sicherung 19
Sicherungsmaßnahmen
- im Maßregelvollzug 330
- im Strafvollzug 310–311
Sicherungsverfahren 143, 258–259
Sicherungsverwahrung 269–276, 294–296, 557
- Aussetzung zur Bewährung 336–339
- nachträgliche 269–270, 274–276, 295–296
- primäre 270–273
- vorbehaltene 269–270, 273–274, 276
Sorgfaltspflichtverletzung 82–85
Soziale Kontrolle 15, 250–251
Sozialer Trainingskurs 446
Sozialtherapeutische Anstalt 302–303
Sperre für die Erteilung einer Fahr-
  erlaubnis 282–283
Spezialprävention 19–21, 246, 252, 299–300, 317–318
- negative 19
- passive 19
- positive 19
Spielen, pathologisches s. Spielsucht
Spielraumtheorie 145, 245–246
Spielsucht 128–129, 184, 266, 293–294
Staatsanwaltschaft 379–380, 382, 389–390
Stellenwerttheorie 246
Sterbehilfe 79–80
Steuerungsfähigkeit 61, 130, 133–135, 183–194, 214
- erheblich verminderte 136–137
- exekutive 190–194, 214
- iSv § 3 JGG 438
- motivationale 190–194, 214
Stigmatisierung 16
Störungen der Impulskontrolle 129–130
Strafantrag 71
Strafaufhebungsgründe, persönliche 72
Strafausschließungsgründe
- persönliche 68, 71–72
Strafaussetzung zur Bewährung 236–243, 362–363

- Ausgestaltung 239–241
- bei der Jugendstrafe 453–455
- Straferlass 243
- Voraussetzungen 237–239
- Widerruf 241–243
Strafbedürftigkeit 16
Strafbegründungsschuld 59–64, 93–94
Strafe, Begriff 13
Strafgerichte, Organisation 395–396
Strafklageverbrauch 401
Strafmündigkeit 61, 92–93, 435
- relative 437–440
- - Begutachtung 439–440, 470–472
- - Verhältnis zur Schuldfähig-
    keit 152–154, 439, 471–472
Strafrecht
- Begriff 13
- Geschichte 26–27
Strafrechtsreform 20, 26–27
Strafrestaussetzung zur Bewäh-
  rung 317–321
- Ausgestaltung der Bewährung 319
- bei lebenslanger Freiheitsstrafe 319–320
- Sachverständigengutachten 320–321
- Voraussetzungen 318–319
Straftat
- Grundstruktur 31, 35–36
Straftäterbehandlung 501–504
Straftäterunterbringungsgesetze 269
Straftheorien 16–25, 226
- absolute 16–18
- generalpräventive 21–24
- relative 16–17, 19–24
- spezialpräventive 19–24
- Vereinungstheorien 24–25
Strafverfahren
- Grundprinzipien 381–385
- Ziele 380–381
Strafverfahrensrecht, Begriff 27
Strafvollstreckung 298, 323
Strafvollstreckungskammer 314, 320
Strafvollzug 298–317
- Arbeitsbereich 306
- Arbeitsentgelt 307–308
- Aufgaben 299–300
- Begriff 298
- bei der Jugendstrafe 461–462
- Bildungsbereich 306–307
- Datenschutz 309–319
- Disziplinarmaßnahmen 311
- Freizeitgestaltung 308
- Gestaltungsgrundsätze 300
- Gesundheitsfürsorge 308
- Organisation 312–314
- Planung des Vollzugs 301–305
- Rechtsschutz 313–314

- Rechtsstellung des Strafgefangenen 300–301, 306–310
- Religionsausübung 308
- soziale Hilfen 308
- Sozialversicherung 307–308
- tatsächliche Situation 314–317
- unmittelbarer Zwang 311
- Verkehr mit der Außenwelt 306

Strafvollzugsgesetz 27, 298–299
Strafvollzugskunde 28
Strafwürdigkeit 16
Strafzumessung 244–248
- bei der Jugendstrafe 452–453

Strafzumessungspraxis 247–248
Strafzumessungsschuld 59, 65–68, 93–94
Strafzumessungstheorien 245–246
Strafzwecke s. Straftheorien
Strengbeweisverfahren 397–398, 411
Subkultur des Gefängnisses 315–317
Subsidiaritätsprinzip 264–265
Substitutionsrecht 390
Sucht 111, 127–130, 263
- nicht stoffgebundene 128–129

Suggerierte Aussagen bei Kindern 487–489
Sühne 18
Sühneverträge 26

## T

Tagessatzsystem 228–232
Tatbestandsmäßigkeit 31–35, 48–50
- objektive Elemente 32–33
- subjektive Elemente 33–35

Tatbestandsmerkmale
- negative 48–49
- normative 42

Tateinheit 247
Tatentschluss 73–74
Täter-Opfer-Ausgleich 24, 225–227, 387–388, 419, 446
Täterschaft 74–77
- beim unechten Unterlassungsdelikt 80–81

Täterstrafrecht 436
Tatherrschaft 74, 76–77
Tätige Reue 72
Tat im prozessualen Sinn 382
Tatmehrheit 247
Tatprinzip 37
Tatstrafrecht 37
Teilnahme 74–75, 77–78
- beim unechten Unterlassungsdelikt 80–81

Therapie bei Jugendlichen und Heranwachsenden 499–504
Therapie statt Strafe 327, 349–351, 363

Therapieweisung 353–354
Three-strikes-Gesetze 558–559
Tiefgreifende Bewusstseinsstörung 61, 115–119, 183, 480–481
Trennungsgrundsatz im Strafvollzug 312
Triebstörung 61, 125–126
- bei jungen Tätern 484

## U

Überbrückungsgeld 307
Übermüdung 61, 115
Überprüfungsfristen bei freiheitsentziehenden Maßregeln 338–339
Überstellung 303
Überwachungsgarant 80
Überweisung in den Vollzug einer anderen Maßregel 328–329
ultima-ratio-Prinzip 14
Unbrauchbarmachung 221
- im Jugendstrafrecht 456

Ungeeignetheit zum Führen von Kraftfahrzeugen 281–282
Ungehorsamsarrest 447, 450
Unmittelbares Ansetzen 74
Unmittelbarkeitsgrundsatz 383, 399
Unrechtsbewusstsein 62–63
Unrechtslehre, personale 43
Unschuldsvermutung 241, 384, 518
Unterbringung
- England/Wales 545–547
- Frankreich 541
- Österreich 539
- Schweden 541–544
- Schweiz 536–537, 565
- Türkei 554–555
- USA 559–563
- verwaltungsrechtliche 261–262, 265, 351–352
- zivilrechtliche 261–262, 265, 351–352
- zur Vorbereitung eines Sachverständigengutachtens 389, 406–408, 429
- – im Jugendstrafverfahren 460

Unterbringungsbefehl 276
Unterbringungsgesetze 324
Unterlassen 40, 44, 74
- Abgrenzung vom Tun 79–80

Unterlassungsdelikte 78–82
- echte 78
- unechte 78–82, 152

Unzumutbarkeit des Handelns 81–82, 86
Urlaub
- aus dem Maßregelvollzug 333
- aus dem Strafvollzug 303–305

## V

Verantwortlichkeit, strafrechtliche 68
Verbotsirrtum 35, 41, 44, 62–63, 132, 137
Verbrechensaufbau 31, 35–36, 40–48
Verbrechensbegriff 16, 37, 73
– klassischer 42
– neoklassischer 42
Verbrechenskontrolle 15
Vereinigungstheorien 24–25
Verfahrenshindernis 395
Verfall 221
– im Jugendstrafrecht 456
Verfassungsbeschwerde 402
Vergehen 37, 73
Vergeltungstheorie 17
Verhältnismäßigkeitsgrundsatz 14, 21, 254–255, 261–262, 264–265, 268, 270, 274, 278, 285, 310, 326, 336–337, 394, 407, 556, 561
Verhandlungsfähigkeit 395
Verhandlungsunfähigkeit 258, 267
Verlegung 302
Verletzung von Privatgeheimnissen 392–393
Verminderte Schuldfähigkeit 136–139, 186–189, 533–535
– Rechtsfolgen 144–147, 534–535
Vermögensstrafe 243
Versuch 73–74, 148
– untauglicher 73–74
Verteidiger 390–391
Verteidigung der Rechtsordnung 25, 233, 235, 238
Vertrauensgrundsatz 83
Verwarnung
– mit Strafvorbehalt 220, 232–233
– nach dem JGG 449
Videovernehmung 399–400
Vikariieren 327
Viktimologie 417
vis absoluta 39
Vollrausch 70, 141–143, 149–152, 262
Vollstreckungsbehörde 323, 359
Vollstreckungshaftbefehl 361
Vollstreckungsplan 312
Vollstreckungsreihenfolge
– bei Strafe und Maßregel 327–328, 342–343
– bei verschiedenen freiheitsentziehenden Maßregeln 328
Vollstreckungsverfahren 379
Vollzugsbehörde 325
Vollzugslockerungen s. Lockerungen
Vollzugsplan 302

Vorführungsbefehl 329–330
Vorläufige Anordnungen über die Erziehung 461
Vorsatz 33–36, 41, 44, 65, 69, 81
Vorverschulden 118, 140, 145–152
Vorwegvollzug der Strafe
– vor der Maßregel 327–328, 342–343
Voyeurismus 125–126

## W

Waffengleichheit 381
Wahndelikt 74
Weisungen
– bei der Strafaussetzung 240
– nach dem JGG 445–447
Wiederaufnahme
des Verfahrens 397, 402
Wiedereinsetzung in den vorigen Stand 402
Wiedergutmachung 18, 24
Wille 169–174, 213–214
Willensfreiheit 18, 63–64, 69, 94–98, 194–201, 214
Wohngruppenvollzug 312

## Z

Zertifikat „Forensische Psychiatrie" 425
Zeugen, Rechtsstellung im Strafverfahren 391–393
Zeugenschutz 418–420
Zeugnisverweigerungsrecht 392–393
Zivilhaft 314
Zuchtmittel 448–451
Zurückstellung der Strafvollstreckung nach dem BtMG 349–378
– Anrechnung der Therapie auf die Freiheitsstrafe 361–362
– Anwendung in der Praxis 365–375
– Nachweis- und Mitteilungspflichten 360
– Strafaussetzung zur Bewährung 362–363
– Verhältnis zur Entziehungsanstalt 364–365
– Voraussetzungen 355–360
– Widerruf 360–361
Zurückstellung der Unterbringung in der Entziehungsanstalt 326–327
Zusammentreffen mehrerer Störungen und §§ 20, 21 StGB 139–143
Zusatztatsachen 155, 411
Zwangsbehandlung 330–331, 332, 349–351
Zwangsgeld 14
Zwangshaft 14

Zwangsmaßnahmen auf dem Gebiet
  der Gesundheitsfürsorge im Strafvoll-
  zug 311
Zwangsmaßnahmen im Straf-
  verfahren 393–394
– Anordnung 394
– Rechtsbehelfe 394
Zwangsneurose 124
Zwangstherapie 349–351

Zweifelsgrundsatz s. in dubio pro reo
Zweispurigkeit des strafrechtlichen
  Sanktionensystems 250–252, 258,
  523–524
Zweistufige Methode s. biologisch-psycho-
  logische Methode
Zwischenverfahren 379, 395
Zyklothymie 61, 109–110